2016

梁平波题

中共嘉兴市委
嘉兴市人民政府　主办

嘉兴市地方志编纂委员会　编

方志出版社

版 权 声 明

Declaration of Copyright

嘉兴市地方志编纂委员会

主　　任：胡海峰

常务副主任：孙贤龙

副 主 任：张志伟　柴永强　马玉华　周志迪

委员由市政府秘书长，市政府分管副秘书长，市法院、市检察院、市委办公室、市人大常委会办公室、市政府办公室、市政协办公室、嘉兴军分区政治部、市委组织部、市委宣传部、市委统战部、市委政研室、市农办（市农业经济局）、市发展改革委、市经信委、市教育局、市科技局、市公安局、市民政局、市司法局、市财政局（市地税局）、市人力社保局、市国土资源局、市建委、市交通运输局、市水利局、市商务局（市粮食局）、市文化局、市卫生计生委、市审计局、市国资委、市体育局、市环保局、市统计局、市旅游局、市综合行政执法局、市外侨办、市人防办（市民防局）、市信访局、市总工会、团市委、市妇联、市科协、市残联、市工商联、嘉兴经济技术开发区、嘉兴港区、嘉广集团、市档案局、市委党校、嘉报集团、嘉职院、嘉兴银行、市供销社、市新居民事务局、市社保事务局、市市场监管局、市质监局、市国税局、嘉兴检验检疫局、嘉兴海关、市气象局、嘉兴电力局、市邮政局、人行嘉兴市中心支行、嘉兴银监分局、电信嘉兴市分公司、市烟草专卖局、嘉兴学院有关负责人和南湖区、秀洲区、嘉善县、平湖市、海盐县、海宁市、桐乡市政府主要负责人组成。

《嘉兴年鉴》编辑室

主　　任： 叶永强

副 主 任： 周春锋　姚炎鑫　陆建军　曾　燕

主　　编： 叶永强

常务副主编： 周春锋　曾　燕

副 主 编： 吴勤勤

编　　辑： 邱　阳　王泽群　郑敏芳　尤裕森

孙忠烈　翟杭加　蒋炳华　金　霞

英文翻译： 翁　葳

凡　　例

一、《嘉兴年鉴》是中共嘉兴市委、市人民政府主办，市地方志编纂委员会组织编纂的综合性年鉴。自1998年起，每年编纂出版一部，旨在全面、真实地反映上一年度全市经济建设、社会各项事业的发展情况，为建设和谐嘉兴服务，为各级领导科学决策服务，为国内外人士了解、研究、宣传嘉兴服务，也是为记载嘉兴历史服务。

二、《嘉兴年鉴》采用分类编辑法。结构分为篇目、分目、条目3个层次，即篇目下设分目，分目下设条目，条目是年鉴内容的基本表现形式和手段。为方便检索，篇目标题用2号宋体字通栏，分目标题用3号黑体字加灰底"　　　　"，条目标题用5号黑体字加方头括号"【 】"。

三、《嘉兴年鉴(2016)》记载时限为2015年1月1日至12月31日，部分新增分目，在条目内容的记述上作简要的历史追溯，以求内容的完整；特载部分提前收录2016年的政府工作报告。

四、本年鉴分为36个篇目：特载、专记、大事记、嘉兴概貌、农业、工业、交通·电力·水利、信息化建设与信息产业、城乡建设、环境保护·气象、名胜与旅游、科学技术、国内贸易、外经贸·口岸、财税·金融、经济管理与服务、中共嘉兴市委、嘉兴市人民代表大会、嘉兴市人民政府、政协嘉兴市委员会、民主党派和工商联、群众团体、政法、武装、教育、文化、传媒、体育、卫生、社会生活、人物、县(市、区)、国家级及省级开发区、社会经济统计资料、文件选编、附录，共设258个分目，收录1755个条目、74个表格。全书前有目录，后有索引。

五、本年鉴采用的文稿，由各有关部门、单位落实专人撰写或提供，并经撰稿、供稿单位领导审核。撰稿人或供稿人姓名加圆括号"( )"列在条目后面右下方。各种数据均经有关部门、单位核实确认，综合性数据依据嘉兴市统计局统计数据。对个别因统计时间、口径不同而产生的不同数据，均作加注说明。

六、本年鉴"市和县(市、区)机构及负责人"分目收录的名单为：市级一级局副职以上，二级局正职以上；县(市、区)级副职以上；职务均指实职，凡2015年机构或负责人职务有变动的，单位或姓名后加圆括号"( )"，注明机构成立、撤销或职务任职、免职时间。

七、本年鉴中，凡用"嘉兴市""全市""市"，即包括嘉兴市本级及所辖县(市、区)；"嘉兴市区""嘉兴市本级"，即包括市直属、南湖区、秀洲区；"市城"指建成区；嘉兴市简称"禾"，市城简称"禾城"。

八、本年鉴的索引，采用主题分析索引的方法，按主题词首字汉语拼音字母顺序排列，使用方法详见索引说明。

九、《嘉兴年鉴(2016)》的编纂、出版得到全市各有关部门、单位和社会各界人士的关心、帮助和支持，谨此一并表示衷心感谢！希望广大读者对书中出现的疏漏欠妥之处，提出宝贵意见。

《嘉兴年鉴》编辑室

2016年10月

目　录

凡例

特　载

专　记

大事记

嘉兴概貌

农　　业

工　业

交通　电力　水利

信息化建设与信息产业

城乡建设

环境保护　气象

名胜与旅游

科学技术

国内贸易

外经贸　口岸

财税　金融

经济管理与服务

中共嘉兴市委员会

嘉兴市人民代表大会

嘉兴市人民政府

政协嘉兴市委员会

民主党派和工商联

群众团体

政　法

武　　装

教　育

文　化

传　媒

体　育

卫　生

社会生活

人 物

县(市、区)

国家级及省级开发区

社会经济统计资料

文件选编

附　录

索　引

彩页目录

Main Contents

2015年12月16日，第二届世界互联网大会在桐乡乌镇开幕，中共中央总书记、国家主席习近平出席大会，并发表主旨演讲 （桐乡市史志办提供）

2015年12月16日，俄罗斯总理梅德韦杰夫（前排右三）午餐后手持相机走在乌镇西栅小巷中拍摄古镇美景
（摄影：盛建生）

2015年9月6日，捷克总统泽曼（左一）一行在应邀参加纪念抗战胜利70周年阅兵式后到乌镇参观访问
（摄影：盛建生）

2015年5月8~9日，中共中央政治局常委、中纪委书记王岐山（前排左三）到嘉兴南湖、南湖革命纪念馆、五芳斋、海宁盐官等地考察 （摄影：盛建生）

2015年6月6日，中共中央政治局委员、中央书记处书记、中央组织部部长赵乐际（左二）到嘉兴考察 （摄影：盛建生）

2015年9月22日，中共浙江省委书记夏宝龙（左二）在乌镇考察时与社区居民合影
（桐乡市史志办提供）

2015年8月5日，浙江省省长李强（右二）在海宁市丁桥镇新仓村调研生态环境建设
（摄影：沈达）

2015年2月15日，中共嘉兴市委书记鲁俊（右二）到嘉兴日报报业传媒集团和嘉兴广播电视集团看望和慰问新闻工作人员（摄影：盛建生）

2015年10月9日，嘉兴市市长林健东（右三）到嘉善归谷产业园调研（市政府办公室提供）

2015年4月2日，嘉兴市人大常委会主任刘冬生（前排左二）带队，实地视察市人力社保服务平台建设工作（摄影：张峰月）

2015年4月8日，嘉兴市政协主席高玲慧（前排左二）调研转产转业家庭农场（摄影：张刚辉）

2015年7月30日,中共嘉兴市委七届十次全体（扩大）会议在市行政中心举行
（摄影：盛建生）

2015年1月28日，嘉兴市七届人大五次会议在嘉兴大剧院开幕。图为代表们在听取政府工作报告
（摄影：盛建生）

2015年1月27日，嘉兴市政协七届四次会议在嘉兴大剧院开幕
（摄影：田建明、李剑铭）

第二届世界互联网

2015年12月17日，第二届世界互联网大会·乌镇峰会“互联网+”论坛举行，来自全球的互联网嘉宾们参与“互联网制造转型与升级”议题 （摄影：王振宇）

各国媒体聚焦第二届世界互联网大会·乌镇峰会 （摄影：赵颖硕）

乌镇大剧院（乌镇镇政府提供）

2015年9月24日，第二届世界互联网大会安保誓师大会在桐乡市政广场召开。嘉兴市公安、武警、消防等安保力量共1000人参加 （摄影：成杰）

大会·乌镇峰会剪影

2015年10月15日，第三届中国乌镇戏剧节在乌镇西栅景区开幕。图为戏剧节发起人鸣锣宣布戏剧节开幕　（摄影：成杰）

2015年11月22日，2015首届世界互联网音乐大赛暨“中国意象”音乐创编大赛颁奖典礼在桐乡会展中心举行　（摄影：成杰）

2015年12月18日，第二届世界互联网大会·乌镇峰会闭幕。图为马云在闭幕式上发表主题演讲　（摄影：赵颖硕）

在第二届世界互联网大会·乌镇峰会上，被网民誉为“青花瓷”的礼仪小姐成为一道独特的“风景线”
（摄影：赵颖硕）

2015年5月28日，“感动嘉兴”2012~2014年度最美人物颁奖典礼举行（摄影：田建明）

2015年6月25日，践行社会主义核心价值观推动共产党员志愿服务全国现场交流会在嘉兴召开。图为与会代表在“96345”党员志愿服务中心观摩考察（摄影：盛建生）

2015年12月2日，嘉兴市第三届见义勇为先进人物颁奖典礼在市嘉广集团演播大厅举行（摄影：赵颖硕）

2015年9月17日，参加纪念中国人民抗日战争暨世界反法西斯战争胜利70周年大阅兵的“雁门关伏击战英雄连”受阅英模方队官兵到驻嘉某部进行巡回展演（摄影：盛建生）

2015年9月25日，“纪念抗日战争胜利70周年·影像报告《抗战原色》摄影报道版面展”在南湖革命纪念馆开展。图为抗战老兵代表在自己的版面前观看（摄影：王振宇）

2015年1月9日，秀洲区王江泾镇在梅家荡举行青鱼节。图为中央电视台记者在养殖场采访报道

（摄影：冯玉坤）

2015年2月5日，全省燃煤机组清洁排放技术装备现场会在嘉兴港区召开。图为与会人员参观嘉兴发电厂国内首台清洁排放（超低排放）机组

（摄影：闻人达）

2015年4月28日，2015嘉兴市浙商回归暨楼宇经济（上海）合作交流洽谈会在上海浦东新区举行

（摄影：田建明）

2015年6月12日，嘉兴市区万达广场开业　　（摄影：赵颖硕）

2015年7月17日，嘉兴(北京)创业创新暨楼宇经济合作交流会在北京举行（摄影：盛建生）

2015年9月29日，嘉兴银诚企业管理咨询中心（有限合伙）在经济开发区行政审批中心市场监管窗口领取嘉兴市首张“五证合一、一照一码”营业执照

（摄影：李剑铭）

2015年10月19日，2015中国（嘉兴）紧固件产业博览会在嘉兴国际会展中心开幕。图为嘉兴某公司展示的工业机器人

（摄影：李剑铭）

2015年11月7日，2015中国嘉兴跨国采购暨跨境电商产业资源对接会在嘉兴举行。图为嘉兴某企业与英国客商洽谈物流业务

（摄影：盛建生）

2015年11月21日，嘉兴“海绵城市”规划特展在嘉兴市图书馆开展，嘉兴“海绵城市”的总体规划及十大亮点项目揭开面纱

（摄影：李剑铭）

2015年11月，“星耀南湖”精英峰会在嘉兴举行。图为开幕式现场院士接书仪式、给院士工作站授牌仪式

（摄影：盛建生）

2015年12月9日，嘉兴市农科院选育的水稻嘉优中科3号亩产达917.7公斤。图为验收现场

（摄影：李剑铭）

2015年4月27日，经过半年时间全面整修改造的中山东路重现崭新风姿 （摄影：李剑铭）

2015年11月24日，由拳路（纺工路—商务大道）完善贯通工程竣工并正式启用，曾经严重制约市区东南片交通的“肠梗阻”成为历史 （摄影：李剑铭）

2015年4月15日，“流淌着的运河民俗——2015中国江南网船会”在嘉兴市秀洲区王江泾镇莲泗荡风景区开幕
（摄影：赵颖硕）

2015年5月17日，南非Culinan艺术团“璀璨明珠——非洲传说音乐会”在嘉兴大剧院举行
（摄影：邵建平）

2015年6月21日，参加“新疆沙雅文化走亲嘉兴”活动的维吾尔族姑娘第一次学习包粽子
（摄影：邵建平）

2015年6月22日，2015中国·嘉兴端午民俗文化节“五芳斋杯”南湖踏白船表演赛暨第三届市民运动会踏白船比赛在南湖举行
（摄影：李剑铭）

2015年6月25日，首都文艺志愿服务联盟成员单位国家大剧院管弦乐团到南湖区凤桥镇永红村文化礼堂为村民演出（摄影：邵建平）

2015年8月15日，白俄罗斯芭蕾舞团在嘉兴大剧院献演芭蕾舞剧《一千零一夜》（摄影：张继良）

2015年9月14日，青海省海西州赴嘉兴文化走亲文艺晚会在嘉兴大剧院举行（摄影：冯玉坤）

2015年5月9日，嘉兴市第八届运动会暨第三届市民运动会在体育中心开幕。图为开幕式上江南船拳表演者入场 （摄影：朱骏）

2015年10月15日，农民电影放映员徐九斤个人出资兴建的“九斤个人电影珍藏馆”在海宁市许村镇正式对外开放，这在国内属首例 （摄影：王超英）

2015年12月29日，央视7套《过年了》栏目组在南湖新区凌公塘公园中国斗牛馆内录制国家级非物质文化遗产——掼牛 （摄影：陈慧）

2015年5月17日，招商银行杯2015嘉兴半程马拉松在七一广场开跑 （摄影：袁培德）

2015年11月7日，2015第六届环太湖国际公路自行车赛海宁赛区正式开赛。图为选手骑行在海宁百里钱塘翁金线上
（摄影：陈杰）

2015年12月12日，嘉兴市青少年宫首届武术专场汇报演出在市青少年宫广场举行
（摄影：李剑铭）

2015年4月25日，湘家荡区域嘉城护理院正式投入使用，该院是集医疗、康复、养老于一体的综合性非营利民办医疗机构
（摄影：陈慧）

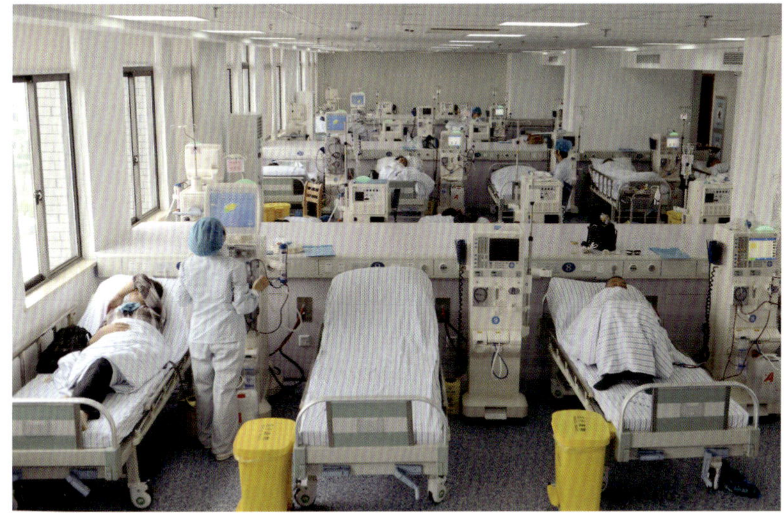

2015年7月2日，嘉兴市第一医院湘家荡分院血液透析中心迎来首批患者，这是全省首个在街道社区卫生服务中心建成并投入使用的血透中心
（摄影：田建明）

2015年10月23日，嘉兴市第二医院为迎接建院120周年，在华庭街的中庭广场举行大型义诊和咨询活动　（摄影：王蓉）

2015年6月5日是第44个世界环境日，团市委发起的“以鱼洁水——保护母亲河志愿者行动”第四季正式开始。图为志愿者们在南湖投放鱼苗 （摄影：王振宇）

2015年6月10日，南湖区综合行政执法局建设中队拆除秀州公寓内四处违法建筑 （摄影：陈慧）

2015年9月12日，海宁市单体最高、建筑面积最大的违法建筑开始拆除 （摄影：王超英）

2015年11月16日，嘉善县经济技术开发区（惠民街道）“三改一拆”专项办联合有关部门对枫南工业区千泾塘路、320国道两侧企业建筑进行集中助拆 （摄影：胡凌翔、江震中）

2015年12月22日，嘉兴市综合行政执法局工作人员，首次采用小型无人机对海盐塘河段进行低空巡河 （摄影：冯玉坤）

经过“五水共治”和“三改一拆”后，许多养猪大户转产种植水稻和蔬菜
（李佳伟摄于2015年8月17日）

2015年12月29日，施工人员在秀洲工业园区秀湖中央安装从加拿大进口的太阳能水循环复氧控藻设备，利用高科技改善水质
（摄影：冯玉坤）

近年来，一些普通市民纷纷加入到“五水共治”的行列中来。图为嘉兴经济技术开发区嘉北街道紫溪社区的巡河督查志愿者在穆湖溪边巡河　（朱骏摄于2015年2月27日）

随着“五水共治”的不断深入，嘉兴河道日渐清洁。图为船家在城南街道一河道中趟螺蛳　（盛建生摄于2015年3月19日）

海宁市周王庙镇长春村的多数河道经过整治达到Ⅲ类水质。图为村民在横幅港河道里游泳嬉戏　（王超英摄于2015年7月21日）

2015年7月11日，受台风“灿鸿”影响，平湖市林埭镇老街成为一片汪洋。图为平湖市长红救援队用冲锋舟将受困居民送出老街
（摄影：闻人达）

2015年10月20日，秀洲区新塍镇潘家浜开设嘉兴市本级第一个公共自行车农村租赁点
（摄影：李佳伟）

2015年，嘉兴市区设立十个“文明礼让斑马线”活动示范点，倡导机动车礼让行人。图为晚高峰时协警在中山路旭辉广场人行道上手举文明礼让牌提醒司机为行人让行 （赵颖硕摄于2015年6月11日）

特　　载

市委七届十次全体(扩大)会议报告

中共嘉兴市委书记　鲁　俊

（2015 年 7 月 30 日）

这次全会的主要任务是，认真学习贯彻习近平总书记在浙江考察时的重要讲话精神和省委十三届七次全会精神，对贯彻落实总书记重要讲话精神进行研究部署，并审议通过《中共嘉兴市委关于全面加强基层党组织和基层政权建设的意见》。

一、深入贯彻习近平总书记考察浙江时的重要讲话精神，全力担当新使命、把握总要求、再上新台阶，加快把党的诞生地建设得更加美好

“干在实处永无止境，走在前列要谋新篇”，是总书记对我省工作赋予的新使命；“在提高全面建成小康社会水平上更进一步，在推进改革开放和社会主义现代化建设中更快一步，继续发挥先行和示范作用”，是总书记对浙江工作提出的总要求；“在适应和引领新常态中做出新作为”“发挥全面深化改革牵引作用”“加快推进城乡发展一体化”等八个方面，是总书记要求浙江今后一个时期必须聚焦的重点任务。这些都科学锚定了浙江在实现“两个一百年”奋斗目标中的战略新坐标，为我们“干在实处、走在前列”注入了时代新内涵，向全面推进创业创新、加快“两富”“两美”建设发出了崭新动员令。省委十三届七次全会就学习贯彻总书记在浙江考察时的重要讲话精神提出了明确要求，夏宝龙书记强调，要肩负起新使命，牢牢把握总要求，紧扣“八个方面”重点任务，坚持和深化“八八战略”，推进“四个全面”战略思想和战略布局在我省的生动实践，努力朝着综合实力更强、人民生活更幸福、生态环境更优美、城乡区域更均衡、治理体系更完善“五个更”的目标去努力，切实把“两富”“两美”浙江的宏伟蓝图描绘得更加绚丽多彩。

总书记对党的诞生地一直关爱有加，他的足迹遍布嘉兴每一个县(市、区)，对我市弘扬“红船精神”、深化接轨上海、推进城乡统筹、加强科技创新等工作都进行了悉心指导，做出过重要指示。近年来全市各级坚持把总书记对我们的深情厚爱转化为推进科学发展的强大动力，综合实力显著增强，经济转型步伐加快，改革红利正在逐步释放，生态环境建设取得重大突破，人民生活持续改善，城乡一体化发展水平跃居全省第一，实现省级平安市、县(市、区)创建“满堂红”“十连冠”，成功蝉联全国文明城市，经济社会发展已经站在了新的历史起点，为推动“更进一步、更快一步”奠定了坚实基础。我们要始终牢记总书记的关心厚爱和殷切嘱托，牢牢把握“干在实处永无止境，走在前列要谋新篇”的新使命和“更进一步、更快一步”的总要求，按照中央“四个全面”战略布局和省委“八八战略”这一总纲，准确把握重要战略机遇期内涵和条件的深刻变化，始终坚持发展第一要务，不断提升适应和引领新常态的发展理念，以“归零”的心态、进取的精神、坚定的信心，努力在新的历史起点上再出发，加快推动嘉兴经济社会发展再上新台阶。

一是提升综合实力要再上新台阶。实现“更进一步、更快一步”，关键是要保持稳增长与促调整的平衡，努力走出一条质量更高、效益更好、结构更优、优势充分释放的发展新路。要坚持不懈打好改革创新、稳增促调组合拳，深入推进动力转换、结构优化，努力在经济发展质量明显增强的基础上，到2020年全市生产总值、人均生产总值、城镇居民人均可支配收入、农村居民人均可支配收入比2010年“翻一番”。这是对照省委要求必须完成的底线，我们要自我加压、提前达标、超额完成。

二是改善生态环境要再上新台阶。实现“更进一步、更快一步”，贵在促进经济生态化、生态经济化，走出“绿水青山就是金山银山”的新路子。要持之以恒推进“五水共治”“五气共治”“三改一拆”等工作，着力构建与经济社会发展相适应的生态建设与环境保护制度体系，全面落实生态环境损害责任终身追究制，争取到2020年在上游来水达标的前提下市域主要河流以三类水为主体，PM2.5浓度比2013年下降35%左右，减到50微克/立方米以下，工业危险废物和污水处理厂污泥无害化处理率均达到100%，林木覆盖率稳定在20%以上，让嘉兴的天更蓝、地更绿、水更清、空气更清新，加快建成江南水乡典范。

三是深化城乡统筹要再上新台阶。实现“更进一步、更快一步”，重在促进城乡相向而行，加快建设更高水平的城乡一体化。要坚定不移地同步推进新型工业化、城镇化、信息化、农业现代化，促进城乡公共服务均等、城乡居民收入均衡、城乡要素配置合理、城乡产业发展融合，力争到2020年城市化率达到65%以上，城乡居民收入差距缩小到1.66以内，努力推动统筹城乡发展继续走在前列、做出示范。

四是完善治理体系要再上新台阶。实现“更进一步、更快一步”，难在社会转型与经济转型、城市转型同频共振。要强化改革与法治“双轮驱动”，继续深化平安嘉兴、法治嘉兴建设，争取省级平安创建率先“夺金鼎”，不断创造法治、德治、自治“三治融合”等新经验，切实提高防范和化解社会风险的能力，更好地激发全社会的活力与创造力，力争到2020年基本实现社会治理体系和治理能力的现代化。

五是增进民生福祉要再上新台阶。实现“更进一步、更快一步”，旨在解决好群众最关心最直接最现实的利益问题，让群众有更多获得感。要全面提高收入增长与经济增长协调性，让群众充分感受到经济发展带来的富足感；全面提高社会文明程度，让群众充分感受到共同精神家园带来的归属感和文化繁荣带来的愉悦感；全面提高民生保障水平，让群众充分感受到社会发展带来的幸福感。

担当新使命、把握总要求、再上新台阶，必须聚焦重点抓突破，一以贯之抓落实。

1.聚焦转型升级这一“主战场”，着力打造经济升级版。总书记指出，新常态考验我们的定力，也考验我们的能力。嘉兴要在适应和引领新常态中做出新作为，就必须顶住稳增促调、爬坡过坎的压力，坚持“腾笼换鸟、凤凰涅槃”不动摇，扎扎实实推动经济提质增效升级。

一要以新的理念引领转型升级。新常态表面上看是增速的换挡，实质上是经济结构的优化和升级、增长动力的转换与接续。现阶段，经济增速筑底、结构深度调整等挑战和机遇并存，我们既面临着传统产业、过剩产能等的市场洗牌，也迎来了“中国制造2025”、“互联网+”等澎湃动力，发展空间和竞争优势正发生深刻变化。新常态下我们观念要适应、认识要到位，既要反对唯GDP，又要把增速保持在合理区间；既要大力发展第三产业，又要打牢制造业根基；既要反对不切实际的盲目投资，又要加大有效投资和高质量招商引资；既要引育新兴产业，又要改造提升传统产业；既要推动党委政府转变经济工作方式，又要引导市场主体转变生产经营方式，合力加快经济结构由中低端迈向中高端、增长动力由传统增长点转向新的增长点。

二要靠多轮驱动加快转型升级。要着力扩大有效投入。投资对经济发展起着关键作用，当前新技术、新产品、新业态、新商业模式等投资机会大量涌现，要瞄准市场前沿和世界一流招大引强选优，着力打造浙商回归首选地和高端外资集聚高地，同时引导社会资本通过 PPP 等模式更多地投向城市有机更新、环境保护、科技创新、社会事业等领域，进一步提升投资质量。要着力推进科技创新。创新具有拉动发展的乘数效应，要坚持创新驱动发展战略不动摇，加快把嘉兴科技城扩容升级成为院地合作的“领头羊”、把浙大国际联合学院海宁校区建设成为国际合作的“新标杆”、把张江长三角科技园打造成为区域合作的“大平台”，更好地发挥浙江清华长三角研究院、浙江中科院应用技术研究院等的支撑作用，不断在国际化引进大院名校、特色化共建创新载体、市场化转化科技成果等方面迈出新步伐，努力在全省区域创新体系建设中走在前列。要着力调优经济结构。经济结构调整优化是转型发展的主攻方向，要紧紧抓住世界互联网大会永久落户、嘉兴港全域口岸开放等新机遇，加快培育发展信息经济、旅游经济、楼宇经济、海洋经济、时尚经济等“新增点”；深化现代服务业与先进制造业协同并进，大力推进“两化”融合和“机器换人”，着力建设制造强市；加快发展都市型现代农业，整体提高产业竞争力。要着力提升开放水平。扩大开放是我们抢占国际市场、利用国际资源的战略之举，要主动对接国家“一带一路”、长江经济带等战略，深化与沪杭同城发展，坚持特色化、专业化、差异化提升发展各类开发区，善于在全球创新链、产业链、资金链中配置资源，着力营造与国际接轨的营商环境，加快构建开放型经济新格局。

三要增强要素供给推动转型升级。今后一个时期的发展空间主要来自存量盘活、流量用活，要坚持向农村土地整治复垦、工业“退低进高”和“退散进集”、城市有机更新等要空间，优化项目供地方式，推动土地向好项目大产业集聚。激活“金融水”才能滋润“实业田”，要通过支持企业上市直接融资、优先发展小微企业服务专营机构、培育互联网金融等，多途径化解阻碍金融向实体经济传导的“血栓”。面对转型发展对人才的多层次需求，要深化“创新嘉兴·精英引领”计划，坚持引进国际化领军人才、特殊紧缺人才和培育新型实用人才、熟练技术工人相同步，加快形成量增质更优的人才供给。

*2.聚焦深化改革这一“红利源”，更好地激发发展活力。*总书记指出，改革是推动发展的制胜法宝。我们要把改革作为发展之基、兴市之本，坚持以政府自身革命带动重要领域改革，着力在变中求新、变中求进、变中突破，加快打造大众创业、万众创新的新引擎，努力使改革新红利转化为发展新动能。

一要着眼发挥市场决定作用深化改革。加快资源要素更高效、更快速、更有序流动，让错配劣配低效配的资源要素退出来，优先进入到优质项目、优秀企业，是经济领域改革的关键所在。要加快把全域推行资源要素市场化配置等改革引向深入，坚定不移地以亩均投入、亩产能耗、亩均产出等论英雄，统筹用好电价、地价、水价等差别化配置的手段，建好要素网上配对、精准交易等平台，努力使市场调节、价格杠杆形成对资源要素的“虹吸效应”，实现配置最优化和效益最大化。

二要围绕优化公共权力运行深化改革。激发市场主体活力的前提是政府转变职能、简政放权，只有这样才能破除创业的卡点、创新的堵点。推进行政审批层级一体化、综合行政执法等改革，要更多地在职能整合、流程再造、提升效率上下功夫，市场和社会能够承担的职能要交还给市场和社会，该放的坚决放开、放到位，该管的坚决管好、管到位，切实加强事中监管和事后评估，确保权力和责任同步下放、调控和监管同步强化。对政府公共服务,也要创新提供主体和提供方式,加大政府购买服务的力度,变政府“端菜”为市场“点菜”。

三要立足提升市域统筹协调能力深化改革。嘉兴区域面积小、人口密度高,在资源要素制约常态化、区域竞争白热化的形势下,我们要走新型城镇化道路、加快县域经济向城市经济转型,就必须立足与沪杭同城等的独特优势,按照现代化网络型田园城市的总体定位,进一步把城市布局做优,着力增强中心城市首位度、高端资源要素集聚力和辐射带动力,更好地吸引大项目、培育大产业,在未来发展中占据主动。同时,无论是保障基本公共服务还是满足高端服务需求,无论是有效缓解当前县(市)公共支出压力还是提高公共资源配置效率,都迫切需要在全市范围内一本账考虑、整体上调控,构建统筹市域规划、建设、运行的有效机制,从根本上解决无序竞争、重复建设、资源浪费等突出问题,更好地发挥各个区域主体的作用,提升整体竞争力。

3.聚焦统筹城乡这一“特色牌”,推动城乡一体化继续走在前列。习近平同志2004年在嘉兴蹲点调研时指出,“嘉兴要率先实现城乡一体化,要走在全省乃至全国的前列”。我们要牢记这一嘱托,立足现有优势,用好列入国家新型城镇化、“多规合一”试点等新机遇,抓住农房改造集聚这一撬动点,不断提高统筹城乡发展水平。

规划是统筹城乡发展的前提,要更好地发挥规划对城乡建设的调控、引领和约束作用。要着力优化城乡功能布局和空间形态,加快构建“1640”和“四百一千”(433个城乡一体新社区、1101个传统自然村落保留点)的城乡基本框架。加快实施经济社会发展规划、土地利用规划、城乡规划、生态环境保护规划等“多规合一”,确保市域发展空间“一张图”、生产力布局“一盘棋”。贯彻落实市本级发展“十八条”和产业发展规划,加强主副中心的有机联系,推动县域经济向城市经济转型,增强城乡可持续发展能力。

城镇是统筹城乡发展的纽带,城乡统筹发展能否走在前列主要看城镇建设能否走在前列。针对城镇产业低小散、公共服务供给不足、环境档次不高等问题,要按照高标准、高品位规划建设城镇,以小城市试点和特色小镇创建为抓手,积极探索就地城镇化,加快以人口集中带动土地集约、产业集聚、功能集成。要坚持产城融合,加快农村低小散工业向镇工业功能区“退散进集”,重视“一镇一品一链”发展创客小镇、智慧小镇、基金小镇、电商小镇、休闲养生小镇等,通过产业发展来集聚人气商气、带动就业创业;推动教育文化、医疗卫生、商业等优质资源向小城镇延伸,综合运用市场化、物业化、法治化等手段集中整治、长效管理镇容镇貌,提升洁化绿化亮化美化水平,让人们在小城镇就能过上“城里人的生活”。

村一级是统筹城乡发展的基础,必须抓好改革赋权、转型强农、治水美村、惠民增收等各项工作,更好地让农业强起来、农村美起来、农民富起来。要可持续推进农房改造建设,加快待整治的自然村落向“四百一千”靠拢集聚。规划建设的集聚点要突出水绿文交融、体现江南特色建筑风格,着力防止千村一面;保留点要充分依托地形地貌和彰显乡土文化,与发展休闲农业、观光农业、生态农业等融合互动,打造别致多样、干净整洁、留住乡愁的韵味乡村。

4.聚焦环境整治这一“硬任务”,加快打造江南水乡典范。习近平同志早在10年前就提出了“绿水青山就是金山银山”的科学论断,我们一定要牢记蓝天白云、绿水青山是长远发展最大的本钱,咬定建设江南水乡典范这一目标,严格生态功能区保护,加快推动生产方式和生活方式绿色化,特别是要坚定不移地打好治水、治气、治违等攻坚战,着力打造水绕禾城、城在林中、天蓝水清、郁郁葱葱的人居环境。

一要锲而不舍深化“五水共治”。治水重在源头治理、系统治理、依法治理,要坚持“河长”治水、志愿护水等好做法,把“五水共治”的组合拳坚持不懈打下去。治污水要突出打好生活污水、工业污水、农业面源污染等治理攻坚战，防洪水、排涝水要结合防汛抗台等提高重大水利设施建设标准，保供水要力争到2018年底引入市域外优质水源，抓节水要突出抓好“海绵城市”建设试点，努力重绘水清、岸绿、鱼游的水墨画卷，重建安全、宜居、和谐的人水关系。

二要统筹联动开展“五气共治”。治气是回应民生诉求的迫切之举，要针对秸秆焚烧、工业废气、机动车尾气、城市扬尘、餐厨油烟等影响大气质量的主要因素，该疏的疏，该堵的堵，该限期完成的按期完成，该集中整治的集中攻坚，该立法治理的加快立法，多管齐下打造“嘉兴蓝”。

三要加大力度推进“三改一拆”。“三改一拆”事关发展环境、事关公平正义。要以全面创建“无违建”县(市、区)为目标，紧密结合“两路两侧”“四边三化”等专项整治，以更强声势、更大力度、更高标准推进新一轮“三改一拆”。坚持有违必拆、拆旧控新、严管严控，深化拆改结合、拆建结合、拆用结合，努力拆出发展新空间、改出美丽新家园、用出持续高效益。

5.聚焦社会治理这一“大课题”，持续促进社会和谐稳定。总书记指出，社会是一个庞大的有机体，一个好的社会，既要充满活力，又要和谐有序。我们必须把社会建设特别是推进社会治理体系和治理能力建设摆在更加突出的位置，加强系统谋划，打牢基层基础，促进社会治理成果共建共享。

一要着力建设更具凝聚力的精神家园。弘扬社会主义核心价值观，是人人参与的全民工程、代代传承的基因工程、心心相印的灵魂工程，必须紧密结合嘉兴实际抓紧抓好。要打好意识形态主动仗，坚决当战士、不当绅士，突出加大依法管网治网力度，让网络空间清朗起来。深化文明城市创建，引导全社会铭记乡风乡愁、遵守礼仪礼节、传承家德家风，不断提升每个市民的文明素养和精神追求。

二要着力打造更具安全感的平安城市。平安建设永远在路上，既要突出确保特殊点位、敏感时段的万无一失，又要全面抓好一年四季的动态平安，确保年复一年的长治久安。每年都要以完成国际性盛会安保任务的标准来抓平安，以常态化、系统化的要求建立隐患排查治理、风险预防控制、矛盾纠纷化解等体系，综合提升反恐、处突、维稳等能力，继续在省级平安市、县创建中走在前列，成为长三角最具安全感城市。

三要着力营造更具竞争力的法治环境。法治在社会治理中占据基础性、规范性、保障性地位，要不断深化法治嘉兴建设，努力让公平正义护航改革发展稳定。积极稳妥地做好地方立法的各项准备工作，并要在城市管理、秸秆禁烧等方面先行开展立法实践，设立并充分发挥人大法制委员会等机构作用，支持和保障人大及其常委会依法履行各项法定职权，充分发挥政协在城市立法等环节的协商民主主渠道作用。落实国家机关“谁执法谁普法”的普法责任制，善于依靠群团组织力量引导全社会遵法、学法、守法、用法，切实发挥好领导干部这一“关键少数”在法治建设中的关键作用，努力使“办事依法、遇事找法、解决问题用法、化解矛盾靠法”成为全民的自觉行动。

四要着力增进更具获得感的民生福祉。改善民生与增强经济动力、社会活力息息相关。要坚持稳定就业、鼓励创业，重点解决好高校毕业生就业创业、城乡居民持续稳定增收等问题。在保障基本公共服务有效供给的基础上，大力引进高端教育、医疗等资源，推动社会力量办学、办医、办养老等，多渠道、高水平提供社会公共服务产品。坚持提升文化惠民的温度与加快文化产业发展的速度、彰显文化底蕴的厚度相统一，大力发展养人心志、育人情操的文化事业，为群众提供更加多样、更有质量的精神文化产品。民生工作直接同老百姓见面、对账，来不得半点虚假，既要积极而为，又要量力而行，承诺了的就要兑现于民、取信于民。

6.聚焦从严治党这一“生命线”，加快把建党圣地打造成为党建高地。总书记一再强调，党要管党丝毫不能松懈，从严治党一刻不能放松,并要求领导干部践行“三严三实”,做到心中有党、心中有责、心中有民、心中有戒,成为政治的明白人、群众的贴心人、发展的开路人、班子的带头人。作为党的诞生地,我们更要牢记从严治党这一历史使命,以争当“三型”干部的目标严格要求自己,自觉强化忠诚的政治品格、履行担当的从政准则、坚守干净的为官底线,努力为红船添彩、为党旗增辉。

一要提升“红船精神”引领力。十年前,习近平同志就指出,“红船精神”充分体现了走在时代前列的精神,集中体现了党的先进性,是党的先进性之源。夏宝龙书记强调,“红船精神”是推动浙江发展的宝贵精神财富,要以“红船精神”为引领,确保浙江这艘大船走得更快、更稳、更远。我们要更加发自内心地热爱党的“母亲船”,深入学习总书记系列重要讲话特别是在浙江考察时的讲话精神,深刻理解“红船精神”蕴含的“与群众风雨同舟、百姓可载舟覆舟、发展如逆水行舟”的道理,强化党章党规意识,始终保持政治信仰不变、政治立场不移、政治方向不偏,切实增强身在建党圣地的政治荣誉感。

二要提升干事创业担当力。每个时期有每个时期的历史担当,每个层级有每个层级的使命担当,每个干部有每个干部的责任担当。各级要以更大的比学赶超劲头推进改革、更强的拼搏进取精神加快发展、更真的公仆情怀服务人民,持续打好“五水共治”“四换三名”“三改一拆”等组合拳,跑好建设“江南水乡典范”、现代化网络型田园城市等的接力赛,努力让广大人民群众的日子越过越好。为官必须有为,要坚决整治慵懒散漫,加大干部能上能下力度,让工作不力的没面子、责任不到的没位子。

三要提升拒腐防变免疫力。提升免疫力,必须严肃纪律、严格自律、严于他律。要严明政治纪律、政治规矩以及其他各项纪律,认真执行选人用人、议事决策、有关事项报告等各项制度,真正敬畏纪律、自觉遵守纪律;要慎言、慎行、慎独、慎初、慎微、慎交友,守住做人、处事、用权、交友的底线;要自觉养成在聚光灯下工作和生活的习惯,自觉接受舆论和群众的监督,始终打实“隔离桩”、筑牢“防火墙”。

二、加强基层党组织和基层政权建设,为推动嘉兴改革发展稳定各项工作落地生根筑牢坚实基础

基础不牢,地动山摇;基层给力,事业有力。全面加强基层党组织和基层政权建设,是学习贯彻总书记关于抓好基层基础重要思想的具体行动,是巩固党的政权、夯实党的执政基础的题中之义,是积极应对基层面临的新情况新问题、促进基层治理体系和治理能力现代化的现实需要。我们要切实增强政治意识、政权意识和阵地意识,坚持不懈抓基层、久久为功打基础,努力让党的旗帜在党的诞生地每一个基层阵地上都高高飘扬起来。

关于基层党组织和基层政权建设,这次全会专门提交了市委《意见》(审议稿),请大家认真讨论,提出意见建议,使之更加完善。这里,重点就加强镇村建设作一强调。

*1.要把镇(街道)这个“龙头”挺起来。*镇(街道)担负着兴一方经济、富一方百姓、保一方平安的重要职责。要围绕建设“五好”镇(街道)工作目标,强化班子建设这一关键。优先选拔“狮子型”干部担任镇(街道)党(工)委书记,提高县级党政领导班子成员中具有镇(街道)党(工)委书记经历干部的比重。重视思想政治建设,完善镇(街道)党(工)委议事规则和决策程序,建设引领力强、凝聚力强、创新力强、执行力强、公信力强“五强”镇(街道)领导班子。把镇(街道)作为干部成长的重要平台,将有培养潜力的优秀年轻干部放到镇(街道)磨砺,提升本领、增长才干。要顺应职能转变要求,激活体制机制改革这一动力。加强和改进镇(街道)人大工作,发挥镇(街道)人大在基层民主法治建设中的作用。按照责权利相统一和合法、便利的原则,结合综合行政执法试点改革,理顺镇(街道)与县直部门关系,依法赋予镇(街道)履行职责必要的事权、财权、要素配置权,加快形成“以块为主、条块结合、条包块管”的管理体系。充分发挥镇(街道)综合治理、市场监管、综

合执法、便民服务等平台作用，提升镇（街道）公共管理和公共服务的能力。

2.要把村（社区）这个“堡垒”强起来。村（社区）是落实所有工作的一线前沿，村（社区）党组织是夯实执政基础的坚固堡垒。要提升村（社区）党组织的战斗力，关键是要解决影响战斗力的突出问题。要强化政治引领力，牢牢把握村（社区）党组织的政治属性，严格落实党的组织生活，旗帜鲜明地加强对村级其他组织的领导。深入推进基层社会治理创新，建立健全基层协商民主建设协调联动机制，完善村务监督委员会制度，推进民主选举、民主决策、民主管理、民主监督，确保村级组织和事务规范运行。要强化领雁带动力，着眼下一轮村级组织换届，把那些靠得住、有本事、肯干事、群众公认的优秀人才充实到村（社区）党组织书记岗位上来，着力建设一支百姓喜爱的好支书队伍。加大从优秀村（社区）党组织书记中选拔镇（街道）领导干部力度，健全村（社区）干部报酬随经济社会发展逐步提高的增长机制，激发他们干事创业的热情。要强化保障支撑力，加大政策、资金、资源向基层倾斜力度，全面落实村级组织运转经费和社区党组织服务群众专项经费。坚持“输血”和“造血”并举，深入实施新一轮村级集体经济“壮大计划”，加快提升富裕村、壮大一般村、转化薄弱村。

3.要把基层骨干队伍这个“脊梁”立起来。基层党员干部要从传统习惯性思维理念和方法中跳出来，主动适应经济转型发展的新常态和基层群众的新要求，更新工作理念，转变方式方法，切实增强创造力、提升执行力、提高服务力。要重学习、强能力，鼓励基层不断强化学习，坚持向书本学、向实践学、向群众学，善用他山之石、勤翻实践“字典”，多从已有的成功案例、现成的先进经验中找准窍门、找到答案、找来方法，使自己底气更足、思路更广、办法更多。要重执行、求实效，基层党员干部是党委、政府各项决策的“最终执行者”，是推动重点工作落地的“排头兵”，是解决“最后一公里”问题的关键。要主动在党委、政府的中心工作中找到自己的位置，围绕农村生活污水治理、农房改造集聚等最现实、最紧迫的问题，最大限度地动员组织群众，创造性地推动工作落实。要重服务、接地气，继续发扬“走村不漏户、户户见干部”的良好作风，深入联系服务群众，把暖人心、稳人心、得人心的事办好，真正把服务做到群众心坎上。要重纪律、守规矩，始终把群众的口碑放在最高位、把廉政的红线挺在最前面，着重围绕“钱怎么花、地怎么管、事怎么办、人怎么选、路怎么走”等，强化民主监督、加强风险防控、加大惩处力度，多做“扯扯袖子、提提领子”的事情，坚决调整政治上不守规矩、廉洁上不干净、工作上不作为不担当或能力不够、作风上不实在的干部，绝不能让这样的干部寒了群众的心、毁了基层的根。

磨好基层一线“这根针”、穿好基层治理“千条线”，必须明确各方责任，调动各方力量，形成大抓基层的整体合力。县一级要牵头抓总，突出抓好“抓导向、抓统筹、抓关键、抓基础、抓督促”五件事，切实发挥“一线指挥部”的作用。各部门在出台政策、推出举措时要充分考虑基层的承受能力，不能不顾基层实际盲目下指标、定任务。群团组织要发挥自身优势，最广泛地把群众组织起来、团结起来、凝聚起来。

政府工作报告

——在嘉兴市第七届人民代表大会第七次会议上

嘉兴市代市长　胡海峰

（2016年3月25日）

各位代表：

现在，我代表市人民政府向大会报告工作，请予审议，并请市政协委员和其他列席人员提出意见。

一、"十二五"发展回顾

"十二五"时期是嘉兴发展进程中不平凡的五年。面对严峻复杂的国内外环境，市政府全面贯彻省委、省政府决策部署，在市委的正确领导下，全力以赴稳增长、调结构、促改革、治环境、惠民生，较好地完成了"十二五"规划确定的预期目标，经济社会发展迈上了新台阶。

这五年，是综合实力稳步增强的五年。地区生产总值从2315.5亿元增加到3517.1亿元，年均增长8.6%，人均地区生产总值达到1.23万美元。财政总收入、一般公共预算收入达到638.8亿元和350.4亿元，分别是2010年的1.9倍和2倍。金融机构本外币存贷款余额达到5957亿元和4920亿元，分别是2010年的1.7倍和1.8倍。累计完成固定资产投资9775.7亿元，是"十一五"时期的1.8倍，嘉绍通道、钱江通道等一批重大工程建成并投入运行。浙商回归到位资金981.5亿元，连续四年位列全省同档城市第一。

这五年，是转型升级步伐加快的五年。科技创新能力不断增强，研究与试验发展经费支出占地区生产总值比重从2.1%提高到2.7%，累计引进各类高层次人才3.6万名，其中国家、省"千人计划"专家各111名，新增发明专利授权2985项。产业结构不断优化，规模以上工业总产值突破7500亿元，战略性新兴产业、高新技术产业、装备制造业占规模以上工业增加值比重分别达到44%、42.3%和24.9%；服务业增加值突破1500亿元，年均增长10.1%，高于地区生产总值增速1.5个百分点；粮食总产量保持在122万吨左右。三次产业结构从5.5：57.7：36.8调整为4.0：52.6：43.4。资源节约集约利用取得积极进展，累计腾退低效用地4.6万亩，单位生产总值能耗比2010年下降19.3%，省下达的主要污染物减排目标全面完成。

这五年，是改革开放不断深化的五年。新型城镇化、"多规合一"等改革获批国家试点，在全省率先启动资源要素差别化配置、行政审批层级一体化、综合行政执法等改革，五年累计获批国家、省改革试点146项。编制政府权力清单和责任清单，市级部门行政权力从11552项减少到3875项，428项审批事项下放至县（市、区），市级部门行政审批事项减少到59项，全面取消非行政许可审批事项，落实事中事后监管制度517项；新增市场主体26.2万家，境内外上市公司达到40家。对外开放取得新进展，累计实现进出口总额1538.1亿美元，其中出口1069.6亿美元，实际利用外资108.9

亿美元。嘉兴出口加工区升格为国家综合保税区,嘉兴港口岸扩大开放获得国家批复。世界互联网大会永久落户乌镇。

这五年,是城乡建设加快推进的五年。综合交通体系不断完善，路网密度达到 206.6 公里 / 百平方公里,内河航道通航里程达到 1957 公里,“三纵三横三连” 高速公路网基本建成。资源能源保障能力进一步增强,新增 110 千伏及以上变电容量 1270 万千伏安，自来水日供水能力达到 249.4 万吨，累计供应天然气 18.2 亿立方米。市域一体化发展取得积极进展，“1640”“四百一千” 的现代化网络型田园城市框架初步形成，累计实施城市有机更新 2.5 万亩,完成土地复垦 5.1 万亩,改造集聚农房 9.2 万户，常住人口城镇化率由 53.3%提高到 60.9%,统筹城乡发展水平位居全省首位。

这五年,是生态环境持续改善的五年。水环境质量实现历史性转变,累计完成黑臭河和垃圾河整治 1893 公里，新建污水收集管网 2389 公里,8847 家工业企业实现污水全入网,市控以上断面水质从五类、劣五类为主转变为四类、三类为主,四类水以上比重由 18.7%提高到 77.6%，交接断面水质考核从不合格转变为连续优秀。生猪养殖业减量提质取得重大突破，生猪存栏量从 294.7 万头削减至 32.8 万头。大气污染整治深入实施,超额完成燃煤锅炉、黄标车淘汰任务,空气质量平均优良率达到 64.5%。城乡面貌明显改善,累计拆除违法建筑 4738 万平方米,改造旧住宅区、旧厂区、城中村 6731 万平方米，新建改造绿化 22 万亩，建成生态绿道 851 公里。新增国家级生态镇(街道)34 个。

这五年,是群众得到更多实惠的五年。各级财政民生支出累计达到 1187.5 亿元,年均增长 18.2%。城镇居民、农村居民人均可支配收入分别达到 45499 元、26838 元,农村居民收入连续 12 年位居全省第一，城乡居民收入差距缩小到 1.695：1。五年新增城镇就业人口 48 万人,城镇登记失业率控制在 2.9%以内。基本养老、基本医疗保险参保人数分别达到 226 万人和 197 万人，城乡低保标准统一提高到 664 元,最低月工资标准由 980 元提高到 1660 元。义务教育入学率和巩固率达到 100%，高中段教育入学率达到 99.1%，高等教育毛入学率达到 58%,“十二五”期间所有县(市、区)全部通过国家义务教育均衡发展评估。国家公共文化服务体系示范区创建成效明显，城乡图书馆、文化馆总分馆建成率 100%。养老机构床位增加到 2.9 万张,是 2010 年的 3 倍。成功创建并蝉联全国文明城市,实现省级平安市、县(市、区)创建“十一连冠”“满堂红”。

这五年，是政府自身建设不断加强的五年。“三公”经费预算全部公开,公务考察、接待和用房管理进一步规范。自觉接受市人大及其常委会监督和市政协民主监督,累计办理市人大代表建议 1644 件、市政协提案 1986 件。法治政府建设取得新进展,制定出台政府重大行政决策程序规定,决策科学化民主化法治化水平得到提高。累计清理政府规范性文件 1199 件。

过去一年,市政府按照市七届人大五次会议确定的各项目标任务,主动适应经济发展新常态,牢牢把握稳中求进的工作总基调,坚持以提高经济发展质量和效益为中心,统筹推进经济社会发展,全年实现地区生产总值 3517.1 亿元,增长 7%;完成财政总收入 638.8 亿元,其中一般公共预算收入 350.4 亿元，分别增长 8.6%和 7.1%;城镇和农村居民人均可支配收入分别增长 8%和 8.8%。重点抓了以下五个方面的工作：

一是全力以赴稳增长。组织实施“项目大推进、招商大引进、服务大跟进”专项行动,实现固定资产投资 2513.8 亿元,增长 13.2%。开展创新驱动发展拓市场试点，对出口额在 400 万美元以下的生产型企业实行出口信用保险政府联保,实现外贸出口 229.3 亿美元。海宁皮革城列入国家市场采购贸易方式试点。大力发展电子商务，社会消费品零售总额 1494.6 亿元,增长 11%,网络零售额增长 36.8%。组织开展“转型发展服务年”活动,设立总额 59 亿元的政府性产业基金，减免企业税费97.1亿元，新增制造业贷款43.4亿元。实施小微企业三年成长计划，新增“个转企”1669家、新三板挂牌企业19家、上市公司5家。开展金融风险防控专项整治，企业应急转贷资金制度实现县(市、区)全覆盖。

二是坚定不移推进转型升级。新引进大院名校共建创新载体29家，新增省级企业研究院17家，新认定高新技术企业108家。嘉兴科技城成为全省五大科技平台之一，秀洲高新技术产业园区升格为国家级高新技术产业开发区。市农科院水稻新品种选育成果获得国家科技进步二等奖。深入实施“四换三名”工程，完成“机器换人”投入538.5亿元，腾退低效用地1.2万亩，整治提升低端落后企业2392家。制定实施加快楼宇经济提质发展三年行动计划。中德、中日、中荷、中法等4家产业园区被列为首批省级国际产业合作园，南湖基金小镇、嘉善巧克力甜蜜小镇、海盐核电小镇、海宁皮革时尚小镇和桐乡毛衫时尚小镇入选全省首批特色小镇。

三是持续推进各项改革。深化“四张清单一张网”改革，建立完善部门权力清单、责任清单动态调整机制，实现镇(街道)权力清单、责任清单全覆盖。深化行政审批层级一体化改革，启动相对集中行政许可改革试点。实施综合行政执法改革，组建市、县、镇三级综合执法机构。推进商事制度改革，全面实行“五证合一、一照一码”登记。组织开展国家深化工业用地市场化配置改革试点，建立全省首家市级资源要素交易中心。嘉善、海宁被列为国家县城深化基础设施投融资体制改革试点。积极构建供销、生产、信用合作“三位一体”农民合作经济组织体系，推进土地承包经营权、宅基地使用权、集体经济股权确权颁证，县、镇两级农村产权交易中心实现全覆盖。

四是加大城乡建设和环境整治力度。启动国家新型城镇化综合试点，扎实推进“多规合一”，完成嘉兴空间发展与保护总体规划编制。深入实施“三改一拆”，组织开展“公铁”沿线环境整治，拆除各类违法建筑1458.3万平方米，拆出土地1299万平方米，拆后利用率达到77.2%。获批国家海绵城市建设试点城市。加大交通治堵力度，中心城区新增公共停车位588个、公交专用道13.3公里，打通由拳路、商务大道等5条断头路。坚定不移打好治水攻坚战，对全市所有城镇污水处理厂实施提标改造，新增污水达标入网企业2121家、农村生活污水治理受益农户13.5万户。加快平湖塘延伸拓浚、扩大杭嘉湖南排两大水利骨干工程建设，完成市域外配水工程(杭州方向)项目省级立项。大力实施“五气共治”，淘汰燃煤锅炉1603台、黄标车1.8万辆。严格执行新环保法，查处环境违法案件1105件。

五是千方百计增进民生福祉。健全就业促进机制，帮助4.5万名城镇失业人员实现再就业。加快社会保障制度整合衔接，实现大病保险全覆盖。加大社会救助力度，发放困难群体医疗救助金5453.2万元。加强城乡住房保障，新开工建设保障性安居工程住房1.2万套。完善养老服务体系，居家养老服务照料中心城乡社区覆盖率分别达到100%和91%。深入推进教育领域综合改革，实施新一轮学前教育三年行动计划和特殊教育三年行动计划，启动中考招生制度改革，海宁、桐乡、海盐成为全省首批教育基本现代化县。深化公立医院综合改革，稳步推进“双下沉、两提升”，促进医疗卫生资源城乡均衡分布。推进公共体育设施免费开放，举办市第八届运动会暨第三届市民运动会。深入推进公共法律服务体系建设，镇(街道)公共法律服务中心实现全覆盖。强化社会风险排查化解管控，加强新居民管理服务，安全生产、食品药品安全形势总体平稳，社会保持和谐稳定。

各位代表，“十二五”胜利收官，成绩来之不易！这是省委、省政府和中共嘉兴市委正确领导的结果，是全市人民奋力拼搏的结果。在此，我代表市人民政府，向全市人民和外来建设者，表示衷心的感谢！向人大代表、政协委员，各民主党派、工商联、人民团体和社会各界人士，向驻嘉人民解放军和武警部队官兵，表示衷心的感谢！向所有关心和支持嘉兴发展的海内外朋友们，表示衷心的感谢！

我们既要看到成绩，也要看到前进中的困难和挑战。“十二五”期间，地区生产总值等个别指标未能达到预期目标。随着经济下行压力加大，实体经济发展面临更多困难；科技创新能力有待增强，传统产业提升不快、新兴产业占比不高；中心城市集聚辐射带动能力亟待提高；资源环境约束紧张，治水治气任重道远；医疗、养老、教育、交通等公共服务离广大人民群众的期望还有一定的差距；安全生产、社会治安、网络等领域存在潜在风险隐患，创新社会治理、维护社会稳定的压力不小。在政府自身建设方面，一些政府工作人员改革意识、责任意识、法治意识不强，庸政懒政怠政依然存在，消极腐败现象还时有发生。我们一定高度重视这些问题，切实采取更加有力措施认真加以解决。

二、关于《“十三五”规划纲要（草案）》的说明

“十三五”是充满机遇、充满挑战的五年，是嘉兴高水平全面建成小康社会的决胜阶段。根据中共嘉兴市委《关于制定嘉兴市国民经济和社会发展第十三个五年规划的建议》，市政府认真研究并听取各方面意见，制定了《嘉兴市国民经济和社会发展第十三个五年规划纲要（草案）》，提请大会审议。下面我就三个问题作简要说明：

（一）“十三五”发展的指导思想

《纲要（草案）》按照市委《建议》提出了“十三五”时期经济社会发展的指导思想：高举中国特色社会主义伟大旗帜，以马克思列宁主义、毛泽东思想、邓小平理论、“三个代表”重要思想、科学发展观为指导，深入贯彻习近平总书记系列重要讲话精神，以“四个全面”战略布局为统领，以创新、协调、绿色、开放、共享五大发展理念为引领，以“八八战略”为总纲，以“干在实处永无止境、走在前列要谋新篇”为新使命，以“更进一步、更快一步，继续发挥先行和示范作用”为总要求，坚持发展第一要务，坚持转型升级不动摇，紧扣提高经济发展质量和效益这一中心，加快形成引领经济发展新常态的体制机制和发展方式，统筹推进经济建设、政治建设、文化建设、社会建设、生态文明建设，加快“两富”“两美”嘉兴建设，高水平全面建成小康社会，全力打造现代化网络型田园城市，以党的诞生地各方面工作取得的优异成绩向建党100周年献礼。

坚持发展第一要务是时代的要求，关系改革开放和现代化建设全局。坚持转型升级不动摇，紧扣经济发展质量和效益这一中心是嘉兴“十三五”发展的必由之路。加快形成引领经济发展新常态的体制机制和发展方式，统筹推进经济建设、政治建设、文化建设、社会建设、生态文明建设是嘉兴实现转型发展的重要保障。《纲要（草案）》顺应新形势新阶段提出新目标新任务，既坚持谋划长远，体现战略性、前瞻性，又注重着眼当前，反映现实性、可行性；既坚持统筹兼顾，对经济社会转型发展做出全面部署，又聚焦围绕一些重点领域和关键环节，提出具体措施、专项工程和重大项目，做到抓住关键、突出重点、推动全局。

（二）“十三五”发展的主要目标

《纲要（草案）》按照市委《建议》提出的指导思想和总体目标，提出了包括经济发展、创新驱动、民生福祉、资源环境等四个方面的经济社会发展主要指标，总的目标：

——综合实力更强劲。经济保持中高速增长，产业迈向中高端水平，创新驱动发展的格局基本形成，地区生产总值年均增长7%以上，到2020年地区生产总值、人均地区生产总值、城镇居民人均可支配收入、农村居民人均可支配收入均比2010年翻一番，并力争快翻。

——生态环境更优美。到2020年，能源资源开发利用水平明显提高，主要污染物排放总量大幅减少，黑臭河和劣五类水体全面消除，在上游来水水质达标基础上，市控以上断面三类水成为主体，PM2.5平均浓度明显下降，空气质量优良天数比例达到75%以上，让嘉兴的天更蓝、地更净、水更清。

——城乡区域更协调。市域空间发展格局更加优化,城乡基础设施进一步完善,城乡公共服务均等、居民收入均衡、要素配置合理、产业发展融合的体制机制加快构建,“县域经济”向“城市经济”加快转型,到2020年常住人口城镇化率达到68%,统筹城乡发展继续走在前列。

——人民生活更幸福。社会就业更加充分,社会分配更加公平,公共服务体系更加完善,城乡居民人均可支配收入年均增长7%以上,五年新增城镇就业人口30万人,到2020年新增劳动力平均受教育年限达到14年,人均期望寿命达到82.5岁,广大群众的富足感、获得感和幸福感进一步增强。

——治理体系更完善。重点领域及关键环节改革取得决定性成果,治理制度化、规范化、程序化、法治化、信息化水平不断提高,人民民主更加健全,法治政府基本建成,司法公信力明显提高,努力打造社会活力强、社会秩序优、社会风气正的地区。

(三)“十三五”发展的主要任务

《纲要(草案)》提出“十三五”发展必须认真践行创新、协调、绿色、开放、共享五大发展理念,并对今后五年我市经济社会发展做出了全面部署,提出了明确任务。主要是以下九个方面:

一是推动创新成为引领发展第一动力。把创新摆在发展全局的核心位置,不断推进科技创新、制度创新等各方面创新,加快构建有利于“大众创业、万众创新”蓬勃发展的政策制度环境和公共服务体系。创新人才发展体制机制,优化人才发展平台布局,着力打造人才强市。完善区域创新体系,高标准建设一批科技创新集聚区和“泛孵化器”,大力培育创新企业群。完善科技服务体系,推进科技金融紧密结合,全力打造长三角科技企业孵化高地和高科技成果转化重要基地。

二是构建现代产业发展新高地。突出制造业强市、服务业兴市不动摇,加快打造互联网经济强市,统筹推进战略性新兴产业、高新技术产业发展和传统优势产业改造提升。重点培育信息、文化、旅游、时尚、金融、节能环保、高端装备制造和新材料等八大千亿级产业,打造支撑嘉兴未来发展的新增长极。推动生产性服务业向专业化和价值链高端延伸、生活性服务业向精细化和高品质转变。加快发展都市型生态农业。

三是打造城乡区域发展一体化先行区。强化发展空间总体管控,科学布局城镇空间、农业空间、生态空间,着力构建“一核三带三区”市域生产力布局,完善“1640”“四百一千”的现代化网络型田园城市发展架构。全面推进国家新型城镇化综合试点,提升中心城市首位度,强化副城综合实力,增强镇一级的集聚功能、生产功能、服务功能,加快推进小城镇建设,着力打造“美丽乡村”升级版。

四是构建江南水乡优美生态环境。坚持绿色惠民,严格实施主体功能区制度和生态立市战略。加大生态环境治理力度,全力打好生活污水、工业污水、农业面源污染治理攻坚战,确保所有工业企业污水实现达标入网,城乡生活污水处理率达到90%;以PM2.5防治为重点,深入实施大气污染防治行动计划。落实最严格的耕地保护制度,科学划定永久性生态用地,加快构筑生态安全屏障。推进资源节约集约高效利用,大力发展循环经济、低碳经济,促进生产生活方式绿色低碳。

五是再造开放引领新优势。大力发展更高层次的开放型经济,按照“两个无差别、三个更好”的要求,全面融入大上海都市经济圈,以交通基础设施对接为基础,推进与上海在产业发展、要素配置、公共服务、政策环境等领域的同城化。全面融入长江经济带建设,积极参与长三角城市群协同发展,提升区域合作水平。创新对外开放体制机制,加快对外贸易优化升级,提高利用外资质量水平。

六是创造安居乐业幸福生活。坚持共享发展理念,提高公共服务供给水平。统筹推进各类教育优质均衡发展。健全城乡均等就业创业服务体系，完善收入分配制度和劳动者报酬增长机制，大力推进低收入群体加快增收。进一步完善社会保险体系、社会救助福利体系和住房保障体系。深化医药卫生体制改革，优化医疗卫生资源配置，实施全民健身计划，增强养老康复服务设施供给能力，努力让全市人民拥有更好的教育、更高质量的就业、更满意的收入、更可靠的社会保障、更健全的健康服务和更高水平的养老服务。

七是提升城市文化软实力。自觉践行社会主义核心价值观，倡导“崇文厚德、求实创新”的嘉兴城市人文精神和“勤善和美”的当代嘉兴人共同价值观。大力发展文化事业，深化国家公共文化服务体系示范区建设，扶持优秀文化产品创作生产，激发文化创新创造活力。创新文化产业发展业态，到2020年全市文化产业增加值占地区生产总值比重达到7%。注重城市形象塑造，培育一批具有嘉兴地域特色的重大文化品牌，打造江南水乡文化传承典范。

八是提升基础设施现代化水平。以满足需求、适度超前为导向，加快推进“四网一路一空港”建设，统筹推进嘉兴南站综合交通枢纽建设，实现内外交通“无缝衔接”、各种交通方式“零距离”换乘。打造“智慧嘉兴”，深入推进光网城市建设，运用互联网创新城市治理。强化能源供应保障，推进水利设施现代化，加强城市地下空间开发利用，提升市政公用设施建设水平。

九是深化重点领域改革和社会治理。围绕优化调整政府与市场关系，加快推进要素市场、政府职能、社会组织、法治建设等基础性制度创新。进一步完善市场监管机制，创新行政管理服务体制。健全公平高效市场环境，深化投融资体制、要素配置差别化和国资国企改革，再创民营经济新优势。加强供给侧结构性改革，激励市场主体供给创新，推动供给与需求两端协同发力。构建社会多元治理新格局，健全立体化社会治安防控体系，切实保障社会公共安全，增强全民法治意识和法律素养，完善社会信用体系，着力建设“法治嘉兴”。

各位代表，未来五年的奋斗目标鼓舞人心，催人奋进。我们坚信，有市委的坚强领导，在全市人民的共同努力下，我市“十三五”规划的宏伟蓝图一定能够胜利实现！

三、2016年主要工作

起跑决定后程，首战影响决战。2016年是高水平全面建成小康社会决胜阶段的开局之年，务必要保持经济社会平稳健康发展。综合分析各方面因素，建议今年全市经济社会发展的主要预期目标为：地区生产总值增长7%~7.5%，一般公共预算收入增长6.5%，城镇居民人均可支配收入、农村居民人均可支配收入均增长8%，“三去一降一补”取得实质性进展，耕地保护和节能减排降碳指标完成省下达的目标任务。重点做好以下七项工作：

（一）努力保持经济稳定增长

着力扩大有效投资。更加注重投资的结构与效益，进一步加大产业投资、创新投资和重大基础设施投资力度，加快推进502个年度重点项目建设，确保固定资产投资增长11%，重大基础设施、重大产业、高新技术产业、生态环保项目投资增长15%。深入实施招商选资和浙商回归，力争引进世界500强公司、全球行业龙头企业和总投资1亿美元以上项目20个，实际利用外资达到25亿美元，浙商回归到位资金350亿元。创新投融资机制，推广政府与社会资本合作（PPP）模式，引导民间资本进入社会事业领域、参与重大项目建设。深入实施供而未用土地消化利用专项行动，切实保障大项目好项目用地需求。

着力提升产业竞争力。把发展实体经济放在更加突出的位置，实施《中国制造2025嘉兴行动纲要》，开展制造业“四化百项”工程，加快培育发展、改造提升智能制造装备、化工新材料、光伏新能源等“十大产业链”，推动工业做大做强。聚焦发展互联网经济，推进全国“新型智慧城市”标杆市试点和乌镇互联网创新发展试验区建设，启动培育10个互联网特色小镇、100个“互联网+”工业示范试点企业，力争信息产业产值突破1000亿元。全力办好第三届世界互联网大会。加快建筑业转型发展。突出服务业兴市，实施服务业投资“百项千亿”工程，大力发展现代物流、金融、科技信息等现代服务业，加强旅游资源和产业链整合，力争服务业增加值比重提高1.2个百分点。加快农业现代化步伐，深化农业“两区”建设，发展多种形式的适度规模经营，推动种养殖业转型升级，高度重视粮食安全，确保完成省下达粮食生产任务。高标准推进省级特色小镇建设，加快培育一批市级特色小镇，形成小镇建设联动发展、滚动推进的良好态势。

着力强化供给侧精准发力。健全企业优胜劣汰机制，突出整治“低、小、散”，对“僵尸企业”通过兼并重组、债务重组、破产清算实现市场出清。全年完成“个转企”1500家，新增股份制企业100家，实施兼并重组企业100家。切实为实体经济企业减负，对涉企成本进行全面清理、集中整治，大力帮扶企业化解资金链、担保链风险。加快房地产去库存、优结构，完善公积金政策，强化土地供应管理，保持房地产市场健康发展。优化金融供给结构，大力发展普惠金融，加强金融和金融衍生品监管，力争新增上市公司11家、新三板挂牌企业30家，直接融资规模达到500亿元。

(二)强化科技创新驱动

加强科技平台建设。高标准推进秀洲国家级高新技术产业开发区、嘉兴科技城建设，积极筹建浙大海宁(国际)研究院，推动省级高新技术园区实现县(市、区)全覆盖。打造众创、众包、众扶、众筹平台，构建企业、高校、科研机构、创客多方协同的新型创业创新机制，启动建设一批运行模式先进、配套功能完善的创业创新示范中心，力争新增市级以上科技孵化器11家，新建“两创中心”标准厂房60万平方米。

加速科技成果转化。深化产学研合作，组织实施一批重大科技应用示范专项，促进科技与产业融合。深入实施科技企业培育三年行动计划，力争新增高新技术企业150家、科技型企业400家，实现规模以上企业技术研发机构全覆盖。深化省科技金融改革创新试验区建设，扩大科技风险投资引导基金规模，撬动社会资本向科技创新领域聚集。加快网上网下科技大市场建设。

加快科技体制改革。启动省级科技创新改革试验区创建。健全多元化科技投入体系，探索科研项目经费、科技成果使用处置和收益管理创新，积极推行科技创新券制度，提高科技资金使用绩效。创新人才发展机制，深入实施“创新嘉兴·精英引领计划”，大力发展人力资源服务业，配套完善高层次人才亟须的国际教育、高端医疗等公共服务，力争新建院士专家工作站6家，新引育国家、省“千人计划”专家30名、市级领军人才100名。深入推进国家知识产权示范城市建设，力争新增发明专利授权850件。

(三)深入推进改革开放

积极推动各项改革实践。全力支持嘉善县域科学发展综合配套改革、平湖产业结构调整机制创新、海盐基本公共服务均等化、海宁循环经济示范城市、桐乡中小城市综合改革、秀洲分布式光伏发电应用示范区、南湖相对集中行政许可改革等国家、省改革试点，加快形成一批可复制、可推广的试点经验。积极推进财政预算管理改革，探索建立跨年度预算平衡机制，加强财政专项资金使用绩效评价。深化国资国企改革，实施市属经营性国有资产集中统一监管，加快建立外派监事会制度，推动从管资产向管资本转变。围绕“三权到人(户)、权随人(户)走”，深化土地承包经营权、宅基地使用权和集体收益分配权改革，积极稳妥推进农民住房财产权工作。

提升开放型经济引领水平。加快建设一批跨境电子商务产业园和示范企业，扩大高端机械、高新技术产品和服务贸易出口。支持外贸企业积极开拓国内市场。鼓励企业扩大先进技术、关键设备、节能环保等产品进口。加快嘉兴综合保税区建设步伐，高标准建设国际产业合作园。鼓励企业“走出去”，到境外建立生产基地、研发设计机构、能源资源基地、营销网络、“海外仓”，支持有条件的企业开展国际并购，实现产业链、价值链的全球布局。

全力推进接轨上海。推进基础设施互联互通，完成市域轨道交通线网与上海城市轨道交通网对接方案，加快沪乍杭铁路前期工作。大力推动沪嘉产业协同创新区建设，提升嘉善临沪产业合作园区、平湖张江长三角科技城和滨海新区等平台功能。充分复制借鉴上海自贸区改革经验，打造利用外资新高地。加强公共服务共建共享，大力引进上海高端教育、医疗资源，积极推进医保、公交"一卡通"应用，在沪嘉边界区域实现通讯同城化。建立健全接轨上海工作机制，加强市驻沪联络工作。

（四）努力建设美丽城乡

加快美丽城市建设。健全"多规合一"机制，进一步优化市域空间布局、功能定位。完善市域基础设施，加快推进杭州湾跨海大桥北接线二期、杭平申线航道改造等工程，继续推动嘉兴军民合用机场项目及市域轨道交通项目前期工作。加快中心城市国际商务区、湘家荡等重点区块开发建设，引导和支持各副中心城市特色化、差异化发展。深入实施城市有机更新，统筹城市地下空间开发利用和海绵城市建设，加强城市规划和设计，推进中心城区子城广场、南湖湖滨、博海路等片区更新开发。科学开展城市交通治堵，加快城市快速路网建设，新增公交专用道10公里。扩大市容市貌网格化管理覆盖面，健全"数字城管"应用体系，加大城市环境卫生顽疾的整治力度。

加快美丽新市镇建设。高品位、高质量推进新市镇规划建设，实施新一轮市级小城市培育三年行动计划，做好省级小城市试点申报。大力实施新市镇改造提升工程，推动城市基础设施和公共服务向城镇延伸，建成一批美丽示范街区和特色社区，提升新市镇的洁化绿化亮化美化水平。坚持产城融合，培育壮大新市镇主导产业。积极推动就地城镇化，促进有能力在城镇稳定就业和生活的农业转移人口在新市镇落户。

加快美丽乡村建设。深入推进美丽乡村四级联创，深化"百村示范、千村整治"工作。完善耕地保护补偿激励机制，深入推进农房改造建设，加快待整治自然村落向"四百一千"集聚，完成土地整治复垦7500亩。加强村庄建设规划和农房设计，加大传统村落民居和历史文化村落保护力度。实施新一轮村级集体经济壮大工程，鼓励发展民宿经济、农家乐和农村电商，推进富民强村。

（五）加强环境治理和保护

加大治水治气治土力度。持续深化"五水共治"，组织实施城乡生活污水治理、污泥固废整治、河湖清淤连通"三大工程"，新增受益农户5万户。加快城镇集中式污水处理厂扩容提标改造，开工建设城东再生水厂，力争市控以上断面四类及以上水质达到80%以上。完善生猪养殖业常态化监管机制，巩固减量提质成果。加快市域外配水工程（杭州方向）步伐，完成工程初步设计，同步开展分质供水前期工作。实施区域水系综合治理，加快推进平湖塘延伸拓浚、杭嘉湖扩大南排等水利工程建设。深入实施"五气共治"，倒逼重点管控企业废气达标排放，加强餐饮场所、工地、码头堆场等清洁化管理，加强秸秆资源化利用，完成黄标车淘汰整治，确保全年PM2.5浓度和重污染天数实现"双降"。加强土壤重金属污染防治，开展污染场地治理修复试点。实现固废处置设施县（市）全覆盖。

加大"三改一拆"力度。坚持拆改结合、拆用并举，依法治违、长效管护，完成拆改面积1600万平方米、创建2个"基本无违建县（市、区）"。利用好国家对棚户区改造的政策机遇，加快旧住宅区改造，重点做好中心城区杉青闸、文生修道院等地块改造工作。持续深化"四边三化"，巩固"公铁"沿线环境整治成果，全市新增改造绿化面积2.2万亩。

加大节能减排力度。健全能源消费总量、单耗和煤炭消费总量"三控"制度，推行用能预算管理，完善用能权指标交易机制。调整能源结构，推进煤改气、油改气以及电能替代等工作，加快太阳能、风能、生物质能利用。建立企业排污双证许可制度，加强对重点企业排污总量监管，严禁新上高污染、高排放项目。大力发展循环经济，加快建设一批示范园区和企业，完成100家企业清洁生产审核。

(六)加强社会建设和改善民生

促进城乡居民持续增收。落实积极的就业创业政策，实施大学生就业促进计划和创业引领计划，规划建设大学生创客孵化中心6家。加强就业援助，增加公益性就业岗位，促进困难人员就业。加大农村劳动力就业培训力度，新增城镇就业6万人，力争更多的农村劳动力转移到城镇稳定就业。完善社会平均工资指导线制度，推行企业工资集体协商。强化欠薪预警防范和综合处置，加大排查力度，充实工资保证金和应急周转金，坚持打击恶意欠薪、恶意讨薪“两手硬”。

完善社会保障制度。加大社会保障扩面工作力度，推进居民医保与职工医保制度的衔接，加快建立城乡一体的失业保险制度，动态调整各类人员社会保障待遇。完善城乡最低生活保障和社会救助工作，做好低收入群体增收帮扶和精准扶贫。加快养老服务体系建设，鼓励发展各类民办养老机构，积极探索医养结合模式，实现居家养老服务照料中心城乡社区全覆盖。加快推进市老年公寓改扩建、市老干部活动中心扩建等项目建设。创新住房保障模式，加快向公共租赁住房货币补贴转变。积极发展红十字和公益慈善事业，完善残疾人社会救助制度，开工建设市残疾人康复中心。

推动社会事业普惠均衡发展。大力培育和弘扬社会主义核心价值观，巩固发展全国文明城市创建成果，推进全国“志愿服务模范城”创建。加快国家公共文化服务体系示范区建设，大力实施文化惠民工程，推进农村文化礼堂提质扩面和城市社区文化家园建设，切实做好遗产遗址、历史街区的传承保护和活化利用，加快推动嘉兴博物馆二期、马家浜文化博物馆项目建设。深化教育领域综合改革，建立以县为主学前教育统筹发展机制，加快义务教育优质均衡发展，推进国家特殊教育改革试验区建设，实施职业教育人才培养创新，支持在禾高等院校加快发展。深化公立医院综合改革，推进优质医疗资源下沉基层，抓好分级诊疗，推广诊间结算。做好国家卫生城市复查迎检工作。落实全面两孩政策，启动市妇保院二期建设。实施全民健身工程，提升群众体育、竞技体育和体育产业发展水平。支持工会、共青团、妇联、科协等群团组织创新发展，扎实做好民族宗教、外事侨务、对台事务、统计、档案、史志、气象等工作。

加强社会治理创新。深入推进“三社”联动，加大社会组织、专业社工培育力度。健全矛盾纠纷多元化解机制，做好新形势下信访工作。完善公共安全保障体系，强化食品药品监管，全面落实安全生产责任制，坚决遏制重大事故。扎实做好防灾减灾工作。全面开展“七五”普法，完善公共法律服务体系。制定出台户籍制度改革政策，创新推进新居民管理服务。加强互联网综合治理和网络安全维护。强化社会治安综合治理，总结推广“乌镇管家”经验，加强反恐怖能力建设，依法严密防范和严厉打击各类违法犯罪活动。支持驻嘉部队建设，做好国防动员、双拥优抚安置等工作，促进军民融合发展。

(七)加强政府自身建设

依法履行政府职能。把政府活动全面纳入法制轨道。健全“四张清单一张网”制度，深化简政放权、放管结合、优化服务改革，构建科学合理的政府职责体系。加强政府法制工作，强化与市人大的立法衔接。规范重大行政决策程序，健全公众参与、风险评估、合法性审查等制度。深入推进综合行政执法改革，加快建立统一的政务咨询投诉举报平台和联合执法协调指挥机制。加强和改进行政复议工作。创新公共服务供给方式，编制政府职能向社会组织转移清单。

加强行政权力监督。“权力应该被用来限制权力”。自我强化政府受监督意识，自觉接受人大依法监督、政协民主监督、司法监督，加强政府内部层级监督和专门监督，积极接受社会监督和舆论监督，让权力在阳光下运行。全面推进政务公开,加强对重大决策部署落实情况的跟踪审计,加强行政效能监察,加大督查问责力度。

加强作风和廉政建设。打铁还需自身硬。深入开展"两学一做"学习教育,把纪律和规矩挺在前面,坚决整治"庸懒散",破解机关"中梗阻",决不允许尸位素餐,努力推动作风建设常态化、长效化。健全容错纠错机制,宽容失败,允许试错,有错必改,为改革创新者撑腰鼓劲,为敢于担当者担当。打通联系群众"最后一纳米",强化第一线服务,把群众的"点赞"作为推动政府工作前进的动力,把群众的"吐槽"作为努力改进政府工作的明确方向。健全廉政风险防控机制,坚决惩处各类腐败行为,坚决做到发现一起,查处一起,绝不姑息。

各位代表,时代赋予我们重任,人民寄予我们厚望,唯有实干才能铸就新的辉煌。让我们更加紧密地团结在以习近平同志为总书记的党中央周围,在中共嘉兴市委的坚强领导下,振奋精神、凝心聚力,勇于担当、真抓实干,为实现高水平全面建成小康社会的宏伟目标而不懈奋斗!

嘉兴市国民经济和社会发展第十三个五年规划建议

(2016年1月18日中共嘉兴市委七届十一次全体会议通过)

中共嘉兴市委七届十一次全体会议,认真学习贯彻党的十八届五中全会和省委十三届八次全会精神,全面分析国际国内环境变化带来的影响和趋势特征,认真研究今后五年我市发展目标任务,就制定“十三五”规划提出如下建议。

一、以“四个全面”战略布局为统领,开创嘉兴科学发展新局面

(一)“十二五”时期嘉兴发展取得的显著成就。“十二五”以来,面对错综复杂的外部环境,我市深入贯彻中央和省委战略部署,牢牢把握稳中求进、转中求好工作总基调,以开展“推进重点工作、推动争先晋位”活动为重要抓手,全力打好转型升级组合拳,全市综合实力跃上新台阶,人均生产总值超过12000美元,区域创新能力不断增强。世界互联网大会永久落户乌镇。深入推进以“五水共治”为重点的生态文明建设,全市交接断面水质考核实现由不合格向合格进而优秀的重大转变,地表水水质实现Ⅱ类水断面从无到有、Ⅲ类水断面持续增加、整体实现Ⅳ类水为主体的“十二五”治水目标。市域外引水工作取得实质性进展。提前一年实现省高标准基本农田建设目标。凝练和传承弘扬“南繁精神”,农业与生物技术领域科技成果历史性地荣获国家科技进步二等奖。统筹城乡发展进入全面融合阶段,发展水平列全省首位。社会事业取得新进步,基本公共服务均等化程度明显提高,社会保障体系更加健全,农村居民收入连续11年位居全省首位,新居民管理服务创新发展,实现省级平安市、县(市、区)创建“满堂红”“九连冠”“夺银鼎”。坚持以改革领先支撑发展率先,市和各县(市、区)实现省级以上重大改革试点全覆盖。嘉善县域科学发展示范点建设取得阶段性成果。对外开放持续深入,“法治嘉兴”建设不断深化,社会主义协商民主进一步加强,治理体系和治理能力现代化建设进一步提升。社会主义核心价值观深入人心,文化软实力持续加强。成功创建并蝉联全国文明城市。全面从严治党开创新局面,建党圣地加快向党建高地迈进,全市党员干部精气神明显提升。总结五年发展实践,成绩来之不易,经验弥足珍贵,这些都为嘉兴未来发展奠定了坚实基础。

(二)“十三五”时期嘉兴发展面临的机遇和挑战。“十三五”时期,嘉兴发展的内外部环境将发生重大变化。从国际动向看。世界多极化、经济全球化、文化多样化、社会信息化深入发展,新一轮科技革命和产业变革孕育突破,全球治理体系深刻变革,但国际金融危机深层次影响在相当长时期依然存在,全球经济贸易增长乏力,保护主义抬头,不稳定、不确定因素增多。从国内发展看。我国正处在全面建成小康社会决胜阶段,经济发展进入新常态,新的增长动力正在孕育形成,“一带一路”、长江经济带、自由贸易区等重大国家战略,以及“中国制造2025”和“互联网+”的实施,为我市加快推动产业跨界融合、转型升级提供了机遇。消费结构逐步升级,新技术新业态新模式大量涌现,经济长期向好基本面没有改变,但发展不平衡、不协调、不可持续问题仍然突出。从长三角区域看。上海建设具有全球影响力的科创中心将辐射带动周边城市创新能力提升,杭州都市圈城市间的合作交流将不断深化,杭州协同周边城市承办亚运会等将给我市带来新的机遇。“十三五”时期我市长三角综合交通枢纽地位将进一步确立,但区域内城市竞合关系仍将长期存在并持续发展。

与此同时,我市发展过程中产业转型升级的深层次问题尚未根本突破,束缚创业创新的体制机制障碍还比较多,制造业仍未摆脱“低、小、散”格局,大企业、大产业、大平台培育相对不足,接轨上海承接辐射能力有待进一步加强;资源环境硬约束下的发展路径还未全面形成,劳动生产率偏低,节约集约发展水平不高,改变粗放型用地和盘活存量的任务仍然较重,环境问题仍是影响我市小康社会建成水平的重要因素;人口老龄化加剧,加强基本公共服务供给、补足民生领域短板的任务还较重;经济问题引发的不稳定因素增多,安全生产、社会治安、网络安全等领域潜在风险隐患仍然存在,社会治理能力和水平有待进一步提升。

“十三五”时期是我市强化创新驱动、完成新旧发展动力转换的关键期,是优化经济结构、全面提升产业竞争力的关键期,是加强制度供给、实现治理体系和治理能力现代化的关键期,是协同推进“两富”“两美”嘉兴建设、增强人民群众获得感的关键期,是防范化解风险矛盾、夯实长治久安基础的关键期。我们要准确把握这一时期的深刻内涵,主动抓住机遇,沉着应对挑战,保持战略定力,切实以新的发展理念适应、引领新常态,推动我市在未来发展中把握主动、赢得优势。

(三)“十三五”时期的指导思想和发展理念。高举中国特色社会主义伟大旗帜,以马克思列宁主义、毛泽东思想、邓小平理论、“三个代表”重要思想、科学发展观为指导,深入贯彻习近平总书记系列重要讲话精神,以“四个全面”战略布局为统领,以创新、协调、绿色、开放、共享五大发展理念为引领,以“八八战略”为总纲,以“干在实处永无止境,走在前列要谋新篇”为新使命,以“更进一步、更快一步,继续发挥先行和示范作用”为总要求,坚持发展第一要务,坚持转型升级不动摇,紧扣提高经济发展质量和效益这一中心,加快形成引领经济发展新常态的体制机制和发展方式,统筹推进经济建设、政治建设、文化建设、社会建设、生态文明建设和党的建设,加快“两富”“两美”嘉兴建设,高水平全面建成小康社会,全力打造现代化网络型田园城市,以党的诞生地各方面工作取得的优异成绩向建党100周年献礼。

发展理念是发展行动的先导,是发展思路、发展方向、发展着力点的集中体现。中央确立的五大发展理念,是改革开放30多年来我国发展经验的集中体现,反映出我们党对我国发展规律的新认识。我们要如期实现高水平全面建成小康社会目标,必须牢固树立、全面贯彻创新、协调、绿色、开放、共享的发展理念。

创新是引领发展的第一动力。必须把创新摆在发展全局的核心位置,不断推进理论创新、制度创新、科技创新、文化创新等各方面创新。全力依靠创新驱动提高全市经济社会发展的质量和效益,不断完善区域创新体系,加快构建有利于大众创业、万众创新蓬勃发展的政策环境、制度环境和公共服务体系,让创新在全社会蔚然成风。

协调是持续健康发展的内在要求。必须加大统筹协调发展力度,精准施策补好短板,统筹推进城乡和区域、物质文明和精神文明建设协调发展,努力实现全市域更高水平均衡发展和整体资源要素的高效利用。传承弘扬“红船精神”,积极倡导嘉兴城市人文精神和嘉兴人共同价值观,不断提升全民文明素质,推动全市经济、政治、文化、社会和生态文明建设协同并进。

绿色是永续发展的必要条件和人民对美好生活追求的重要体现。必须照着“绿水青山就是金山银山”的路子走下去,按照打造江南水乡典范的要求,合理布局生产、生活、生态空间,积极构建结构合理的生态经济体系、舒适优美的生态环境体系、文明健康的生态文化体系、可持续利用的资源保障体系和稳定可靠的生态安全体系,努力实现经济与环境、人与自然的和谐发展,形成独具江南特色的生态建设典范。

开放是实现繁荣发展的必由之路。必须顺应经济全球化、区域一体化发展趋势,坚持内外需协调、引进来和走出去并重、引资和引技引智并举,大力发展更高层次的开放型经济。坚持以开放促改革促发展,充分激发市场活力、拓展市场空间,切实打开释放经济发展潜力的通道,着力打造海上丝绸之路重要的港口城市和长三角经济区重要的节点城市。

共享是中国特色社会主义的本质要求。必须坚持人民主体地位,坚持保障和改善民生优先导向,全面履行政府职责,用好市场机制、动员社会力量,努力维护社会公平、增进民生福祉,促进人的全面发展,使全市人民在共建共享中有更多的获得感,推动发展迈向新台阶。

(四)“十三五”时期我市发展定位、目标和实现路径。

“十三五”时期我市城市发展定位是:全力打造现代化网络型田园城市。围绕这一发展定位,进一步丰富内涵,突出发挥优势和补齐短板两大主题,集中力量办好既该干又能干成的大事,确保实现已经确定的“四翻番”目标,高水平全面建成小康社会。具体目标是:

——综合实力更强劲。经济保持中高速增长,到2020年生产总值、人均生产总值、城乡居民收入均比2010年翻一番,力争实现早翻番。产业迈向中高端,信息化与工业化深度融合,先进制造业与现代服务业“双轮驱动”,现代产业体系加快形成,新产业新业态引领作用显著增强。投资效率明显上升,消费贡献明显提高。“招商引资”“招大引强”持续发力,开放型经济水平全面提升,建成一批具有影响力的开放大平台和国际产业合作园。大众创业、万众创新蓬勃发展,创新型城市加快建成,基本形成创新驱动发展格局。

——生态环境更优美。“五水共治”“五气共治”“三改一拆”、海绵城市建设等战略部署全面推进,促进绿色发展、循环发展、低碳发展的绿色制造体系加快构建,能源和水资源消耗、建设用地、碳排放总量和强度得到有效控制,主要污染物排放总量大幅减少。到2020年,全面消除黑臭河和地表水劣Ⅴ类水质,在上游来水水质稳定改善基础上,市控以上断面Ⅲ类水成为主体。PM2.5浓度明显下降,土壤洁净程度进一步提高,地面沉降防治实现根本性好转,生态面貌出现根本性改观,嘉兴的天更蓝、地更净、水更清。

——城乡区域更协调。新型工业化、信息化、城镇化和农业现代化同步推进,城乡基础设施进一步完善,全市发展空间格局进一步优化。“县域经济”向“城市经济”加快转型,促进城乡公共服务均等、城乡居民收入均衡、城乡要素配置合理、城乡产业发展融合的体制机制加快构建,努力推动统筹城乡发展继续走在前列、做出示范。

——人民生活更幸福。中国梦和社会主义核心价值观更加深入人心,人民文明素质和社会文明程度显著提高。社会就业更加充分,社会分配更加公平,收入增长与经济增长更加协调,覆盖城乡居民的教育、文化、卫生、体育和社会保障体系不断完善,群众最关心最直接最现实的利益问题得到更好解决,广大群众的富足感、愉悦感和幸福感进一步增强。

——治理体系更完善。重要领域和关键环节改革取得决定性成果,法治嘉兴建设全面深化,更加注重源头防范、系统治理、多方参与,治理制度化、规范化、程序化、法治化、信息化水平不断提高。人民民主更加健全,法治政府基本建成,司法公信力明显提高,社会治理更加高效。党的建设制度化水平显著提高。

围绕上述目标,在发展取向和实现路径上,要加快推进“六个转变、六个提升”。

加快推进从“要素驱动”向“创新驱动”的

转变，进一步提升创新能力和发展动力。发挥科技创新在全面创新中的引领作用，切实把科技创新贯穿到投资、出口、消费等经济活动的全过程，不断提高投资的拉动效应、出口的带动效应、消费的推动效应。按照“四突破、四提高”的要求，广泛吸纳国内外创新资源，积极开展产学研合作创新，健全完善产业化目标的科技成果应用评价体系，更多依靠技术进步提高投入产出效益、产品质量档次和市场竞争力，以此实现“路径突破”，加快迈向创新驱动为主导的发展之路。

加快推进从“传统产业为主”向“现代产业为主”的转变，进一步提升产业核心竞争力。始终坚持“制造业强市”不动摇，坚定不移打好转型升级系列组合拳，加快推进信息化与工业化深度融合，不断提升制造业智能化、绿色化、服务化和国际化发展水平。始终坚持“服务业兴市”不动摇，加快先进制造业与现代服务业“双轮驱动”，大力发展服务型制造和生产性服务业，提升发展生活性服务业，积极培育新产业、新技术、新业态、新模式，加快推动现代服务业更好地与先进制造业发展相适应、相匹配、相协调，促进我市产业在相互支撑中协同并进，在融合发展中加速转型，在优化结构中实现新的突破。

加快推进从“县域经济”向“城市经济”的转变，进一步提升经济综合实力。积极顺应形势、把握大势，遵循发展规律，把做大做强“城市经济”作为转型发展的战略重点和主攻方向，着力强化“多规合一”、产城融合，不断提升中心城市首位度和集聚辐射能力，全力推进市域一体化发展，加快形成与新型城市化相适应、相协调的经济布局和发展方式。

加快推进从发挥“区位优势”向更好发挥“功能优势”的转变，进一步提升区域影响力。充分发挥我市处于长三角区域地理中心、节点城市的区位优势，奉行互利共赢的开放战略，主动融入沪杭等周边区域中心城市，争取机制共建、改革共推，实现区域优势互补、资源共享、关联发展，进一步提升区域综合服务功能，加快培育拓展综合交通枢纽、物流网络、产业平台、金融商务服务、旅游休闲、高端教育医疗等综合服务功能，切实以功能优势进一步赢得未来发展的竞争优势。

加快推进从偏重依靠“有形之手”向更好发挥“两个作用”的转变，进一步提升软环境竞争力。切实以政府自身改革为突破口，撬动经济、社会各领域改革，着力解决要素错配、劣配、低配等问题，优化公共权力配置与运行，把考核导向与新常态下速度变化、结构优化、动力转换的新要求结合起来，最大限度激发各类市场主体的积极性、主动性和创造性，努力实现市场“无形之手”与政府“有形之手”的有效匹配和有机结合。

加快推进从“社会管理”向“社会治理”的转变，进一步提升社会发展活力。适应新常态下社会建设出现的新情况、新问题，在加强党委领导、发挥政府主导作用基础上，鼓励和支持社会各方参与，充分发挥多元主体在创新社会治理体制中的作用，切实增强社会协同和自我调节功能，不断深化城乡社区居民自治，激发社会组织活力，大力发展社会工作，在共建共享中加快形成具有嘉兴特色的多元共治、和谐有序、充满活力的治理体系。

二、聚焦创新发展，推动经济加快迈向“双中高”

坚持把创新放在发展全局的核心位置，全面实施创新驱动发展战略，既重视有形平台建设，又重视政策环境、政务服务等无形平台建设，加快形成以创新为引领和支撑的经济体系和发展模式。

（一）把科技创新摆在更加突出的位置。

1.加快建设更高水平的创新支撑平台。以全面巩固和深化建设浙江省区域科技创新体系副中心为重点，大力推进嘉兴科技城、嘉兴秀洲国家高新技术产业开发区等重大平台建设，充分发挥浙江清华长三角研究院、中科院浙江应用技术研究院、嘉兴学院、浙大海宁国际校区等在禾科研机构和高校科研服务功能，加强创新链与产业链对接协同，加大投入力度,整合优化科技创新空间布局,积极争创国家自主创新示范区。继续大力引进国内外创新资源,积极争取国家、省重大科技项目和平台落户我市,全面提升我市创新综合能力。积极实施“泛孵化器”建设工程,加快建成一批新经济园、“两创”中心和专业孵化器,扶持一批市场化、专业化、集成化、网络化的“众创空间”。更加重视“加速器”建设,促进市内、市外孵化企业在嘉兴实现成果转化,全力打造长三角科技企业孵化高地和高科技成果转化重要基地。

2.强化企业创新主体地位。以科技企业培育工程为抓手,大力扶持高新技术企业、创新型企业和科技型中小企业加快发展。在规模以上工业企业实现研发机构全覆盖的基础上,进一步落实鼓励政策,引导企业研发机构真正发挥作用、产生效益。改革产学研协同创新机制,引导构建以企业为主导、产学研用紧密合作的产业技术创新战略联盟,推动高校、科研院所与企业以市场化方式建立创新利益联合体。

3.改革完善科技体制机制。以创建省科技创新改革试验区为契机,坚持市场化导向,优化政府科技投入机制,提高软性投资比例,健全绩效评价机制。加大财政对创新产品市场化的扶持。推进科研项目经费、科技成果使用处置和收益管理改革,提高科研人员收益分享比例。完善社会化科技服务体系,加快建设网上网下并行交易的“嘉兴科技大市场”,建立科技成果供需对接的便捷通道。联动推进质量强市、标准强市和品牌强市建设,深入实施知识产权战略,强化知识产权法律保护。

4.推进科技金融融合发展。以省科技金融改革创新试验区创建为抓手,完善科技金融风险分担机制,发挥银行、证券、保险等金融业态机构的引导作用,不断增加对科技领域的金融支持力度,促进科技金融的深度发展。进一步健全科技金融专营机构体系,创新科技金融服务产品,扩大服务覆盖面。积极推进科技保险改革创新,为创业创新提供风险保障。强化创业投资机构和资本的引进集聚,培育本土化投资者队伍,促进各类创业平台、人才和资本的嫁接合作。加快科技金融服务平台建设,推进互联网工具和科技金融中介的嫁接合作,努力形成多层次、广覆盖、高效率、更安全的科技金融服务体系,打造“嘉兴科技金融”品牌。

(二)全力构建现代产业新体系。

1.加快培育支撑嘉兴未来发展的产业集群。遵循产业递进规律,深度推进一二三产跨界融合、协同发展。大力实施制造业提质“百千万工程”和“加快发展现代服务业行动”,培育扶持一批先进制造业、现代服务业与特色农业龙头企业,全面推进“强三优二精一”,在坚定淘汰落后产能基础上,全力打造信息、文化、旅游、时尚、金融、环保、高端装备制造和新材料等八大千亿级中高端产业集群。力争“十三五”时期全力实现制造业在平稳发展中加速转型,服务业占全市生产总值比重年均增加 1.2 个百分点以上,确保发展实现中高速、产业迈向中高端。

2.坚持制造业强市不动摇。制定实施《中国制造 2025 嘉兴行动纲要》,统筹推进战略性新兴产业培育、装备制造业和高新技术产业发展、传统优势产业改造提升。着眼建链、补链、强链,积极实施智能终端、智能照明、智能制造装备、农林机械、汽车及零部件、精品纺织、品牌女装、皮革制品、化工新材料、光伏新能源等“十大产业链”提升工程,促进产业关联发展、链式发展。深入推进“四换三名”工程,大力实施“创新 +、技改 +、集约 +、互联网 +、大企业 +”及“污染 -、能耗 -、地耗 -”“五加三减”和“四化千项”等行动,加快传统优势产业装备更新和智能化、绿色化改造,推动生产方式向柔性、智能、精细转变,全面推进产业技术工艺创新、信息技术融合和商业模式创新,培育一批具有国际竞争力的创新型龙头企业,推动嘉兴制造向“嘉兴质造”“嘉兴智造”转变。

3.坚持服务业兴市不动摇。充分发挥我市区位等优势,大力发展特色楼宇经济,进一步做大做强现代物流、科技与信息服务、金融、文化旅游和健康服务业。把生产性服务业作为引领制造业提升的突破口,大力发展研发设计、商务咨询、电子商务、总部经济、人力资源、节能环保、检验检测等服务业；顺应消费升级需求，大力发展智能、绿色、安全的现代商贸、运动休闲、居民和家庭服务、教育文化等生活性服务业，推动生产性服务业向专业化和价值链高端延伸、生活性服务业向精细化和高品质转变。以嘉兴现代服务业集聚区为龙头，全面提升省、市级服务业集聚（示范）区建设水平，促进服务业规模化、品牌化、国际化发展。以上海迪士尼开园及我市引进启动一批百亿级重大旅游项目为契机，坚持市场化导向，着力推进旅游资源整合和产品开发，促进旅游业和其他产业相融合，全力打造运河国际旅游休闲城市。

4.加快推进农业现代化。发挥我市农业特色优势，更加突出农业的生态功能，大力发展生态循环农业、现代种业、农产品加工业、农业服务业，加快构建高产高效生态安全的现代农业产业体系。加快建立集约化、专业化、组织化、社会化的新型农业经营体系，创新农业科技成果转化和推广机制，不断提高农业现代化水平，多措并举推动传统农业向现代都市型生态农业转型。坚持最严格的耕地保护制度，坚守耕地红线，划定和保护永久基本农田，推进土地综合整治，以农业“两区”建设为重点，实施百万亩耕地质量提升工程和基本农田质量建档工程，探索休耕轮作等农业耕作方式，增强粮食安全和农产品安全保障能力。

5.积极扶持新经济新业态新模式。举全市之力承办好世界互联网大会·乌镇峰会。大力实施“互联网+”行动，加快推动互联网与智能制造、现代农业、电子商务、金融服务、智慧物流、智慧交通等跨界融合，建设互联网经济强市。按照“一城一核多功能区”空间布局，全面推进嘉兴—桐乡—乌镇智慧城市、国家互联网（华东）数据中心、中国网络空间研究院、世界互联网博物馆等一批重点项目开发建设，全力打造乌镇互联网创新发展试验区。鼓励基于互联网的产业组织、商业模式、供应链、物流链创新，大力发展电子商务，激发电子商务的创新动力、创造潜力、创业活力。推广新型孵化模式，大力发展众创、众包、众扶、众筹空间，发展天使创业投资。引进培育国家级、省级科研机构和科技创新平台，积极推动智能终端、装备电子、光伏、LED照明、新型电子元器件和电子材料、集成电路、物联网、软件产业和信息技术服务业等信息产业八大领域加快发展，培育百亿级龙头企业。

（三）大力推进经济体制创新。

1.深入推进经济领域重点改革。加强供给侧结构性改革，着力在“去产能、去库存、去杠杆、降成本、补短板”上下功夫，不断提高供给体系质量和效益，促进供给、需求两端发力，持续增强企业创新能力。以全面推进县域经济体制综合改革为切入口，抓住全市域资源要素差别化配置“牛鼻子”，促进资源要素有序流动、优化配置。深化工业绩效评价，深入推进科技金融改革、市场采购贸易方式改革、土地管理制度改革等重大改革专项。建立健全有利于转变经济发展方式、促进社会公平正义、事权和支出责任相适应的现代财政制度，完善政府预算体系，建立规范的政府举债融资体制。创新财政扶持产业发展方式，充分利用政府产业基金等市场化运作模式，放大财税杠杆效应。加强国资国企改革，转变国资监管方式，逐步实现从管资产向管资本为主转变，推进国有资产证券化，优化国有资本布局和国有资源配置。构建“大国资”监管格局，将市属经营性国有资产逐步纳入统一监管平台，促进国资运营规范化、规模化、透明化。完善现代企业制度，建立外派监事会制度，探索完善国企激励约束机制。全面实施不动产统一登记制度改革。进一步优化公共权力运行改革，深入推进“四张清单一张网”、行政审批层级一体化、综合行政执法等改革，完善“政务云”“公共服务云”“大数据中心”等系统建设，不断提升行政服务效能，加快形成大众创业、万众创新的良好外部环境。

2.再创民营经济新优势。深入实施浙商回归工程，进一步拓展浙商回归投资领域，加快构建产业回归、总部回归、资本回归、贸易回归、人才科技回归新格局,推进浙商回归增量提质。大力推进"个转企、小升规、规改股、股上市"。大力发展普惠金融,推动全市小微企业不断成长、规模持续扩大。引导民营企业建立现代企业制度,实施民营企业家素质提升工程,提高民营企业家和非家族高管队伍素质,大力培育新生代民营企业家。推进产权保护法治化,依法保护企业家财产权和创新收益。落实国家全面放开竞争性行业和垄断行业竞争性业务的相关部署,消除民间资本进入的各种隐性壁垒,支持民间资本参与国有企业改革。

3.充分释放传统动力新潜能。发挥投资对增长的关键作用。创新投资方式,扩大有效投资,优化投资结构,重点加强产业转型、基础设施、城乡建设、生态环保、公共服务等重点领域提升工程建设。深化投融资体制改革,鼓励企业通过挂牌上市和发行各类直接债务融资工具,拓宽直接融资渠道。调整财政投入方式,充分发挥市场机制和财政资金的调节引导作用,积极采用PPP模式参与重大基础设施建设等领域投资。发挥消费对增长的基础作用,创新产品和服务供给,积极培育消费新热点,扩大服务消费,稳定住房消费,支持新能源汽车消费,促进消费稳定增长和结构升级。进一步改善消费环境,切实保护消费者合法权益。发挥出口对增长的促进作用,加快转变对外贸易发展方式,增强对外投资和扩大出口结合度,提升传统优势产品竞争力,巩固传统市场,开拓多元新兴市场,不断提升我市产业在全球产业链价值链中的地位和产品市场份额。

三、聚焦协调发展,加快形成全市域协同发展新格局

坚持区域协同、城乡一体、物质文明和精神文明并重、经济建设和国防建设融合,大力实施城乡区域一体化战略,努力在协调发展中拓空间,在补齐短板中增后劲。

(一)优化市域整体布局。

更好地发挥规划对城乡建设的引领、调控和约束作用。按照市域总体规划统筹优化城乡功能布局和空间形态,加快构建"1640"和"四百一千"城乡基本框架。坚持集约发展、高效利用,促进产业集聚发展,加快形成以中部主城区为核心,以北部湿地生态发展带、中部核心集聚带、南部滨江滨海保护开发带为"三带",以临沪发展区、临杭发展区和滨海沿湾发展区为"三区"的"一核三带三区"产业空间布局。全面实施经济社会发展规划、土地利用总体规划、城乡规划、环境功能区划等"多规合一",建立健全"多规合一"常态化管理和运行机制,强化发展空间总体管控,加快构建生产生活生态"三生融合"的网络型田园城市发展架构。

(二)全面推进城乡区域一体化发展。

1.把提升中心城市能级放在突出位置。以"五个统筹"着力加强城市工作,全面推进"多规合一""智慧城市""海绵城市"等建设,完善城市治理体系,有效解决"城市病"等突出问题,进一步提升城市生活品质和区域竞争力。全面贯彻落实市本级发展"十八条"和产业发展规划,调动各方发展积极性。加强主副中心有机联系,支持各副中心城市特色化、功能化发展,加快推动"县域经济"向"城市经济"转型,适时实施行政区划调整。完善城市快速公共交通系统,规划建设市本级和连接市到各县(市)循环型、互通型的通勤交通,加快建立便捷高效的市域交通体系和城市快速路网,加强城市道路、公交场站、综合停车场等交通基础设施建设,发展高峰通勤、定制专线等特色公交,打造公交优先示范城市。积极开发利用地下空间,拓展城市承载能力。探索开展地下综合管廊建设,进一步完善城市供电、供水、供气、污水处理等设施体系。加快推进老城区、老社区改造提升。完善城市绿道,提升城市绿地、园林等休闲健身设施。深入落实国家化解房地产库存决策部署,深化住房制度改革,进一步发挥住房公积金制度的作用,促进房地产业健康发展。

2.把城镇建设作为新型城镇化的关键节点。按照高品位规划、高质量建设要求,着力加强城镇的集聚功能、生产功能、服务功能等核心功能建设,打造"美丽新市镇"。以小城市试点和特色小镇创建为抓手，积极推进就地城镇化，加快以人口集聚带动土地集约、产业集聚、功能集成，着力解决城乡建设用地比例倒挂等问题。坚持产城融合，加快农村低小散工业向镇工业功能区“退散进集”，重视“一镇一品一链”发展创客小镇、智慧小镇、基金小镇、电商小镇、休闲养生小镇等，通过产业发展来集聚人气商气、带动就业创业；推动优质教育文化、医疗卫生、商业等资源向城镇延伸。

3.把“美丽乡村”建设作为统筹城乡发展的重要基础。着力抓好改革赋权、转型强农、治水美村、惠民增收等各项工作，更好地让农业强起来、农村美起来、农民富起来。可持续推进农房改造建设，加快待整治的自然村落向“四百一千”靠拢集聚。优化村庄集聚点规划建设，突出水绿文交融、体现江南特色建筑风格，防止千村一面。加快推进农村公路等级提升工程，推行镇村公交服务标准化。推进休闲农业、观光农业、生态农业等融合互动，打造别致多样、干净整洁、留住乡愁的韵味乡村。

4.强化统筹管理。以打造新型智慧城市建设标杆市为契机，加快推进全光纤网络城市建设，以智能化、信息化手段进一步提升城市管理和服务水平。重点打造“智慧嘉兴”公共服务总平台、公共事务信息系统、地理信息共享平台和智慧社区综合信息服务平台等四大载体。加强智慧政务、智慧民生、智慧交通、智慧电网、智慧城建等智慧应用体系建设和管理服务，努力向管理要畅通、向管理要便利、向管理要效益。以综合行政执法改革为抓手，进一步整合执法资源、推进执法力量下沉，综合运用市场化、法治化等手段集中整治、长效管理市容市貌、镇容镇貌、村容村貌。

5.健全城乡发展一体化体制机制。加快户籍制度改革，促进有能力在城镇稳定就业和生活的农业转移人口在城镇落户，提高户籍人口城市化率。深化“三权到人(户)、权跟人(户)走”改革，全面完成农村土地承包经营权、宅基地使用权、农村房屋所有权、农村集体经济股份收益分配权等确权登记颁证工作，积极探索农村集体产权有效实现形式，支持引导进城落户农民依法有偿退出或转让“三权”。积极稳妥推进农村土地制度改革，创新和完善农村宅基地制度。积极稳妥推进农房改造集聚，完善农村土地整治体制机制，加快集体经营性建设用地入市。扎实推进基本公共服务均等化，逐步缩小城乡教育、卫生、养老、救助、金融等公共服务差距，全面提升城乡公共服务水平。建立城乡公用事业长效化运营、维护、管理机制，理顺市政公共产品和服务价格形成机制。

6.加快构建高效便捷的基础设施体系。按照布局合理、结构优化、效益综合的发展要求，以满足需要、适度超前为导向，强化“内连外接”，积极推进“四网一路一空港”建设，加强各种运输方式间的有效衔接，着力打造立体化、快捷化、网络化、绿色化综合交通体系。以高铁南站综合交通枢纽、杭州湾跨海大桥北接线二期、钱江通道及接线工程(嘉兴段)高速公路项目及沪乍杭铁路、海宁至杭州轨道交通工程、京杭运河“四改三”等工程建设为重点，加快建设连通市域内外的高等级公路网、市域铁路网、轨道交通网和海河联运网，进一步加强市域内部“快速化”综合交通工程建设。抓住国家超前布局下一代互联网的机遇，积极实施网络强市战略，把高水平建设“信息高速公路”作为放大乌镇峰会效应、培育发展信息经济、争创互联网经济强市的基础性工程和招商引资、招大引强的优势资源，积极争取率先构建新一代信息基础设施网络平台。立足经济社会发展对航空运输需要，加快推进嘉兴军民合用机场建设。

(三)推动海陆联动发展。

以滨海港产城统筹发展试验区建设为抓手，大力实施海陆联动发展战略，加快发展海洋经济，不断增强陆海资源互补性、产业互动性和经济关联性。以全省整合海港资源和嘉兴港口岸全域开放为契机，加快整合提升全市涉海涉港资源利用水平。以海河联运体系建设为核心，进一步完善跨关区“大通关”协作机制，努力建成全省海河联运引领区。依托滨海地区港口、岸线和滩涂等优质资源，促进临港工业、现代港口物流业、核电关联产业和滨海旅游业加快发展,打造海洋产业基地。发挥高等级航道优势,推动滨海产业向陆域延伸,拓展产业链,加快沿河产业发展。优化资源配置,加快港航服务体系建设,提升港口能级和滨海资源集约利用水平。坚持生态优先、坚持开发保护并重,促进滨海产业发展与新城建设、生态建设协调共进。

(四)推动军民融合发展。

统筹经济建设和国防建设,完善工作机制和政策举措,加快推进技术、人才、资金、信息等全要素军民融合,促进军地资源互通互动互用。以嘉兴军民合用机场、乍浦港区军用滚装码头改建等为重点,推动重大基础设施平战兼容。加大与中国电子科技集团、中国兵器工业集团、中国航天科工集团等优质资源项目的对接,推动重点产业“民参军”“军转民”。加大军地两用技术开发,依托中国电科36所等重点研究机构,整合军民科研力量和资源,积极开展军民两用技术研发和成果转化。完善民兵预备役、国防动员体制机制,积极构建大国防教育体系。深入推进双拥模范创建活动。全面构建协调发展、平衡发展、兼容发展的军民深度融合发展新格局。

(五)推动物质文明和精神文明协调发展。

1.深化社会主义核心价值体系建设。坚持用邓小平理论、“三个代表”重要思想、科学发展观和习近平总书记系列重要讲话精神武装全党、教育人民。培育和践行社会主义核心价值观,用中国梦和社会主义核心价值观凝聚共识、汇聚力量。发挥党的诞生地政治优势,传承弘扬“红船精神”,大力实施文化强市战略。积极倡导“崇文厚德、求实创新”的嘉兴城市人文精神和以“勤善和美”为主要内涵的当代嘉兴人共同价值观,深入开展“争做最美嘉兴人”主题活动,打造“书香嘉兴”品牌,形成崇德向善、见贤思齐的良好社会风尚,推动社会主义核心价值观落地生根。繁荣发展哲学社会科学,全面加强具有嘉兴地方特色的新型智库建设。大力推进公民道德建设工程,建设社会诚信体系,健全褒扬激励机制和失范矫正机制,注重通过法律和政策向社会传递正确价值取向。加强和改进未成年人思想道德建设。坚持正确舆论导向,培育积极向上的网络文化,净化网络环境。巩固发展全国文明城市创建成果,推进全国志愿服务模范城试点创建。

2.提升公共文化服务水平。深化国家公共文化服务体系示范区建设,建成嘉兴市文化艺术中心(含美术馆)、嘉兴图书馆二期、嘉兴博物馆二期、马家浜文化博物馆等一批重大文化项目。进一步完善公共文化服务设施网络体系,完善城乡一体公共图书馆、文化总分馆服务体系,促进基本公共文化服务标准化、均等化。扶持优秀文化产品创作,努力推出一批群众喜闻乐见的文艺精品。完善公共文化产品供给机制,强化与群众文化需求的有效对接,加快推进“文化有约”、农村文化礼堂、城市文化家园等惠民工程建设。创新公共文化服务机制,推动广播、电视、报纸等传统媒体和新兴媒体融合发展,探索推进流动文化服务、数字化服务模式,增强文化传播能力。加强文化遗产传承保护和活化利用。加强档案史志工作。打造重大文化活动品牌,办好中国·嘉兴端午民俗文化节等重大文化活动,努力让人民群众享有更加健康丰富的精神文化生活。

3.提升文化产业发展水平。坚持把社会效益放在首位,实现社会效益和经济效益相统一,突出文化创意、文化休闲旅游、现代传媒、影视拍摄制作、设计服务、文化制造等重点领域,推动文化产业成为重要支柱产业。加强重点文化产业平台建设,吸引社会力量参与文化产业,高质量打造一批国家、省、市、县级文化产业园区。健全完善文化产业投融资服务体系,加强文创银行等投融资平台建设,支持各类文化企业健康发展。加快推进文化企业转型升级,促进文化与科技、旅游、时尚、互联网等融合发展,推动文化产业业态创新和模式创新,增强文化产业对其他产业的渗透、提升和带动能力。深化公益性文化单位体制机制改革创新,积极搭建文化企业和产品走出去平台,培育文化消费，繁荣文化市场。

四、聚焦绿色发展，加快打造江南水乡典范

统筹考虑生态环境保护、生态经济发展和生态文明制度，积极实施生态立市战略，全面推进“两美”嘉兴建设。

（一）持续推进环境综合治理。以提高环境质量为核心，实行最严格的环境保护制度，形成政府、企业、公众共治的环境治理体系。深入实施水污染防治行动计划，锲而不舍推进“五水共治”。突出源头治水、系统治水、依法治水、全民治水，全力打好生活污水、工业污水、农业面源污染等治理攻坚战。加快城乡一体化污水管网建设，加大农村环境治理力度。完善以镇和中心村为主体的低洼圩区改造。实施中小河流综合治理和水系连通工程，疏通流水肌理，贯通水系经络，按照“流水不腐”的原理使水体活起来。全面推进海绵城市建设，增强蓄水、补水、净水、排水功能，全面提升洪水、雨水资源化利用水平。加快推进以千岛湖引水为重点的市域外引水工作，与杭州基本同期喝上千岛湖的水。深入实施大气污染防治行动计划，建立政府、企业、公众多方参与的大气污染防治新机制，大力推进工业废气、车船尾气、建筑扬尘、餐厨油烟和秸秆焚烧等“五气共治”，全面提升大气环境质量。深入推进土壤污染综合整治，着力控制新增土壤污染。以全面创建“无违建”县（市、区）为抓手，加强“两路两侧”等重点建设，深化拆改结合、拆建结合、拆用结合，努力拆出发展新空间、改出美丽新家园、用出持续高效益。

（二）加快构筑生态安全屏障。坚持保护耕地就是保护生态的理念，按照国家、省生态功能红线，科学划定永久性生态用地。突出水源保护区、集中连片湿地、重点河道等重点生态功能区、生态环境敏感区和脆弱区，建立完善保护机制，加大生态修复和环境保护力度。推进平原绿化造林挖潜提质，积极开展沿海防护林、农田防护林、生态公益林建设，深入推进“四边三化”。提升城市绿化品质，完善绿道配套设施，建设千里绿道网，建成高品质市域绿道系统。强化钱塘江、运河、红旗塘、太浦河等的生态屏障功能，加强河道、湖荡、饮用水源地生态保护，推进北部湖群湿地生态系统修复，增强涵养水源、净化水质、植被绿化的生态功能。加大海洋生态保护力度，进一步加强对海湾、河口、海岛等生态系统保护，完善海域环境、物种及海洋资源的保护体系，保护生物多样性。大力整治近岸海域污染，构建百里海塘等滨海生态走廊，加强海洋蓝色生态屏障建设。促进海洋环境的可持续利用。大力发展符合田园城市导向的休闲观光农业、湿地农业等绿色生态农业，积极开拓农田的生态功能。加大地面沉降综合防治工作力度。完善防灾减灾体制机制，提升防灾减灾综合能力。

（三）推进资源节约集约高效利用。加快推动资源利用方式根本转变，强化约束性指标管理，落实能源和水资源消耗、建设用地等总量和强度双控行动，全面推进资源能源节约和污染物减排。实行最严格的节约用地制度，严格土地利用规划管控和用途管制，全面推进节约集约用地亩产倍增行动计划，建立存量土地盘活、土地产出效益与新增建设用地指标分配挂钩制度，深化工业用地市场化配置改革和诚信体系建设试点。加快“三改一拆”、农村低效用地再开发、城市有机更新等步伐，提升存量土地利用效率。开展全民节能行动，促进重点用能单位和高耗能产业能效提升。推广绿色建筑和建材，提高建筑节能水平。加快推进绿色交通示范城市建设，优先发展公共交通，推广节能和新能源交通运输装备。实行最严格的水资源管理制度，全面推广海绵城市建设试点经验，推行用水定额管理、阶梯水价等机制，加快建设节水型社会。大力开展结构、工程和管理减排，加强碳排放总量和强度控制。

（四）促进生产生活方式绿色化。积极推进经济生态化，大力发展绿色低碳循环经济，制定更加严格的地方标准，加大力度淘汰落后产能，构建以低能耗、低污染、低排放为基础的低碳经济发展模式。推动循环经济在生产、流通、消费、回收各环节和企业、园区、社会各层面的发展，促进资源综合利用、高效产出。加强产业模式、体制机制创新,推进新经济园、创业创新基地与开发区(工业园区)融合发展,创建一批国家级和省级科技园区、智慧园区、生态园区等品牌园区(功能区),着力提高资源要素利用效率。推动重点化工园区争创国家级循环化改造示范点园区。深化光伏产业"五位一体"创新综合试点建设,鼓励发展太阳能、风能、生物质能等新能源和可再生能源。发挥节能和减排的协同促进作用,节约集约利用水、土地、矿产等资源,加强全过程管理,大幅降低资源消耗强度,严格控制污染物产生和排放。积极倡导生态文明理念,大力推进生活垃圾分类处理,提高生态意识和素养。推行绿色消费和低碳生活方式,引导城乡居民广泛使用绿色产品。

(五)建立完善生态文明制度体系。探索建立环境质量改善和污染物总量控制制度、自然资源资产产权制度、生态环境空间管制制度、生态环境准入制度、生态补偿制度和责任追究等制度措施,减少各类开发活动对生态系统的干扰和破坏。完善资源环境价格形成机制,优化能源消费结构,健全用能权、用水权、排污权、碳排放权交易制度,建立健全温室气体排放总量和强度、能源消费总量和消耗强度"双控制"制度。认真落实《环境功能区划》,严格环境准入。科学界定生态保护者与受益者权利义务,建立合理补偿机制。建立以环境损害赔偿为基础的环境污染责任追究体系和领导干部任期生态文明建设责任制,健全生态环境共同参与监督和第三方治理机制。落实中央关于环境治理基础制度改革的各项部署。

五、聚焦开放发展,不断提升国际竞争力

开放是繁荣发展的必由之路。顺应经济全球化和区域一体化发展大势,积极构筑开放大平台,深入实施与沪杭同城战略,全面提升开放型经济发展水平。

(一)充分发挥接轨上海主引擎作用。紧紧抓住上海打造具有全球影响力科技创新中心、加快建设"四个中心"的契机,充分发挥我市区位优势和20多年持续接轨上海积累的成功经验和有效举措,按照"接轨发展、借势发展、集聚发展"的总体要求,聚焦重点、厚积薄发,更多地承接上海优质人才、资源、要素、产业助推我市转型升级,密集和持续放大与上海互利共赢交汇点及合作区域,全力打造浙江省全面接轨上海示范区。加强与上海政府间合作,巩固发展常态化、制度化的合作交流机制。全面推进与上海在基础设施、要素市场、产业平台、社会事业、生态环境等领域的互联互融,积极争取与上海共建沪嘉产业协同创新发展共享区,加快形成合作共赢新格局,推动沪嘉一体化发展。加强高新技术开发区平台对接,引进具有较强成果转化能力的科技服务机构,推动上海高端科技创新成果在嘉兴孵化、中试和产业化。按照"两个无差别、三个更好"要求,认真做好市场规则、政府办事规则等方面与上海的对标,研究复制上海自贸区发展尤其是制度创新方面的经验。

积极参与上海大都市经济圈、杭州都市圈、浙东经济合作区等发展,谋求交通设施、产业发展、社会发展、生态建设等领域与长三角各城市的深入协作,实现与区域内城市信息平台互联、民生项目互利。以对接沪杭城际通勤交通为重点,探索推进沪杭铁路公交化,加快建设无缝对接周边城市的交通基础设施。优化产业布局,立足嘉兴产业基础及加工配套等比较优势,大力推进电子信息、汽车制造、机械装备、航空配件以及港口物流、旅游休闲、农产品加工配送等产业的关联发展,提高与沪杭等周边城市的产业协作配套水平。完善协调机制,加快与周边城市质量互认、资格互认制度的对接,增强对沪杭技术、人才等高端要素的吸纳、集聚能力。加强与沪杭等周边城市在文化教育、医疗服务等领域的对接,努力满足人民群众特别是高端人才对国际教育、高端医疗等服务的需求。健全区域合作交流机制,加快与周边城市市民卡、社保卡、医保卡、公交服务卡等互通共用,加快长三角公共服务一体化进程。

(二)全力构筑对外开放大平台。抓住嘉兴综合保税区封关运作的机遇,加快复制上海自贸区的体制机制和政策经验,努力提升全市域开放水平。以中德产业园等重点国别产业园建设为抓手，积极引进国外先进管理理念和高端制造技术，着力打造带动区域发展的开放高地。进一步深化与上海重点产业平台的合作，加快新经济园区建设，推进开发区转型升级，努力把省级以上开发区、高新区、服务业集聚区等打造成为高端产业集聚发展高地，加快培育有全球影响力的先进制造基地。加强各类开发区空间整合、体制创新和功能提升，积极推动省级开发区升格为国家级，鼓励支持镇（街道）工业园区升格为省级开发区。

（三）提升开放型经济发展水平。实施更加积极的开放战略，加快形成外贸、外资、外经、外包联动发展格局。创新外贸发展方式，着力培育优质优价、优进优出的外贸新优势。推动外贸发展方式转变，优化进出口商品结构，加快推动外贸由代加工向代设计、由贴牌向自主品牌转变。大力发展服务贸易，着力把服务贸易打造成为新的外贸增长点。更加重视进口工作，积极培育进口平台，逐步扩大先进技术、关键设备、原材料、节能环保产品及高端消费品的进口。不断丰富招商内涵，创新招商方式，提高招商实效，重点引进符合产业导向的先进制造业及现代服务业、现代都市农业项目，不断提升我市利用外资的质量和水平，全力打造全省高端外资集聚地。创新利用外资方式，鼓励民营企业以海外上市、引入战略投资者等方式与外商外资合作。

推动企业“走出去”发展。主动参与国家“一带一路”战略，支持企业到“一带一路”沿线国家建立境外营销网络、设立境外经贸合作园等，不断拓展对外发展空间。完善金融等服务体系，积极培育本土跨国公司，鼓励有条件的大企业对外投资、跨国并购、工程承包，到境外建立资源能源基地、生产基地、研发设计机构、展示营销网络等，深入推进国际产能合作，实现产业链价值链的全球布局。实施新一轮“山海协作”工程。积极参与中西部、东北及友好地区经济技术合作。做好援藏、援疆、援青、援川等对口支援工作。

（四）创新对外开放体制机制。健全贸易便利化体制机制，全面实施单一窗口和通关一体化，积极发展跨境电商、市场采购贸易、外贸综合服务平台等新型贸易模式，进一步扩大外贸规模。进一步健全国际贸易摩擦应对机制，加强风险防范，营造开放型经济发展的良好环境。进一步扩大投资领域对外开放，按照国家统一部署，推行外商投资准入前国民待遇加负面清单管理制度，完善投资者权益有效保障机制，加快形成与国际接轨的外商投资管理制度。改革境外投资管理方式，对境外投资开办企业实行以备案为主的管理方式，创新完善境外投资服务促进体系和风险防控监管机制。完善在禾外籍人士服务管理，探索构建“大外管”工作格局。

六、聚焦共享发展，努力创造美好生活

发展依靠人民，发展为了人民。按照人人参与、人人尽力、人人享有的要求，不断提高公共服务供给水平，着力让人民享有更好的教育、更满意的收入、更可靠的社会保障、更完善的健康服务，进一步增强人民群众的获得感。

（一）努力让全市人民拥有更好的教育。全面落实立德树人根本任务。坚持教育优先发展，深化教育领域综合改革，全面实现教育现代化，教育发展主要指标位居全省先进水平。高标准普及十五年基础教育。完善学前教育基本公共服务保障体系，进一步统筹城乡义务教育资源配置，高水平推进义务教育均衡发展，高标准实施高中阶段教育。落实“两个为主”责任，优化外来人员子女接受义务教育的保障体系。加大高校重点学科支持力度，推进大学生创业创新教育，提升高等教育服务地方能力。浙大海宁国际校区建成启用。加快现代职业教育体系建设，推进中高职衔接、普职融通、产教结合、校企合作，积极推动中职教育与高职教育贯通式发展，加快建设一支符合我市产业转型升级要求、具有“工匠精神”的技能人才队伍。深化产教融合、校企合作，提升在禾高校和职业院校服务区域经济社会发展能力。加快国家特殊教育实验区建设，完善特殊教育支持保障体制。大力发展继续教育,全面推进学习型城市建设。鼓励和规范社会力量办学,积极推进教育国际化,满足社会多样化教育需求。加强教师队伍建设,大力培养造就一支高素质专业化教师队伍。

(二)努力让全市人民拥有更满意的收入。实施更加积极的就业政策,大力营造大众创业、万众创新的良好环境,全面推进创业带动就业、政策扶持就业、服务保障就业。突出抓好高校毕业生、农村转移劳动力、城镇就业困难人员、退役军人等重点群体就业。加强就业服务体系建设,完善均等化服务机制。完善收入分配制度和劳动报酬增长机制,确保居民收入增长和经济增长同步、劳动报酬提高和劳动生产率提高同步,扩大中等收入者比重。健全工资决定机制、正常增长机制和支付保障机制。逐步提高最低工资标准,完善企业工资集体协商制度。完善机关、事业单位工资制度,规范津贴补贴。健全资本、知识、技术、管理等要素报酬的市场决定制度。多渠道增加财产性收入。完善强农惠农富农政策,拓展农民增收途径。稳步提高企业退休人员基本养老金和城乡居民基础养老金。大力推进低收入群体增收。精准扶持,巩固成果,按现行标准,确保不让一个家庭成为绝对贫困户。

(三)努力让全市人民拥有更可靠的社会保障。以养老、医疗保险为重点,扎实推进全民社保,基本实现人人享有社会保障的目标。全面实施机关、事业单位养老保险制度改革,加强各类社会保障制度衔接并轨。完善社会保障管理体系,建立健全更加公平、更可持续、更高统筹层次的社会保障制度。逐步提高保障水平,进一步完善基本养老、基本医疗及失业、工伤、生育保险待遇的确定和调整机制,健全多缴多得的养老保险和医疗保险激励机制,逐步提高大病保险的最高补偿限额和支付比例,发展职业年金、企业年金和商业养老、健康保险。加大转移支付、政策兜底力度,确保低收入群体收入增长高于居民收入平均增长。拓展社保资金筹集渠道,健全监督机制,确保社保资金保值增值和运行安全。健全社会救助体系,稳步提高低保和优抚对象抚恤补助标准,加大医疗救助力度,完善社会福利制度,大力发展慈善事业。积极实施保障性安居工程,加快改善困难群众住房条件。进一步完善困难群众基本生活价格补贴政策。

(四)努力让全市人民享有更完善的健康服务。深入推进“健康嘉兴”建设,全面保障人民健康。深化医药卫生体制改革,实行医疗、医保、医药联动,全面提升医疗服务能力和水平。深化公立医院改革,坚持公益性,推进现代医院管理制度建设。实施“双下沉、两提升”工程,强基层、固网底,建立基层签约服务制度,完善基层医疗卫生运行新机制。加强院前急救体系建设。改善健康环境,进一步完善重大传染病防控和突发公共卫生事件应急机制。积极鼓励社会力量兴办健康服务业,推进非营利性民营医院和公立医院同等待遇。促进中医药事业发展。积极构建和谐医患关系。健全公共体育服务体系,大力推进全民健身,积极发展体育产业,促进群众体育和竞技体育协调发展。倡导健康生活方式,提高健康文化意识,让健康知识、健康意识、健康生活深入人心。

(五)全面促进人口均衡发展。坚持计划生育基本国策,全面落实中央关于调整完善生育政策的重大决策部署,适度提高生育水平,不断优化人口结构和布局。加快推进人口健康信息化建设。加强出生缺陷干预,不断提高出生人口素质。加强流动人口计划生育管理服务,综合治理出生人口性别比失衡问题。积极开展应对人口老龄化行动,弘扬敬老、养老、助老社会风尚,深化多层次养老服务体系建设,提高养老服务水平。加快培育养老服务市场,鼓励发展民办养老机构和养老社会组织,推动医疗卫生和养老服务相结合,探索建立长期护理保险制度,实现健康老龄化,让每个老人都食宿有保障、生病有护理、心理有慰藉。健全残疾人社会保障和服务体系,完善残疾人扶助政策,加强残疾人服务设施和服务能力建设,加快推进残疾人全面小康进程。深入实施居住证制度，把新居民常住人口纳入各地发展规划和公共服务体系，依法依规提供基本公共服务。

（六）加强公共安全体系建设。牢固树立安全发展理念，强化全民安全意识，健全公共安全体系。完善和落实安全生产责任和管理制度，强化党政同责、一岗双责、失职追责。建立健全隐患排查治理体系、安全预防控制体系和应急管理机制，加大监管执法力度，突出危险化学品等安全生产重点领域监管，及时排解安全隐患，预防和减少各类安全生产事故发生，切实维护人民生命财产安全。推进食品安全治理体制机制创新，健全食品原产地可追溯制度和质量标识制度，构建最严格的全过程监管体系。积极创建食品安全城市，强化药品监管，确保群众用药安全。

七、加强和改善党的领导，为全面完成“十三五”规划目标任务提供坚强保证

党的领导是各项事业顺利推进的根本保证。要坚持党要管党、从严治党，充分发挥党的诞生地的政治优势，致力于把建党圣地打造成党建高地，大力弘扬“红船精神”，不断提高各级党组织领导发展的能力和水平，保障“十三五”规划各项目标任务全面完成。

（一）完善党委领导经济社会发展工作体制机制。坚持党总揽全局、协调各方，发挥各级党委（党组）领导核心作用，加强制度化建设，完善工作体制机制和方式方法，强化全委会决策和监督作用，形成党委领导，人大、政府、政协各司其职、团结奋进的工作格局。各级党委要牢固树立科学发展的理念，不断更新经济发展进入新常态下领导经济社会工作的观念、体制和方式方法，加强重大问题的研究，健全决策咨询机制，切实肩负起“干在实处永无止境，走在前列要谋新篇”的新使命。以“五强”要求建设“好班子”，以选拔“狮子型”干部为重点配强“好班长”，以“三型”标准选准“好干部”，以加强后备干部队伍建设为重点培养“好梯队”。加强各级领导班子建设，优化班子整体功能，提升班子专业化能力。积极倡导和营造全市广大干部“爱读书、读好书、善读书”的良好氛围。深化干部人事制度改革，树立勇于改革、敢于担当、依法办事的用人导向。

充分发挥基层党组织战斗堡垒作用和党员先锋模范作用。全面加强基层党组织和基层政权建设，强化基层党组织的领导核心地位，提升基层党组织创造力凝聚力战斗力，提高基层带头人队伍和党员队伍能力素质，不断巩固党的执政基础。实施“整乡推进、整县提升”基层党建工作三年行动计划，加快构建城乡统筹基层党建新格局。着力强化党的政治引领、思想引领、制度引领和作风引领，组织动员党员干部群众投身到党委政府中心工作中，推进“四个全面”战略布局在基层不折不扣落实。

凝聚各方力量合力推动发展。推进协商民主广泛多层制度化发展，充分发挥政协作为协商民主重要渠道和专门协商机构的作用，加强经济社会发展重大问题和涉及群众切身利益问题的协商。巩固和发展最广泛的爱国统一战线，充分发挥民主党派、工商联和无党派人士作用，积极引导宗教与社会主义社会相适应。创新群众工作体制机制和方式方法，发挥工会、共青团、妇联等群团组织的桥梁纽带作用。

全面落实从严治党各项部署。坚持党要管党、全面从严治党，增强党章意识，贯彻执行《中国共产党廉洁自律准则》和《中国共产党纪律处分条例》。严明党的纪律和规矩，认真落实党委主体责任和纪委监督责任。强化权力运行制约和监督，着力构建不敢腐、不能腐、不想腐的体制机制。贯彻落实中央关于领导干部能上能下，治理为官不为等部署。健全党政领导班子和领导干部作风建设群众满意度评价机制，加大正风肃纪力度。始终坚持党的群众路线，践行“三严三实”，为经济社会发展营造良好政治生态。

（二）全面推进人才强市战略。树立人才优先发展理念，围绕打造人才最优生态，立足产业链、部署创新链、完善人才链、补齐资金链、健全服务链、提升价值链。统筹国际国内两种人才资源，拓展海外引才渠道，突出“高精尖缺”导向，加大“千人计划”人才引育力度，更大力度实施“创新嘉兴·精英引领”计划,推进重点创新团队培育、院士智力集聚、杰出人才培养和紧缺人才引进。深入实施重大人才工程,加大互联网、生物医药、智能制造和新材料等产业人才队伍建设。

深化人才发展体制机制改革,大力推进人才改革试验区建设,探索人才开发管理新模式。健全人才投入稳定增长和多元化投入机制,建立政府投入引导基金,鼓励和引导社会、用人单位及个人有序参与人才资源开发,建立健全人才投入绩效考评制度。积极鼓励发挥本地院校作用和引进大院名校,配套建设国际学校。完善人才流动、评价、激励和成果转化机制,破除人才流动体制机制障碍,促进人才资源优化配置,探索知识、技术、管理等要素参与分配的实现形式,研究人才股权、期权激励办法,打通科技和经济转化的通道。创新人才资源市场配置机制,激发用人单位在引才、育才、用才等方面的主体作用,充分调动企业、中介机构、行业协会、风投机构等主体的积极性。

优化人才发展平台布局,引导各地规划建设特色鲜明、功能区分、错位发展的高层次人才平台。探索建立一批行业共性技术研发中心,提升省级人才基地、“千人计划”产业园(项目转化中心)等平台的人才集聚度、辐射带动力和增值服务,加快推进域外孵化器建设,带土移植科技人才项目及团队。整合人才公共服务平台,创新打造“智立方”,为小微创新企业成长和个人创业提供低成本、便利化、全要素的开放式综合服务平台,实现人才项目审批、服务、评估和技术交易“四个中心”一站式办理。完善人才栖息平台建设,打造线上人才之家,优化人才住房保障。

(三)运用法治思维和法治方式推动发展。坚持依宪执政、依法执政,加强社会主义民主政治建设,推动领导干部做尊法学法守法用法的模范,提高党员干部法治思维和依法办事能力。推进科学立法民主立法,加强党对立法工作的领导,加强人大对地方立法工作的组织协调,健全人大主导立法工作的体制机制,围绕中心工作及时出台相关法规,提高立法质量。加强法治政府建设,健全行政决策机制和程序,改革和完善行政执法体制,规范行政执法行为,加强执法队伍建设。积极稳妥推进司法体制改革,优化司法职权配置,健全司法权力运行机制,切实推进公正司法。全面推进公共法律服务体系建设。深入开展“七五”法治宣传教育,推进法治文化创建,增强全民法治观念,推动形成全社会良好的法治氛围和法治习惯。

(四)加强和创新社会治理。按照科学化、精细化、信息化、常态化的要求,以提高社会动员能力、矛盾化解能力、风险防控能力为核心,进一步完善党委领导、政府主导、社会协同、公众参与、法治保障、科技支撑的社会治理机制,构建全民共建共享的社会治理格局。

全面深化“平安嘉兴”建设,着力提升“平安嘉兴”建设的法治化水平。加强社会治安综合治理,创新“七张网”打防管控一体化社会治安防控体系,依法严密防范和严厉打击各类违法犯罪活动,推动隐患排查治理、风险预防控制等体系常态化、系统化,综合提升反恐、处突、维稳等能力。扎实推进公共交通安保、重点场所安全防范、邮件快件寄递安全管理、特殊人群管理服务、突发事件应急处置等机制建设。加大依法管理网络力度,完善互联网管理制度,营造良好网络环境,确保网络和信息安全。完善社会治理保障体系,建立稳定投入机制,加快运用信息化手段,提高情报主导、准确预警、主动防控、精确打击能力。完善社会治理责任体系,落实社会治安综合治理领导责任,完善民意调查和群众评价机制。

加强镇(街道)社会服务管理中心规范化建设,建立健全新型城乡社区(村)管理机制,健全完善“一张网”的基层社会治理网络体系,深入推进平安建设信息系统与“网格化管理、组团式服务”两网融合。推广基层实践的“法治、德治、自治”治理经验,推进“社区、社会组织、社工队伍”联动治理,充分发挥社区公约、村规民约、家规家训等社会规范的积极作用，积极推进多元主体自治，努力构建共管、共治、共享的基层社会治理新模式。完善重大决策社会稳定风险评估机制，强化矛盾源头防控。健全完善多元化矛盾纠纷解决体系，抓好县级“联调中心”建设，完善人民调解、行政调解、司法调解联动工作体系，拓展行业性专业性调解领域，提升调解效能和社会公信力。充分发挥行业协会商会在服务经济发展、加强社会治理中的积极作用。完善社会征信体系，建立健全全社会信用等基础数据统一平台。创新人口管理服务机制，健全实有人口动态管理体系，落实加强新居民管理服务的综合措施。完善信访工作制度，健全合理诉求解决机制。

（五）确保“十三五”规划建议的目标任务落到实处。制定“十三五”规划《纲要》和专项规划，要坚决贯彻中央和省、市委决策部署，落实本建议确定的基本要求、主要目标、重点任务、重大举措。各县(市、区)要从实际出发，制定本地区“十三五”规划。各级各类规划要增加明确反映创新、协调、绿色、开放、共享发展理念的指标，增加政府履行职责的约束性指标，把市委全会确定的各项决策部署落到实处。

干在实处永无止境，走在前列要谋新篇。全市干部群众要更加紧密地团结在以习近平同志为总书记的党中央周围，在省委、省政府的坚强领导下，凝聚全社会共识和力量，调动一切积极因素，励精图治，开拓进取，扎实工作，为高水平全面建成小康社会而不懈奋斗！

说明：此文所用数据为2015年年底统计快报数据

嘉兴市国民经济和社会发展第十三个五年规划纲要

嘉兴市国民经济和社会发展第十三个五年规划纲要,依据《中共嘉兴市委关于制定嘉兴市国民经济和社会发展第十三个五年规划的建议》制订,是政府全面正确履行职能的重要依据,是引导市场主体行为的重要参考,是全市人民共同愿景和奋斗的行动纲领。

第一章 开创科学发展新局面

第一节 过去五年发展成就

"十二五"以来,我市经济社会发展取得良好成绩,惠及全市人民的小康社会基本建成,"十二五"规划《纲要》确定的主要目标任务较好完成。

综合实力明显增强。2015 年地区生产总值达到 3517.1 亿元,年均增长 8.6%;人均地区生产总值按常住人口计算达到 1.23 万美元;一般公共预算收入达到 350.4 亿元,年均增长 13.2%。

创新转型明显加速。产业结构持续优化,2015 年战略性新兴产业、高新技术产业占规模以上工业增加值比重位居全省前列。第三产业增加值占地区生产总值比重提升至 43.4%。研究与试验发展经费支出占地区生产总值比重达 2.7%。凝练和传承弘扬"南繁精神",农业与生物技术领域科技成果历史性地荣获国家科技进步二等奖。

改革开放明显突破。全市累计获批各类省级以上改革试点 146 项,实现省级以上重大改革试点市和各县(市、区)全覆盖。对外开放持续深化,"十二五"期间累计实际利用外资 108.9 亿美元,2015 年全市进出口总额达 310.85 亿美元。

区域城乡统筹明显提升。成功获批国家新型城镇化综合试点,联动推进"多规合一",现代化网络型田园城市发展格局进一步完善。统筹城乡发展水平列全省首位,已进入全面融合阶段。综合交通体系日益完善,区域性综合交通枢纽地位基本确立。

民生福祉明显提质。2015 年城乡居民人均可支配收入分别达到 45499 元和 26838元,农村居民收入连续 12 年位居全省首位。基本公共服务均等化程度明显提高。成功蝉联全国文明城市和全国社会治安综合治理优秀市。实现省级平安市、县(市、区)创建"十一连冠"。

生态环境明显改善。大力推进养殖业转型升级,完成黑臭河及垃圾河清理 1893 公里,地表水水质实现Ⅱ类水断面从无到有、Ⅲ类水断面持续增加、整体实现Ⅳ类水为主体的"十二五"治水目标。2015 年空气质量优良天数比例为 64.4%。全市单位地区生产总值能耗及主要污染物排放等均完成省下达目标。

表 1

嘉兴市“十二五”规划主要指标完成情况

序号	类别	指标名称	单　位	2010 年	规划目标		完成情况	
					2015 年	年均增长（%）	2015 年	年均增长（%）
1	经济发展	地区生产总值	亿元	2315	3700	10	3517.1	8.6
2		人均地区生产总值(户籍人口)	元	67982	107000	9.7	100831	8.1
3		地方财政收入	亿元	176.8	300	11	350.4	13.2
4		进出口总额	亿美元	228.2	365	10	310.85	6.4
5		全社会消费品零售总额	亿元	799.4	1540	14	1494.6	13.9
6		城市化水平	%	53.3	60	—	60.9	—
7		第三产业增加值占地区生产总值比重	%	36.8	42	—	43.4	—
8	创新发展	研究与试验发展经费支出占地区生产总值比重	%	2.1	2.6	—	2.7	—
9		高新技术产业产值占规模以上工业总产值比重	%	17.2	25	—	39.5	—
10		主要劳动年龄人口平均受教育年限	年	—	10.5	—	10.5	—
11		高等教育毛入学率	%	45.3	50	0.94	58	—
12	资源环境	耕地保有量	万亩	—	299.81	—	318.54	—
13		单位地区生产总值能耗	吨标准煤 / 万元		—	累计下降 18.5%	—	累计下降 19.3%
14		单位工业增加值用水量	立方米 / 万元		44	—	30	—
15		单位地区生产总值二氧化碳排放量	吨 / 万元	—	19.5	—	—	暂不计算
16		主要污染物排放：化学需氧量	万吨	—	7.3	累计下降 12.3%	6.79	累计下降 18.5%
		氨氮			1.16	累计下降 12.8%	1.12	累计下降 15.7%
		二氧化硫			7.13	累计下降 14.2%	6.53	累计下降 21.4%
		氮氧化物			4.98	累计下降 12.7%	4.40	累计下降 22.8%
17		林木蓄积量	万立方米	136	156	—	207.9	—
18	民生改善	五年新增城镇就业	万人	28.5	30	—	48	—
19		城镇登记失业率	%	3.5	<4.0	—	2.9	—
20		城镇居民人均可支配收入	元	27487	46300	11	46013	10.8
21		农村居民人均纯收入	元	14365	24700	11.5	24646	11.4
22		人口自然增长率	‰	0.67	≤2.0	—	0.5	—
23		人均期望寿命	岁	78.9	80	—	81.5	—
24		职工基本养老保险参保人数	万人	145	170	—	226	—
25		两项医疗保险参保率	%	—	>95	—	98 以上	—

说明：1.两项医疗保险包括城镇职工基本医疗保险和城乡居民基本医疗保险。2.自 2014 年开始，“农村居民人均纯收入”调整为“农村居民人均可支配收入”，为便于比较 2015 年仍采用老口径进行测算，2015 年按新口径计算全市城乡居民人均可支配收入分别为 45499 元和 26838 元。3.从 2013 年起“地方财政收入”指标名称调整为“公共财政预算收入”，从 2015 年起，统一调整为“一般公共预算收入”，并将 11 项政府性基金收入转列一般公共预算收入。4.从 2011 年起全社会消费品零售总额统计口径作了调整；从 2013 年起高新技术产业产值占规模以上工业总产值比重统计口径作了调整

第二节　未来五年发展环境

从国际看。世界多极化、经济全球化、文化多样化、社会信息化深入发展,世界经济在深度调整中曲折复苏，全球产业格局面临大调整。国际贸易新秩序加紧重构,地缘政治风险导致外部环境更加复杂。

从国内看。我国综合国力和国际竞争力达到新高度,处于全面建成小康社会决胜阶段和深化改革扩大开放新阶段。经济发展进入新常态,全面深化改革进入关键时期,创新驱动成为主旋律,消费结构逐步升级,经济长期向好基本面没有改变,但发展不平衡、不协调、不可持续问题仍然比较突出。

从区域发展态势看。国家新型城镇化规划加快实施,“一带一路”、长江经济带等国家战略加快推进,区域发展新格局加快塑造,城市群作用进一步凸显。但同时也面临着区域一体化发展中城市间竞争加剧的挑战。

“十三五”时期将是我市强化创新驱动、完成新旧发展动力转换的关键期,是优化经济结构、全面提升产业竞争力的关键期,是加强制度供给、实现治理体系和治理能力现代化的关键期,是协同推进“两富”“两美”嘉兴建设、增强人民群众获得感的关键期,是防范化解风险矛盾、夯实长治久安基础的关键期。

第三节　指导思想

“十三五”时期经济社会发展的指导思想是:高举中国特色社会主义伟大旗帜,以马克思列宁主义、毛泽东思想、邓小平理论、“三个代表”重要思想、科学发展观为指导,深入贯彻习近平总书记系列重要讲话精神,以“四个全面”战略布局为统领,以创新、协调、绿色、开放、共享五大发展理念为引领,以“八八战略”为总纲,以“干在实处永无止境,走在前列要谋新篇”为新使命,以“更进一步、更快一步,继续发挥先行和示范作用”为总要求,坚持发展第一要务,坚持转型升级不动摇,紧扣提高经济发展质量和效益这一中心,加快形成引领经济发展新常态的体制机制和发展方式,统筹推进经济建设、政治建设、文化建设、社会建设、生态文明建设,加快“两富”“两美”嘉兴建设,高水平全面建成小康社会,全力打造现代化网络型田园城市,以党的诞生地各方面工作取得的优异成绩向建党100周年献礼。

第四节　发展定位

“十三五”时期我市发展定位是:全力打造现代化网络型田园城市。围绕这一定位,“十三五”时期要努力建设浙江省全面接轨上海示范区、城乡发展一体化先行区、长三角高科技成果转化重要基地和江南水乡典范城市。

第五节　发展目标

“十三五”时期总体目标是:确保实现已确定的“四翻番”目标,高水平全面建成小康社会。具体目标是:

——综合实力更强劲。经济保持中高速增长，地区生产总值年均增长7%以上，到2020年地区生产总值、人均地区生产总值、城乡居民收入均比2010年翻一番，并力争实现早翻番。

——生态环境更优美。“五水共治”“五气共治”“三改一拆”、海绵城市建设等战略部署全面推进,促进绿色制造体系加快构建,能源和水资源消耗、建设用地、碳排放得到有效控制,主要污染物排放总量大幅减少。

——城乡区域更协调。新型工业化、信息化、城镇化和农业现代化同步推进,城乡基础设施进一步完善,全市发展空间格局进一步优化。县域经济向城市经济加快转型。努力推动统筹城乡发展继续走在前列、做出示范。

——人民生活更幸福。中国梦和社会主义核心价值观更加深入人心，社会就业更加充分,社会分配更加公平,收入增长与经济增长更加协调,覆盖城乡居民的教育、文化、卫生、体育和社会保障体系不断完善,广大市民的富足感、获得感和幸福感进一步增强。

——治理体系更完善。重点领域和关键环节改革取得决定性成果,法治嘉兴建设全面深化。人民民主更加健全，法治政府基本建成，司法公信力明显提高，社会治理更加高效。

表 2

嘉兴市“十三五”时期经济社会发展主要指标

类别	序号	指标名称		2015 年基数	2020 年目标	年均增长[累计]	属性
经济发展	1	地区生产总值（亿元）		3517.1	5000	7%以上	预期性
	2	服务业增加值占地区生产总值比重（%）		43.4	—	年均增长 1.2 个百分点	预期性
	3	七大万亿级产业增加值（亿元）		—	—	10%	预期性
	4	城镇化率	常住人口城镇化率（%）	60.9	68	[7.1]	预期性
			户籍人口城镇化率（%）	55.6	59	[3.4]	约束性
创新驱动	5	研究与试验发展经费支出占地区生产总值比重（%）		2.7	2.95	[0.25]	预期性
	6	发明专利授权量（项）		1100	2500	17.8%	预期性
	7	宽带家庭普及率（%）		55	85	[30]	预期性
	8	全员劳动生产率（万元 / 人）		10.6	14.5	6.5%	预期性
民生福祉	9	居民人均可支配收入（元）	城镇居民人均可支配收入	45499	64000	7%以上	预期性
			农村居民人均可支配收入	26838	38000	7%以上	预期性
	10	新增劳动力平均受教育年限（年）		13.5	14	[0.5]	约束性
	11	高等教育毛入学率（%）		58	62	[4]	预期性
	12	新增城镇就业人数（万人）		10	—	[30]	预期性
	13	城镇保障性安居工程（万套（户））		1.2	—	[6.2]	约束性
	14	人均期望寿命（岁）		81.5	82.5	[1]	预期性
	15	每千人口执业（助理）医师数（人）		2.1	2.75	[0.65]	预期性
	16	每千名老年人口拥有社会养老床位数（张）		30	50	[20]	预期性
	17	亿元地区生产总值生产安全事故死亡率（%）		0.104	0.066	—	约束性
资源环境	18	耕地保有量（万亩）		318.54	307.17	—	约束性
	19	单位地区生产总值能耗降低（%）		—	—	省下达指标	约束性
	20	非化石能源占一次能源消费比重（%）		10	13	[3]	约束性
	21	单位地区生产总值用水量降低（%）		—	—	省下达指标	约束性
	22	万元地区生产总值耗地量（平方米）		32.4	23.4	—	约束性
	23	单位地区生产总值二氧化碳排放降低（%）		—	—	省下达指标	约束性
	24	主要污染物排放总量减少（%）	化学需氧量	—	—	省下达指标	约束性
			氨氮				
			二氧化硫				
			氮氧化物				
	25	空气质量	细颗粒物（PM2.5）浓度（微克 / 立方米）	53	43	累计下降 18.9%	约束性
			空气质量优良天数比率（%）	64.4	75 以上	—	约束性
	26	河流Ⅰ—Ⅲ类水质市控断面比例（%）		7.46	50 以上	—	约束性
	27	森林增长	林木覆盖率（%）	20	20 以上	—	约束性
			林木蓄积量（万立方米）	207.9	262	[54.1]	约束性

说明：（1）全市地区生产总值、省定七大万亿元级产业增加值、居民人均可支配收入绝对数按 2015 年价格计算，增长速度按可比价格计算；（2）[ ]内数据为五年累计数

围绕上述目标,要加快推进“六个转变、六个提升”。即:加快推进从“要素驱动”向“创新驱动”的转变,进一步提升创新能力和发展动力;加快推进从“传统产业为主”向“现代产业为主”的转变,进一步提升产业核心竞争力;加快推进从“县域经济”向“城市经济”的转变,进一步提升经济综合实力;加快推进从发挥“区位优势”向更好发挥“功能优势”的转变,进一步提升区域影响力;加快推进从偏重依靠“有形之手”向更好发挥“两个作用”的转变,进一步提升软环境竞争力;加快推进从“社会管理”向“社会治理”的转变,进一步提升社会发展活力。

第二章 推动创新成为引领发展第一动力

第一节 全面推进人才强市建设

优化人才发展环境。树立人才优先发展理念,全面推进人才强市战略,围绕打造人才最优生态,立足产业链,部署创新链,完善人才链,补齐资金链,健全服务链,提升价值链。大力推进人才改革试验区建设,探索人才开发管理新模式。全力构建高层次科技人才的创业乐园。

优化人才发展平台布局。引导各地规划建设特色鲜明、功能区分、错位发展的高层次人才平台,推进平台园区标准化服务、星级化管理。探索建立一批行业共性技术研发中心,提升省级人才基地、“千人计划”产业园(项目转化中心)等平台的人才集聚度、辐射带动力和增值服务力。创新打造“智立方”,促进“六个中心”一站式服务。

统筹推进人才队伍建设。加大高层次人才引育力度,加大“千人计划”引育力度,更大力度实施“创新嘉兴·精英引领”计划。加强企业家人才队伍建设,加快培养造就一支素质优良、具有“工匠精神”的技能型人才队伍。到2020年,全市人才资源总量达到150万人,五年累计引进培育500名左右具有省内、国内领先水平的创业创新领军人才,打造100个左右嘉兴市重点创新团队。

第二节 完善区域创新体系

提升企业自主创新能力。强化企业创业创新主体地位和主导作用,大力扶持高新技术企业、创新型企业和科技型中小企业加快发展。加速创新资源向企业集聚。到2020年国家高新技术企业累计达到1000家。研究与试验发展经费支出占地区生产总值的比重达到2.95%,发明专利授权量达到2500件。

推进科技与金融紧密结合。深入推进省科技金融改革创新试验区建设,着力发展创业投资、科技信贷、科技保险,建立“创投先行、信贷跟进、担保支持、上市助推、多种金融工具并举”的科技金融服务体系。健全科技融资体系,打造“嘉兴科技金融”品牌。

建立完善的科技服务体系。发挥国家专利技术(嘉兴)展示交易平台作用,加快建设网上网下并行交易的嘉兴科技大市场,完善支持科技中介服务政策环境,发展一批新型科技服务业态。探索建设产业科技创新中心和产业技术研究院。

第三节 加强创新平台建设

建设高水平科技产业园区。整合优化科技创新空间布局,着力推进以嘉兴科技城、嘉兴秀洲国家高新技术产业开发区为核心的科技创新平台集群,努力成为产业科技创新中心和新兴产业策源地。全面参与环杭州湾高新技术产业密集带建设,积极争创国家自主创新示范区。

加大科研院所引进培育力度。继续大力吸引国内外知名高校来嘉兴合作办学,争取高水平研发机构、产业创新中心和公共服务平台落户嘉兴,全面提升我市创新综合能力。

大力培育众创孵化平台。积极实施“泛孵化器”建设工程,鼓励科技企业孵化器、大学科技园、小企业创业基地、科研院所等机构构建一批创新与创业相结合的众创空间。全力打造长三角科技企业孵化高地和高科技成果转化重要基地。

第四节 营造创业创新最佳环境

改革完善科技管理制度。推动政府职能从

研发管理向创新服务转变,健全技术创新的市场导向机制和政府引导机制。完善科技成果转移、转化、交易和管理制度和财政资金投入方式。

完善企业创业创新政策环境。完善政府对本地创新产品采购机制,企业研发投入与项目申报、补助挂钩的机制,科技成果、知识产权归属和利益分享机制。深化知识产权领域改革,强化知识产权法律保护。

大力弘扬创业创新文化。积极倡导尊重知识、崇尚创新、诚信守法,在全社会形成理解、支持、服务、参与创业创新的良好风尚。

第三章　构建现代产业发展新高地

第一节　重点培育未来发展新增长极

全面推进互联网经济发展。承办好世界互联网大会·乌镇峰会。加快推进国家信息惠民试点城市、“宽带中国”示范城市建设,积极争取国家互联网创新发展综合试验区。大力实施“互联网+”行动,努力打造全国“互联网+”跨界融合与创新应用的先行区和示范区,建设互联网经济强市。

全面提升海洋经济发展水平。大力实施海陆联动发展战略,积极推进海陆规划布局统筹、港口腹地联动、海陆产业互动、海陆集疏运体系完善与海陆生态文明建设“五大工程”,加快形成海陆统筹发展新格局。努力建成全省海河联运引领区、“21世纪海上丝绸之路”沿海重要港口城市,打造嘉兴经济发展蓝色新引擎。

重点培育八大千亿元级产业。全力打造信息、文化、旅游、时尚、金融、环保、高端装备制造和新材料等八大千亿元级中高端产业集群,推进产业智能化、服务化、高端化发展,形成一二三产跨界融合、协同发展。

第二节　联动推进“制造业强市”和“服务业兴市”

增强制造业核心竞争力。制定实施《中国制造2025嘉兴行动纲要》,深入推进制造业提质“百千万工程”“四换三名”“四化千项”工程,统筹推进战略性新兴产业培育、高新技术产业发展和传统优势产业改造提升。推进制造业智能化、绿色化、服务化、国际化发展。

促进服务业优质高效发展。实施以“一五五”为主要内容的加快发展现代服务业行动,重点发展现代物流、科技与信息服务、金融、文化旅游、健康服务五大领域,推动生产性服务业向专业化和价值链高端延伸,生活性服务业向精细化和高品质转变,实现服务业规模化、品牌化、国际化发展。

推动产业融合和组织模式创新。加快企业梯队建设,引导企业加快股份制改造,建立现代企业制度。推动有实力的企业由产品设备制造商向系统集成总承包和整体解决方案提供商转型,培育一批核心竞争力强的大企业集团。启动“专精特优(新)”中小企业成长工程。推动军民产业融合,积极开展军民两用技术研发和成果转化。

联动推进质量强市、品牌强市和标准强市。强化质量、标准和品牌建设,强化企业质量主体责任,倡导“嘉兴质造”。强化以技术标准引领质量提升,引导企业建立健全品牌管理体系,形成一批具有自主知识产权的名牌产品和企业。到2020年,争取建成4家全国知名品牌创建示范区,全市有效注册商标总量达8万件,中国驰名商标25件,省著名商标300件,省级以上质量奖5家,“浙江制造”认证企业15家。

第三节　加快发展都市型生态农业

加快农业现代化进程。突出农业生态功能,加快构建高产高效生态安全的现代农业产业体系。落实最严格的耕地保护制度,坚守耕地红线,划定和保护永久基本农田,以农业“两区”建设为重点,实施百万亩耕地质量提升工程和基本农田质量建档工程,努力建成全省优质粮油产业区、高效设施农业示范区、农业生产“四化”样板区、农业现代化先行区。

全面构建现代农业经营体系。鼓励农民通过合作与联合的方式发展规模种养业、农产品加工业和农村服务业。开展农民以土地经营权入股农民合作社、农业产业化龙头企业试点,让农民分享产业链增值收益。逐步形成以家庭承包经营为基础,适度规模的家庭农场、专业大户为骨干,农民合作社、农业产业化龙头企业为纽带的新型农业经营体系。深入推进农业科技体制改革,加快发展社会化农技服务组织。

第四节 分类推进产业平台整合提升

高水平建设重大产业平台。以产业提质增效升级、空间集聚集约集群、科技创新驱动发展为目标,统筹推进产业集聚区、经济开发区、高新区等省级以上开发区(园区)空间整合、体制融合和功能提升。加快打造高端产业集聚发展高地,培育形成国内领先的先进制造基地。

提升发展现代服务业集聚区。提升服务业集聚、集约发展水平,推进重点企业向科技信息、现代物流、旅游休闲、文创金融、现代商务服务、新型商贸等六大类省级服务业集聚示范区和优势特色市级服务业集聚区集聚,进一步增强集聚区资源吸附能力、产业支撑能力和辐射带动能力。

大力推进特色小镇建设。结合新一轮信息技术和新业态发展,聚焦八大产业,兼顾我市传统优势产业和历史经典产业,打造形成集产业链、创新链、人才链、服务链等要素支撑的特色小镇。力争到2020年争创省级特色小镇15个,规划建设市级特色小镇30个。

稳妥推进市级工业功能区优化整合。围绕建设产业生态圈,推进园区综合整治、退二进三和整合撤并,加快实施形象、功能、产业、管理"四大提升"工程,实现工业园区向现代产业园区转型提升。

第四章 打造城乡区域发展一体化先行区

第一节 优化市域生产力布局

根据不同区域条件,按照主体功能区制度要求着力构建"一核三带三区"市域生产力布局,努力实现主体功能更加约束有效、空间集约集聚更加高效、生态环境更加优美、要素流通更加畅通的协同发展格局。"一核",即中部主城区,努力打造成为引领全市转型发展的科技创新、金融服务、公共服务中心和人才集聚高地。"三带",即"北部湿地生态发展带、中部核心集聚带、南部滨江滨海保护开发带",以都市区要素自由流通功能要求和网络型田园城市形态要求,布局重大基础设施和生态廊道,实现经济、生态、文化串联。"三区",即临沪发展区、临杭发展区和滨海沿湾发展区。临沪发展区、临杭发展区重点是强化沪嘉、杭嘉边界地区及重要交通轴沿线地区开发,滨海沿湾发展区成为衔接上海、宁波港口资源的主阵地。

第二节 形成城镇、农业、生态三类空间

城镇空间。基于已经形成的城镇建成区和规划的城镇建设区以及一定规模的开发区(园区),划定城镇空间1114平方公里,占陆域面积26.4%。构建形成"1640"和"四百一千"城乡基本框架,主要承担城镇建设和城镇经济发展功能。

农业空间。基于现有耕地、林地、园地等农业用地及部分农村建设用地,划定农业空间2310平方公里,占陆域面积54.7%。构建形成嘉北片、嘉中南片、嘉东南片三大永久基本农田集中区,"2(国家级)+36(省级)+64(市级)"农业园区,及100个以上粮食生产功能区,主要承担农产品生产和农村生活功能。

生态空间。基于全市水源保护地、生态林地、自然保护区、风景名胜区、湿地保护区、森林公园、部分耕地等生态要素集中区域及水系、重要道路沿线区域,划定生态空间799平方公里,占陆域面积18.9%。构建形成"一片、一带、七区、十一点、三十八廊"网络状生态空间布局,主要承担生态服务和生态系统维护功能。

第三节 优化提升城市功能

着力提升中心城市首位度。优化提升中心城市发展格局,改造提升老城区,加快嘉兴经济技术开发区(嘉兴国际商务区)、嘉兴科技城(嘉兴南湖高新技术产业园区)、嘉兴秀洲高新技术产业开发区三大重点板块建设,绿色低碳发展湘家荡及北部湿地区域,高起点规划建设临空经济区。深化拓展城市历史风貌保护,着力推进“月芦文杉”历史文化街区,马家浜、子城等遗址公园,湖滨及西南湖生态湿地区块建设,逐步形成运河古城、南湖和子城三大核心板块,进一步彰显嘉兴国家历史文化名城魅力。增强中心城市创新服务、金融服务、社会服务、枢纽集散四大功能,建设充满生机活力、繁荣繁华的现代化城区。

强化副城综合实力。突出人口集中、产业集聚、要素集约、功能集成,全面推进嘉善、平湖、海盐、海宁、桐乡、滨海新区的城市特色化、功能化发展,不断提升人居环境质量和区域竞争力。

强化区域统筹协调发展。深化全市“一盘棋”理念,建立完善“多规合一”规划体系和管控机制,统筹推进主副中心城市协同发展,形成分工合理、特色明显、优势互补的区域发展体系。适时实施行政区划调整。

第四节 加快推进小城镇建设

加快建设现代新市镇。以国家新型城镇化综合试点为契机,把城镇建设作为新型城镇化的关键节点,分类推进新市镇建设发展。着力加强新市镇的集聚功能、生产功能、服务功能等核心功能建设,打造“美丽新市镇”。推进“一镇一品一链”建设,着力产业特色镇、商贸强镇和旅游名镇。深入实施老集镇提升工程,加强撤并乡镇集镇资源的开发利用,作为城乡一体新社区的重要集聚点。

加快小城市试点培育。以小城市试点创建为抓手,合理优化小城市试点布局,积极推进就地城镇化,有序推进各项公共服务平台向小城市延伸。着力提高基础设施的网络化水平和综合承载力,全面提升小城市人居环境。

第五节 努力建设“美丽乡村”

把“美丽乡村”建设作为统筹城乡发展的重要基础。着力抓好改革赋权、转型强农、治水美村、惠民增收等各项工作。大力推进新农村建设,优化村庄集聚点规划,加快待整治的自然村落向“四百一千”靠拢集聚。推进休闲农业、观光农业、生态农业等融合互动,打造别致多样、干净整洁、留住乡愁的韵味乡村。

健全城乡发展一体化体制机制。加快户籍制度改革,提高户籍人口城镇化率。深化“三权到人(户)、权跟人(户)走”改革,依法开展农村土地承包经营权、宅基地使用权、农村房屋所有权、农村集体经济股份收益分配权等确权登记颁证工作。深化农村集体资产产权制度改革、农村土地制度改革,着力解决城乡建设用地比例倒挂等问题。

全面提升城乡建设风貌。加快农村低小散工业向市镇工业园区“退散进集”。以全面创建“无违建”县(市、区)为抓手,加强“两路两侧”等重点建设,综合运用市场化、法治化等手段集中整治、长效管理市容市貌、镇容镇貌、村容村貌。

第五章 构建江南水乡优美生态环境

第一节 打造天蓝水清地净城乡环境

明显提升水环境质量。持续深化“五水共治”,全力打好生活污水、工业污水、农业面源污染治理攻坚战。加快污水处理厂及污水管网建设和提标改造,实施生态修复、中小河流综合治理和水系连通工程。到2020年全面消除黑臭河和地表水劣Ⅴ类水质,在上游来水水质达标基础上,市控以上断面实现以Ⅲ类水为主体。

有效改善空气质量。大力推进“五气共治”,建立政府、企业、公众多方参与的大气污染防治新机制。加强工业企业大气污染综合治理,强化车船尾气防治,全面开展城市扬尘、餐饮油烟污染及秸秆焚烧综合整治。到2020年,PM2.5浓度下降至43微克/立方米以下,空气质量优良天数比率达到75%以上,基本不出现重污染天气。

开展土壤污染防治。加大农用地土壤环境保护力度,推进农药减量控害增效行动、农田化肥减量增效行动,创新和推广生态农业种植模式。加强工业污染源防治,严格执行危险废物全过程监管。推进土壤污染治理修复工作,强化责任归属。着力控制新增土壤污染。

加快构筑生态安全屏障。科学划定永久性生态用地,突出重点生态功能区、生态环境敏感区和脆弱区的生态环境保护和生态修复力度。推进平原绿化造林挖潜提质,提升城市绿化水平,加快实现绿化、彩化、文化融合。构建城市绿色慢行空间和高品质绿道系统,建设千里绿道网。加强海洋蓝色生态屏障建设,促进海洋环境的可持续利用。

第二节　促进生产生活方式绿色低碳

推进资源节约集约高效利用。强化约束性指标管理,落实能源和水资源消耗、建设用地等总量和强度双控行动,加快资源利用方式根本转变。开展全民节能行动,积极淘汰落后过剩产能,大力推广绿色建筑和建材。落实最严格水资源管理制度,加强中水综合利用,加快建设节水型社会。实行最严格的节约用地制度,全面推进节约集约用地亩产倍增行动计划,建立存量土地盘活、土地产出效益与新增建设用地指标分配挂钩制度。到2020年万元地区生产总值耗地量控制在23.4平方米以内。

大力发展循环经济。实施循环发展引领计划,促进资源综合利用、高效产出。积极构建循环型工业、农业和服务业体系,推行企业清洁生产、循环式生产、产业循环式组合、园区循环式改造,减少单位产出物质消耗。推进再生资源回收体系建设及产业化发展,有效保障生活垃圾和餐厨垃圾等资源化利用和无害化处置。到2020年,工业固废综合利用率达到94%,建筑废弃物综合利用率达到80%以上,主要污染物排放完成省下达指标。

积极发展低碳经济。构建以低能耗、低污染、低排放为基础的低碳经济发展模式。建立健全温室气体排放总量和强度双控制制度。调整能源结构,积极推进光伏产业"五位一体"创新综合试点建设,逐步提高非化石能源在一次能源消费中的比重。推行绿色消费和低碳生活方式。到2020年单位地区生产总值综合能耗、二氧化碳排放下降率完成省定下达指标,非化石能源占一次能源比重达到13%。

第三节　健全生态文明制度体系

完善环境治理基础制度。落实中央关于环境治理基础制度改革的各项部署,探索建立环境质量改善和污染物总量控制制度、自然资源资产产权制度、生态环境空间管制制度、生态环境准入制度等制度措施。实施排污许可证制度,完善资源环境价格形成机制,进一步打造全市统一的交易市场。完善用能预算化管理、用能权核定和差异化超用能收费制度。

创新生态环境保护机制。认真落实《环境功能区划》,严格环境准入。建立领导干部任期生态文明建设责任制,推进自然资源资产离任审计。健全环境污染责任追究体系和第三方治理机制。建立生态补偿制度,探索建立对区域内重点生态功能区转移支付,完善生态保护成效与资金分配挂钩的激励约束机制。推进环保监测监察执法制度创新,减少各类开发活动对生态系统的干扰和破坏。

第六章　再造开放引领新优势

第一节　充分发挥接轨上海主引擎作用

积极构建与上海对接的体制机制。按照"两个无差别、三个更好"的要求,认真做好市场规则、政府办事规则等方面与上海对标。借助嘉兴综合保税区等开放平台,在促进金融制度创新、服务业扩大开放等领域,加快复制上海自贸区可复制、可推广的体制机制和政策经验。加强与上海政府间合作,巩固发展常态化、制度化的合作交流机制。全力打造浙江省全面接轨上海示范区。

与上海共建产业协同创新区。大力发展与上海核心功能相配套的旅游休闲宜居、特色资源配置、金融中心配套服务、特色产业承接集聚等城市发展功能。主动对接上海国际金融中心、上海科技创新中心,以及信息、装备制造、新能源等重大产业领域,主动承接上海非核心功能疏解，争取与上海共建长三角（沪嘉）产业协同创新区，推动上海高端科技创新成果在嘉兴孵化、中试和产业化，实现沪嘉一体化发展。

构建与上海一体化交通运输体系。主动对接上海国际航运中心建设，加强轨道交通、公路、航道等跨区域基础设施与上海协同规划建设，积极争取上海交通资源向我市延伸和辐射。争取嘉兴军民合用机场成为上海协作配套机场。加强沪嘉港口合作，深化沪嘉两地直通放行的“大通关”建设，及滨海新区与洋山港保税港区的“飞地”保税物流深度合作。

第二节 全面融入长江经济带建设

全面融入长三角城市群的协同发展。主动参与杭州都市圈、浙东经济合作区等发展，积极对接苏南现代化建设示范区，谋求产业发展、交通设施、社会发展、生态建设等领域与长三角各城市的深入协作。优化产业布局，与周边城市共同打造先进制造业产业集群。协同推动区域内市场共建，加快与周边城市质量互认、资格互认制度的对接，促进区域贸易便利化。加强与周边城市在文化教育、医疗服务等领域的对接，加快长三角公共服务一体化进程。

扩大对内开放程度。推进与长江中上游地区的合作与交流，落实长江经济带海关区域通关一体化等措施，提升区域对接承载力。广泛开展与东部沿海省市、港澳台地区等国内城市间的合作交流，做好新疆、西藏、青海、四川等重点地区对口支援工作。积极参与中西部、东北及友好地区经济技术合作。

第三节 提升城市国际化水平

加快对外贸易优化升级。创新外贸发展方式，着力培育优质优价、优进优出的国际贸易竞争新优势。巩固货物贸易地位，到2020年重点培育和发展的出口品牌数量达到100个。大力发展服务贸易。鼓励发展进口贸易，扩大先进技术、关键设备、资源性产品进口。优化进出口市场结构，巩固欧美、日韩等传统市场，大力拓展“一带一路”沿线国家等新兴市场。

提高利用外资质量水平。深化先进制造业国际合作，积极引进与嘉兴产业结合紧密的现代制造业重大项目，提升制造业发展整体水平。扩大服务业对外开放，加快生产性服务业和高端生活性服务业利用外资步伐，提升城市国际化水平。全面推进综合保税区和中德、中荷、中日、中法等重点国际产业合作园等一批重大开放平台建设，着力打造带动区域发展的开放高地。创新利用外资方式，争取“十三五”期间实际利用外资达到100亿美元以上，世界500强、国际行业领先企业投资项目和超亿美元重大外资项目100个以上，全力打造全省利用外资新高地。

积极推动企业“走出去”发展。主动参与国家“一带一路”战略，鼓励有条件的大企业开展对外投资、境外并购、工程承包，逐步形成“总部在嘉兴、基地在海内外、营销在全球”的发展运营模式。深入推进国际产能合作，实现产业链价值链的全球布局。完善服务体系，加大企业“走出去”支持力度。争取“十三五”期间完成对外直接投资25亿美元，培育10家以上具有一定国际竞争力的本土跨国公司。

创新对外开放体制机制。健全贸易便利化体制机制，全面实施单一窗口和通关一体化。完善服务贸易促进体系，建立跨境电子商务、市场采购贸易、外贸综合服务平台等新型贸易模式。扩大投资领域对外开放，推行外商投资准入前国民待遇加负面清单管理制度。创新完善境外投资服务促进体系和风险防控监管机制。完善在嘉兴外籍人士服务管理，探索构建“大外管”工作格局。

第七章 创造安居乐业幸福生活

第一节 努力让市民拥有更好的教育

促进基础教育均衡发展。全面落实立德树人根本任务，高标准普及十五年基础教育。科学谋划学前教育布局，形成以普惠性幼儿园为主体的学前教育服务体系。统筹城乡义务教育资源均衡配置。推进高中教育特色化，提高普通高中优质、多元、特色发展水平，促进特殊教育学生更好发展。落实“两个为主”责任,完善外来人员子女接受义务教育的保障体系。

推进高等教育和职业教育、成人教育创新发展。着力提高高等教育发展质量,积极争取将嘉兴学院创建成为嘉兴大学,鼓励创办创业学院和互联网学院。提高职业教育办学水平,鼓励有条件的大企业大集团参与高职院校建设和运营管理。大力发展成人教育,构建高等教育、职业教育和成人教育相互融合,学校教育、家庭教育、社会教育有机结合的开放式终身教育体系。

提高教育现代化国际化水平。深化教学内容、方法、评价和考试招生制度改革,促进民办教育健康发展。加强教师队伍建设,大力培养造就一支高素质专业化教师队伍。推进“智慧校园”建设,搭建教育资源、教育管理和终身学习公共服务平台。推动教育国际化,鼓励多形式开展国际交流合作。确保教育发展水平位居全省前列。

第二节　努力让市民实现更高质量就业

打造良好的就业创业环境。建立经济发展和扩大就业联动机制,促进产业转型升级速度与提升就业质量步伐相适应。做好高校毕业生、就业困难人员、农村转移劳动力、退役军人、残疾人等重点群体就业。实施“大众创业”推进行动,建立创业项目库、创业培训师资库、创业导师库和创客联盟,带动青年就业创业。“十三五”期间,全市新增城镇就业 30 万人,城镇调查失业率控制在 5%以内。

健全就业创业公共服务体系。完善城乡均等就业创业服务机制,推进人力社保服务平台规范化、标准化、信息化、专业化建设。建设统一的公共就业和人才服务信息管理系统,提升就业创业服务能力和水平。完善劳动用工管理制度、欠薪追缴制度和劳动关系应急处理机制,维护职工和企业合法权益。

第三节　努力让市民拥有更满意的收入

完善收入分配制度和劳动者报酬增长机制。完善企业工资集体协商制度和最低工资标准调整机制,稳步扩大中等收入者比重。完善强农惠农富农政策,多渠道促进农民增收。稳步提高企业退休人员基本养老金和城乡居民基础养老金。确保居民收入增长与经济增长同步、劳动报酬提高和劳动生产率提高同步,到 2020 年确保城乡居民收入在 2010 年基础上实现翻番。

大力推进低收入群体加快增收。以低收入困难农户为重点,完善专项帮扶制度,增强低收入群体自我发展能力。对丧失劳动能力、因病致贫等相对困难家庭实行分类扶持,强化低保兜底功能。确保低收入群体收入增长高于居民收入平均增长,按现行标准确保不让一个家庭成为绝对贫困户。

第四节　努力让市民拥有更可靠的社会保障

构建城乡一体社会保险体系。扎实推进全民社保,逐步提高社会保险水平。拓展社保资金筹集渠道,确保社保资金保值增值和运行安全。加强各类社会保险制度衔接并轨,全面实施机关事业单位养老保险制度改革。探索实施医保支付方式改革,推进城乡居民异地就医实时结算。

完善社会救助福利体系。健全福利保障制度和服务体系。稳步提高低保和优抚对象抚恤补助标准,健全社会救助体系。加大医疗救助力度,实现城乡困难居民医疗救助医药费在定点医疗机构“一站式”即时结算。大力发展红十字事业和慈善事业,统筹推进扶老、助残、救孤、济困等福利事业,推动社会福利由补缺型向适度普惠型转变。

进一步完善住房保障体系。坚持实物保障和货币保障相结合、政府建设和市场筹集相结合,不断提高保障性住房供应能力。积极推进以公共租赁住房且以租赁补贴为主的住房保障体系,加快改善困难群众住房条件。强化住房安全监管,加快推进以危旧住宅区为重点的城市棚户区改造和农村危旧房改造,确保住房安全。

第五节 努力让市民享有更健全的健康服务

深化医药卫生体制改革。推进医疗、医保、医药联动,全面提升医疗服务能力和水平。深化公立医院改革,建立现代医院管理制度和法人治理结构。推进基层首诊、双向转诊、急慢分治、上下联动的分级诊疗制度。扩大医疗领域开放,大力发展社会办医。推动中医药健康服务发展。到2020年建立覆盖城乡居民、更加完善、更高水平的基本医疗卫生制度。

完善基本医疗卫生服务体系。优化医疗卫生资源配置,构建1小时三级医院就医网络。强化儿科医疗服务体系,着力解决儿童看病难问题。推进公共卫生服务机构标准化建设,实现服务资源配置城乡均衡、提质增量。推进“智慧医疗”服务,构建面向全体市民、覆盖全生命周期的健康管理体系。到2020年每千人口执业(助理)医师数达到2.75人,每千人拥有医疗床位数达到6张。

实施全民健身计划。完善全民健身设施网络,县(市、区)、镇(街道)、村(社区)至少分别建设有一处中型、小型全民健身活动中心和健身设施场地。积极承办与城市功能相匹配的体育赛事,促进群众体育和竞技体育协调发展。培育发展体育社会组织和企业。倡导健康生活方式,提高健康文化意识。

第六节 努力让市民享有更高水平的养老服务

增强养老服务设施供给能力。积极开展应对人口老龄化行动,完善“以居家为基础、社区为依托、机构为补充、信息为辅助”的社会养老服务体系建设,基本形成“9643”的养老服务总体格局。鼓励发展民办养老机构和养老社会组织。到2020年,各类养老服务覆盖所有居家老年人,每百名户籍老年人拥有机构床位数不少于4张,护理型床位占比不低于50%,民办机构床位占比力争达到70%。

提升养老服务水平。完善老年人高龄津贴制度和困难老年人养老服务补贴制度。探索建立老年护理保障制度和长期护理保险制度。鼓励老年人互助,重视解决失独家庭养老问题。在环境设施、交通出行、公共服务、居住等方面强化“适老性”理念和标准,推进适老化改造试点工作。

第七节 全面促进人口均衡发展

保持人口均衡发展。坚持计划生育基本国策,全面落实中央关于调整完善生育政策的重大决策部署。多途径加强出生缺陷干预,提高出生人口素质。建立完善计划生育家庭扶助保障政策体系。有序推进转移人口市民化,促进劳动力结构持续优化和素质全面提升。

深化人口综合服务管理。建立新居民服务管理新机制,把新居民常住人口纳入各地发展规划和公共服务体系,依法依规提供基本公共服务。动员各方力量帮助刑释解教和社区服刑人员顺利融入社会。更加重视妇女、儿童和青少年身心健康,切实保障妇女儿童合法权益。健全残疾人社会保障和服务体系,加快推进残疾人全面小康进程。

第八章 提升城市文化软实力

第一节 提升城市文明形象

弘扬城市人文精神。培育和践行社会主义核心价值观,用中国梦和社会主义核心价值观凝聚共识、汇聚力量,传承弘扬“红船精神”,倡导“崇文厚德、求实创新”的嘉兴城市人文精神和“勤善和美”的当代嘉兴人共同价值观。

深入推进思想道德建设。巩固发展全国文明城市创建成果,深入开展“争做最美嘉兴人”等主题活动,加强社会公德、职业道德、家庭美德和个人品德建设,形成崇德向善、见贤思齐的良好社会风尚。加强和改进未成年人思想道德建设。弘扬“奉献友爱互助进步”的志愿服务精神,创建全国志愿服务模范城。大力建设学习型城市,促进全民阅读,打造“书香嘉兴”品牌。

第二节 大力发展文化事业

加快现代公共文化服务进程。深化国家公共文化服务体系示范区建设,全面建成现代公共文化服务体系。深化推进城乡一体化公共图书馆、文化馆服务体系建设,以标准化促进均等化。加快推进公共文化数字化建设。推动公共文化服务社会化发展,逐步形成政府、市场、社会共同参与公共文化服务体系建设的新格局。

扶持优秀文化产品创作生产。以“五个一工程”为龙头,组织实施嘉兴市文学艺术南湖奖评选和嘉兴市重大题材文艺精品扶持,繁荣发展文学艺术。重点围绕红色文化、水乡文化、端午文化、吴越文化、运河文化、名人文化等,整理出一批主题鲜明、特色浓郁、时代性强、影响力广的创作题材。力争打响嘉兴文艺精品品牌。

激发文化创新创造活力。深化公益性文化单位体制机制改革创新,推动广播、电视、报纸等传统媒体和新兴媒体融合发展。扩大文化领域开放,推动多元文化要素集聚,形成百花齐放、百家争鸣的文化发展格局。繁荣发展社会科学,全面加强具有嘉兴地方特色的新型智库建设。

第三节　壮大特色文化产业

创新文化产业发展业态。推动文化产业业态创新和模式创新,增强文化产业对其他产业的渗透、提升和带动能力,推动文化产业成为重要支柱产业。促进文化遗产资源传承和可持续发展。到2020年全市文化产业增加值占地区生产总值比重达到7%。

培育特色文化产业品牌。加强重点文化产业平台建设,高质量打造一批国家、省、市、县级文化产业园区,促进文化产业规模化、集聚化、专业化发展。培育打造一批文化龙头企业,到2020年力争亿元企业突破100家、10亿元企业突破10家。

强化文化市场要素支撑。健全文化产业投融资体系,探索文化创意无形资产评估及应用,鼓励扶持文化经纪等各类专业服务机构发展,促进金融资本与文化资源的有效对接。加快文化人才队伍建设,吸引更多国内外优秀文化人才来嘉兴发展。

第四节　打造江南文化传承典范

注重江南城市整体形象塑造。加强文化遗产保护利用,做好世界遗产中国大运河(嘉兴段)的保护与监测,积极推进乌镇、西塘等江南水乡古镇联合申遗,加强对历史文化遗产、历史文化名镇名村、特色文化村落的保护利用。提炼设计具有嘉兴特色的城市名片和标识系统,增强江南文化的可识别性和认知感。

打造重大文化活动品牌。营建具有地域性、民俗性、群众性相统一的百姓节日,强化非物质文化遗产等民俗民间文化的保护和展示。办好中国·嘉兴端午民俗文化节等一批有分量、有特色的重大活动,全方位展示嘉兴文化魅力,让人民群众享有更加健康丰富的精神文化生活。

加强城市文化推广与合作。加快文化“走出去”步伐,在文化创意产业、文艺创作项目、文化管理领域等不同层面开展国内外合作交流活动。继续巩固与友好交往城市的文化合作与交流关系,不断发展新的文化友好关系。不断扩大城市文化影响力和传播力。

第九章　提升基础设施现代化水平

第一节　构建现代综合交通体系

提升优化市域内外公路网。加快建设杭州湾跨海大桥北接线二期等一批重点项目,进一步完善“三纵三横三连”高速公路和普通国省道骨架网络。统筹规划中心城市到各县(市)交通路网,加快形成便捷高效的市域交通体系和城市快速路网。推进农村公路等级提升工程,到2020年基本消除等外公路。

加快构筑铁路网。加快沪乍杭铁路以及通苏嘉城际铁路建设,积极做好沪嘉甬城际铁路前期谋划,加快实现覆盖县(市)、衔接紧密的铁路网骨架。

谋划推进市域轨道交通网。继续深化市域轨道交通线网建设规划方案。加快推进杭州至海宁城际轨道交通建设,谋划好杭州至桐乡

(乌镇)城际轨道交通等工程项目。做好市域轨道与铁路、城际铁路间的无缝衔接。

全力打造海河联运网。优化调整港口功能布局,加快建设嘉兴港独山、乍浦和海盐三大港区、"三横三纵一通道"内河骨干航道及内河集装箱运输通道建设,着力打通海河联运"最后一公里",进一步提升外海码头、内河干线航道等级,提高货物吞吐及通航能力。

加速推进航空港建设。加快推进嘉兴军民合用机场前期工作并尽早开工建设。统筹谋划嘉善、平湖、桐乡、海宁等二类通用航空机场建设,全面融入长三角机场网络。适时规划建设临空经济区。

加强综合交通枢纽建设。统筹推进嘉兴南站综合交通枢纽建设,强化综合枢纽与主城区及县(市)交通主干路网衔接,统筹推进以嘉兴港为核心,公、铁、水相衔接的货运枢纽建设,完善货运枢纽集疏运功能。

第二节　推进智慧城市建设

构筑新一代互联网城市。实施网络强市战略,高水平建设"信息高速公路",积极争取全国新型智慧城市试点。建设"宽带嘉兴",深入推进光网城市和无线城市建设,争创国家三网融合试点。构建"感知嘉兴",加快物联网等新一代信息技术应用,构建城市全面感知体系。打造"云上嘉兴",推进互联网交换中心(NAP)、国家互联网(华东)数据中心等建设,提高云计算服务能力。

强化信息安全保障。加大关键信息基础设施安全防护力度,提升重大网络安全事件应急处理能力。完善城市级数字证书认证。加大依法管理网络力度,营造良好网络环境,确保网络和信息安全。

运用互联网创新城市治理。全面强化信息基础设施服务功能,重点打造"智慧嘉兴"公共服务总平台、公共事务信息系统、地理信息共享平台和智慧社区综合信息服务平台等四大载体,构建面向城市服务的全市统一数据共享、资源整合、互联互通、安全可控的城市大数据中心。加强智慧应用体系建设和管理服务,努力向管理要畅通、向管理要便利、向管理要效益。

第三节　完善公用设施建设

加强能源供应保障。积极推进国家分布式光伏发电示范区、省清洁能源示范县、新能源示范城镇建设,力争到2020年全市光伏发电装机容量达到1500兆瓦。大力推进LNG转运站项目建设,形成多元化天然气供应格局。争创国家微电网示范工程,建立"安全、经济、多供、少损"的电网构架。

推进水利设施现代化。完善防洪防台抗旱体系,加快实施平湖塘延伸拓浚、扩大杭嘉湖南排(嘉兴部分)等流域治理骨干工程,完善以镇和中心村为主体的低洼圩区改造,不断提高防汛调度响应能力。保障饮用水安全,加快推进市域外配水工程(杭州方向)为重点的引水工作,推进一批饮用水源地湿地建设与保护项目,力争到2020年饮用水水源地水质达标率提升到60%。

统筹推进城市治堵。大力发展城市公交、城市轻轨、公共自行车等为主导的城市交通模式,形成多层次公共交通网络体系,打造公交优先示范城市。完善城市道路网络,推进主要道路交叉口立交化改造,尽快消除城市路网交通瓶颈节点。支持对现有停车设施智能化、立体化改造并对社会开放。加快智慧交通建设,不断提升交通治理水平。

加强城市地下空间开发利用。协同推进地上地下空间规划编制和建设,加快实现空间开发利用一体化、公共空间连通立体化和网络化,提高城市地下空间综合效益。探索在新城、各类园区及成片新建区域同步建设地下综合管廊,进一步完善城市供电、供水、供气、污水处理等设施体系。

第十章　深化经济体制改革和社会治理

第一节　建设高效服务型政府

创新行政管理体制。全面深化政务公开,

实现权力运行规范透明高效。深入推进“四张清单一张网”改革,让市民享受更优的政务服务。深化行政审批层级一体化改革,探索建立“区域能评 + 区块能耗标准、区域环评 + 区块环境标准”的审批制度,健全完善集成化审批机制。深化综合行政执法改革,进一步提升基层政府治理能力和水平。

完善市场监管机制。依法加强和改善宏观调控、市场监管,维护公平竞争的市场秩序。完善事中事后监管制度,提高监管透明度。重点围绕产品质量、食品药品安全、环境保护等深化专项治理活动,严厉打击危害市场经济秩序的犯罪行为和监管领域的职务犯罪。

第二节 健全公平高效市场环境

深化投融资体制改革。优化政府投资方向,对适宜市场化运作的公共服务类、基础设施类项目积极推广政府和社会资本合作(PPP)模式。拓宽企业直接融资渠道。完善地方金融监管制度,积极推进金融安全示范区建设。

深化要素配置差别化改革。全面推进县域经济体制综合改革。完善市场决定价格机制。健全“亩产效益”为导向的资源要素差别化配置体制机制。健全要素交易平台,深入推进土地、排污权、用能量及农村产权等各类要素市场化交易。深化工业用地市场化配置改革试点。稳步推进服务业领域要素配置差别化改革。

深化国资国企改革。构建“大国资”平台,将市属经营性国有资产逐步纳入统一监管平台。完善“大监管”格局,逐步实现从管资产向管资本为主转变,构建多层次协同监督体系。推进“大资本”运作,优化国有资本布局和国有资源配置。完善现代企业制度,健全国有企业法人治理结构。

再创民营经济新优势。深入实施浙商回归工程,形成具有嘉兴特色的浙商回归创业创新投资体系。大力推进“个转企、小升规、规改股、股上市”,推动小微企业不断成长、规模持续扩大。消除民间资本进入的各种隐性壁垒,支持民间资本参与国有企业改革。力争到“十三五”期末,全市上市公司总数达到100家,“新三板”挂牌企业总数达到150家,省股权交易中心挂牌企业达到400家。

第三节 推进供给和需求两端协同发力

优化供给结构。加强供给侧结构性改革,积极推进“去产能、去库存、去杠杆、降成本、补短板”,持续增强企业创新能力。扩大有效供给,进一步优化劳动力、资本、土地、技术、管理等要素配置,扩大新产品和服务供给,提高用户体验质量和水平。建立健全适应供给模式创新的监管规则,营造更加包容的制度环境。

充分释放传统动力新潜能。发挥有效投资对增长的关键作用,重点推进“615”重大项目计划,不断提高有效投入对稳增长优结构支撑作用。发挥消费对增长的基础作用,促进消费稳定增长和结构升级。发挥出口对增长的促进作用,提升传统优势产品竞争力。

第四节 创新社会治理体系

提升基层治理服务效能。进一步完善社会治理机制,构建全民共建共享的社会治理格局。健全完善“一张网”基层社会治理网络体系,深入推进平安建设信息系统与“网格化管理、组团式服务”两网融合。推进村(社区)委会向现代自治转型,提高基层统筹协调、服务群众、社区自治的能力。健全完善多元化矛盾纠纷解决体系,提升调解效能和社会公信力。

强化社会多元治理体系建设。加大社会组织培育力度,建立社会组织孵化中心和网络平台。推进群团组织改革创新,更好发挥桥梁纽带作用。推进“社区、社会组织、社工队伍”联动治理,努力构建共管、共治、共享的基层社会治理新模式。加强社会组织监督管理,完善社会组织财务审计监督制度、信息公开制度和诚信体系建设。

第五节 切实保障社会公共安全

健全社会治安防控体系。全面深化“平安

嘉兴”建设。深化社会治安综合治理,创新“七张网”打防管控一体化社会治安防控体系。推动隐患排查治理、风险预防控制等体系常态化、系统化,综合提升反恐、处突、维稳、禁毒等能力。加强危险行为人群等特殊人群的服务管理工作。落实社会治安综合治理领导责任。

健全公共安全体系。增强政府公共安全管理职能,完善和落实安全生产责任和管理制度。加强消防安全,完善火灾防控综合治理体系。突出危险化学品等重点行业领域监管,坚决遏制重特大安全事故。推进食品安全治理体制机制创新,争创“浙江省食品安全城市”。加强国家安全工作,积极构建大国防教育体系。促进军地资源互通互动互用,推动重大基础设施平战兼容。

第六节　建设法治嘉兴

加快“法治嘉兴”建设。加快转变政府职能。完善重大决策社会稳定风险评估机制,强化矛盾源头防控。加强执法行为标准化建设,健全行政执法裁量权基准制度。加强行政复议能力建设,切实保护行政相对人知情权、参与权、监督权和寻求救济权。

增强全民法治意识和法律素养。大力培养法治文化、法治观念。健全普法宣传教育机制,形成社会“大普法”工作格局。提升全民法治素养,着力打造全国法治创建活动先进城市。推进信访工作制度改革和信访法治化建设,引导群众依法行使权力、表达诉求、解决纠纷。完善法律服务供给机制,推进基层法律服务业规范发展。

健全社会信用体系。切实增强信用对各类社会主体行为的引导规范作用。构建涵盖政府、企业、个人等各类信用主体的信用信息资源平台。逐步向社会公众开通社会公开类信息的信用公示和法人信用查询服务。发展各类信用服务机构,逐步建立完善的信用服务组织体系。

第十一章　规划实施保障

坚持党的领导核心作用。发挥党委(党组)在经济社会发展工作中的领导核心作用,形成党委领导,人大、政府、政协各司其职、团结奋进的工作格局。

健全规划管理体系。建立完善以国民经济和社会发展规划纲要为统领发展规划体系,编制实施专项规划、区域规划、地方规划、年度计划等,形成规划合力。深入推进“多规合一”试点。

强化规划实施支撑。完善重点任务落实机制,对规划确定的目标明确部门责任分工,列入党委、政府考核目标。自觉接受人大、政协的监督检查,切实把规划落到实处。

充分调动全社会积极性。要激发全市人民参与规划实施、建设美好生活的主人翁意识,充分发挥各级政府、社会各界的积极性、主动性和创造性,形成全体人民群策群力、共建共享的生动局面。

完善规划评估修订机制。开展规划实施情况动态监测和评估工作,实施年度监测、中期评估和全面总结,把监测评估结果作为改进政府工作和绩效考核的重要依据。

“十三五”规划《纲要》是嘉兴高水平全面建成小康社会的重要规划。全市人民要更加紧密地团结在以习近平同志为总书记的党中央周围,在省委、省政府和嘉兴市委领导下,凝聚全社会共识和力量,为圆满完成“十三五”规划确定的各项目标任务,全力打造现代化网络型田园城市而不懈奋斗!

专　　记

“三严三实”专题教育

2015年，嘉兴市委根据中央和省委的部署要求，深入学习贯彻习近平总书记系列重要讲话特别是在浙江考察时重要讲话精神，制定专题教育实施方案，精心安排专题党课、专题学习研讨、专题民主生活会和组织生活会、整改落实和立规执纪“四个关键动作”，扎实推进“三严三实”专题教育。

一、有序开展“三严三实”专题教育

1. *启动专题教育*。2015年5月26日，市委召开全市“三严三实”专题党课暨专题教育部署会，市委书记鲁俊讲专题党课，深刻阐述“三严三实”的意义和内涵，明确党的诞生地要以“弘扬‘红船精神’、争当‘三型’干部，践行‘三严三实’、推进转型发展”为主题，以更高标准、更严要求开展“三严三实”专题教育；深入查摆“不严不实”表现及根源，聚焦忠诚、干净、担当，采取“以案说法”方式，用身边的典型案例剖析突出问题，同时对全市干部抓紧抓好对标整改，解决“不严不实”问题提出希望和要求。5月底前，各地各单位县级以上党委（党组）书记紧扣“三严三实”要求，并与地方（单位）实际、发展实际、干部实际相结合，带头讲专题党课，做出安排部署。全市领导干部共讲党课760余堂。

2. *建立会商机制*。由市委组织部牵头，与市纪委、市委宣传部联合建立“三严三实”专题教育会商机制，定期互通信息，对专题教育推进中遇到的情况、问题共商举措，协同推进。同时，建立“三严三实”专题教育双月例会制度，每两个月召集各县（市、区）、部分市级机关部门召开“三严三实”专题教育座谈会，听取各地各单位专题教育进展情况、存在问题和意见建议，做出分析研判，保证专题教育始终沿着正确的轨道推进。7月底，在学习研讨由第一专题转入第二专题的重要节点，围绕在“三严三实”专题教育中如何贯彻落实中央办公厅印发的《推进领导干部能上能下若干规定（试行）》，市委组织部和市纪委进行会商，出台相关文件。从第二个专题学习研讨开始，市委组织部派员到县（市、区）和部分市直单位加强指导。9月初，市委召开全市“三严三实”专题教育工作推进会，落实全省“三严三实”专题教育工作推进会部署要求，总结交流专题教育进展情况，部署下一步专题教育工作。

3. *开展专项督查*。嘉兴市制定专题教育专项督查方案，由市委、市政府督察专员带队，抽调市纪委、市委组织部、市委宣传部人员组成6个督查组，对各县（市、区）和17个市级部门单位进行专项督查。督查组通过听取主要负责人专题汇报，与县处级领导干部个别谈话，召开干部群众座谈会，查阅“三严三实”专题教育工作资料，对下属部门、窗口单位、镇（街道）、村（社区）进行明察暗访，赴河道周边实地查看“三改一拆”“五水共治”重点工作推进情况等，全面了解各地各单位“三严三实”专题教育的进展和成效，并围绕专题教育进展、主要负责人责任落实、县处级以上领导干部问题清单和整改措施、地方单位作风效能变化、市委市政府主要目标任务分解落实、基层干部群众反响等内容进行“八必问八必看”，确保督查不留盲区。

二、夯实“从严从实”思想根基

1. *学习原文原著*。嘉兴市组织领导干部读原著、学原文、悟原理，转发《关于认真学习贯彻习近平总书记在浙江考察时重要讲话精神扎实推进“三严三实”专题教育的通知》《关于认真学习贯彻习近平总书记在中央政治局第二十六次集体学习时的重要讲话精神深入推进“三严三实”专题教育的通知》，深入学习习近平系列重要讲话精神，学习《中国共产党章程》和《中国共产党廉洁自律准则》《中国共产党纪律处分条例》等党的纪律规定，重点研读《习近平谈治国理政》《习近平关于党风廉政建设和反腐败斗争论述摘编》《之江新语》《干在实处、走在前列》。结合嘉兴实际，编印《红船精神读本》《我们的好支书——百名村（社区）书记先进事迹》，作为领导干部的必学书目。8～9月，在全市集中开展县处级党员领导干部党章党规党纪专题轮训工作，紧扣“坚持伟大工程和伟大事业协同推进”“唤醒党员特别是领导干部的党章党规意识”要求，分5期对市管县处级党员干部、各县（市、区）纪委副书记进行轮训，增强干部守纪律、讲规矩的政治自觉。

2. *专题研讨交流*。市委结合本地实际研究制定三个专题学习研讨方案，每个专题制定详细的学习研讨计划，在分散自学的基础上，逐个交流讨论，确保广大领导干部学有所思、学有所得。6月29日，市委和《求是》杂志社、光明日报社、省委宣传部、省委党史研究室、省社科联联合主办的“红船精神”研讨会在嘉兴召开。以此为契机，市委常委会以学习宣传研究“红船精神”为重点，抓好集中学习和个人自学，于6月30日举办“三严三实”第一专题学习研讨暨“红船论坛”报告会，邀请省委党史研究室主任金延锋作“弘扬‘红船精神’践行‘三严三实’”专题报告，市领导围绕“忠诚”主题作交流研讨发言，在忠诚于理想信念、忠诚于组织、忠诚于事业、忠诚于人民等方面提高认识，努力在“对党忠诚”上发挥红船旁党员干部的模范带头作用。市委常委会围绕三个专题，先后进行6次集体学习研讨，深入学习习近平总书记关于党员领导干部践行“三严三实”的新思想新观点新要求，牢固树立“三严三实”的检验标尺。

3. *对照学习正反典型*。市委把典型作为最直接、最直观的教材，着力发挥先进典型的引领作用和反面典型的警示作用。用好《优秀领导干部先进事迹选编》《点赞千名好支书》《我们的好支书——百名村（社区）书记先进事迹》等学习用书，引导领导干部学习先进。同时，转发中组部《关于在“三严三实”专题教育中联系反面典型深入开展研讨的通知》，以周永康、薄熙来、郭伯雄、徐才厚、令计划、苏荣等为反面典型，深入开展讨论。结合《推进领导干部能上能下若干规定（试行）》，以及《领导干部违纪违法典型案例警示录》《四风百相》《市委书记讲党课中查摆的“不严不实”主要问题表现》等，聚焦严守党的政治纪律和政治规矩，深刻总结反思，汲取教训、引以为戒。

4. *现场体验学习*。嘉兴市充分利用党的诞生地独特的政治资源和红色文化资源优势，将嘉兴老火车站、狮子汇渡口、南湖湖心岛、南湖红船等整合成完整的教学线路，广泛开展“重走一大路”党性教育现场体验式教学。各地各单位组织党员干部，沿着当年中共一大代表在嘉兴的足迹重温建党历史，在中国革命启航地接受生动的理想信念教育，感受革命创业的艰辛历程，感悟新时代“红船精神”。“七一”期间，全市广泛开展“看一次展览，听一次党课，学一次党章，观一次专题片，瞻仰一次红船，重温一次入党誓词，做出一次先锋承诺”的“七个一”红船组织生活，教育和引导干部党员学党史、强党性、跟党走、作表率。

三、查摆解决“不严不实”突出问题

1. *深入查摆发现问题*。嘉兴市立足从细处查、从实处找、向深处剖，通过书记讲党课集中查摆、学习研讨专题查摆等形式,深入查找干部队伍存在的“不严不实”问题。市委根据对全市干部队伍的分析研判,查摆出有的对党忠诚“不足不够”,没有严格按要求如实填写个人重大事项报告;有的纪律观念“淡薄淡漠”,存在未按规定上缴因私护照等现象;有的执法用权“变性变异”,产生权力腐败;有的谋事解难“不深不实”,对工作研究不深;有的担当执行“缩水漏水”,面对拆迁、环保、征地等重点工作不敢动真碰硬;有的“四风”问题没有根除等问题。各地各单位结合实际,采取多种办法,找准找实自身存在的“不严不实”问题。

2. 对照检查聚焦问题。市委在深化学习和查摆问题的基础上,主持召开5次征求意见座谈会,并发放书面征求意见表,广泛征求不同领域、不同层面党员干部群众对市委常委会及成员践行“三严三实”方面的意见建议,共征求到意见建议5个方面42条133条次。按照“三必谈”要求,市委书记与市委常委、市委常委之间、市委常委与分管部门主要负责人逐一谈心交心,重点谈遵规守纪上的不足、谈自身和对方不严不实问题的具体表现,谈改进提高的意见建议,做到班子问题、本人问题、对方问题、拟在会上提出的批评意见谈通谈透。2016年2月3日,市委常委会召开专题民主生活会,市委书记鲁俊代表市委常委会作对照检查,每位市委常委发言,开展批评和自我批评,在看齐中央、补齐短板、对齐责任上进一步提高认识、明确措施。各地各单位专题民主生活会找准问题、剖析要害、明确方向,专题教育活动取得明显成效。

3. 剖析难点解决问题。嘉兴市以解决问题为最终落脚点,切实研究解决“不严不实”突出问题。如针对领导干部能上能下难题,全市在“三严三实”专题教育中将中央办公厅印发的《推进领导干部能上能下若干规定(试行)》纳入第二专题学习研讨的重要内容,要求各地各单位党委(党组)开展一次专题集中学习、组织一次专题集中讨论,党委(党组)主要负责人带头领学,并结合《关于实行党政领导干部问责的暂行规定》《浙江省调整不适宜担任现职领导干部办法(试行)》《嘉兴市领导干部提醒告诫调整办法(试行)》《关于进一步从严监督管理干部的意见(试行)》等一系列文件精神,整治庸懒散慢,推进干部能上能下,让工作不力的没面子、责任不到的没位子,对领导干部实施提醒谈话99人、书面函询120人、谈话诫勉12人,调整不适宜担任现职领导干部113名。如针对干部用权不严、有权“任性”、以权谋私的问题,严肃查处涉农领域、环保领域的腐败案件等。

4. 正风肃纪倒逼问题。嘉兴市坚持思想教育与正风肃纪两手抓、两手硬,强化立规执纪,制定出台《关于常态化推进正风肃纪工作的实施意见》,明确组织领导、工作重点和工作要求,建立举报受理、专项检查、查办督办、作风评价、问责追究、考核运用六大工作机制,切实推动践行“三严三实”制度化、常态化、长效化。2015年,全市开展正风肃纪专项行动443次,检查单位4175家,发现问题802个,问责追究492人,下发通报67起,媒体曝光38起,实施“一案双查”51起、问责追究67人。建立作风状况评价机制,对2014年全市作风效能情况进行全面分析,对存在的公务接待不够规范、公务用车管理不严、出国(境)监管不到位、重点工作推进不力等8个问题进行原因分析,提出对策建议。结合机关“中梗阻”问题专项治理,对50个与服务企业、服务群众关系密切的重点岗位开展满意度测评活动,测评结果全部向社会公开。

5. 整治基层干部不作为乱作为问题。嘉兴市开展基层干部不作为乱作为等损害群众利益问题的排查整治工作,逐镇逐村逐单位抓好不作为、乱作为、贪腐谋私、执法不公问题“四个排查”,并关注基层干部在“五水共治”“三改一拆”等重点工作中的表现,坚决防止和纠正损害群众利益的行为,全市共查摆基层干部不作为乱作为问题79个,处理并通报相关案件51起。坚持专案专查严肃整治,对基层干部不作为乱作为等损害群众利益问题采取“零容忍”态度,发现一起,查处一起。坚持教育和惩戒并重,情节较轻、影响较小、不构成违纪违法的,给予批评教育、诫勉谈话,限期改正;对违反纪律规定的,依纪依规严肃处理、坚决纠正;对顶风违纪、贪腐谋私、徇私枉法的,坚决查处。坚持重点领域集中整治,对群众反映强烈、影响面大的突出问题和基层干部不作为乱作为问题易发多发的领域,集中开展重点专项整治,如针对村级民主管理制度不健全,部分村(社区)合同管理混乱,造成集体经济损失的问题,专题开展村级财务专项清理检查,重点检查村级经济合同管理、工程项目实施等内容,有效规范经济合同、清理应收、应付款项。

四、形成"又严又实"工作氛围

1. 与中心工作结合,又严又实促发展。把"三严三实"专题教育与市委、市政府中心工作紧密结合起来,切实做到在真抓实干、推动改革发展稳定上见实效。市委全面启动"转型发展服务年"活动,由市级领导带队、市级相关部门组成31个工作组,分头联系服务相关镇、企业、项目、人才及产业,创新设置"领办—督办—承办"问题解决机制,进一步推动领导干部深入基层领衔破解难题,加快推进嘉兴市经济提质增效、转型升级,努力实现经济发展有新成效、动力转换有新突破、服务企业有新进展、干部作风有新改进。2015年,全市新增新三板挂牌企业19个、上市公司5家,腾退低效用地800公顷,整治提升低端落后企业2392个。各地各单位主动适应和引领经济"新常态",不断优化发展环境,全面建立推行"企情在线系统",运用"互联网+"思维,将企业情况上传"云端",县镇村干部运用PC、手机客户端,实现下基层、走企业、促发展全程"在线",企业难题收集、分类、交办、督办、反馈全程"跟踪"。

2. 与难点工作结合,又严又实破难题。全市结合 "五水共治""三改一拆""四换三名"等重点难点工作,把"三严三实"专题教育的成效落实到破解难题上来。深入开展推进重点工作、推动争先晋位的"双推"活动,将扩大有效投资、"五水共治""三改一拆"、生猪养殖业转型发展、农村土地整治以及楼宇经济、公路铁路沿线环境整治等重点内容纳入"双推"范围,由市委书记带领四套班子领导、各县(市、区)党政"一把手"、市级有关部门主要负责人等,对各地工作进行检阅。2015年,全市拆除各类违法建筑1458.3万平方米,拆出土地1299万平方米,新增污水达标入网企业2121个、农村生活污水治理受益农户13.5万户,跨区域河流交接断面省级考核连续保持优秀。各地各单位领导班子和领导干部自我加压,以县处级领导干部联镇包村、领衔重点攻坚项目、开展系列攻坚行动等办法,集中解决突出问题,营造抢干快干氛围。

3. 与基础工作结合,又严又实抓基层。嘉兴市注重把"三严三实"的要求传达到基层,落实到基层党组织和党员队伍建设各方面,学习贯彻全国农村基层党建工作座谈会精神,使每个基层党组织都成为坚强堡垒。市委书记带头深入基层,围绕全面加强基层党组织和基层政权建设开展调研,市委七届十次全会审议通过《关于全面加强基层党组织和基层政权建设的意见》,使基层党组织和基层政权更加适应治理体系、治理能力现代化的要求。召开全市"整乡推进、整县提升"基层党建工作部署会、推进会,明确时间表、路线图,力争通过三年时间,实现县(市、区)抓基层党建统筹力全面提升、镇(街道)抓基层党建的执行力全面提升、村(社区)党组织的战斗力全面提升和基层党组织责任过硬、组织过硬、队伍过硬、服务过硬、业绩过硬、保障过硬的"三提升六过硬"目标。全市建成启用党建工作在线动态管理系统——红船党建云平台,用信息化手段教育管理党员。同时,全面落实从严治党的要求,制定《嘉兴市加快构建城乡统筹基层党建新格局2015年行动计划》,深入实施"党支部活力提升工程"等。坚持把"三严三实"专题教育作为党的群众路线教育实践活动的延展深化,进一步推动基层干部转变作风,践行群众路线,努力让广大群众有更多获得感。以"党在我心中、我在群众中"为主题,推动党员志愿服务与群众需求有效对接,着力打造"红色志愿之城",2015年成功承办全国党员志愿服务现场交流会,"96345"党员志愿服务在全国2300多个案例中脱颖而出,获得全国基层党建创新最佳案例,并在30个获奖案例中排名首位。

(张胜慧)

“五水共治”工作

2015年,市委、市政府贯彻落实省委、省政府“五水共治”重大决策部署,更深入、更持久、更科学、更精准地推进治水工作,实现水环境持续明显改善。嘉兴市跨行政区域河流交接断面考核结果为优秀,全市67个市控以上地表水监测断面,Ⅱ类水质1个、Ⅲ类水质4个、Ⅳ类水质49个、Ⅴ类水质11个、劣Ⅴ类水质2个,分别占1.5%、6.0%、70.1%、19.4%、3.0%, Ⅴ类和劣Ⅴ类水质从2012年的80.6%下降为22.4%, Ⅳ类及以上水质从19.4%提升至77.6%;主要污染物高锰酸盐指数、氨氮和总磷平均浓度为5.84毫克/升、1.11毫克/升和0.22毫克/升,比前三年平均值分别下降6.3%、31.5%和17.2%,三项指标平均下降幅度18.3%。全市5个省控断面和10个市控断面无劣Ⅴ类水质。县级以上集中式饮用水源地水质达标率25.8%。2015年,嘉兴市“五水共治”工作得到省委书记夏宝龙,副省长熊建平、黄旭明等领导的批示肯定。

(一)以共治共享为突破口,科学谋划生态文明新蓝图

1. 加强规划编制工作。编制《水环境治理综合规划》和《市域污水处理工程专项规划》,出台治污水、防洪水、排涝水、保供水、抓节水5个方面的三年行动计划,将水环境治理工作纳入科学化、系统化的轨道。市发改委、市“五水共治”办制定《嘉兴市“五水共治”重大项目投资计划(2014~2016年)》,安排“五水共治”投资项目509个,总投资675.3亿元。2015年7月,制定《嘉兴市城乡生活污水治理三年行动计划》,计划在三年内投资120亿元,开展城乡生活污水治理,每年生活污水处理率提高5个百分点,三年提高15个百分点,到2017年全市基本形成城乡生活污水治理新格局。邀请国家环科院、中科院等研究机构参与编制《嘉兴市“十三五”水环境综合治理规划纲要》,按照嘉兴市治水总目标的具体要求,理性分析、科学判断嘉兴市水环境和水生态现状,为经济社会发展提供强有力的环境支撑。

2. 加强市域统筹工作。率先在全省设立治水办,统筹治水综合规划、政策制定、协调管理和督查考核,形成“一部门统筹、一条线管理、一条龙负责”的治水新格局。自2012年起,在每年的9月11日召开全市千人治水大会,围绕系统谋划与统筹推进相结合,克难攻坚与标本兼治相结合,突击整治与长效管理相结合,推进水环境的综合治理。建立治水办联系会议制度,定期召集领导小组成员单位会商工作。建立县(市、区)主任会议制度,每月至少一次部署研究治水工作。

3. 深入推进“河长制”。建立以各级“河长”巡查、项目协调推进、投诉举报受理、“智慧地图”系统为主体的长效机制。继续深化“河长”领衔治水机制,5977名各级党政领导干部担任“河长”,实行市、县、镇、村四级“河长”全覆盖。印发《关于规范“河长”公示牌内容及设置工作的通知》,设置“河长”公示牌12201块。各级“河长”按要求频次开展巡河,重点对截污纳管、日常保洁、偷排漏排及超标排放、涉水违法建(构)筑物等进行巡查,做好巡查记录,建立“河长”巡河月报制度。全年四级“河长”巡河近12万次,发现问题2万多个,问题解决率达到98%以上。严格落实投诉举报受理制度、重点项目协调推进制度、例会和报告制度、相邻“河长制”河道联防联治制度等，确保“河长”规范履职和履职到位。建立常态管理机制，“河长”和责任部门定期巡查，建立群众举报受理、督办和奖励制度，对群众举报和巡查发现的问题，及时制定方案，督促整改治理。联合市公安局出台《关于全市公安机关护航“五水共治”工作的实施意见》，配备“河道警长”1013名，实现“河道警长”与镇级“河长”全配套。制定“河长制”河流水质监测办法、监测数据通报办法，对36条市领导担任“河长”的河流每周开展一次水质监测，实行水质周通报、月分析、季点评机制，实现水质动态跟踪。

4. 加强督查考核工作。实行“河长”保证金制度，以量化数据、工作绩效为考核内容，对治水工作成绩突出、成效明显的“河长”给予奖励，开展“最美河长”评选；对考核不合格、整改不力的“河长”，实行扣减“河长”保证金、行政约谈、通报批评等措施，治水考核结果作为干部选拔任免的重要依据。10月，市督考办组成6个督查组，组织开展全市“河长制”工作落实情况随机暗访督查，共巡查河道98条，发现问题22个，全部督办落实到位。2015年，市督考办组织三项重点工作督查150余次，下发《督查通报》4期。市治水办每月开展一次督查暗访，重点对城乡生活污水治理攻坚年各项工作开展落实情况、“清三河”三年行动计划落实情况以及推进工业企业全入网工作进展情况等年度重点工作以及水葫芦打捞、第二届世界互联网大会水环境质量等开展督查17次，严格落实督查通报制度，下发《督查通报》17份，约谈相关责任人5批次，责令限期整改，并将相关情况同步报送“河长”。抓好上级督查和媒体曝光的整改落实，上半年，省委省政府督查组对嘉兴市开展第一轮“五水共治”工作督查，发现问题26个；下半年，省治水办等四部门联合开展全省“五水共治”和环境保护“督查＋执法”行动，发现问题20个，交办群众举报反映问题4个；《今日聚焦》栏目曝光涉水问题7个，均按要求在规定时间内完成整改，同时开展问题“回头看”。设立群众举报专项经费7万元，全年受理和处理举报71个，群众来信来访12起，市长电话转办件26件，市治水办针对举报问题开展督查（暗访）90余次，发现问题52个，下发督办单32份。

5. 加强治水宣传工作。全市创新“河道认领制”“‘三老’监督员制”“义务投工投劳”等治水机制，新增“浜长”“段长”“公里长”“堤长”“民间河长”“河道警长”“法制副河长”等治水力量，全市收到治水捐助资金1.63亿元，主动加入治水志愿者队伍6.7万名，形成“横到边、纵到底、全覆盖、无遗漏”的治水网络。组织开展“我家就在水边住”主题征文和微电影拍摄活动，举行2015“五水共治·美丽嘉兴”主题摄影大赛，举办“五水共治”主题宣传下基层演出，开展“嘉兴蓝、江南绿”科普宣传活动，组织“共青示范河”评选和“巾帼护水”行动，举办2期“五水共治”工作人员业务培训。嘉兴电视台开设《红黑榜》《我是河长·第2季》2个专栏，嘉兴电台每天播发“五水共治”公益广告，《嘉兴日报》每月刊发治水公告，《浙江日报》专版报道“打好治水组合拳，水乡美景还复来”，《人民日报·生态版》专题报道“净化小河浜，嘉兴藻荇香”，做到每天“报纸有稿、电视有形、广播有声、网络有文”。

（二）以重点领域为着力点，深入推进绿色发展新转型

1. 加大“清三河”力度。市政府把“清三河”（黑河、臭河、垃圾河）列入民生实事工程，通过召开“清三河”现场会，开展“百日攻坚”大会战、“我是河长我担当”主题活动等，将治理任务落实到各级“河长”。2015年，根据省委书记夏宝龙对省内“摘帽又变黑”事件的重要批示精神，全市扎实开展“清三河”防反弹“回头看”专项检查，创新实施“三河”有奖举报制度，对已经整治、但不彻底不到位的“三河”，以及未列入“三河”的河道进行再排查，新排查出深化提升黑河、臭河173条（段）136.19千米，并在《嘉兴日报》、嘉兴在线和嘉兴市治水网上进行公示。对存在整治不到位的情况，通过约见县级政府主要领导、召开县（市、区）负责人情况分析会和下发工作督办单等形式,督促县(市、区)加快整改。秀洲区针对国庆期间集中爆发的水葫芦,通过“人防+技防”清理打捞,出动保洁人员2178人次、机械保洁船37艘、人工保洁船224艘,清理水葫芦7152吨。至11月底,新排查出的待提升河道全部完成整治提升,河容河貌明显改观。

2.*削减工业污染*。全面推进工业污水全入网,通过媒体公示、执法倒逼、强化投入,稳步实施工业污水全入网三年计划,年初,全市再次排查确认未入网工业企业2121家,年底全部完成入网,三年累计完成企业入网8847家。加快推进集污纳管。至年底,全市投入资金5.57亿元,完成污水管网建设462千米。结合海绵城市建设,全市排查市政道路污水管网5497.2千米,排查出雨污串接、错接、混接及管道断头、破裂、中断和污水直排河道等问题11432处,完成改造9329处;排查污水检查井176668个,排查出地下水渗漏、堵塞及掩埋等问题井5667个,完成改造5638个;排查小区、企业、单位等区块的室外排水工程5024个,发现未入网区块914个,完成改造入网区块921个。推进重污染行业整治提升,制定2015年度重污染高耗能行业整治提升工作计划,全年印染行业计划整治328家,完成整治327家,完成率99.7%;化工行业计划整治187家,完成整治186家,完成率99.5%;特色行业计划整治2535家,完成率100%,编制《嘉兴市重污染行业整治提升终期评估报告》。加强中水回用,减少工业废水,实施节能减排倒逼机制,督促耗水企业进一步优化生产工艺,将各工序之间的水按流动方向串联,按不同浓度、温度分类收集、存放,再用于水洗工段,减少废水排放。2015年,嘉兴市规模以上企业工业用水量、工业废水排放量均比上年有所下降。淘汰落后产能,推进“低小散”块状行业整治提升。2015年,全市淘汰相对低效落后产能企业81家,其中淘汰制革行业15万牛皮标张、造纸行业1.91万吨、化纤行业11万吨、印染行业29275.2万米、水泥行业100万吨、医化行业10.05万吨、织造行业29431.8万米、炼钢行业4万吨、铸造行业1000吨,完成全年淘汰任务,并通过县(市、区)初验和市级复验。推进铸造、装饰材料(扣板)等10个行业、11个区域的企业(作坊)整治提升工作,整治提升企业(作坊)2392家,完成省下达任务的217.5%;改造提升1162家,完成省下达任务的232.4%;整合入园302家,完成省下达任务的151%;关停淘汰928家,完成省下达任务的232%。完成“个转企”27家,完成“小升规”27家,腾出用地56.32公顷,腾出用能3.8万吨标准煤,节约用水437万吨,减少污染物排放约1000吨。加强违法行为的执法力度,开展环境执法系列专项行动,全市出动环境执法人员94945人次,检查企业38893厂次,查处环境违法案件1105件,处罚金额5925万元,实施查封、扣押案件370件,实施限产、停产案件8件。全市移交公安环境违法犯罪案件60件,其中移送适用行政拘留环境违法案件22件,受理22件,行政拘留24人,刑事拘留45人。

3.*治理生活污水*。嘉兴市日均产生污水172万吨,实际日均处理污水121万吨,收集处理率70%,成为影响水质持续改善的主要因素。7月,市政府印发实施《嘉兴市城乡生活污水治理三年行动计划(2015~2017)》。全市实施“管网配套、能力提升、提标改造、污泥处置”四大工程,打破县域分隔、城乡分割、条线分割,构建以7个主副城区、44个建制镇、433个新社区、1101个传统保留村组成的城乡一体化污水收集网络。全市累计建成城乡污水管网3508千米,投入157.4亿元实施治理污水项目641个,其中投入20.2亿元治理农村生活污水,新增受益农户22.3万户。对5518千米的市政污水管网进行彻底普查,排查整治跑、冒、滴、漏等问题11429处。年内完成污水处理厂提标改造2家,海宁市盐仓污水处理厂(一、二期)、海宁市丁桥污水处理厂、桐乡市城市污水处理厂、嘉兴市联合污水处理厂、桐乡市濮院恒盛水处理有限公司、嘉善西部水务(嘉兴)有限公司6家污水厂全面开工。深入开展农村生活污水治理,把农村生活污水治理工作列入年度市政府民生实事工程,制定《2015年农村生活污水治理工作计划》，以农村新社区、水质监测断面周围、出租户较多地区、规划保留点、美丽乡村建设节点以及河道周边区域为重点开展治理，分批实施治理项目。制定《嘉兴市农村生活污水治理设施运维管理办法》《嘉兴市本级农村生活污水治理设施运维管理考核奖励办法》，探索建立以县（市、区）为统筹主体、镇（街道）为责任主体、村为管理主体、农户为单元主体以及第三方专业运维机构为技术服务主体的运维管理体系。海宁市推出市、镇、村、农户、第三方“五位一体”的农村生活污水治理长效运维新模式；桐乡市按每150～200户治理农户配备一名运维管理员，水务集团和镇（街道）分别以每年每户30元进行补助，确保治理设施正常运行；秀洲区委托第三方专业机构进行运维管理，首期合作期为10年。全市超额完成省下达的365个治理村的任务。其中累计完成设计施工图村505个，占省下达治理村任务的138%；累计完成招投标村483个，占省下达治理村任务的132%；累计治理工程开工村475个，占省下达治理村任务的130%；累计完成受益农户134832户。

4. *治理农业污染*。嘉兴市按照“减量化、生态化、无害化、资源化和长效化”的原则，重点推进猪舍拆违、规模养殖场改造验收、排泄物循环利用等，加强畜禽养殖污染防治工作。2012年，市委、市政府启动生猪养殖业转型发展三年行动，先后印发8个文件，连续三年召开全市会议，连续三年与县（市、区）签订目标责任书。2015年，全市拆除违建猪舍90.94万平方米，累计拆除违建猪舍1609.34万平方米，生猪存栏量从2012年的273.1万头降至34.55万头。累计投入30余亿元，帮助10多万户农户实现转产转业，农民收入稳定增长。推进规模养殖场改造验收，完成省下达1302家生猪存栏50头以上规模养殖场的治理（关停、拆除）任务，联合环保部门完成规划保留49家生猪规模养殖场的生态化改造和达标验收工作，验收率100%，有效推进畜牧业的转型升级。新（改、扩）建畜禽粪便收集中心3家，任务完成率150%；完成14家规模水禽场的整治任务。推进无害化处理，累计投入资金近1.5亿元，新建县域病死动物无害化处理中心7个，全市形成海盐高温干化、桐乡高温高压生态循环、平湖热解碳化以及南湖、秀洲、嘉善和海宁高温生物降解4种病死动物工业化处理新模式，年处理能力2万吨，实现从病死动物到工业油、有机肥等可循环利用资源的转换。健全长效监管体系，按照“农牧结合、生态循环”原则，鼓励畜禽养殖场通过流转配套田地或协议对接消纳地的方式，落实排泄物的生态消纳地，实现养殖粪、尿就近就地利用。2015年，全市新增生态消纳地2.42万公顷，任务完成率100.89%。不断完善动物防疫和畜产品安全追溯系统，探索建立养殖环境容量定额管理机制，开发生产数据实时监控预警的“智慧畜牧”系统。2月28日，农业部在嘉兴市召开全国病死畜禽无害化处理机制建设现场会，对嘉兴市的做法和经验给予充分肯定。实施农药减量控害工程，推广测土配方施肥技术，加快测土配方施肥整建制推进工作。全年测土配方施肥推广25.24万公顷，调整施肥结构，化肥减量3662.5吨；推广病虫害统防统治4.25万公顷，农药减量407.44吨。实施鱼塘生态化改造、稻鱼共生轮作减排、禁限养区划定整治等工作，2015年，全市累计投入资金1293.4万元，完成鱼塘生态化改造面积470.8公顷，完成省下达任务的267.5%；投入资金973.8万元，稻鱼共生轮作面积374.47公顷，完成省下达任务的133.7%；投入资金9953万元，划定整治水产禁限养区92.2公顷，其中甲鱼温室拆除面积70.8公顷、整治面积21.4公顷。

（三）以重点项目为抓手，着力构建民生安全新屏障

1. *加快重大项目建设*。推进杭嘉湖南排工程（嘉兴段），年度计划投资4亿元，完成投资11.36亿元。平湖塘延伸拓浚工程完成投资10.69亿元。嘉善县太浦河取水二期工程完成管网建设7.8千米，完成投资3200万元。嘉兴市南排工程水闸除险加固工程完成南台头闸除险加固。海宁市上塘河灌区计划完成改善灌溉1840公顷，计划投资1000万元，完成投资2700万元。

嘉兴市市域外引水工程配水方案通过专家论证,并启动《嘉兴市域优质水源供水规划》和《嘉兴市市区分质供水规划》等编制工作;嘉兴市北部湖荡整治及河湖连通工程,年内完成招标并确定设计单位,12月中旬签订设计服务合同。

2. 完成工程建设任务。固堤工程年度计划完成75千米,完成146千米;平湖塘延伸拓浚工程、扩大杭嘉湖南排工程及嘉兴市南排工程水闸出险加固工程三个项目计划投资11.35亿元,完成投资22.17亿元。实施积水点改造工程19处,完成年度任务。新建排水管网128.6千米,完成进度117%。提标改造管网150千米,完成进度150%。雨污分流改造191.1千米,完成进度212.3%。排水管网清淤1039.6千米,完成进度104%。新增应急设备7440立方米/小时,完成进度106.3%。

3. 落实防洪水非工程措施。根据浙江省防汛防旱指挥部《关于加快推进基层防汛防台体系规范化建设的意见》要求,南湖区、秀洲区、嘉善县、平湖市、海盐县及嘉兴经济技术开发区、嘉兴港区基层防汛防台体系规范化建设完成验收;完善水文基础设施,市本级及各县(市、区)均完成年度建设任务;加强水利工程日常维护,市本级及各县(市、区)均出台水利工程运行、管理和维修养护资金保障政策,并纳入公共财政支出。启动实施暴雨预警工程,制定《嘉兴市暴雨精细化监测预报预警工程实施方案》,11月5日召开方案论证会。与浙江省气候中心签订《嘉兴市暴雨强度公式编制服务合同》,开展暴雨强度公式修订。嘉善县启动暴雨预警工程建设,完成突发暴雨监测系统和精细化暴雨预报系统,联合浙江省气候中心发布《嘉善县暴雨强度公式编制技术报告》,完成暴雨强度公式修订。

4. 开展河道综合整治。全市实施新一轮河道综合整治工程,开展农村河道综合整治,推进水环境综合治理。开展列入全国规划的中小河流治理重点县综合整治及水系连通试点建设,结合美丽乡村、新农村建设,推进宅前屋后乡村河道建设。全市计划整治河道500千米,完成整治河道865千米。

(四)以关键环节为发力点,务实增进安全供水新福祉

1. 着力涵养水源。为改善饮用水水源地水质,继续开展水源生态修复与建设,实施新塍塘水源地综合整治工程、贯泾港水源湿地完善工程、海宁市饮用水源保护区生态修复、平湖市广陈塘河道整治和海盐县千亩荡应急备用水源工程,累计投资8183万元。全市饮用水水源地达标率25.8%、改善率56.3%。9个饮用水水源地中Ⅲ类1个、Ⅳ类7个、Ⅴ类1个,5个饮用水水源地水质类别出现明显改善。秀洲秀湖、海宁鹃湖、桐乡革新、海盐千亩荡4个应急备用水源工程建设加速推进。2015年,石臼漾省级湿地公园投入资金66.26万元,养护陆地、水生植物面积102.4万平方米;秀洲莲泗荡省级湿地公园新增绿化面积5公顷,湿地区域及周边生猪退养23户136头,淘汰喷水织机35户296只,开展河道清淤4.2万立方米,建设防洪墙3千米;海盐县钱江潮源湿地公园申报国家级湿地公园,完成边界河两侧景观林带工程一、二标段,完成投资2555.4万元,改良盐碱地土壤、整理和造型土方、种植和养护绿化等33.33公顷。

2. 着力消除隐患。全面实施一级保护区隔离防护设施建设和进入保护区短信提示。完成石臼漾水厂水源地、嘉善太浦河水源地、平湖广陈塘水源地、海盐千亩荡水源地和桐乡运河水源地一级保护区物理生态防护隔离工程建设,进入一级保护区短信提示全部开通。海宁市投入5.6亿元开展隐患点整治,对一级、二级保护区内所有农户实施搬迁。桐乡市运河水源一级保护区内的桐乡市海盛建材有限公司全部拆除。开展饮用水水源保护区船舶巡查,对全市涉及饮用水水源的3条航道采取禁航、优化航行路线、限时航行等措施。

3. 着力控制水质。全市饮用水水源地均建成自动监测站,对pH值、水温、溶解氧、浊度、电导率、高锰酸盐指数、氨氮、总磷、总氮、总有机碳、叶绿素以及生物毒性等主要污染因子实时监控。市区每年、县级每两年开展一次全分析监测,全市每月开展29项常规污染物监测工作。市区对33项特定污染物监测从原来的每季度一次增加到每月一次。建成太浦河取水口上游水质自动监测站和盐官枢纽地表水交接断面水质自动监测站，提高水源地水质预警预报能力。

4. *着力引调外水*。为解决嘉兴市资源型、水质性缺水问题，2013年6月嘉兴市做出“引水治水并重，双水源并举”的决策，2014年编制完成《嘉兴市千岛湖引水工程项目建议书》和《嘉兴市太湖引水工程项目建议书》，2015年重新按杭州段3.2亿立方米、嘉兴市2.3亿立方米的规模编制项目建议书，完善杭州段选线方案和修编完善项目建议书。至年底，水量和线路与杭州方基本达成共识。千岛湖引水工程设计引水流量14.0立方米/秒，年引水量3.2亿立方米；不包括千岛湖至闲林段111千米隧洞，工程输水管线长221.4千米，其中杭州段长57.5千米、嘉兴段长163.9千米，设置3座加压泵站，装机20台；工程估算总投资约89.01亿元。太湖引水工程设计引水流量近期21.8立方米/秒、远期25.8立方米/秒，年引水量近期5.5亿立方米、远期6.5亿立方米；输水管线长106.3千米，设置3座加压泵站，装机26台；工程估算总投资约66.16亿元。

5. *着力完善设施*。全市2007～2013年省级以上农村饮水安全项目58个，至年底竣工验收项目55个。全市新增改善灌溉面积8812.53公顷，超额完成省下达的指标任务。海宁市上塘河灌区计划完成改善灌溉面积1840公顷，计划投资1000万元，完成投资2700万元。开展小型水利工程建设与管理体制改革，出台小型水利工程建设与管理体制改革实施方案，开展改革试点等工作，均按要求完成年度任务。

（五）以科技支撑为引领，拓展用水效率新空间

1. *创建节水型社会*。全市列入第一批节水型社会建设的5个县（市、区）通过省级验收；开展创建节水型单位、企业和灌区活动；开展世界水日和中国水周节水宣传活动。按规定实行取水计划管理，下达年取水10万立方米以上取水户年度取水计划，全市均建立一户一档管理制度；5万立方米以上取水户实时监控基本实现全覆盖。7月8日，嘉兴市通过国家节水型城市复查组的复查考核。

2. *扶持节水农业*。实施《嘉兴市区支持现代都市型生态农业和农村发展若干财政政策意见》，采取以奖代补的方式下达生猪养殖业转型升级项目补助资金，重点补助生猪养殖户转产转业、生态循环农业和“三废”处理项目等，优先扶持蔬菜、水果、花卉、食用菌等7大主导产业。生猪存栏量大幅削减，年节水量870万吨。提高田间水利用效率，全市扩大灌溉面积864公顷，新增固定式喷微灌819.33公顷，改造灌区渠道591.3千米，实现喷滴灌7360公顷，年收集畜粪20余万吨用于生产有机肥，畜禽规模养殖节水型设施和饲养方式推广率100%。围绕农作废弃物、太阳能和生物能转化利用，创新循环种植模式，全市推广雨水回流循环利用农作模式1580公顷。

3. *深化节水行动*。大力推动高效节水灌溉，推广渠道防渗、管道输水等高效输水技术，减少渗漏损失；推广喷灌、滴灌、微喷等先进节水技术，不断提高田间水利用效率。全市新增高效节水面积1346.87公顷，超额完成省下达的指标任务；完成小型农田水利工程重点县验收工作；完成“四个百万”节水灌溉工程建设（水利方案）编制工作。加强工业节水工作，完成2014年度取水10万立方米以上企业水平衡测试11家；根据《关于开展节水型企业建设工作的通知》要求，全市创建节水型企业17家。城市工业用水重复利用率提高到86.66%；市区万元地区生产总值取水量和万元工业增加值取水量分别降至22.96立方米和25.43立方米；城市居民人均生活用水量85.47升/日；2015年市区城市供水管网漏损率11.87%；加大污水处理后中水的回用工作，秀洲区喷水织机污水处理站采用中水回用，污水再生水利用率11.60%。持续推进节水器具普及工作，开展市区企业（单位）等公共场所和小区居民家庭用水器具抽样调查和淘汰器具的全面整改活动，节水器具普及率100%。

（许国杰）

第二届世界互联网大会

一、大会概况

2015年12月16~18日,由国家互联网信息办公室、浙江省人民政府共同主办,浙江省互联网信息办公室、浙江省经济和信息化委员会、桐乡市人民政府、中国互联网络信息中心联合承办,联合国经济和社会事务部、国际电信联盟、世界知识产权组织、世界经济论坛参与协办的"第二届世界互联网大会·乌镇峰会"在嘉兴市桐乡乌镇举行。

中共中央总书记、国家主席习近平出席大会并发表主旨演讲,中共中央政治局常委、书记处书记刘云山主持开幕式,王沪宁、栗战书、杨洁篪、郭声琨、王钦敏等党和国家领导人出席大会。联合国秘书长潘基文向大会发表书面致辞,巴基斯坦总统侯赛因、俄罗斯总理梅德韦杰夫、哈萨克斯坦总理马西莫夫、吉尔吉斯斯坦总理萨里耶夫、塔吉克斯坦总理拉苏尔佐达、乌兹别克斯坦第一副总理阿奇莫夫等多国领导人在开幕式上致辞。联合国副秘书长吴红波、国际电信联盟秘书长赵厚麟、世界经济论坛创始人施瓦布、世界知识产权组织副总干事王彬颖参加会议。全球120多个国家和地区的政府代表、国际组织负责人、互联网企业领军人物、著名企业家和专家学者等2000多名嘉宾出席大会。浙江省领导夏宝龙、李强、乔传秀、王辉忠、葛慧君、袁家军等,嘉兴市领导鲁俊、林健东、胡海峰等,桐乡市领导卢跃东、盛勇军等作为嘉宾出席大会并参加大会相关论坛。

第二届世界互联网大会·乌镇峰会上,中共中央总书记、国家主席习近平在主旨演讲中提出的"全球互联网治理"中国方案,为未来全球互联网发展和治理提供了重要遵循。习近平提出的"四项原则、五点主张",首次清晰地向世界阐述中国对互联网空间治理和网络安全的战略思考,赢得了与会嘉宾的高度认可和国际社会的普遍赞誉,树立了中国在未来全球互联网治理格局中的话语权。众多国际政要、企业精英、专家学者集聚大会发言,形成巨大的思想能量,使世界互联网大会成为一个思想宝库、技术宝库和成果宝库,也是大会的最大亮点和最重要的成果。

第二届世界互联网大会·乌镇峰会围绕习近平总书记主旨演讲和大会主题,精心设置10场分论坛、22个全球关注的前沿热点议题。"互联网之光"博览会共组织80场发布活动,吸引国内和欧美、亚太、拉美等国家和地区的258家企业参展。博览会设置的发展理念区、"互联网+"主题区、创新展区和专场发布区四大板块,全面展示中外互联网前沿技术和最新成果,展示中国互联网20余年的发展历程,特别是中共十八大以来取得的巨大成就,展示浙江以互联网为核心的信息经济取得的新成效新亮点。12月16日,大会组委会秘书处成立高级别专家咨询委员会,并举办高咨委首次会议,选举马云和法迪·切哈德为高咨委联合主席,中国网络空间研究院专家李欲晓担任高咨委秘书长。大会发表的《乌镇倡议》,成为国际互联网发展和治理领域的重要成果,被外界誉为"互联网历史上的里程碑"。会议期间,互联网企业、机构组织签署多个合作协议,并发布互联网金融发展报告,"互联网+扶贫"联合倡议,“数字丝路”建设合作宣言,海峡两岸及香港、澳门互联网发展倡议等20多项成果。

第二届世界互联网大会·乌镇峰会成功举办新闻发布会4场,组织集体采访7场,为会场内外的记者与网民创造了一个开放、及时的信息通道。同时,大会组织嘉宾共植纪念林、共赏音画越剧,搭建多种交流平台。全球14个国家和地区的110家中外主流媒体、730多名新闻记者注册参会,刊播大量新闻报道。据不完全统计,大会期间网上相关报道近100万篇次,点击量50多亿次。国际舆论认为:“中国,在乌镇发出了互联网的强音。”

二、基础设施建设

1. 深入推进环境整治。桐乡市大力推进生态环境整治,在乌镇景区开展专项排查,对破损设施进行全面维修更换;采取综合措施,改善水体质量,水体能见度从原来的30厘米提高到70厘米;对夜景亮化系统进行优化提升,确保乌镇夜晚更有魅力。在乌镇镇区梳理确定117个整治项目,将“黄金通道”作为乌镇整治重点,完成沿线273幢28.1万平方米房屋的立面改造;对乌镇各类违法建筑、河道进行全面清理,拆除各类违法建筑及有碍观瞻物23.2万平方米,整治河道127条;加强路面停车整治,优化交通体系,抓好智能诱导系统、换乘中心和公共自行车服务网点建设,科学安排车辆停放。在桐乡市开展公路沿线违建整治、交通安全设施修复、废品收购点整治,并建立长效管理机制;组织专人巡查,严控秸秆焚烧,并限停高能耗污染企业。

2. 强化信息技术保障。嘉兴市建成并投入使用无线AP点6404个,其中2015年新建AP点2517个(乌镇西栅新建AP点1160个),免费开放原有AP点3887个。互联网大会主会场、新闻中心实现“千兆到桌面”,大会分会场和集中办公场所实现“百兆到桌面”,用户上网速率近20兆,乌镇出口总带宽达到220G。

3. 全面落实环境监管。桐乡市加强水环境安全监管,全面完成清“三河”扫尾工作,共整治“三河”441条,完成工业污水入网189家;完成城镇污水配套管网建设48千米;推进农村生活污水治理工程,完成入网改造277户,完成农村生活污水治理13807户,累计拆除畜禽舍156.68万平方米。加强大气环境安全监管,开展公路铁路沿线环境整治;淘汰燃煤小锅炉228台;完成浴室锅炉专项整治81家、10~20蒸吨/小时燃煤锅炉烟粉尘治理5台、水泥企业脱硝改造4家、挥发性有机物整治企业8家;完成火电企业脱硫、脱硝及除尘改造;对429家企业实施“一厂一策”环境监管;对323个建筑工地、15个混凝土搅拌站加强监管。加强固体(危险)废物辐射安全监管,排查全市放射源使用单位、危险废物贮存场所的动态情况,对存在的问题责令企业进行整改和清理,大会期间全面实施固体(危险)废物停运,严厉查处违法处置固体(危险)废物等环境违法行为。同时,完善城乡生活垃圾收集处置体系,试点市区生活垃圾分类处置,实现餐厨废弃物统一收运处置。大会期间出动执法人员895人次,检查企业312家次。

4. 扎实推进场馆建设。建设“互联网之光”博览会展馆,展馆作为临时性建筑,采用租赁的大跨度铝合金结构篷房,项目占地面积约3.5万平方米,展馆面积2.1万平方米,于8月3日开工建设,8月底完成场地硬化和配电、消防等基础设施建设,9月2日搭建篷房,9月20日完成篷房搭建,9月21日移交省经信委布展。开发利用地下空间项目,计划到2020年,乌镇新增地下空间33.4万平方米,累计地下空间46万平方米,提供停车位1.5万个,基本满足停车高峰需求;2015年启动西栅景区1号停车场地下两层空间开发,项目总建筑面积约3万平方米,规划停车位800多个,项目安装全视频的车辆号牌识别和车辆引导系统、完善的安防监控全覆盖和智能IP广播系统等,充分体现互联网元素。建设乌镇互联网国际会展中心,项目总占地面积约13.67公顷,一期工程占地面积8公顷,建筑面积8.3万平方米,其中地上建筑面积6万平方米(会议中心2.8万平方米、会展中心2.45万平方米、接待中心0.75万平方米),地下建筑面积2.3万平方米。该项目由中国美术学院教授王澍负责方案设计,浙江省建工建筑设计院进行施工图设计,浙江省建工集团承建,浙江工程建设监理公司监理,2015年8月开工建设,将于第三届世界互联网大会投入使用。

三、会务服务保障

1. *建立高效运作机制*。桐乡市成立大会筹备工作领导小组,由市委书记、市长任组长,市委常委、常务副市长和市委常委、宣传部部长任执行组长,下设领导小组办公室和9个专项组,全市30个部门纳入筹备工作成员单位。3月,通过部门抽调和公开选调,领导小组办公室遴选30多名工作人员作为大会集中办公人员进驻乌镇工作。从5月起,市委书记和市长轮流到乌镇一线指挥筹备工作,常务副市长全脱产驻点乌镇,同时选派一名市人大常委会副主任协助工作。9月,各专项组抽调20余名工作人员进驻乌镇集中办公。同时,整合部门资源,制定具体项目方案,形成"1+10+X"的方案体系,大会期间600多项问题全部第一时间通过各级各部门得到解决,实现"事事有回音、件件有落实"。鉴于大会永久落户乌镇并每年举办的实际需求,经嘉兴市批复同意,成立专门负责承办大会的机构——桐乡市世界互联网大会承办工作委员会,作为桐乡市政府派出机构。

2. *精心安排会务接待*。开展嘉宾住宿前期房源排摸工作,预定房源并制定嘉宾用房分配预案;嘉宾报到当天,根据航班信息安排志愿者一对一全程服务;嘉宾餐饮既突出地方特色,又兼顾饮食习惯,为穆斯林和饮食禁忌的嘉宾专门安排菜单,景区在会议期间开设多个深夜食堂,方便嘉宾随时用餐;设置充足的医疗保障点,整合并落实充足的嘉宾用车,统一对车辆进行检修,组织驾驶员进行专门培训。

3. *开展志愿服务工作*。大会期间开展志愿者招募及服务工作,通过"线上+线下"相结合,拓展志愿者招募来源。"线上"主要依托桐乡团市委"青春桐乡"微信公众号开通网上报名渠道,并通过桐乡新闻网、"桐乡发布"微信号等媒体广泛发布招募信息;"线下"则由大会志愿服务部向桐乡市各镇(街道)及各相关部门下发招募志愿者通知,由各单位负责招募优秀人员,重点招募机关年轻干部、大学生村官、团干部、外语人才。大会共招募桐乡志愿者126人,志愿者报名达292人。严把志愿者质量关,大会志愿服务组对全部报名志愿者资料进行整理,将资料反馈给各相关单位进行第一轮资格审查和筛选。7月对通过资格审查志愿者进行面试,按照面试成绩高低确定入围志愿者名单。提升志愿者服务技能,11月下旬举办志愿者通识培训,培训内容包括大会背景及互联网发展概况、志愿者基本礼仪、突发事件处置、媒体应对与沟通、外事工作规范、桐乡及乌镇概况等课程,骨干志愿者还参加现场应急救护培训,并颁发红十字救护员证。12月10日、14日组织志愿者开展上岗演练,熟悉服务流程。确保上岗服务到位,通过"部长—组长—工作人员(带队老师)—小队长—志愿者"五级组织协调和快速反应机制,完成各岗位目标任务。大会期间,志愿者展示良好的形象,顺利完成会务组布置的一系列突击任务,为大会的成功举办贡献了力量。

4. *加强新闻宣传工作*。充分利用网络、电视、广播、报纸等载体营造大会氛围。以乌镇和主要沿线为重点,市外以首都、浦东、虹桥、萧山4个机场和北京、上海、杭州、深圳等火车站为重点,投放大会形象宣传。做好媒体新闻宣传,会前主动对接新华社、《人民日报》《经济日报》等25家国家级主流媒体开展"走进乌镇"活动;会中重点报道大会开幕式、闭幕式及各场开放式论坛和活动,国内外嘉宾对大会的评价及社会各界对大会的热议;会后充分报道大会取得的丰硕成果,以及对嘉兴互联网产业的积极影响和深远意义。

四、"互联网之光"博览会

第二届世界互联网大会期间举行"互联网之光"博览会。博览会突出创新、协调、绿色、开放、共享的理念,展示中国互联网20年来的发展成就、中国对世界互联网发展的贡献及国际互联网最新技术、最新产品和最新应用，是第二届世界互联网大会的一大亮点。美国微软、IBM、德国 SAP、韩国三星、巴西 PSAFE、芬兰诺基亚以及阿里巴巴、百度、腾讯、京东、奇虎 360 等中外互联网科技企业参展，2 万人次参观体验。

第二届世界互联网大会 “互联网之光”博览会的核心展区展出百度无人驾驶车、中国电信 5G 技术和工业云平台、诺基亚全景虚拟摄像平台、奇虎 360 公司全球网络攻击检测技术、SAP 工业机器人、小米九号平衡车、阿里巴巴云中沙箱等 14 家知名互联网领军企业的首发产品及技术，彰显了互联网造福人类的美好前景。大会期间，20 家互联网领军品牌企业和 61 家成长型中小企业，举办多场各具特色的专场发布会，集中发布在电子商务、智慧城市、网络安全、公共服务等方面的新技术、新产品和新应用。浙江省 80 多家企业参展，涵盖电子商务、互联网金融、物联网、车联网、智慧物流、云计算与大数据等领域，展示浙江互联网创业创新的巨大成效。

第二届世界互联网大会期间，习近平总书记亲临博览会现场，观看“智慧峰会”和“智慧乌镇”介绍及互联网博物馆演示，并在展馆内通过网络摄像头与乌镇居家养老照料中心的老人进行视频通话。习近平总书记还视察国内外重点网信企业最新技术成果，同马云、马化腾、李彦宏、周鸿祎、雷军等企业家亲切交流，并亲自体验高科技产品。

五、大会成果

第二届世界互联网大会期间，与会代表和企业机构开展务实合作，形成 20 多项富有影响力的成果。其中成立基金 2 项、签约揭牌 11 项、发布倡议 8 项、成立协会 1 项。围绕总结中国互联网发展成就和经验，发布《中国互联网 20 年发展报告(摘要)》；围绕“一带一路”建设，“数字丝路·合作共赢”论坛签署“数字丝路”建设联盟合作意向书，推动建设成果惠及“一带一路”沿线国家；围绕中美青年交流发出“中美大学生共话互联网梦想”倡议；围绕“海峡两岸暨香港、澳门互联网发展”，与会嘉宾发布海峡两岸和港澳地区互联网合作倡议，启动海峡两岸青年创客大赛；围绕保障网络安全，中国电子科技集团与微软公司计划成立合资公司开发中国政府专用版视窗操作系统，中国网安公司与俄罗斯卡巴斯基实验室签署战略合作协议；围绕推进扶贫工作，国家网信办向全国网信企业发出“信息化扶贫行动”倡议；围绕新型智慧城市建设，23 家企业和研究机构共同发起成立新型智慧城市建设企业联盟；围绕推进互联网产业融合，中国互联网发展基金会联合百度、阿里巴巴、腾讯共同发起倡议，设立“中国互联网 + 联盟”；围绕繁荣网络文化和发展网络公益，发布《互联网传承优秀文化倡议书》《让互联网成为爱的海洋——发展网络公益倡议书》；围绕发展数字经济，发布《全球互联网金融商业模式报告》，成立总规模近 700 亿元的专项基金；围绕拉动一方经济、造福一方百姓，浙江省经信委与中国互联网协会签署战略合作协议，加大在“互联网 + 电子商务”“互联网 + 益民服务”“智能汽车”等领域的合作。

第二届世界互联网大会期间，大会组委会秘书处成立高级别专家咨询委员会(简称“高咨委”)，在充分沟通交流和广泛征求意见的基础上，由高咨委提议，大会组委会在闭幕新闻发布会上发布《乌镇倡议》，倡议国际社会共同加快网络发展普及、促进网络文化交流、共享网络发展成果、维护网络和平安全、推动网络国际治理。《乌镇倡议》体现了中国互联网发展治理理念，特别是习近平总书记提出的“四项原则、五点主张”，凝聚了国际社会和各利益相关方的最大共识和共同愿景，指明了互联网未来发展前进方向，开启了全球互联网发展治理的“乌镇进程”。

2015 年 9 月，浙江省政府批复同意设立乌镇互联网创新发展综合试验区。试验区以桐乡乌镇为核心，涵盖若干个特色功能区，打造全省信息经济发展的示范区、全国“互联网 +”发展的先行区。批复要求，试验区要抓住世界互联网大会永久落户乌镇的机遇，勇于改革创新,大力营造有利于互联网经济发展的体制机制；建设具有国际先进水平的网络基础设施，加强网络安全保障;加快网络信息技术的推广应用,推动互联网与经济社会各领域的融合创新,大力发展基于互联网的新兴业态;增强互联网体验、交流合作、产业集聚、示范应用、人才培养、制度创新功能,发挥互联网经济创新发展的示范引领作用。桐乡市要发挥世界互联网大会的平台优势,高标准、高起点建设乌镇核心区,增强互联网领域示范应用、会展体验、交流合作、教育培训、网络众筹等功能;要利用乌镇核心区的集聚效应,依托桐乡经济开发区等载体,吸引国内外互联网高端企业、要素和人才汇集,推动基于互联网的“大众创业、万众创新”。

互联网大会在乌镇召开,促使更多的互联网企业选择落户桐乡或者与桐乡合作,浙大网新“互联网产业园”、挂号网“乌镇互联网医院”、腾讯“互联网 +”城市发展、“神州量子”等50多个项目签约,总投资超过100亿元。同时,产业惠民深入推进,乌镇不仅宽带等基础设施全国领先,而且智慧养老、智慧医疗、智慧政务、智慧旅游等都得到发展,乌镇居民和游客都享受到互联网带来的便利和实惠。

（何振泓）

大 事 记

2015年嘉兴市大事记

1月

4日　市委书记鲁俊到市区城市有机更新征收改造地块、商业楼宇，对城市经济发展开展调研。

6日　省委常委、省公安厅厅长刘力伟到中国电子科技集团第36研究所慰问中国工程院院士杨小牛，并调研南湖区动物固弃物无害化处理工作。

20日　市委副书记胡海峰会见美国荷美尔食品公司亚太区、中国区总裁刘思闻一行。

24日　全省"关注森林"工作会议召开，桐乡市被授予2014年度"浙江省森林城市"称号，桐乡市屠甸镇、秀洲区洪合镇以及海宁市袁花镇、黄湾镇被授予2014年度"浙江省森林城镇"称号。

27日　罗兰·贝格国际管理咨询公司创始人罗兰·贝格一行到嘉兴市考察。

27～30日　市政协七届四次会议在嘉兴举行。

28日　嘉兴市公民个人信用评价系统上线，市民可以通过市社会保障事务局门户网站查询个人信用报告。

28～31日　市七届人大五次会议在嘉兴举行。

2月

4日　《国家新型城镇化综合试点方案》公布，嘉兴市作为全省唯一开展试点的地级市列入其中。

4日　中华全国总工会书记处书记、党组成员、法律工作部部长郭军率中华全国总工会相关负责人，到嘉兴市看望慰问困难职工、困难劳模及困难工会干部。

6日　福建省委常委、福州市委书记杨岳，福州市委常委、常务副市长吴贤德对嘉兴市经济社会发展情况进行考察。

6日　嘉兴市综合行政执法局举行揭牌仪式，原嘉兴市城市管理行政执法局更名为嘉兴市综合行政执法局，是行使城乡相关管理领域行政检查、行政处罚和行政强制权的综合性执法部门。

6日　嘉兴市金融业联合会成立。

9日　嘉兴欢乐世界项目在秀洲区油车港镇举行奠基仪式。项目总占地面积约9.27公顷，建筑面积11万平方米，预计总投资6亿元。

16日　市委书记鲁俊到南湖区南湖街道等，对开展"转型发展服务年"活动和安全生产进行调研。

17日　市委书记鲁俊到秀洲区和平湖市调研生猪养殖业减量提质工作。

27～28日　全国病死畜禽无害化处理机制建设现场会在嘉兴市召开。

28日　全国精神文明建设工作表彰暨学雷锋志愿服务大会在北京召开，嘉兴市蝉联“全国文明城市”称号，嘉兴市文明办被授予“全国未成年人思想道德建设工作先进单位”称号。

3月

11日　市委书记鲁俊到北京总部基地调研。

16日　市委书记鲁俊会见美国荷美尔食品公司国际部总裁詹姆斯·斯尼一行，并就荷美尔项目进展等情况进行交流。

17日　美国驻沪总领馆总领事史墨克一行访问嘉兴市，并与嘉兴市企业界代表举行中美(嘉兴)经济合作座谈会。

19日　嘉兴市委党史研究室联合市委组织部、市委直属机关工委举办纪念中共嘉兴独立支部成立90周年活动。

23～25日　市人大常委会主任刘冬生，副主任邵建华、沈利农，秘书长王立仁到海南考察嘉兴农科院南繁基地。

24～25日　嘉兴市与中法青年企业家协会、日本专家协会、海联网联合举办“2015年海外高层次人才嘉兴行”活动。

25日　中国侨联主席林军到嘉兴市考察侨资企业，走访调研全市侨务工作。

27日　2015嘉兴中外旅行商合作大会暨运河国际旅游产品推广会在梅花洲景区举行。

27日　嘉兴市资源要素交易中心有限公司在市行政审批服务中心挂牌成立，主要承担嘉兴区域国有产权、土地、用能指标、排污权、股权管理、政府特许经营权、农村产权以及其他符合市场化配置要求的资源交易和服务职能。

31日　全省建设平安浙江工作电视电话会议召开，嘉兴市连续10年获得“平安市”称号、连续9年获得“省级社会管理综合治理先进市”称号，所辖五县(市)两区连续10年获得平安县(市、区)称号。

4月

10日　嘉兴市成为16个全国首批海绵城市建设试点之一，也是全省唯一的试点城市。

13日　匈牙利驻沪总领事乐文特一行到嘉兴一中访问，双方就文化、教育等合作事宜进行交流探讨。

15日　中共中央委员、武警总部政治委员孙思敬一行，到嘉兴市视察秦山核电基地以及部队建设情况。

15日　市政协主席高玲慧调研海河联运建设。

16日　省人大常委会副主任冯明一行到嘉兴市，就落实省委人大工作会议精神，配合全国人大常委会开展立法、执法检查工作以及人大自身工作等情况进行调研督查。

21日　芬兰伊马特拉市议会和政府代表团到嘉兴市访问，双方初步建立友好城市关系。

21日　嘉兴市召开全市领导干部会议，省委组织部常务副部长于跃敏宣布省委关于嘉兴市级领导班子人事调整决定：林健东任中共嘉兴市委委员、常委、副书记，免去肖培生中共嘉兴市委副书记、常委、委员职务，提议肖培生不再担任嘉兴市市长职务，提名林健东为嘉兴市市长候选人，金志任中共嘉兴市委委员、常委，肖培生保留正厅长级。

21～22日　丽水市委书记王永康一行到嘉兴市学习考察。

22～23日　团中央书记处书记、全国少工委主任罗梅一行到嘉兴市，就“双网互动”团建工作进行调研。

23日　德国石荷州经济、就业、交通和科技部部长赖因哈特·迈尔一行到嘉兴市考察，并参加嘉兴·德国石荷州经贸投资合作暨浙江中德工业园推介会。

23日　荷美尔中国新工厂在嘉兴经济技术开发区(国际商务区)举行奠基仪式。

23～24日　中央农村工作领导小组副组长袁纯清到嘉兴市调研现代农业发展情况。

29日　2015全国新型城镇化发展试点交流会在嘉兴市召开。

30日　嘉兴市召开全市重点工作推进暨镇(街道)工作交流会,研究部署有效投入、“五水共治”、公路铁路沿线整治、“五气共治”等重点工作。

5月

8~9日　中共中央政治局常委、中央纪委书记王岐山到浙江省调研,并主持召开部分省区市纪委书记座谈会。调研期间,王岐山专程到嘉兴南湖瞻仰南湖红船,到五芳斋实业股份有限公司考察调研,到海宁市盐官镇桃园村与党委班子成员、老党员和群众亲切交流。

9日　嘉兴市第八届运动会暨第三届市民运动会在嘉兴市体育中心体育场开幕。

17日　嘉兴首届半程马拉松开跑。

17日　教育部副部长、总督学刘利民一行视察嘉兴一中。

20日　嘉兴学院遗传与生殖医学研究所在市妇幼保健院揭牌成立。

20~21日　省委常委、组织部部长廖国勋到南湖区、嘉善县、桐乡市、嘉兴经济技术开发区(国际商务区)等地,围绕基层党建等工作开展调研。

21日　市委副书记、代市长林健东调研新塍塘、月河等河道治理及市区老旧小区改造工作。

25日　陕西省榆林市党政代表团到嘉兴市交流考察。

25日　副省长朱从玖一行到嘉兴市南湖“基金小镇”调研。

25日　“宇宙大世界”高科技综合体项目启动,该项目位于南湖区湘家荡区域,总投资100亿元。

26日　嘉兴市召开“三严三实”专题党课暨专题教育部署会，对在全市县处级以上领导干部中开展“三严三实”专题教育进行动员部署。

27日　嘉兴光伏高新区奥瑟亚(嘉兴)光伏科技有限公司举行屋顶分布式电站一期项目开工仪式,这是嘉兴市首个外商投资屋顶分布式电站项目。

6月

2~4日　省人大常委会副主任厉志海对嘉兴市大气污染防治工作开展调研。

4日　2015年全国少先队工作者“教育转型视野下的少先队工作创新”专题研修班在嘉兴市开班。

7日　中共中央政治局委员、中央书记处书记、中央组织部部长赵乐际到南湖革命纪念馆,瞻仰南湖红船。

8日　市委副书记、代市长林健东实地调研水利、交通重点项目建设推进情况,并召开工作汇报交流会。

15~17日　嘉兴市举行2015年第一次“双推”活动,以互看互学、互比互促的形式推进重点工作、推动争先晋位。市领导鲁俊、林健东、刘冬生、高玲慧、胡海峰等率领各县(市、区)党政“一把手”、市级有关部门主要负责人等,实地查看各地重点工作推进情况。

18日　嘉兴市召开“双推”活动总评会,集中点评各地在重点工作推进中的经验做法和薄弱环节,研究部署下一步工作。

18日　嘉兴经济技术开发区、嘉兴国际商务区举行“携手共进、合作共赢”招商大会暨重大项目签约仪式,19个项目现场签约，总投资达222亿元。

19日　秀洲区举办2015年“招大引强”“招才引智”暨浙商回归重大项目签约仪式,总投资150亿元的26个优质产业项目签约落户。

24日　嘉兴市人民政府与北京师范大学全面合作签约仪式举行,北京师范大学附属嘉兴南湖高级中学揭牌。

25日　全国土地质量地质调查服务土地管理现场会在嘉兴市召开。

25日　中央宣传部、民政部、中国志愿服

务联合会、全国党建研究会在嘉兴市召开践行社会主义核心价值观推动共产党员志愿服务现场交流会。

25 日　副省长黄旭明率领省农业厅、环保厅、交通厅等相关负责人到嘉兴市，实地督查嘉兴市京杭运河水环境治理。

26～27 日　嘉兴市政府代表团到广东省深圳市，开展推进新型城镇化建设学习考察及项目推介活动。

28 日　嘉兴—阿坝州对口支援工作座谈会在嘉兴市举行。

28 日　山东省莱芜市党政代表团到嘉兴市交流考察。

7月

1 日　团中央书记处书记徐晓对嘉兴市青年创业工作开展调研。

1 日　《嘉兴市区国有土地上房屋征收与补偿办法》和《嘉兴市区国有土地上房屋征收补偿及奖励办法》正式实施。

7 日　嘉兴市召开"公铁"沿线环境整治暨"三改一拆"工作现场推进会。

7～8 日　国家节水型城市复查考核组对嘉兴国家节水型城市进行复查。考核组认为，嘉兴市节水型城市建设的基本条件、基础管理和技术考核指标达到国家标准规定的要求，同意上报住房和城乡建设部、国家发改委审核。

8 日　嘉兴市召开海绵城市建设工作领导小组第一次会议，会议强调要突出规划引领、示范带动、效果综合，推进海绵城市建设各项工作。

8～9 日　省人大常委会党组书记、副主任茅临生率调研组到嘉兴市，对嘉兴市贯彻落实中共中央转发的《中共全国人大常委会党组关于加强县乡人大工作和建设的若干意见》的通知精神及经济社会发展情况进行调研。

9 日　市委副书记、代市长林健东带队专项督查 2015 年嘉兴市民生实事项目建设进展情况。

14～15 日　浙江省高级人民法院院长齐奇到嘉兴市调研指导法院工作。

17 日　市政协主席高玲慧调研嘉兴市体育产业发展情况。

17 日　嘉兴(北京)创业创新暨楼宇经济合作交流会在北京举行。

18 日　嘉兴市义工协会第一次会员代表大会召开，嘉兴市义工协会成立。

29 日　英国苏格兰政府首席大臣尼古拉·斯特金访问嘉兴，出席威尔克工业纺织(嘉兴)有限公司新厂奠基仪式。

30 日　国土资源部副总督察严之尧到嘉兴市，调研新常态下嘉兴节约集约用地工作情况。

8月

5 日　省政协副主席王建满到嘉兴市，就推进城乡养老服务体系建设进行专题调研。

5～6 日　省委副书记、省长李强到嘉兴市调研深化改革工作。

5～7 日　省环保厅党组成员、环境执法稽查总队总队长李全胜率省督查执法组到嘉兴市督查"五水共治"工作。

11～13 日　嘉兴市党政代表团到苏州、无锡、常州，学习考察创新驱动发展、经济转型升级等经验做法及"十三五"发展思路。

12 日　嘉兴市党政代表团到都兰县，实地查看对口援助项目建设情况，并召开嘉兴—都兰对口支援工作座谈会。

13 日　省人大常委会副主任冯明一行到嘉兴市，就转型升级组合拳落实情况、公检法司机关司(执)法工作人员依法履职和公正司(执)法情况开展调研。

13 日　省政协副主席王建满到嘉兴市，专项督查浙江省关于加强人民政协民主监督工作在嘉兴的落实情况。

14 日　副省长梁黎明一行到嘉兴市调研外贸工作。

14 日　四川省广安市党政代表团到嘉兴

市，学习考察基层党建、农村集体经济发展等先进经验。

18日　嘉兴市节能环保产业促进会成立。

19日　科技部党组书记、副部长王志刚，党组成员、副部长李萌率调研组到嘉兴市，考察调研科技创新工作情况。

20日　嘉兴市召开行政体制改革和机构编制工作会议，全面启动新一轮政府职能转变和机构改革，部署行政机关事业单位精简和控编减编任务。

24～25日　全省公安执法改革与规范化建设座谈会在嘉兴市召开。

28～29日　嘉兴市人大代表团到沙雅县，调研指导嘉兴市对口援疆工作。

9月

1日　澳大利亚西澳州政府区域发展及土地部部长特里·雷德曼一行到嘉兴市访问。

2日　市委书记鲁俊到嘉兴经济技术开发区（国际商务区），对北大附属嘉兴实验学校、万国路（320国道—嘉桐大道段）和浙江中德（嘉兴）产业合作园等重点项目建设情况进行调研。

6日　捷克总统泽曼一行到嘉兴乌镇参观访问。

8日　省科技进步和人才工作考评组对嘉兴市党政领导科技进步与人才工作目标责任制落实情况进行实地检查考评。

11日　中国国民党大陆事务部主任高孔廉一行到嘉兴市参观访问。

12日　博茨瓦纳前总统莫哈埃一行到嘉兴市访问。

15日　市七届人大六次会议第二次全体会议召开，林健东当选嘉兴市市长。

19日　古共中央委员、古巴农业食品部部长圣地亚哥·佩雷斯·卡斯特利亚诺斯一行到嘉兴市访问。

23日　2015年嘉兴首届“互联网+”创新创业大赛启动。

23日　市委副书记、市长林健东到南湖基金小镇、海宁皮革时尚小镇和桐乡毛衫时尚小镇，专题调研嘉兴市特色小镇创建工作。

24日　市人大常委会主任刘冬生到市滨海办（港务局、口岸办）督查百日维稳攻坚和安全生产第二阶段工作。

25日　浙江省十二届人大常委会第二十三次会议通过《浙江省人民代表大会常务委员会关于嘉兴等四个设区的市人民代表大会及其常务委员会开始制定地方性法规时间的决定》，嘉兴等四个设区的市人民代表大会及其常务委员会自决定公布之日起，可以制定地方性法规。

31日　嘉兴市旅游委员会举行揭牌仪式。

10月

9日　嘉兴市大气污染防治工作领导小组办公室举行揭牌仪式。

9～10日　省人大常委会副主任毛光烈一行到嘉兴市，就“五水共治”、台商投资权益保护等工作开展调研。

13日　全国艺术体操锦标赛在嘉兴市开赛。

13日　“嘉兴·北京·海纳孵化器”在中关村时尚产业创新园挂牌成立。

14～15日　省治水办督查组到嘉兴市，实地检查“河长制”工作。

20日　加拿大达蒙维市市长亚历山大·屈松一行到嘉兴市访问。

20日　甘肃省张掖市党政考察团到嘉兴市交流考察。

27日　省委常委、省公安厅厅长刘力伟到嘉兴市，就转型升级十大组合拳落实情况进行调研。

27～28日　省委常委、省纪委书记任泽民到嘉兴市，调研“两个责任”落实情况，并召开县（市、区）纪委书记座谈会。

28日　市人大常委会主任刘冬生会见芬兰国家议会议员库卡·考珀拉及芬兰伊马特拉

市政府代表团。

11月

4日　市委副书记、市长林健东会见德国企业克劳斯玛菲集团中国区首席执行官克里斯蒂安·布莱特和伍尔特(中国)投资有限公司副总裁约翰内斯·米瑞棋一行。

7日　2015中国嘉兴跨国采购暨跨境电商产业资源对接会在嘉兴市举行。

9日　全市首条119路消防主题公交专线开通。

11日　嘉兴市市直机关首批“知行者+”志愿服务项目授牌仪式在市委党校举行。

14~15日　智利、马来西亚、乌拉圭3国驻沪总领事以及韩国、阿根廷、印度、德国等18国驻沪领事馆的官员和上海市外国机构服务处一行38人访问嘉兴。

20日　第三届全国基层党建创新论坛暨基层党建创新最佳和优秀案例颁奖仪式在北京举行,嘉兴市委组织部“以‘96345’党员志愿者服务为载体,打通联系服务群众‘最后一公里’”获评全国基层党建创新最佳案例奖。

21日　第八届中国品牌媒体高峰论坛在贵州省召开,《嘉兴日报》被评为2014年至2015年度中国品牌媒体地市党报十强。

12月

4日　国家发改委副主任、国家能源局局长努尔·白克力到嘉兴,就光伏产业“五位一体”创新综合试点情况开展调研。

15日　互联网之光博览会在桐乡乌镇开幕。

16~18日　第二届世界互联网大会在桐乡乌镇举行。大会主题为“互联互通·共享共治——构建网络空间命运共同体”。中共中央总书记、国家主席习近平出席大会,并发表主旨演讲。

18日　中国·乌镇互联网产业园项目举行奠基仪式。

21日　副省长孙景淼到嘉兴市调研交通工作,实地考察京杭运河嘉兴段、杭州湾跨海大桥北接线二期工程项目,并听取嘉兴市关于“十三五”综合交通规划和水运项目情况汇报。

24~25日　省“五水共治”和生态省建设考核组到嘉兴市,对“五水共治”和生态市建设工作进行考核。

28日　深圳市嘉兴商会在广东省深圳市成立。

(市档案局)

嘉兴概貌

地理环境

【概况】 嘉兴市位于浙江省东北部、长江三角洲杭嘉湖平原腹心地带,是长江三角洲重要城市之一,被列为国家批准的沿海经济开放地区。市境介于北纬 30° 21′ 至 31° 2′ 与东经 120° 18′ 至 121° 16′ 之间,东临大海,南倚钱塘江,北负太湖,西接天目之水,京杭大运河纵贯境内。市城处于江、海、湖、河交会之位,扼太湖南走廊之咽喉,与沪、杭、苏、湖等城市相距均不到百千米,区位优势明显,尤以在人间天堂苏杭之间著称。

市境陆域东西长 92 千米,南北宽 76 千米,陆地面积 3915 平方千米(全国第二次土地调查的陆地面积 4222.86 平方千米),其中平原面积 3477 平方千米,水域面积 328 平方千米,丘陵山地面积 40 平方千米。市境海域面积 1559 平方千米。

市境地势低平,平均海拔 2 ~ 2.2 米(黄海高程),其中秀洲区和嘉善县北部较为低洼,其地面高程一般在 1.57 ~ 1.97 米之间,部分最低地在 1.17 ~ 1.37 米之间。全市有山丘 200 余个,零散分布在钱塘江杭州湾北岸,海拔大多在 200 米以下,市境最高点是位于海盐县与海宁市交界处的高阳山。市境为太湖边的浅碟形洼地,地势大致呈东南向西北倾斜,由于数千年来人类的垦殖开发,平原被纵横交错的塘浦河渠所分割,田、地、水交错分布,形成“六田一水三分地”,旱地栽桑、水田种粮、湖荡养鱼的立体地形结构,人工地貌明显,水乡特色浓郁。

全市河道纵横,湖荡众多,河道总长 1.38 万千米,骨干河流 57 条,河道密度 50 千米 / 百平方千米,有定级航道 224 条,航道里程 1936.4 千米。境内沿杭州湾北岸岸线长 121 千米,海岸线长 81.84 千米,东北自平湖市的金丝娘桥(北纬 30° 41′ 、东经 121°16′),西南至海盐县的高阳山(北纬 30°21′、东经 120°50′),其中有 41 千米海岸线水深滩阔,腹地广阔,宜建深水良港。乍浦港海岸东起独山,西至苏家埭,全长 15 千米,近海水深 3 ~ 10 米,乍浦东北侧水深 10 米以上,航道宽 1 千米,2 万吨级舰船可随时进出,故乍浦港自古即为著名良港。

(市档案局)

资源物产

【概况】 嘉兴市域出产的矿物主要有石矿和黏土。此外还有石油、煤、铜、铅、锌等矿种,但大多储量少,品位低,蕴藏分散。市域地下还储有一定数量的天然气。

全市多年平均径流总量,即地面水资源量 15.84 亿立方米,每年可开采的浅层地下水资源 3.53 亿立方米。全市水资源总量 19.37 亿立方米,水资源年开发利用量 22.65 亿立方米,利用量超过自身拥有的水资源总量,每年靠从域外引水解决。

嘉兴市东部嘉善县城所在地地下深循环

封存的古泉水距今已有2.6万年，为中国大理冰期气候寒冷时降水所补给，是大火山岩裂隙、长期地质环境中形成的天然水资源，蕴藏量达25亿立方米以上，水质达到饮用天然矿泉水国家标准(GT88537－87)。

全市现存生物约有335科1429种，其中列入《国家重点保护野生动物名录》的一级保护动物有白鹳和黑鹳2种，二级保护动物有20种。列入《浙江省重点保护植物、动物名录》的植物有银杏、金钱松、鹅掌楸、厚朴、青檀5种。全市天然植被的主要类型有阔叶林与阔叶混交林、针叶林、灌木草本植被和水生植被4种；人工植被有作物植被和防护林植被2种，其中粮食作物有水稻、大麦、小麦、蚕豆、玉米等，经济作物有油菜、棉花、络麻、烟草、甘蔗、西瓜、杭白菊等，林园植物有桑、竹类、茶、桃、李、梨、葡萄及蔬菜等。

全市海域面积1559平方千米，海洋资源较丰富。深水岸线较长，其中平湖市的金丝娘桥至独山段岸线长12千米，前沿水深12米；乍浦岸线25千米，前沿水深10米，均适宜建深水泊位。滩涂面积大，沿海从岸线至理论基准面滩涂有2.27万公顷，其中岸线至平均海平面，即近中期具有围垦条件有1.06万公顷。海水产品种类繁多，其中鳗苗是重要资源，海蜇、鲻鱼和白虾是大宗捕捞产品，滩涂养殖也具有一定基础。海洋能源蕴藏量大，嘉兴市位于东亚季风带，濒临东海，海域辽阔、潮急浪高，具有丰富的潮汐能、潮流能、波浪能、温差能、盐差能和风能等海洋能源，开发潜力很人。

嘉兴自古以来物产丰富，名产众多，有“鱼米之乡”“丝绸之府”的美誉。名优特产有粮食豆类的紫香糯、元青豆、平湖特粗黄豆；经济作物类的桐乡晒红烟、杭白菊、新丰生姜、桐乡青(桑树)、海盐大头菜、杨庙雪菜；畜禽类的嘉兴黑猪、湖羊、竹林三元猪、王店三园鸡、小湖羊皮、白山羊笔料毛；水产类的青、草、鲢、鳙四大家鱼，以及鳗苗、蟹苗、罗氏沼虾、中华绒螯蟹、河虾、海蜇、四鳃鲈鱼、中国对虾；果品类的槜李、南湖菱、平湖西瓜、大红袍荸荠、凤桥水蜜桃、黄花梨、藤稔葡萄、锦绣黄桃、洪合蜜梨、黄沙坞柑橘；食品糕点类的平湖糟蛋、嘉兴酱鸭、嘉兴五芳斋粽子、平湖蜂蜜、斜桥榨菜、西塘八珍糕和粉蒸肉、乌镇姑嫂饼、新塍月饼；手工业工艺类的硖石灯彩、蓝印花布、盐官药刀、桐乡桑剪等。

(市档案局)

历史沿革

【概况】 嘉兴是新石器时代马家浜文化的发祥地，距今7000年前市境就有先民从事农、牧、渔、猎活动。春秋时期，此地名长水，又称槜李，吴越两国在此风云角逐。战国时，划入楚境。秦置由拳县、海盐县，属会稽郡。两汉时煮海为盐，屯田为粮。三国时吴国雄踞江东，析由拳县南境、海盐县西境置盐官县。三国吴黄龙三年(231年)“由拳野稻自生”，吴大帝孙权以为祥瑞，改由拳县为禾兴县，三国吴赤乌五年(242年)禾兴县改称嘉兴县。两晋、南北朝时，嘉兴得到进一步开发，“一岁或稔则数郡忘饥”。隋朝开凿江南河，即杭州经嘉兴到镇江的大运河，给嘉兴带来灌溉舟楫之利。唐天宝十年(751年)析嘉兴县东境及海盐、昆山等县部分辖地置华亭县。唐代嘉兴屯田27处，“浙西三屯，嘉禾为大”，嘉兴已成为中国东南重要产粮区，有“嘉禾一穰，江淮为之康；嘉禾一歉，江淮为之俭”的说法。五代十国时期，吴越国在嘉兴设置开元府，领嘉兴、海盐、华亭三县，是嘉兴首次设州府级政权。后晋天福五年(940年)，因吴越王钱元瓘之奏请，在嘉兴置秀州，领嘉兴、海盐、华亭、崇德四县。北宋改秀州为嘉禾郡，南宋庆元元年(1195年)升郡为府，后改嘉兴军。元世祖至元十三年(1276年)改嘉兴军为嘉兴府安抚司，随后升为嘉兴路总管府。宋元时，嘉兴经济较发达，被称为“百工技艺与苏杭等”“生齿蕃而货财阜，为浙西最”。乍浦、澉浦、青龙等港口外贸频繁，海运兴隆。明宣德五年(1430年)析嘉兴县西北境为秀水县，析东北境为嘉善县；析海盐县置平湖县；析崇德县置桐乡县，嘉兴府下辖七县。此后四五百年内嘉兴府县体制基本未再变动。其时，在农业和手工业发展的基础上，商品经济日渐繁荣，棉布丝绸行销南北，远至海外，嘉兴王江泾镇的丝绸有“衣被天下”的美誉，嘉善有“收不完的西塘纱”的谚语，桐乡濮院镇丝绸“日产万匹”，闻名遐迩。明弘治《嘉兴府志》记载：“嘉兴为浙西大府”“江东一都会也”。清朝初期，清政府进行赋税改革和整顿，并多次对杭州湾沿岸海塘进行修筑，嘉兴社会经济不断好转，市镇更加繁荣。清咸丰十年(1860年)，太平军攻克嘉兴，建听王府为当地军政领导机构。清朝中期以后，受帝国主义掠夺和封建主义的剥削，嘉兴的经济和城市面貌日渐衰落和凋敝。1911年11月7日，辛亥革命党人占领嘉兴，成立嘉兴军政分府。民国初，废府存县，改称嘉禾县，后复称嘉兴县。1921年8月初，中国共产党第一次全国代表大会在嘉兴南湖的一艘游船上闭幕，宣告中国共产党成立。1937年11月5日，嘉兴被侵华日军占领，惨遭践踏达8年之久。1949年5月7日嘉兴解放，分设嘉兴县、嘉兴市，均隶属嘉兴专员公署，其间撤并频繁。1983年8月，撤销嘉兴地区行政公署，分设嘉兴市、湖州市，嘉兴市设城区和郊区，下辖嘉善、平湖、桐乡、海宁、海盐五县。1986年11月，海宁撤县设市(县级市)；1991年6月，平湖撤县设市(县级市)；1993年5月，桐乡撤县设市(县级市)；1993年11月，城区更名为秀城区；1999年6月，郊区更名为秀洲区；2005年5月，秀城区更名为南湖区。1985年1月，经中共中央、国务院批准，嘉兴市区及所辖嘉善、桐乡、海宁县被列为长江三角洲经济开放区，至1988年嘉兴市及所辖五个县(市)均被列为经济开放区。经过30余年的改革开放，嘉兴市的经济建设和社会发展均取得辉煌的成就，所辖的海宁、嘉善、平湖、桐乡、海盐五个县(市)全部进入全国综合实力百强县前50强，所有县(市、区)均被命名为“浙江省小康县”。2011年1月24日，嘉兴市被国务院批准成为国家历史文化名城。2011年12月20日，嘉兴市被授予“全国文明城市”称号。嘉兴市成为长江三角洲的经济重镇、上海南翼的港口新市、江南水乡的文化名城。

(市档案局)

气候特征

【常年气候概况】 嘉兴市年平均气温16.4℃。1月最冷，月平均气温4.1℃；极端最低气温-11.9℃，出现在1977年1月31日；7月最热，月平均气温28.4℃；极端最高气温42℃，出现在2013年8月9日；日平均气温稳定通过10℃的平均回暖初日在3月27日，平均结束日在12月5日；平均终霜日在3月16日，平均初霜日在11月15日，平均无霜期243天；平均初冰日在11月27日。

年平均降水量1193.3毫米。最多年降水量1720毫米，出现在1954年，最少年降水量757毫米，出现在1978年。全年有3个明显的降水时段，即4～5月的春雨、6～7月的梅雨和8～9月的秋雨，1月是下雪最多的月份。

年平均日照1920.1小时。其中以7月、8月最多，月平均日照分别为225小时、219小时；1月、2月最少，月平均日照分别为120小时、115小时；年平均蒸发量1283.1毫米；年平均相对湿度79%。

主要灾害性天气有雷雨、连阴雨、干旱、寒潮、大雪、大雾、强雷暴、高温和台风热带气旋等。

【2015年气候概况】 2015年，嘉兴市平均气温明显偏高，降水和雨日偏多，日照偏少。季度特征：冬季气温偏高，雨量、光照均偏多，雨日略偏少；春季气温偏高，雨量偏多，光照略偏少；夏季气温异常偏低，雨量偏多，日照偏少；秋季气温偏高，雨量偏多，日照偏少。秋季气候变化频繁，10月出现连续晴好天气，11月连续阴雨，造成晚稻病害爆发，延缓秋收进度。年

内,气象灾害主要有冬春季寒潮、夏季雷电和强降水、秋季连续阴雨等,总体来说,2015 年气候条件属正常年份。

全市年平均气温 17.2℃(桐乡) 至 16.5℃(平湖),比常年高 0.6℃,与上年持平,属偏暖年份。气温除 7 月、8 月、12 月比常年偏低外,其他均比常年偏高,其中 1 月比常年高 2.0℃,7 月比常年低 1.8℃。

冬季(2014 年 12 月至 2015 年 2 月)平均气温 5.9℃(嘉善)至 6.4℃(桐乡、海盐、海宁),较常年高 0.7℃,比上年同期高 0.1℃,属偏暖年份。年极端最低气温 -5.0℃(嘉善)至 -3.1℃(桐乡),均出现在 1 月 2 日。

春季平均气温 15.3℃(平湖)至 16.6℃(桐乡),比常年高 1.0℃,比上年同期低 0.3℃,属偏暖年份。其中 4 月平均气温偏高明显,为 17.0℃(桐乡)至 15.5℃(平湖),比常年和上年高 1.2℃和 0.5℃;终霜日海宁、海盐出现在 3月 11 日,平湖、嘉兴、桐乡、嘉善均出现在 3 月 12 日。

夏季平均气温 25.9℃(平湖)至 26.6℃(桐乡),比常年低 0.6℃,比上年同期高 0.2℃,属偏低年份。年极端最高气温 39.0℃(海宁、桐乡)至 36.3℃(平湖),略低于往年,比上年高 1.5℃(海盐)至 3.0℃(嘉善),嘉善、嘉兴、海宁、桐乡出现在 8 月 4 日,平湖、海盐出现在 7 月 28 日。夏季大于 35℃高温天数:海宁 14 天,嘉善、桐乡 13 天,嘉兴 12 天,海盐 11 天,平湖 8 天; 全市大于或等于 37℃高温天数: 嘉兴、嘉善、桐乡、海宁 9 天,海盐 7 天,平湖未出现。

秋季平均气温 18.7℃(平湖)至 19.0℃(海盐、海宁、桐乡),比常年高 0.6℃,比上年同期低 0.5℃,属偏热年份。10 月、11 月平均气温比常年高 0.7℃、0.6℃。初霜日出现在 11 月 27 日,比常年略偏迟,与上年同日。

全市年降水量 1436.2 毫米 (嘉善)至 1773.3 毫米(海盐),比常年明显偏多,比上年偏多,属偏涝年份。除 1 月、5 月、6 月、12 月降水偏少外,其余月份降水偏多,其中 8 月降水量最多,比常年多近 5 成,并有明显的地域差异,平湖比嘉善多 1 倍。全年雨日 151 天(嘉善)至 161 天(海宁、海盐),比常年平均多 20 天。

冬季(2014.12 至 2015.2)降水量 175.6 毫米(嘉善)至 221.0 毫米(海宁),与常年相比基本持平。降水各月分布不均, 其中 2014 年 12 月仅是常年的 2 成,2 月比常年多 7 成。冬季雨日平均 28 天,较常年少 3 天。

春季降水量 365.1 毫米(嘉兴)至 431.2 毫米(海宁),较常年多 2 成,比上年同期多 6 成,其中 3 月较常年多 2 成,4 月较常年多 5 成,5 月与常年持平。春季雨日平均 39 天,较常年少 1 天。

夏季降水量 461.1 毫米(嘉善)至 653.7 毫米(海宁),较常年多 2 成,比上年少 3 成,6 月较常年少 1 成,比上年多 1 成。7 月、8 月降水明显偏多,为 185.4 毫米和 213.6 毫米,比常年多 2 成和 4 成,8 月为全年最多月,且局地差异较大。夏季雨日平均 50 天,较常年多 3 成。

秋季降水量 397.1 毫米(桐乡)至 515.2 毫米(海盐),比常年多 9 成,比上年多 1.1 倍。9 月和 10 月降水较常年多 5 成、4 成,11 月较常年异常偏多,是常年降水量的 3 倍。秋季雨日平均 42 天,较常年多 5 成。

年日照时数 1431.4 小时(海宁)至 1652.7 小时(海盐),比常年少 2 成,与上年基本持平。冬季(2014.12 至 2015.2)367.6 小时(桐乡)至 415.8 小时(嘉善),比常年偏多;春季 376.9 小时(桐乡)至 488.7 小时(嘉善),比常年略少;夏季 385.3 小时(桐乡)至 469.6 小时(海盐),仅是常年的 7 成;秋季 270.4 小时(海宁)至 376.5 小时(平湖),比常年少 3 成。除 4 月、12 月日照比常年多 1 ~ 2 成以外,其余月份均偏少,其中 6 月、11 月偏少最多,比常年少 6 成,7 月、9 月偏少 3 成,1 ~ 3 月、5 月、8 月、10 月偏少均在 3 成以内。

【2015 年主要气候事件】 4 月, 嘉兴天气复杂,出现倒春寒、大风、暴雨、强雷电、冰雹等多种灾害性天气。4 月 2 日, 嘉兴市区最高气温 33.2℃,刷新 4 月上旬历史最高纪录,紧接着出现 "倒春寒",7 日下午部分地区出现冰粒,7 ~ 11 日最低温度都在 10℃以下,8 日最低气温只

有5℃。4月28日夜,全市出现7~9级的雷雨大风,22时嘉兴市发布历史上首个冰雹预警,市区东部和嘉善个别地方出现冰雹。

梅雨期偏长,出现梅中返春。2015年梅汛期36天(6月7日至7月12日),较常年长10天,雨水总量比常年多2成。梅中返春出现在7月4~7日,日平均气温连续低于22℃,其中7月6日平均气温18.0℃,最高气温仅18.8℃,刷新7月历史最低纪录。上游泄洪和梅汛期降水导致嘉兴市河网水位快速上涨,6月7日起市区启动大包围城市防洪工程外排,6月累计排水约4亿立方米;7月全市9个主要报汛站最高水位仍全部超警戒,其中7个超保证水位,7月6日23时水位为最高达2.11米。

台风"灿鸿"影响,灾情较为严重。"灿鸿"台风是7月登陆浙江的最强台风。受"灿鸿"影响,嘉兴市35个镇(街道)出现暴雨,内陆22个镇(街道)出现8级以上大风,杭州湾水面出现11~12级东北大风。台风"灿鸿"影响,正值梅雨末期,河网水位偏高,经济损失较重。全市受灾人口5.8万人,倒塌房屋10间,农作物受灾面积6666.67公顷,减产粮食6122吨,停产企业2733家,供电中断20条次,通信中断2条次,造成直接经济损失约1.12亿元。

秋季连续阴雨,雨日雨量创纪录。11月,嘉兴市降水异常偏多,降水量177.7毫米,为常年的3.2倍;平均雨日23天,破历史纪录。10月27日至11月25日出现罕见的秋季连续阴雨,日照仅25小时。连续阴雨影响收割机下田作业,大面积秋收时间较往年推迟20天至1个月,个别稻田出现倒伏和稻穗发芽等现象,延误了晚稻后茬作物的播种,对秋收冬种影响较大。

冬偏暖夏偏凉,极端高温仍现。2015年,嘉兴市平均气温比常年高0.6℃。冬季(2014年12月至2015年2月)平均气温比常年高0.8℃,是嘉兴市历史上第12个暖冬;夏季(2015年6~8月)平均气温26.3℃,比常年低0.6℃,其中7月偏凉,其余月份正常。7月25日至8月5日嘉兴连续出现12天高温,气象台发布6次高温橙色预警。8月1~5日连续5天出现超38℃的极端高温,其中4日海宁、桐乡最高气温达39.0℃。

(汪武锋)

行政区划及人口

【行政区划】 嘉兴市为浙江省省辖市,全市陆地面积3915平方千米,下设南湖区、秀洲区,辖嘉善、海盐2个县,以及平湖、海宁、桐乡3个市(县级市)。

2015年年底,嘉兴市有建制镇43个、街道30个、社区居委会371个、行政村792个。其中,南湖区面积426平方千米(南湖区报438.99平方千米),有大桥、凤桥、余新、新丰4个镇,有七星、新嘉、解放、建设、新兴、南湖、东栅、城南、长水9个街道,有社区居委会85个、行政村58个;秀洲区面积542平方千米,有王店、洪合、新塍、王江泾、油车港5个镇,有新城、高照、嘉北、塘汇4个街道,有社区居委会45个、行政村113个;嘉善县面积507平方千米,有西塘、干窑、大云、天凝、姚庄、陶庄6个镇,有魏塘、罗星、惠民3个街道,有社区居委会50个、行政村104个;平湖市面积537平方千米,有乍浦、新埭、独山港、新仓、广陈、林埭6个镇,有当湖、钟埭、曹桥3个街道,有社区居委会48个、行政村95个;海盐县面积508平方千米(海盐县报584.96平方千米),有沈荡、百步、于城、澉浦、通元5个镇,有武原、西塘桥、元通、秦山4个街道,有社区居委会44个、行政村85个;海宁市面积668平方千米(海宁市报700.5平方千米),有许村、长安、周王庙、盐官、丁桥、斜桥、袁花、黄湾8个镇,有硖石、海洲、海昌、马桥4个街道,有社区居委会64个、行政村161个;桐乡市面积727平方千米,有乌镇、濮院、屠甸、石门、河山、洲泉、大麻、崇福、高桥9个镇,有梧桐、凤鸣、龙翔3个街道,有社区居委会35个、行政村176个。

【人口】 2015年底,全市户籍总人口349.48

万人,比上年增加1.34万人,增长0.38%;人口密度893人/平方千米;总户数105.81万户,增长0.81%;平均每户3.30人。其中,南湖区户籍总人口49.15万人、总户数17.37万户,人口密度1154人/平方千米,平均每户2.83人;秀洲区户籍总人口37.99万人、总户数11.36万户,人口密度701人/平方千米,平均每户3.34人;嘉善县户籍总人口38.75万人、总户数12.55万户,人口密度764人/平方千米,平均每户3.09人;平湖市户籍总人口49.15万人、总户数14.87万户,人口密度915人/平方千米,平均每户3.31人;海盐县户籍总人口37.90万人、总户数12.24万户,人口密度746人/平方千米,平均每户3.10人;海宁市户籍总人口67.65万人、总户数18.67万户,人口密度1013人/平方千米,平均每户3.62人;桐乡市户籍总人口68.90万人、总户数18.75万户,人口密度948人/平方千米,平均每户3.67人。

2015年,全市出生人口28362人、出生率8.13‰,死亡人口25264人、死亡率7.24‰,人口自然增长率0.89‰;迁入人口23042人、迁出人口10985人,净迁入12057人。其中,南湖区出生人口4328人、出生率8.84‰,死亡人口3371人、死亡率6.88‰,人口自然增长率1.95‰,迁入人口6025人、迁出人口2444人,净迁入3581人;秀洲区出生人口3131人、出生率8.29‰,死亡人口2623人、死亡率6.94‰,人口自然增长率1.34‰,迁入人口4150人、迁出人口854人,净迁入3296人;嘉善县出生人口2671人、出生率6.75‰,死亡人口2994人、死亡率7.73‰,人口自然增长率-0.97‰,迁入人口1879人、迁出人口1285人,净迁入594人;平湖市出生人口3703人、出生率7.54‰,死亡人口3726人、死亡率7.58‰,人口自然增长率-0.05‰,迁入人口2035人、迁出人口1486人,净迁入549人;海盐县出生人口3259人、出生率8.61‰,死亡人口2721人、死亡率7.19‰,人口自然增长率1.42‰,迁入人口1790人、迁出人口1545人,净迁入245人;海宁市出生人口5522人、出生率8.18‰,死亡人口4802人、死亡率7.11‰,人口自然增长率1.07‰,迁入人口3826人、迁出人口1737人,净迁入2089人;桐乡市出生人口5802人、出生率8.43‰,死亡人口5027人、死亡率7.31‰,人口自然增长率1.13‰,迁入人口3337人、迁出人口1634人,净迁入1703人。

2015年底,全市人口按户口性质分,农业人口155.10万人、非农业人口194.38万人。其中,南湖区农业人口12.54万人、非农业人口36.61万人;秀洲区农业人口20.75万人、非农业人口17.23万人;嘉善县农业人口22.70万人、非农业人口16.05万人;平湖市农业人口24.90万人、非农业人口24.25万人;海盐县农业人口18.55万人、非农业人口19.34万人;海宁市农业人口26.30万人、非农业人口41.35万人;桐乡市农业人口29.35万人、非农业人口39.55万人。全市人口按性别分,男性171.96万人、女性177.51万人,性别比96.87。其中,南湖区男性24.30万人、女性24.84万人,性别比97.83;秀洲区男性18.63万人、女性19.36万人,性别比96.23;嘉善县男性19.08万人、女性19.67万人,性别比97.00;平湖市男性24.06万人、女性25.09万人,性别比95.89;海盐县男性18.69万人、女性19.20万人,性别比97.34;海宁市男性33.17万人、女性34.48万人,性别比96.20;桐乡市男性34.03万人、女性34.87万人,性别比97.59。

(市档案局)

国民经济和社会发展

【概况】 2015年,嘉兴市坚持稳中求进工作总基调,推进稳增长、促转型、抓改革、治环境、惠民生,经济社会保持平稳健康发展。全市生产总值3517.1亿元,比上年增长7%,增幅低于上年0.5个百分点,其中第一产业增加值140.09亿元,下降2.7%;第二产业增加值1850.04亿元,增长5.9%;第三产业增加值1526.93亿元,增长9.6%。全市三次产业结构由上年的4.3:

54.1：41.6 调整为 4.0：52.6：43.4，第三产业增加值比重提升 1.8 个百分点。按常住人口计算，人均生产总值达 76834 元（按年平均汇率折算为 12336 美元），增长 6.7%，人均生产总值列全省第五位。

【经济运行总体平稳】 2015 年，嘉兴市坚持以提高经济发展质量和效益为中心，着力推进转型发展，全市经济保持平稳发展。农业生产平稳增长。全年粮食种植面积 182773.33 公顷，比上年增长 0.3%；油菜籽种植面积 15786.67 公顷，下降 2%；蔬菜种植面积 87440 公顷，增长 6.22%；果用瓜种植面积 9846.67 公顷，增长 8.52%；花卉苗木种植面积 15880 公顷，增长 19.94%。粮经面积比调整至 57.1：42.9。全年粮食总产量 122.14 万吨，增长 0.5%；蔬菜总产量 265.78 万吨，增长 4.9%。至年底，全市生猪存栏 32.85 万头，下降 60%；生猪出栏 99.68 万头，下降 73.4%；肉类总产量 14.27 万吨，下降 55.8%；水产品总产量 15.05 万吨，下降 8%，其中淡水产品产量 14.92 万吨，下降 7.6%，海水产品产量 0.13 万吨，下降 35.4%。全市引进新品种 263 个，制定农业标准 199 项，609 个农产品通过国家级无公害农产品认证。全市建成各类休闲农业园区 99 个、农民专业合作社 885 个。新建粮食生产功能区 10266.67 公顷、省级现代农业园区 18 个，农业生产机械化水平达 76%。工业生产稳步推进。全市工业增加值 1667.93 亿元，增长 5.7%，占生产总值的 47.4%。全市规模以上（主营业务收入 2000 万元以上）工业企业 4946 个，工业增加值 1449.01 亿元，增长 5.6%，增速回落 2.1 个百分点，增速高于全省平均水平 1.2 个百分点，列全省第五位。全市规模以上工业 33 个行业大类中，有 19 个行业增长，比上年减少 9 个。重工业发展明显快于轻工业，全市轻工业、重工业增加值分别为 656.86 亿元、792.15 亿元，分别增长 4.4%、6.4%。全市规模以上工业战略性新兴产业、高新技术产业和装备制造业增加值分别增长 14.6%、12.3%和 6.9%，占规模以上工业增加值的 28.4%、42.3%和 24.9%。全市规模以上工业企业主营业务收入 6960.32 亿元，下降 0.4%；利税总额 652.57 亿元，增长 8.8%，其中利润总额 392.2 亿元，增长 7.4%。工业产品销售率 96.31%，总资产贡献率 10.2%，资本保值增值率 108.75%，成本费用利润率 5.95%，资产负债率由上年 58.37%下降为 56.58%，亏损率由上年 8.38%提升为 10.88%，新产品产值率由上年 35.74%上升为 37.79%。全社会建筑业增加值 182.98 亿元，增长 8%。全市有资质建筑业企业完成建筑业总产值 907.89 亿元，下降 7.8%。服务业发展提质增速。全市第三产业增加值 1526.93 亿元，增长 9.6%，对生产总值增长的贡献率 52.9%，拉动生产总值增长 3.7 个百分点。全市批发和零售业、交通运输仓储和邮政业、住宿和餐饮业、金融业、房地产业和其他服务业增加值分别增长 8.2%、4.6%、6.4%、11.9%、8.7%和 12.1%。1～11 月，全市 2322 个规模以上服务业企业（除金融业、房地产开发经营等）增加值 222.21 亿元，增长 9.9%。商品房销售增速回升。全市商品房销售面积 640.63 万平方米，增长 28.8%；商品房销售额 460.23 亿元，增长 30%。现代物流业发展趋缓。嘉兴港货物吞吐量 6273.42 万吨，下降 8.8%，增速回落 13 个百分点；集装箱 122.78 万标准箱，增长 6.2%，增速回落 8.2 个百分点。至年底，全市金融机构本外币存款余额 5957 亿元，增长 4.6%，其中人民币存款余额 5775.41 亿元，增长 4.5%；金融机构本外币贷款余额 4919.82亿元，增长 6%，其中人民币贷款余额 4718.35 亿元，增长 7.4%。至年底，全市有上市公司 40 个，发行股票 41 个，累计募集资金 753.29 亿元，全市证券 A、B 股账户共 138.26 万户，新增 54.77万户。全年证券交易额 32856.2 亿元，增长 224%，其中股票交易额 29078.12 亿元，增长 315.9%，基金交易额 837.02 亿元，增长 134.4%，期货交易额 17674.77 亿元，增长 104.9%。全市保险业保费收入 108.54 亿元，增长 11.9%，其中财产险保费收入 50.26 亿元，增长 11.5%；人寿险保费收入 58.28 亿元，增长 12.3%。全年保险赔付额 30.49 亿元，增长 9.2%，其中，财产险赔付额

27.82 亿元,增长 9%;人寿险赔付额(剔除期满给付)2.67 亿元,增长 11.6%。

【社会需求稳定增长】 2015 年,全市实现固定资产投资额 2513.81 亿元,增速比上年低 3.1 个百分点,总量和增速分别居全省第五位和第三位。其中,项目投资额 2055.4 亿元,增长 21.2%;房地产开发投资额 458.41 亿元,下降 12.8%。基础设施投资额 526.99 亿元,增长 21%,增速回落 30.7 个百分点。全市第一产业投资额 30.25 亿元,增长 20.4%,增速回落 32 个百分点;第二产业投资额 1118.26 亿元,增长 11.6%,其中工业投资额 1118.05 亿元,增长 11.7%,增速回落 0.3 个百分点;第三产业投资额 1365.3 亿元,增长 14.3%,增速回落 5.4 个百分点。进出口增幅继续回落,全市进出口总值 310.85 亿美元,下降 7.8%,其中进口总值 81.58 亿美元,下降 19.1%;出口总值 229.27 亿美元,下降 3.1%。机电、服装及纺织类产品等居出口主导地位,机电产品出口 57.9 亿美元,增长 2.4%,占出口总值的 25.25%;服装产品出口 29.7 亿美元,下降 8.5%,占出口总值 12.95%;纺织品出口 32.1 亿美元,增长 0.9%,占出口总值的 14%。高新技术产品出口 8.14 亿美元,增长 14.4%。嘉兴市有出口实绩的民营企业 3869 个,增加 355 个,累计出口 94.6 亿美元,下降 0.8%。嘉兴港货物吞吐总量 6273.42 万吨,下降 8.8%,其中外贸货物吞吐量 955.18 万吨,增长 6%,集装箱 122.78 万标准箱,增长 6.2%。全市新批外商投资项目 249 个,增加 3 个,合同利用外资 48.72 亿美元,增长 10.3%;实际利用外资 26.84 亿美元,增长 7.6%。新批境外投资项目 49 个,对外直接投资额 6.22 亿美元,增长 99.6%。全市引进内资项目 1325 个,实际到位内资 306.9 亿元,增长 6.6%。全市接待海内外游客 6382.65 万人次,旅游总收入 679.44 亿元,分别增长 18.4%和 20.3%。其中,接待外国、港澳台游客 72.64 万人次,增长 2.8%,旅游外汇收入 2.53 亿美元,增长 11.5%;接待国内游客 6310.01 万人次,增长 18.6%,国内旅游收入 663.79 亿元,增长 20.5%。全市社会消费品零售总额 1494.57 亿元,增长 11%,增速回落 1.5 个百分点;扣除零售价格指数,实际增长 10.3%,实际增速回落 0.8 个百分点。城镇市场消费品零售额 1268.79 亿元,增长 10.7%,其中城区市场零售额 723.07 亿元,增长 10.8%;乡村零售额 225.78 亿元,增长 12.4%。全市批零业零售额 1345.54 亿元,增长 10.7%,增速回落 2.1 个百分点;住宿餐饮业零售额 149.03 亿元,增长 13.1%,增速上升 3.2 个百分点。全市电子商务网络零售额 835.6 亿元,比上年增长 36.8%。至年底,全市拥有各类商品交易市场 300 个,比上年减少 27 个,成交额 1663.58 亿元,增长 11.4%。市区城市居民消费价格上涨 1%,涨幅缩小 1 个百分点,涨幅比全国、全省均低 0.4 个百分点,居全省第八位。食品类价格上涨 2%,烟酒及用品类价格上涨 4.1%,衣着类商品价格上涨 1.2%,家庭设备用品及维修服务价格上涨 1.7%,医疗保健和个人用品价格上涨 6.6%,居住类价格上涨 1.7%,交通和通信下降 4.2%,娱乐教育文化用品及服务下降 1.3%。全市工业品价格上涨 0.4%,服务项目价格上涨 0.8%。全市工业生产者出厂价格下跌 3.6%,跌幅扩大 0.3 个百分点;工业生产者购进价格下跌 5.5%,跌幅扩大 0.9 个百分点。

【结构调整稳中有进】 2015 年,嘉兴市经济转型升级步伐不断加快,产业结构优化升级,全市三次产业结构由上年的 4.3∶54.1∶41.6 调整为 4.0∶52.6∶43.4,第三产业增加值比重提升 1.8 个百分点。全市规模以上工业企业主营业务收入 6960.36 亿元,下降 0.4%,利税总额 652.57 亿元,增长 8.8%,其中利润总额 392.2 亿元,增长 7.4%。全市规模以上轻工业、重工业主营业务收入分别增长 0.5%、下降 1.2%,利润总额分别增长 2.7%、10.4%。新兴产业发展加快,全市高新技术产业、装备制造业、战略性新兴产业增加值分别为 612.41 亿元、360.66 亿元、411.26 亿元,分别增长 12.3%、6.9%、14.6%,分别比规模以上工业平均水平高出 6.7 个百分点、1.3个百分点、9个百分点，分别占规模以上工业增加值的42.3%、24.9%、28.4%，分别提高3.4个百分点、0.6个百分点、2个百分点。网络消费保持高位增长，“互联网+”等新业态发展迅速，全市实现网络零售额835.6亿元，增长36.8%。投资结构不断优化，全市三次产业投资结构由上年的1.1：45.1：53.8调整为1.2：44.5：54.3，第三产业投资比重提升0.5个百分点。全市省重点项目、市“三个千亿”工程和市级政府投资项目均超额完成年度投资计划。全市“四个重大”（重大产业、重大生态环保、重大基础设施、重大工业技改）产业投资，除重大产业投资出现下降外，其他产业投资均有不同程度的提升。全市重大生态环保投资249.98亿元，增长58.7%；重大工业技改投资871.41，增长31.7%；重大产业投资440.96亿元，下降0.2%。境外投资创历史新高，全市对“一带一路”沿线国家投（增）资项目10个，对外直接投资额1.37亿美元。科技创新投入较快增长，全市财政用于科技支出16.36亿元，增长16.1%，增速回落0.7个百分点；新产品产值2861.76亿元，增长6.9%；新产品产值率37.8%，提高1.6个百分点；研究与试验发展经费支出占生产总值的2.7%；规模以上工业企业研究与试验发展经费支出94.53亿元，增长6.4%；企业投入新产品开发经费110.13亿元，增长5.8%。全市专利申请数、发明专利、拥有发明专利分别增长10.7%、5.8%、15.6%，发明专利申请量和发明专利授权量分别为5487件和1184件。全年获得市级以上各类科技成果95项，经认定登记技术交易金额12.81亿元，交易合同数973项。全市有国家级高新技术企业496个，省级科技型中小企业1623个，比上年增加319个，新增市级科技孵化器3个。全市科技金融专营机构10个，科技风险投资资金池规模1.6亿元，科技型企业贷款余额441亿元。全市规模以上工业新产品产值2861.76亿元，增长6.9%。节能降耗取得成效，全市规模以上工业单位工业增加值能耗下降4.8%，降幅比上年提高1.3个百分点。33个行业大类中，26个行业的单位能耗下降，下降面超7成。8个高耗能行业单位能耗下降6.2%，其中仅化学原料及化学制品制造业单位能耗上升1.3%，其他7个行业单位能耗均下降，降幅居前的分别是电力、热力的生产和供应业下降15.9%，黑色金属冶炼及压延加工业下降8.8%、纺织业下降6.9%。全市规模以上工业能源消费总量（等价热值）1368万吨标准煤，比上年增长0.6%，增速回落3.3个百分点。

【社会事业全面发展】 2015年，嘉兴市财政金融稳定增长，民生支出继续增加。全市财政总收入638.8亿元，增长8.6%，增速回落1.2个百分点，其中公共财政预算收入350.35亿元，增长7.1%，增速回落1.7个百分点。全市地方财政收入中增值税、营业税和企业所得税三大主体税种收入194.8亿元，增长10.2%。其中，营业税收入82.21亿元，增长12.7%；增值税收入61.33亿元，增长11.6%；企业所得税收入51.26亿元，增长4.7%。全市一般公共预算支出424.13亿元，增长14.8%，增速提升4.4个百分点。全市民生支出330.03亿元，增长13.9%，增速提升3.1个百分点，占全市财政支出的77.8%。其中，节能环保支出15.51亿元，增长42.7%，增幅提升50.6个百分点；城乡社区事务支出55.95亿元，增长42.9%，增幅提升19.9个百分点。全市城镇居民人均可支配收入45499元，增长8%，剔除价格上涨因素实际增长6.9%，实际增速与上年持平；全市农村居民人均可支配收入26838元，增长8.8%，剔除价格上涨因素实际增长7.7%，增速回落0.3个百分点。城镇居民人均生活消费支出25544元，增长10.9%；农村居民人均生活消费支出17522元，增长8.4%。城乡居民家庭恩格尔系数（居民家庭食品消费支出占家庭消费总支出的比重）分别为30%和29.6%。城镇居民人均住房建筑面积38.94平方米；农村居民人均生活用房建筑面积71.66平方米。教育事业均衡发展，全市拥有各类学校（含幼儿园）677所，在校生66.27万人。各类高等教育学校10所，在校生8.27万人,其中全日制普通高校6所,在校生5.27万人;普通高中35所,在校生5.63万人;初级中学138所,在校生10.63万人;小学154所,在校生24.58万人。初中、小学入学率和巩固率均达到100%。初中毕业生升高中段各类学校比例达99.12%。全市认定省二级幼儿园11所,整治减少无证幼儿园8所,分流幼儿1252人。全市公益性幼儿园在园幼儿比例达83.54%,小区配套公益性幼儿园占小区配套幼儿园的比例达58.6%,学前教育发展六项主要指标全部居全省前列。普通高校招生15627人,毕业学生11764人,下降16.5%。高等自学考试报考人数1.94万人,获得大专以上文凭人数3877人;成人中等专业学历教育招收学生415人,毕业班学生822人。农村各类文化技术培训87万人次。全市义务教育阶段新居民子女在校学生13.7万人,其中在公办学校就读10.16万人;市本级义务教育阶段新居民子女在校学生4.48万人,其中在公办学校就读2.58万人。民办教育改革取得突破,全市有民办高校5所,在校生2.49万人;民办中小学33所,在校生4.26万人;民办幼儿园130所,在园生3.93万人。全市累计免收中职学费1.58亿元;发放国家助学金1166万元。统筹城乡学校标准化建设,全市有13所义务教育薄弱学校列入改善工程,完成投资1.87亿元,完成率居全省第一位;249所义务教育学校标准化达标率80.58%,高于全省平均水平。教师资源配置日趋均衡,全年参与轮岗交流教师766人,骨干教师带编交流203人。全市有8所和13所普通高中分别创建为省一级和省二级特色示范学校,创建率达60%,创建数量和创建率全省领先。全市建成普通高中学科基地17个,所有基地学校均建立学科教研网站。高考一本上线人数3500多人,上线率16.52%,实现5年连续增长;省普通高职(单考单招)上线率96.6%,其中本科上线人数占全省24.6%。获得省中职学生技能大赛金牌20枚、银牌44枚、铜牌35枚,连续4年位居全省前三名;获得全国职业院校技能大赛金牌11枚、银牌7枚、铜牌4枚,金牌数居全省第一位。建立嘉欣丝绸学院、中法创业学院等5个产学研共同体项目,共投入资金410万元。至年底,全市建立校企深度融合的产学研共同体13个。成功申报嘉兴市第一个国家级教育改革实验区——国家特殊教育改革实验区,全市有特殊教育学校6所,在校生1107人,6~14周岁适龄残障少年儿童入学率达99.63%。医疗卫生事业健康发展,全市有医疗卫生机构1411个,各类卫生工作人员29620人,其中医生9837人,注册护士12046人,医疗床位23214张。平均每千人拥有医生2.81人,每千人拥有医疗床位6.64张。全市建成79个社区卫生服务中心,其中省级规范社区服务中心78个;社区卫生服务站769个。全市无偿献血45861人次,献血量1426万毫升;无偿献血占临床用血比例达100%。全市镇、村合作医疗覆盖率均达100%,镇初保达标率100%。全市农村自来水受益率100%,农村农户改厕率99.46%。就业形势总体稳定,全年举办各类招聘会525场次,推出就业岗位71.9万个,达成就业意向24万人。全市人力资源服务企业67个。全市实现城镇新增就业10万人、城镇失业人员再就业4万人、就业困难人员再就业1.4万人,城镇登记失业率2.92%,社会就业率90%,农村公益性岗位进村达标率100%。完成企业信用等级评价1万多个,为2.2万名劳动者追讨工资报酬等1.4亿元,向公安机关移送涉嫌拒不支付劳动报酬案件57件,公安机关受理48件,法院判刑3件。全市73个镇(街道)劳动争议调解组织规范化建设基本完成,建有工会的规模以上企业劳动争议调解组织组建率达98.6%,劳动争议基层调解率达到90%。全市建成市级创业基地(大学生创业园)91个,省级创业基地3个。加强农村电商创业,全市开展创业小镇试点10个,30个农村淘宝服务站投入运营。强化高层次人才、专业技术人才、高技能人才建设,全市引进各类人才4.1万人,其中高层次人才3000人。首次举办“星耀南湖”嘉兴海外高层次人才创业创新大赛,开展海外高层次人才嘉兴行等活动,入围嘉兴市创业创新领军人才项目约100个。制定《嘉兴市创业类领军人才项目管理办法》，完成领军人才企业绩效评价228个。成功申报省级引智项目26项，新增国家“千人计划”专家22人,省“千人计划”专家22人。举办专业技术人员继续教育研讨班9期,核准公布各类专业技术资格1.8万人。全市新增高技能人才2.45万人,技能鉴定发证6.97万人次,开展企业技能人才评价886个。开展人力资源市场工资指导价调查和薪酬试调查工作，发布505个职业(工种)工资指导价位,企业最低工资标准提高到1660元/月。完成各类人事考试16项,参与人数6.6万人次。完成机关公务员考录662名,市属事业单位招录557名。社会保障扩面提质，建立动态管理的人力社保信息数据库,全市职工基本养老、基本医疗、失业、工伤、生育保险参保总人数分别达到225.98万人、197.03万人、113.43万人、163.55万人和136.76万人,分别净增4.76万人、4.44万人、3.03万人、2万人和2万人。全市户籍人员养老保险覆盖率达到97%以上,社会基本医疗保险综合参保率均达98%以上。全市城乡享受最低生活保障家庭1.32万户,比上年减少0.06万户,保障人数2.13万人。全市投入城乡最低生活保障资金1.12亿元,增长14.9%，提供城乡各种社会救济5.23万人次,增加1079人次。全市基本养老、基本医疗保险参保人数分别达到226万人和197万人,城乡低保标准统一提高到664元,最低月工资标准提高到1660元。失业保险参保人数达114.93万人,增长3.7%;领取失业保险金人数2.65万人。全市居家养老服务照料中心城乡社区覆盖率分别达到100%和91%,对74万名老年人实行政策性意外伤害保险。文体事业加快发展,全市拥有文化艺术表演团体11个,艺术表演场所16个,文化馆8个,文化站73个,公共图书馆6个,图书总藏量748万册,图书总流通1191万人次。全市有各类电影放映单位46个,广播电台6座,电视台6座,行政村有线电视联网率100%，广播和电视人口覆盖率均100%。“文化有约”推出项目(活动)4550余场次,网站总访问量突破300万次,注册人数达1.2万余人。全市建成农村“文化礼堂”354个,开展“送戏下乡”1000多场、“文化走亲”近200场。城乡图书馆、文化馆总分馆建成率达到100%。推进国家公共文化服务体系示范区建设,举办国际漫画双年展和端午民俗文化节。推进公共体育设施免费开放,全市公办中小学校体育设施开放比例95%,其中市区学校开放比例100%。全年邮电业务总量109.66亿元,增长4.1%。其中邮政业务总量31.74亿元,增长30.3%;电信业务总量77.92亿元,下降3.8%。至年底,城乡固定电话用户124.29万户,下降8.1%;移动电话用户602.27万户，下降2%；互联网用户147.68万户，增长4.1%。快递业务量2.39亿件,增长64.8%。加大交通治堵力度,中心城区新增公共停车位588个、公交专用道13.3千米,打通由拳路、商务大道等5条断头路。

【生态环境稳步改善】 2015年，嘉兴市推进“江南水乡典范城市”建设,成功入围国家海绵城市创建试点城市。全市新增污水达标入网企业2121个、农村生活污水治理受益农户13.5万户,全市跨行政区域河流交接断面水质考核优秀。完善农作物秸秆综合利用机制,淘汰燃煤锅炉1603台、黄标车17815辆,市区空气优良率达到64.4%。编制完成嘉兴市2014年度温室气体清单总报告和五大领域分报告,并与湖州、绍兴、台州、金华、温州等地市进行对比分析。组织开展全市第一批次重点企(事)业单位温室气体排放报告培训会,完成化工、发电、水泥、钢铁行业年消耗5000吨标准煤以上的71个企业温室气体排放报告编制。逐步推进企业碳报告制度化管理,推进低碳试点及秸秆回收利用体系建设。争取省循环经济“991”项目、国家资源节约和环境保护项目,国家餐厨废弃物资源化利用和无害化处理试点项目进入试运行阶段。推进嘉兴秀洲高新技术产业园区、乍浦经济开发区、嘉善经济技术开发区、海盐经济开发区、海宁经济开发区、海宁经编产业园区的循环化改造工作。组织开展公路铁路沿线环境整治,拆除违章建筑面积 1458 万平方米,完成旧住宅区、旧厂区、城中村改造面积 2688.9 万平方米。全面部署油气管道保护工作,全市涉及管道占压、安全间距不足及交叉、穿跨越隐患 241 处,其中德嘉线 3 处、甬沪宁管线 1 处、杭嘉线 2 处、陈金管线 235 处,开展专项整治行动消除安全隐患。生态示范创建取得新进展,海宁市被省环保厅命名为浙江省环境保护模范城市。至年底,全市建成国家级生态建设示范区 1 个(嘉善),省级生态县 4 个(嘉善、海盐、海宁、桐乡),省级环境保护模范城市 2 个(平湖、海宁),国家级生态镇(街道)45 个,省级生态镇(街道)62 个,省级生态文明教育示范基地 12 个,省级以上生态镇(街道)创建比例达 94%。

(袁　斐)

【个私经济稳步发展】 2015 年,嘉兴市新设立私营企业 15125 户、比上年下降 0.62%,注册资金 13476740 万元、增长 62.37%;新设立个体工商户 47340 户,注册资金 542763 万元,分别增长 12.92%和 21.86%。2015 年,全市注销私营企业 3789 户、增长 5.05%;注销个体工商户 17031 户、下降 20.26%。至年底,全市实有私营企业 97809 户、注册资金 43471994 万元,分别增长 13.11%和 46.02%;实有个体工商户 244052 户、注册资金 1955010 万元,分别增长 14.18%和 23.62%。

2015 年,嘉兴市私营企业发展呈现以下特点:一是新设立私营企业的注册资金增长迅速,注册资金制度改革对企业注册资金增长的效果明显。二是私营企业规模扩大。全年新设立私营企业户均注册资金 891.02 万元,比上年增长 63.38%,连续三年保持 60%以上的增长率。至年底,嘉兴市私营企业户均注册资金 444.46 万元,增长 29.1%。三是有限合伙企业发展迅速。全市有限合伙企业 1812 户,增长 137.48%,认缴出资额 17494518 万元,增长 109.2%,有限合伙企业保持快速增长。至年底,全市实有合伙企业 4464 户,认缴出资额 17604457 万元,分别增长 32.46%和 107.95%。其中有限合伙企业占所有合伙企业总数的 40.59%,认缴出资额占合伙企业出资总额的 99.38%。四是私营公司占嘉兴市私营企业的主导地位。至年底,全市实有私营公司 74796 户(含股份公司),占私营企业总数的 76.47%;独资企业 18549 户,占私营企业总数的 18.97%;合伙企业 4464 户,占私营企业总数的 4.56%。五是私营法人企业实有数持续增长。至年底,全市实有私营法人企业 69180 户,增长 17.8%,私营法人企业在私营企业中保持平稳增长趋势。六是新设立私营企业从事第三产业比重上升。年内,全市新设立私营企业从事第一产业、第二产业、第三产业户数分别为 171 户、3451 户、11503 户,分别占新设立私营企业户数的 1.13%、22.82%、76.05%,新设立私营企业从事第三产业占比较高,显示嘉兴市产业结构“退二进三”调整的趋势。至年底,全市实有私营企业从事第一产业、第二产业、第三产业户数分别为 1453 户、43283 户、53073 户,分别占私营企业总户数的 1.49%、44.25%、54.26%,第三产业增长较快。七是全年新设立私营企业户数分别为批发零售业 5378 户、制造业 2878 户、租赁和商务服务业 2836 户,分别占新设立私营企业户数的 35.56%、31.07%和 9.06%。至年底,全市实有私营企业户数分别为制造业 40163 户、批发零售业 30392 户、租赁和商务服务业 8858 户,分别占私营企业总户数的 41.06%、30.46%和 7.28%。八是私营法人企业注销户数下降。2015 年私营法人企业注销 2079 户,下降 14.97%,连续两年下降较快。

2015 年,嘉兴市个体工商户发展呈现以下特点:一是产业结构稳定,第一产业增长迅速。全市新设立个体工商户从事第一产业户数为 606 户,增长 24.22%,占新设立个体工商户户数的 1.28%,从事第二产业户数为 5847 户,下降 6.57%,占新设立个体工商户户数的 12.35%,从事第三产业户数为 40887 户,增长 17.28%,占新设立个体工商户户数的 86.37%。至年底,全市个体工商户从事第一产业户数为 2531 户,增长 25.11%,占个体工商户总户数的

1.04%；从事第二产业户数为37053户，增长11.30%，占个体工商户总户数的15.18%；从事第三产业户数为204468户，增长14.59%，占个体工商户总户数的83.87%。二是行业高度集中。至年底，个体工商户户数分别为批发零售业140974户，制造业36371户，居民服务、修理和其他服务业24556户，住宿和餐饮业22799户，四大行业个体工商户户数224700户，占个体工商户总户数的92.07%，其中批发零售业占个体工商户总户数的57.76%。四大行业新设立个体工商户43773户，占新设立个体工商户总户数的92.47%，其中批发零售业占新设立个体工商户总户数的54.24%。批发零售业是嘉兴市个体工商户从事的最主要行业。三是个体工商户规模增长。至年底，全市个体工商户户均注册资金8.01万元，比上年增长8.24%，连续五年增长。四是港澳台居民和农民个体工商户增长。至年底，全市实有港澳居民个体工商户6户，涉及零售业、餐饮业、洗浴服务业、洗染服务业。台湾农民个体工商户1户，台湾居民个体工商户28户，涉及零售业和餐饮业。港澳台个体工商户数量少、规模小。

（罗建波）

全面深化改革

【概况】 2015年是全面深化改革的关键之年。嘉兴市全面落实中央、省委和市委全面深化改革领导小组的决策部署，坚持全面深化改革与抓重点改革项目突破相结合、坚持问题导向与效果导向相结合、坚持责任担当与合力推进相结合，着力提高领导、谋划、推动、落实改革的能力和水平，推动各项改革举措顺利实施，形成深化改革的“嘉兴样本”。

2015年，市委改革办全面推进改革各项工作，8个专项小组分别制订2015年度工作计划，明确全年144项重点改革任务。在此基础上，由市委改革办统筹制定形成2015年全市需要重点突破的25项年度改革项目，经市委全面深化改革领导小组第三次会议研究确定后重点推进。各专项小组相继召开协调会、小组会等会议，分解部署任务。2015年，嘉兴市制定出台全面深化改革政策文件466个，其中市委市政府151个、市级部门131个、各县（市、区）184个。

【谋划深化改革年度“任务清单”】 年内，市委改革办谋划全面深化改革年度“任务清单”。根据工作需要，及时调整市委全面深化改革领导小组成员。为推进地方立法工作，市委成立以市委书记为组长的市立法工作领导小组，市人大常委会成立承接地方立法领导小组，并经市七届人大第六次会议通过设立人大法制委员会。成立司法体制改革领导小组，协调推进市和海盐县的司法体制改革试点工作。明确市级相关部门（单位）改革工作协调小组分管领导、责任处室。贯彻落实中央和省委全面深化改革领导小组有关会议精神，组织人员深入县（市、区）、镇（街道）开展调查，精心谋划年度工作要点和改革项目，征求多方意见，形成2015年工作要点。年内，召开市委全面深化改革领导小组会议2次，分别审议2015年工作要点、各专项小组年度工作计划和年度重点突破改革项目、年度考核办法以及司法体制改革方案等。全年召开的市委常委会中有19次研究部署改革工作、审议改革议题60个，市政府常务会议中有12次研究部署改革工作、审议改革议题69个。发挥市及县（市、区）两级改革办和市各专项小组牵头协调作用，对年度工作计划确定的各项改革任务包括重点突破改革项目，逐项明确目标要求、时间进度和责任单位，形成改革责任清单，并部署落实到各级各部门。

【形成深化改革“嘉兴样本”】 2015年，市委改革办加大深化改革力度，形成深化改革“嘉兴样本”。年内，嘉兴市围绕群众最期盼、制约发展最突出、社会各界有共识的问题和领域先行启动、深化推动，抓好重大改革方案的制定和实施,初步形成一系列改革试点经验。国家和省部级领导40多次对嘉兴市全面深化改革工作做出批示肯定。2015年,嘉兴市开展行政审批层级一体化改革试点,探索“五证合一”“一窗集中受理”审批服务模式、强化中介规范服务机制,改革试点经验在省政府《关于推广嘉兴试点经验推进市县行政审批层级一体化改革的指导意见》中推广。海宁要素市场化配置综合配套改革、平湖产业结构调整机制创新试点、嘉善和海宁核准目录外企业投资项目不再审批改革等县域改革试点经验,在全省推进县域经济体制综合改革暨市县行政审批层级一体化改革电视电话会议中推广。嘉善县域科学发展示范点建设取得明显进展,2015年嘉善县争取到县城基础设施投融资体制改革等4个省级以上改革试点,巧克力甜蜜小镇入选全省首批特色小镇创建名单,姚庄镇跻身省级小城市培育试点考核前三名,嘉兴出口加工区B区申报国家级综合保税区获批。制定国家新型城镇化综合改革试点方案,到深圳举办推进新型城镇化建设推介会,现场签约13个项目,签约总投资约80亿元,国家发改委在嘉兴市召开国家新型城镇化发展综合试点交流会。开展综合行政执法改革,整合执法资源,推动执法重心下移,构建综合行政执法体制,集中329项行政处罚权,在全市范围内开展综合行政执法案件约9.6万件。2015年10月,省政府在嘉善县召开现场会,推广嘉兴市综合行政执法改革经验。创新社会治理体制,推进“三治”(法治、德治、自治)建设,率先探索具有嘉兴特色的“三治”建设之路。全省创新基层社会治理、提升社会风险防控能力现场会在桐乡召开。继续争取改革新试点,嘉兴市乌镇互联网创新发展综合试验区、海绵城市建设试点、县城基础设施投融资体制改革、司法体制改革、海宁市场采购贸易方式试点等23项改革试点项目列入省级以上重大改革新试点。至年底,全市实施省级以上改革试点63项,数量位列各地市前列。

【构建深化改革“推进机制”】 2015年,市委改革办全力构建深化改革“推进机制”。年初开展改革思路调研和重点改革项目调研,并多次围绕“十三五”规划编制开展调研,2015年全市各级各部门上报参评改革调研报告200余篇。定期召开改革办主任会议及专项小组联络员会议、专项小组专题协调会议等,讨论研究改革重大议题,督查改革进展情况。建立专人联系挂钩服务制度,市委改革办副主任分头联系专项小组和县(市、区),服务年度重点突破改革项目和省级以上重大改革试点任务。完善信息报送制度,全年向省委改革办报送信息15篇,《浙江改革》录用刊登5篇,上报和编印改革动态信息390篇。建立改革案例收集和发布机制,出刊全省第一本《改革案例》,汇集16个改革项目。建立工作交流平台,在全省首创“改革学堂”,全年举办4期。完善督查制度,开展“定期+重点”督查,对省级以上改革项目和各专项小组年度工作计划实施季度督查,对年度重点突破改革项目以及民生领域有关改革项目实施重点督查,全年开展重点督查16次。健全“双推”工作机制,由市领导带领县(市、区)党政负责人、有关部门主要负责人开展“双推”活动。修订完善全面深化改革工作考核办法,把各县(市、区)、嘉兴经济技术开发区(国际商务区)、嘉兴港区年度改革工作纳入工作目标责任制考核范围。在全省率先把市级机关部门(单位)改革工作纳入年度工作目标责任制暨“五型”机关创建考核。继续吸纳社会力量参与改革绩效评价,在领导评测和专项小组评测的基础上,邀请12名专家参与测评,随机抽取461个规模以上企业和1500余名群众参与测评,企业和群众满意度分别为87.79%和81.18%。加强宣传引导,通过广播、电视、报纸、网络等多种方式,引导和发动全社会力量参与改革、支持改革。2015年,中央电视台、《人民日报》、《浙江日报》等省级以上媒体宣传报道嘉兴市全面深化改革396次,《嘉兴日报》报道600余篇,《新嘉兴》专题报道18篇,《嘉兴政研》(改革专刊)编发24期。

(徐振波)

法治嘉兴建设

【概况】 2015年,嘉兴市按照省委全面深化法治浙江的工作部署和市委《关于全面深化法治嘉兴建设推动法治建设走在前列的实施意见》确定的工作目标任务,以深化改革为主题,以夯实基层基础为基石,以法治惠民为目标,扎实推进建设法治嘉兴各项工作,统筹推进依法执政、科学立法、严格执法、公正司法、全民守法,全面提升治理体系和治理能力现代化水平。

2015年,嘉兴市委制定《关于全面深化法治嘉兴建设推动法治建设走在前列的实施意见》,提出今后一个时期建设法治嘉兴工作的主要目标和任务。市委常委会专题听取建设法治嘉兴工作汇报,召开全市建设法治嘉兴平安嘉兴工作会议,全面部署工作任务。下发年度工作要点和责任分解方案,落实法治建设各项工作举措。修订市委建设法治嘉兴工作领导小组及其办公室工作制度,完善法治嘉兴建设工作考核办法,提高法治嘉兴建设在县(市、区)目标责任制和市级机关部门“五型”机关考核中比重。深化法治系列创建活动,健全法治嘉兴建设工作推进机制。

2015年,嘉兴市完善市委常委会、市政府常务会议学法制度,市委常委会理论学习中心组开展专题学法8次,市政府常务会议开展专题学法2次;各县(市、区)健全完善党委常委会、政府常务会议学法制度。制定《关于进一步加强领导干部和公务员学法用法的意见》,把宪法法律和党纪条规纳入各级党委(党组)理论中心组学习内容。开展非人大任命领导干部法律知识考试,组织全市923名市管干部开展党章党规党纪专题集中轮训,提升领导干部学法用法能力。保障各级党委依法决策,开展党内规范性文件备案审查工作,审查备案党内规范性文件275件。

2015年,嘉兴市委成立立法工作领导小组,加强对立法工作的领导。增设市人大法制委员会,梳理汇总涉及城乡建设与管理、环境保护、历史文化保护等领域立法需求,建立立法听证、立法咨询专家库等地方立法配套制度,启动地方立法工作,组织起草《秸秆露天禁烧和综合利用条例(草案)》及《嘉兴市制定地方性法规条例(草案)》等地方性法规。市委制定和批转《关于进一步加强人大工作发挥人大作用的意见》《关于进一步加强和改进镇人大工作的指导意见(试行)》等文件,推动人民代表大会制度与时俱进。市人大修订完善市本级预算监督办法、监督司法工作暂行办法等制度,加强对“一府两院”的监督和自身工作机制建设。制定市委、市政府、市政协年度政治协商工作计划,推进政治协商工作规范化、制度化,重点围绕全面深化法治嘉兴建设、“十三五”规划编制、综合行政执法改革等开展协商活动。深入推进基层“三治”建设,市委制定《关于深化“三清理四规范一提升”行动切实增强村(社区)服务能力的意见》,明确37项基层群众自治组织依法履行职责事项,公布40项基层群众自治组织协助政府工作事项,实行村(社区)创建评比准入制度,开展村规民约、社区公约制定修订工作,初步形成村(社区)小微权力清单体系。

2015年,嘉兴市深入推进“大部门”制改革,优化政府组织结构,组建市卫生计生委、市场监督管理局等部门。深化简政放权,以“四张清单一张网”建设为抓手,取消16个部门的59项非行政许可事项,取消“非行政许可审批”类别。制定《嘉兴市人民政府重大行政决策程序规定》和公众参与、专家论证、合法性审查、集体决策、实施后评估5项配套制度。严格规范行政执法行为,推行行政处罚结果、行政复议决定公开,落实行政执法与刑事司法衔接制度,推进公正公平公开执法。全面推进综合行政执法改革试点工作,加强基层综合行政执法机构、综合行政执法联动平台、综合行政执法网格体系建设,改革试点工作受到省政府充分肯定。

2015年,嘉兴市全面落实“六五”普法规划,深化“法律八进”活动,以公务人员、企业经营管理人员、农民、新居民、青少年等作为法制宣传的对象,开展相关活动。建立健全“谁执法谁普法”工作机制,出台《嘉兴市全面推进“谁执法谁普法”工作实施方案》,形成部门分工负责、各司其职、齐抓共管的格局。培育提升法治文化,开展法治漫画、法治征文和法治公益广告征集等系列主题活动,大力推进法制宣传长廊、法治公园、法治广场建设和法治文化进文化礼堂、进社区文化家园工作。深化公共法律服务体系建设,优化公共法律服务资源配备,在南湖区、秀洲区增设“12348”公共法律服务专线,推出“法韵禾城”“民生律师”“帮你打官司”等14个公共法律服务产品,提高公共法律服务的针对性、便捷性。推进镇(街道)、村(社区)公共法律服务中心(站、点)建设,建成镇(街道)公共法律服务中心(站)66个,村(社区)公共法律服务点(窗口)1056个,为群众提供“窗口化”“专业化”“一站式”法制宣传和法律服务。

【市政协专题协商法治嘉兴建设】 8月26日,市政协召开七届十七次常委会议,围绕深入推进法治嘉兴建设进行专题协商,提出加强法治文化建设、基层社会治理体制机制创新、发挥政协组织在重大行政决策中协商民主作用、公共法律服务体系建设、和谐劳动关系建设、公共资源交易市场化配置改革、规范行政执法、深化“四张清单一张网”改革、深化行政审批制度改革9个方面42条意见建议。市委高度重视市政协协商意见建议的办理工作,市委、市政府主要领导批示要求认真办理。市委建设法治嘉兴工作领导小组办公室专门印发《市政协七届十七次常委会议意见建议办理责任分解方案》,把相关意见建议交由市委宣传部、市委政法委、市民政局、市司法局、市行政服务中心等27个部门办理。市级机关有关部门高度重视,于11月底前按期提出答复意见。12月底,市委建设法治嘉兴工作小组办公室整理市级机关有关部门办理落实情况,由市委办公室专门致函市政协办公室进行答复。

【深化民主法制领域改革工作】 2015年,嘉兴市深化民主法制领域改革工作,完善民主法制领域改革专项小组组织架构,制定民主法制领域改革年度工作要点,确定41项改革任务,把加强人大对“一府两院”的监督,建立对政府全口径预算决策审查的监督、对国有资产的监督,建立重大决策终身责任追究及责任倒查机制,健全政协协商议题提出、活动组织、成果采纳落实和反馈机制,推进司法体制改革4项任务作为民主法制领域改革年度重点突破项目。至年底,民主法制领域各项改革任务基本完成,在推动地方立法、开展新一轮机构改革、推进综合行政执法、完善人民监督员选任制度等方面取得阶段性成果。

【开展司法体制改革试点】 2015年,市委成立司法体制改革试点工作领导小组及其办公室,加强对试点工作的组织领导。不断完善司法管理体制和司法权力运行机制,健全办案规范体系,产生首批员额法官、检察官各35名。市中级人民法院在凤桥、王江泾等6个人民法庭建立“1(主审法官)+1(法官助理)+1(书记员)”的审判团队管理模式,探索审判权运行机制改革,落实立案登记制度,保障当事人诉权。市检察院探索建立审查逮捕听证制度、刑事申诉案件律师代理等制度,维护当事人合法权益。推进人民监督员选任管理方式改革,选任新一批市级人民监督员,并在全省首次开展人民监督员异地交叉监督活动。依法惩治犯罪,全力维护社会平安;妥善化解矛盾纠纷,保障民权民生;依法加强诉讼监督,推进公正司法;深化能动司法,助推经济转型升级。推进法院审判流程、裁判文书、执行信息三大平台建设和检务公开,接受社会监督,提升司法公信力。

【深化法治系列创建活动】 2015年,嘉兴市全面开展创建法治县(市、区)、创建法治镇(街道)先进(示范)单位和民主法治村(社区)三级联创活动。海宁市被评为第三批全国法治县(市、区)创建活动先进单位,桐乡市被省委评为2014年度创建法治县(市、区)工作先进单位。制定嘉兴市法治镇(街道)创建指导标准和考评办法,海宁市斜桥镇等5个镇被评为嘉兴市法治镇(街道)创建工作示范单位。新增全国民主法治示范村(社区)4个、省级民主法治村(社区)22个,海宁市硖石街道西山社区成为全市首个全国民主法治示范社区。

(沈志林)

精神文明建设

【概况】 2015年,嘉兴市精神文明建设工作坚持以培育和践行社会主义核心价值观为根本,深入开展宣传教育和道德实践活动,持续深化文明城市和群众性精神文明创建,切实加强青少年思想道德教育,不断提高公民文明素质和社会文明程度,为加快推进“两富”“两美”嘉兴建设提供坚实的精神动力。

【推广普及核心价值观】 2015年,市文明委深入实施《关于培育和践行社会主义核心价值观的行动方案》,推进核心价值观宣传教育,培育广大市民群众“知行合一”的认识观、实践观。在市级新闻媒体开设“践行核心价值观,争做最美嘉兴人”等5个相关专题专栏,传播阐释核心价值观。在城市街头、公园、广场、商场、超市、社区、公共交通工具等公共场所,图文并茂宣传核心价值观,打造一批核心价值观主题公园、广场和街头小品。广泛开展“展示家庭美德,树立良好家风”主题实践活动,深入挖掘群众身边的“最美家庭”“家风家训”及其感人故事,共举办家风家训评议会569次、最美家庭故事会548次,评选最美家庭100户、市十佳最美家庭10户, 其中获得省最美家庭称号3户,平湖市拥军妈妈陆凤英家庭入选全国最美家庭候选名单。组织参加省第十届精神文明建设理论研讨会暨“家风家训与社会主义核心价值观”论坛,征集论文105篇,入围13篇,其中获优秀奖6篇,市文明办获优秀组织奖。

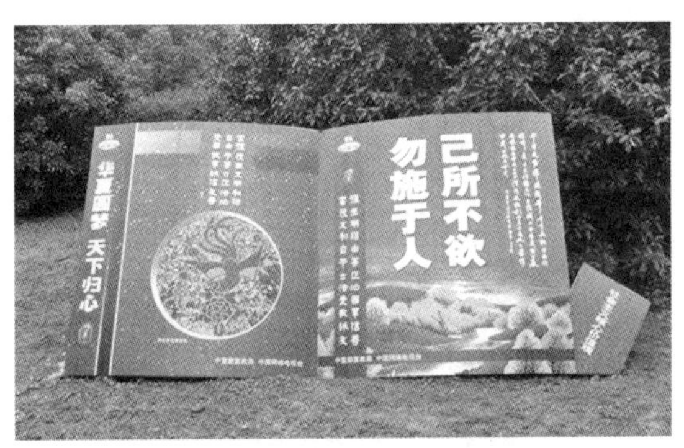

在范蠡湖文化公园设置“图说我们的价值观”公益广告

【选树宣传道德模范和身边好人】 2015年,市文明委组织第五届全国道德模范、第四届浙江省道德模范推荐、宣传工作,海盐县邹林根成功入选全国道德模范候选人,郭建英等3人被评为省级道德模范。开展第五届市级道德模范评选活动,表彰市级道德模范13人、提名奖9人。建成开放嘉兴道德文化馆。组织开展“道德模范在身边”学习宣传活动,在市级媒体开设《德耀中华》《德耀中华,道德的力量》专栏,设计、展出道德模范公益广告130幅,开展基层巡讲、巡演、现场交流等活动近40场。健全道德模范帮扶礼遇制度,制订《道德模范待遇保障若干规定(暂行)》。继续开展嘉兴好人榜评选和中国好人榜、浙江好人榜推荐上报及“寻找身边的好人之星” 活动,3人入选中国好人、33人入选浙江好人、60人入选嘉兴好人。开展“万张红榜送好人”“万名好人进校园”活动,向身边好人及其所在单位、社区印送红榜,在全市中小学校开展“好人进校园”活动。

【推进诚信建设制度化】 2015年,嘉兴市探索信用信息共享平台建设,以“信用嘉兴”网站为载体,构建浙江省信用中心嘉兴分中心,提升公共事务、银行系统和工商系统三大信用信息共享平台。开发建立嘉兴市个人和企业信用信息共享数据库,公安、社保、工商、质监、公积金、民政、法院、交警、教育等19个部门的个人和企业信用信息接入共享数据库,构建个人征信服务体系。开展“诚实劳动、诚信经营”教育实践活动,通过建立企业道德讲堂、推进食品工业企业诚信试点体系建设、“食药安全你我同行”教育、企业信用风险防范指导、失信行为联合惩戒、专项督查行动等方式,营造良好的诚信经营氛围。法院、环保、质监、市场监管、国税、地税等市级部门(单位)通过网络公布、办事大厅发布等形式,定期发布失信人、企业环保信用评定等级、产品质量季度抽查结果、“信用管理示范企业”名单、欠税名单等,推进嘉兴市诚信建设。

【推进志愿服务制度化】 2015年,嘉兴市将志愿服务工作纳入县(市、区)城市文明程度指数测评和文明街道(社区)、文明村镇、文明单位的评选标准和管理办法,与文明城市创建工作同部署、同落实、同推进、同考核,运用测评杠杆推动志愿服务。推出第五轮志愿服务激励回馈宣传推广活动,完善并落实记录、激励回馈、星级认定、保险、培训等管理机制,对服务时长符合条件的志愿者进行激励回馈。加快推进志愿服务信息化建设,市本级全面接入“志愿云”平台——“志愿嘉兴”,至年底,市本级志愿者实名注册人数15.7万人,其中党员3.95万人、团员6.82万人,占常住人口比例的18%。重点打造志愿服务品牌,倡导志愿精神和“行善立德”理念,结合在职党员向社区报到,着力打造嘉兴党员志愿者品牌,逐步形成以党组织为核心、党团员带头、社会各界广泛参与的工作格局。围绕市委、市政府中心工作,相继开展“百团填万绿,保护母亲河”植树活动、“礼让斑马线——我承诺,我让行”等主题活动。围绕“3·5”学雷锋、“五四”“七一”等重要时段,以及春节、清明、端午等重要节假日,组织志愿者在重点公共场所传播文明理念,倡导互助精神,营造谦恭有礼的社会风尚。开展2014年度“学雷锋公益成长计划”志愿服务项目评审,对40个志愿服务特色项目给予补助,对46个2015年度“学雷锋公益成长计划”志愿服务项目进行立项。探索志愿服务向农村延伸,以党员先锋站、农户爱心驿站、“网络+网格”建设为抓手,完善农村志愿服务组织网络,围绕区域特色开展主题鲜明的志愿服务活动,打造各具特色的农村志愿服务品牌。6月下旬,中宣部、民政部、中国志愿服务联合会、全国党建研究会在嘉兴召开“践行社会主义核心价值观、推动共产党员志愿服务现场交流会”,嘉兴市以《积极践行社会主义核心价值观,全力打造“红色志愿之城”》为题在大会上进行交流,并被中国志愿服务联合会列为全国“学雷锋志愿服务模范城”创建试点城市。

【开展文明旅游活动】 2015年,嘉兴市召开文明旅游联席会议,进一步明确各成员单位的工作职责和分工,把好护照关、组团关、出境关、交通关、落地关、行程关,落实双重行前教育制度,重点做好维护环境卫生、遵守公共秩序、保护生态环境、爱护文物古迹、爱惜公共设施、尊重别人权利、讲究以礼待人、提倡健康娱乐八方面的宣传引导工作。市级主要新闻媒体抓住重要时间节点,对嘉兴市游客在境内外的旅游情况、旅行社、景点、景区、酒店等相关行业开展文明旅游的情况进行宣传报道,推进文明旅游公益广告刊播,营造文明旅游的浓厚氛围。开展旅游行业“文明餐桌”“文明旅游”系列活动,组织文明旅游进广场、进企业、进社区宣传,免费发放《文明旅游出行指南》。开展“秩序”“治黑”“清网”“督查”“规范”等系列旅游市场专项整治行动,营造规范诚信的旅游环境。对全市12家出境组团旅行社以及42家国内旅行社开展出境市场文明旅游督查,共出动旅游执法人员110人次,通过省级检查并得到肯定。

提升公民文明出游意识

【深化“讲文明树新风”公益广告宣传】 2015年，嘉兴市按照“巩固、提升、创新、拓展”的思路，突出“四个全面”、“中国梦”、核心价值观、中华优秀传统文化、诚实守信、邻里和谐、志愿服务、文明交通、文明旅游、生态环保等主题，利用报纸、电视、电台等传统媒体，网络、手机等新兴媒体，以及道路灯箱、基座式路名牌、大型电子显示屏、大型广告、道旗、阅报栏、墙绘等社会媒介，全媒体、全覆盖地开展公益广告宣传。2015年，《嘉兴日报》《南湖晚报》刊登公益广告版面200.28个，嘉兴电台新闻综合等3个频率播放公益广告时长9558分钟，嘉兴电视台新闻综合等3个频道播出公益广告时长7385.81分钟。中国·嘉兴门户网站、嘉兴在线、中国文明网嘉兴联盟网、嘉兴人网等重要网站首页，开设《社会主义核心价值观》公益广告宣传专题。“文明嘉兴”微博、微信公众订阅号、手机客户端，坚持滚动刊播中宣部、中央文明办推出的通稿作品及本地原创公益广告作品，并在重要节点引导网民开展互动讨论和点评。继续推出公益广告手机报主题宣传平台，不定期发送自主设计的手机类公益广告作品。继续组织开展全市墙体公益广告征集宣传活动，新增墙体公益广告10万平方米，评选出优秀作品62幅。广泛开展法制宣传公益广告作品征集活动，开展群众性普法宣传教育，共征集到优秀法制宣传作品1000多件，评选出优秀漫画类作品137件，其他类作品51件，编印作品集。嘉兴市用公益广告弘扬社会主义核心价值观工作经验成功入选中宣部全国宣传干部学院2015年度案例教材。

【推进乡风文明建设】 2015年，嘉兴市围绕“文化地标、精神家园”目标，以“抓质量、树典型、出经验”为总体思路，坚持“建、管、用、育”一体化，继续开展农村文化礼堂建设，实现“建文化礼堂”向“育礼堂文化”的转化，全年新建农村文化礼堂120家，累计建成354家，覆盖43.4%的行政村。开展美丽乡村四级联创，持续推进“四美”优美庭院示范户评比、“五好”优美庭院示范村创建、一村一品“微田园”示范片创建、星级文明户评比、历史文化村落建设等创建活动，嘉善县成功通过美丽乡村先进县（市）考核，全市累计完成市级“优美庭院”示范村创建238个、镇村级以上“优美庭院”示范户6万多户。开展“双结对、创文明”等城乡共建活动，通过组团帮扶、社情民意大走访等行动，推进城乡文明统筹协调发展，全市各级机关基层党组织和文明单位与行政村结对，广泛开展党群、教育、文化、文明等共建活动。

农村文化长廊

【加强未成年人思想道德建设】 2015年，嘉兴市强化未成年人思想道德建设。在清明、“六一”、“七一”、“十一”等重要节点，组织全市中小学生开展网上祭英烈、“认星争优”美德少年评比表彰、“童心向党”歌咏、向国旗敬礼等活动。开展优秀童谣征集传唱活动，征集到作品312件，挑选出优秀童谣48首，以卡通造型的形式，将范蠡湖文化公园中的儿童乐园打造成童谣主题乐园。持续推进“春泥计划”实施，全市848个“春泥计划”实施村，结合春节、元宵等重要节日共组织活动3657场次，参与活动的未成年人221221人次。组织实施嘉兴市2015年度中央专项彩票公益金支持乡村学校少年宫项目建设工作，新增中央彩票公益金支持乡村学校少年宫项目7个。中央文明办《未成年人思想道德建设工作简报（2015年第13

期)》刊登“嘉兴乡村学校少年宫活动立德益智”一文。实施未成年人思想道德建设工作“十件实事”,通过开展“阅读伴我成长”系列读书活动、科学家教城乡行、“心灵花园”体验活动、“禾馨”伴你快乐成长、五老结对农村未成年人、科学蒲公英行动、为你点亮一盏灯等实事工程,推进全市未成年人思想道德建设。组织参与“唱响明天·舞动未来”2015年全国未成年人网络春晚征集活动,嘉兴市选送的舞蹈《踩茶童韵》获三等奖,市文明办获优秀组织奖。加强网络、手机、荧屏、声频净化和网吧、校园周边环境整治,为未成年人健康成长创造良好社会文化环境。发挥未成年人心理健康辅导站(点)作用,通过在《南湖晚报》、嘉兴电台开设专题专栏、编印《禾风馨语》期刊、举办禾馨论坛系列讲座等形式,提高全社会心理健康教育水平。2月,市文明办被中央文明委表彰为第三届全国未成年人思想道德建设工作先进单位。

优秀童谣征集传唱系列颁奖现场

【提升文明城市创建水平】 2015年,嘉兴市制定实施《嘉兴市创建全国文明城市三年规划(2015～2017)》测评体系,对《全国文明城市测评体系》《全国未成年人思想道德建设工作测评体系》和《浙江省城市文明程度指数测评体系》各项测评指标逐一进行责任分解,明确81个责任部门创建任务和工作责任,年内接受省城市文明程度指数的暗访测评,并成功蝉联“全国文明城市”称号。实施考核表彰机制,对2014年全国城市文明程度指数测评60个先进集体和67个先进个人进行表彰。深入推进“市民素质提升”和“城市形象提升”两大工程,开展社会主义核心价值观普及、传统文化传承、市政设施管护、市容环境洁净等行动,深化多层次、立体式督促检查,通过市领导重点督查、市创建办不定期督查、三区“推磨式”交叉检查、数字城管巡查、媒体公示监督等督查,及时发现并整改一批问题。持续招募“城市啄木鸟”市民监督员,累计招募市民监督员近4000人,采集信息77146条,处置率达98.26%。推进城市文化公园试点建设,根据“活动公园、文化乐园”定位,重点打造范蠡湖文化公园,辐射带动各县(市、区)建成城市文化主题公园10个,城市公园内涵和品位明显提升。深化基层文明创建,组织开展全国、省级文明单位、文明村镇申报和复评,市级文明单位、文明村镇、文明街道(社区)、文明行业复评工作,开展新一轮市级文明街道、文明社区、文明行业、文明示范窗口的申报工作,对新申报的1个行业、7个街道、25个社区、56个窗口进行审核验收。深化县(市、区)文明创建,指导全国文明城市提名城市(县级)嘉善县、海宁市开展全国县(市、区)文明城市创建工作,嘉善县成功通过省文明县(市、区)复评,指导平湖市、海盐县争创省文明县(市、区),指导桐乡市规划争创省文明县(市、区),形成市和县(市、区)联动创建文明城市群的格局。

【加大网络文明传播力度】 2015年,嘉兴市将网络文明传播工作纳入全国城市文明程度指数测评体系,并制订网络文明传播工作考评办法,依托市本级建立的文明单位网络文明传播志愿者信息管理系统,每季度对各县(市、区)市级以上文明单位网络文明传播和微平台信息报送工作进行抽查考评和排名通报。融入全国性系列活动,组织开展地方特色系列活动,策划制作相关专题57个,刊播信息6423篇。广泛运用网络微力量传播正能量,“文明嘉兴”微信公众号关注用户达到7003人,手机客户端下载2626次。全市“打造四个文明传播微平台，唱响网上思想文化主旋律”的经验做法，在中国文明网地方联盟网站建设管理工作第二期培训班上交流推广。嘉兴文明网全年季度测评成绩在全国位居前列，全国文明单位网络文明传播志愿者季度测评成绩居全国中上水平。

（宋一江　伍广平）

生态嘉兴建设

【概况】 2015年，嘉兴市委、市政府树立“绿水青山就是金山银山”的理念，以全国生态文明建设试点为契机，加强“五水共治”“五气共治”工作，突出产业升级、城乡统筹、人文生态，促进生产、生活、生态融合发展，环境质量大幅改善，绿色经济加快发展，环保建设基础得到加强，生态承载能力日趋提升，“两美”嘉兴建设成效显著。

【改善地表水环境质量】 2015年，嘉兴市跨行政区域河流交接断面考核优秀。18个省控断面全部消灭劣Ⅴ类水质(2015年减少4个)，Ⅳ类及以上断面占83.3%，比上年增长50%。67个市控断面Ⅳ类及以上断面占77.6%，增长46.3%，首次出现Ⅱ类水质。9个饮用水水源地消除劣Ⅴ类水质，达标率提高10.5%。17条市级“河长制”河流全部为Ⅳ类及以上水质，Ⅲ类、Ⅳ类水质分别占23.5%和76.5%，其中Ⅲ类水质提高17.6%。

【开展“节能减排”行动】 2015年，嘉兴市围绕机械、建材、木业、轻工等行业，开展淘汰落后产能工作，涉及企业1030个。通过落后产能项目的关停淘汰，为新兴产业、先进产能等绿色产业发展腾出土地、用能空间和环境容量。全市安排470多个减排项目，减排项目类型由“十二五”初的工程治理向结构关停转变，规模化养殖场污染治理设施实现全覆盖。累计淘汰关停重污染高耗能企业200个，完成计划任务的188%。开展热镀锌、喷水织机、纽扣、纺织印染、榨菜、表面处理、木业等9个区域特色重污染行业的整治，关停低、小、散企业(作坊)1100多个。鼓励企业转型升级，着力发展循环工业，全市32个项目成功列入省循环经济991项目。推进园区循环化改造工作，通过开展园区“二次创业”，促进企业集聚和产业集群发展。

【推进“四边三化”行动】 2015年，嘉兴市把“四边三化”(公路边、铁路边、河边、山边的洁化、绿化、美化)行动与“三改一拆”(旧住宅区、旧厂区、城中村改造和拆除违法建筑)等有机结合、协同推进。突出视觉污染整治，打造“两路”景观线。拆除非公路标牌(不含大型户外广告)2219块，整治拆除大型户外广告408块；完成公路沿线整治点和整治项目1397个，整治公路污染源840处，新增绿化192.35千米，种(补)植苗木11.86万株、种(补)植灌木35.63万平方米；对管辖的26个车站进行洁化、美化、绿化建设。年内，全市累计投入绿化资金7.87亿元，完成平原绿化面积2416公顷，完成计划的121.5%；完成营造林1332.47公顷，其中重点海防林739.73公顷，分别完成计划的113.2%和102%。全市新增和改造绿化面积达13333.33公顷以上，林木覆盖率20%。突出河道综合整治，打造市民亲水线。开展“清三河”防反弹“回头看”专项检查，创新实施“三河”有奖举报制度，对已经整治、但不彻底不到位的“三河”，以及前期未列入“三河”的河道进行再排查。推进主航道长效保洁，全市河道生态治理完成1355千米，新增河道绿化长度53千米。突出矿山综合整治，打造绿色矿山线。海宁市实施黄山岭忠建等4个废弃矿山生态环境综合治理项目，总治理面积0.82平方千米，工程总投资概算6068万元，其中3个项目通过交工验收。

【开展“生态示范创建”工作】 2015年，海宁市被命名为浙江省环境保护模范城市。全市建成市级生态村22个、申报创建国家级生态镇(街道)3个。按照宣传发动、标准把握、督导服务、整改落实的要求在全市开展生态示范创建专项督查。全市累计建成国家级生态建设示范区1个(嘉善),省级生态县4个(嘉善、海盐、海宁、桐乡),省级环境保护模范城市2个(平湖、海宁),国家级生态镇(街道)45个,省级生态镇(街道)62个,省级生态文明教育示范基地12个,其中省级以上生态镇(街道)创建比例达94%。

【环保公众参与实现三个"首次"】 2015年,嘉兴市打造公众参与"嘉兴模式",实现三个"首次"。首次由环保民间组织开展自主性公众参与活动,促进公众参与从政府主导型向组织自主型转变,开展活动15次。首次组建环保特约监察员、监督员两支队伍,实现公众对环保部门和排污单位的"双监督",开展活动11次。首次邀请公信力代表参加环保行政复议听证会,并特别设置公信力代表发言环节,使行政复议更加公正透明。

(高　梅)

市和县(市、区)机构及负责人

【中国共产党嘉兴市委员会】

书　记:鲁　俊(女)
副书记:肖培生(～2015.4)
　　林健东(2015.4～)
　　胡海峰(2015.4～)
常　委:梁　群(～2015.7)　孙贤龙　何炳荣
　　陈越强　连小敏　陈　刚
　　李　浩(～2015.1)　夏忠平
　　金　志(2015.4～)
　　楼建明(2015.9～)
　　卜凡伟(挂职,2015.5～)
七届委员(按姓氏笔画为序)
　　卜凡伟(挂职,2015.5～)　王马青
　　王照祥　卢跃东　朱　伟
　　朱林森(～2015.8)　朱海平
　　朱静绮(女)　刘冬生　许　晴(女)
　　许惠春　孙贤龙　孙建华　孙厚祥
　　李　浩(～2015.1)　李　跃　连小敏
　　肖培生(～2015.4)　吴　健　何炳荣
　　沈建华　沈秋明　沈晓红(女)
　　张仁贵　陆　英(女)　陈　刚
　　陈利众　陈树庆　陈越强
　　邵建华(女)　武亮靓
　　林　毅(～2015.12)
　　林健东(2015.4～)
　　金　志(2015.4～)　周梅芳(女)
　　赵建明　赵树梅(女)　胡海峰
　　祝亚伟　姚高员(～2015.6)　敖考权
　　袁建民　夏忠平　高玲慧(女)
　　盛付祥　盛全生　盛勇军　章　剑
　　梁　群(～2015.7)　葛永元　董苗虎
　　鲁　俊(女)　楼建明(2015.9～)
　　戴　锋
七届候补委员(按得票多少为序)
　　张文华　施建松　陶金根　陈新友
　　翁勤雄　朱永领　卓卫明　徐鸣阳
　　朱　苗
秘书长:孙贤龙
副秘书长:赵建明　吴　健(2015.8～)
　　沈岱峰　葛永元　周梅芳(女)
　　陈新友　翁勤雄　沈丁华　朱少平
　　杨　帆(女,2015.8～)

【中国共产党嘉兴市纪律检查委员会】

书　记:陈　刚
副书记:沈秋明　王　蕾(女)
常　委:张黎群　沈红雷　徐　峰
　　张月琴(女)

【中共嘉兴市委工作部门及直属单位】

办公室

主　任:赵建明
副主任:沈晓农　邱爱忠　刘松洁(～2015.8)
　　王　真(2015.8～)
纪检组组长:金三民(2015.11～)
纪检组副组长:邱再青(2015.11～)

督查考评室
主　任:金梓伟
正处级督查专员:孙建良
　　　　　　　张明华(女,2015.8~)
副处级督查专员:关晓东　姚晓明　王建峰
　　　　　　　封叙坤　肖传金

接待办
主任、党组书记:沈岱峰(~2015.8)
　　　　　　　杨　帆(女,2015.8~)
副主任:杨　帆(女,~2015.8)　王永才(兼)

组织部
部　长:连小敏(兼)
副部长:敖考权　方俊良　李　捷
　　　汪政旭(兼)　陈树庆(兼)
　　　沈建明(兼)
纪检组副组长:沈钟炜(女,2015.11~)

新经济与新社会组织工作委员会
书　记:方俊良
副书记:陈国平(~2015.8)
　　　俞惠明(2015.8~)　陆金甫(兼)
　　　叶伟达(兼)　沈建良(兼,2015.11~)

人才办
专职副主任:林　卫(女)

老干部局
局　长:汪政旭
副局长:陈双玉　薛月芳(女)　崔伏良

关心下一代工作委员会办公室
主　任:陈双玉

宣传部
部　长:陈越强(兼)
副部长:王国华(女)　王登峰　姚　伟
纪检组副组长:王如清(2015.11~)

文明办(创建办)
主　任:姚　伟
副主任:施俊法　孙水观　沈国强(兼)

党政信息和互联网宣传管理办公室
主　任:王登峰(兼)
副主任:黄国强

市文化产业发展领导小组办公室
专职副主任:王小红(女)

统战部
部　长:朱静绮(女,兼)
副部长:张颖杰　浦金英(女,~2015.8)
　　　陈国华　叶伟达
　　　万　勇(2015.8~)
纪检组副组长:柴林根(2015.11~)

政法委员会(社会管理综合治理委员会办公室、市委市政府维护稳定工作领导小组办公室)
书　记:胡海峰(兼)
副书记:梁　群(兼,~2015.8)
　　　金　志(兼,2015.4~)
　　　李　浩(兼,~2015.2)
　　　楼建明(兼,2015.11~)　翁勤雄
　　　肖　列(女)　刘安良　杨　敏
　　　曹雪根　丁六全
专职委员:朱国清
政治部主任:顾海群(女)
纪检组副组长:倪蔚天(2015.11~)

社会管理综合治理委员会办公室
主　任:曹雪根
副主任:张建章

维护稳定工作领导小组办公室
主　任:杨　敏
副主任:顾林荣

市委直属机关工委
书　记:周梅芳(女)
副书记:王剑平　高志群
纪工委书记:徐磊明

政策研究室
主　任:朱少平
副主任:李顺合　金培中　钮月终(2015.1~)

机构编制委员会办公室
主　任:沈建明
副主任:吴良根　陈兴伟

台湾事务办公室
主　任:张形芳
副主任:姜培洪　章建琴(女)

党　校
校　长:胡海峰(兼)
常务副校长:徐　勇

副校长:翁为平　柴海生　徐连林

档案局(党史办、市志办)

局长(主任)、党组书记:叶永强

副局长(副主任)、党组副书记:

　　周春锋(2015.8~)

副局长(副主任):曾　燕(女,~2015.6)

　　姚炎鑫

社会工作委员会办公室

主　任:沈海明

副主任:沈建良(2015.8~)

　　郑新娣(女,兼,2015.8~)

　　陈卫东(兼,~2015.8)　张正伟(兼)

　　尹雪阳(兼,2015.11~)　曹雪根(兼)

　　余柏根(兼)　赵建华(兼,~2015.8)

　　方俊良(兼)　吴贵敏(兼)

　　任　军(兼)

嘉兴日报报业传媒集团

党委书记、社长、理事长:蔡伟达

党委副书记、总编、副社长:施卫华

副社长:魏荣彪

副总编:杨自强　杨志勇　颜伟光

纪委书记、监事会主席:吴建华(2015.11~)

理　事:施卫华　魏荣彪　王登峰(兼)

监　事:蒋朝晖(兼)

嘉兴广播电视集团

党委书记、总裁、理事长:马雪腾

副书记、总编辑、副总裁:沈炳忠

副书记:杨阿敏(女,2015.8~)

副总裁:张　军(2015.1~)

　　徐传荣(2015.6~)

副总编:胡伯良　唐海波(2015.1~)

纪委书记、监事会主席:杨阿敏(女,~2015.8)

　　李国强(2015.8~)

理　事:沈炳忠　王登峰(兼)

监　事:蒋朝晖(兼)

【嘉兴市人民代表大会常务委员会】

主　任:刘冬生

党组书记:刘冬生

党组副书记:武亮靓

副主任:武亮靓　张志伟　金成胜

　　俞四兴(~2015.12)

　　周楚兴(~2015.11)

　　邵建华(女,~2015.12)　沈利农

七届委员(按姓氏笔画为序)

　　王会能　王国华(女)　叶　放(女)

　　叶肖梅(女)　史丽佳(女)　吕新建

　　朱永领　朱兴福　朱金富　朱建潮

　　刘　君(女)　刘惠娟(女)

　　刘稚红(女)　许洪明

　　何伟明(2015.9~)　汪林青

　　张京生(~2015.5)

　　陈付良(2015.9~)　陆　英(女)

　　尚　群　罗献中　周　明(女)

　　周国建　郑富江　胡晓云(2015.9~)

　　胡静如(女)　钟治安　闻人庆(女)

　　姜新良　敖考权　徐永良

　　傅一鸣(女)

秘书长:王立仁(女)

副秘书长:罗献中　朱金富　傅一鸣(女)

　　何伟明(2015.9~)

法制委员会(法制工作委员会,2015.9~)

主任委员(主任):何伟明(2015.9~)

副主任委员(副主任):罗建明(2015.9~)

内务司法委员会

主任委员:叶　放(女)

副主任委员:钮月终(~2015.1)

　　罗建明(2015.1~2015.9)

财政经济委员会

主任委员:张京生(~2015.1)

　　胡晓云(2015.1~)

副主任委员:胡静如(女)　李华良

教育科学文化卫生民族华侨委员会(~2015.9)

主任委员:周　明(女,~2015.9)

副主任委员:徐寒飞(~2015.9)

教育科学文化卫生委员会(2015.9~)

主任委员:周　明(女,2015.9~)

副主任委员:徐寒飞(2015.9~)

民族宗教外事侨务委员会(2015.9~)

主任委员:钟治安(2015.9~)

城乡建设农村经济委员会(～2015.1)
主任委员:尚 群(～2015.1)
副主任委员:郑富江(～2015.1)
凌吴松(～2015.1)
农业农村经济委员会(2015.9～)
主任委员:陈付良(2015.9～)
副主任委员:郑富江(2015.9～)
城乡建设环境资源保护委员会(2015.1～)
主任委员:尚 群(2015.1～)
副主任委员:凌吴松(2015.1～)
代表工作委员会
主 任:姜新良
副主任:史丽佳(女)
预算工作委员会
主 任:张京生(～2015.1)
胡晓云(2015.1～)
副主任:胡静如(女) 李华良
办公室
主 任:罗献中
副主任:钟治安(～2015.1) 金永海
陆奇芬(女) 易太贤
蔡晓峰(2015.1～)
纪检组组长:潘光志(2015.11～)
纪检组副组长:杨逢春(2015.11～)
研究室
主 任:朱金富
副主任:陆士明

【嘉兴市人民政府】
市 长:肖培生(～2015.4)
林健东(2015.9～)
代市长:林健东(2015.4～2015.9)
党组书记:肖培生(～2015.4)
林健东(2015.4～)
常务副市长、党组副书记:楼建明(2015.10～)
梁 群(～2015.8)
副市长:卜凡伟(挂职,2015.7～) 赵树梅(女)
柴永强 祝亚伟 张仁贵 盛全生
秘书长:董苗虎
副秘书长:沈建华 邬泉林(～2015.1)
陈秋荣(挂职) 沈岱峰(～2015.1)
李泉明 陈新友(～2015.1)
陈铭嘉(～2015.1) 施震东
蔡山林 吴 燕(女,～2015.1)
沈丁华(～2015.1) 柏卫东
王一伟 王碎社(～2015.1)
周建新 仲旭东
严 政(挂职,2015.7～)

【嘉兴市人民政府工作部门及直属单位】
办公室
党组书记:董苗虎
党组副书记、主任:沈建华
副主任:张春晓(～2015.11) 王永才 糜克明
吴国明(2015.8～)
纪检组组长:方季良(2015.11～)
法制办公室
主 任:沈建华(兼,～2015.11)
张春晓(2015.11～)
副主任:杨建强
研究室
主 任:何 坚
突发公共事件应急管理办公室
副主任:邓 辉 沈晓农(兼)
金融工作办公室
主任、党组书记:王申峰(女,～2015.8)
包毓琼(女,2015.8～)
副主任:周坤彪 沈 坚(挂职,2015.8～)
反走私与海防管理办公室
副主任:张永明
发展和改革委员会
主任、党组书记:朱 伟
副主任:徐黎宏 姚中华 罗永联
沈卫东(2015.8～) 朱永根 杨克建
纪检组组长:陈为民
重大项目稽察特派员:姚中华
援建办副主任:吴晓云
服务业发展局
局 长:朱 伟(兼)
副局长:柳国彪(～2015.1)

沈新良(2015.8~)

经济建设规划院

院　长:徐黎宏

经济和信息化委员会

主任、党组书记:卓卫明

党组副书记:张雪荣　徐　忠(2015.8~)

副主任:梁　虎(~2015.6)

万　勇(~2015.8)　徐　忠　顾志刚

倪　英(女,2015.8~)

黄立元(2015.6~)

纪检组组长:倪　英(女,~2015.8)

孙金林(2015.11~)

教育局、市委教工委

局　长:祁海龙(~2015.8)

周建新(2015.9~)

教工委书记:祁海龙(~2015.7)

周建新(2015.8~)

教工委副书记:张新民　王幸平

副局长:王幸平　朱军一

武曜云(女,~2015.6)

包庆余(2015.6~)

纪工委书记:严丽娟(女,~2015.11)

纪检组组长:袁　为(女,2015.11~)

科学技术局

局　长:邢海华

党组书记:沈向宏

副局长:沈向宏　夏学强　余建平

夏　洋(挂职)

纪检组组长:顾金芳(~2015.11)

严丽娟(女,2015.11~)

公安局

局长、党委书记、督察长:李　浩(~2015.2)

金　志(2015.4~)

党委副书记:沈楚赓　姚钰明

副局长:沈楚赓　姚钰明　冷江浩

吕桂华(女)　李新宝　杨永健

纪委书记:刘保民

纪检组副组长:刘保民(2015.11~)

政治部主任:高海金

监察局

局　长:沈秋明

副局长:徐　峰(兼)　朱　军

民政局

局长、党委书记:沈海明

副局长:任国明(~2015.8)

陈卫东(~2015.8)　沈晓琴(女)

郑新娣(女,2015.8~)

赵建华(2015.8~)　张正伟

尹雪阳(2015.11~)

纪检组组长:肖　缨

老龄委员会办公室主任:任国明(~2015.8)

赵建华(2015.8~)

司法局

局长、党委书记:陆娟梅(女)

副局长:倪蔚天(~2015.6)

黄　威(女,2015.6~)　王林飞

林时兴　蔡加龙

纪委书记:黄　威(女,~2015.6)

倪蔚天(2015.6~2015.11)

政治部主任:曹　霞(女)

劳教所所长:马卫林

强制隔离戒毒所所长:马卫林

财政局

局长、党委书记:许　农

党委副书记:吴贵敏

副局长:吴贵敏　姜　东　王海荣(2015.6~)

纪检组组长:方季良(~2015.11)

周曙光(2015.11~)

市政府投资项目财务中心主任:朱国萍(女)

地方税务局

局　长:许　农

副局长:董　渭(~2015.1)　马莉萍(女)

卓　然

总会计师:傅如龙

稽查局局长:张卫阳

人力资源和社会保障局

局　长:陈树庆

党组书记:陈树庆(~2015.1)

党委书记:陈树庆(2015.1~)

党组副书记:应志敏(~2015.1)

党委副书记:应志敏(2015.1～)
副局长:应志敏　王松林　余柏根　冯俊华
　　倪建强　吴金华
纪检组组长:施　迪(女)

环境保护局

局长、党组书记:曹建强
党组副书记:单国强(2015.8～)
副局长:单国强　潘　侃　余鸿伟(～2015.8)
　　魏元胜　朱伟强(2015.8～)
纪检组组长:邱再青(～2015.11)
　　汤　洁(女,2015.11～)
总工程师:李健忠(2015.8～)

城乡规划建设管理委员会

主　任:陶金根(～2015.9)
　　李国明(2015.9～)
党委书记:陶金根(～2015.8)
　　李国明(2015.8～)
党委副书记:骆小民　陈　胜
副主任:骆小民　章一川(～2015.8)
　　方柏如(～2015.1)　陈松加
　　沈国强(兼)　林　海(2015.8～)
委　员:林　海(～2015.8)　张卫高　汪旭明
　　梅丽华　肖建国(2015.1～)
纪检组组长:陈耀武
总规划师:孙兴辰
总工程师:陆锦法(～2015.6)
　　沈　伟(2015.8～)
建筑业管理局局长:汪旭明
住房保障局局长:章一川(兼,～2015.8)
规划管理局局长:林　海
房屋征收与补偿管理办公室主任:梅丽华
园林市政局局长:肖建国(2015.1～)

交通运输局

局长、党委书记:顾国强
党委副书记:鲍忠良(2015.8～)
副局长:陆佳荣(～2015.6)　张伟林　诸柏生
　　董学军(2015.8～)　鲍武明(兼)
　　张志东(援青)
纪检组组长:董学军(～2015.8)
　　李　玲(2015.11～)
总工程师:严凤祥
港航管理局局长:步海宾
公路管理局局长:方建义
道路运输管理局局长:陈连根

水利局(杭嘉湖南排工程管理局)

局长、党委书记:袁建民
党委副书记:夏志强(～2015.11)
　　陈明杰(2015.11～)
副局长:徐文俊(～2015.8)　朱　海　董郁祥
　　徐明良
纪检组组长:陈明杰(～2015.11)
　　王文晖(2015.11～)
总工程师:苏胜利

农业和农村工作办公室、农业经济局

主任、局长、党委书记:葛永元
党委副书记:蔡国忠(2015.11～)
副主任:蔡国忠(2015.11～)　赵如英(女)
　　马纪良　俞日富　张荣根　沈建全
　　贺学明
副局长:赵如英(女)　马纪良(2015.1～)
　　周洪根(～2015.1)　俞日富　张荣根
　　沈建全　贺学明
纪检组组长:李　玲(～2015.11)
　　王伟明(2015.11～)

商务局

局长、党委书记:张建生
副局长:沈文平(～2015.8)
　　张　军(～2015.6)　陈志林　陈　峰
　　许　兵(2015.8～)
纪检组组长:冷海林(～2015.11)
　　黄炳金(2015.11～)

粮食局

局长、党委书记:陈付良(～2015.1)
局　长:张建生(2015.8～)
副局长:屈达贵　周龙顺(～2015.6)　马　俊

文化广电新闻出版局

局长、党委书记:金琴龙
副局长:王　蕾(女)　胡　晶(女)　陈云飞
　　张宪义(～2015.6)
　　贾　翔(2015.1～)　陈建江

纪检组组长:孙金林(~2015.11)

文物局

局　长:金琴龙

副局长:陈建江

卫生局(~2015.8)

局长、党委书记:严吉丹(~2015.8)

副局长:沈　勤(女,~2015.8)

　　　　陈其根(~2015.8)

　　　　王国芬(女,2015.1~2015.8)

纪检组组长:周引忠(~2015.8)

爱卫办

主　任:严吉丹(~2015.8)

　　　　吴　燕(女,2015.8~)

专职副主任:李金大

人口和计划生育委员会(~2015.8)

党组书记:李　蒙(~2015.8)

副主任:李　蒙(~2015.8)

　　　　朱　东(~2015.8)

　　　　郑新娣(女,~2015.8)

　　　　徐秀林(~2015.8)

卫生和计划生育委员会(2015.8~)

主任、党委副书记:吴　燕(女,2015.8~)

党委书记:李　蒙(2015.8~)

党委副书记:陈国平(2015.8~)

副主任:朱　东(2015.8~)

　　　　陈其根(2015.8~)

　　　　徐秀林(2015.8~)

　　　　王国芬(女,2015.8~)

　　　　李金大(2015.8~)

纪检组组长:周引忠(2015.8~)

审计局

局　长:张永红

党组书记:江　强

党组副书记:陈关华

副局长:陈关华　邱锦月(女,2015.8~)

　　　　王海荣(~2015.6)　蒋朝晖

纪检组组长:潘光志(~2015.11)

　　　　　　冷海林(2015.11~)

总审计师:叶常青

经济责任审计工作联席会议办公室主任:宣玉泉

体育局

局　长:包毓琼(女,~2015.9)

　　　　刘松洁(2015.9~)

党组书记:包毓琼(女,~2015.8)

　　　　　刘松洁(2015.8~)

副局长:黄伟明　王伟荣　陈　政(女)

纪检组组长:王如清(~2015.11)

统计局

局长、党组书记:李国明(~2015.8)

　　　　　　　　沈周明(2015.11~)

党组副书记:沈周明(~2015.11)

副局长:沈周明(~2015.11)　钱亚畅

纪检组组长:蒋新民(~2015.11)

总统计师:吴晓东

国家统计局嘉兴调查队

队　长:吴红卫

党组书记:吴红卫

副队长:张全跃　张连华

纪检组组长:林汉生

城市社会经济调查队

队　长:李国民(兼)

副队长:徐文军

旅游局(~2015.8)

局长、党组书记:张　硕(~2015.8)

党组副书记:金三民(~2015.8)

副局长、总工程师:金三民(~2015.8)

副局长:周红霞(女,~2015.8)

　　　　汪明华(~2015.8)

　　　　计学忠(~2015.8)

旅游委员会(2015.8~)

主任、党组书记:张　硕(2015.8~)

党组副书记、副主任:金三民(2015.8~2015.11)

副主任:周红霞(女,2015.8~)

　　　　顾金芳(2015.11~)

　　　　汪明华(2015.8~)

　　　　计学忠(2015.8~)

外事办公室(~2015.8)

主任、党组书记:朱永明(~2015.8)

副主任:邱锦月(女,~2015.8)

　　　　庄玉娥(女,~2015.8)

陆林甫(兼,~2015.8)

侨务办公室(~2015.8)

主　任:浦金英(女,~2015.8)

副主任:钟富根(~2015.8)

娄新生(女,兼,~2015.8)

外事侨务办公室(2015.8~)

主任、党组书记:朱永明(2015.8~)

党组副书记:章一川(2015.8~)

副主任:庄玉娥(女,2015.8~)

娄新生(女,兼,2015.8~)

朱海林(2015.8~)

陆　震(2015.8~)

陆林甫(兼,2015.8~)

民族宗教事务局

局　长:陈国华

副局长:陈林根　马继宁

信访局

局长、党组书记:沈丁华

正处级信访督查专员:金保根(2015.8~)

副局长:金保根(~2015.8)　徐国梁　陈建新

毕志强　余鸿伟(2015.8~)

王静霞(女,2015.8~)

信访督查专员:吴秉成

安全生产监督管理局

局　长:徐建役

党组书记:徐建役

副局长:顾联军　钱叶秋　许　兵(~2015.8)

周小明(2015.8~)

纪检组组长:杨逢春(~2015.11)

总工程师:王文华(2015.8~)

市场监督管理局(工商行政管理局、食品药品监督管理局)

局长、党委书记:王根良

党委副书记:俞振琪(女)

副局长:计卫东　陆金甫　孙　巍　王海燕

朱国农　张志明(2015.11~)

纪检组组长:周曙光(~2015.11)

杜锦瑛(女,2015.11~)

总工程师:戴叶华(2015.8~)

食品安全委员会办公室主任:王根良

质量技术监督局

局长、党委书记:沈建法

党委副书记:桂红蕾(女)

副局长:桂红蕾(女)　朱林根(~2015.6)

梁　虎(2015.6~)　杨连青

纪检组组长:沈钟炜(女,~2015.11)

徐　风(2015.11~)

总工程师:马云龙

综合行政执法局

局长、党组书记:沈国强

副局长:何伟明(~2015.1)　徐锡波　董振华

李能祥　沈楚赓(兼)

黄　敏(女,2015.1~)

纪检组组长:邢华胜

政治处主任:钟建林(2015.6~)

综合行政执法支队

支队长:沈国强

副支队长:何伟明(~2015.1)　徐锡波

董振华　李能祥

黄　敏(女,2015.1~)

城市管理办公室

主　任:陶金根(~2015.8)

沈国强(兼,2015.8~)

副主任:方柏如(~2015.1)

人民防空办公室(民防局)

主任(局长)、党组书记:陆志林(~2015.8)

严吉丹(2015.8~)

副主任(副局长):周进友(~2015.6)

戴忠平(~2015.11)

徐才根(2015.1~)

梁兴甫　史高翔(兼)

纪检组组长:周颂华(~2015.6)

徐　风(2015.6~2015.11)

国有资产监督管理委员会

主任、党委书记:施建松(~2015.8)

王申峰(2015.8~)

副主任:王　鸣　唐蓉蓉(女)

朱永强(2015.3~)

纪工委书记:蔡土贵(~2015.11)

纪检组组长:蔡土贵(2015.11~)

嘉兴经济技术开发区
党工委书记:何炳荣
管委会主任:陈利众
党工委副书记:陈利众　陈玉锋
副主任:陈玉锋　朱全根　金龙飞　张善根
　　闻建梁　沈卫东(～2015.8)　葛其林
　　朱甫荣　陈　骏　周志祥
　　张志华(2015.8～)
纪工委书记:姜生明(2015.6～2015.11)
纪检组副组长:姜生明(2015.11～)

嘉兴现代服务业集聚区
党工委书记:何炳荣
管委会主任、党工委副书记:陈利众
管委会副主任:朱全根(兼)　徐　军(兼)

嘉兴国际商务区
党工委书记:何炳荣
管委会主任:陈利众
党工委副书记:陈利众　陈玉锋
副主任:朱全根　陈玉锋　金龙飞　张善根
　　闻建梁　沈卫东(～2015.8)
　　葛其林　朱甫荣　陈　骏　周志祥
　　张志华(2015.8～)
纪工委书记:姜生明(2015.6～2015.11)

嘉兴高新技术产业园区管委会
主　任:陈利众
副主任:邢海华(兼)

滨海办
主　任:梁　群(兼,～2015.9)
　　楼建明(2015.11～)
党委书记:王照祥
党委副书记:吕亚军
副主任:王照祥　王建安　张　翼
　　贾　翔(～2015.1)
　　钱永忠(2015.1～)　马红观
纪委书记:吕亚军(～2015.11)

嘉兴港务局
局　长:王照祥
副局长:王建安　张　翼
总工程师:黄银水

口岸办
主　任:王照祥
副主任:贾　翔(～2015.1)
　　钱永忠(2015.1～)
　　林卫兵(2015.1～)

嘉兴港区开发建设管委会
党工委书记:王马青
管委会主任、党工委副书记:石云良
管委会副主任:徐才根(～2015.1)
　　沈跃平　沈文平(2015.8～)
　　郑栋良　许红莲(女)
　　马麟梁(～2015.6)　连永刚
　　钟伟华(2015.6～)
纪工委书记:周民祥(2015.6～2015.11)
纪检组组长:周民祥(2015.11～)

嘉兴综合保税区管委会(2015.8～)
党工委书记:王马青(2015.8～)
管委会主任、党工委副书记:石云良(2015.8～)
管委会副主任:沈跃平(2015.8～)
　　沈文平(2015.8～)
　　郑栋良(2015.8～)
　　许红莲(女,2015.8～)
　　连永刚(2015.8～)
　　钟伟华(2015.8～)
纪工委书记:周民祥(2015.8～2015.11)

嘉兴出口加工区管委会
主　任:石云良
副主任:郑栋良

湘家荡区域开发建设管委会
党工委书记:毛扣祥
主　任:鲁肇峰

南湖风景名胜区管委会
主　任:陈士洪
副主任:陈保良　金三民(兼,～2015.11)
　　沈洪亮　朱建华

市政府驻北京联络处
主　任:吴根军
副主任:黄立元(～2015.6)　毕志强(兼)
　　王静霞(兼,2015.8～)　曾步望(挂职)

合作交流办公室(协作办、上海联络处)
主任、党组书记:陈铭嘉

副主任:俞红平(女) 杨成跃 郑秀峰
章雄伟
上海联络处专职副主任:边淑兰(女,2015.6~)

审批服务中心

主任、党组书记:吴 燕(女,~2015.8)
汤云良(2015.8~)
副主任:张海君 顾伟忠
沈晓华(女,2015.6~)
崔勤明(2015.3~)
纪检组组长:王永飞(~2015.1)

机关事务管理局

局长、党组书记:邬亚甫
副局长:张志祥 戴金荣 罗诗洪(2015.11~)
纪检组组长:黄炳金(~2015.11)

供销合作社(~2015.6)

主任、党委书记:汪洪波(~2015.6)
副主任:葛跃新(~2015.6)
张 俊(~2015.6)
韩金祥(~2015.6)
周松云(~2015.6)
纪委书记:王伟明(~2015.6)

供销合作社联合社(2015.6~)

主任、党委书记:汪洪波(2015.6~)
副主任:葛跃新(2015.6~2015.11)
张 俊(2015.6~)
韩金祥(2015.6~)
周松云(2015.6~)
纪委书记、监事会主席:
王伟明(2015.6~2015.11)

农村合作经济组织联合会

主 任:汪洪波
副主任:葛跃新(~2015.11) 张 俊 韩金祥
周松云 王月光(兼) 俞日富(兼)
王伟明(兼,~2015.11)

农业科学研究院(所)

院长(所长)、党委副书记:程旺大
党委书记:沈卫锋
副院长(副所长):顾掌根 曾步望

新居民事务局

局长、党组书记:刘安良
副局长:丁永夫 赵建华(~2015.8)
陈卫东(2015.8~) 任 军
姚钰明(兼) 应志敏(兼)
徐秀林(兼)

社会保障事务局

局长、党组书记:于霞芬(女)
副局长:王銮松 杨惠清 李 祥 王保国
纪检组组长:杜锦瑛(女,~2015.11)

行政学院

院 长:梁 群(兼,~2015.9)
楼建明(兼,2015.11~)
副院长:徐 勇 翁为平 柴海生 徐连林
冯俊华(兼)

社会主义学院

院 长:柴永强(兼)
副院长:徐 勇 翁为平 柴海生 徐连林
张颖杰(兼)

住房公积金管理中心

主任、党组书记:张卫高

嘉兴南湖革命纪念馆

馆 长:王国芬(女,~2015.1)
张宪义(2015.6~)

高速公路建设指挥部

总指挥:张仁贵(兼)
常务副总指挥:沈兰冠(兼)
副总指挥:顾国强(兼)
成 员:许海云(女) 李云鸿

杭嘉湖南排工程建设指挥部

副总指挥:袁建民

杭州湾跨海大桥管理局

党委副书记:陆佳荣(2015.6~)
副局长:陆佳荣(2015.6~) 顾国强(兼)

嘉绍大桥管理局

党组书记、副局长:吴炳泉

支援新疆阿克苏地区沙雅县指挥部

指挥长、党委书记:王碎社
党委副书记、纪委书记:王良科
副指挥长:王良科 顾新宇

嘉兴职业技术学院

党委书记:周奇迹

院　长:赵　云
党委副书记:赵　云　沈建龙
副院长:章康龙　张红宇　沈建根
纪委书记:沈建龙

嘉兴教育学院(市教育研究院)

院长、党委书记:陆福根
副院长:都建明　张志松
纪委书记:张锦荣(~2015.11)
　　　　褚国华(2015.11~)

嘉兴广播电视大学

校　长:鲍忠良
党委书记:鲍忠良(~2015.8)
副校长:徐伟根　周纪奎　项大海

同济大学浙江学院

院　长:陆敏恂
党委书记:祁海龙(兼,~2015.7)
　　　　周建新(兼,2015.8~)
党委副书记:张新民　林　治
纪委书记:林　治

中科院应用技术研究院

党委书记:陈秋荣
党委副书记:吕　勇

嘉兴市实业资产投资集团有限公司

董事长、党委书记:冯水祥
副董事长、总经理:马　俊
党委副书记:马　俊　庄荣根
副总经理:庄荣根　俞益平
纪委书记、监事会主席:张付良

嘉兴市现代服务业发展投资集团有限公司

董事长、党委书记:陈云海
副董事长、总经理、党委副书记:方怡红
副总经理:周　平　钱祖根　郑晓光　汤森彪
　　　　周建杰(2015.6~)
纪委书记、监事会主席:姚莉莉(女)

嘉兴市城市投资发展集团有限公司

董事长、党委书记:陈士洪
副董事长、总经理:陈保良
党委副书记:陈保良　张正明
副总经理:沈洪亮　姜铭恩　朱建华
　　　　张正明(2015.6~)
纪委书记、监事会主席:张正明

嘉兴市交通投资集团有限公司

董事长、党委书记:沈兰冠
副董事长、总经理、党委副书记:李云鸿
党委副书记、纪委书记、监事会主席:李海明
副总经理:许海云(女)　杜增樑　戴　铭
　　　　何宇健　周大勇　苏志刚

嘉兴市水源水务投资集团有限公司

董事长、党委书记:董长杰
党委副书记、副董事长、总经理:郭　成
党委副书记:包红星(~2015.6)
副总经理:李国庆(2015.6~)　张富标
　　　　陈玉林　刘稚红(女)
纪委书记、监事会主席:薛德甫

浙江嘉绍跨江大桥投资发展有限公司

副董事长、总经理、党委副书记:吕为昱
副总经理:李开土

【其他行政、事业、企业单位】

国土资源局

局长、党委书记:汪善明
党委副书记:沈金德
副局长:沈金德　曹建强(~2015.2)　苏志兴
　　　　吴国飞
纪委书记:薛明良(2015.2~)
土地储备中心主任:王新龙(~2015.4)
执法监察局局长:王之愈

国家税务局

局长、党组书记:袁大中
副局长:盛耀军(~2015.2)　张锦铭　陈亨龙
　　　　裘耀华(~2015.12)
纪检组组长:姚顺龙
稽查局局长:沈剑芳

海事局

局长、党委书记:寿中博(2015.12~)
　　　　　　　袁　珂(~2015.12)
副局长:王　勤　杨志成　苏海强(2015.12~)
纪委书记:王　勤

气象局

局长、党组副书记:杨育强

党组书记:谢国庆
副局长:杜俐萍(女,~2015.5)　林　迢(女)
　　　陈金良(2015.5~)
纪检组组长:朱补全

烟草专卖局(省烟草公司嘉兴分公司)

局长、经理、党组书记:陈月华
副局长:徐佳宏
副经理:丁文华(~2015.3)
　　　陶文宇(女,2015.6~)
纪检组组长:孙德国(2015.6~)

嘉兴出入境检验检疫局

局长、党组书记:郑自强(~2015.7)
　　　　　　蔡渭明(2015.7~)
副局长:王汉方(~2015.6)
　　　任金华(~2015.6)　梅明华
　　　黄　蔚(女,2015.6~)
纪检组组长:裘欣凉(~2015.6)
乍浦办事处主任:王晓峰(~2015.5)
　　　　　　王　练(2015.6~)
嘉善办事处主任:钱　铮
海宁办事处主任:程光法
桐乡办事处主任:沈伟忠(~2015.6)
省检验检疫科学研究院嘉兴分院院长:
　　　王　练(~2015.6)

嘉兴海关

关长、党组书记:冯仲良
副关长:潘炳华　朱建忠(~2015.12)　张志芳
乍浦办事处主任:徐　超
嘉善办事处主任:冯　叶(2015.8~)
　　　　　　朱忠荣(~2015.4)
海宁办事处主任:夏学庆
桐乡办事处主任:郑　冬

嘉兴海关缉私分局

局　长:潘炳华
政　委:许文忠
副局长:骆贤方

盐务管理局(盐业公司)

局长、经理:姜洪法
副局长、副经理:盛智良　徐　彪

嘉兴供电公司

总经理、党委副书记:韩志军
党委书记、副总经理:孟宪琍(2015.9~)
　　　　　　　　娄　为(~2015.9)
副总经理:王坚敏　李付林　王文华
纪委书记、工会主席:王继如
总工程师:王坚敏
总会计师:余立军(~2015.9)
　　　　黄　颖(女,2015.12~)

嘉兴市邮政公司

总经理、党委书记:金　聚(2015.6~)
　　　　　　　戴洪基(~2015.6)
副总经理:乔建华　蔡　勇(~2015.6)
纪委书记:乔建华

嘉兴市邮政管理局

局　长:鲍武明

中国人民银行嘉兴市中心支行

行长、外汇管理局局长、党委书记:
　　　张一兵(2015.3~)
　　　褚小平(女,~2015.3)
副行长:朱　宏　张一兵(~2015.3)
纪委书记:赵承英(女)
工会主席:汤钟尧(2014.4~)

中国银行业监督管理委员会嘉兴监管分局

局长、党委书记:崔安明
副局长:毛志恒　陈　杰
纪委书记:沈新荣

中国工商银行嘉兴市分行

行长、党委书记:林士强
副行长:洪跃庆　艾　欣(女)　王崇敏
　　　朱华斌　吕　忠　程　涛(2015.7~)
纪委书记:洪跃庆
高级经理:王青英(女,~2015.8)　马敏娟(女)
工会主席:马敏娟(女)

中国农业银行嘉兴市分行

行长、党委书记:金烈祥(~2015.4)
　　　　　　李　萌(2015.4~)
副行长:尤伟华　单伟平　谈翠晖
纪委书记:谈翠晖

中国银行嘉兴市分行

行长、党委书记:郭　林

副行长:陈元杰(2015.5~)
曹根源(~2015.7) 顾 宇 陆 强
韩惠良 葛永哲(2015.9~)
纪委书记:曹根源(~2015.7)
陈元杰(2015.5~)

中国建设银行嘉兴分行

行长、党委书记:陈 强
副行长:袁龙豫 俞 璇(女) 朱金明
王妍而(女) 许 华(女,~2015.3)
卢唐来(2015.4~)
纪委书记:朱金明

交通银行嘉兴分行

行长、党委书记:梁蕴旭(女)
副行长:徐 耀 陆建华 范建华(女)
董敬杰(挂职)
纪委书记:徐 耀

中国农业发展银行嘉兴市分行

行长、党委书记:张韩强
副行长:张丽玲(女) 翟建生
严伟新(~2015.5)
纪委书记:张丽玲(女)

浙江省农村信用社联合社嘉兴办事处

副主任:王月光、傅仲才

上海浦东发展银行嘉兴支行

行长、党委书记:宣骥翃(~2015.9)
沈建伟(2015.10~)
副行长:袁爱山 陆旭平
纪委书记:张建华

中信实业银行嘉兴分行

行长、党委书记:朱 进
副行长:张 骅(~2015.12) 吴永明
陆亚明(2015.12~)

嘉兴银行

董事长:夏林生(2015.9~)
许洪明(~2015.9)
党委书记:夏林生
党委副书记:陶 岚(2015.9~)
许洪明(~2015.8)
行 长:陶 岚(2015.9~)
马 俊(~2015.1)
副董事长:凌 华
副行长:李国庆(~2015.7) 章张海
阮 红(女)
监事长、纪委书记:陈煌生

中国人民财产保险股份有限公司嘉兴市分公司

总经理、党委书记:桂文东
副总经理:陈国良 倪 啸 张 立
纪委书记:陈国良

中国人寿保险股份有限公司嘉兴分公司

总经理、党委书记:王忠伟(女)
副总经理:张世平 许汉丰
王兴平(2015.8~)

中国太平洋财产保险股份有限公司嘉兴中心支公司

总经理、党委书记:程 伟(~2015.5)
党委副书记:崔文波(2015.5~)
副总经理:吴金寿 方 诚(~2015.3)
崔文波(2015.5~)
刘露泽(2015.9~)

中国太平洋人寿保险股份有限公司嘉兴中心支公司

总经理、党委书记:李爱良
副总经理:王 海 方斌初

中国平安财产保险股份有限公司嘉兴中心支公司

总经理:焦宏伟
副总经理:凌 云 蒋国强(~2015.10)
李 访(2015.10~)

中国平安人寿保险股份有限公司嘉兴中心支公司

总经理:郑晓杰
副经理:袁 韵(女) 王建丰 高丰琴(女)

中国电信公司嘉兴分公司

总经理、党委书记:万晓东
副总经理:胡剑荣 屠海青 郭 民
纪委书记:胡剑荣

中国移动公司嘉兴分公司

总经理、党委书记:张汉良(~2015.9)
张锦卫(2015.9~)
副总经理:盛 华 余伟大(~2015.9)

汪亚峰(2015.9～)
纪委书记:盛　华

中国联合网络通讯公司嘉兴市分公司

总经理、党委书记:殷汝锋(～2015.10)
徐国荣(2015.10～)
党委副书记:林　发(～2015.12)
副总经理:林　发(～2015.12)
樊　伟(～2015.10)　陈校明
俞林根　吴云峰(2015.12～)
纪委书记:林　发(～2015.12)

浙江省石油总公司嘉兴分公司(中国石油化工股份有限公司浙江嘉兴分公司)

总经理:徐　锋
党委书记:徐　锋
副总经理:金志明　陈增良
顾云飞(2015.9～)
总会计师:张巍巍(女)

【中国人民政治协商会议嘉兴市委员会】

主席、党组书记:高玲慧
党组副书记:金锦根(～2015.12)
副主席:金锦根(～2015.12)　王　淳(女)
李水根　马玉华　薛佳平
马邦伟　朱静绮(女)　邢海华
李　跃
七届常务委员(按姓氏笔画为序):
王　毅　王林林　王国英(女)
王登峰　方俊良　叶筱敏(女)
曲建平　朱　军　朱　海　朱　樵
朱启丰　任再平　孙　勤
孙　薇(女)　孙卫斌　孙旭阳
芦苇岸(土家族)　李开土　李成义
李轩渠　杨立公　吴重秋　吴晓阳
沈　盛　沈卫锋　沈钰祥(～2015.1)
张心桥　张永红(女)　张进喜
张颖杰　陆其祥　陈　俐(女)
陈天荣　金铁臣　周　军　周利春
郑新娣(女)　赵如英(女)
胡　晶(女)　俞红平(女)
俞燕锋(女)　俞霞萍(女)
姚晓明(～2015.6)　贾　鸣
顾秋莉(女)　徐鹿平　浦金英(女)
黄伟明　龚遂良　崔峪梅(女)
章留明　章锡根　程利仲　释性空
鲍　忆(女)　薛家麒　戴　铭
秘书长:高梓福
副秘书长:沈钰祥(～2015.1)
施建松(2015.9～)　张进喜
吴海松　姜　东(兼)　孙卫斌(兼)
程利仲(兼)　孙　薇(女,兼)
胡金祥(兼)　吴晓阳(兼)
徐谟光(兼)　顾小萍(女,兼)

提案委员会

主　任:崔峪梅(女)
副主任:李德忠　李　蒙(兼)　张春晓(兼)
胡晓云(兼,～2015.6)
金颖英(女,兼)

学习和文史资料委员会

主　任:叶筱敏(女)
副主任:周　军　王登峰(兼)
胡　晶(女,兼)　黄允钰(兼)
胡伯良(兼)

经济科技委员会

主　任:俞霞萍(女)
副主任:俞燕锋(女)　张雪荣(兼)
叶伟达(兼)　李轩渠(兼)
程利仲(兼)

文教卫体委员会

主　任:沈　盛
副主任:朱　樵　鲍忠良(兼)
沈　勤(女,兼)　黄伟明(兼)
杨志勇(兼)

社会法制委员会

主　任:曲建平
副主任:顾太文(～2015.9)　徐正方
徐静霞(女,兼)　张心桥(兼)
徐海荣(兼,～2015.3)　姚武强(兼)

港澳台侨委员会

主　任:曲建平(～2015.9)
顾太文(2015.9～)

副主任:徐正方　张彤芳(兼)
　　　浦金英(女,兼)　姜　东(兼)

人口资源环境委员会

主　任:任再平
副主任:沈玉良　沈金德(兼)　朱　军(兼)
　　　朱　海(兼)　朱　东(兼)
　　　杜俐萍(女,兼)

委员工作委员会

主　任:秦　泓(女,2015.9～)
副主任:秦　泓(女,～2015.9)
　　　王　蕾(女,兼)　张颖杰(兼)
　　　方俊良(兼)　蒋加伟(兼)

办公室

主　任:张进喜(～2015.1)
　　　施建松(2015.9～)
副主任:张明华(女,～2015.9)
　　　秦　泓(女,兼,～2015.9)
　　　钟富根(2015.9～)　徐　民
纪检组组长:夏志强(2015.11～)
纪检组副组长:蒋新民(2015.11～)

研究室

主　任:沈钰祥(～2015.1)
　　　张进喜(2015.1～)
副主任:杨鸿圣

【嘉兴市中级人民法院】

院长、党组书记:许惠春
党组副书记:顾进良
副院长:顾进良　徐静霞(女)　章伯凌
　　　李忠平
纪检组组长:陆建林
政治部主任:吴建英(女)
审判委员会专职委员:汪　欣(2015.1～)
　　　　　　　　　徐元芬(女,2015.1～)
执行局局长:张惠谊(女)

【嘉兴市人民检察院】

检察长、党组书记:孙厚祥
党组副书记:王建红
副检察长:王建红　陶深明　李　越　郭军毅
纪检组组长:水红浙
政治部主任:黄　蕾(女)
检察委员会专职委员:尹立栋　杨连明
反贪局局长:郑美良

【中国人民解放军嘉兴军分区】

司令员:夏忠平(～2015.9)
　　　丁仕夫(2015.9～)
政　委:王会能
参谋长:卞云坚
政治部主任:孙志龙
后勤部部长:姚健康

【民主党派和工商联】

中国国民党革命委员会嘉兴市委员会

主　委:李水根
副主委:沈晓琴(女,兼)　姜　东(兼)
　　　金颖英(女,兼)

中国民主同盟嘉兴市委员会

主　委:柴永强
副主委:孙卫斌　徐永良(兼)　杨立公(兼)

中国民主建国会嘉兴市委员会

主　委:戴　铭
副主委:程利仲(兼)　陈　俐(女,兼)
　　　叶肖梅(女)　陆志芬(女,兼)

中国民主促进会嘉兴市委员会

主　委:王　淳(女)
副主委:孙　薇(女,兼)　顾玉峰(兼)
　　　汪林青　顾云祥(兼)

中国农工民主党嘉兴市委员会

主　委:金成胜
副主委:王　毅(兼)　龚遂良(兼)　胡金祥
　　　费爱华(女,兼)

九三学社嘉兴市委员会

主　委:马玉华
副主委:刘稚红(女,兼)　陈天荣(兼)
　　　徐谟光　孔　俭(兼)

中国致公党嘉兴市委员会

主　委:赵如英(女)
副主委:刘惠娟(女,兼)　吴晓阳(兼)

工商业联合会
主　席:薛佳平(兼)
党委书记:叶伟达
副主席:陈兴隆(～2015.7)
　　叶伟达(2015.7～)　孙昌佩
　　顾小萍(女)
兼职副主席:尤　源　方光明　卢卫伟
　　孙连清　庄奎龙　朱兴福
　　朱在龙　许洪明　吴小弟
　　吴真生　张汉良　杨卫东
　　沈兰冠　沈国甫　沈金荣
　　沈锦坤　陈正财　周国建
　　盛富林　鲍　忆(女)　管建忠
　　潘建清

【群众团体】
总工会
主　席:邵建华(女,兼,～2015.10)
　　沈利农(兼,2015.10～)
党组书记:张心桥
副主席:张心桥　沈禾丰
　　周春锋(～2015.10)　丁曙明
　　高红慧(女,2015.10～)
经审委主任:高红慧(女,～2015.10)
　　朱　瑾(女,2015.10～)
共青团市委
书　记、党组书记:朱永领
副书记:仲建锋　于会游(2015.6～)
　　俞奕凌(女,2015.8～)
妇女联合会
主席、党组书记:陆　英(女)
副主席:任　勤(女,～2015.8)　冯　丹(女)
　　胡　苗(女,2015.7～)
　　屈　雯(女,2015.9～)
　　沈晓琴(女,兼)　顾小萍(女,兼)
科学技术协会
主席、党组书记:刘　君(女)
副主席:李轩渠　章　芸(女)　孙　明
　　王幸平(兼)　刘　霞(女,兼)
　　严从荃(兼)　沈向宏(兼)
　　陈秋荣(兼)　程旺大(兼)
社会科学界联合会
主　席:王登峰
副主席:黄允钰　顾志刚(兼)　徐连林(兼)
　　吕延勤(兼)　章康龙(兼)
文学艺术界联合会
主　席:金琴龙
副主席:胡　晶(女)　田耘(兼)　杨自强(兼)
　　高海金(兼)
残疾人联合会
理事长、党组书记:闻人庆(女)
副理事长:汤碧滨　金　龙　胡志敏
　　姜豫明(挂职,～2015.9)
纪检组组长:柴林根(～2015.11)
归国华侨联合会
主　席:浦金英(女,～2015.11)
　　章一川(2015.11～)
副主席:娄新生　钟富根(兼,～2015.11)
　　章一川(兼,～2015.11)
　　黄德荣(兼,～2015.11)
　　蒋嘉平(兼,～2015.11)
　　陈　亮(兼,～2015.11)
　　贺星燕(女,兼,～2015.11)
　　孟凡国(兼,～2015.11)
　　朱海林(兼,2015.11～)
　　叶永平(兼,2015.11～)
　　陈　坚(兼,2015.11～)
　　袁　沅(兼)　常东亮(兼,2015.11～)
　　蒋加伟(兼,2015.11～)
　　蔡国伟(兼,2015.11～)
　　戴其丰(兼,2015.11～)
中国国际贸易促进委员会嘉兴支会(～2015.7)
会长:毛雪荣(～2015.7)
中国国际贸易促进委员会嘉兴市委员会(2015.7～)
会长:毛雪荣(2015.7～)
红十字会
会长:柴永强
党组书记、常务副会长:吴月荣
专职副会长:傅琦红(女)　沈卫东

【县(市、区)主要机构】

中国共产党嘉兴市南湖区委员会

书　记:孙建华

副书记:吴　健(～2015.8)

朱　苗(2015.8～)　沈岱峰(挂职)

常　委:张顺荣　边明亮　徐　军

李建政(挂职)　陈天英(女)

徐建英(女)　吴　佳

赵子元(挂职,～2015.6)

李文冰(挂职,～2015.7)　毛扣祥

陈登福(～2015.6)

秦新春(2015.6～)

林　云(挂职,2015.7～)

中国共产党嘉兴市南湖区纪律检查委员会

书　记:徐建英(女)

嘉兴市南湖区人大常委会

主　任:谢立昕

副主任:柴伟龙　张培新　汪泽韵(女)

苏志强　许　立　杜克强

嘉兴市南湖区人民政府

区　长:吴　健(～2015.9)

代区长:朱　苗(2015.9～)

副区长:徐　军　李建政(挂职)

林　云(挂职,2015.7～)

李文冰(挂职,～2015.7)　孙旭阳

柴荣明　周　静(女)　霍忠华(援藏)

许　翔　雪　莲(女,挂职,～2015.5)

程小辉(挂职)　蔡立新

政协嘉兴市南湖区委员会

主　席:赵群乐(女,～2015.1)

赵建峰(2015.1～)

副主席:祝秀平(女)　阮全海　陆建良

冯琪钰(女)　孔　俭

嘉兴市南湖区人民法院

院　长:朱建宏

嘉兴市南湖区人民检察院

检察长:陈伟良(2015.1～)

中国共产党嘉兴市秀洲区委员会

书　记:朱海平

副书记:吴炳芳(2015.1～)　刘　君(女,挂职)

常　委:陈虎培　高海忠　吴炳芳(～2015.1)

程恩光　陈天荣　刘晓洪　郭腾辉

王永法　凌学毅(挂职)

金　波(挂职)

中国共产党嘉兴市秀洲区纪律检查委员会

书　记:陈虎培

嘉兴市秀洲区人大常委会

主　任:冯家俊

副主任:张国平　包雷耿　章世英(女)

肖根华　沈金富　邱根明

嘉兴市秀洲区人民政府

区　长:吴炳芳(2015.2～)

代区长:吴炳芳(2015.1～2015.2)

副区长:吴炳芳(～2015.1)

陈天荣(2015.9～)　陆志芬(女)

徐永良　沈凤兴　章　澜

孟红梅(女,挂职,～2015.5)

郭腾辉　凌学毅(挂职)

金　波(挂职)

政协嘉兴市秀洲区委员会

主　席:张少初

副主席:胡建新　金颖英(女)　徐文祥

孙　薇(女)　张　旦

嘉兴市秀洲区人民法院

院　长:汪　欣(～2015.2)

冀友佳(2015.2～)

嘉兴市秀洲区人民检察院

检察长:赵陆鸣

中国共产党嘉善县委员会

书　记:姚高员(～2015.6)

许　晴(女,2015.7～)

副书记:许　晴(女,～2015.7)

祁海龙(2015.7～)　滕根林

常　委:何全根　曹国良　毛永忠　朱学军

朱　苗(～2015.8)　曹雪龙

钱国庆(挂职,～2015.4)　宁卫东

沈康明(挂职)　武曜云(女,2015.6～)

曹惠明(2015.11～)

中国共产党嘉善县纪律检查委员会

书　记:毛永忠

嘉善县人大常委会
主　任:郑　明
副主任:张炳祥　何慧琴(女)
沈恩达(～2015.5)　顾林法　丁炳龙
邹霞芬(女)
嘉善县人民政府
县　长:许　晴(～2015.7)
代县长:祁海龙(2015.7～)
副县长:何全根　曹国良　殳世平　高　嵩
施晓松　许春红(女)
李小平(挂职,～2015.7)
沈康明(挂职)
梁吉鸿(挂职,2015.5～)
陆　军(挂职,2015.7～)
政协嘉善县委员会
主　席:冯　伟
副主席:吴建平　俞鹤祥　丁金华　王秋儿
陆才华　阎靖华(女)
嘉善县人民法院
院　长:傅杨杰
嘉善县人民检察院
检察长:钟益民(2015.2～)
代检察长:钟益民(～2015.2)
中国共产党平湖市委员会
书　记:盛付祥
副书记:朱林森(～2015.8)
刘中华(2015.10～)　潘川弟
常　委:姚田宝(女)　梁晓英(女)　徐春华
王道平　傅金明　陈敏红(女)
何敏伟(～2015.6)　严　政(挂职)
刘祥志(2015.6～)
中国共产党平湖市纪律检查委员会
书　记:徐春华
平湖市人大常委会
主　任:胡水良
副主任:刘耀明(女)　柯卫明(2015.2～)
方向明　胡志梁(2015.2～)
金玉珍(女,2015.2～)　陶明方
平湖市人民政府
市　长:朱林森(～2015.10)
代市长:刘中华(2015.10～)
副市长:王道平　严　政(挂职)　顾玉峰
胡志梁(～2015.2)
金玉珍(女,～2015.2)　钱勇彪
钱　陈(挂职,～2015.9)　蔡国平
杨晓鹏(挂职,～2015.6)
何　健(2015.2～)
濮新达(2015.2～)
沈　坚(挂职,2015.9～)
政协平湖市委员会
主　席:徐春林
副主席:王华根　柯卫明(～2015.2)　方晓烈
俞明祥　邱其良　许　静(女)
周弟明(2015.2～)
平湖市人民法院
院　长:赵　阳
平湖市人民检察院
检察长:沈小平(～2015.12)
代检察长:曹国华(2015.12～)
中国共产党海盐县委员会
书　记:沈晓红(女)
副书记:章　剑　黄江莺(女)
常　委:田林华　钱炳华　李乐伦　孙雄伟
王　坚　尹雪阳(～2015.6)
王临坤(挂职)　顾秋莉(女)
刘德威(2015.6～)
周永家(2015.6～)
中国共产党海盐县纪律检查委员会
书　记:刘德威(2015.6～)
海盐县人大常委会
主　任:谢剑华(～2015.8)
代主任:朱引良(2015.8～)
副主任:崔用龙(2015.1～)　马小平
朱蓓华(女)　沈连法
姜金良(～2015.1)　徐林春
海盐县人民政府
县　长:章　剑
副县长:黄江莺(女,～2015.1)
王　坚(2015.1～)　孙雄伟
崔用龙(～2015.1)　王临珅(挂职)

胡燕萍(女)　高海华
刘德威(挂职,~2015.7)　陆忠祥
檀中琦(挂职,~2015.7)
金进喜(挂职,2015.7~)

政协海盐县委员会

主　席:陆　瀛(~2015.1)
蔡志昌(2015.1~)
副主席:肖钰鑫　郑其良　陆建根　董雪明
贺伟民

海盐县人民法院

院　长:宋　健(女)

海盐县人民检察院

检察长:宋　跃

中国共产党海宁市委员会

书　记:林　毅(~2015.12)
副书记:戴　锋　周红霞(女)
常　委:孙　群　姚敏忠　姚建新　王险峰
沈雨祥　许金夫　顾照荣
方　芳(女,挂职,~2015.7)
郑定距(~2015.6)
成　立(2015.6~)

中国共产党海宁市纪律检查委员会

书　记:王险峰

海宁市人大常委会

主　任:徐　辉
副主任:许煜威　朱祥华　孙浩彬　严海城
潘宇民　钱培伦

海宁市人民政府

市　长:戴　锋
副市长:姚敏忠　朱海英(女)　曹　毅
王建坤　俞亚明　胡燕子(女)
金国强(挂职)
方　芳(女,挂职,~2015.7)
杨海云(挂职,~2015.7)
黄鸿鸿(女,挂职,2015.7~)

政协海宁市委员会

主　席:张炜芬(女)
副主席:郑进良　田　耘　高兴龙
邵小文(2015.2~)　朱有田　吴关佳
史丹夫

海宁市人民法院

院　长:李　斌

海宁市人民检察院

检察长:陈建钢

中国共产党桐乡市委员会

书　记:卢跃东
副书记:盛勇军　蒋惠玲(女)
常　委:汤云良(~2015.8)　陈千颂　潘家春
徐鸣阳　严　培　戴金明　朱明杰
王永飞(2015.1~)
陈林根(2015.8~)

中国共产党桐乡市纪律检查委员会

书　记:陈千颂

桐乡市人大常委会

主　任:张林洪
副主任:闻金根　沈建坤(2015.2~)　沈济贤
吴娟芬(女,~2015.2)　曹荣金
孙　琦　朱　红(女)
费玉林(2015.2~)

桐乡市人民政府

市　长:盛勇军
副市长:朱明杰　钱松华　潘敏芳(女)
周国强　杨青海(挂职,~2015.5)
郑利民(挂职)　柳国彪(2015.1~)
冯中海(2015.1~)
邹志刚(挂职,2015.9~)

政协桐乡市委员会

主　席:池晓明
副主席:周　民　陈　英(女)　孙晓东
顾根梁　李云飞　陈炳荣

桐乡市人民法院

院　长:许邦清

桐乡市人民检察院

检察长:何伟明(~2015.11)
代检察长:沈小平(2015.11~)

(王飞越)

农　　业

综　　述

2015年年底，全市有涉农镇（街道）65个，涉农村（社区）866个，村民小组18330个，有农村户数74.23万户，农村人口271.82万人，农村劳动力资源总数179.73万人，农村从业人员166.58万人，其中从事农、林、牧、渔业劳动力29.11万人。

全年全市农业总产值236.62亿元（现价），比上年下降4%（可比价）；农业增加值145.19亿元（现价），下降2.2%（可比价）。农民收入保持较快增长，全市农村居民人均可支配收入26838元，增长8.8%，收入水平继续居全省首位，城乡收入比1.7∶1。年内，浙江省农业厅公布《2014年浙江省农业现代化建设进程综合评价报告》，嘉兴市农业现代化发展水平得分80.57分，居全省11个设区市第五名，基本实现农业现代化；在全省82个县（市、区）农业现代化发展水平综合评价中，嘉兴市各县（市、区）均跻身前31位，其中嘉善县、海宁市列前10位。

【农业“两区”建设】 2015年，全市继续深化农业“两区”（粮食生产功能区、现代农业园区）建设，把农业“两区”作为发展现代农业的主平台，引导各类要素向“两区”集聚。“两区”建设累计投入各类资金54.9亿元，累计建成粮食生产功能区6.28万公顷，其中2015年新建成1.03万公顷，共有省级粮食生产功能区41个、面积0.44万公顷；省级现代农业园区建成面积4.47万公顷，累计有11个现代农业综合区、22个主导产业示范区和45个特色农业精品园通过省级验收，其中年内通过验收的综合区3个、示范区11个、精品园4个。

【培育农业经营主体】 2015年，嘉兴市加强对各类农业经营主体的培育、评定和监测工作，不断规范主体经营行为。至年底，全市有市级以上农业龙头企业226家，其中省级以上农业龙头企业25家、国家级农业龙头企业4家；有家庭农场1669家，其中省级、市级示范性家庭农场分别为49家和52家；有农民专业合作社876家，其中国家级、省级、市级示范性合作社分别为27家、75家和77家，组建合作联合社4家，合作社规范化程度在全省领先。大力发展乡村旅游业，全市有市级以上农家乐特色村（点）69个、三星级以上经营户（点）198个，全市农家乐休闲旅游年接待游客1000余万人次，直接营业收入近10亿元。

【农业基础设施建设】 2015年，全市加强农业基础设施建设，实施标准农田质量提升工作，“十二五”期间实施的1.47万公顷标准农田质量提升项目全部达到一等田标准。加快发展设施农业，设施栽培面积2.98万公顷，居全省第一位；不断提高设施装备水平，农用动力总功率147.87万千瓦，农业作业机械动力水平达到82.9%，耕、种、收综合机械化水平达到76%。

【强化农业科技建设】 2015年，全市推动现代种业发展，设立嘉兴市现代种业专项资金,构建“育繁推一体化”现代种业体系,提升种子产业自主创新和市场竞争力。全市建设省级农业科技示范园区7个，科技示范基地105个,科技示范户10175户,形成“农业科技示范园区+农业科技示范基地+农业科技示范户”的农业科技推广示范新平台。引导农民应用先进适用技术和优良品种，推介发布农业主导品种119个、主推技术73项、主推机具4类。

【推进农业标准化生产】 2015年,全市加快农业标准化建设步伐。全市无公害农产品、绿色食品分别达到556个和140个,累计制定农业标准220项,建立各级农业标准化示范区项目82个;5个现代农业园区和粮食生产功能区整体通过无公害农产品产地认证,农业标准化生产程度达63.09%,走在全省前列。

【加强农产品质量安全监管】 年内,嘉兴市农产品质量快速检测站(室)实现县、镇两级全覆盖并向社会开放;定期开展农产品质量安全专项整治,全市农产品合格率达到99.7%,处于省内较高水平,全年未发生农产品质量安全事件。组织开展“绿剑”系列集中执法行动,加强与有关部门的执法联动,严厉打击坑农害农行为。

【推进农业污染减排工作】 2015年,全市推进实施化肥农药减量控害增效工程,全市推广测土配方施肥25.25万公顷、病虫害统防统治4.25万公顷，分别减少化肥用量3662.5吨、农药用量407.34吨。实施鱼塘生态化改造、稻鱼共生轮作减排、禁限养区划定和整治等工作,推进渔业转型升级,全市累计投入资金3.98亿元,完成鱼塘生态化改造470.8公顷、稻鱼共生轮作减排374.47公顷、禁限养区划定和整治92.2公顷。

【农业行政执法】 2015年,全市出动执法人员近8000人次，检查各类管理相对人3950个次。开展“绿剑”春、夏、秋季集中执法行动,出动执法人员5388人次，检查农资生产经营单位2457个次、农资市场20个次,印发各类宣传资料2.64万份,立案查处违法案件60起。农业投入品质量监督抽检374批次,完成省下达任务指标的106.8%,农业投入品质量抽检总合格率89%,比上年提高0.3个百分点,高于全省平均水平,其中农药合格率97%,提高0.7个百分点;种子合格率85%,提高18个百分点;饲料合格率96%,提高0.2百分点;兽药合格率77%,提高0.4个百分点;肥料合格率86%,下降0.5个百分点。全市立案查处农业行政违法案件109起,比上年下降19.3%,其中种子案件18起、农药案件36起、肥料案件33起、饲料及饲料添加剂案件5起、兽药案件13起、农产品案件4起;结案99起,罚没款金额62.5万元,实现检查发现违法行为查处率、抽检不合格农资产品查处率、投诉举报案件查处率三个100%。全市调处农业生产事故11起,比上年增加5起。

【加强植物检疫工作】 2015年,全市有专职检疫员35人,兼职检疫员59人。全市产地检疫面积3899.53公顷，检疫合格种子9451吨、种苗11.7亿株。签发植物检疫证书564份,调运检疫合格种子1527吨、种苗2.41亿株。根据《2014~2015年度重大农业植物疫情防控工作责任书》,2015年,继续开展重大农业植物疫情防控工作考核,评定嘉善县、桐乡市、平湖市、嘉兴港区为优秀单位,其余单位为良好单位。9月,开展植物检疫宣传月和农林植物检疫联合执法系列活动,出动检疫人员214人次,检查生产经营单位118家,检查种子3941吨、苗木7267万株;立案查处检疫违法案件2起,结案2起,罚没款530元。2015年,全市未发现国内检疫性病虫害疫情。

【防控加拿大一枝黄花】 2015年,嘉兴市制定加拿大一枝黄花春、秋两季防控实施方案;召开除治现场会,开展防控检查,确保加拿大一枝黄花发生面积低于五年同期平均。2015年,全市加拿大一枝黄花春季发生面积1086.67公顷，零星发生面积816.09公顷，防控1240公顷，其中喷药防除面积1086.67公顷，占总防除面积的87.9%。加拿大一枝黄花秋季发生面积586.67公顷，零星发生面积446.67公顷。全市春、秋两季总防除面积2180公顷次，投入各类资金321.3万元，其中市、县两级财政资金106.6万元；投入人工2.53万工日，使用草甘膦等药剂27.79吨，完成全年防除目标任务。

（和玉昌　翟志鹏）

粮　油

【概况】 2015年，嘉兴市粮食播种面积18.32万公顷，总产122.75万吨，超额完成省定“种植面积18.2万公顷、总产121万吨”的粮食生产任务。全市大、小麦播种面积5.96万公顷，总产26.7万吨，与上年基本持平。其中小麦4.55万公顷，单产4497.75公斤/公顷，总产20.48万吨；大麦1.41万公顷，单产4426.50公斤/公顷，总产6.22万吨。全市晚稻播种面积9.92万公顷，减少0.28万公顷，减幅2.7%；单产8595公斤/公顷，增长0.5%，总产85.28万吨，减少1.92万吨，减幅2.2%。豆类、薯类和玉米等杂粮播种面积2.44万公顷，增加0.22万公顷，增幅9.8%，平均单产4416公斤/公顷，增长18.9%；总产10.77万吨，增长30.5%，超额完成旱粮扩种0.1万公顷的任务。其中豆类种植面积1.53万公顷，总产5.06万吨；薯类面积0.42万公顷，总产2.99万吨；玉米面积0.40万公顷，总产2.35万吨；其他杂粮面积0.09万公顷，总产0.37万吨。油料作物种植面积1.54万公顷，总产3.96万吨，均下降约5%，其中油菜面积1.52万公顷，总产3.93万吨。

【晚稻单产创纪录】 2015年，嘉兴市深入实施晚稻高产创建“600行动”，在余新镇金星村等地创建部级晚稻高产万亩示范片。经省、市、县各级实产验收，全市有10500公斤/公顷以上示范方43个，10500公斤/公顷以上攻关田63个，12000公斤/公顷以上攻关田29个。嘉善县陶庄镇汾湖村农户孙永昌种植的“绍粳18”攻关田，产量达到11581.5公斤/公顷，创造单季常规晚粳稻单产纪录“浙江农业之最”，同时以11215.5公斤/公顷，创造单季常规晚粳稻百亩方亩产纪录。

【整合粮食产销政策】 2015年，嘉兴市出台《关于抓好2015年粮食产销工作的意见》和《嘉兴市本级农业“三项补贴”政策综合改革实施意见》两个文件，将原农作物良种补贴、种粮农民直接补贴和农资综合补贴整合为耕地地力保护补贴和粮食适度规模经营补贴，并明确整合资金来源、补贴对象和标准、具体操作程序等。全年全市发放粮食适度规模经营补贴资金1.03亿元，耕地地力保护补贴资金超过1.8亿元。

【开展耕地保护工作】 2015年，嘉兴市国土资源局、农业经济局等部门共同开展永久基本农田及示范区的划定工作。全市划定永久基本农田面积18.26万公顷，永久基本农田示范区面积9.29万公顷。启动农业“两区”土壤污染防治工作，根据《浙江省农业“两区”土壤污染防治三年行动计划》等相关文件的要求，落实南湖区大桥镇建国村作为2015年度土壤污染防治试点并开展相关治理工作。

（沈轶舒）

蔬　菜

【概况】 2015年，全市蔬菜种植面积8.7万公顷，单产30.4吨/公顷，总产265.8万吨，均比上年略增。主要种植作物白菜类11746公顷，榨菜5440公顷，莴苣3514公顷，茭白3493公顷，茄子2554公顷，番茄2520公顷。全市果用瓜种植面积9848公顷，增长8.5%，总产29万吨，增长7.8%，其中西瓜种植面积5779公顷，总产17.2万吨,甜瓜种植面积3186公顷,总产9.3万吨,草莓种植面积420公顷,总产8956吨。全市食用菌种植面积225.7公顷,总产5.3万吨。年内,重点推广蔬菜穴盘育苗、喷滴灌、绿色防控等技术,推广防虫网面积567公顷,杀虫灯面积407公顷,性诱剂面积1251公顷,色板应用面积623公顷,喷滴灌面积3600公顷,培育穴盘苗8442万株,穴盘苗大田应用面积3305公顷。大棚蔬菜面积9363公顷,比上年下降8.6%,其中8米大棚3842公顷,与上年基本持平。

【2个镇获评“中国田藕之乡”“中国菱乡”】 2015年6月,嘉兴市秀洲区王江泾镇、油车港镇获得由中国蔬菜流通协会颁发的“中国田藕之乡”“中国菱乡”称号。王江泾镇从2009年开始发展湿地农业以来,水生蔬菜及种养结合新型农作制度成为湿地农业的主导方向。2015年,王江泾镇的湿地农业面积达到1667公顷,继成功创建省“莲藕之乡”后又获评“中国田藕之乡”。油车港镇紧靠市区,辖区内水网密布,水质较好,非常有利于南湖菱的生产,是南湖菱的育种基地。2015年,全镇南湖菱种植面积约500公顷,年产量占全市的70%。

【2015嘉兴精品果蔬展销会】 7月10~12日,由嘉兴市农业经济局主办的2015嘉兴精品果蔬展销会在嘉兴国际会展中心举行,全市70余家专业农业企业、专业合作社及家庭农场的近百种果蔬产品参加展销,展出西瓜、甜瓜、葡萄、桃子等时令果蔬及加工农产品,展会共评选出20个金奖和30个优质奖。

(徐亦成)

水　果

【概况】 2015年,全市水果生产继续稳步发展,总面积1.40万公顷,总产量34.40万吨,分别比上年增长2.2%和4.1%。主要水果的栽培面积为葡萄0.67万公顷,梨0.24万公顷,桃0.23万公顷,柑橘0.13万公顷。

【凤桥水蜜桃获金奖】 7月23日,在宁波举办的中国园艺学会桃分会第五届桃学术年会暨“宁波杯”赛桃会上,嘉兴市凤桥水蜜桃合作社选送的金霞油蟠获金奖,湖景蜜露获银奖。“宁波杯”赛桃会全国13个省份选送了246个桃样品,经过国家级权威专家评审,评选出金奖、银奖各30个,凤桥水蜜桃合作社选送的两个样品分别获得金奖、银奖。水蜜桃是南湖区特色水果之一,被农业部列入全国桃产业技术体系示范区,“凤桥”牌水蜜桃获国家原产地地理保护标志、国家证明商标、国家绿色食品,并多次获评浙江省农产品博览会金奖和浙江省精品水果展示会金奖。

【举办海盐首届精品葡萄擂台赛】 7月31日,2015年海盐县首届精品葡萄擂台赛在海盐县农业经济局举行。葡萄擂台赛由海盐县农业经济局主办,海盐县农业科学研究所、海盐县葡萄产业协会、海盐县友邦生物肥料有限公司协办,全县78个家庭农场及种植大户参加擂台赛,参评葡萄品种有红地球、醉金香、藤稔、夏黑、美人指、金手指、大紫王等。评委组专家按照精品葡萄评审标准,现场测定样品的可溶性固形物,并结合穗型、粒重、着色、香味、风味等外观与内在品质进行综合评定,评选出金奖12个、优质奖32个。

(李　斌)

蚕　桑

【概况】 2015年,全市桑园面积16044公顷,比上年减少1302公顷,下降7.5%;饲养蚕种34.1万张,减少9.2万张,下降21.2%;蚕茧总产17378吨,减少2679吨,下降13.4%,其中春茧 11491 吨，下降 6.7%；夏茧 734 吨，下降 26.3%;秋茧 5153 吨,下降 23.5%。全市五个蚕茧主产县(市、区)产茧量均减少,海宁市下降 1.7%,桐乡市、海盐县、秀洲区、南湖区减幅较大,分别下降 17.3%、17.9%、14.7%、33.3%。全市养蚕农户 13.31 万户,减少 16706 户,其中年产蚕茧 500 公斤以上的农户 2172 户；有蚕桑生产的镇(街道)42 个,其中年产茧 500 吨以上的镇(街道)13 个。桐乡市凤鸣街道为全市产茧量最多的镇(街道),有蚕桑生产村 429 个,年产茧 1631.7 吨。全市收购蚕茧 4690 吨，减少 743 吨；蚕茧平均收购价格每百公斤 3295 元,比上年下跌 93 元。全市生产实生桑苗 1.04 亿株,嫁接桑苗 4.71 亿株,种桑面积 279.7 公顷、315 万株,3.33 公顷以上的蚕桑规模小区面积 8326 公顷。全市生产一代杂交蚕种 20.76 万张，其中春制蚕种 13.97 万张、秋制蚕种 6.79 万张。

【海宁市蚕桑扶持资金首次直补到户】 从 2015 年开始,海宁市按照财政资金扶持政策实施细则规范操作流程,经现场验收,基层公示,业务部门审核、汇总后,蚕桑扶持补助资金直接打入农户账户。年内,海宁市符合补助标准的小蚕规模共育户 22 户，补助资金 3.9 万元;原蚕饲养户 65 户,补助资金 19.3 万元。

【桑黄规模化栽培取得成功】 桑黄是一种寄生在桑树上的传统而珍贵的中药材，具有抗癌、消炎、提高免疫力等功效,因在自然环境中极为稀少而货少价高。2015 年,海宁市从省农科院蚕桑研究所引进珍稀药食用菌新品种——桑黄菌种和栽培技术,袁花镇红新村姚生良的农业生物科技公司,利用农光互补光伏大棚建成规模化桑黄人工栽培基地。2015 年接种培育二批共 2 万多袋,第一批采收桑黄干品 60 多公斤,桑黄规模化人工栽培取得成功。

【杂交桑养蚕试验获成功】 2015 年,桐乡市石门镇东池村倪建根家庭农场试种 1 公顷“桂桑优 62”杂交桑，至 7 月上旬收获桑叶饲养夏蚕,后每隔 50 天左右收获 1 次,当年饲养蚕 3 期。杂交桑可实施条桑育蚕,能用镰刀收获桑叶,每小时可收获条叶 100 公斤,减轻了桑叶收获的劳动强度。

（姚李军）

畜　禽

【概况】 2015 年，全市畜牧业产值 63.67 亿元,比上年减少 10.70 亿元,下降 14.38%。全年生猪饲养量 132.53 万头,减少 324.49 万头,下降 71.01%。生猪出栏 99.68 万头,减少 275.15 万头，下降 73.41%；存栏 32.85 万头，减少 49.34 万头，下降 60.03%，其中能繁母猪 3.16 万头,减少 3.49 万头,下降 52.48%。家禽存栏 1083.46 万羽,减少 78.69 万羽,下降 6.77%;出栏 3654.91 万羽,增加 39.91 万羽,增长 1.10%。羊存栏 56.55 万只，减少 2.36 万只，下降 4.01%;出栏 63.77 万只,减少 5.75 万只,下降 8.27%。以奶牛为主的牛存栏 2062 头,增加 55 头，增长 2.74%。家兔存栏 33.99 万只，减少 3.53 万只,下降 9.41%;出栏 66.5 万只,增加 1.05 万只,增长 1.60%。全年肉、蛋、奶产量分别为 14.27 万吨、5.89 万吨和 0.90 万吨，分别减少 18.02 万吨、增加 0.05 万吨和 0.04 万吨,下降 55.80%、增长 0.80%和 5.30%。其中猪肉 6.79 万吨,减少 18.21 万吨,下降 72.84%;禽肉 6.02 万吨,增加 0.27 万吨,增长 4.69%;羊肉 1.31 万吨,减少 0.08 万吨,下降 6.13%;牛肉 120 吨，减少 25 吨，下降 17.24%；兔肉 1417 吨,增加 94 吨,增长 7.11%。2015 年,全市兽药生产企业 6 家,年产值 2.29 亿元,比上年下降 3.69%;配合饲料生产企业 71 家、单一饲料生产企业 2 家、饲料添加剂及添加剂预混合饲料生产企业 13 家。全年饲料产量 123.74 万吨,其中配合饲料 122.31 万吨、浓缩饲料 0.82 万吨、预混料 0.61 万吨；饲料年产量超万吨企业 30

家、产量107.50万吨，占饲料总产量的86.88%。全市申报后备母牛补贴968头，申请补贴48.40万元，其中省财政补贴9.68万元。年内，全市查处违法案件136起，其中动物防疫类118起，罚款15.64万元；兽药饲料管理类18起，行政处罚17起，罚款19.57万元，移交公安机关1起。全市参加执业兽医师资格考试116人，其中取得执业兽医师资格17人、助理执业兽医师资格11人。

【畜禽养殖效益】 2015年，生猪价格止跌回升，每头肉猪盈利约250元，养殖效益扭亏为盈。家禽养殖效益平稳，每只肉鸡盈利3～5元；种鸭、肉鸭盈亏平衡；鸡蛋价格整体下降，蛋禽养殖处于保本边缘。草食动物行情进入低谷，湖羊养殖竞争力减退；兔毛下半年需求降低，每只长毛兔获利甚微；獭兔每只亏损2～3元。

【养殖业转型提质】 2015年，全市继续推进生猪养殖减量提质工作。年末，生猪存栏量30余万头，仅为生猪养殖高峰期的10%；生猪养殖场(户)数降至1万户以内，平湖、海宁和桐乡基本实现生猪散养户的退养。完成省定1302家生猪存栏50头以上规模养殖场的治理（关停、拆除)任务，规划保留的44家生猪规模养殖场均按要求实现养殖排泄物无害化处置和资源化利用，并通过属地农经、环保部门的联合验收。同时，通过引导制定村规民约，加强生猪养殖自治，并依托镇(街道)综合执法队伍，不断完善违建猪舍长效控新机制。年内，桐乡运北秸秆利用专业合作社和嘉兴嘉华牧业有限公司分别通过国家级和省级畜禽标准化规模养殖示范场创建。

【畜禽养殖生态化】 年内，嘉兴市继续推行《嘉兴市生猪养殖污染处置收费管理办法》，收取生猪养殖场(户)养殖污染处置费用，用于购买“三废”收集处置社会化服务，倒逼养殖场(户)退养。年内，全市新(改、扩)建畜禽粪便收集处理中心3家、累计建成处理中心35家，收集处理畜粪17.7万吨，生产初级有机肥10.4万吨。全市新落实生态消纳地2.4万公顷，累计7.27万公顷。整治规模水禽场14家，创建生态示范场25家。推行生态循环农业模式，“桐乡恒生”和“南湖五丰”被评为全省农业水环境治理暨现代生态循环农业创新大赛“十佳”创新模式，其中“桐乡恒生”模式名列创新大赛总分第一。

【加强死亡动物无害化处理监管】 2月28日，全国病死畜禽无害化处理机制建设现场会在嘉兴市召开，各省(自治区、直辖市)参会代表对嘉兴市病死畜禽无害化处理机制建设取得的成效给予充分肯定。全年共接待山东、湖南等省(市)考察团20余批次。年内，嘉兴市继续推进死亡动物无害化处理工作。强化核查督查，构建长效机制，组织开展冬春病死动物无害化处理专项监管行动，出动监督检查人员20989人次，巡查排查场所19336个次，严厉打击随意弃置和屠宰加工死亡动物等违法犯罪行为；市、县、镇三级监管部门组织相关工作人员，对病死猪无害化处理补助的情况进行核查，并做好病死猪无害化处理补助的申报工作。2015年，由于畜牧业转型升级，畜禽饲养量大幅下降，死亡动物无害化处理量比上年下降47.60%。

【畜禽遗传资源保护】 2015年3月，嘉兴青莲黑猪原种场有限公司被农业部授予“国家级嘉兴黑猪保种场”称号，成为国内唯一一家国家级黑猪保种场。同时争取到年度省财政保种经费30万元，用于提升嘉兴黑猪保种硬件设备和技术软件。2015年，在浙江省第五届赛羊会上，桐乡市众成湖羊专业合作社和海宁市嘉海湖羊繁育有限公司选送的两只种公羊均获一等奖。

【动物疫病综合防控】 2015年，全市未发生重大动物疫情。年内，全市各类疫苗免疫生猪

503.7 万头次，使用口蹄疫疫苗免疫牛羊 117.4 万头次，使用禽流感、新城疫疫苗免疫家禽 8019.2 万羽次；监测样本 79078 份，各类免疫抗体合格率均超过农业部合格标准。2015 年，全市累计调入备案 4.10 万批次，安全调入活畜禽 341.46 万头（羽）、动物产品 1.66 万吨。全市 3 个公路动物卫生监督检查站共检查运载车辆 7.05 万辆次，涉及活畜禽 267.57 万头（羽）、畜产品 8.30 万吨，查获问题车辆 16 辆次并按规定进行处置。其中乍嘉苏高速公路动物卫生监督检查站检查运载车辆 4.73 万辆，涉及活畜禽 233.39 万头（羽）、畜产品 7.77 万吨，查获问题车辆 14 辆次并按规定进行处置。此外，还查获一起伪造检疫合格证明案件线索并移交相关部门处理。全年共检疫生猪 432.58 万头（产地检疫 96.45 万头、屠宰检疫 336.13 万头）、牛羊 21.82 万头、家禽 5722.61 万羽；检出病害家畜 0.45 万头，病害家禽 1.04 万羽，均按规定进行无害化处理。同时，加快推进动物检疫电子出证试点工作。年内，全市注册使用识读器 688 台，使用生猪耳标 102.68 万枚。

【畜禽农产品安全监管】 2015 年，全市开展盐酸克伦特罗、莱克多巴胺、沙丁胺醇三项违禁药物快速监督检测 76.73 万批次，其中养殖环节 33.19 万批次，合格率 100%；屠宰环节 43.54 万批次，合格率 99.99%。全年承接部级、省级畜产品质量安全例行监测 10 次，抽检屠宰和流通环节畜禽肉、内脏、禽蛋、生鲜乳等各类样品 713 份次。开展“百日会战”行动，完成市级 1833 个批次的畜产品质量安全监测，合格率 100%。

【畜禽屠宰监管】 2015 年，全市开展生猪定点屠宰企业专题调研，起草《嘉兴市生猪屠宰行业发展现状及建议》，针对生猪定点屠宰场（点）生产现状、存在问题，研究发展对策。优化屠宰行业结构，生猪屠宰企业从 42 家减为 25 家（屠宰场 13 家、屠宰点 12 个）。安排专项资金 300 万元，扶持定点屠宰企业改造提质，逐步提升屠宰行业整体水平。牵头组织相关职能部门执法人员每周开展 1 次市场销售白板肉、活禽及非定点屠宰家禽产品检查，每季对定点屠宰企业进行执法检查，每半年组织屠宰环节病害猪无害化处理核查。开展肉品质量安全专项整治“百日行动”会战和生猪屠宰专项整治行动，排查风险隐患，严厉打击各种屠宰违法行为。全年开展执法 2291 次，出动执法人员 9047 人次，检查生猪定点屠宰场、屠宰点和肉品经营户 42661 户次，查处违法案件 11 件，取缔私屠滥宰窝点 10 个，立案 2 起，收缴违法产品 2242.18 公斤，处罚违法人员 12 人。继续推行主城区家禽“杀白”上市，两家屠宰企业日屠宰量 1.5 万余羽，有效保障市场“杀白”禽供应。

【H7N9 流感防控工作】 2015 年，市农经部门组织开展地毯式排查，启动 H7N9 防控周报制度，累计出动人员 1.09 万人次，巡查养禽场（户）1.03 万个次，未发现异常情况。同时，开展疫情监测，累计检测 H7N9 亚型非免疫抗体 10049 份，检出阳性 41 份；检测 H7N9 病原 6628 份，检出阳性 22 份，对涉检疫情家禽及同群全部按规定进行扑杀并作无害化处理。同时，进一步完善应急机制，加强与卫生、市场监管等部门联系，形成工作合力，并强化对相关从业人员宣传教育，普及防控知识。

（竺珊珊）

林　业

【概况】 2015 年，嘉兴市按照省委、省政府“五年绿化平原水乡十年建成森林浙江”的总要求，推进平原绿化扩面提质，提升城镇村庄绿化水平，美化城乡生态环境。完成平原绿化面积 2524 公顷，封山育林面积 1096 公顷，四旁植树 51 万株。年末，林木种苗花卉实际育苗面积达到 10595 公顷。

2015 年，全市签发木材运输证 31241 份、检疫证 64951 份；木材采伐证 118 份，未突破采伐限额;审核审批野生动物驯养繁殖许可证和经营利用核准证40件;办结林业行政案件11起,处罚11人次,罚款5.5万元。全年未发生森林火灾。全市林业有害生物成灾面积170.87公顷,成灾率3.34‰;无公害防治面积395.67公顷,无公害防治率100%;预测发生面积327公顷,实际发生面积346.73公顷,测报准确率94.31%;应施种苗产地检疫面积5481.33公顷,实施检疫面积5670.73公顷,种苗产地检疫率103.5%。"四率"指标均超额完成省林业厅下达的"十二五"期间林业有害生物防治目标管理年度指标。

年内,海盐县被授予"浙江省森林城市"称号,南湖区新丰镇,秀洲区油车港镇,平湖市钟埭街道,海宁市丁桥镇,桐乡市河山镇、洲泉镇被授予"浙江省森林城镇"称号。海宁市、嘉兴市农业科学研究院(所)获得"全国绿化模范单位"称号,平湖市林业工作站张秀玲获得"全国绿化奖章"。南湖区联丰村等16个村成功创建"浙江省森林村庄",平湖市虹桥景苑社区等19个行政村(社区)被评为"嘉兴市绿化示范村"。年内,县级湿地保护规划编制工作有序推进,6个县(市、区)的湿地保护规划顺利通过评审。

【完成中央重点沿海防护林建设】 2015年,省发改委和省林业厅下达给嘉兴市中央扩大内需重点沿海防护林建设任务725公顷。嘉兴市将重点沿海防护林工程列为2015年重点工作之一,明确分管领导,落实责任处室,成立督查组,多次到建设单位监督建设进度,现场检查造林情况。同时指导各地做好造林作业编制、规划设计及资金管理工作,严格实施定期上报制度。全市完成重点沿海防护林建设任务740公顷,完成省林业厅下达任务的102.1%,累计完成投资1759万元。

【整治公路铁路沿线绿化环境】 2015年5月,全市启动公路铁路沿线环境专项整治百日行动,并将道路绿化作为其中一项重要内容,要求对主干道路通过新种、补植、改造、抚育等措施,完善林带长度和宽度,改善树木生长条件,提升通道绿化景观效果。根据市政府的工作部署,市绿委办及时制订整治方案,明确目标任务,加强巡查指导,督促道路业主单位做好绿化的补植连接、加宽加厚、养护管理工作。专项整治期间,全市累计清理死树枯枝面积639.73公顷,完成绿化改造提升面积155.8公顷,其中沪杭高速(高铁)沿线新种和补植各类树苗4000余株,全市主干道路绿化景观得到明显提升。

【召开花卉苗木产业转型发展座谈会】 4月21日,全市花卉苗木产业转型发展座谈会在海宁召开,全市花卉苗木优秀企业、专业合作社负责人及大户等40余人参加会议。会议组织参观浙江森城实业、浙江虹越花卉2家育苗龙头企业,4家企业作交流发言,并提出通过调整育苗品种结构、打造特色精品苗木、推行容器育大苗、发展苗木电子商务等方式,推进育苗品种结构调整和育苗方式转变。林业部门简化行政审批、强化政策扶持、加强技术指导和强化宣传推荐,为育苗企业转型发展做好服务工作。

【提升京杭大运河沿岸绿化】 2015年,市农业经济局会同市财政局联合印发《关于加快提升京杭大运河嘉兴段沿岸绿化的实施意见》,全面启动沿岸绿化提升改造工作。秀洲区结合京杭大运河沿岸现状,提出分类实施方案,以沿岸镇为实施主体,市区以北以新建为主,市区以南以补植提升为主;市、区财政按1∶1落实补助资金。2015年,完成绿化长度9千米,面积10公顷。

【全民义务植树活动】 2月25日,嘉兴市开展新春上班首日义务植树活动。刘冬生、高玲慧、胡海峰等市领导和市级机关部门、单位负责人及秀洲区四套班子领导、机关干部等到嘉兴市应急备用水源地(秀湖)参加义务植树活动。当日,全市近2000名机关干部参加义务植树,种植树木1万株。植树节前,团市委、市绿委办、市治水办联合举办"百团添万绿——保护母亲河”植树行动，动员全市团员青年、志愿者和市民群众参与河岸植树、河道垃圾清理等活动。全年参与义务植树活动的人数30万人，种植树木80万株。

【平湖市国有林场改革通过省级验收】 2015年，平湖市国有林场围绕“事企分开，明确职能”“确定编制，提升类别”“创新机制，购买服务”“加强保障，合理负担”“落实保障，平稳过渡”“政策支持，改善设施”等重点，加快推进改革进度，于12月底通过省级验收。

【年森林采伐限额编制成果通过论证】 年内，嘉兴市召开“十三五”期间年森林采伐限额编制成果论证会。与会专家一致认为嘉兴市各县（市、区）“十三五”期间年森林采伐限额编制基础数据翔实有效，成果资料齐全可信，确定的限额建议指标总量适当。嘉兴市“十三五”期间年森林采伐限额编制成果通过论证。

（周海明）

【参加省第十三届兰花博览会】 2月27日至3月2日，浙江省第十三届兰花博览会在杭州市余杭区举行。嘉兴市兰花协会选送158盆精品兰花参加展览和评选。经过评选，嘉兴市选送的“双艺荷”等2盆兰花获得银奖，“龙字”等2盆兰花获得铜奖。

【参加省第六届花卉展示展销会】 3月27～30日，嘉兴市组团参加省农业厅主办的浙江省第六届花卉展示展销会。全市9家企业参加花展会，展出产品有杜鹃、百合、天堂鸟、多肉植物、杭白菊等鲜花和盆栽类产品，展会期间累计销售额4.2万元。碧云花园有限公司参展的杜鹃获得浙江省第六届花卉展示展销会特金奖、嘉德园艺有限公司参展的百合获得金奖。

【举办嘉兴兰花博览会暨春季花卉展销会】 4月10～12日，2015年嘉兴兰花博览会暨春季花卉展销会在嘉兴国际会展中心举行。花展以“花卉让生活更美好”为主题，旨在弘扬花卉文化，引导花卉消费，美化群众生活。展会期间，展出全市精品兰花200余盆，包括春兰、蕙兰、墨兰等品种。展会评选出特金奖2个、金奖8个、银奖15个。此外，参加兰花博览会暨春季花卉展销会的还有13家企业，展销品种有多肉植物、红豆杉、铁皮石斛等。

【举办中国（嘉善）杜鹃花展】 4月18日至5月8日，2015中国（嘉善）杜鹃花展在大云镇碧云花园举行。省人大农业与农村委员会主任委员俞仲达、省农产品行业协会联席会议秘书处秘书长王良仟、省作家协会主席黄亚洲、中国花卉协会杜鹃花分会秘书长贾伟、省花卉协会会长邢最荣、中国花卉协会杜鹃花分会副秘书长夏宜平等出席开幕式。展会评选出杜鹃盆景（造型奖、栽培奖）金奖5个、银奖10个、铜奖15个。同时举行杜鹃花精品展示、“江南绣娘·善润花乡”农民十字绣花卉作品成果展、“非遗·花农·善制作”民俗文化展、度假区LOGO征集发布仪式暨“花乡乐骑”亲子骑行活动、杜鹃盆花展销等活动。

（徐亦成）

海洋与渔业

【概况】 2015年，全市水产养殖总面积19940公顷，比上年减少647公顷，下降3.14%；工厂化养殖水体92.46万立方米，增加1.01万平方米，增长1.1%。其中淡水养殖面积19696公顷，减少611公顷，下降3.01%；海水养殖面积244公顷，减少36公顷，下降12.86%。全市水产品总产量150620吨，减少12894吨，下降7.89%。其中海洋捕捞产量693吨，减少516吨，下降42.68%；海水养殖产量624吨，减少204吨，下降24.64%；淡水捕捞产量26161吨，减少705吨，下降2.62%；淡水养殖产量123142吨，减少11469吨，下降8.52%。全市渔业经济总产出

598733万元，下降3.55%。其中渔业产出403541万元,下降4.93%;涉渔工业和建筑业总产出118626万元,下降4.16%;涉渔流通和服务业总产出76566万元，增长5.55%。2015年,全市实现渔业经济增加值196319万元,下降1.11%,其中渔业增加值165084万元,下降0.4%。全年水产品出口总量1660吨，贸易额930万美元,分别增长75.85%和51.47%。

【现代渔业园区建设】 2015年,全市通过省级现代渔业园区验收挂牌7家，其中综合园区1家、主导产业园区3家、精品园区3家,完成省下达目标任务。园区引进新品种3个,推广新技术、新模式6项。“十二五”期间,全市通过现代渔业园区验收35家,通过率50%。

【推进生态渔业建设】 2015年，嘉兴市继续“加快渔业转型促治水”，推进生态渔业建设。全市累计完成生态化改造面积471公顷,投资1293.4万元,完成省定任务的267.5%;稻鱼共生轮作面积374.5公顷,投资973.8万元,完成省定任务的133.7%；划定整治水产禁限养区92.2公顷，其中拆除甲鱼温室面积70.8公顷(嘉善9.07公顷、海宁61.73公顷),整治面积21.4公顷,投资9953万元。

【种子种苗工程】 2015年,全市推广南美白对虾“浙桂一号”和SIS、正大一代苗,南美白对虾优质种苗覆盖率达到80%;引进长丰鲢、“太湖二号”青虾、“南太湖二号”罗氏沼虾、缩骨鱼等名、优、新品种,并探索适合嘉兴市的养殖模式。推动水产良种繁育体系建设,年内,创建省级水产规模化繁育基地1家和市级水产良种场2家。

【基层渔技推广体系建设】 2015年,嘉兴市通过承接农业部基层渔技体系建设项目,形成以渔技顾问、首席渔技专家为龙头,渔技指导员为骨干,责任渔技员、科技示范户为基础的联动模式。全市共聘用专业渔技员115名,其中渔技顾问6名、首席渔技专家5名。培育科技示范基地18个、科技示范户639户,培育示范面积3948公顷,带动农户7064户,推广面积1.34万公顷。年内,秀洲区、平湖市水产站获得全国基层水产技术推广示范站称号。

【水产品质量安全监管】 2015年,嘉兴市加强水产品质量安全监管。一是开展水产品质量“百日会战”整治行动。全市举办培训12期,培训人数779人;举办主题宣传23次,发放宣传资料8115份，发放水产品质量安全告知书6185份，签订初级水产品质量安全承诺书6348份。全市出动执法人员573人次,全面排查甲鱼、牛蛙、南美白对虾、罗氏沼虾苗种等生产经营单位和养殖密度高、质量风险隐患大的养殖场(户),对投入品使用、“三项记录”(生产记录、用药记录、销售记录)填写情况等进行检查,共检查养殖场、苗种场、水产品贩销、鱼药店、水产冷库1234家,监督抽样33个。对检查中发现的48家未按规定填写“三项记录”,投入品仓库设置不规范的养殖场(户)发出责令改正通知书。二是加强水产品质量安全检测。年内,完成水产品产地抽样471个批次,农业部市场例行检查60个批次，省级水产品风险监测抽样40个批次,农业部、省级投入品抽样37个批次。三是启动水产品质量生产管理可追溯体系建设。年内,全市完成市级水产品质量管理平台开发、2个“四位一体”建设点和20个主体追溯点建设;8月举办追溯试点操作培训,11月底完成对试点单位人员辅导,12月10日前完成相关基础数据上传和首批追溯码签发。

【水生动物疫病监测】 年内,嘉兴市首次承担国家水生动物疫病监测任务,其中南美白对虾成虾设置2个监测点，虾苗设置5个监测点,淡水鱼设置6个监测点,年内,完成疫病采集样本26批次。6月11日,在海盐县水牛动物疫病实验室举办全市水产动物疫病检测技术操作培训,培训南美白对虾白斑病毒(WSSV)、皮下及造血组织坏死病毒(IHHNV)检测技术,提高县级实验室操作水平。

【开展海域"一打三整治"专项执法行动】 年内,嘉兴市根据海域"一打三整治"年度工作责任书要求,开展专项执法行动。对拆解的86艘、留作他用的5艘涉海"三无"(无船名号、无渔业船舶证书、无船籍港)船只取缔工作进行核查,落实他用"三无"船舶监管责任,严厉打击省际流窜涉渔"三无"船舶;整治"套用证书"渔船10艘,"船证不符"海洋渔船253艘;开展杭州湾海域伏季休渔专项检查67次,处罚违规案件4起,会同公安边防清理各类违规网具1781件;对7家渔船修造企业开展现场检查;会同环保、水利等部门对沿海各入海排污口进行实地检查,整治海洋环境污染。

【海洋规(区)划修编】 年内,市海洋与渔业局完成《嘉兴市海洋功能区划(2013～2020年)》《嘉兴市海岛保护规划(2013～2020)》的编制。起草《关于全面实施海域、海岛资源市场化配置的若干意见》和《关于加强我市海岛和海域保护资金使用管理的意见》,探索海域资源市场化配置和海岸线资源统筹有序管理措施。

【加强海洋管理】 年内,市海洋与渔业局首次组织开展填海项目竣工海域使用验收,对海盐县东段围涂二期工程1号海域等3个填海工程进行填海竣工海域使用验收;编制完成《嘉兴市2015年度围填海计划》,落实年度围填海指标200公顷;完成平湖市独山港3～2号区块、嘉兴港区老海塘南侧、兴兴新能源公司东侧区块2宗海域、海盐县东段围涂二期3号4号6号拟出让海域、平湖独山4号5号拟出让海域、平湖市独山港区振港路南段新建工程共191.98公顷建设用填海指标预审;完成登记并确权海域4宗(海盐县东段围涂二期1号海域A区15.49公顷、B区14.00公顷、C区13.99公顷和嘉兴港独山港区B区28号码头区块5.46公顷),确权面积48.94公顷;会同国土、规划、水利等有关部门,组织平湖市、海盐县开展存量围填海梳理核查工作。全市纳入存量围填海2065.96公顷,为加强围填海管理积累基础资料。同时,组织平湖市、海盐县、海宁市启动嘉兴市大陆海岸线调查工作。

【海洋环境保护】 年内,嘉兴市继续实施"蓝色屏障行动",编制并向社会发布《2014年嘉兴市海洋环境公报》;制定《嘉兴市2015年海洋环境监测工作方案》,重点对秦山核电核辐射、近海海水质量、近岸海域沉积物质量、沿岸海域环境综合质量、主要河流污染物入海量、排污口及邻近海域生态环境质量、杭州湾生态系统环境状况等开展监测分析;编制《浙能嘉兴独山煤炭中转码头工程》生态补偿项目实施方案,组织开展涉海工程环评和渔业水域环境监测等工作。

【推进增殖放流活动】 2015年,市海洋与渔业局推进水生生物资源增殖放流工作,严格实行增殖苗种招评标制度,不断提高增殖实效。全市增殖放流各类苗种12783.58万尾,投入放流资金182.6万元,其中嘉兴市区和本级重点水域增殖放流各类鱼苗2129.1万尾,投入资金36.21万元。

【渔业安全管理】 年内,嘉兴市签订《渔船安全生产目标管理责任书》,落实"定人联船""定人随访""编组生产" 等安全生产管理制度;开展"打非治违"专项行动,完成2154艘渔业船舶的登船检验;完成嘉兴市县级海洋与渔业突发事件应急视频会商系统建设项目;组织相关县(市)海洋与渔业局到上海崇明岛、大治河等地开展跨海区作业渔船安全生产情况检查。全年嘉兴市渔船没有发生人员死亡安全生产事故,获2015年度全省渔船安全生产目标管理责任制考核优秀单位。

【海洋与渔业行政执法】 年内,嘉兴市开展"碧海2015""海盾2015""护岛2015"等海洋专项执法巡查,出动执法人员172人次、船舶25

航次,航时 81 小时,航程 934 海里,获取海岛照片 96 张,摄像 100 分钟,更新海岛执法档案 13 个,登岛检查 25 个,并对全市 32 个无居民海岛进行执法检查。开展“春潮 2015”“护渔 2015”等渔业资源保护专项执法行动,查处电力捕鱼案件 2000 余起,清理各类违规网具 6000 余件。

(沈东明　徐卫国)

农　机

【概况】 2015 年,嘉兴市加快推进农业生产“机器换人”。年内,全市拥有农业机械总动力 142.93 万千瓦,较上年减少 4.94 万千瓦,下降 3.34%;农业机械原值 17.02 亿元,增加 0.85 亿元,增长 5.26%;农业机械净值 8.95 亿元,增加 0.49 亿元,增长 5.79%。拥有农业机械总台数 31.69 万台套,减少 2.58 万台套,下降 7.53%,其中耕作机械 1.67 万台套、种植机械 0.10 万台、排灌机械 4.19 万台、植保机械 1.59 万台、收获机械 0.14 万台、收获后处理机械 13.66 万台、农产品粗加工机械 0.66 万台套、畜牧养殖机械 0.33 万台套、渔业机械 3.26 万台套、林果业机械 0.13 万台、茶叶机械 0.03 万台、食用菌机械 0.19 万台、运输机械 1.19 万台、农田基本建设机械 0.11 万台、其他机械 4.44 万台套。设施农业设备面积 11389 公顷,增加 1993 公顷,增长 21.21%,其中连栋温室 176.03 公顷、日光温室 12.97 公顷、钢架大棚 7228.21 公顷、简易大棚 3971.79 公顷。全年完成机耕面积 15.30 万公顷,与上年基本持平,其中春耕 2.17 万公顷、夏耕 8.57 万公顷、冬耕 4.56 万公顷;机播面积 2.59 万公顷,增加 0.14 万公顷,增长 5.85%;机收面积 16.40 万公顷,减少 0.33 万公顷,下降 2.01%;机电灌溉面积 12.53 万公顷,减少 0.27 万公顷,下降 2.11%;机械植保面积 7.67 万公顷,增加 0.47 万公顷,增长 6.55%。水稻机耕面积 8.93 万公顷,机械种植面积 2.48 万公顷,机收面积 10.64 万公顷;大小麦机耕面积 3.34 万公顷,机播面积 0.10 万公顷,机收面积 4.83 万公顷;油菜机耕面积 0.27 万公顷,机收面积 0.07 万公顷,其他作物机耕面积 0.58 万公顷;机械深耕面积 0.62 万公顷,水稻工厂化播种面积 0.50 万公顷,机械深施化肥面积 0.37 万公顷,农田节水灌溉面积 2.15 万公顷,冷藏保鲜库存储量 26.74 万吨,水果机械分级作业量 2.6 万吨,设施栽培面积 1.34 万公顷。机械化秸秆还田面积 5.44 万公顷,秸秆捡拾打捆面积 0.33 万公顷;机械脱粒粮食 114 万吨,机械烘干粮食 45.42 万吨,机械初加工农产品 88.9 万吨,机械化饲草料加工 2.2 万吨。农机运输作业量 18766 万吨千米,农田基本建设作业量 457.13 万立方米,农机合作社作业服务面积 6.47 万公顷,农机跨区作业面积 4.39 万公顷。全市有农机化作业服务组织 534 个、人员 5347 人,农机户 30939 户、人员 44175 人,农机化中介服务组织 14 个、人员 29 人,农机维修厂(点)292 个、人员 504 人,农机经销企业 16 个、人员 62 人,农机经销点 41 个、人员 79 人,农机供油站(点)18 个、人员 38 人,拖拉机驾驶培训机构 2 个、人员 13 人,乡村农机从业人员 34961 人。全年农机化培训 7282 人次,其中培训农机管理人员 388 人次、培训农机技术人员 3223 人次、培训农机监理人员 179 人次、培训农机操作人员 3397 人次、培训其他人员 95 人;维修农机 146872 台次,其中维修拖拉机 26861 台次、联合收割机 2906 台次、维修水稻插秧机 1018 台次、运输机械 38424 台次、其他农机具 77663 台次;发布各类农机服务信息 7624 条,服务人数 2129691 人次。全市农机经营单位 36913 家,实现农机经营总收入 10.58 亿元,减少 0.16 亿元,下降 1.5%,其中农机化作业收入 9.16 亿元、农机维修收入 0.40 亿元、其他收入 1.02 亿元;农机经营成本与费用 6.94 亿元,其中服务成本与费用 6.17 亿元、管理与财务费用 0.16 亿元、税金及附加 0.14 亿元、其他费用 0.47 亿元;实现农机经营总利润 3.65 亿元,增加 0.09 亿元,增长 2.53%。全年农业生产燃油消耗 7.40 万吨，其中农田作业 2.35 万吨、农田排灌 0.03 万吨、农田基本建设 0.53 万吨、畜牧业生产 0.07 万吨、农产品初加工 0.30 万吨、农业运输 3.74 万吨、其他 0.38 万吨。全市农业机械化总投入 1.94 亿元，增加 0.03 亿元，增长 1.57%，其中财政投入 9949 万元（中央财政 2494 万元、地方财政 7455 万元）、单位和集体投入 1821 万元、农民投入 7581 万元、其他投入 73 万元。

2015 年，全市发生上道路行驶拖拉机甲方责任事故 24 起（其中外省籍拖拉机 20 起），下降 7.7%，死亡 7 人（均为外省籍），下降 12.5%，受伤 19 人，下降 20.8%，直接经济损失 2.99 万元，下降 46.6%，农业作业事故 11 起（受伤 4 人，直接经济损失 8.2 万元），未发生一次死亡 3～9 人的农机事故和 10 人以上的责任事故。

（梅启华）

农村经营管理

【开展农村土地承包经营权登记颁证工作】 2015 年，嘉兴市按照省委、省政府提出的“时间上要更早、标准上要更高、工作上要更细”的要求，确定平湖市为试点县（市），其他县（市、区）各选择一个试点镇，启动农村土地承包经营权确权登记颁证（以下简称“土地确权登记颁证”）工作；成立由市委分管副书记为组长、市政府分管副市长为副组长，市委、市政府分管副秘书长、14 个相关部门负责人为成员的嘉兴市农村土地承包经营权确权登记颁证工作协调小组，综合协调和研究解决工作推进中的重大问题。制定下发《关于印发嘉兴市农村土地承包经营权确权登记颁证工作协调小组及其办公室职责的通知》，明确各成员单位、市协调小组办公室各工作组职责任务。出台《中共嘉兴市委办公室、嘉兴市人民政府办公室关于做好农村土地承包经营权确权登记颁证工作的实施意见》，从目标要求、工作原则、主要任务、组织实施四个方面对全市土地确权登记颁证工作进行部署安排。各县（市、区）也出台相应实施方案。市协调小组办公室制定下发《关于印发农村土地承包经营权确权登记颁证有关政策与问题解答的通知》，编印土地确权操作手册，发放《致农民朋友一封信》，张贴横幅标语，广泛宣传土地确权工作。7 月，全市召开土地确权登记颁证培训动员大会，试点县、试点镇等有关人员参加会议，各县（市、区）也相继召开县（市、区）、镇（街道）培训动员会，全市共举办培训班 13 期，培训人数 1200 余人次，并将工作经费全额纳入财政预算。至年底，全市基本完成测绘招投标工作，各测绘单位进入现场作业，开展入户调查、图上和现场指界、地块测量、数据入库等工作。

【发展村级集体经济】 2015 年，市农经局根据《中共嘉兴市委、嘉兴市人民政府关于实施新一轮村级集体经济“壮大计划”的意见》和“三年行动”的要求（2015 年是本轮村级经济发展壮大的最后一年），会同有关部门梳理扶持项目，加大协调力度，落实财政资金、建设用地指标。同时，打破传统村级集体经济发展“各自为政”格局，以联合体方式参与投资、管理、信贷，投资建设标准厂房、综合用房、农贸市场、职工公寓等，为村级集体经济发展带来稳定收益。至年底，全市三年内共立项目 274 个，投资额 20.09 亿元，其中抱团项目 73 个，投资额 13.71 亿元；已建成项目 163 个，实际总投资 7.4 亿元，新增收益 6261 万元 / 年；全市 866 个村（股份）经济合作社村级集体经济年总收入 216143.32 万元，村均 250 万元，其中村级集体经济年总收入 100 万元以上的村 737 个，占总村数的 85.1%；全市 276 个经济薄弱村年经常性收入全部达到 30 万元以上，实现了经济薄弱村全面转化。

【完善农村产权交易市场建设】 年内，市级、县级农村产权交易中心全部成立，64 个镇（街道）成立镇级农村产权交易分中心，村一级有专门人员负责农村产权交易工作。至年底,全市经土地流转服务组织流转土地面积6.03万公顷,占全市流转土地总面积的75%,经农村产权交易中心流转土地面积占新增流转面积的90%以上。同时,农村产权交易中心在核发土地流转经营权证的基础上,开展以流转经营权和地面地下设施附着物作抵押的专项贷款,发放土地流转经营权证457张,权证面积6193.33公顷,发放贷款4.09亿元;村集体所有房屋、鱼塘等租赁、转让引入“不低于底价、价高者得”的市场化竞价交易机制,全市交易村级集体资产2372单,交易金额2.74亿元,增收10%以上。探索农村集体资产股权交易、抵押担保等机制。制定下发《农村集体资产股权备案和交易管理规则》,以制度规范股权流转的条件、对象、程序、方式及流转后股权的变更、权利义务转移等规则,逐步扩大股权流转试点范围;制定出台《嘉兴市农村集体资产股权质押贷款管理办法(试行)》,开展股权抵押贷款试点。海盐、海宁、嘉善等地开展股权抵押和流转试点,全年开展农村集体经济股权抵押8单,累计发放贷款336万元;开展农村集体经济股权交易573单,交易金额220.83万元。

【农民专业合作社监管】 年内,市农经局出台《嘉兴市示范性农民专业合作社认定管理办法》。4月,部署开展年度市级示范性农民专业合作社的申报和监测工作。10月,召开2015年度市级示范性农民专业合作社监测及新申报评审会议。评审组对各县(市)的申报材料进行审核认定,对市本级申报的合作社进行实地查看,认定7家申报合作社为2015年度市级示范性农民专业合作社,78家上报监测合作社通过监测。年内,根据农业部和省农业厅要求,对全市的国家级、省级示范性农民专业合作社进行申报和监测,经农业部、省农业厅审定,全市获得国家级示范性农民专业合作社27家,省级示范性合作社72家。年内,根据省农民专业合作社信用评价工作要求,全市获得信用AAA级合作社15家、AA级合作社359家、A级合作社726家。

【家庭农场监管】 年内,市农经局出台《嘉兴市示范性家庭农场认定管理办法》。4月,部署开展年度市级示范性家庭农场的申报和监测工作。10月,召开2015年度市级示范性家庭农场监测及新申报评审会议。评审组对各县(市)的申报材料进行审核认定,对市本级申报的家庭农场进行实地查看,南湖区余新镇建丽农场等23家家庭农场符合市级示范性家庭农场要求,29家上报监测合作社通过监测。年内,根据省农业厅要求,对全市省级示范性家庭农场进行申报和监测,经省农业厅审定,全市获得省级示范性家庭农场38家。同时,市农经局、市信用联社联合印发《嘉兴市家庭农场信用评定管理办法(试行)》,对全市家庭农场开展信用评定工作,农信机构将按信用评定结果给予家庭农场信贷资金优先、利率优惠、贷款授信优惠等政策。

【探索股份经济合作社政经分离试点】 2015年,海宁市在海洲、海昌街道3个村开展政经分离试点,通过村股份经济合作社与村民委员会的人员资格分离、组织功能分离、干部管理分离、议事决策分离、账目资产分离,构建“产权清晰、权责明确、管理规范、分配有序”的基层管理新模式。年内,试点工作完成了组织功能定位、账户分设、资产分离、决策分离。村股份合作社政经分离后仅保留经济职能,有利于农村集体资产的保值增值,也有利于实现农村治理能力和治理体系的现代化。

(陈卫红)

工　业

综　述

2015年，嘉兴市完成规模以上工业总产值7572.8亿元，比上年增长1.1%，总量列全省第四位，增速列全省第六位；规模以上工业增加值1449.0亿元，增长5.6%，总量列全省第四位，增速列全省第五位，其中制造业产值6873.9亿元，增长0.4%；制造业增加值1234.2亿元，增长3.9%。完成工业投资1118.0亿元，增长11.7%，总量列全省第三位，增速列全省第五位，其中技改投资871.4亿元，增长31.7%，总量列全省第三位，增速列全省第二位。年内完成上级下达的淘汰落后产能和节能降耗目标任务。

生产增速维持较低水平。"十二五"时期，规模以上工业增加值、规模以上工业总产值、工业用电量，均为历史新低，工业经济下行压力明显。2015年，全市工业增加值1667.9亿元，占全市生产总值的47.4%，比上年增长5.7%。规模以上工业增加值增速5.6%，低于年初预期7.5%，高于全省平均1.2个百分点。

产品价格维持较低水平。"十二五"时期，嘉兴市工业品价格逐年下滑。2015年，全市工业产品购进价格比2010年下降10.3%，比2014年下降5.5%；出厂价格比2010年下降5.8%，比2014年下降3.6%。初级产品价格下降幅度最大，五年下降31.2%。电子半导体材料、钢筋、基础化工等产品价格下降幅度较大，五年分别下降66.9%、44.7%和38.2%。初加工制造能力的竞争优势逐步消失。

投资意愿维持较低水平。"十二五"时期，嘉兴市工业投资省考核实现四连冠，累计获得64公顷奖励土地指标和1460万元奖励资金。"十二五"期间，投资边际效益递减，投资产出率低，企业投资意愿下降。2015年，全市报装企业数比上年下降19.2%，报装容量下降16.4%。企业用电需求大幅下降，标志着工业投资增速下降。

质量效益较快提升。"十二五"时期，嘉兴市超额完成节能降耗和淘汰落后产能任务，工业质量和效益明显提高。2015年，规模以上工业增加值率19.1%，比上年提高1.1个百分点，与全省平均19.7%的差距比上年缩小0.3个百分点；规模以上工业企业的主营业务收入利润率5.6%，比上年提高0.3个百分点；规模以上工业企业全员劳动生产率17.6万元/人·年，比上年提高8%，五年年均增长9.9%；万元地区生产总值能耗下降3.5%左右，五年累计下降19%左右。

结构优化稳步推进。"十二五"时期，嘉兴市加快工业转型升级，进一步优化产业结构。2015年底，高新技术产业、装备制造业、战略性新兴产业（省标）增加值分别为612.4亿元、360.7亿元和411.3亿元，占规模以上工业增加值的42.3%、24.9%和28.4%，比上年分别提高3.4个百分点、0.6个百分点和2个百分点。纺织、服装、皮革、木材加工、家具制造、造纸、化纤、橡胶和塑料制品八大传统产业的规模以上产值3154.8亿元，占规模以上工业产值的41.7%，比上年下降4.1个百分点。"互联网+"等新业态发展迅速，2015年，全市实现网络零售额835.6亿元，增长35.8%。

企业实力日益增强。“十二五”时期,嘉兴市实施大企业数量倍增计划。至2015年底,全市销售收入超百亿元企业4家(桐昆集团、新凤鸣集团、晶科能源和秦山核电);超10亿元企业106家,比2010年翻一番;超亿元企业1188家。拥有省级“三名”(知名企业、知名品牌、知名企业家)培育试点企业6家,市级“三名”培育试点企业36家。2015年,全市高新技术企业496家,五年累计增加234家;科技型中小企业1623家,比上年增加319家,五年累计增加901家;拥有国家级企业技术中心4家,省级企业技术中心63家,分别比上年增加1家和5家,五年累计分别增加2家和22家。生辉照明成为国内LED照明行业龙头企业,舒福德成为国内智能电动床行业龙头企业,新澳纺织成为国内精纺行业龙头企业。

企业负担明显下降。“十二五”期间,嘉兴市落实国家、省各项惠企政策,开展涉企收费清理规范行动,2015年减免行政事业性收费和政府性基金5.52亿元;调整社会保险费率,医疗保险费率从8%下降至7.5%,生育保险费率从0.8%下降至0.5%,失业保险费率从2%下降至1%。

创新能力不断增强。“十二五”期间,嘉兴市实施创新驱动战略,提升企业的科技创新能力、管理创新能力和制度创新能力。2015年,规模以上工业企业的科技活动经费占主营业务收入的1.78%,五年累计提高0.24个百分点。至年底,全市有股份制企业353家,比上年增加89家;境内、外上市公司40家,比上年增加5家,五年累计增加18家。全市有省精细化管理示范企业12家,省级管理创新试点企业13家。

【启动工业特色小镇建设】 2015年,嘉兴市召开工业特色小镇创建工作推进会,筛选出24个工业特色小镇名单,并出台《关于推进嘉兴市工业特色小镇建设的实施意见》和《嘉兴市市级工业特色小镇管理办法》。

【共建“新型智慧城市”建设标杆市】 2015年8月,嘉兴市被国家网信办确立为全国三线城市新型智慧城市建设标杆市。市政府与中国电科建立战略合作伙伴关系,联合打造智慧新嘉兴。中国电科将全面承接嘉兴市新型智慧城市标杆市建设并开展技术总体工作,在面向政府、企业、市民、城市管理等方面提供一体化的信息技术服务,响应国家实施大数据战略和网络强国战略,培育打造大数据产业基地;嘉兴市政府将发挥资源优势、政府服务和政策优势,支持中国电科在嘉兴市发展。

【实施“机器换人”专项行动】 2015年,嘉兴市实施“机器换人999”专项行动,突出扩面升级。年内,加强“机器换人”行业试点建设,组织嘉善木业、海宁经编、秀洲汽配行业申报省级“机器换人”行业试点示范,组织汽配、电子信息、五金机械、化纤、塑料橡胶等行业进行市级“机器换人”行业试点示范建设。同时,根据块状经济和重点行业成立15个专家指导组和51家工程服务公司,组织举办22场专家服务对接会等活动,专家上门服务达到1000多次。至年底,累计实施“机器换人”企业1705家,基本实现三年规模以上企业“机器换人”全覆盖;涉及“机器换人”项目1887项,完成投资539.1亿元,占技改投资的61.9%。

【工业企业绩效评价结果应用】 2015年,全市完成新一轮(2012~2014年)工业企业绩效综合评价,评选出嘉兴市工业企业综合绩效“百佳”企业。同时,强化工业企业绩效评价结果应用,实施差别电价、差别水价、差别化城镇土地使用税,差别化供地等政策。全年差别电价执行企业661家,执行金额2776.2万元;差别水价执行企业1423家,执行金额568.4万元;减免城镇土地使用税企业7648家,减免金额3.1亿元;实施差别化地价供应产业项目65宗,修正地价金额1.91亿元。

【分布式光伏发电应用】 嘉兴市作为全省光伏“五位一体”综合试点城市,光伏产业规模、发电受理装机容量和并网装机容量均居全省前列。2015年组织实施发展太阳能光伏专项行动，召开农光互补现场会，研究制定差异化扶持政策，太阳能光伏分布式发电应用发展较快。至年底，嘉兴市受理光伏项目949个，装机总容量884.1兆瓦，占全省的48.9%；并网运行光伏项目871个，并网总容量721.6兆瓦，占全省的51.7%。

【成立长三角·嘉兴工业设计院】 2015年上半年，长三角·嘉兴工业设计院正式成立。该设计院以嘉兴市工业设计协会为建设主体，以上海交大(嘉兴)科技园为依托单位，围绕推进区域经济转型升级及高校设计成果的转化应用，分行业、分类别地开展工业设计研究，以具体项目为载体组织设计资源、提供设计服务、开展设计交易，促进工业设计产业发展，不断提升区域创新能力。2015年，嘉兴市新增10家省级工业设计中心。

【开展“转型发展服务年”活动】 2015年，市委、市政府组织开展“转型发展服务年”活动，实施市领导联系镇(街道)转型发展工作制度和市级有关部门牵头组团服务市本级镇(街道)制度，建立帮扶工作常态化机制、基层企业问题解决机制和督查考评机制，强化组织领导、工作纪律、宣传引导。全年市领导联挂走访服务、市本级组团服务共2100余人次，走访市本级规模以上企业900多家，收集梳理各类问题350多个，解决各类问题270多个，累计编发“转型发展服务年”活动通报53期。开展金融指导员进企业服务活动，共组织262名金融指导员分两期进驻市本级720家规模以上内资企业。

(吕荧萍)

传统优势产业

【概况】 2015年，受全球经济周期影响，嘉兴市四大传统产业纺织、服装、化纤、皮革进入转型升级的深度调整，库存增加，市场价格持续走低。同时，嘉兴市优势产业中电子信息发展较快，在闻泰、德景等几家龙头骨干企业的带动下，终端设备制造发展迅速；光伏产业继续保持较快增长；装备制造业运行相对平稳，部分企业在竞争中逐渐凸显高端优势。

2015年，纺织服装业向品牌经营转型，积极发展时尚产业；同时，加大淘汰落后产能力度，出清低效产能。全年纺织服装业实现规模以上产值1377亿元，比上年增长2.1%；规模以上增加值297.5亿元，增长3.5%。时尚产业规模以上产值682亿元，增长5.7%；增加值139.6亿元，增长5.8%。纺织业运行继续好于服装业，规模以上工业增加值率19.2%，比上年提高0.9个百分点；规模以上工业劳动生产率达14.6万元/人·年，提高15.9%；主营业务利润率4.2%，提高0.3个百分点；产销率较上年有所下降，产成品存货占销售收入的8.9%，去库存压力加大。服装业产、销、利、税均下降，内生增长动力尚未形成，然而，企业从贴牌加工向品牌经营转变过程中，劳动生产率持续提高，规模以上劳动生产率9.6万元/人·年，提高2.1%。

2015年，受石油价格持续走低影响，化纤产品价格一直低位徘徊，涤纶长丝价格5600元/吨左右(不含税)，比历史高点下降32%。受价格等因素影响，化纤产值出现负增长，全年化纤行业规模以上产值542.6亿元，比上年下降5.2%；规模以上企业实现利润总额14亿元，下降9.7%。

2015年，皮革服装业贴牌及出口订单量持续萎缩，加上“暖冬因素”，皮革服装企业开工不足，库存激增。部分企业采取“甩卖”的方式去库存，导致利润大幅缩水甚至出现亏损。皮革沙发业受美国市场需求复苏及美元走强影响，总体产销良好。全年皮革行业实现规模以上产值36.7亿元，比上年增长1.7%；利润总额18.5亿元，增长8.1%，比上年下降8.2个百分点；亏损面14.1%，比上年末扩大1.8个百分点。

2015年，信息产业实现电子信息制造业规模以上总产值917.1亿元，比上年增长15.8%，其中光伏产业产值327.7亿元,增长27.6%,利润总额54.4亿元,增长23.7%;完成信息产业主营业务收入918亿元,增长12.3%,其中软件收入28亿元,通信运营收入48亿元。产业集聚度较高,龙头骨干企业带动作用明显,入选全国电子信息百强企业的晶科能源、闻泰通讯2家企业的产值占全市电子信息产业产值的20%;入选中国电子元件百强企业的天通控股、佳利电子和嘉康电子3家企业的收入占行业收入的40%以上;以闻泰通讯和德景电子为代表的智能终端制造继续走在全省前列,全年生产4G智能手机3700万部,约占全省手机产量的75%。7家企业入选浙江省电子信息成长性特色企业。

2015年,嘉兴市装备制造业由于产业层次较低,缺乏整机及核心部件企业,因此在经历2014年短暂的高速增长之后,出现明显回落。全年实现规模以上工业增加值360.7亿元,比上年增长6.9%,回落8.8个百分点;占规模以上工业增加值的24.9%,占比低于全省平均11.9个百分点。汽车及零部件、光伏成套设备及部件、高效节能装备等高端装备,全年保持良好发展态势,高端装备制造业增加值149亿元,增长5.0%;产值738亿元,增长4.3%;装备制造业工业增加值率20.7%,比上年提高0.8个百分点;全员劳动生产率14.3万元/人·年,提高6.7%。

【举办"中国箱包产业互联网+产业投资论坛"】 5月15日,由平湖国际箱包城、财通证券股份有限公司、正和岛互联网+部落等联合主办的"中国箱包互联网+产业投资论坛"在平湖举行,全国各地500多家原辅料企业、成品箱包企业参加论坛。在移动互联网时代,智能化是箱包制造行业未来的发展趋势,论坛的召开推动了相关行业的密切交流与跨界合作。

【时尚产业加快发展】 2015年,嘉兴市制定的《关于加快时尚产业发展的实施意见》,围绕精品纺织、皮革制品、品牌女装三大产业链的提升发展,编制五年行动计划,提出发展目标:到2020年,形成设计、制造、营销等环节协调完善的时尚产业链,全产业链销售收入达到1000亿元以上,并形成100个左右市级以上时尚品牌群体、10家以上省内外知名时尚品牌龙头企业,以及一批时尚产业园区和街区。年内,海宁成为全省6个特色时尚产业基地建设试点之一,海宁皮革时尚小镇、桐乡毛衫时尚小镇成功创建为省首批特色小镇,浙江雅莹集团有限公司等6家企业、玖姿等12个品牌列入省第一批重点企业和品牌培育对象,有2人获得第五届浙江省工艺美术大师称号。2015年,全市时尚产业实现产值681.98亿元,增长5.7%;实现增加值139.55亿元,增长5.8%。

【第三件企业产品获国内首台(套)产品称号】 2015年,嘉兴市继恒锋工具、华岭机电之后,格鲁博机械有限公司的"电机定子柔性自动化生产线"再次获得"国内首台(套)产品"称号。"电机定子柔性自动化生产线"采用模块化和柔性化设计,具有生产自动化、过程信息化、检测智能化等特点,能实现自动化输送、自动精确定位、RFID识别、产品质量追溯、产品性能自动检测、故障自动判定报警等功能,能有效提升劳动生产效率,减少生产线用工人数,提升产品质量和产品合格率。年内,嘉兴市东方菱日锅炉、杰成机械等7家企业产品通过省内首台(套)产品认定。

【生辉照明公司被评为国家级企业技术中心】 2015年,浙江生辉照明有限公司被评为国家级企业技术中心,成为嘉兴市第四家获此殊荣的企业。生辉照明公司是国家级高新技术企业,拥有照明研发、电子研发、封装研发三个研发部,先后获得浙江省专利示范企业、浙江出口名牌、浙江工商企业信用AAA级企业、浙江省信用管理示范企业、浙江省著名商标等称号,建有省级重点企业研究院、省级企业技术中心、省级研发中心,通过ISO 9001国际质量标准体系及ISO 14001国际环境管理体系认证,测试中心成功导入 IEC/ISO 17025 体系，并通过中国合格评定国家认可委员会实验室认可证书。

（雷白鸽）

战略性新兴产业

【概况】 2015 年,嘉兴市六大战略性新兴产业规模以上企业 966 家,占全市规模以上企业的 19.53%,比上年上升 2.78 个百分点;完成工业增加值 622.37 亿元,增长 13.79%,占全市规模以上企业的 45.26%,上升 5.26 个百分点;完成工业总产值 3392.07 亿元,增长 3.59%,占全市规模以上企业的 44.79%,上升 2.59 个百分点;完成利润总额 214.21 亿元,增长 13.67%,占全市规模以上企业的 54.59%，上升 6.39 个百分点;完成利税总额 332.14 元,增长 17.20%,占全市规模以上企业的 50.89%，上升 6.59 个百分点。新兴产业完成投资 321.88 亿元，增长 9.3%，占工业投资的 28.79%；新产品产值 1694.48 亿元,增长 9.44%,占全市规模以上企业的 59.09%,上升 4.99 个百分点;科技活动经费支出 70.73 亿元,增长 0.55%,占全市规模以上企业的 57.15%,上升 6.15 个百分点。

2015 年,全市战略性新兴产业企业科技活动经费支出连续第二年超过全市规模以上企业科技活动经费支出的一半,占新兴产业企业销售产值的 2.18%。全市有国家级企业技术中心 4 个、省级企业技术中心 63 个。2015 年,嘉兴格鲁博机械有限公司的“电机定子柔性自动化生产线”被认定为国内首台(套)产品(全省 3 项);东方菱日锅炉有限公司、嘉兴市杰成机械有限公司、嘉兴凯实生物科技有限公司 3 家企业的新产品被认定为省内首台(套)产品。南湖汽车及零部件产业园被认定为嘉兴市现代装备制造业特色专业园,敏惠汽车、津上精密机床、海利普电子、东明不锈钢 4 家企业被认定为嘉兴市现代装备制造业龙头企业。

2015 年,嘉兴市列入战略性新兴产业重点项目 112 项,计划总投资 444.39 亿元,全年完成投资 146.59 亿元,完成率达 148%。富通集团(嘉善)通信技术有限公司投资 60 亿元的新建年产 3000 万芯千米光纤预制棒、3000 万芯千米光纤和 3000 万芯千米光缆项目，浙江兴兴新能源科技有限公司投资 32 亿元的 30 万吨 / 年聚乙烯和 39 万吨 / 年丙烯项目，嘉兴石化有限公司投资 30 亿元的年产 120 万吨 PTA 项目，中国电子科技集团第三十六研究所投资 22.51 亿元的新能源、电子建设项目，桐乡市中盈化纤有限公司投资 19.5 亿元的 40 万吨 / 年智能化超仿真涤纶纤维生产项目，星科金朋半导体（浙江）有限公司投资 18.47 亿元的年产 6600 亿引脚芯片的集成电路封装测试项目，桐昆集团股份有限公司投资 15.2 亿元的年产 30 万吨功能性纤维项目，浙江海利得新材料股份有限公司投资 11 亿元的年新增 3 万吨高模低收缩涤纶浸胶帘子布项目，嘉兴敏凯汽车零部件有限公司投资 10.3 亿元的年产 4101 万件汽车零部件二期项目等战略性新兴产业重点项目投产后,将形成几百亿元的产值。

2015 年,新兴产业完成投资 321.88 亿元,比上年增长 9.3%,占工业投资的 28.79%。其中新能源产业完成投资 74.95 亿元，下降49.86%；新材料产业完成投资 163.78 亿元，增长 211.78%；节能环保产业完成投资 54.45 亿元,下降 9.32%;生物产业完成投资 11.12 亿元,下降 54.53%；互联网产业完成投资 11.80 亿元,增长 261.94%;核电关联产业完成投资 5.78 亿元,下降 22.94%。2015 年,全市战略性新兴产业中主营业务收入 10 亿 ~ 50 亿元的企业有 63 家;50 亿 ~ 100 亿元的企业有 9 家，比上年新增 1 家;超 100 亿元企业 2 家,新增 1 家。

2015 年,全市新能源产业实现产值 546.72 亿元,比上年增长 28.51%。规模以上光伏企业实现工业总产值 327.75 亿元，增长 27.6%;利润总额 17.15 亿元,增长 121.9%。嘉兴市光伏产业总产值占新能源总产值 60%以上,形成电池片、组件、逆变器、控制与逆变一体机及配套辅料生产等完整的产业链。光伏发电应用快速增长，至年底，全市累计完成光伏发电装机容量884.1兆瓦，并网容量721.6兆瓦，农光互补、渔光互补等光伏应用发展迅速。

2015年，全市规模以上新材料企业469家，实现产值1977.67亿元，比上年下降3.3%，占全市战略性新兴产业产值的58.3%。新材料企业完成新产品产值912.97亿元，占全市规模以上企业新产品总产值的31.9%。新材料产业科技活动经费支出37.68亿元，占全市规模以上工业科技活动经费支出的30.46%。嘉兴市新材料产业形成以下特色领域：以差别化纤维、玻璃纤维为主的特种纤维，以聚碳酸酯、聚氨酯材料为主的工程高分子材料，以磁性材料为主的电子信息材料，以新型改性沥青材料、高性能泡沫玻璃为主的新型建筑材料，以钴镍材料为主的特种功能材料，以碳纤维制品为主的复合材料以及特种过滤材料、特种橡胶等新材料系列产品。嘉兴市新材料龙头企业有桐昆集团、巨石集团、三江化工、嘉兴石化、卫星控股、华友钴业等。

2015年，全市规模以上节能环保企业207家，实现产值493.06亿元，比上年增长2.87%；增加值95.28亿元，增长4.3%；完成新产品产值291.35亿元，新产品产值率达到59.09%，高出全市新兴产业平均水平9.14个百分点。嘉兴市节能环保产业以新光源、光热、环保药剂、污水处理等为主，其中海盐的环保材料发展较快，形成海利环保纤维和海利废塑回收2家龙头企业；嘉兴市LED照明形成芯片制造、器件封装、产品应用等产业链，有天通、恒诺微电子等高新技术企业。

2015年，全市规模以上生物产业企业32家，实现产值65.37亿元，比上年增长11.55%；完成新产品产值34.51亿元，新产品产值率52.79%，高出全市新兴产业平均水平2.84个百分点；生物产业科技活动经费支出1.76亿元，增长10.69%；有莎普爱思、诚达药业、上方生物科技、嘉吉食品科技等龙头企业。

2015年，全市规模以上物联网及相关产业企业115家，实现产值241.78亿元，比上年增长19%。完成新产品产值154.14亿元，新产品产值率63.75%，高出全市新兴产业平均水平13.8个百分点，科技活动经费支出7.27亿元，占全市规模以上新兴产业企业科技活动经费支出的10.28%。嘉兴市物联网产业的发展方向是传感器件、智能家居、智慧城市，主要龙头企业有维恩科技、万科思、和达科技等。

2015年，全市规模以上核电关联产业企业48家，实现产值67.47亿元，比上年增长7.65%；完成新产品产值32.04亿元，新产品产值率47.49%；利润4.29亿元，增长4.97%。海盐核电关联高技术产业基地为省级高技术产业基地，有中达特钢股份、美克斯机械等龙头企业。

【富通(嘉善)通信技术公司项目投资60亿元】 2014年10月，富通集团在嘉善成立富通集团(嘉善)通信技术有限公司，投资建设集光纤预制棒、光纤和光缆以及原辅配套材料为一体的全球大型光通信全产业链工厂。该项目位于嘉善电子信息产业园，项目总投资估算为60亿元，其中固定资产投资55亿元，占地总面积73.33公顷，新建厂房等建筑面积88万平方米。项目以“成本竞争、价格竞争、人机互动、机器换人、工业互联网、智能制造”为创新要素，打造环保智能和智慧工厂，树立“行业不可复制、产业具有可模仿和可复制性”的浙江省县域经济发展示范标杆。至2015年年底，项目部分厂房开始打桩，主体工厂办理施工许可证，配套工厂土地挂牌，完成投资6亿元。

【兴兴新能源科技公司一期项目投资34.07亿元】 浙江兴兴新能源科技有限公司在嘉兴港区规划建设两套甲醇制烯烃技术(MTO)及下游配套装置，项目分两期实施。2015年年初，总投资34.07亿元，用地面积46.67公顷，生产能力30万吨/年聚乙烯和39万吨/年丙烯一期项目工程正式投产。项目采用大连化学物理研究所的甲醇制烯烃技术(MTO)，美国Lummus公司的烯烃分离技术(LORU)及烯烃转化技术(OCU),并在循环利用、废碱液无害化处理、组合火炬等关键技术领域与国内相关研究院所开展产学研合作,形成独特的再创新组合技术。项目可实现年销售收入 81.68 亿元，利税 12.8 亿元,税后利润 5.37 亿元。

【嘉兴石化有限公司项目总投资 30 亿元】 2015 年,嘉兴石化有限公司 120 万吨 / 年精对苯二甲酸(PTA)项目由桐昆集团投资建设,项目位于嘉兴港区化工园区,总投资约 30 亿元,主要建设一套精对苯二甲酸(PTA)生产装置及相应辅助工程。项目产品综合能耗低,工艺注重能量节约和环保安全,生产主装置实现电力平衡,不需外部输入电力,残渣实现 R2R 回收,减少固废排放 90%，项目设备实现国产化,与国内厂商共同研发氧化反应器、干燥机等首台套大型石化设备。2015 年,完成投资 5 亿元,累计完成投资 6 亿元。

【召开电能替代现场推广会】 根据省经信委、省环保厅、省电力公司等七部门联合下发的《关于加快实施电能替代的意见》要求,6 月 26 日,市政府在平湖召开“嘉兴市清洁能源替代现场推广会”,全市 50 多家企业代表实地参观平湖金健峰集团有限公司的“电能替代燃煤锅炉蒸汽供应系统”，加强了与会企业代表对电能替代工程的认识。以电能替代煤、油等石化能源在终端能源中的消费,既可优化能源消费结构，又可提高能源利用效率促进节能减排,也有助于企业的转型升级和绿色低碳发展。同时,嘉兴市电力供需基本平衡,部分时段还比较富裕,为实施电能替代创造了良好条件。

（朱晓峰）

大企业培育

【概况】 2015 年,嘉兴市大企业保持平稳发展态势,全市销售收入超百亿元企业 4 家,销售收入超十亿元企业 106 家,销售收入超亿元企业 1188 家。全市制造业销售收入前 100 位企业完成销售收入总额 2452.3 亿元,占全市规模以上工业企业销售收入总额的 35.2%；实现工业增加值 388.8 亿元,比上年增长 9.5%,占全市规模以上工业企业工业增加值的 26.8%;实现利润 135.1 亿元,增长 5.4%,占全市规模以上工业企业利润的 34.5%。2015 年,浙江桐昆控股集团有限公司、新凤鸣集团股份有限公司、振石控股集团有限公司 3 家民营企业入围“2015 中国民营企业 500 强”;加西贝拉压缩机有限公司获得第二届中国质量奖提名奖,是嘉兴市获得的首个国家质量奖,也是国内压缩机行业首个中国质量奖奖项;巨石集团有限公司入围浙江省人民政府质量奖初选授奖企业名单并公示。2015 年，全市新增股份制企业 89 家，新增上市公司 5 家，新增新三板企业 19 家,新增浙江股权交易中心挂牌企业 24 家。至年底，全市有上市公司 42 家，新三板企业 44 家,浙江股权交易中心挂牌企业 136 家。2015 年,海盐县、嘉善县获年度培育大企业工作先进集体一等奖,海宁市、南湖区、桐乡市获年度培育大企业工作先进集体二等奖，平湖市、嘉兴经济技术开发区、秀洲区、嘉兴港区获年度培育大企业工作先进集体三等奖;评出年度培育大企业工作优秀部门 10 个，年度培育大企业工作先进个人 20 名。

【大企业创新驱动】 2015 年,浙江华友钴业股份有限公司、天通控股股份有限公司、嘉兴佳利电子有限公司成功申报创建省级重点企业研究院。浙江生辉照明有限公司技术中心被认定为国家级企业技术中心,新增浙江明新皮业有限公司、闻泰通讯股份有限公司、浙江晶科能源有限公司、浙江海得新能源有限公司、浙江中辉皮草有限公司 5 家省级企业技术中心,新增高新技术企业 108 家。至年底,全市有国家级企业技术中心 4 家,省级企业技术中心 63 家,高新技术企业 496 家。2015 年,嘉兴市规模以上工业企业科技活动经费占主营业务收入的1.78%；推荐申报的全省重点技术创新专项入选19项，占全省重点技术创新专项11.9%；全省重点高新技术产品36项，占全省重点高新技术产品开发项目的20.9%。

【推动大企业转型升级】 2015年,为应对经济下行压力,嘉兴市积极推动总部型企业、品牌型企业、产业联盟主导型企业、绿色与安全制造型企业、高新技术型上市企业发展。巨石集团有限公司开拓国际市场，实现产业境外布局,实施技术统一、销售统一、采购统一、财务统一、人力统一的集团管控模式,使集团成为跨国跨省分厂、分公司的营销中心、利润与纳税中心、资本运作中心,企业营业收入和利润实现大幅增长。浙江晶科能源有限公司坚持绿色安全制造理念，实施排污管路可视化（架空)、中水回用系统、烧结炉冷却装置和防火系统等改造升级,推进装备智能化、生产自动化、管理现代化建设。

【推进大企业“三名”工程建设】 2015年,嘉兴市加快推进“三名”培育工程。加西贝拉压缩机有限公司、浙江美大有限公司、浙江生辉照明有限公司3家企业入围浙江省第二批“三名”培育试点企业,省级“三名”培育试点企业总数达到6家;开展市级第二批“三名”培育试点,按照“三名”培育试点企业遴选评价办法和评价程序,产生加西贝拉压缩机有限公司等20家试点企业,市级“三名”培育试点企业总数达到36家。同时,组织巨石集团、晶科能源、海利控股三家省级“三名”培育试点企业到德国参加培训。年内,嘉兴市开展集团管控、绿色制造、两化融合等“三名”培育试点企业典型经验交流活动，举办“海外资产经营的务实操作”“企业兼并重组中的税务筹划”“绿色与绿色制造”“践行社会责任,创造绿色财富”“开放的IT业务平台助力企业转型”等系列专题讲座,组织现场座谈和咨询,共享企业提升发展的先进经验。

【大企业社会责任建设】 2015年,嘉兴市开展“责任成就未来”为主题的宣讲会,向企业解读开展企业社会责任建设工作的背景、意义、推进与评价;6月2日，社会责任国家标准GB/T 36000-2015《社会责任指南》发布,市经信委组织开展系列培训和宣传活动,全市社会责任工作进入实质性开展阶段。2015年度,企业社会责任意识得到提升。加西贝拉压缩机有限公司、巨石集团有限公司、浙江晶科能源有限公司等大企业开展企业社会责任系统化建设,建立公司内部企业社会责任建设的组织架构,明确专职人员负责推进社会责任工作,把社会责任落实到企业的日常经营活动,编制企业社会责任报告并组织发布。2015年,浙江省评选出37份企业社会责任优秀报告,嘉兴市金达控股有限公司、浙江晶科能源有限公司、浙江钱江生物化学股份有限公司、嘉兴市宏丰机械有限公司、欣悦印染有限公司、浙江蓝特光学股份有限公司、浙江联鑫板材科技有限公司7家企业上榜授牌。

（曹伟东）

中小微企业扶持

【概况】 2015年,嘉兴市有工业企业近4万家,其中规模以上企业4946家,属大型企业81家、中型企业523家。2015年,规模以上中小企业实现产值5632亿元,比上年增长1.1%,占全市规模以上企业产值的73.4%;实现利税490.4亿元,增长11.8%,占全部规模以上企业利润的75%。

【融资性担保业】 2015年,全市获得融资性担保经营许可证的机构有41家（1家再担保公司),比上年减少7家,其中市属3家、南湖区4家、秀洲区5家、嘉兴经济技术开发区3家、嘉善县5家、海盐县7家、海宁市7家、平湖市2家、桐乡市5家。全市融资性担保机构注册资金22.54亿元,其中国有资本8亿元,占37.14%。注册资金1亿元以上的有10家，占24.4%；注册资本5000万元至1亿元的有14家，占34.1%。至年底，在保责任余额65.83亿元，有20家担保机构在保责任余额超过1亿元。41家担保公司在保责任余额比上年下降2.59%。全年全市融资性担保机构累计新增代偿1.57亿元，海盐0.5亿元，占31.8%；海宁0.54亿元，占34.4%；桐乡0.24亿元，占15.3%。嘉兴市的担保业务量全省排名第三位，担保业务量略高于全省平均水平，风险情况好于全省。海宁嘉丰担保公司开始股份制改造，拟在新三板上市，将是浙江省融资性担保行业首家上市企业。

【529家企业“小升规”】 2015年，嘉兴市继续推进“小升规”工作，建立市、县、镇联动机制，每季度末上报“小升规”工作进度；完善“小升规”企业培育信息库；各县（市、区）将目标任务分解到镇（街道），并出台各类扶持政策，通过财政补助、“小升规”典型企业媒体宣传等措施，鼓励小微企业升级为规模以上企业。同时，组织经信、工商、税务等部门及社会服务机构“进村入企”，为中小微企业破解发展过程中遇到的困难。全市还通过土地绩效评价、完善园区准入机制等措施，指导企业转型升级。2015年实现“小升规”企业529家，连续3年超额完成省里下达的“小升规”目标任务。

【发放小微企业服务补贴券】 2015年9月，市经信委联合市财政局发布《关于印发〈嘉兴市小微企业服务补贴券管理暂行办法〉的通知》，采用向小微企业发放服务补贴券的方式，对嘉兴市小微企业购买由服务机构提供的签约服务项目给予资金补贴，推动企业和服务机构的主动对接。服务对象为嘉兴市区内符合产业发展方向的成长型、科技型、初创型小微企业，优先支持列入省、市“成长之星”“创业之星”以及“领军人才”“小升规”培育企业。发放标准为单户单项年度补贴金额原则上控制在2500元以内，总金额100万元。根据服务机构条件和认定办法，2015年，全市选取4家服务机构，分别在企业管理咨询、信息化应用、市场拓展和保险四个方面为小微企业提供服务。至年底，300多家企业通过审核并领取服务补贴券，其中200多家企业已兑现服务。

（孙业飞）

节能降耗

【概况】 2015年，嘉兴市围绕“十二五”时期单位生产总值能耗下降18.5%的目标任务，加大产业结构优化升级，强化各项节能措施。年内，全市万元生产总值能耗比上年下降3.9%，“十二五”期间累计下降19.4%；能源消费总量1902.9万吨标准煤，增长2.7%；全社会用电量413.35亿千瓦时，增长4.26%，均超额完成省政府下达的年度和“十二五”目标任务。

【调整优化产业结构】 2015年，全市加大对现代服务业和战略性新兴产业的培育和发展，促进经济结构调整和发展方式转变。推进高耗能行业转型升级，改造提升纺织、造纸、化工、化纤、石化、冶金、建材、电力八大高耗能行业，全市规模以上八大高耗能行业能耗为1034万吨标准煤，占全市规模以上工业能耗的78.7%。全市三次产业结构得到调整优化，三次产业结构由上年的4.3：54.1：41.6调整为4.0：52.6：43.4，第三产业增加值比重提升1.8个百分点。全市33个行业大类中，26个行业的单位能耗下降。

【实施能源消费总量控制】 2015年，全市结合工业企业绩效评价办法和工业行业能效标准，坚持差异化的用能导向，充分发挥差异化电价政策的杠杆作用，全市执行差别电价企业1227家，征收差别电价资金3017.9万元。严格坚持优先安排单位能耗产出高的企业用能，合理安排现有企业延伸产业链项目用能，控制现有高能耗企业扩大产能的项目用能。年内，全市能源消费增速为2.7%，低于省下达的总量控制目标；原煤消耗首次出现负增长，比上年下降3.3%。同时发展可再生能源,优化调整能源结构,增加光伏、风电等清洁能源消费比重。到年底，全市累计受理光伏发电装机容量884.1兆瓦,并网运行光伏项目容量721.6兆瓦,其中分布式装机容量711.7兆瓦，并网容量629.2兆瓦,分别占全省的48.87%和51.73%。

【严格产业准入管理制度】 2015年,嘉兴市围绕"简政放权、放管结合"的改革要求,原市级行使的能评审批权全部下放到县(市、区),对"不符合产业政策导向、用能总量大、单耗高、排放强度大"的项目实行严格的节能审查,从源头上控制"两高一低"项目的准入,推动全市产业结构调整。坚持实施能源消费总量平衡置换制度,对增加能源消费量的新建项目,实施能源结构优化与淘汰落后产能等削减能源消费存量措施;对因技术改造相应扩大产能的项目,实行区域用能"减量或等量"置换方式控制能耗，确保实现区域能源消费总量的动态平衡。年内,嘉兴市完成年用能5000吨标准煤以上的能评项目36个,暂缓审批项目3个;已批项目总投资289亿元，总用能69.19万吨标准煤,预计产值436.93亿元。

【推进重点领域节能管理】 2015年,市经信委加大对重点用能单位的节能管理,开展企业能效对标和能源管理体系认证活动,进一步改进企业能源管理,提高能源利用效率。年内,规模以上工业增加值能耗比上年下降4.8%。严格落实"部门协作、齐抓共管"的节能协同机制,全面推进建筑、交通运输、公共机构等社会各领域节能。2015年,全市完成既有居住建筑节能改造工程16.62万平方米，完成既有公共建筑改造示范工程19.5万平方米,完成用能监管项目5项，完成太阳能等可再生能源应用面积114.39万平方米,实施星级绿色建筑示范工程8项；全市营运客车单位能耗比上年下降0.71%,营运货车单位能耗下降1.21%;全市3家省级公共机构示范单位和5家国家级公共机构示范单位通过验收,均超额完成省下达的目标任务。

【获省节能专项资金1163万元】 2015年,全市开展工业企业综合绩效评价,建立低端低效企业退出机制。全市共淘汰制革、造纸、化纤、印染、水泥、医化、织造、炼钢、铸造9个行业81家企业的落后产能，腾出用能空间16.59万吨标准煤。继续加大对印染、造纸、电力等传统行业节能改造的推广力度,推广工业锅炉(窑炉)改造技术、余热余压利用技术、电机系统节能技术,通过电机应用推介会、印染行业集中供热替代导热油锅炉技术现场会、电能替代燃煤锅炉蒸汽供应推广会,助推企业转型升级和绿色低碳发展。年内,全市实施节能重点项目212项,总投资55.69亿元,项目全部实施后可节约54.2万吨标准煤,节水808.2万吨。全市获省级节能专项资金1163万元。

【强化能源要素机制调控】 2015年,嘉兴市加快能源要素交易市场培育，成立全省首家地(市)级资源要素交易中心。发挥市场在配置资源要素中的决定作用和政府的推动引导作用,制定印发《嘉兴市深化用能量指标交易的指导意见》,指导全市加快体制机制创新,发挥用能权指标在能源"双控"中的倒逼作用,各县(市、区)均实现用能量交易零的突破,实现全市用能量交易全覆盖。探索企业与企业之间的二级市场交易,实施现有项目用能交易,实现资源要素的"合理、优质、高效"配置。年内,全市开展用能量交易项目141个，有偿申购金额1206.3万元,企业申请新增用能29.4万吨标准煤。

(李军伟)

淘汰落后产能

【概况】 2015年,嘉兴市继续对国家、省明确规定的落后产能,以及全市相对落后低效产能进行淘汰，淘汰制革、印染、水泥、造纸等13个行业的企业1030家，淘汰落后设备1万余台(套)，超额完成年初下达的目标任务。淘汰国家、省规定行业内落后产能：制革行业15万牛皮标张、造纸行业1.91万吨、化纤行业11万吨、印染行业29275.2万米、水泥行业100万吨、医化行业10.05万吨、织造行业29431.8万米、炼钢行业4万吨、铸造行业0.1万吨、黏土砖瓦窑2.38亿标砖；淘汰国家、省规定的行业外落后产能：机械行业3537万吨、建材行业496万吨、木材行业5.7万立方米、轻工行业2026万件(只)等，促进产业结构调整和经济转型升级。通过关停淘汰落后产能，全市节约标准煤20.1万吨，减少化学需氧量排放2757.9吨，节水449.2万吨，减少二氧化硫排放1771吨，减少氨氮排放319.5吨，减少氮氧化物排放442吨。腾退低效工业用地139.07公顷。

【推进专项整治】 2015年，按照浙江省统一部署，嘉兴市开展四大行业专项整治工作，通过实施《嘉兴市印染造纸制革化工行业整治提升方案》，加大嘉兴市相关重点行业的整治力度。全市取缔非法印染企业3家，淘汰关停企业198家，其中制革企业11家、印染企业94家、造纸企业14家、化工企业79家，通过行业整治，四大行业搬迁入园企业39家。开展“低小散”块状行业整治工作，下发《关于进一步整治提升“低小散”块状行业深化“腾笼换鸟”的实施意见》，全年17个行业共整治提升企业(作坊)2392家(企业976家、作坊1416家)，完成省任务1100家的217.5%；改造提升1162家(企业723家、作坊439家)，完成省任务的232.4%；整合入园302家(企业106家、作坊196家)，完成省任务的151%；关停淘汰928家(企业147家、作坊781家)，完成省任务的232%。成功申报海盐紧固件行业为省“低小散”块状行业整治提升创建新型工业化产业示范基地省级试点。

【完善淘汰落实产能配套措施】 2015年，嘉兴市发挥政府宏观调控和政策引导作用，制定各项配套政策，推动淘汰落后产能工作。一是按照《嘉兴市工业企业绩效综合评价办法(试行)》规定，对全市4153家规模以上和5475家规模以下工业企业进行绩效综合评价，根据评价结果，对企业进行分类管理；出台相关政策，加强各类资源要素的差异化配置，推动企业转型升级与低效产能的退出。二是制定补助政策，加大对企业淘汰落后产能与“退低进高”的补助力度，年内，全市工业发展资金补助项目137项，补助金额2548.18万元；战略性新兴产业发展资金补助项目10项，补助金额200万元。三是出台《关于开展深化工业用地市场化配置改革试点实施方案》等政策，结合工业绩效评价结果，实施差别化政策，倒逼企业淘汰落后产能。对全市1227家企业实施差别化电价政策，其中对975家企业按限制类征收0.1元/千瓦时的加价，对252家企业按淘汰类征收0.3元/千瓦时的加价。全年有45家列入差别化电价的企业通过整治提升与技术改造，被取消差别化电价。四是妥善安排因淘汰落后产能造成的企业富余职工。对分流职工，按照相关政策落实好待遇，由相关部门提供职业技术培训与再就业服务工作；对继续留用职工，根据技术特点安排相对合适的岗位。

(张会峰)

交通　电力　水利

公　路

【概况】 2015 年年底，嘉兴市公路总里程 8088.25 千米，境内有高速公路 12 条，其中国家高速公路 5 条、省高速公路 7 条，普通国道公路 1 条，省道公路 3 条。全市公路密度以国土面积计算 206.6 千米 / 百平方千米，以人口计算 23.38 千米 / 万人，其中桐乡市最高为 278.44 千米 / 百平方千米、29.94 千米 / 万人。全市 815 个建制村公路通达率 100%。按行政等级分：国道（含国家高速公路）349.25 千米，省道（含省高速公路）329.19 千米，县道 1855.99 千米，乡道 1949.59 千米，专用公路 95.91 千米，村道 3508.32 千米。按公路等级分：高速公路 393.06 千米，其中国道 256.98 千米、省道 136.08 千米；一级公路 772.99 千米；二级公路 664.49 千米；三级公路 1214.36 千米；四级公路 3753.33 千米；准四级公路 1243.84 千米；等外公路 46.18 千米。另有城管里程 42.88 千米。按路面等级分：高级路面 7608.52 千米，其中沥青混凝土路面 2611.49 千米、水泥混凝土路面 4997.04 千米；次高级路面 250.32 千米；中级以下未铺装路面 229.41 千米。高级、次高级路面铺装率占总里程的 97.16%。全市农村公路里程 7409.81 千米。绿化公路里程 7893.1 千米，占可绿化里程的 97.62%。全市有公路桥梁 7354 座，总长 352398 延米，其中互通式立交桥 17 座、10565.78 延米。按跨径分：特大桥 20 座、26371.95 延米，大桥 468 座、144174.3 延米，中桥 2240 座、91788.79 延米，小桥 4626 座、90062.96 延米。

2015 年，嘉兴市列养公路里程 8088.25 千米，普通干线公路管养单位 7 个，下设公路养护工区（站、道班）17 个，养护企业 7 个，收费公路经营企业 6 个，高速公路服务区 9 对。农村公路养护站 38 个，养护企业 4 个，收费公路经营企业 1 个。全市完成高速公路养护工程投资 19524.04 万元；完成普通国道、省道公路养护工程投资 19160 万元，其中预防性养护投资 6356 万元，中修工程投资 9957 万元，大修工程投资 352 万元；农村公路养护工程投资 81857.37 万元。绿化资金投入 4676 万元。全市高速公路优良率 100%；普通国道、省道公路优良率 93.85%。

2015 年，嘉兴市完成营业性客运量 8822 万人次、周转量 304305 万人千米，分别比上年下降 8%、3.9%；完成营业性货物运输量 9933 万吨、周转量 1077812 万吨千米，分别增长 0.7%、3.6%。货物平均运距 108 千米，比上年增加 3 千米。全市有营运客车 6008 辆、总客位 184497 座，分别增长 3.18%、5.35%。其中联网联控车辆（包括跨省、跨市班车、旅游包车）798 辆、客位 31468 座，分别下降 11.92%、16.6%；公交化运营车辆（包括城市公交、县内班车、跨县班车）2886 辆、客位 143733 座，分别增长 11.3%、12.2%；出租车 2324 辆、客位 9296 座，与上年持平。全市有营运货车 36400 辆、总吨位 262751 吨，分别下降 13.21%、1.76%，平均吨位 7.2 吨，比上年增加 0.8 吨。其中普通货车

31006 辆、吨位 129993 吨，分别下降 15.38%、1.4%（其中厢式货车 10142 辆、吨位 38406 吨，分别下降 14.76%、增长 2.45%）；专用货车 4300 辆、吨位 114473 吨，与上年基本持平；危险货运车 1094 辆，增长 1.96%，吨位 18285 吨，下降 7.77%。全市道路旅客运输经营业户 20 家，其中班车客运业户 13 家；道路货物运输经营业户 21803 家，其中普通货运 21474 家。机动车维修业户 2320 家，汽车综合性能检测站 6 家，机动车驾驶员培训业户 57 家。全年完成汽车维修 143 万辆次，增长 2.88%；完成驾驶学员培训 16.51 万人次，与上年基本持平。道路运输从业人员 68081 人。2015 年，全市完成物流基地投资 16.36 亿元，物流龙头企业投资 1.78 亿元，物流 A 级企业 31 个，比上年增加 2 个。

（杨杭平　朱　慧）

【普通公路建设】 2015 年，嘉兴市国道、省道及重要县道完成投资 20.45 亿元，建成 08 省道马桥至尖山段、桐九公路客运中心至高铁火车站段、嘉善丁栅至新埭公路二期、平黎公路平湖段改建工程、沪杭许村互通式立交工程、核应急道路秦山至通元（黄介山至西周桥段）6 个项目，嘉兴油车港至江苏黎里公路、平湖乍浦至上海兴塔公路一期工程、海盐至安吉公路桐乡凤鸣至洲泉段等项目建设进展顺利，加快推进 G524（08 省道延伸线）秀洲新塍至王店公路、南湖区余云公路余新至凤桥段、南湖区余云公路新丰至步云段、G320 国道桐乡凤鸣至崇福段改建工程等项目的前期工作。

【农村公路提档升级】 2015 年，嘉兴市公路部门实施农村公路大中修 239 千米、安保工程 101 千米、提升等级 205 千米，新建港湾式停靠站 300 个，全面完成省“四个三千”（提升等级 3000 千米、路面维修 3000 千米、安保工程 3000 千米、港湾式停靠站 3000 个）民生工程嘉兴市考核指标，美丽公路建设初见成效。

【强化路域环境整治】 2015 年，嘉兴市公路部门按照省、市“两路两侧”“四边三化”“公路铁路”沿线环境整治工作要求，开展国道高速公路出入口、绿化提升、路面病害等 8 方面的整治工作，共清理堆积物 4996.5 立方米、非公路标牌 338 块，补植绿化 96.8 万平方米，种植苗木 10.6 万株；省政协督查发现的 275 个问题全部整改完成，全市公路沿线路域环境明显改观，得到副省长熊建平和省政协副主席王建满的肯定。

【继续推进公交优先战略】 2015 年，嘉兴市创建公交优先示范城市，全面完成政府民生实事工程，建成城乡公交西北停保场、南汇首末站；建成港湾式停靠站 61 个、候车亭 159 个、站牌设施 166 个；新增公交专用道 13.3 千米，建成市区环线公交专用道，完成三水湾区域交通综合整治。全年新增公交车 150 辆，优化调整公交线路 67 条，开通市区至洪合镇的 651 路夜班车，市区至各乡镇夜班公交实现全覆盖，中山路公交线路实现提速。全市新增公共自行车 3300 辆，市区实现 24 小时租借服务；率先在省内完成城市公共交通智能化试点项目“城市公交运行监测系统”。

（吴建民）

【杭州湾跨海大桥北接线（二期）项目启动】 杭州湾跨海大桥北接线（二期）项目是国高网 G15W2 的重要组成部分，是“长江经济带综合立体交通走廊规划（2014～2020 年）”公路规划重点项目之一。项目建成后将打通浙苏两省省际“断头路”、促进长三角区域经济交流与合作，推动沿线产业区块形成和经济社会发展。项目全长 27.55 千米，采用双向六车道高速公路标准建设。项目主体土建施工图于 11 月 23 日获省交通运输厅批复，并全面启动征迁工作。项目主体工程土建施工、监理于 12 月 25 日完成开标、评标工作，用地报批材料经省国土资源厅审核，报送国土资源部批复。该项目核定概算约 55.94 亿元，列入交通运输部“十三五”高速公路建设项目补助计划，补助额度

11.18～13.98 亿元，是嘉兴市最大的公路补助项目。同时，项目成功申报国家发改委第四批基建项目专项建设债券，2015 年获补助资金 1 亿元。

（吴建民　罗贝丽）

【城乡公交西北停保场建成】 城乡公交西北停保场位于嘉兴市秀洲工业区，总用地面积 26687 平方米，总建筑面积 12334.31 平方米，可容纳 152 个公交停车位，配备保养、检修、清洗、换乘、驾驶员住宿等配套设施，是嘉兴市重点民生项目。项目于 2014 年 9 月开工建设，于 2015 年 11 月通过竣工验收。项目的建成有效解决西北片区城乡公交停车和后勤保障等问题，提高了城乡公交运营效率。

城乡公交西北停保场建成

【秀洲区行政中心公交枢纽站启用】 7 月 4 日，秀洲区行政中心公交枢纽站建成启用。枢纽站总占地面积 2270 平方米，实用面积 910 平方米，容纳线路 7 条（97 路、9 路、72 路、30 路夜、241 路、242 路、243 路），公交停车位 12 个（其中场站内停车位 8 个、长虹路停车位 4 个），候车亭 2 个（全长 80 米）。该项目的建成启用，进一步完善了市区公交枢纽站的布局，有利于优化市区公交线网。

【新能源气电混合动力公交车首次投入运行】 2015 年，嘉兴购买城市和城乡公交车 159 辆，其中首次购买新能源气电混合动力公交车 80 辆。新能源气电混合动力公交车节能效果显著，运行稳定、乘坐舒适。新能源气电混合动力公交车投入运行，有效提升公交服务能力，为乘客提供了更舒适、便捷、优质的公交出行服务。

新能源气电混合动力公交车投入运行

【城乡公交夜班车实现市本级建制镇全覆盖】 7 月 9 日，嘉兴市区至洪合镇的 651 路城乡公交夜班车正式运行，是嘉兴市区至乡镇开通的最后一条公交夜班车线路，至此嘉兴市区至市本级十个建制镇全部开通公交夜班车，嘉兴市城乡公交发展进入新阶段。

（罗贝丽　施勤伟）

铁　路

【概况】 2015 年，嘉兴车务段管辖沪昆、宣杭、沪杭高铁、宁杭高铁 26 个车站 2 个线路所，运营里程约 427 千米，跨越沪浙两地，其中管辖沪昆线 6 个车站，分别为嘉兴、海宁（二等站）、嘉兴东（三等站）、长安镇、马王塘、斜桥（四等站）；管辖沪杭高铁 7 个车站和春申、筧桥 2 个线路所，分别为嘉兴南以及代管的松江南、金山北、嘉善南、桐乡、海宁西、余杭 6 个车站；管辖宣杭线 10 个车站；管辖宁杭高铁 3 个车站。嘉兴车务段设有行政办公室、党群办公室、营销科、安技科、劳人科、财务科、调度科、职教科、保卫武装科 9 个科室，有干部职工 1086 人。主要承担管内“四线”行车组织、运输组织和客运业务、货运业务。客运主要有高铁、动车组、新空特快、新空快速、新空普快、普通快速，以及假日列车、周末列车、朝发夕至和夕发朝至等系列，运输业务辐射全国各地。货运主要办理长三角货物快运和行李包裹运输业务。2015年，完成运输收入18.08亿元，发送旅客1864.92万人。实现安全运行7791天，保持浙江省和上海铁路局“文明单位”称号。

【嘉兴市轨道交通线网规划】 4月10日，嘉兴市四套班子领导听取嘉兴市轨道交通线网规划方案汇报。经过公开征询公众意见、征求县（市、区）政府意见等程序，于年底上报嘉兴市政府。根据嘉兴市轨道交通线网规划方案，嘉兴市轨道交通线网规划由5条线组成，总长度300千米，市本级150千米，1号线全长44.5千米，并规划Y线，其中一支规划到达温泉新城与乌镇，长20.4千米，另一支到达新塍，长10.3千米；2号线全长60.9千米；3号线全长45.3千米；4号线全长50千米；5号线全长69.4千米。

【纺工路北延工程（含涵洞）】 2015年8月，纺工路北延工程（含涵洞）开工建设。纺工路北延工程南起甪里街（K0-547.76），穿越沪昆铁路、车站港河道，北至城东路（K0+637.04），道路全长1184.8米，含纺工路下穿沪昆铁路立交桥工程。建设内容包括道路工程、铁路立交桥工程、排水工程、绿化工程、交通工程及其他附属工程。项目总投资概算30195.04万元，铁路下穿部分投资概算19775.67万元。铁路立交桥（含两侧引道）南起勤奋路/丰无路（K0-200），北至U型匝道（K0+200），全长400米，其中下穿铁路立交桥箱涵为框架立交，箱身长52米，两端各带5米长U形槽，共长62米，净高5米；两侧引道长338米，技术标准及横断面布置形式与道路工程一致。同时在铁路北侧支路跨纺工路增设14米跨路箱涵，南侧为以后跨路桥预留相关基础。

【创新路—沪昆铁路下穿段工程】 创新路—沪昆铁路下穿段工程于2013年7月19日完成立项，2013年9月16日完成可行性研究报告批复，2015年1月开工建设。工程全长465.5米，宽42米，总投资14725万元，项目设计标准为城市主干道，施工单位为杭州地方铁路开发有限公司。工程建成后能更好地促进嘉兴经济社会发展，提升嘉兴城市形象，拓展城市发展空间，改善区域交通条件和环境质量，推进姚家荡片区的开发建设进程。

（何　峰）

水　路

【概况】 2015年，嘉兴市内河水运基础设施建设完成投资17.05亿元，比上年增长12.62%，其中重点工程完成投资14.4亿元，社会码头完成投资2.65亿元。航道养护完成投资1.26亿元。新建300吨级及以上泊位16个，其他泊位12个，增加年吞吐能力544万吨。全行业完成水路货运量8526.43万吨，货物周转量155.22亿吨千米，分别比上年增长2.78%和9.88%。完成水路客运量38.53万人，旅客周转量192.38万人千米，分别增长3.19%和2.99%。完成内河港口货物吞吐量8557万吨，下降15.4%；完成集装箱中转量18.45万标准箱，增长15.09%。全市有营运货船3528艘、113.1万载重吨，平均吨位320.58吨。其中内河营运货船3505艘、98.8万载重吨，平均吨位281.88吨；沿海营运货船23艘、14.3万载重吨，平均吨位6217.39吨。运力规模比上年增加2.65万吨，船舶平均吨位比上年增加20.38吨。全市辖区发生水上交通事故33起，死亡2人（其中1人为失足落水），无人员受伤，沉船2艘，直接经济损失76.01万元。事故件数下降51.5%，死亡人数减少3人，受伤人数减少3人，沉船减少4艘，直接经济损失下降53.6%，未发生水运在建工程安全事故。全年检验船舶4934艘、119.86万总吨。其中完成内河船舶建造检验398艘、9.18

万总吨;营运检验4536艘、110.68万总吨(海船营运检验76艘、12.86万总吨),在检船舶122艘。完成船舶设计图纸审查160套、船用产品检验423批次。完成港航事业费征收2940万元、通行费征收6893万元,分别下降18%和7%(10月起取消船舶港务费,事业费明显减少)。办理行政许可事项4919件,行政确认事项1661件,实施行政处罚案件549件,未发生行政复议和行政诉讼案件。

【推进主干线航道建设】 2015年,杭平申线航道改造工程完成投资13.71亿元,平湖段航道工程基本完成,2座拼盘桥梁建成通车;全面推进海盐段和五长段建设;开工建设桐乡段。京杭运河“四改三”嘉兴段工程可行性研究报告获国家发改委批复,完成初步设计内部审查;湖嘉申线嘉兴段二期工程可行性研究报告前置工作全部完成,上报省发改委批复。

【推动内河港口转型升级】 2015年,嘉兴市新建成码头泊位28个,其中500吨级泊位4个、300吨级泊位16个,总吞吐能力544万吨。海盐内河港区和海宁港区规划调整方案通过交通运输部审查,城郊等其他四个港区的规划调整方案上报交通运输部。年内,引导培育内河港口物流基地建设,建成浙江煤科能源公司码头工程和海盐县中心粮库码头工程等项目,推进海宁港区环城河(海昌)作业区工程和浙江上物金属有限公司码头工程等项目建设,开工建设海宁港区尖山码头工程和浙江百亿控股有限公司多用途码头工程等项目。

(吴可珍)

【加强水上交通安全监管】 2015年,市交通运输局加强现场安全监管,对管控水域实行市县联合管控,设置14个水上交通卡点,投入海事艇45艘,执法人员400余人,实行24小时海事巡航和通航管制,有效监管船舶1.6万艘次,圆满完成第二届世界互联网大会水上交通安全保障工作。加强港口安全监管,开展油气输送管道安全专项检查、港口安全设施专项整治和港口危险货物安全生产隐患排查整治等专项行动,强化对全市39个危险化学品运输企业、32个危险化学品装卸作业码头的隐患排查,治理各种隐患153项。开展码头整治提升,制订《嘉兴市码头整治提升实施方案》,全年公告注销港口岸线许可和港口经营许可235件,开展公路、铁路沿线码头环境专项整治工作,累计整治规范码头堆场67个。

(吴建民)

【列入航道养护改革试点】 2015年,全省航道标准化养护工作现场会在嘉兴召开,嘉兴市航道养护改革列入浙江省交通运输综合改革试点。全年专项养护新建护岸23.75千米、疏浚土方17.85万立方米;例行养护维修护岸1.8万平方米,疏浚土方39万立方米,打捞无主沉船11艘。乍嘉苏线平湖段养护工程五期等12个项目完工,海盐澉桥线航道养护工程一期等11个项目稳步推进,芦墟塘生态航道养护项目试点完成。

【绿色水运建设】 2015年,嘉兴市推进船舶防污染工作,全年接收船舶上岸垃圾77.8吨;推进油污水接收点和专业油污水收集船建设,海盐县率先通过社会化运作建立健全船舶防污染长效机制;加强内河危险化学品运输日常监管,全市办理危险品运输申报5417艘次,危险品运输量189.8万吨,其中油品类44.9万吨。强化新建船舶生活污水处理系统检验,统一全市船舶生活污水防污染设备改造要求,逐步推广新建内河船舶光伏辅助电源。开展内河船型标准化工作,鼓励淘汰老旧小吨位船舶,发展液化天然气新能源、高能效示范船,全市完成船舶拆解改造445艘,发放补贴资金2799.74万元。年内,杭平申线航道、内河船舶免停靠报港服务系统、集装箱海河联运应用等项目被列入全省绿色港航节能减排重点项目,杭平申线航道推进水运节能减排,鼓励水运从业者开展船舶节能技术改造,营运船舶千吨千米油耗

5.96公斤，比上年下降5.99%。

【“法治港航”建设】 2015年，市交通运输局深化行政审批改革，梳理行政审批事项22项，做好浙江政务服务网港航权力清单上线工作；制订行政执法记录仪使用管理规定，提高执法信息化水平；推进市级基层站所“三基三化”示范建设，三塔港航管理检查站顺利通过全省交通系统“三基三化”建设试点验收；举办全市港航行政执法技能比武。

【“智慧港航”建设】 2015年，市交通运输局依托浙江省感知数据平台，结合海事重点监管内容，开发建设移动巡航系统，实现实时非现场船舶监管。通过建设乌镇景区核心区域电子围栏系统，结合视频监控、移动巡航系统、大数据服务等，为世界互联网大会水上安保工作提供技术支撑。

（吴可珍）

【提升航运市场服务能力】 2015年，嘉兴内河国际集装箱码头增资3000万元。由嘉兴内河港多用途港区牵头，与乍浦、长兴、安吉、绍兴、东洲等港区组成海河联运港口联盟，实现航线、码头、信息、船舶运力等资源共享，并申报交通运输部多式联运示范工程项目。嘉兴内河国际集装箱码头有限公司的《内河集装箱运输服务标准化试点》列入省级工业和服务业标准化项目。取消船舶港务费、船舶国籍证书费等7项行政事业性收费，每年为嘉兴籍船舶及进出嘉兴的外省籍船舶减负2500万元。

【开展“最美行业”创建】 2015年，市交通运输局开展交通运输系统“最美行业”创建，组织开展“弘扬最美精神·打造美丽水上风景线”活动，承办全省港航管理系统创建最美示范窗口现场观摩学习研究会议，思古桥港航管理检查站典型经验获省交通运输厅厅长郭剑彪重要批示；不断提升嘉兴市港航文化软实力，思古桥港航管理检查站、三塔港航管理检查站分别入选浙江港航“十大最美窗口”和“十大最美品牌”，7人入选浙江港航“双十双百”工程最美人物，58个码头创建星级美丽码头，其中获评五星级码头6个。

（吴建民）

电　　力

【概况】 2015年，嘉兴市电力发电设备总容量1443.5万千瓦，比上年增加323.94万千瓦；年总发电量763.65亿千瓦时，增加142.48亿千瓦时。其中嘉兴发电厂、秦山核电、桐乡燃机设备容量1227.24万千瓦，年发电量707.08亿千瓦时，增加133.7亿千瓦时；新嘉爱斯热电有限公司等6000千瓦以上地方公用发电厂，设备容量57.6万千瓦，增加1.8万千瓦，年发电量33.7亿千瓦时，增加1.42亿千瓦时；民丰特纸公司等6000千瓦以上城乡自备电厂，设备容量79.74万千瓦，年发电量21.64亿千瓦时，增加6.57亿千瓦时。全年嘉兴市光伏发电量4.2亿千瓦时，风力发电量1.2亿千瓦时。

2015年年末，全市电网供电设备35千伏及以上变电所259座，其中公用变电所180座、用户自备变电所79座，主变压器总容量2983.84万千伏安。全市年供电量387.46亿千瓦时，比上年增长2.69%。年售电量376.95亿千瓦时，增长2.89%。全社会用电量413.35亿千瓦时，增长4.26%。8月3日，嘉兴电网网供负荷656.17万千瓦，同比增长2.89%。全市用电户数193.09万户，增加7.68万户；营业户数208.04万户，增加7.48万户。全市电网最高负荷730.7万千瓦，增加58.7万千瓦，电网供电综合线损率2.71%，城网供电可靠率99.97%，城网电压合格率99.99%。

2015年，国网嘉兴供电公司下属5个县（市）供电公司，下辖11个部室，7个业务机构和8个集体企业。在编职工2451人，中级及以上专业技术资格830人，技师及以上技能资格

2072人。固定资产原值（含县公司)214.19亿元,净值97.86亿元。上缴税金(不含所得税)9.33亿元,实现主营业务收入242亿元。全口径应收电费296.36亿元,实收296.36亿元,电费回收率100%,无陈欠电费,连续八年实现部属电费回收“双结零”。

2015年，国网嘉兴供电公司连续14年实现年度安全生产目标,确保世界互联网大会保电“零故障、零闪动、零差错、零投诉”,累计安全日5132天。完成电网建设与改造总投资19.05亿元,投产110千伏及以上变电容量391万千伏安,线路291千米。按期投产500千伏桐乡输变电工程、嘉兴电厂60万千瓦机组改接送出工程等项目,建成全省首个220千伏智能变电站试点勤丰变电站。500千伏桐乡变电站获国家电网公司项目管理流动红旗和省电力公司工程质量“艺术奖”金奖,220千伏安江变电站获“钱江杯”奖。市区主干电缆环网实现配电自动化全覆盖,全省首家试点开关远方遥控防误闭锁研究应用,率先开展供电所运营监测试点。省内首家推行低压业扩“一岗制”快响作业模式,实行营业厅“一证受理”和高压客户“联合勘查、一次办结”。完成岗位绩效工资制度改革和农电用工方式调整,全员绩效管理通过国家电网公司验收。优化市、县财务一体化管理,会计试点工作有序推进。深化物资限时成套配送和中心库寄存模式试点,物资中心被授予“全国五星级现场”称号。平稳推进集体企业改革改制,全省首家完成供电服务公司承修许可证办理。年内,国网嘉兴供电公司获省电力公司系统同业对标综合标杆第二名,供电服务评价考核排名第一位,获评全国质量管理小组活动优秀企业、全国物流标准化示范企业、国网档案工作先进集体。红船党员服务队被评为国网优秀共产党员服务队，平湖市供电公司、海盐县供电公司工会被评为全国模范职工之家，桐乡市供电公司获浙江省五一劳动奖状。3项成果获浙江省和国家电网公司管理创新成果,2项QC成果获国际质量管理小组大赛银奖。

【新增城农网改造升级工程启动】 2015年,国网嘉兴供电公司加大重点领域有效投资,安全优质高效推进农网改造升级工程建设,提高农网发展质量。8月13日,嘉兴新增城农网改造升级工程启动会在平湖市钟埭街道钟埭村北栅口台区改造工程现场召开。这轮城农网改造升级工程自2015年8月启动并在年内全部开工,预计2016年7月底前全面完成。年内,嘉兴市在23亿元年度投资计划的基础上，新增城农网改造升级工程总投资15亿元，其中城镇电网投资5.48亿元、农村电网投资9.52亿元。城镇电网扩建220千伏变电站2座,新增主变2台,容量36万千伏安;新建110千伏变电站1座,扩建1座,改造2座,新增容量31万千伏安,新建110千伏输电线路8.1千米;新建改造10千伏线路197千米，新建改造配变台区415个,容量12.4万千伏安,新建改造低压线路70千米。农村电网新建110千伏变电站1座、主变2台,容量10万千伏安,新建110千伏输电线路1.57千米；新建改造10千伏线路1091千米，新建改造配变台区1398个,容量46.2万千伏安，新建改造低压线路788千米。该工程按照建设国内领先的现代配电网的要求,对接经济社会发展规划,把建设重点投向经济增长点、城市核心区和电网薄弱环节；提高县城、中心镇电网建设标准,支持新型城镇化建设,切实解决局部区域电网“卡脖子”和“低电压”问题。

8月13日，嘉兴新增城农网改造升级工程启动会在平湖市钟埭街道钟埭村召开

【全省首个智能光伏勤丰变电站投运】 11月29日,位于平湖市乍浦镇的220千伏勤丰变电站投入运行。勤丰变电站是浙江省首个新一代智能光伏变电站,主变容量48万千伏安,采用电子式互感器、集合式电容器、站域保护等最先进的智能化设备和技术,包括光伏建筑和微电网一体化项目,集风能、光伏、储能蓄电池于一体,智能化程度在国内处于领先水平。变电站的风能、太阳能等清洁能源通过第三所用变与大电网相连接,使智能变电站与清洁能源建设有效结合。储能蓄电池通过PSC与光伏发电、风力发电输出交流母线相连接,其中安装在变电站屋顶以及立体墙面的光伏太阳能板有449块,总面积741平方米,由其组成的太阳能光伏系统,发电装机容量可达到119千峰瓦。勤丰变电站是嘉兴市内首个使用预制舱的变电站,将220千伏和110千伏的二次设备放在预制舱内,安装方便,节省空间。勤丰变电站的投运,完善了嘉兴电网结构,为平湖市和海盐县的电力供应提供了有力保障。

11月13日,电力工作人员在勤丰变电站进行屋顶光伏太阳能板安装

【省内首个“渔光互补”光伏项目并网】 6月30日,浙江省首个“渔光互补”项目在桐乡市河山镇堰头村并网发电,项目总装机容量11.5兆瓦,总投资9600万元,运营期25年。“渔光互补”项目利用鱼塘面积16公顷,采用上层用于光伏发电,下层用于水产养殖的立体布置方式,实现现代渔业与光伏太阳能发电融合互补。“渔光互补”项目建成后,每年平均上网电量1070万千瓦时,可节约标煤3500余吨,减少排放二氧化硫30吨、二氧化碳9200余吨、灰渣1000余吨。河山镇是桐乡最重要的光伏产业基地之一,2014年2月,河山镇申报并获批全省首批光伏发电应用示范小镇,两年投资3亿元,建设光伏发电项目35.5兆瓦,其中“渔光互补”项目是主要组成部分。

【智能电网创新技术研究工作站成立】 2月4日,嘉兴智能电网创新技术研究工作站在恒光科研楼揭牌成立。该工作站是浙江省内首个以智能电网规划研究及基建新技术研发应用为主题的工作站,首创智能电网成果展示与构建电网创新技术工作平台相结合的方式,打造拥有“展示嘉兴智能电网发展建设足迹”和“构建电网创新技术应用孵化基地”的两大功能的创新型工作站,把电网新技术策划及应用研发工作室、专业团队工作基地、技术交流培训课堂、远程技术方案评审中心及学术沙龙等创新工作模式,融入智能电网的规划、设计、建设等环节中,实现智能电网建设成果展示、科研开发、交流培训、远程分析与决策等“一站式”服务。

【电力客户缴费信息纳入个人信用】 3月25日,国网嘉兴供电公司与嘉兴市社会保障事务局签订“个人信用体系建设战略合作协议”,共同建设“嘉兴市公民个人信用评价系统”,欠费情况纳入个人信用记录,以规范用电客户诚信用电意识。6月29日,嘉兴市召开“部门联动、信息共享,共建社会信用系统”签约仪式,签订《中国人民银行嘉兴市中心支行和国网嘉兴供电公司电力客户信用评价合作协议书》,电力客户缴费信息与金融体系征信平台接轨,将用电客户纳入人民银行的征信系统,如有恶意欠费等不良信用信息的企业或个人,将在信用评级、房贷、车贷、旅游、出国、就职等活动中受限,从而促使用电客户提高诚信用电、诚信缴费意识。

【嘉兴光明电力服务中心成立】 4月11日,嘉兴光明电力服务中心在嘉兴市王店镇成立，是全市首个从事表后服务维修的公益性组织。该组织由嘉兴市民政局牵头，率先在王店镇的23个村庄设立农村电工服务队，为农村居民提供表后电力公益服务，填补嘉兴市农村表后服务空白。服务中心对表后故障应急修复以志愿公益服务的形式，免费上门，有偿服务，材料费按实收取，人工费按照不高于市场价原则协商收取。嘉兴市光明服务中心将纳入“96345”平台。服务中心通过向社会招募服务人员、建立服务网络，由政府购买服务方案，国网嘉兴供电公司提供专业支持，并对人员进行资质培训。

【国网嘉兴供电公司“职工之家”揭牌】 11月27日，国网嘉兴供电公司“职工之家”揭牌，浙江省总工会宣教部部长王重刚和公司党委书记孟宪琍为“职工之家”揭牌，公司劳模代表徐福生、吕勤为“职工代表工作室”揭牌。“职工之家”是集职工艺廊、风度之星、职工代表工作室、职工书屋、健身房、妈咪暖心小屋、会议区多功能为一体的职工综合活动室，从各个方面为广大职工搭建沟通交流的平台。

11月27日，国网嘉兴供电公司“职工之家”揭牌

表3

2015年嘉兴市全社会用电量按用电性质构成

类别	用电量(万千瓦时)	构成(%)	比上年增长(%)
全社会用电总计	4133515.68	100.00	4.26
农、林、牧、渔业	26317.64	0.64	0.03
工业	3399171.50	82.23	3.36
建筑业	43896.20	1.06	-12.78
交通运输、仓储、邮政业	45426.52	1.10	12.28
信息传输、计算机服务和软件业	20030.33	0.48	16.63
商业、住宿和餐饮业	145085.48	3.51	7.63
金融、房地产、商务及居民服务业	63426.48	1.53	21.76
公共事业及管理组织	85999.42	2.08	12.21
城乡居民生活用电	304162.11	7.36	9.46

表4

2015年嘉兴市全社会用电量按行政区人均水平构成

地区	用电量(万千瓦时)	常住人数(万人)	人均年综合用电量(千瓦时)	人均生活用电量(千瓦时)
全市总计	4133515.68	458.50	9015	663
市区	1057122.42	122.82	8607	684
南湖区	389017.10	63.60	6117	741
秀洲区	668105.32	59.22	11282	623
嘉善县	471127.29	57.06	8257	741
平湖市	643009.72	68.38	9403	568

续表 4

地 区	用电量 (万千瓦时)	常住人数 (万人)	人均年综合用电量 (千瓦时)	人均生活用电量 (千瓦时)
海宁市	714792.10	82.95	8617	658
海盐县	421181.36	44.28	9512	582
桐乡市	816421.62	83.01	9835	708

説明:全市用電量含 110 千伏、220 千伏電網綫路損耗

(邹凌宇)

秦山核电

【**概况**】 2015 年，根据中国核工业集团公司(以下简称中核集团)及中国核能电力股份有限公司(以下简称中国核电)的部署,秦山核电保持秦山核电集团筹备组(以下简称筹备组)和中核核电运行管理有限公司(以下简称中核运行)两个单位的运作模式。筹备组履行秦山核电有限公司(以下简称秦山一期)、核电秦山联营有限公司(以下简称秦山二期)、秦山第三核电有限公司(以下简称秦山三期)三家业主公司的法人资质,主要负责方家山核电工程管理,运行机组安全监督、经营管理、科技研发、后勤保障等工作。2015 年,秦山核电基地 9 台运行机组建成投产，总装机容量达到 656.4 万千瓦,年发电量 492.6 亿千瓦时,成为中国核电机组数量最多、堆型最丰富、装机最大的核电基地。中核运行受托负责秦山一期、秦山二期、秦山三期 9 台机组的运行管理及方家山核电工程的调试接产工作,负责巴基斯坦恰希玛核电调试和运行支持等工作。2015 年,中核运行始终坚持"安全第一、质量第一"的原则,全年 9 台机组安全稳定运行,安全生产状况良好。经营发展取得突出成绩,全面完成各项年度经营指标和"保增长"任务,实现安全发电、深化改革、对外服务三大任务有序推进。

【**方家山核电工程全面建成**】 1 月 12 日,方家山核电工程 2 号机组实现首次并网,2 月 12 日完成 100 小时满功率试运行试验,具备投入商业运行的条件,秦山核电基地 9 台运行机组全面建成投产。

2 月 12 日,方家山核电工程 2 号机组具备商运条件

【**机组保持安全稳定运行**】 2015 年,秦山核电 9 台机组保持安全稳定运行，机组累计安全发电 492.60 亿千瓦时,其中秦山一期发电 177.40 亿千瓦时、秦山二期发电 202.85 亿千瓦时、秦山三期发电 112.35 亿千瓦时,9 台机组平均能力因子达到 89.31%，其中方家山核电工程 1 号、2 号机组实现首循环无非计划停机停堆,秦山三期 2 号机组连续运行 536 天。机组负荷因子和 WANO(世界核电运营者协会)综合指标均保持在较高水平,安全总体状况良好,各项安全指标受控,未发生国际核事件分级(INES)二级及以上核事件(事故),未发生重大及以上的设备事故、火灾事故、交通事故和环境事故,集体剂量、最大个人剂量和流出物排放量均低于控制目标值,放射性三废管理处于受控状态。

【机组换料大修工作】 2015年,秦山核电实施7次机组换料大修。其中,方家山核电工程1号机组首次换料大修实际工期56.7天,创造国内百万千瓦核电机组首次换料大修的最佳工期纪录;秦山二期3号机组305换料大修实际工期28.8天,连续三年实现中国核电大修工期“30”(机组大修工期控制在30天以内)指标。

12月10日,方家山核电工程1号机组并网成功,方家山101大修工作完成

【重水堆科研专项取得进展】 2015年,秦山三期完成回收铀全堆应用放射性废液处理试验并通过专家审查,与中核北方核燃料元件厂签订回收铀燃料棒束生产合作协议。开展工业钴源生产的技术支持和医用钴源的科研工作,钴60出堆744万居里,全部投入市场,产生良好的经济效益和社会效益。开展钍资源核能利用研发、高比活度钴同位素研发等多项研发工作,与中国原子能工业有限公司、坎杜能源公司签订《先进燃料重水堆中期研发合同》,持续推进先进燃料重水堆研发。

【科技创新和技术管理】 2015年,秦山核电科技创新和技术专项成果显著,共获得专利12项,科学技术奖10项,编制技术标准18项,计算机软件版权登记4项。实施秦山二期汽轮机次末级叶片的改型升级、方家山核电工程稳压器电加热器改造、秦山三期DEH(数字电液调节)系统改造、秦山二期1号和2号机组常规岛控制系统(DCS)改造等一系列技改活动,持续提升机组可靠性。成功研发并应用动态刻棒技术,缩短大修关键路径约10小时;改进在役检查及材料防腐技术,联合研发30万机组稳压器异种金属焊缝堆焊修复技术及国内首套控制棒驱动机构Ω密封焊缝自动检测装置;实施长燃料循环改进工作,秦山二期1号、2号、3号机组顺利过渡至18个月长燃料循环。与重点科研院所合作,搭建“核电厂退役工程技术研发中心”和“核电厂特种维修技术研发中心”等企研合作高端科技研发平台。

【提升和改进内部管理】 2015年,筹备组重点组织开展“队伍结构优化、设备管理优化、管理流程优化和‘十三五’规划编制”四大专项工作。优化人才队伍结构和人员配置结构,提升人员匹配度和员工队伍活力;形成19名设备管理委员会委员、208名设备管理专家、259名设备管理工程师的纵深管理网络,落实设备管理责任人及关键设备维修责任人;建立三个层级的标准化业务工作组织体系,设置12个业务领域、40个业务小组,梳理完成标准化业务管理程序框架;优化实施“立项”“报销”“临时周转库管理”“库存管理” 等18项重点业务流程;编制完成《“十三五”发展规划》及配套文件。

【对外技术服务】 2015年,中核运行开发完成并向市场推出“生产准备、调试/试运行、换料大修、专项维修、专业培训、技术支持、重水堆支持、信息系统建设与运维”对外服务八大产品;初步建立对外合作机制,共签署战略框架协议11家,签署长期合作协议5家;完成巴基斯坦恰希玛3号机组安全壳整体密封性和结构强度试验及一回路水压试验等重大专项维修服务和技术服务;11月20日,首次召开对外服务产品推介会,对外技术服务进入新的发展阶段。

【拓展宣传载体】 2015年,秦山核电以核工业创建60周年、秦山核电开工建设30周年和秦山核电基地全面建成为契机,与海盐县电视台联合组织拍摄《三十而立从头越》大型人物访谈，制作“国之光荣”主题文化雕塑，出版《秦山足迹》《劳动最光荣》等30周年文化产品，举行30周年媒体开放日活动。向《人民日报》、中央电视台、新华社等国家主流媒体投稿350余篇，凸显秦山核电工程建设、安全生产、经营管理等业绩。启动“美丽秦山”核电游项目，组织海盐县社会各界人士、中小学生1万余人次参观核电。继续发挥核电科普基地的作用，接待辽宁核电、河北沧州核电、福建漳州核电、湖南桃花江核电等新项目所在地公众5900余人次。

【获省部级及以上荣誉97项】 2015年，筹备组获得省部级及以上荣誉27项，主要有筹备组获2014年~2015年度核工业新闻宣传先进单位称号，工程管理处工艺安装科获“浙江省‘安康杯’竞赛优胜班组”称号，秦山核电老年科技小组获中国核工业集团离退休干部先进集体称号，秦山核电基地工会获浙江省部属企事业工会2015年度宣传工作先进集体称号，后勤管理处北和轩食堂获浙江省部属企事业工会“工人先锋号”称号，秦山核电有限公司、核电秦山联营有限公司、秦山第三核电有限公司分获全国质量文化建设标杆单位称号，科技研发处获国防科工企业管理创新三等奖。中核运行共获得省部级及以上荣誉70余项，主要有中核运行获国家安全监管总局、中国企业文化研究会联合授予的“全国安全文化建设标杆单位”称号，获中国电力设备管理协会授予的“第五届全国电力行业设备管理工作先进单位”称号，获“浙江省思想政治工作优秀单位”称号；“微文化”工作实践荣获中国政研会成果三等奖、浙江省企业思想政治工作创新案例一等奖；维修三处仪控科自控二班获中华全国总工会、国家安全生产监督管理总局联合颁发的全国“安康杯”竞赛优胜班组称号；燃料操作处换料维修科获共青团中央授予的“全国青年文明号”称号；何少华工作室获浙江省人力资源和社会保障厅、浙江省财政厅联合授予的“浙江省技能大师工作室”称号；《方家山核电工程调试主线计划优化策略》获中核集团管理创新成果一等奖，效能监察项目“重大决策风险防控项目”获中核集团优秀项目二等奖；周拯晔获中国科学技术协会授予的“全国优秀科技工作者”称号。

（沈　俊　陈　铭）

水　利

【概况】 2015年，嘉兴市水利工作围绕市委、市政府“五水共治”战略部署，以实施“水利建设三年行动计划”为主线，加快实施防洪除涝工程、水源保护工程、水生态治理工程和农田水利工程。全年完成水利投资50.81亿元，完成年度投资计划的123.93%。

年内，全市76个镇、街道（包括3个经济功能区管委会）设立防汛防旱指挥部，1106个村（社区）设立防汛防台工作小组，共建立防汛责任网络11635个，避灾场所1148处；镇、村级防汛防台责任人及重要水利工程防汛责任人在《嘉兴日报》等主要媒体上向社会公布，接受群众的监督。2015年，嘉兴市梅汛期入梅早、出梅迟，台汛期因受9号台风“灿鸿”、13号台风“苏迪罗”、15号台风“天鹅”、21号台风“杜鹃”影响，雨量偏多，全市河网水位较常年明显偏高。市水利部门调度各类水利工程进行预排预泄和防洪排涝，南排工程各泵闸累计排水23.08亿立方米，降低市区水位、防范城市内涝、改善市区河网水环境，同时进一步完善防汛抗台应急预案，坚持实物储备和协议储备相结合，全市现有县级以上防汛物资仓库面积6705平方米，储备防汛物资木材5128.6立方米、铅丝铁钉27.1吨、草包223.96万只、麻袋59.32万只、编织袋258.9万只、水泵5691台、救生衣10443件、挖掘机123台、推土机16台、装卸机32辆。各县（市、区）均落实防汛抢险队伍和抢险人员，组建以人武部和各镇（街道）为主要责任单位的各级抢险队伍组织，落实抢险队伍1011个16516人。全市统一设计制作防汛警示告示标牌,组织开展监测预警体系基层预警发布平台的开发和测试;组织开展防汛宣传和培训工作,提高各地防汛业务知识水平和防汛应急处置工作能力;通过报纸、微信公众号等平台组织宣传,增强公众防汛防台知识和责任意识。

年内,嘉兴市计划续建、新建圩区35个,整治圩区面积1.29万公顷,计划投资4.74亿元,实际整治圩区1.69万公顷,完成投资4.53亿元。抓好嘉善县、平湖市、海盐县、桐乡市四县(市)共45个项目区全部完成批复,43个项目区开工建设,其中27个项目区完成建设。年内,完成河道整治663.5千米,完成投资3.82亿元,"十二五"期间累计完成河道整治1545.5千米,完成投资9.76亿元。抓好海塘配套加固,海盐场前标准海塘临江段加固加高工程主体工程完工,完成投资2048万元;平湖市白沙湾至水口标准海塘加固工程项目完成可行性研究报告批复。抓好滩涂围垦建设,浙能嘉兴独山煤炭中转码头围垦工程完工并验收;平湖西沙湾二期围垦工程完成初步设计,并于10月开工建设,完成投资7700万元。

年内,嘉兴市加快实施水源地治理工程,市贯泾港水厂水源生态湿地治理工程完成投资514.14万元,秀洲区应急备用水源(秀湖水库)工程完成投资1.7亿元,海盐县千亩荡应急备用水源工程完成投资4510万元,海宁市泰山港生态湿地工程完成投资2.03亿元,均超额完成年度计划。水行政综合管理改革不断增强。开展《嘉兴市地区防洪规划》编制完善工作,启动《嘉兴市水利发展"十三五"规划》编制工作,编制完成《嘉兴市"三个千亿"工程投资计划》,修改完善《嘉兴市水生态文明城市试点实施方案》并获省政府批复。加强水资源管理和保护工作,第一批县(市、区)节水型社会建设南湖、秀洲、海盐、海宁、桐乡五县(市、区)和平湖市最严格水资源管理限制纳污控制红线试点通过省级验收。按照计划用水管理要求,下达全市414家企业年度取水计划2.67亿立方米,组织完成取水10万立方米以上11家企业水平衡测试工作,完成全市地下水监测站点建设任务和年度《水资源公报》《水资源管理年报》《节水通报》《水务管理年报》编制工作。完成2014年度全市实行最严格水资源管理制度考核工作,嘉善县获优秀等次,海盐县、平湖市、桐乡市、海宁市、秀洲区、南湖区、嘉兴经济技术开发区(国际商务区)获良好等次,嘉兴港区获合格等次。加强南排工程运行管理,组织对南排工程2014年度维修养护项目验收和2015年度项目维修,钱塘江海塘南排南台头闸维修加固工程基本完成大闸主体建设,闸门具备自动启闭条件,完成投资1050万元;开展长山闸和上塘河闸相关前期工作。做好水利行政执法体制改革省级试点建设工作,深化水行政综合执法改革,在原有划转基础上成熟一项划转一项。做好市区河道巡查工作,全年组织巡查215次,出动人员645人次,拆除涉河违章建筑28.65万平方米。

年内,全市做好水利工程项目、施工企业等信息公开工作,进一步规范和监督全市水利建设市场交易行为。强化工程招投标监管,受理招标报名项目85个,开标项目75个,中标价12.51亿元;完成电子辅助评标系统建设并进入调试运行阶段,保证工程招标投标公开公正公平。加强水利工程质量监督和竣工验收,全年受理工程质量监督申请项目16个,项目划分审批16个,开展质监活动32次,印发质监活动纪要32份,印发单位工程质量核定意见书和质量监督报告35份,确保工程安全。

【基层防汛防台体系规范化建设通过验收】根据省防汛防台防旱指挥部规定,结合嘉兴市"五水共治""防洪水三年行动计划",10月下旬至11月初,南湖区、秀洲区、嘉善县、平湖市、海盐县及嘉兴经济开发区和嘉兴港区相继通过基层防汛防台体系规范化建设省级考核验收。至此,嘉兴市7个县(市、区)和两个功能区全部完成并顺利通过基层防汛防台体系规范化建设省级验收。

【重点水利工程建设稳步推进】 2015年,为进一步加快推进治理太湖骨干工程建设,平湖塘延伸拓浚工程和扩大杭嘉湖南排工程两大水利工程,中央累计下达投资32.81亿元,全年完成投资24.72亿元,累计完成投资34.95亿元,超额完成中央和省、市年度考核任务。河道工程监理、施工全部完成招标;平湖塘延伸拓浚工程的平湖塘疏浚整治工程、南郊河东段、北市河(南湖段、平湖段)4个标段开工(共5个河道工程标段,独山干河标段未开工);扩大南排工程的南台头闸前干河、长水塘海宁段、长山河运西段、洛塘河河道工程等5个标段开工建设(共14个河道工程标段)。

【实施河道综合整治】 2015年,嘉兴市被列入“十二五”期间全国中小河流治理项目库的16条河流、32个项目均开工建设,部分河段完成整治并通过验收。全年完成河道整治315.54千米,完成投资7.04亿元;完成河道清淤1402千米,完成年度计划的123%。市河综合整治二期工程全部完成建设任务,市区12条河道、1个湖泊(南湖)清淤项目基本完成。

【推进农田水利建设】 2015年,嘉兴市以小型农田水利重点县、农田水利标准化建设、灌区节水配套改造为重点,发展高效节水灌溉,推进农田水利基本建设。年内,全市完成农田水利基本建设投资18.07亿元,新增旱涝保收面积8546.67公顷,扩大灌溉面积1760公顷,新增固定式喷微灌面积620公顷,改造灌区渠道754.96千米。嘉善县、海盐县、海宁市、桐乡市、秀洲区、南湖区中央财政小型农田水利重点县建设项目,完成投资1.15亿元。

(包潇玮)

信息化建设与信息产业

综　述

2015年，嘉兴市大力发展信息经济，推进新型智慧城市、国家信息消费试点城市建设。信息产业主营收入完成918亿元，比上年增长12%。其中电子制造业规模以上企业完成主营收入842亿元，增长12.78%，增速高于规模以上工业13个百分点；利润总额54亿元，增长23.72%，增速高于规模以上工业16个百分点；软件业务收入28亿元，增长12%。年内，嘉兴市申报创建浙江省两化深度融合国家示范区，桐乡市成功申报浙江省两化深度融合示范区，秀洲区、平湖市成功申报浙江省两化深度融合试点。同时，嘉兴市申报创建浙江省两化深度融合智能制造专项，浙江卫星石化股份有限公司、浙江传化合成材料有限公司、福莱特玻璃集团股份有限公司被评为浙江省两化深度融合智能制造专项示范项目，禾欣可乐丽超纤皮（嘉兴）有限公司被评为浙江省两化深度融合智能制造专项试点项目。

（刘　鹏　周晓燕）

【举行信息经济发展宣讲会】 5月12日，嘉兴市举行信息经济发展宣讲会，省经信委总工程师厉敏作宣讲。厉敏重点从发展信息经济的时代背景、信息经济概念、信息经济发展的目标与重点以及务实抓好信息经济各项重点工作等方面阐述了信息经济的内涵，使与会人员对嘉兴市发展信息经济有了更加深刻的认识。市信息经济工作领导小组成员单位、各县（市、区）政府、市本级各镇（街道）和工业园区的有关领导、重点龙头骨干企业、相关行业协会等160余人参加宣讲会。

（李晓春）

【出台信息经济政策意见】 2015年，经市政府第50次常务会议讨论通过，市政府发布《嘉兴市人民政府关于加快信息经济政策意见》，在培育发展信息产业、推进信息技术应用、支持平台建设和创新发展、加强要素保障等方面推出一系列扶持政策，进一步加大对信息经济发展的扶持力度。

【推进信息经济重点项目建设】 2015年，市经信委推进信息经济重点项目建设，排出信息经济“五个一批”项目，涉及信息产业重点项目近70项，计划投资52.2亿元。全年完成53.6亿元，完成计划投资的102.68%。

【获省信息经济发展二等奖】 2015年，省经信委对各市信息经济核心产业发展规模、增速和占当地生产总值比重等，进行综合评价。杭州市获一等奖，宁波市、嘉兴市、湖州市获二等奖。温州市、金华市、台州市获三等奖，绍兴市、衢州市、丽水市、舟山市获四等奖。嘉兴市获得省信息经济发展二等奖，并获奖励资金300万元。

（周晓燕）

【创建省2015云工程和云服务专项计划】 2015年，嘉兴市申报创建省云工程和云服务专项计划，全市有15家企业项目被列入计划。市本级2家（清华长三角研究院、浙江鼎美电器有限公司）、海宁市4家（海宁中国皮革城股份有限公司、浙江虹越花卉股份有限公司、海宁天一纺织有限公司、浙江威奇电气有限公司）、平湖市2家（浙江慧谷信息技术有限公司、浙江汉脑数码科技有限公司）、桐乡市3家（新凤鸣集团股份公司、浙江易峰机械有限公司、桐昆集团股份有限公司）、嘉善县2家（嘉善领贤俐华信息科技有限公司、浙江和通电子科技有限公司）、海盐县2家（浙江青莲食品股份有限公司、海盐大卫进出口有限公司）。

【参加智能制造论坛及两岸四地论坛】 2015年，第二届世界互联网大会期间，嘉兴市举办智能制造论坛和两岸四地论坛。市经信委选拔60家优秀智能制造企业参加智能制造论坛，36名创二代及招商人员参加了两岸四地论坛。

（刘　鹏）

电子政务

【优化行政审批流程】 2015年，嘉兴市围绕行政审批层级一体化改革，简化环节，优化流程，创新体制、机制和服务方式。通过职能划转、委托等方式，探索相对集中行政审批权改革，进一步提升审批效率。以南湖区为试点，筹建行政审批局，推进机构和职责整合，探索相对集中行政许可权改革。深化“三制联动”审批服务制度，累计实施联审项目119项，模拟审批30项，代办投资项目和便民服务事项2661项，推动投资项目提速增效。实施商事登记改革，从10月1日起全面实施“五证合一、一照一码”登记模式，至年底共发放“五证合一、一照一码”营业执照2605户。注重行政审批标准化建设，推进同一事项在全市范围内审批内容、材料、要件、流程、时间、收费六统一，进一步压缩审批自由裁量权。

【提升公共服务能力】 2015年，嘉兴市规范公共服务目录，拓展应用内容和范围，打通“最后一公里”，为群众提供优质、高效、便捷的公共服务。提高办事服务效能，以海宁为试点，推行企业投资类项目（工业备案类）在线并联审批（投资项目监管平台）；开展跨部门流程重构，企业注册登记审批时限由5个工作日缩短为3个工作日，建设项目（工业备案类）从立项到发放施工许可由原来的45天缩短为15天，产权办理5天内办结，房产抵押登记部门与抵押银行互联互通当天即办。延伸公共服务，以桐乡为试点，开展三级便民服务，引入三办机制，初步完成桐乡等县（市、区）乡镇网上服务站建设，将行政权力和公共服务事项向镇、村（社区）延伸。以秀洲区新塍镇为试点，整合政府资源，改进办事大厅受理方式，推行“一口受理”制度，推进线上与线下、虚拟大厅与实体大厅、一口受理与分工协同的深度融合。推进在线便民服务，加快统一公共支付平台应用，率先实现交通违法网上统一支付，累计缴纳290笔，金额近3万元。完成海宁、桐乡等县（市、区）政务服务平台与省财政非税系统对接工作，逐步实现在线缴纳、服务民众。全国试点的互联网交通安全综合服务管理平台投入使用，23项业务办理、37项告知、100多项各类服务上线运行。完善信息内容保障机制，第一时间回应网上咨询，确保信息及时、完整、准确，市级公开便民服务信息7686项。

（李建强）

【推进政务服务网上运行】 2015年，嘉兴市以浙江政务服务网为依托，统一建设政务服务平台（含行政权力、行政处罚、公共服务等应用系统），完成行政审批类事项（含行政许可）网上运行。全市行政审批类事项（含行政许可、行政确认和其他行政权力等）入库数3376项，事项运行数1970项（不包含10家省级对接部门），累计办件总量70572件，产生办件的事项纳入比例83%，网上申报实现全覆盖。

【启用嘉兴电子政务云计算中心】 2015年，嘉兴电子政务云计算中心投入使用。阳光医保、工商核心业务等 14 个部门的 34 个应用上线运行。依托嘉兴电子政务云计算中心建立的法人、公民、证照和政策法规库,初步实现与市场监管局(工商)、市国土资源局等单位的实时数据交换,解决了窗口工作人员多次录入、多头录入问题,实现并联审批。

(陈　洁)

公共服务信息化

【推进“智慧教育·在线课堂”项目建设】 2015年,“智慧教育·在线课堂”项目列入市委、市政府民生实事项目。市教育局按照“政府主导、社会参与、按需购买服务”运作机制,为全市中学生创设一个全新的学习平台。2 月 9 日,在线课堂启动试运行,寒假期间运行 13 天,开设在线课程 184 节。4 月 11 日,在线课堂正式运行,春季学期初中学段开设在线课程 185 节,在线和点播观看 10319 人次。至年底,在线课堂项目运行三期,开设在线课程 943 节,在线和点播观看 38.01 万人次,所有课程均为免费开放。运行期间,在线课堂教师授课方式、授课内容等方面得到社会各界和家长的普遍认可,在线课堂效果初步显现。

【完善卫生区域信息平台建设】 8 月 1 日,全市双向转诊系统试点运行,实现患者在基层医院与上级医院之间快捷转诊和就诊资料共享。至年底,双向转诊系统共转诊 2948 人次。各县(市、区)转诊系统陆续启用,其中嘉善县转诊 1000 多人次,桐乡市转诊到市级医院 289 人次。建成全市统一的“健康嘉兴”APP,首期覆盖市级 4 家医院,实现预约挂号、健康信息查询功能,并可进行献血查询、免疫规划查询等公共卫生健康服务。依托嘉兴市第一医院推进区域影像中心建设,实现区域影像中心(市一院)与各县级影像中心、市本级基层医疗机构间影像信息实时传输;依托嘉兴市第二医院推进区域心电中心建设,实现区域心电中心(市二院)与各县(市、区)心电中心心电就诊信息实时传输。印发《嘉兴市卫生信息化三年行动计划(2016~2018 年)》,统筹规划嘉兴市卫生计生信息化工作任务。

【推进公安监控体系建设】 2015 年,嘉兴市公安局统筹推进全市社会治安动态视频监控系统、高速公路车控卡口和“电子侦察哨”建设,推动和规范公共安全区域视频图像资源整合,建立全市、市本级、市区(三环以内)、各县(市)、镇五级视频网,基本形成覆盖全市城乡主要道路、人流聚集区、治安复杂区域点、线、面互为一体视频网。全市建成并实现统一联网的视频监控探头 39078 个,其中社会接入视频监控探头 9518 个,占 24.4%,高清监控探头 17637 个,占 45.1%。

【构建快速响应公安指挥体系】 2015 年,嘉兴市对原有警用模拟集群通信网进行数字化升级改造,推进 350 兆警用数字集群(PDT)通信系统、移动警务系统建设,并且对接 110 可视化指挥平台。至年底,建立 PDT 基站 16 个,基本实现全市主城区及主要城镇信号全覆盖;为全市基层一线民警配备对讲机 6000 余部、移动警务终端 2300 余台,确保公安 110 指挥调度、应急处突、大型活动安保等实战需要。

【加快新型智慧城市标杆市创建】 2015 年 7 月,国家网信办明确把嘉兴作为国家新型智慧城市标杆市试点城市。9 月,《嘉兴市新型智慧城市标杆市创建方案》通过国家网信办组织的专家评审。12 月 17 日,在第二届世界互联网大会期间,嘉兴市政府先后和中国电子科技集团公司、华为技术有限公司、深圳市腾讯计算机系统有限公司等签订《嘉兴市新型智慧城市建设的战略框架协议》。会后,中国电子科技集团公司根据框架协议,在嘉兴成立新型智慧城市研究院筹备工作组并开展前期工作。

【推进嘉兴智慧电网试点项目】 2015年，浙江省电力公司下达嘉兴智能电网建设6个大项34个子项目，主要包括500千伏桐乡变新建变电工程、勤丰变等220千伏及以上新建/扩建输变电工程、新兴变等110千伏及以上新建/扩建输变电工程、“城市十分钟缴费圈”建设等智能技术的应用、“三双接线”改造等配用电网建设和嘉兴光伏高新技术园区光伏项目通信配套工程通信系统建设项目。至年底，完成安江变等26个项目，其他项目按计划实施。9月11～13日，嘉兴“智慧城市——智能电网”作为全省13个首批试点项目之一，在宁波市第五届中国智慧城市技术与应用产品博览会参展。省委常委、宁波市委书记刘奇到嘉兴智能电网展台详细听取建设成果汇报。

【推进智慧交通试点项目】 2015年，嘉兴市投入5.47亿元，重点建设智慧交通综合信息服务平台（一期）、市区公交出行服务系统、公共自行车服务系统、市区道路停车诱导服务系统、市区道路监控系统、市区智能信号灯控制系统、物流公共信息服务平台（一期）、嘉善县综合交通信息服务平台等项目。智慧交通综合信息服务平台（一期）初步建成，市区道路交通运行监测平台建成上线，实时发布区域及主要道路、路段的交通运行指数。智慧出行网、“禾行通”APP软件等进一步开发完善。结合中山路改造，完成诱导屏信息系统建设，实时传输市区道路交通拥堵情况、车位情况，方便公众选择行车路线及停车。

（陈　洁）

社区与农村信息化

【概况】 2015年，嘉兴市城乡社区统一建立社区服务中心，提供一站式办事服务。实施政务服务网镇（街道）、村（社区）延伸工作，简化环节、规范流程。以提高“三农”信息化水平为核心，通过农民信箱改造提升、农业物联网建设、信息进村入户试点以及推广使用信息化实用新技术，不断完善管理体系和服务体系，提高信息化服务农业水平，促进农业生产方式、经营方式和治理方式的转变。

【推进社区农村信息化建设】 2015年，嘉兴市利用现代信息网络技术，开发村（社区）多媒体信息系统、就业信息服务系统、社区志愿者服务系统等，为村（社区）和居民提供便捷服务。完善镇（街道）、村（社区）办公系统和门户网站，实现镇（街道）与村（社区）网络互联，提升了基层工作效率。

【健全“96345”服务平台】 2015年，嘉兴市建立健全六个“96345”社区服务求助中心，以求助电话“96345”、网站www.jx96345.cn、短信为载体，依托加盟企业、服务商和志愿者队伍，构建覆盖全市的信息平台，24小时全天候受理市民生活类、咨询类、事务类、电子商务类、企业服务类五大类120多项服务。

【推进农民信箱升级改造】 2015年，嘉兴市以农民信箱系统平台升级改版为契机，深化农民信箱平台应用，打造嘉兴市农业信息服务的主入口，新增农民信箱用户2万余个，农民信箱用户达25万余个；围绕农村信息服务网络建设，推进农民信箱万村联网工程，新增村级网站40余家，全市农民信箱万村联网村级网站约900家，基本实现村级网站全覆盖。

【加快推进智慧农业】 2015年，嘉兴市实施农产品质量追溯体系建设，全市建立农产品质量追溯管理网络平台，833家县级以上示范性农业企业、农业专业合作社纳入平台追溯管理。启动智慧畜牧建设，实施动物标识及动物产品追溯体系管理平台建设，实现畜牧管理工作监管网格化、信息追溯实时化。启动渔业生产可追溯、环境实时监控、水质在线监测、病害远程诊断监管系统建设。同时，针对农业基础条件相对落后、信息化程度不高的现状,按照试点先行、逐步推开的原则,开展农业物联网试点建设工作。

【桐乡市入围农业部信息进村入户试点县】 2015年,桐乡市成功入围第二批农业部信息进村入户试点县,获得国家农村信息化示范省农业物联网应用试点县建设项目。年内,1个养殖业物联网应用示范基地基本建成,1个种植业物联网示范基地建设启动实施。

(刘　鹏)

基础网络建设与运营

【概况】 2015年,嘉兴市电信业务收入48.18亿元,比上年下降5.24%;固定电话用户119.28万户,下降7.52%;移动电话用户581.89万户,下降6.06%;互联网用户597.35万户,增长3.36%。

【浙江省电信有限公司嘉兴市分公司】 2015年,浙江省电信有限公司嘉兴市分公司完成主营业务收入(税后)16.66亿元,完成年度预算的100.02%,比上年增长5.8%;净利润3.87亿元,完成年度预算的107.62%。新兴业务收入5.68亿元,增长24.2%。加快光网建设速度,至12月底,全网4954个网格单元中,光覆盖网格单元4899个,占98.89%;全网光宽带用户74.5万户,占82.18%。实施IP城域网优化扩容,互联网带宽由880G升至1280G。移动网络全面启动4G网络,至12月底,LTE一期、二期、三期工程安装FDD-LTE基站1918个,开通1897个。LTE三期增补工程安装基站522个,开通420个。IDC工程扩容12块万兆板卡、端口120个万兆,NE40E上联城域网出口扩容260G,出口带宽达到540G,承载能力进一步提升。与嘉兴市政府签署加快推进"十三五"信息化建设战略合作协议,成为全省首个签约地市,至12月下旬,各县(市)政府与电信嘉兴市分公司全面签约。政务云项目覆盖全市各单位(部门),重点业务60多项。顺利完成第二届世界互联网大会通信与信息网络安全保障任务,电信嘉兴市分公司获评嘉兴市委市政府保障服务工作先进集体,电信桐乡市分公司被桐乡市政府授予"特别贡献奖"。2015年,电信嘉兴市分公司组织多场企业、行业信息化演示活动,开展社会治安监控建设、114移车服务等合作项目。电信嘉兴市分公司蝉联第十届"浙江省消费者信得过单位"称号,并获评"嘉兴市先进消费联络站"。

【中国移动通信集团浙江有限公司嘉兴分公司】 2015年,中国移动通信集团浙江有限公司嘉兴分公司以国家新型智慧城市标杆市、宽带中国示范城市试点建设为契机,扎实推进通信网络基础设施建设和转型发展,实现企业平稳可持续发展。至年底,客户总数超过400万户,其中4G客户数突破200万户。强化4G网络优势,全年新增4G宏站1292个、室分556个,累计4G宏站4777个、室分1565个、载频1.66万块,实现全市行政村以上区域室外连续覆盖和室内重点覆盖。持续改善网络质量,城区道路4G下载速率提升到35.8Mbps,上传速率提升到6.7Mbps,同时推广载波聚合功能,推进网络向4G+演进。加快宽带网络建设,实施"宽带村村通"工程,着力提升农村光宽带网络覆盖面,全市宽带用户中20M以上比例达40%以上。顺利完成第二届世界互联网大会保障任务,展示中国移动网络一流水平。年内,中国移动嘉兴分公司整合行业资源,推进移动信息化在各个行业的应用,完善视频监控、数字化校园、文化信息、工作日志等平台功能,完成政务云平台初步建设;打造阳光厨房、海宁公安高空视频监控、嘉兴创意公司智慧园区企业服务管理平台、嘉兴港区化工园区智能安防系统等特色项目,公共自行车项目实现市县全覆盖。年内,中国移动嘉兴分公司获全国"安康杯"竞赛优胜单位、第二届世界互联网大会保障服务工作先进集体、嘉兴市"创建全国文明城市工作先进集体"称号,获嘉兴市"五型机关"创建一等奖。

【中国联合网络通信有限公司嘉兴市分公司】 2015年,中国联合网络通信有限公司嘉兴市分公司被评为中国通信行业开展质量管理小组活动先进单位,其中黑蚂蚁QC小组凭借《降低边界漫游投诉量》获得“全国通信行业优秀质量”小组称号。全面提升3G、4G网络覆盖率,解决主城区、县城、重点乡镇及热点区域的3G弱覆盖问题和4G覆盖需求,实现3G网络人口覆盖率从82%提升至97%,4G网络人口覆盖率从5.6%提升至83.9%。依托嘉兴IDC机房优势以及沃云业务的发展,与嘉兴市教育局签订教育云平台业务;采用自建、合作等方式,推动免费企业WIFI建设稳步发展。年内,联通嘉兴市分公司开展“行风纠风”“扫黄打非·净网2015”和“综合治理不良网络信息防范打击通信信息诈骗”等专项工作;落实IP地址管理及备案、用户信息管理,IDC/ISP信息系统本地维护、网络分级备案、非法主叫拦截、网络安全评估等工作;落实国家三部委、集团总部及省公司“黑卡”治理专项工作要求,从严处理“黑卡”相关违法违规行为,2015年全市实名率达到92.29%,其中新增用户实名率100%。推进网络建设与设备升级工程,投资0.93亿元用于新建基站及室分系统,实现对乌镇互联网大会场馆区域及沿途交通道路的3G、4G信号连续覆盖。对乌镇西栅景区4G站点开启载波聚合功能,实现下载平均速率210M以上,道路下载平均速率100M以上。

【中国铁塔有限公司嘉兴分公司】 2015年,中国铁塔有限公司嘉兴分公司接收三家电信企业存量铁塔4515个,承建基站2298个,全市物理基站总数近6000个;通信基础设施指数列全省第二,在市中心、主干道、高铁等地方,建设了一批宏站和小微站。实行铁塔统一建设、运营商返租,有效降低运营商运营维护成本。铁塔嘉兴分公司坚持“能共享不新建,能共建不独建”的原则,优先改造利用存量资源,2015年,投资超3亿元,共享率达到74.26%。铁塔嘉兴分公司按照嘉兴市“十三五”规划总体安排和“多规合一”工作要求,与市建委共同推进全市通信基础设施专项规划工作,实现政府统一管理、资源统一分配、铁塔统一建设目标。

(刘　鹏)

电子信息产品制造业

【概况】 2015年,全市376家电子制造业规模以上企业完成工业总产值917亿元,比上年增长15.8%;完成出口交货值246亿元,下降0.3%;完成主营业务收入842.6亿元,增长12.8%;利润总额54.4亿元,增长23.7%。电子信息产品制造业总产值占全市工业总产值的12.1%,利润占全市工业总利润的13.9%,分别比上年提高1.1个百分点和1.8个百分点。全市电子信息产业规模以上企业工业总产值增长速度高于全市工业14个百分点,利润增长速度高于全市工业16个百分点。2015年,全市电子产品制造业工业总产值超100亿元以上企业2家,取得零的突破;超50亿元企业4家,比上年增加1家;超20亿元企业6家,超10亿元企业17家,超5亿元企业26家;亿元以上企业138家,增加3家。其中10亿元以上的17家企业占规模以上电子制造业工业总产值总量的50%以上。

【2家企业入围中国电子信息百强企业】 9月1日,中国电子信息行业联合会发布2015年中国电子信息百强企业名单。嘉兴市的浙江晶科能源有限公司、闻泰通讯股份有限公司继2014年入围百强企业后,2015年再次入围。浙江晶科能源有限公司2014年收入规模超74亿元,是第4次入围百强企业,名次从2014年的第88名提升到60名;闻泰通讯股份有限公司收入规模超50亿元,是第2次入围百强企业,名次从第90名提升到89名。

【3家企业入围中国电子元件百强企业】 2015年,工业和信息化部运行监测协调局、中国电

子元件行业协会联合举办2015年（第28届）中国电子元件百强企业评定，嘉兴市3家企业入围百强企业，分别是天通控股股份有限公司、浙江嘉康电子股份有限公司、嘉兴佳利电子股份有限公司，综合排名分别为第50名、96名、98名，与上年的排名相同。

【11家企业入围省百家重点电子信息企业】 2015年，省经信委公布第15届浙江省百家重点电子信息企业名单，其中浙江省电子信息制造业重点企业30家、浙江省电子信息出口重点企业10家、浙江省软件业重点企业10家、浙江省电子信息成长性特色企业50家。嘉兴市的晶科能源、闻泰通讯、富鼎电子、电产芝浦4家企业入围浙江省电子信息制造业重点企业，天通控股、昱能科技、佳利电子、嘉康电子、涵普电力、恒业电子、万科思自控7家企业入围浙江省电子信息成长性特色企业。

【16个项目列入省电子信息产业重点项目】 2015年，省经信委下达省电子信息产业重点项目计划。嘉兴市有浙江维思无线网络科技有限公司的“基于物联网技术的配网状态监测系统中感知层设备的研发及产业化”、浙江佳源通讯技术有限公司的“集成分布式RRU的4G共形天馈系统研发及产业化”、闻泰通讯股份有限公司的“TD-LTE五模十频移动智能终端研发及产业化”、天通控股股份有限公司的“智能手机用高性能蓝宝石面板研发及产业化”、浙江无限新能源股份有限公司的“面向工业新能源节能计量级监管系统设备研发及产业化”、浙江昱辉阳光能源有限公司的“低缺陷密度高效多晶(A3+)电池研发及产业化”、浙江汉脑数码科技有限公司的“生产过程中信源生成处理与产品流通领域关联数据NFC识别技术研发及产业化”7个项目列入A类重点项目计划，另有9个项目列入B类重点项目计划。省电子信息产业重点项目将作为省转型升级资金扶持的依据。

【智能终端实现高速增长】 2015年，以智能手机制造为主的通讯终端设备制造业发展较快，全市完成工业总产值111亿元，比上年增长42%；实现利润3亿元，增长203%；手机产量3700万部，增长22%，全部为4G智能手机，约占全省产量的75%。闻泰通讯、德景电子两大手机制造企业分别完成主营收入81亿元和14亿元，闻泰通讯的增速达到70%以上。

【光伏行业发展较快】 2015年，嘉兴市重点监测的34家正常生产的光伏企业（含光伏玻璃），实现工业总产值327亿元，比上年增长27.6%；利润总额17亿元，增长121%。年内，产值超10亿元的光伏企业有7家（其中两家为光伏玻璃企业），企业经营状况明显改善，6家企业扭亏为盈。

（周晓燕）

【创建国家新型工业化产业示范基地】 2015年，嘉兴市创建以市区电子信息产业为主要集聚区的国家新型工业化产业示范基地，6月9日，嘉兴市召开创建《国家新型工业化产业示范基地(电子信息·浙江嘉兴)》申报论证会，确定以浙江省电子信息产业(南湖)示范园为主体园区，以科技城为核心、嘉兴工业园、秀洲工业区、南湖电子商务产业园、智慧产业创业园为辅的“一心四园”的基地格局。浙江工业大学副校长肖刚等6名专家参加评审会，浙江省经信委产业处处长洪湖鹏，嘉兴市经信委主任卓卫明等领导以及南湖区、秀洲区相关负责人出席会议。专家在听取嘉兴市创建《国家新型工业化产业示范基地（电子信息·浙江嘉兴)》的产业发展规划和具体工作实施方案汇报后，认为嘉兴市区位优势突出，是世界互联网大会的永久性会址，具有较好的创建国家新型工业化产业示范基地的发展基础和配套条件；编制的规划科学合理，产业发展目标明确，符合国家、省相关产业发展规划；工作方案定位明确、思路清晰、目标合理、重点突出、措施有力，较好地保障示范基地创建工作和可持续发展。11月17日，嘉兴市到北京参加工业和信息化部组织的专家评审并获通过，12 月底通过工业和信息化部的公示。

（周晓燕　李晓春）

【南湖区和桐乡市入围省信息经济示范基地】 2015 年，省经信委组织开展省级信息经济示范基地创建工作，要求以县（市、区）为单位，创建一批省级信息经济示范基地，进一步集聚资源，优化发展环境，推进各类信息经济企业、机构、人才向示范基地集聚发展和创新发展，促进浙江省信息经济的快速发展，助力全省经济社会转型升级。全省首批入围省级信息经济示范区 12 个，嘉兴市南湖区和桐乡市成功入围，并分别获得 400 万元和 500 万元省财政补助资金。

（周晓燕）

软件业及技术服务业

【概况】 2015 年，嘉兴市实现软件业务收入 28 亿元，比上年增长 12%，利润总额 7.3 亿元，其中嵌入式系统软件收入 13 亿元，增长 50%。随着"互联网 +"不断深入，两化深度融合的加速推进，中国制造 2025 等战略决策的实施，"机器换人"、智能制造加快推进，浙江日立解决方案软件服务有限公司、浙江和达科技股份有限公司等软件企业业务收入增速明显。年内，列入省经信委网上直报系统的软件企业 123 家，软件业务收入 500 万元以上企业 54 家，增加 6 家；1000 万元以上企业 39 家，增加 3 家；5000 万元以上企业 12 家，增加 1 家；亿元以上企业 6家。

【15 个项目列入省信息服务业发展专项计划】 2015 年，省经信委下达省信息服务业发展专项计划，嘉兴市嘉兴阅博信息科技有限公司的基于云端的开放式数字出版平台的研发、浙江昱能科技有限公司的新一代并网微逆变器 YC300/600 嵌入式软件、浙江赛思电子科技有限公司的基于精确时间协议和北斗通信技术的时钟系统、浙江闪龙科技有限公司的高性能防泄密安全海量存储系统等 9 个项目被列入省信息服务业发展专项重点计划，另有 4 个项目列入一般计划，2 个项目列入备选计划，共获省财政资金支持 830 万元。浙江省信息服务业发展专项计划是为推进软件和信息服务业发展，促进自主创新和产业结构调整而设立的，也是省信息服务业专项资金的安排依据，进入省级信息服务业项目库。

【新增认定软件企业 2 家】 2015 年，由于国家"双软"（软件企业的设定和软件产品的登记）认定政策的调整，嘉兴市嘉兴东臣信息科技有限公司、嘉兴百汇信息科技有限公司 2 家企业通过软件企业认定。全市新增软件产品登记 51 项，东菱技术有限公司的东菱变频调速器控制软件、平湖神州数码博海科技有限公司的神州数码联网监管易关通软件、嘉兴艾特远信息技术有限公司的艾特远图像识别综合监控系统、浙江创智科技有限公司的创智仓储管理系统软件等软件产品经省经济和信息化委员会审核，通过软件产品登记，享受国家相关税收优惠政策。

【参加"互联网之光博览会"】 2015 年，第二届世界互联网大会期间，嘉兴市举办"互联网之光博览会"。博览会以创新、协调、绿色、开放、共享为理念，设发展理念区、"互联网"主题区、创新展区和专场发布区四大板块，全球 250 多家企业参展。市经信委在本市选拔 15 家优秀互联网企业参加"互联网之光博览会"，专门设立嘉兴馆，展示互联网企业最优产品，6 家嘉兴互联网企业参加创新发布会演讲。

【开展互联网大会经贸对接活动】 2015 年，第二届世界互联网大会期间，市经信委组织新型智慧城市建设推介活动，与华为、腾讯、阿里巴巴等著名的互联网企业和新型智慧城市企业联盟的成员单位进行对接，市长林健东、副市长张仁贵分别与中电科技集团、华为技术有限公司、深圳市腾讯计算机系统有限公司签订新型智慧城市建设框架合作协议。同时组织嘉兴市智慧城市建设工作领导小组成员单位、嘉兴的互联网行业企业、省内知名软件和互联网企业、上海十大行业协会等170家单位318人，参加第二届世界互联网大会“数字中国”论坛的“行观天下·智慧城市”议题。

（周晓燕）

电子商务

【概况】 2015年，嘉兴市贯彻落实市委、市政府“电商换市”的决策部署，抓住互联网产业发展机遇，充分利用互联网技术和手段，探索推进业态创新、模式创新和服务创新，全力推动电子商务发展。全市电子商务网络零售额持续高速增长，从2011年的104.5亿元增至2015年的835.6亿元，年均增速超过60%。2015年，网络零售额占全省的11%，居全省第四位；本市居民网络消费快速形成，2015年居民网络消费311.51亿元，比上年增长30%；实现顺差524亿元，居全省第三位。在阿里研究院发布的中国“电商百佳城市”中，嘉兴列第12位，全国网商创业城市中列第9位，农村电商中淘宝村数量列全国第10位。海宁市、南湖区成为省级电子商务示范县(市、区)。麦包包、五芳斋成为国家级电子商务示范企业，全市电子商务呈现快速发展态势。

【推动电子商务集聚发展】 2015年，嘉兴市推动电子商务集聚发展。一是打造一批电子商务集聚区。按照“统筹规划、合理布局、突出特色、差异发展”的总体思路，大力盘活存量厂房、土地和楼宇，促进要素集聚与整合，形成一批电商集聚区。其中嘉兴电子商务产业园被评为“浙江省电子商务十大产业基地”，海宁皮革城电子商务产业园等18个电子商务园、楼宇被列入首批市级电子商务特色产业园（楼宇)创建单位。二是建设一批线上交易平台。加强与电商龙头企业的合作，利用知名第三方平台促进区域块状经济通过电子商务转型升级，海宁、桐乡、平湖三个“阿里巴巴产业带”相继上线，淘宝嘉兴“特色馆”入住商家156家，展销产品130多种，全年成交额5.3亿元，列全省地方特色馆第二位。同时，嘉兴市专业市场、产业园区、龙头企业等打造行业平台，“海皮城”“经编单品网”“洲泉蚕丝城”“中农网”等一系列专业网站全面运营，为皮革、经编、家纺等地方特色产业跨越式发展创造条件。三是引进和培育一批龙头企业。将电子商务作为招商引资的重要内容，引进优秀电子商务及配套服务企业和重大项目落户。总投资60亿元的阿里巴巴“菜鸟城”、总投资110亿元的北大青鸟上海自贸区嘉兴服务中心以及宇培电子商务分拨结算运营中心、海贝尔特色欧洲跨境电商产业园、宝湾物流供应链基地等重大项目相继落户。加快本地企业培育，依托嘉兴市服装、皮革、箱包等终端消费品产业优势，鼓励企业通过天猫、淘宝和京东等第三方平台开展电子商务。五芳斋、嘉欣丝绸、洁阳家居等传统企业通过电子商务实现转型，电子商务销售额快速增长，成为网上单品销售冠军。

【推动电子商务特色发展】 2015年，嘉兴市推动电子商务特色发展。一是与制造业融合发展。嘉兴市与阿里巴巴合作，开展“嘉兴质造”行动，引导推动传统生产企业触网拓市场，打造“嘉兴质造”品牌。以嘉兴市箱包皮具、毛衫、皮衣、羽绒服、服装配饰、男女鞋、童车、窗帘、集成吊顶等传统产业为重点，充分发挥政府、行业协会及服务机构的作用，先后在嘉兴、平湖、海宁、桐乡等地举办多场推介活动，累计有260个企业入驻“中国质造”平台，品牌效应初步显现。二是与农业农村融合发展。组织实施“电子商务进万村工程”，以阿里巴巴农村淘宝、邮乐购、农村金融服务点、电商孵化中心等多种模式，全力推进农村电子商务发展，搭建“网货下乡”“农副产品进城”的现代双向流通体系，切实推动农村传统产业转型升级，促进农村消费水平提升。海宁许村镇永福村成为省级电子商务示范村，嘉兴三珍斋食品有限公司为省级农村电商龙头企业，桐乡市成为阿里巴巴首个农村淘宝项目的平原地区试点县。三是与对外贸易融合发展。加大跨境电子商务宣传推广，与阿里巴巴合作开展外贸季活动，提升企业网上开拓市场意识，推动外贸企业转型升级，60 个企业 45 天通过网络手段实现成交 1865 万美元。推动外贸集中地区加快跨境电子商务园区建设，海宁市依托海关监管场站，加快建设“1+X”省级跨境电商产业园区，被列入全省首批跨境电子商务示范园区培育建设试点县市；桐乡濮院毛衫园区被列为省级跨境电子商务园区。鼓励有条件的企业开展“B2B2C”模式的跨境电子商务，开展海外仓建设，海宁市海派信息咨询有限公司的英国曼彻斯特仓成功列入浙江省第二批公共海外仓试点项目。四是与居民消费升级融合发展。推动旅游、文化、社区服务、新闻出版等领域加快电子商务应用。“智慧旅游”加快推进，通过与携程、驴妈妈、淘宝天猫等平台合作，构建网站、微博、微信、手机四大信息发布平台，以“技术驱动”带动旅游业转型发展。“ITRAVELS 嘉兴”下载量达 450 万次，排名全国同类产品第三位。打造公共文化“互联网 +”特色品牌，“文化有约”形成场馆定约、平台晒约、市民预约、反馈评约、政府购约操作体系。电子商务在餐饮、住宿、养老、医药以及家政等生活服务领域广泛应用。

【实现电子商务持续发展】 2015 年，嘉兴市实现电子商务持续发展。一是优化政策扶持。市委、市政府高度重视电子商务发展，市领导对推进电子商务工作多次作重要批示，成立嘉兴市电子商务工作领导小组，为电商发展提供组织保障。2014 年，嘉兴市出台《关于加快电子商务（电商换市）发展的实施意见》；2015 年，出台《关于大力发展电子商务加快培育经济新动力的意见》。二是优化配套保障。全面推进 2015 年嘉兴市民生实事工程之一的“E 邮柜”建设，解决最后 100 米投送难题，市本级建成 124 个“E 邮柜”，覆盖主要住宅小区、重点商业楼宇、企事业单位，超额完成年度目标。成立市电子商务促进会，为企业提供电子商务培训、咨询等服务。坚持政府推动和市场运作有机结合，发挥部门、企业、行业协会作用，加快推进电子商务公共服务体系建设。三是优化创业创新环境。注重人才引进与培养，依托各类职业技术学校和大专院校共建电商人才培育基地。全市有省级电子商务培训机构 17 个，省电子商务实践基地 10 个，嘉兴麦宝科技信息有限公司的叶海峰，嘉兴商晖培训有限公司的王文辉入围全省第一批电子商务百强名师。2015 年，全市部门、协会、服务中心组织电商培训 200 多场，培训人员 1.5 万人次。举办电子商务人才大赛、电子商务与互联网创业创新设计大赛等活动，营造电子商务创业创新氛围。

（任伟杰）

无线电管理

【概况】 2015 年，嘉兴市无线电管理局受理无线电行政审批 316 项，办理行政处罚案件 10 件，完成无线电设备型号核准初审现场检查 6 起，做好无线电台站年检、新设台检测等工作，全年检测专业通信设备 396 台。依法征收无线电频率占用费，征收率超过 97%。完成国家、省下达的监测任务，全年利用固定站及小型站累计开展航空、铁路等重点频段固定监测 10871 小时，开展移动监测 425 小时、里程 4750 千米；分析排查监测中发现的不明信号，共发现不明信号 25 个，查明 25 个。全年受理干扰申诉 28 起，查结 26 起、待处理 1 起、自行消失 1 起；受理群众无线电相关举报投诉 8 起，全部调查处理并逐一回复。加强对政府部门和重点行业服务工作，开展频率预指配监测 16 次，确保用户用频安全；对移动、联通、电信三大运营商开展蜂窝站和直放站设台申请培训工作，促进运营商基站规范化建设管理;为嘉兴市区公共场所 WIFI 接入一期热点补缺及延伸建设项目进行验收前覆盖质量测试;指导无线电设备生产企业申办型号核准,完成无线电设备型号核准初审现场检查 6 起,为新型设备投入正常生产提供服务。加强高铁沿线 GSM-R 频率的电磁环境监测,参与在轨测试 2 次,撰写监测报告 7 份,确保沪杭高铁嘉兴段用频安全。做好国家级考试反作弊监测保障工作,全年配合市教育考试院、市人社局等单位保障各类考试 13 次,发现作弊信号 3 起,查获作弊无线电设备 3 套。配合公安部门开展打击非法生产、销售、使用"伪基站"专项活动。组织开展打击"伪基站""黑广播"和卫星电视干扰器非法设台专项治理活动。加强监督检查工作,全年检测专业通信设备 396 台; 对 53 家单位开展专项现场核查,下发 22 份责令整改通知书;办理行政处罚案件 10 件,罚款 2 万元。参与第二届世界互联网大会保障工作,圆满完成保障任务。加强无线电管理宣传,全年在《嘉兴日报》等媒体发表宣传报道 2 篇, 在网站发布政务信息 30 篇。加强无线电管理基础技术设施建设,完成乌镇无线电监测中心用房购置,完成小型站设备、便携式无线电监测设备和电磁辐射分析仪的配置完善工作;开展无线电管理课题项目研究,监测定位软件等新技术的应用,提升无线电服务保障水平。

【打击整治"伪基站""黑广播"专项活动】 2015 年,市无线电管理局按照上级统一部署,继续配合公安、文化广播等有关部门做好专项打击整治工作。按照《嘉兴市打击整治非法生产销售和使用"伪基站"违法犯罪活动专项行动工作方案》,进一步健全协调机制。结合日常监测,加强巡测"伪基站""黑广播"等非法电台,全年出动人员 131 人次, 累计巡测 44 次 172 小时,巡测里程 2350 千米,巡测时段实现从工作日到周末全覆盖。配合公安部门检测"伪基站"设备 34 次、38 台,并出具相应的检测报告。开发使用发现查找"黑广播"的监测软件,全年累计监测发现"黑广播"信号 20 起,并联合相关部门予以取缔。

【参与第二届世界互联网大会保障任务】 2015 年 12 月, 第二届世界互联网大会在桐乡乌镇召开。按照上级统一部署,市无线电管理局参与无线电保障方案完善、无线电监测站点设置、开展宣传整治活动、现场受理无线电业务申请等工作。通过会场周边电磁环境的技术监测、执法检查、监督整改,净化会议区域电磁环境;加强会议期间核心区域设备管控、嘉兴机场的电磁环境监测、无线电安全保障以及应急处置工作,确保大会无线电安全。

【开展课题项目研究应用】 2015 年,市无线电管理局组织开展 2 个课题项目的研究活动。一是重大活动频谱资源管理系统开发应用项目,年内组成项目小组,与福州博讯通公司联合开发软件; 总结首届世界互联网大会保障经验,利用软件系统,协助管理电磁环境监测、频率指配、无线电设备行政许可及管控等工作,有效提升工作效率。二是"黑广播"监测项目,项目小组成员提出自动识别判定"黑广播"信号、定位信号源等具体需求,与成都零点公司合作开发"黑广播"自动侦测软件,经多次试验完善,软件成功应用到监测系统中,提高了对"黑广播"的监测、识别和定位效率,为查处"黑广播"发挥重要作用。

(封海加)

邮　政

【概况】 2015 年, 中国邮政集团公司嘉兴市分公司累计完成邮政业务总收入 4.7 亿元,比上年增长 0.59%。全市有邮政局(所)140 个;邮路 18 条,总长度 1566 千米;城市投递路线 192 条,投递长度 4831 千米;农村投递路线 251 条,投递长度 11818 千米。全市累计出口邮件 2.26 万件,进口3.8万件，为党政军服务2.56万件。进口、出口、转口邮件总包量156.74万个。2015年是村邮站进入运营的第三年，嘉兴市着重强化村邮站运行质量，以“向善利民”“公共服务均等化”为切入点，构建城乡一体化的邮政普遍服务体系。至年底，全市884个村邮站累计投递报刊、邮件1176万件，日均投递3.22万件；累计便民服务系统提供服务78.19万次，涉及服务金额6106.13万元，给农村居民带来实惠和方便。开展城市快递智能投递平台“E邮站”建设，至年底累计完成195个“E邮站”建设，完成省政府下达的150个“E邮站”建设任务。同时综合拓展信息化报刊亭服务功能，全市共有邮政报刊亭网点259个，其中新型报刊亭214个。2015年，全市“邮掌柜”小商超714个，县级邮政电商运营服务中心6个，“村邮乐购”电商服务点914个。全市累计开设主题邮局6家，为集邮和函件的转型发展提供支撑。2015年，全市机要通信无失密丢损，实现“四十连冠”目标。

【“E邮站”建设列入市区十件民生实事项目】 1月28～31日，在召开嘉兴市七届人大五次会议上，市政府将“E邮站”建设列入2015年政府十大民生项目。政府工作报告明确提出要加快电商服务网络建设，推广建设公共、开放、综合的社区“E邮站”等电子商务投递终端，年内，市区新建100个站点。至年底，全市累计完成195个“E邮站”建设，全面完成省政府下达的150个“E邮站”建设。

【市本级首个主题邮局——月河邮局开业】 2月8日，嘉兴市本级首个主题邮局——月河邮局开业。月河邮局坐落于嘉兴月河景区内，是一个融合古镇文化与旅游文化的慢生活文化主题邮局。主题邮局内设产品展示区、服务区、DIY制作区、游客留言及书写区等功能模块，为游客提供信件寄递、集邮收藏和个性化函件服务。产品类型包含各类邮政产品（明信片、邮品、信封）、邮政元素纪念产品（邮筒、邮箱、电话亭、发报机）以及文化创意产品（相册、书签、许愿瓶等）。开业当天，嘉兴市分公司现场发售月河邮局开业纪念封，受到游客欢迎。至年底，全市共开设主题邮局6家。

【加快推广“邮掌柜”服务点布局】 2015年，为加快推广“邮掌柜”服务点布局工作，嘉兴市组织电商相关人员分批到绍兴皋埠支局学习农村电商与金融联动等经验，采取三个步骤进行推广。一是专业联动，促进推广。嘉兴市分公司将村邮乐购业务与金融客户走访、POS收单、农村代投、分销业务等各项业务整合，实现板块联动，协调发展；将“邮掌柜”的推广工作落到实处，确保“邮掌柜”系统的实际安装和使用，并协助客户盘货、帮助用户开通支付宝和网银手段。二是加强培训，营造氛围。通过现场培训、专题会议等形式对基层员工以及代购点经营人员进行系统培训；组织各类活动，加强舆论宣传。三是总结经验，复制典型。定期通报各县（市）分公司“邮掌柜”布局进度，将“小商超”发展的成功案例进行汇编，加快复制典型带动“邮掌柜”的迅速推广，全年新建小商超类型代购点714个。

【报投零售公司参与动漫展销】 7月11～12日，嘉兴市举办“红树湾夏夜花火祭动漫展”，嘉兴邮政报投零售公司抓住机遇，转变销售模式，设摊参展销售动漫报刊。动漫展上有精彩的舞台表演、二次元婚礼、烟花活动、互动游戏、嘉宾签售、自助美食等，报投零售公司为参展精心准备了动漫类书籍、报刊，现场销售金额近5000元。此次参与动漫展，使嘉兴报投零售公司既开发了新的客户群体，又了解到市场动漫产品需求、学习到动漫经营户的优秀经营模式。

【建立一对一督导制度】 2015年，嘉兴市分公司管理人员与基层26个网点建立一对一日常督导联系制度。一是借助微信沟通。建立管理人员与基层网点负责人微信群，交流每周计划与进展情况，以便及时解决工作中的矛盾与困难。二是落实帮扶细则。采用解读方案政策、落实支局所“一点一策”,细化布置与操作,具体落实五个“至少一次”:至少参加一次晨会、夕会以及月度经营分析会,参与一次网沙主题互动,参与一次外拓走访。三是对管理人员进行金融业务培训,解读转型积分考核办法,助力帮扶督导工作有效开展。四是确立考核目标。将结对人员部分年终绩效与所挂靠网点储蓄余额完成情况挂钩,按季度进行考核。

【健全网点包裹片区运营机制】 10月,嘉兴市本级将农村区域划分为王店、洪合、王江泾、新丰、余新等七个片区,健全运营机制;设置专、兼职营销经理,配备机动车,重点发展淘宝村、特色产业带、专业市场等区域市场。同时为了配合网点运营,嘉兴市分公司推进“仓配一体化”服务,推行规模客户驻场服务,探索“农村电商”优质寄递服务模式和业务切入点,与邮政储蓄探索质押贷款等供应链金融服务事项,提高网点综合服务能力。“双11”期间,洪合、余新、王店片区初显成效,日均收寄包裹量200件,最高峰时达千余件。

【开展人力资源服务支撑中心建设试点】 6月9~10日,全省人力资源服务支撑中心建设推进会暨人事档案集中管理培训在嘉兴召开,省公司,各市、县分公司,省公司直属单位共90余人参加会议,省公司人力资源部经理杨桂仁和副经理蔡勇出席会议。嘉兴市分公司作为全省唯一试点,成立人力资源服务支撑中心小组,明确支撑中心的组织架构、职责划分、实施推广、工作流程等,同时开展档案整理及目录编写方面的培训,并进行现场实务操作和集中讨论,进一步提升人力资源管理水平,推进人事档案规范统一。

【服务第二届世界互联网大会】 12月16~18日,第二届世界互联网大会在桐乡乌镇举行,中国邮政集团公司总经理李国华等到活动现场参观指导。嘉兴市邮政分公司在互联网之光博览会展区、乌镇主题邮局以及乌镇邮政支局三个区域为参会嘉宾提供邮政服务体验。互联网之光博览会邮政展厅,以邮政农村电子商务、个性化邮票等为主题,体现现代邮政发展方向:邮政农村电子商务通过现场实景模拟、多媒体展示等方式,为传统企业提出如何搭载互联网在广大农村推广电子商务产业的实用方案;中国邮政通过搭建村邮乐购店和村邮乐购运营中心,将农村线下平台与互联网联系起来,形成线上线下融合的新平台,为广大农村居民提供多样化的工业品,也为农村优质农产品外销提供更多渠道,实现“购物不出村、销售不出村、生活不出村、金融不出村、创业不出村”。个性化邮票体验区通过个人提供照片、电脑编辑即可完成打印,还可在现场制作邮资明信片、个性化邮票等邮折产品;个性化邮票呈现私人提供的图画内容、具有一定面值,拥有普通邮票一样的实用功能。中国邮政赞助博览会明信片门票2.4万枚,参观者可以现场填写,现场寄出纪念明信片。乌镇景区的主题文化邮局以民国风格为主,展示乌镇文化题材、互联网题材的集邮、明信片产品。16日,中国邮政在桐乡邮政公司大厅举办世界互联网大会·乌镇峰会纪念邮资明信片1套1枚首发仪式,纪念邮资明信片主图为世界互联网大会徽标,标志图形取大会中文全称中的“互”字,以突出互联网主题。

(吴天姮)

城乡建设

综　　述

2015年，嘉兴市城乡建设部门实施“两美”嘉兴战略，坚持走新型城镇化道路，以国家“多规合一”试点为契机，突出规划引领管控和绿色生态建设，加强信息化建设，着力打造绿色城建、民生城建、人文城建、智慧城建，努力实现建设事业转型发展，全力推进现代化网络型田园城市建设。全市城市建成区面积293.12平方千米，比上年增加17.39平方千米，其中市区建成区面积98.7平方千米，比上年增加2.97平方千米。

坚持规划引领，深化完善城乡统筹发展。2015年，全市城乡建设部门以“多规合一”为契机，推进规划修编和规划体制改革，强化全市域规划管控和统筹协调能力。开展重点规划编制，完善城市总体规划修改，做好历史文化名城保护规划、综合交通规划等专项规划方案编制。会同嘉兴科技城管委会编制《嘉兴科技城总体规划》《嘉兴科技城先行启动区规划》。规划管理体制机制逐步完善，建立“依项目启动会议”机制，解决审批节点瓶颈。深入实施“阳光规划”，开展市本级规划行政审批公示公告检查，做好规划条件模板梳理、完善等工作。加快推进城乡统筹，编制完成王江泾镇等4个省级小城市培育试点和大桥镇等13个市级小城市培育试点镇总体规划。开展农房改造集聚工作，严格控制村庄布点规划区范围外新建、扩建和翻建农房，做好农村困难群众危旧房救助。推进新一轮村庄规划设计编制工作，制订出台《关于进一步加强村庄规划设计和农房设计的指导意见》和《嘉兴市村庄规划设计编制导则》，进一步规范和指导村庄规划设计和农房设计工作。加强农民建房管理，制订《关于加强农民建房管理的若干意见》，开展优秀农村住宅建筑设计方案征集和国家级美丽宜居示范村、第四批全国传统村落申报工作，做好省级美丽宜居示范村和8个农房设计试点村建设工作。

加强重点设施建设，不断提升城市功能。2015年，全市城乡建设部门统筹推进“海绵城市”、“五水共治”、交通治堵、“三改一拆”、环境整治等国家、省、市级重点工作和重点建设项目。开展国家级“海绵城市”建设。选定以南湖为中心，包含老城区、已建区和未建区面积18.44平方千米的示范区，总投资51.09亿元。推进“五水共治”工作，制订建设系统“五水共治”工作实施方案，全市分别新建污水管网、排水管网、供水管网462千米、129.4千米、543.4千米，改造供水管网251.4千米。优化完善市域污水处理设施布局规划，启动市域外配水规划编制。开展国家节水型城市创建，通过省住房和城乡建设厅组织的国家节水型城市复查验收。至年底，全市成功创建省级节水型企业、单位58个，覆盖率31.7%；38个小区获得“浙江省节水型居民小区”称号，节水型居民小区覆盖率7.7%。开展城市交通治堵基础设施建设工作，完成省治堵办治理城市交通拥堵工作考核任务，新建改建市区主要道路12.61千米，新增停车位4006个。开展由拳路、中山东路桥改造,推进三元路和其他道路建设项目,加快“三改一拆”和无违建创建步伐。全市完成“三改”面积2688.9万平方米,完成全年任务的3倍,其中完成城中村改造面积747.1万平方米,完成全年任务的3.7倍;拆除各类违法建筑面积1458.3万平方米,完成全年任务的1.5倍。完成“三改一拆”面积1266.67公顷,其中复垦复绿800公顷,启动改建206.53公顷,拆后利用率达到77%。全市13个镇(街道)成功创建“无违建镇(街道)”,22个镇(街道)被评为“无违建镇(街道)”创建工作先进集体。实施“三沿两区”(沿路、沿河、沿街,开发区或工业园区、镇村交接区)专项行动,重点拆除主要公路和主要河道沿线乱搭建的小企业和小作坊、城镇街道两侧的违法搭建建筑和违法广告牌。

11月25日,市海绵城市建设工程指挥部总指挥、副市长张仁贵主持召开海绵城市专题工作会议

强化生态建设,不断优化城乡环境。2015年,全市城乡建设部门加快推进“公铁”沿线环境整治,大力推进生态绿道工程和养护工程等,努力提升城乡宜居品质。印发《“公铁”沿线环境整治百日会战九大专项方案》,各县(市、区)制定实施方案,建立“路段长制”,通过排摸环境整治点项目,完成整治项目2.9万项,初步实现“路面洁、设施齐、沿线绿、墙体净、河道清、景观美”的工作目标。结合2015年世界互联网大会环境质量保障工作要求,制定《第二届世界互联网大会期间施工现场扬尘管理方案》,印发《第二届世界互联网大会环境质量保障方案》和《嘉兴市建委关于开展第二届世界互联网大会·乌镇峰会环境质量和维稳工作专项督查的通知》,建立工作联络、应急预案管理等机制,组建督查小组,全力做好世界互联网大会建设工地环境质量控制扬尘治理和巡查督办工作。推进生态绿道建设,重点加强已建绿道配套设施的完善、标识系统的优化、绿道沿线景观的美化等工作。至年底,市区应打通的6个绿道节点:秀洲区实施的反修港闸站、洪兴西路桥人行踏步、开发区昌盛路杭州塘大桥人行踏步、跨海盐塘桥梁、南湖区金都夏宫东侧绿道、嘉城集团跨长盐塘桥梁均已贯通。公园内和绿道沿线增建公厕,逐步完善标识标牌、路灯照明和其他配套设施。深化地理信息平台建设,建立“用脚步量起,争做城市管理有心人”微信群平台,强化动态化、长效化监管,提高城市智能化管理水平。开展文明城市创建迎检工作,成立专项督查小组,加强公园、道路、环卫设施、住宅小区、建筑工地等创建项目的指导检查。以开展设施大排查大整治为契机,研究市区绿化养护长效管理机制,细化绿化养护考核标准和奖惩细则,深入推行精细化养护,制订完善《嘉兴市区城市环境卫生作业规范》等规范性文件。

着力改善民生,不断增进民生福祉。2015年,全市城乡建设部门围绕“保住房、优环境、促发展”,切实提高城乡居民居住生活品质,超额完成保障性安居工程建设任务。全市新开工各类保障性住房安居工程12359套,竣工8894套。实施危、旧小区整治改造,部署开展城镇危旧住房三年行动规划和年度计划编制工作,组织开展丙类房屋安全鉴定和治理改造。全市完成丙类房屋鉴定1577幢,治理改造房屋435幢。深入实施城市有机更新,编制2015年度市级房屋征收计划,加强2013年、2014年启动的项目结转任务和2015年新启动项目落实工作,修订完善《嘉兴市区国有土地上房屋征收与补偿办法》等相关配套政策。加快推进子城广场片区和子城中轴线城市设计,完成湖滨片区城市有机更新概念规划与城市设计专家会审，推进火车站片区和民丰冶金厂地块城市设计和建设规划。至年底，市区完成扫尾签约55户，城市有机更新各启动地块基本完成建筑拆除。原第一医院地块除天主教堂和沈曾植故居等文保单位保留外，其他房屋建筑全部拆除，湖滨二期地块启动搬迁拆除，纺工路北延（含涵洞）工程项目全面启动。整治规范路边服务亭，加快改造LED路灯，全年完成“三亭”（报刊亭、爱心亭、电话亭）整治率90%以上。完成LED路灯改造1.48万盏，城区内工程基本完成，城区外围及乡镇、公路的LED路灯改造全面推进。开展垃圾分类工作，拟定市区垃圾分类处置方案，年内采购12辆垃圾分类收集运输车，并新增6条垃圾分类专线。

强化创业创新，加快建设行业发展。2015年，全市城乡建设部门推进建设行业服务指导和安全监管，不断规范市场秩序。房地产市场运行基本稳定。制定房地产市场稳定健康发展措施，全力拓展市场空间。全市完成房地产开发投资458.41亿元，商品房竣工面积612.03万平方米，分别比上年下降12.8%和3.1%；商品房销售面积640.6万平方米，增长28.8%。全市实现房地产业入库税收70.45亿元，增长4.5%。实施“走出去”发展战略，坚持提高工程质量安全，推进新型建筑工业化建设。全市完成建筑业总产值1015.3亿元，下降10%。推进地理国情普查，全面开展乡镇建成区调查等5项市情专题普查，完成《嘉兴市第一次地理国情普查市情专题普查技术方案》，普查数据应用于“多规合一”、海绵城市等国家试点项目建设。深化地理信息共享平台应用，“天地图·嘉兴”新增“嘉兴特色民生”系列电子地图和停车诱导专题应用等电子地图服务功能。以公安、财政、民政、工商四部门为试点，推进部门间地理信息数据在线交换与共享，与公安局成功建立共享交换机制，数据共享交换总量突破百万条。

加强作风建设，着力提升部门形象。2015年，全市城乡建设部门以“四张清单一张网”（政府权力清单、企业投资负面清单、政府责任清单、省级部门专项资金管理清单，浙江政务服务网）为要求，开展责任清单和非许可项目清理，厘清权责边界，提高行政效率。推进“六五”普法工作，加大“三改一拆”“五水共治”“多规合一”“海绵城市”等法律法规宣传，“六五”普法于5月通过市法宣办验收。开展规范性文件“三统一”（统一登记、统一编号、统一发布），审查规范性文件16件，正式出台规范性文件7件。全年审理行政复议案件1件，答复行政复议案件3件，答辩行政诉讼案件3件，召开规划听证会3场，行政处罚7件、罚金28.7万元。全年受理各类审批事项1630件，行政收费8413余万元，受理率、办理率、办结率均达到100%。开展部分事项网上申报审批，全面实现房地产企业、物业企业、房地产评估咨询企业一、二级资质的网上申报。倡导“窗口就是我的家，群众就是我家人”的服务理念，全面推行延时服务、预约服务、周日轮值等优质服务举措。以“道德讲堂”和“建设讲坛”为平台，邀请国内外专家举办讲座16期，参加人员1720人次。加强城建职工培训，全年组织职工技能培训32期、12654人次，组织专业培训49期、8353人次。做好各级各类建设科研项目的组织发动和申报工作。年内申报浙江省建设科研项目13个，其中3个被列为省2015年度建设科研项目，“地理国情普查在嘉兴多规合一试点工作中的作用”等3个项目入选住建部科技计划。首次组织申报嘉兴市社会科学研究课题，其中3个项目立项，《新型城镇化背景下多规合一的路径与方法探索》《实践“多规合一”，建设田园城市的路径研究》入选《嘉兴市社会科学优秀课题成果汇编（2015）》。开展电子政务项目申报，年内组织申报电子政务46个，其中新建项目22个、运维项目24个。市城建档案馆全年完成审核、接收档案156个项目（共728个工程），新进城建档案入库13564卷。完成馆藏档案数字化扫描26294卷，馆藏档案数字化率达50%。接待利用城建档案1028人次，利用档案4395卷，复印29194张（其中文字26704张、图纸2490张）。完成嘉兴市城建档案学会换届选举工作,征集表彰城建档案论文12篇。

(朱家盛)

规划　测绘

【概况】 2015年,嘉兴市以“多规合一”为契机,着力推进规划体制改革,强化规划引领管控,加快信息平台建设,提升服务应用能力。按照“五个协同”(时间协同、部门协同、市县协同、技术协同、进度协同)的工作要求,“多规合一”试点工作顺利完成。市域总体规划初步编制完成,加快编制城市总体规划修改、历史文化名城保护规划、综合交通体系规划等重大规划。编制中环内人行立体过街设施规划,于11月通过专家会审。开展《关于发展楼宇经济促进产业转型升级的对策研究》《嘉兴市楼宇经济提升转型专项规划研究》等调研,重点研究促进楼宇差异化特色化发展的政策措施。深入推进城市有机更新各项规划,完善子城广场片区和子城中轴线城市设计,编制完成湖滨片区城市有机更新概念规划,并于12月通过市政府批复,完成冶金片区城市设计招投标。开展老城区城市形象更新各项规划,芦席汇历史街区保护性开发建设项目城市设计通过专家会审,中山路沿线街景立面改造方案初步完成。开展沪嘉规划交流,建立“两院”(嘉兴市规划设计研究院和上海市规划院)常态化联系机制,组织编制《沪嘉边界区域发展研究》。

2015年,市规划管理部门修改完善《嘉兴市城市规划管理技术规定》《关于印发市城乡规划委员会办公室工作例会制度的通知》《关于进一步规范市城乡规划委员会会议议题申报的通知》《嘉兴市城乡规划委员会工作手册》等一系列配套操作规范。筹备召开市城乡规划委员会全体会议3次、主任会议3次,审议市区再生水厂、市中心粮库及拆迁安置区(洪合镇)等重大建设项目选址和各类城乡规划等45项议题。召开市城乡规划委员会办公室例会11次,16个重大建设项目以专报形式征求市领导意见。

2015年,市规划管理部门受理建设项目规划许可项目757件,其中选址项目177件、用地项目236件、建筑工程项目344件。竣工规划核实204件,受理申请上报浙江省住房和城乡建设厅规划选址项目12项。深化实施阳光规划工程,全年对650个项目进行批前公示和批后公布。运用规划信息平台,加强建设项目的批后监管,对南湖区、秀洲区和嘉兴经济技术开发区三个规划分局的规划行政许可项目进行抽查。

2015年,市测绘与地理信息部门推进地理国情普查,市“两率”(城市建成区绿化覆盖率及绿地率)试点成果通过省住房和城乡建设厅、省测绘与地理信息局的联合验收。深化地理信息共享平台交换应用功能,29个单位基于平台搭建42个应用系统,与市公安局、市交通局、市财政局等部门签署信息资源共享交换合作协议,推进部门信息数据的共享交换工作。强化“天地图·嘉兴”建设与应用,实现市域全覆盖。全年市本级办理测绘行政审批事项138件,其中完成使用基础测绘成果审批115件,地图审核15件,丙、丁级测绘资质审核8件;完成测绘项目备案1282件,立案查处因未按要求及时备案的测绘违法案件1件。年内,市测绘与地理信息局在全省测绘与地理信息局工作考核中获第一名,并连续四年被评为优秀等级。

【完成“多规合一”试点工作】 年内,嘉兴市按照“五个协同”的工作要求,成立“多规合一”试点工作领导小组,编制试点方案和工作大纲,开展九大专题研究,制定标准体系,划定“三区四线”(城镇区、生态区、农业区,城镇规模控制线、基本生态控制线、基本农田控制线、产业区块控制线),开展图斑比对优化“一张蓝图”,编制《嘉兴市空间发展与保护规划》,统筹谋划全市域空间结构与布局,编制技术报告深化工作成果,基本完成“五个一”(一本规划、一本技术报告、一张底图、一套标准和一套改革方案）成果，并报住房和城乡建设部审批。

2015 年 3 月，“多规合一”办公室召开会议，讨论市“多规合一”方案

【嘉兴市域总体规划通过会审】 9 月，嘉兴市域总体规划通过专家会审；10 月，通过市城乡规划委员会全体会议审议。总体规划重点强调接轨沪杭，明确新背景下的区域功能定位；强调区域协调，将嘉兴市域作为一个城市统筹规划；强化用地管控，划定建设用地增长边界线、独立建设用地控制线；围绕“现代化网络型田园城市”总体定位，强化“浙江省全面接轨的示范引领区、长三角高科技成果转化的重要基地和江南水乡典范城市”的城市功能。

【嘉兴城市总体规划修改】 12 月，由中国城市规划设计研究院上海分院主持，嘉兴市城市发展研究中心、嘉兴市规划设计研究院参与编制的嘉兴市城市总体规划修改，通过住房和城乡建设部规划司专家评审。总体规划修改与“多规合一”工作统筹、统一、同步，在修改期限（2020 年）内和国民经济与社会发展规划、土地利用总体规划、环境功能区规划等做到“数据一致、底图一致、标准一致、体系一致、蓝图一致、期限一致”。同时，强化生态环境保护、划定城镇增长边界，消除与其他规划的空间管制图斑差异。

【嘉兴中心城区控制性详细规划实现全覆盖】 年初，市规划管理部门启动中心城区最后 4 个单元的控制性详细规划编制和 2 个单元的控制性详细规划的修编，至年底，中心城区控制性详细规划编制实现全覆盖。《中心城区控规评估与规划通则》成果于 5 月通过专家会审并结题。开展对中心城区范围内已评审、未报批单元控制性详细规划成果的更新，创新控制性详细规划编制方法。

【《嘉兴市城市规划管理技术规定（修订）》实施】 2 月，《嘉兴市城市规划管理技术规定（修订）》上报市政府批准。3 月，相关行政管理部门、规划设计单位、建筑设计单位和房产开发企业召开修订内容讲解会。从 4 月 1 日起，《嘉兴市城市规划管理技术规定（修订）》正式实施，主要包括总则、用地管理、建筑管理、建筑外部环境管理、城市道路及停车、技术指标计算规则等内容，在管控结构、指标体系、管控策略等方面作较大调整，并增加建筑节能、海绵城市等城市建设新理念和新技术的引导。

【编制基础测绘“十三五”规划】 8 月，《嘉兴市基础测绘“十三五”规划》完成初稿，12 月通过专家评审并定稿。规划明确八大工作任务：数字嘉兴地理信息共享平台完善和深化应用工程、地理国情监测工程、嘉兴市自然资源与地理空间数据库及管理信息系统建设、城市地下管线管理信息系统建设、城市地下空间普查、基础地理信息公共产品开发、涉密信息分级管理系统建设、智慧嘉兴时空信息云平台建设，涵盖现代空间定位基准项目、基础地理信息数据获取与更新等 12 个大项目和 30 余个具体项目。

【提升基础测绘能力】 2015 年，市本级基础测绘总投入达 1827.7 万元，比上年增长 19.98%；基础测绘成果进一步巩固，对已有 1：2000 和 1：500 地形数据、“天地图”兴趣点数据、仿真三维数据及街景数据进行动态更新；启动嘉兴市真三维数据的采集工作；开展民生地图编制服务，推出《嘉兴市特色民生系列地图——市民出行导向系列图》。

【**加强测绘与地理信息市场监管**】 4月，市测绘与地理信息部门组织对12个测绘持证单位开展测绘成果质量监督检查，抽检合格率75%,要求不合格单位限期整改。6月、7月,对全市37个测绘资质单位开展测绘资质巡查，并要求存在问题的9个持证单位进行整改。对市区6个涉密测绘成果生产、保管、使用单位进行保密专项检查,并要求4个存在安全隐患的单位进行整改。11月,对市区经营销售地图产品8个场所进行检查,对市面上销售的涉及地图的教育辅导、地图册等进行全面检查。

【**推进地理国情普查**】 2015年,全市第一次地理国情普查领导小组办公室（简称普查办)配合省普查办,协助普查实施单位完成国情普查的时点更新及外业普查数据建库工作。市、县普查办分别开展乡镇建成区、城乡建设用地现状、地表材质和透水性质、地下空间开发利用情况、城市地区泊车位5项市情专题普查以及“五水共治”、产业聚集区、园林市政绿化、港口岸线资源、农业两区(粮食生产功能区、现代化农业园区)等24项县情专题普查,其中部分专题普查成果在“多规合一”、海绵城市等重点工作中得到应用。至年底，市本级与下辖五县（市）全部完成城市建成区和城市建成区绿化覆盖率及绿地现状调查工作。

【**地理信息共享平台应用**】 年内,市建委与市交通局、市财政局等部门签署信息资源共享交换合作协议,推进部门信息数据的共享交换工作,至年底,29个单位基于平台搭建42个应用系统。市建委与市委组织部联合举办第二期“智慧城市” 地理信息共享平台培训班,160多人参加培训。10月26日,全省数字城市应用示范现场交流会在嘉兴市召开,嘉兴平台应用工作经验得到推广。

【**县(市)数字城市地理空间框架建设**】 2015年，全市域数据融合工作全面完成,成功构建“全市一张图”。“天地图·嘉兴”被国家测绘地理信息局评为五星级市级节点。各县(市)推进数字城市地理空间框架建设，不断完善平台功能，推进县(市)多个部门的试点应用。在2015年度全国“天地图”星级节点评估中,平湖市获五星级县级节点,嘉善县、海盐县、海宁市获四星级县级节点。

（吴其生）

勘察　设计

【**概况**】 2015年,全市工程设计企业完成建筑设计面积1509万平方米,比上年增长20%。设计营业收入5.28亿元（含建设系统外设计企业），增长2.5%，其中电力行业比上年增加4300万元,市政行业增加2500万元,环境行业减少2000万元,建筑行业减少3800万元。勘察营业收入2989.71万元,下降19.6%。

年内，全市31个企业申报资质核定、增项、延续申请,经住房和城乡建设部审批,嘉兴市恒创电力设计研究院有限公司取得电力行业送、变电专业甲级资质,盈都桥梁钢构工程有限公司取得轻型钢结构工程专项设计甲级资质;经省住房和城乡建设厅审批,批准新申请、增项资质10项,资质延续企业12个。至年底,全市建设系统有工程勘察企业7个,其中甲级资质企业2个、乙级资质企业5个;建筑设计企业19个,其中甲级资质企业9个、乙级资质企业9个、丙级资质企业1个。嘉兴市外勘察设计单位进嘉兴延续备案46个，其中勘察单位延续备案9个。新备案设计单位64个。

年内,全市4个施工图审查机构按照《嘉兴市房屋建筑和市政基础设施工程施工图设计文件审图管理办法》，进一步提高施工图审查质量。全年全市审图单位审查项目1449项、建筑面积1500万平方米，提出违反强制性条文538条,提出违反“应”字条文4638条,对违反强制性条文和“应”字条文的图纸，均提出意见建议。

年内，全市评估民用建筑节能项目301个、建筑面积1050.6万平方米。加强节能材料推广备案工作，年内办理节能材料（产品）备案60个，其中新备案企业15个，办理市外无机保温砂浆项目备案25个。新建民用建筑全面实施《浙江省民用建筑绿色设计标准》，完成既有居住建筑节能改造工程面积15万平方米，完成既有公共建筑改造示范工程面积10万平方米，完成用能监管项目5项。推进可再生能源在建筑中的应用，完成可再生能源建筑应用面积100万平方米。推进绿色建筑发展，实施星级绿色建筑示范工程5项。

【2个项目获“钱江杯”优秀勘察设计奖】 2015年，省勘察设计行业协会组织“钱江杯”优秀勘察设计评选，经省住房和城乡建设厅审定，浙江宏正建筑设计有限公司设计的嘉兴中润置业有限公司瑞安广场获“钱江杯”（优秀勘察设计）工程设计二等奖，嘉兴市规划设计研究院有限公司设计的海盐县畜牧业转型升级区域布局规划获“钱江杯”（优秀勘察设计）专项工程设计表扬奖。

【开展建筑节能与勘察设计检查】 8月，市建委开展建筑节能与勘察设计综合检查工作，抽查项目图纸和工地现场66个，其中抽查项目设计图纸27套（含勘察报告）、原材料质量现场抽查39个，涉及设计单位21家次、勘察单位13家次、审图机构6家。对勘察、结构设计、建筑设计等方面存在的问题，进行通报并通知项目所在地建设行政主管部门，督促有关责任单位整改。

【开展建筑节能与绿色建筑行动专项检查】 12月11～12日，住房和城乡建设部建筑节能与绿色建筑行动实施情况专项检查组到嘉兴市开展年度专项检查。专项检查涉及嘉兴市新建建筑节能项目6个，绿色建筑项目3个，中央财政资金支持的既有居住建筑节能改造项目2个。检查组对嘉兴市在建筑节能与绿色建筑实施方面取得的成绩给予肯定，同时要求加强对强制执行绿色建筑标准具体实施过程中各环节的监督管理，加大绿色建筑推广，保持实施建筑节能和绿色建筑工作处于全国前列。

（张文进）

建筑业

【概况】 2015年，全市完成建筑业总产值1015.3亿元，比上年下降10%，其中市区263.2亿元，下降10%；完成省外建筑业产值220.6亿元，下降22%，其中市区46.9亿元，下降7%；房屋建筑施工面积6961万平方米，下降18%，其中市区2006.9万平方米，下降13%；实现利润总额13亿元，下降11%，其中市区3.2亿元，增长9%；上缴税金27.5亿元，下降13%，其中市区7.6亿元，下降4%；从业人员25万人，下降20%，其中市区7.6万人，下降13%。

2015年，全市有1个建筑业企业取得房屋建筑工程总承包特级资质，新增总承包一级资质企业2个、总承包二级资质企业2个、总承包三级资质企业7个、专业承包三级资质企业10个、劳务分包企业3个。至年底，全市有建筑业企业672个，其中特级资质企业1个、一级资质企业71个、二级资质企业215个、三级资质企业320个、劳务分包企业65个；有监理企业30个，其中甲级资质企业11个；有建设工程检测机构26个；有招投标代理机构22个，其中甲级资质机构11个；有造价咨询机构22个，其中甲级资质机构16个。2015年，全市施工产值超亿元的企业132个，其中超5亿元的企业40个、超10亿元的企业15个、超50亿元的企业4个。巨匠建设集团有限公司取得房屋建筑工程施工总承包特级资质，是全市第一个取得施工总承包特级资质的建筑业企业，并获得“嘉兴市市长质量奖”,成为市建筑行业第二个获此殊荣的企业。嘉兴市建设工程造价管理站被浙江省建设工程造价管理总站授予2015年度全省工程造价市场管理优秀单位称号。至年底,全市有国家一级注册建造师1917人,国家二级注册建造师6440人,注册造价工程师529人。

2015年,全市办理招标项目1181个,中标金额226.29亿元,其中市区办理招标项目6个,中标金额1.12亿元。继续保持应招标工程招标率和应公开招标工程公开招标率100%。由市建筑业管理局办理的市区施工许可项目4个,造价7369.52万元;办理市外建筑施工企业进嘉兴备案155个、市外监理企业进嘉兴备案32个。全面推行建设工程合同网上备案制度,全市备案施工合同588个。严格执行《建设工程工程量清单计价规范(2013版)》,实行工程量清单招标,对项目招标文件中的工程量清单进行符合性备案,市本级备案工程量清单6个。根据《关于嘉兴市国有投资建设工程招标控制价、中标价、竣工结算价信息报送和公开管理工作的实施细则》,开展建设工程施工招标控制价编制备案工作,市本级备案项目22个。

2015年,市建筑业管理部门完成市区工程质量监督18项,面积104.68万平方米;监督项目中间结构验收工程6个(含单体),面积34.97万平方米;监督项目竣工验收24个(含单体),面积24.84万平方米。实行监督性检测中建设工程材料(构配件)不合格情况月度与季度通报制度,至年底,全市检测房屋建筑和市政基础设施项目1363个,累计工程材料(构配件)监督检测2845个批次、11517项参数,退场不合格材料59批次。其中市属项目86个,累计工程材料(构配件)监督检测319个批次、365项参数,退场不合格材料22批次,并通过网站、短信、杂志等平台进行通报。年内共创嘉兴市“南湖杯”优质工程22项、浙江省“钱江杯”优质工程9项、浙江省安全文明施工标准化工地27项、国家优质工程奖1项。

2015年,全市白蚁防治受理新建预防项目1299个、建筑面积2026.8万平方米,其中市白蚁防治所受理新建预防项目69个、建筑面积327.8万平方米。全市完成新建预防施工项目1053个、建筑面积2009.2万平方米,其中市白蚁防治所完成新建预防施工项目80个、建筑面积340.6万平方米。全市发放《白蚁预防工程施工验收证明书》833份。9月,出台《关于进一步加强白蚁防治工作的实施意见》。年内,全市应用白蚁防治新技术项目16个、建筑面积126.3万平方米,分别比上年增长23.1%和16.1%;共埋设监测装置6636套,增长65.7%。全市完成白蚁灭治单位2025个、建筑面积24.1万平方米,分别增长26%和5.7%;消灭蚁巢7个,捕获蚁皇蚁后10个。全市完成白蚁防治复查项目1347个、建筑面积1872.9万平方米,基本与上年持平。年内,全市开展白蚁防治科普宣传与咨询13次,印发宣传资料3190份,通过电视媒介宣传742次。由市白蚁防治所、市白蚁防治学会共同编纂的《嘉兴白蚁》图册于10月出版。嘉兴市白蚁防治所被全国白蚁防治中心评为“2015年度全国白蚁综合治理示范单位”。

【加强建筑施工安全生产监督】 2015年,全市对1674项工程开展建设工程安全监督、受监面积5816万平方米,累计开展建设工程安全检查2555次,签发限期整改通知书2171份、停工整改通知书171份。完成季度性建设工程安全检查56项、建筑面积313.6万平方米,查出安全隐患801条;开展消防安全检查19项,查出安全隐患138条。4月,举办《建筑基桩检测技术规范》培训。5月,市建委印发《2015年全市建筑施工安全隐患排查治理实施方案》。6月,召开嘉兴市建筑工程突发事故应急演练现场会。9月20日,举行装饰装修工(镶贴工)技能比武,有3名选手被授予“嘉兴市技术操作能手”晋升技师职业资格,21名选手晋升高级工职业资格。组织全市特种作业人员参加省住房和城乡建设厅组织的特种作业人员考试考核,406人通过考试获得证书,936人通过特种延期。组织三类人员(企业主要负责人、项目负责人、专职安全生产管理人员)继续教育培训并通过考核4100人,延期教育3000人。全年发生建筑施工安全生产事故2起，死亡3人。围绕第十四个全国“安全生产月”等活动,在全市范围内开展预拌混凝土质量专项检查、建设施工领域安全生产大检查等。

【省外建筑业企业和中介服务机构备案管理】 4月30日，市建委转发省住房和城乡建设厅《浙江省省外建筑业企业和中介服务机构备案管理暂行办法》，明确凡进入嘉兴市的省外施工、监理、造价咨询和招标代理企业(以下简称企业)均要求依照该办法的规定执行。办法明确从5月1日起进入嘉兴市的企业凭省住房和城乡建设厅核发的在有效期内的备案证明可直接在嘉兴市承接业务,市外省内企业无须提供任何备案证明即可在嘉兴市承接业务。各县(市、区)建设行政主管部门不得要求本行政区域以外的企业进入本行政区承接业务时办理任何备案、登记、核验等手续,也不得以其他形式增设进入本地市场企业的条件。已被清退嘉兴市场的企业自清退之日起不足两年的不得在嘉兴参与投标。

【召开建筑行业“学巨匠,树标杆”工作会议】 1月30日,巨匠建设集团有限公司取得房屋建筑工程施工总承包特级资质,实现浙北地区特级资质企业零的突破。3月27日,市建委组织召开全市建筑行业“学巨匠,树标杆”工作会议,浙江省建筑业管理局副局长柴林奎、嘉兴市各级建设主管部门有关领导和市建筑业行业协会、土木建筑学会负责人、各施工企业有关人员等220余人出席会议并参加相关活动。会议现场观摩由巨匠建设集团股份有限公司承建的桐乡旅游广场一期项目,交流文明标准化施工及大跨度的复杂施工工艺。同时,会议对建筑企业如何抓住新型城市化建设、新兴战略市场、建筑工业化发展的机遇,走出去扩大市场外延,实现企业的提档升级等方面提出具体要求和工作部署。

【召开建筑工程突发事故应急演练现场会】 6月30日,嘉兴市建筑工程突发事故应急演练在桐乡市妇保院和疾控中心迁建工程施工现场举行,各县(市、区)建设行政主管部门、安监机构负责人以及部分建筑施工、监理企业代表260余人观摩演练。演练后召开现场会议,会议要求以落实责任和资金保障为基础,以隐患排查和危险源防控为重点，以文明施工和标准化管理为手段,弘扬安全文化、普及安全知识，强化“红线意识”和“底线思维”,提升安全生产管理水平、筑牢安全生产防线、夯实安全生产基础。

【召开建筑业企业文化建设现场会】 7月28日,市建委组织召开全市建筑业企业文化建设现场会。浙江省建管局副局长何连武、全市各级建设主管部门、行业协会及重点建筑企业负责人等130余人参加会议。会议现场观摩恒基建设集团有限公司的企业文化建设基地,总结推广建筑业企业文化建设的先进经验,提升建筑业企业的软实力。

【1项工程获国家优质工程奖】 2015年,由中国施工企业管理协会组织评选,国家工程建设质量奖评审委员会组织审定,中元建设集团股份有限公司承建的科技创业服务中心二期1

中元建设集团股份有限公司承建的科技创业服务中心二期项目获国家优质工程奖

号楼、2 号楼及裙房、3 号楼、4 号楼、地下室获 2014 ~ 2015 年度国家优质工程奖。

【9 项工程获浙江省“钱江杯”优质工程奖】 2015 年,由省建筑业行业协会、省工程建设质量管理协会组织评选，经省住房和城乡建设厅审定，浙江南湖建设有限公司承建的嘉兴经投商务大厦、振业建设集团有限公司承建的平湖市人民法院审判业务用房迁建工程、浙江恒力建设有限公司承建的易地新建海宁市长安镇仰山小学、浙江景华建设有限公司承建的海宁市人民检察院办公办案及专业技术用房工程、中元建设集团股份有限公司承建的姚庄镇文体展览中心文体展览馆工程、浙江嘉兴福达建设股份有限公司承建的同济大学浙江学院图书馆工程、中元建设集团股份有限公司承建的嘉善县第一人民医院迁建工程（后勤综合楼、病房楼、门急诊医技综合楼、传染病区楼)、巨匠建设集团股份有限公司承建的振东新区文化中心(一期文化馆区、博物馆区)、浙江卡森建设有限公司承建的海宁市丁桥污水处理厂三期工程 9 项工程获浙江省“钱江杯”优质工程奖。

【27 项工程被评为省安全文明施工标准化工地】 2015 年,根据浙江省建筑业管理局《关于公布 2015 年度浙江省建筑安全文明施工标准化工地的通知》,晶晖广场,平湖市财政地税综合服务中心，嘉善御景湾花园 1 ~ 3 号楼、5 ~ 8 号楼、地下室,袜业总部商办(尚都银座)大楼,乌镇大剧院配套工程,南湖商务中心建安工程 A、B、C、D、E、F 地下车库，秀洲区 F1001 工程,海宁市妇幼保健院迁建工程,嘉兴新吉力实业投资有限公司三期工程,易地新建浙江省人民医院海宁医院,易地新建海宁市第四人民医院工程，富安商业中心购物中心及办公楼 / 富安商业中心（D1 商住楼、D2 ~ D5 住宅、H 栋酒店、垃圾站、值班室），海宁市西部给排水营业中心,伊桥区块经济适用房(云和景苑)三期 35 号楼、36 号楼、39 号楼、40 号楼、44 号楼,赞山景苑配套用房(农贸市场)工程,花园大厦,人才公寓四期工程 1 号楼、2 号楼、地下车库,1 ~ 10 号楼开闭所、地下车库,嘉报集团文化产业园(文化创意中心),银都大厦,嘉善县姚庄镇民防应急疏散基地指挥保障管理中心项目,嘉兴滨海电力生产和服务中心(一期),上城天地蝶园,高桥新区农贸市场 1 ~ 5 号楼(桩基、土建安装及室外附属工程），乌镇国际健康生态产业园休闲自助养老中心一期西区项目四五标段,嘉兴市商务大道(长秦路—三环南路、三环南路—槜李路、槜李路—长水路)工程,嘉兴港区 4.8 万吨 / 日生活水厂工程 27 项工程被评为浙江省建筑安全文明施工标准化工地。

【建筑企业获省级工法 2 项】 6 月 30 日,浙江省建筑业管理局公布 2014 年度浙江省省级工法,嘉兴市中元建设集团股份有限公司的“零水泥耐腐蚀 FKJ 混凝土施工工法”、巨匠建设集团股份有限公司的“斜墙砖砌筑施工工法”2 项工法获得省级工法。

(余女燕)

房地产业

【概况】 2015 年,嘉兴市完成房地产开发投资 458.41 亿元,比上年下降 12.8%,其中市本级完成投资 189.28 亿元,下降 1.2%。全市房屋施工面积 4397.88 万平方米,下降 3.3%,其中市本级房屋施工面积 1668.69 万平方米，下降 6%。全市房屋新开工面积 585.47 万平方米，下降 42.7%，其中市本级新开工面积 223.29 万平方米,下降 42.2%。全市房屋竣工面积 612.03 万平方米,下降 3.1%,其中市本级房屋竣工面积 178.66 万平方米,下降 28.6%。全市商品房销售面积 640.63 万平方米,增长 28.8%,超额完成省下达销售目标任务的 36.3%，其中市本级商品房销售面积 231.02 万平方米，增长 19.5%。全市新批准预售商品房 785.71 万平方米,下降 20.8%，其中市本级新批准预售商品房 279.43

万平方米，下降27.4%。全市实现房地产业入库税收70.45亿元，增长4.46%，其中市本级房地产业入库税收26.84亿元，增长3.1%。全市城镇居民人均住房建筑面积38.94平方米，农村居民人均生活用房建筑面积71.66平方米。市本级商品房合同备案均价7127元/平方米，下降6.49%，其中商品住宅合同备案均价7020元/平方米，下降2.66%。年内，嘉兴市举办春、夏、秋三季房地产博览会，分别成交商品房472套、351套、543套，其中成交商品住宅466套、345套、485套。至年底，全市有房地产开发企业870个，其中一级资质企业7个、二级资质企业17个、三级资质企业175个、四级资质企业215个、暂定级企业456个。市本级有房地产开发企业324个，其中一级资质企业3个、二级资质企业4个、三级资质企业80个、四级资质企业40个、暂定级企业197个；新成立物业服务企业30个，三级(暂定)升为三级资质企业29个，三级升为二级资质企业2个，二级升为一级资质企业2个。至年底，全市有物业服务企业356个，其中一级资质企业6个、二级资质企业21个、三级资质企业274个、暂定资质企业55个。市本级有物业服务企业174个，其中一级资质企业4个、二级资质企业9个、三级资质企业139个、暂定资质企业22个。至年底，全市实施物业服务面积10557.31万平方米，其中市本级3372.2万平方米。2015年，全市归集物业专项维修资金8.11亿元，使用维修资金0.37亿元，其中市本级归集物业专项维修资金3.37亿元，使用维修资金0.13亿元；全市归集住宅物业保修金3.05亿元，返还保修金0.23亿元，其中市本级归集住宅物业保修金0.64亿元，返还保修金0.15亿元。市区危急维修资金使用199.63万元。年内，市建委联合市司法局出台《关于进一步加强物业管理纠纷化解工作的实施意见》，健全嘉兴市预防和化解矛盾纠纷多元化机制。

2015年，市建委加强商品房预售资金监管，市区(含嘉兴经济技术开发区)累计纳入商品房预售资金监管项目181个、建筑面积703.02万平方米、8.36万套，工程预算清册总额217.86亿元，其中73个项目被注销监管账户。至年底，监管项目108个、建筑面积482.73万平方米、6.09万套，工程预算清册总额177.53亿元。开展市本级商品房预售资金监管专项检查，对市本级监管的181个房地产预售项目进行检查。网上商品房合同备案撤销1314件、修改10件。年内，市建委对全市100多个房地产经纪机构开展非法集资风险专项排查，未发现非法集资风险。

2015年，嘉兴市开展社会危旧住房鉴定和治理改造。全市完成丙类房屋鉴定1577幢，鉴定率48.37%，其中C级房屋630幢、22.95万平方米，D级房屋783幢、18.77万平方米。全市共治理改造危旧房屋435幢、15.42万平方米。

2015年，嘉兴市房地产管理部门推进房地产交易与权属登记规范化管理工作。全市办理国有土地范围内房屋登记309173件，15660.7万平方米。其中初始登记37226件，2356.3万平方米；转移登记89477件，1259.5万平方米；变更登记3819件，403.6万平方米；产权注销登记2489件，92.2万平方米；抵押登记90932件，10466.3万平方米；预告登记84491件，1068.3万平方米；更正登记722件，14.3万平方米；异议登记17件，0.2万平方米。市建委住房保障局办理国有土地范围内房屋登记56745件，1884.24万平方米。其中初始登记385件，313.6万平方米；转移登记20648件，228.0万平方米；变更登记626件，28.4万平方米；产权注销登记264件，28.0万平方米；抵押登记22193件，1134.3万平方米；预告登记12403件，149.5万平方米；更正登记221件，2.4万平方米；异议登记5件，0.04万平方米。市建委住房保障局办理房屋交易转让7346件，81.2万平方米，计税金额42.1万元。推进库藏产权产籍档案电子化工作，全年房产档案归档6.42万宗，完成房产档案数字影像6.65万宗。房产预测绘成果备案200.7万平方米，实测绘成果备案332.4万平方米。与市建委行政审批处联合审批发放商品房预售许可证31件，111.6万平方米。

2015年,市建委多次开展房地产市场调研工作,全面了解房地产市场运行现状及存在问题,完成外地户籍人士在嘉兴购房情况分析等调研材料。市建委住房保障局权属管理科被全国总工会评为“全国模范职工小家”。浙江大树置业股份有限公司被浙江省工商行政管理局评为“浙江省工商企业信用AAA级‘守合同重信用单位’”。嘉兴紫富置业有限公司被浙江省省部属企事业工会评为“工人先锋号”。嘉兴世合大厦被住建部评为“三星级绿色建筑设计标志”。东方普罗旺斯景观改造工程被浙江省风景园林学会评为浙江省“优秀园林工程”。春天花园、东湖雅苑、康桥名城、景乐雅苑、龙盛蓝郡、龙湫湾紫轩小区、福地广场被评为“2015年度市级物业服务示范项目”。

【出台促进经济平稳发展创新发展的意见】 9月6日,市政府出台《进一步促进全市经济平稳发展创新发展的若干意见》,明确严控商业房地产项目土地供给规模和节奏,研究探索未开发房地产用地的用途转换,引导未开发房地产用地转型利用。进一步提高保障性住房货币补贴覆盖率,城市国有土地上房屋征收补偿的货币化安置比例达到80%以上。适时在国家规定范围内调整普通商品住房认定标准。落实完善人才引进购房各类补贴优惠政策。加大个人住房贷款授信支持力度,明确各商业银行贷款利率在现有基础上下浮,对配合的银行业金融机构在物业维修资金存储等方面给予优先支持。探索运用商业银行授信贷款等融资方式,扩大住房公积金支持住房消费力度,调整住房公积金提取、贷款政策,开展省内异地住房公积金贷款。

【强化商品房预售资金监管】 年内,市建委与人民银行、银监分局等部门共同研究强化商品房预售资金监管工作,一是印发《关于进一步加强嘉兴市区商品房预售资金监管工作的通知》,增加预售资金协管银行制度;二是制定《市本级商品房预售资金违规情况处理流程》,加强对违规项目的处理力度,向监管银行发放8份项目资金异常情况通知,暂停违规项目商品房合同网络备案;三是建设启用商品房预售资金监管系统,进一步提高监管效率。

【提升楼宇经济物业管理水平】 2015年,根据《市政府关于进一步促进楼宇经济提质发展的实施意见》和嘉兴市盘活资源促进楼宇经济高质量发展工作领导小组办公室(简称嘉楼办)《嘉兴市楼宇经济统计调查工作方案(试行)的通知》要求,市建委对全市列入楼宇经济发展中各项目涉及的物业服务单位、建筑总面积、出租面积、出租率、入驻企业数等各项指标进行调查摸底,通过座谈、调研、考察等多渠道了解当前楼宇发展现状。嘉楼办先后制订《嘉兴市促进楼宇经济提质发展三年行动计划(2015~2017)》和《嘉兴市楼宇经济“提升一批”实施方案》,建立嘉兴市商务楼宇物业管理考核机制和服务标准,通过考核物业服务企业、楼宇项目部(中心)和项目负责人等方式,做到及早介入、及时处理、高效运转,提升物业服务水平,协助提高楼宇入住率,助推楼宇经济良性发展。

【启动存量房网签和结算资金监管】 8月1日,嘉兴市存量房网签系统正式上线试运行。12月1日,市建委与市市场监管局联合出台《嘉兴市市区存量房网上交易管理暂行规定》,并发布嘉兴市房屋转让合同(示范文本)。12月8日,市建委等3部门印发《嘉兴市市区存量房交易资金监管暂行规定(试行)》,实行存量房网签和结算资金监管,建立规范的存量房交易操作标准,健全交易市场的监管机制体系,保护交易双方的合法权益,促进存量房市场透明交易。

【房屋转移登记业务实现再提速】 2月1日起,市建委住房保障局办理新购商品房、拆迁安置房、权属约定、家庭析产、继承、互换、买卖、拍卖、企业改制、司法裁定等房屋转移登记业务由原来的15个工作日提速为10个工作日，比法定时限提速80%，比原承诺时限提速34%。

【房屋转让手续费下调】 按照国家发改委和财政部及浙江省物价局、浙江省财政厅文件精神，自2015年10月15日起，嘉兴市全面下调房屋转让手续费。新建商品住房转让手续费由3元/平方米（建筑面积，下同）调整为2元/平方米，存量住房转让手续费由6元/平方米调整为4元/平方米；新建非住宅商品房转让手续费由6元/平方米调整为5元/平方米，存量非住宅商品房转让手续费由12元/平方米调整为10元/平方米。每宗交易手续费超过4000元的按4000元收取。

【房屋信息专线查询试运行】 6月1日，嘉兴市本级房屋信息专线查询系统试运行。市住房公积金管理中心、市农业银行、市招商银行、市建设银行和市工商银行提出申请，与市建委住房保障局建立房屋信息专线查询机制，通过专线系统开展房产信贷相关查询工作。

【完成危旧房治理改造435幢】 2月，市建委印发《关于组织开展丙类住宅房屋安全鉴定工作的通知》，要求各县（市、区）组织开展丙类房屋（存在安全隐患的房屋）安全鉴定和除危工作。至年底，全市3000余幢丙类房屋完成鉴定1577幢，其中通过加固方式除危219幢，产权调换、腾空等方式除危139幢，直接拆除重建56幢。

（谢佳萍）

市政公用事业

【概况】 2015年，嘉兴市市政管理部门按照市政府治理城市道路交通拥堵实施方案和省政府对嘉兴市治堵任务工作考核目标，新建改建城市道路、新建专用停车位、改造老小区停车位、实施路灯改造、建设人行过街设施等基础设施项目。年内，全市新增城市（县城）道路长度389.6千米、道路面积644.5万平方米，人均城市（县城）道路面积21.19平方米（含暂住人口，下同）；其中市区新增城市道路长度42.5千米、道路面积120.16万平方米。加强城市道路养护管理，市政管理部门全年维修市区车行道9.43万平方米、人行道2.07万平方米、桥栏杆3986米，并对勤俭大桥、菜花泾大桥等115座桥梁进行检测。2015年，市区完成公共自来水供水量12379万立方米（含市本级9个建制镇供水量，下同），全年管网水质综合合格率和管网压力合格率分别为99.8%和99.8%。城乡一体化供水一级管网二期工程完成，总投资1065万元，供水环网工程进一步完善。

2015年，市政管理部门推进节约用水工作。7月，经国家节水型城市复查考核组复查，认为嘉兴市节水型城市建设的基本条件、基本管理和技术考核指标达到国家标准规定的要求，同意上报住房和城乡建设部、发展和改革委审核。9月，联合举办嘉兴市首届水质检验工技能比赛，全市供水系统7支代表队28名选手参加理论知识笔试和实际操作考核。

2015年，全市县城天然气供应总量39016.1万立方米，比上年增加2963.6万立方米，增长8.2%；天然气用户449209户，增加56573户，增长14.4%。其中市区天然气供应总量17188.7万立方米，增加1080.6立方米，增长6.7%；天然气用户260563户，增加28190户，增长12.13%。全市液化石油气供应总量61808吨，增加1620吨；液化石油气用户354614户，增加30124户。其中市区液化石油气供应总量28570吨，增加2314吨；液化石油气用户120982户，减少16120户。年内，市建委开展2015年度市区瓶装燃气星级供应站评比活动，其中15个站被评为星级供应站。开展瓶装燃气安全治理工作，全年抽检瓶装燃气4批96次。

（嘉兴市园林市政局）

【推进海绵城市建设】 2月10日,《嘉兴市海绵城市建设试点实施方案》经七届市政府第39次常务会议审议通过,上报省财政厅、住房和城乡建设厅、水利厅,经专家评审,嘉兴市被推荐为申报全国首批海绵城市建设的唯一试点城市。3月25日,通过财政部、住房和城乡建设部、水利部组织的竞争性评审答辩,嘉兴市成为全国首批海绵城市建设16个试点城市之一。首批海绵城市试点建设实施期为三年(2015~2017年)。嘉兴市针对水质改善、防洪排涝、雨水利用等需求,结合城市建设现状及发展规划,制订《嘉兴市海绵城市示范区建设规划》。选取中心城区部分代表性区域为海绵城市建设示范区,具体范围北至环城河、南至槜李路、西至长水塘—西板桥港、东至菜花泾—纺工路—富润路,总面积18.44平方千米,包括旧城改造示范区域(含城中片合流制区域)、南湖重点保护示范区域、已建新城改造示范区域、未建新城建设示范区域。示范区工程建设项目主要包括住宅小区改造、市政道路改造、河道水系疏通、排水管网普查和修复等10大类、116个项目,总投资51.09亿元。年内,全市全力推进海绵城市试点工作。一是建立组织机构,成立由市委书记、市长任组长,相关分管副市长为副组长,市级相关部门主要负责人为成员的市海绵城市建设工作领导小组。成立市海绵城市建设工程指挥部,负责全面统筹协调、组织实施海绵城市建设试点工作。二是探索投融资模式。通过市场竞争引入民间资本,探索PPP(公私合作模式)和EPC融资建设模式。除中央补助资金外,地方财政加大专项资金补助,出台《嘉兴市海绵城市建设资金补助管理办法》。三是制定技术标准。研究编制海绵城市建设工程设计方案评估办法、施工图设计文件审查办法、工程竣工测量评估办法,加强对海绵城市建设项目的质量管控。四是加强宣传培训。通过报纸、电视、广播、网络等媒介加强海绵城市新闻报道,提高市民对海绵城市的知晓率和支持率。至年底,市区海绵城市建设开工9个项目,开工面积2.56平方千米,完成投资6.14亿元。

(嘉兴市海绵城市建设工程指挥部)

建设完工的万国路海绵城市道路。

【新建改建市区城市道路】 2015年,市区城市建设单位加快新建改建城市道路,完成新建云东路(文贤路—长水路)、文贤路(云东路—庆丰路)、庆丰路(由拳路—长水路)、唯胜路(东升西路—新农路)、加创路(唐宋港—东升西路)、万国路(320国道—桐乡大道)6条道路工程,道路总长5.18千米。综合整治、提升改造中山东路(秀州路—中环西路)、文贤路(纺工路—富润路)、中山西路(新洲路—昌盛路)、秀洲大道(新塍塘—新港桥)、木桥港路(木桥港—秀洲大道)5条道路工程,道路总长7.43千米。其中,嘉兴城市建设投资有限公司完成中山东路(秀州路—中环西路)综合整治工程,新建云东路(文贤路—长水路),面积1.37万平方米,长458米,宽30米(含新建桥梁1座),总投资1166万元,2014年11月开工,2015年11月竣工;新建庆丰路(由拳路—长水路),面积3.43万平方米,长817米,宽42米(含新建桥梁2座),总投资2105万元,2014年9月开工,2015年11月竣工。秀洲新区开发建设有限公司新建加创路(唐宋港—东升西路),长216米,宽36米,总投资3540万元,2014年6月开工,2015年4月竣工;建设中山西路(新洲路—昌盛路)道路提升工程,长840米,宽40米,总投资1675万元,2015年3月开工,2015年10月竣工。嘉兴经济技术开发区投资有限责任公司新建万国路(320国道—桐乡大道),长2900

米，宽60米，总投资6900万元，2013年3月开工，2015年11月竣工。年内，市区完成新建文贤港桥等9座桥梁，打通南湖新区富润路桥梁工程、商务大道等3条断头路。

【启动城市有机更新400公顷】 2015年，全市启动有机更新400公顷，其中市本级（包括南湖区、秀洲区、嘉兴经济技术开发区）启动283.33公顷。火车站片区南北广场地块征收范围东至勤俭路、西至嘉禾路、南至角里街、北至城东路，土地面积22公顷，征收户数256户、征收房屋总面积9.58万平方米，征收企业18个、建筑面积8万平方米，至年底完成签约253户，签约率98.8%。年内，嘉城集团完成南湖湖滨二期全部征收，南湖湖滨一期剩余2户。加快芦席汇地块开发建设前期工作，启动杉青闸、文生修道院地块房屋征收筹备工作。完成中环西北路三官塘以东、热电厂、凌塘路和城东路华梦纺织4个地块的剩余房屋征收。推进中环西北路三官塘以西地块、城东路万众通讯2个地块的剩余房屋征收工作。

【中山东路桥改造工程完成前期工作】 2015年6月，嘉城集团启动中山东路桥改造工程。该工程包括拆除总宽33.5米、由三座拱桥拼建而成的现有桥梁，重建一座长71.14米、宽48米的四跨简支梁桥，改造桥梁周边道路1430米，项目总投资10209.63万元。至年底，该项目完成封航围堰、便桥施工等前期准备工作，开始对主体桥梁下部结构进行施工。

【西丽桥拓宽改造工程竣工】 2015年8月，嘉城集团启动西丽桥拓宽改造工程。该项目在老桥两侧各拼宽一座3米人行桥，主桥为跨径42米的钢管桁架拱桥，两端各设置跨径为5.5米的钢梁引桥，总投资223.73万元。11月16日，西丽桥拓宽改造工程竣工并恢复通行。

【完成三水湾片区交通综合整治工程】 2015年9月，嘉城集团启动三水湾片区交通综合整治工程，项目总投资1468万元。工程主要对东塔路与泾水路、东塔路与农翔路两个交叉口进行改造并增设交通信号设施，将原南湖街道美食街改造成停车场，对原有公交停车站点位置进行重新设置。12月，三水湾片区交通综合整治工程全面完成。

（薛蜜星　周　理）

【开展城镇燃气企业安全专项检查】 2015年，市建委印发《嘉兴市城镇燃气企业安全专项大检查实施方案》，8月16～21日在全市开展燃气行业安全专项大检查。检查组对第三方占压、燃气站点与建（构）筑物安全间距不足、燃气管道严重破损等问题进行重点检查，查出安全隐患18处，督促相关单位整改。

【检测桥梁115座】 2015年，市建委园林市政局对勤俭大桥、莱花泾大桥等115座桥梁进行检测，主要对桥梁结构进行定期检测、检查及评定，竹桥港桥等桥梁被评定为D级（不合格）。市园林市政局计划对检测不合格的桥梁进行大修或采取加固措施，确保道路安全通行。

【改造市区7座排水泵站】 10月8日，市区启动栅堰泵站、南湖大桥泵站、嘉兴大桥泵站、紫阳桥泵站、中环东路泵站、角里街泵站、环城西路泵站7座排水泵站改造工程，主要包括建筑改造、结构改造、电气改造，对栅堰和环城西路泵站进行扩容改造，增设备用电源，对扩容泵站的控制箱、电线进行扩容设计、增设避雷设施等，项目总投资571.4万元。

【鉏家桥翻建工程】 2015年7月，市政管理部门启动秀州北路鉏家桥（市文保单位）翻建工程，工程主要对鉏家桥（全长28.8米，跨径17.76米，宽12.5米）的上部简支工字梁及桥面系铺装等进行拆除，翻修后上部结构采用跨径为15.96米的先张法预应力混凝土预制空心板，下部结构采用钻孔灌注桩，桥台采用桩接盖梁,项目总投资117.47万元。12月,鈕家桥翻建工程竣工。

【开展“三亭”整治工作】 2015年,市政管理部门组织开展对市区的“三亭”(报刊亭、爱心亭和电话亭)进行摸底调查,对存在占压盲道、影响交通、外观破损、乱设广告等影响市容市貌的情况进行统计分类,明确整治目标。按照2015年“三亭”完成80%的整治目标,报刊亭需整治61个,年内拆除6个、迁移6个、调整39个,完成整治率83.6%;爱心亭需整治25个,年内拆除6个、调整19个,完成整治率100%;电话亭需整治150个,年内拆除110个、调整35个,完成整治率96.7%。

【出台《嘉兴市水平衡测试管理办法》】 2月10日,七届市政府第39次常务会议讨论通过《嘉兴市水平衡测试管理办法》。办法规定月均取水量900吨(含)以上的用水企业(单位)均纳入水平衡测试管理。月均取水量5000吨(含)以上的用水企业(单位),每3年测试一次;月均取水量5000吨以下、900吨(含)以上的用水企业(单位),每5年测试一次。水平衡测试验收合格的用水户,经节水主管部门批准可适当增加用水计划。用水情况不符合节约用水要求的用水户应按照要求进行整改,对既不符合节水要求又不及时整改的,按照相关规定依法进行处罚。

【出台《嘉兴市城市排水设施管理办法》】 8月25日,七届市政府第46次常务会议讨论通过《嘉兴市城市排水设施管理办法》。办法针对全市行政区域范围内的城市排水设施,从规划、建设、管理等各个环节实现全流程监管,提高排水设施建设管理水平。各地编制排水系统规划,在建设过程中,所有新建、扩建、改建工程项目,同步建设排水设施,且与主体工程同步设计、同步施工、同步验收、同时投入使用。建筑规划方案中包含排水工程专篇,并通过专家评审。办法规定室外排水工程应纳入施工许可范围,城市排水设施建设项目建成并取得专业技术单位出具的竣工测量评估报告后方可组织验收。在管理过程中,各地应建立城市排水设施地理信息系统,并根据城市基础设施建设发展情况及时更新,明确城市公共排水设施和自建排水设施的管理和维护责任主体。办法还规定新建、扩建、改建工程项目应采用低影响开发建设模式,增强对径流雨水的控制能力,同时大力推广海绵城市建设。

建设完工的南湖景区勺园海绵城市透水生态停车场

【推进“五水共治”工作】 2015年,全市建设系统推进“五水共治”工作。全市完成污水管网建设462千米,完成年度目标的161.5%;完成污水处理厂提标改造2座。全市完成积水点改造19处,完成年度目标的190%;新建排水管网129.4千米,完成年度目标的117.3%;提标改造管网153.7千米,完成年度目标的153.7%;雨污分流改造193.8千米,完成年度目标的215.3%;排水管网清淤1069.4千米,完成年度目标的106.9%;新增应急设备7840立方米/小时,完成年度目标的112%。全市新建供水管网543.4千米,完成年度目标的388.1%;改造供水管网251.4千米,完成年度目标的167.6%。全市建设大型雨水利用示范工程2项;建设屋顶集雨等雨水收集系统516处,完成年度目标的103.2%;节水器具改造任务全面完成;一户一表改造完成6729户,完成年度目标的133.2%。

【新增停车位4006个】 2015年,市政管理部门加强对新建小区等建设项目配建停车位建设管理，开展公共停车场建设，完成滨江花园商住小区、梦蝶花苑（一期）住宅小区、禾城世纪花园北区、嘉兴现代综合物流园物流公共服务中心公共停车场物流配套用房项目、运河新区人防掩避工程、勺园地面停车场等停车设施建设，新增停车位2887个，其中公共停车位588个。开展虹泰公寓、阳光西区、阳光东区等4个老旧小区停车位改造，新增停车位1119个。

【完成LED路灯改造1.48万盏】 2015年，市政管理部门实施LED路灯改造工程，开展市区路灯调查摸底，市区有钢杆路灯3.36万盏，其中需要改造2.99万盏，计划分两年完成改造。年内，完成南湖区东南片和秀洲区LED路灯改造1.48万盏。

（嘉兴市园林市政局）

园林绿化

【概况】 2015年，全市城市建成区园林绿地面积11284.2公顷，比上年增加780.4公顷，建成区绿化覆盖率、绿地率和人均公园绿地面积分别为42.3%、38.5%和14.45平方米。市区建成区园林绿地面积4178.6公顷，比上年增加159.9公顷，其中新增公园绿地25.7公顷、附属绿地134.2公顷。市区建成区绿化覆盖率、绿地率和人均公园绿地面积分别为44.12%、42.34%和14.64平方米。

2015年，全市有园林绿化企业187个，其中一级资质企业9个、二级资质企业20个、三级资质企业158个。全市完成园林项目主管培训209人。5月起取消进嘉兴园林绿化企业备案，年内市区完成8件附属绿地竣工备案。开展2015年嘉兴市“南湖杯”优质建设（养护）工程评选，对全市申报的72个项目进行综合考核，评定52个项目为“南湖杯”优质工程，并择优推荐申报省级优秀园林工程，御上江南瑞园景观工程等8个项目获省级优秀园林工程金奖，6个项目获银奖，2个项目获铜奖。开展全省安全、文明施工标准化工地评选，对秦湖景观绿化工程等8个省标准化工地进行现场考核，秦湖景观绿化工程等3个工程被省风景园林学会评定为“2015年度浙江省园林绿化安全文明施工标准化工地”；嘉兴市园林绿化学会被评为2015年度先进集体。10月在秀洲新区北区生态园举办“嘉兴市第八届园林工人技能操作比赛”，全市12支代表队、36名选手参赛。开展市区园林式单位和居住区评选，授予御上江南、格兰英郡2个居住区为“园林式居住区”。年内，根据省级绿道总体规划，重点加强省级1号线——嘉兴中心城区和各县（市）中心城区绿道网建设。

2015年，嘉兴市加强公共绿地养护管理和公共资源管理，市区处理数字城管工单385件、市长电话110件；补植行道树57株，补植地被植物1.9万平方米，修补环城河缆绳72根、维修石柱9处，维修破损花坛29处，维修树穴116个，支撑树木212株。处理违规设立在历史建筑、公园等公共资源内的私人会所2个。年内，根据《嘉兴市中心城区城市绿地系统防灾避险布局规划》，完成范蠡湖公园、人民公园、三水湾公园、瓶山公园、植物园、吉杨公园、明月公园等公园绿地的绿线公示牌设立。在“3·12”植树节期间，园林部门组织部分机关事业单位和市民在嘉兴植物园义务植树，联合《南湖晚报》、嘉兴电台发起市花“进社区进学校”活动，组织亲子植绿、家庭养花现场咨询、社区共建活动，向社区、学校、市民发放市花杜鹃花苗、花种10000余份。

【推广城市绿地生物防治技术】 年内，市园林市政局运用杨柳絮抑制剂生物技术控制绿地、道路行道树柳树飞絮取得一定成效。为推广生物防治技术，市园林市政局邀请专家讲课，组织南湖区、秀洲区和嘉兴经济技术开发区（国际商务区）各绿化养护单位参加城市公共绿化病虫害防治培训，重点对悬铃木方翅网蝽、天牛等病虫害防治进行专项培训，并要求各区落实养护单位、制定防治计划和措施，全面落实防治任务。

【范蠡湖文化公园提升改造】 年内，根据省委宣传部、省住房和城乡建设厅《关于推进城市文化公园建设的意见》文件要求，经市委宣传部和市建委反复调研论证，确定市区范蠡湖公园为全市城市文化公园试点。范蠡湖文化公园主要改扩建文化小道(塑木栈道)、文化长廊、四角亭、通越阁增设公共卫生设施、涵洞入口及内排水系统改造、绿化迁移补种和场地平整造型等。至年底，文化长廊初步建成，通越阁外观翻新，公共卫生设施、绿化迁移增植、场地平整等项目完工。

【望吴门广场地下空间苗木迁移工程】 2015年，为推进市区望吴门广场城市地下空间合作开发特许经营项目(首次采用政府和社会资本合作模式)，市园林市政局启动望吴门广场一期苗木迁移工程。7月，在现场踏勘和工程量清单梳理基础上，通过政府采购程序完成招投标工作。10月，施工单位开展大树修枝、灌木挖掘和园路清理工作，迁移乔灌木1000余株、色块绿篱3000平方米。至年底，完成望吴门广场地下空间一期(建国路—秀州路)绿化苗木迁移工程。

【油车港镇和姚庄镇被命名为“浙江省园林镇”】 2015年，市建委根据《浙江省园林镇申报评审办法(试行)》和《浙江省园林镇标准(试行)》要求，组织村镇、园林、环卫、市政专家通过听取情况介绍、现场踏勘、审查台账、座谈交流等形式，对秀洲区油车港镇、嘉善县姚庄镇申报省级园林镇创建工作进行初审，并组织完成推荐上报工作。年底，秀洲区油车港镇、嘉善县姚庄镇被省住房和城乡建设厅命名为“浙江省园林镇”。

【推进生态绿道建设】 2015年，根据省级绿道总体规划，重点加强省级1号线建设，完善嘉兴中心城区和各县(市)中心城区绿道网。年内，全市新建生态绿道44千米，其中市区建成生态绿道11千米。至年底，全市累计建成生态绿道851千米，其中市区累计建成生态绿道627千米。为提升已建生态绿道质量，市区在公园和绿道沿线已建公厕5座、新建公厕8座，新装路灯350盏，设置标识标牌1496块，打通节点6处，新建驿站1处，增设垃圾箱、座椅等，全年完善市区绿道59千米。

【完成嘉兴植物园三期工程】 2015年，嘉兴植物园启动三期工程，主要建设道路桥梁、景观绿化、房屋建筑和温室大棚。至年底，完成新建平桥3座和道路1113平方米，改造道路1436平方米。完成虹海桥下驿站和虹海桥南侧公共厕所各1座，海盐塘绿道沿河绿化；开展主入口广场提升工程，盲人植物园安装盲人栏杆、苗木种植；完成槜李园石平桥、块石景墙、苗木种植；完成牡丹园景石安放及苗木种植；完成“春景”片林区苗木种植、“秋景”片林区园路与苗木种植、桂花片林区园路与苗木种植；开展室外坐凳安放和河道开挖与清淤工作。主入口广场提升工程共种植乔木2344株、灌木2519株、色块苗木3702平方米，共98个品种；园路与广场铺装面积1321平方米，景观桥1座，景墙1个，坐凳100个，太湖石假山1座，盲人栏杆154米。完成主入口服务区、引种育苗区、生活生产服务区、牡丹亭、槜李榭等新建园林建筑面积1722平方米，改造园林建筑面积280平方米。完成连栋塑料大棚2120平方米，单栋大棚18个6336平方米。

(嘉兴市园林市政局)

环境卫生

【概况】 2015年，全市清运生活垃圾91.4万吨，其中市区33.4万吨，比上年分别增长

10.8%和28.9%；生活垃圾无害化处理率100%，其中全市生活垃圾焚烧86.61万吨，卫生填埋4.8万吨，市区生活垃圾全部焚烧处理。全市清运粪便10.2万吨，其中市区5万吨，与上年基本持平。全市道路清扫保洁面积4306万平方米，其中机械清扫面积2943万平方米，分别增长23.5%和21.5%。市区道路清扫保洁面积1668万平方米，其中机械清扫面积1543万平方米，分别增长11.49%和11.89%。全市有市容环卫专用车辆设备506辆，其中市区244辆，分别增加48辆和58辆。年内，步云垃圾焚烧厂新建800吨/日垃圾焚烧炉一台，进一步缓解市区生活垃圾的处置压力。

9月6日，市政府印发《2015年嘉兴市城区生活垃圾分类工作实施方案》，市区垃圾分类工作全面展开。从11月起，根据市政府《嘉兴市区城市环境卫生实施工作考核办法》，市建委会同市综合行政执法局（市城管办）等部门对南湖区政府、秀洲区政府和嘉兴经济技术开发区管委会环境卫生保洁质量进行每月一次绩效考核。2015年，南湖区城乡环境卫生监管中心等10个单位获评嘉兴市2015年度市容环境卫生工作先进集体；冯小玲等20人获嘉兴市优秀城市美容师称号。秀洲区综合行政执法局获评浙江省城市市容环境卫生工作先进集体；市环境卫生管理处沈志林获浙江省十佳城市美容师称号；石岑等10人获浙江省优秀城市美容师称号。

年内，各级政府和社会各界继续开展关爱环卫工人慈善捐助活动。市建委会同市新居民事务局、市卫生局、市慈善总会实施《嘉兴市区新居民保洁员门诊医疗慈善救助实施办法》，向市区新居民保洁员发放价值500元的慈善医疗救助券200份；各属地政府部门为市区1600多名环卫工人提供免费早餐。

【推进生活垃圾分类工作】 1月，省政府将城市生活垃圾分类收集工作列入十大民生实事工程。上半年，市建委及市园林市政局组织相关人员到杭州、宁波和湖州等地调研，并结合嘉兴实际拟定市区垃圾分类处置方案，提请市政府讨论研究。9月6日，市政府印发《2015年嘉兴市城区生活垃圾分类工作实施方案》，全市各级成立生活垃圾分类领导小组，采购垃圾分类设备。11月底，南湖区、秀洲区、经济技术开发区（国际商务区）完成年度垃圾分类工作覆盖目标。至年底，市区653家市级机关、事业单位有434家开展垃圾分类工作；市区91家国有企业有59家开展垃圾分类工作；市区894个居民小区有511个完成垃圾分类设施采购及配置。

【新建800吨/日垃圾焚烧炉】 2015年，市区生活垃圾日均焚烧进库量达到1500吨。为确保市区生活垃圾全部焚烧无害化处理，年初，步云垃圾焚烧厂启动二期技改工程，新建一台800吨/日垃圾焚烧炉。年底，新焚烧炉基本建成，新炉正常运转后，生活垃圾日处理能力由原来的1500吨上升至1900吨。

（嘉兴市园林市政局）

城市管理

【概况】 2015年，嘉兴市综合行政执法局推进执法正规化、推行执法责任制、强化协作配合机制、提升综合执法科技化水平。开展业务讲习会和提升队伍综合素质讲评会21次，分批次组织全系统领导干部和骨干业务培训1400余人次，提升队伍职业素养、专业水平和综合素质。2015年，市综合行政执法局在省目标责任制考核中获得优秀，在市“五型机关”创建考核中获得工作进步奖。

【开展综合行政执法改革试点工作】 2015年，市综合行政执法局把改变镇级行政执法权缺位问题作为改革的切入点，初步形成“三级构架、基层为主”的综合行政执法管理体制、“问题导向、相对集中”的综合行政执法职能划转动态机制、“衔接有序、责任明晰”的综合行政执法工作机制,有序推进“一机构一平台一张网”建设。“一机构”是以派驻的形式,在全市镇(街道)建立全覆盖的综合行政执法分局(中队),解决镇(街道)行政执法主体资格缺失问题,并对基层执法能力建设做出制度安排,初步实现“85%以上的执法任务在基层完成,85%以上的执法力量配置到基层,85%以上的执法保障落实到基层”的目标;“一平台”是建立镇(街道)综合行政执法联动平台(镇级综合行政执法中心或办公室),在镇(街道)党委政府的领导下,开展联合执法和协同执法,解决基层党委政府执法管控的日常指挥权问题;“一张网”是在村(社区)组织中建立由村(社区)干部、村(居)民小组长等组成的综合行政执法工作网,具体负责日常巡查、违法行为劝导、违法线索报告、协助执法等工作。基层综合行政执法机构覆盖率达100%,联动平台(办公室或中心)应建建成率为76.3%,集中解决基层治理中“看得见管不了、管得了看不见”等难题。有序承接并集中行使国土、环保、水行政、安全生产、城镇规划等领域的行政处罚职能,提升基层治理能力和服务中心的能力。年内,全省综合行政执法改革现场推进会在嘉兴市召开,嘉兴综合行政执法改革经验受到省市领导肯定。

2月6日,嘉兴市综合行政执法局举行揭牌仪式

【提升执法管控绩效】 2015年,全市综合行政执法系统承办案件96268宗,其中新划转领域

8月16日,嘉兴市综合行政执法局首次组织开展重点领域安全生产执法检查

4554宗,执法准确率达100%。城市领域突出日常管控和长效管理,重点开展治理城市“十乱”“一环一路”专项整治、市容市貌路长制网格化管理提升拓展等行动,开展专项整治1500余次,查处各类城市管理违法行为6.2万余起,教育纠正不文明行为9.8万余人次;采取定人定点、延长管控时间到凌晨4点等措施,市区一环以内无乱设摊现象,二环以内固定无证摊位被全部取缔,流动摊贩数量比上年下降70%;市区市容市貌路长制网格化管理道路由25条拓展到40条,实现创建一条路、示范一条路、长效管理一条路的目标。完成全国文明城市创建、国家卫生城市复查、城市治堵等中心工作任务。农村领域突出职能划转涉及国土、环保、水行政管理78项违法行为查处,组织开展治理农村“三违三随意”(违法建筑,违法用地,违法排污,随意丢弃垃圾、病死动物等,随意占用河道、水资源等,随意损坏绿化、农村公用设施等)行动。开展拆违控违工作,查拆违法建筑231.82万平方米,其中违建猪舍23.85万平方米,制止各类新的违建问题400余起,涉及违建面积近30万平方米。开展秸秆禁烧工作,出动近3.5万人次,开展执法检查7468次,发放宣传告知书6万余份,及时处置问题1557处,行政处罚331起,年内基本实现全市区域内秸秆“零焚烧”。有效遏止涉水违法行为,依法查处涉水领域违法案件792宗,有力助推“五水

共治”工作。实现防止猪(禽)舍等各类违法搭建行为反弹、防止病死畜禽随意丢弃行为反弹、防止畜禽养殖污染物违法排放行为反弹、防止农村秸秆露天焚烧行为反弹阶段性目标。企业领域组织执法检查1815次，检查企业7831家次，发现违法线索3983起，督促整改1498起，查处2406起，移送违法线索78起。

【“啄木鸟”行动志愿服务】 2015年，市综合行政执法局开展“啄木鸟”集中行动20余次，采集城市管理各类问题信息2972条，录入曝光台1275条，及时处置1050条，处置率达91%；借助《嘉兴日报》《南湖晚报》《嘉兴广播电视报》和嘉兴新闻综合频道“嘉兴新闻”“小新说事”“今朝多看点”等栏目，嘉兴新闻广播“阿德对你讲”等栏目广泛宣传，市民主动参与度明显提升。嘉兴“啄木鸟”志愿服务品牌运行模式得到全国文明委及中国志愿者协会的肯定，经验做法在全国推广。

（冷兰群）

小城镇建设

【概况】 2015年，嘉兴市市本级有9个建制镇，其中南湖区有大桥镇、余新镇、凤桥镇、新丰镇4个建制镇(原七星镇改为七星街道)；秀洲区有王店镇、洪合镇、新塍镇、王江泾镇、油车港镇5个建制镇，其中王江泾镇为省级小城市培育试点镇，大桥镇、余新镇、王店镇为市级小城市培育试点镇。市本级9个建制镇共有住户13.52万户、46.50万人，其中南湖区建制镇5.26万户、16.60万人；秀洲区建制镇8.26万户、29.90万人。9个建制镇建成区面积约69平方千米，其中南湖区建制镇约38平方千米、秀洲区建制镇约31平方千米。

2015年，新丰、凤桥、余新、王店、油车港、王江泾6个建制镇完成总体规划修编；新塍镇总体规划通过专家论证，正在修改报批；大桥、洪合2个建制镇正在修编总体规划。年内，9个建制镇建设总投资55.97亿元，用于房屋建设资金52.11亿元，新建住宅5705户、112.97万平方米；新建公共建筑11.85万平方米、生产性建筑90.14万平方米。投入市政公用设施建设资金3.89亿元，新增道路5.79千米、更新改造11.52千米，新建桥梁2座、更新改造2座，建制镇道路总长度302.96千米；新增供水管道151.3千米，供水管道总长度1516.13千米；新增排水(污水)管道22.23千米，排水(污水)管道总长度519.04千米；新增绿地面积273.79公顷，绿地总面积1699.23公顷。至年底，建制镇建有生活垃圾中转站61座，公共厕所212座。年内，9个建制镇所辖的150个行政村，投入建设资金8.79亿元，其中房屋建设投入7.59亿元，新建住宅1400户、33.09万平方米；新建公共建筑1.76万平方米、生产性建筑4.25万平方米；新增道路11.5千米，道路总长度1591.50千米；新增供水管道76.54千米，供水管道总长度2997.67千米；新增排水(污水)管道130.34千米，排水(污水)管道总长度894.52千米。

【村庄规划和设计编制】 2015年，市政府批复同意南湖区、秀洲区、嘉善县、平湖市、海盐县、海宁市和桐乡市村庄布点总体规划，全市将形成新市镇社区302个、城乡一体新社区433个、传统自然村落1102个。年内，嘉兴市确定南湖区凤桥镇联丰村等13个村庄作为村庄规划和设计编制试点村，其中南湖区凤桥镇联丰村等3个村庄为省级村庄规划和设计编制试点村，南湖区凤桥镇新民村等10个村庄为市级村庄规划和设计编制试点村。年内，嘉兴市选择南湖区凤桥镇新民村等4个村庄先行开展村庄规划和设计试点，其中凤桥镇新民村的村庄规划成果作为村庄规划和设计范本在全市推广。至年底，全市完成92个村的村庄规划和设计，占目标任务的52.9%，63个村庄完成村庄规划和设计初步方案，其中3个省级试点村和10个市级试点村的村庄规划和设计正在编制中。

【农房设计方案图集编制】 2015年3月,嘉兴市市级有关部门组织各县(市、区)规划建设部门和建筑设计单位,开展优秀农房设计方案推荐工作,共征集到农房设计方案85个,对评选出的30个方案进行修改完善并印刷出版,发放到全市60多个镇(街道)、800多个村。嘉善县、海宁市开展农房设计竞赛,分别征集到74个和65个建筑设计方案,分别选出27个和30个方案汇编成册;海盐县、桐乡市和平湖市委托建筑设计单位开展农房设计,均征集到20个建筑设计方案汇编成册。年内,确定南湖区大桥镇建国村等8个村庄作为嘉兴市农房设计试点村。

【美丽宜居示范镇和示范村建设】 2015年,嘉兴市推荐桐乡市乌镇镇等3个镇和海盐县秦山街道永新村等2个村进入国家级美丽宜居小镇、美丽宜居示范村候选名单;推荐秀洲区王店镇建林村等3个村庄进入国家级美丽宜居示范村试点候选名单,其中秀洲区王店镇建林村被列入2015年度国家级美丽宜居示范村创建试点村;南湖区凤桥镇新民村等4个村落申报第四批全国传统村落。根据浙江省《关于2015年度全省美丽宜居示范村项目实施年中督查情况的通报》和《关于做好2015年度全省美丽宜居示范村项目实施情况年终督查工作的通知》,海宁市黄湾镇尖山村等6个省级示范村于上半年通过省级验收,其中黄湾镇尖山村被评为优秀村庄;秀洲区王店镇庆丰村等17个试点村在下半年接受省督查组检查。至年底,全市61个省级美丽宜居示范村有21个通过省级验收。按照“三拆三化”(拆违章建筑物、拆危险房屋、拆无历史价值的旧房,美化、洁化、绿化)总体要求,全市61个省级美丽宜居示范村计划投入资金15.39亿元,年内投入资金0.71亿元。

【农房改造集聚】 年内,嘉兴市加强新农村建设,不断改善农村人居环境。全市完成农房改造集聚9809户,完成农村危旧房救助416户,分别超额完成年初市政府下达的7600户和392户目标任务。同时开展渔民上岸工程,年内完成284户渔民上岸。

【组织专业技术人员送服务下乡】 2015年,市建设系统组织63名规划、建筑、园林、市政等专业技术人员,分9组联系各县(市)和市本级9个建制镇,为嘉兴市开展村庄规划编制、美丽宜居示范村建设、农房建设和农村环境整治提供技术服务,解决新农村建设中遇到的技术问题。至年底,技术人员解决基层技术问题7个。

(许海良)

新农村建设

【美丽乡村建设】 2015年,嘉兴市深化四级联创机制,推进美丽乡村建设。年内,嘉善县成功创建省级美丽乡村先进县,五县(市)均成为省级美丽乡村先进县(市)。各地继续开展美丽乡村先进镇(街道)创建,南湖区新丰镇、余新镇,嘉善县魏塘街道、罗星街道,平湖市独山港镇,海盐县西塘桥街道、沈荡镇,桐乡市梧桐街道、河山镇9个镇(街道)通过市级考核验收;继续开展优美庭院创建活动,新增市级优美庭院示范村58个,累计达到238个,市、县两级优美庭院示范农户达到6万余户。年内,启动历史文化一般村落(嘉善县大云镇东云村)建设1个,累计达到26个,列入省计划的历史文化村全部启动建设,其中第一批14个村通过省、市两级考核验收;8个村新列入生活垃圾分类收集处理省级试点,其中海宁市4个、平湖市2个、桐乡市2个。

【农村生活污水治理】 2015年,嘉兴市继续开展农村生活污水治理。4月底,组织相关部门,对2014年度的生活污水治理设施进行抽查,内容包括工程完成、污水收集、终端运行、村内河沟池塘、日常运维管理等,总体情况良好。全年完成投资金额13.16亿元,505个村完成图纸设计,483个村开工建设,新增受益农户134832户。生活污水治理设施运行维护工作全面启动,海宁市制定《海宁市农村生活污水治理设施运行维护管理暂行办法(试行)》,桐乡市出台《桐乡市农村生活污水治理设施运行维护管理工作考核办法(试行)》。

【农房改造集聚】 2015年,嘉兴市出台《嘉兴市人民政府关于加强农民建房管理的若干意见》《嘉兴市人民政府办公室关于进一步加强村庄规划设计和农房设计工作的指导意见》《嘉兴市村庄规划(设计)编制导则》,推进新农村建设。年初,优化完善村庄布点总体规划,7月底,各县(市、区)的村庄布点总体规划全部通过市政府批复,形成302个新市镇社区、433个城乡一体新社区和1102个传统自然村落的村庄格局;推进村庄规划设计,启动174个村庄规划设计工作,12个村完成审批,42个村完成专家评审,105个村制定村庄规划方案。开展优秀农房设计方案推荐,共征集85个农房设计方案,30个方案修改完善后,发放到镇(街道)、村供农民建房选用。按照集聚新建、新老融合等类型,确定8个村庄作为农房设计试点村,其中南湖区大桥镇建国村和秀洲区新塍镇天福村作为市级农房设计试点村。全年完成农房改造集聚9800户,其中完成农村困难群众危旧房救助416户。全市64175户农户申请办理集体土地范围内房屋登记,其中完成登记40223宗,建筑面积1265.03万平方米;累计完成集体土地范围内房屋登记47715宗,建筑面积1449.47万平方米。

【加快新市镇建设】 2015年,嘉兴市出台《关于加快市级特色小镇规划建设的指导意见》,召开全市特色小镇创建推进工作会议,加快新市镇建设。年内,南湖基金小镇、嘉善巧克力甜蜜小镇、海盐核电小镇、海宁皮革时尚小镇、桐乡毛衫时尚小镇5个特色小镇入围省级创建名单,数量列全省第二位。9月,中国新型城镇化高峰论坛暨浙江小城市培育成果发布会在杭州召开,秀洲区王江泾镇位列"浙江最具吸引力小城市"十佳第6位。全年嘉兴市4个省级小城市试点镇在2014年度考核中获得3个优秀等次、1个良好等次,获得奖励资金1730万元;西塘镇、王店镇、濮院镇、百步镇、袁花镇5个市级小城市试点镇在2014年度考核中获得优秀等次。4个省级和13个市级小城市试点,规模以上工业企业总产值2816.4亿元,限额以上固定资产投资额756.7亿元,财政总收入122.3亿元,分别占43个新市镇的61.9%、60.3%、63.4%。

【低收入农户收入增长较快】 2015年,嘉兴市按照已纳入低保、应纳入低保、扶贫帮困三类对象,分别制订扶持措施,通过推进产业开发、就业培训、社会救助、公共服务、金融服务、社会帮扶等扶贫帮困工作,低收入农户逐年减少。创新和完善农业经营主体联系帮扶低收入农户机制,鼓励农业龙头企业、专业合作社通过"订单"等形式,帮扶和带动农户发展现代农业,提高农村低收入农户的收入水平。2015年,全市低收入农户人均纯收入10846元,比上年增长19.8%,增幅高于全市平均水平。

(张　猛)

环境保护　气象

环境管理

【概况】 2015年，全市环保系统树立“绿水青山就是金山银山”的理念，坚持以解决突出问题为导向，以改善环境质量为目标，以“五水共治”“五气共治”“三改一拆”“四边三化”等工作为重点，强化源头控制，深化综合治理，推进污染减排，全市环境质量稳中向好，环境安全稳定可控。年内，完成第二届世界互联网大会环境保障和环保部“综合督政”工作，为建设“两美”嘉兴，打造江南水乡典范贡献力量。

【深化水环境治理】 年内，嘉兴市推进水环境治理，全市累计完成2121个企业污水入网，入网企业纳管25.55万吨/日。持续改善饮用水水源地水质，开展水源生态修复与建设，推进嘉兴市秀洲秀湖、海宁鹃湖、桐乡革新、海盐千亩荡4个应急备用水源工程建设。完成5个饮用水水源一级保护区隔离防护设施建设，实施进入保护区短信提示。2015年全市饮用水水源地达标率25.8%，改善率56.3%。9个饮用水水源地水质Ⅲ类1个、Ⅳ类7个、Ⅴ类1个，3个饮用水水源地水质类别得到改善。67个市控以上地表水监测断面中Ⅳ类以上水质断面比例达到76.6%。2015年嘉兴市跨行政区域河流出境交接断面水质评价为优秀，嘉兴市“五水共治”工作获全省考核优秀。

【强化大气环境治理】 2015年，嘉兴市加强能源结构调整，发布《嘉兴市人民政府关于市区划定高污染燃料禁燃区的通告》，各县（市）均划定高污染燃料禁燃区。发展清洁能源，完成光伏发电装机容量267兆瓦，新增风电装机容量40兆瓦，新建城市天然气管网146千米，天然气利用约4.3亿立方米。加快淘汰黄标车，2015年淘汰17815辆，超额完成省定年度淘汰任务。加强工业大气治理，开展挥发性有机污染物整治，2015年列入省政府整治计划的43个企业均完成挥发性有机化合物治理，完成35个石化（化工）行业企业挥发性有机化合物泄漏检测和修复。加强扬尘整治，落实扬尘污染控制措施的建筑工地787个、建筑面积1726.46万平方米。2015年，嘉兴市区空气质量优良率64.4%，嘉兴市区PM2.5浓度53微克/立方米，居全省第7位，比上年降低7.0%，PM2.5浓度比2013年下降22.1%，达到下降8.75%目标要求。

【严把建设项目审批关】 2015年，市环保局坚持依法行政，严格环保准入，把好建设项目审批关，在项目环评审批中严格执行空间、总量、项目准入“三位一体”的环境准入制度和专家评价、公众评估“两评结合”的决策咨询体系，对选址不符合环境功能区规划、不符合产业政策、不符合清洁生产要求、不符合总量减排、不符合环境质量要求、不符合公众参与要求的项目，不予环评审批；对高污染、高能耗、“两高一资”等项目进行环保“一票”否决。在项目主要污染物总量准入审核中执行“减排、平衡、基数、交易”原则，对有新增主要污染物排放量的项目严格实行总量替代，对新增排污权指标，进行排污权交易，实行有偿获取。2015 年，全市环保部门共审批建设项目 2228 个，总投资额 1318.18 亿元，环保投资额 40.70 亿元，否决项目 90 个，否决金额 23.27 亿元。

【完成重点行业整治】 2015 年，市环保局编制完成全市重污染高耗能行业整治终期评估报告，组织各县(市、区)开展示范企业和示范区域创建工作。列入整治的 602 个企业中，完成淘汰关停企业 198 个，淘汰关停完成率 100%；365 个原地整治提升企业通过验收，整治完成率 100%；完成搬迁入园企业 39 个，整治完成率 100%。全市重点企业废水排放量、化学需氧量、氨氮分别比 2010 年下降 24.6%、31%和 39.7%。

【推进污染减排工作】 2015 年，嘉兴市强化以排污权有偿使用和交易为内容的污染减排制度，实施“以减量定增量”，倒逼排污企业加强污染减排。年内，全市排污权交易和有偿使用项目 4800 个，交易金额 12.4 亿元。全市省控以上重点污染企业建成废水、废气刷卡排污系统 275 套。完成废水减排项目 429 个，削减化学需氧量 9354 吨、氨氮 1390 吨；完成废气减排项目 65 个，削减二氧化硫 15423 吨；削减氮氧化物 14349 吨。嘉兴市化学需氧量、氨氮、二氧化硫和氮氧化物四项指标均完成省政府下达的减排任务。

【危险废物全过程管理】 2015 年，市环保局借助物联网科技手段，建立健全覆盖危险废物和污泥处置全过程的监管体系。按照源头管理精细化、贮存转运规范化、过程监控信息化、设施布局科学化和利用处置无害化的要求，落实应知卡、信息公开、固体废物出入口建设等管理制度，建立完善企业内部计量与视频监控体系，全面规范企业内部危险废物管理，达到可监控、可追溯的目标。此外，将固体废物管理工作渗透至建设项目审批、“三同时” 验收和上市企业核查等各阶段，全方位加强固体废物的管理。

【推进生态示范创建】 2015 年，嘉兴市推进生态文明示范创建，示范创建工作取得突破，嘉善县获得“国家级生态建设示范区”命名，实现国家级生态县创建“零突破”。2015 年，全市创建市级生态村 22 个，申报创建国家级生态镇(街道)3 个。

【创新环保体制机制】 2015 年，嘉兴市加快环境资源要素改革，对六大行业 492 个企业进行绩效排名并实行差别化的激励措施，完成近 3000 个企业氨氮、氮氧化物两项新增指标初始量核定，全市排污总量基本账户初步形成，四项排污权指标有偿使用和交易统一公开招标、拍卖、挂牌，并统一纳入市资源要素交易中心公开交易。在海宁市试点开展排污企业“一证式”管理，建成 9 个管理平台和 275 套企业端刷卡排污系统。全市排污权有偿使用和交易累计金额 12.25 亿元，占全省近 25%、位居全国地级市前列。完成 2243 个企业近 1.3 亿元排污费的收缴，收费额比上年增长 20.36%。深化环评审批制度改革，对 12 项下放行政审批事项进行事中事后监管，纠正行政缺位、行政越位等现象。对符合要求的工业企业“零土地”技改项目环评实行承诺备案，环保竣工验收同步调整为备案制，完成项目备案 115 个。全市 26 个重点企业(园区)与专业化第三方签订污染治理合同，明确责任界限，实现污染者付费、专业化治理。推行第三方治理、监理、技术核定三项机制。在全省率先开展企业刷卡排污第三方监理，提升刷卡排污系统使用效率。委托第三方技术机构核定初始排污权指标，规范核定工作。

(贝　蕾)

环境监测与科研

【概况】 2015 年，嘉兴市围绕生态建设、污染减排、“五水共治”、“五气共治”等中心工作，不断提高环境监测水平和服务决策能力。全市共编制监测报告8121份,取得水、大气、噪声、土壤、近海海域等手工监测数据29.3万个,水站有效数据66.3万个,气站数据13666.5万个(分钟值)。全市完成竣工验收监测838个、委托监测934厂次、环评监测44个,完成242个废水和46个废气省控以上重点监控企业、25个集中式污水处理厂、11个省控以上重金属重点监控企业、5个重金属气重点源监控企业和11个国控、国家规划重金属重点企业等监督性监测,完成855套废水、废气污染源在线监控设备抽检。协同公安、检察机关,加强涉及"两高"司法解释样品分析和报告认定工作。

【加强环境质量综合评价】 2015年,市环保局做好环境质量评价工作,完成环境质量、重点源监督性监测、比对监测评价、重金属企业监督性监测等季报、年报,编制完成2014年农村环境质量报告、饮用水源地评估报告。对龙凤大桥、南湖中心监测点位进行水质调查监测,加强地表水断面水质监测。每月开展一次生态省考核、交接断面考核测算。加强空气质量指数预报工作,开展气象、环保会商及全省环保系统会商,形成未来一日空气质量指数以及未来三日空气质量预报能力。根据《嘉兴市环保局大气重污染监测预警行动方案(试行)》,参加空气质量预报培训和长三角区域预报研讨会,不断提高预报的准确率,为世界互联网大会环境保障提供技术支撑。委托上海市环境科学研究院专家研究影响嘉兴市空气质量的主要污染来源,分析研判嘉兴市12月的污染趋势、PM2.5的输送途径及潜在源区贡献等,并对嘉兴市的环境质量保障工作进行后评估,做好污染分析和历史数据的积累,为政府科学决策服务。

【提升环境监测能力】 2015年,太湖流域嘉兴地区环境监测监控中心大楼完成结顶。嘉兴市14个环境空气自动监测站全部具备二氧化硫、二氧化氮、PM10、臭氧、一氧化碳、PM2.5空气质量新标准6项指标监测能力。2015年,嘉兴市港区新增空气自动站1个,并在10月完成验收工作,具备空气质量6项指标的监测能力。嘉兴市共有15个环境空气自动站,发布PM2.5等6项指标的实时数据和空气质量指数信息,提高大气灰霾监测预警和污染治理能力。嘉兴市累计建设5套大气污染物特殊因子自动监测系统,其中嘉兴市本级建成3套,能够实时监测38~108个挥发性有机化合物因子。按照仪器设备年度建设方案,完成全自动吹扫捕集仪、智能一体化蒸馏仪、紫外可见分光光度计、烟气分析仪等仪器的安装、调试、验收工作。完成气质联用仪、热脱附仪、淋洗液发生器等2016年度仪器选型调研。配合省环境监测中心完成嘉善善西超级站、海宁东方学院区域站的建设和验收,完成全省大气复合立体监测网络嘉兴地区的建设任务。2015年通过计量认证复审,完成二氧化氯、浮游植物、浮游动物、急性毒性、可吸附有机卤素、五氯苯等34个新项目,阴离子表面活性剂、松节油、百菌清、溴氰菊酯等34个新方法的扩项工作,检测能力从原来的8大类314项增加到8大类348项。

【加强环境监测科研】 2015年,市环保局争取颗粒物源解析研究项目经费97万元,申请市科技计划项目经费15万元,与上海交通大学合作,启动大气颗粒物源解析研究工作,通过研究建立嘉兴大气污染源清单和特征谱库,以及源解析模型,为嘉兴大气细颗粒治理提供科学依据。与清华长三角研究院课题合作,开展固相萃取法—液相色谱三重四级杆质谱法联用测定间歇曝气式膜生物反应器处理养猪沼液的水相和污泥相中的11种兽用抗生素(四环素类、磺胺类、喹诺酮类及大环内酯类)的课题研究,通过调整和优化色谱条件、锥孔电压等质谱仪器参数,实现11种抗生素的同步基线分离和提高抗生素的分析灵敏度的目的,为畜禽养殖污染治理提供技术储备。2015年共有《嘉兴市春季PM、主要污染气体和气溶胶粒径分布的周末效应》等3篇专业论文被国家级核心刊物录用。

（贝　蕾）

环境法制建设

【概况】 2015年，市环保局制定《嘉兴市环境保护局行政处罚分级审定实施方案（试行）》，根据案件性质分别由不同的部门审定，并严格规范办案的时间要求。同时，加大新《中华人民共和国环境保护法》和新《中华人民共和国大气污染防治法》宣传力度。为70个环保“黑名单”企业开办环保法律矫正学堂；组织全市400多个市控以上重点排污单位主要负责人进行培训，并签订《嘉兴市2015年重点排污单位环保诚信守法承诺书》。组织市民检查团、环保志愿者、社区负责人等70多人参加环保法律和环保常识的培训。通过市环保局官方微博编发、转发各类环保法律解读、环保知识。2015年，市环保局继续推行“政府推动、多方参与、专业经营、风险可控、运行有序”的环境污染责任保险模式，全市共实施环境风险参保企业227个，参保金额2.38亿元，保费1248万元。

【加强行政执法工作】 2015年，市环保局作出行政处罚案件20件，罚款93.84万元。全市环保系统作出行政处罚案件1105件，罚款5926万元，其中按日计罚5件，罚款104.14万元，查封、扣押370件，限产、停产7件；向公安部门移送环境违法犯罪案件60件，行政拘留24人，刑事拘留45人。收到行政复议申请6件（无被复议案件），不予受理1件，依法受理5件，依法维持2件、撤销2件、终止审查1件。2015年市环保局被诉行政案件2件，其中1件上诉至市中级人民法院二审，均胜诉。

【公开企业环境信息】 2015年，市环保局对行政处罚、行政审批、环保验收等信息予以全部公开，在嘉兴市环境保护局门户网站、“中国·嘉兴”网站、绿色信贷平台、嘉兴政务服务网等平台公布，同时抄送市人民银行、市银监分局。市环保局累计报送市人民银行环境信息131条，其中行政处罚信息20条；全市累计报送人民银行环境信息1636条，其中违法信息1015条。年内，市环保局加大环保严重违法企业的曝光力度，曝光四个批次共99个企业。

（贝　蕾）

环境保护宣传教育

【概况】 2015年，市环保局围绕“五水共治”“五气共治”等环保中心工作，加强宣传报道工作；围绕世界环境日和浙江生态日主题，开展宣传活动；针对重点区域、重点行业、重点企业组织环境宣传教育培训。重新组建“嘉兴市环保宣讲团”，开展环保宣讲活动400多场次。在南湖区政府市民广场搭建移动“环保实验室”，向市民宣传“五气共治”知识等。联合市妇联举办“马大嫂生活秀”，进社区宣讲绿色生活。

【整合环保宣传平台】 2015年，嘉兴市建立以市环保局为主导，市委宣传部（文明办）、市教育局、市总工会、团市委、市妇联、市工商联和市科协7个部门（单位）组成的“环境宣教1+7部门联盟”，形成环保宣教部门合力，构建“学校（学生）、企业主、工人、青年、家庭”全覆盖的环保社会宣教格局。探索建立环境宣教社会化合作机制，建立政府主导下的“传统媒体、新兴媒体、新兴传媒”优化合作的社会化宣传模式。与传统媒体开展“五气共治”进行时、环保在行动、数说环保、跟着环保去执法、大家来环保等活动；通过“嘉兴在线”网站和官方微博、微信，开展网络“环保公益创想、创投”等活动，传播环境保护正能量。

（贝　蕾）

环境质量状况

【概况】 2015年,嘉兴市区空气质量指数优良率比上年略有下降,PM2.5浓度持续降低,城市环境空气质量有所改善;降水酸雨率有所下降,pH值上升,但酸雨污染仍较严重;全市67个市控以上地表水断面劣Ⅴ类所占比例下降20.9个百分点,高锰酸盐指数、氨氮、总磷浓度分别下降6.3%、31.5%、17.2%,地表水环境质量改善明显;声环境质量状况总体与上年持平。

【城市大气环境质量状况】 2015年,嘉兴市区、海宁市、桐乡市、平湖市、海盐县和嘉善县城市大气功能区均属二类区,执行环境空气质量二级标准,按照新的环境空气质量标准(GB3095-2012)评价,各县(市、区)细颗粒物(PM2.5)浓度均超过二级标准限值,可吸入颗粒物(PM10)除嘉善县、海盐县外均超过二级标准限值,二氧化氮仅嘉兴市区超过二级标准限值,二氧化硫均达标,一氧化碳和臭氧无年均值评价标准。嘉兴市区空气质量指数优良率64.4%,比上年下降5.9个百分点;PM2.5浓度53微克/立方米,下降7.0%。嘉善县、平湖市、海宁市、海盐县、桐乡市空气质量指数优良率分别为75.3%、78.6%、71.8%、81.6%、82.0%,PM2.5浓度分别为47微克/立方米、44微克/立方米、50微克/立方米、44微克/立方米、50微克/立方米。全市酸雨率71.1%,比上年下降11.9个百分点;全市降水pH年均值为4.88,上升0.05个单位,酸雨状况仍较严重。嘉善县、桐乡市的酸雨率达到90%以上,海盐县的酸雨率比上年有所上升,其他县(市)均有所下降;嘉善县、平湖市、桐乡市的pH均值略有下降,其他县(市)有所上升。

【地表水环境质量状况】 2015年,嘉兴市地表水水质评价指标为《地表水环境质量标准(GB3838-2002)》,除水温、总氮、粪大肠菌群外的21项指标,评价方法采用单因子指数法。影响本年度地表水水质的主要指标为溶解氧、高锰酸盐指数、化学需氧量、五日生化需氧量、氨氮、总磷和石油类。全市67个市控以上地表水水质监测断面Ⅲ类及以上5个、Ⅳ类47个、Ⅴ类13个、劣Ⅴ类2个,分别占7.5%、70.1%、19.4%和3.0%,Ⅴ类和劣Ⅴ类断面所占比例比上年下降25.4个百分点和20.9个百分点,Ⅲ类及以上和Ⅳ类断面分别上升6个百分点和40.3个百分点;67个断面主要污染物高锰酸盐指数、氨氮和总磷平均浓度为5.79毫克/升、1.13毫克/升和0.217毫克/升,高锰酸盐指数、氨氮、总磷分别降低6.3%、31.5%、17.2%。全市9个饮用水水源地水质仅嘉善县太浦河水厂达到Ⅲ类水质标准要求,嘉兴市区石臼漾水厂和贯泾港水厂、平湖市广陈水厂、海宁第三水厂、海盐县天仙河水厂和三地水厂、桐乡市果园桥水厂水源地水质为Ⅳ类,海宁市泰山桥水厂水源地水质为Ⅴ类。广陈水厂、泰山桥水厂、果园桥水厂3个饮用水源地水质类别有所改善,其他5个水源地水质类别无变化,海宁第三水厂为2015年新增水厂,故不作比较。

【近岸海域环境质量状况】 2015年,嘉兴市近岸海域水质污染严重,3个功能区的4个监测点位水质均为劣Ⅳ类,未达到相应功能类别要求;3个国控近岸海域环境质量监测点位的水质均为劣Ⅳ类,各测点的主要污染物为无机氮和活性磷酸盐。

【声环境质量状况】 2015年,嘉兴市功能区昼间、夜间和昼夜噪声综合超标率分别为15.4%、27.3%和21.4%,其中嘉兴市区功能区达标率较低,11个监测点中5个监测点的夜间噪声超标,7个监测点的昼间噪声超标。全市交通噪声超过70分贝的路段共71.30千米,占总路长15.8%,比上年上升3.0个百分点。嘉兴市区、嘉善县、平湖市、海宁市、海盐县和桐乡市的区域环境噪声平均值分别为53.6分贝、52.3分贝、52.6分贝、52.1分贝、52.6分贝和54.9分贝。

(贝　蕾)

气　象

【概况】 2015年,市气象局围绕"五水共治"、大气污染治理、生态市建设等中心工作,做好各项气象保障服务工作,发布各类气象专题分析材料和决策短信共84期,强化低空漂浮物执法监管,查处违规施放案件1起。年内,市气象局获驻嘉省部属单位工作目标责任制暨"五型"机关创建考核一等奖和第二届世界互联网大会乌镇峰会保障服务先进集体。

【启动人工消霾作业】 2015年,为做好互联网大会气象保障服务,在市政府和省气象局的统一部署下,市气象局启动人工消霾作业工作。12月9日、13日,在秀洲区桃园路附近和海盐县百步镇得胜村分别实施2次人工消霾作业,发射人影火箭弹70枚,给全市带来约35万吨左右的增水效益,PM2.5浓度有一定程度的下降。

【强化公共气象服务】 2015年,市气象局制定《嘉兴市重大气象保障服务方案》和《2015年第二届世界互联网大会气象服务方案》,做好互联网大会、两会、春运、中考、高考、市民运动会、首届嘉兴半程马拉松赛等重大社会活动及春节、清明、五一、端午、国庆等法定节假日期间的气象服务工作。与嘉兴港区管委会签署推进气象现代化提高海洋气象服务能力合作备忘录。全年制作发布气象服务材料131份,发布灾害性及异常突发天气预警41次,发布灾害性天气提醒短信80余次,接受新闻媒体采访487次。

【推进气象现代化建设】 2015年,嘉兴市新建14个区域自动气象站、3个交通气象站、1个农田小气候站、1个土壤水分站、2个负氧离子站、1个水产养殖站,改造区域自动站40个、风塔30个。基本完成应急保障船(海上气象移动观测)、"卫星遥感多圈层数据处理平台"、"海上气象灾害预报预警系统"等海洋气象项目建设。

【完善气象防灾减灾社会管理】 2015年,市气象局被纳入市城乡规划委员会、创建运河国际旅游休闲城市、市减灾委等成员单位,完成23个省级气象防灾减灾标准化村(社区)创建工作,桐乡市乌镇镇被中国气象局授予第三批全国防灾减灾标准化镇称号;出台《桐乡市古镇旅游气象综合条件等级》地方标准;与市安监局联合发文公布防雷重点单位,开展防雷安全生产执法检查。

【加强气象科技创新】 2015年,嘉兴市新增省科技厅、省气象局等6项科研项目,发表论文6篇。1项成果获嘉兴市科技进步三等奖和浙江省气象科技三等奖。1人被浙江省气象局授予第三届全省气象部门"十佳青年"称号,1人入选浙江省气象局"气象百名优秀科技人才工程"。在浙江省气象行业监测预警职业技能竞赛中,市气象局获团体第三名。

（程慧萍）

名胜与旅游

综　述

2015年,全市旅游系统贯彻落实嘉兴市旅游发展大会精神和关于打造运河国际旅游休闲城市的实施意见，旅游业保持良好发展态势。全市共接待海内外游客6382.65万人次,比上年增长18.39%；实现旅游总收入679.44亿元,增长20.25%,达到“十一五”末的2.3倍和2倍,实现年均增长18.08%和15.27%。全市旅游市场秩序良好,未发生一起行政复议、民事诉讼以及旅游安全责任事故。

【召开全市旅游业发展大会】 1月12日,嘉兴市召开旅游业发展大会,市委书记鲁俊、常务副市长梁群,市四套班子分管领导,相关部门负责人以及旅游企业代表共180人出席大会。会上鲁俊强调,全市要紧紧围绕打造运河国际旅游休闲城市的定位,加快把旅游业建设成为全市战略性支柱产业,并提出“深化改革创新,激发旅游业发展内生力;坚持规划引领,优化整合资源;培育特色项目、特色平台和特色业态;优化宣传营销,开展抱团营销、借势营销、精准营销;完善配套服务,发展智慧旅游”五大任务。同时,要求大力营造“大旅游大发展”氛围,提高“领导抓旅”的能力,加大“政策支旅”的力度,夯实“人才强旅”的支撑,激发“全民兴旅”的热情,形成全城全民全面抓旅游的合力。会上表彰了嘉兴市旅游业特别贡献人物以及全市30家旅游工作先进单位,海宁市、乌镇、梅花洲景区作交流发言。

【组建嘉兴市旅游委员会】 2015年,按照《中共嘉兴市委、嘉兴市人民政府关于印发〈嘉兴市人民政府职能转变和机构改革方案〉的通知》要求,嘉兴市组建旅游委员会,不再保留市旅游局。根据重新拟定的三定方案,将进一步强化旅游业统筹规划和综合协调等方面的职责。9月30日,嘉兴市旅游委员会(以下简称“市旅委”)正式挂牌。

【设立市级旅游业发展专项资金】 12月10日,市旅委、市财政局、市服务业发展局联合下发《嘉兴市级旅游业发展专项资金补助操作细则》的通知,明确从2015年起,每年安排2000万元旅游发展专项资金,重点用于旅游项目和产品开发扶持、旅游公共服务、整体形象宣传和信息化建设、旅游企业引进游客奖励、旅游企业做强做大扶持、旅游人才培养和素质提升、向市场主体购买服务以及市委市政府确定的其他重点工作和重大项目。设立专项资金的主要目的是发挥财政资金的导向和杠杆作用,助力旅游业转型升级,加快打造运河国际旅游休闲城市。

【首次将旅游业增加值纳入考核】 根据《中共浙江省委办公厅浙江省人民政府办公厅转发省委组织部〈关于改进市、县(市、区)党政领导班子和领导干部实绩考核评价工作的若干意见〉和〈市党政领导班子实绩考核评价指标体系〉的通知》《省旅游局省统计局关于旅游产业测算工作的通知》要求，从2月开始，市旅游局、市统计局和国调队三个部门（单位）启动旅游业增加值测算工作。测算指标主要涉及国民经济核算资料、年度旅游总收入及构成、本地区居民出游前后花费及构成、博物馆及宗教场所等非营利性场所游客比重、企业招待费构成情况五个方面。根据测算，2014年旅游业增加值214亿元，占全市生产总值的6.38%。旅游业增加值的测算有利于客观反映旅游经济在全市国民经济中的地位和作用，同时为进一步推动旅游业发展提供科学可靠信息。

（杨新宇　沈　宇）

南湖风景名胜区

【嘉兴旅游发展有限公司运行】 2015年1月，按照市委、市政府关于“促进旅游业改革发展，加快打造运河国际旅游休闲城市”的战略部署，嘉城集团整合南湖景区、历史街区等旅游资源和南湖革命纪念馆部分职能，组建嘉兴旅游发展有限公司并正式运行，为市区旅游资源整合奠定基础。

【提升景区配套设施和服务能力】 2015年，南湖景区实施环境改造提升工程，完成环南湖游步道厕所、休闲椅等公共设施整改完善工程；围绕生态绿道网建设，完成西南湖区域绿道主要节点工程——跨长盐塘桥建设、档案馆西侧绿道建设以及文保单位秀城桥、文生修道院修缮；启动南湖景区内文星桥、仓圣祠等文保单位的维修工程，加快提升南湖景区的配套设施和服务能力。

【征集《中国共产党宣言》等珍贵文物】 2015年，南湖革命纪念馆在广州征集到1920年中文版《中国共产党宣言》；通过拍卖购买、接受捐赠等方式共新增文物藏品109件；收集俄罗斯国立政治历史档案馆中共创建史档案纸质资料10443页，照片资料514张，内容涉及中共创建时期人物陈公博、彭述之、李德昭、李立三夫人李莎及浙江籍早期革命家金省真等；通过复制、购买等方式收集相关资料书籍4825册。

旅游市场开发

【发布四季旅游主题】 2015年，市旅委围绕“运河”主题，发布“运河水城、踏春赏花”“运河水城、摇橹江南”“运河水城、潮起月明”“运河水城、暖意江南”四季主题产品。春季推出赏梅花、赏樱花、赏桃花、赏郁金香等赏花游产品；夏季将端午民俗旅游和夏季亲水游相结合，推出粽乡文化游、美味乡村游、滨海亲水游等产品；秋季结合节庆及采摘，推出观潮采摘游、访古休闲游等产品；冬季结合温泉养生，推出温泉养生游、江南美食游、商务休闲游等产品。开展2015嘉兴生态文化旅游暨南湖桃花节、莲泗荡网船会、湘家荡文化旅游节、南湖购物节、南北湖文化旅游节、金秋时尚购物节等活动，增强旅游市场的活力和吸引力。

【举办中外旅行商采供大会】 3月26～28日，“2015嘉兴中外旅行商合作大会暨运河国际旅游产品推广会”在梅花洲景区举行。会议邀请美国、德国、澳大利亚、日本、韩国、新加坡、马来西亚等10多个国家400多名中外旅行商参加。会议以“大数据下的智慧旅游”为主题，就旅行社在移动互联网时代下的挑战与机遇等话题进行交流。嘉兴市旅行社协会与中国旅游合作联盟、长三角“16+2”旅游联盟、中国八方旅游联合体、中国万里行旅游联盟、华东长三角旅游联盟等中外旅行商签订合作协议109份，引进大型团队69个，合同金额8700万元。

【开展接轨上海系列活动】 4月15日，嘉兴市首次与上海市、北京市、南京市、杭州市、宁波市、苏州市共同主办2015中国(上海)会议与旅游产业发展论坛。论坛抓住旅游行业前沿、聚焦旅游行业变革,着重探讨会议和旅游业发展的新机遇和新挑战,乌镇作为会议旅游体验企业作主题演讲。11月21日,以“新体验、新合作”为主题,举办嘉兴商务与在线旅游合作沙龙,邀请上海25家商务会展与在线旅游商到嘉兴,共同探讨合作发展之策,感受嘉兴运河水上商务旅游特色产品。12月3日,在上海大剧院举办2016旅游产品销售洽谈会,与上海500家旅行社洽谈合作。针对大学生群体,策划举行嘉兴旅游攻略大赛,分上海和浙江两个赛区,累计收到攻略作品百余幅。参与上海旅游节、长三角“岁月余味体验之旅”、第五届长三角自驾游产业论坛等活动,发布长三角自驾游指数,海盐南北湖五味村被纳入休闲体验示范点,嘉兴成为长三角地区十佳自驾游目的地城市。同时,市旅委与奉贤、松江等地旅游部门签订合作协议。

【推进区域旅游联合营销】 6月29日至7月3日,嘉兴市、杭州市、湖州市、绍兴市联合到泰安市、徐州市、蚌埠市高铁沿线城市开展旅游促销活动,宣传推介杭州都市圈“江南绝色、吴越经典”旅游新产品和新线路,在三地城市主流媒体投放旅游宣传广告,销售旅游产品线路。加强与“京杭大运河城市旅游推广联盟”各城市之间的联系,9月16~18日,嘉兴市参加在泰安市东平县举行的“牵约‘水韵东平’·相聚‘运河之心’——2015京杭大运河旅游城市泰山会盟”,共同为大运河旅游发展出谋划策。

【开展“秀美嘉兴、运河故事”推广活动】 2015年,市旅委与钱江晚报报业集团合作,利用浙报传媒旅游全媒体中心资源优势,联合开展“秀美嘉兴、运河故事”推广活动。活动以“运河水城、秀美嘉兴”为主题,包括“秀美嘉兴·最美船娘”微摄影大奖赛、“秀美嘉兴·运河故事”微游记大奖赛、“秀美嘉兴·最美船娘”嘉兴旅游图片展、中国(嘉兴)“最美船娘”运河水城旗袍秀、“四季嘉兴”微画报等内容;在来吧旅行网推出“船游嘉兴”特色旅游产品、开设运河水城嘉兴旅游专区,重点推荐“船游嘉兴”产品。

【提升旅游公共服务平台】 2015年,市旅委对嘉兴旅游微信公众号进行全面升级,通过微信为游客提供全方位的服务。升级上线“iTravels”智能手机软件2.2版本,增加英文等功能,APP下载使用量首次超过400万次。完善旅游商务中介平台——巨蟹旅行网(www.jx12301.cn)功能设置,充实行程订制等个性化栏目,同时,举办旅游攻略大赛,精选68篇旅游攻略在巨蟹旅行网上发布,打造“游嘉兴,上巨蟹”新品牌。

【开展文明旅游漫画创作】 2015年,市旅委开展文明旅游漫画创作与主题宣传活动,以“漫游中国、文明同行”为主题,以丰子恺漫画风格为主要表现形式,融合嘉兴独特的人文历史,创作18幅文明旅游系列漫画,形成景区主题、文明主题、智慧旅游主题等不同层面的组合漫画,进行公益宣传推广。全年在《嘉兴日报》旅游周刊、《南湖晚报》旅游周刊、嘉兴旅游电子杂志上刊发解读宣传稿12篇,营造文明旅游氛围。

【深化“看晚报、游浙江”活动】 2015年,市旅委深化全省“看晚报、游浙江”活动,重点拓展高铁沿线的客源市场。通过与高铁沿线十个省十五家晚报的合作,全年推出旅游宣传版面32个。借助“看晚报、游浙江”线上平台,加强与携程、淘宝、同程等电商合作,开展“看晚报、游浙江”2015全国网络媒体行、“游客摄影节暨中国摄影名家看浙江”、中国旅游微信联盟百家微信主页君等嘉兴采风活动、参加旅游强县网络视频专题报道、网络微视频和微画报大推广,制作微画报四期。

【加强与媒体合作】 2015年,市旅委加强与《嘉兴日报》、《南湖晚报》、嘉兴在线等媒体合作,在《嘉兴日报》开辟《旅游周刊》,在《南湖晚报》开设《嘉财富旅游》专版，全年刊发旅游周刊版面104个。继续编发《iTravel@嘉兴》电子杂志，注重策划和图文，全年刊发电子杂志12期，增刊2期。

【推广运河旅游品牌】 2015年，市旅委深化推广运河国际旅游休闲城市品牌，指导嘉兴假日国旅、南方旅行社拓展江苏、山东市场，发挥“嘉兴旅游专卖店”作用，推广运河旅游品牌。参与国家旅游局和省旅游局组织的各类旅游交易会，先后组团参加在江西举行的浙江省旅游交易会、在云南举办的中国国际旅游交易会以及丝绸之路中国西安旅游博览会、中国旅游产业博览会、中国东盟旅游博览会、义乌国际旅游商品博览会等，推出以南湖、月河、乌镇、西塘、盐官为主要景点的“江南运河古镇游”“滨海度假休闲游”等多个运河旅游产品，打造“运河水城、秀美嘉兴”旅游主题形象。

【开拓海外旅游市场】 2015年，中国国际旅行社总社将嘉兴运河线路纳入国际旅游产品新体系，与扬州市、无锡市、杭州市的京杭大运河之游的主打线路一起向国外推广销售。拓展台湾旅游市场，参加第七届浙台合作大会，组织主要旅游企业参加高雄、台北国际旅展；参与第100万名游客走进台湾活动，在台中、台南和台北投放公交车立面广告。参加国家旅游局“海上丝绸之路”东南亚推广和“京杭大运河”欧洲促销活动。邀请日本旅游业界20多人和意大利国家旅游局相关人员对运河旅游产品进行考察体验，进一步扩大嘉兴在海外旅游市场的影响力。

【深化旅游惠民活动】 2015年，嘉兴市围绕新春优惠月、中国旅游日和国际旅游日等深化旅游惠民活动。新春期间，嘉兴市、杭州市、湖州市、绍兴市共同开展“江南绝色、吴越经典”优惠月活动，共有105家单位参加，嘉兴有43家景区、度假区、酒店参加。在中国旅游日和国际旅游日期间，举办旅游惠民活动、智慧旅游成果展、嘉兴运河旅游图片展等。

（钟晓燕）

旅游规划建设

【出台嘉兴滨海旅游业发展规划】 5月5日，由市发展和改革委员会、市旅委、市滨海新区开发建设领导小组办公室联合编制的《嘉兴滨海旅游业发展规划》正式发布。规划提出以接轨上海加快发展为指导，以滨海新区旅游开发为重点，全面整合平湖市、海盐县、海宁市的滨海旅游资源，建成定位准确、产品多元、业态新颖、特色鲜明的杭州湾嘉兴滨海旅游休闲度假带，长三角著名、国内一流、国际有影响力的滨海休闲度假旅游目的地，成为推动嘉兴旅游业发展的新引擎。

【加大旅游项目招商与开发力度】 2015年，嘉兴市通过中国（宁波）—中东欧国家旅游合作交流会、中国国际（浙江）旅游重大项目投资洽谈会等招商活动平台，完成南湖区宇宙大世界高科技综合体项目、秀洲区王店温泉健康旅游项目、嘉善恒天西塘祥符荡文化艺术产业园、海宁开元房车营地项目、海盐山水六旗国际度假区、桐乡乌镇国际汽车露营地等8个项目签约，协议总金额529.1亿元。2015年，全市实施旅游开发项目82个，其中续建56个、新建3个、竣工23个，列入省、市重点项目16个。计划总投资749.07亿元，2015年计划投资63.07亿元，实际完成投资88.08亿元。

【新增A级景区4家】 2015年，全市新增A级景区4家，其中AAAA级景区1家（南湖区湘家荡环湖景区）、AAA级景区1家（桐乡稻香人家）、AA级景区2家（港龙世界木屋博览园景区、小蓬莱景区），摘牌AAA级景区1家（金龙门生态休闲园）。至年底，全市累计有A级以上景区63家，其中AAAAA级2家、AAAA级

9家、AAA级14家、AA级38家。2015年,全市新增省级旅游度假区2家,分别是海宁盐官省级旅游度假区、桐乡乌镇—石门省级旅游度假区。南湖区湘家荡省级旅游度假区扩容,面积从7.15平方千米扩大到45.25平方千米。至年底,全市有省级旅游度假区5家。

【推进旅游产业融合发展】 2015年,平湖浙江泛亚生物医药股份有限公司、平湖浙江依爱夫游戏装文化产业有限公司、桐乡恒基建设集团有限公司3家获批年度浙江省工业旅游示范基地;桐乡市获批年度浙江省休闲农业与乡村旅游示范县,桐乡市石门镇、平湖市广陈镇获批年度浙江省休闲农业与乡村旅游示范镇,嘉兴嬉溪菜园子果蔬专业合作社、平湖市金丝娘农庄获批年度浙江省休闲农业与乡村旅游示范点;嘉善云澜湾温泉(度假)小镇获批年度浙江省中医药文化养生旅游示范基地;桐乡市非物质文化遗产馆获批第一批浙江省文化旅游示范基地;海盐绮园景区获批第七批省级生态旅游区;嘉善巧克力甜蜜小镇等5个镇入选首批省级特色小镇。年内,嘉兴市有中国乡村旅游模范村3个、中国乡村旅游模范户4家、中国乡村旅游致富带头人18个、中国乡村旅游金牌农家乐21家。

【开展旅游环境集中整治行动】 2015年,市旅委对全市旅游交通标志标识系统进行完善,涉及市区旅游交通标志255处,其中设置旅游交通标志227处(保留45处、改造45处、新建137处),取消问题旅游交通标志28处。南湖、乌镇、西塘、湘家荡等景区内的196座旅游厕所开工建设,完成改造133座,其中新建63座,改扩建70座。按照《旅游景区质量等级划分与评定》和全省开展"一核五查"工作要求,实施A级景区"二次创建",对南湖区周家庄园(AA)、海宁大缺口农庄(AA)提出整改,对嘉善拳王休闲农庄(AA)提出警告,对平湖金龙门生态休闲园(AAA)进行摘牌处理。

(陈 芳 朱 岩)

旅游行业监管

【强化旅游安全管理】 2015年,市旅委开展一系列安全生产监管工作。年初,开展春节元宵旅游行业安全生产大检查;3~4月,开展旅行社团队旅游用车安全专项督查;5月,开展防汛预案演练周和五一黄金周安全生产大检查;6月,第14个"全国安全生产月"期间,围绕"加强安全法治、保障安全生产"主题开展各项活动。下半年,重点做好旅行社组团旅游安全监管、旅游节庆展会安全监管和A级景区演艺场所安全监管工作,尤其是做好第二届世界互联网大会·乌镇峰会和"两节""两会"期间的旅游安全工作。1~12月共排查旅游企业538家,发现整改隐患257处,整改率100%,未发生一起安全责任事故。

【开展平安旅游创建】 2015年,全市旅游系统开展平安旅游创建。市旅委根据《嘉兴市"平安旅游"创建工作考核细则》,在旅游企业自评申报以及县(市、区)旅游主管部门初审基础上,评出平安景区47家、平安饭店51家和平安旅行社104家。

【完善旅游接待设施】 2015年,市旅委指导饭店业向大众化、特色化方向转型,嘉兴兰亭酒店、桐乡梵璞酒店被评为浙江省银鼎级特色文化主题饭店,嘉兴月河客栈、大洋洲酒店通过国家银叶级绿色饭店评定;引导旅行社向规模化、规范化方向经营,嘉兴市翠明国际旅行社有限公司被评为四星级品质旅行社,嘉兴市辉煌国际旅行社有限公司、海盐金色假期旅行社有限公司2家被评为三星级品质旅行社,入选2014年度全省百强旅行社6家,比上年增加2家,分别是嘉兴湘城旅游发展有限公司、嘉善西塘国际旅行社、嘉兴国际旅行社有限公司、嘉兴市假日国际旅行社、嘉兴行游天下旅行社有限公司、嘉兴市蓝天国际旅游有限公司。至年底,全市有星级饭店58家,其中五星级 7 家、四星级 12 家、三星级 34 家、二星级 5 家，省级特色文化主题饭店 7 家；星级旅行社 43 家，其中五星级 1 家、四星级 17 家、三星级 25 家。

【举办饭店服务技能大赛】 2015 年 10 月，由市旅委、市人力资源和社会保障局、市总工会联合组织的 2015 年嘉兴市旅游饭店服务技能大赛在嘉兴市沙龙国际宾馆举办。全市 16 支代表队的 160 名选手参加决赛，经过笔试和操作（中式铺床和创意夜床、西餐宴会摆台和工装展示）两项比赛，振石大酒店队获团体一等奖，富悦大酒店和海盐宾馆获团体二等奖，肖鑫等 6 名选手被授予“嘉兴市技术操作能手”称号。

【新批旅行社 11 家】 2015 年，全市新批旅行社 11 家，分别是嘉兴市禾鸿旅游有限公司、嘉兴市远景旅行社有限公司、嘉兴市文华旅行社有限公司、嘉兴市众信旅行社有限公司、嘉善县西塘镇与我同行旅行社有限公司、嘉善云游旅行社有限公司、平湖中青旅旅游有限公司、海盐科路旅游有限公司、海盐慢慢游旅游有限公司、海宁瑞驰旅游有限公司、桐乡市众欢旅游有限公司。注销旅行社 4 家，分别是平湖市童临天下旅行社有限公司、嘉兴市达美旅行社有限公司、桐乡市康辉旅行社有限公司、嘉兴市信游旅行社有限公司。新增出境游组团社 13 家，分别是中国国旅（嘉兴）国际旅行社有限公司、嘉兴市翠明假日国际旅行社有限公司、嘉兴市米兰国际旅行社有限公司、嘉兴市旅行社有限公司、嘉兴市南湖国际旅行社有限公司、嘉兴市广电旅行社有限责任公司、嘉兴同行国际旅游有限公司、嘉兴市时代国际旅行社有限公司、嘉兴市辉煌国际旅行社有限公司、海盐县云龙旅行社有限责任公司、海盐春秋旅行社有限责任公司、海宁市职工疗休养旅游有限公司、海宁中星国际旅行社有限公司。至年底，全市有旅行社 139 家，其中出境游组团社 25 家。

【开展旅游市场专项整治活动】 2015 年，市旅委采取明察暗访等形式，开展“秩序”“治黑”“清网”等 5 个专项行动。1 ~ 2 月，开展市场“秩序”专项行动，围绕文明、有序、安全主题，以出境游为重点，以落实文明旅游“组团关”“落地关”“行程关”为主要内容，整治出境游市场秩序。3 ~ 5 月，开展市场“治黑”专项行动，围绕品质、放心、消费主题，以国内游为重点，以落实依法兴旅、依法治旅为主要内容，整治“黑社”“黑导”“黑车”“黑店”及违法“一日游”等问题。6 ~ 12 月，开展市场“清网”专项行动，围绕出行、便捷、惠民主题，以在线旅游为重点，以规范在线旅游经营和服务为主要内容，强化对在线旅游经营服务的行为监管和标准规范。2015 年，市旅委和各县（市、区）旅游主管部门累计开展旅游市场执法检查 41 次，其中联合执法检查 13 次，出动检查人员 323 人次，检查旅游企业 207 家，对其中 5 家旅游景区、2 家旅行社、9 家酒店提出整改要求。

【强化服务质量监管】 2015 年，市旅委以全省满意度调查为契机，不断提升旅游行业服务品质。年内，联合嘉兴市南湖旅游公司，分析游客满意度调查报告，对涉及餐饮、住宿、购物、文化娱乐、景区环境五个方面评价较低的问题，督促责任部门自查整改。实施全员培训计划，举办《旅游投诉概要》《旅游法执行中疑难问题分析》《导游工作中旅游投诉的应对》等专题培训 5 场，培训旅游企业 61 家、从业人员 1409 名。完善服务质量披露制度，定期在嘉兴旅游网上发布和披露旅游投诉情况分析、重大旅游服务质量投诉、有较大负面社会影响的案件。严肃查处违法违规行为，联合工商等有关部门查处、终止无证经营旅游业务 3 起，执行行政处罚 2 起，罚款 1.2 万元。妥善处置游客投诉，全年受理投诉案件 193 起，转移相关部门处理 7 起，执行调解理赔 42 起，理赔金额 19.08 万元，结案率 100%。

（赵旭光　朱宇红　费力红）

科学技术

综　述

2015年，嘉兴市深入实施创新驱动发展战略，聚焦“深化科技体制改革，提升科技创新能力”，加快推进创新型城市建设。嘉兴市2014年度科技进步综合评价列全省第3位，比上年前移3位，其中一级指标中的科技产出综合评价列全省首位，创业环境列第2位，科技投入列第3位。在创新型试点城市(县、区)测评中，嘉兴市列全省第3位。年内，嘉兴市获评“浙江省科技特派员工作先进市”；嘉兴市科技局被评为全国地、市级防震减灾工作综合考核先进单位，全国知识产权系统人才工作先进集体。秀洲区和海宁市被评为全省市、县党政领导科技进步目标责任制考核优秀单位。平湖市、海宁市获浙江省网上技术市场先进县(市、区)称号。平湖市被评为国家级和省级防震减灾工作先进单位。嘉善县申请创建国家可持续发展实验区获得国家科技部批准，嘉善县科创中心被科技部列为“创业苗圃—孵化器—加速器”科技创业孵化链条建设示范单位。桐乡市举办“中国第四届创新创业大赛互联网和移动互联网行业总决赛”，并获全省县级防震减灾工作先进单位称号。海盐县被列为省知识产权示范创建县。

（吴俊波）

科技环境、人才与项目

【科技金融建设】 2015年，嘉兴市科技局加大科技金融服务力度，推进项目管理。一是搭建科技金融平台。整合嘉兴市科技担保、科技质押、科技保险和科技信贷等科技金融服务资源，联合区域外专业科技金融服务机构在嘉兴市建立科技金融服务平台，为科技型企业提供融资服务。5月，市科技局与上海信隆行投资有限公司联合开发的嘉兴市首家科技金融服务平台正式上线。该平台运用互联网将全国金融服务机构聚集嘉兴市，通过O2O(线上线下)服务模式解决嘉兴市中小企业尤其是科技型中小企业的融资需求。二是助推科技专营机构建设。延伸科技银行、专营机构、科技保险等科技金融服务机构网络布局，邮政储蓄银行在市本级建立科技支行，嘉兴市累计建立科技支行7家，其中市本级3家。加强科技专营机构服务产业能力，对装备制造、智能制造、“两化”融合、“机器换人”等重点领域给予信贷支持。年内，科技银行企业数据库新增入库企业104家，累计入库企业1337家。三是加强科技投资引导基金建设。南湖基金小镇建设加快推进，健全投资引导基金、创投基金和母基金等投融资体系。嘉兴市有浙华紫荆母基金、规模30亿元，设7个子基金、规模48亿元；天堂硅谷、中兴创投、红土创投等10多家投资基金，总规模近30亿元；市创业投资引导基金规模1亿元。全市风险投资资金增资到1.4亿元，各县(市、区)科技风险投资资金(基金)基本实现全覆盖。

【优化科技创新政策环境与服务】 2015年,嘉兴市优化科技创新政策环境与服务。一是深化科技计划结构调整。市本级科发资金预算安排重点向科技创新氛围营造、重大创新平台构筑、科技人才引育和国内外科技合作等领域倾斜,科技创新条件与环境建设经费比上年增长43.7%。二是推动政府服务职能转变。出台《嘉兴市科技局加强行政审批层级一体化改革事中事后监管实施细则(试行)》,制定《2015年事中事后监管工作计划》,强化对行政许可类等事项的监管,有效实施简政放权。出台《嘉兴市级科技创新券实施管理办法(试行)》,推出科技创新券制度,推进要素市场配置综合配套改革。三是探索创建省级科技创新改革试验区。研究起草《嘉兴市创建浙江省科技创新改革试验区实施方案》,6月30日,在杭州召开改革试验区实施方案专家论证会,探讨方案的科学性、可行性。

【科技人才建设】 2015年,嘉兴市"创新嘉兴·精英引领计划"共吸引852名海内外高层次人才,申报项目853个,通过评审筛选,遴选出第六批"创新嘉兴·精英引领计划"项目120个;开展全省领军型创新创业团队推荐申报工作,入选2015年度全省领军型创新创业团队2个,获省财政补助奖励资金1000万元。支持浙大海宁国际校区、乌镇世界互联网大会永久会址、嘉兴科技城等科技人才创业创新平台建设。至年底,全市累计引育"国家千人计划"专家和"省千人计划"专家各111人。

【市级科技计划项目与补助经费】 2015年,市级科技计划项目安排补助经费两批。第一批计划安排补助经费2770.72万元,当年实际下拨经费2680.22万元。其中产业关键共性技术研究项目27项,补助经费145万元;社会发展领域研究与示范应用项目23项,补助经费175万元;农业科技成果转化项目10项,补助经费108万元;高新技术产业化项目6项,补助经费85万元;科技型中小微企业创新孵化转化项目6项,补助经费85万元;专利实施转化项目7项,补助经费110万元;科技特派员专项4项,补助经费20万元;国家、省重大专项配套5项,补助经费75万元;科技创新环境与条件建设18项,补助经费1021.72万元;中科专项9项(不包括配套、结转项目),补助经费770万元;结转项目37项,补助经费176万元。第二批计划安排补助经费2512.8万元,当年实际下拨经费2462.8万元。其中国家、省重大专项配套4项,计划补助经费143万元,当年实际下拨经费93万元;软科学研究项目7项,补助经费31万元;创新环境与条件建设计划立项15项,补助经费2265.3万元;结转项目13项,补助经费73.5万元。

(甘人杰)

区域创新体系与高新技术产业

【概况】 2015年,嘉兴市高新技术产业增加值612.41亿元,居全省第3位;同比增速达到12.3%,居全省第1位;占规模以上工业增加值的42%,居全省第2位。嘉兴电子信息特色产业基地、平湖光机电特色产业基地、海宁软磁材料特色产业基地、桐乡新型纤维特色产业基地通过科技部火炬中心的复核,基地建设在全省同类城市保持前列。

【科技区域创新体系建设】 2015年,嘉兴市出台《关于进一步加快嘉兴科技城发展的若干意见》,草拟《关于进一步加快嘉兴秀洲高新技术产业开发区发展的若干意见》,推进高新区建设。出台《关于推进"泛孵化器"建设发展的若干意见》,以培育科技企业为宗旨,突破传统孵化器在体制、机制、空间和结构上的限制,构建创新孵化集群,集聚创新资源,激发创业创新活力,提升嘉兴市创新能力。出台《关于加快发展众创空间的若干意见》,充分利用高新技术产业园区、基金小镇、科技企业孵化器、大学科技园等有利条件,发展一批全面服务型、投资促进型、特色化服务型、配套协作型众创空间,推进"大众创业、万众创新"。

【高新技术园区(开发区)建设】 2015 年,嘉兴市国家级高新技术产业开发区实现首次突破,省级高新技术产业园区实现增量。秀洲高新技术产业园区经国务院批复,成功升级为国家级高新技术产业开发区(定名为嘉兴秀洲高新技术产业开发区);嘉兴科技城在扩容提升后,经省发改委、省科技厅批准,成功创建省级高新技术产业园区(定名为嘉兴南湖高新技术产业园区);嘉兴市累计建成国家级高新区 1 个、省级高新区 4 个。

【科技企业孵化器建设】 2015 年,嘉兴市落实《关于推进"泛孵化器"建设发展的若干意见》,大力实施"泛孵化器"建设。海盐科技创业服务中心和海宁科技创业服务中心成功升级为国家级科技企业孵化器,嘉兴市成为浙江省首个实现国家级科技企业孵化器县(市、区)全覆盖的地市;新认定"嘉兴创新园、中节能(嘉兴)环保科技园、嘉兴市杭州湾新经济园"等市级科技企业孵化器 3 家。至年底,全市累计建设市级以上科技企业孵化器 19 家(国家级 8 家、省级 3 家、市级 8 家),总孵化场地面积 135.85 万平方米(其中在孵企业场地面积 72.16 万平方米),2015 年新增在孵企业 492 家,累计在孵企业 1314 家,累计毕业企业 515 家,在孵企业实现总产值 34.6 亿元。

【认定第一批众创空间 12 家】 2015 年,市科技局实施《关于加快发展众创空间的若干意见》,由高校、科研院所、科技企业孵化器、民营企业、风投公司等发起建设,以北斗通讯产业、机器人产业、先进装备制造产业等创客引领,培育建设北斗创客家、贝壳咖啡创客空间、零·一智慧谷等众创空间。2015 年,嘉兴市认定第一批众创空间 12 家。

【培育科技型企业】 2015 年,市科技局实施科技企业培育专项行动计划和"115"工程,加大对企业自主创新的引导和支持。年内,嘉兴市新增高新技术企业 108 家,累计培育高新技术企业 567 家,高新技术企业累计培育数由全省第 6 位上升至第 4 位;新增省级科技型中小企业 316 家,累计培育省级科技型中小企业 1623 家;新认定市级创新型企业 260 家(科技领航大企业 8 家、科技创新领军企业 45 家、科技创新领先企业 207 家),累计培育市级创新型企业 419 家(科技领航大企业 11 家、科技创新领军企业 70 家、科技创新领先企业 338 家)。

【企业研发机构建设】 2015 年,嘉兴市实施"规模以上工业企业研发机构全覆盖、亿元以上工业企业研发中心全覆盖"计划,引导鼓励企业加大科技投入和人才培养,建立企业研发(技术)中心、企业研究院。同时,与大院大所共建产学研联合开发试验基地,开发具有自主知识产权的高新技术产品,培养企业自身的高技术研发人才,提高企业自主创新能力和创新水平。2015 年,浙江生辉照明有限公司的研发中心成功创建国家级企业技术中心,新认定省级企业研究院 17 家、省级高新技术企业研究开发中心 40 家、市级高新技术研发中心 106 家。全市累计建有国家级企业技术中心 4 家,省级重点企业研究院 10 家,省级企业研究院 43 家,省级高新技术企业研发中心 256 家,市级高新技术研发中心 630 家。

(朱靖杰)

科技成果与科技合作

【科技成果申报评审】 2015 年,全市有 95 个项目获嘉兴市科学技术进步奖,其中一等奖 5

项、二等奖 20 项、三等奖 70 项；有 13 个项目获浙江省科学技术进步奖，其中二等奖 6 项、三等奖 7 项。嘉兴市农业科学研究院姚海根团队主持的项目获国家科学技术奖二等奖。

表 5 **2015 年嘉兴市获国家科学技术奖项目**

项目名称	完成单位	奖励等级
晚粳稻核心种质测 21 的创制与新品种定向培育应用	浙江省农业科学院、浙江省嘉兴市农业科学研究院(所)、中国科学院、上海生命科学研究院	二等奖

表 6 **2015 年嘉兴市获浙江省科学技术奖项目**

项目名称	完成单位	奖励等级
高产优质多抗晚粳稻秀水 134 的选育与推广	浙江省嘉兴市农业科学研究院(所)、中科院遗传发育所嘉兴农作物高新技术育种中心、嘉兴市种植技术推广总站、余姚市种子管理站、嘉善县种子管理站、杭州市余杭区农业技术推广中心	二等奖
YC500 光伏并网微型逆变器系统	浙江昱能科技有限公司	二等奖
无铬鞣制技术及其关键材料的研究与产业化	海宁皮革研究院、温州大学、四川大学、海宁市富升裘革有限公司、海宁瑞星皮革有限公司、海宁森德皮革有限公司	二等奖
高品质 FDY 多辊式无油牵伸丝	桐昆集团股份有限公司	二等奖
无硼无氟玻璃纤维的研究与规模化生产	巨石集团有限公司	二等奖
秦山二期扩建工程调试进度控制的实践与创新	中核核电运行管理有限公司、核电秦山联营有限公司	二等奖
含氢有机硅单体分离与提纯技术研究与开发	嘉兴联合化学有限公司、浙江大学、嘉兴学院	三等奖
超声技术在麻醉领域的应用研究	嘉兴市第二医院、嘉兴市妇幼保健院	三等奖
高亮度白光 LED 照明用 C 向大尺寸蓝宝石晶体及衬底	天通控股股份有限公司	三等奖
高效低封装损失多晶太阳能电池	浙江晶科能源有限公司	三等奖
多晶硅太阳能电池片 SE 工艺研发	浙江鸿禧能源股份有限公司	三等奖
仿悬索桥主缆线性 PPWS 单元索股	浙江浦江缆索有限公司	三等奖
棒控棒位系统改造	中核核电运行管理有限公司、秦山核电有限公司	三等奖

表 7 **2015 年获嘉兴市科学技术进步一等奖项目**

项目名称	主要完成单位	奖励等级
无硼无氟玻璃纤维的研究与规模化生产	巨石集团有限公司	一等奖
460MW 等级联合循环余热锅炉系列产品的研发	东方菱日锅炉有限公司	一等奖
分布式光伏接入电网关键技术研究	国网浙江省电力公司嘉兴供电公司、国电南瑞科技股份有限公司、南京南瑞太阳能科技有限公司、北京中科同向信息技术有限公司	一等奖
超声技术在麻醉领域应用的研究	嘉兴市第二医院、嘉兴市妇幼保健院	一等奖
广适型优质、高产水稻新品种嘉 33 的选育及推广	浙江省嘉兴市农业科学研究院(所)、苏州市种子管理站、秀洲区种子管理站、湖州科奥种业有限公司、嘉兴市种子管理站、长兴县农业技术推广服务总站、德清县农作物技术推广站、海宁市农作物技术服务站、海盐县种子管理站	一等奖

【举办科技对接交流 316 场次】 2015 年,嘉兴市科技部门深入开展国内外科技合作交流,推进与上海、杭州等地以及浙商的科技合作交流。借助"百场科技对接"活动,市、县联动,开展对接交流活动。全市举办科技对接交流活动 316 场次,邀请对接专家 4654 名,解决企业技术难题 800 项,参加对接企业 6353 家,发布科技成果 933 项。专场科技对接达成合作意向项目 564 项,其中签约项目 433 项,合同金额 13.9 亿元。

【与沪杭(长三角)签约项目 710 项】 2015 年,嘉兴市通过科技对接、联席会议、合作交流等形式推进"与沪杭同城"工作,参与杭州都市圈、浙东经济合作区科技专业组工作;开展与中科院上海分院的合作,创新院地合作会商机制。全年与沪杭等地开展科技交流活动 300 余场次,签约与沪杭同城(长三角)科技合作项目 710 项,比上年增长 7.5%;签约合同金额 506.9 亿元,增长 31.8%;实际到位资金 183.4 亿元,增长 15.7%。

【与名校及科研院所共建创新载体】 2015 年,嘉兴市坚持市县联动、政企联手、内外并举,与名校及科研院所共建创新载体。6 月,嘉兴市科技系统组队到中科院合肥物质科学研究院考察对接,与等离子体、智能装备、大气光学等领域专家开展沟通与洽谈,推动嘉兴市共建创新载体工作。全年新增美国创新和技术转移(嘉兴)中心等创新载体 29 家,创新载体累计达到 230 家。加大对博士后创业创新驿站的宣传力度,全市新增博士后创业创新驿站 6 家。

【浙江清华长三角研究院】 2015 年底,浙江清华长三角研究院有员工 300 余人,其中硕士、博士和副高级以上职称占比近 50%;海外归国人员 28 人("国家千人计划"2 人,"浙江省千人计划"8 人),外籍专家 8 人;中国科学院、中国工程院兼职院士 5 人;省、市重点科技创新团队 6 支。全年新获批纵向科技项目 24 项,合同金额 438.53 万元;横向科技项目 50 项,合同金额 2655.9 万元;申请并获得授权专利 9 项;发表 SCI、EI、核心期刊收录论文 55 篇;获评市科技进步奖 1 项、自然科学奖 6 项。研究院所属浙华投资公司实现投资收益超过 933 万元;红土创投累计投资 27 家企业,全年实现税后净利润 7735 余万元。2015 年,研究院在原硅谷基地基础上改组成立国际合作部,人才智库储备高科技项目、人才资源突破 10 万条,增加联系人 11000 人;组织 4 次海外清华学子浙江行活动及 10 余场海内外对接活动。全年征集各地、市项目需求 200 多个,推荐并申报各地创业扶持计划的海归高层次人才 48 人。

【浙江中科院应用技术研究院】 2015 年底,浙江中科院应用技术研究院在编全职科研人员 616 人,其中"国家千人计划"7 人(全职 2 人、柔性引进 5 人),"浙江省千人计划"5 人,高级职称 130 人,博士 117 人(其中海归博士 25 人),硕士 129 人;引进的中科院 23 家研究所在嘉兴共建工程中心 24 家、专业研究所 3 个、公共测试平台 1 个和产业创新联盟 3 个。研究院 41 个创新团队孵化企业 37 家(新增孵化企业 7 家),累计注册资金 15625 万元,其中创新领军人才个人现金出资累计达 7241 万元。2015 年提供检测服务 4900 次,服务企业 713 家;提供技术服务和技术难题咨询 45 次,服务企业 25 次;为企业提供成果转让 11 家,转让项目 11 个;科技支农、"五水共治"服务企业 26 家,治理黑臭河 13 条、16.28 千米;建成低成本农村分散式生活污水处理装置 2 个,惠及农户 236 户。164 个转化项目在嘉兴和浙江实现转移转化和产业化,新增产值 76.21 亿元,为企业创利税 12.27 亿元。依托中科院领军人才和技术成果转化,在嘉兴科技城形成中科院自主创业园区,37 家企业全年实现销售 7.49 亿元,创利税 5871 万元。自主孵化企业发展迅速,研究院"国家千人计划"专家常东亮创办的嘉兴摩贝(Molbase)信息技术有限公司,交易额从

2014 年的 20 亿元增加至 2015 年的近 300 多亿元，在线企业 60000 多家，成为全球最著名、规模最大的化学品商务交易平台和数据中心。

（田立武）

农业科技与科技新农村建设

【概况】 2015 年，嘉兴市新增省级农业科技企业 10 家，累计 148 家；新增省级农业科技企业研发中心 6 家，累计 79 家。加大科技投入，推进农业园区建设。在第一批市级科技计划项目补助经费安排中，对浙江嘉兴（秀洲）农业高科技园区孵化器建设补助经费 50 万元，用于种子研发中心、种苗繁育中心、精品农业示范中心等农业科技孵化中心的建立。在第二批市级科技计划项目补助经费安排中，对“浙江嘉兴国家农业科技园区核心区科技平台建设”项目补助经费 50 万元，用于加快生态修复、环境治理等综合技术在嘉兴的引进推广和运用。

【农业科技研发、成果转化及应用】 2015 年，嘉兴市根据《嘉兴市本级现代种业发展项目与经费管理办法（试行）》，开展现代种业发展项目的申报、认定工作。年内，共立项现代种业发展项目 5 项，安排财政经费 78 万元，主要用于水稻、蔬菜等作物的新品种选育、种业科技研发中心的建立及育种基地和试验平台的建设。市农科院配合嘉兴市晚稻高产创建“600 行动”，选育的新稻品种占全市晚稻面积的 90% 左右，成为浙、沪、苏南等长三角地区水稻当家品种，并辐射到湖北、安徽、江西等地，年推广面积 53.33 万公顷，增产粮食 1.6 亿公斤，新增经济效益 4.5 亿元。优质软米晚粳稻新品种“嘉 67”通过浙江省品种审定现场考察，12 月 6 日，省科技厅组织省、市专家测产，示范田亩产达到 785.42 公斤，高于嘉兴市 573 公斤的平均亩产，实现嘉兴市自主选育优质常规稻产量的新突破。“嘉优中科 3 号”通过浙江省品种审定现场考察，12 月 9 日，对秀洲区 1.004 亩“嘉优中科 3 号”示范田测产，亩产达到 917.7 公斤，创造嘉兴市自主选育水稻品种产量新纪录。年内，市农科所推广奥运蔬菜新品种和新技术，筛选出适合栽种新品种 52 个，其中 22 个投入产业化开发，建成奥运蔬菜引种示范基地 15 个、总面积 260 公顷；2009 ~ 2015 年累计推广奥运蔬菜 3600 公顷，新增经济效益 6000 多万元。市农科院的水蜜桃保鲜技术获得国家发明专利授权并推广，获得种植户的认可。

【推进科技特派员工作】 2015 年，嘉兴市出台《嘉兴市科技特派员管理办法（试行）》，鼓励和引导科技人才到基层开展科技创业和科技服务，加快科技成果转化推广，促进产业转型升级。对 69 名第五批科技特派员进行工作检查，评定优秀科技特派员 21 名，建立科技特派员示范基地，“嘉善县干窑镇范东植保专业合作社”等 6 个基地被认定为 2015 年省科技特派员示范基地。筹建适应嘉兴市经济社会发展的科技特派员工作新模式——科技特派员工作站，拟在南湖区国家农业科技园区和嘉兴港区建立 2 个科技特派员工作站，南湖区国家农业科技园区科技特派员工作站建设进入前期筹备阶段。

【建设科技示范村】 2013 年 6 月，桐乡市龙翔街道元丰村被省科技厅确立为全省第三批新农村建设科技示范村。元丰村对种田粮问题、养蚕问题、畜禽粪便处理问题以及农村生活污水处理问题确立 4 项科技项目，建设期 3 年，计划投资 1300 余万元，至 2015 年年底，4 项科技项目基本完成，有效解决因新农村建设而带来的农田抛荒、蚕房不足问题，养殖场产生的畜禽粪便、茭白秸秆、稻草秸秆等农业废弃物得到资源化利用。同时，元丰村针对新村集聚区村民散排问题，实施“杭嘉湖水网新村生活污水管网收集系统应用与示范”项目，涉及农户 340 户，铺设管道 7000 余米，集聚区居民生活环境得到改善，有效促进了农村面源污染综合减排工作的推进。元丰村开展农业科技和农村实用技术培训4场次，培训农民近150人次,全村科技贡献率、土地产出率、资源利用率得到提高,村民科技素质得到提升。

【帮扶共建单位西湖村】 2015年,市科技局先后5次到西湖村实地调研,帮助西湖村谋划脱贫和发展之策,开展组团帮扶活动,落实帮扶资金7万元。帮扶共建的裕丰农产品专业合作社，年销售收入达100多万元，利润约10万元,村级集体经济得到提升。同时,西湖村标准厂房年收入16.88万元,土地流转费6万元,鱼塘承包费4万元,基本完成村级集体经济年收入30万元的要求。

【“河长制”责任单位工作】 2015年,市科技局作为“河长制”市级河道苏州塘(秀洲段)的责任部门,贯彻落实市委、市政府《关于全面建立“河长制”的实施意见》的有关要求,推进治理工作，全年组织巡河15次，上报治水信息24条,苏州塘(秀洲段)建立自动拦阻水葫芦设施,全年水质均好于上年同期。

(柳燕华)

知识产权保护

【概况】 2015年,嘉兴市制定《嘉兴市国家知识产权示范城市2015年工作计划》,出台《科技创新券(专利)使用实施细则》,修订《专利权质押贴息管理办法》《专利示范企业管理办法》等政策,将维权服务、数据库建设、信息检索分析、贯标服务、中介机构引进均纳入政府资助范围。全市新增专利申请26339件,其中新增发明专利申请5487件,分别比上年增长10.6%和40.4%;新增专利授权18789件,其中新增发明专利授权1184件，分别增长7.6%和116.8%;新增发明专利申请和授权分别高出全省平均12.7个百分点和46个百分点。海宁市新增发明专利申请1461件，发明专利申请及增幅均居嘉兴市各县(市、区)首位。

【查处假冒专利案件126件】 2015年,市知识产权局联合市场监管、文化、公安等部门开展执法行动；与市中级人民法院开展诉调对接,委托县(市、区)开展专利行政执法。全年开展专利权专项执法检查活动7次，检查商品10000多件,立案查处假冒专利案件126件,下达专利处罚决定书2份,罚没款10000元。受理专利侵权纠纷及调解案件675件,假冒案件查处量及侵权纠纷调处量分别比上年增长51.8%和59.2%,结案率达到99.5%。知识产权维权援助中心共接受电话咨询655件。

【加强企业知识产权工作】 2015年,市知识产权局为企业维权答疑解难,召开重点企业及行业保护座谈会23场,168家企业参加座谈。推进国家专利保险试点工作，累计资助企业26家,购买专利执行险129件,并落定首单专利侵权责任险。开展“清零”“倍增”行动,对全市规模以上企业专利拥有状况进行调查摸底,服务重点企业311家次。推进企业知识产权贯标工作,引导规范企业知识产权管理。年内,新增贯标企业28家,贯标认证企业7家;新增国家知识产权优势企业3家，省级专利示范企业12家,累计拥有国家知识产权优势企业8家、省级专利示范企业123家、市级专利示范企业352家。

【建立专利服务平台】 2015年,市知识产权局更新网站,开通专利授权资助网上受理,简化专利权人办事程序,为公众提供更全面的知识产权信息和更加便捷完善的功能服务。建立专利服务机构惩戒动态通报平台和知识产权托管平台,为规模以上企业和中小微企业提供分类指导服务和托管服务，累计服务托管企业342家。举办嘉兴市外观设计专利大赛,为优秀外观设计者搭建展示交流平台。

【加强专利人才培养】 2015年,市知识产权局联合工商、质监等部门分别在市本级、秀洲、海宁、平湖等高新园区开展知识产权律师团巡回演讲。举办专利撰写和布局、专利分析利用实战培训班,提升企业专利撰写与分析能力。举办企业家、知识产权管理人员、技术研发人员培训班,培养企业知识产权人才;出台资助政策,培育和发展知识产权中介服务业,鼓励专业人员从事专利代理业务。2015 年,全市开展培训 74 期,培训人员 8400 余人次,引进培育专利代理机构 2 家,新增专利代理分支机构 3 家。市知识产权局被评为“全国知识产权人才工作先进集体”。

(付莹莹)

防震减灾

【概况】 2015 年,全市防震减灾工作坚持发挥规划引领作用,组织编制《嘉兴市防震减灾“十三五”规划》。参加全省年中与年度地震趋势会商会议,完成年度区域地震趋势会商报告。开展防震减灾知识及《浙江省防震减灾条例》宣传活动,自制一套省条例宣传展板,下乡播放防震减灾电影宣传短片 200 场次。年内,嘉兴市获评全国防震减灾工作(地市级)综合评比先进单位,平湖市获评全国防震减灾工作(县级)综合评比先进单位;嘉兴市获评全省防震减灾工作综合评比二等奖,平湖市和桐乡市获评全省防震减灾工作综合评比先进县市;嘉兴市地震应急指挥中心获全国优秀指挥中心。

【加强抗震防灾工作】 2015 年,嘉兴市、县(市、区)地震局联动开展防震减灾“十三五”规划实地调研工作,完成调研报告,并启动防震减灾“十三五”规划编制工作。结合省、市政府依法行政和权力公开的要求,对法律、法规赋予的职权进行梳理,并召开专题会议,就市、县(市、区)权力清单、责任清单征求县(市、区)意见。年内,市、县(市、区)地震局开展 5 项建设工程的场地地震安全性评价工作。联合宁波地震局,共同举办第五代区划图建筑工程抗震设防培训班,全市地震系统、建设系统、设计院、审图公司参加培训。平湖市开展全省地震小区划试点工程,在平湖市经济技术开发区、独山港经济开发区分别组织实施 10 平方千米地震小区划。

【开展应急救援工作】 2015 年,全市地震局完成地震预案修订工作,推动地震系统内部演习;市地震局投入 20 万元,添置生命探测仪、无线电台、海事卫星电话等专业应急装备,南湖区、平湖市、桐乡市地震局也增添应急装备;嘉兴市举行地震应急救援志愿者野外拉练 1 次、技能培训 3 次。4 月 20 日台湾花莲 6.4 级地震,11 月 14 日东海 7.2 级地震,造成嘉兴市局部有震感,市地震局接受电视等媒体的采访,公布准确震情,讲解地震的成因及影响范围,解除民众疑虑,同时宣传防震减灾知识,维护社会稳定。

(钟　伟)

国内贸易

综　述

2015年，全市社会消费品零售总额1494.57亿元，比上年增长11%，增速回落1.5个百分点；扣除零售价格指数实际增长10.3%，实际增速回落0.8个百分点。城镇市场消费品零售额1268.79亿元，增长10.7%，其中城区市场零售额723.07亿元，增长10.8%；乡村零售额225.78亿元，增长12.4%，增幅比城镇快1.7个百分点。全市批发零售业零售额1345.54亿元，增长10.7%，增速回落2.1个百分点；全市住宿餐饮业零售额149.03亿元，增长13.1%，增速提高3.2个百分点，增幅比批发零售业快2.4个百分点。

2015年，嘉兴市大中型商品流通企业注重发挥自身资源、信誉、服务等优势，企业经济实力进一步增强，经营规模不断扩大，成为推动商贸市场发展的主导力量。至年末，全市限额以上批发零售业法人企业1558个，比2010年增加746个，年均增长13.9%；商品销售额1991.78亿元，年均增长11.4%。全市限额以上零售业法人企业中百货商店18家、超市29家、专业店184家和专卖店115家，除超市没有增加，百货商店、专业店和专卖店总数分别比2010年增长2倍、48.4%和57.5%。无店铺零售中零售网店从2010年年末的空白到现在拥有16家。

2015年，全市限额以上批发和零售业单位通过公共网络实现零售额5.93亿元，增长7.2%，增幅比限额以上消费品零售总额高出4.5个百分点。实现网络零售额835.6亿元，增长36.8%。网络零售额占全省的11%，居全省第4位。2015年，全市有亿元以上商品交易市场67家，总成交额1509.19亿元，是2010年的1.6倍，年均增长10.4%；营业面积346.76万平方米，出租摊位5.08万个，分别比2010年增长55.5%和41.1%，年均增长9.2%和7.1%。其中海宁中国皮革城和嘉兴水果市场成交额均超百亿元，桐乡市濮院羊毛衫市场成交额超300亿元，成为引领嘉兴市商品交易市场快速发展的龙头骨干，带动百货零售、住宿餐饮、商品物流、广告服务等相关行业的同步发展。通过引导流通企业引入供应链管理思维，以省政府“千镇连锁超市工程”和商务部“万村千乡市场工程”建设为载体，基本建成以市区江南大厦超市，嘉善的浙北配送中心，平湖的平湖农副产品批发市场，海盐的现代百货，海宁的海港超市、海宁大厦、好立方商贸，桐乡的东兴商厦8个商贸龙头企业为核心，以乡镇连锁超市、行政村连锁便民店为基础的农村现代流通网络。至年底，全市770个行政村村级连锁便利店覆盖率100%。“十二五”时期，市区抓住新一轮城市有机更新的机遇，实施中心城区商贸改造提升工程，加快老城区商圈的优化提升，加快以交通枢纽为重点的国际商务区、以东部副中心为重点的南湖新区、以西部副中心为重点的秀洲新区和以高教物流为重点的西南区域商圈建设。至年底，市本级建成投入运营的商业综合体12个，营业收入18.7亿元，上缴税金0.7亿元。2015年，获得省级商贸诚信示范企业5个；省级特色商业街2条；5家省重点流通企业获得考核优秀；嘉兴市被列入省级再生资源试点城市名单；海宁市被列入省级综合流通试点城市名单。

【推进黄标车淘汰工作】 2015 年，全市淘汰黄标车 17815 辆，超额完成计划任务数，已拆解 8000 多辆。市商务局负责报废机动车回收拆解的监督管理，督促回收拆解企业嘉兴市物资再生利用有限公司建立报废机动车回收拆解档案和数据库，如实记录报废机动车回收、拆解、废弃物处理情况以及拆解后零部件、材料和废弃物的流向，要求拆解公司向市商务局报送信息。督查全市各县（市、区）黄标车淘汰报废工作 6 次。及时处理群众对黄标车淘汰报废情况的投诉。年内有 40 辆老旧汽车获得商务部老旧汽车报废更新补贴。

【加强特种行业监管】 2015 年，市本级 11 个典当企业典当总额 13 亿元，比上年下降 12%；利息收入 4883 万元，增长 0.9%。房地产抵押业务发展迅速，占比五成以上，比上年增长两成。9 月，召开市本级典当企业座谈会，传达市政府关于开展金融风险防控专项整治的通知。年内，新增拍卖企业 2 个。由司法拍卖通过“淘宝司法拍卖平台”操作，2015 年，全市拍卖业成交额 6.9 亿元，下降 52.7%。

【加强市场预警监测分析】 2015 年，市商务局加强台风期间生活必需品市场预警监测，全面落实生活必需品市场应急保障工作，确保防台期间各项物资储备充足，市场供应稳定。防汛抗旱期间，召开市本级企业及各县（市、区）商务部门生活必需品市场的应急保供部署工作会议，做好重要商品应急准备，依托商务部应急商品数据库和省生活必需品应急商品数据库平台，掌握全市重点企业的销售和库存情况，对市区各大超市每隔 1 天进行库存统计。落实市本级重点保供企业负责人、联系人 24 小时保持通讯畅通。

【加强农产品流通市场体系建设】 2015 年，全市上报 10 个农产品流通集中连片推进项目，市商务局加强对项目承办单位的指导，完成验收项目 7 个，调整部分项目，嘉兴市菜包包农产品有限公司因关闭停止项目，嘉兴市中农网上交易市场有限公司（电商）物流配送中心项目建设内容与原上报内容不一致取消。与省商务厅等部门联合举办第四届长三角地区农超对接洽谈会，长三角地区的 137 家采购商和 236 家农产品供应商进行产销对接，嘉兴市有 15 家采购商和近 40 家农产品供应商参会。洽谈会现场，有 344 个企业达成 349 个合作意向，意向成交金额 3.39 亿元，比上年增长 25%。

【推进品牌工程建设】 2015 年，市商务局推进品牌建设，一是加强省级重点流通企业培育和扶持，全市有 4 个企业省级考核优秀，优秀率处于全省领先地位；二是开展老字号挖掘和振兴，取得省级老字号认定 3 个，首次开展嘉兴老字号认定工作，7 个单位通过市级老字号认定；三是开展特色商业街创建，2 条街区通过省级认定；四是开展项目工程申报，全年申报国家茧丝绸项目 3 个，分别是浙江嘉欣丝绸股份有限公司“金蚕网茧丝绸电子商务交易及信息平台”项目、嘉兴市特欣织造有限公司“桑蚕丝 /PLA 长丝交织关键技术及新型面料研发”项目和浙江荣大纺织有限公司“双语真丝绸围巾产品的开发”项目。

【推动流通转型升级】 2015 年，市商务局以促进线下线上融合为重点，推进流通转型创新。一是强化线下实体。支持连锁企业发展直营网点和特许经营，扩大连锁经营规模；支持百货和购物中心等零售企业开发自有品牌，提高自营比例。二是拓展线上业务。支持实体零售企业自建电商平台，或在淘宝和京东等第三方平台开设旗舰店。支持餐饮企业发展在线订餐、团购、外卖配送等服务。三是创新发展模式。支持商贸企业利用电子商务平台提供网订店取、网订店送、社区配送、代收货代收费等各类新服务项目。

【**推动绿色流通发展**】 2015年,市商务局根据省商务厅工作部署,实施"绿色回收+互联网"创建工程,鼓励利用互联网、大数据等现代信息技术和手段构建生活类再生资源线上回收利用平台,并为回收主体与下游利用企业提供信息发布、竞价采购和物流服务,推动再生资源回收行业规模化、组织化、标准化发展。加强废旧商品行业集中整治工作,推广应用流通领域节能减排标准,探索创建集门店节能改造、节能产品销售、包装物和废弃物回收三位一体的"绿色商场"。

【**推动民生实事工程**】 2015年,废旧商品回收体系和社区"E邮站"建设列入2015年度市政府民生实事工程。市商务局起草市本级废旧商品整治工作方案和招商方案,推进三个分拣中心建设和6个垃圾回收站移交和改建,嘉兴市争取列入省商务厅废旧商品整治回收体系建设试点城市。建设完成公共、开放、综合的社区"E邮站"等电子商务投递终端124个,其中南湖区44个、秀洲区30个、嘉兴经济技术开发区50个,覆盖市本级住宅小区、重点商务楼宇、企事业单位。

【**优化商贸发展环境**】 2015年,市商务局优化商贸发展环境,继续抓好"中国制造"海外形象维护"清风"行动,落实《2015年~2017年行动计划》,有序开展专项整治;做好"云剑"行动的深化工作,推动建立大数据打假长效机制。做好省级商贸资金兑现工作,加强与行业协会、重点企业沟通,制订省级商贸资金分配办法并将资金兑现到企业;争取市级服务业等资助项目,共争取扶持资金1300多万元。

【**加强商务领域市场监管**】 2015年,市商务局加强商务领域市场监管,一是强化单用途商业预付卡管理。加强单用途商业预付卡备案和日常监管工作,组织单用途商业预付卡专项检查,督促落实"三项制度",保障持卡人利益。二是规范零售商供应商交易行为。加强部门间沟通协调,建立联动机制,加大日常巡查力度,及时处置举报投诉,查处严重违反公平交易行为,清理整顿大型零售企业向供应商违规收费行为。三是规范成品油市场准入。贯彻落实《国务院关于"先照后证"改革后加强事中事后监管的意见,强化规划引导,简化审批程序,严格准入管理,公开审批流程,加强事中事后监管。四是加强相关行业管理。加强商业特许经营管理,承接省商务厅下放设区市商业特许经营备案管理工作;做好药品流通行业统计系统填报工作,确保各类信息及时录入、准确无误。

(任伟杰)

专业市场

【**中国茧丝绸交易市场**】 中国茧丝绸交易市场坚持走"市场+互联网"模式,不断开拓创新。2015年,在原有B2B交易模式的基础上,明确围绕电子交易、仓储物流、在线金融、协同商务、信息门户五大服务体系开展工作。全年市场成交额83.24亿元,其中网上交易成交额77.07亿元、传统现货交易成交额6.17亿元。2015年,中国·嘉兴指数呈弱势下跌态势,中国茧丝绸交易市场现货电子盘面现货月干茧价格报收于8.47万元/吨,下跌17%;现货月B丝(商检3A级生丝)报收于29.28万元/吨,下跌7.4%。市场内代表性绸缎交易品种电力纺成交价格34~36元/米,素绉缎成交价格46.17~48.5元/米,主流绸缎品种价格下跌10%左右。5月,中国茧丝绸交易市场丝绵片交易启动,引入检验机构进行质量检验,形成质量保证与追溯体系,并通过交易、信息、物流等资源的汇聚整合,形成全行业丝绵及蚕丝被集散中心。市场通过供应链金融整合行业上下游资源,进一步完善市场大数据库。年初,股东单位嘉欣丝绸股份公司同意市场为供应链企业提供财务资助,构建围绕茧丝绸交易全流程的服务生态链,为茧丝绸行业生产、贸易及流通全产业链上的中小微企业提供融资服务。

【嘉兴蔬菜批发市场】 2015年,嘉兴蔬菜批发市场实现总交易量119.64万吨,比上年增长4%。其中外地菜交易量占85%,增长5.49%;本地菜交易量占15%,下降6.55%。全年市场实现总交易额53.76亿元,增长7.5%。其中外地菜交易额占87%,增长7.01%;本地菜交易额占13%,增长6.98%。为缓解交易场地与交易量快速增长的矛盾,一是扩建市场交易区域,增加交易面积2000多平方米。二是加强市场整体秩序管理,交易高峰时段增加市场秩序管理力量,避免因交易挂车调换引发严重拥堵现象,10月下旬,出台修订后的流动交易区停车管理办法,由原两天一次缴费,改为一天一次缴费管理,提高场地周转效率,减少停车矛盾。三是从12月25日起,调整市场交易时间,每日经营时间调整为6:00至21:30,以分流一部分集中在下午时段进场购菜的批发商。四是加强蔬菜安全监测,市场对蔬菜农药残留检测59099批次,合格率99.9%,其中检测出农残超标蔬菜4批次,均作退市处理,并对此类蔬菜实施重点监测。针对添加剂检测农产品2730批次,其中检出超标13批次,大部分作退市处理,部分作没收销毁处理。加强对豆芽、水发菜产品及干菜区的管理,把有问题的豆芽拦截在市场外。

【嘉兴水果市场】 2015年,嘉兴水果市场交易量198.16万吨,交易额131.59亿元,比上年分别增长24.64%和27.53%,市场交易额首次超过130亿元。年内,市场继续以"扶大扶强创品牌"为目标,走创品牌市场、多元化经营发展之路,获得中国果品流通协会评选的"中国果业品牌百强企业"称号,福闽果业陈建福被评为年度"浙江省十大农产品经纪人"称号;市场新设立"品牌建设"优秀奖,鼓励在品牌建设上走在市场前沿的批发商。加强果品安全工作,增配农残检测人员,加大农药残留检测力度,全年累计检测果品12000多个批次,日均检测40个批次。联合市场果品行业协会对红毛丹、砂糖橘等品种进行检查,检测红毛丹是否存在浸泡、砂糖橘是否存在打蜡等现象,6个批次被拒绝进行市场交易,切实保障果品的质量安全。全年为经营户担保新增贷款70笔,新增贷款额近1.2亿元,为市场经营户扩大经营,向果品销售上下游双向延伸提供信贷支持。通过深化产销对接、基地合作社建设、农产品经纪人队伍建设等措施,强化为农服务职能。全年组织市场15名经营户参加高级经纪人培训班;组织参加全省十佳农产品经纪人评比,1名经营户获评。全年地产水果交易量18万吨,交易额6.66亿元,助推农民增收、农业增效。

【嘉兴汽车商贸园】 2015年,汽车行业受到互联网变革、政策变化、节能减排等大趋势的影响,整体增速明显下滑。全年嘉兴汽车商贸园完成市场交易额90.43亿元,比上年下降6.97%,其中小型汽车销售43174辆,下降2.83%,占全市总上牌量的42.25%,下降5.53个百分点,销售金额67.95亿元,下降5.95%;二手车销售25276辆,占全市总交易量的32.9%,下降6.04个百分点,占市本级总交易量的64.97%,与上年基本持平;商用车(大型汽车)市场发展迅速,共交易商用车2571辆,完成销售额3.08亿元。全年园区经营户缴纳增值税、企业所得税、营业税等6628万元,增长27.55%;公司缴纳营业税、房产税、土地使用税等215万元。年内,园区投入30余万元,调整产业结构,将中低端新车展馆调整为高端精品二手车展馆,解决展馆空置问题,园区整体出租率93%。园区引进市本级首家平行进口车展厅,改变消费者从4S店单一渠道购车的格局。园区利用闲置土地资源引进嘉兴万国驾校,驾校投入约100万元,丰富园区的产业结构。园区注重配套设施改造、建设,公司于3月投入资金15万元,新增商用车仓库面积5000平方米;改造电力箱变,保障入驻经营户的正常用电;全年投入57万元对园区道路、墙体、监控、照明设备等进行升级改造。

【海宁中国皮革城】 2015年,海宁皮革城总客流量1326.73万人次，其中总部市场接待客流量563.3万人次。总部市场交易额135.26亿元,比上年下降2.1%。面对消费疲弱和同业竞争,各地市场重视营销创新,推进活动互动营销、跨界合作营销、新媒体营销和精准营销。2015年,皮革城P2P、跨境电商、设计师集成店三大创新业务同步推进。一是“皮城金融”快速发展。至年底,“皮城金融”完成交易额12.62亿元,在全国3000多家同行中位居前50名;完成签约荣年租赁等11个商圈,发展空间得到拓展。二是跨境电商合作项目上线。7月1日上线营业,现有商品5500余种。逐步形成“皮革外贸跨境销售”“国际商品全国B2B供货”的主业定位。三是完成商业运营模式设计,签约50位全国各地优秀设计师,举办时尚周、上海MODEM展等多场品牌发布,并完成首轮组货,举办首届设计师作品订货会。四是皮革城先后被列入首批省级特色小镇建设项目和国家市场采购贸易试点，为皮革城打造“内增外拓”升级版,加速市场与产业的时尚升级、加快国际化进程和拓宽发展空间提供新契机。12月,皮革城首个海外项目东京店启动装修。

【海宁中国家纺城】 2015年,海宁中国家纺城实现成交额78.6亿元,比上年增长22.6%。年内,家纺城国际贸易中心完成竣工验收并正式营业,总建筑面积19.87万平方米,项目工程决算总价6.39亿元。家纺装饰城二、三楼改造工程正式启动,项目规划总投资1600万元,总改造面积约4万平方米；新床品交易区完成招商,签约入驻床品经营户131家,其中有老裁缝、紫罗兰、艾莱依、恒源祥等知名床品纺织企业进驻。投资2.4亿元、总建筑面积15万平方米的家纺城科技产业园,到年底工程一标段土建和安装工程全部完成，达到可竣工验收状态;二标段主体结构工程完成90%;三标段桩基工程完成超过50%。召开首届海宁·中国家用纺织品(春季)博览会,推出展会标摊280余个,实现海宁家纺博览会由一年一届向一年两届的跨越,2015年海宁春、秋两届家纺博览会吸引客商约8.3万人次,实现成交额约23.6亿元。构建市场采购贸易平台,成立家纺城进出口公司,11月,海宁市人民政府印发《海宁市试点市场采购贸易方式政策意见的通知》，明确海宁中国家纺城为试点专业市场,为入驻海宁中国家纺城市场的企业和商户走向国际市场提供政策支持。

【濮院羊毛衫市场】 2015年,濮院羊毛衫市场实现成交额310亿元,比上年增长11%;实现货物周转量40万吨，其中市场卸货量11.1万吨,增长2.57%;年内,濮院镇电子商务交易额实现68亿元，超过80%商户参与电子商务。2015年,濮院羊毛衫市场推进上市工作,濮院轻纺城项目开工,小牛津幼儿园迁建工程完工并投入使用，市场双电源改造等工程完工,总建筑面积4.79万平方米的物流仓储二期完成招商并投入使用。濮院作为“桐乡毛衫时尚小镇”入选第一批省级特色小镇建设项目,规划总面积3平方千米，年内推进濮院毛衫时尚服饰暨世界毛衫博览中心、濮院轻纺城、濮院羊毛衫市场提升项目、古镇观光区、生态度假区和时尚文化创意区6个项目的建设。举办2015中国·濮院国际毛针织服装博览会、濮院羊毛衫市场采购节和桐乡时尚休闲购物节,建立濮院品牌生活馆联盟，推广毛衫知名品牌,发展毛衫、时装购物旅游。组织市场知名品牌经营户在上海百联中环购物广场举办毛衫时尚小镇推介暨毛针织时尚发布秀、濮院毛衫走进上海品牌精准对接交流、濮院品牌展览展销等主题活动,“濮院毛衫”组团亮相上海。举办11月金秋时尚购物节,组织国贸名品港、国际时装城等5大市场和浅秋等8大品牌生活馆参与,吸引江苏、上海、杭州等地的客商购物、洽谈。

（任伟杰）

大型商场

【戴梦得购物中心】 2015年,戴梦得购物中心实现商品销售额8.26亿元,比上年下降9.5%,其中总店5.18亿元、体育店1.93亿元、连锁超市1.15亿元。主营业务税金1135万元,费用支出1.1亿元,实现利润203万元。购物中心面对消费疲软、电商竞争、大型商业综合体增多的外部因素,探索营销新模式。一是总店利用酒店优势,多次组织钟表、服饰、鞋类、箱包的厂商直销特卖会。二是针对部分认准品牌的VIP消费者,开展定向、内购销售,探索提高成交率。三是运用"秒杀"策略,10月,总店5楼商场以9月底苹果手机新机上市为契机,联合光合生活馆、小家电及婴童商品举行秒杀活动,配套送券优惠,仅半天时间,5楼商场创下50余万元销售新纪录。四是减少传统媒体的广告投放,增强微信、地区门户网站新媒体宣传力度。如家电内购会,通过嘉兴人论坛、嘉兴人网的微信,提升宣传效果。五是超市部分门店推行"特殊工作时"创新,4月起,体育店超市与部分社区店,把营业时间提前至7:30,方便消费者采购蔬菜等生鲜类商品。同时,食品商场采取错时上班,合理调配人员,提早上班未增加劳动力成本。

【江南大厦】 2015年,江南大厦实现商品销售额8.68亿元,比上年增长1.46%;实现总经营收入9.11亿元,下降1.12%;社会贡献额0.92亿元,下降5.26%;上缴国家税费3470万元,下降2.06%。年内,江南大厦继江南中港城开业后,江南新天地于4月底试营业,形成"一核两翼"布局。超市连锁发展注重楼宇经济的品牌延伸,分别新开设文贤路连锁店、中山西路连锁店(地税店)、展望路连锁店(开发区经投大厦店)、创业路连锁店。王江泾项目全年实现销售2232万元。洪合时代广场项目成功签约69家,有意向合作9家。超市配送中心项目建筑面积16670平方米,分五个单体仓库,一幢管理配套用房完成结顶,正在进行内部工程装饰,预计2016年6月可投入使用。淘江南尝试推出线上线下多种活动,并在江南大厦公众微信平台上设立APP端口,成功入驻"禾点点",扩大江南大厦的影响力,全年完成交易额77.28万元。江南大厦面对严峻挑战和压力,尝试性参与P2P创新业务,推进企业转型升级和多元化发展,至年底,P2P公司注册成功,江南大厦占10%股份。

【海宁华联大厦】 2015年,海宁华联大厦实现商品销售额12.19亿元,比上年增长2.13%;实现利润3963万元,下降3.67%。年内,海宁华联大厦坚持让利不让市的原则,全年举行各种促销活动483次,比上年增加146次。印发各种宣传单64万多张,各类礼券22万多张,数量创历史之最。组织八大节日(元旦、春节、清明、五一、端午、国庆、中秋、圣诞)的促销活动,八大传统节日(62天)累计实现销售3.9亿元,占总销售额的31.99%。全年新引进品牌167个,淘汰品牌185个;新引进供应商71家,淘汰84家。推进项目建设,完成丽景店、永兴店、华府店、永力店四家连锁店的装修改造工作,租用城中城二楼娱乐城,改造成超市和仓库。年内,外立面装修改造提升了大厦的整体形象,为商场新增营业面积300多平方米,新增仓库370平方米。完善对消费者投诉处理和会员顾客维护的措施,改进家电维修部电话接听系统,并在商场和超市开通无线网络服务,商场、超市及分店增加微信支付、支付宝支付、市民卡支付,新设市民卡充值点。加强安全生产工作,全年检测消防、技防设施181次,确保各类设施处于良好运行状态,全年无安全事故发生。

【海宁大厦】 2015年,海宁大厦实现商品销售额3.36亿元,比上年下降27%;体现报表利润1056万元,增长39%;综合效益1220万元,增长33%。年内,海宁大厦加快经营定位转型,全年组织市场推广31场(次),售后部门上门指导维修空调633台,组织培训5次,参加人员476人次。全年通过为经销商代结安装卡103560张,申领配件、提供维修实现服务增值55万元。加快经营结构转型,加大格力空调、晶弘冰箱、大松生活电器等品牌的推广力度,晶弘冰箱增速达到75%,大松生活电器增长684%。加大对冷库等新兴业务的投入与扶持,剥离非核心的负效益、低产出业务。至年底,大厦在册员工56名,实现人均创利大幅提升。以建立现代企业制度为目标,构建规范化、制度化的长效企业管理机制,着力完善成本考核,全年业务费用支出10.6万元,下降48%。

【桐乡东兴商厦】 2015年,桐乡东兴商厦实现商品销售额12.75亿元,比上年增长6.9%,19周年店庆的五天时间总销售额1.2亿元。至年底,东兴商厦拥有各类连锁超市87家,其中有一定规模的大型连锁超市5家、校园连锁超市10家、药品连锁超市20家、社区连锁超市52家、全年连锁经营销售额4.25亿元,形成较强的经营规模和经营优势。年内,省级服务业重点建设工程——东兴生活广场项目土建工程竣工验收,并开展内外部装修及全面招商工作,一批入驻的大型项目签约,商场、宾馆、文化、娱乐、餐饮、休闲设施开始整体布局。2015年,东兴商厦被中国商贸业联合会评为"全国诚信兴商双优示范单位",成为全国首批179家上榜单位之一,是嘉兴市首批唯一获此荣誉的企业。同时东兴商厦被桐乡市政府授予"2010~2014年度桐乡市模范集体"。

(任伟杰)

粮　食

【概况】 2015年,嘉兴市签订小麦订单9000吨,涉及农户(含合作社、家庭农场)534户;签订晚稻谷订单131992吨,涉及农户(含合作社、家庭农场)6593户,发放粮食订单预购定金201万元。发挥国有粮食购销企业优势作用,执行国家粮食收购政策,开展"一站式"收购服务。全年全市国有粮食收储企业收购入库小麦29686吨,比上年增加11539吨;市、县地方储备轮换小麦全部到位,累计代农烘干小麦21357吨。2015年,晚稻收获时期较往年推迟,又逢连续阴雨天气,严重影响收割进度。为方便农户售粮,提高入库进度,全市安排固定收购点39个、临时收购点9个、磅秤102台、检化验仪器139台、各类除杂输送机械328台、投入烘干机202台,单批粮食烘干能力近3050吨。全市国有粮食收储企业共收购晚稻谷131947吨,比上年增加30418吨,增长30%,其中订单粮食收购98110吨,增加30919吨,增长46%,订单粮食履约率99.96%,收购量为近5年来最多。订单外收购38685吨(其中杂交稻收购1338吨),市本级、海盐县、桐乡市启动最低收购价预案,共收购粮食17575吨。

根据省政府要求,2014年起嘉兴市地方储备粮规模新增15.32万吨,增幅比例全省第一,2015年,嘉兴市新增储备粮40%以上。完善粮食预警机制建设,实时监测周边地区和本地粮食市场行情,掌握价格变动信息,全年编发《嘉兴粮油价格行情》50期。加强应急供应网络建设,确定应急供应网点115个,落实应急加工能力1700吨/日。2015年,市、县两级粮食行政管理部门再次完善《粮食安全应急预案》和《粮食安全应急预案操作手册》。

年内,全市建立省外粮食生产基地3.58万公顷,与黑龙江、江苏、甘肃、吉林、安徽等省涉粮企业建立相对稳定的产销合作机制;杭州市国家粮食交易中心嘉兴分中心完成网上竞拍6.9万余吨,成交金额2.2亿余元。

【粮食安全考核再获一等奖】 2015年,嘉兴市粮食局围绕保障粮食安全,加强保供稳价、流通监管、设施建设、为民服务、自身建设等工作,切实保障全市粮食安全。年初,经省政府考评嘉兴市2014年度粮食安全责任制考核获得一等奖,这是嘉兴市第五次获得一等奖。

【粮库建设管理】 2015年,嘉兴市推进新一轮粮库建设,市本级中心粮库迁建、海盐县中心粮库新建、海宁市粮食收储中心新建、桐乡市中心粮库二期续建和平湖市粮食收储有限公司乍浦中转库改建5个项目被列入2015年中央预算内第一批、第三批投资计划,共争取到中央补助资金4336万元,项目建成后全市将新增粮食仓容19.7万吨。市本级10万吨仓容的中心粮库迁建项目到位资金1.02亿元,12月1日开始进行"三通一平"施工。提升粮库现代化管理水平,2015年,市本级、嘉善县、平湖市、海宁市、桐乡市的中心粮库均安装具有通风、熏蒸、控温、粮情测控、库区安防等功能的集成控制系统,粮仓管理实现智能化。市粮食收储有限公司七星粮库粮食保管逐步改变传统药剂熏蒸杀虫,全面开展富氮低氧气调储粮。

【加强粮食流通监管】 2015年,市粮食部门加强粮食流通监管,对粮食收购许可证进行受理、审查、发放和续期换证,开展粮食收购许可资格核查和粮食收购主体清理整顿,全市新增粮食收购主体5家、撤销16家、变更3家、续期73家;市本级新增2家、撤销7家、续期14家。4月,开展粮食库存全面自查,全市13.69万吨地方储备粮食和商品粮食库存数据真实、质量状况良好,粮食库贷挂钩合理、企业仓储管理规范。开展粮食收购市场专项检查,夏、秋粮收购期间,按要求满仓鉴定收购入库粮食,经省质检中心检测嘉兴市入库粮食质量符合国家标准;开展晚稻质量检验工作,完成35个乡镇175个质量调查样本和82个品质测报样本的检验以及71个粮食质量安全监测样本的抽取检验上报工作。

【社会粮油供需平衡调查】 2015年,市粮食局开展社会粮油供需平衡调查。调查显示:嘉兴市粮食种植面积、总产量保持稳定,全年全市粮食总产量122.14万吨,其中单季晚稻占总产量的69.94%,基本满足嘉兴市口粮消费需求。因居民食品结构升级、农村养殖业转型等因素影响,粮食消费连续3年下降,2015年,粮食消费量233.98万吨,比上年下降18.17%。口粮消费基本稳定,占总消费量的45.66%;饲料用粮下降35%。粮食市场购销活跃,县市外购入、销售分别达234.38万吨和130.68万吨。品种结构矛盾依然存在,2015年,全市粮食产需缺口111.84万吨,其中玉米和大豆缺口89.23万吨,占总缺口量的79.78%;粮食对外依存度47.80%,比上年下降9.42个百分点。嘉兴市油料品种单一且产量占比很小,食用植物油供应主要依靠外地购入,消费品种以豆油、调和油、菜籽油为主,约占食用油消费量的88%以上。

(盛觉慧)

供　销

【概况】 2015年,全市供销系统坚持为农服务宗旨,深化综合改革,大力构建农业社会化服务体系。全年实现经营总收入360亿元,比上年增长22.4%;实现商品销售154.9亿元,增长23%;实现利润1.48亿元,增长3.82%。

【全面提升为农服务水平】 2015年,全市供销系统全面提升为农服务水平。一是培育新型服务主体。"绿农现代农业服务中心"等14家新型农业服务主体开展统防统治、种子种苗提供、测土配方施肥、代种代收、烘干储藏等系列服务,打造农业全程服务模式。全年测土施肥、统防统治1.67万公顷。"绿农模式"成为农业社会化服务典型,得到副省长黄旭明批示肯定,要求在全省总结和推广。二是创新农资供应服务。建设农资配送中心、庄稼医院和"智慧农资"平台,打造新型农资供应服务体系。全系统建成农资配送中心19个、庄稼医院105个、农资网点1032个、"智慧农资"平台1个,全年供应农业生产资料12亿元,农资配送率78%以上。推广农药零差价供应和废弃包装物回收，累计零差价供应农药2024吨，回收农药废弃包装物4554万个。三是健全农产品流通体系。提升嘉兴水果市场等13个农产品批发市场，全年交易额166亿元,其中嘉兴水果市场年交易额突破130亿元；培育11个农产品电商企业,全年销售额5500万元。四是提供金融服务支持。创新农村合作金融服务模式,提请市政府出台《关于开展农村资金互助会建设试点工作的实施意见》，农村资金互助会建设有序推进,为农业生产发展提供金融服务保障。全市供销系统1家小贷公司、7家农信担保公司,为农民信用担保3.2亿元、发放小额贷款1.03亿元。五是加强为农服务组织建设。通过产权联结、开放办社、提升改造等方式,加强基层社、农民专业合作社、综合服务社建设,密切与农民的组织和利益联结。全市供销系统71家基层社实现销售9.4亿元,海宁许村、桐乡濮院两家基层社被评为全国百强标杆社;356个专业合作社帮助农户实现收入39亿元;498个综合服务社实现经营服务额7.8亿元。

【拓展城乡居民生活服务】 2015年,全市供销系统拓展城乡居民生活服务。一是加强日用消费品供应保障。加强日用消费品连锁网络建设，保障城乡生活资料供应，全市供销系统1989家连锁网点,销售日用品38亿元。二是创新农产品供应方式。通过农产品连锁超市进社区、农产品配送等方式,建立农产品从田头到餐桌的绿色通道。3个农产品连锁企业开设34家社区店，全年销售额3.5亿元;11个农产品配送企业为240家机关、学校、企业配送农产品4亿元。三是推进城镇综合体建设。推进生活服务网络向小城市试点镇、中心镇延伸,努力构建城乡一体服务。全市建成集购物、休闲、培训为一体的镇级商贸服务中心14家，全年经营服务额45亿元。四是承担市政府十大民生实事工程——市本级废旧商品回收利用体系建设,投资1.3亿元,征地7公顷,建设三个废旧商品分拣集散中心,总建筑面积47000平方米。至年底,嘉兴经济技术开发区分拣中心投入使用,秀洲区分拣中心完成竣工,南湖区分拣中心开工建设。

【推进供销社综合改革】 2015年,全市供销系统推进供销社综合改革。一是研究调整市供销社综合改革方案,为市委代拟《关于深化供销合作社综合改革和完善“三位一体”农民合作经济组织体系建设的实施意见》。二是推进服务转型,突破传统的“一供一销”模式,向农业生产全程服务转变。三是深化供销合作、生产合作、信用合作“三位一体”融合发展,突破原有的服务领域，向多领域服务共同发展转变，拓展供销社服务三农的渠道。四是创新经营业态,突破传统经营方式,向多业态齐头并进转变,激活供销社的服务机制。五是健全相关制度,突破传统的管理模式,向依法治社方向发展。召开全市供销社第一次代表大会,选举产生理事会、监理会等治理机构。全市三个县级社建设恢复“三会”治理制度。

【举办“新仓经验”60周年纪念大会】 嘉兴供销系统的一系列改革创新举措和成效得到省供销社和全国供销总社的肯定，并引起省委、省政府的重视。2015年11月9日,在平湖召开“毛泽东同志‘新仓经验’批示60周年纪念大会”。大会规格、规模是嘉兴市供销社有史以来最大的,省委书记夏宝龙到会讲话。会议充分展示嘉兴供销精神、文化传承、为农服务规模水平、与“三农”联系的广度和深度,受到各级领导的肯定。

(凌小军)

烟　草

【概况】 2015年年末,嘉兴市烟草系统有从业人员848人(其中嘉兴市本级377人),实行全员合同制。2015年,市烟草专卖局(公司)坚持以市场为导向，开展精益营销，实现烟草价格稳定。全年销售卷烟19.72万箱，销售额86.09亿元，比上年增长6.45%；实现税利23.65亿元，增长19.77%；单箱销售额4.37万元，增长7.24%。品牌培育成效显著，300～500元品类销售1266箱，增长92.68%，增幅列全省第一位。2015年，嘉兴市烟草专卖局(公司)被国家烟草专卖局授予“精益十佳”标兵单位，桐乡市烟草专卖局(分公司)获“全国烟草行业县级烟草专卖局(分公司)标兵单位”称号，桐乡“1+1>2”QC小组获2015年度全国优秀质量管理小组。年内，嘉兴市烟草专卖局(公司)获浙江省创建和谐劳动关系暨双爱先进企业、浙江省巾帼文明岗，浙江省示范青年文明号集体(平湖市当湖所和海盐县武原所)、2015年度嘉兴市先进团委等称号，取得全省烟草专卖商业系统宣传报道第一名、政务信息第二名、首届青年辩论赛第三名。2015年，桐乡“1+1>2”QC小组的《提高员工星级数》、“天添向上”QC小组的《提高卷烟零售终端明码标价签维护效率》分别获浙江省优秀QC成果一等奖，嘉善“圆梦”QC小组的《缩短信息采集系统故障修复时间》获浙江省优秀QC成果二等奖。2015年，嘉兴市烟草系统学习贯彻新《中华人民共和国行政诉讼法》、新《中华人民共和国广告法》和《中华人民共和国反垄断法》等法律法规，强化法治思维和风险防控意识。坚持应招尽招、公开透明，提高条线共性、同质服务的集中采购度，突出重点环节公开，2015年，集中采购率88%，公开招标率93.6%，节约资金450.11万元。2015年，嘉兴市烟草系统向社会各界捐款、捐助物资近200万元；组织“春蚕志愿者”活动，开展“五水共治”“文明劝导”等服务138次，参加人数1546人次；参加无偿献血110人次，献血24200毫升。

【加强市场监管】 2015年，嘉兴市烟草专卖局开展“天网一号”“亮剑2号”等专项集中整治行动，以APCD工作法助力市场精准监管，维护全市卷烟市场的平稳有序。全年查处违法案件1441起，涉案卷烟10.52万条，案值2411.44万元；加强打假打私工作，查获假冒卷烟6240条、走私卷烟8490条；破获国标网络案件4起（其中1起被列为省公安厅督办案件）、省标网络案件1起，司法审结追刑案件18起，判刑29人。

【行政许可阳光审批】 2015年，嘉兴市烟草行业统一启动运行行政许可阳光审批信息系统。通过一体化阳光审批平台，统一流程、统一文书、统一电子档案的模式，开展中小学校周边零售户专项检查工作，推进“先照后证”审批改革，规范许可证管理，推动行政许可向高效便民转型。9月14日，修订出台《嘉兴市烟草制品零售点合理布局规定》，降低许可证准入门槛。2015年，全市新办许可证1823件、延续许可证10793件，至年底，全市持有效许可证23369户、持证率5.11‰，提升了行政许可效率和服务水平。

【获“精益十佳”标兵单位称号】 2015年，嘉兴市烟草行业进一步挖潜、提质、降本、增效，三项费用率3.27%，比上年下降0.4个百分点；五项重点费用下降7.82%。做好重点任务分解、目标管理、绩效考核三表合一，对管理体系进行增减、拆分、合并、分类调整，以财务、物流可控费用为重点，深入开展对标工作，充分发挥目标管理、绩效管理和对标管理的整体效能。年内，嘉兴市烟草专卖局(公司)获行业“精益十佳”标兵单位称号。

【“十二五”完成指标位居全省前列】 “十二五”期间，嘉兴市烟草系统深化改革创新，加快转型提升，主要指标位居全省前列。“十二五”期间累计销量98.48万箱，年均增长0.68%；累计销售额380.52亿元；单箱结构从3.08万元提高至4.37万元，年均增长7.25%；累计税利94.67亿元。累计查获违法案件7982起，涉案卷烟49.78万条，案值9144.9万元；破获国标网络案22起，其中公安部督办2起，省公安厅督办4起。三项费用率下降2.56个百分点,五项重点费用下降45.64%,国有资产保值增值率平均136.77%,单箱物流可控费用保持全省前列水平。"十二五"期间,嘉兴市烟草专卖局(公司)获全国工人先锋号、全国烟草行业创建优秀地市级局(公司)活动试点单位、全国烟草行业先进集体、全国烟草行业"精益十佳"标兵单位等称号。

(徐小蓉)

盐 业

【概况】 2015年,嘉兴市盐业系统深化改革,以保障市场供应为核心,各项工作稳步推进。全年实现销售收入3.13亿元,比上年增长17%;利润总额1815万元,增长12%,其中市本级实现销售收入1.28亿元,增长36%;利润总额595万元,增长18%。全市销售收入和利润总额两项指标超额完成年初省盐业集团公司下达的目标任务。

【保障盐业市场供应】 2015年,市盐业公司强化对县(市)盐业公司的统筹管理,及时下达全市盐产品分配调拨计划,切实履行专营主体责任,做好产销衔接,保证合格碘盐供应,确保食盐市场不脱销、不断档,确保市民吃上合格、放心的食用盐。嘉善、海宁、桐乡等盐业公司专门组织召开雪菜腌制用盐供应工作座谈会,与相关部门进行沟通,了解雪菜种植情况,商定腌制盐备库数量,进一步完善保供机制,保障腌制用盐供应平稳有序,全市销售腌制用盐43780吨。为丰富盐品市场,市盐业公司不断调整产品结构,引进推广各类中高端盐品,市场上盐产品种类达20余种,较好地满足各类消费者的需求。全年,全市盐产品销量114829吨,其中小包装盐销量20083吨,比上年增长5.9%。

【加强盐业市场监管】 2015年,市盐务局贯彻落实《浙江省盐业管理条例》等法律法规,坚持日常巡查和专项检查相结合,强化盐业市场管理,严禁工业盐、工业副产盐和私盐进入食盐市场。开展联合执法行动,对雪菜、榨菜、蘑菇等蔬菜加工企业进行检查,了解腌制用盐来源及管理情况,要求蔬菜加工企业和个人按规定渠道采购盐产品;加强对购入盐产品的管理,严禁倒卖防止外流。2015年,全市出动盐政执法检查2760人次,检查生产经营单位8206家,纠正盐业违法行为3起,全年无涉盐处罚案件发生。市盐务局根据《江浙沪边界食盐安全专项整治行动方案》要求,组织各县(市)盐政人员配合苏州、湖州等地盐务局,开展对嘉兴边界的联合对接检查。出动盐政执法人员447人次,检查批发、零售、食品加工用盐单位2360家,纠正盐业违法行为3起,检查中未发现有私盐加工窝点和走私贩私假冒食盐的行为及团伙。嘉兴与周边地区盐务管理部门建立良好的合作平台与联动机制,对维护嘉兴市食盐专营秩序起到促进作用。

【拓展非盐商品销售】 2015年,市盐业公司坚持抓好非盐商品销售,开发新产品,寻找新的经济增长点,调整经营品种,淘汰低效能产品,年内,新增氢氧化铝、氨水、异辛醇等产品的销售,取得良好的经济效益。全年全市盐业公司非盐商品销售收入16085万元,比上年增长53%,其中市本级9347万元,增长75%;全市非盐商品销售收入占总销售收入的51%(市本级占73%);市盐业公司非盐商品销售毛利373万元,占毛利总额的30%。全市非盐经营收益在全省地(市)盐业公司中名列前茅。

【强化集团管控能力】 5月,市盐业公司召开全市盐业"两清"工作会议,开展应收账款和库存情况的全面自查和专项检查,对相关工作人员业务操作技能进行培训,严格规范财务工作行为,增强风险控制能力。根据省集团公司《集团管控实施方案》提出的县级公司取消法人,成为市级公司下属分公司的要求,12月,市盐业公司开展对下属除桐乡公司（控股子公司）以外的嘉善公司、平湖公司、海盐公司以及海宁公司四家全资子公司的吸收合并工作。

【开展防治碘缺乏病宣传日活动】 2015年,全市盐务局通过“5·15”防治碘缺乏病宣传日活动，与当地疾病控制中心等有关部门密切配合,在集镇、社区、大型超市、农贸市场等人流密集场所联合设点,利用宣传展板、宣传资料以及知识竞猜等多种形式普及食用碘盐知识,向市民宣传碘缺乏病的危害及防治办法,吸引众多群众参加,收到较好的宣传效果。

（柯　青）

餐饮业

【概况】 2015年，全市住宿餐饮业零售额149.03亿元,比上年增长13.1%,增速提高3.2个百分点。年内,市餐饮行业协会与新塍镇政府联合举办嘉兴市首届“全羊宴”烹饪展示大赛,与嘉善县西塘镇和秀洲区油车港镇政府联合组织10多家餐饮企业到西塘旅游度假区和油车港秀洲区北部生态湿地公园进行商务考察活动。组织开展《嘉兴菜谱》菜品的编写和拍摄工作,历时3个月,基本完成拍摄任务。建立餐饮业食品安全工作新机制,引入安信农业保险股份公司在全行业推行食品安全责任保险制度,到2015年底,已有20多家酒店签约。坚持每年开展培训和技能竞赛活动,10月1日,新《中华人民共和国食品安全法》正式实施,市餐饮行业协会开展新《中华人民共和国食品安全法》知识宣传,组织300多人参加新《中华人民共和国食品安全法》辅导讲座。2015年春节前,33家餐饮企业举办“爱心年夜饭”116桌,这是嘉兴市餐饮行业协会连续第13年举办“爱心年夜饭店”。

【争取政策扶持】 年内,市餐饮行业协会通过不断反映企业诉求,跟踪实施情况、及时反馈信息,为餐饮企业争取政策扶持。6月12日,召开落实餐饮企业优惠政策协调会，市发改委、市商务局、嘉兴燃气集团、嘉源给排水有限公司、市餐饮行业协会和五家餐饮企业代表出席会议。会议就进一步贯彻落实2014年市政府《降低市本级餐饮住宿业有关税费事项》明确的各项优惠政策进行协商;至2015年5月,市本级餐饮企业享受水、汽价格优惠累计达450多万元,受惠企业78家。同时,市餐饮行业协会争取财政专项资金150万元,用于表彰奖励餐饮先进企业和阳光厨房。

【举办首届南湖船宴评选】 5月16日,市餐饮行业协会与市旅游发展公司联合在南湖会景园举办禾城首届南湖船宴评选活动。市旅游局副局长金三民、嘉兴日报报业传媒集团副总编辑、南湖晚报执行总编杨自强等出席活动。中国烹饪大师俞炳荣、杨全林等担任专家评审,活动还邀请5名市民代表和3名游客代表担任大众评审。活动以南湖湖心岛为背景,现场进行水鼓表演、彩船巡游、美食展销等活动,南湖船菜大酒店、江南名庄、禾城陆稿荐、诒谷堂、世纪贵族五家酒店参加比赛,经过多轮评选,评出特金奖1名、金奖4名。活动将地方特色文化与菜肴开发相融合,创新和推动南湖船菜宴的市场拓展,增强嘉兴南湖景区旅游品牌的吸引力。

【联办真真老老端午“百粽宴”活动】 6月20日,为丰富“端午节”民俗活动,嘉兴市餐饮行业协会、嘉兴市真真老老食品有限公司、嘉兴粽子文化博物馆等在月河街联合举办第四届真真老老端午“百粽宴”活动。活动通过现场“百粽宴”展示、烹饪表演和讲解,向市民展示嘉兴端午民俗文化、宣传健康饮食知识等,深受市民和游客的欢迎和好评。

【举办餐厅服务员技能大赛】 8月26日,由市职业技能竞赛组委会主办,市商务局、市总工会协办，市餐饮行业协会承办的2015年嘉兴市技能竞赛暨第八届职工技能运动会——餐厅服务员技能大赛在嘉禾财富大酒店举办。市人社局、市商务局、市总工会等部门的有关领导观摩比赛。全市22名选手经过理论考试和实际操作两项比赛，海宁海州大酒店陈赛玉获第一名，桐乡振石大酒店钟海亚、陈慧英分获第二名、第三名，大赛前三名获得“嘉兴市技术操作能手”称号，并晋升餐厅服务员技师国家职业资格职称。其他19名选手竞赛成绩全部超过合格分数线，晋升为餐厅服务员高级工国家职业资格。

【加强行业交流合作】 2015年，市餐饮行业协会参与浙江金秋购物节·中国浙江(国际)餐饮美食博览会暨第五届浙江厨师节活动；配合省餐饮行业协会承办全省餐饮协会秘书长会议；先后与湖州、宁波、杭州等地协会开展协会交流活动，并接待宁波市餐饮行业协会考察团。年内，市餐饮行业协会参加市工商联与成都市青阳区工商联的工作交流；与中国上海(国际)酒店设备及用品采购交易会、中国上海(国际)食品博览会和中国上海国际水展三家展览公司分别签署战略合作协议，成为常年合作支持单位。同时，组织60多家餐饮企业，参观考察上海国际水处理设备展、上海锦江(国际)酒店设施设备展、上海国际食品博览会，为嘉兴市餐饮企业扩大视野、交流信息、借鉴发展模式等发挥作用。

【召开协会理事和会员大会】 4月15日，嘉兴市餐饮行业协会三届三次理事会暨会员大会在市沙龙国际宾馆召开。大会审议通过嘉兴市餐饮行业协会三届三次理事会2014年度工作报告和2014年度财务工作报告，对2014年度嘉兴市餐饮行业协会和嘉兴市餐饮行业联合工会的先进集体和个人进行表彰。嘉兴市副市长盛全生出席会议并讲话，嘉兴市餐饮行业协会三届理事会名誉会长赵友六、张元甫等出席大会，市发改委、市商务局、市市场监管局、市旅游局、市总工会、市工商联等部门领导，市餐饮行业百余家会员企业代表参加会议。会议还邀请安信农业保险总公司副总经理、浙江省分公司总经理石践向与会企业介绍在餐饮业中开展食品安全责任保险的作用、意义和基本要求。

【加强餐饮企业形象宣传】 2015年，嘉兴市餐饮行业协会加强网络宣传，定期更新嘉兴市餐饮行业协会网站，全年刊登各类信息稿件141篇，其中行业动态27篇、行业咨询60篇、政策法规5篇、会员活动15篇、美食春秋12篇、诚信建设3篇，刊登图片300多幅。出版嘉兴市餐饮行业协会《嘉兴餐饮》特刊一期，定期出版信息简报六期。免费为餐饮企业提供形象宣传，2015年在协会宣传平台上展示企业30家，刊登宣传稿65篇，刊登宣传图片195幅。

（杨平杰）

外经贸　口岸

对外贸易

【概况】 2015年,嘉兴市外贸总体保持平稳发展,全市外贸进出口总额310.85亿美元,比上年下降7.8%。其中出口总额229.27亿美元,下降3.1%;进口总额81.58亿美元,下降19.1%。全市进出口增速略高于全国、低于全省平均水平,进出口、出口、进口增速分别回落14个百分点、13.1个百分点、17.4个百分点。在全省进出口总额超过300亿美元的4个地市(宁波、杭州、金华、嘉兴)中,总量排第四位;出口总额超过200亿美元的5个地市(宁波、杭州、金华、嘉兴、绍兴)中,总量排第四位。嘉兴市各县(市、区)出口增速出现分化,除海宁市略有增长外,其他县(市、区)出口呈现不同程度的下降,南湖区、海盐县、平湖市、嘉兴经济技术开发区出口增速分别低于全市出口9.9个百分点、4.4个百分点、2.3个百分点、1.5个百分点。各县(市、区)进口下降较多,除海盐县增长3.3%,桐乡下降2.4%外,其余各地均明显下降,其中南湖区下降16%,秀洲区下降25.5%,嘉兴经济技术开发区下降13.7%,嘉善县下降14.2%,海宁市下降26.1%,平湖市下降28.5%。

【部分新兴市场出口不稳定】 2015年,嘉兴市有贸易往来的国家和地区208个,对新兴市场国家出口增速相对较快,呈现出贸易伙伴多元化发展特征。嘉兴市对美国出口59.6亿美元,比上年增长5.8%,占全市出口额的26%(高于全国平均8个百分点);对东盟出口稳定增长,全年出口17亿美元,增长10.8%;印度市场开拓力度不断加大,对印度出口6.04亿美元,增长6.9%,占全市出口额的2.6%;欧洲和日本市场持续低迷,嘉兴市对欧盟、日本分别出口52.4亿美元、20.5亿美元,分别下降7.8%、4.6%,其中对欧盟出口连续10个月出现下降,对"一带一路"(丝绸之路经济带、21世纪海上丝绸之路)沿线国家出口下降3.5%,对俄罗斯、土耳其出口分别下降30.4%、3%。

【民营企业、小微企业出口下降】 2015年,全市新增进出口权备案登记企业990个,有出口实绩的企业5427个,比上年增加467个。全市出口主体结构更趋合理。民营企业出口125.7亿美元,下降1.7%,占全市出口总额的54.8%,比上年提高0.7个百分点;外商投资企业出口89.8亿美元,下降4.7%,占全市出口总额的39.2%,下降0.6个百分点。小微企业、出口百强企业出口出现分化。全年出口实绩300万美元以下的小微企业3872个,增加288个,出口27.9亿美元,增长2.6%,小微企业出口占全市出口总额的12.2%,上升0.7个百分点。排名前100位企业出口额90.7亿美元,下降3.6个百分点,占全市出口总额的39.6%,回落0.2个百分点。一般贸易出口增速快于加工贸易14.6个百分点,一般贸易出口额占全市出口总额的81.2%(全国为53.5%),提高2.5个百分点。加工贸易出口42.91亿美元,下降14.5%。

【出口产品结构优化】 2015年,全市出口产品结构渐趋优化。机电产品出口76.6亿美元,与上年持平,占全市出口总额的33.4%,比上年上升1个百分点。纺织品出口42.8亿美元,增长0.5%,占出口总额的19.7%。服装产品出口38.7亿美元,下降8.6%,降幅比上年扩大6.9个百分点。塑料制品、钢铁制品出口分别下降10.5%、12.7%。高新技术产品出口快速增长,出口11.2亿美元,增长20.3%,上升16.1个百分点;家具、箱包和玻璃分别出口18.4亿美元、9.7亿美元、6.7亿美元,增长7.5%、0.9%、4.6%。

【进口商品结构改善】 2015年,全市商品进口81.6亿美元,比上年下降19.1%,降幅扩大17.4个百分点。日本、东盟、欧盟三大进口市场普遍下降,分别下降23.9%、13.8%、17.4%。进口龙头企业拉动力有所减弱,全市有进口实绩的企业2239个,增加80个,其中前20位企业的进口总额27.3亿美元,下降33.1%,占全市进口总额的33.5%,下降7.2个百分点,进口额超1亿美元以上且增速低于全市进口平均增速的企业有5个。民营企业、外资企业分别进口34.3亿美元、43亿美元,下降23.5%、17.7%。嘉兴市进口有机化学品13.4亿美元,下降40.4%;进口机械类产品、矿物燃油、钢铁制品、塑料制品、木制品分别下降21.6%、26.4%、22.4%、27.6%、17.9%。

(徐伟强)

利用外资

【概况】 2015年,全市新批外商投资项目249个,比上年增加3个;合同利用外资48.72亿美元,增长10.3%;实际利用外资26.84亿美元,增长7.6%。合同利用外资和实际利用外资总量均列全省第三位。全市第一产业、第二产业、第三产业合同利用外资分别占全市合同利用外资的0.6%、56.7%、42.7%,实际利用外资占全市实际利用外资的0.8%、68.9%、30.3%。第二产业制造业利用外资保持稳步增长,合同利用外资27.62亿美元,增长23.1%;实际利用外资18.5亿美元,增长9.2%。服务业利用外资结构进一步优化,实际利用外资8.14亿美元,增长5.7%,其中商务服务、科技交流和推广服务、金融服务、专业技术服务等行业增幅较大,分别增长372%、110%、52%、51%。房地产实际利用外资连续12个月出现明显下降,全年到位外资1.99亿美元,下降39.6%,占全市实际利用外资的7.4%,占服务业实际利用外资的24.4%。

【投资来源多元化】 2015年,嘉兴市与香港的合同利用外资、实际利用外资分别为29.73亿美元、14.4亿美元,占全市合同利用外资、实际利用外资的61%和53.6%;与西方七国(美国、英国、法国、德国、意大利、加拿大、日本)的合同利用外资、实际利用外资占全市合同利用外资、实际利用外资的6.7%和7.1%;与欧洲国家的实际利用外资2.4亿美元,增长33.7%,与北美的实际利用外资4252万美元,增长30.9%;与日本的实际利用外资9423万美元,下降35.1%。

【提高引资质量】 2015年,6家世界500强公司在嘉兴市投资设立6个项目,分别是铠嘉电脑配件有限公司、宝平能源投资有限公司、海宁诺卫环境水务有限公司、飞利浦(嘉兴)健康科技有限公司、嘉兴海悦建设有限公司5个外资项目,浙江中冶投资管理有限公司1个内资项目。5个国际行业领先企业在嘉兴市投资设立5个项目,分别是奥瑟亚环球光伏电力投资(中国)有限公司、荷美尔(中国)投资有限公司、曼氏香精香料(中国)有限公司、桐乡普洛斯仓储有限公司4个外资项目,中国核电工程有限公司华东分公司1个内资项目。引进总投资超亿美元(含2015年增资超亿美元)外资产业项目20个。引进嘉兴石化PTA总投资超20亿元项目,引进铠嘉电脑配件有限公司移动互联终端精密电子零部件总投资超50亿元项目。全市总投资(增资)1000万美元以上项目

167 个,合同利用外资 39.57 亿美元,占全市合同利用外资的 81.2%,其中总投资(增资)3000 万美元以上大项目 67 个,总投资(增资)5000 万美元以上大项目 38 个。

【提升经济开发区利用外资】 2015 年,嘉兴市省级以上经济开发区合同利用外资 28.19 亿美元,比上年下降 2.7%,占全市合同利用外资的 57.9%;实际利用外资 18.79 亿美元,比上年增长 8.5%,占全市实际利用外资的 70%。嘉兴市引进的 20 个总投资(增资)超亿美元生产性项目中 13 个落户开发区。

【创新引资方式】 2015 年,嘉兴市创新引资方式。一是增资扩股稳步增长,全市合同利用外资中增资金额 17.6 亿美元,比上年增长 18.2%,占全市合同利用外资的 36.1%。二是以民引外稳步推进,新设外资并购企业 11 个,合同利用外资 2068 万美元。三是引进新业态项目实现新突破,引进具有总部性质的外资投资性公司 4 家,创历史新高。

(徐伟强)

对外经济技术合作

【概况】 2015 年,嘉兴市响应国家支持企业走出去发展战略,主动参与“一带一路”项目建设,对外直接投资项目 61 个(其中新批项目 49 个),境外投资总额 7.55 亿美元,其中对外直接投资额 6.22 亿美元,比上年增长 99.6%,对外直接投资额创历史新高;境外承包工程和劳务合作营业额 1.41 亿美元,增长 14.7%。2015 年,全市新增 2 个企业获得对外承包工程资质,累计有 14 个企业获得对外承包工程资质。

【境外投资 500 万美元以上项目 17 个】 2015 年,嘉兴市对外直接投资 500 万美元以上的投(增)资项目 17 个,投资额 5.81 亿美元,占对外直接投资总额的 93%。其中 1 亿美元以上项目 2 个,分别是浙江华友钴业股份有限公司,为刚果东方国际矿业有限公司采矿业项目增资 2.35 亿美元;新湖中宝股份有限公司投资 1.1 亿美元在澳大利亚珀斯设立澳洲兴澳投资有限公司,主要经营房地产、节能产业、新能源产业、环保产业、传媒等项目的投资业务。增资项目 11 个,增资额 3.67 亿美元,占投资总额的 59%。

【境外投资集中四大行业】 2015 年,嘉兴市境外投资主要集中在四大行业,分别是采矿业项目 2 个,投资额 2.4 亿美元,占境外投资额的 38.6%;批发零售业项目 41 个,投资额 1.36 亿美元,占境外投资额的 21.9%;制造业项目 14 个,投资额 1.35 亿美元,占境外投资额的 21.6%;房地产项目 1 个,投资额 1.1 亿美元,占境外投资额的 17.7%。

【投资国别(地区)呈现多元化】 2015 年,嘉兴市对外直接投资国别(地区)22 个,其中投资 100 万美元以上的国家(地区)14 个,分别是刚果金 23500 万美元、澳大利亚 11215 万美元、埃及 9500 万美元、印度尼西亚 2500 万美元、美国 6068 万美元、中国香港 5082 万美元、巴基斯坦 1565 万美元、英属维尔京群岛 610 万美元、爱尔兰 600 万美元、越南 582 万美元、韩国 300 万美元、德国 215 万美元、埃塞俄比亚 114 万美元、荷兰 100 万美元;投资 100 万美元以下国家(地区)8 个,合计投资额 276 万美元。全市对“一带一路”沿线国家的投资继续保持较快增长,投(增)资项目 10 个,对外直接投资额 13727 万美元。

(徐伟强)

服务外包

【概况】 2015 年,嘉兴市加快构筑与城市区位优势和发展相适应的服务外包产业规模和业态特色,被浙江省确定为在岸服务外包试点城市。全市新增外包业务注册企业48个,累计380个,其中有业务实绩的企业217个,比上年增加48个。行业从业人员6931人,累计培训人才2363人。全市完成服务外包接包合同签约金额、合同执行金额、离岸合同执行金额分别为19.78亿元、14.58亿元、1.25亿美元,增长49.5%、34%、60.2%。市本级完成服务外包接包合同签约金额、合同执行金额、离岸合同执行金额分别为15.33亿元、10.94亿元、0.85亿美元,占全市合同签约金额、合同执行金额、离岸合同执行金额的77.5%、75%和68%。南湖区三项指标均完成全年目标任务的150%,嘉兴经济技术开发区、秀洲区、嘉兴港区三项指标均完成全年目标任务的100%以上;各县(市)均超额完成三项指标并保持相对均衡,其中海盐、平湖离岸执行外包分别比上年增长281.8%、218.6%。

【外包业务发展良好】 2015年,全市信息技术外包(ITO)、业务流程外包(BPO)、知识流程外包(KPO)业务合同金额分别为1.72亿元、3.84亿元、4.74亿元,占业务合同总额的16.7%、37.3%、46%;信息技术外包、业务流程外包、知识流程外包合同执行金额分别为1.21亿元、2.6亿元、3.51亿元,占合同执行总额的16.6%、35.5%、47.9%。信息技术外包、业务流程外包、知识流程外包合同执行金额比例为17∶35∶48,呈现出由中端的业务流程外包(BPO)向高端的知识流程外包(KPO)业态发展的良好趋势。省级、市级服务外包示范园区完成接包合同签约金额、合同执行金额、离岸合同执行金额分别为15.02亿元、10.39亿元、7088万美元,比上年增长39.7%、26.3%、44%,占全市合同签约金额、合同执行金额、离岸合同执行金额的76%、71.29%、56.6%。全市合同执行金额超过100万美元的企业60个,比上年增加8个,总金额12.68亿元,占全市合同执行金额的87%。

(徐伟强)

国际贸易促进工作

【概况】 2015年,中国国际贸易促进委员会嘉兴市支会服务企业发展,助推贸易转型升级。年内,走访服务企业150多个,发展会员企业250多个,对500多个会员企业办证业务人员进行专门培训。

全年为全市2800多个会员企业签发原产地证48460份,其中企业自主打印6146份,名列全省贸促系统前茅,办证出口货物涉及162个国家,出口金额26亿美元;签发优惠产地证3380份,比上年增长21%,涉及13个国家和地区,出口金额1.23亿美元,帮助企业境外客户减免关税1850万美元。出具各类国际商事证明书4274份,代办使馆认证1759份;为会员企业争取贸易关税优惠,提高对外贸易竞争力等提供服务。

【加强对外合作与交流】 2015年,市贸促会组织200多个企业分别到波兰、约旦、阿联酋、印度、土耳其、南非、巴西等国家和中国香港地区参加国际性专业展览会,展览期间意向成交1亿美元;结识新客商2000多个。组织6个企业到东盟等地开展与企业产业对接活动;促进浙江龙森木业、桐乡缘缘花卉食品等公司分别与马来西亚、柬埔寨、中国台湾客商和研究机构建立技术合作和投资合作关系。接待境外考察团组5个,加强与美国、加拿大、俄罗斯、土耳其、保加利亚、波兰、韩国、日本、泰国、印度等驻沪领馆商务代表联系,为嘉兴市会员企业开展对外合作交流和对外贸易搭建合作平台。

(毛旭东)

嘉兴(乍浦)港

【概况】 2015年,嘉兴港继续深化与宁波港、上海港合作,推动海盐港区C3、C4泊位投入试运行，做大做强独山至洋山集装箱航线。落实小微企业减负，协调服务内贸航线开辟，协助做好港口装卸治超，组织企业签订经营自律公约，营造健康有序的港口生产经营环境。全年完成货物吞吐量6273万吨，装卸集装箱123万标准箱，比上年增长6%。年内，嘉兴港继续深化平安港口建设，出动安全生产检查人员367人次，下发责令整改书25份，排查出各类隐患286处，组织开展港口道路交通安全专项治理行动，全年未发生一般及以上安全生产事故。落实“绿色交通省”建设任务，深化最美码头创建工作，强化企业节能减排，港口吞吐量单位综合能耗持续下降。2015年，嘉兴港完成港口建设投资17.5亿元，其中列入省交通运输厅计划项目的，完成投资9.95亿元。海盐港区C5、C6泊位通过交工验收，乍浦港区B1、B2、B3泊位改造，海盐港区G1泊位技改等在建项目加快推进，独山港区B28泊位开工建设。加快海河联运集疏运体系建设，协调推进黄姑塘线、海塘线和乍浦闸桥等建设；加快嘉兴港内河作业区建设，浙能独山煤炭中转项目内河作业区基本建成，乍浦港区二期内河作业区建设、独山港区Ⅱ区内河作业区前期工作加快推进。至年底，全港外海生产性泊位增至47个（其中万吨级以上泊位34个），内河泊位增至38个，全港码头年设计通过能力达到7829万吨。加快完善嘉兴港规划体系，嘉兴港总体规划修编及嘉兴港“十三五”发展规划编制工作有序推进，嘉兴防治船舶污染海洋环境应急能力建设规划完成编制并获市政府批准实施。落实全省综合交通运输改革试点工作，抓好嘉兴港岸线管理等4个试点项目的实施，助推市政府出台《关于进一步加强沿海港口岸线管理的若干意见》。主动配合舟山江海联运服务中心建设，通过《浙北海河联运港口合作联席会议议事规则》。完成权力清单、责任清单新一轮梳理调整并向社会公开，切实做好港口行政审批事项在浙江政务服务网的运行工作。“智慧港口”建设有序推进，嘉兴港EDI数据中心建设全面启动，做好与国家交通物流公共信息平台的对接。扎实开展“三严三实”专题教育，全面落实党风廉政建设责任制，全年未出现违法违纪现象。深化最美行业创建，抓好最美人物宣传与最美品牌创建。嘉兴市港务局被人力资源和社会保障部、交通运输部授予“全国交通运输系统先进集体”称号。

【嘉兴港粮食码头扩建工程开工建设】 10月28日，嘉兴港粮食码头扩建工程（粮食码头二期项目）开工建设，作为杭州、嘉兴两地政府深化合作的二期项目，该扩建工程预计2016年8月竣工，2016年10月投入试运行。扩建工程计划新建3万吨级（水工结构按靠泊5万吨级船舶设计）散杂货泊位1个，设计年通过能力85万吨，项目总投资1.98亿元。

【独山港区B13、B14多用途泊位工程岸线获批】 6月3日，嘉兴港独山港区B13、B14多用途泊位工程岸线获交通运输部批复，获批岸线总长512米。该项目拟建3万吨级（水工结构按靠泊5万吨级船舶设计）多用途泊位2个、栈桥2座，用于散杂货及集装箱装卸作业，并在对应后侧围区建设生产、生活辅助建筑及仓库、堆场等配套设施，设计年通过能力185万吨（其中集装箱6万标准箱）。

【独山港区A区3号泊位工程获省发改委核准】 6月12日，嘉兴港独山港区A区3号泊位工程获省发改委核准。该项目由平湖中航油港务有限公司投资2.46亿元，新建3万吨级（水工结构按靠泊5万吨级船舶设计和建设）油品和液体化工品泊位1个，设计年通过能力169万吨。

【首个企业自主实施安全设施专项验收】 6月16日，浙江美福码头仓储有限公司组织相关专家，对公司码头新增2台输油臂、6根输送管线及储罐变更作业品种建设项目进行安全设施竣工验收。这是新修订的《中华人民共和国安全生产法》实施以来，嘉兴港第一个由企业自主组织实施的安全设施竣工验收项目。以后，嘉兴港所有港口企业的安全设施的建设、竣工验收，将按照新安全生产法要求由企业自行组织实施。

【召开杭嘉湖港口合作首次联席会议】 5月28日，杭嘉湖港口合作首次联席会议在嘉兴乍浦召开。嘉兴市发改委、嘉兴市滨海办(嘉兴市港务局、口岸办)、杭州市港航管理局、湖州市港航管理局、嘉兴市港航管理局的领导及相关处室负责人参加会议。联席会议贯彻2014年首届海河联运论坛港口联盟合作宗旨，旨在建立杭嘉湖三地在海河联运建设发展上的协调合作机制，合力推进海河联运建设。

【召开滨海新区开发建设联席会议】 5月26日，嘉兴市召开滨海新区开发建设联席会议暨市口岸工作领导小组会议，贯彻落实2014年全市海洋经济工作领导小组、滨海新区开发建设领导小组暨嘉兴滨海港产城统筹发展试验区建设推进会议精神，研究部署试验区先行先试、海河联运建设、嘉兴港口岸扩大开放等工作。市政府副秘书长柏卫东主持会议，市委常委、常务副市长梁群出席会议并讲话。

【墨西哥商务参赞罗德磊到滨海新区访问】 4月2日，墨西哥驻沪总领事馆商务参赞罗德磊(Rodrigo Contreras Lara)到滨海新区访问。双方就涉及嘉兴滨海新区和墨西哥开展经贸活动，以及嘉兴港与墨西哥相关港口建立友好关系等事项进行深入的交流和探讨。访问期间，罗德磊一行实地参观了上港集团独山港集装箱码头。

4月2日，墨西哥驻沪总领事馆商务参赞罗德磊(Rodrigo Contreras Lara)到滨海新区访问

【省领导到嘉兴港调研】 7月29日，省委常委、常务副省长袁家军到嘉兴港调研。袁家军实地考察嘉兴港乍浦港区一、二期围堤工程，听取嘉兴市港务局关于乍浦港区一、二期围堤完善工程的情况介绍，袁家军还视察嘉兴市乍浦港口经营有限公司集装箱码头作业现场，听取上半年港口生产经营情况和嘉兴海河联运发展情况介绍。9月16日，副省长孙景淼到嘉兴港调研视察港口开发建设运行、内河航运及海河联运情况。孙景淼实地视察上港集团独山集装箱码头、独山港区海河联运项目及煤炭中转码头、乍浦港区海河联运项目和世航公司集装箱码头以及海盐码头等地。3月5日，省发改委副主任、省能源局局长吴胜丰到嘉兴港调研岸电使用工作。吴胜丰到嘉兴港独山港区上港集团码头查看岸电设备运行情况，详细了解岸电使用推广中存在的问题，并听取嘉兴港节能减排和岸电使用工作汇报。1月20日，省发改委党组成员、海经办专职副主任张善坤到滨海新区调研港产城统筹发展试验区建设推进情况。张善坤实地考察浙能独山煤炭中转码头、乍浦港区二期集装箱码头和嘉兴港通过服务中心、石油化工品交易市场建设现场，听取嘉兴海洋经济发展情况和嘉兴滨海港产城统筹发展试验区建设推进情况汇报。6月26日，省港航局局长胡旭铭到嘉兴港调研。胡旭铭指出，嘉兴港从实际出发，根据自身优势与特色，不断探索优化港口发展体制机制，坚持“最佳喂给港”“最佳产业港”“最佳特色港”的科学定位，坚持“工业发展优先、国有资本优先、公用专业优先”的港口发展导向，符合“十三五”期间港口转型发展要求。

(蒋春艳)

表 8

2015 年嘉兴港分货类吞吐量

单位:吨

货物分类	总计			出港			进港		
	合计	外贸	内贸	合计	外贸	内贸	合计	外贸	内贸
总计	62734235	9551798	53182437	16167833	2390731	13777102	46566402	7161067	39405335
其中:转口	18951108	63274	18887834	9475554	5818	9469736	9475554	57456	9418098
内:船过船	–	–	–	–	–	–	–	–	–
1.煤炭及制品	30497892	21552	30476340	7519508	–	7519508	22978384	21552	22956832
其中:焦炭	–	–	–	–	–	–	–	–	–
2.石油、天然气及制品	5459198	1276986	4182212	2176469	1042	2175427	3282729	1275944	2006785
其中:原油	–	–	–	–	–	–	–	–	–
成品油	4363216	317674	4045542	2175427	–	2175427	2187789	317674	1870115
液化气、天然气	173660	138697	34963	–	–	–	173660	138697	34963
3.金属矿石	183415	93122	90293	13423	–	13423	169992	93122	76870
其中:铁矿石	79618	–	79618	12456	–	12456	67162	–	67162
4.钢铁	2411046	3168	2407878	4942	–	4942	2406104	3168	2402936
其中:钢材	2408417	3168	2405249	2913	–	2913	2405504	3168	2402336
生铁	–	–	–	–	–	–	–	–	–
5.矿建材料	2311521	–	2311521	371482	–	371482	1940039	–	1940039
其中:砂	313872	–	313872	98882	–	98882	214990	–	214990
6.水泥	–	–	–	–	–	–	–	–	–
7.木材	24107	1965	22142	–	–	–	24107	1965	22142
其中:原木	–	–	–	–	–	–	–	–	–
8.非金属矿石	381658	–	381658	8270	–	8270	373388	–	373388
其中:磷矿	–	–	–	–	–	–	–	–	–
9.化肥及农药	–	–	–	–	–	–	–	–	–
10.盐	407199	124609	282590	–	–	–	407199	124609	282590
11.粮食	55575	–	55575	–	–	–	55575	–	55575
其中:小麦	3058	–	3058	–	–	–	3058	–	3058
玉米	52517	–	52517	–	–	–	52517	–	52517
黄豆	–	–	–	–	–	–	–	–	–
大米	–	–	–	–	–	–	–	–	–
12.机械、设备、电器	3175	–	3175	3079	–	3079	96	–	96
13.化工原料及制品	6853798	2471184	4382614	790113	232087	558026	6063685	2239097	3824588
其中:橡胶	–	–	–	–	–	–	–	–	–
纯碱	–	–	–	–	–	–	–	–	–
14.有色金属	–	–	–	–	–	–	–	–	–
15.轻工、医药产品	10041540	4413055	5628485	3461844	1814449	1647395	6579696	2598606	3981090
其中:纸	–	–	–	–	–	–	–	–	–
日用工业品	–	–	–	–	–	–	–	–	–
糖	–	–	–	–	–	–	–	–	–
16.农、林、牧、渔业产品	356174	356174	–	310	310	–	355864	355864	–
其中:棉花	–	–	–	–	–	–	–	–	–
17.其他	3747937	789983	2957954	1818393	342843	1475550	1929544	447140	1482404
其中:集装箱重量	3681949	782483	2899466	1777144	335343	1441801	1904805	447140	1457665

(任　健)

海　事

【概况】 2015年，嘉兴海事局办理船舶签证41265艘次，国际航行船舶进出口查验1438艘次，货物吞吐量5741.9万吨，比上年分别下降10.75%、24.95%、6.66%。集装箱吞吐量105.61万标准箱，增长9.96%。办理危险品船舶申报审批5286艘次，污染危害性货物吞吐量3552.4万吨；完成海船安全检查310艘次，内河船舶安全检查231艘次，外国籍船舶安全检查53艘次；开展海区巡航596艘次，巡航时间1170.05小时，巡航里程8001.5海里，出动执法人员867人次；办理船舶登记75件；发布航行通(警)告29次，审批水工项目13件，开展船舶审核8次，辖区公司审核5次；辖区未发生一般等级及以上水上交通事故，发生小事故2起，未发生沉船。辖区水上安全形势持续保持稳定。

2015年，嘉兴海事局获评驻嘉省部属单位工作目标责任制暨“五型”机关创建考核二等奖。“大桥卫士”被命名为嘉兴市机关服务品牌。指挥中心获“浙江海事局2015年度优秀公务员集体”称号，海巡执法支队获“共创共建‘平安大桥’先进单位”称号。嘉兴海事局团支部获评年度浙江省级先进团支部。

9月27日，松台山718轮向嘉兴海事局赠送“海上救助保平安，危急时刻伸援手”锦旗

【开展水上安全监管系列专项活动】 2015年，嘉兴海事局完成春运、抗战胜利纪念日、国庆、

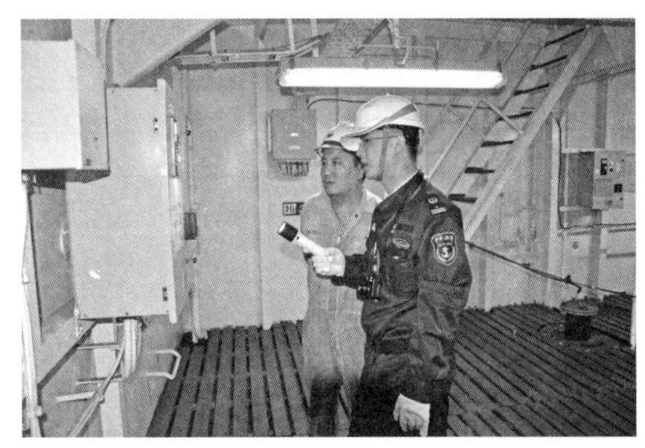
4月28日，嘉兴海事局开展水上安全监管系列专项活动

世界互联网大会等期间水上交通安全保障工作，并组织开展水上安全监管系列专项活动，维护辖区水上交通安全，保障辖区水域清洁。4月15日至11月15日，开展水上非法运输专项整治活动，组织检查867次，联合检查10次，查处船舶配员不足非法运输行为2起，约谈港航企业12个。2014年10月31日至2015年10月31日，开展内河船参与海上运输和砂石运输船非法违法专项治理活动，组织检查1262次，联合检查22次，检查砂石运输船119次，检查码头94次，检查施工作业单位85次，检查航运公司8次，取缔非法砂石作业点2个，查处违法砂石船2艘次，处罚违法违规生产经营单位1家，发放宣传资料84次，开展培训教育27次。9月1日至11月30日，组织开展东京备忘录与巴黎备忘录STCW公约船员休息时间的集中检查会战，开展外国籍船舶PSC检查18艘次，发现缺陷57项，涉及集中检查缺陷3项，滞留船舶1艘次。1月1日至11月30日，开展沿海小型货运船舶安全管理专项整治活动，检查船舶146艘次，发现不合格船舶55艘次，滞留船舶1艘次，重点跟踪船舶上报1艘次。行政处罚2艘次，6月15日至10月15日，根据交通运输部海事局、浙江海事局安排，组织开展船舶燃油质量专项检查工作，开展油类记录簿、燃油供受单证、燃油样品及燃油质量检查101艘次，开展供受油作业现场检查12次。2015年，开展船舶载运危险化学品运输安全专项整治活动，危险货物申报审

核808艘次,实施危险化学品运输企业安全隐患排查2次,危险化学品作业相关单位走访检查11批次,污染物接收单位现场核查2次,码头单位溢油应急能力核查5家,危险货物集装箱现场检查389标准箱,开箱18批次37标准箱。

【加强应急搜救工作】 2015年,嘉兴海事局强化船舶指挥中心和海巡执法支队、海事处“三位一体”联动,组织防止抗击“灿鸿”“哈洛拉”“苏迪罗”“天鹅”以及“杜鹃”等台风影响,发布防台安全信息1325条,组织撤离及在港避风船舶29艘,辖区船舶和人员无受灾损失。坚持搜救协作机制,与相邻海事机构和救助、海洋渔业等部门搜救联动,成功救助“松台山718”轮受伤船员。开展2015年溢油应急演练、杭州湾跨海大桥桥区水域应急拖轮测试和专项演练,初步建立嘉兴搜救志愿者队伍。

【服务海洋经济发展】 2015年,嘉兴海市局严格落实国家惠民政策,按照《交通运输部海事局关于免征部分船舶行政事业性收费的通知》,自2015年1月1日零时起,对100总吨以下内河船和500总吨以下海船的船舶港务费、船舶登记费、沿海港口和长江干线船舶引航费予以免征。按照财政部、国家发改委《关于取消有关水运涉企行政事业性收费项目的通知》,自2015年10月1日零时起,取消船舶港务费、特种船舶和水上水下工程护航费、船舶临时登记费、船舶烟囱标志或公司旗注册费、船舶更名或船籍港变更费、船舶国籍证书费、废钢船登记费7项中央级设立的行政事业性收费。服务嘉兴港口岸全域开放,在嘉兴港乍浦港区一二期围堤扩建、海盐港区综合码头、海盐港区C区3号4号多用途码头等涉水工程项目规划和建设中提供海事专业技术指导,保障嘉兴港独山煤炭中转码头大型卸船机滚装上岸作业。完善电子政务平台建设,简化船舶进出港手续,海船电子签证全面实施,电子签证率99.8%。实施浙江海事局2015年民生实事工程,做好通航安全影响论证和评估、船舶融资租赁登记、船舶污染防治管理及作业人员专业知识技能培训管理、办理船舶吨位丈量和吨位证书等下放事项的服务工作。推进政府信息公开,开展海事“微服务”,微信解答政务咨询58件次。企业和船东、船员对嘉兴海事的满意度96.5%。

【海洋气象预警APP投入试运行】 2015年5月,嘉兴海洋气象预警服务APP投入试运行。系统按照专业、简便、快速的原则,结合杭州湾北岸海盐、乍浦和独山三个港区独特的海域环境,依托嘉兴市气象局的专业气象技术支持,开发实况信息、预报信息、重要提醒和台风动态4大模块,用GPS定位获取各用户所在地信息,为用户提供最近10分钟的实时气温、湿度、最大风速、极大风速和能见度等气象信息。同时根据用户需要定制1~3天不等的风力、能见度及降水等精细化预报信息。至年底,海洋气象预警APP共启动恶劣气象海况预警预控15次,发布预警信息500多条,为辖区30多家码头单位和大量船舶提供快速准确的信息服务,在应对恶劣气象海况、确保航行和靠离泊安全上发挥了重大作用。

(夏文建)

海 关

【概况】 2015年,嘉兴海关全年征收两税57.47亿元;加强批量复审和规范申报,全年补征税款3348.71万元,比上年增长126.29%;监管进出口货物954.42万吨,增长3%;监管进出口集装箱42.01万标准箱,增长11%;审核报关单11.61万份,增长7%。审核设立加工贸易合同5257份、金额25.84亿美元,均列杭州关区第一位;减免税审批总值2.05亿美元,减免两税1.53亿元;稽查企业48个,稽查移交案件22起,案值4969.29万元。

2015年，嘉兴海关进一步助推嘉兴港发展,协助地方政府做好嘉兴港全域开放验收准备工作，支持嘉兴独山港第十一次临时开放。启用乍浦港一二期码头智能卡口,实现对接大通关平台自动快速验放。全年嘉兴港完成外贸货物吞吐量855.86万吨，比上年增长4.02%；外贸集装箱吞吐量35.91万标准箱，增长11.74%。支持嘉兴综保区建设发展,协调推动综保区验收各项准备工作,为铜精矿等重大项目引进解决政策瓶颈,提升海关特殊监管区域通关效率。推进海宁市场采购贸易模式试点工作，参与试点方案起草和联网信息平台建设，顺利通过市场采购贸易试点省级预验收,完成首单测试。推动嘉善新华昌集装箱有限公司设立关区首家新造集装箱海关监管场所并通过验收。支持公用型保税仓库建设与保税物流业务发展,推动泰地石化公司公用型保税仓库通过验收。嘉兴海关深入推进文化强关建设,创新运用微信等新媒体，弘扬积极向上正能量。开展学雷锋志愿服务,嘉兴海关"南湖妈妈"志愿服务队获评全国海关优秀志愿服务组织。着力搭建文化建设平台，倡导培育"一办一品""一科一品",设立《望江南》编辑部、书画创作室、小YEAH工作室等文化平台,获得关区基层文化建设示范点称号。组织拍摄微电影《爸爸去哪儿了》，获海关总署政工新媒体创意作品评选特等奖。

8月21日,嘉兴海关到乐高玩具制造(嘉兴)有限公司开展"进百企、优服务、促发展"服务调研

【开展市场采购贸易方式试点工作】 9月16日，副省长梁黎明到海宁调研市场采购贸易方式试点工作落实情况,实地查看建设中的海关监管场所及皮革城交易区,听取海宁市关于试行市场采购贸易方式工作汇报以及海关等部门的意见建议,并提出具体要求。年内,嘉兴海关到义乌海关开展市场采购贸易方式调研,学习借鉴经验做法,并结合海宁皮革城实际经营情况，制订海宁市场采购贸易方式海关监管方案。根据海关监管要求指导地方政府优化市场采购贸易联网信息平台,增加"报关单结关数据比对"功能,对商户在平台中录入的数据与海关申报数据进行比对监控,防范虚假贸易风险。联合海宁皮革城管委会,召集市场采购贸易经营主体开展座谈,宣讲市场采购贸易方式国家试点政策及海关监管规定,引导企业诚信守法经营。

【加强改革创新工作】 2015年,嘉兴海关推进区域通关一体化改革和无纸化通关改革,进一步完善跨关区"大通关"协作机制,顺利启动特殊区域通关一体化改革,全年实现一体化通关5447批次，货值5.4亿美元，通关无纸化率99%。完善关检合作协调机制,深化关检合作"三个一"(一次申报、一次查验、一次放行)改革,实单运作"一次申报"报关单4871票,其中完成"三个一"全流程操作1207票,居杭州关区前列。进一步做好中国(上海)自由贸易试验区海关监管创新制度复制推广工作,推动"集中汇总纳税""区区流转、自行运输"等海关监管创新制度在海关特殊监管区域内复制推广,在关区率先完成"选择性征税"测试。推进汇总征税改革和企业信用认定工作,引入"主动披露"制度探索引导企业自律管理。优化布控查验机制，推行选查分离和"双随机"改革,人工查验更趋规范,非侵入式查验逐步提升。

【强化海关法治工作】 2015年,嘉兴海关成立法制学习小组,建立法治读书角,举办法治座谈讲座,参与"以案说法"案例分析,参加法律知识竞赛，提升全员法治意识和依法行政能力。修订完善《嘉兴海关工作规则》，健全依法决策程序，落实重大行政决策合法性审查要求。落实“四张清单一张网”改革，进一步规范行政审批，做好海关总署、杭州海关行政审批事项取消和下放工作。完善与地方政府、法院协调机制，妥善处理涉税企业破产倒闭事宜，确保国家税款应收尽收。深入开展“六五”普法，举办专题法治宣讲，参与企业超千个。聘请法律顾问，强化和规范对民事合同的法律审核，累计审核民事合同 11 份，涉及金额逾百万元，确保执法决策依法依规。

4 月 22 日，嘉兴海关联合海宁市商务局开展“七彩嘉关，与法同行”系列法治宣传教育政策宣讲会

【加大打击走私力度】 2015 年，嘉兴海关坚持“破大案、打团伙、摧网络”，进一步健全“全员打私”工作机制，全年刑事案件立案 5 起，案值 10.6 亿元；行政案件立案 44 起，案值 4452.37 万元，涉税 621.16 万元。发挥海关口岸管理和边境保卫职能，配合做好“世界互联网大会·乌镇峰会”海关安保工作，开展强化监管打击走私“五大战役”行动、春雷专项行动、“以打促税”百日攻坚战行动等专项打私行动，严厉打击涉毒、涉枪、涉爆等走私违法犯罪行为，全年立案侦查武器弹药走私犯罪案件 1 起，涉案枪支 3 支、枪支配件 39 件、铅弹 11950 发。注重理性执法，慎重刑事案件立案，慎用羁押性人身强制措施和慎用扣押、查封、冻结等财产强制措施，妥善解决企业违法违规问题，切实将案件对企业生产经营影响降至最低。

【涉案财物管理】 2015 年，嘉兴海关与涉案财物仓储公司签订代保管协议，明确安全管理责任，实地检查仓库墙体、屋顶、门窗等重点部位。强化对涉案财物拍卖、销毁等环节的监督，邀请法规、纪检监察部门以及法律顾问参与审核委托拍卖合同，防范执法和廉政风险。及时开展案件类保证金收取、退还、转罚没款等工作，通过“业务联系单”反馈罚没款入库情况，并通过海关资金管理系统对账户资金进行实时监控，确保资金安全。

【虚假贸易管控】 2015 年，嘉兴海关加强进出口数据分析，针对异地申报、出口价格明显偏高、重量异常等存在虚假贸易风险的报关单实施布控查验，并借助智能卡口、电子地磅等系统核对集装箱实际采集数据与申报数据，提升监管效能。召集辖区特殊监管区域负责人开展座谈，明确虚假贸易管控工作要求，建立监管场所联络员机制，发现异常贸易情况及时反馈海关。加强对特殊监管区域“一日游”业务监管，安排关员不定期对多次进出特殊监管区域、申报进出口相同货物的运输车辆进行抽查，防范虚假贸易风险。

【加工贸易不作价设备监管】 2015 年，嘉兴海关建立合同备案预核制，对企业计划进口不作价设备的品名、规格、归类等信息进行预先审核，严防不予免税设备通过不作价设备形式进口。对监管期内的不作价设备手册逐年审核，参照加工贸易合同有效期管理模式，对该类手册的有效期、进口时限等做出具体规定，并通过到企业核查等方式，加强对申请延期设备使用状态的核定。针对设备进口后长期未开展加工贸易业务的企业，通过系统强化风险监控，防范擅自处置设备。

【进口固体废物监管】 2015 年，嘉兴海关针对嘉兴港口岸废纸进口量大的特点，细化废纸监管操作流程，加强对报关单许可证件、原产地、价格等申报要素的审核，同时强化报关单批量复审，确保监管到位。强化集装箱检查系统（H986）运用，对涉及固体废物的集装箱进行100%机检查验,收集整理机检查验图像,建立图像资料库,提升查验水平。不定期对辖区内固体废物查验场所开展现场巡查,重点核查查验场地设置规范性、消防安全等落实情况,及时排除安全隐患。

【口岸危险品安全管理】 2015 年,嘉兴海关细化国际船舶监管操作规程,实行船载危险货物“一船一报”,加强对乙炔、燃料油等易燃易爆货物的单货复核,并通过船舶登临检查、监装监卸等方式强化监管。落实处长、科长带班制度,定期对辖区监管场所开展巡查,重点核查涉及危险品业务企业的经营范围、证件有效期等信息,对存在超范围、超有效期经营的企业予以停业整顿。联合嘉兴港区安监、港务、消防等部门，对码头公司和相关物流企业开展安全知识培训教育，形成对进出口危险品的监管合力。

【首票“选择性征收关税”货物办结通关手续】4 月 14 日,杭州关区首票“选择性征收关税”货物在嘉兴海关顺利办结通关手续。该票货物为嘉兴出口加工区内某企业内销的面料，共 760 平方米,货值 5483 元,征收税款 1218 元。“选择性征收关税” 是指特殊监管区域内企业生产、加工并经“二线”销往内地的货物,可选择按其对应进口料件或按实际报验状态征收关税,改变以往必须按实际报验状态征收关税的规定,有利于企业整合生产资源、降低生产成本。该票业务成功办结,标志着又一项上海自贸试验区海关监管创新制度在杭州关区特殊监管区域复制推广。

【首家“新造集装箱”专用海关监管场所验收】5 月 11 日,杭州海关监管处、技术处对嘉兴海关“新造集装箱”专用海关监管场所进行验收,听取嘉兴海关和嘉善新华昌集装箱有限公司关于监管场所建设情况的汇报,实地查看卡口设施、监控视频以及信息化管理系统,并提出相关意见建议。该监管场所是杭州关区首家“新造集装箱”海关监管场所。

【提升口岸安全监管效能】 2015 年,嘉兴海关针对嘉兴港液态化工品进口量大的监管实际,引入“油汽液体化工品物流监控系统”,对液态化工品进出监管场所实行 24 小时监控，实时掌握储罐液位变化情况。深化智能卡口建设,将辖区内监管场所实时监控视频与海关监控中心进行对接,同时依托电子口岸将海关物流信息和码头物流信息进行对接,实现对船舶进境、靠泊、在港作业、驶离的全流程电子化监控,强化对监管场所的安全管理。以 H986 集装箱查验设备、电子地磅等科技设备为基础,以机检代替人工查验,提高安全监管效能,查验放行速度提高 30%。

【开通“杭州—乍浦”物流新通道】 9 月 11 日,嘉兴海关、杭州经济技术开发区海关正式开通“杭州—乍浦”物流新通道,长安福特杭州分公司在嘉兴乍浦港举行汽车进口物流项目启动仪式,嘉兴港区管委会、杭州大江东产业集聚区管委会、嘉兴海关、杭州经济技术开发区海关有关负责人参加仪式。通过该物流通道,杭州大江东产业集聚区企业可在杭州经济技术开发区海关直接办理进口申报业务,集装箱经宁波口岸运抵嘉兴乍浦港后通过陆路运输至杭州,比过去“上海—绍兴—杭州”的全程陆路运输模式,每标准箱可降低 30%左右的物流和仓储费用。

【区域通关一体化集中工作会议在嘉兴召开】9 月 23 ~ 25 日,长江经济带区域通关一体化集中工作会议在嘉兴召开，长江经济带区域 12 个直属海关的有关人员参加会议。会议总结了区域通关一体化统一审单平台运作一年来取得的成绩及存在的问题,为下阶段继续推进一体化运作打下基础。

（严　红）

出入境检验检疫

【概况】 2015年,嘉兴检验检疫局检验检疫货物14.23万批61.92亿美元,其中出口12.17万批28.68亿美元,进口2.06万批33.24亿美元;检疫出入境船舶1233艘次,查验出入境集装箱33.23万标准箱,检出问题集装箱2682个标准箱;查验出入境人员21643人次,健康检查1577人次;截获病媒生物1860批、54种,浙江口岸首次截获铜腹重毫蝇;截获有害生物3969批、316种,其中检疫性有害生物688批、44种,全国首次截获检疫性有害生物4种,全省首次截获3种。2015年,嘉兴检验检疫局被浙江检验检疫局授予第二批依法行政示范单位称号,继续保持省级文明单位和市级文明行业称号,获得嘉兴市接轨上海工作先进单位、嘉兴市支持浙商创业创新发展工作先进单位、嘉兴市减轻企业负担工作先进单位、嘉兴市全国文明城市创建工作先进单位、市直机关先进基层党组织等荣誉。

2015年,嘉兴检验检疫局加强对入境产品有害生物截获和动植物疫情疫病监测工作

【推进简政放权工作】 2015年,嘉兴检验检疫局取消进口旧机电产品备案、重要出口商品注册登记和口岸储存场地卫生许可3个许可项目,合并口岸其他两个卫生许可,受惠企业近200个;做好出口食品生产企业备案审批的承接工作,受惠企业42个;修订涉及行政许可事项的《办事指南》,推行“一个窗口”受理工作;对592份免办3C申请采取“网上申请,网上初审,书面比对”方式,办理时间从3个工作日缩短到1个工作日,并将免办3C监督检查工作下放至办事处。

【推进检验检疫通关一体化】 2015年,嘉兴检验检疫局试行“三通两直”。5月,“浙沪出口直放”全省先行先试取得显著成效;7月,省域“三通一体化”全省首批试点成功并出具全省第一份证书;9月,“浙沪进口直通”全省首批空运模式和首次全模式试点成功,在全省系统通关便利化改革工作中走在前列;11月19日,代表浙江检验检疫局参加全国检验检疫通关一体化启动仪式现场操作展示,获得活动主办方和省检验检疫局领导肯定。全年辖区浙沪、浙甬出口直放率分别达到94.94%和89.45%,分别高于全省系统平均直放率19.24个百分点和13.95个百分点。全年浙沪、浙甬出口直放68829批次,占全省系统70%,为企业节省口岸代理、查验等费用近800万元,节约通关时间近3.5万天,《浙江日报》《中国经济时报》《中国国门时报》等新闻媒体报道近20次。

【加强质量风险管理】 2015年,嘉兴检验检疫局扎实开展“质量月”活动,参加创建全国质量强市示范城市活动,9月,开展“实验室开放日”“国门生物安全与疫情防控展”“食品安全宣传周”等系列活动,成功推荐3个信誉良好的企业获评中国质量诚信企业。加强质量风险管理,围绕出口工业产品通报和退货调查、目录外商品监督抽查、C-RAPEX系统以及企业和消费者投诉的质量问题,做好风险预警,推动检验监管职能和管理方式向事中、事后、宏观质量管理转变;对1例国外工业产品通报案例展开调查,发布预警信息,将2例退货信息列入较高风险;完成64批目录外样品抽样送检,检出不合格24批;通过C-RAPEX系统上报进口工业品质量安全风险信息56条,重大事项报告3个;电子布控23个企业。推进质量认证工作,探索认证监管和检验监管的有机结合,以“一次检查、共同采信、强化验证”的方法,对99个企业实施联动检查,减少重复检查逾50次;对食品、玩具首件备案、进口特种设备、料件和废物原料,旧机电、输非商品装运前检验、进口木材数量重量鉴定开展第三方采信工作;首次在办理出口食品备案时采信第三方HACCP体系认证结果;对CQC、方圆、劳氏3个机构实施审核现场飞行执法稽查,开展“双查行动”,发现不合格涉检机构2家。

2015年,嘉兴检验检疫局完成乐高首批进口玩具检验工作

【加强卫生检疫工作】 2015年,嘉兴检验检疫局防控中东呼吸综合征,联合公安、疾控部门到韩资企业宣讲。加强体温监测和医学巡查,确保“一个有症状者都不放过”,成功排除1起染疫嫌疑。医学媒介生物实验室通过认监委“伊蚊形态学鉴定”能力验证;保健中心实验室通过CNAS年度监督评审和国家检验检疫总局飞行检查。保健中心与口岸一线在应急处置、样品采集与检测、传染病排查技巧等方面开展协作,发现卫生学问题197例,症状19例,确诊传染病5例,传染病发现率0.13%,确诊率26.32%,分别比上年增长72%和373%;首次截获美洲浣熊;浙江省系统首次截获铜腹重毫蝇;检出梅毒2例,放射性不合格2批、37标准箱,首次检出未经审批的链球菌阳性对照品。

【加强动植物检疫工作】 2015年,嘉兴检验检疫局扎实做好入境产品中有害生物截获和动植物疫情疫病监测工作,加强行业管理培训,提升生物物种资源鉴定能力。全国首次截获检疫性有害生物4种,全省首次截获3种。启动口岸动植物检疫规范化建设,组织对辖区口岸动植物检疫工作全面调查摸底,制订口岸动植物检疫规范化建设实施方案,明确2015~2017年口岸规范化建设的目标、进度和任务;继续推进动植物检疫实验室建设,完善植物检疫实验室体系;启动“浙江皮毛检验检疫中心实验室”改造工程,嘉兴检验检疫局乍浦办事处植物检疫现场实验室高分通过浙江检验检疫局考核。加强疫病风险监测,向企业宣传贯彻进出口饲料监督管理办法,严格实施标签管理,与进口粮食企业签署质量安全承诺书;在基地建设、管理、农残药残控制等方面提前介入,推动辖区泥鳅、汾湖蟹和鳗鱼出口。

【加强敏感商品检验】 2015年,嘉兴检验检疫局以“强联合、挖线索,强联审、打违法,实施进境、进市双联监管”模式,与有关部门共同查获非法进口牛肉、凤爪、鸡脚和进口冷冻水产品,实施行政处罚并没收违法所得。出动130人次开展进口汽车后续监管调查,对22家进口汽车经销商建立档案,开展“三包”监管18家,召回12家。

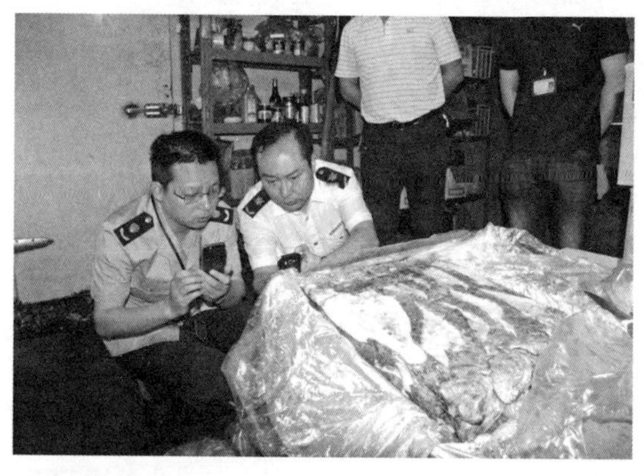

2015年,嘉兴检验检疫局与有关部门共同查获非法进口凤爪、鸡脚和进口冷冻水产品

【开展转型发展服务年活动】 2015年,嘉兴检验检疫局参与转型发展服务年活动,局领导带

队走访企业36个,解答各类问题52个,到乡镇基层一线指导工作8次。实现省内企业与嘉兴港间的“就近报检,就近放行,就近取证”的通报通放机制。加强关检协作,共同推行全面无纸化通关和口岸“一次申报”。全年举办嘉检讲堂10期,签发原产地证书99327份,签证金额38.49亿美元,签证量居全省第二位,其中自贸区证书22462份,签证金额8.23亿美元,分别比上年增长18.1%和24.8%,为辖区企业获得国外关税优惠5.23亿元。

【支持港口扩大开放】 2015年,嘉兴检验检疫局指导港口开放工作近百次,帮助促进业主单位整改提升,7月中旬通过浙江检验检疫局开放预验收。到江苏苏州、昆山等地学习调研,统一规范综保区检验检疫设施建设,针对区内进口铜精矿检验流程变化,实施港区一体化模式,帮助企业解决实际困难。

【推进出口农产品检验检疫模式改革】 2015年,嘉兴检验检疫局制定推进出口农产品检验检疫模式改革计划,在推行农产品模式改革的同时推行无纸化报检,31个企业递交风险管理计划,年内,完成64个企业的模式改革。10月,制订《出口食品化妆品(包括中药材)监督抽检管理工作实施细则(试行)》,建立出口食品农产品“残留监控+重点检测+监管放行”的检验监管新模式,一般风险的出口食品农产品平均抽批比例从80%下降到20%;引导督促企业加强“自检自控”体系建设;对于“即报即放”模式直接按合格评定放行,简化检验检疫工作流程。

【创建依法行政示范单位】 5月,嘉兴检验检疫局制订创建依法行政示范单位实施方案,组织4次中心组法制学习,2次中层干部专题学习,行政执法人员每人法制培训40学时;制订《行政调解工作规范》《行政赔偿和行政补偿制度》等规范,加强文件规范性管理,合法性审查1件,清理21件,有效文件全部在外网公开;为市中级人民法院、外事办等部门提供相关证据、鉴定结果等材料10份;部署开展业务督察“回头看”和国家检验检疫总局30号情况通报自查,发现整改问题23个,自觉接受市人大、政府、政协、司法机关监督;接收并按时处理“12365”投诉举报309起,查处违法案件9起,未收到行政复议和行政诉讼。

【加快推进信息化建设】 2015年,嘉兴检验检疫局持续构建“智慧国检”,探索具有质量保证程序的口岸业务全过程智能化管控工作模式,完成方案及设备采购,研发优化出入境集装箱系统、出入境船舶企业申报APP客户端、执行力系统中人力调配子系统等软件系统,充分实现口岸检验检疫全过程记录,为口岸单人执法和远程执法提供技术支撑。12月,完成信息化管理综合服务平台建设,全局业务管理、综合考勤、信息管理、网站管理、物品管理等工作实现信息化,提升了管理效能和水平。

【创建“嘉检360”机关服务品牌】 2015年,嘉兴检验检疫局加强品牌宣传,印发机关服务品牌图册,在嘉兴电视台等媒体开展宣传。巩固和优化青年文明号、巾帼文明岗、群众满意窗口的服务内容,参与嘉兴全国文明城市创建,将党建工作和支部所在单位(部门)年度绩效工作纳入党支部考核评比,得到省直机关工委高度评价。推进“一支部一品牌”建设,开展最具创意“红船组织生活”案例评选和“嘉检首创”“嘉检亮点”评选活动。通过开展顾客满意度调查、召开行风廉政监督员座谈会等形式,建立以服务对象满意为导向的监督评价机制。年内,“嘉检360”被命名为嘉兴市机关服务品牌。

(朱其芳)

边防检查

【概况】 2015年,嘉兴边防检查站共检查出入境港中外籍船舶1435艘次,员工21787人次,开展网上报检1500余次，网上办证4000余份,开通绿色通道7次,救助受伤船员5名,在线咨询300余次。年内,嘉兴边检站及所属基层单位被省边防总队评为五星级党支部、先进基层党组织、基层执法示范单位。1人代表省边防总队参加公安边防部队华东片区四会优秀教员比赛，获授课组一等奖;1人获2012～2014年度最美嘉兴人提名奖,1人被评为省边防总队优秀共产党员,1人被评为港区优秀团干部;5人入选第四支赴利比里亚维和警察防暴队。

【提升边检服务水平】 2015年,嘉兴边防检查站抓住“社会经济发展到哪里,边检服务就延伸到哪里”的理念,重新整合手续办理、证件签发、港区巡查、快速处警、情报调研、执法办案等服务功能的3个综合执勤组,提供“一站式服务”和“组团式服务”。与口岸企业、代理单位建立24小时联络沟通机制和服务通关制度，提供船舶手续现场办理、预约办证等服务,安排检查员提供全程跟踪办理和情况反馈服务，实现“手续在一线办理、问题在一线解决、效率在一线体现”的工作目标。

【服务地方经济发展】 2015年,嘉兴边防检查站抓住平湖独山、海盐两翼扩大开放机遇,成立口岸扩大开放领导小组,组织编撰《嘉兴口岸对外开放码头边检基础设施建设指南》,边检艇码头设计完毕,准备开工建造。升级60余个高清探头,实时传输口岸动态图像,最大限度延伸管控触角。深入推行科队联勤机制和驻企检查员包干制,践行“365+24”全天候服务承诺,为企业减负增效,助推地方经济发展。

【做好重大安保工作】 2015年,嘉兴边防检查站把完成重大安保任务摆在首要位置,强化口岸查控,加大对重点国家人员检查力度,严格口岸限定区域管理，以“固边一号”“春雷”和“蓝盾”系列平安攻坚等专项行动为契机,开展口岸基础情况“大排查、大梳理、大整治”活动，建立口岸基础电子档案与口岸辖区电子地图,切实做到底数清、情况明、心中有数。全年开展限定区域专项整治、锚地专项整治行动等19次,圆满完成国庆、“9·3”阅兵等重大安保任务,维护口岸的安全稳定,成功查获口岸违法违规案件16起16人次,查获网上在逃人员3人次。

【推进口岸信息化建设】 2015年,嘉兴边防检查站推动基础信息化与实战化融合发展,使基础信息化成果在警务实战中得到充分应用;推进“智慧口岸”建设,打造集高清监控视频、二维码办证APP、业务数据统计分析为一体的智能港区管控系统，加快执勤现场“机器换人”步伐。在独山港区试行“无纸化”通关服务,安装自助通关壁挂机,实现登轮人员凭本人身份证进出口岸限定区域,不再查验纸质凭证,提高口岸通行便利化水平,实现服务与管控双提升。

（傅梦洋）

财税　金融

财　政

【概况】 2015年，嘉兴市实现财政总收入638.8亿元，比上年增长8.6%，占全市生产总值的18.2%，其中一般公共预算收入350.35亿元，增长7.1%，占财政总收入54.8%。全市一般公共预算支出424.16亿元，增长14.8%。全市政府性基金收入181.14亿元，下降41.9%；政府性基金支出195.06亿元，下降37.3%。全年市本级实现财政总收入192.79亿元，增长9.2%，其中一般公共预算收入108.47亿元，增长6.1%，占财政总收入的56.3%。市本级一般公共预算支出146.76亿元，增长14%。市本级政府性基金收入47.25亿元，下降47.6%；政府性基金支出56.97亿元，下降35.6%。2015年，市财政局被市委、市政府评为目标责任制暨"五型机关"考核一等奖。

2015年，市财政局圆满完成收入任务，被市委、市政府评为目标责任制暨"五型机关"考核一等奖

【组织财政收入】 2015年，市财政局强化重点税源监控，全市认定各级重点税源企业6817户，入库税收198.57亿元，占全部入库税收的78.7%。加强税费基础管理，开展营业税专项辅导清理，全市补缴营业税1.95亿元。加强企业所得税预缴管理，预缴率80%。规范印花税征管，全市入库印花税7.07亿元，增长31%。深化税收风险管理，纳入市本级税收保障的成员单位增至31个，全年采集48万条涉税信息，补缴税费1.08亿元。强化社保费征管，启用嘉兴市社会保险费年度结算系统，结算率97.2%，全市入库社保费166.99亿元，增长14.3%。加强非税收入管理，开展公安交通违法处罚网上缴款试点，成为全省首批试点成功地市，受土地出让收入下降影响，全市非税收入227.36亿元，下降35.9%。

【落实财政政策】 2015年，市财政局落实税费优惠政策，开展清理规范涉企收费专项行动，全市减免各项税费97.05亿元。完善兑现财政扶持政策，制定促进外贸发展、推进智能制造、发展楼宇经济等系列财政扶持政策，全市安排各类财政性资金57.92亿元，用于支持制造业、服务业和现代农业发展。支持实施创新驱动战略，出台对嘉兴科技城等创新平台的财政支持政策，力推秀洲高新区升级为国家高新区，建设科技创新中心，全市科技支出14.09亿元，增长16.1%。出台对"人才强企"等财政支持政策，市财政安排6500万元专项资金，支持领军人才项目建设。转变财政支持方式，利用政府产业基金等市场化运作模式,吸引带动社会资本投入信息经济等七大产业,全市各级政府产业基金规模达到 58.95 亿元, 投资和参股各类子基金 67.68 亿元,已投资项目 27 个,带动社会资本 96.06 亿元。

【保障民生事业】 2015 年,全市各级财政用于民生支出 289.63 亿元, 比上年增长 13.9%,占一般公共预算支出的 77.8%。支持教育事业,保障义务教育资源优质均衡,完善民办学校和学前教育财政补助办法, 全市教育支出 85.37 亿元,增长 4%。支持文化事业,建立国家公共文化服务体系示范区创建经费保障机制,完善文化发展资金、文化产业专项资金和"文化有约"项目资金管理办法,全市文化支出 8.34 亿元,增长 9.3%。支持医疗卫生事业,调整公立医院财政政策, 完善公立医院债务化解和绩效考核机制,下达市属医院债务化解补助资金 6.7 亿元; 推动优质资源下沉和分级诊疗体系建设,完善基层医疗机构财政补偿机制,为社区签约医生制度建立筹资机制, 全市医疗卫生支出 22.35 亿元,增长 23%。完善社会保障,实施机关事业养老保险制度,调整养老金、基本生活保障金财政补助标准, 出台被征地居民社会保障制度实施意见和缴费管理办法,实施新一轮职工基本医疗保险制度,推出老年人意外伤害保险, 全市社会保障支出 25.26 亿元,增长 9.6%。

【深化财政改革】 2015 年,市财政局调整市对区财政体制,出台《关于进一步完善市对区分税制财政管理体制的通知》《关于下划第二批市特定企业的通知》《嘉兴市进一步完善特定企业管理体制实施方案》,按照"存量不变、增量调整"的方式,调整市、区财政收支划分范围,理顺市、区事权与支出责任。推进预算信息公开,全市所有县(市、区)财政总预算和"三公"经费预算、市级部门(除涉密部门外)预算全部公开,市级各部门按月向社会同步公开公务用车购置及运行费公共财政拨款预算执行情况表。盘活财政存量资金,清理存量资金,市级财政收回结余结转资金 12.61 亿元并全部支出, 制定盘活市级财政存量资金实施方案,盘活 40.55 亿元资金用于重大工程建设、化解存量债务和补充社保基金等。推进政府和社会资本合作,在城市轻轨、污水处理、人防设施等领域征集实施政府和社会资本合作(PPP)项目,全市组织实施 24 个项目, 其中列入财政部示范项目 1 个,列入省财政厅示范项目 7 个。推广政府购买服务,出台政府购买服务管理办法和指导目录, 全市政府购买服务金额 13.59 亿元,涉及 63 个项目,其中 3 个示范性项目在全省推广应用。实施公款竞争性存放,出台公款竞争性存放管理暂行办法,全市实施 62.7 亿元财政资金招投标存放,获得收益 2.81 亿元。

市财政局考察海盐"山水六旗"项目,扩大投资稳定增长

【实施海绵城市建设试点】 2015 年,市财政局参与编制海绵城市试点方案和实施计划,推动嘉兴市入围全国首批、全省唯一的海绵城市建设试点市。海绵城市试点区域范围内项目 116 个,3 年计划投资 51.7 亿元, 其中中央财政补助 12 亿元、市财政配套投入 9 亿元、吸引社会资本投入 30.7 亿元。出台《嘉兴市海绵城市建设试点市级财政资金补助管理办法》, 为嘉兴市海绵城市建设投资有限公司注资,全年实施工程项目 43 个,开工项目 8 个,全年拨付海绵城市建设资金 4 亿元。

【强化财政监督管理】 2015 年,市财政局强化绩效评价,出台《嘉兴市预算绩效目标管理实施办法（试行）》，实现部门预算项目目标管理全覆盖，出台《嘉兴市级政府专项资金绩效管理实施办法（试行）》，提升政府专项资金的使用绩效。优化政府投资项目管理，市级政府投资项目结算审核339个，审定金额6.96亿元，净核减1.02亿元；项目竣工决算审核32个，审定金额16.11亿元，净核减0.25亿元。加强政府性债务管理；开展地方政府债券置换存量债务工作，全市置换存量债务222.36亿元；全市地方政府债务年初余额869.75亿元，新增20.3亿元，偿还125.22亿元，年末余额764.83亿元。规范政府采购监管，出台《嘉兴市市级政府采购预算管理暂行办法》《嘉兴市变更政府采购方式审批管理办法》《嘉兴市政府采购合同履约验收管理暂行办法》等制度。强化镇（街道）财政管理。全市有61个乡镇被评为市规范化财政所，达标率96.8%，纳入乡镇公共财政服务平台的补助性资金项目132个，全年发放资金3.79亿元。

（孙飞翔）

国家税务

【概况】 2015年，全市国税部门组织税收收入391.61亿元，比上年增长9.8%，增速、收入规模分别列全省第二位、第三位。其中组织中央级收入280.11亿元，增长10%；省级收入2.22亿元，增长10.3%；市地县级收入109.28亿元，增长9.3%，首次突破100亿元。全市国税部门组织地方财政总收入、公共财政预算收入364.96亿元、109.28亿元，分别占全市预算收入的57.1%、31.2%，国税贡献度分别提高1个百分点和0.6个百分点。2015年，全市国税收入呈现三大特点：一是成为全省第一个所辖县（市）国税收入均超过40亿元的地市。年内，各县（市）税收实现平稳增长，市本级、海宁市、平湖市、桐乡市、海盐县、嘉善县分别完成国税收入124.05亿元、64.28亿元、59.27亿元、54.91亿元、48.76亿元、40.34亿元。二是收入结构及质量不断提升。全市第三产业国税收入增速高出第二产业1.3个百分点，14个省级以上开发区（园区）国税收入154.5亿元，增长16.8%，对全市国税收入增长的贡献度达63.6%。战略性新兴产业、装备制造业、高新技术产业分别完成税收87.8亿元、85.11亿元、44.39亿元，增长17.2%、17%、13.9%，占全市国税收入的22.4%、21.7%、11.3%。三是纳税大户数量继续增加。年末，全市纳税超亿元以上企业34个，增加7个；纳税千万元至亿元企业448个，增加20个；纳税百万元至千万元企业3361个，增加111个。2015年，市国税局分别获评嘉兴市“五型机关”创建考核一等奖和浙江省国税系统绩效管理先进单位，连续第十二年被评为市“五型机关”创建考核先进单位。

9月8日，市国税局、市地税局、建设银行嘉兴市分行举行“税银互动——税易贷业务合作签约仪式”

【扩大结构性减税效应】 2015年，全市国税系统综合运用税收杠杆，扩大结构性减税效应。至年底，全市有10个行业3.25万户纳入“营改增”试点，全年入库改征增值税8.57亿元，试点行业总体税负下降35.2%，全市企业因“营改增”合计减负9.11亿元；累计落实各类税收优惠45.49亿元，减免高新技术企业所得税8.17亿元，落实研发费用加计扣除额17.62亿元，受理固定资产进项抵扣35.1亿元；免征起征点以下小微企业增值税6.47亿元，减免小微企业所得税1.61亿元，惠及全市小微企业及个体工商户近20万户。贯彻出口退税负担机制调整和纺织、服装等产品出口退税率调整，推行出口退税“无纸化”,将外贸企业出口退税审批权下放到所有县(市)国税局,将生产型企业出口退税审批权下放到所有县(市、区)国税局;深入实施出口退(免)税企业分类管理,一类企业退税时间缩短至2个工作日,全年累计办理出口退(免)税205.19亿元,比上年增长19%,首次突破200亿元,有力促进嘉兴市外贸健康稳定增长。

【强化依法治税】 2015年,全市国税系统深入推进税务行政审批制度改革,对外公告审批事项,并实施动态管理。进一步严肃税收规范性文件管理,重点加强执法信息系统管理;推动税务系统公职律师队伍建设,注重发挥重大税务案件审理的规范监督和示范引导作用。落实纳税服务、税收征管、出口退(免)税、国地税合作四大规范,学习贯彻《深化国税、地税征管体制改革方案》。开展特色模块化稽查团队实践,拓展数字化检查工具应用领域,大力加强风险管理导向下的税务稽查工作,深入开展行业检查和专项整治,贯彻落实税收“黑名单”制度,协调落实联合惩戒措施,进一步提升税收执法的准确性和震慑力。

【健全税源风险管理机制】 2015年,全市国税系统以税源一体化为载体,建立健全税源风险管理工作机制,重点加强50万元以上税源的风险应对。开展定点联系企业全流程税收风险管理,探索中小税源项目化风险管理,尝试开展重大事项预约裁定工作。组织力量开发税源风险管理系统,进一步提升信息管税的支撑力。推进“五证合一、一照一码”改革,有序推进增值税发票系统升级改造工作,加快推进车购税征管方式改革,全面落实电池涂料消费税政策和卷烟消费税调整政策,切实加强企业所得税预缴和汇算清缴管理,进一步深化反避税工作。

【深化便民办税行动】 2015年,全市国税系统以深化“便民办税春风行动”为契机,持续推进办税服务网点建设和标准化建设,实施办税服务厅购买服务,拓展新媒体服务平台,规范完善实体纳税人学堂建设,构建网上办税为主、自助办税为辅、窗口办税为补的一体化办税模式。做好转型发展服务年走访服务,协同有关部门共同推进企业投资项目跟踪管理服务制度以及招商选资全程支持、重点项目跟踪走访、生态环境政策引导等专项服务。首次尝试与两个集团公司签订了《税收遵从合作协议》,将“常规服务、专属服务、定制服务”拓展到全市200万元以上重点税源企业。

4月27日,市国税局举行“嘉兴市大企业税收座谈会暨《税收遵从合作协议》签约仪式”

表9

2015年嘉兴市分税种国税收入完成情况

单位:万元

税　种	2015年	2014年	增长(%)
税收收入合计	3916058	3567095	9.8
国内增值税	2710379	2474288	9.5
国内消费税	79197	45691	73.3
企业所得税	918893	862880	6.5
储蓄利息个人所得税	7	10	-30.0
车辆购置税	207582	184226	12.7

表 10　**2015 年嘉兴市分县(市)国税收入完成情况**

单位:万元

单　位	2015 年	2014 年	增长(%)
全市	3916058	3567095	9.8
市本级	1240461	1131577	9.6
海宁	642800	590600	8.8
桐乡	549137	488758	12.4
平湖	592727	534920	10.8
嘉善	403377	374237	7.8
海盐	487556	447003	9.1
其中:海盐县域	224480	215987	3.9
秦山核电	263076	231016	13.9

(蔡黎明　温西湖)

地方税务

【概况】 2015 年,全市地税部门组织各项收入 450.99 亿元,比上年增长 9.7%。其中税收收入 252.26 亿元,增长 7.1%;非税收入 198.73 亿元,增长 13.2%。市本级组织各项收入 141.7 亿元,增长 8.1%。其中税收收入 80.35 亿元,增长 6%;非税收入 61.34 亿元,增长 10.9%。2015 年,全市地税收入呈现四大特点:一是收入增长总体平稳,经济与税收协调发展。2015 年,全市经济运行缓中趋稳,生产总值增长 7%,地税收入增长 7.1%,略高于全市生产总值的增长。税收收入“十二五”期间年均增长 18.3%,保持较快增长态势。二是第二产业税收、第三产业税收均衡增长,房地产业税收贡献回升。2015 年第二产业税收、第三产业税收分别增长 7.14%、7.05%,第二产业税收、第三产业税收增长相差 0.09 个百分点,显示产业间均衡发展趋势。制造业税收、房地产业税收分别增长 9.63%、4.46%,增速分别回落 11.7% 和增长 5.2%。金融业税收增长 10.6%,增速下降 0.7%;租赁和商务服务业税收增长 19.3%,增速下降 11.1%。三是中央级、省级税收增长快于县(市)级税收增长,个人所得税增长较快。2015 年中央级、省级和县(市)级税收收入分别入库 44.71 亿元、4.35 亿元、203.2 亿元,分别增长 8.81%、15.66%、6.54%,中央级和省级收入增长明显快于县(市)级收入的增长,县(市)级税收收入占比下降 0.4 个百分点。营业税、企业所得税、个人所得税三大税种分别增长 12.79%、0.81%、16.18%。个人所得税在股权、限售股转让等财产转让所得的大幅增长以及工资、薪金所得稳定增长的推动下,税收增长较快。四是非税收入持续增长,地税支撑地位日益提升。2015 年,全市地税部门组织非税收入 198.73 亿元,比上年增长 13.2%,非税收入占地税收入的 44.1%。全市地税部门组织地方财政收入占全市地方财政收入的 66%,地税的支撑作用日益提升。

2015 年,市地税局开展“创业光彩纳税光荣”税收宣传活动,开展“龙头企业是怎样炼成的”“以‘亩产税收’论英雄”两个主题 104 家企业宣传

2015年，全市地税部门检查纳税人1466户，查补入库金额2.83亿元；市本级检查纳税人400户，查补入库金额1.34亿元。与国税、公安部门联合开展打击税收违法犯罪活动，全市联合检查企业6个，查补入库金额297万元。开展房地产业自查，开展对制造业、驾校、非学历教育、商贸业及营改增及其扩围行业的重点检查。

【支持企业转型升级】 2015年，市地税局落实各项税费减免政策，全市办理各类减免税费97.05亿元。强化小微企业优惠政策落实，全市小微企业优惠政策受惠面100%。建立“四换三名”“浙商回归”、产业集聚区等优质税源培育对象库，开展政策辅导和重点培育。南湖基金小镇是首批浙江省省级特色小镇，为扶持基金小镇发展壮大，及时调整职能，推动税收征管由管户制向管事制转变、由组织收入型向税源管理型转变；设立重点税源管理岗，为基金小镇企业定制个性化的纳税服务措施，提振纳税人创业创新信心。强化政策导向，通过税收差别化减免，倒逼企业节约用地，提高“亩产税收”，2015年，市本级“亩产税收”考评减免税额1.8亿元，其中亩产高、前景好的A类企业占总减免金额的81.6%。

【完善税收征管体系】 2015年，市地税局与市国税局联合发文成立合作工作领导小组，建立合作工作联席会议，对全市国地税合作情况全面摸底，召开协调会专题研究，联合推进税务登记管理、非正常户管理、欠税管理、风险管理、违章处罚控管、基础数据规范、税源网格化管理等。从10月1日起，全面推行“五证合一、一照一码”登记制度。“一个窗口”统一受理申请后，申请材料和登记信息在部门间共享，各部门数据互换、档案互认。持续深化税收风险管理，优化风险推送方式，由单项风险推送向综合风险推送转变，全年完成5424户次的风险应对，补缴税费1.08亿元、滞纳金和罚款156万元。延伸税收保障平台流程，通过稽查模块推送风险指标，入库税收5606万元。扩大税收保障风险管理覆盖面，向市本级31个税收保障成员单位采集47.54万条涉税信息，海宁市、桐乡市和嘉善县完成信息平台建设。完善“税友龙版”软件功能，不断优化运行维护体系，保障系统高效运行，同时利用下行数据库建设数据应用平台，形成需求采集表、开发进度表。完善信息安全防范体系，7月，开展省、市、县联动综合应急演练，保障系统安全运行。

从10月1日起，市地税局全面推行“五证合一、一照一码”登记制度

【加强依法治税工作】 2015年，市地税局强化税费基础管理，开展营业税专项辅导清理，对房地产业、建筑业、金融业以及生活性服务业2012年度、2013年度、2014年度涉税情况进行清理，补交营业税1.95亿元。加强企业所得税预缴管理，通过数据监控、比对分析和对税源大户的重点辅导，企业所得税预缴率80%，比上年增长7.4%。开展年收入12万元个人所得税申报，全市受理自行申报人数36140人，完成省地税局下达任务的135%，补缴个人所得税1499万元。加强和规范印花税征管，入库印花税7.07亿元，比上年增长31%。梳理、分类企业所得税17项备案项目，建立统一清册和表单，完成企业所得税备案类项目技术开发，纳入地税数据平台。推出《嘉兴市社会保险费年度结算系统》，全年社保结算申报户27840户，申报率97.8%，增长1.03%。按照国家税务总局

要求，清理近三年税务个案批复，规范税收个案批复行为。做好行政处罚信息公开，全年公开143件。加强审批服务工作，全年办理各项业务37666件，财政地税窗口办事的即办率和办结率分别达到100%。

【提升纳税服务水平】 2015年，市地税局与市国税局、建行嘉兴市分行联合推出小微企业“税易贷”金融服务平台，针对纳税信用状况良好、经营稳定的小微企业，根据市国地税提供的税收遵从度和纳税信用良好企业名单，提供最高200万元的信用授信及其他金融服务。2015年，全市发放信用贷款5362万元，惠及69家企业。与嘉兴银监共同开展“银税互动”助力小微企业发展活动，建立银税合作联席会议制度，丰富社会信用体系建设。实施“二优一提”（优化流程、优化服务、提速增效）优化办税环境，落实征管规范、纳服规范，整合各分局办税服务厅资源，从11月1日起，实现市本级范围办税服务厅涉税业务同城通办，统一业务流程，统一服务标准，提高征管质量与效率。开展全国纳税人满意度调查工作，通过微信、网络开展“以事说税”有奖问答活动和“非常满意在地税”税收知识竞赛活动，提高纳税人满意度和遵从度。开展“创业光彩、纳税光荣”主题税收宣传活动，运用与主流媒体合作宣传模式，通过挖掘企业纳税故事和经验，宣传企业克服困难找出路、转型升级增效益典型。

（吴欣苗）

银行业

【概况】 2015年，嘉兴市金融运行总体平稳，金融总量不断扩大，信贷结构有所变化，资金价格下降趋势明显。全市新增社会融资规模749.0亿元，直接融资新增507.0亿元，比上年增加257.7亿元；全市新增直接融资占新增社会融资规模的67.7%，提高34.6个百分点。银行贷款新增278.6亿元，少增232.8亿元；银行新增贷款占新增社会融资规模的37.2%，下降21.6个百分点。年末，嘉兴市金融机构本外币各项贷款余额4919.8亿元，比上年增加278.6亿元，增长6.0%。全市新增小微企业贷款163.1亿元，占全部新增贷款的58.5%，提高13.9个百分点。2015年末，嘉兴市小微企业贷款余额1658.1亿元，增长12.8%，高于贷款平均增速6.8个百分点。2015年，全市新增制造业贷款43.4亿元，多增21.6亿元，占全部新增贷款的15.6%，提高11.4个百分点。年末，全市金融机构本外币各项存款余额5957.0亿元，比上年增加322.7亿元，增长4.6%。全市新增非金融企业存款72.4亿元，多增10.4亿元；新增住户存款202.0亿元，少增74.7亿元；新增广义政府存款47.7亿元，少增77.8亿元；新增非银行业金融机构存款1.3亿元，少增20.1亿元。年末，全市人民币一般贷款加权平均利率5.75%，下降1.16个百分点，低于全省0.07个百分点；贴现加权平均利率3.30%，下降2.95个百分点；个人住房贷款加权平均利率4.67%，下降1.29个百分点；美元贷款加权平均利率1.97%，下降0.09个百分点；全市小额贷款公司加权平均利率15.94%，下降0.22个百分点。2015年全市银行间市场债券融资工具加权平均利率4.64%，下降1.88个百分点。

2015年，人民银行嘉兴市中心支行获“全国文明单位”称号，被授予2012～2014年度总行级文明单位称号，被上级行评为综合业务考核A等行，被市委、市政府授予“五型”机关考核一等奖。

表11　**2015年嘉兴市银行业金融机构本外币存贷款情况**

单位:亿元

机构	存款			贷款		
	余额	增加额	增长(%)	余额	增加额	增长(%)
农发行嘉兴市分行	45.64	21.21	86.82	144.79	23.20	19.08
工商银行嘉兴市分行	776.45	26.28	3.50	657.27	40.00	6.48
农业银行嘉兴市分行	954.06	82.81	9.58	732.99	24.77	3.50
中国银行嘉兴市分行	388.57	-17.54	-4.32	413.44	-15.25	-3.56
建设银行嘉兴市分行	614.54	-34.70	-5.34	533.20	-59.05	-9.97
交通银行嘉兴分行	232.88	24.22	11.61	203.11	4.40	2.22
中信银行嘉兴分行	248.76	-5.97	-22.58	209.26	1.55	0.75
光大银行嘉兴分行	41.33	10.09	32.29	35.71	6.14	20.76
华夏银行嘉兴分行	41.94	2.96	7.60	55.45	9.07	19.55
平安银行嘉兴支行	93.49	14.26	17.99	96.25	29.97	45.23
招商银行嘉兴分行	58.09	-5.73	-8.98	52.18	-1.52	-2.82
浦发银行嘉兴分行	73.57	-19.49	-20.95	90.02	-3.68	-3.93
兴业银行嘉兴分行	117.41	4.03	3.55	140.94	9.02	6.84
民生银行嘉兴分行	49.14	-4.62	-8.60	79.62	8.38	11.76
恒丰银行嘉兴分行	26.82	26.82		38.77	38.77	
浙商银行嘉兴分行	79.09	17.43	28.28	78.03	13.85	21.57
广发银行嘉兴分行	22.50	2.01	9.83	9.12	0.35	4.01
嘉兴银行	316.54	45.06	15.33	213.60	17.17	8.74
湖州银行嘉兴分行	37.82	0.72	1.94	34.02	1.80	5.58
绍兴银行嘉兴分行	40.30	9.89	32.53	31.92	10.43	48.55
杭州银行嘉兴分行	27.38	10.72	64.37	34.11	12.20	55.69
金华银行嘉兴分行	1.08	1.08		1.31	1.31	
民泰银行嘉兴分行	9.94	0.40	4.21	12.32	5.13	71.25
泰隆银行嘉兴分行	12.14	2.68	28.35	9.63	2.48	34.70
禾城农村商业银行	759.30	74.46	10.87	500.71	37.15	8.01
禾城农村合作银行	191.71	15.01	8.49	121.39	6.86	5.99
嘉兴市农村信用社	381.18	32.88	9.44	249.82	18.77	8.12
邮政储蓄银行嘉兴市分行	235.79	11.38	5.07	86.30	18.34	26.99
村镇银行	47.42	7.13	17.68	54.53	6.94	14.58

【开展“金融助力转型升级服务年”活动】 2015年，人民银行嘉兴市中心支行贯彻落实市委、市政府“突出转型升级,着力推动经济提质增效”工作部署,组织金融系统开展“金融助力转型升级服务年”活动,提升金融服务保障水平。稳步推进金融改革，2015年年初,嘉兴市向上争取外债宏观审慎管理改革政策,并成功入围全国第二批试点名单;为帮助跨国大企业盘活国外资金，嘉兴市新增13家企业入围外汇资金集中运营管理试点;出台《关于加快金融改革创新促进经济转型发展的意见》，统筹推进嘉兴区域金融改革。切实加强与城镇化建设、战略新兴产业、节能环保等嘉兴市转型升级重点领域、关键环节的融资对接,优先保障重大基础设施项目、重大产业项目、重大工业技改项目建设资金需求,人民银行嘉兴市中心支行联合多部门开展“五水共治,金融在行动”专项活动,落实“三个一”(一个重点项目、一位行领导挂牌督办、一个融资顾问团队全程跟踪)机制,达成融资意向200多亿元,支持509个“治

水”项目建设。加大对小微企业等金融薄弱领域的扶持，出台《关于缓解企业融资难融资贵问题的实施方案》，开展“转型发展，金融同行”专项服务；牵头建设嘉兴市小微企业信用信息系统，推广应用微信端“嘉兴市中小企业融资服务平台”，推进不动产余值再抵押等九大担保方式创新，探索期限年审法、借新还旧等48种小微企业还款方式，累计为2977户小微企业周转贷款103.9亿元。

【金融支持海洋经济发展】 2015年，人民银行嘉兴市中心支行通过政策推动、创新促动、资金撬动“三轮驱动”，促进海洋经济及海洋战略性新兴产业加快发展。加大政策支持引导力度，引导辖内金融机构在利率定价、信贷管理、抵押担保、产品创新等方面实施差异化服务；搭建合作平台，举办嘉兴港区政银企合作恳谈会，达成授信63.9亿元。至年底，嘉兴市海洋经济贷款余额355.2亿元，比上年增长16.5%，高于平均贷款增速8.2个百分点。加大推动涉海金融创新，针对涉海产业特点，推动港口、码头、岸线等海洋基础设施建设相关企业发行中长期企业债券，支持海洋产业中龙头骨干企业发展短融、中票等债务融资工具，推动海洋产业上市融资。年内，嘉服集团、乍浦建投发行15亿元中期票据，海盐力源通过新三板定向增发获得0.86亿元资金支持。加大推动涉海资金支持，金融机构开展组织机构创新，争取海洋金融业务试点，筹建船舶金融部、航运金融部等海洋经济专业部门，向上争取信贷规模、机构设置、审批权限、产品创新等政策倾斜；拓展抵质押物范围，加大海域使用权抵押贷款、出口退税账户托管贷款、渔船抵押贷款、在建船舶抵押贷款等。至年底，全市海域使用权抵押贷款余额3.2亿元，新增2.1亿元。

【加强金融基础设施建设】 2015年，人民银行嘉兴市中心支行依照“共享发展、普惠包容”要求，加强金融基础设施建设，努力让金融发展成果惠及更多人民群众。打造支付结算服务品牌，全省率先启动“智慧菜场”项目，拓展金融IC卡运用领域；试点银行卡助农取款服务点与阿里巴巴“农村淘宝”电子商务服务站合作新模式，全市177个银行卡助农服务点与“电子商务进万村”工程合作共建，推动农村电子商务发展。打造国库服务品牌，加快推进政府非税收入收缴电子化进程，实现统一公共支付平台应用全覆盖；推广地税税收收入电子退库业务，实现基于一户通扣税方式地税税收收入电子退库业务全覆盖，退税到账时间从两天缩短到半小时。打造现金服务品牌，开展现金服务标准管理和现金服务示范网点建设，有效提升全市银行机构现金收付标准化服务水平；成立由银行机构业务骨干组成的“反假货币讲师团”，开展反假货币宣传，推进人民币现金全额清分和冠字号码查询。打造征信服务品牌，开展“加强征信宣传教育，提升国民信用水平”主题摄影比赛，拍摄征信宣传微电影，加大征信宣传力度，提高公众信用意识；推进信用体系建设，深入推动省级中小企业信用体系试验区建设，打造“聚信、评信、授信、用信”四大平台，拓展征信运用空间。

（陈贺强）

【开展“提升服务品质，助推转型发展”行动】 2015年，嘉兴银监分局开展“提升服务品质，助推转型发展”专项行动，建立“六表一简报”监测通报制度，并对完成不力的银行机构采取监管措施。协同市委组织部等部门联合开展“百名金融服务指导员进企业”专项活动，选派金融服务指导员262名，累计为706家企业解决金融问题和困难703个，节约财务成本1966.78万元，防范或化解信贷风险和财务风险金额7.84亿元，服务企业满意度100%。

【支持制造业和重点建设项目】 2015年，嘉兴银监分局与市经信委联合下发《关于嘉兴银行业支持制造业发展的指导意见》，在全省制造业贷款负增长的不利形势下，全市制造业贷款比年初增加62.89亿元，增量占全部贷款增量的22.71%;与发改委等部门联合下发《2015年全市重点建设项目金融支持方案》,组织召开重点项目建设对接会,辖内25家银行成功对接"千亿工程"项目190个,累计完成授信698.41亿元,贷款余额达到320.29亿元。

【支持小微企业发展】 2015年,嘉兴银监分局出台《2015年嘉兴银行业小微企业金融服务意见》,把握服务社区化、数据模型化转型方向,创新小微金融服务模式,促进小微企业良性发展。至年底,全市小微企业贷款余额2081.39亿元,比上年增加228.36亿元,占全部新增贷款的82.5%;小微企业贷款增速12.32%,高于各项贷款增速6.36个百分点;小微企业贷款户数90455户,比上年增加11229户;小微企业申贷获得率93.97%,提高3.27个百分点。嘉兴银监分局被授予"浙江银监局系统2015年度小微企业金融服务先进银监分局"称号。

【金融服务"三农"经济】 2015年,嘉兴银监分局推进"新三权"抵押贷款创新,加大金融支农力度。至年底,辖内农村中小金融机构涉农贷款余额795.8亿元,比上年增长9.2%,增速高于各项贷款1.1个百分点;"新三权"贷款余额1.75亿元,增长10.7%,高于涉农贷款增速1.5个百分点。年内,嘉兴银监分局承办全国"送金融知识下乡"工作推进会,会议对"送金融知识下乡"开展情况进行全面总结,研究部署新形势下工作任务,重点就如何服务返乡青年创业进行部署。

(杨光耀)

【农发行嘉兴市分行】 2015年,农发行嘉兴市分行各项贷款余额144.79亿元,列全省第三位,比上年增加23.20亿元,增长19.08%;日均贷款余额133.94亿元,列全省第三位,增加21亿元,增长18.59%;各项存款余额45.64亿元,列全省第一位,增加21.21亿元,增长86.82%;日均存款余额37.27亿元,列全省第一位,增加11.86亿元,增长46.67%。全年完成评估项目22个,申贷金额189.68亿元;完成审批项目15个,授信金额100.58亿元。贷款累放量、余额增加量均创历史新高。开办重大水利专项过桥、整体城镇化建设、改善农村人居环境、棚户区改造贷款和重点建设基金投资等新业务,大幅延长中长期贷款期限,实现平台客户向公司类客户的转型。农发行海宁支行的公司类3亿元贷款,农发行海盐支行的20亿元就地整体城镇化贷款,农发行平湖支行的2.8亿元农村人居环境贷款,农发行桐乡支行的3亿元土地流转贷款,均成为全省第一单信贷业务。全年累计发放贷款67.69亿元,比上年增加20.79亿元,增长44.33%,有效发挥政策性银行战略支撑和逆周期调节作用。

(郑健芬)

【工商银行嘉兴市分行】 2015年,工商银行嘉兴市分行融资余额835.20亿元,其中各项贷款余额657.27亿元,比上年增加40.00亿元。年内,依托资本市场和境外分行,拓宽融资渠道,节约融资成本,全年为企业引入低成本境外资金47.48亿元;推进直接融资,发行短期融资券7亿元,正在注册的短融、超短融等达34亿元;通过信托理财、股权交易等表外资金投放项目融资8.05亿元。开展"百名金融指导员进企业服务"主题活动,支持经济转型升级中的重大项目、优势和新兴产业以及小微企业等重点领域和薄弱环节。全年对接千亿工程项目25个,累计完成授信114亿元,贷款余额达到56亿元;加大对科技金融的创新支持,科技企业贷款余额96.17亿元;小微企业贷款比上年增加14.43亿元,小微贷款增速高出全部贷款增速2.5个百分点,申贷率提高2.1个百分点。推进互联网金融发展,以大银行的新业态、新生态促进实体经济提质增效。全年为80家企业在工行"融e购"平台完成交易5.8万笔,实现销售3.1亿元;为14家企业搭建"工银聚"电子商务平台,结算金额73亿元。创新推出"小贷通""商贸通"等融资产品,为71家小微企业提供融资1.64亿元。全年减免中间业务收费

1058.14万元，支持实体经济发展。做好困难企业帮扶工作，全年累计对60家企业制定风险化解方案，涉及融资金额近17.8亿元。探索创新不良贷款清收处置方式，全年清收转化不良贷款2.67亿元，年末不良贷款余额5.53亿元，不良贷款率0.84%。

（钱敏洁）

【农业银行嘉兴市分行】 2015年，农业银行嘉兴市分行支持实体经济转型升级，推进“三农”普惠金融。年末，贷款余额732.99亿元，比上年增加24.77亿元。新增小微企业贷款124家，小微企业贷款增加20.75亿元。个人贷款余额180.9亿元，增加18.9亿元。加大对重大基础设施、重大民生工程、重大建设项目的信贷投入，率先推出“土地节余指标质押贷款”支持土地综合整治项目。助力“大众创业、万众创新”，全市首家金融支持科技企业专营机构“农行嘉兴嘉科支行”服务科技企业66家，发放科技金融专属产品“嘉科通”贷款54家、3亿元。打造线上线下并行的“三农金融服务网”，以建设人工营业网点、“三农”服务站、“惠农通”服务点为基础，优化农村在线买卖、代理业务、结算和融资服务，深入推进电子支付进农村。年末，惠农卡达到53.23万张，农户贷款增加4.96亿元，在乡村农家店安装“惠农通”817台，实现交易26.3万笔、2.28亿元，新创建金融自治村23个，建成“三农”服务站10家。探索创新“三农”担保方式，在桐乡成功发放全国首笔农村“三权”保证保险贷款，盘活农民资产。做好世界互联网大会金融服务工作，推进“智慧支付”项目，BMP收银终端覆盖景区内主要酒店、商场超市，在景区内安装351台POS（占88%）、5台ATM（占85%），独家代理景区自助售票服务，组建80余人的应急响应团队、20人的志愿者服务团队，大会期间保持金融保障零差错零故障零事故，受到会议主办方和参会嘉宾的认可。

（徐　虹）

【中国银行嘉兴市分行】 2015年，中国银行嘉兴市分行依托中银集团“全球化、多元化和一体化”平台，利用海内外两个市场、本外币两种资源、表内外两种模式，全力支持外向型经济发展。累计叙做海外直贷5亿元、海外并购贷款1.1亿元，通过叙做协议融资等业务，引入海外低成本资金55亿元，降低企业融资成本。同时，实施“一带一路”“走出去”战略，为嘉兴市3个“走出去”项目提供授信2.7亿元。发挥中银集团“全牌照”经营优势，支持福莱特玻璃在港上市，募集资金8.8亿元港币。围绕市委、市政府“三个千亿”“五个一批”和省“411”重点项目，通过传统授信、银团贷款、股权融资等手段给予重点支持，累计投放公司贷款267亿元，为全市20个“三个千亿”项目提供授信90.04亿元，对省重点项目新增贷款1.8亿元。制造业贷款余额占全部贷款余额的39.21%，高于全市平均水平3.69个百分点。小微企业贷款增加20.08亿元，增速42.62%，高于全部贷款增速40个百分点，申贷率100%。扶持企业走出困境，对出现阶段性困难的企业，不抽贷、不压贷；对能够基本维持经营、产品还有市场、企业主有信心坚持下去的企业，给予必要的贷款支持；通过合规合法的风险化解方式，保持资产质量稳定。年内，通过贷款平移方式化解浙江福地农业等5家因担保链影响引起的授信风险，通过调整授信品种等方式化解尚能维持运转企业的资金难题。践行普惠金融，支持扩大内需，提升金融服务实效，年内零售贷款48亿元。组织开展“转型发展、中行与您同行”企业走访服务工作，走访企业1993家，帮助企业解决实际问题1005个，帮助企业融资58.54亿元。落实减费惠企要求，降低经营性收费项目84个，降低收费金额56万元，发放宣传资料3120份，解决企业的实际需求。

（鲍丹丹）

【建设银行嘉兴市分行】 2015年，建设银行嘉兴市分行围绕“转型发展服务年”，优化信贷结构，加大产品创新，改善金融服务，充分发挥金融机构在服务实体经济、推进转型升级中的作用。至年底,各项存款余额614.54亿元,各项贷款余额533.20亿元。推动区域转型升级,不断加大对水利工程、城镇化等重大基础设施建设的支持力度,全年向海宁城镇开发、嘉善旧城改造等城市基础设施项目投放贷款9.5亿元,对巨石、桐昆等优质集团客户投放贷款超过30亿元。支持房改惠民生,贯彻落实国家个人住房金融服务政策,优先支持居民家庭首套住房和改善性住房需求,全年新增个人住房贷款31.18亿元,房贷余额、投放额、新增额均列同业第一位,并完成全省首单住房公积金授信业务。以金融创新助力小微企业发展,与税务部门合作推出小微企业“税易贷”,与政府机构合作推出“政采贷”“助保贷”,进一步提高小微企业融资效率。做好风险防控工作,采取风险类客户特殊化解、重点帮扶等有效机制和措施,做好重点潜在风险客户的风险化解和不良贷款的处置工作,全年完成不良处置7.56亿元,居同业第一位。开展“合规管理年”“一加强、两遏制”等活动,不断加强对重要业务、关键环节的风险监控,有效防控各类合规风险。

(陈王普)

【交通银行嘉兴分行】 2015年,交通银行嘉兴分行持续完善“城市成功路线图”推进工作内容,全面把握法人和自然人客户,持续巩固提升经营基础。一是抓好公司客户战略实施,加大对国资平台公司、财政、烟草等存款大户的营销力度。根据“城市成功路线图”目标客户,成功提升泰康电子等大型企业客户业务份额,成功营销宇宙大世界等优质客户,带动低成本核心负债增长;与市经信委、百盛融资租赁公司签署战略合作协议,为机器换人项目提供金融服务。二是抓好个人金融客户战略实施。加强渠道建设,抓好“家易通”、POS机、有效发卡、第三方存管、有效贷记卡等基础性业务,开展“餐饮天天半价”活动,创新运用优麦圈系统与分行微信绑定,提升个人客户关注度,开展时点网沙、理财夜市、养身讲座、小小金融家、试乘试驾等贴心增值服务,拓展异业联盟合作,改善客户体验。三是加大同业业务开拓力度。组建同业业务开拓团队,实现对同业资金价格在行内、行外的每日报价,密切与嘉兴本地及域外同业机构的资金价格沟通,实现全辖所有农信系统开户。四是发展外汇负债业务,努力实现外汇资金自我供给,各项在岸外汇存款增量5456万美元,增长123.95%;在岸外汇存款日均增量3590万美元。离在岸外币存款余额13913万美元,比上年增加4790万美元,增长52.5%。

(胡国强)

【中信银行嘉兴分行】 2015年,中信银行嘉兴分行各项存款余额248.76亿元;各项贷款余额209.26亿元,比上年增加1.55亿元。在宏观经济持续下行的压力下,中信银行嘉兴分行突出“商行+投行”综合融资及国际业务、资金产品、理财等优势,围绕“大项目、大客户、大行业”,把握政府平台、地方重点基建、优质房地产、经营物业抵押、现代服务业及上市公司等重点领域,通过专项配置和表外融资方式实现表内外资产投放近460亿元(含贷款、银承、投行等),支持地方经济发展。年内,与同业联席承销10支债券38.5亿元,其中中信银行嘉兴分行承销29.8亿元,发行支数比上年增长11%,主承销的巨石集团超短融,开创嘉兴市场超短融的先河。中信银行嘉兴分行结合平台融资及资本市场等热点,在并购贷款、专项基金融资模式、理财直接融资工具等方面获得成功尝试;2015年,中信银行嘉兴分行以做大零售管理资产、做大个贷、强化专业体系为目标,推动零售业务快速发展,零售资产业务以“线上+线下”的便捷操作方式得到市场认可。推进清收进程,处置问题资产5.18亿元。年末不良贷款余额1.95亿元,不良贷款率0.93%,不良贷款率及不良余额与年初基本持平,新发生不良及年末不良贷款余额控制在上级行下达的指标内。2015年中信银行嘉兴分行分别获得各类荣誉及奖励50余次,中信银行嘉兴分行多元化支持城镇化建设等做法,在《金融时报》等全国媒体上报道。

（周　琦）

【光大银行嘉兴分行】 2015年，光大银行嘉兴分行各项存款余额41.33亿元，比上年增加10.09亿元；各项贷款余额35.71亿元，增加6.14亿元；不良贷款余额93.47万元，不良贷款率0.03%。全年实现同业持有到期业务投放19.18亿元，累计投放40.69亿元。发挥投行业务优势，10月中旬成功发行嘉城集团5亿元短融；开展广发银行上海分行10亿元同业理财业务，实现该领域零突破；成功营销兴证证券资产管理有限公司开户，至年末累计实现托管总额5亿元；与南湖区签约20亿元产业基金项目，成为嘉兴本地入围的三家股份制银行之一。5月20日，海宁银泰城社区支行开业。2015年，光大银行嘉兴分行获得光大银行总行级先进集体称号。

（张　婷）

【华夏银行嘉兴分行】 2015年，华夏银行嘉兴分行各项存款余额41.94亿元，比上年增加2.96亿元，增长7.60%；各项贷款余额55.45亿元，增加9.07亿元；小企业贷款4.05亿元，增加0.21亿元；营业净收入2.63亿元，增加8200万元，增长45.3%；各项中间业务净收入2385万元，增加1177万元，上升97.43个百分点。2015年，华夏银行嘉兴分行加大产品创新运用力度，探索新常态下商业银行发展路径，完成存单收益权转让业务13笔，累计质押存单金额7.21亿元；日均定利保客户对公存款余额7.79亿元，对公存款日均2.60亿元；主动负债方式投放贷款12笔，累计投放贷款10.62亿元，新增对公存款余额10.32亿元，新增对公存款日均2.83亿元。支持地方实体经济和政府重点项目，新增嘉兴高等级公路PPN非公开定向债1.5亿元；与海宁市盐官景区综合开发有限公司合作，办理理财融资业务20亿元；开展嘉兴港华夏租赁绿色通道业务，实现投放1.69亿元。强化全面风险管理，提出“风险保行”的要求，通过进一步梳理优化部门职责和业务流程，健全机构设置，完善绩效管理等途径，确保风险管控。至年底，全行保持无不良贷款，无逾欠贷款。2015年，华夏银行嘉兴分行在嘉兴银监分局股份制商业银行风险评估中获评AA级，排名股份制银行首位。

（吴宇慧）

【平安银行嘉兴分行】 2015年，平安银行嘉兴分行资产总额98.88亿元，各项存款余额93.49亿元，各项贷款余额96.25亿元。调整客户及业务结构和模式，开拓新型主流客户，拓展橙E客户，扩大合作范围，新增福费廷业务、结构性存款质押低风险业务、结构性存款（保证金模式）业务三种模式。不断提高资产分类的准确性，加强内部审计的有效性，采取措施化解信用风险，加强依法清收工作，加大不良贷款处置核销力度。至年底，不良贷款5500万元，不良贷款率0.57%。2015年，平安银行嘉兴支行内部管理级别升格为二级分行，全面完善管理架构、部门设置、人员配备、业务权限等。实施网点软硬件标准化改造，采取精细化管理模式，通过多种管理工具，全方位改善服务水平，提升外部客户满意度。坚持“以客户为中心”，推进优质服务，加强客户投诉管理，做好金融消费者保护工作，有效化解各类投诉，年内没有发生重大舆情风险事故。

（沈梦露）

【招商银行嘉兴分行】 2015年，招商银行嘉兴分行资产总额62.29亿元，各项存款余额58.09亿元，各项贷款余额52.18亿元。年内，招商银行嘉兴分行围绕“转型发展服务年”主题活动，通过行领导下基层走访企业、百名金融指导员进企业，建立“点对点”帮扶措施，定制差别化的服务方案，解决企业在转型发展中存在的融资困难。至年底，对公自营贷款余额24.29亿元，传统表外融资余额28.30亿元，新兴融资余额56.24亿元。推进零售金融业务，以存贷款、中间业务、风险防范为重心，加快零售业务发展,2015 年实现零售非利息收入 4859 万元。扩大农村金融服务范围，新增新农村普惠金融服务点 2 个，提供更快捷、更便利的金融服务。2015 年，招商银行嘉兴分行连续第七年被招商银行杭州分行评为优秀分行，招商银行嘉兴分行营业部被评为“全国文明规范服务五星级网点”。

（王艳云）

【浦发银行嘉兴分行】 2015 年,浦发银行嘉兴分行各项存款余额 73.57 亿元，各项贷款余额 90.02 亿元,实现营业收入 4.4 亿元。浦发银行嘉兴分行坚持“抓两头调中间”的经营策略,全年累计向企业投放各类信贷资金 206.85 亿元。创新拓宽融资渠道，直接投放非信贷类资金 5 亿元。加大对政府类项目投放力度,获批项目 9 个、8.78 亿元。小微企业户数和贷款增幅实现正增长。减持高成本资管类存款 15 亿元,负债结构得到优化,经营效益保持基本稳定。浦发银行海盐小微企业专营支行对外营业,全市机构网络布局基本完成。零售中间业务收入实现增加,全年完成零售中间业务收入 1871 万元,比上年增长 2.13 倍。完成零售业务净收入 7882 万元,增幅是浦发银行杭州分行全辖平均水平的 1.46 倍。启动与杭州云算信达数据技术有限公司合作电商通——云贷 365 项目。对专业市场、商圈和小微 1+N 供应链金融核心企业营销拓展取得成效。通过“时间换空间、技防加实清” 的方式化解风险，处置不良资产 4.5 亿元,账面不良贷款率 0.55%。

（金　婷）

【兴业银行嘉兴分行】 2015 年,兴业银行嘉兴分行围绕“加快转型步伐、提高专业能力、加强规范发展和服务地方经济”工作主线,深入开展“转型发展服务年”和“百名金融服务指导员进企业”等专项活动,大力改进金融服务,切实加快转型突破,为实现嘉兴经济社会发展“稳中求进”营造良好的金融服务环境。至年底,兴业银行嘉兴分行各项存款余额 117.41 亿元,各项贷款余额 140.94 亿元。2015 年,兴业银行嘉兴分行获评人民银行嘉兴市中心支行“嘉兴市银行业金融机构综合评价 A 等行”，获评嘉兴银监分局银行业金融机构综合评价 AA 级,获嘉兴银监分局“转型发展服务年”和“百名金融服务指导员进企业”活动先进单位称号,获浙江省省级治安安全单位、浙江省社会治安防控“心防工程”建设工作成绩突出集体、浙江省第四轮银行业金融机构安全评估工作成绩突出集体等称号。

（马　靓）

【民生银行嘉兴分行】 2015 年,民生银行嘉兴分行各项存款余额 49.14 亿元，各项贷款余额 79.62 亿元。继续加大对传统行业企业技术改造、节能减排、发展循环经济的信贷支持,加大对中小优质企业的支持培育。深化应用各类金融服务手段,加快推进创新与转型,在金融市场业务、贸金业务、零售业务等方面有所突破。加大对城市基础设施建设的信贷支持，探索城镇化产业基金模式，扩大政府资金杠杆作用，带动产业的布局完善和城市的转型升级，参与多个产业基金类的项目设计、协商和上报;创新融资模式,为 13 户企业设计价格较低的贸易融资产品，总出账额约 35620 万元,降低企业融资成本 10%～20%，减轻了企业财务成本,满足客户的融资需求;充分发挥直接融资工具的优势,运用“商行 + 投行”“表内 + 表外”等综合金融服务方式,发展银团贷款、并购贷款等业务，满足制造业转型升级中企业直接投融资、产能整合、兼并重组等需求，2015 年完成并购贷款审批 5 亿元；创新小微还款方式,从 2015 年 1 月起为小微信贷客户提供转期服务，符合条件的客户在贷款到期时无须自筹资金归还本金,只需按时归还贷款利息,民生银行嘉兴分行续授信审批通过后,系统会自动将发放资金归还原贷款，全年为 256 家小微企业办理贷款转期业务,累计发放贷款 3.58 亿元。

（金　晔）

【恒丰银行嘉兴分行】 2015年，恒丰银行嘉兴分行创立，至年底各项存款余额26.82亿元，各项贷款余额38.77亿元。年内，恒丰银行嘉兴分行通过“进社区”“走市场”“入学校”“跑企业”“去夜市”等方式拓宽服务半径；通过举办各类金融知识讲座、文艺演出、夏日慰问等方式延伸金融服务途径，切实融入嘉兴居民生活；通过推出“恒丰—佳源”联名卡，为小区业主私人定制，将金融服务直接送到小区。与嘉兴市红十字会联合成立“恒丰银行丰裕爱心基金”，首期注入10万元，定向用于帮助社会贫困群众。冠名赞助嘉兴市第三届平民英雄活动，并发起“慈善一日捐”活动，募集爱心善款1.63万元，支持嘉兴慈善事业。

（钱春佳）

【浙商银行嘉兴分行】 2015年，浙商银行嘉兴分行各项存款余额79.09亿元，各项贷款余额78.03亿元，比上年分别增长28.28%和21.57%，在全市11家股份制银行同业中存贷款增速均列第二位。扩大存款营销视角，以出口池、票据池、资产池融合为手段，以资金链、产业链、物流链为抓手，进一步丰富存款组织方式，存款业务实现增长。盘活存量资产，拓展轻资产业务，推广资产池、票据池、出口池等产品，推进国内信用证开立及福费廷业务，持续推进投行及金融市场业务，创新资产运用，优化资产结构，有效解决企业投融资需求。个人业务以增金宝产品为基础，个人理财、信用卡等产品为抓手，依托营业网点、公私联动、路演拓展等渠道，加快发展个人业务。创新互联网服务模式，推出小微钱铺、“还贷通”“随易贷”等特色产品，支持小微企业发展。落实信用风险全过程管理，加大风险资产的处置力度，各项业务实现平安、稳健运行。

（张颖芳）

【广发银行嘉兴分行】 2015年，广发银行嘉兴分行各项存款余额22.50亿元，各项贷款余额9.12亿元。年内，坚持以规模类指标发展为中心，努力提升盈利能力，加快客户群体建设；坚持依法合规经营，合理配置各项资源，防范并化解各类金融风险。在公司业务方面，继续推进传统业务，尝试轻资本业务，成功注册嘉兴城投公司超短融项目。在个人业务方面，以渠道批量进件为手段，通过建渠道、搭平台等方法，推进各项业务健康、快速发展。在小企业金融业务方面，坚持“小企业业务专营做”的战略定位，坚持小企业客户“批零兼营”原则，重视发展小企业条线业务。

（王　佳）

【嘉兴银行】 2015年，嘉兴银行资产总额超过500亿元，比上年增长26.49%；各项存款余额316.54亿元，增长15.33%，各项贷款余额213.60亿元，增长8.74%；实现净利润2.14亿元，增长76.86%；上缴各项税收2.67亿元，增长11.25%。年内，制定全面改革思路，构建市场化选人用人机制，面向全省公开遴选新行长。持续拓宽全资产经营盈利模式，实行利率定价管控。强化银政银企对接，开展“提升服务品质，助推转型发展”专项行动，支持实体经济发展。主动对接“三个千亿”项目，与市治水办成功签约，创新农村土地流转经营权抵押贷款，支持嘉兴市秸秆综合利用项目。与科技城签订科技金融授信协议，成立科技支行。进一步巩固小微优品牌，提高小微业务绩效考核权重，建立小微专营机构并明确尽职免责机制，完善并扩大无还本续贷业务适用范围。创新推出“年年高”存款产品、自助循环贷款业务。组织实施“提升资产质量两年行动”，调整充实嘉兴银行资产保全中心，配备专业人员，一行一策、一户一策，分类处置。实施不良贷款定量考核，直接与“一把手”绩效挂钩，大额不良贷款处置由嘉兴银行领导领衔督导，建立约谈、提醒和警示制度。尝试资产外包与转让等处置新方式，加快不良贷款清收和核销处置进度。成立由市金融办牵头、法院等部门参加的不良贷款核销清收小组，专门研究部署打击嘉兴银行恶意逃废债不良客户。年末逾期90天以上不良贷款占比指标质量居全省第二位;五级分类不良贷款率1.55%,全省排名前移4位。2015年,嘉兴银行获全国"年度十佳支持小微企业银行"、嘉兴市"服务实体经济十佳银行"等荣誉;在2015嘉兴品牌力量榜评选中被评为"最具活力银行";在2015年人民银行嘉兴市中心支行金融机构综合评价中由C级提升到B级;在银监部门年度监管评级的全省城商行排名中提升一位。

(顾晓光)

【湖州银行嘉兴分行】 2015年,湖州银行嘉兴分行加强基础建设,深化分支管理体制,增强金融支持和服务能力,巩固和提升品牌形象,规范经营行为和防范化解风险。加大政府项目投入,联合南京银行、金华银行投放项目贷款5.62亿元。加大制造业投入,至年底,制造业贷款余额17.16亿元,占全部贷款余额的50.45%,制造业新增贷款占全部新增贷款的65.89%。推进"无还本续贷"扩面增量,强化小微企业还款方式创新,推介"移动金融快捷贷""薪乐贷""房票贷""养老贷""婚庆贷"等个人业务新品种,拓展对科技企业的业务专营。至年底,小微个人贷款1064户,贷款余额26.64亿元。提高风险化解处置成效,发挥"一户一策"作用,加大大户清收力度;严格授信准入,前移管控关口,加强真实性管理;强化贷后管理,加大实地走访频率,加强押品管理,关注资金回笼。至年底,五级不良贷款率1.22%。2015年,湖州银行嘉兴分行被评为区级文明单位,获"倡导诚信经营,争当诚信先锋"称号。

(翁　璐)

【绍兴银行嘉兴分行】 2015年,绍兴银行嘉兴分行资产总额42.44亿元,比上年增加10.66亿元;各项存款余额40.30亿元,增加9.89亿元;各项贷款余额31.92亿元,增加10.43亿元,其中小微贷款余额29.11亿元,支持制造业实体经济在同业排名前列。2015年6月,绍兴银行嘉兴分行第四家县市机构桐乡支行开业。创新运用适合客户的产品,强化与担保公司合作的"易兴贷"、五方合作的境外直贷业务、股权质押贷款、物业贷等新兴资产业务产品运用。向绍兴银行推荐"金兰保"储蓄新产品,为储户设计安心放心保收益的储蓄产品。加强与同业协作,获得2015年度嘉兴银行业"企业授信总额联合管理"二等奖;注重企业文化,履行社会责任,获得嘉兴市红十字会"博爱功勋奖"金奖。

(曹　懿)

【杭州银行嘉兴分行】 2015年,杭州银行嘉兴分行各项存款余额27.38亿元,各项贷款余额34.11亿元。杭州银行嘉兴分行秉承"专业、专注、专营、创新"的理念,发展科技金融,创新服务科技。杭州银行嘉兴分行作为"杭州银行科技文创金融服务中心(嘉兴)",设立了科技金融部,建立了专营团队,努力寻求与政府部门、创投机构、担保公司、科技文创园区等渠道合作,重点加强科技金融渠道建设,10月底完成首个科技金融合作平台——嘉兴科技城科技金融合作平台的搭建。至年底,新增科技类授信客户3户,贷款金额900万元;文创类授信客户1户,贷款金额9500万元;新三板专项营销类客户1户,授信金额1500万元。

(柳晨萍)

【金华银行嘉兴分行】 2015年,金华银行嘉兴分行资产总额1.99亿元,各项存款余额1.08亿元,各项贷款余额1.31亿元,其中小微企业(含个人经营性)贷款余额1.17亿元。金华银行嘉兴分行对公客户126户,个人客户2169户,年末存量信贷客户73户。年内,金华银行嘉兴分行创新金融产品,满足实体经济和"三农"需求;优化信贷资源配置,支持中小企业发展;成立小微企业信贷业务专营部门,进一步加大金融支持力度;实施流程改造,提高对小微企业的服务效率;不断推出新产品,满足不同客户需求。

(韩　梅)

【泰隆银行嘉兴分行】 2015年,泰隆银行嘉兴分行资产总额12.61亿元,各项存款余额12.14亿元,各项贷款余额9.63亿元,实现利润0.18亿元。年内,泰隆银行嘉兴分行按照社区化经营+交叉销售+相对批量化的常态化作业模式,加强社区化经营,发展普惠金融。提升产品交叉销售能力,全面提升客户体验度。提升渠道、平台开发能力,搭建政、银、企、农户、市民多方合作平台。打造泰隆品牌,推出"泰隆银行杯"旅游直通车、健康大篷车和嘉兴闲话民星大赛三大品牌活动,落实社会责任,推行公益活动;打造微信媒体新闻宣传助力文化快车,传播金融知识。2015年,泰隆银行嘉兴分行获得浙江省"红十字功勋奖铜奖"、嘉兴市平安金融示范单位、嘉兴市南湖区治安安全示范单位等荣誉。

（徐康越）

【禾城农村商业银行】 2015年,禾城农村商业银行各项存款余额759.30亿元,各项贷款余额500.71亿元。年内,禾城农村商业银行以普惠服务"三农"发展,将"金融助力转型升级服务年"活动与"普惠金融"工程建设相结合,以丰收小额贷款卡和丰收创业卡为载体,推行农户贷款"一站式"、市场经营户授信"集中式"、农业产业贷款"链条式"服务模式;与市供销合作社建立战略合作,为合作社及社员提供产前农资供应、产中科技指导、产后产品销售加工、全程金融支撑的全产业链服务,助推生产、销售、信用"三位一体"新型农村合作体系建设。助推产业转型升级,为解决科技型企业融资及融资担保需要,推出"禾城·科贷通"产品;为加大对小微企业信贷支持力度,解决贷款担保难问题,开办小微企业专项信用贷款业务;为缓解小微企业及个体工商户在生产、经营活动中的流动资金周转困难等问题,推出"禾城·续贷通"产品;根据各乡镇的产业特点及客户需求,在王店镇推出淘宝电商贷款、在洪合镇推出横机贷、在七星镇推出船舶贷、在王江泾镇推出喷气织机改造贷款和农房集聚改造贷款等信贷新品种,满足不同领域客户的信贷需求,切实助推产业转型升级。2015年,禾城农村商业银行被人民银行嘉兴市中心支行评为"嘉兴市银行业金融机构综合评价A等行",被税务部门评为AAA级纳税企业,获嘉兴市政府、秀洲区政府、南湖区政府市本级银行支持地方经济发展业绩考评一等奖。

（沈丹园）

【秀洲德商村镇银行】 2015年,秀洲德商村镇银行各项存款余额7.33亿元,各项贷款余额7.31亿元。年内,秀洲德商村镇银行坚持支农支小,充分挖掘农村金融市场,制定出台"普惠金融下乡"具体方案,以新塍镇富园村为试点,有序开展普惠金融工作。全年走访农户38265户,建立信息档案13252户。开展支农创新,出台《新农村建设贷款实验区实施方案》,重点开展土地承包经营权(含地上附着物)抵押、农村集体股权抵押和农民房抵押等"三权抵押"试点,扩大农民融资渠道,盘活农户住房、土地、股份经济合作社股权价值。全年发放"三权抵押"贷款520万元。履行社会责任,延续"免费银行"政策,让利小微企业客户,严格遵守"合规收费、以质定价、公开透明、减费让利"原则,降低小微企业融资成本。热心公益事业,开展"春泥护花"行动、敬老院慰问、金融知识普及月、金融知识进万家等活动,提升农村金融品牌形象和社会认可度。

（许圆美）

【邮政储蓄银行嘉兴市分行】 2015年,邮政储蓄银行嘉兴市分行各项存款余额235.79亿元,各项贷款余额86.30亿元。年内,邮政储蓄银行嘉兴市分行加大"三农"金融产品创新力度,推出土地承包经营权抵押贷款、家庭农场贷款等新产品,全年发放"三农"贷款773笔1.51亿元,其中投放"三农"信贷新产品298笔9038.2万元。完善并推广小微企业金融"强抵押""弱担保""纯信用"产品体系;开展"银政、银协、银企、银担、银保"五大平台合作,实现风险共担和多方共赢;设立科技金融试点,成立科技城支行,开发邮信通、税贷通两项专属产品,全年累计发放科技型企业贷款1.05亿元。争取区域授信政策,为优质民营企业提供综合金融服务。加强对优质大型客户的信贷支持力度,并延伸带动上下游中小企业金融服务。推出“循环贷”、“转期贷”、政府转贷基金等业务,支持达到标准的企业直接滚动融资。2015年,不良贷款率0.59%,低于同业平均水平。2015年,邮政储蓄银行嘉兴市分行获“全国邮政用户满意企业”“消费者信得过单位”“嘉兴最具社会责任感企业”等称号。

(娄勤超)

保险业

【概况】 2015年,嘉兴市实现保费108.54亿元,比上年增长12.28%,其中财产险保费50.26亿元,增长12.66%;人寿险保费58.28亿元,增长11.97%。财产险赔款27.82亿元,增长11.73%,其中机动车辆赔款23.53亿元,增长13.23%;企财险赔款1.97亿元,下降33.22%。寿险短险及死伤医疗给付金额2.67亿元,增长17.11%;满期、年金给付17.68亿元,增长70.33%。至年底,全市有市级保险机构54家,其中财险保险机构27家(新增泰山财险保险股份有限公司嘉兴中心支公司)、人寿保险机构27家(新增华夏人寿保险股份有限公司嘉兴中心支公司、中韩人寿保险股份有限公司嘉兴中心支公司、幸福人寿保险股份有限公司嘉兴中心支公司);县级分支机构144家,其中财险保险机构85家、人寿保险机构59家;县级以下营销服务部100家,其中财险营销服务部47家、人寿营销服务部53家;全市保险销售从业人员11777人、增长56.8%,其中财产保险销售从业人员762人、增加189人、增长32.98%;人寿保险销售从业人员11015人、增加4077人、增长58.76%。

2015年,市保险行业协会继续通过保调委及时化解保险纠纷。全年接收投诉咨询279件,其中投诉176件(办结176件)、咨询103件。保调委调解受理26件,成功25件,成功率96.15%,成功调处金额74.74万元。市保险行业协会多次参与科技保险调研工作,2015年嘉兴市出台《关于支持科技保险发展的实施意见》,引进培育专业科技保险机构,加快完善科技金融服务体系,大力推动科技金融创新。自4月22日起,市保险行业协会与嘉兴广播电台新闻频道《点石财经》联合开播保险板块,解答市民的保险咨询,解决保险遇到的问题。6月23日,市保险行业协会召集全市100多名保险公司相关人员参加轻微事故网上快速处理培训,加强与交警的合作,进一步推进嘉兴市交通事故快速处理理赔中心的工作。7月8日是第三个“全国保险公众宣传日”,市保险行业协会开展以“一键保险,呵护无限”为主题的公众宣传日活动。7月11日,市保险行业协会加班抗击应对灿鸿台风来袭,对市区低洼易积水地区进行全面巡查,确保台风期间无重大事故发生。2015年,市保险行业协会连续第二年被嘉兴市社会组织促进会评为优秀会员单位,连续二年在嘉兴工商联行业协会商会工作评价中获得三等奖。

表12 **2015年财产保险公司业务情况**

单　　位	保费收入(万元)	市场份额(%)	赔款支出(万元)
人保财险嘉兴市分公司	195140.27	38.82	98672.99
太平洋产险嘉兴中心支公司	69058.35	13.74	42823.34
平安产险嘉兴中心支公司	49536.63	9.86	22903.45
天安财险嘉兴中心支公司	12777.42	2.54	7079.13
史带财险嘉兴中心支公司	0.00	0.00	0.00

续表 12

单　　位	保费收入(万元)	市场份额(%)	赔款支出(万元)
中华联合嘉兴中心支公司	19228.65	3.83	10403.67
太平财险嘉兴中心支公司	4545.49	0.90	2472.28
华安财险嘉兴中心支公司	1538.12	0.31	1957.35
大地财险嘉兴中心支公司	14341.52	2.85	10142.30
永安财险嘉兴中心支公司	15862.88	3.16	9235.14
华泰财险嘉兴中心支公司	3134.95	0.62	1139.19
安邦财险嘉兴中心支公司	5481.10	1.09	3034.98
都邦财险嘉兴中心支公司	2755.67	0.55	1216.41
安盛天平嘉兴中心支公司	5277.38	1.05	3446.86
阳光财险嘉兴中心支公司	17490.26	3.48	12225.29
中银财险嘉兴中心支公司	2159.84	0.43	1164.28
渤海财险嘉兴中心支公司	978.37	0.19	318.55
永诚财险嘉兴中心支公司	12661.37	2.52	6820.47
国寿财险嘉兴中心支公司	35636.87	7.09	23629.42
民安财险嘉兴中心支公司	1215.73	0.24	962.43
长安责任保险嘉兴中心支公司	6223.93	1.24	3532.70
安诚财险嘉兴中心支公司	11204.42	2.23	6301.24
安信农业保险嘉兴中心支公司	580.23	0.12	529.73
浙商财险嘉兴中心支公司	9067.98	1.80	5009.35
英大财险嘉兴中心支公司	5167.61	1.03	2699.70
紫金财险嘉兴中心支公司	1573.77	0.31	494.10
合计	502638.81	100.00	278214.35

表 13

2015 年人寿保险公司业务情况

单　　位	保费收入(万元)	市场份额(%)	赔给付支出(万元)
中国人寿嘉兴分公司	211817.49	36.34	105800.13
太平洋人寿嘉兴中心支公司	73894.20	12.68	12184.93
平安人寿嘉兴中心支公司	90614.01	15.55	10451.21
新华人寿嘉兴中心支公司	20951.14	3.59	5772.38
泰康人寿嘉兴中心支公司	14202.97	2.44	10575.10
太平人寿嘉兴中心支公司	25803.77	4.43	2864.42
民生人寿嘉兴中心支公司	670.44	0.12	75.65
富德生命人寿嘉兴中心支公司	16880.90	2.90	7823.85
中德安联人寿嘉兴营销服务部	3395.49	0.58	1057.50
中宏人寿嘉兴营销服务部	2514.20	0.43	156.07
光大永明人寿嘉兴中心支公司	289.09	0.05	7.39
农银人寿嘉兴中心支公司	9811.89	1.68	1052.38
合众人寿嘉兴营销服务部	5322.29	0.91	426.27
陆家嘴国泰人寿嘉兴营销服务部	1301.94	0.22	267.18
人民人寿嘉兴中心支公司	34457.91	5.91	35783.02
华泰人寿嘉兴中心支公司	2003.64	0.34	2353.84
人民健康嘉兴中心支公司	8665.45	1.49	3272.28

续表 13

单　位	保费收入(万元)	市场份额(%)	赔给付支出(万元)
信诚人寿嘉兴中心支公司	1518.23	0.26	1126.82
正德人寿嘉兴中心支公司	13289.50	2.28	50.44
信泰人寿嘉兴中心支公司	1587.15	0.27	443.00
国华人寿嘉兴中心支公司	13322.37	2.29	598.66
英大人寿嘉兴中心支公司	96.56	0.02	4.03
平安养老嘉兴中心支公司	2883.86	0.49	1342.84
和谐健康嘉兴中心支公司	16164.28	2.77	0.00
华夏人寿嘉兴中心支公司	11387.94	1.95	4.60
合计	582846.72	100.00	203494.00

表 14　　2015 年新增设市级保险机构

单　位	保险监管部门批准开业日期
泰山财产保险股份有限公司嘉兴中心支公司	2015 年 2 月
华夏人寿保险股份有限公司嘉兴中心支公司	2015 年 3 月
中韩人寿保险股份有限公司嘉兴中心支公司	2015 年 12 月
幸福人寿保险股份有限公司嘉兴中心支公司	2015 年 12 月

（李　月）

【中国人寿嘉兴分公司】 2015 年,中国人寿嘉兴分公司实现总保费收入 211817.49 万元,业务规模首次超过 20 亿元,五项主要保费类经营指标增速均创近年来新高,市场份额 36.34%,稳居市场第一位。大力推进业务发展,个险渠道持续开展核心农网项目,高效运作各层级客户经营活动,为险商文化的全面实践提供平台;团险渠道着力拓展法人业务,创新开展美食无忧、政府综合安康等项目,寻找业务新增长点;银保渠道召开星级客户增值利益发布会,进一步开拓银行客户的保险理财需求。实现队伍建设量质并举,将机制化增员和常态化增员相结合,搭建创业平台,持续开展先锋 50 成长报告会、新人梦工场、新人见证会、扬帆起航营和四级讲师培训班等,推进政保合作、法人业务、三农服务、银保规划师等队伍扩量提质,销售队伍总规模超过 5000 人。承办政保合作项目,继续扩大农村小额保险覆盖面,全年承保行政村占全市行政村总数的 62.2%,切实减轻农民家庭的经济负担;配合“两癌”检查推广女性安康保险项目,切实保障女性健康,广泛开展计划生育家庭系列保险;实现失独家庭保险的全覆盖,按照政府引导、市场运作、企业让利、适度普惠的原则,成功开展海宁老年人意外伤害保险项目,受益老人超过 6.5 万名。有效增强服务客户能力,自主开发理赔信息综合查询系统,单个赔案查询时间缩短在 1 分钟以内;全面推广 e 宝账系统、网络接报案平台、小额 e 赔等电子化系统,客户服务互联网化水平大幅提升;严格明确柜面工作职责,规范业务办理流程,推进柜面服务升级、售后服务升级和增值服务升级,打造“三型”(阳光型、规范型、高效型)服务窗口;开展“3·15”消费者权益保护系列活动,让客户买保险更放心、办理赔更方便,至年底,共服务个人客户 230 万人。着力防范重点领域风险,深入开展防范打击非法集资宣传教育活动,加强投保资料审核,完善合规经营机制,进行全面风险排查,杜绝代签名、代抄风险提示语、销售误导等违规行为，严格落实监管要求。2015年，中国人寿嘉兴分公司获得第十届“浙江省消费者信得过单位”、嘉兴市“3·15活动经营者贡献奖”、中国人寿保险股份有限公司“金花建功集体”等荣誉。

（仲娟萍）

【人保财险嘉兴市分公司】 2015年，人保财险嘉兴市分公司实现保费收入19.51亿元，比上年增长16.19%，超市场增速3.53个百分点。车险实现保费收入15.23亿元，增长17.72%，超市场增速3.37个百分点；商业非车险实现保费收入3.48亿元，增长6.89%，超市场增速4.05个百分点；政策性农险实现保费收入0.8亿元，增长33.53%，超市场增速4.08个百分点。车险市场份额36.63%，上升1.05个百分点；商业非车险市场份额45.06%，上升1.71个百分点；政策性农险市场份额83.99%，上升2.56个百分点。全年车险优质业务续保率、转保率分别为75.82%、24.18%。年内，成功合作桐昆、新凤鸣、民丰等地方经济、行业标志性大项目；船货险连续6个月实现市场份额稳步回升，提升幅度3.38%；意健险增长23.54%。对250家大客户开展3批800家次防汛防爆防灾防损风险控制服务。农险紧贴政策、服务民生，持续创新政策性农险服务产品范围、种类，成功拓展政策性湖羊养殖险、蘑菇险、水蜜桃种植险。下辖分支机构探索开发尼松野鸭“基地+科技+农户+深加工”和青莲食品“生猪养殖+生猪屠宰+生鲜配送+食品安全+财产安全”等地方农业龙头企业全产业链保险保障体系。参与市经信委扶持中小企业一揽子服务计划，推动市本级800家小微企业利用政府服务补贴券购买如意行、雇主责任险等保险服务，紧扣“新国十条”政策，面向全市推广诉讼财产保全责任保险；在海盐实现校园食堂食品安全责任保险全覆盖；在桐乡开启农村“三权”保证保险贷款，在市本级增设个人贷款保证保险业务部，增强现代保险服务对社会民生、实体经济、大众创业、万众创新的保险保障、服务支撑力度。启动俱乐部微信服务平台全员“参数二维码”推广和微信理赔试点，开展客户小修综合授信探索，加快嘉兴人保之友俱乐部微信服务平台客户覆盖应用。至年底，嘉兴人保之友俱乐部有会员22万名，累计实现客户绑定量9.8万户、客户关注量13万户。微信服务平台建立市、县、镇三级服务网络，签约有一定影响力服务合作商户373家，推出积分兑换代办车辆年检、积分兑换代办行驶证签证、积分兑换免费洗车、积分兑换酒后代驾、车辆故障救援等14项增值服务。全年举办微信主题活动57次，增值服务15.67万人次。累计赠送会员积分保有量10.2亿余分。增设俱乐部微信服务平台客户评价系统，建立客户微信投诉柔性内循环调处机制。2015年，人保财险嘉兴市分公司承担全市各类风险责任11921亿元，直接赔款9.86亿元，上缴税收10295余万元。

（金　峰）

【太平洋人寿嘉兴中心支公司】 2015年，太平洋人寿嘉兴中心支公司实现保费收入73894.2万元。完成个险标保47624万元，完成年度计划的112.3%，比上年增长30.51%；个险续期13个月保费继续率95%，比上年提升2.38个百分点；个险续期25个月保费继续率90%，提升1.4个百分点。法人渠道新保保费23518万元，完成年度计划的201%，增长64.07%。2015年，个险937人，增长42.6%，提前两个月完成分公司下达的全年目标任务。年内，太平洋人寿嘉兴中心支公司加强与农信的沟通联系，出台激励和考核办法，确保农信“安贷宝”业务持续、稳定发展，同时拓展商业银行“安贷宝”业务；主动为农信与浙商保险“小额贷款保证保险”业务合作牵线；加强与教育部门、学校的沟通联系，学平险保费稳中有升；推广自动售票机、微信售票，发挥互联网和移动应用在短险产品销售上的便利性和快捷性。太平洋人寿嘉兴支公司持续推进政保合作，承办全市城乡居民大病保险和经办市本级城乡居民基本医疗保险；入围嘉兴市老年人意外伤害保险定点政府采购项目,取得嘉兴市本级、平湖市、桐乡市及嘉善县老年人意外伤害保险的承办权。推进官微绑定、电子信函、微回访、微给付、微贷款、移动理赔等新技术应用;密切关注客户投诉、满期给付和集中退保事件,做好应急预案,规范工作流程,有效防范和化解各类风险;开展“两个加强、两个遏制”专项自查、防范非法集资风险排查、规范非保险金融理财产品销售风险排查、“四反一防范”风险排查、基层营销机构清理、“三代一书”治理、中介市场风险排查、人身保险机构制度执行评估、反洗钱自评估等工作,增强机构合规经营意识,提升全员合规执行能力。

(陶　佳)

【平安产险嘉兴中心支公司】 2015年,平安产险嘉兴中心支公司实现保费收入49536.63万元,比上年增长19%,其中车险保费44259.63万元,增长20.9%;财产险保费3412万元,下降6.3%;意健险保费1865万元,增长35.1%。嘉兴平安产险从业人员217人,营业网点遍布五县两区。平安产险嘉兴中心支公司完成车行、银保、直销、新渠道、个人代理人、综拓全渠道业务覆盖,拓展目标车行,提升优质车商合作数量;开展产寿联动、车型推动、续保专项推动等活动。平安产险嘉兴中心支公司推出赔款即时到账、零查勘简易理赔、微信实时查询理赔进度、APP客户自助免费救援四项创新服务,赔款即时到账服务依托平安后台集中统一运营模式及即时支付系统平台,实现单笔5万元以下赔款,保险公司结案发送支付指令,60秒内到达客户收款账户;全程无忧简易理赔服务为个人VIP客户提供零查勘、零手续的一站式理赔体验,在平安产险合作厂维修的无人伤、纯车损万元以下单方事故,可享受报案后无须等待现场查勘,定损时理赔服务专员全程代办;微信实时查询和APP客户自助道路救援服务,客户可以在掌上随时掌握理赔进度,需要救援的客户无须拨打电话,只需在平安车险快易免APP上点击“道路救援”进行简单操作,系统经客户授权会自动识别客户位置、传递救援信息,对救援的实施情况进行实时跟踪,可轻松实现“自助”道路救援。年内,平安产险嘉兴中心支公司推出车险人伤在线理赔,与客户非面对面、即时交互,完成线上查勘、跟踪、咨询、定损支付、影像材料收集等理赔服务,实现足不出户办理人伤理赔。

(王佳佳)

【太平洋产险嘉兴中心支公司】 2015年,太平洋产险嘉兴中心支公司实现保费收入69058.35万元,高于分公司下达的目标值。年内,对以非营运货车、营运货车和特种车为主的高风险业务,逐步减少业务占比,高风险业务占比从上年的18.38%下降到9.5%。淘汰本级植绒类、平湖地区箱包类和塑胶类企业等具有系统性高风险业务,全年调整高风险业务3000万元以上。强化核保政策的引领作用和执行力度,对高风险业务坚持一单一议管理策略;落实车险客户分级服务管理和考核,有效提升前台承保客户信息真实性;围绕集团i02客户数据治理转型项目,落实各方职责,强化配合协调,按时完成客户数据整理工作。推进车商、电网销和银保的主渠道地位,形成和完善专业化考核机制,进一步提高传统主渠道的产能和贡献度。落实防台防汛工作预案、冬季防火工作预案,实施抗灾演练,打造太保风险管理、防灾防损技术体系。加强与公检法部门的合作,重点强化大案管控、现场管理和查勘力度。联合公安部门成功查处“6·1”平湖兴邦箱包特大骗赔纵火案,减损逾千万元。全面开展“两个加强、两个遏制”“三反五清”和严厉打击舞弊行为等专项工作,做好专项治理检查组的现场检查。遵守反垄断、反洗钱、反保险欺诈、见费出单制度、零现金支付制度等管理规定,强化和落实客户数据的真实性,落实机构建设和证照的日常合规性管理。

(朱海涛)

【天安财险嘉兴中心支公司】 2015年,天安财险嘉兴中心支公司完成保费收入12777.42万元,比上年增长14.02%。全年完成理财险保费

3.14 亿元、增长 305.7%,签单 4239 件,件均保费 7.4 万元,二到三年期保费占 77%。成功续保海宁市学平险业务,总保费 80 万元。与台华特种纺织、桐乡人防办、嘉兴市华昌纺织股份有限公司等优质大客户建立和保持良好的合作关系。至年底,单笔保费 10 万元以上的非车险 20 笔,总保费 382 万元。参与桐昆集团、海宁第二水厂、平湖塘拓浚工程、嘉通集团等招投标业务,中标海宁第二水厂财产险业务 30 多万元,入围学校食品安全责任保险产生保费 5.8万元;桐昆集团财产险业务保费 118 万元,海宁海洋保洁公司等 5 家保洁物业公司保费 88.6 万元。培育非车险小险种的发展,非机动车第三者责任险,医疗责任险,农村意外险等险种陆续开单。2015 年,天安财险嘉兴中心支公司修正理赔考核指标,引导查勘员提高查勘、定损时效,主动上门收集材料,实行理赔上收分公司、未决集中中心支公司管理,开展人伤集中等工作;大力推广“车易赔”的使用,提高“车易赔”的使用率,通过医核及诉讼提出重新鉴定、人伤调查、协商调解等工作,成功核减900.32 万元;通过外部打假成功减损 135 万元。

(吴卫民)

【华泰财险嘉兴中心支公司】 2015 年,华泰财险嘉兴中心支公司实现保费收入 3134.95 万元,完成全年预算的 85.75%,比上年下降 12%;实现净利润 147 万元。其中车险保费收入 1947.87 万元,增长 25.5%;商险保费收入 1134.98 万元,下降 44.14%;个险保费收入 87.63 万元,下降 51.85%。至年底,公司整体赔付率 47.19%,其中车险赔付率 56.19%,商险赔付率 17.14%,个险赔付率 123.4%。年内,华泰财险嘉兴中心支公司成立 EA 工作小组,新增 EA 门店 13 家,门店存量 26 家。华泰财险嘉兴中心支公司坚持以集约化管理、专业化经营和差异化竞争为主要内涵的质量效益型发展战略,水险连续多年在嘉兴保险市场上保费收入排名第二位,效益比较稳定,是中心支公司的重点优势险种。

(吴彩琴)

【阳光财险嘉兴中心支公司】 2015 年,阳光财险嘉兴中心支公司完成保费收入 17490.26 万元,比上年增长 12.58%,年度计划达成率 92.82%,综合赔付率 64.11%,经营成本率 101.29%,超全年预算 6.79 个百分点,市场份额 3.48%,与上年同期持平。年内,网电组建新团队,充分利用客户资源优势,推动业务发展,全年网电保费 10152.5 万元,增长 28.52%,综合赔付率 68.06%。重点推进车商渠道建设,加强与万银、元通、禾众等汽车销售方的合作,实现机构全覆盖,全市车商保费收入 3852.91 万元,增长 23.28%,计划达成率 96.32%。重视综拓渠道的建设,拓展会员 600 余名,改善公司业务结构,全市综拓累计保费收入 1541.77 万元,增长 4.64%,综合赔付率 51.47%。全年开业两家四级机构,分别是南湖支公司和当湖支公司,南湖支公司实现保费 372.46 万元,当湖支公司实现保费 567.08 万元。

(费 红)

【国寿财险嘉兴中心支公司】 2015 年,国寿财险嘉兴中心支公司实现保费收入 35636.87 万元,比上年增长 23.22%,高于平均增速 10.56 个百分点。增量保费 6715 万元;市场份额 7.09%,比上年提升 0.61 个百分点。全年车险保费收入 29649.87 万元,增长 27.15%;非车险保费收入 5987 万元,增长 6.87%。全年综合成本率超过 100%,综合费用率 28.7%,下降 0.31 个百分点;非车综合赔付率 57.96%,下降 0.63 个百分点,实现非车营业利润 517.36 万元,增长 96.95%。综合渠道保费收入 5835 万元,互动渠道保费收入 4493 万元。全年车行、银保渠道保费收入 10559 万元,增长 44.77%。其中车行渠道保费收入 7576 万元,增长 74%。电销渠道保费收入 14036 万元,增长 27.68%。全年新增销售人员 23 人,引进专业技术人才 5 人,直接技术支持类人才 14 人,转岗 17 人,清退不适岗人员 21 人,转编 66 人,年内,推进理赔时效提升,车险案件结案率明显上升,车险结案率和非车险结案率分别达到 91%和 92%。全面推进服务网点标准化建设，南湖区支公司搬迁至按四星级标准装修的新场所，秀洲区支公司正式开业，全市系统三星级以上网点达标率100%。

（郭剑飞）

【永安财险嘉兴中心支公司】 2015年，永安财险嘉兴中心支公司完成保费收入15862.88万元。其中车险保费收入12841.08万元，比上年增长16.28%；财产险保费收入2515.6万元，下降6.02%；意外险保费收入506.2万元，下降1.3%。总承保件数59974件，承保总金额642.33亿元；累计赔款19294件，赔款金额9235.14万元，简单赔付率58.22%。2015年，永安财险嘉兴中心支公司坚持依法合规经营，防范各类风险；各项指标加快理赔速度，提高结案率；转变服务观念，提升服务质量。

（徐　艳）

【平安人寿嘉兴中心支公司】 2015年，平安人寿嘉兴中心支公司实现保费收入90614.01万元，比上年增长21.52%，提前四个月完成全年保费任务，其中个人营销业务保费收入86527.71万元，增长19.75%；银行代理业务保费收入4086.3万元，增长77.05%。支付各项赔款、满期给付金和年金给付10451.21万元，缴纳地税2313.22万元，先后获得2014年嘉兴最具社会责任感企业、2014年"嘉兴市'3·15'活动经营者贡献奖"诚信先锋、入围20年嘉兴城市跨越风云榜等荣誉。平安人寿嘉兴中心支公司外勤人员突破3000人，进入平安系统超大型三级机构行列。公司秉承"专业让生活更简单"的品牌理念，为嘉兴市民提供全方位的保障与理财服务。6月，举办"平安有爱，献礼生命"爱心献血活动，现场献血总量近万毫升；7月，嘉兴中心支公司在嘉兴凌公塘文化主题公园举办社区健步行公益活动，为客户带来"线上＋线下"全方位的快乐体验；8月，举办少儿才艺暨"我是小明星"电视评选大赛嘉兴赛区决赛，为小客户搭建自我展示的舞台；10月，举办平安大讲堂活动，邀请名中医为客户作秋季养生健康讲座。

（吴慧蕙）

【太平人寿嘉兴中心支公司】 2015年，太平人寿嘉兴中心支公司个险承保期缴3901万元，达成率116.6%，提前65天达成个险两项年度任务；车险保费近600万元，从业人员达60人，进驻全市38个加油站网点。2015年，银保趸交规模1.1亿元，期缴640万元；银行渠道多元化局面日益稳固，国有银行经营围绕工商银行、交通银行为主渠道；股份制银行围绕浦发银行为主，新增兴业银行、广发银行为辅的中小渠道经营。2015年，太平人寿嘉兴中心支公司续期系列围绕"加强基础管理，完善体系运作"主题经营，全年实收保费10205万元；个险13月达成96.8%和个险25月98.6%两项指标，位列全省第一名；银险13月和银险25月两项指标比上年提升，银险25月指标达到98.8%；银险13月指标达到77.7%。2015年，受理个险新契约预收4431件，银险新契约371件，处理个、银、多元保全5614件，新契约陪检、契调、理赔调查317件，受理理赔案件295件，处理各类问题件3575件，新契约回访236件，付费回访964件，投诉48件。2015年，太平人寿嘉兴中心支公司作为浙江分公司唯一一家三级机构接受浙江保监局"两个加强两个遏制"现场检查，获得太平人寿总公司的"优秀稽核整改单位"称号。

（华静静）

【信泰人寿嘉兴中心支公司】 2015年，信泰人寿嘉兴中心支公司实现保费收入1587.15万元。公司从新人入职开始对营销人员进行系统培养，不断强化品质观念、行业观念、风险防范观念，丰富销售技巧、强化展业能力。在做大精团队的同时，转变各自为战的传统增员方式，由分公司统一部署，不断扩大精英团队组织，以不断壮大的精英团队促进公司业务的持续发展。同时，提升内勤员工的归属感，不断加强对内勤员工的培训、培养，提高员工的业务管理能力,在内部建立富有竞争力的薪酬机制和晋升机制，建立公平合理的绩效考核机制,做到能者上,平者让,庸者下,调动全体内勤员工的工作积极性，建立一支过硬的内勤管理团队。2015 年,嘉兴中心支公司贯彻总分公司的各项政策,使很多优秀的干部留存下来,吸引优秀的人才加入公司。信泰人寿嘉兴中心支公司本部及四个分支机构百分之百通过行业协会的窗口服务检查,在人身险公司制度检查中得到协会的认可,全年无信访件,坚持“合规经营”。客户服务坚持 100%电话回访制度,让客户及时了解保单的相关信息,感受信泰保险的人文关怀;做到快速理赔,提高公司的服务品质，使广大保户对公司的认同度不断提升;拓展电话、短信、邮件、微信、客服节等各项服务内容,确保客户信息接收及时、服务快速办理。

（舒宝航）

【人民人寿嘉兴中心支公司】 2015 年,人民人寿嘉兴中心支公司实现保费收入 34457.91 万元，比上年下降 25.37%；实现首年期交保费 2769.68 万元,短期险保费 1195.98 万元,银保渠道实现保费 2.12 亿元；个险渠道实现保费 8582.11 万元，团互渠道实现保费 4722.07 万元。公司有合同制员工 78 人,其中内勤 33 人、外勤 32 人、劳务派遣 13 人;销售人员 412 人,其中银保客户经理 36 人、个险人员 322 人、收展人员 40 人、团互直销人员 14 人。2015 年,公司围绕服务客户,不断提升服务水平,建立星级柜员评选制度，对柜面服务人员严格考核,同时，以津贴的形式提高星级柜员的收入,有效地调动柜面人员的工作积极性。解决基层队伍销售能力不足问题，定期开办新人培训班、育成培训班,鼓励基层公司定期举办周客户沙龙,搭建公司运作平台,调动一线人员的销售积极性。

（蒋利胜）

【中国出口信用保险公司嘉兴办事处】 2015 年,中国出口信用保险公司嘉兴办事处累计支持外贸出口 368 亿元,比上年增长 9.7%;为嘉兴市企业 1379 笔近 15 亿元出口提供贸易融资便利；服务支持嘉兴市企业 2010 家，增长 21%。服务支持嘉兴市 10 家企业 11 个海外投资项目,承保 28.7 亿元;服务支持成套设备出口 2.1 亿元,增长 68%;实现“外派劳务人员海外风险保险”的承保,促成嘉兴首张服务贸易出口保险单生效;中长期险出具首张出口买方信贷意向书。2015 年,受理报损案件数和金额分别增长 25.9%、13.6%，为嘉兴市企业挽回损失 1.9 亿元。全年支持嘉兴市企业对“一带一路”沿线国家贸易出口 47.4 亿元;为 9 个涉及“一带一路”沿线国家海外投资项目提供服务支持,承保金额 20.6 亿元;加强市场调研,向市政府报送《关于“一带一路”国家战略下借助政策性金融工具加快嘉兴市企业“走出去”的建议》;举办两期 9 场“一带一路”市县巡回系列宣讲,参加人员千余人。2015 年,嘉善建立小微政策联保平台,嘉兴成为全省首个实现小微企业政府联保全辖覆盖的地市,全年服务小微企业 1500 余家,小微企业覆盖面近 50%。年内,公司发挥政策性优势，保持高风险容忍度,采取积极承保政策,持续加大保障力度,全年支持嘉兴市企业对新兴市场出口超 62 亿元。继续发挥专业优势,提供买家资信报告、相关重点出口国别和行业的深度分析报告 4000 余份。在广交会、华交会等大型展会提供现场咨询服务,及时提供各类风险预警 268 期,分别在《嘉兴日报》《海宁日报》开辟“外贸风险预警平台”，进行风险防范提示及相关案件的宣传。全年累计开展银行培训交流 65 次，推进“保险＋融资”模式,为辖区企业提供金融支持。

（蒋　贞）

外汇管理

【概况】 2015 年,国家外汇管理局嘉兴市中心支局(简称嘉兴市中心支局)深化外汇管理体制改革,推进贸易投资便利化,加强跨境资金流动监测分析,防范跨境资金流动风险,不断提高外汇管理服务实体经济发展的能力。全市国际收支总额 439.87 亿美元,比上年下降 6.69%,其中收入 288.08 亿美元,支出 151.79 亿美元,顺差 136.29 亿美元;结售汇总额 261.4 亿美元,下降 2.9%,其中结汇 178.01 亿美元,售汇 83.39 亿美元,顺差 94.62 亿美元;外债余额 25.55 亿美元,下降 18.18%。金融机构外汇存款余额 27.96 亿美元,增长 0.51%,外汇贷款余额 31.03 亿美元,下降 23.48%;跨境人民币总额 425.98 亿元,增长 6%,其中收入 240 亿元,支出 185.98 亿元。

【支持实体经济发展】 2015 年,嘉兴市中心支局释放改革红利,支持实体经济发展。一是争取外债宏观审慎管理改革试点。对全市 140 家中资企业开展境外融资需求调查,到嘉兴丝绸、玛氏食品等企业调研,在风险可控的基础上,逐步完善改革试点方案,得到市委书记、分管副市长的高度重视。嘉兴成功列入全国第二批试点地区候选名单。二是深入推进跨国公司外汇资金集中运营管理改革。在试点申报阶段,对企业需求进行全面摸底调查,为 13 家企业争取试点名额;在试点备案阶段,召开备案动员与辅导会议,对备案工作进行详细的事前辅导,帮助企业顺利完成备案;在业务开展阶段,对银行、企业数据申报进行专题辅导,解决试点中出现的新问题。

【实施政策直通工程】 2015 年,嘉兴市中心支局实施政策直通工程,扩大外汇服务效应。一是编印《嘉兴外汇管理专报》,向市政府汇报外汇管理改革进程、改革实施成效、政策解读以及最新的工作动态等。年内,编发外汇管理专报 10 期,内容涵盖外汇政策改革、人民币汇率机制变化、涉汇企业外贸经营情况等,其中"'十年汇改'喜看嘉兴变化"获市委书记鲁俊批示,"外汇资金集中运营改革试点""嘉兴市中心支局多措并举扎实推进海宁皮革城'市场采购'贸易方式试点"获副市长盛全生批示。二是创新开展十年汇改系列宣传活动,举办"十年汇改赢在路上"活动,通过主题征文、专题宣讲、高峰论坛等形式,广泛向银行、企业、个人进行宣传,《嘉兴日报》《南湖晚报》对此作专刊报道。三是保障优惠政策直通入企。向上级外汇局争取 8500 万美元的短债指标,缓解中资企业融资难融资贵问题;引导跨国公司运用比例自律管理政策争取外债额度,指导 3 家跨国公司集团开展外债比例自律管理,共申请到 1 亿美元的外债额度,有效缓解跨国公司境外融资难题。四是举办贴近银企需求的政策、热点培训讲座,组织"汇率避险"专题宣讲系列讲座,开展涉及经常项目、资本项目、国际收支统计等政策类培训,邀请业务专家为涉汇主体解疑答惑,吸引全市近 500 家企业、银行参与。

【提高依法行政水平】 2015 年,嘉兴市中心支局注重方式方法创新,提高依法行政水平。一是开展外资融资租赁公司专项检查。现场检查嘉兴市 3 家融资租赁公司,发现存在融资租赁公司与银行通过产品协议,规避外债结汇政策等问题,对发现的问题及时通过专报向上级外汇局反映。二是探索个人外汇业务监测方法。运用外汇局业务系统非现场监测功能,查询涉嫌个人分拆收结汇和购付汇的信息,跟踪核查有关结汇人民币资金流向和购汇人民币来源,查处多起个人分拆外汇违规案。三是协助查处各类案件。协助公安机关查办"12·23"央批非法经营专案,协助汇总相关账户数据信息,对移送的涉及嘉兴市的 1 个企业、6 名个人违规线索开展调查取证,对查实违规的主体进行立案处罚;协助审计署核查 2 个企业涉嫌"出口骗保"问题,到涉嫌企业开展现场核查,结合外汇管理核销政策,做好核查意见反馈。年内,累计立案查处 31 起,维护外汇市场的健康运行。

【优化外汇监测分析】 2015 年,嘉兴市中心支局优化外汇监测分析,提升建言献策水平。一是创新外汇统计工作方法。嘉兴市中心支局到金融小法人机构进行现场核查，总结出针对金融机构金融资产负债及交易统计的“五表核对法”；关注贸易融资和大额佣金两大风险点，实施非现场监测分析，筛查可疑线索18条，对疑点较多的企业进行现场核查。二是围绕形势开展调研工作。开展大型进口企业汇率影响调研，了解辖区内三江化工、嘉化能源等大型生产型企业在成本、融资等方面产生的影响；开展企业经营情况调研，走访康龙纺织、凯米光学、爱斯得电子等外贸企业，发放调查问卷30余份，多层次了解企业经营状况、融资需求等方面的情况。

（柏　丽）

证券　期货

【概况】 2015年，嘉兴市不断提升对接资本市场能力，引导企业进入资本市场，拓展直接融资渠道。至年末，全市有上市公司40家、过会待发企业1家、报会在审企业5家、备案辅导企业5家。建立挂牌、上市后备企业库和股改后备企业库，入库企业分别为145家和372家，全年新增股份制企业89家。全市上市企业数量居全省第5位，总市值3400亿元。全市证券和期货交易额分别为32856.2亿元和17674.77亿元。

发展直接债务融资。年内，全市利用直接融资募集资金436.13亿元。比上年增长49.5%。其中股权融资规模136.37亿元，占全市直接融资募集资金的31.3%；债权融资299.76亿元，占全市直接融资募集资金的68.7%。

扩大嘉兴“上市板块”。年内，全市新增上市公司5家(境内3家、境外2家)。其中浙江华友钴业股份有限公司于1月29日挂牌上海证券交易所主板市场，首发募集资金4.34亿元；浙江田中精机股份有限公司于5月19日挂牌深圳证券交易所创业板市场，首发募集资金1.32亿元；恒锋工具股份有限公司于7月1日挂牌深圳交易证券所创业板市场，首发募集资金2.52亿元；福莱特玻璃集团股份有限公司于11月26日挂牌香港联合证券交易所主板市场，首发募集资金7.79亿元(9.45亿港元)；中国恒石基业有限公司于12月21日挂牌香港联合证券交易所主板市场，首发募集资金4.49亿元(5.37亿港元)。过会待发企业1家，是浙江嘉澳环保科技股份有限公司。报会在审企业5家，分别是博创科技股份有限公司、浙江荣晟环保纸业股份有限公司、安正时尚集团股份有限公司、新凤鸣集团股份有限公司、浙江台华新材料股份有限公司。上市辅导期企业5家，分别是合盛硅业股份有限公司、浙江芯能光伏科技股份有限公司、海宁中国家纺城股份有限公司、浙江晨光电缆股份有限公司、浙江双飞无油轴承股份有限公司。

扩大场外市场挂牌。年内，新增“新三板”和浙江省股权交易中心等场外交易市场挂牌企业19家和28家。至年末，全市有“新三板”挂牌企业24家，得到同意挂牌函企业2家，排队在审企业16家，与券商签约启动挂牌相关工作的企业58家。浙江股权交易中心挂牌企业136家，其中拟上市板1家、成长板28家、创新板107家。

【华友钴业上市】 1月29日，浙江华友钴业股份有限公司在上海证券交易所主板挂牌上市，股票代码603799。华友钴业上市发行9100万股股份，每股发行价4.77元，募集资金4.34亿元。浙江华友钴业股份有限公司是一家主要从事钴、铜有色金属采、选、冶及钴新材料产品的深加工与销售的高新技术企业，是中国最大的钴化学品生产商之一，钴化学品产量位居世界前列。

【田中精机上市】 5月19日，浙江田中精机股份有限公司在深圳证券交易所创业板挂牌上市，股票代码300461。田中精机上市发行1668万股股份，每股发行价7.92元，募集资金1.32

亿元。浙江田中精机股份有限公司主要从事电子线圈自动化生产成套设备的研发、生产和销售,掌握源自日本的核心技术,取得多项自主研发成果,产品技术水准达到国际先进水平,并以优越的性价比以及集研发设计、生产制造、安装调试及技术服务为一体的综合服务优势取得行业领先地位。

【恒锋工具上市】 7月1日,恒锋工具股份有限公司在深圳证券交易所创业板挂牌上市,股票代码300488。恒锋工具上市发行1563万股(新股1251万股、老股312万股)股份,每股发行价20.11元,募集资金2.52亿元。恒锋工具股份有限公司是一家从事机床用工具的研发、生产与销售的高新技术企业,主要包括精密复杂刀具、花键量具(两者合称精密复杂刃量具)、精密高效刀具等高速切削刀具及高精度测量仪器,同时提供刀具精磨改制等服务。

【福莱特玻璃上市】 11月26日,福莱特玻璃集团股份有限公司在香港联合证券交易所主板挂牌上市,股票代码06865。福莱特玻璃上市发行45000万股股份,每股发行价2.1港元,募集资金7.79亿元(9.45亿港元)。福莱特玻璃集团股份有限公司是集玻璃生产、加工、销售于一体的工贸型综合企业集团,是全球最大的太阳能光伏玻璃生产商之一,产品广泛用于国内外建筑、光伏发电等行业,并成功应用于奥运体育场馆“鸟巢”和世博会“中国馆”。

【中国恒石上市】 12月21日,中国恒石基业有限公司在香港联合证券交易所主板挂牌上市,股票代码01197。中国恒石上市发行25000万股股份,每股发行价2.15港元,募集资金4.49亿元(5.37亿港元)。中国恒石基业有限公司是风涡轮机叶片用玻璃纤维织物制造商及供应商,在全球风涡轮机叶片用玻璃纤维织物制造商及供应商中位居第三,是全球三大制造商及供应商中唯一一家中国公司。

【证券交易额32856.2亿元】 2015年,全市证券账户138.26万户,新增54.77万户。证券交易额32856.2亿元,比上年增长223.96%,其中股票交易额29078.12亿元,增长315.85%;基金交易额837.02亿元,增长134.36%。

【期货代理交易额17674.77亿元】 2015年,嘉兴市8家期货营业部,累计代理交易量1234.56万手,比上年增长20.75%;累计代理交易额17674.77亿元,增长104.91%。

表15 2015年嘉兴市上市公司情况

证券代码	股票名称	总股本(亿股)	累计募集资金(亿元)	总市值(亿元)	上市时间	上市板块
600796	钱江生化	3.01	1.94	39.78	1997.4.8	主板
600208	新湖中宝	91.00	162.76	434.05	1999.6.23	主板
600235	民丰特纸	3.51	10.33	46.06	2000.6.25	主板
600330	天通股份	8.30	34.41	122.00	2001.1.18	主板
002067	景兴纸业	10.94	25.00	97.69	2006.9.15	中小板
601002	晋亿实业	7.93	13.95	91.40	2007.1.16	主板
002144	宏达高科	1.77	8.06	50.34	2007.8.3	中小板
002188	巴士在线	3.00	19.04	133.17	2007.11.22	中小板
002206	海利得	4.48	13.70	71.17	2008.1.23	中小板
002343	慈文传媒	3.15	17.71	190.91	2010.1.26	中小板
002344	海宁皮城	11.20	14.00	171.81	2010.1.26	中小板
002381	双箭股份	3.51	11.02	59.95	2010.4.2	中小板

续表 15

证券代码	股票名称	总股本（亿股）	累计募集资金（亿元）	总市值（亿元）	上市时间	上市板块
002404	嘉欣丝绸	5.21	7.37	56.18	2010.5.11	中小板
002522	浙江众成	8.83	10.57	163.67	2010.12.10	中小板
002562	兄弟科技	2.70	13.61	77.84	2011.3.10	中小板
601233	桐昆股份	9.64	32.40	126.71	2011.5.18	主板
002648	卫星石化	8.05	20.00	87.03	2011.12.28	中小板
002677	浙江美大	4.00	4.80	87.28	2012.5.25	中小板
002718	友邦吊顶	0.83	1.85	49.95	2014.1.28	中小板
603168	莎普爱思	1.63	3.57	89.99	2014.7.2.	主板
600176	中国巨石	8.73	78.94	221.74	1999.4.22.（2014.9.4 迁入）	主板
600273	嘉化能源	13.06	54.61	137.42	2003.6.27.（嘉化能源 2014.9.9.借壳）	主板
603889	新澳股份	1.62	4.79	51.21	2014.12.31	主板
603799	华友钴业	5.35	4.34	140.01	2015.1.29	主板
300461	田中精机	0.67	1.32	39.67	2015.5.19	创业板
300488	恒锋工具	0.63	2.52	55.51	2015.7.1	创业板
小计		222.73	572.62	2892.52	-	-
00496.HK	卡森国际	15.11	9.78	15.44	2005.10.20	香港主板
00528.HK	金达控股	6.32	3.05	9.15	2006.12.12	香港主板
Nyse.SOL	昱辉阳光	1.02	27.31	11.22	2008.1.3	纽交所
TMX.BOY	博元建设	0.16	2.00	0.38	2009.3.12	多交所
Nyse.JKS	晶科能源	0.31	20.78	56.00	2010.5.14	纽交所
WAYPORT [900130]	亚特电器（WAYPORT）	0.56	1.20	2.98	2010.7.23	韩国柯斯达克
02198.HK	中国三江化工	9.93	7.80	11.31	2010.9.16	香港主板
ASX.KFG	康丰家纺	0.25	0.33	0.22	2012.4.20	澳交所
01673.HK	华章科技	3.01	1.60	6.67	2013.5.16	香港主板
5538F- 东明	东明控股	1.68	0.81	8.20	2013.12.16	台交所
06865.HK	福莱特玻璃	18.00	7.79	29.40	2015.11.26	香港主板
01197.HK	中国恒石	10.00	4.49	26.88	2015.12.21	香港主板
小计		66.34	86.95	177.85	-	-
900955	海创 B 股	13.04	26.57	68.52	B 股 1999.1.18	主板
600555	海航创新	13.04	26.57	117.58	A 股 2001.3.28	主板
600567	山鹰纸业	37.67	39.16	143.14	2001.12.18.（吉安集团 2013.6.14 借壳）	主板
小计		63.74	92.30	329.24	-	-
合计		352.82	751.87	3399.61	-	-

（高舜阳）

经济管理与服务

计划管理

【推进“十三五”规划编制】 2015年，嘉兴市推进《嘉兴市国民经济和社会发展第十三个五年规划纲要》编制，成立起草小组，深入各县(市、区)、经济开发区、港区调研，召开各地、各有关部门座谈会，多方听取意见建议，形成《嘉兴市国民经济和社会发展第十三个五年规划纲要(草案)》。编制印发“十三五”专项规划编制工作方案，确定重点专项规划20项，一般专项规划29项，登记备案规划13项，区域规划1项。牵头完成“十三五”规划27项前期课题研究，完成《建党百年发展战略研究》《嘉兴市重大发展战略平台研究》《抢抓“一带一路”和长江经济带国家战略机遇推进嘉兴转型发展研究》《“十三五”嘉兴中心城市发展的对策研究》等课题研究。谋划纳入国家、省“三个重大”内容，编制形成《关于要求纳入〈浙江省“十三五”规划“三个重大”方案〉相关内容的建议》，汇总梳理形成重大项目（工程)136项，涉及总投资8154亿元，“十三五”投资4937亿元；重大政策(改革方案)16项。至年底，全市14项具体内容纳入省“十三五”规划“三个重大”方案中，其中创新发展方面8项，协调发展方面4项，开放发展方面2项。附件汇总表项目477项，具体到各地市的项目389项，涉及嘉兴项目41项，除杭州、宁波外，嘉兴列入省“三个重大”方案工程项目数在同类城市中居第一位。不断优化空间布局，做好各类开发区整合优化提升工作，多次召集各县(市、区)举办开发区整合提升座谈会，编制嘉兴市各类开发区整合优化提升工作方案，起草《嘉兴市各类开发区(产业园区)整合优化提升的实施意见》。做好嘉兴市重大发展战略平台、湘家荡(七星镇)发展战略等课题研究。参与《嘉兴市空间发展与保护总体规划(2014～2030)》《嘉兴市“多规合一”改革方案》《嘉兴市“多规合一”试点工作相关技术和数据标准汇编》等编制，将试点成果向省发改委汇报，并通过国家发改委和环保部组织的联合评审。

【完成“十二五”规划预期目标】 2015年，嘉兴市完成“十二五”规划确定的大部分预期目标。对照“十二五”规划确定的预期目标，地区生产总值、人均地区生产总值(户籍人口)、进出口总额、全社会消费品零售总额和城乡居民收入等6项指标增长未达到规划预期目标。“十二五”期间，地区生产总值年均增长8.6%，低于10%的规划预期增长目标；人均地区生产总值(户籍人口)年均增长8.1%，低于9.7%的规划预期增长目标。进出口总额年均增长6.4%，低于10%的规划预期增长目标。全社会消费品零售总额年均增长13.9%，接近14%的规划预期增长目标。城乡居民收入保持在全省较高水平，但在经济增速下行的大背景下，保持高基数、高增长的难度越来越大。“十二五”期间，城乡居民收入年均分别增长10.8%和11.4%，接近11%和11.5%的规划预期增长目标。

【制定实施国民经济和社会发展计划】 2015年，市发展改革委编制完成2015年嘉兴市国民经济和社会发展计划，经市七届人大第五次会议审议批准，由市政府下发执行。2015年，全市国民经济和社会发展主要调控目标为地区生产总值增长7.5%；一般公共财政预算收入增长7.5%；固定资产投资额增长12%；社会消费品零售总额增长11%；进出口总额、出口总额均增长7%；实际利用外资24亿美元；全社会研究与试验发展经费支出占生产总值的2.6%；城镇居民人均可支配收入增长8.5%，农村居民人均可支配收入增长9%；居民消费价格总水平涨幅3%；人口自然增长率控制在2.5‰；城镇登记失业率控制在4%以内；城镇新增就业人数6.5万人；职工基本养老保险参保人数221万人；职工基本医疗保险参保人数（含大病统筹）195万人；城乡居民合作医疗参保率达到98%；职工失业保险参保人数114.5万人；万元生产总值综合能耗、化学需氧量排放量、氨氮排放量、二氧化硫排放量、氮氧化物排放量分别下降2.83%、2%、2%、2%、4%。为全面完成年度计划目标任务，嘉兴市统筹做好稳增长、调结构、促改革、惠民生等各项重点工作，年内，大部分指标均完成预期目标。地区生产总值增长7%；一般公共财政预算收入增长7.1%；固定资产投资额增长13.2%；社会消费品零售总额增长11%；进出口总额、出口总额分别下降7.8%、3.1%；实际利用外资26.8亿美元；全社会研究与试验发展经费支出占生产总值的2.7%；城镇居民人均可支配收入增长8%；农村居民人均可支配收入增长8.8%；居民消费价格总水平涨幅1%；人口自然增长率0.5‰；城镇登记失业率2.9%；城镇新增就业人数10万人；职工基本养老保险参保人数226万人；职工基本医疗保险参保人数（含大病统筹）197万人；城乡居民合作医疗参保率达到98%以上；职工失业保险参保人数115.4万人；万元生产总值综合能耗下降3.9%，化学需氧量、二氧化硫、氨氮、氮氧化物等主要污染物排放量削减率完成年度目标。

【推进重大项目建设】 2015年，市发展改革委编制下达全市“三个千亿”工程、重点建设项目、服务业“百项千亿”工程、海洋经济发展等重大建设项目计划。全市“三个千亿”工程安排重大项目620个，总投资4143.98亿元，年度计划投资670.3亿元。其中续建项目298个，年度投资400亿元；新建项目190个，年度投资172亿元；竣工项目104个，年度投资94亿元；前期项目28个。按项目类型分，基础设施千亿工程130个，年度计划投资138.4亿元；公共服务提升千亿工程93个，年度计划投资97.6亿元；产业转型升级千亿工程397个，年度计划投资434.3亿元。全市列入省重点实施类项目102个，年度计划投资216.2亿元。全市服务业“百项千亿”工程安排重大项目225个，总投资2156.6亿元，年度计划投资299.9亿元。其中服务业重点平台投资计划项目16个，总投资232.4亿元，年度计划投资31.7亿元；现代物流类项目34个，总投资178.4亿元，年度计划投资28.3亿元；现代商贸类项目55个，总投资554.4亿元，年度计划投资88.3亿元；专业市场类项目18个，总投资83.3亿元，年度计划投资17.6亿元；旅游酒店类项目26个，总投资235.9亿元，年度计划投资30.2亿元；文化创意类项目11个，总投资47.5亿元，年度计划投资10.9亿元；信息科技类项目22个，总投资192.4亿元，年度计划投资21.1亿元；金融总部类项目14个，总投资100亿元，年度计划投资17.9亿元；公共服务类项目29个，总投资532.3亿元，年度计划投资53.9亿元。海洋经济安排重大项目196个，总投资1922.2亿元，年度计划投资220亿元。为确保完成年度投资任务，嘉兴市部署开展“项目大推进、招商大引进、服务大跟进”专项行动，5月和11月由市领导带队分别开展“稳增长、促发展”督查和“冲刺四季度、打赢攻坚战”督查，由审批为主转变为事中事后监管服务为主，形成高效投资服务体系。争取要素支持，全市列入省重大产业第一批项目16个，列全省第二位。争取到省重大产业项目奖励指标210.33公顷，居全省首位。

全年有35个项目争取到前4批国家专项建设基金25.1亿元。争取到各类上级补助资金5.9亿元,嘉湘集团、嘉国投、平湖城投企业债券项目上报国家发改委。至年底,全市完成固定资产投资2513.8亿元,总量连续多年居省内第五位。全市"三个千亿"工程实际完成投资884.3亿元,完成年度投资计划的132.4%。列入全省扩大有效投资"411"重大项目计划的95个项目实际完成投资386.5亿元,完成年度投资计划的136.9%。列入考核的省重点实施类102个项目实际完成投资252.7亿元,完成年度投资计划的117%。服务业投资"百项千亿"工程实际完成投资371.1亿元,完成年度投资计划的123.8%。全年海洋经济有效投资260.7亿元,完成省下达目标任务的118.5%。至年底,2010年以前审批并竣工验收的415个政府投资项目完成406个,项目竣工验收通过率达98%;2012年以前审批并竣工的458个项目完成444个,项目竣工验收通过率达95%,完成市委巡视联络办提出的已竣工政府投资项目验收完成95%以上,实现"销号制"任务要求。大力推进政府与社会资本合作项目(PPP),全市建立首批53个PPP项目库,总投资550亿元,5个项目列入国家发改委向社会推荐的PPP项目名单,总投资206亿元,项目数占全省的18.5%,列全省第二位;望吴门地下空间开发项目等4个项目在全省PPP项目推荐会上签约。民间投资占固定资产投资比重达62.3%。大力推进专项稽查工作,全年开展省市联合稽查项目8个,自主稽查项目5个,完成稽查报告13个,配合国家稽查项目3批次,协助省专项稽查2批次;成立全市稽查专家库,聘请稽查专家19名。

【全面深化改革】 2015年,嘉兴市推进资源要素差别化配置改革等试点工作,成立全省首家公司制形式的市级资源要素交易中心,全年累计用能量交易项目120个,有偿申购金额802.6万元。开展国家深化工业用地市场化配置改革试点,对全市4153个规模以上工业企业进行绩效评价。扩大排污权交易范围,制定氨氮、氮氧化物初始排污权有偿使用费征收标准。加强新能源利用和产业发展,推进嘉兴光伏高新区等四个国家分布式光伏发电示范区建设,海宁市获批省首批清洁能源示范县市,率先建成国家分布式光伏发电应用示范区,平湖市获批省第二批清洁能源示范县,秀洲区油车港镇获批省新能源示范城镇,秀洲区列入中德新能源示范城市合作单位。全市光伏发电累计装机容量884兆瓦,并网容量721兆瓦,其中分布式装机容量711兆瓦,并网容量629兆瓦,分别占全省的48.9%、51.7%。2015年,光伏发电新增装机容量360兆瓦,并网容量502兆瓦。推进深化统筹城乡改革,制定出台《嘉兴市国家新型城镇化综合试点工作方案(2015~2017年)》《关于加快市级特色小镇规划建设的指导意见》,5个镇列入第一批省级特色小镇创建,11个镇入围第二批创建联审。抓好4个省级、13个市级小城市培育试点镇配套扶持工作。海盐县深化中欧城镇化合作,签约合作"零碳街"项目。健全农业防险抗灾体系,南湖区成功争取水蜜桃特色县省级试点。桐乡发放全国首单农村"三权"保证保险贷款,首批6家农户获得120万元贷款。开展投融资改革试点,推广政府与社会资本合作;强化项目库建设,编制政府与社会资本合作实施方案。嘉善县、海宁市列入深化县城基础设施投融资体制改革国家试点县市。

(袁　斐)

国有资产管理

【概况】 2015年,全市国有资产总量4815.92亿元,比上年增长13.05%;所有者权益1837.56亿元,增长10.15%,其中市级国有资产总量1560.2亿元,所有者权益507.27亿元。市级国有资产中基础设施占80.28%,社会公益事业占7.21%,工业占6.68%,商业占2.76%,金融业占2.03%,交通运输业占0.72%,服务业占0.32%。

【推动资源优化整合】 2015年,市国资委加快对产业关联、资源相关、业务相近市属国有企业的资产重组和业务调整。嘉城集团以吸收合并、划转等方式整合宾馆、景区、街区等旅游资源,组建嘉兴旅游发展有限公司,提升旅游经营竞争能力;嘉源集团所属管道、设计、水物资设备三家经营性公司实施重组兼并,进一步提升企业规模和实力;嘉服集团协议受让恒华租赁51%国有股权,相关管理权限同时下放到集团公司;嘉实集团收购民丰集团的全部民营股权,保留市级国资唯一上市公司平台,取得民丰特纸下一步资本运作的主动权。

【规范国有资产管理】 2015年,市国资委累计审批对外投资(增资)项目19笔,总投资额18.33亿元;国有资产转让8笔,成交金额9463.3万元;对外信用担保44笔,金额131.47亿元,其中新增85.81亿元;资产抵押担保26笔,金额110.19亿元。

【探索职业经理人制度】 2015年,市国资委探索国有企业市场化的选人用人新机制。在嘉服集团所属嘉兴市戴梦得购物中心有限公司开展职业经理人试点工作,公开选聘总经理1名,迈出市场化选择人才的第一步;配合组织部门开展嘉兴银行行长公开遴选工作,确定相关人选。

【加强薪酬和履职管理】 2015年,市国资委加快深化嘉兴市国有企业负责人薪酬制度改革,成立薪酬制度改革办公室,组织开展国有企业工资情况调查统计,拟定相关实施意见。有效开展市级国资营运公司2015年全面预算薪酬审核工作。制定并由两办转发《嘉兴市级国资营运公司负责人履职待遇和业务支出管理办法》,加强对“三公”、办公用房、培训、差旅、通信、预算等的管理与监督。

【加强风险防控】 2015年,市国资委严格控制国资公司债务规模,开展年度资金使用计划和债务控制计划编制审核,做好资金运行的动态监测和分析报告。年末,各公司债务余额486.84亿元,比上年新增18.02亿元。全年审核上报市政府批准的重大融资方案28项,涉及融资金额345.41亿元。

(赵燕萍)

物价管理

【概况】 2015年,嘉兴市居民消费价格总水平上涨1%。全年价格同比呈波动上扬态势,1月,受翘尾因素及春节相对较晚影响,同比2009年11月以来首次回落,下跌0.1%,12月同比上涨2.5%,涨幅为全年最高;全年价格环比小幅波动,除2月受节日因素影响环比上涨1.2%外,其余月份的环比涨跌幅都在1个百分点以内。8大类商品和服务价格同比6涨2跌。其中全年食品价格上涨2%,拉动消费价格总水平上升0.6个百分点,是影响居民消费价格指数上涨的主要因素。粮食、肉禽及其制品、菜等主要食品价格上涨,油脂、水产品和干鲜瓜果价格回落。嘉兴市工业消费品价格总体稳定,比上年上涨0.4%,拉动消费价格总水平上升约0.2个百分点。人工成本逐年增加及市场供需的不平衡使服务价格继续保持涨势,城市间交通费和旅游价格受市场规范和成本降低影响,服务价格上涨0.8%,拉动消费价格总水平上升0.3个百分点。全市工业品出厂价格和原材料购进价格跌幅扩大,工业品出厂价格下跌3.6%,跌幅扩大1.8个百分点,33个行业中同比8涨24跌1平;原材料购进价格下跌5.5%,跌幅扩大3.8个百分点,9大类原材料购进价格均下跌。工业品购销价格跌幅差扩大为1.9个百分点,购销价格差比上年增加1.8个百分点。2015年,全市查处各类价格违法案件12件,经济制裁总金额576.18万元,其中退还用户305.39万元、没收2.11万元、罚款268.68万元。

【取消收费许可证制度】 1月1日起，全市统一取消收费许可证制度,全面停止收费许可证核发和收费许可证年度审验工作。建立行政事业性收费事中事后监管制度,做好收费动态监管系统的衔接工作,逐步推进“一清单二制度”(收费目录公示清单、执收情况报告制度和信用档案制度)管理模式。

【提升社会价格监督水平】 3月，嘉兴市社会价格监督服务总站开通价格微信通,基本实现咨询电话、价格直通车、微信通3个价格咨询服务通道全面开通。价格监督服务总站全年组织开展74次监督巡查(其中16次为节日市场价格专项巡查)，出动社会价格监督员501人次,指导和纠正超市各类价格违法违规行为48家次,接受超市价格咨询40家次,协助价格主管部门办理价格投诉19家次，发放价格宣传资料450本。了解价格波动情况及采价2次。11月11日活动期间,通过微信解答商家疑难,规范商家促销行为。

【加强价格宣传工作】 年内,嘉兴市物价局加强价格宣传工作。开展“价格服务进社区”活动,3月,参加嘉北街道天河社区举办的“学雷锋日”活动,帮助社区居民了解价格法律知识,发放价格法律法规小册子200余本。开展“价格服务进园区”活动,针对工业园区企业反映水、电价格高,企业负担重问题,会同电力、水务部门到上海交大嘉兴科技园、中节能(嘉兴)节能环保产业园,宣传水、电价格政策。开展价格法制宣传,开展“3·15”消费者权益日宣传活动，多次上街开展价格法律法规和政策宣传。开展《禁止价格欺诈行为的规定》最新条款解释宣讲,结合价格行政处罚结果信息网上公开制度的实施,到企业为近200人开展价格服务宣讲;到市区沃尔玛、欧尚、大润发、戴梦得等大型超市召开交流会,现场解答最新条款。做好网络零售价格规范督促工作,市物价局监督检查分局下发《关于规范网络零售价格行为的提醒书》，督促引导网络零售商自觉遵守价格法律法规。

【非居民生活用天然气分级定价】 从4月1日起,嘉兴市试行非居民生活用天然气分五级制定销售价格上限。以降价后的非居民生活用气价格4.55元/立方米(含税)为第一级,向下分五级,每级差价0.20元/立方米(含税)。市燃气集团公司可根据用户用气的实际情况,在各级价格的基础上下浮幅度不限。建立上下游价格联动机制,当上游非居民生活用天然气价格调整时,下游非居民生活用天然气价格可按统一计价方式作相应同向调整,天然气管网配气的损耗率暂定为4.85%。

【实施收费公示报告制度】 从4月20日起,嘉兴市实施行政事业性收费公示报告制度,建立收费单位收费情况公示清单制度和收费执行情况报告制度。一是举行各县(市、区)行政事业性收费监管工作培训,对省收费监管系统的维护、操作等进行讲解、演示;二是做好全国收费动态监管系统基础数据的录入工作,市本级90多个单位上报2014年度收费情况报告、单位收费目录公示清单、2014年度收费执行情况报告;三是做好收费项目、收费标准的梳理填报,纠正执收单位不规范收费项目20多项,对40多个单位进行业务指导。

【加强清费减负工作】 4月，嘉兴市取消婚姻登记证书工本费、小微企业货物港务费和引航费、移泊费、印刷经营证书工本费等。7月,清理强制性垄断性涉企经营服务收费36项，其中行政审批前置类服务收费33项、市场监督和准入服务收费1项、其他强制性垄断性涉企经营服务收费2项。对委托开展技术性服务活动的收费,坚决执行“谁委托谁付费”的原则。10月,联合市财政局开展市本级涉企收费基金优惠政策执行情况专项检查,召开执收单位动员会。

【开展脱硫电价考核】 2015年,嘉兴市组织开展脱硫电价考核工作。5月,召开环保、财政、电力等4部门会议，商议脱硫电价考核工作；会同市环保局召开13个热电企业会议，具体部署脱硫电价考核工作。8月，发出《关于非省统调公用热电企业联产发电机组脱硫电价等有关问题的通知》，明确脱硫上网电价及结算方式。

【规范农村圩区用电价格】 6月，市发改委联合市水利局、市电力局发文规范嘉兴市农村圩区用电价格。农村圩区主要为农业生产的防洪排涝服务，用电价格类别属于农业生产用电中的农业排灌用电，应执行农业排灌用电价格，确保农业生产安全，调动农民种粮积极性。

【监管药品市场价格】 6月，嘉兴市召开价格行政处罚结果信息网上公开告诫暨药品价格政策宣讲会。部署开展为期半年的药品市场价格行为专项检查，重点检查竞争不充分药品和特殊患者的特殊用药价格。组织4个检查组对药品价格放开后市区部分药店的药品价格情况进行巡查，巡查药店13家，调查药品60种，其中价格上涨药品39种，价格下跌药品21种。

【实施居民生活用天然气阶梯价格】 从9月1日起，嘉兴市区实施居民生活用天然气阶梯价格制度。阶梯天然气价格分为三档，计价周期按年累进结算。第一档年用气量300立方米及以下，价格为2.98元/立方米；第二档年用气量300～480立方米，价格为3.60元/立方米；第三档年用气量480立方米以上，价格为4.50元/立方米。学校、社会福利场所、宗教场所、城乡社区居委会公益性服务场所等执行居民生活用天然气价格的非居民用户，价格为3.28元/立方米。同时建立居民生活用天然气价格联动机制。

【出台初始排污权有偿使用费征收标准】 10月，为深化排污权交易改革试点工作，嘉兴市出台市本级（含嘉兴港区）氨氮、氮氧化物初始排污权有偿使用费征收标准：氨氮初始排污权有偿使用费征收标准为4000元/吨·年，氮氧化物初始排污权有偿使用费征收标准为1000元/吨·年。征收标准执行时间为2015年12月1日至2020年11月30日。

（杨　丹）

统　计

【概况】 2015年，嘉兴市统计局按照国家和省统计局工作部署，扎实推进统计“双强”工作，加快现代信息技术发展，强化统计队伍建设，被市委、市政府评为年度“五型机关”创建一等奖，获全市“五水共治”先进集体。年内，市统计局建立新规章制度12个，修订完善制度4个、继续保留执行制度文件34个。制定统计局科级干部选拔任用（竞争上岗）、会议培训经费管理、公务租车管理、公务接待和物品采购5个内部控制流程图。取消市级部门统计工作单项考核，并入统计综合考核，修订完善对县（市、区）、市级部门统计工作综合考核办法。

【开展统计改革创新】 2015年，嘉兴市统计局加快组织机构建设。成立统计改革领导小组，领导小组下设办公室，具体负责统计改革的总体设计、统筹协调、整体推进。出台《嘉兴市加快统计改革的若干意见》，明确嘉兴统计改革思路。加快统计制度改革，开展海洋经济、文化及相关产业、战略性新兴产业等增加值测算工作。改进能耗和水消耗统计，参与“五水共治”和大气防治工作。建立创新型城市评价体系，改进人口变动调查，实施高新技术产业新的统计制度。根据电子商务统计调查试点工作方案，在海宁、桐乡组织开展电子商务统计调查市级试点工作。完善县（市、区）党政领导班子政绩考核评价指标体系，改进粮食监测指标体系，切实做好扶贫、浙商回归、民营经济、服务业发展等统计监测评价工作。与阿里研究院合作，搭建“电商大数据＋政府统计”融合研究分析平台，发掘阿里平台大数据的价值，发挥政府统计调查优势,开展嘉兴电子商务(网络零售)发展状况、对实体零售商影响和对策分析研究。部署全市非公单位及个体户人才资源的抽样调查,推进重点人才工程建设工作。开展“平安浙江”“平安嘉兴”入户调查工作,做好调查数据的快速汇总和评估分析,及时掌握平安建设“三率”(知晓率、参与率、满意率)情况。

【加强统计基础建设】 2015年,嘉兴市统计局强化科学统计监测,围绕地区生产总值核算主要基础指标,密切关注全市经济走势,每月开展地区生产总值模拟测算和预警预测分析,全年完成51项常规性主要统计调查项目和19个经常性统计监测评价项目任务。创新实施基层统计“领头雁”培育工程,在嘉善姚庄镇、平湖当湖街道分两批开展全市镇(街道)统计中心主任实地工作观摩学习交流现场会,并组织参加省统计局举办的统计理论业务知识培训班。组织“万人培训”工程、开展常态化统计联审辅导500余期,2357人参加统计从业资格考试,2888人参加统计继续教育。1.5万个统计调查对象通过互联网上报统计报表,实现统计网上直报全覆盖。实施统计报表智能提醒,提高统计工作效能。进一步建立健全与市场监管、税务、发改等部门的信息交换机制,与服务业发展局、商务局、旅游局等部门开展联合行动,切实做好“小升规”“下转上”工作,全年新入库企业单位1.7万个、个体户4.8万户,其中“个转企”单位入库1669个,“下转上”804个。抓好全国1%人口抽样调查工作,全年全市共完成6.4万人调查任务,为科学测算嘉兴市人口规模和城镇化水平奠定基础。

【提升统计服务水平】 2015年,嘉兴市统计局组织力量编写《嘉兴与长三角城市经济社会发展比较研究专题集》,开展嘉兴市小康社会进程分析,测算“十三五”期间嘉兴市经济发展速度,为市委、市政府制定“十三五”规划提供可靠依据。为楼宇经济、“五水共治”、“五气共治”、“城市治堵”等做好服务,履行三官塘河长制的部门职责。强化扶贫统计监测,联合市农办走访全市500户农村低收入家庭,对“全面消除收入4600元以下农户”可能存在的困难提出预警。创新开展电商调查。在海宁、桐乡组织开展电子商务统计调查市级试点工作,嘉兴市统计局专门成立电子商务统计调查课题组,与阿里巴巴签署国内首个政企合作协议,搭建“电商大数据+政府统计”融合研究分析平台。在互联网大会前印发《嘉兴电子商务统计分析报告汇编》;为完善全国社会消费品零售总额统计口径提供依据,同意将不在库个人卖家网上零售额纳入2015年社会消费品零售总额全年数据中,嘉兴市社会消费品零售总额增速由2015年前三季度的6.8%提升至全年的11.0%;市统计局课题组获阿里巴巴“活水计划”2015年十佳优秀成果。创新开展产业调查,围绕省七大万亿元产业,建立信息经济、健康、时尚等新兴产业的统计监测制度和增加值测算工作。不断完善战略性新兴产业等重要产业统计监测工作。组织5000多家企业创新调查,及时分析调查数据。组织实施全市楼宇经济统计调查制度,按月通报各县(市、区)、市区各街道楼宇经济发展主要统计数据。创新服务社会公众,优化嘉兴统计手机版APP,推进统计宏观综合数据库建设,利用历次普查数据开发建设嘉兴电子版经济地理系统,利用“12340”社情民意调查热线电话,反映民需、集中民智,全年电话访问量超过5万人次。

【推进统计法制建设】 2015年,嘉兴市统计局明确权力清单和责任清单,对投资、服务业和能源等重点领域开展统计数据核查和巡查工作,全年稽查单位338个,查处87个,罚款7.3万元。制定下发《全市统计稽查工作计划》《2015年全市统计法制工作要点》等文件。开展全市统计执法检查员申领换证工作,建立严重失信企业清单,建立全市统计系统内部法治工作情况月报和通报制度,探索统计诚信企业评价工作,南湖区试点统计信用档案建设。全年组织2.7万人参加统计法知识竞赛,培训辅导执法人员达 250 余人次，为嘉兴市第 48 期县处级领导干部进修班全体学员讲授统计和统计法知识。

（张　莉）

国土资源管理

【概况】 2015 年,全市建设项目用地供应总量 1912.95 公顷，其中供应工矿仓储用地 774.16 公顷,供应房地产用地 498.54 公顷。土地出让总面积 1294.02 公顷,土地出让总价 134.91 亿元;供应矿产品量 558.53 万吨,收取矿产资源补偿费 447.09 万元。土地变更调查和卫片执法检查全市违法占用耕地比例 1.83%。2015 年,市国土资源局被省国土资源厅评为工作目标责任制和党风廉政建设责任制考核优秀单位,连续七年被市委市政府评为工作目标责任制暨“五型”机关创建考核优秀部门。

【深化国土资源管理改革】 2015 年,市土国资源局深化行政审批制度改革,对国土资源行政审批权限下放后涉及的所有审批项目开展评估,共涉及审批(核)项目 433 个,其中发现问题项目 232 个,占项目总数的 53.58%,各县(市、区)政府对履职评估发现的问题进行整改。2015 年,市土国资源局审批处(窗口)办理审批事项 37090 件,其中土地权属确认 34697 件,国有划拨土地使用权转让、出租审批 2393 件;即办件 27063 件,即办率 73%。推进工业用地市场化配置改革试点,报请市政府印发《开展深化工业用地市场化配置改革试点实施方案》并组织实施。推进国土资源部土地市场诚信体系建设试点,海宁市、平湖市全面梳理 2010 年 1 月 1 日以来签订出让合同的房地产用地、工业用地项目,全面搜集整理国土系统内部以及外部门相关诚信记录,建立购地、用地主体的诚信档案。

【强化用地保障】 2015 年,市土国资源局继续推进市域“多规合一”试点,提出国土系统“资源保护约束性指标、建设用地扩张控制指标以及土地高效集约利用指标”共 3 类 9 个,作为“多规合一” 指标体系并确定规划期末控制目标,基本形成“多规合一”试点文本成果——《嘉兴市空间发展与保护总体规划》文本和图纸。调整完善土地利用总体规划,市本级及中心城区规划经市政府常务会议审议通过,嘉善、平湖、桐乡县级(含中心城区)规划成果由省政府批准。强化重大重点项目用地服务保障，全年全市争取新增建设用地计划指标 2313.33 公顷，其中争取到省留基础设施单列计划指标 860 公顷,获得省重大产业项目奖励指标 229.8 公顷；突出浙商回归项目用地保障服务,引进浙商回归项目 212 个,涉及用地总需求 1443.16 公顷，项目保障率为 92.92%,用地保障率为 76.84%。经济薄弱村用地得到较好保障,落实 53 个经济薄弱村用地 24.87 公顷。

【规范宅基地管理】 2015 年,全市在落实县级规划中,安排规划调整期内新增建设用地总量的 20%，专项滚动用于新农村建设和农民建房。全市批准农民建房 11625 户，涉及用地 307.63 公顷,落实无房户建房 750 户、危房户建房 9970 户。

【加强耕地保护】 2015 年,嘉兴市进一步强化政府对耕地保护的责任，开展 2014 年度耕地保护责任目标考核,嘉善县、海盐县、平湖市被评为优胜单位。全市应划定永久基本农田 18.11 万公顷,实际划定 18.25 万公顷,完成划定任务的 100.77%，其中永久基本农田示范区任务 8.94 万公顷,实际划定 9.09 万公顷,完成任务的 101.68%。落实耕地保护补偿激励机制,对已建成的高标准基本农田和粮食生产功能区等实行差别化重点补偿，补偿标准为 100 元 / 亩；2014 年，全市耕地保护可补偿资金 22119.99万元,已补偿资金 13696.66 万元,争取到省补偿资金 5160 万元，成为全省唯一享受全市补偿激励政策的地(市)。

【推进农村土地整治】 2015年,市土国资源局会同市银监局、市金融办联合印发《嘉兴市农村土地整治增减挂钩节余指标质押融资实施办法》,正式启动节余指标质押贷款工作,全市48个农村土地整治项目质押贷款10.43亿元。指导嘉善县天凝镇、海盐县沈荡镇、秀洲区新塍镇、海宁市黄湾镇共33.6公顷节余指标在市级平台挂牌交易,交易金额41351万元。至年底,嘉兴市经省政府批准立项的农村土地整治项目466个,规划复垦新增耕地面积4543.27公顷,使用周转指标4542.87公顷,累计完成整治复垦土地3422.33公顷,占周转指标的75.3%,其中2015年完成复垦面积870.33公顷,完成任务的157.8%。

【推进节约集约用地】 2015年,嘉兴市推进城镇低效用地再开发,各县(市、区)低效用地再开发专项规划报省国土资源厅备案,全市完成低效用地再开发项目供地509.93公顷,“三改一拆”后土地利用575.07公顷。持续推进供而未用土地消化利用专项行动,全市列入专项行动的开工项目564个,其中开工项目518个,开工率91.84%;列入专项行动的竣工项目739个,其中竣工项目603个,竣工率81.60%,开工率、竣工率均超要求标准。扎实开展批而未供和闲置低效土地处置“百日攻坚”专项行动,对平湖市、海宁市、嘉兴港区3宗闲置土地进行挂牌督办,专项行动涉及67宗193.04公顷闲置土地,处置完毕58宗114.74公顷,宗数和面积处置率分别为86.6%和59.44%。规范土地收储,市土地储备中心收储土地19宗55.55公顷,收储资金7.03亿元;出让储备土地2宗9.63公顷,储备土地出让金3.63亿元。

【加强矿政管理】 2015年,市国土资源局扎实推进地质灾害综合防治工作,完成2015年地面沉降一等水准野外测量,累计测量777.5千米,实测316个水准点;率先在全省全面实行地质灾害评估告知承诺制,年内,实行地质灾害评估告知承诺制项目669个,用地总面积1062.3公顷。深入实施地热资源规划,开展嘉兴市桐乡—秀洲地区、王店地区、嘉善罗星地区地热资源勘查项目评审,“秀洲区新塍镇新热2号地热探采结合井”成功出水,日出水量达554.35立方米,井口水温38℃;完成嘉兴市浅层地温能调查评价项目成果验收,查明嘉兴浅层地温场中变温层、恒温层及增温层分布的基本特征。基本完成浙江海洋经济发展示范区(嘉兴)城市群地质调查项目,实现城市地下空间资源利用适宜性三维动态评价模型及服务应用功能研发,初步确定开发利用应用方案和模板。完成一县三镇土地质量建档工程试点,建立“图、文、卡、码、库”土地质量管理体系。启动《嘉兴市矿产资源与地质环境保护总体规划(2016~2020年)》编制,督促海盐保丰矿区按“四边三化”矿山治理实施计划进行治理;与环保部门联合部署实施矿山粉尘防治专项行动,对海盐县采矿山的安全生产、粉尘治理进行督查。

【维护群众权益】 2015年,嘉兴市继续推进国土资源部分行政处罚权划转基层综合执法机构试点,建立健全部门协作配合制度,严格控制违法占(用)地,对发现的违法占地行为、线索、情况,及时移送综合执法部门查处。全年全市发现并查处违法用地394件,涉及土地面积91.51公顷,其中耕地55.7公顷;结案违法用地387件,涉及土地面积91.36公顷,其中耕地55.56公顷。印发《嘉兴市人民政府关于进一步完善市区被征地居民社会保障制度的实施意见的通知》,解决被征地居民养老保险与职工养老保险并轨、医保与企业职工接轨问题。2015年,全市国土系统共受理群众来信202件、来访60批234人次,信访总量比上年下降21.3%,其中来信下降29.6%。市国土资源局被国土资源部评为2011~2015年全国国土资源信访工作先进集体。

【推进不动产统一登记】 2015年,市、县两级全部按时完成不动产登记职责整合,设立不动产登记局和不动产登记中心。市政府印发《嘉兴市人民政府关于加强统一登记工作的通知》,要求统一将土地、房屋、林地、草地、海域、农村土地承包经营权登记等职责整合到国土资源部门,明确市国土资源局、市建委、市农经局的主要职责。市国土资源局负责并承担市本级土地登记、房屋登记等不动产登记工作,指导监督全市土地登记、房屋登记、林地登记、海域登记等不动产登记工作,各县(市)编委办印发不动产登记职责整合文件;将土地、房屋、林地、草地、农村土地承包经营权(五年过渡期)、海域登记等职责全部整合到县(市)国土资源局,其中海盐县住建局将二手房交易管理职责以委托方式交由国土资源局承担。

【加强土地登记管理】 2015 年,嘉兴市出台《关于加强土地登记管理的通知》,基本完成“两新”(新市镇、新社区)工程确权登记发证。至年底,全市“两新”工程累计供地 59158 户,发证 58528 户,发证率 99%。2015 年,全市办理土地登记 156771 件(含分割凭证),其中国有土地使用权登记 144135 件、集体建设用地使用权登记 70 件、宅基地使用权登记 6238 件、注销登记 3935 件、其他登记 1995 件、抵押登记 398 件(抵押金额 183.53 亿元,抵押面积 955.01 公顷)。继续开展保留村庄点及已建“两新”工程新社区数字地籍调查,四个县(市、区)共完成 61.11 平方千米村庄数字地籍调查任务,其中嘉善县完成 15 平方千米、海盐县完成 13 平方千米、海宁市完成 24.76 平方千米、秀洲区完成 8.35 平方千米。

【推进审计整改设线】 2015 年,嘉兴市开展土地出让金和耕地保护审计设线监督检查,出台《关于加强土地出让金和耕地保护审计中存在问题整改严守底线的通知》,分别对违规办理土地证融资抵押、土地登记不规范等问题设置红线、底线。监督检查中存在问题的资金整改到位率达到 98.7%,存在问题的土地整改到位率达到 99.4%。

(孙玉林)

审　计

【概况】 2015 年,全市审计机关审计或审计调查单位 181 个,查出违规金额 1.36 亿元,损失浪费 3515 万元,管理不规范金额 93.95 亿元,损益(收支)不实 2.99 亿元,审计处理处罚 5.97 亿元,增收节支 9026 万元,核减投资额 1.78 亿元,移送处理事项 4 件。审计提出建议 709 条,被采纳建议 601 条,促进被审计单位制定整改措施 17 项,建立健全规章制度 12 份。上报各类信息被采用 327 条,其中省政府办采用 3 条,省审计厅采用 45 条,市委办、市政府办采用 45 条,审计信息、专报被市领导批示 5 篇次。市审计局获评市级机关部门(单位)工作目标责任制暨“五型”机关创建考核一等奖,“五强”领导班子建设先进单位。

【重大政策措施跟踪审计】 2015 年,市审计局组织重大政策跟踪审计 13 项,撰写重大政策措施落实中出现新情况新问题的审计报告、审计信息 34 篇,为市委、市政府决策提供依据。依据市政府《关于加快发展信息经济的政策意见》,落实 5.47 亿元投资智慧交通建设;推动领军人才项目跟踪管理和服务办法、国有资本经营预算管理办法等政策的完善,对残保金缴纳政策、污水治理总体规划与村庄布点规划的衔接、被征地人员安置办法等 6 个制度进行修订;探索对行政审批违规设置前置条件的审计方法,作为简政放权唯一的审计经验在全省推广。

【市本级预算执行审计】 2015 年,市审计局依法推进对政府全口径预算的全覆盖监督,审计涉及资金 250.84 亿元,查处管理不规范资金 2.37 亿元,代表市政府在人大常委会上所做的《审计工作报告》,揭示审计发现的 5 个方面 38 个问题,得到市政府和市人大的充分肯定和高度重视,市政府以交办方式督促审计整改的落实,推动市、区两级政府和相关部门出台 18 项管理制度。推动财政部门出台政策,完善市级行政事业单位支出定额和福利费提取标准;促使相关部门出台“市级政府专项资金绩效管理实施办法”等制度,财政部门收回结余专项资金2.08亿元,清理盘活历年结存资金14.99亿元;推进21个政府投资项目完成竣工验收,组织对26个政府投资项目开展造价审计,净核减造价7377万元。

【公务支出公款消费审计】 2015年,市审计局实施公务支出公款消费审计,组织市本级238家单位对2014年公务支出公款消费情况进行自查,涉及决算收入48.04亿元、决算支出47.09亿元;市审计局抽查一级预算单位32家及其下属单位51家,审计揭示因公出国(境)、公务接待、会议、培训等在执行新制度中存在的问题,纠正违规发放津补贴问题。

【社保审计】 2015年,市审计局组织实施2012~2014年职工基本医疗保险审计调查,重点关注个人医保刷卡的支付、“两定” 单位医疗服务协议的执行、医保行政部门和经办部门监督管理及政策执行落实等情况,延伸调查4家医保定点门诊部和2家医保定点零售药店,审计发现中药饮片使用、个人医保刷卡支付、定点医疗机构管理以及政策执行方面存在的4大类13个问题,提出完善医保管理职能等审计建议。同时,组织实施残疾人权益保障情况专项审计调查,揭示5大类12个问题,并提出整改建议。

【金融审计】 2015年,全市审计机关对6家小额贷款公司经营风险情况进行专项审计调查,综合审计报告反映支持小企业和“三农”绩效、风险控制与经营合规、内部制度执行方面存在的9个问题,4个问题被省审计厅综合报告采用。市审计局组织开展了对嘉兴银行董事长和原行长任期经济责任审计,审计报告反映嘉兴银行经营决策管理、信贷业务管理、财务管理、内控制度四大类32个问题,引起市政府常务副市长的高度重视,批示要求嘉兴银行整改。

【农业与资源环境审计】 2015年,全市审计机关组织开展“五水共治”政策措施落实情况跟踪审计调查,重点对“五水共治”资金筹集、管理与使用情况,重点项目推进情况,农村生活污水治理情况,生猪养殖转型升级等情况进行专项调查,揭示存在的突出问题,审计信息被省政府办、市政府办采用。

【政府投资审计】 2015年,全市对35个政府投资项目实施预算执行情况审计,对80个项目实施竣工决算审计;对嘉兴港区政府投资项目管理和监督情况等11个项目进行专项审计调查;对2014年度嘉兴市区城镇保障性安居工程、嘉兴市对口援建新疆阿克苏地区沙雅县建设资金和项目等10个项目进行跟踪审计。全市审计机关通过组织审计模式,对1273个项目(标段)进行工程价款审计,核减工程投资8.66亿元。

【经济责任审计】 2015年,全市审计机关对108名领导干部组织实施经济责任审计,其中组织县(市、区)审计人员实施市管的镇党委书记任期经济责任审计,采用交叉审计方式组织实施县(市、区)法院领导干部经济责任审计,顺利开展两个“四责”联审试点项目。突出领导履职尽责审计,探索机构编制管理审计,将年度经济责任自检报告的真实情况和离任交接的履行及廉政建设第一责任人、“三公”经费控制和“八项规定”的落实等情况纳入审计范围。在全省率先落实内管干部经济责任审计全覆盖,全年有33个市级部门单位组织对86名内管干部开展审计。

【嘉兴经济技术开发区和嘉兴港区审计】 2015年,市审计局组织实施嘉兴港区土地征收房屋拆迁情况和嘉兴经济技术开发区所属街道2014年度财政管理情况2个审计项目。根据审计意见,嘉兴港区管委会修订完善《嘉兴港区被征地人员安置办法》等6个文件,向有关部门分别移送坟墓迁移补助款多领多发、拆迁赔偿评估不规范等问题;嘉兴经济技术开发区4

个街道出台公务接待管理规定。

【计算机联网审计】 2015年，市审计局继续深化计算机联网审计，组织开展16个计算机审计项目，部门预算联网审计核查238家预算单位57亿元预算支出；职工医疗保险联网审计覆盖58万名参保人员，共24亿元保险基金；金融机构联网审计实现对银行业务全覆盖，查出违规贷款4亿元。根据市政务云建设计划，完成全市审计管理系统和审计分析系统迁移工作。组织开展计算机审计成果提炼工作，提炼13个计算机审计方法、3个信息系统审计、4个计算机审计项目案例；6名审计人员参加审计数据采集分析专项培训班，14名审计人员参加审计查核问题能力培训班，7名审计人员参加省审计厅第十七期计算机审计中级培训班。

【加强内部审计工作】 2015年，市内部审计协会加强行业自律管理，创新培训机制，重视理论研究，构建服务平台，努力创建有嘉兴特色的“内审工作者之家”。市审计局有效推进内管干部经济责任审计工作，内管干部经济责任审计覆盖面稳步提升，基本达到“任期内审计不少于一次”的制度规定，并实现任中审计为主，内管干部的经济责任审计意识进一步增强。全年组织举办培训班9期，培训人数1733人；组织开展内审理论（案例）课题研究、优秀内审项目评选等活动，参加全省内部审计高级专业人才考核与遴选工作，全市16名内审人员获“全省内审专家”称号，市审计局获2015年度全省内部审计业务指导和监督工作考核二等奖。

（吴国宗）

市场监督管理

【概况】 2015年，按照嘉兴市政府《关于改革完善食品药品监管和工商质监行政管理体制的实施意见》，进一步推进食品药品监管体制改革。海宁市将食品药品监管局（食安办）、工商分局、质监分局的职责和机构进行整合，组建市场监管局。至年底，全市设立74个市场监管所，其中73个市场监管所按镇（街道）建制设置，海宁皮革城市场监管所按专业市场区域设置。深化食品安全基层责任网络建设，全市73个镇（街道）全部设立食安委及食安办，配备专（兼）职人员180人，行政村（社区）配备协管员1404人，信息员5017人。2015年，全市新增市场主体63655户，比上年增长9.21%，其中法人企业13137户，增长2.52%；注册资本1689.98亿元，增长47.35%。全市实有市场主体358082户，增长13.39%；注册资本总额8074.9亿元，增长25.99%，其中法人企业78333户，增长16.17%。实有个体工商户244052户，增长14.18%。

【深化商事登记制度改革】 2015年，全市放宽企业住所（经营场所）登记条件，注册资本由实缴改认缴，推行“先照后证”，降低创业准入门槛。通过授权和委托登记，将登记权限全部下放到县（市、区）局，并向基层便民服务中心延伸。10月1日，推进“五证合一、一照一码”，按照“一表申请、一窗受理、一次告知、一份证照”模式，将原来企业、农民专业合作社登记时依次申请，核发营业执照、组织机构代码证、税务登记证、社保登记证、统计证，改为一次申请，由市场监管部门核发加载统一社会信用代码的营业执照，审批时间由2周缩短到3天。至年底，发放“五证合一、一照一码”营业执照12196户，其中新设4171户，变更、换照8025户。

【实施小微企业三年成长计划】 2015年，市市场监督管理局制定出台《嘉兴市小微企业三年成长计划（2015～2017）实施方案》，成立市小微企业三年成长计划工作领导小组。至年底，新增信息、环保、健康、旅游、时尚、金融、高端装备制造七大产业小微企业8341家。推动小微企业转型升级，其中个转企1669家，小升规745家，整治淘汰不达标、违法生产企业（作坊）1879家。组织开展现代技术、现代金融“双对接”活动和专场培训 798 场次,新增科技型小微企业 447 个,浙江股权交易中心挂牌小微企业 109 个。深化“三名”工程,重点培育 28 件小微企业著名商标。小微企业三年成长计划工作受到副省长朱从玖批示肯定。

【推进交易市场发展】 2015 年,全市商品交易市场 336 个,成交额 1192.87 亿元,比上年增长 16.89%。网上商品交易市场发展较快,全年成交额 137.77 亿元,增长 56.12%。嘉兴建材陶瓷市场嘉地广场国际家居中心被认定为浙江省智慧市场试点单位,海宁中国皮革城被认定为浙江省网上网下融合示范市场试点单位,嘉兴水果市场、嘉兴建材陶瓷市场、海宁中国皮革城被认定为省重点市场。推进放心市场创建,落实财政补助资金,制定一场一案改造方案,完成 21 家放心农贸市场创建,嘉兴蔬菜批发交易市场和 40 家城区农贸市场快速检测室建成,免费向公众开放检测服务。

【实施品牌战略】 2015 年,嘉兴市新申报商标注册 8496 件,核准 7994 件,累计 70928 件。新增驰名商标 2 件,现有驰名商标 20 件、省著名商标 243 件、市著名商标 800 件。深化名品工程,对 50 个知名产品品牌、10 个区域品牌、180 家品牌企业进行重点培育。开展浙江省商标品牌示范县(市、区)、镇(街道)和企业创建,桐乡市获得浙江省商标品牌示范县(市、区),桐乡市崇福镇获得浙江省商标品牌示范乡镇(街道),浙江裕华木业有限公司、浙江五芳斋实业股份有限公司、浙江莎普爱思药业股份有限公司获得浙江省商标品牌示范企业等称号。

【服务经济转型发展】 2015 年,嘉兴市实施缓解民企要素制约,推进动产抵押助力企业融资,办理动产抵押登记 2023 件,为企业融资 203.77 亿元。开展商标质押百亿融资行动,全市商标质押融资额 9000 多万元。海宁市被列为全省“商标质押百亿融资行动”先行先试县(市)。开设民企“双对接”讲堂,举办嘉兴市领军人才暨百家民企对接现代金融洽谈会和“就业再就业服务周”等活动,缓解企业发展的金融和人力资源等要素制约。在特色小镇设立市场监管事务服务室,试行全程电子化登记,为特色小镇入驻企业提供网上一条龙服务。国家工商总局核准歌斐颂巧克力小镇集团有限公司和歌斐颂巧克力小镇集团两个无区域名的名称,成为全国首个以特色小镇命名的无区域名称。依托“创新嘉兴·精英引领计划”,登记注册生物医药项目 70 个。支持经济开发区高端食品产业集聚,玛氏食品、雅培营养品等投入生产。

【深化企业信用监管】 2015 年,全市 75622 个企业、14.6 万户个体工商户完成 2013 年年报,完成率分别为 93.1%、87.68%;90140 家企业、18.06 万户个体工商户和 2041 家农民专业合作社完成 2014 年年报,完成率分别为 93.1%、88.46%、91.98%。依托企业信用信息公示系统,对外公示企业信用信息。至年底,公示系统收录可供社会查询的市场主体 37.98 万户(其中在册企业 11.1 万户、个体工商户 25.06 万户、农民专业合作社 2345 户),依法吊销、撤销但未注销的市场主体 1.53 万户。采取“双随机”的方式,对 1003 家企业开展即时信息公示情况抽查,对 1152 家企业开展公示出资信息定向抽查,对 2710 家企业开展 2013 年和 2014 年年报抽查。对未按照规定履行年度报告公示义务、未按照规定履行信息公示义务或通过登记的住所,以及经营场所无法联系的 6683 家企业列入经营异常名录。新认定 AAA 级“守合同重信用”企业 22 家,续展认定 58 家;认定 AA 级“守合同重信用”企业 65 家。建立企业失信惩戒机制,对工商信用监管等级 B 级及以下企业以及列入经营异常名录的企业,取消市场监督管理部门评优资格,加大巡查监管频率。对外公示其信息并抄送相关部门,失信记录载入信用报告,引导企业诚信自律。

【实施智慧监管】 2015 年,嘉兴市成立智慧监管方案编制项目组,将“12315”系统、注册登记系统和食品生产经营许可系统等17个业务系统、政务系统迁入“政务云”。通过网上搜索、线下巡查的方式,推进网络主体建档和推进网络主体亮照(电子链接标识),全市建档涉网市场主体11146户(其中一级域名4997个、网店5719个)、新增建档1080个,网上标识17340个、新增标识1207个。推行食品进销台账电子化,将全市1739家大型商超、食品总经销(总代理)企业、一级食品批发商、二级食品批发商纳入食品安全电子监管系统,对10.17万家供货商进行登记备案,近17万种不同种类和规格的食品进入电子监管平台的商品库,录入商品进销货台账近1689万条(其中进货台账702万条、销货台账987万条)。依托药品电子监管系统,实施对药品生产经营企业远程监控,录入药品药械经营企业1678家,涉及药品从业人员2889人,涉及药师考勤信息205万条,涉及药品品种信息14927条,药品销售信息20.21万条,药品养护信息81.46万条。

【加强食品安全宣传】 2015年,市市场监管局深化“食药安全、你我同行”主题实践活动,开展“我执法、你参与”活动658期,公众参与9423人次;开展“我宣传、你传递”活动749场次;开展“你点题、我检测”活动,公开征集点题检测信息3301条,检测食品药品760批次,检出不合格5批次;开展“你举报、我查处”活动,受理公众举报线索536件,查实214件。注重引入第三方参与食品安全管理,2015年,在全市790余所学校食堂及学校就餐配送单位全面实施餐饮食品安全责任险,提高学校食堂的食品安全抗风险能力。海盐县农村集体聚餐食品安全责任保险制度实现县域全覆盖。加强与地方主流媒体和行业专业媒体的合作,开设“市场监管、你我同行”等专栏,发挥微博、微信等新媒体作用,在“3·15”国际消费者权益日、“4·26”知识产权保护日和食品安全宣传周开展专题宣传。南湖区成立全省首个县级“食品安全培训学院”,依托嘉兴城市大学师资、教学培训管理资源优势和南湖区社区教育学院、镇(街道)社区教育中心、村(居委)社区学校三级网络体系,为食品从业人员和居民搭建学习平台。

【加强食品安全监管】 2015年,嘉兴市申请食品生产许可427个单元,受理425个单元,未受理2个单元,发放食品生产许可证385张,发出不予许可决定书64份。加强食品生产加工小作坊综合治理,探索建立“正(负)面清单+登记备案”管理新模式,开展食品加工小作坊清查建档。南湖区全力打造“3S”监管模式,保障食品质量安全,受到副省长朱从玖的批示肯定。加强食用农产品集中交易市场、食品问题多发区,以及城乡接合部、中小学校园及周边等重点区域监管,开展春节、中秋、国庆和春秋季开学等重点时段的食品安全检查巡查,出动1343人次,检查经营户590家,抽检样品156批次。在全市学校食堂全面实施“五常法”(常组织、常整顿、常清洁、常规范、常自律)管理,在全市790多所学校(含幼托机构)食堂全面推行食品安全责任险,进一步提升学校食堂食品安全抗风险能力。完成第二届世界互联网大会·乌镇峰会和全市两会等17次重大活动的食品安全保障。加强“阳光厨房”建设,在全市学校食堂和大型、特大型餐饮服务单位建设“阳光厨房”599家。实施百万学生饮食放心工程,全市大宗食品统一配送或定点采购率达到100%,学校食堂A、B等级率84.5%,品牌超市进校园率85.7%,学生饮用水城镇管网接入率100%,超额完成省下达年度任务。

【加强药品、医疗器械和保健食品化妆品监管】 2015年,全市实行药品生产质量风险防控机制,开展药品生产环节的风险信息采集、分析评估、处置工作,组织召开2次药品生产质量例会暨风险会商。开展中药饮片生产经营使用、银杏叶提取物、空心胶囊及胶囊制剂、含可待因复方制剂、特殊药品的专项整治,开展打击药品零售企业和个体诊所销售使用假冒伪劣药品行为、体外诊断试剂等专项行动。全市药品生产企业均通过2010版GMP认证和所有产品的电子监管赋码，完成全市26家药品生产企业许可证换发工作。检查药品经营企业1400多家次、医疗机构1200多家次，对不合格药品的经营使用单位依法进行查处。加强医疗器械质量安全监管，对列为国家重点监管目录和省级重点监管目录的12家生产企业实施四级监管，对16家医疗器械生产企业进行重点检查。开展体外诊断试剂质量评估和综合治理，对无菌和植入性医疗器械、定制式义齿等产品和医疗器械体验式销售行为开展专项检查，出动执法人员400余人次，检查生产企业12家、经营和使用单位127家，对2家违法违规企业进行立案查处。完成420个国产非特殊用途化妆品备案后检查，做好保健食品产品注册和委托生产的现场抽样核查工作，开展化妆品生产企业核发新证，完成“两证合一”换证工作。在全省率先推进保健食品化妆品电子监管系统试点建设，初步实现对保健食品化妆品生产经营的在线实时监管。完成保健食品化妆品国家级和省级以及市级抽检，抽样任务完成100%，生产企业抽样覆盖率100%，不合格移送处置率100%。开展嘉兴市保健食品化妆品专项整治，对虫草类保健食品、保健酒和配制酒违法添加、面膜类化妆品等进行专项监督检查。

【维护消费者权益】 2015年，市市场监管局统一平台、统一规范、统一程序，做好投诉举报案件处理，共接诉18335件，其中举报2614件、投诉6619件、咨询9102件，消费投诉处理率99.05%，为消费者挽回经济损失1071.31万元。围绕消费热点，开展旅游及供用水、电、气四大行业合同格式条款专项整治，消除“霸王条款”，审查合同格式条款925条，发现侵害消费者权益合同格式条款6条，通过报纸、网络等媒介向社会公开征集疑似不公平格式条款4条，约谈企业11家，发出行政指导书4份、责令整改通知书4份。加强消费维权联络站建设，至年底，全市建立消费维权联络站420个，在市银行业协会、市保险行业协会分别建立消费维权联络总站，在23家市级银行、49家市级保险公司建立消费维权联络分站。打造消费义工队伍特色品牌，市消保委组建法律服务律师义工团、汽车服务技工义工团、保健服务老人义工团、家装服务企业义工团。同时，与共青团嘉兴学院委员会合作，组建一支具有专业特色的嘉兴市网购与快递维权义工小分队，加强对网购和快递两个行业消费监督，为大学生参与社会实验提供平台。

【强化执法监管】 2015年，市市场监管局贯彻“攻大奸、戒小过”的执法理念和“集中力量办大案，实现数量质量双提升”的工作目标和思路，加大案件查办力度。至年底，全市查处违法案件2509件，其中大要案692件，罚没款4327.8万元，移送公安部门102起。深入查办微整形类假冒伪劣药械案件，抓捕嫌疑人23人。根据网络案件特点，加强网络化布控。全年全市移送公安部门案件16起（含线索移交1起），其中国家市场监督管理总局督办案件4起，公安部督办案件4起，发起全国集群战役2起，申报全国集群3起，抓捕嫌疑人33人，抓获凯美国际、郑州悦华整形、天津默斯生物、哈尔滨信邦美业四个特大型假药生产、销售团伙，查获假冒伪劣药械货值超1亿元。深入开展肉品和水产品安全专项整治“百日会战”，全市行政立案179起，移送公安部门41起，刑事立案35起。开展医药、保健食品、房地产和互联网重点领域虚假违法广告专项整治，查处各类违法广告案件59件，罚没款61.66万元。严厉打击传销，开展无传销创建，全市出动执法人员2957人次，检查场所203个，取缔窝点479个，教育遣散人员3438人，解救人员28人，发放宣传资料26050册，录入涉传黑名单库103人，发布警示提示2次，查处传销行政违法案件4件，罚没款20.9万元。

【建立健全食品药品监管工作机制】 2015年年初，市政府与各县(市、区)政府、嘉兴经济技术开发区(国际商务区)、嘉兴港区以及有关食品安全监管部门签订食品安全工作目标责任书，年底市政府对完成情况进行年度考核，考核结果列入政府年度绩效考核和平安县（市、区）、平安镇(街道)考核内容。建立食品安全行政约谈制度，对负有食品安全监管职责的各级政府、部门的主要负责人、分管负责人和其他相关责任人实行“一票否决”制度，并将考核结果纳入对党政班子领导和相关领导干部的综合评价考核。建立健全食品药品风险防控机制，通过风险排摸、风险分析、风险会商，及时发布食品安全预警，消除风险隐患，“十二五”期间没有发生食品药品安全等级事故。建立健全食品药品信息公开制度，规范食品药品安全信息公开的内容、程序和要求，通过政务网站、报纸、宣传橱窗、电子屏幕等媒介建立公示平台，累计发布各类信息1800余条。开展食品药品安全示范创建，食品安全示范县(市、区)创建实现全覆盖，全市6个县(市、区)创建成为药品安全示范县。

【构建食品药品检测体系】 2015年，嘉兴市按照“市级强龙头、县级创特色、基层重快检”的原则，建立健全食品药品检验检测体系。整合分散在不同部门的食品药品检验检测装备和人员力量，组建嘉兴市食品药品检验检测院。同时，争取上级部分的财政支持，加强食品药品检验检测基础设施、装备购置。至年底，具备食品检测能力1160项(含保健食品)，药品(含化妆品)155项，检测范围涵盖乳制品、肉制品、调味品、酒类、糕点、糖果等食品和药品、医疗器械、化妆品等。优化县级食品安全检验检测资源配置，加快建立或完善基层市场监管所快速检测室及快速检测装备配备。

（罗建波）

质量技术监督管理

【概况】 2015年，嘉兴市质量技术监督局(简称“市质监局”)履行质量宏观管理和产品质量监督等法定职责，保障生产加工领域产品质量安全。全市国家级产品质量监督抽查288批次，合格259批次，合格率89.9%；省产品质量监督抽查1557批次产品，合格1504批次，批次合格率为96.6%。全市建立国家法定计量检定机构的社会公用计量标准256项，授权开展专项检定的计量标准11项，部门企事业单位的最高计量标准230项。全年强制检定计量工作器具24.53万台(件)，强制检定计量标准器具1452台（件）。全市有各类在用特种设备9.46万台、压力管道5490余千米、气瓶179万个。完成在用特种设备定期检验43774台，其中锅炉内部检验1276台、锅炉外部检验2552台、压力容器全面检验7480台、电梯定期检验25223台、起重机械定期检验7243台。完成特种设备安装监督验收8231台，其中工业锅炉安装监督检验205台、电站锅炉安装监督检验5台、压力容器安装监督检验15台、电梯验收检验6057台、起重机械安装验收检验1949台。完成压力管道安装监督检验352千米。完成特种设备产品安全质量监督检验1636批，其中工业锅炉21台、压力容器2889台。完成监督检验封头产品3.95万个、气瓶产品204批。

3月13日，市质监局开展“产品质量和特种设备安全进校园”活动

【全国质量强市示范城市创建通过预验收】 2015年，市质监局组织首次“市民质量代表观察团”活动。推进嘉兴市加西贝拉压缩机有限公司、嘉兴市金都南德大院和嘉兴市“96345”社区服务中心3个创建示范点筹备工作。9月，

嘉兴市创建全国质量强市示范城市工作通过省政府预验收。市委宣传部、市经信委、市教育局、市人力社保局、市质监局、市总工会、市科协联合发布《嘉兴市全民质量素养提升工程三年行动计划(2015～2017年)》,实施全民质量素养提升工程。2015年,省政府对嘉兴市质量工作的考核结果为A级,列全省第五位。

【"浙江制造"品牌建设和市长质量奖培育】 2015年,市政府出台《关于推进"浙江制造"品牌建设工作的实施意见》,大力推进"浙江制造"品牌建设。平湖市、桐乡市列入全省首批"浙江制造"试点县(市)。集成灶、丝绸服装、黄酒、冰箱压缩机、玻璃纤维、旅行箱包等产品列入省"浙江制造"认证产品目录。巨石集团通过"浙江制造"认证,新秀集团实施与德国GS认证互认的"浙江制造"认证。嘉兴市企业制定发布旅行箱包、压缩机等5个"浙江制造"标准。修订出台《嘉兴市市长质量奖评审管理实施细则(2015年修订)》,开展2015年嘉兴市市长质量奖评审工作。2015年,嘉兴市获省政府质量奖提名奖1家、市长质量奖3家,巨石集团获得省政府质量奖提名奖,加西贝拉集团获得中国质量奖提名奖。

3月20日,市政府召开嘉兴市质量强市暨"浙江制造"推进会

【加强标准化基础工作】 2015年,根据《国标委国家发改委关于扎实推进国家新型城镇化标准化试点工作的通知》,市发改委、市质监局制定出台《国家级新型城镇化综合试点标准化试点工作实施方案》,开展标准体系框架构建调研,启动实施国家级新型城镇化标准化试点工作。召开项目推进协调会,进一步推动餐厨废油资源化利用国家循环经济标准化建设。推进海盐国家农村综合改革标准化试点,建立美丽乡村建设"生产、生活、生态"标准体系,制定《农村土地承包经营权流转管理规范》等25项重点标准,《就地城镇化评价指标体系》《家庭农场建设与管理规范》作为国家标准实施。制革产业循环经济标准化试点、制定实施《耐蒸煮复合膜、袋》联盟标准、喷水织机行业中水回用循环经济标准化试点省级项目获得立项。发布《党员志愿者管理规范》《党员志愿者服务规范》两部党员志愿服务地方标准规范。加气站服务质量标准化、专业市场管理服务标准化和内河集装箱运输服务标准化省级标准化试点项目通过验收。启动镇村公交国家级标准化项目和居家养老省级标准化试点。至年底,全市参与制定国际标准4项,国家标准、行业标准665项,制定实施联盟标准50个,建设国家级、省级标准化项目131项。全市农业标准化生产程度62%以上。全市批准发布地方标准规范225项,涉及农业、物流、社区服务等方面。企业产品标准备案数15805个,自我声明公开1075项标准。2015年,嘉兴市规模以上工业企业主导产品采标率65.3%,每千个国家标准为主制修订数量4.57个。

【加强特种设备与产品质量监管】 2015年,市政府成立由分管副市长任组长,市发改委、市经信委等17个部门负责人为成员的特种设备安全工作领导小组,特种设备安全列入《2015年度安全生产目标管理责任制考核办法》。围绕电梯、压力容器、危险化学品、液化石油气等产品,市质监局开展特种设备安全专项整治,全市累计出动检查人员4160余人次,检查使用单位2756个,排查隐患2113项,落实整改2086项,发出特种设备安全监察指令书725份,立案查处125起。嘉兴市电梯应急公共救援平台完成救援340起,解救被困人员734

人，平均用时15.9分钟。建立特种设备服务保障应急工作体系，制定分级分区域排查方案，开展特种设备地毯式检查，完成第二届世界互联网大会特种设备安全保障任务。推进市场反溯机制、电子商务产品质量提升机制，对加热器、换气扇、针织服装、电线、电缆、羊绒衫、羽绒服、蚕丝被等8种产品113批次实施网上买样监督抽查。发布《嘉兴市食品相关产品生产企业质量安全水平量化评价和分级管理办法（试行）》，保障全市181家食品相关产品质量安全。开展“蓝剑1～5号”专项执法行动，全市出动稽查执法人员5645人次，检查企业1942个，查处案件232起，结案案件138起，移交公安办理案件5起。受理各类举报、申诉、咨询1851起，调解涉及家用汽车消费纠纷51起。

9月8日，市政府举行2015年嘉兴市“质量月”活动启动仪式

【服务“五水共治”工作】 2015年，市质监局发挥牛桥港河道治理市级责任部门作用，协调市水利局、嘉兴经济技术开发区、南湖区等相关部门（单位）对牛桥港河段开展清淤、管道改造等工作。年内，该河段开展49次水质监测，监测结果Ⅳ类以上水质20次，其中Ⅲ类水质5次，占40.82%，比上年提高66.67%；劣Ⅴ类水质21次，下降27.58%。推动嘉兴市“五水共治”及相关产业标准体系建设，标准体系覆盖30多个行业，涉及建设、运行、维护、管理和评价各类标准2148条。对钢筋混凝土排水管、地下用管材等4种产品22批次实施监督抽查，合格率100%。“嘉兴市质监局发挥职能作用共襄治水盛举”一文在省治水办《浙江省“五水共治”工作简报》上刊登。

【推动检验检测高技术服务业集聚区建设】 1月，省政府向国家质检总局、国家发改委递交“关于商请设立国家检验检测高技术服务业集聚区（嘉兴）的函”，启动检验检测高技术服务业集聚区建设项目。7月，《浙江（国家级）检验检测高技术服务集聚区发展规划》由省质监局组织并通过专家评审。开展“检验检测高技术服务业集聚区建设的全产业链研究”，并被立项为全省质监系统重大科研项目。

【加强质监科技创新】 2015年，市质监局制定下发《嘉兴市质量技术监督局服务企业助力“众创”工作实施方案》，发挥技术机构实验室开放平台作用，服务企业产品质量提升和技术创新。全市质监部门19家技术机构建设智慧检测项目22个，专业实验室开放3131批次，组织专家报告17场，组织技术咨询服务25场，组织26名专业技术人才驻企帮扶，联系服务对外贸易企业198家次，科研成果转化应用项目7项。国家纺织服装产品质量监督检验（浙江桐乡）毛针织品分中心于5月20日成立。国家中低温太阳能光热利用产品质量检验中心（浙江）于4月1日启动土建工程。浙江省智能集成家居产品质量检验中心获批。全市质监部门获省级质监科研计划项目立项9项，其中重大项目2项，省级质监检验检测技术装备补助项目立项2项，质检总局科技计划项目立项1项。申报中国专利奖1项，推荐3个项目参选国家质检总局科技兴检奖，推荐浙江省电子电声产品质量检验中心申报国家质检科普基地。

【行政审批制度改革】 2015年，全市质监部门完成行政审批委托下放事项的移交、承接工作，市质监局承接省质监局下放事项12项，县（市、区）质监局承接省质监局委托事项7项。五个县（市）试行将组织机构代码证办理事项下放到部分乡镇(街道)。加强行政审批受托和委托事项的承接、督查工作,加强对县(市、区)行政审批工作的业务培训和指导。根据深入推进商事制度改革要求,总结“五证联办”试点工作经验成果,配合完成市及各县(市、区)“五证合一、一照一码”改革。制定实施《行政审批窗口服务规范》,市质监局行政审批窗口实施业务AB岗和周日无休制度,连续四季度获得“红旗”示范窗口称号。按照“职权法定”原则,组织做好权力清单、责任清单编制工作,共涉及行政权力366项,均通过市政府网站向社会发布公开。

(毛海雁)

行政审批及公共资源交易服务

【概况】 2015年,嘉兴市行政审批服务中心办结各类行政审批服务事项158.94万件,比上年增长11.98%;执收规费5591.53万元,下降34.62%;单个事项平均办理时间3.15个工作日,比承诺办理时限和法定办理时限分别提速62%和87%,实现窗口办件准确率、电子评价群众满意率、承诺事项按时办结率“三个百分百”。市公共资源交易中心举办各类交易活动1221场次,减少109场次;进场交易单位(个人)16037家,增加1191家;总成交金额186.44亿元,为国家增收节支13.62亿元,分别下降15.7%和40.68%。其中工程建设招标790场次,中标金额121.23亿元,节约资金11.95亿元;政府采购289场次,采购金额4.34亿元,节约资金0.64亿元;资源要素交易142场次,成交总价29.8亿元,交易增值9089万元;医药采购31.07亿元。

【推进行政审批层级一体化改革】 2015年,嘉兴市围绕行政审批市县层级一体化改革省级试点工作重点,以市县基本同权、审批减少一个层级为目标,实现审批权限扁平化、审批服务集成化、审批监管立体化,428项审批事项下放给县(市、区),市级保留59项。改革工作得到中央和省、市级媒体的广泛关注,人民网、光明网、新华网、《浙江日报》、《浙江经济》、《今日浙江》等国内主流媒体和门户网站对这项改革进行广泛报道。改革实践被评为第三届浙江省公共管理创新案例优秀奖,获得全国行政服务大厅典型案例展示“百优”称号;9月2日,省政府下发《关于推广嘉兴试点经验推进市县行政审批层级一体化改革的指导意见》,11月11日,召开全省推进县域经济体制综合改革暨市县行政审批层级一体化改革电视电话会议,12月15日,在嘉兴市召开全省市县行政审批层级一体化改革实务培训班,在全省推广“嘉兴经验”。同时,经验交流材料在国务院推进职能转变协调小组简报上印发,得到省长李强的批示肯定。

9月20日,嘉兴市行政审批层级一体化改革在全国行政服务大厅典型案例展示活动中获“百优”称号

【清理精简行政审批事项】 2015年,市行政审批服务中心梳理现有行政审批事项,从5月1日起在政务服务平台上操作,并实时与省政务服务平台对接。全面取消“非行政许可审批”类别,全市累计清理非行政许可审批事项50项,其中取消14项、调整36项。

【创新完善审批服务方式】 2015年,市行政审批服务中心深入实施商事登记改革,通过强化部门协同、数据共享,进一步完善前置审批改为后置审批工作;全面实施“五证合一、一照一码”登记模式,方便企业办事、简化登记手续、降低行政成本。完善海宁市、嘉善县核准目录外企业投资项目不再审批改革，确立企业投资主体地位，有32个项目纳入不再审批改革。指导桐乡市作为全省示范市，开展工业企业“零土地”技术改造项目审批方式改革，共技改91项，总投资29.08亿元，加快技术改造类工业建设项目审批。探索村级集体经济项目打包审批，与市委组织部联合出台《关于进一步推进村级集体经济发展项目审批方式改革的指导意见》，加快推进村级集体经济薄弱村转化。

【构建“一窗受理”审批新模式】 2015年，“一窗受理”审批新模式在海宁市开展试点。以“申请人”为核心、以公众需求为导向，以同类审批项目流程再造为重点，应用“互联网＋政务服务”思维，对涉及多个部门需要联审联办的审批项目，分为市场准入类、工程建设类和社会事业类三大类审批项目进行跨部门流程重构，构建分类“一窗受理”审批新模式，实现“前台一口受理、后台协作办理、部门信息共享、资料网上流转”的集成化审批服务，着重解决审批过程部门联动性差、企业重复递交资料等现象。通过“一窗受理”，市场准入类新设企业审批时限由5个工作日提速为3个工作日内办结，工业备案项目从取得土地到施工许可由原来45天缩减为现在承诺15天完成，产权办理和抵押登记提速3倍以上。

【加强行政审批体制创新】 2015年，市行政审批服务中心按照《中华人民共和国行政许可法》的相关规定，通过职能划转、委托等方式，探索相对集中行政审批权改革，进一步提升审批效率。在海宁市等地创新委托代办模式，对年办件量较少的教育局、民宗局、粮食局、档案局、盐务局和旅游局6部门的30项审批服务事项直接委托行政审批服务中心的综合窗口统一办理。在南湖区筹建行政审批局，探索相对集中行政许可权改革，22个区级政府部门的182项行政许可事项将全部集中由南湖区行政审批局实施。

【强化行政审批监督检查】 2015年，市行政审批服务中心出台《关于深化行政审批事项“六统一”标准行政审批服务标准化建设工作的通知》，推进同一事项在全市范围内按照审批内容、材料、要件、流程、时间、收费“六统一”，对全市行政审批权运行情况加强电子监察、全程监督和责任追究，杜绝违法审批、越权审批、超期审批等行为发生。推动市级审批职能部门严格落实审批备案、总量调控超量叫停、评估抽查等制度，确保下放事项运行的合法性、时效性、严肃性、规范性。

【加强涉批中介服务监管】 2015年年初，市行政审批服务中心出台《关于加强规范行政审批中介机构和服务监管的实施方案》，制定六项措施，加强对涉批中介的引导、培育和监管，推进中介服务市场化运作。7～9月，开展涉批中介服务监督专项检查，要求各涉批中介机构行业主管部门和综合监管部门认真自查，并对市建委等5个单位进行专项督查，进一步规范涉批中介监管，提升中介服务水平。9月底，梳理并发文公布《嘉兴市行政审批中介服务项目目录清单》，共涉及14个部门38个中介服务事项。在全市构建“市场主导、行业自律、政府监督”运行机制和“网上中介超市为主、实体中介中心为辅、网上网下双向服务”的“淘宝式”服务模式，市、县两级行政审批服务中心相继设立中介市场实体平台和网上超市，全市中介服务收费平均降低30%左右，服务时间缩减50%以上。

【扩大公共资源交易平台】 2015年，市行政审批服务中心按照有序推进原则，扩大公共资源统一进场交易范围，基本实现公共资源交易项目“能进则进、应进必进”，构建地方公共资源交易大平台。针对信息发布、报名受理、资格审查、文件编制、专家抽取、保证金收退、结果公示等关键环节，细化和完善内部管理制度，深化市、县两级平台联动，指导各县（市）加强平台建设，加强招投标业务指导，不断提升规范化建设水平。

【推进资源要素市场化配置改革】 2015年,市行政审批服务中心按照推进资源要素市场化配置改革的要求,设立嘉兴市资源要素交易中心有限公司,组建浙江省首个公司制形式、市场化运作的地市级资源要素交易平台。指导各县(市)采取公司制、增挂牌子、引入专业国资公司等多种模式,完成资源要素交易平台的搭建工作,加快培育要素交易市场。扩大要素交易范围,推进用能权、排污权、农村产权以及建设用地增减挂钩指标等各类资源要素统一进场交易。会同相关部门制定用能权、集体资产股权、排污权等资源要素进场交易实施细则,确保进场交易工作的有序推进。年内,市资源要素交易中心有限公司完成产权交易84场次,成交金额5.06亿元,增值180.6万元;土地一级市场交易27场次,成交土地71宗,成交金额24.33亿元,增值0.89亿元;其他资源要素交易31场次,成交金额4050.1万元。

3月27日,浙江省首个地市级资源要素交易平台——嘉兴市资源要素交易中心有限公司挂牌成立

【完善公共资源交易综合监管】 2015年,市行政审批服务中心深化综合监管制度建设,促进公共资源交易统一领导、分层监管、集中交易。加强工程建设、政府采购、土地及小车号牌拍卖开评标现场监管和政府投资项目招投标实时监管。做好省委巡视组有关招投标监管不力问题的整改,加强招投标执法人员队伍建设,开展招投标规范性文件清查,纠正与上位法相抵触的内容。加强评标专家队伍建设,做好省综合性评标库嘉兴片区专家入库资格审查,推行专家评标视频直播、限额以上全库抽取评标专家等新举措,规范评标专家职业行为,并在全省招投标监管工作会议上介绍嘉兴专家管理经验。组织对招标代理机构的动态考核管理,会同相关部门加强招投标中介机构管理工作。全面落实招投标监管制度,促进全市监管两级联动,提升招投标规范化和制度化水平。

【探索公共资源交易“互联网+”模式】 2015年,嘉兴市建设公共资源电子化交易平台系统,推进投标企业CA认证、投标人线上报名、网上缴纳投标保证金、网上无限制下载招标文件、电子辅助评标等为核心的“互联网+”交易系统,促进公共资源交易更规范、高效、透明。

【加快服务品牌建设】 2015年,市行政审批服务中心深化投资项目模拟制靠前服务、代办制全程服务、联审制高效服务“三制联动”审批服务,累计实施联审项目426项,模拟审批50项,代办投资项目2012项,进一步推动提速增效。继续实行错时、延时、预约、导办和周日轮值五项人性化便民服务制度,方便群众办事。开展“红旗”示范窗口和“服务明星”评选等创先争优活动,展示政务服务“第一窗口”良好形象,在市级机关部门(单位)推进重点工作满意度测评中获第一名。

(刘泽军)

安全生产管理

【概况】 2015年,嘉兴市安监局(市安委办)坚持“安全第一、预防为主、综合治理”的基本方针,扎实推进“三个体系、一个能力”建设,实现全市安全生产形势基本平稳态势,全年全市发生各类事故1239起,死亡318人,比上年分别下降7.5%和4.5%,其中发生较大道路交通事故2起,死亡7人,无较大社会影响的安全生产事故发生。

【健全安全生产责任体系】 2015年,市安监局推动落实企业主体责任,组织开展“落实企业主体责任年”活动,制订《关于强化落实企业安全生产主体责任的指导意见》,对企业落实安全生产主体责任提出8个方面的具体要求。落实党委、政府监管责任,市委常委会、市政府常务会议、市长办公会议专题听取情况汇报,市政府常务会议专题学习新《中华人民共和国安全生产法》,市委、市政府主要领导带头开展安全生产督查工作。调整完善安全生产责任制考核内容,在事故控制指标考核中,加大对伤亡人员较多、社会影响较大的生产安全一般事故的考核;在管理工作考核中,增加重点行业领域安全生产工作的考核权重。市督考办会同市安监局(市安委办)、市公安局、市建委、市消防支队等单位组成督查组,对全市贯彻落实党中央和国务院领导有关安全生产的重要讲话和批示指示精神以及市委有关文件精神的情况进行专项督查。

【加强安全生产监管】 2015年,市安监局加强安全生产源头监管,进一步扩大行政审批事项委托下放范围,将加油站新建、改建、扩建项目的安全审查和加油站危险化学品经营许可证的审批委托给县(市、区)安监局实施。全年完成省安监局委托安全生产许可证申请审批79件,危险化学品建设项目“三同时”审批52件,危险化学品经营许可证申请277件,烟花爆竹经营许可证申请6件。全年全市安监部门立案164件,罚没款1500万元,比上年增长32%,追究刑事责任2人。全年组织“2015安盾”系列专项执法行动4次,开展烟花爆竹打非治违、工矿领域“三场所三企业”、危险化学品装卸作业等安全专项执法行动。深化安全生产巡回执法检查,全年巡回检查全市26个镇(街道)的56个危险化学品企业,对8个企业的违法行为进行立案查处,46个企业的安全检查情况在《嘉兴日报》曝光。

【推进重点领域整治】 2015年,天津港“8·12”瑞海物流危险品化学仓库特别重大火灾爆炸事故发生后,市安监局按照全市百日维稳攻坚和安全生产工作督查要求,重点开展危险化学品六个安全专项治理行动,通过领导督查、部门巡查、专家检查、企业自查等方式,共检查企业6214个,排查隐患18027个,下达整改指令书409份,立案查处95起。推进重点领域专项治理,抓好危险化学重点县安全生产攻坚,出台《嘉兴市化工行业安全发展规划》,做好区域安全风险评价、化工企业搬迁入园等工作,建立嘉兴滨海区域安全生产应急管理联动协调机制,成功承办全省首届危化品企业员工应急处置技能培训暨竞赛活动。制订《烟花爆竹零售经营安全管理十项规定》和《加油站安全管理十项规定》,捣毁一个非法烟花爆竹生产窝点,关停烟花爆竹零售店1000余家。协调行业监管部门,开展以村级集体留用地建筑为重点的生产经营用房安全专项检查,停止使用厂房10家。协调市发改委抓好陈金线等油气管道隐患整治攻坚,初步明确2号线改线方案。会同有关部门加强道路隐患排查治理、重点区域火灾等安全事故防控综合治理体系建设、餐饮行业燃气安全等工作。

【服务经济转型发展】 2015年,市安监局以打造“五安”工程为着力点,开展“转型发展服务年”活动。以“服务护安”促“一号工程”,建立领导干部“双联系点”,深入企业帮助解决安全生产实际困难,实行审批项目提前介入;以“科技兴安”促“机器换人”,推动全市化工企业自动化控制系统改造投资2.3亿元;以“依法治安”促“退低进高”,与市经信委共同推进“两退两进”工作,与市环保局联合开展环境安全隐患专项排查整治工作,淘汰落后产能近10万吨,关停企业或装置设施(储存设施)26个;以“人才强安”促“筑巢引凤”,大力培育扶持本地安全中介机构,组建市级安全专家库166人;以“文化固安”促“典型引路”,推进“安全文化建设示范企业”等创建。推动全市把企业安全生产状况纳入工业企业绩效综合评价体系,全市参与评价分类的规模以上企业实现全覆盖,海宁市、平湖市形成较为成熟的工作机制。实施安全生产“一票否决”,全年对958个企(事)业单位的有关财政性补助、评优评先、奖励事项等进行安全生产审查,否决12个企业的评优、财政补助等事项。组织开展安全生产“十二五”规划评估和“十三五”规划编制工作,将安全生产纳入全市“十三五”规划编制体系,与国民经济和社会发展“十三五”规划相衔接。

【加强互联网大会安全生产工作】 2015年,市安监局周密制订互联网大会安全生产保障工作方案,部署9大管控措施,落实危险化学品、烟花爆竹、重大危险源、非煤矿山、一般工贸企业、加油站、油气输送等监管工作。落实安全管控措施,互联网大会结束前,全市安监部门暂停受理新增剧毒化学品和易制爆危险化学品经营许可申请,现有剧毒化学品生产经营单位暂停生产经营活动,实行封库储存;全市烟花爆竹批发企业暂停从生产厂家进货、批发经营活动;所有烟花爆竹零售单位暂停零售经营业务。制定“安全生产地图”,排摸出373个安全生产重点监管企业,进行无遗漏、全覆盖督查检查。全市安监部门共检查企业8230多个(次),派出检查人员3920多人(次),排查治理隐患3120余条,出具各类执法文书1000余份。通过市领导督查、局领导分片包干检查、业务骨干蹲点排查,保持全市安全生产形势平稳态势,为互联网大会顺利召开创造良好环境。同时,配合国家安监总局和省安监局抓好临建设施的安全检查,确保万无一失。

【夯实安全生产工作基础】 2015年,市安监局推进职业安全健康监管工作,各县(市、区)完成职业卫生监管职能划转工作,全年新增职业病危害申报企业894个,列全省前列,开展建设项目职业卫生“三同时”审核(备案)36起。推进安全生产社会化服务工作,市安委办出台《关于推进安全生产社会化服务工作的指导意见》,通过政府购买服务,请专业服务机构为企业开展隐患排查治理等安全技术服务,引导企业主动与专业机构建立服务机制,全市开展社会化服务企业1000余个。加快安全生产信息化项目建设,开发全市安全生产隐患排查治理信息系统,并在全市推广使用,注册企业2.5万余个,其中参与检查企业5000余个。平湖市在重点防火行业喷涂企业开展智慧式用电安全隐患监管服务系统试点工作。加强宣传教育培训力度,全年指导各培训机构举办各类培训班364期,培训人员3万多人。开展2015年全国“安全生产月”活动,组织全国安全生产宣传咨询日等10项专题活动。加大公共媒体宣传力度,充分发挥《嘉兴日报》、嘉兴电视台、电台、有线电视以及网站、微信等媒体作用,开展安全生产知识微信答题竞赛活动,提高全社会安全生产意识。

(顾　俊)

中共嘉兴市委

综　　述

2015年，嘉兴市委全面贯彻党的十八大和十八届三中、四中、五中全会精神，以邓小平理论、“三个代表”重要思想、科学发展观为指导，认真学习贯彻习近平总书记系列重要讲话精神，深入落实省委“八八战略”和干好“一三五”、实现“四翻番”的决策部署，团结带领全市人民主动适应经济发展新常态，沉着应对各种风险挑战，着力谱写“两美”嘉兴新篇章，经济社会发展取得新成绩新进展。2015年实现生产总值3517.81亿元，增长7%；城镇和农村居民人均可支配收入分别为45499元、26838元，增长8%和8.8%，分别居全省第四位和第一位；完成财政总收入638.8亿元，增长8.6%，其中公共财政预算收入350.4亿元，增长7.1%。

2015年，嘉兴市固定资产投资增长13.2%，增速居全省第三；投资结构进一步优化，民间投资占固定资产投资比重达到62.3%，工业企业技改投资占工业总投资比重达到77.9%，生产性服务业投资增长24.1%。新引进世界500强、国际行业领先企业和超亿美元项目20个，实际利用外资26.8亿美元，利用外资的质量明显提高，浙商回归到位资金346亿元。着力提升各类开发区园区，嘉兴出口加工区获批为综合保税区，推进中德、中荷、中法、中丹产业合作园的建设，南湖基金小镇、嘉善巧克力甜蜜小镇、海盐核电小镇、海宁皮革时尚小镇、桐乡毛衫时尚小镇入围首批省级特色小镇创建名单。

2015年，嘉兴市推进产业转型升级，战略性新兴产业与高新技术产业增加值分别增长14.6%和12.3%，增速均居全省第一位，提前完成“十二五”国家、省落后产能淘汰任务。全年实现进出口总额310亿美元，其中出口总额230亿美元，服务业增加值增长9.5%，都市型生态农业提质增效，“十二五”期间三次产业结构从5.5∶57.7∶36.8调整到4.0∶52.6∶43.4。突出发展楼宇、信息、旅游和海洋经济，面积5000平方米以上商务楼宇入驻率、注册率分别达到75.6%、91.2%；全年实现网络零售额增长45.6%，总量居全省第四位；引进山水六旗主题乐园等投资超百亿的旅游业项目，游客接待量、旅游总收入分别增长10%、14%；嘉兴港完成集装箱装卸量123万标准箱，居全省第二位。同时，做好援疆、援藏、援青和对口帮扶等工作。

2015年，嘉兴市坚持多元化共建创新平台，嘉兴科技城成为全省五大科技平台之一，秀洲高新技术产业园区升级为国家高新技术产业开发区，浙大国际联合学院海宁国际校区先后签约英国爱丁堡大学、伦敦帝国理工学院，张江长三角科技园加快建设，与浙江清华长三角研究院等大院名校的院地合作不断深化，全省区域创新体系副中心建设扎实推进。市农科院姚海根团队的科研成果获得国家科技进步二等奖。全市高新技术企业增加130个，省科技型企业增加300个。新引进高层次人才3500人，新增“国家千人计划”专家22

人。全市研究与试验发展经费占生产总值比重达到2.7%,在全省科技进步综合评价中位列第三位。

2015年,嘉兴市加强资源要素保障,土地保障走出一条拓增量、盘存量、活流量三措并举的新路子,有效缓解土地资源"瓶颈"制约。拓增量主要是对上争取空间、对外寻求支持,全市城乡建设用地总规模拓展到1005平方千米、增长28.2%,获得点供和奖励土地指标居全省前列;盘存量主要是通过城市有机更新、工业退低进高、退二进三和资源要素差别化配置改革,腾退低效用地773.33公顷,启动城市有机更新400公顷;活流量主要是用好城乡建设用地增减挂钩的政策,抓好农村土地整治复垦,完成整治复垦866.67公顷。金融保障加大服务实体经济、实体企业的力度,新增贷款278亿元,直接融资436亿元,新增上市企业5个、新三板挂牌企业19个。

2015年,嘉兴市扎实推进25项重点突破改革项目及144项年度改革任务。率先在全省推广资源要素差别化配置改革。强化亩均投入、能耗、产出、排放等综合评价,综合运用差别化电价、水价、土地资源使用税等手段,着力解决资源要素低配、劣配、错配等问题,创新提升资源配置效率。实施差别化的资源要素配置政策成为倒逼企业加快转型升级的关键手段,资源要素差别化配置改革成为促进全市经济社会转型发展的牵引性力量。

2015年,嘉兴市围绕优化公共权力运行改革,行政审批层级一体化改革下放428项行政审批事项至县(市、区),全面取消非行政许可审批,实行"一窗受理"等制度,全市工业项目投资审批时间由一年缩短到三个月。2015年9月,省政府发文推广行政审批改革"嘉兴经验"。嘉兴市综合行政执法改革后,全市实现市、县两级综合执法局全挂牌,镇一级综合行政执法分局(中队)、执法联动平台、执法工作网等全覆盖,初步实现重点事项基层管辖责任与管辖权相统一,85%以上执法力量在基层配置,85%以上的执法任务在基层完成,80%以上的执法保障在基层落实,改革经验在全省推广。

2015年,嘉兴市深入推进统筹城乡综合配套改革,突出"多规合一"的调控、约束和引领,通过统一规划、科学布点,进一步形成"1640"市、县、镇和"四百一千"村、社区的空间布局。坚持以提高资源配置效率来加快城乡二元结构"破冰融冰",聚焦城乡建设用地"倒挂"问题,推进农房改造集聚和土地整治复垦,切实抓好土地保障、多元筹资等,全年全市完成集聚农户9800户。构建供销合作、生产合作、信用合作的农村新型合作体系,成功召开纪念"新仓经验"批示60周年全国现场会。新增国家新型城镇化和海绵城市,海宁市场采购贸易方式,嘉善和海宁县城基础设施投融资,秀洲中德新能源示范城市,桐乡中小城市综合改革等国家级、省级改革试点近20项。

2015年,嘉兴市推进"五水共治"工作,拆除违建猪舍99.5万平方米,累计拆除1604.2万平方米,生猪存栏量削减到32.8万头,规模化、生态化、品质化养殖迈出新步伐。在全省率先实现所有工业企业(8847个)污水全入网。部署实施城乡生活污水治理三年行动计划,新建污水收集管网462千米,整治标准化圩区25.3平方千米,饮用水水源地水质改善率提高10个百分点。市控以上断面水质从2012年底的Ⅴ类、劣Ⅴ类为主转变为Ⅲ类、Ⅳ类为主,Ⅴ类、劣Ⅴ类水质比重由85.1%下降到22.4%,Ⅳ类水质以上比重由14.9%提升到77.6%;交接断面水质考核从不合格转变为连续优秀。

2015年,嘉兴市大力推进"三改一拆",三年累计拆除违法建筑4532.8万平方米,其中2015年拆除各类违法建筑1458.3万平方米,拆出土地1299.1万平方米,拆后利用率达到77.2%;平湖市、海宁市、嘉兴经济技术开发区被评为全省"无违建"县(市、区)创建先进集体。扎实开展公路铁路沿线环境整治,对全市铁路、高速公路、国省道和重要道路及其附属设施整治项目、破旧农房立面、废品收购点、码头和乱堆放场所、企业环境、河道水荡、绿化景观、违法建筑等进行全面排查整治,共完成整治点2.5万多个，基本消除公路铁路沿线可视范围内的环境污点和景观垢点。

2015年，嘉兴市开展工业废气治理，实施燃煤企业脱硫脱硝改造，完成所有燃煤锅炉和工业窑炉的脱硫设施建设改造，2个热电厂在全国率先实施“超低排放”，提前完成“十二五”主要污染物减排目标。疏堵结合治理秸秆焚烧，新嘉爱斯热电秸秆焚烧项目并网发电。推进机动车尾气和扬尘污染治理，累计完成46152辆黄标车淘汰任务。市区空气PM2.5浓度下降7%，空气优良率达到64.4%。

2015年，嘉兴市办实办好民生实事，不断提升人民群众获得感、幸福感和满意度。民生支出占一般公共预算支出的77.8%，居全省第二位。新增城镇就业人员10万人，居家养老照料中心在城市社区实现全覆盖、在农村行政村覆盖率达到91%。“十二五”期间，所有县（市、区）全部通过国家义务教育均衡发展评估，实现省级卫生强市、县（市、区）“满堂红”。与杭州签订嘉兴市域外配水工程（杭州方向）框架协议，市域外引水迈出实质性步伐。国家公共文化服务体系示范区创建成效显著，文化发展指数位居全省第二位。“十二五”期间成功创建并蝉联全国文明城市。坚持教育优先发展，成为国家特殊教育改革实验区，海盐县、海宁市、桐乡市通过省第一批基本实现教育现代化县（市、区）评估。深化公立医院改革，“双下沉、两提升”工作稳步推进。推进全民健身，体育强市创建成效明显。加大城市交通治堵力度，由拳路全线贯通，“智慧交通”建设扎实推进。

2015年，嘉兴市深化“法治嘉兴”“平安嘉兴”建设。设立市人大法制委员会，以秸秆露天禁烧和综合利用为主题的首次地方立法实践快速启动、顺利推进；严格依法行政，加快建设法治政府；开展司法体制改革，落实法院和检察院体制改革试点任务，依法治市迈出新步伐。组织实施“百日维稳攻坚大会战”，做好各类社会风险排查化解管控工作，加大违法信访依法处置力度，调处化解矛盾纠纷取得成效；深化公安改革，高质量推进基础信息化、警务实战化等工作，市公安局被公安部授予集体一等功；创新基层社会治理，法治德治自治“三治”同步和社区社团社工“三社”联动深入推进；大力治理食品药品安全、安全生产等领域的突出问题，完善创新新居民管理服务，省级平安市、县（市、区）创建实现“十连冠”，率先夺银鼎。

2015年，嘉兴市从严从实抓队伍，进一步加强党的建设。坚持党要管党，从严治党，不断强化主业意识、落实主体责任，一级抓一级、层层抓落实。坚持以党内民主带动人民民主，支持政协依法履行政治协商、民主监督和参政议政职能，进一步密切与民主党派、工商联、无党派人士的团结合作，指导完成工会、侨联换届。加强和改进新形势下工青妇等群团工作。

2015年，嘉兴市市委、市政府领导班子高度重视加强和改进自身建设，严格遵守党章，密切联系群众，狠抓工作落实，带头廉洁自律，不断提高班子自身建设科学化水平。一是坚决遵守党的政治纪律和政治规矩。始终坚持在思想上政治上行动上同以习近平为总书记的党中央保持高度一致，自觉维护党中央权威，坚决听从党中央指挥，确保党中央政令畅通。二是贯彻民主集中制。严格执行市委、市政府议事规则、重大事项决策办法，凡属重大问题都按规定程序提交市委常委会、市政府常务会议等集体决定，充分发挥集体作用和每个成员的积极作用。班子成员之间相互支持、相互配合，凝聚起团结奋斗、干事创业的强大合力。三是严格党内政治生活。落实党内政治生活各项制度，结合“三严三实”专题教育，用好批评和自我批评武器，高质量开好民主生活会，在全市各级推进严格的党内政治生活常态化，努力构建健康民主的党内生活氛围。四是带头落实党风廉政建设责任制。坚持全面从严治党、依规治党，不断强化党风廉政建设主体责任意识，带头抓好“一岗双责”责任落实，用好执纪监督“四种形态”抓早抓小抓苗头，严防小问题演变成大问题，严格遵守准则和条例，大力弘扬艰苦奋斗之风,自觉接受组织和群众监督,努力起到表率作用。

(姚沈敏)

重要党务与决策

【全市三级干部大会】 2月27日,全市三级干部大会在嘉兴大剧院召开。会议的主要任务是全面贯彻中央和省委、省政府决策部署,落实市委七届九次全会和市两会精神,重点围绕加快经济转型、建设“两美”嘉兴主题,进一步动员和激励全市上下提振精气神,实现新发展。市委书记鲁俊讲话,市领导刘冬生、高玲慧、胡海峰等出席会议。

【市委七届十次全会】 7月30日,嘉兴市委召开七届十次全体(扩大)会议,学习贯彻习近平总书记在浙江考察时的重要讲话精神和省委十三届七次全会精神,研究谋划推进嘉兴经济社会发展再上新台阶,部署全面加强基层党组织和基层政权建设工作,安排下半年的重点工作,审议通过《中共嘉兴市委关于全面加强基层党组织和基层政权建设的意见》。市委常委会主持会议。市委书记鲁俊代表市委常委会做工作报告,市领导林健东、刘冬生、高玲慧、胡海峰等出席会议。

【“推进重点工作、推动争先晋位”活动】 6月15~17日,嘉兴市举行2015年第一次“双推”活动,继续以互看互学、互比互促的形式推进重点工作、推动争先晋位。市领导鲁俊、林健东、刘冬生、高玲慧、胡海峰等率领各县(市、区)党政“一把手”、市级有关部门主要负责人等,集中实地查看各地重点工作推进情况。

【产业转型升级】 2015年,嘉兴市委把发展作为适应新常态、把握新常态、引领新常态的第一要务,促进产业转型升级,进一步提升发展的质量效益。1月12日,全市旅游业发展大会召开,大会分析旅游发展形势,明确旅游发展思路、目标和任务,动员全市上下推进旅游业改革发展。市委书记鲁俊强调,全市上下要紧紧围绕打造运河国际旅游休闲城市目标,以国际化眼光、特色化定位、大众化需求、一体化联动、信息化支撑来推动旅游业大发展,加快构建“大嘉兴大旅游”发展格局。市领导梁群、孙贤龙、张志伟、张仁贵、王淳出席会议。4月30日,市委举行红船论坛报告会,中国电子信息产业发展研究院院长罗文在会上作《互联网+制造业:嘉兴建设工业强市的必由之路》的专题辅导报告。市领导林健东、刘冬生、高玲慧等出席报告会。5月29日,富通集团“工业4.0”光通信全产业链项目在嘉善西塘奠基。省委副书记王辉忠,市领导林健东等出席项目启动仪式。7月22日,全省浙商回归工作推进会在嘉兴市召开,省委副书记王辉忠在会上强调,要以更浓的氛围感召浙商回归,以更大的力度推动产业回归、总部回归、资本回归和人才科技回归,以更优的服务促进回归项目早落地、早开工、早投产,确保完成各项目标任务。副省长梁黎明参加会议,市领导鲁俊、胡海峰、何炳荣出席相关活动。9月2日,市委书记鲁俊到嘉兴经济技术开发区(国际商务区)调研重点项目建设情况,鲁俊一行先后到北大附属嘉兴实验学校、万国路(320国道—嘉桐大道段)和浙江中德(嘉兴)产业合作园的施工现场考察。9月9日,市委副书记、代市长林健东到海盐南北湖风景区、文溪坞、紫金山村等地,就嘉兴市做大做强旅游产业进行专题调研,强调要深入挖掘文化旅游资源,提升旅游项目的文化内涵,进一步促进全市旅游业发展。10月12日,市委副书记、市长林健东到湘家荡调研,他强调湘家荡区域要加快“宇宙大世界”等重量级项目的推进力度,坚持走高端化、差异化发展道路,“以点带面”加快新型产业集聚区建设。11月27日,由省经信委、省科技厅、中国电子科技集团科技部、嘉兴市政府、杭州电子科技大学联合主办的浙江省电子信息产业军民融合发展大会在嘉兴市举行，市委副书记、市长林健东出席会议并致辞。

【创新驱动发展战略】 2015年，嘉兴市委不断深化创新驱动发展，坚持多元化共建创新平台，全省区域创新体系副中心建设扎实推进。5月5日，市委副书记、代市长林健东一行到南湖区调研。他强调，南湖区要发挥自身优势，大力推动创新驱动发展，持续提升城市管理水平。5月6日，市委副书记、代市长林健东一行到嘉兴经济技术开发区调研。他强调，嘉兴经济技术开发区要打造产城融合示范区、科技创新先行区、现代制造业和互联网经济发展示范区、外商投资示范区。5月14日，市委副书记、代市长林健东到秀洲区调研，要求秀洲区全力打造创新型城市的重要板块、经济新的增长极、高品质的城市两极和大众创业、万众创新的新空间。8月26日，市委副书记、代市长林健东到浙江中科院应用技术研究院、中国电科36所调研。他强调，要进一步优化服务，营造良好的氛围，积极推进平台载体创新、产业科技创新和科研技术的产业化，以创新驱动嘉兴经济转型升级。9月1日，市委副书记、代市长林健东到市农科院调研。他提出，要继续传承和弘扬“南繁精神”，实施科技创新驱动战略，为嘉兴现代农业发展提供引领和支撑。10月31日，2015年“星耀南湖”精英峰会暨首届全球创客大会、光荣浙商2015年会开幕。峰会以“融人才智力、汇科技成果、促共同发展”为宗旨，突出大众创业、万众创新、人才引领。省委组织部副部长、省委人才办主任姚志文等省有关部门负责人，市领导林健东、连小敏、楼建明、邵建华、祝亚伟、金锦根等3000多人参加会议。11月3日，嘉兴市与中国电子科技集团公司举行专题对接会。市领导鲁俊、林健东、盛全生，中国电科总经理樊友山等出席对接会。11月8日，2015嘉兴创新发展投资贸易洽谈会（嘉洽会）开幕，市委书记鲁俊致辞，市委副书记、市长林健东作主旨演讲，市领导刘冬生、胡海峰、楼建明、周楚兴、盛全生、薛佳平出席会议。市委、市政府为首批11个新经济园和12个众创空间授牌，为获得2014年度嘉兴市南湖友谊奖的外国友人颁奖。

【重点领域改革工作】 2015年，嘉兴市委始终坚持问题导向、效果导向抓改革，扎实推进全市25项重点突破改革项目及144项年度改革任务，以改革实绩提升转型实效，进一步增强发展活力。1月8日，市委书记鲁俊主持召开“多规合一”暨新型城镇化试点会议。她强调，要充分认识“多规合一”的重要意义，坚持目标导向，着力划好红线，强化科学布局，推进机制创新，确保市县同步，推进“多规合一”工作取得实效。市领导刘冬生、高玲慧等出席会议。1月12日，嘉兴市召开资源要素市场化配置改革推进会，在全市推广海宁关于要素市场化配置改革的经验做法。市委书记鲁俊在会上强调，要加快形成改革的“多重奏”，以改革的领先支撑发展的率先，通过构建科学合理的要素配置架构，推动要素的高效优质配置和经济的转型升级。海宁市在会上作经验介绍。市领导梁群、盛全生等出席会议。4月8日，市委书记鲁俊主持召开市委全面深化改革领导小组第三次会议，她强调要坚持全面深化改革和重点改革突破相结合，把各项改革任务推向深入。市领导刘冬生、高玲慧、胡海峰等出席会议。5月20日，市委副书记、代市长林健东主持召开会议，专题听取全市深化改革工作有关情况汇报，研究部署嘉兴市下一步全面深化改革工作任务。林健东强调，要不断提高改革的含金量和企业、群众的认同感，努力把嘉兴市2015年全面深化改革各项工作任务推向深入。5月29日，中共嘉兴市委、嘉兴市人民政府印发《嘉兴市人民政府职能转变和机构改革方案》。8月19日，嘉兴市召开行政体制改革和机构编制工作会议，全面启动新一轮政府职能转变和机构改革，部署行政机关事业单位精简和控编减编任务。市领导林健东、胡海峰、连小敏、张志伟、金锦根出席会议。10月9～10日，全省综合行政执法工作现场推进会在嘉善召开。会议总结推广试点地区推进综合行政执法改革的做法和经验,部署动员下一阶段的综合行政执法工作。省委常委、常务副省长袁家军出席会议并讲话,市领导林健东、张仁贵等出席会议。

【统筹城乡发展工作】 2015年,嘉兴市委深入推进城乡综合配套改革,进一步形成“1640”“四百一千”的空间布局。6月1日,市委书记鲁俊到平湖市调研统筹城乡发展情况,实地考察农村环境整治、农房搬迁改造,并与平湖市、镇、村三级干部座谈,她强调,要坚持以改革的精神、更高的标准,稳妥推进统筹城乡各项工作,为嘉兴“两美”建设夯实基础。6月5日,参加全国农村基层党建工作座谈会的中纪委、中组部及上海、浙江、西藏、青海、辽宁、山东的与会代表分组到海宁市斜桥镇华丰村、周王庙镇博儒桥村、盐官镇桃园村,嘉善县姚庄镇姚庄村等实地考察,市领导鲁俊、孙贤龙、连小敏陪同考察。6月8日,市委发出《中共嘉兴市委、嘉兴市人民政府关于深化统筹城乡综合配套改革促进农业转型农民增收的若干意见》。6月9日,市委、市政府在平湖市召开全市深化统筹城乡综合配套改革暨农业农村工作会议。市委书记鲁俊强调,要聚焦农房改造集聚,加快推进新型城镇化,推动统筹城乡发展继续走在前列,市领导林健东、刘冬生、高玲慧、胡海峰等出席会议。9月23日,市委副书记、市长林健东先后到南湖基金小镇、海宁皮革时尚小镇和桐乡毛衫时尚小镇,就嘉兴市特色小镇创建工作进行专题实地调研,强调要进一步创新思路,全力推进嘉兴市特色小镇创建工作,市领导卜凡伟、俞四兴、金锦根等出席相关活动。10月13日,市委副书记、市长林健东到秀洲区王店镇调研,强调要把集镇建设作为全市“十三五”统筹城乡发展的重要支撑,找准建设抓手,明确产业定位,提升集镇品位,不断提升嘉兴市集镇建设的城镇化、现代化水平。10月14日,市委副书记、市长林健东到海宁市长安镇、桐乡市崇福镇调研。他强调,各级各部门要高度重视小城镇建设,小城镇要立足产业发展,成为承接嘉兴新一轮发展的动力源,市领导卜凡伟参加调研。10月15日,市委副书记、市长林健东在嘉兴农业发展投资公司、天香园艺场调研时强调,嘉兴要持续深入实施城乡发展一体化战略,深化统筹城乡综合配套改革,加快农业现代化进程,努力实现农业更强、农村更美、农民更富,副市长赵树梅参加调研。10月21日,市委副书记、市长林健东到平湖市新仓镇调研,他强调,“十三五”时期,嘉兴要把持续推进小城镇发展作为重要经济增长点,以产业为突破口推进小城镇发展,市领导楼建明参加调研。11月3日,市委副书记、市长林健东到嘉善县姚庄镇调研小城市培育工作,他强调,姚庄镇要在产业、人才、科技、资金、体制等多个方面,全面与上海接轨,实现加速发展、超常规发展。11月4日,市委副书记、市长林健东到秀洲区王江泾镇调研小城市培育工作。他强调,王江泾镇要加快产业发展,始终把产业发展作为小城镇建设的核心和基础。

【开展“五水共治”工作】 2015年,嘉兴市委树立“绿水青山就是金山银山”的理念,打好治水、治气、治违等攻坚战,着力打造天蓝、地绿、水净的人居环境。4月30日,嘉兴市召开全市重点工作推进暨镇(街道)工作交流会,研究部署有效投入、“五水共治”、公路铁路沿线整治、“五气共治”等重点工作,确保经济持续平稳健康发展、环境持续改善、世界互联网大会举办以及核心竞争力的全面提升。市委书记鲁俊出席会议并讲话,市领导林健东、刘冬生、高玲慧等出席会议。5月21日,市委副书记、代市长林健东调研新塍塘、月河等河道治理及市区老旧小区改造工作,强调要加大“五水共治”力度,深入推进老旧小区改造,继续提升城市管理水平,加快重大水利基础设施建设,多为群众办实事。7月14日,市委副书记、代市长林健东作为新塍塘市级河长,到秀洲区新塍镇实地查看新塍塘水环境治理情况。7月29日,市委副书记胡海峰一行乘船实地巡查海盐塘(海盐段)河道水环境综合治理工作,对河道长效保洁、水环境改善和生态修复等工作提出要求。8月24日，市委副书记、市长林健东到秀洲区、桐乡市督查太湖流域水环境综合治理水利工程开展情况，并召开嘉兴市太湖流域水环境综合治理水利工程推进会，强调要确保扩大杭嘉湖南排、平湖塘延伸拓浚、杭平申线航道改造三大工程完成年度目标任务，市领导赵树梅参加督查和会议。9月11日，全市“五水共治”工作现场推进会在海宁召开，市领导林健东、孙贤龙、俞四兴、祝亚伟、薛佳平等出席会议。9月15日，市委副书记、市长林健东到海宁市、海盐县和平湖市督查太湖流域水环境综合治理水利工程开展情况。林健东一行督查长水塘河道整治工程海宁段、洛塘河工程、南台头闸前干河防冲加固工程和平湖塘延伸拓浚工程，市领导赵树梅参加督查。10月29日，市委副书记胡海峰一行乘船实地巡查海盐塘(南湖区段)河道水环境综合治理工作，并研究部署下一步的河道治理工作。12月25日，由省水利厅厅长陈龙带队的省“五水共治”和生态省建设考核组召开汇报反馈会，市领导林健东、祝亚伟等出席会议。省考核组对嘉兴市“五水共治”和生态省建设取得的成绩给予充分肯定。

【全国文明城市创建工作】 2月26日，嘉兴市委发出《中共嘉兴市委、嘉兴市人民政府关于命名2013～2014年度嘉兴市级文明单位、文明镇、文明村的决定》。2月28日，在北京召开的全国精神文明建设工作表彰暨学雷锋志愿者服务大会上，第四届全国文明城市评选结果揭晓，嘉兴通过复查测评，蝉联“全国文明城市”荣誉称号，市委书记鲁俊参加会议并接受表彰。9月2日，市委、市政府召开创建全国文明城市工作推进会，进一步深化嘉兴市文明城市创建工作，市领导鲁俊、林健东、胡海峰等出席会议。

【“法治嘉兴”“平安嘉兴”建设】 2015年，市委不断深化“法治嘉兴”“平安嘉兴”建设，省级平安市、县(市、区)创建实现“十连冠”、率先夺银鼎。1月7日，市委发出《中共嘉兴市委关于全面深化法治嘉兴建设推动法治建设走在前列的实施意见》。3月4日，嘉兴市平安建设工作汇报会在市行政中心举行。省委常委、宣传部部长、省委建设平安浙江领导小组成员葛慧君带领的省平安建设考核组，听取嘉兴市委副书记、政法委书记胡海峰关于2014年嘉兴平安建设情况的工作汇报，市领导孙贤龙、陈越强、邵建华、马邦伟等出席汇报会。3月9日，市委副书记、政法委书记胡海峰到平湖钟埭街道、林埭镇调研平安综治工作。3月18日，全市“六五”法治宣传教育工作推进会暨总结验收动员大会召开。市委副书记、政法委书记、市法制宣传教育领导小组组长胡海峰出席会议并讲话，市领导陈越强、沈利农、柴永强、马玉华出席会议。3月31日，省建设“平安浙江”工作电视电话会议召开，嘉兴市连续10年获得“平安市”称号，连续9年获得“省级社会管理综合治理先进市”称号，所辖五县(市)两区连续10年获得“平安县(市、区)”称号。嘉兴市成为全省唯一一个平安创建实现“十连冠”“满堂红”的地市。市委书记鲁俊在杭州主会场参加会议并代表嘉兴接受表彰，市领导刘冬生、高玲慧、胡海峰等在嘉兴分会场出席会议。4月16日，市委发出《中共嘉兴市委、嘉兴市人民政府关于命名2014年度平安镇(街道)和全市法治平安综治工作考核结果的通报》。4月17日，嘉兴市召开全市建设法治嘉兴、平安嘉兴暨综治维稳工作会议，市委书记鲁俊在会上强调，要以更高标准、更严要求，深入推进平安嘉兴建设，为经济社会发展和人民生活安康幸福夯实平安基础。市领导刘冬生、胡海峰等出席会议。7月15～16日，全省创新基层社会治理、提升社会风险防控能力现场会在桐乡召开。省委副书记、政法委书记王辉忠在会上强调，要以“严”的精神和“实”的作风，抓“三治”、强基层、防风险、促提升，以“永无止境”的追求、“要谋新篇”的担当，不断深化创新基层社会治理，提升社会风险防控能力，为社会和谐稳定提供坚强保障。省委常委、公安厅厅长刘力伟主持会议。市领导鲁俊、胡海峰等出席会议。8月24~25日,全省公安执法改革与规范化建设座谈会在嘉兴市召开。省委常委、省公安厅厅长刘力伟在会上作重要讲话。10月20日,以省委政法委副书记周长甬为组长的省“六五”普法检查验收组到嘉兴检查验收“六五”法治宣传教育工作。

【“三严三实”专题教育】 2015年,嘉兴市委高质量开展“三严三实”专题教育,不断强化主业意识,落实主体责任,进一步加强党的建设。3月17日,市领导胡海峰、连小敏对市委党校(省委党校南湖分校)创新推出的“重走一大路、再现1921嘉兴故事”体验式教学进行现场全程观摩和座谈指导。5月26日,嘉兴市召开“三严三实”专题党课暨专题教育部署会,对在全市县处级以上领导干部中开展“三严三实”专题教育进行动员部署,市委书记鲁俊在会上讲专题党课。鲁俊强调,要以“三严三实”的要求,推动市、县、镇、村四级党员干部在优化投入的主战场、改革攻坚的最前沿、生态建设的第一线,亮“好招数”、晒“成绩单”、比“精气神”。6月3日,市委副书记、代市长林健东到嘉兴港区调研。他强调,嘉兴港区要充分发挥优势做好港口文章,结合“三严三实”专题教育把各项工作抓得更实更好。6月12日,市委政法委全体(扩大)会议召开,市委副书记、政法委书记胡海峰在会上作“三严三实”专题党课。6月30日,市委常委会召开“三严三实”专题教育学习研讨会暨红船论坛报告会,听取省委党史研究室主任金延锋有关“‘红船精神’与‘三严三实’”专题报告,相关市领导作交流研讨发言。会议强调,作为“红船”边的党员干部,更应该严格按照“三严三实”的要求,在“对党忠诚”上,带好头,作表率。7月31日,市委召开市委常委会“三严三实”专题教育集中学习暨“红船论坛”报告会。华东政法大学教授章志远作《国家治理现代化与行政审判制度的革新——新〈行政诉讼法〉精神解读》。8月31日,市委书记鲁俊主持召开市委常委会议,开展“三严三实”第二专题学习研讨。鲁俊、胡海峰、夏忠平、金志、卜凡伟等市委常委围绕“忠诚、干净、担当”中的“干净”作交流研讨发言。会议强调,要按照“三严三实”要求律己用权,自觉做到在政治上清醒、经济上清白、生活上清新。9月1日,嘉兴市召开全市“三严三实”专题教育工作推进会,贯彻落实中央和省委、市委部署要求,扎实推进“三严三实”专题教育。9月18日,市委常委会举行“三严三实”第二专题集中学习暨“红船论坛”报告会,听取浙江省审计厅党组成员、总审计师金建培作《浙江省审计条例》解读的专题报告。10月22日,受市委书记鲁俊委托,市委副书记、市长林健东主持召开市委常委会“三严三实”第三专题学习研讨暨“红船论坛”报告会,深入学习贯彻习近平总书记在中共中央政治局第二十六次集体学习时的重要讲话精神。林健东、何炳荣、连小敏、陈刚围绕“担当”在会上发言,省委党校副校长、硕士生导师郑仓元作《做到敢于担当,践行“三严三实”》的专题辅导报告。

【党风廉政建设】 2015年,嘉兴市委坚持党要管党丝毫不松懈,从严治党一刻不放松,保持正风肃纪高压态势,党风廉政建设和反腐败斗争取得新成效。1月16日,市委书记鲁俊到嘉善县检查党风廉政建设责任制落实情况。她在充分肯定嘉善工作的同时,指出当前改革发展是基础,廉政建设是保障,要以弛而不息抓作风的政治担当,形成改作风、严治党的新常态。1月21日,市委副书记胡海峰到南湖区检查落实党风廉政建设责任制情况。4月24日,市委书记鲁俊主持召开市委落实省委巡视组整改意见工作领导小组会议,听取市级有关部门(单位)关于省委巡视组反馈巡视情况整改落实的汇报,研究部署下一步整改落实工作。会议强调,要高度重视整改落实工作,既要点面结合、举一反三,又要兼顾近期整改和建章立制,使整改工作真正成为推动作风转变、提升行政效能的重要抓手。5月8~9日,中共中央政治局常委、中央纪委书记王岐山到嘉兴市考察调研,并主持召开部分省区市纪委书记座谈会。调研期间,王岐山专程到南湖革命纪念馆,瞻仰南湖红船,并考察五芳斋实业股份有限公司,与海宁市盐官镇桃园村党委班子成员、老党员和群众亲切交流。他强调,要唤醒党章党规意识、推进制度创新,修改好《中国共产党纪律处分条例》,把纪律和规矩挺在法律前面,挺在党风廉政建设和反腐败斗争前沿。省领导夏宝龙、任泽民、刘力伟,市领导鲁俊、孙贤龙、陈刚、金志陪同调研。5 月 12 日,市委书记鲁俊主持召开市委常委(扩大)会议,传达学习贯彻王岐山在浙江考察调研时的重要讲话精神。会议强调,要把王岐山重要讲话精神作为当前和今后一个时期党风廉政建设和反腐败工作的重要遵循,努力把从严治党抓紧抓实,把"两个责任"扛在肩上,把党的纪律挺在前面,把"红船精神"发扬光大,为党的各项事业提供坚强有力的政治保证。8 月 28 日,市委召开红船论坛报告会,中央纪委监察部杭州培训中心教育长郑家淮作《学习总书记有关党风廉政建设论述的认识和体会》的专题报告。

(姚沈敏)

纪检监察工作

【概况】 2015 年,全市各级纪检监察机关聚焦中心任务,强化监督执纪问责,扎实推进纪检体制改革,各项工作取得新进展,"四风"问题和腐败蔓延势头得到遏制。深入开展"三严三实"专题教育,学深悟透上级纪委新精神新要求。加大教育培训力度,不断提升纪检监察干部综合素质和业务能力,全年有 1200 余人(次)参加各类培训。强化内部监督,严格执行各项内部管理制度,对岗位廉政风险开展再排查,严肃处理基层个别存在的违纪行为。5 月 8~9 日,中共中央政治局常委、中央纪委书记王岐山到嘉兴市考察调研,对嘉兴市经济社会发展和党风廉政建设给予高度肯定。

【加强纪律教育】 2015 年,嘉兴市开展党章党规党纪专题集中轮训,分 5 期对 923 名市管党员领导干部进行集中轮训,并延伸到市级机关和县(市、区)所有乡科级干部。组织学习《中国共产党廉洁自律准则》《中国共产党纪律处分条例》和《中国共产党巡视工作条例》,通过召开理论中心组学习会、专题报告、巡回宣讲、集中研讨、个别辅导等形式,实现全市 1 万多个基层党组织、22 万多名党员学习教育全覆盖。开展"学党章、守纪律、讲规矩"系列教育活动,通过举办知识竞赛、编印《以案警醒》教育读本、编播"记忆里的清廉故事"、创作专题廉政漫画等形式,营造遵规守纪浓厚氛围。

2 月 12 日,市纪委召开七届四次全会,部署 2015 年度党风廉政建设和反腐败工作

【落实党风廉政建设主体责任和监督责任】 2015 年,嘉兴市各级纪检监察机关贯彻市委《关于进一步强化党风廉政建设党委主体责任和纪委监督责任的实施意见》,强化监督指导,健全党委主抓直管工作机制。规范口头报告的内容和形式,7 个县(市、区)、73 个镇(街道)党委主要负责人均向上一级纪委当面报告履行主体责任情况,并接受纪委委员评议。强化责任分解和检查,年初把任务分解到市委常委、副市长,市委书记与各县(市、区)委书记签订党风廉政建设责任书;年底由市领导带队检查落实情况,指出存在问题,提出整改意见。加大"一案双查"力度,对 8 起履行主体责任不力的典型问题进行通报,对发生重大违纪违法案件的 4 家单位实行"一票否优"。

【加强作风建设】 2015年,嘉兴市出台《关于常态化推进正风肃纪工作的实施意见》,抓住重要节点,开展明察暗访,加大通报曝光力度。2015年,全市开展正风肃纪专项检查443次,发现问题802个,问责追究492人,下发通报67起,媒体曝光38起,其中处理违反中央八项规定精神122人,给予党政纪处分63人。对省委专项督察中发现的问题,及时核查、认真整改、严肃追责,重申10个具体问题的"纪律红线"。出台纪律保障规定,建立问责事项移送机制,加强对第二届世界互联网大会·乌镇峰会、"五水共治"和"三改一拆"等中心工作的监督检查,严肃处理涉及土地出让金和耕地保护方面的违纪案件。建立作风评价机制,对全市党风政风状况和30个市级部门推进年度重点工作开展满意度测评。推进基层党风廉政建设专项整治,全面开展警钟、整改、织网、巡察、亮剑五大行动。2015年查处农村党员违纪案件299件,涉及村(社区)"两委"班子成员68人。市纪委对8起损害群众利益的典型问题进行通报。

【加强和改进纪律审查工作】 2015年,嘉兴市纪检监察机关创新执纪方式,探索实践监督执纪"四种形态"。对一般性问题线索,通过廉情约谈、信访谈话和函询等方式进行处置,对72名存在苗头性、倾向性问题的市管干部进行谈话函询和教育提醒。坚持以"零容忍"态度惩治腐败,形成强大威慑。全市纪检监察机关受理信访举报2838件(次),处置问题线索645件,立案561件,给予党纪政纪处分572人,其中涉及县处级干部3件、乡科级干部74件,涉嫌犯罪被移送司法机关处理70人,为国家和集体挽回直接经济损失3136万元。发挥反腐败协调小组作用,召开专题会议,健全协作机制。规范执纪审查工作程序,严格落实纪律审查安全责任制和各项硬性规定。开展纪律审查安全大排查,对发现的安全隐患进行整改。充分发挥信访举报主渠道作用,加强问题线索的集中管理和处置,强化执纪审理工作。深入剖析环保、农经领域腐败系列案件,下发案件通报,督促建章立制,加强风险防控。

【落实巡视整改要求】 2015年,嘉兴市纪检监察机关协助市委抓好巡视整改工作,明确责任单位和整改时限,实行销号制,狠抓整改落实。针对突出问题,加强制度建设,下发禁止领导干部违反规定插手工程建设领域行为的有关规定,出台市级行政事业单位公款竞争性存放管理办法,并组织自查自纠。配合省委巡视组开展对7个县(市、区)的巡视工作,做好联络对接和服务保障工作,对巡视组交办的840件信访件和问题线索进行调查核实,做到事事有回音、件件有着落。出台党风廉政建设巡察办法,对市民政局、市文化局等6家单位开展巡察。

【推进纪检体制改革】 2015年,嘉兴市巩固深化"转职能、转方式、转作风"成果,各级纪检监察机关工作定位进一步明确、工作重点进一步突出、监督执纪问责进一步加强。制定《关于加强市纪委派驻机构建设的实施意见》,在77家市级机关部门单位设立33家市纪委派驻机构,其中单独派驻15家、归口派驻18家,统一名称、统一管理,实现市级派驻机构全覆盖。各县(市、区)加大改革力度,同步完成县级派驻机构全覆盖工作。强化上级纪委对下级纪委的领导,制订出台县(市、区)纪委书记和副书记、市纪委派驻纪检组组长、市属国资企业纪委书记、市属高校纪委书记提名和考察的四个具体

11月27日,市纪委召开加强派驻机构建设暨派驻机构市管干部任前集体谈话会

实施办法,并按照新办法提名、考察、任用纪检领导干部。下发加强镇(街道)纪检组织履职指导意见,73个镇(街道)纪委书记全部实现专职专用。

(季陈琨)

组织工作

【概况】 2015年,全市组织系统突出全面从严治党这个主线,强化理想信念、法治思维,抓好领导班子和干部队伍建设,构建城乡统筹基层党建新格局,完善人才工作体制机制,落实党建工作责任制,打造党建高地,为推动“三城一市”和“两富”“两美”嘉兴建设提供坚强组织保障。

建设“三型”好干部队伍。2015年,市委组织部健全完善导向化的政绩考核制度、科学化的推荐提名制度、日常化的干部了解制度、功能化的班子调配制度、常态化的能上能下制度,系统构建科学完备的干部工作链条。推行市委组织部全员分片联系走访了解干部、重点工作干部专项考察、领导班子和干部队伍综合分析研判等制度,开展专题分析12次。全年任免县处级干部10批365人次,其中提拔任用或转任重要岗位98人,轮岗交流73人,提拔到“一把手”岗位9名,因在一线工作中表现突出提拔到县处级领导岗位3人。编制“一图一书一册”,厘清干部选任流程环节,深入开展选人用人不正之风专项治理。落实《嘉兴市领导干部提醒告诫调整办法(试行)》,全年实施提醒谈话99人、书面函询120人、谈话诫勉12人,调整不适宜担任现职领导干部113名。加强理想信念、宗旨观念、党性党纪、核心价值、勤政廉政“五位一体”的思想政治教育,精心设计“重走一大路·再现1921嘉兴故事”党性教育现场体验式教学,举办市委主体班次18期,培训各类干部1415人次,其中培训县处级干部250余人次。

加强党的基层组织建设。2015年,嘉兴市制定《加快构建城乡统筹基层党建新格局2015年行动计划》,落实各项工作任务。全面建立基层党建责任清单制,健全党委(党工委)书记领办基层党建攻坚项目制。出台《关于严格党的组织生活进一步加强党员日常管理的指导意见》,严格党员日常管理,全市处置不合格党员185名。深化“青春党建”,深入实施“菁英成长计划”,市、县、镇三级联动举办“禾·青年说”分享汇系列活动35场,5100多人次参与活动。开展建立健全“三联三会”制度专项行动,制定《关于在全市非公有制企业中推行“三联三会”工作机制深化“和合共同体”创建的指导意见》。推行街道“大工委制”和社区“大党委制”,进一步推进市场党建、产业链党建、楼宇党建。开展党代表“1+10”制度落实“回头看”工作,创新“1+X”活动组织形式,强化党代表联络服务机构宏观管理职能。6月,承办全国农村基层党建工作座谈会现场考察,会后省外74批次、1702人次前来考察学习。

优化人才发展环境。2015年,嘉兴市坚持党管人才原则,在推动转型发展中着力打造聚才平台,不断创新育才方式,日益优化人才环境。创新建立县(市、区)委书记和部门党委(党组)书记履行人才工作责任述职制度,构建县(市、区)、市级部门、创业创新平台三个层面的考核评优体系,考核指标从单纯考核引才数量转为考核数量和绩效并重。出台“两意见两办法”人才新政,编制完成《嘉兴市人才蓝皮书2015》,启动编制嘉兴市“十三五”人才发展规划。持续深入实施“创新嘉兴·精英引领计划”,连续6年到美国、加拿大举办招才引智专项活动,并首次在欧美举办海外高层次人才创业创新大赛。推进人才创业创新平台建设,完善中国归谷嘉善“千人计划”科技园、经济技术开发区“千人计划”项目转化中心运行机制,在美国硅谷和中国北京中关村、上海外滩等地建立6个孵化器。构建人才服务体系,全年选派市级创业助理18名,累计滚动选派248名。建立健全政务、金融、校企服务联盟运行机制,组建律师、会计师、税务师顾问团。启动"千人计划"产业促进会,举办第八届"星耀南湖·精英峰会",开展首届全球创客大会、县域人才发展论坛等八项主题活动。

【开展"四百"活动】 2015年,市委组织部开展"四百"活动。开展"百名机关干部联企驻企促发展"活动,市县联动遴选103名市管后备干部和优秀年轻干部,作为"红色代办员",联系服务103家重点企业,共帮助企业解决问题287个;开展"百名金融干部基层挂职强服务"活动,选派260多名金融干部进驻市本级710家规模以上企业,挂职担任金融指导员,共提供融资服务1880次,办理融资3.55亿元,帮助企业节约财务成本1966.8万元,防范或化解信贷财务风险7.84亿元;开展"百家非公企业'三强争先'作示范"活动,选树100家优秀"三强"(党建强、人才强、发展强)企业作为转型发展示范企业进行重点培育,引导企业之间加强结对互助,全市449家领军人才企业中有80家与党建强企业开展结对;开展"百个人才项目对接产业助转型"活动,遴选121个领军人才项目直接服务企业转型,围绕电子信息、节能环保、生物医药等产业领域需求,召开专题对接会19场。

【构建"严+N"干部管理监督制度体系】 2015年,市委组织部系统梳理干部监督管理可能存在的薄弱点,谋划探索干部监督管理新路径,构建以《关于进一步从严监督管理干部的意见(试行)》为统领,以若干配套制度为支撑的"严+N"干部监督管理机制。紧扣"严"字,从加强干部选拔任用监督、强化干部日常监督管理、健全保障机制、明确职能责任四方面着手,形成"严+N"机制的统领性文件——《关于进一步从严监督管理干部的意见(试行)》。围绕"N",根据意见的思路架构,梳理出建立健全21项制度的目标任务,其中有14项相关制度近年来已印发实施,年内制定出台《干部选拔任用工作方案预审办法》等7项制度。强化制度执行力度,全年对52批次,涉及1254个科级干部领导职数的选任方案进行预审,否定不符合规定的干部调整计划107项,有效促进超职数配备问题的整改;根据《重大决策责任审核、任期经济责任审计、选人用人和机构编制审查实施办法》,对2个市级机关部门开展"四责联审",创新干部监督管理方式。

【"重走一大路·再现1921嘉兴故事"体验式教学】 2015年,嘉兴市依托党的诞生地独特优势,精心设计开发"重走一大路·再现1921嘉兴故事"党性教育现场体验式教学项目。该项目深入挖掘红色遗存的历史底蕴,充分运用最新党史研究理论成果,形成以"开天辟地大事变"为"纲"、以历史人物节点活动为"点"、以整个历史进程脉络为"线"、以"一大"历史遗存为"面"的丰富完整的教学资源体系。党员干部通过走、听、看、思、悟,近距离触摸、感知党诞生的那段历史,增强对中国共产党先进性和纯洁性的认识,进一步坚定共产主义的理想信念。教学项目得到省委领导批示肯定,《全国干部教育通讯》专门进行刊发推介,全年有全国各地82期3770名领导干部(其中省委主体班10期近600人)进行现场体验。

【深化"红色志愿之城"建设】 2015年,市委组织部以"党在我心中、我在群众中"为主题,全面推进红色志愿行动,深化党员志愿服务,着力打造"红色志愿城"品牌。依托"96345"构建党员志愿服务网状架构,形成横向到边、纵向到底、广泛布点的工作网络,统一全市"党员志愿服务"主题标识,健全市、县、镇、村四级组织架构,建立各类直属专业党员志愿服务队伍。全市建立1个实体化运作的党员志愿服务中心、6个总站、73个分站和43个"红立方"党员志愿服务驿站。围绕关爱特殊群体、倡导志愿文化、开展公共服务等领域,推出党员志愿服务项目,实施项目领办。全年招募党团员志愿者5.47万多名,组建党团员志愿专业服务队3210支,发动各级党组织领办红色义工项目

3.06万个。深化“一员双岗”制度，开展“点亮微心愿·共筑中国梦”活动，在职党员共认领“微心愿”3.2万个。坚持每月25日联动开展“党员志愿服务日”活动和党团员“星期六义务劳动”。运作“双强联盟”爱心站，面向困难家庭推出公益岗位和虚拟岗位，年内，累计服务群众48.2万人次，在职党员认领“微心愿”1.3万余个。6月，全国党员志愿服务现场交流会在嘉兴市召开；11月，“96345”党员志愿服务获得第三届全国基层党建创新“最佳案例”。

【推进“互联网+”网络党建】 2015年，市委组织部不断创新党组织设置形式和组织活动方式，变革党员教育管理和服务模式，推动党建工作向深度和广度发展。依托党员远程教育网站资源，构建全方位、多角度、广覆盖的信息发布和宣传平台，红船网访问量达619万次，移动远教手机报累计编发157期，先后开设红船先锋、青春党建、嘉兴远教、红船领航等微博。建立网警警务室110家，对全市所有重点网站、论坛以及1200多家专线联网单位落实安全保护措施，进行有害信息屏蔽。组建由嘉兴19楼、嘉兴99号、嘉兴第九区、嘉兴人论坛等网站组成的互联网自律联盟，组织开展“文明网站”创建和“文明上网”等活动。建立开放互动的网络“e”支部，建立“网上党校”、“网上党员（党代表）工作室”、党员论坛（BBS）、党支部QQ群等，大力推进“青春党建·活力团建”活动，全市建立20家网络虚拟团组织。建立“红船党建云平台”，通过整合党建网站、党员信息库、远教平台等资源，构建集全方位党务管理、多元化志愿服务、自助式教育培训、综合性党建宣传、科学化数据分析为一体的党建工作在线动态管理系统。

【出台“两意见两办法”人才新政】 2015年，嘉兴市为进一步完善人才政策体系，激发人才智力创新资源，出台“两意见两办法”人才新政。其中《关于建设嘉兴市人才改革试验区的若干政策意见》探索深层次人才开发体制机制，提出7个方面、21条改革举措以及35项政策措施，涉及投融资、成果转化、股权激励、土地利用、审批服务、职称评定、生活保障等方面，给予试验区更大的政策扶持力度和机制创新空间；《嘉兴市“人才强企”若干政策意见》从人才、企业及机制创新三个角度，对现有企业人才方面的相关政策进行全面梳理，形成“人才支持政策”“企业支持政策”“机制创新政策”“附则”4个部分、12条举措；《嘉兴市杰出人才培养工程实施办法》旨在培养一支能冲击国家、省级等更高层次人才称号和取得更高学术水平的后备人才队伍，提出未来5年的培养目标、选拔范围和条件、选拔程序、培养支持举措以及管理考核内容；《嘉兴市事业单位引进紧缺人才实行专才特聘制度实施办法（试行）》明确教育科技、文化卫生、金融投资、规划建设、生态环境建设、科研院所等事业单位引进急需紧缺人才，可采取设置“特设岗位”的方式实行专才特聘，并享受相应的资金补助。

（陈　裕）

宣传工作

【概况】 2015年，全市宣传思想战线深入贯彻落实习近平总书记系列重要讲话精神及中央强化意识形态工作要求，推进“基层工作加强年”建设，以纪念“红船精神”发表十周年、举办第二届世界互联网大会为契机，强化思想理论武装，强化新闻舆论引导，强化网络宣传工作，强化精神文明创建，深化文化改革发展，推进基层基础建设，进一步弘扬“红船精神”，为嘉兴经济社会发展提供有力的思想保证、舆论支持和文化条件。

理论武装工作。2015年，嘉兴市以习近平总书记系列讲话精神为统领，制订《2015年中共嘉兴市委中心组理论学习计划》和《关于建立健全领导干部讲学考学述学评学制度的实施意见》，全市县（处）级党委（党组）中心组共开展理论学习1200多场次、"红船论坛"报告会11场。开展"红船精神"发表十周年纪念系列活动,举办"红船精神"全国研讨会,形成一批有影响有深度的理论成果,"红船精神是中国共产党建党精神"课题成果得到与会专家领导普遍认可。"红船精神"研究课题入选中宣部马克思主义理论研究和建设工程,编印《红船精神研讨会论文集》《红船精神研究十年精粹(2005~2015)》《中国共产党早期组织及其成员研究》重印本,出版通俗理论读物《红船精神领航中国梦》等,在《光明日报》发表《传承'红船精神'把党的诞生地建设得更加美好》理论文章。省委常委、宣传部部长葛慧君批示:"'红船精神'十周年的研究宣传效果很好,成果丰硕。"围绕"中国梦"、"美丽嘉兴"、十八届五中全会等主题,开展主题宣传教育,举办南湖讲坛32场、"红船精神"宣讲活动220多场,直接受众4万多人次,"红船宣讲团"作为省基层宣讲先进集体被推荐到中宣部。

舆论引导工作。2015年,嘉兴市全力做好经济宣传,围绕"转型服务年""五水共治""三改一拆""双推""楼宇经济"等重点工作,推出"转型发展服务年引领发展新常态""聚焦新常态下'创新英雄'""创时代,创客榜""企业减负嘉兴在行动""大道·追梦——前行中的禾商"等24个专题专栏,刊(播)发稿件5000余篇(条)。第二届世界互联网大会·乌镇峰会期间,在《嘉兴日报》上推出长篇通讯《风正扬帆正当时——红船精神引领下的嘉兴共富路》,受到各级领导的高度评价和国内外嘉宾的高度关注。推动对外宣传交流,邀请中央和省级媒体开展"红船精神"宣传、"2015中国·嘉兴端午民俗文化节"等重大主题外宣网络活动。央视拍摄嘉兴端午专题两个,南湖龙舟赛连线直播3场,新华社、新浪网等多角度报道嘉兴端午活动。在全市新闻战线深入开展"弘扬社会主义核心价值观和马克思主义新闻观"主题教育。编发《阅评动态》《情况反映》《报纸审读通报》《内部资料审读与管理》等,推进广电监测中心建设,加强媒体舆论监督管理。

互联网宣传管理工作。2015年,嘉兴市围绕做好第二届世界互联网大会·乌镇峰会舆情保障,启动一级应急响应机制,加强新闻媒体服务管理,强化网络舆情监测与引导,组织全市政府网站漏洞普查,保障重要网络和信息系统安全稳定运行。完善网上舆情报送制度,编发《网络舆情信息》36期、《网络舆情综述》12期,得到市委、市政府主要领导批示7次。制定制度规范党政干部运用微博客、微信管理和新闻单位新媒体运用管理。制定突发事件和热点问题舆论引导工作协调机制、工作手册等,完善网上舆论引导工作制度,"海科能源项目"等网络舆情事件得到有效处置。加快推进传统媒体和新兴媒体融合发展,制订出台《关于推动媒体融合发展的实施方案》,运用法人微博、官方微信、手机报等网上舆论阵地,嘉报集团推出微信公众号30多个,嘉广集团成立全媒体新闻中心,"禾点点"手机客户端、南湖晚报微信公众号均突破8万户。

精神文明建设工作。2015年,嘉兴市深入培育和践行社会主义核心价值观,制订并实施《关于培育和践行社会主义核心价值观的行动方案》,运用各类媒体、平台、载体,发布社会主义核心价值观、讲文明树新风、志愿服务等公益广告,工作经验成功入选中宣部全国宣传干部学院2015年度案例教材,全国各地33批近500人次到嘉兴考察。全市主要网站、论坛以及"文明嘉兴"微信公众号、手机客户端等,面向全市群众开展公益宣传,四"微"平台唱响网上思想文化主旋律的经验做法,在2015年中国文明网地方联盟网站建设管理工作第二期培训班上交流推广。健全文明创建工作机制,印发《嘉兴市创建全国文明城市三年规划(2015~2017)》。完善市领导联系督导街道、测评等机制,顺利完成省城市文明程度指数的暗访测评迎检工作,成功蝉联全国文明城市荣誉称号。出台《道德模范待遇保障若干规定》,开展道德模范评选活动,海盐县邹林根获全国道德模范提名奖,李安猛、郭建英获省级道德模范,评选出市级道德模范13人。开展身边好人推荐评议活动,3 人入选中国好人、31 人入选浙江好人。开展“道德模范在身边”学习宣传活动,巡讲、巡演近 40 场。举办“感动嘉兴 2012~2014 年度最美人物”表彰颁奖典礼。开展“邻里守望”“点亮百个微心愿”系列志愿服务,推广志愿服务保险制度,推进志愿服务信息化建设。中宣部等四部委在嘉兴市召开“践行社会主义核心价值观、推动共产党员志愿服务现场交流会”,打响嘉兴志愿服务品牌。组织参加“好日子·新风尚”2015 年全国社区网络春晚,获特别贡献奖、最佳组织奖、“邻里守望”风尚奖、社区学雷锋志愿服务联络工作示范站等 18 个奖项,嘉兴市成为全省唯一获此殊荣的城市。深化未成年人思想道德建设,市文明办被中央文明委授予第三届“全国未成年人思想道德建设工作先进单位”。开展“我的中国梦”主题教育实践活动,推进爱国主义教育基地建设。举办全市“春泥计划”暨乡村学校少年宫工作培训班,推进乡村学校少年宫建设和“春泥计划”实施。

文化强市建设工作。2015 年,嘉兴市深入推进国家公共文化服务体系示范区创建,对县(市、区)开展创建工作督查,示范区创建规划指标完成率达 97.3%。嘉兴市文化发展指数绩效考核得分居全省第二位、文化发展指数评价体系列全省第三位。深入贯彻落实习近平总书记“文艺座谈会”讲话精神,扶持文艺精品创作生产,多次召开文化精品工作会议,建立完善《嘉兴市文化精品评审专家库》。开展市重大题材文化精品工程申报评审工作,话剧《大先生》入选国家艺术基金扶持项目,小说《七天七夜》等两部作品入选第十批浙江省文化精品工程。举办 2015 中国·嘉兴端午民俗文化节、第九届全国德艺双馨电视艺术工作者颁奖活动。乌镇戏剧节获评 2015 年度全省宣传思想文化工作创新奖。文化服务业投资保持高增长,全年实现投资 86.2 亿元。加快文化产业园区建设,推动现有园区完善公共服务平台,全市建成国家级文化产业园区 1 个、省级文化产业园区 3 个、市级文化产业园区 17 个。文化产业平台建设获得新突破,成立嘉兴市文化产业协会,设立嘉兴银行文创支行。参展第十一届深圳文博会和第十届义乌文交会。强化文化产业项目扶持,获得中央补助文化产业发展专项资金 600 万元。

【第二届世界互联网大会】 12 月 16~18 日,第二届世界互联网大会在嘉兴乌镇举行,主题为“互联互通·共享共治——构建网络空间命运共同体”。大会设 10 场论坛、22 个议题,五大洲 120 多个国家和地区的政府代表、国际组织负责人、互联网企业领军人物、著名企业家、专家学者、大学生代表等 2000 多名嘉宾参加会议。中共中央总书记、国家主席习近平在第二届世界互联网大会开幕式上发表主旨演讲,阐明推进全球互联网治理体系变革应该坚持的四项原则,提出共同构建网络空间命运共同体的五点主张,展现应对网络空间治理挑战的中国担当,彰显让互联网发展普惠全人类的中国使命。大会还设置“互联网之光”博览会,展示中外互联网前沿技术和最新成果,展示中国互联网 20 年发展历程,特别是十八大以来取得的巨大成就。嘉兴市做好互联网大会保障工作,推出长篇通讯《风正扬帆正当时——红船精神引领下的嘉兴共富路》,彰显嘉兴人民勤善和美、文明质朴的精神风貌。

【农村文化礼堂建设】 2015 年,嘉兴市农村文化礼堂建设围绕“文化地标、精神家园”的目标,以“抓质量、树典型、出经验”为总体思路,着力培育礼堂文化,努力打造特色品牌。举办基层宣讲员培训班、农村文化礼堂管理员培训班,以市、县两级党校教师、基层宣讲员为骨干,组织 65 名“红色讲坛”成员,开展“送党课进农村文化礼堂”活动,不断增强针对性和有效性。制定“农村文化礼堂建设奖补办法”。2014~2017 年,市财政每年从专项资金中安排一定的额度,扶持市本级重点村的文化礼堂建设。2014~2015 年连续两年共扶助南湖区、秀洲区的4个样板村、18个重点村、4个经济薄弱村,拨款300多万元。全年建成农村文化礼堂120家,全市累计建成农村文化礼堂354家,覆盖43.4%的行政村。

【中国·嘉兴端午民俗文化节】 5月,由浙江省文化厅、中共嘉兴市委、嘉兴市人民政府主办的2015中国·嘉兴端午民俗文化节拉开帷幕,6月20~22日端午假期活动达到高潮。作为党中央、国务院批准保留的浙江省8个节庆活动之一,2015中国·嘉兴端午民俗文化节共举办南湖龙舟竞渡、全国端午裹粽大赛、"五彩香囊迎端午"系列活动、嘉兴爱心粽子万里行、南湖踏白船表演赛、端午子胥庙会、全国端午文化摄影大赛、二十一世纪民俗节庆文化发展及"嘉兴模式"探索国际学术研讨会、第四届"中国掼牛"争霸赛十项活动。其中嘉兴杯全国端午文化摄影大赛征稿启事在国内60多个网站平台、120多个QQ和微信摄影群发布和转载,作品征集历经42天,收到参赛作品14999幅,注册投稿人数达到1667人。嘉兴端午民俗文化节在继承优良传统的基础上发展创新,在演绎中国味道的过程中拓展影响,以形式新颖多样、内容精彩丰富的活动,充分展示嘉兴深厚的历史文化底蕴和独特的端午民俗魅力。

【全国德艺双馨电视艺术工作者表彰大会】 10月17日,由中国电视艺术家协会主办的第九届全国德艺双馨电视艺术工作者表彰大会在海宁举行,中央电视台《新闻联播》主播李修平等45人被授予"全国德艺双馨电视艺术工作者"称号。中国文联党组成员、副主席、书记处书记夏潮出席大会并讲话,中国文联副主席、中国电视艺术家协会主席赵化勇,中国电视艺术家协会分党组书记、驻会副主席兼秘书长张显,省委宣传部副部长唐中祥等出席大会。中国电视艺术家协会副主席、国家新闻出版广电总局电视剧管理司司长李京盛主持大会。嘉兴市委副书记、市长林健东出席大会并致辞。全国百佳电视艺术工作者推选表彰活动起于1998年,每两年举办一届,2005年更名为全国德艺双馨电视艺术工作者推选活动。2006年8月,嘉兴市与中国电视艺术家协会签订共同举办该项活动的书面协议,自2007年起,全国德艺双馨电视艺术工作者表彰大会连续10年在嘉兴市举办。

【嘉兴市文化产业协会成立】 7月23日,嘉兴市文化产业协会成立。嘉兴银行文创支行同时揭牌,这是浙江省继杭州、宁波、温州之后成立的第四家文创银行。嘉兴市文化产业协会以企业为主体自我管理、自我发展,在第一次会员大会上审议通过《嘉兴市文化产业协会章程》《嘉兴市文化产业协会会费管理办法》《嘉兴市文化产业协会财务管理办法》等管理制度,选举产生第一届理事会会长单位1家、常务副会长单位4家、副会长单位11家和理事单位16家。嘉兴市联众实业投资有限公司董事长兼总经理陶明当选会长。至2014年年底,全市有文化法人单位6356家,其中主营业务收入亿元以上企业68个,规模以上企业318个。2015年,全市引进文化产业项目407个,有市级以上文化产业园区19个、省级特色工业设计(示范)基地2个,涌现出嘉报集团、嘉广集团、嘉兴电影集团、新华书店等文化产业龙头企业,文化旅游、影视制作、造纸印刷、设计服务等业态发展良好。至2015年底,嘉兴市文化产业协会在全市范围内发展会员112家。

(朱振宇)

统一战线工作

【概况】 2015年,市委统战部参与第三届世界浙商大会和浙洽会、嘉洽会,举办2015市外浙江(嘉兴)商会、香港温州工商会嘉兴行等活动,邀请800多名浙商、侨商到嘉兴考察。至年底,全市促成浙商回归项目260个,到位资金

240亿元。通过13个海外人才工作站(点),引荐200多名海外高层次人才参加市人才交流大会、"星耀南湖" 精英峰会等活动, 引导130余个项目申报市第五批"精英引领"计划。会同市侨联举办"海燕集结"活动,组织海外知名高校的留学生到嘉兴开展暑期创业实践, 推动"海归"牵手"海燕"。

2015年,市委统战部会同相关部门,制定协商计划,加强协商保障机制建设。先后就重要报告、重大问题、重大人事安排等,协助市委与民主党派、工商联和无党派人士开展7次政党协商,并首次将地方性法规的制定纳入协商内容,促进党委政府科学决策、民主决策。同时,落实对口联系、特约人员、交友谈心等制度建设,健全民主党派和无党派人士直接向市委提出意见建议的机制,畅通党外人士议政建言的渠道。2015年,民主党派、工商联和无党派人士累计提交议案、提案和社情民意、建议等500余件。

2015年,市委统战部贯彻中央和省委民族工作会议精神,深入推进民族团结进步创建工作,在全市形成26个创建工作点,建立14个"四微"(微组织、微窗口、微热线、微平台)工作载体,民族团结进市场、进学校、进社区等活动成效明显。探索宗教领域改革工作,抓住省内试点嘉兴先行的契机,将民间信仰活动场所纳入依法管理轨道,嘉兴市发放省内第一张登记编号证书,并对首批178处民间信仰场所进行登记编号。扶持宗教公益慈善和文化活动,2015年, 全市宗教界参与社会慈善捐款捐物226万元。

2015年,市委统战部协助市委办、市府办出台有关政策,明确新生代企业家培育引领的方向目标,健全培育引领的长效机制。在中央社会主义学院和香港理工大学举办培训班,开展省内外新生代企业家的互访互学互鉴,引导和扶持新生代企业家加快创业创新进程。以市新生代企业家联谊会为载体,引导会员企业主动融入创客时代, 促成 "云创空间""桔子会""歌斐颂巧克力小镇"等新生代创业样板。有40多名新生代企业家担任"两代表一委员",进入市、县工商联领导班子。

2015年,市委统战部指导香港嘉兴同乡会顺利完成换届工作,并成功举办二十五周年纪念活动。发挥美国、英国、新西兰等嘉兴海外联谊组织的作用,广泛接触华侨华人及其社团和协会,凝聚海外侨心。依托嘉兴市侨商会等平台,开展精英论坛、投资考察、文化公益等活动, 累计接待到访侨团及重要人士100多批次,推动海内外的交流合作。

【服务"转型发展服务年"主题活动】 2015年,市委统战部与14个镇(街道)、28家企业进行联挂,重点联系19个项目和8名领军人才,定期走访、听取意见、协调困难,帮助解决"富通集团光通信全产业链"项目有关优化布局等问题。牵头组织市侨商服务联盟开展"侨商企业百日走访"活动,累计协调解决企业人才流失、固体废物处理、项目监管等61个难题,受到侨商投资企业好评。

【深化"五水共治、法治同行"同心实践】 2015年,市委统战部开展"同心·治水"与"法治·同行" 主题实践活动, 党外人士提交各类建议200余件;行业协会商会、非公有制企业和宗教界人士参与"同心治水"行动,累计捐款、投资金额达3.78亿元,结对村323个,联挂、认领河道2966条。市知识分子联谊会牵头开展普法宣传、法治讲座、法律服务、法律援助等社会公益活动;各级协会商会构建法律顾问、法律咨询、法律巡诊、法律培训、依法维权等法律风险防范机制,异地商会实现法律顾问全覆盖。

(管　超)

对台工作

【概况】 2015年,嘉兴市对台工作以两岸关系和平发展为主题,贯彻落实中央对台方针政策和省委、市委对台工作决策部署。4月8日,市委常委会听取市台办对台工作情况的专题汇报。4月16日,市委召开全市对台工作会议暨对台工作领导小组(扩大)会议,传达贯彻中央和全省对台工作会议精神,回顾总结近年来对台工作情况,研究部署全年对台工作。9月和11月,全市集中开展"服务台商转型升级、深化嘉台产业合作"的台资企业服务月活动,营造"亲商、安商、富商"的良好氛围。年内,先后举办信息经济与互联网产业研讨会、"台商新春酒会"、"台商恳谈会"、"台商沙龙"、台资企业单身青年相亲会等;组织台商代表参加"浙洽会"、"嘉洽会"、第三届世界浙商大会;成立嘉兴市台湾青年创业中心,为台湾青年在嘉兴投资创业和工作生活提供便利;继续拓展嘉兴市台湾农博士服务平台、嘉兴国际电子商务应用平台"台商专区",完善"台商就医绿色通道"服务措施;解决台商子女入学问题;协助做好"两会"期间7名台商特邀政协委员参政议政工作。2015年,全市组织到台湾交流团组211批908人次,接待台胞入境旅游228323人次。先后举办海峡两岸同胞端午裹粽友谊赛,"嘉兴·南投两岸邻里节","学子情深"第七届嘉台两地中学生夏令营,第四届海外台湾留学生"科技之旅"冬令营;接待台湾高雄高青摄影学会到嘉兴采风,到台湾举办"桐乡·南投老年书画交流展";继续推动嘉台两地校际结对,做好台湾青少年神州公益骑行活动的保障工作,确保78名台湾骑行队员在嘉兴境内顺利通过。

12月20~22日,嘉兴市举办第四届海外台湾留学生"科技之旅"冬令营

年内,市台办做好涉台宣传教育工作。3月27日,召开全市对台宣传工作成员单位会议,部署2015年对台宣传工作。5月25~27日,举办被列入市委组织部、市委党校主题培训的全市涉台干部培训班。9月26日,举办"面向2016年的台海形势与对台工作"专题报告会。此外,市台办领导带队到学校、企业、部队、社区等基层单位作对台形势专题讲座。2015年,市台办与报社、电视台等新闻单位合作,在全市开展"创业嘉兴·最美台胞"宣传报道,征集稿件及视频50多篇,制作宣传展板37块,分别在市本级及各县(市、区)进行历时4个月的巡回展出,同时在各大新闻媒体上陆续刊播,宣传台商事迹;与省级以上媒体及台湾东森电视台、中天电视台、《联合报》等媒体联合宣传嘉兴丰富的旅游资源、良好的投资环境和在禾台企发展所取得的显著成就。9月,台湾东森电视台、年代电视台分别到嘉兴海宁参观访问,两家台湾媒体把海宁的江潮、人潮、经济潮以及海宁的经济、社会、民风状况、旅游资源等向台湾民众作了真实生动的报道。此外,市台办利用《嘉兴对台工作简报》《浙江对台工作》和市台办网站、嘉兴在线等载体,加强涉台工作信息交流。

【推动嘉台两地高层交流互访】 2015年,国民党大陆事务部主任高孔廉、台湾中华农业暨水利事业发展协会理事长黄炳煌和秘书长庄进荣、台湾知名人士蔡正元、台湾彰化县副县长陈善报、台湾南投县议会副议长潘一全等高层人士分别率团来嘉兴市参观访问。同时,嘉兴市人大常委会副主任张志伟、周楚兴,市政府副市长祝亚伟等领导分别带队到台湾参观访问,加强两地互动交流。

【调处台商投诉求助案件】 2015年,市台办做好台商投诉和求助工作,加强嘉兴市台商权益保障工作,共受理台商重要投诉和求助40起,办结38起,妥善处置涉台突发事件1起,限时调处上级台办督办的涉台案件;梳理各类涉台投诉求助案件，加大调处力度，切实维护台商的合法权益。

【加强对台招商引资工作】 2015年，全市新批台资项目39个，总投资10亿美元，合同台资6.55亿美元，实到台资3.79亿美元，占全市引进外资的15%左右，占全省引进台资的50%；全市累计批准台资项目1428个，总投资132.6亿美元，合同台资87.29亿美元，实到台资52.89亿美元，位居全省前列。继续推进台升国际广场、世合国际新农村、铠嘉电脑配件有限公司等重大台资项目的跟踪服务，做好项目用工、用地等协调工作；继续开展东引台资工作，收集台商投资意向，邀请台商到嘉兴投资考察，组织台商参加"浙洽会""嘉洽会"等各类经贸活动。协助有关招商主体到广东、上海等地开展招商活动，聘请招商顾问，设立招商点等。年内，台湾海宣集团股份有限公司与海盐南北湖旅游投资集团正式签订凤凰山地块意向书，开发"南北湖凤凰山城项目"，项目注册资金3.5亿元，预计总投资10亿元；世界500强企业台湾铠胜集团在嘉善投资的产业基地项目正式签约落户，注册资本3亿美元，建筑面积约60万平方米，总投资9亿美元。

【举办"嘉兴·南投两岸邻里节"】 8月19～23日、10月13～17日，嘉兴市举办第五届、第六届"嘉兴·南投两岸邻里节"。其间，在台湾南投县政府民政处长吴燕玲的率领下，27户台湾家庭共46人先后到南湖区、秀洲区、嘉善县、平湖市、海宁市、桐乡市等地参观访问，与当地村民和社区居民交流联谊。南投县水里乡水里村、漳和里、光荣里、康寿里及南投县农产运销公司与嘉兴秀洲区王江泾镇古塘村、南湖区三家浜社区、桐乡市洲泉镇东田村、海宁市西山社区、嘉兴市印象古塘铁皮石斛专业合作社分别签订《友好结对意向书》，并向嘉兴市捐赠台湾樱花500株。两岸邻里节通过村村结对、搭建邻里平台等方式，进一步密切两地基层民众之间的友好往来，加深两岸人民的感情交流。

10月13～17日，嘉兴市举办第六届"嘉兴·南投两岸邻里节"

【举办海外台湾留学生冬令营】 12月20～22日，第四届海外台湾留学生冬令营暨两岸青年创业创新论坛在嘉兴举行，省台办副主任陈正仁、副市长盛全生等领导出席会议并讲话。来自美国、英国、法国、德国、奥地利、捷克、日本知名高校的19名海外台湾留学生，参观了世界互联网永久会址乌镇、嘉兴南湖景区和南湖革命纪念馆，实地考察台资企业，分享在嘉投资台资企业和嘉兴企业代表的创业心得。

【成立嘉兴市台湾青年创业中心】 10月26日，市台办与团市委联合举行嘉兴市台湾青年创业中心启动仪式。嘉兴市台湾青年创业中心以"服务两岸青年创业，促进两岸青年交流"为宗旨，依托嘉兴市青年创业就业促进中心，在全市拓展台湾青年创业就业孵化基地，通过创业辅导、资金扶持、政策协调、场地实践、交流合作等形式，服务台湾青年创业，促进嘉兴台湾两地的交流。

【推进嘉台两地教育交流】 2015年，市台办继续推进嘉台两地教育交流。3月23～24日，由树德科技大学、高雄高级中学、弥陀小学三所学校组成的台湾教育代表团一行19人到嘉兴参观访问，并分别与同济大学浙江学院、秀州中学、钧儒小学签订结对意向书。6月11～16日，台湾嘉义高中的38名师生到嘉兴市参加"学子情深"第七届嘉台两地中学生夏令营，与嘉兴学子开展交流联谊活动,并与嘉兴一中签订《缔结姊妹学校协议书》。7月7日至8月4日,17名台湾大学生到嘉兴市5家单位进行为期近一个月的暑期实习,市台办举办“两岸一家亲·共圆中国梦”嘉台两地大学生文化交流系列活动,并开展青年沙龙趣味活动、走进台资企业谋划未来、走进家庭感受亲情、两地大学生联欢晚会等活动,加深双方青年之间的了解和友谊。此外,在2015浙江·台湾特殊教育学校校长论坛上,桐乡市特殊教育学校与台湾基隆特殊教育学校签约结为友好学校。

(林仁斌)

政策研究工作

【概况】 2015年,市委政策研究室开展重大课题研究项目6个,形成市委、市政府重要文件和重点调研、专题调研报告23个。嘉兴市全面深化改革工作在省对市党政领导班子全面深化改革年度考核中排名全省第三位;市委政策研究室牵头组织提炼形成的“创新案例”在第三届浙江省公共管理案例评选中,获奖奖项和数量均列全省第三位;两项调研成果在全省党政系统优秀调研报告评选中获奖。

【谋划“十三五”时期工作】 2015年,全市统筹谋划确定18个前瞻性研究课题,由市四套班子领导牵头开展研究工作。重点协助市委主要领导和分管领导开展《“十三五”时期嘉兴经济社会发展总体思路研究》《“十三五”时期嘉兴加快社会组织建设推进转型发展思路研究》课题研究。以“开放办规划”理念,在市级主要媒体上刊发《嘉兴市“十三五”规划意见建议征集公告》,广泛征集社会各界意见建议。组织召开“十三五”时期嘉兴城市发展定位和发展战略、经济社会发展趋势、发展动力转换、与沪杭同城、人口与社会治理、服务企业转型发展6个专题研讨会。召开专题讨论会,与31个市级部门主要负责人“一对一”进行专题修改。

【推进全面深化改革工作】 2015年年初,市委政策研究室组织谋划并协助召开市委全面深化改革领导小组会议,形成2015年度工作思路和工作要点。按照“全面深化与重点突破相结合、问题导向与效果导向相结合、责任担当与合力推进相结合”的要求,围绕8个专项小组144项改革任务,特别是25项重点突破改革项目,强化统筹协调,创新工作机制,完善考核办法。重点建立健全挂钩联系、互动交流、信息报送、督查考核等机制。创新举办以资源要素配置改革、农村产权制度改革、户籍制度改革、改革推进机制为主题的4期“改革学堂”。汇总编印全市《改革案例》,获得省委改革办肯定并在全省推广。进一步优化考核办法,考核权重向改革受众和基层群众倾斜,考核对象拓展到市级机关各部门、市直属各单位。全年新增国家市场采购贸易方式改革试点、乌镇互联网创新发展试验区、司法体制改革等23项省级以上改革试点项目。作为户籍制度改革领导小组办公室成员单位,市委政策研究室制订嘉兴市《关于进一步推进户籍制度改革的工作方案》,组织领导小组成员单位开展专题研讨,以《深化我市户改若干问题研究》为总课题,组成联合课题组,基本完成14个子课题研究。

【开展服务决策重点选题专题研究】 2015年,市委政策研究室与市委组织部联合开展基层党组织和基层政权建设专题研究,起草形成《中共嘉兴市委关于全面加强基层党组织和基层政权建设的意见》,经市委七届十次全体会议通过后实施,并起草形成《重要工作任务分工方案》。协助市委办公室、市政府办公室、市发改委、市经信委、市旅游委员会、市环保局、市咨询委、市合作交流办等部门起草形成《市本级楼宇经济发展若干建议》《嘉兴服装产业时尚化转型研究》《主动适应新常态再造嘉兴产业发展新优势》《市区运河旅游开发“十人谈”》《环境污染第三方治理机制研究》《企业转型发展的新引擎——以嘉兴市派利企业管理顾问公司为例》《关于我市特色小镇建设的调研与思考》《深化接轨上海工作研究》《关于“世合·理想大地”项目建设的调研与思考》《农村居民结婚费用情况调查》《狮子会嘉兴服务队慈善公益活动现象解析》《全面从严治党新常态下机关支部活力提升研究》《杭州发展楼宇经济举措、经验和启示》《东莞确立“国际制造名城”发展定位的思考与启示》《台州市“一都三城”新定位的启示》等课题研究成果，为市委、市政府提供决策服务。

【提升“两刊一库”建设水平】 2015年，市委政策研究室不断提升“两刊一库”建设水平。一是不断提升《新嘉兴》办刊质量。以“本期关注”为重点，围绕“双推”赛马工程，全面加强基层党组织和基层政权建设、浙商回归、“旅游+”、互联网经济、“十三五”规划与建议等一系列专题栏目，进行深度报道和宣传。全年出刊《新嘉兴》12期，刊发文章200余篇、70多万字。二是不断提升《嘉兴政研》参考价值。《嘉兴政研》主要刊载全市经济社会发展和全面深化改革中的热点、难点问题、人民群众反映强烈的焦点问题的调查研究成果和相关意见建议，以及各级各部门在改革发展方面的成功经验和进一步促进改革发展的政策建议，全年出刊15期。出刊《嘉兴政研（改革专刊）》24期，获市领导批示4期。三是加快“智库嘉兴”平台建设。组织力量深入各县（市、区）、市咨询委、市科技局等相关部门以及部分咨询管理机构进行调研，形成《关于加快具有嘉兴特色新型智库建设的思路研究》专题报告，围绕培育党政智库、高新智库和社会智库，进一步理清工作思路，研究提出“智库嘉兴”总体建设方案。发挥全市调研联席会议作用，整合全市政研资源，制订年度“调研清单”开展针对性研究，夯实党政智库建设基础。探索与派利等社会智库开展合作研究，鼓励引导“三大智库”实现有机结合。发挥“嘉兴政研网”作用，及时加载全市优秀调研成果和省委、省政府领导最新研究成果，交流调查研究进展情况和心得体会，打造学习参考重要平台。

（徐振波）

档案、党史、地方志工作

【概况】 2015年，嘉兴市档案局接待档案资料利用3807人次，查阅档案资料4141卷（件）次，出具档案证明2132份，查档接待窗口服务满意率99%。推进民生档案远程利用服务工作，新增民生档案8类，累计达到20类，远程利用平台受理查档申请1.15万人次，出具档案证明7619份，复制档案1.38万页。继续开展“档案助推民营企业二次创业”活动，全市确定第二批21家档案管理示范企业和14家省级以上高新技术企业档案规范化、标准化管理培育点。继续开展“五水共治”系列建档工作，全市收集整理“五水共治”相关材料2047件、照片13488张。联合市人大开展贯彻实施《中华人民共和国档案法》及相关法规情况专题调研和监督检查，联合市国土资源局开展国土资源档案专项执法检查，完成2014年度归档整理和数字化“一对一”评查工作。开展机关企事业单位规范化建设和数字档案室创建，全市23家机关企事业单位通过省级档案目标管理认定，21家机关企事业单位创建省级数字档案室。开展档案解密试点工作，联合嘉兴市国家保密局，率先在全国开展保密文件档案定密事项变更、档案解密试点工作。开展数字档案馆信息系统安全等级测评工作，全市数字档案馆完成信息系统安全二级保护测评并通过公安部门备案，嘉兴市、海宁市数字档案馆项目通过国家级数字档案馆测试。推进馆藏档案数字化，市档案馆完成馆藏纸质档案数字化扫描加工工作，共扫描加工纸质档案712万页、目录211.6万条。推进档案登记备份工作，全年登记备份数据容量4042GB。

2015年，嘉兴市委党史研究室推进改革开放新时期党史专题征编工作,50多个市级机关部门完成专题初稿编写。开展纪念抗战胜利70周年系列活动,编辑出版《嘉兴抗战纪实》,与《南湖晚报》联合推出"行走嘉兴抗战踪迹"系列专题报道11期,开展纪念抗战胜利70周年征文活动,其中8篇论文入选全省党史系统纪念抗日战争胜利70周年学术研讨会。开展党史资料征集工作,先后征集到抗战时期嘉兴老照片和其他珍贵党史史料100多件。2015年,嘉兴市地方志办公室稳步推进市志续修工作,完成年初确定的工作任务。加强年鉴编纂工作,完成《嘉兴年鉴(2015)》编纂出版工作。开展旧志整理和地情研究,校勘《光绪嘉兴府志》20卷;为社会人士查阅地情资料和提供咨询服务;参与地名审查工作,指导《嘉兴市区地名志》编修工作。

2015年,嘉兴市档案局深化爱国主义教育基地建设,启动《嘉兴百年记忆》展陈及中小学档案实践基地项目可行性研究论证相关工作,完成展陈项目建设书编制,市档案馆通过省级科普教育示范基地复评。加强档案文化建设,编印出版《嘉兴方言》,《嘉兴方言之声韵调研究及变化特点》申报2015年省社科联社科普及课题。

【嘉兴市档案局被评为全国档案系统先进集体】 12月10日,人力资源社会保障部、国家档案局联合下发《关于表彰全国档案系统先进集体和先进个人的决定》,嘉兴市档案局被评为全国档案系统先进集体,成为全省档案系统唯一获此殊荣的单位,并在全国档案工作暨表彰先进会议上作经验交流发言。近年来,嘉兴市档案局(馆)以建设红船旁的新型公共档案馆为目标,坚持市县联动、整体推进、协调发展,档案公共服务能力不断提升,全市4家综合档案馆成功创建国家一级综合档案馆,2家成功创建国家二级综合档案馆,2家成功创建国家级规范化数字档案馆。"十二五"期间,嘉兴市建设"百姓家门口的档案馆""公众口袋里的档案馆""开放共享的档案馆"。2013年,嘉兴市档案局率先在全省建立"就近查档、跨馆(室)出证"远程利用服务平台,1096个查档出证受理点覆盖市、县、镇(街道)、村(社区)四级组织所有便民服务中心;建立馆室资源社会化服务联盟,形成以市档案局(馆)为核心、各县(市、区)档案局(馆)和相关涉民部门共同参与的"1+X"协作机制,市域范围内"横向到边、纵向到底、馆际(室)互通、高效便捷"的民生档案远程利用服务体系全面建成。2014年,嘉兴市档案局创新推出"嘉兴档案"微信公众平台,设置"嘉兴记忆""网友晒宝""微服务"3个主栏目,内容涵盖"嘉兴历史上的今天""人文风俗""嘉兴名人"等。2015年,市档案馆二期工程交付使用,2000多平方米的爱国主义教育基地和650多平方米的查档服务大厅,为建设"开放共享的档案馆"奠定基础。

【嘉兴市数字档案馆系统通过国家级测试】 10月9~10日,嘉兴市数字档案馆系统接受并通过国家级规范化数字档案馆测试组的测试,嘉兴市档案局成为浙江省首家获此殊荣的单位。国家档案局技术部和浙江省7名档案信息化建设专家,根据国家档案局印发的《数字档案馆系统测试办法》,全面测试嘉兴市数字档案馆基础设施、系统功能、档案资源、保障体系、服务绩效五方面300余项指标,嘉兴市数字档案馆系统以88.31分的高分通过国家级数字档案馆测试。测评组专家一致认为,嘉兴市数字档案馆建设符合国家和行业相关标准规范,技术选择合理、整体水平先进,系统集成性能稳定。数字档案馆构建的馆藏档案综合业务管理、馆藏涉密档案管理、集中式数字档案室管理、档案资源共享利用、登记备份管理、电子公文接收、档案史志门户网、"嘉兴档案"微信公众平台及"就近查档、跨馆(室)出证"远程利用服务平台等业务管理系统和信息发布系统,为全面提升嘉兴市数字档案馆建设与发展水平奠定了基础。数字档案馆建成的馆(室)藏电子目录、全文、音视频等数据库整合汇聚了档案资源,形成了具有嘉兴地方特色的数字档案管理资源总库,为数字档案核心基地建设积淀了资源。

【开展国土资源档案专项执法检查】 9月下旬至10月上旬,嘉兴市档案局联合嘉兴市国土资源局对全市9个国土资源局(分局)及南湖区大桥镇国土所、秀洲区王店镇国土所开展国土资源档案专项执法检查。检查组实地检查“十二五”期间国土资源档案组织领导、基础水平、信息化建设、安全保障四个方面取得的成效和存在的问题。全市国土资源局(所)重视档案管理工作,共配备专职档案员17名,档案岗位相对稳定;及时接收、集中管理各类国土资源专业档案,共有档案175.15余万卷、17539件,其中专业档案170.39万卷,2011~2015年,提供档案利用服务53.32万卷、48070人次;推进专业档案数字化转换,完成专业档案数字化扫描约2766万页;配备档案管理软件,建立各类档案目录数据库、全文数据库,嘉善县、海宁市国土资源局整合各类档案数据库,初步实现国土资源局、国土资源所专网互通互用;改善库房保管条件,配备更新档案安全管理相关设施设备。对检查中发现的不足,嘉兴市档案局、嘉兴市国土资源局督促相关单位整改,要求全市进一步推进国土资源档案信息化进程,构建档案安全防范体系。

【推进二轮修志工作】 2015年,市地方志办公室按照《嘉兴市志(1991~2010)》编纂工作计划,加强与市志供稿单位的联系,落实市志审稿、意见反馈等任务,多次召开市志编务会议,商讨志稿修改和合稿意见,推进合编稿和基础稿的编撰工作。至年底,累计完成合编稿283章、444万字,形成基础稿12编81章、75.6万字。年内,《嘉善县志(1989~2008)》出版发行,全市累计出版发行《海盐县志(1986~2005)》《平湖市志(1990~2005)》《嘉善县志(1989~2008)》三部县级志书;《海宁市志(1991~2010)》《桐乡市志(1991~2010)》完成合成稿,并开展初审工作;《南湖区志》开展初稿审核和编辑工作;《秀洲区志》开展资料长编和初稿征集工作。

【《嘉兴年鉴(2015)》出版】 2015年,嘉兴市地方志办公室编写的《嘉兴年鉴(2015)》由方志出版社出版,全书共116.1万字。年内,市地方志办公室根据年度特点,在保持年鉴框架基本稳定的同时,对《嘉兴年鉴(2015)》部分篇目和分目进行调整,特载部分提前收录了2015年嘉兴市政府工作报告等;专记部分收录了党的群众路线教育实践活动、“五水共治”工作、“三改一拆”行动、2014世界互联网大会4篇专文,全面真实地记载2014年嘉兴市政治、经济、文化、社会各项事业发展的情况。11月,《嘉兴年鉴(2015)》完成三审三校工作,通过方志出版社审查。12月,《嘉兴年鉴(2015)》出版发行。《嘉兴年鉴(2015)》共设篇目36个、分目254个、条目1602个,收录地图2幅、表格63张。

【《嘉兴抗战纪实》出版】 2015年,嘉兴市委党史研究室组织编写的《嘉兴抗战纪实》由中共党史出版社出版,全书共28万字。该书由图片、综述、叙事篇、人物篇、文献篇、重大惨案、大事记等内容组成。图片主要选取54张反映抗战时期嘉兴政治、经济、社会、军事等方面状况和人物照片。综述主要记述抗战时期嘉兴政治、经济、社会各方面的变化,国民党军队抗战情况,嘉兴地下党组织领导广大人民群众开展抗日斗争的情况。叙事篇包括抗战离休老干部的回忆和嘉兴人民开展抗日斗争的重要事件。人物篇主要介绍15名在嘉兴领导或开展抗日斗争的人物故事。文献篇摘录已出版的报刊、书籍中有关日军暴行、人员伤亡和财产损失、人民抗战等方面的资料。重大惨案选取11个日军入侵嘉兴时造成的重大人员伤亡和财产损失的案例。大事记主要记述抗战时期与本书主题紧密相关的重要史实。

【举办纪念中共嘉兴独立支部成立90周年活动】 2015年,嘉兴历史上第一个中共地方党组织——嘉兴独立支部成立90周年。3月19日，市委党史研究室联合市委组织部、市委直属机关工委举办“走进地方党史，弘扬革命传统”为主题的纪念活动，全市40多名离休干部、优秀党员、机关干部、青年团员及入党积极分子代表到新塍镇嘉兴地方党史陈列馆参观，重温嘉兴地方党组织领导人民进行英勇斗争的历史，缅怀革命先辈的光辉业绩。1925年3月，共产党员顾作之、王贯三、沈选千在嘉兴县城精严寺藏经阁，成立中共嘉兴独立支部，直属中共上海地委领导。嘉兴独立支部成立后，加强对工农民众运动和国民革命运动的领导，促进了革命力量的发展，加速了国共合作局面在嘉兴各地的形成。同时，党组织也随着国民革命运动的深入开展而逐渐发展壮大，至1926年底，中共嘉兴独立支部党员人数达30名，活动范围从嘉兴县城、新塍镇一带逐渐扩展到新篁镇、庄史镇以及毗邻的桐乡县濮院镇、崇德县石湾镇等地。1927年“四一二”反革命政变后，嘉兴独立支部活动转入秘密状态。1927年8月，中共嘉兴临时县委建立，中共嘉兴独立支部因机构调整不再存在。

【海宁市许村镇档案馆开馆】 2月10日，全省第二家、嘉兴市首家乡镇档案馆——海宁市许村镇档案馆举行开馆仪式，浙江省档案局、嘉兴市档案局、海宁市档案局以及许村镇党委、政府有关领导等70多人参加开馆仪式。许村镇档案馆建筑面积280多平方米，馆藏档案5.6余万卷(件)，基本形成内容丰富、门类齐全、结构合理的馆藏资源体系。近年来，许村镇党委、政府高度重视各类档案资料的收集管理，先后投入资金30余万元用于档案馆扩容提升、档案信息化建设、查档大厅改造等，形成“一个查阅大厅、一个办公室、两个中心库房”的功能布局。同时，进一步细化档案收集范围及接收标准，制定《档案馆收集档案范围及实施细则》《档案馆业务建设规范》等制度体系。许村镇先后获得浙江省一级档案室、社会主义新农村建设档案工作示范乡镇、规范化数字档案室等称号。

【编印出版《嘉兴市区民生档案查询指南》】
2015年，嘉兴市档案局编印出版《嘉兴市区民生档案查询指南》。近年来，随着省、市相关民生政策的出台，民生档案的查阅利用日益增多。为了进一步满足市民对民生档案的查阅需求，嘉兴市档案局联合南湖区、秀洲区档案局深入调研、收集汇总、核实修改，编印出版《嘉兴市区民生档案查询指南》。查询指南收录市本级、南湖区、秀洲区三个国家综合档案馆馆藏民生档案和各有关涉民单位形成的102类民生档案，列出各类民生档案的形成单位、保管单位、档案内容、查阅方法、查阅地址、联系电话等，为市民提供更为便捷的查档途径。

【嘉兴市档案馆社科普及基地获省社科联表彰】
3~8月，省社科联组织有关专家，对全省获得“浙江省社科普及基地”称号两年以上的基地，在组织领导、阵地建设、管理制度、科普活动、社会效益五方面进行评估，并发布《关于省级社科普及基地评估情况的通报》，嘉兴市档案馆社科普及基地获通报表彰。近年来，嘉兴市档案局把建设社科普及基地与爱国主义教育基地列入工作计划，利用档案馆独特的优势，找准展览切入点，拓宽展览选材范围，向社会宣传嘉兴悠久的历史渊源和珍贵的文化遗产，发挥社科普及示范和爱国主义教育功能。

【出台加强和改进新形势下档案工作的实施意见】
2015年，嘉兴市委办、市政府办印发《关于加强和改进新形势下全市档案工作的实施意见》，对推进依法治档、实施“六项工程”、强化组织保障等工作提出要求。在推进依法治档方面，提出要加快档案治理体系建设，完善党委和政府领导，档案部门归口负责，各方面共同参与的档案工作体制。同时，提出稳妥推进政府购买档案事务服务，规范并支持社会力量参与档案事务。在实施“六项工程”方面，提出要加快实施数字档案馆(室)推进工程、档案馆(室)标准化建设工程、档案资源共建工程、社会民生服务工程、档案文化强市工程、档案安全体系保障工程。在强化组织保障方面,提出要加强组织领导,加大投入力度,强化干部队伍建设。

【举办首届档案职业技能竞赛】 2015年,嘉兴市档案局联合嘉兴市总工会举办首届档案职业技能竞赛,全市12支代表队、36名选手参加比赛。5月29日,在海宁市档案局举行文书档案著录、文书扫描与图像处理两个项目的比赛;“6·9”国际档案日,在嘉兴市档案局举行理论考试、文书档案分类与编号两个项目的比赛。比赛评出团体一等奖1个、二等奖2个、三等奖3个,个人一等奖1名、二等奖2名、三等奖3名,获得一等奖、二等奖的3名个人还获得由市总工会、市人力社保局授予的“嘉兴市技术操作能手”称号。比赛达到“以赛促学,以学提优”的目的,展现嘉兴“档案人”勇于拼搏的精神面貌。

(吴勤勤)

老干部工作

【概况】 2015年年底,全市有离休干部1007名,其中享受厅(局)级待遇29名,享受县(处)级待遇488名,享受科级及科级以下待遇490名;抗日战争时期参加革命工作的179名,解放战争时期参加革命工作的828名;属行政编制285名,属事业编制311名,属企业编制411名。

2015年,嘉兴市委老干部局抓好离退休干部思想政治建设、加强离退休干部党支部建设。做好中国人民抗日战争暨世界反法西斯战争胜利70周年和元旦、春节等节假日走访慰问活动。围绕中国人民抗日战争暨世界反法西斯战争胜利70周年,开展图片展览和电影展播、老干部书画集邮展、摄影展等活动。9月3日前,对全市186名抗战离休干部进行上门走访,送去纪念章、慰问金和红色典藏书籍。全面落实老干部生活待遇,确保增加的离退休费按标准及时足额发放。完善居家养老服务网络、医疗保健服务网络和离休干部全天候困难帮扶网,对40余名有特殊困难的离休干部及其配偶(遗孀)进行帮扶,支出帮扶资金近7万元,41名离休干部的无固定收入配偶(遗孀)的医疗费用得到保障。巩固和提升市老干部活动中心、老年大学“满意家园”和“敬老文明号”创建成果,老年大学不断完善教学体系,开设班级149个、学员6764人次。年内,分别在老干部活动中心和老年大学建立临时党组织,发挥离退休干部党组织的政治核心作用。举办厅(局)级离退休干部读书会和老干部形势报告会,举办离退休干部党支部书记培训班和党建研究班。开展“三严三实”专题教育工作,开展全市老干部工作者业务培训。编撰《嘉兴老干部工作信息》12期,编发全市来稿250余篇,在全市老干部系统和市级机关有关部门开展撰写“老干部工作如何为党的事业增添正能量”理论研讨文章活动,共收到论文17篇。

【举办离退休干部读书会】 11月6~10日,嘉兴市委老干部局举办读书会,组织57名厅(局)级离退休干部集中学习。读书会期间,市委书记鲁俊介绍当前嘉兴经济社会发展形势;市委常委、组织部部长连小敏通报全市组织工作情况,并主持召开老干部座谈会,听取老干部意见建议;市委常委、纪委书记陈刚介绍当前嘉兴市纪检、监察工作。上海市委党校教授为老干部们作专题辅导。

【编印《嘉兴抗战离休干部风采录》】 2015年,嘉兴市委老干部局以弘扬红色文化、坚定理想信念为主题,深入挖掘老干部的红色经历,广泛宣传老干部的红色故事,以“五个一”(一张近照、一个小故事、一段革命生涯、一份荣誉珍藏、一句座右铭)为主要内容,编辑成《嘉兴抗战离休干部风采录》一书,市本级100名抗战离休干部的事迹简历编印入书。

【举办“最美老干部”先进事迹巡回报告会】 5月29日,由省委组织部、省委老干部局联合开展的全省“最美老干部”先进事迹巡回报告会(嘉兴站)在嘉兴老年大学举行。宁波市鄞州区龙观乡离退休干部党支部支委王志宏、杭州市文化广电新闻系统退休干部鲍倩、南湖区老娘舅协会会长张萍、海宁市老干部银龄服务队队长徐侣华、秀洲区关工委主任吴顺荣、嘉兴市农科院退休科技干部冯克强6名省级离退休干部做报告,市本级约400名离退休干部聆听报告。

【成立“夕阳红”志愿服务队】 2015年,嘉兴市委老干部局根据省委老干部局关于实施“银色人才志愿”行动的要求,在嘉兴老年大学成立“夕阳红”志愿服务队,共有160余名志愿者参加,下设5个服务小组,定期开展志愿服务活动。

【举办“争当老同志的贴心小棉袄”演讲比赛】 11月16日,市委老干部局举办全市老干部工作部门“争当老同志的贴心小棉袄”主题演讲比赛,旨在强化老干部工作者的服务意识、尊老爱老敬老意识。12名老干部工作者参加比赛,并最终评选出一、二、三等奖,根据比赛成绩与综合情况选出3名代表,参加全省老干部工作者“争当老同志的贴心小棉袄”主题演讲比赛,其中1人获二等奖、2人获优胜奖。

(冯逍宇)

机关党建工作

【概况】 2015年,中共嘉兴市委直属机关工作委员会(简称市委直属机关工委)突出加强思想政治建设、基层组织建设、服务型党组织建设和机关作风建设,全年工作取得新成效。继续牵头抓好考核工作,突出强化市委、市政府重点工作任务考核,优化考核框架体系和评优方式,深化分类考核,注重年终考核与日常督查相结合、互学互比集中展示考核结果的反馈和结果运用,营造服务大局、争先晋位的浓厚氛围。年内,市委直属机关工委牵头组织76个市级部门(单位)到结对村(社区)实地查看、入户走访,了解社情民意,帮助解决实际困难。年内出动1644人次,走访村(社区)153个,发现问题426个、不稳定因素56个,解决实际问题280个,提出建议意见458条,提供帮扶资金87.57万元。组织99个市级部门文明单位与91个村结对,投入资金526.53万元,办理实事236件,开展党群、教育、文化、文明、实事共建604次。市委直属机关工委结对的秀洲区油车港镇池湾村被命名为“全国文明村”,牵头结对帮困的南湖区胥山村,提前一年脱贫。2015年度市委直属机关工委获市委市政府“年度目标责任制暨五型机关创建”考核一等奖、“五强”领导班子建设先进单位称号、创建全国文明城市突出贡献奖、“五水共治”优秀部门称号,“知行论坛”被省直属机关工委命名为全省机关党建工作“十佳创新成果”。

【创新机关思想政治工作】 2015年,市委直属机关工委举办以“寻找幸福的密码”“青春绽放”“责任、担当、价值”等为主题的5期“知行论坛”,市委副书记胡海峰等领导亲临现场并点评。与市司法局联合举办“知行论坛”律师专场,并到雅莹集团和国网嘉兴公司举办“知行论坛”专场。“知行论坛”作为创新案例在《中直党建》杂志上发表,被省直机关工委评为机关党建工作十佳创新成果,被全国党的建设研究会、机关党建研究专业委员会评为贯彻落实《机关基层组织工作条例》优秀案例。年内,举办8期“道德讲堂”总堂机关专场,累计举办35期机关专场,10200名机关干部参与活动。

【加强机关作风建设】 2015年,市直机关开展正风肃纪专项检查283次,检查部门(单位)254家次,发现和处理问题14起,处理违纪违规人员7人。以群众满意作为价值取向,会同市纪委对30个部门(单位)的59项重点工作进行满意度测评,在《嘉兴日报》、南湖清风、机关党建网站等媒体开辟专栏,测评结果纳入部门(单位)"五型"机关和党风廉政建设责任制考核,着力破解不担当、"中梗阻"等现象。

【开展"支部活力工程"建设】 2015年,市委直属机关工委重点开展"支部活力工程"建设。建立完善机关基层党组织指导机制、工作交流机制、工作督查机制和工作评价机制。通过公推直选,挑选党性强、作风正、群众公认度高的优秀党员干部担任支部书记,组织支部书记等党务干部350余人进行培训。与市委组织部联合开展《党组(党委)落实机关党建工作责任制》的课题研究,在江浙沪和省工委机关党建研讨会上进行交流,获评市社科联"2015年度嘉兴市哲学社会科学发展规划立项课题"一类课题。部门党组(党委)把"履行党建工作责任制"纳入"五型"机关考核内容,实施机关党建工作"三级联述联评联考"制度,每年工委书记向市委,机关党组织书记向工委、基层党支部书记向机关党组织述职评议,同步向全体党员(代表)述职评议,进一步强化"一岗双责"的主体意识、主业意识和主角意识。"七一"前夕与市委组织部联合下发《2013~2014年度市直机关先进基层党组织、优秀共产党员、优秀党务工作者推荐情况通报》。实施党建工作在线动态管理,培训平台管理员300多人,市级机关7500余名在职党员实现红云平台IC卡绑定。2015年,对291名入党积极分子进行培训,发展党员104名。

【开展"党在我心中、我在群众中"主题活动】 2015年,嘉兴市下发《关于进一步深化市直机关党员志愿服务工作的意见》,旨在把嘉兴打造成"红色志愿之城"。深化机关党支部"1+X"组团帮扶机制,市直机关284个在职基层党支部与306户困难家庭结对,帮助解决工作、生活上的实际困难。深化机关在职党员"两报到一注册"制度,7500名机关在职党员到居住地社区报到、亮明身份、认领奉献岗位。开展"知行者+"志愿服务项目,"知行论坛"和"道德讲堂"的部分访谈嘉宾、优秀志愿者团队和志愿者等作为"知行者+"志愿服务活动项目的领衔人,通过QQ群、微信,引导机关党员干部加入志愿公益活动。

【市直机关第九届运动会】 6月26日,嘉兴市直机关第九届运动会在市会展中心开幕。运动会开幕式由市委副秘书长、市委直属机关工委书记、运动会组委会副主任周梅芳主持,副市长、运动会组委会主任柴永强致辞。市委常委、市委秘书长、运动会组委会名誉主任孙贤龙宣布第九届运动会开幕。市直机关第九届运动会从6月26日开幕至11月13日结束,历时6个月,共设拔河、篮球、围棋、象棋、游泳、网球、乒乓球、羽毛球、集体跳绳9个大项23个小项。79个部门(单位)的2563名干部职工参加比赛,展示了干部职工健康向上的精神风貌。

【"红船组织生活"实例征集评选】 2015年,市委直属机关工委结合"红船精神"发表10周年,组织市直机关各基层党组织围绕中心工作策划有特色、有创意、有实效的组织生活,共有73个市级部门的111个基层党支部申报,评选出"十佳"最具创意的"红船组织生活"、15个优秀"红船组织生活",增强党员对组织的认同感、归属感、责任感。

【加强机关干部人文关爱】 2015年,市委直属机关工委加强机关干部人文关爱。在春节前后和"七一"期间,市委直属机关工委领导带头分四个组对市直机关部门(单位)的184名困难党员进行走访和关爱慰问,发放慰问经费12.73万元。注重机关"1+1"文体团队建设,有2000多人次报名参加书法、绘画、摄影、台球、网球、乒乓球、羽毛球、太极8个文体项目。继续开展机关干部职工疗休养工作,统一组织安排8条线路46批、1550人参加疗休养。3月8

日,举行以“寻找幸福密码、留下美好瞬间”为主题的“南繁团队”家属座谈慰问活动。深化“导师制”助推青年干部成长计划,市级机关(部门)的197名机关青年分别结对拜师。

(庄正祥)

党校工作

【概况】 2015年,中共嘉兴市委党校(简称市委党校)坚持“从严治校、品牌立校、创新强校、开放兴校”办学方针,深入实施“教学提升·科研提质·管理提效”工程,充分发挥干部培训主渠道、决策咨询思想库、理论宣讲主阵地、红船精神传播主平台作用。全年举办各类干部培训班242期17070人次,教学测评满意率保持在95%以上。全年立项省、市各类课题44项,结项课题30项,其中7项被评为优秀课题;在省、市各类研讨会上获奖7项,在省级以上公开刊物发表论文19篇。全年开展党的理论、方针、政策宣讲223场次,听众2万多人次。2015年,市委党校首次获评浙江省市县党校工作优胜单位,蝉联市级机关部门、单位工作目标责任制暨“五型”机关创建考核一等奖,首次获评全省党校系统科研工作进步奖,连续获评省委党校优秀教学点、上海财经大学MPA项目优秀合作单位、全省市委党校信息化建设考核优胜单位、全省党校系统后勤管理研讨会组织奖。

【启动研究编制红色学府“五年规划”】 2015年,市委党校根据十八大以来中央对党校工作和干部教育培训工作的新要求,率先启动《打造长三角乃至全国有影响力的红色学府发展规划(2016~2020)》研究编制工作。规划从办学方向、教学科研、学科建设、队伍建设、办学保障等方面,提出“十三五”时期党校发展的战略目标、主要任务、保障措施等,为党校进一步找准定位、细化目标、明确方向提供引领和支撑。

【强化理论教育和党性教育】 2015年,市委党校把理论教育和党性教育放在党校教育的突出位置,在学制一个月以上的主体班次中,理论教育和党性教育两大模块的学时占总学时的70%;联合市纪委、市委组织部,分5期对全市900多名市管县处级党员干部,开展党章党规党纪专题集中轮训;首次举办2期以党性教育为主题的专题研修班,综合运用体验式教学、现场教学、视频教学、党性分析、小组讨论、大组交流等多种教学形式,切实提高党性教育的说服力;继续推进“红色线路·精品课程·经典案例”课程体系建设,新开发“三严三实”、依法治国等三套课程体系。

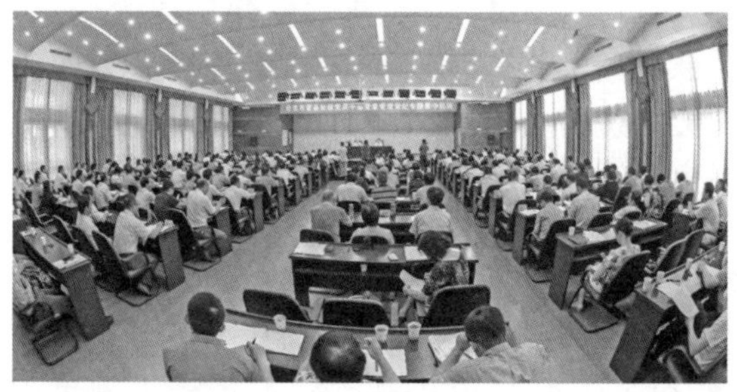

2015年,市委党校对全市市管县处级党员干部,开展党章党规党纪专题集中轮训

【实施“教学提升”工程】 2015年,市委党校在主体班次专门设置“嘉兴市情教育”“四个全面与嘉兴实践”教学模块,围绕“五水共治”“三改一拆”、全面深化改革、新型城镇化建设等全市中心工作,开设一系列教学专题和教学项目,联合市级有关部门举办一系列专题研讨班。全市农房建设专题培训班工作获市委书记鲁俊批示肯定。首次与上海浦东新区举办联合县处班,连续四年与江苏南通举办联合中青班,突出市情教育和两地经济社会发展比较研究,促进嘉兴市领导干部面对面学习先进发展理念和先进工作经验。完成市人大、市政协的专题培训班和新疆沙雅县基层干部、模范代表培训班,选派优秀教师到沙雅县开展“嘉兴党建专家沙雅行”活动。推进领导干部上讲台工作,6名市领导到党校授课8次,36名部门领导到党校讲课84次,推动参训学员更好地理解和把

握中心工作。联合市委组织部举办“求是讲堂”18期,4460人次在校学员和市级机关各部门领导干部参加学习,主题涵盖经济社会发展热点问题及市委市政府中心工作。开展“转型发展服务年”活动,获市委常委、组织部部长连小敏批示肯定。

【推出“重走一大路·再现1921嘉兴故事”教学项目】 2015年,市委党校以建设省委党校南湖分校为契机,联合市委组织部等有关部门,推出“重走一大路·再现1921嘉兴故事”体验式教学项目,以“弘扬红船精神、坚定理想信念”为主题,通过“讲故事+现场教学+总结点评”的教学形式,将嘉兴老火车站、狮子汇渡口、湖心岛、南湖红船等与中共一大相关的红色资源,通过历史线索串联起来,形成一条完整的教学线路,创新党性教育模式,形成红色教育品牌效应。该教学项目在省委党校领导干部进修班、中青班等82个班次3770多名学员中实施,获省委常委、组织部部长胡和平,市委副书记胡海峰等省、市领导批示肯定,中组部《干部教育培训通讯》、中央党校《学习时报》专题宣传推介。

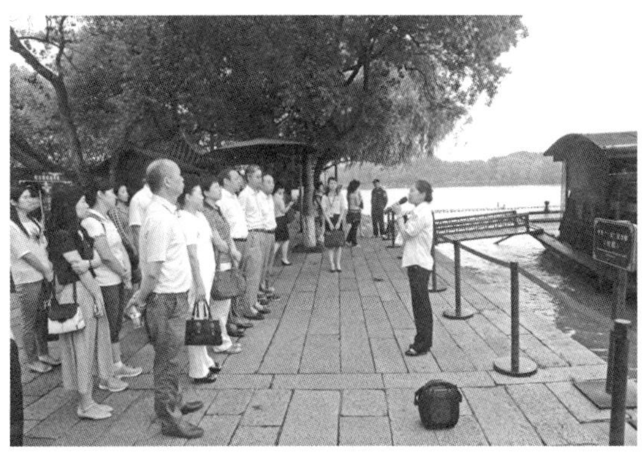

2015年,市委党校推出“重走一大路·再现1921嘉兴故事”体验式教学项目

【实施科研精品战略】 2015年,市委党校实施科研精品战略,强化咨政导向,发挥决策咨询思想库作用;聚焦楼宇经济发展、文化产业发展、浙商回归、要素配置市场化改革等中心工作,开展对策性、前瞻性研究,并将研究成果通过《决策参阅》供市四套班子领导参考。全年撰写编发《决策参阅》9期,其中2期获市领导批示肯定。连续四年编写出版《嘉兴市经济社会发展蓝皮书》,连续两年编写出版《嘉兴区域发展研究》,为全市经济社会发展提供有质量、有价值的对策建议。年内,市委党校承担“嘉兴市文化产业发展‘十三五’规划”重大课题研究。

【主办第十二届长三角地区党校校长论坛】 11月21~22日,由嘉兴市委党校主办,《江南论坛》杂志社协办,浙江省委党校、上海市委党校、江苏省委党校、安徽省委党校共同支持的第十二届长三角地区党校校长论坛在嘉兴市委党校举办。嘉兴市委副书记、党校校长胡海峰代表市委市政府致欢迎词;浙江省委党校副校长徐明华,上海市委党校校委委员、副巡视员李宁,江苏省委党校科研处处长谈镇,安徽省委党校校委委员、巡视员顾党胜等分别致辞,市委党校常务副校长徐勇主持开幕式。江、浙、沪、皖四省(市)近90个市、县的党校校长或代表以及部分特邀代表200余人参加论坛。论坛的主题是“学习贯彻十八届五中全会精神与‘十三五’党校发展”。与会人员围绕主题,就新形势下如何探索和遵循党校办学规律、创新教学方式方法、引进培育现代教育方式、深化科研咨政服务等问题,进行深入的交流探讨。论坛为服务地区间的互动发展提供新的平台,提出新的思路,新华网、光明网、人民论坛网、

11月21~22日,市委党校主办第十二届长三角地区党校校长论坛

凤凰网、《浙江日报》、浙江在线、《嘉兴日报》、嘉兴在线等媒体进行报道或转载。

【承办向中央党校赠送红船船模工作】 根据中央党校的要求和市委常委会研究的意见,市委党校承办红船船模订制工作,2015 年 5 月 1 日船模送至中央党校。该红船船模作为全党中高级领导干部在中央党校开展党性教育的校内现场教学点永续使用,获中央党校常务副校长何毅亭充分肯定。其不仅凸显了嘉兴在建党史上的地位,有利于在中高级领导干部中进一步弘扬红船精神,同时也构架起中央党校与嘉兴深入合作交流的桥梁,强化了嘉兴市委党校与中央党校的联系。

【深化"红色讲坛"机关服务品牌建设】 2015 年,市委党校结合嘉兴市打造"红色志愿之城",组建"红色讲坛"青年志愿者服务队,组织青年教师面向基层开展宣讲,深化"红色讲坛"机关服务品牌建设。全年开展党的理论、方针、政策宣讲活动 223 场次,听众 2 万多人次;全市党校系统联动宣讲 1291 场次, 听众 10 万余人次。与市委宣传部联合开展"送党课进农村文化礼堂"活动,送党课进文化礼堂 73 场,协办全市基层宣讲员培训班、全市十八届五中全会精神与《廉洁自律准则》《纪律处分条例》宣讲工作培训班等班次,培训宣讲员 500 余人次。

【开发建设特色资源库】 2015 年,市委党校加强信息化建设,做好实训室、多媒体教室的技术支撑,推进全省党校系统管理服务平台向县(市、区)党校延伸;数字资源建设取得新突破,"嘉善县域科学发展示范点建设" 特色资源数据库获省委党校立项并启动和推进;充实和完善"中共一大与红船精神""嘉兴市统筹城乡发展"两大特色资源数据,信息资源建设走在全省党校系统前列。

(彭世杰　周　舜)

嘉兴市人民代表大会

综　述

2015年，嘉兴市人民代表大会及其常务委员会把握全市工作大局，切实履行宪法和法律赋予的职责，为推进经济社会持续健康发展和法治嘉兴建设做出了贡献。

加强经济工作监督。2015年，市人大常委会围绕"十二五"规划执行与"十三五"发展思路、发展战略、主要目标等开展调研，督办关于尽快编制完善并实施市域总体规划的议案。听取和审议市政府半年度工作情况报告以及计划、预算执行情况的报告；审查和批准决算；听取和审议审计工作报告，对审计发现问题整改落实情况开展跟踪调查并进行满意度测评；听取和审议市政府关于实施创新驱动发展战略、加快科技进步专项工作报告，听取市政府关于嘉兴科技城规划建设、科技发展专项资金安排使用和绩效等情况的汇报，并提出意见建议；修订市人大常委会关于嘉兴市市本级预算监督办法和政府重大投资项目监督办法，首次以分项票决的形式，通过4个2亿元以上政府重大投资项目。

助推法治嘉兴建设。2015年，市人大常委会组织对市人力社保局、市卫生计生委(卫生工作)的工作评议。通过专项视察、听取意见和审议相关报告，对全市出入境管理开展执法检查。对嘉兴市贯彻实施有关法律法规开展调研检查。分别听取和审议市中级人民法院、市检察院、市公安局、市司法局关于机关工作人员依法履职、公正司(执)法工作情况的报告，听取市中级人民法院关于人民法庭建设情况的汇报，并提出意见建议。对"六五"法制宣传教育开展工作督查。受理人民群众来信来访，及时转交督办，引导群众依法行使权利、表达利益、解决纠纷。

启动地方立法工作。根据立法法赋予设区的市立法权的有关规定，2015年9月25日，省人大常委会做出决定赋予嘉兴市人大及其常委会地方立法权。市委成立立法工作领导小组，市人大常委会也相应建立立法工作筹备小组，在立法调查研究和学习借鉴外地人大及其常委会立法工作经验的基础上，着手制定地方立法听证办法、立法工作程序、立法咨询制度和立法咨询专家库管理办法，建立地方立法咨询专家库。深入开展立法需求调研，组织起草《嘉兴市秸秆露天禁烧和综合利用条例（草案)》和《嘉兴市制定地方性法规条例(草案)》，并征求社会各界意见，市人大常委会会议对此作了审议，其中《嘉兴市秸秆露天禁烧和综合利用条例(草案)》提交省人大常委会审查。

推进民生持续改善。2015年，市人大常委会听取和审议关于防洪排涝工作审议意见，办理落实情况的报告，开展会中集中视察，进行满意度测评，全力推进"五水共治"。根据省人大常委会统一部署，专题听取和审议大气污染防治和再生资源回收利用管理工作情况的报告，扎实推动"五气共治"。听取市政府关于住房公积金归集使用管理工作情况的汇报，并提出意见建议。

提升代表履职能力。2015年，市人大常委会组织举办人大代表培训班，加强闭会期间代表活动的联络服务，强化对代表小组活动的指导。评选代表活动先进小组和代表履职先进个人。重视代表建议督办工作，首次由主任会议对紧扣中心工作、群众高度关注的建议进行集体专题督办并进行专题询问。组织全市各级人大代表深入开展“人大代表监督已治理的河”“查找基层群众办事审批难事项”“视察核查年收入4600元以下贫困人口脱贫情况”等主题活动。

做好人事任免工作。年内，市人大常委会依法任免国家机关工作人员99人次。继续坚持任前法律知识考试、任职表态发言、颁发任命书、递交年度履职报告等制度，增强任命干部的法治意识、公仆意识和责任意识。修订常委会授予“嘉兴市荣誉市民”称号办法，授予7人“嘉兴市荣誉市民”称号。

（杨　勇）

重要会议

【市七届人大五次会议】 1月28～31日，嘉兴市第七届人民代表大会举行第五次会议。会议应到代表392名，实到代表356名。会议举行3次全体会议、4次主席团会议。会议听取和审查政府工作报告；审查批准计划、预算报告；听取和审查市人大常委会、市中级人民法院、市人民检察院工作报告。会议期间，10人以上代表联名提出议案46件，其中教育科技文化体育卫生方面9件、社会保障公共事务方面11件、发展规划综合经济方面15件、农林牧渔水利方面1件、城乡建设环境资源方面10件。根据地方组织法、代表法的有关规定，经大会议案审查委员会审查，并征求有关方面的意见，大会主席团表决通过，将45件议案转为建议、批评和意见处理。此外，大会还收到代表提出的建议、批评和意见224件。

【市七届人大六次会议】 9月14～15日，嘉兴市第七届人民代表大会举行第六次会议。会议应到代表391名，实到代表355名。会议举行2次全体会议、4次主席团会议。会议依法选举林健东为嘉兴市人民政府市长，何伟明、陈付良、胡晓云为嘉兴市七届人大常委会委员。会议通过关于设立嘉兴市第七届人民代表大会法制委员会的决定，通过嘉兴市第七届人民代表大会法制委员会组成人员名单。

【市七届人大常委会会议】 1～12月，嘉兴市七届人大常委会举行会议12次，审议“一府两院”专项工作报告35个，作出决议决定21项，任免国家机关工作人员99人次。

1月19日，嘉兴市七届人大常委会举行第二十四次会议。会议听取和审议市政府关于嘉兴市2014年国民经济和社会发展计划执行情况及2015年国民经济和社会发展计划草案的报告、关于嘉兴市2014年全市和市本级预算执行情况及2015年全市和市本级预算草案的报告；表决通过市七届人大常委会代表资格审查委员会关于补选的市七届人大代表的代表资格审查报告；听取市七届人大五次会议有关筹备工作情况的汇报，讨论提出市七届人大五次会议日程、议程、各项名单草案，讨论《嘉兴市第七届人民代表大会第五次会议关于设立嘉兴市第七届人民代表大会教育科学文化卫生委员会等四个专门委员会并相应撤销嘉兴市第七届人民代表大会教育科学文化卫生民族华侨委员会等两个专门委员会的决定（草案）》和《嘉兴市第七届人民代表大会第五次会议关于嘉兴市第七届人民代表大会部分专门委员会组成人员人选和个别专门委员会主任委员人选通过办法（草案）》；表决通过市七届人大五次会议列席人员名单；表决通过有关人事任免事项。会议讨论政府工作报告、市中级人民法院工作报告、市检察院工作报告、市人大各专门委员会工作报告。

2月16日，嘉兴市七届人大常委会举行第二十五次会议。会议听取和审议通过市政府有关人事免职事项，决定免去李浩的嘉兴市公安局局长职务。

3月19～20日，嘉兴市七届人大常委会举行第二十六次会议。会议听取和审议关于市七届人大五次会议上代表提出的《关于尽快编制完善并实施市域总体规划的议案》初审意见的报告；审议并通过《嘉兴市人民代表大会常务委员会关于讨论决定重大事项的规定（修订案）》《嘉兴市人民代表大会常务委员会关于政府重大投资项目监督办法（修订案）》《嘉兴市人民代表大会常务委员会关于嘉兴市市本级预算监督办法（暂行）（修订案）》《嘉兴市人民代表大会常务委员会关于依法许可对市人大代表采取限制人身自由措施或刑事审判的办法》和《嘉兴市人民代表大会代表联系原选举单位和人民群众办法》；表决通过有关人事事项。

4月23日，嘉兴市七届人大常委会举行第二十七次会议。会议决定接受肖培生辞去嘉兴市人民政府市长职务的请求；决定任命林健东为嘉兴市人民政府副市长、金志为嘉兴市公安局局长；决定林健东副市长为嘉兴市人民政府代理市长。

5月20～21日，嘉兴市七届人大常委会举行第二十八次会议。会议听取和审议市政府关于防洪排涝审议意见办理工作情况的报告；评议市人力社保局、市卫生局工作；听取和审议市政府关于纺工路北延工程（含涵洞）等3个项目情况的报告；审议并通过《嘉兴市人民代表大会常务委员会授予“嘉兴市荣誉市民”称号的办法（修订案）》；表决通过有关人事事项；表决并通过《嘉兴市第七届人民代表大会常务委员会关于将盘活的市级财政存量资金纳入市本级财政预算的决议》。

7月28～29日，嘉兴市七届人大常委会举行第二十九次会议。会议听取和审议市政府关于2015年上半年全市经济社会发展情况和下阶段主要工作安排的报告；书面审议市政府关于2015年上半年嘉兴市国民经济和社会发展计划执行情况及下半年主要工作的报告；听取和审议市政府关于2015年上半年嘉兴市本级财政预算执行情况的报告；听取和审议市政府关于大气污染防治和再生资源回收利用管理工作情况的报告；听取和审议市政府关于2013年以来市级政府重大投资项目建设情况的报告；表决通过有关人事事项。会议决定任命卜凡伟为嘉兴市人民政府副市长（挂职）。

8月12日，嘉兴市七届人大常委会举行第三十次会议。会议审议通过市七届人大常委会关于召开市七届人大六次会议的决定；审议通过《嘉兴市第七届人民代表大会常务委员会关于设立嘉兴市人民代表大会常务委员会法制工作委员会的决定》；表决通过有关人事事项。

9月11日，嘉兴市七届人大常委会举行第三十一次会议。会议表决通过市七届人大常委会代表资格审查委员会关于补选的市七届人大代表的代表资格审查报告；听取市七届人大六次会议有关筹备工作情况的报告；讨论提出市七届人大六次会议日程、议程、有关名单草案和大会选举办法草案、《嘉兴市第七届人民代表大会第六次会议关于设立嘉兴市第七届人民代表大会法制委员会的决定（草案）》和《嘉兴市第七届人民代表大会第六次会议关于嘉兴市第七届人民代表大会法制委员会组成人员人选通过办法（草案）》；表决通过市七届人大六次会议列席人员名单；表决通过有关人事事项。

9月28～29日，嘉兴市七届人大常委会举行第三十二次会议。会议听取和审议市政府关于嘉兴市本级2014年度财政决算情况的报告；听取和审议市政府关于2014年度嘉兴市本级预算执行和其他财政收支的审计工作报告；听取和审议嘉兴市妇幼保健院（市妇女儿童医院）二期工程等2个项目情况的报告；分别听取和审议市中级人民法院、市检察院、市公安局、市司法局关于机关工作人员依法履职公正司（执）法工作情况的报告；听取和审议市人力社保局、市卫生计生委关于市人大常委会部门工作评议意见整改落实情况的报告；表决通过《嘉兴市第七届人民代表大会常务委员会关于设立嘉兴市人民代表大会常务委员会内务司法工作委员会的决定》；同意接受苗伟伦、沈利农辞去浙江省第十二届人民代表大会代表职务的请求;并补选林健东、刘冬生为浙江省第十二届人民代表大会代表。

10月23日，嘉兴市七届人大常委会举行第三十三次会议。会议表决通过有关人事事项。会议决定任命楼建明为嘉兴市人民政府副市长。

11月25~26日，嘉兴市七届人大常委会举行第三十四次会议。会议听取和审议市政府关于实施创新驱动发展战略、加快科技进步情况的报告;会议听取和审议市政府关于《中华人民共和国出境入境管理法》执行情况的报告和市人大常委会执法检查组关于嘉兴市贯彻执行《中华人民共和国出境入境管理法》检查情况的报告;听取和审议市政府关于提请审议授予徐雄等7人“嘉兴市荣誉市民”称号的议案,表决通过《嘉兴市第七届人民代表大会常务委员会关于授予徐雄等七位人士“嘉兴市荣誉市民”称号的决定》;听取和审议市政府关于提请审议将省财政厅下达的地方政府债券资金纳入地方政府财政预算的议案,表决通过市七届人大常委会关于同意将省财政厅下达的地方政府债券资金纳入地方政府财政预算的决议;听取和审议市政府关于嘉兴市石臼漾水源地新塍塘综合整治工程项目情况的报告,书面审议市政府关于嘉兴市看守所迁建工程概算调整情况的报告;表决通过《嘉兴市人民代表大会常务委员会监督司法机关工作办法》;表决通过有关人事事项。会议接受周楚兴辞去嘉兴市第七届人民代表大会常务委员会副主任职务的请求。

12月28~29日，嘉兴市七届人大常委会举行第三十五次会议。会议听取和审议市政府关于《尽快编制完善并实施市域总体规划的议案》办理情况的报告;听取和审议市政府关于2014年度市本级预算执行和其他财政收支审计整改情况的报告;听取和审议嘉兴港区管委会、嘉城集团分别关于2015年审计工作报告反映问题整改落实情况的报告;听取和审议市政府关于提请批准调整2015年度市本级财政预算的议案,并表决通过市人大常委会关于调整2015年度市本级财政预算的决议;听取和审议市政府关于提请批准嘉兴市级2015年地方政府债务限额的议案,并表决通过市人大常委会关于同意嘉兴市级2015年地方政府债务限额的决议;审议《嘉兴市制定地方性法规条例(草案)》和《嘉兴市秸秆露天禁烧和综合利用条例(草案)》;会议表决通过有关人事事项。会议接受俞四兴、邵建华辞去嘉兴市第七届人民代表大会常务委员会副主任职务的请求。

【市七届人大常委会主任会议】 1~12月,市七届人大常委会举行主任会议19次,听取“一府两院”及有关部门专题工作汇报44项。

1月9日，市七届人大常委会举行第五十三次主任会议。会议听取和讨论市委组织部通报的有关人事事项;听取和讨论市政府关于嘉兴市2014年国民经济和社会发展计划执行情况及2015年国民经济和社会发展计划草案的汇报、关于2015年市级财政预安排1000万元及拟新建总投资3000万元以上政府投资项目情况的汇报，市人大财经委关于2015年市级财政预安排1000万元以上项目及拟新建总投资3000万元以上政府投资项目情况的审查意见；听取和讨论市政府关于嘉兴市2014年全市和市本级预算执行情况及2015年全市和市本级预算草案的报告,市人大财经委关于嘉兴市2014年全市和市本级预算执行情况及2015年全市和市本级预算草案的初审意见;听取和讨论市编委办关于市政府职能转变和机构改革方案情况的汇报;听取和讨论市七届人大五次会议有关筹备工作情况的汇报;听取和讨论市人大常委会代表工委关于市七届人大四次会议优秀代表建议评选情况的汇报;讨论通过市人大常委会2015年监督工作计划，讨论市七届人大常委会第二十四次会议的召开时间和主要建议议题的安排情况;书面讨论政府工作报告、法院工作报告、检察院工作报告和市人大各专门委员会工作报告。

1月19日,市七届人大常委会举行第五十四次主任会议。会议听取和讨论市委组织部通报的有关人事事项；听取和讨论市七届人大常委会代表资格审查委员会关于补选的市七届人大代表的代表资格审查报告。

2月15日，市七届人大常委会举行第五十五次主任会议。会议听取和讨论市委组织部通报的有关人事事项。

2月28日，市七届人大常委会举行第五十六次主任会议。会议听取和讨论市人大常委会关于开展对市人力社保局、市卫生局工作评议的实施意见；听取和讨论市七届人大五次会议上代表提出的《关于尽快编制完善并实施市域总体规划的议案》的审议意见（讨论稿）；讨论市人大各委室与市政府工作部门、“两院”分工联系，以及与市级机关部门、驻嘉部队、市直单位联系的安排；讨论市人大部分专门委员会2015年工作要点。

3月13日，市七届人大常委会举行第五十七次主任会议。会议听取和讨论市人大内司委对“两院”有关人事事项的说明；听取和讨论《嘉兴市人民代表大会常务委员会监督司法工作办法（试行）（修订草案）》和《嘉兴市人民代表大会常务委员会关于依法许可对市人大代表采取限制人身自由措施或刑事审判的办法（修订草案）》及其说明；听取和讨论《嘉兴市人民代表大会常务委员会关于讨论、决定重大事项的规定（修订草案）》及修订说明；听取和讨论《嘉兴市人民代表大会常务委员会关于政府重大投资项目监督办法（修订草案）》和《嘉兴市人民代表大会常务委员会关于嘉兴市市本级预算监督办法（暂行）（修订草案）》及其说明；听取和讨论《嘉兴市人民代表大会代表联系原选举单位和人民群众办法（草案）（讨论稿）》及其说明；讨论通过《关于嘉兴市人大常委会主任会议组成人员直接联系市人大代表的意见》和《关于嘉兴市人大常委会委员联系市人大代表的意见》；讨论确定市七届人大五次会议重点建议；讨论通过《嘉兴市人大常委会关于贯彻落实中共嘉兴市委人大工作会议精神的意见》；听取和讨论关于市七届人大常委会第二十六次会议召开时间和主要建议议题的说明。

4月10日，市七届人大常委会举行第五十八次主任会议。会议听取和讨论市政府关于嘉兴市盘活市级财政存量资金实施方案的汇报；听取和讨论市政府关于嘉兴市住房公积金归集使用管理工作的汇报；讨论市人大常委会听取和审议市政府关于大气污染防治和再生资源回收利用管理工作情况报告的实施方案；讨论全市各级人大代表开展“已治理的河”监督活动方案；书面讨论市人大常委会关于评议市卫生局工作专题视察方案；书面通报一季度信息报送情况。

4月23日，市七届人大常委会举行第五十九次主任会议。会议听取市委组织部有关人事事项通报；听取和讨论市中级人民法院关于全市基层法院人民法庭建设工作情况汇报和全市基层法院人民法庭建设工作情况的调查报告；讨论市人大常委会关于2015年深化司法监督工作的实施方案；讨论市人大常委会关于视察嘉兴市防洪排涝审议意见落实情况和对“已治理的河”视察活动的方案、市人大常委会关于防洪排涝审议意见办理工作满意度测评的实施方案；听取市七届人大常委会第二十七次会议的召开时间和主要建议议题的说明。

5月15日，市七届人大常委会举行第六十次主任会议。会议听取和讨论市政府关于国资运行情况的汇报；听取和讨论市政府关于嘉兴科技城规划建设有关情况的汇报；听取和讨论市政府关于引水工程工作情况的汇报和市人大农委关于嘉兴市防洪排涝审议意见落实情况和引水工程工作情况的调查报告；书面讨论市政府关于嘉兴市防洪排涝审议意见落实情况的报告；听取和讨论市政府关于纺工路北延工程（含涵洞）等3个项目情况的汇报和市人大财经委关于纺工路北延工程（含涵洞）等3个项目情况的初审意见；听取和讨论市人大常委会评议工作领导小组关于市人力社保局2012年以来依法行政和履行职责情况的调查报告，书面讨论市人力社保局2012年以来依法行政和履行职责情况的报告；听取和讨论市人大常委会评议工作领导小组关于市卫生局

2012 年以来依法行政和履行职责情况的调查报告，书面讨论市卫生局 2012 年以来依法行政和履行职责情况的报告;听取有关人事事项汇报;听取和讨论嘉兴市人民代表大会常务委员会授予“嘉兴市荣誉市民”称号的办法(修订草案)及修订说明;听取市七届人大常委会第二十八次会议的召开时间和主要建议议题的说明;讨论市人大财经委关于开展“十三五”规划编制情况的调研方案;讨论市人大常委会领导接待日安排。

5 月 25 日,市七届人大常委会举行第六十一次主任会议。会议听取和讨论市政府关于嘉兴市建设“工业强市”推进工业转型发展情况的汇报和市人大财经委关于嘉兴市建设“工业强市” 推进工业转型发展情况的调查报告;讨论市人大常委会关于对市人力社保局和市卫生局的评议意见;讨论市人大常委会关于对纺工路北延工程(含涵洞)等 3 个项目情况的审议意见;讨论市人大常委会关于赴县(市、区)开展大气污染防治和再生资源回收利用管理工作集中调研方案;听取和讨论市中级人民法院有关人事事项的说明。

6 月 26 日,市七届人大常委会举行第六十二次主任会议。会议听取和讨论市政府关于嘉兴市地方政府性债务情况的汇报;书面讨论市人大财经委关于嘉兴市地方政府性债务情况的初审意见;听取和讨论市政府关于科技发展专项资金的安排、使用和绩效等情况的汇报;听取市七届人大常委会第二十九次会议的召开时间和主要建议议题的说明。

7 月 20 日,市七届人大常委会举行第六十三次主任会议。会议听取和讨论有关人事事项；书面讨论市政府关于 2015 年上半年全市经济社会发展情况和下阶段主要工作安排的汇报；听取和讨论市政府关于 2015 年上半年嘉兴市本级财政预算执行情况的汇报、市政府关于 2015 年上半年嘉兴市国民经济和社会发展计划执行情况及下半年主要工作的汇报和市人大财经委关于 2015 年上半年全市经济社会发展情况和下半年工作的调查报告;听取和讨论市政府关于 2013 年以来市级政府重大投资项目建设情况的汇报、市人大财经委关于 2013 年以来市级政府重大投资项目建设情况的调查报告;听取和讨论市政府关于嘉兴市区居民生活用天然气调价情况的汇报;书面讨论市政府关于大气污染防治和再生资源回收利用管理工作情况的汇报,讨论市人大城建环资委关于大气污染防治和再生资源回收利用管理工作情况的调查报告;听取和讨论关于举行市七届人大常委会第二十九次会议集中审议会的方案;听取和讨论市人大常委会办公室关于加强市人大常委会机关办文工作汇报。

8 月 7 日,市七届人大常委会举行第六十四次主任会议。会议听取和讨论有关人事事项；听取和讨论关于 2015 年上半年全市经济社会发展和财政预算执行情况的审议意见和关于 2013 年以来市级政府重大投资项目建设情况的审议意见、关于大气污染防治和再生资源回收利用管理工作的审议意见;听取和讨论关于 2014 年度市本级财政决算草案及市级部门决算草案审查工作方案；听取和讨论关于全市公检法司机关工作人员依法履职和公正司(执)法问题的反馈意见;讨论市人大常委会关于召开市七届人大六次会议的决定(草案)和《嘉兴市第七届人民代表大会常务委员会关于设立嘉兴市人民代表大会常务委员会法制工作委员会的决定(草案)》;听取关于市七届人大常委会第三十次会议召开时间和主要建议议题的说明。

9 月 9 日，市七届人大常委会举行第六十五次主任会议。会议听取和讨论有关人事事项;听取和讨论市政府关于《统筹发展嘉兴市本级楼宇经济》重点建议办理情况的汇报和《建立健全生猪控量提质长效管理机制》重点建议办理情况的汇报;听取和讨论关于请求推迟审议《〈关于尽快编制完善并实施市域总体规划的议案〉办理工作报告》的汇报;听取和讨论市人大常委会代表工委关于市七届人大代表补选情况的汇报;听取和讨论市七届人大六次会议有关筹备工作情况的汇报,市七届人大六次会议日程、议程、各项名单草案和选举办法草案、市七届人大六次会议列席人员名单草案等以书面形式提交会议；听取和讨论关于市七届人大常委会第三十一次会议召开时间和主要建议议题的说明。

9月21日，市七届人大常委会举行第六十六次主任会议。会议听取和讨论有关人事事项；听取和讨论市政府关于嘉兴市本级2014年度财政决算情况的汇报、市政府关于2014年度嘉兴市本级预算执行和其他财政收支的审计工作汇报、关于2014年度市本级财政决算的审查报告（讨论稿）和嘉兴市第七届人民代表大会常务委员会关于批准嘉兴市本级2014年度财政决算的决议草案；听取和讨论市政府关于嘉兴市妇幼保健院（市妇女儿童医院）二期工程等2个项目情况的汇报；讨论市公检法司机关分别关于工作人员依法履职公正司（执）法工作情况的汇报，听取和讨论市人大内司委关于全市开展公检法司机关工作人员依法履职和公正司（执）法情况监督的调研报告；讨论《嘉兴市第七届人民代表大会常务委员会关于设立嘉兴市人民代表大会常务委员会内务司法工作委员会的决定（草案）》及说明；讨论关于对市人力社保局和市卫生局工作评议整改情况的满意度测评方案；市人力社保局关于市人大常委会部门工作评议意见整改落实情况的汇报和市卫生局关于市人大常委会部门工作评议意见整改落实情况的汇报书面提交会议讨论；讨论关于市七届人大常委会第三十二次会议召开时间和主要建议议题的说明。

10月12日，市七届人大常委会举行第六十七次主任会议。会议听取和讨论市人大财经委关于嘉兴市市本级2014年度预算执行和其他财政收支审计工作情况的审议意见、关于嘉兴市妇幼保健院（市妇女儿童医院）二期工程等2个项目情况的审议意见；听取和讨论市政府关于2015年度“嘉兴市荣誉市民”评审工作情况的汇报，讨论关于《嘉兴市第七届人民代表大会常务委员会关于授予徐雄等七位人士“嘉兴市荣誉市民”称号的决定（草案）》；听取和讨论市人大民宗外侨委关于开展《中华人民共和国出境入境管理法》执行情况检查的实施方案；讨论市人大各专门委员会和市人大常委会办公室、研究室与市政府工作部门和“两院”分工联系情况；听取市人大常委会研究室关于加强人大宣传信息工作情况的汇报。

10月20日，市七届人大常委会举行第六十八次主任会议。会议听取市委组织部有关人事事项通报；听取市七届人大常委会第三十三次会议的召开时间和主要建议议题的说明。

11月17日，市七届人大常委会举行第六十九次主任会议。会议听取市委组织部有关人事事项通报；听取和讨论市中级人民法院、市检察院有关人事事项的说明；听取和讨论市政府关于高标准基本农田质量工程建设情况的汇报和市人大农委关于高标准基本农田质量工程建设情况的调研报告；听取和讨论市政府关于市七届人大五次会议重点建议办理情况的汇报和关于开展市七届人大五次会议代表建议办理工作专题询问的建议方案，讨论市政府关于市七届人大五次会议上代表建议、批评和意见办理情况的报告（书面）和关于嘉兴市七届人大五次会议代表建议办理工作情况的报告（书面）；听取和讨论市政府关于省财政厅下达的地方政府债券资金纳入地方政府财政预算情况的汇报和市七届人大常委会关于同意将省财政厅下达的地方政府债券资金纳入地方政府财政预算的决议（草案）；听取和讨论市政府关于嘉兴市石臼漾水源地新塍塘综合整治工程项目情况的汇报和市政府关于嘉兴市看守所迁建工程概算调整情况的报告；听取和讨论市人大教科文卫委关于实施创新驱动发展战略、加快科技进步情况的调研报告；听取和讨论市政府关于全市华侨权益、台商投资及权益保护工作情况的报告和市人大民宗外侨委关于全市华侨权益、台商投资及权益保护工作情况的调查报告；听取和讨论市人大常委会执法检查组关于嘉兴市贯彻执行《中华人民共和国出境入境管理法》检查情况的报告；讨论研究市政府关于嘉兴市区环境功能区划编制情况的汇报；讨论《嘉兴市制定地方性法规条例（草案）》《嘉兴市秸秆露天禁烧和综合利用条例（草案）》《嘉兴市人大常委会立法听证办法(讨论稿)》《立法咨询专家库管理办法(讨论稿)》《关于聘请陈启清等 29 名同志为嘉兴市地方立法咨询专家的方案(讨论稿)》;讨论《嘉兴市人民代表大会常务委员会监督司法机关工作办法(草案)》及说明。听取和讨论关于市七届人大常委会第三十四次会议召开时间和主要建议议题的说明。

12 月 3 日,市七届人大常委会举行第七十次主任会议。会议讨论市七届人大常委会第三十四次会议提出的关于嘉兴市石臼漾水源地新塍塘综合整治工程等 2 个项目情况的审议意见、关于嘉兴市实施创新驱动发展战略和加快科技进步情况的审议意见、关于《中华人民共和国出境入境管理法》执行情况报告的审议意见；讨论 2016 年财政预算审查工作方案和 2016 年市级政府重大投资项目审查工作方案；讨论关于增加市人大常委会会议分组审议召集人的建议方案。

12 月 18 日,市七届人大常委会举行第七十一次主任会议。会议听取市委组织部通报有关人事事项;听取市人大内司委作市检察院有关人事事项的说明;听取和讨论市政府关于《尽快编制完善并实施市域总体规划的议案》办理情况的汇报；听取和讨论市政府关于 2014 年度市本级预算执行和其他财政收支审计整改情况的汇报,讨论嘉兴港区管委会、嘉城集团分别关于 2015 年审计工作报告反映问题整改落实情况的报告和市人大财经委关于 2014 年度市本级预算执行和其他财政收支审计整改情况的调查报告;听取和讨论市政府关于 2015 年嘉兴市本级财政预算调整初步方案的报告和市人大常委会关于调整 2015 年度市本级财政收支预算的决议(草案);听取和讨论市政府关于建议批准嘉兴市级 2015 年地方政府债务限额情况的汇报和市人大常委会关于同意嘉兴市级 2015 年地方政府债务限额的决议（草案);讨论通过市人大常委会 2016 年监督工作计划;听取和讨论关于市七届人大常委会第三十五次会议召开时间和主要建议议题的说明。

（杨　勇）

主要工作

【调研“十三五”规划纲要编制情况】 2015 年，市人大常委会按照关于开展“十三五”规划编制情况调研方案的要求，由常委会领导带队，以各委、室为单位,成立多个调研组,围绕“十二五”规划执行与“十三五”发展思路、发展战略、主要目标等开展调研。各调研组重点依托监督工作、结合接待走访代表、与部门加强联系等多种形式,注重对重大发展战略、关注度高的重大问题的调研,各调研组分别形成小组调研报告，由市人大财经委统一梳理汇总,形成《关于我市“十三五”规划编制的意见建议》,以嘉兴人大信息专报的形式提供市委、市政府及有关部门参阅,为市七届人大七次会议审查批准规划纲要做好准备。

【首次举行集中审议会】 2015 年 4～7 月,市人大常委会与省人大常委会上下联动开展大气污染防治专项审议工作，并根据嘉兴市实际,自选“再生资源回收利用管理工作”议题,开展调研和审议。市人大常委会开展集中调研和专题调研,深入走访基层政府、企业和人大代表,以问题为导向,重点关注区域协调共治、垃圾焚烧达标改造、加快废旧商品回收利用体系建设等工作。7 月 29 日,市人大常委会第二十九次会议期间,首次举行集中审议会,16 名市人大常委会组成人员和市人大代表分别作重点审议发言,从各自不同的角度,提出存在问题和意见建议。会后,认真梳理汇总委员代表们审议发言，作为审议意见附件反馈给市政府，要求市政府在规定时限内报告研究处理情况，并适时开展跟踪监督,推动整改意见的落实。

【扎实推进“五水共治”工作】 年内,市人大常委会抓好市七届人大常委会第二十次会议上提出的关于防洪排涝审议意见的落实,采取跟踪问效、一抓到底的方式,按照审议意见要求,对全市 23 个列入 2015 年市人大常委会重点督查的在建水利项目进行逐个检查,听取市政府、有关部门及各县(市、区)对防洪排涝审议意见办理工作情况的汇报,并对调研中发现的部分水利工程项目实施进展有所滞后,水利工程建成后管理仍存在薄弱环节,部分地区城市内涝治理与防洪建设结合还不够等问题提出意见,督促有关部门及县(市、区)进行整改,通过跟踪督查推动审议意见落实。市七届人大常委会第二十八次会议听取和审议了市政府关于防洪排涝审议意见办理工作的报告,组织常委会全体组成人员集中视察,并对市政府关于防洪排涝审议意见办理工作进行满意度测评,测评结果为满意,巩固和扩大"五水共治"成果。

【组织开展部门工作评议】 2015 年,市人大常委会组织对市人力社保局和市卫生计生委开展工作评议。常委会分别成立两个评议工作领导小组,制定评议工作实施意见,召开评议工作动员会,举办评议工作专题讲座,通过分别召开多个层面的评议工作座谈会,及到省级有关部门(单位)听取意见、到各县(市、区)和市级有关部门单位进行调研等,深入了解情况,广泛征求意见,分别形成评议调查报告。5 月,市七届人大常委会举行第二十八次会议,对市人力社保局、市卫生局工作进行评议,分别形成评议意见交市政府及两个部门办理,并适时进行跟踪督办。9 月,市七届人大常委会举行第三十二次会议,听取和审议市人力社保局、市卫生计生委关于市人大常委会部门工作评议意见整改落实情况的报告,并进行满意情况测评,进一步推进政府工作部门依法行政、依法履职。

【举办"依法治国"专题培训班】 2015 年 3 ~ 11 月,由嘉兴市人大常委会主办,嘉兴市委党校、嘉兴市普法办协办,同济大学法学院承办,围绕党的十八届四中全会决定的法理解读、人民代表大会制度的特色与优势、法学基本理论、司法改革的策略和路径、立法法的修订内容以及设区的市如何有效行使地方立法权等主题和内容,在全市人大系统举办 10 期"依法治国"专题培训班,全市三级人大干部 3200 余人次参加培训。这是嘉兴市人大常委会首次采取联合办学新模式举办的高规格专题培训班,也是换届以来市、县(市、区)和镇(街道)人大第一次大规模集中培训人大干部。

【推进基层人大工作】 年内,市人大常委会落实市委批转的关于进一步加强和改进镇人大工作、加强和规范街道人大工作两个指导意见,开展"抓基层、打基础,强履职、促发展"主题活动,专题研究基层人大工作,督促基层人大进一步理顺工作关系,明确工作职责,完善工作机制。支持基层人大工作创新实践,健全定期联系制度,上下联动开展执法检查、调研、视察等活动,扩大下级人大对上级人大的工作参与度,进一步推动全市人大工作创新发展。组织举办全市镇(街道)人大主席(主任)暨代表联络站站长培训班,探索运用"互联网 +"模式,推进代表网上联络站建设,在全省率先实现镇(街道)代表网上联络站全覆盖。

表 16　**嘉兴市七届人大五次会议优秀建议名单**

提出单位或代表	建议名称
谢立昕代表	关于进一步推进全市养老服务业的建议
盛富林代表	关于统筹发展嘉兴本级楼宇经济的建议
应丽斋代表	关于细化梳理改革项目把改革创新举措落到实处的建议
肖根华代表	关于加快出台快递行业相关扶持政策的建议
陆英代表	关于加快推动垃圾分类收集处理的建议

续表 16

提出单位或代表	建议名称
周引春代表	关于提增企业家信心的建议
徐永法代表	关于加强对危险固体废弃物的管理、回收、无害处置的建议
黄志华代表	关于加强基层专职消防建设的建议
张敏华代表	关于提高我市政府投资效率的建议
陆富荣代表	关于借力世界互联网大会,加快发展互联网产业的建议

(杨 勇)

优秀议案(建议)选录

【关于统筹发展嘉兴本级楼宇经济的议案】 市七届人大五次会议第25号议案转建议

从现状看:首先,楼宇大量空置。据不完全统计,市本级大中型商业和商办楼宇约1000万平方米,实际使用不足50%,空置楼宇超过500万平方米。随着电子商务的迅猛发展,实体商业增长受阻,同时楼宇持续开发和竣工,楼宇空置面积还在快速增大。其次,楼宇效益低下。在实际使用的商务楼宇中,经济效益低下。2014年市本级税收超1000万元的商务楼宇寥寥无几,南湖区作为主城区税收超1000万元商务楼宇只有8幢(没有一幢超过5000万元),而苏州姑苏区税收超5000万元商务楼宇就有8幢,无锡市税收超1000万元商务楼宇早在2013年就超过50幢。

从原因看:一是市本级楼宇开发缺乏统筹规划和总量控制,三个区各自竞相开发,缺乏协调发展;二是楼宇定位不聚焦,无特色,不聚人气;三是功能和产业配套滞后。

从后果看:一是高投入低产出,资源浪费;二是消费外流多、内引少,商务经济萧条,嘉兴中心城市的地位不能显现,而空城化趋势逐步显现。

因此建议:

一是成立商务统筹发展领导小组。成立由市政府分管领导为组长,市级相关部门和市本级三个区政府组成的商务统筹发展领导小组,负责现状普查、统筹、规划、引导、协调和建立信息平台。重点对市本级楼宇统筹规划并实行总量控制。

二是重点打造差异化特色区域。楼宇经济发展必须依靠集聚效应,各区可以分别申报3~5个特色楼宇或区域,对各自的优势、劣势、机会与挑战进行分析推介,由统筹发展小组(可邀请专家)进行逐一评定,对优势、机会明显的楼宇或区域列入重点楼宇区域。对列入重点的楼宇区域,实行市、区、街道三级联动扶持和招商,避免三个区恶性竞争,限制重复建设。政府应该把市本级当成一个大企业来经营,不仅要研究大额消费(如购物)或大额服务(如培训咨询)外流(上海、北京、香港、国外)的对策,想尽办法变外流为内流,更需要以政策机制为导向,发挥嘉兴优势,打造特色。只要专注打造,数年如一日,嘉兴完全能打造出几个具有影响力的特色商业区和商务楼宇区,完全可以把“大树底下不长草”的劣势,变成“大树底下好乘凉”的优势。

三是加强功能配套。根据30年前浦东楼宇开发经验,楼宇面积的20%用于功能配套的价值是最大的,即一幢5万平方米的楼宇,需有1万平方米用于功能配套,如餐饮、物业、健身、休闲、娱乐、医疗、停车及其他便利性服务。实践证明,一幢满足功能的楼宇价值达到无功能楼宇的2倍。但配套功能的房屋往往是免租或低租的,按常规思维,往往是缩减配套功能面积,而实际结果恰恰降低了整幢楼的价值。因此,政府可以从“政策引导”和“强制性要求”双规并行,推动楼宇功能配套。如对楼宇配套服务的业态进行政策扶持,对企业投资建设立体停车位等给予补助,对地下车位用于商业的应强制性归位,对于优秀的物业管理给予奖励等。同样道理,作为营造商业氛围大环境的市政配套功能也是不可或缺的。特别要创造交通、停车等便利功能(如商业密集区可拆除或减少一部分商用面积)。同时要最大限度发挥城市公共设施的集聚人气和提升城市知名度效应。如体育馆、会展中心、大剧院等,这些功能一般都可贴钱运作,主要目标应该是集聚人气和提升城市知名度,而不是直接的经济效益。

附:

市发展改革委对市七届人大五次会议第25号议案转建议的答复

嘉兴市本级楼宇发展的基本情况。自2015年初全面启动楼宇经济专项工作以来,市发展改革委一直把发展市本级楼宇经济作为工作重心。上半年列入全市总商务面积5000平方米以上重点关注的楼宇中,市本级楼宇163幢,占全市重点关注楼宇的60.15%;总商务面积280万平方米,占全市重点关注楼宇的54.28%。从上半年的楼宇统计数据来看,市本级楼宇经济发展取得“二高一平”的初步成效。截至上半年市本级总商务面积5000平方米以上商务楼宇入驻率为67.84%,高于全市平均2.7个百分点,比年初排摸数相比增长超过10%;楼宇实现税收总额达到5.86亿元,同比增长超过20%,税收贡献率同比提高3个百分点,税收超过千万元以上楼宇达19幢。楼宇入驻企业注册率82.89%,与年初排摸数基本持平。

2015年以来的主要工作。统筹发展嘉兴市本级楼宇经济,根据重点建议内容以及楼宇经济的工作要求,嘉兴市主要开展以下几个方面的工作:

一是强化组织领导。成立由市委主要负责人任组长、政府分管副市长任副组长、各地政府及市级部门负责人为成员的领导小组,领导小组下设办公室,办公室下设综合协调、“招商一批”、“盘活一批”、“提升一批”四个工作推进小组。与楼宇经济发展相关联的27个市级部门和市本级三个区政府(管委会)共同作为市本级推进楼宇经济发展的成员单位,在楼宇办的统筹下各司其职,同时建立市、区、街道、社区四级楼宇经济发展工作协调机制,形成横向部门和纵向层级齐抓共管的合力。

二是明确发展重点。市政府出台《嘉兴市人民政府关于进一步促进楼宇经济提质发展的实施意见》,提出嘉兴市楼宇经济发展导向和主要工作部署。5月28日,市政府召开服务业发展暨楼宇经济工作推进电视电话会议,代市长林健东作重要讲话,明确楼宇经济发展的主要任务。副市长盛全生多次召集多层次楼宇工作会议,研究部署市本级楼宇经济发展有关工作,同时根据市委书记鲁俊的指示,市发展改革委还委托专门研究机构以市本级为重点进行楼宇经济发展对策的课题研究。在此基础上,制定下发《嘉兴市人民政府关于加快楼宇经济发展的三年行动计划(2015~2017年)》。

三是完善工作机制。市楼宇经济工作领导小组出台《2015年度嘉兴市进一步促进楼宇经济提质发展目标责任制考核实施办法》,把楼宇经济列入市委、市政府对各地和市级有关部门的年度工作目标责任制考核内容。印发《嘉兴市盘活资源促进楼宇经济高质量发展领导小组成员单位职责分工》《嘉兴市楼宇经济发展工作协调制度》和《2015年度全市楼宇经济发展工作重点任务分解》。制定《嘉兴市楼宇经济统计调查工作方案(试行)》,统筹实施全市楼宇经济统计调查工作。市委还将楼宇经济发展纳入2015年“双推”工作,并在6月组织首次对南湖区的世贸大厦、秀洲区北科建智富城和经济开发区颐高大厦等进行现场观摩,形成上下共同推进楼宇经济发展的浓厚氛围。

四是强化招商引资。印发《嘉兴市楼宇经济“招商一批”实施方案》,明确2015年重点组织实施的88个招商活动。上半年,在北京举办的嘉兴市本级重点楼宇暨创业创新平台项目推介会上,共推出51个市本级楼宇项目;在上海举办全市性的楼宇经济推介会,其中推出43个市本级楼宇项目。市楼宇办、市商务局联合举办楼宇经济招商实务培训班,共培训市本级学员80多人。

五是提升管理水平。为有力推动市本级楼宇经济发展,市委组织部从市级机关各部门中选派14名业务骨干到市本级14个街道(镇)挂职锻炼并担任所在区域的楼宇经济工作指导员,重点围绕市委、市政府关于楼宇经济的总体安排,着力为楼宇业主和入驻企业提供“一站式、保姆式、全过程”服务。市级有关部门也深入街道、园区、社区,强化业务指导。市本级三个区也从各自实际出发,探索形成各具特色的楼宇经济管理服务体系。

下一步工作措施。楼宇经济也是一项系统性工程,需要长期的、不间断的努力,久久为功,方可见效。经过半年多时间的努力,全市楼宇经济基本情况已经明晰,目标任务已经确定,管理体制、工作机制和发展氛围基本形成,工作成效初步显现,但也存在着市级层面的楼宇经济扶持政策尚未出台,楼宇信息平台建设进展不快等一些问题。下一步,将根据建议要求,重点做好以下几个方面:

一是统筹发展谋划。根据《嘉兴市本级产业发展规划》,制定围绕以市本级为主的《嘉兴市楼宇经济发展规划》,突出楼宇特色,明晰产业定位,促进各楼宇错位发展,采取措施避免发展方式雷同和招商中的无序竞争。明确重点培育楼宇,注重楼宇精细化管理特色化发展。优化商务楼宇空间布局,着力形成若干个楼宇经济特色功能区和集聚圈,全面提升嘉兴楼宇经济的发展能级,培育一批“千万元”“亿元”税收楼宇。

二是统筹政策扶持。在市本级三个区已出台的楼宇经济财政扶持政策的基础上,本着“明确引导、突出重点、适当错位、加强激励”的原则,会同市财政局研究出台专项政策,统筹市本级发展重点,突出区域产业特色,加大对符合产业导向的重点特色楼宇和楼宇群在招大引强选优、特色楼宇培育、楼宇配套提升等方面的扶持和推进,切实解决市本级楼宇经济发展过程中缺乏统筹规划、各自竞相开发、定位不聚焦和功能配套滞后等现实问题。

三是统筹平台建设。加快构建市本级楼宇经济信息管理平台,由楼宇经济统计工作小组统筹市本级楼宇信息管理,完善数据采集梳理和审核工作机制,加强对楼宇资源的动态监管,努力提升楼宇经济管理工作水平。目前系统所需楼宇数据已全面开展采集,上半年市本级及各街道楼宇经济数据已经公布。平台建立后将动态收集录入楼宇基础数据库,为后续的数据分析利用、更新维护工作夯实基础。

四是统筹项目推进。市本级重点推进65幢“招商一批”楼宇、39幢“盘活一批”楼宇、48幢“提升一批”楼宇。目前“三个一批”楼宇名单及相关措施已经明确,下一步“三个一批”的牵头部门市发展改革委、市经信委和市建委将根据实施方案,指导三个区楼宇办,通过“招商一批”提升现有楼宇入驻水平,通过“盘活一批”促进楼宇资源节约利用,通过“提升一批”促进楼宇差异化特色化发展。

五是统筹招商引智。抓好楼宇二次招商项目谋划,做好市、区联动,通过招商促进存量消化。发挥驻外办事处作用,探索建立专业化、复合型、高素质的楼宇招商队伍,建立激励机制,调动招商人员积极性。大力开展楼宇“产业链”招商,着力打造资本、技术、人才等要素有机互融、高度互联的楼宇产业生态链,提高楼宇产业关联性。发挥对外办事处在招商中的作用,结合与沪杭同城等战略部署,加强与在沪、在杭协会商会和各类园区平台的交流合作,承接高端产业、先进技术、优势资本转移,提升楼宇产业层次。

六是统筹配套建设。通过鼓励和引导,进一步完善市本级楼宇配套设施。通过交通设施整治改造,提升楼宇周边配套;通过楼宇智能化改造升级,提高楼宇智能化水平;通过规划统筹,进一步完善重点发展楼宇周边医疗、教育、交通、停车泊位等公共设施的建设,以及餐饮、消费等商业商务配套的完善,形成更多的高品质楼宇经济发展载体。加快引育优质物业管理公司,鼓励物业开展咨询、秘书、金融、技术支持等专业化和个性化的增值服务。

嘉兴市人民政府

综　　述

2015年，嘉兴市实现地区生产总值3517.81亿元，比上年增长7%；完成财政总收入638.8亿元，其中一般公共预算收入350.4亿元，分别增长8.6%和7.1%；城镇和农村居民人均可支配收入分别达到45499元、26838元，增长8%和8.8%。

2015年，全市实现农业增加值140.1亿元，比上年下降2.7%。粮食播种面积18.28万公顷，增长0.3%；粮食总产量122.1万吨，增长0.5%。年末生猪存栏量减至32.8万头，比上年减少49.3万头，下降60%；生猪出栏99.7万头，下降73.4%。种植业增加值比重提高到65.1%，牧业比重下降到18.1%。新增省级现代农业园区18个。市农科院姚海根研究员领衔的水稻新品种选育成果获得国家科技进步二等奖。

2015年，全市规模以上工业实现增加值1449亿元，比上年增长5.6%。其中，高新技术产业、装备制造业、战略性新兴产业增加值分别为612.4亿元、360.7亿元和411.3亿元，分别增长12.3%、6.9%和14.6%，占规模以上工业增加值比重分别为42.3%、24.9%和28.4%。规模以上工业企业主营业务收入6960.4亿元，下降0.4%；利税总额652.6亿元，增长8.8%；利润总额392.2亿元，增长7.4%。

2015年，全市实现服务业增加值1526.9亿元，比上年增长9.6%，对地区生产总值的贡献率52.9%，拉动地区生产总值增长3.7个百分点。全市社会消费品零售总额1494.6亿元，增长11%。全市批发和零售业、住宿和餐饮业、金融业、房地产业增加值同比分别增长8.2%、6.4%、11.9%、8.7%。商品房销售面积640.6万平方米、销售额460.2亿元，分别增长28.8%和30%。嘉兴港货物吞吐量6273.4万吨，下降8.8%；集装箱吞吐量122.8万标箱，增长6.2%。全市金融机构人民币存、贷款余额分别达5775.4亿元、4718.4亿元，增长4.5%和7.4%。

2015年，全市实现固定资产投资额2513.8亿元，比上年增长13.2%。其中项目投资2055.4亿元，增长21.2%；基础设施投资527亿元，增长21%；工业投资1118.1亿元，增长11.7%，其中工业技改投资871.4亿元，增长31.7%；服务业投资1365亿元，增长14.3%；房地产开发投资458.4亿元，下降12.8%；重大生态和环保投资250亿元，增长58.7%。合同利用外资48.72亿美元，增长10.3%；实际利用外资26.84亿美元，增长7.6%。“浙商回归”到位资金346亿元。

2015年，全市实现进出口总额310.85亿美元，比上年下降7.8%，其中进口额81.58亿美元，下降19.1%；出口229.27亿美元，下降3.1%。

科技创新力度加大。全市财政用于科技支出16.4亿元，比上年增长16.1%。研究与试验发展经费支出占地区生产总值比重达到2.7%。企业投入新产品开发经费110.1亿元，增长5.8%。实现新产品产值2861.8亿元，增长6.9%；新产品产值率37.8%，提高1.6个百分点。全市专利申请数、发明专利、拥有发明专利分别增长10.7%、5.8%、15.6%。引进创业创新领军人才项目123个、海内外高层次人才4192名。全市科技专营支行总数达到8家,新增科技企业贷款余额21.3亿元。

改革集群集成效应初步显现。深化“四张清单一张网”改革,落实事中事后监管制度517项,政务服务网、政务云全面投入使用。深化审批层级一体化改革,全面取消“非行政许可审批”,实现审批事项在线办理。深化要素市场化配置改革,成立全省首家地(市)级资源要素交易中心。开展“多规合一”试点,在全省率先编制实施市域总体规划。深化统筹城乡综合配套改革,98.6%的村级经济合作社完成股份制改造,统筹城乡发展水平位居全省首位。新获批国家、省改革试点23项。

环境综合整治有效推进。深入实施“五水共治”,组织开展“清三河”、农村生活污水和面源污染治理、污水管网建设、污水处理能力和提标改造、重污染行业整治和工业企业污水全入网“五大攻坚战”,全市共治理“三河”177.8千米,新建污水管网462千米,新增污水入网企业2121家,跨行政区域河流交接断面水质考核优秀,67个断面中52个断面的水质达到四类水及以上,全市出境水质全面优于入境水质。开展“五气共治”,加大煤电、钢铁、化工、水泥等行业废气及烟粉尘排放企业整治力度,对120家企业实施强制性清洁生产审核,淘汰小锅炉1603台、黄标车17815辆,秸秆综合利用率达到91.9%,市区PM2.5浓度同比下降7%,市区空气质量优良率64.4%。

城乡面貌进一步改善。推进“三改一拆”,全市完成旧住宅区、旧厂区、城中村改造面积2688.9万平方米,拆除各类违法建筑1458万平方米。开展“公铁”沿线环境整治,基本消除公铁沿线可视范围环境污点和景观垢点。扎实推进城市有机更新,全市启动有机更新400公顷。推进城市交通治堵,中心城区新增公共停车位588个、公交专用道13.3千米,打通由拳路、商务大道等5条断头路。编制完成村庄布点规划,制定出台加强农民建房管理的政策意见。

民生保障持续加强。全市各级财政用于民生支出289.6亿元,比上年增长13.9%,占一般公共预算支出比重的77.8%。新增城镇就业10万人,帮助城镇失业人员再就业4万人。新增基本养老保险、基本医疗保险参保人数4.9万人、4.7万人。居家养老服务照料中心城乡社区覆盖率分别达到100%和91%。发放困难群体医疗救助金5453.2万元,新建各类保障性住房12359套。

社会事业加快发展。推进教育领域综合改革,实施新一轮学前教育三年行动计划和特殊教育三年行动计划,海宁、桐乡、海盐成为全省首批教育基本现代化县。举办第九届全国德艺双馨电视艺术工作者表彰大会和第七届中国·嘉兴国际漫画双年展,成功蝉联全国文明城市。新增各类医疗机构56家,基本实现市三级甲等医院优质医疗资源下沉至所有县(市)和县(市)级医疗资源下沉至镇。推广全民健身,推进公共体育设施免费开放,举办第三届市民运动会。实现省级平安市、县(市、区)创建“十一连冠”“满堂红”。

(冯执一)

重要政务与决策

【七届市政府第三十八次常务会议】 1月7日,七届市政府举行第三十八次常务会议。会议讨论《2015年市区民生实事项目(候选)》,要求各级有关部门扎实做好确定的年度民生实事项目;原则同意《嘉兴市促进学前教育优质发展三年行动计划(2014~2016年)》;讨论《嘉兴市生态文明建设规划》(以下简称《规划》),要求市环保局进行修改完善;原则同意《嘉兴市科学技术奖励办法》《关于嘉兴市2014年国民经济和社会发展计划执行情况及2015年国民经济和社会发展计划草案的汇报》《关于嘉兴市2014年全市和市本级预算执行情况及2015年全市和市本级预算(草案)的报告》《关于2015年市级部门预算(草案)编制汇审情况的报告》和《嘉兴市区财政资金安排建设项目情况汇报》中市区立交排水泵站改造工程、市青少年宫体验实践楼工程调整概算、嘉兴市人大代表联络总站维修工程、嘉兴市少年儿童体育学校维修工程的建设事宜。

【七届市政府第三十九次常务会议】 2月10日,七届市政府举行第三十九次常务会议。会议传达学习《习近平总书记重要讲话和十八届中央纪委五次全会精神》,原则同意《关于加强节水工作推进水平衡测试管理办法》《关于各县(市、区)村庄布点总体规划情况的汇报》《嘉兴市城市规划管理技术规定(修订)》;原则同意《浙江省嘉兴市建设海绵城市试点实施方案》和《嘉兴市城市排水(雨水)防涝综合规划》,要求全力以赴做好海绵城市申报工作;原则同意《关于芦席汇历史街区开发建设情况汇报》;原则同意《关于开展农村资金互助会建设试点工作的实施意见》,要求积极推进农村资金互助会试点工作,加强监督管理,加快建立现代农村金融制度,支持统筹城乡发展;原则同意《嘉兴市关于加快发展信息经济的政策意见》《关于深化教育改革促进民办教育健康发展的实施意见》《关于进一步引导和促进社会资本举办医疗机构的实施意见》《关于进一步完善城乡居民基本养老保险制度有关问题的通知》。

【七届市政府第四十次常务会议】 3月27日,七届市政府举行第四十次常务会议。会议讨论《2015年嘉兴市城市道路交通治堵工作方案》,要求进一步创新思路,突出重点,加大力度,为全市人民营造更加良好的出行、工作和生活环境;原则同意《2015年嘉兴市市级政府投资项目计划》《关于盘活资源促进楼宇经济高质量发展的实施意见》《关于进一步加强沿海港口岸线管理的若干意见》和《嘉兴市区财政资金安排建设项目情况汇报》中嘉兴市本级出租汽车综合服务中心项目、嘉兴市范蠡湖景观及周边文物保护点修缮整治工程、纺工路北延工程(含涵洞)项目、秀洲北路鈕家桥大修工程、石臼漾水厂一级水源保护区生态湿地防护隔离工程项目事宜;会议对嘉兴市二季度工作进行部署。

【七届市政府第四十一次常务会议】 5月8日,七届市政府举行第四十一次常务会议。会议听取《嘉兴科技城规划建设有关情况汇报》,提出要全力支持嘉兴科技城发展,不断提升嘉兴科技城的建设水平和规模,要求南湖区修改完善后,提交市委常委会研究并通报市政协、报告市人大;原则同意《嘉兴市区国有土地上房屋征收与补偿办法》《嘉兴市区国有土地上房屋征收补偿及奖励办法》《嘉兴市政府向社会力量购买服务管理办法》;听取《全市禁毒工作情况汇报》要求持之以恒地深入开展禁毒工作;原则同意《关于全面实行农作物秸秆露天禁烧和加快推进综合利用的实施意见》,要求稳步推进秸秆禁烧和综合利用工作;原则同意《关于全面构建现代公共文化服务体系加快推进国家示范区创建的实施意见》和《嘉兴市区财政资金安排建设项目情况汇报》中嘉兴市看守所迁建项目工程概算调整、嘉兴市污水处理工程污水处理厂提标改造工程、嘉兴市国防动员信息网络系统等项目事宜,要求研究完善政府项目投资管理机制,健全决策程序和组织实施程序,严格项目变更审查,加强项目审计,进一步规范投资项目管理,确保工程质量,努力提高投资效益。

【七届市政府第四十三次常务会议】 7月2日下午,七届市政府举行第四十三次常务会议。会议集中学习2014年最新修订的《中华人民共和国行政诉讼法》,要求各级行政机关及领导干部要认真学习,切实增强法治意识,不断提高政府工作法治化水平;原则同意《加强和改进新形势下征兵工作的意见》;原则同意《嘉兴市城乡生活污水治理三年行动计划(2015~2017年)》,要求各地高度重视,加快推进污水处理项目建设,科学规划农村生活污水治理,全面提升污水处理能力,切实解决城乡生活污水处理难题;原则同意《关于加强农民建房管理的若干意见》,要求强化村庄布点规划实施,保障农民合法建房需求;原则同意《嘉兴市区国有土地上房屋征收涉及未经产权登记建筑等问题调查认定和处理办法》《关于2015年第一批地方债券置换存量债务额度分配方案》《嘉兴市国家新型城镇化综合试点工作方案》《嘉兴市"十三五"规划基本思路》《全市土地出让金收支和耕地保护审计整改结果情况汇报》;原则同意《嘉兴市餐桌安全治理行动三年计划(2015~2017年)》,要求相关部门切实履行职责,建立完善食品安全工作体制机制,确保群众饮食安全;原则同意《嘉兴市区居民生活用天然气价格调整意见》《嘉兴市政策性老年人意外伤害保险实施方案》和《嘉兴市区财政资金安排建设项目情况汇报》中嘉兴市钱塘江海塘南排盐官上河闸大修工程项目、中环东路(华玉路—中环南路)公交专用道项目、嘉兴市阳光医保监管平台建设项目事宜。

【七届市政府第四十四次常务会议】 7月15日下午,七届市政府举行第四十四次常务会议。会议讨论《关于今年以来全市经济社会发展情况和下阶段重要工作安排的报告》,要求各级各部门坚定信心,迎难而上,努力完成《政府工作报告》确定的经济社会发展目标任务;原则同意《关于上半年嘉兴市国民经济和社会发展计划执行情况及下半年主要工作的汇报》《关于2013年以来市级政府重大投资项目建设情况的报告》《关于2015年上半年市本级财政预算执行情况的报告》;讨论《关于推荐省级见义勇为先进人选的情况说明》,同意推荐姜恒、安玉斌、周浩、俞夏龚、李安猛5人申报省级见义勇为先进人物候选人,同时由市政府各记见义勇为二等功一次;原则同意《嘉兴市南湖区相对集中行政许可权试点实施方案》。

【七届市政府第四十五次常务会议】 8月3日下午,七届市政府举行第四十五次常务会议。会议传达省政府第六次全体会议暨全省深化"四张清单一张网"改革推进政府职能转变工作会议和市委七届十次全体会议精神,对下半年工作进行研究部署;原则同意《嘉兴市地热资源管理办法(试行)》《嘉兴市地热资源规划》《进一步完善市区被征地居民社会保障制度的实施意见》《关于太平科技保险公司项目筹建情况的汇报》《嘉兴市暂予保留的非行政许可审批事项清理情况》《嘉兴市政府核准投资项目目录(2015年本)》;原则同意《关于强化落实企业安全生产主体责任的指导意见》,要求建立企业负责、职工参与、政府监管、行业自律和社会监督的运行机制;原则同意《关于进一步稳定外贸增长调整外贸结构的意见》和《嘉兴市区财政资金安排建设项目情况汇报》中嘉兴市中级人民法院数字法庭建设项目、嘉兴市广播电视监测系统(一期)项目、市公安局网上督察系统建设项目、嘉兴市妇幼保健院(市妇女儿童医院)二期工程、市本级中心粮库迁建工程事宜。

【七届市政府第四十六次常务会议】 8月25日下午,七届市政府举行第四十六次常务会议。会议原则同意《嘉兴市防治船舶及其有关作业活动污染海洋环境应急能力建设规划》《关于2014年度嘉兴市本级预算执行和其他收支审计的结果报告》《关于进一步促进全市经济平稳发展创新发展的若干意见》,原则同意《嘉兴市"十三五"专项规划编制工作方案》,要求努力提升规划的前瞻性和科学性,加强与上海接轨;原则同意《嘉兴市区环境功能区划》《嘉兴市城市排水设施管理办法》《嘉兴市2016年度政府采购目录及标准》《嘉兴市2014年市级"七项发展资金"执行情况和2015年安排计划》《嘉兴市2014年市级财政退库资金执行情况和2015年安排计划》《关于嘉兴市本级2014年度财政决算情况的汇报》《嘉兴市本级自主就业退役士兵一次性经济补助经费发放办法》和《嘉兴市区财政资金安排建设项目情况汇报》中嘉兴市图书馆二期(古籍善本藏书楼)工程调整项目估算、嘉兴市区道路停车收费与诱导服务系统建设(二期)项目、市区路灯LED改造政府与社会资本合作实施方案事宜,同时要求:与社会资本合作的项目要严格遵守公开透明的招投标程序,注重合同细节条款,确保节约成本、提高效率。

【七届市政府第四十七次常务会议】 9月25日上午,七届市政府举行第四十七次常务会议。会议学习《中华人民共和国安全生产法》,要求各级各部门切实增强安全生产意识,努力预防和减少安全生产事故,保障人民群众生命和财产安全;原则同意《关于2015年嘉兴市本级地方政府债券置换存量债务情况及分配方案》《关于2015年嘉兴市本级地方政府新增债券分配方案的建议》《嘉兴市市级行政事业单位公款竞争性存放管理暂行办法》《关于进一步加快嘉兴科技城发展的若干意见》;原则同意《关于大力发展电子商务加快培育经济新动力的实施意见》,要求大力推进政策、管理、服务创新,加大政策扶持力度,营造良好的电子商务发展环境;原则同意《关于支持浙江中德(嘉兴)产业合作园建设的意见》《关于认真做好农村土地承包经营权确权登记颁证工作的实施意见》《〈嘉兴市人民政府重大行政决策程序规定〉及其配套制度》《修订"嘉兴市荣誉市民"评审实施细则》《2015年"嘉兴市荣誉市民"评审情况汇报》和《嘉兴市区财政资金安排建设项目情况汇报》中嘉兴市道路交通安全防控体系项目、武警嘉兴支队五中队营房扩建工程、嘉兴博物馆配电房高压增容改造项目、三水湾片区交通整治工程(一期)项目事宜。

【七届市政府第四十八次常务会议】 10月22日上午,七届市政府举行第四十八次常务会议。会议原则同意《关于加快推进全市不动产统一登记工作的通知》,要求加快推进嘉兴市不动产统一登记工作,加快形成"权界清晰、分工合理、权责一致、运转高效、法制保障"的不动产统一登记体系;原则同意《嘉兴市加强生活无着流浪乞讨人员救助管理工作的实施意见》,要求按照"自愿受助、无偿救助、部门联动、信息共享、属地管理、分级救助"的工作原则,进一步做好嘉兴市生活无着的流浪乞讨人员救助管理工作;原则同意《嘉兴市大学生就业促进和创业引领计划实施方案(2015~2017年)》,要求实施积极的就业创业政策,完善公共就业创业服务体系,鼓励和引导大学生到嘉兴就业创业,助推嘉兴经济社会发展;原则同意《关于氨氮氮氧化物初始排污权有偿使用费征收标准的意见》《关于下划第二批市特定企业预算管理的实施方案》《嘉兴市完善市区级分税制财政管理体制实施方案》《关于推进"泛孵化器"建设的意见》《嘉兴市放宽企业住所(经营场所)登记实施办法》;听取《2015年度嘉兴市外国专家"南湖友谊奖"申报情况汇报》,原则同意推荐冯国等5名等外国专家作为2015年度嘉兴市"南湖友谊奖"候选人;原则同意《嘉兴市级政府投资建设项目情况汇报》中嘉兴技师学院(嘉兴市高级技工学校)实训楼工程、市强制隔离戒毒所伙房(医疗)用房项目、嘉兴市石臼漾水源地新塍塘综合整治工程项目、嘉兴市食品药品检验检测院食品检验实验室改造项目事宜。

【七届市政府第四十九次常务会议】 11月24日上午,七届市政府举行第四十九次常务会议。会议讨论《嘉兴市餐厨废弃物资源化利用和无害化处理财政补贴方案》,要求全面加强餐厨废弃物监管,进一步完善覆盖市区的餐厨废弃物统一收运管理网络,实现餐厨废弃物收集、运输、处理等环节的规范化运行;原则同意《关于大力推进大众创业万众创新若干政策措施的实施意见》,要求进一步整合创新资源,健全普惠性政策措施,构建有利于大众创业、万众创新的政策环境、制度环境、公共服务体系和支撑平台;原则同意《关于加快特色小镇规划建设的指导意见》《嘉兴市政府投资项目竣工验收实施意见》《嘉兴市政府投资项目管理办法(修订)》《关于加快发展众创空间促进大众创业创新的若干意见》和《嘉兴市级政府投资建设项目情况汇报》中嘉兴市干部档案信息化建设项目、嘉兴市公安局交警支队警务保障平台建设项目事宜;听取《关于嘉兴市见义勇为先进人物情况的报告》,原则同意推荐曹克洪等5名见义勇为人员为“嘉兴市见义勇为先进分子”;原则同意《关于加快“四统一”加强我市住房公积金管理体制建设具体方案》《关于深化权力清单责任清单工作的通知》《嘉兴市人民政府部门职责管理办法》《关于2015年嘉兴市本级财政预算调整方案的报告》《关于嘉兴市禁止食品生产加工小作坊生产加工食品品种目录的情况汇报》。

【七届市政府第五十次常务会议】 12月24日,七届市政府举行第五十次常务会议。会议原则同意《关于支持创业促进就业的实施意见》《嘉兴市土地利用总体规划(2006~2020年)》《关于提请审议批准嘉兴市级2015年地方政府债务限额的汇报》《嘉兴市政府产业基金管理办法》;原则同意《关于嘉兴市实施市区城乡公交政府购买服务和财政补助政策的意见》,要求坚持“政府引导、市场运作”的原则,深入实施“公交优先”战略,不断健全完善公共交通服务供给新模式;原则同意《关于加快发展信息经济的政策意见》《关于推进机器人及智能制造装备产业发展的实施意见》,要求深入推进“互联网+”行动计划,加快发展嘉兴市信息经济产业;原则同意《关于加快现代职业教育的实施意见》,要求加快体制机制改革,深化产教融合、校企合作,创新人才培养模式,构建起嘉兴市现代职业教育体系;听取《2015年度嘉兴市市长质量奖评审工作情况汇报》,原则同意授予浙江晶科能源有限公司等3家企业“嘉兴市市长质量奖”。

【加强机构编制督查工作】 2015年,嘉兴市按照“预防在先,源头管控”的思路,全面构建全方位、立体化机构编制监督检查机制。市纪委、市委组织部、市编委办、市监察局印发《嘉兴市机构编制监督检查实施办法》,市委办、市府办印发《关于进一步加强机关事业单位编外用工管理的意见》。先行开展对原市卫生局选人用人责任审查、机构编制责任审查、任期经济责任审计和重大决策责任审核的“四责联审”工作。坚守“财政供养人员只减不增”红线,实施“控编减编”,市级党政群机关和市属事业单位分别精简30余名和220余名,县(市、区)党政群机关及事业单位分别精简160余名和790余名。启动全市控编减编专项督查和实名制验收工作,实地检查机关事业单位2132个,占机构总数的70.64%,发现、纠正问题60余个,清理规范“吃空饷”114人。

【加快嘉兴港转型升级】 2015年,嘉兴港深入推进岸线资源集约利用、港产城联动发展、海河联运体系建设。国内最大的海河联运项目独山煤炭中转码头及内河作业区建成,为嘉兴港海河联运发展、实现煤炭装卸专业化奠定良好基础。海盐港区C3、C4、C5、C6等多用途公用泊位建成启用,为腹地企业开辟新的物流通道。上港集团独山集装箱码头产能加快释放,2015年吞吐量突破12万标箱。大宗货物“散改集”“弃陆从水”等运输模式得到推广,在缓解公路集疏运压力的同时,有效减少港口作业造成的环境污染。2015年,嘉兴港完成货物吞吐量6273万吨,居全省沿海港口第3位;完成集装箱吞吐量123万标箱,居全省沿海港口第2位;2005~2015年,集装箱吞吐量年均增长率44.7%;2015年,煤炭中转量占全港货物吞吐量的比重下降至49%。

【资源要素交易平台挂牌成立】 3月27日,全省首家地市级资源要素交易平台——嘉兴市资源要素交易中心有限公司挂牌成立。该公司是由嘉兴市公共资源交易中心出资1000万元设立,为独立核算、自主经营、自负盈亏、法人治理结构完善的有限责任公司,主要承担嘉兴区域国有产权、土地、用能指标、排污权、股权管理、政府特许经营权、农村产权以及其他符合市场化配置要求的要素资源交易和服务职能。揭牌当日,嘉兴市资源要素交易中心有限公司组织首单交易,由乐高玩具制造有限公司通过挂牌出让的方式申购获得嘉兴经济技术开发区(国际商务区)16005.6吨等价值标煤用能权,交易基准价为100元/吨标煤,用能权有效期为24个月,成交总价为160.056万元。

【统筹城乡发展水平位居全省第一】 2015年12月,省发改委和省统计局联合发布《浙江省2014年统筹城乡发展水平评价报告》显示,2014年嘉兴市统筹城乡发展水平以93.86分的综合得分继续位居全省第一,比2013年提高1.44分,高于全省平均分3.7分。嘉兴市统筹城乡发展水平于2012年进入全面融合阶段,2013年首次位居全省第一,2014年实现“两连冠”。同时,嘉兴是全省唯一一个所辖县(市)全部进入全面融合阶段的地市。全省61个按一级财政体制结算的县(市、区)中有16个进入全面融合阶段,嘉兴占5席,其中海宁市、平湖市、嘉善县、桐乡市、海盐县分列第5位、第9位、第10位、第11位、第13位,县域间统筹城乡发展水平非常均衡。

【在全国率先开展土地质量建档工程试点】 2015年,嘉兴市率先在海盐县、秀洲区油车港镇、嘉善县干窑镇、平湖市广陈镇开展土地质量建档工程试点。通过对农业地质环境进行调查评价,建立永久基本农田土地质量档案,创立“图、文、卡、库、码”管理体系,基本掌握全市基本农田质量状况和发展趋势,为深入推进土地数量、质量、生态“三位一体”管护提供可量化、可追溯、可考核、可问责的制度基础。6月25日第25个全国“土地日”期间,全国土地质量地质调查服务土地管理现场会议在嘉兴召开,嘉兴市的成功做法和典型经验获得推广。

【嘉兴市被确定为国家特殊教育改革实验区】 按照《教育部办公厅关于组织申报国家特殊教育改革实验区的通知》要求,经各地申报、专家评审,1月5日,教育部确定全国37个市(州)、县(区)为国家特殊教育改革实验区,嘉兴市名列其中。这是嘉兴市建设的第一个国家级教育改革实验区。嘉兴市认真贯彻落实李克强总理“履职尽责、特教特办”的批示精神,在政策、资金、项目等方面,对实验区特殊教育改革发展予以倾斜支持。根据改革实验区建设要求,制定国家特殊教育改革实验区实施方案,由嘉兴市本级、海宁市和桐乡市分别承担医教结合、随班就读和送教上门三个特殊教育改革实验项目。各地创新工作机制,整合相关资源,增强实验工作的针对性和实效性,切实起到实验、示范和带动作用。

【嘉兴市成为全国首批现代学徒制试点单位】 教育部组织开展现代学徒制试点申报,8月5日,遴选确定165家单位作为全国首批现代学徒制试点单位和行业试点牵头单位,嘉兴市成为全国首批现代学徒制试点单位之一。为实施现代学徒制试点,嘉兴市联合嘉兴职业技术学院和嘉兴南洋职业技术学院2所高职院校、嘉兴技师学院等9所中职学校、嘉兴碧云花园有限公司等22家企业,以及11个职业教育产学研共同体(企业学院),共同开展21个现代学徒制试点项目。试点院校和企业洽谈签订联合开展现代学徒制试点合作协议,明确双方职责与分工,共同制订试点方案,起草并试行各类计划、方案、标准等,并联合开展首届现代学徒制试点专业的招生招工。

【大市跨行政区域河流交接断面考核优秀】 2015年,全市水质稳定向好,嘉兴大市跨行政区域河流交接断面考核结果为优秀,全市67个市控以上地表水监测断面,Ⅱ类1个,Ⅲ类4个,Ⅳ类49个,Ⅴ类11个,劣Ⅴ类2个,分别占1.5%、6.0%、70.1%、19.4%和3.0%;主要污染物高锰酸盐指数、氨氮和总磷平均浓度分别为5.84毫克/升、1.11毫克/升和0.218毫克/升,与前三年平均水平相比分别下降6.3%、31.5%和17.2%,三项指标平均下降幅度为18.3%。全市5个省控断面和10个市控断面消除劣Ⅴ类水质。县级以上集中式饮用水源地水质达标率达到25.8%。

【嘉兴市被列为全国“多规合一”试点】 2014年8月,嘉兴市被列为全国“多规合一”唯一一个四部委“综合性”试点。一年来,嘉兴市按照时间协同、部门协同、市县协同、技术协同、进度协同“五个协同”的工作要求,编制试点方案和工作大纲,开展九大专题研究明确战略目标,制定标准体系统一技术标准,划定“三区四线”加强底线管控,开展图斑比对优化“一张蓝图”,编制《嘉兴市空间发展与保护规划》统筹谋划全市域空间结构与布局,编制技术报告深化工作成果,改革体制机制保障规划实施,基本完成“一本规划、一本技术报告、一张底图、一套标准和一套改革方案”的“五个一”成果。至年底,“多规合一” 规划成果已通过国家发改委、国土资源部、环保部的评审。

【嘉兴市被列入国家级“海绵城市”试点】 4月,嘉兴市被列入国家首批16个“海绵城市”建设试点城市之一,也是全省唯一一个试点城市,每年可获得中央专项补助资金4亿元(一定三年),目前8亿元资金已到位。嘉兴市编制《嘉兴市海绵城市示范区建设规划》,并在全国率先研究编制海绵城市建设工程设计方案评估、施工图设计文件审查、工程竣工测量评估三大行业技术标准。选定以南湖为中心(含有老城区、已建区和未建区),面积为18.44平方千米的示范区,共排定116个“海绵城市”建设项目,主要有公建、住宅小区、道路、绿地的海绵城市改造及河道整治等项目。至年底,9个项目已开工建设,开工面积2.56平方千米,完成投资6.56亿元。

【全市综合行政执法改革】 2015年,嘉兴市构筑“三级构架、基层为主”的综合行政执法管理体制,解决基层执法主体问题;构筑“问题导向、相对集中”的综合行政执法职能形成动态机制,解决突出违法行为的基层管辖权问题;构筑“衔接有序、责任明晰”的综合行政执法工作机制,解决执法责任制问题。年内,全市除桐乡市外,已实际按综合行政执法的职能、职责要求开展工作,基层综合行政执法“一机构一平台一张网”建设进展顺利,全市47个镇(街道)已建立综合行政执法联动平台(办公室或中心),应建建成率为76.3%。

【光伏产业引领新能源发展】 作为浙江省光伏产业创新综合试点地区,嘉兴市加大光伏发电应用推广力度,在分布式光伏发电领域走在全国的前列。至年底,全市累计完成光伏发电装机容量884.1兆瓦,并网721.6兆瓦,涵盖工矿建筑、公共建筑、民用建筑等使用领域,农光互补、渔光互补等光伏应用发展势头强劲。光伏发电应用的快速增长带动光伏产业良性向好发展,光伏产业集群化趋势日益明显,形成电池片、组件、逆变器、控制与逆变一体机及配套辅料生产等完整的产业链。2015年,全市规模以上光伏企业实现工业总产值327.75亿元,同比增长27.6%;利润总额17.15亿元,同比增长121.9%。嘉兴市逐步走出一条以应用带动产业、以创新驱动发展的光伏产业发展新路。

【“机器换人”扩面升级】 为顺应“互联网+”、智能制造发展新趋势,2015年,嘉兴市相继出台《2015年全市“机器换人”行动方案》《全市“机器换人”再行动方案》。突出“机器换人”扩面深耕、创新“机器换人”投资服务,提高重点行业机器人应用水平,培育机联网和企联网,发展机器人和智能装备产业,推动嘉兴市纺织、五金、汽配等传统产业的革新升级。支持企业瞄准国际标杆,着重在产品技术、工艺装备、能效环保等方面提升水平,紧紧契合移动互联、云计算、大数据等新技术,乘势推动“嘉兴智造”,不断推进嘉兴市“机器换人”内涵式发展。2015年,全市“机器换人”项目总计1887项,完成投资539.1亿元,全年累计实施“机器换人”企业1705家。

【海宁皮革城列入市场采购贸易方式试点】 7月22日,国务院办公厅印发《关于促进进出口稳定增长的若干意见》(国办发〔2015〕55 号),将浙江海宁皮革城列入第二批市场采购贸易方式试点范围。9 月 25 日,商务部等九部委联合发函，对加快推进试点工作提出具体要求。2016 年 1 月 22 日杭州海关发布公告，明确自 2016 年 1 月 25 日起，在海宁皮革城试行市场采购海关监管方式(代码 1039),标志着市场采购贸易在海宁实施。1 月 28 日,海宁云航进出口有限公司顺利完成“市场采购贸易方式”出口首单业务,金额为 10.7 万美元。

【嘉兴出口加工区整合优化为综合保税区】 1 月 31 日,国务院《关于江苏吴中等 7 个出口加工区整合优化为综合保税区的批复》(国函〔2015〕13 号)批准同意嘉兴出口加工区(A 区、B 区)整合优化为嘉兴综合保税区。嘉兴综合保税区(A 区、B 区)规划面积 2.37 平方千米(其中 A 区 1.33 平方千米、B 区 1.04 平方千米),四至范围与原嘉兴出口加工区 A 区、B 区一致。国务院批复后,嘉兴综合保税区(A 区、B 区)管委会按照《中华人民共和国海关保税港区管理暂行办法》《海关特殊监管区域基础和监管设施验收标准》等规定,对综保区进行基础和监管设施建设。目前,隔离围网、进出卡口、验货场地、监管仓库、海关和商检监管用房等设施均已建设完毕并交付使用。至年底,市政府向省政府和杭州海关申请对嘉兴综合保税区(A 区、B 区)进行验收。

【在全国率先建设“政务云”平台】 2015 年,嘉兴市按照“应用为先、服务至上”的理念,运用“互联网 +”思维,以政府购买服务的方式建设政务云平台，陆续上线市市场监管局业务系统、“阳光医保”、互联网交通安全综合服务平台等应用系统,无论是承载数量,还是承载的业务类型,整体建设水平处于全省乃至全国的前列。同时,全方位推进“云计算”技术与惠民应用的深度融合,积极探索“一口受理”服务模式,向基层延伸政务服务,努力为公众提供更加公平、高效、优质、便捷的服务。

【2015 年度民生实事工程顺利完成】 一是深入开展交通治堵。完成新改建科技城科兴路 0.88 千米、商务大道(百川路—三环南路)1 千米、秀洲大道(新塍塘—洋门港)2.37 千米。新建成中山路、中环东路(华玉路—中环南路)、中环北路(禾兴路—华玉路)3 条合计 13.3 千米公交专用道；建成 61 个港湾式停靠站、159 个候车亭、166 个站牌设施，建成 515 个公共停车泊位。二是加强水环境治理。全市共建成污水管网 308.2 千米。全市污水入网工业企业有 2121 家,完成率 100%。全市有 13.48 万户农户接入污水管网,完成率 112%。三是完善居家养老服务体系。市本级累计建成 255 家社区居家养老服务照料中心,其中城市 122 家、农村 133 家,覆盖率分别达 100%和 87%。市本级探索“专业老年食堂 + 区域集中配送”新模式,月均受益老人 2200 人次。市本级老年人意外伤害保险工作全面完成,实现“城乡区域、户籍老年人群”两个全覆盖,以及“投保方式、赔付标准”两个统一。四是建设废旧商品回收体系。嘉兴经济技术开发区废旧商品分拣集散中心建成并投入使用，秀洲区分拣集散中心完成建设,南湖区分拣集散中心基础桩基工程开始施工。五是进一步开放公共体育设施。全市符合开放条件的中小学校 235 所,已开放 231 所,开放率 98%,其中市本级开放 61 所,开放率 100%。市体育中心免费开放服务健身人数 17 万人次,完成率 172%；市残奥中心免费服务健身人数 4.16 万人次,完成率 139%。六是整治规范路边服务亭。报刊亭需整治 61 个，整治完成率 84%;爱心亭需整治 25 个,整治完成率 100%;电话亭需整治 150 个,整治完成率 97%。七是提升绿道、绿化品质。完善提升凌公塘绿道,沿线 1150 块植物铭牌、绿线公示牌及应急避险指示牌设置完成。完善提升新塍塘绿道,完成 2 座公厕改建,新建 1 座,增设各类标识、标牌 299 块。八是启动智慧教育“在线课堂”。建成启用在线课堂学习平台,授课教师均为全市名优教师,全年共开设初中课程 354 节、高中课程 589 节,受训人员 38.01 万人次。九是全面完成

农村应急广播体系建设。全市共建设应急广播16014只,实现行政村(社区)全覆盖。十是加快电商服务网络建设。印发《嘉兴市电子商务服务网络“E邮站”建设实施方案》,市本级共建成“E邮站”124个,涉及5个机关企事业单位、15个商务楼宇和89个居民小区,全部通过验收审核,完成率124%。

(糜克明　陈锡乐)

信访工作

【概况】 2015年,全市受理群众信访事项9123件(批)次,同比减少13.65%。其中接待群众来访4588批次17322人次,同比批次、人次分别减少12.96%和14.67%;办理群众来信2119件次,同比减少22.12%;办理网上信访2416件次,同比减少6.10%。

2015年,全市信访形势总体平稳有序,信访总量呈下降趋势,去省赴京上访明显下降,重要时段和重大活动期间信访稳定。在全省信访工作目标管理责任制考核中位列全省第二名,受到通报表扬。市信访局获2015年度市级机关部门、单位工作目标责任制暨“五型”机关创建考核一等奖,并被评为2015年度“五强”领导班子建设先进单位。

2015年,因受房地产市场低迷影响,专业市场投资风险大幅增加,投资商户聚集串联上访不断。同时,因企业倒闭、老板“跑路”引发的劳动欠薪、债务纠纷明显增加,金融诈骗、非法集资等问题也引发社会不稳定因素。嘉兴市实际进京上访总量和非正常上访批次、人次呈下降趋势,但上访老户赴京重复上访特别是重复非正常上访情况仍然不少,择机性上访特点仍然突出,部分上访老户往往趁重要时段、敏感节点上访制造效应。问题相互交织复杂化,个体诉求与群体利益相互交织,各类信访问题都有可能“同频共振”,小事变成大事,信访问题变成稳定问题;“网上”与“网下”相互交织,有些别有用心人员网下策划、网上煽动,恶意扰乱社会秩序;“老案”与“新案”相互交织,征地拆迁、劳动社保、环境保护等传统矛盾依旧多发,各项重点工作推进中的新发矛盾也在增多。

【坚持信访工作长效机制】 2015年,嘉兴市强化信访工作制度建设,有效推动责任落实。一是继续强化信访工作目标责任制。年初,市委、市政府召开全市信访工作座谈会和全市信访工作会议,签订信访工作目标管理责任书,进一步强化领导责任,推动工作落实。各县(市、区)层层签订年度信访工作目标管理责任书,形成一级抓一级层层抓落实的领导责任体系。确保信访工作有人抓、有人管。二是坚持执行领导干部调处信访矛盾制度。党政领导干部阅批群众来信、定期接待群众来访、领导包案等活动扎实开展,成效明显。排查出16件重点信访积案实行市领导包案,领导到实地察看,约谈信访人,亲自研究调处方案、抓调处进度,得到有效化解稳控。三是坚持党政领导阅批群众来信制度。2015年,市领导阅批群众来信389件次,占来信总数的50.78%。其中,市委、市政府主要领导阅批346件。四是坚持领导干部联合接待日制度。每月15日市领导接待日制度已执行31年,风雨无阻、从未间断。全市参加联合接待日的市及县(市、区)、开发区、嘉兴港区的领导干部有654人次、市级机关部门(单位)负责人196人次,市联合接待组共接待群众来访513批1223人次。五是完善和改进信访考核机制。科学修订信访工作目标管理考核评分办法,认真组织做好每个月的考核检查,及时通报反馈,传导责任,有效发挥考核“指挥棒”的督促、激励和推动作用。

【确保大局稳定】 2015年,嘉兴市确保全国和省、市“两会”、北京举办纪念抗战胜利70周年系列活动、十八届五中全会等重要时段信访稳定。世界互联网大会信访维稳攻坚战,工作组正式启动至峰会结束,到嘉兴及桐乡上访人员766人次,外省市695人次,劝返分流工作任务重，压力大，经有效协调、高效处置，无缠访闹访、扰序滋事发生，也无因信访引发网络炒作，重点人员均稳在属地，实现“零上访”。高度关注“五水共治”、“五气共治”、“三改一拆”、深化城乡统筹加快新农村建设等重点工作推进中的信访矛盾，主动协调，认真劝导和接待来访群众，做好思想疏导和教育说服工作，确保重点工作平稳进行。城市有机更新、城市治堵等重点工作推进中的信访矛盾，主动协调，认真劝导和接待来访群众，做好思想疏导和教育说服工作，确保重点工作平稳进行。2015 年，群众到市大规模聚集上访增多，面对商贸综合体（专业市场）、环境保护、劳动欠薪、债务纠纷等引发的突出信访问题，市信访局做好政策解释和协调工作，相关责任地区（单位）有效开展工作，确保大局稳定。

【提升信访工作效能】 2015 年，全市信访工作建立完善初信初访办理责任制度、信访事项受理告知和办理结果回复制度、信访事项办理情况反馈制度等，并在保证质量的前提下，尽可能缩短办理周期，提高工作效率，切实减少信访事项办理差错率。推行信访事项满意度评价工作，努力提高办理满意度。全年共交办信访事项 583 件，面见率、办结率均为 100%。推进复查复核工作制度化、规范化建设，推进信访听证和评议终结机制。全年共收到群众向市人民政府提出申请的复查复核信访事项 51 件（复查 2 件，复核 49 件），办结 48 件，申请人主动申请撤销 3 件。依法终结的复查复核信访事项送省级会审 55 件，送审率、通过率均为 100%。逐步推进信访工作法治化进程，推进通过法定途径分类处理信访投诉请求工作，各县（市、区）及市级部门（单位）均编制法定途径清单。强化督查工作，抓好重点信访事项的落实。市信访工作领导小组、市委组织部联合下发《关于深入践行“三严三实”切实开展信访督查专项行动的通知》和《督查专项行动的实施方案》。市党政领导分别带领 14 个督查组，分赴各县（市、区）和市级有关部门开展实地督查。组建 7 个市级联合督查组，开展 4 轮信访事项专项督查。常态督查则每月由督查处牵头，各处室参与，抓好信访事项规范受理办理检查督导。选聘市级信访监督员 12 名，县级信访监督员 70 名。全市各级信访监督员参与，在全市范围内开展信访督查，有效促进信访事项的办理。

【加快网上信访平台整合】 2015 年，嘉兴市加快信访平台整合。将办信、接访、网上投诉、督查督办、复查复核等信访事项实行“网下办理、网上流转”，实现与网上信访系统的无缝对接，打造受理诉求、方便查询、主动反馈、跟踪督办、监督管理、接受评价“六位一体”信访工作平台。国家信访局投诉受理办公室确定嘉兴市为联系点，省信访局确定嘉兴为全省网上信访平台建设试点。市及各县（市、区）将属于信访工作机构负责办理的“网上信访”全部整合纳入浙江省网上信访平台。办理其他各种渠道的网上投诉 333 件。其中省长信箱 95 件，市级重要网站网民留言 221 件，市信访局实名邮箱等其他渠道的各类网上投诉 17 件。

【营造调处信访良好局面】 2015 年，嘉兴市加强基层信访工作。在“六六群众工作制”“民情工作室”“老娘舅”“和阿姨” 等载体的基础上，平湖市推出“百姓事马上办”、海宁市推出“百人信访评议团”等创新工作机制，构建与群众在聊家常式“零距离”、面对面沟通交流中调处矛盾纠纷的良好局面，帮助信访人打开“心结”。

（刘章根）

法制工作

【概况】 2015 年，政府法制工作按照市委全面深化法治嘉兴建设的目标要求，起草并出台《深入推进依法行政加快建设法治政府重点任务分工方案》,重点任务有99项,明确每一项的牵头部门,对分工方案的贯彻落实情况进行监督检查,确保嘉兴市法治政府建设取得实效。根据十八届四中全会做出"依法赋予设区的市地方立法权"的决定,制订《嘉兴市政府规章制定程序规定》,加强立法筹备,市政府法制办公室增设立法处。拟定重大行政决策程序规定及其配套制度,并确定"1+5"的文件制定思路,"1"即嘉兴市人民政府行政决策程序规定,"5"即公众参与、专家论证、合法性审查、集体决策、实施后评估5个配套制度,通过召开座谈会,公开听取意见建议,并在嘉兴市政府法制办网站上公开征求公众意见,9月,经市政府七届第47次常务会议讨论通过,《嘉兴市人民政府重大行政决策程序规定》及5个配套制度予以发布并予2015年11月1日正式实施。推进政府法律顾问工作,建立健全以政府法制机构人员为主体、执业律师参加的法律顾问队伍,制订《嘉兴市政府法律顾问列席政府有关会议实施办法(试行)》《嘉兴市人民政府法律顾问工作考核办法(试行)》等相关文件,目前,市政府共聘请法律顾问8名,全市7个县(市)区、73个镇(街道)以及市级26个部门(单位)均聘有法律顾问。

【规范性文件合法性审查及备案】 2015年,市法制办共审核文件152件(其中规范性文件90件),提出合法性审查意见218条,审核的规范性文件数量比往年有大幅度增加。对嘉兴市国有土地上房屋征收和补偿、被征地居民社会保障等文件进行审核,提出的意见建议在市政府决策时得到充分的采纳。在合法性审查中,重大行政规范性文件征求意见稿在网站上向社会公开征求意见。《嘉兴市区国有土地上房屋征收与补偿办法》等文件,与市政协进行民主协商,对市政协委员提出的意见的采纳情况和未采纳情况予以书面反馈。市政府向省政府和市人大常委会报备并在门户网站上公布的规范性文件66件,所属各县(市、区)政府向嘉兴市政府报备260件,市级部门编号并报备38件。开展行政合同合法性审查工作,全年共审核以市政府名义对外签署的各类框架协议、招商协议等16件,提出合法性审查意见33条,确保政府行政合同合法、有效。

【行政复议应诉】 2015年,市法制办共收到行政复议申请49件,审结37件,其中运用调解方式结案7件,调解率达18.9%,受理的行政复议申请仍主要集中在房屋征收、劳动保障、信息公开方面。在办理涉及重点领域、房屋征收拆迁、工伤认定、信息公开等案件的过程中,认真组织公开听证,全年共公开听证21件(含行政调解结案7件),公开听证率达到56.8%。继续实施行政复议决定网上公开,在嘉兴市政府法制门户网站上,分期分批公开行政复议决定书,做到可以公开的行政复议决定书一律公开,接受社会监督。落实"法定途径优先"理念,根据新修改的《中华人民共和国行政诉讼法》,依法应诉行政案件,全年共收到一审行政应诉案件25件,其中经济开发区败诉2件。组织全市法制干部参与旁听土地征收、非法行医、工伤认定等案件,提高全市法制系统工作人员的法律意识、程序意识和证据意识。收到关于高速公路广告牌"三改一拆"的行政应诉案件170余件,均无败诉。

【做好行政处罚结果信息网上公开】 2015年,嘉兴市根据《浙江省行政处罚结果信息网上公开暂行办法》的规定和要求,印发《嘉兴市人民政府办公室关于做好行政处罚结果信息网上公开工作的通知》,专题组织召开全市行政处罚结果信息网上公开部署动员会议,要求全市各级行政执法机关公开2015年1月1日以来的所有可以公开的行政处罚结果信息,确保全年数据的完整。对各县(市、区)政府办公室、法制办负责人以及市级42个部门(单位)的责任处室负责人和经办人员进行业务培训,按照"谁执法、谁公开;谁公开,谁负责"的原则,明确各有关部门责任,并把行政处罚结果公开纳入嘉兴市法治政府建设考核内容,确保责任到位。建立健全行政执法机关行政处罚结果网上公开保密审核制度、监督检查和责任追究制度,形成长效的管理机制。市法制办通过不定期上网浏览的形式,对各部门报送情况进行监督检查。全年,嘉兴市本级通过政务服务平台报送并公布处罚信息3000余件。

【受理仲裁案件】 2015年,嘉兴仲裁委员会共办理各类仲裁案件333件,其中建设工程施工合同纠纷21件,商品房、房屋买卖合同纠纷172件,买卖合同纠纷21件,其他119件。涉案标的额63908万元,比上年增加19221万元。争议双方事先选择仲裁解决纠纷方式的案件333件,占总受理数的100%。

附:仲裁案例

申请人上海××有限公司与被申请人嘉兴××有限公司买卖合同纠纷一案,申请人依据合同约定的仲裁条款于2015年3月16日向本委申请仲裁。请求裁决:1.被申请人支付申请人货款1620042.90元;2.被申请人偿付逾期付款损失(自2014年8月5日至被申请人实际履行付款义务之日,按央行发布的银行同期同类人民币贷款利率标准计算),暂算至2015年3月16日为59671.58元;3.仲裁费用由被申请人承担。

依据《嘉兴仲裁委员会仲裁规则》(以下简称《仲裁规则》)的规定,本案适用普通程序,仲裁庭由三名仲裁员组成。

在《仲裁规则》规定的期限内,申请人选定张××为仲裁员,未选定首席仲裁员;被申请人选定吴××为仲裁员,未选定首席仲裁员。因双方当事人未一致选定首席仲裁员,仲裁委员会主任根据《仲裁规则》的规定,指定李××为首席仲裁员,本案由李××、张××、吴××组成仲裁庭进行审理。

本案于2015年5月21日开庭进行了审理。申请人的委托代理人胡××、王××,被申请人的委托代理人黄××、袁××到庭参加仲裁活动。本案现已审理终结。

在审理过程中,双方都表示愿意和解。现双方当事人自愿达成如下调解协议:

一、被申请人嘉兴××有限公司同意向申请人上海××有限公司支付货款1853132元。此款,由被申请人于2015年9月至2016年5月每月支付申请人200000元,2016年6月支付申请人53132元。若被申请人嘉兴××有限公司按上述付款约定履行义务,申请人上海××有限公司自愿放弃要求被申请人嘉兴××有限公司支付逾期付款损失59671.58元。

二、若被申请人嘉兴××有限公司没有经过申请人上海××有限公司的同意逾期履行上述第一项中的任何一笔付款义务的,申请人上海××有限公司有权就所有未付款项一并申请执行,且被申请人嘉兴××有限公司需另行支付申请人上海××有限公司逾期付款损失59671.58元。

三、本案仲裁案件受理费19454元,处理费1945元,合计21399元(已由申请人预缴),由申请人上海××有限公司承担10699.5元,被申请人嘉兴××有限公司承担10699.5元并于2016年6月最后一期款项支付时一并支付给申请人上海××设备有限公司。

上述协议,符合有关法律规定,仲裁庭予以确认。

本调解书经双方当事人签收后,即具有法律效力。

(王立权)

体改工作

【推进行政审批层级一体化改革】 2015年,嘉兴市在清理行政许可事项,全部取消非许可审批事项基础上,进行权力下放,在全省率先实现市县基本同权。同时新探索"五证合一、一照一码"、"一窗集中受理"、"多图联审"、"多评合一"、"项目代办"、强化中介规范服务机制等审批服务模式,推动投资项目提速增效。南湖区正在筹建行政审批局,探索相对集中行政许可改革,22个区级政府部门的182项行政许可事项将全部集中在南湖区行政审批局实施。省政府专门发文推广嘉兴试点经验,推进市县行政审批层级一体化改革。改革激发市场主体活力,据统计,2015年全市各类市场主体达到67163户,注册资本金1343亿元,同比分别增长10.23%、18.56%。行政许可事项仅保留111项,成为全省审批事项最少的县市,行政审批提速88%。

【推广要素市场化配置综合配套改革】 2015年,海宁要素市场化配置综合配套改革、平湖产业结构调整机制创新试点、嘉善和海宁核准目录外企业投资项目不再审批改革等县域改革试点取得明显成效,省政府专门发文推广试点经验。全市面上资源要素市场化配置改革工作同样进展顺利,成效显著,嘉兴市先后开展三轮工业企业亩产效益综合评价,分规模、分行业把企业划分ABC三类,把依照亩产效益排序竞争获取资源作为市场调节的"无形之手",把制订好规则让企业按规则办事作为政府调控的"有形之手",各种要素形成叠加效应,着力实现要素资源合理配、优质配、高效配。

【嘉善县域科学发展示范点建设】 2015年,嘉善县域科学发展示范点"三区一园"建设取得明显成效,嘉善县又争取到县城基础设施投融资体制改革等4个省级以上改革试点,巧克力甜蜜小镇入选全省首批特色小镇创建名单,姚庄镇跻身省级小城市培育试点考核前三甲,嘉兴出口加工区B区申报国家级综合保税区成功获批。

【推进国家新型城镇化综合试点】 2015年,嘉兴市成立市委、市政府主要领导任组长,市人大、市政协主要领导和市政府相关领导任副组长,34个市级部门(单位)和各县(市、区)主要负责人为成员的新型城镇化综合试点工作领导小组。出台《嘉兴市国家新型城镇化综合试点工作方案(2015~2017年)》和2015年度工作要点。年内,嘉兴市到深圳举办推进新型城镇化建设推介会,现场签约13个项目,签约总投资约80亿元。国家发改委专门在嘉兴市召开国家新型城镇化发展综合试点交流会。

【综合行政执法体制改革】 2015年,嘉兴市整合执法资源,推动执法重心下移,初步形成"三级构架、基层为主"的综合行政执法管理体制、"问题导向、相对集中"的综合行政执法职能形成动态机制、"衔接有序、责任明晰"的综合行政执法工作机制,加强基层综合行政执法"一机构一平台一张网"建设。全市完成329项行政处罚权的集中,在全市范围内开展综合行政执法案件9.6万余件,取得体制机制方面的实质性突破,省政府于2015年10月在嘉善县召开现场会,推广嘉兴市综合行政执法改革经验。

【融入杭州都市经济圈】 2015年,嘉兴市围绕《杭州都市经济圈发展规划》,实施《推进杭州都市圈一体化行动纲要》,贯彻落实国务院《长三角地区区域规划》,推进实施《杭州都市圈发展规划》,进一步深化杭州都市圈务实合作,实现从县联动、民生改善向全面融入、纵深发展态势,加快在交通、市场、旅游、产业布局、生态环境、民生保障等方面融入杭州都市圈一体化进程。

【新获批改革试点数量再创新高】 2015年,嘉兴市继续向上争取新的改革试点,乌镇互联网创新发展综合试验区、海绵城市建设试点、县城基础设施投融资体制改革、司法体制改革、海宁市场采购贸易方式试点等23项改革试点项目新获批列入省级以上重大改革试点任务,其中,国务院批复1个,国办和国家部委批复15个,省委、省政府及其办公厅批复7个;从涉及领域来看,经济领域15个,城乡发展一体化领域1个,民主法治领域1个,社会领域4个,生态领域1个,党的建设领域1个。至年底,全市正在实施的省级以上改革试点63项，数量位列各地市前列。同时，2015年嘉兴市还有33项由省级部门新批复的改革试点项目，如服务业发展重点领域试点、政策性农业保险试点、海宁气象改革试点等。

（周少朝）

人事工作

【概况】 2015年，全市人事人才工作在全面推进“创新嘉兴·精英引领计划”的同时，加强专业技术人员管理服务，推进高层次人才队伍建设。年内，推荐省“151人才工程”第三层次培养人员42人，6人入选。核准公布各类专业技术资格16955人、执业（职业）资格2351人。全市组织8万多人次参加专业技术人员公需科目考核培训，实施9期高研班项目，其中省级重点类1期，省级一般类2期，市级高研班6期。全市完成国家级和省级引进国外技术、管理人才项目31项，获得资助119.6万元。4名外国专家入选省“外专千人计划”，1名外国专家入选省“海外工程师”，2名外国专家荣获省“西湖友谊奖”。4个公司获得浙江省企业博士后工作站设站资格，4名在站博士后获得省博士后科研项目择优资助，4名博士后获得省博士后研究人员生活补助和安家补助。2名高层次海外归国人员申报的课题入选“留学回国人员科研活动择优资助项目”。全市举办各类人才招聘活动504场次，其中大型、专业型招聘活动131场次，跨地区招聘125场次，提供就业岗位45万余个。引进各类人才46672名（含高层次人才4192名）。嘉兴人事人才网共有注册会员单位44922个，登记简历51.5万余份，发布职位信息13.8万余条，日均点击率维持在9万人次左右。强化军转安置，出台《嘉兴市本级军人随军家属就业安置操作规程》和《嘉兴市本级随军家属自谋职业一次性补助金发放办法》。2015年全市安置5名具有事业单位工作人员身份的随军家属，推出4个国有企业岗位面向随军家属定向招聘。完成军转干部安置任务，全市接收安置军转干部65名，随调家属4名，其中安置在各级机关及参公事业单位60名，比例高达95.24%，安置在事业单位3名，另有2名自主择业。落实退休人员“两项待遇”，组织开展书画展、摄影展等活动。

3月1日，2015年嘉兴市春季人才交流大会暨毕业生招聘会在嘉兴会展中心举行

【完善公务员管理】 2015年，全市各级机关计划考试录用公务员686名，实际录用649名，继续实行所有面试考官全部异地交流，进一步提升嘉兴市“阳光考录”品质。规范实施选调生村官考录工作，全市计划录用选调生村官7名，实际录用6名。完成28名人民警察学员招录和60名浙江警察学院2016届嘉兴籍毕业生提前招考工作。组织科级干部培训班、公务员初任培训班、军转干部上岗培训班、知识更新培训和专门业务培训等，参与总人数达4000多人次。开展2014年度考核工作，全市实际参加考核14880人，其中确定为优秀等次的3102人，因连续三年考核优秀被授予三等功的419人。办理转任审批222名、调任3名，核准科级非领导职务职数和任职资格102人，办理公务员录用审批4次520人、公务员登记2批次577人。完成2014年度公务员统计工作。完成全市公务员信息采集、校核、录入和汇总建库工作。推进公务员平时考核工作，在10个市级机关部门（单位）中开展“日志式管理”平时考核试点，基本达到从严管理、改进作风、提高效能的效果。召开市级机关平时考核工作座谈

会,研究出台《嘉兴市级机关公务员“日志式管理”平时考核工作实施细则(试行)》,建立健全市级机关平时考核系统,全面推行公务员平时考核工作。

【事业单位岗位管理】 2015年,根据《关于开展嘉兴市属事业单位第二轮岗位聘用工作的通知》,嘉兴市继续开展第二轮岗位聘任,聘任中晋升160人,其中初级岗位晋升23人,中级岗位晋升101人,副高岗位晋升35人,正高岗位晋升1人;因受到处分,降低聘任岗位2人。分类开展事业单位岗位管理。出台《关于加强嘉兴市中小学校专业技术岗位结构比例管理的通知》。11家市属事业单位调整岗位设置方案。

【收入分配和职称改革】 2015年,嘉兴市继续规范机关工作人员津补贴制度,其他事业单位绩效工资全面实施并逐步到位,退休人员生活补贴按规定兑现。调整最低工资标准,健全职工工资正常增长机制。扩大调查规模,完成对全市646个企业的72160多名职工2014年工资收入情况的抽样调查,形成并发布505个职业(工种)的工资指导价位。出台《嘉兴市杰出人才培养工程实施办法》和《嘉兴市工艺美术系列中初级专业技术资格评价办法(试行)》。开展卫生专业技术职务评聘制度改革工作,依托现有职称网上申报系统,实现职称初定材料现场审核、证书当场办理,缩短整个职称初定工作办理周期。

【高层次人才引育】 2015年,嘉兴市推进“创新嘉兴·精英引领计划”,吸引852名海内外高层次人才申报项目853个。通过资格审查、产业化导向评估、综合网评(技术评审和产业化评审)、综合答辩等环节,最终入选创业创新领军人才及项目123个,其中创业类111个,创新类10个,外专类2个。在“创新嘉兴·精英引领计划”的带动下,全市共引育国家“千人计划”专家111名、省“千人计划”专家111名,实现县(市、区)国家“千人计划”专家全覆盖。

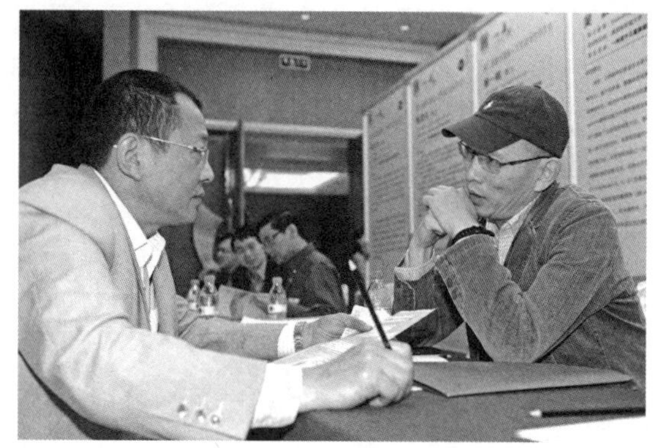

4月21日,嘉兴市举办第二季嘉兴国际人才交流大会,会上高层次人才与创业平台工作人员进行交流

【全市新增高技能人才24500人】 2015年,嘉兴市组织16个职业工种的技师(含高级技师)统一鉴定919人,13个职业工种的全国(省)统考4062人。推进企业技能人才评价标准化体系建设,全市开展评价认定企业1504个。联合市总工会等四部门组织开展2015年嘉兴市职业技能竞赛暨第八届职工技能运动会,举办19个职业工种的职业技能竞赛活动,全市2.5万名职工参加各个层次的技能比赛活动,9个县(市、区)和7个行业部门(协会)共派出151支参赛队、388名选手参加19个工种项目的决赛,比赛项目、参赛人数和规模均超过以往历届竞赛。建设技能大师工作室,2个工作室入选省级技能大师工作室,认定市技能大师工作室10个。向浙江省人力资源和社会保障厅推荐申报省首席技师荣誉称号,嘉兴市2人被授予浙江省首席技师荣誉称号。推荐申报享受政府特殊津贴的高技能人才人选1名,选派省“金蓝领”国外培训4人。启用嘉兴市公共实训中心,中心设有先进制造技术等7大实训项目,涉及88个职业工种。开展物联网技术、机器换人自动控制系统等5个高研班。协助嘉兴技师学院实施省高技能人才公共实训基地扩建项目的建设,指导桐乡技师学院(筹)成功申报2015年省级高技能人才公共实训基地建设项目。全市新增高技能人才24500人。

【实行阳光审批】 2015年，嘉兴市围绕“规范审批、阳光运行、优质服务、高效便民”的总体思路，进一步优化行政审批服务办事流程，实行前台服务和后台支持、“统一受理、统一办理、一个窗口对外”的办公一体化服务模式，并打破行政审批服务业务“按部门受理”的局限，试行“同类业务多窗口平行受理”，促进人力社保行政审批服务质量升级。全年各类行政审批服务事项承诺件办结率为100%，无一例投诉件和不满意件。进一步精简和下放行政许可事项，取消所有非行政许可审批事项，并落实放权事项的事中事后监管职责。加强行政审批服务标准化建设，规范全市人力社保系统行政审批事项要素，制定审批内容、申报材料、审批要件、审批流程、审批时间、审批收费“六统一”标准，严格按照规定的流程进行操作，规范行政审批行为。落实部门权力清单和责任清单制度，完善信息公开制度，健全网上办事大厅运行机制，行政审批事项办理时间比法定时限提速60%，服务事项平均提速30%，科学、规范、便捷、高效的行政审批服务“快速通道”基本形成。

（吕　臻）

机构编制工作

【深化权力清单和责任清单制度】 2015年，嘉兴市按照“转、放、管”要求，深化权力清单和责任清单制度改革，推进简政放权。规范和完善行政权力总目录，清理取消16个部门的59项非行政许可事项；制订市政府部门职责管理办法、深化完善权力清单责任清单指导意见，制订落实各项事中事后监管制度517项。对食药、安全、环境等重点领域取消、转移和委托下放权力事项、自由裁量权等进行重点监管；组织开展政府职能向社会组织转移工作，梳理42个市政府部门147项职能转移事项，制定政府部门向社会组织转移职能目录；组织编制镇（街道）权力清单及中央、省垂直部门在嘉兴的单位权力清单和责任清单，鼓励各类功能区管理机构探索建立权力清单制度，实现权力清单全覆盖。

【全面推行综合行政执法改革】 2015年，嘉兴市在全省率先启动综合行政执法改革试点工作，实行跨部门综合执法，建立“三级架构、基层为主”的综合行政执法组织机构体系、“问题导向、相对集中”的综合行政执法工作职能体系和“衔接有序、责任明确”的综合行政执法协同配合体系。全面构建综合行政执法联动平台，印发《关于加强基层综合行政执法“一机构一平台一张网”建设的实施意见》，加强基层综合行政执法机构、基层综合行政执法联动平台、基层综合行政执法网格体系建设，初步实现全市各镇（街道）基层综合行政执法全覆盖；探索构建政务投诉举报平台，开展政务服务热线运行情况调研，形成整合政务服务热线创新投诉举报平台建设调研报告；制定印发市综合行政执法局“三定”方案，建立健全综合行政执法工作制度，构建以联合会商、专题会商、案件通报、首问责任“四项制度”为主要内容的行政主管部门“源头”监管与综合行政执法部门“后续”监管有效对接的配合协作机制。在全省综合行政执法工作现场推进会上，省政府充分肯定嘉兴市改革试点经验，并在全省全面推广。

【组织实施政府职能转变和机构改革】 2015年，嘉兴市部署实施市政府职能转变和机构改革方案，印发各县（市、区）政府职能转变和机构改革方案及市政府职能转变任务分工方案、“三定”实施意见、控编减编、机构编制监督检查实施办法、编外用工管理等7个配套措施。指导督促县（市、区）政府职能转变和机构改革，重新制定部门“三定”规定。机构改革后，市政府工作部门设31个（含直属特设机构1个）共减少3个，市、县（市、区）政府部门共减少17个；全市党政群机关精简行政编制190余名，县（市、区）事业单位精简事业编制1000余名。精简的行政和事业编制实行集中管理、统筹使用,重点加强纪检监察、环境保护、安全生产及党委、政府中心工作和重大民生保障项目。

【优化公共服务体系建设】 2015年,嘉兴市全面推进教科文卫公共服务领域体制改革,突出优化教育机构编制资源配置,配合嘉兴市引进北大、北师大优质教育资源,开展合作办学。做好北大嘉兴附属实验学校、北师大附属嘉兴南湖高级中学组建配编工作,调整优化同济浙江学院、嘉职院等编制资源配置;服务国家公共文化服务示范区创建,全面推广构建城乡一体化文化馆总分馆服务体系,促进基本公共文化服务标准化、均等化;实施卫生计生机构改革,推进全市妇幼保健和计划生育技术服务资源整合工作。

【深入推进事业单位法人治理结构】 2015年,按照"积极试点、稳妥推进、务实求效、规范运作"的总体要求,深化以建立事业单位法人治理结构为核心的现代事业制度改革工作,全市扩大到31个公益类事业单位。嘉兴市文化馆、博物馆探索以协议形式界定政府、主管部门、事业单位法人三者间责权,实现"管办分离"新突破;围绕理事构成的"多元化"和均等性、代表性,大幅压缩内部理事数量,丰富外部理事数量,实现理事人选新突破;首次面向社会公开招募理事,实现理事产生方式新突破;加大放权授权力度,探索"三权制衡"新方式,打造法人治理结构改革"升级版",受到中央编办、文化部领导的肯定。

【全面推行事业单位年度报告公示制度】 2015年,嘉兴市取消事业单位年度检验,改为年度报告公示,全市2456家事业单位年度报告书统一在举办单位和市、县(市、区)编委办门户网站向社会公示。开展事业单位开办资金登记制度改革,开办资金验资登记改为确认登记。加强事业单位事中事后监管,建立证书使用部门联合监管协作机制,探索年度报告公示评价机制和信用记录评定办法,专项组织开展失效事业单位法人证书、印章使用管理清理规范工作,收缴失效事业法人证书10套,单位印章136枚。

【促进机构编制优化配置】 2015年,嘉兴市编委办围绕市委、市政府重点目标任务和部门(单位)履职工作需要,按照控制总量、盘活存量、优化结构、增减平衡的基本思路,在认真调查研究和沟通协商的基础上,就优化市本级编制结构提出意见建议,同时重点保障嘉兴经济技术开发区、嘉兴港区平台建设和人大立法、纪检派驻机构、政府法制、统战、民族宗教、高技能人才公共实训工作及环保、安监、国土、市场监管、综合行政执法等领域的编制、职数配置。至年底,核准34家市级机关部门使用编制121名,核准39家市级部门使用科级职数144名;核准125家市属事业单位使用事业编制226名,56家市属事业单位使用科级职数73名。

【加强机构编制规范管理】 2015年,嘉兴市加强机构编制管理法治化和规范化建设,进一步加强机构编制管理和监督。对新设机构和新增编制进行严格控制,实行用编用职数双重管理,强化超编、满编、空编单位"先行消化""先出后进"和"留有余地"的分类管理措施。加强领导职数管理,进一步规范和完善市级机关部门(单位)县处级领导职数管理。研究制定参公编制专项管理意见,认真落实参照公务员法管理事业单位编制专项管理要求。构建事中事后全方位、立体化机构编制监督检查网络。全面推行机构编制实名制管理,建成覆盖全市机构编制实名制库,并进一步完善机构编制与纪检、组织、人力社保、财政等部门沟通协调、信息共享机制,确保财政供养人员"只减不增"。部署开展控编减编专项督查及实名制验收工作,结合选人用人专项检查,对各地进行实地督查。在市卫生计生委探索开展领导干部经济责任审计、选人用人责任审查、重大决策责任审查和机构编制审核"四责联审"试点。持续开展"12310"电话举报和"吃空饷"网上举报,接受群众监督。

(许皞瑾)

合作交流工作

【概况】 2015年,全市引进浙商回归项目资金346亿元,完成年度目标任务120%。实施与沪杭同城战略,深化以交通对接、园区共建、产业对接和公共服务等为重点的接轨上海工作。对口帮扶和山海协作工程分别筹集落实资金1845万元和414万元,援助新农村和群众增收项目24个,圆满完成年度目标任务。2015年嘉兴市支持浙商创业创新工作获全省目标责任制考核一等奖,获得省新增建设用地指标奖励20公顷。

【实施与沪杭同城战略】 2015年,嘉兴市实施与沪杭同城战略,推进嘉善到上海,海宁、桐乡到杭州地铁轨道交通规划工作。嘉绍大桥、钱江通道及北接线建成通车,杭州湾大桥北接线二期等重大基础工程扎实推进。嘉兴港口岸扩大开放获批,实现全港域对外开放。杭州至海宁城际轨道完成各项前期审批。在上海、杭州等长三角城市举办科技专场对接会100余场,解决企业难题200余个,达成合作意向数150多个,签约项目数80多个,发布科技成果300项。2015年,嘉兴市引进上海、杭州等地企业(项目)525个,计划总投资916.91亿元,到位416.61亿元。其中:引进上海企业(项目)319个,计划总投资461.86亿元,到位174.98亿元;引进杭州企业(项目)206个,计划总投资455.05亿元,到位241.63亿元。嘉兴市与长三角城市合作办学项目达15项。嘉兴市多家医院与沪杭医学院校所建立合作、托管、共建关系,桐乡在全省率先实现与上海交通大学附属第一医院医疗实时结算。嘉兴市职工基本医疗保险异地就医系统完成开发建设并投入运行,与全省异地就医互联网结算平台成功对接。

【开展山海协作工程】 2015年,嘉兴市筹集山海协作财政专项资金414万元,援助新农村和群众增收项目24个。为丽水对口支援干部及农村致富带头人举办培训班2期,培训人数63人次。山海协作工程逐步向特色产业、生态环境、社会公益事业、劳务合作全方位、多元化合作方向转变。

【开展对口支援工作】 2015年,嘉兴市对口支援重庆市涪陵区,阿坝州九寨沟县、黑水县财政专项资金合计1845万元,改善对口地区生产生活条件,提高自我发展能力。开展对口帮扶培训工作,帮助对口地区干部转变发展观念,探寻适合当地发展模式。6月23~28日,重庆市涪陵区农村致富带头人培训班在嘉兴市委党校举办。9月20~25日,首期九寨沟县东西扶贫干部专题培训班在嘉兴市委党校举办。

【开展国内区域经济合作交流】 5月22~28日,嘉兴市组织4个企业参加第19届“西洽会”,接待客商3000多人次,达成合作意向项目10个。5月28~31日,嘉兴市组织2个企业参加第18届“渝洽会”。嘉善县浙江天赐新能源科技有限公司利用展会平台,与几内亚政府和马来西亚等国外客商达成合作意向。7月7~11日,第21届“兰洽会”在兰州甘肃国际会展中心举行,嘉兴市有3个企业参展,参展期间,协议意向成交量138万元。10月23~27日,嘉兴市组织相关企业参加成都“西部进口展”,达成合作意向8个,协议资金达190万元。

【出席首届杭州都市圈市长专题会议】 8月27日,首届杭州都市圈市长(交通)专题工作会议在湖州市召开。杭州市、湖州市、嘉兴市、绍兴市四城市市长围绕“同促都市圈融合发展,共推大交通共建共联”进行讨论,对加快建设都市圈现代化综合交通运输体系达成一致意见,并签署《2015年杭州都市圈市长(交通)专题工作会议备忘录》。代市长林健东出席会议并作主旨发言,副市长张仁贵参加会议。

【开化—桐乡山海协作示范区揭牌】 9月7~8日,开化—桐乡山海协作生态旅游文化产业示范区揭牌。开化—桐乡山海协作生态旅游文化产业示范区由桐乡和开化两地政府各出资1亿元成立公司,共同建设、共同管理、共享成果。采取“一园多点”的建设布局。其中,“一园”布局在钱江源省级旅游度假区内,规划面积2.61平方千米;“多点”依据开化龙顶茶、开化根雕、景区景点等特色资源分布合理布局,分期开发建设。

【2015浙江(嘉兴)商会“嘉兴行”活动】 10月22~23日,嘉兴市召开2015浙江(嘉兴)商会“嘉兴行”活动。市委副书记、市长林健东,市人大常委会主任刘冬生,市委副书记胡海峰等领导出席相关活动。活动期间,在外嘉兴商会、浙江商会负责人考察歌斐颂巧克力小镇、中国归谷·嘉善科技园、南湖世合小镇、嘉兴工业园区、嘉兴科技城等浙商回归项目及平台。通过实地考察,增强浙商回乡投资兴业的信心。

(韦　勇)

外事工作

【概况】 2015年,嘉兴市外事侨务办公室(简称市外侨办)先后接待捷克总统、博茨瓦纳前总统、古巴农业部长、英格兰首席大臣等,接待世界500强企业、知名机构高管以及美国、爱尔兰、匈牙利等国驻上海总领馆的总领事等团组50批,406人次。拜会德国、美国、英国等12个使领馆和机构,邀请15个国家的驻沪使领馆35名行政官员来嘉兴考察,增进互信合作。安排省管领导干部出访团组,市委书记鲁俊、市人大常委会主任刘冬生、市委副书记胡海峰分别率团友好出访,顺应“一路一带”战略,推动多领域务实合作的拓展和深化。配合中德产业合作园建设,保障32个团组出访德国。其中副市长盛全生率团参加省政府在德举行的“浙江(德国)推介会”,重点推介浙江中德产业合作园,取得重要成果。

参与双招双引。年内,市外侨办依托国际友城、使领馆、外国政府驻沪(杭)办事机构和市属侨界社团、海外人才工作站点等平台,组织外(侨)商参加各类经贸活动30多场次近300人次。着重服务中德产业合作园建设,先后三次参团到德国招商推介。邀请相关国家领馆官员及德国驻华机构代表、企业界人士26人参加中德(嘉兴)企业合作对接会。接待海外侨团10多批近100人次,牵线引进项目80多个;组织128名香港温州工商会的温州籍董事长考察嘉兴。引荐130余名海外高层次人才参加招才引智活动,引导海外人才申报第五批“精英引领计划”项目130余个。全年审核经贸招才团组202批次、538人次,占出国境总数近2/3。

助推经济发展。市外侨办与美国、加拿大、匈牙利等驻沪领馆有关机构合办经贸交流活动6场,其中美国驻沪总领事是首次率团到嘉兴市召开投资说明会。先后邀请德、美、奥、匈等国数批专家为水环境治理“问诊把脉”。组织嘉兴市医药、纳米技术行业10多家企业参加奥地利领馆组织的行业研讨会和新技术交流会。参与“转型发展服务年”和外贸稳增长调结构等活动,走访规模以上外向型企业30多家,研究落实助推海宁皮革城市场采购贸易国家级试点工作措施。成立侨商服务联盟,开展“百日走访”活动;组织“亲商安商”活动,走访企业,协调解决问题。举办“APEC商务卡”推介会2场,助推企业邀请外商、华侨来华参与“淘宝”式服务。12月16~18日,第二届世界互联网大会乌镇峰会期间,市外侨办参与非警卫重要外宾接待、外国记者接待服务、外事接待人员培训和嘉宾接站等工作,得到市领导的充分肯定。

加强因公出国(境)管理。年内,市外侨办调整优化全市出访计划,重点推进落实招商引资、招才引智、友城交往等出访活动。出台《重点出国(境)团组管理办法》,进一步规范重点团组的申报、审核和审批预审制度。建立重点出访项目考核评估机制,会同市纪检、组织、财政和审计等部门开展因公出国(境)管理检查2次。全年全市因公出国(境)总数为303批

784 人次，人员总体结构和出访任务持续优化。加强涉外安全管理。完善突发性涉外事件应急处置工作联席会议机制，修订《关于加强境外非政府组织在嘉管理工作联席会议实施方案》，强化部门间协同管理，妥善处理涉外典型事件 6 起。针对韩国中东呼吸综合征(MERS)爆发，市外侨办调整有关互访计划，配合相关部门多渠道发布预警信息。按照"管控有序、服从大局"原则，规范办理被邀外国来华人员 1107 批 1372 人次。制定《外国记者管理现场处置原则》，进一步明确和理顺外国记者采访管理的秩序。

深化友城工作。年内，市外侨办进一步优化友城布局，与意大利锡耶纳省、锡耶纳市和锡耶纳工商联合会共同签订经济合作伙伴关系协议书；加强与"一带一路"城市结好，新增友好交流关系城市 5 对。全年接待友城访问团组 15 批、120 多人次，通过高层会谈、对口交流、经贸洽谈、教育合作等形式，推进双方关系向更深层次、更广领域发展。拓展民间交流。全年新增结对学校 6 对，其中平湖市技工学校和德西福格汽车配件(平湖)有限公司联办"双元制"订单班。举办嘉兴市第九届中澳英语夏令营、第十八届中韩美术交流展、"外国友人看浙江"摄影赛等活动。邀请拉美和加勒比地区的 46 名民间友好人士在全国友协举办的"中拉论坛"期间参观桐乡巨石集团、国际健康生态休闲产业园。全年共开展民间交流活动 60 余场次，接待外国民间组织40 余批 400 多人次。

【苏格兰首席大臣访问嘉兴】 7 月 29 日，苏格兰首席大臣尼古拉·斯特金女士及苏格兰经济发展局官员在副市长赵树梅和秀洲区领导陪同下参加威尔克工业纺织(嘉兴)有限公司的新厂开工奠基仪式。尼古拉·斯特金女士、嘉兴市副市长赵树梅、威尔克工业纺织(嘉兴)有限公司总经理何建良分别为工厂奠基致辞，并共同为新厂揭牌。其间，副市长赵树梅会见代表团一行，热烈欢迎尼古拉·斯特金女士的来访，并向其简要介绍嘉兴市外资企业的情况，表示嘉兴市政府一定为每个落户禾城企业提供优质服务。

【阿拉伯国家智库专家访问嘉兴】 8 月 25 日，苏丹工业部国务部长阿布杜·达奥德·苏里曼·阿卜杜拉、埃及投资部副部长哈娜·达克鲁里等阿拉伯国家智库专家学者一行 19 人在外交部亚非司负责人陪同下访问嘉兴市。代表团考察桐乡市巨石集团，实地参观巨石集团展厅和生产车间，详细了解巨石集团生产经营和对外投资情况。会谈期间，双方围绕巨石集团在埃及投资情况、二期投资项目进展及后续投资意向与可能性进行座谈。代表团一行在京出席"中国—阿拉伯国家产能合作与投资促进研讨会"，并走访浙江相关开发区及知名企业，了解浙江经济社会发展、对外产能合作及投资政策等相关情况。

【西澳洲政府区域发展及土地部部长访问嘉兴】 9 月 1 日，澳大利亚西澳州政府内阁成员、政府区域发展及土地部部长特里·雷德曼一行 6 人访问嘉兴。代表团首先和在西澳已有投资或有投资意向的 20 余家企业代表进行座谈，雷德曼先生介绍西澳的独特优势和投资环境，企业家们也提出与投资有关的问题。座谈结束后，市长林健东会见代表团一行，并向部长先生介绍嘉兴的基本情况，指出依托班布里市和嘉兴市姐妹城市，双方应当共同努力拓展经贸合作领域。特里·雷德曼表示，农业和旅游业的合作前景最为广阔，也邀请林健东到西澳进行实地参观考察。

【博茨瓦纳前总统访问嘉兴】 9 月 12 日，博茨瓦纳前总统费斯图斯·莫哈埃一行访问嘉兴。代表团参观南湖革命纪念馆，详细了解中国共产党的历史和发展历程、中国加强基层党建的做法和经验，以及中国深化改革和扩大开放的基本情况等。他认为，嘉兴作为中国共产党的诞生地，拥有良好的人文环境及生态环境，并有高度发达的经济水平。中联部、中纪委、浙江省外侨办及嘉兴市政府、市纪委、市外侨办有关领导等陪同参观。

【古巴农业食品部部长访问嘉兴】 9月19日，以古巴农业食品部部长圣地亚哥·佩雷斯·卡斯特利亚诺斯为团长的古巴农业考察团一行5人访问嘉兴市。古巴农业考察团一行先后走访浙江青莲食品有限公司肉产品加工基地、万奥农庄休闲农业基地、浙江壹草堂科技有限公司铁皮石斛基地、浙江万好食品公司蔬菜加工厂，考察嘉兴市农业、农产品加工和设施农业的发展情况，并在随访中向企业负责人询问有关基层党建发展情况。当晚，副市长赵树梅会见圣地亚哥·佩雷斯·卡斯特利亚诺斯一行。赵树梅向考察团简单介绍嘉兴的基本情况，她指出嘉兴有着7000多年的悠久历史，是农业大市，目前也在从传统农业向效益农业转型升级。卡斯特利亚诺斯部长表示，此次考察看到嘉兴这座城市以及农业的快速发展，希望今后双方加强紧密交流，为加快现代农业发展、促进农民增收致富、加强食品安全共同努力。

表17 **2015年嘉兴市部分出访团组情况一览**

出访时间	团长职务、姓名	人数	出访地点	出访事由
3月2~11日	副市长盛全生	6	德国、瑞士、意大利	经贸活动
3月22~31日	人大常委会副主任周楚新	5	德国、捷克、奥地利	经贸活动
5月4~13日	人大常委会副主任邵建华	5	意大利、保加利亚、英国	友好访问
5月27至6月5日	人大常委会主任刘冬生	6	意大利、德国、波兰	友好访问
7月2~11日	市委常委、秘书长孙贤龙	6	瑞士、芬兰、俄罗斯	经贸活动
8月21~30日	市委书记鲁俊	6	俄罗斯、荷兰、英国	友好访问
9月11~20日	市委副书记胡海峰	6	俄罗斯、捷克、德国	友好访问
10月14~22日	市政协副主席薛家平	6	巴西、墨西哥	友好访问

表18 **2015年嘉兴市部分团组接待情况一览**

到访时间	团组名称(团长职务)	团长姓名	人数	出席领导
1月2日	韩国驻沪总领馆与韩国国会议员团	国会议员	11	
1月13日	日本静冈县技术士协会代表团	会长冈井正彦	6	
3月7日	韩国驻沪总领馆领事团	总领事具相灿	5	
3月14~17日	韩国江陵市模范公务员代表团	松乡水木园长柳在明	8	
3月17日	美国驻沪总领馆	总领事史墨客	5	鲁　俊
3月25日	爱尔兰驻沪总领馆	总领事篙睦礼	3	
4月2日	墨西哥驻沪领馆	商务参赞罗德磊	2	
4月13日	匈牙利驻沪总领馆	总领事乐文特	4	盛全生
4月21~23日	芬兰伊马特拉市代表团	议长缇娜·伟伦·杰佩林	8	梁　群
4月23日	德国石荷州经济部长代表团	经济部长马雷德	8	盛全生
5月28日	保加利亚农业部专员与中保商会来访	农业部顾问瓦塞尔·格雷夫	2	
6月12日	匈牙利驻沪领馆团	商务领事唐安哲	2	
6月20~21日	希腊伯罗奔尼撒大区政府代表团	大区主席佩特罗斯·塔图里斯	7	柴永强
7月1日	中美加勒比国家政党干部考察团		21	
7月29日	苏格兰首席大臣团组	大臣尼古拉·斯特金	6	赵树梅
8月20~22日	日本富士市定期协议团	日本静冈县富士市市民部长加纳孝	2	

续表 18

到访时间	团组名称(团长职务)	团长姓名	人数	出席领导
8 月 25 日	阿拉伯产能合作代表团	苏丹工业部国务部长阿布杜·达奥德·苏里曼·阿卜杜拉	19	
9 月 1 日	西澳洲政府区域发展及土地部部长代表团	西澳州政府内阁成员、政府区域发展及土地部部长特里·雷德曼	6	林健东
9 月 6 日	捷克高官代表团	捷克总统泽曼	40	鲁 俊
9 月 10 日	美国恩维公司再生资源利用合作洽谈团	公司总裁迈克尔爵士	6	祝亚伟
9 月 12 日	博茨瓦纳前总统代表团	前总统费斯图斯·莫哈埃	21	盛全生
9 月 19 日	古巴农业食品部部长团	部长圣地亚哥·佩雷斯·卡斯特利亚诺斯	5	赵树梅
9 月 21 日	意大利锡耶纳市托雷纳酒庄团组	酒庄庄主 LorenzoGiotti	3	刘冬生
9 月 23 日	加州中国商会会长团组	会长	3	朱静绮
10 月 13～16 日	日本富士市民团	今泉邦弘	14	金成胜
10 月 20 日	加拿大达蒙维市政府商务代表团	市长亚历山大·屈松	11	林健东
10 月 22～23 日	瑞士圣加仑州经济署访问团	署长包肃哲	1	
10 月 28～29 日	芬兰伊马特拉市代表团	国家议员尤卡·考珀拉 市长佩迪·林图能	10	刘冬生
11 月 4 日	德国克劳斯玛菲中国区首席执行官及伍尔特中国副总裁团	克劳斯玛菲中国 CEO 克里斯蒂安·布莱特	4	林健东
11 月 6～9 日	匈牙利采格莱德市市长代表团	市长拉斯兹罗·卡塔特斯	9	盛全生
11 月 7～9 日	澳大利亚班布里市政企代表团	澳大利亚联邦地区西南发展部首席执行官查尔斯·詹金森	4	盛全生
11 月 8～9 日	德中协会及德国企业代表团	SST 公司总裁海因茨·谢瓦特	5	
11 月 14～15 日	15 国驻沪领事馆官员代表团	智利驻沪总领事安明远	35	盛全生
11 月 23 日	捷克高访团	捷克总理夫人奥尔嘉·索波特科娃	8	
12 月 10～12 日	韩国江陵青联访问团	江陵市青年联合会会长金泰南	10	祝亚伟
12 月 11～13 日	意大利锡耶纳中小企业家协会会长	Lorenzo Giotti	4	刘冬生
12 月 14 日	美国俄亥俄州尔巴那大学校长 富兰克林大学常务副校长	校长乔治·卢卡斯 副校长戈登弗雷·蒙德斯	3	柴永强

(许　叶)

侨务工作

【概况】 2015 年，根据《中共嘉兴市委、嘉兴市人民政府关于印发〈嘉兴市人民政府职能转变和机构改革方案〉的通知》精神，嘉兴市撤销市人民政府侨务办公室，组建嘉兴市人民政府外事侨务办公室，与市委统战部不再合署办公，相关人员和工作职能划入新的部门。2015 年，全市各级侨务部门共受理涉侨信访 40 件，接待来访 100 多人次，解决实际问题 30 余件次，较好地维护了侨界的和谐稳定。特别是协调解决市侨办原中旅社职工要求落实房改房的历史遗留信访件，得到信访人丁少海、钱立芳两名职工的好评并向市侨办赠送锦旗。另外，全市受(办)理华侨回国定居 4 例(南湖 3 例，海宁 1 例)；审核申报“三侨生”高考政策加分 2 例。年底，市侨办获市委、市政府 2015 年度支持浙商创业创新促进嘉兴发展工作（市级部门)考核二等奖。

【接待海外侨(社)团到嘉兴考察】 2015 年，市侨办涵养侨情资源,密切海内外联系,会同桐乡市侨办热情接待了美国夏威夷中华总商会第66届水仙花皇后友好代表团到嘉兴参观访问、“第十届世界华裔杰出青年华夏行”代表团和马来西亚华青访问团来乌镇考察,以及组织接待香港温州工商界人士嘉兴行活动。

【完成全市基本侨情调查】 2015年,嘉兴市完成基本侨情调查。此次基本侨情调查是浙江历史上首次以省委、省政府名义,运用统计部门的权威体系和科学方法,省、市、县三级联动开展的一项重要工作。嘉兴市基本侨情调查工作,由时任市委副书记高玲慧担任组长,市政府副市长盛全生和市委统战部部长朱静绮任副组长,由市侨办(市侨联)牵头,会同市统计局组织实施,市委人才办、市委宣传部、市司法局、市工商局等17家单位共同配合开展。此次侨情调查历时1年。通过实际调查和数据统计,嘉兴市涉侨总人数为88622人(旅居海外华侨、华人和港澳同胞共32363人,居住在嘉兴市的归侨、侨眷和港澳同胞眷属共14726人,嘉兴市归国留学人员、海外留学生及其眷属共41533);嘉兴市共有侨资和海归创业企业970家;海外侨(社)团22个。2015年,市侨办、市侨联获评全省基本侨情调查工作先进集体,全市侨务系统有10人获评先进个人。

【召开市侨商服务联盟第一次联席会议】 3月16日,嘉兴市召开市侨商服务联盟第一次联席会议,市委常委、市委组织部部长、市侨商服务联盟领导小组组长连小敏,市政协副主席、市委统战部部长、市侨商服务联盟领导小组副组长朱静绮出席会议并讲话。会上,市侨办主任、市侨商服务联盟办公室主任浦金英通报嘉兴市侨情基本信息,解读《关于建立嘉兴市侨商服务联盟的通知》文件的出台背景、目的及下一步操作的规范流程;联盟成员单位市经信委和人行市中心支行负责人,平湖、海宁市分管领导在会上分别作了交流发言。各县(市、区)、嘉兴经济技术开发区、嘉兴港区侨商服务联盟领导小组组长或副组长及办公室主任,市侨商服务联盟成员单位分管领导及职能处室负责人共计80余人参加会议。

【开展侨商服务月活动】 2015年,全市开展“侨商企业百日走访”活动。通过百日走访,全市收集到57家侨商企业问题或困难86个,解决61个;提交市级层面协调10个,已回复或解决6个,梳理4个共性问题提交市级相关职能部门研究协商。5月29日,为提高侨商企业负责人法制意识,集中解决企业在生产经营过程中遇到的相关涉法涉规问题,提升企业的经营及管理水平,嘉兴市侨商服务联盟领导小组办公室牵头举办税务法律法规知识培训讲座,邀请嘉兴市财政地税局总会计师傅如龙进行授课,全市60多家侨商企业负责人参加培训。

(张晓栋)

政协嘉兴市委员会

综　　述

2015 年，市政协积极协商建言，服务经济社会全面发展。以“经济新常态下嘉兴如何加快培育经济新增长点”为议题，召开市长与政协委员“面对面”协商会议，助推经济转型发展。多层次建言“十三五”规划编制。主动服务于嘉兴市“十三五”规划编制工作，列入年度重点协商议题，先后召开主席会议、常委会议进行专题视察、协商建言。关于实施创新驱动、海陆统筹、生态立市等发展战略，加快互联网经济发展、推进沪嘉科技创新、常委会议围绕法治嘉兴建设建言献策，提交的 9 个方面共 42 条意见建议。中共嘉兴市委、市政府主要领导和分管领导批示交办，有关建议得到全面采纳。就提高青少年、职工和妇女普法宣传、法律援助、教育培训的有效性，与市司法局等部门开展界别协商；着力协商《市区国有土地上房屋征收与补偿办法》等规范性文件草案，主动参与“六五”普法考核验收，多渠道助力法治嘉兴建设。七届四次全会期间，全体委员共谋全市经济社会发展，就“一府两院”工作报告集中协商，首次形成 3 个协商纪要，市法院、市检察院对协商纪要中的意见建议逐一办理并答复。主席会议先后围绕嘉兴市旅游业发展、体育产业发展、综合执法改革、教育现代化建设、港澳台侨资企业发展等议题，开展视察协商，广泛献计献策，提出意见建议共 40 余条。各专委会分别就创建全国公共文化示范区、中小微企业知识产权保护、土地节约集约利用、城市交通治堵等，与相关部门对口协商 7 次。各界别活动组围绕分级诊疗试点等开展协商建言活动 10 次。全市 76 个基层政协委员联络室结合农村生活污水治理等当地实际问题，开展协商活动 141 次，有力推进基层民主政治建设。结合中共嘉兴市委重点课题，围绕嘉兴海河联运发展深入调研，相关调研报告分别报送省政协和中共嘉兴市委、市政府。持续关注旅游发展，调研报告《抓住机遇，统筹规划，加快推进“月芦文杉”片区旅游开发建设》得到中共嘉兴市委、市政府主要领导的批示肯定，要求相关部门阅研。

4 月 15 日，市政协主席高玲慧调研海河联运建设

2015 年，市政协深化民主监督，助推民生事业不断进步。开展“五水共治”专项集体民主监督，并围绕生猪养殖转型升级、公众参与、农村生活污水治理、资金保障等长效机制的建立和运作，建立专项民主监督组，深入一线明察暗访。关于引导民间资本进入“五水共治”的对

策建议，得到中共嘉兴市委主要领导的批示，有力助推全市“五水共治”工作。开展“公铁”沿线专项督查，助推环境整治到位。组成4个督查小组分到海盐、海宁、桐乡和嘉兴经济技术开发区开展公路、铁路等沿线环境整治督查工作。市、县(市、区)两级政协委员始终以“一线”状态，针对重点整治点和整治项目联动监督巡查，跑乡村、下社区、访现场，相机拍照指问题，专题座谈提建议，督促整改抓落实。深化民主监督员工作，助力转作风提效能。完善工作机制，建立专委会联系民主监督员小组制度，加强民主监督员小组、专委会及派驻部门间的沟通联系，积极探索政协民主监督与党内纪律监督联动配合机制，市纪委就党风廉政建设通报情况、征求意见，进一步增强监督合力。提升提案工作实效，助推民生问题解决。以提高提案质量为基础、增强办理实效为目标、分层系统督办为抓手，切实抓好选题辅导、立案交办、协商督促、舆论推动等关键环节，着力构建重点突出、督办有力、落实到位的提案工作机制。加大领导领办力度，中共嘉兴市委、市政府领导领办重点提案10件、阅批提案102件，部门领导领办重要提案71件，提升办理层次。加强提案积案督办，对市政协七届一次会议以来“智慧城市”“居家养老”等4类共100多件提案进行“回头看”，推进提案进一步落实见效。推进提案工作制度化，制定《重点提案遴选与督办办法》等文件，进一步规范重点提案工作。七届四次会议以来立案交办的395件提案，已经解决或基本解决的有192件，占49%；正在解决或已准备解决的有191件，占48%；留作参考或以后研究解决的有12件，占3%。

2015年，市政协组织市各民主党派、工商联、无党派人士和人民团体负责人座谈交流，深化日常联系，听取意见建议，进一步加强合作、增进感情；组织港澳委员和特邀委员围绕全市经济社会发展，与中共嘉兴市委主要领导座谈。专题视察港澳台侨资企业，助力他们发展壮大。加强与市侨商会、留联会、海创会等社团联系协作，联合举办嘉兴市首次“五侨”联席会议。贯彻党的民族宗教政策，加强与民族宗教界代表人士的经常性沟通。发挥好以书画促联谊、送服务促团结的作用，开展送医送药送文化到农村社区活动。发挥独特优势，展现人民政协工作特色。广泛收集反映社情民意，细化社情民意处理工作流程，完善评选表彰办法，有效推动相关问题妥善解决。结合纪念抗战胜利70周年编纂出版《嘉兴抗战记忆》，会同文史研究会开展抗战史料专题研究。加强史料征编和研究运用，编辑出版《运河名城嘉兴》《嘉兴子城历史文化研究》《嘉兴文史汇编(第6册)》，全年共征集史料近20万字。密切与各级新闻单位的沟通合作，召开全市政协新闻宣传工作会议。完善常规工作报道，运用好“政协之窗”“政协话题”等媒体专栏及《嘉兴政协》、“嘉兴政协网”等宣传阵地，新设《南湖晚报》“政协·民生议事厅”栏目，及时广泛报道政协履职建言成效，树立履职为民好形象。政协理论研究会围绕加强政协履职能力建设开展专题征文，组织研讨交流，精选29篇论文报省政协理论研究会参评，其中获一等奖3篇、二等奖1篇、三等奖3篇。围绕中心工作和民生热点开展理论研究，经济发展研究会以“全面推进区域经济转型升级”为主题共征集论文38篇；社会发展研究会围绕推进依法治市开展调研和论文征集；文化发展研究会编印《传承文脉——嘉兴城市有机更新论文集》，召开“全市企业职工文化”论坛，相关论文形成专辑，为促进全市经济社会发展发挥作用。

（胡　犟）

重要会议

【市政协七届四次会议】 1月27～30日，政协嘉兴市第七届委员会第四次会议在嘉兴举行。会议审议通过高玲慧代表政协嘉兴市第七届委员会常务委员会所做的工作报告和邢海华代表政协嘉兴市第七届委员会常务委员会所作的提案工作情况的报告。会议认为，过去的一年，市七届政协常委会带领广大政协委员，牢牢把握团结民主两大主题，围绕中心，扎实履行政治协商、民主监督、参政议政职能，积极发挥协调关系、汇聚力量、建言献策、服务大局的重要作用，顺利完成市政协七届三次会议确定的各项任务。全体委员以高度的政治责任感和求真务实的精神，认真履行职责，通过大会发言、小组讨论、联组讨论和提案等方式，深入协商议政，积极建言献策。大会共收到28篇大会发言材料，11名委员代表各党派团体，市政协专委会、界别活动组在大会上作了发言。会议共收到委员以提案形式提出的意见建议401件，编写提案摘报16期。大会共编发会议简报9期。会议期间，委员们列席嘉兴市第七届人民代表大会第五次会议，听取并讨论常务副市长梁群受市长肖培生委托代表嘉兴市人民政府所做的《政府工作报告》，以及其他有关报告。会议认为，2014年，市委、市政府团结带领全市人民，以扎实开展党的群众路线教育实践活动为契机，以全面深化改革为动力，牢牢把握稳中求进工作总基调，开拓进取、扎实工作，较好地完成各项目标任务，全市经济社会发展取得新的成就。2015年，市政协努力发挥协商民主重要渠道和专门协商机构作用，围绕党政中心凝聚共识、紧扣改革发展集聚智慧、聚焦重点难点广聚良策、发挥委员作用汇聚力量，努力在履行职能中增添正能量，展示新形象。

【市政协七届十四次至十九次常委会议】 1月12~13日，市政协举行七届第十四次常委会议。会议认真学习中央经济工作会议精神。会议审议通过关于召开政协嘉兴市第七届委员会第四次会议的决定，审议通过政协嘉兴市第七届委员会第四次会议议程(草案)、日程(草案)、大会分组办法和小组召集人名单以及政协嘉兴市委员会2015年工作要点。会议审议通过市七届政协常委会工作报告，推定高玲慧为报告人，审议通过市政协七届三次会议以来提案工作情况的报告，推定邢海华为报告人。会议协商讨论嘉兴市政府工作报告(征求意见稿)。会议分别听取市政府关于市政协七届三次会议以来提案办理情况的通报，市政府关于市政协七届十一次、十二次常委会议意见建议办理情况的通报，市纪委关于反腐倡廉情况的通报，市财政局关于嘉兴市2014年全市和市本级预算执行情况及2015年全市和市本级预算(草案)的情况通报。会议审议有关人事事项，同意苏卫鸣辞去政协嘉兴市第七届委员会委员职务，审议通过关于免去沈钰祥政协嘉兴市第七届委员会副秘书长、研究室主任职务的决定，同意沈钰祥辞去政协嘉兴市第七届委员会常务委员、委员职务。同意增补李秀蓉(女)、郑江南、赵云、戴正秀(女)为政协嘉兴市第七届委员会委员。会议开展2014年提案办理工作民主评议。市政协主席高玲慧在会议结束时作重要讲话，简要回顾市政协2014年的重要工作，并就做好2015年工作和开好市政协七届四次会议提出明确要求。

1月28日，市政协举行七届第十五次常委会议。会议听取市政协七届四次会议分组讨论情况的汇报，听取有关人事事项的说明，审议通过市政协七届四次会议提案审查情况的报告(草案)和市政协七届四次会议决议(草案)，提交大会审议通过。

6月23~24日，市政协举行七届第十六次常委会议。会议协商讨论嘉兴市“十三五”规划编制。8个课题组进行发言。市委常委、市政府常务副市长梁群到会通报“十二五”规划纲要执行情况和“十三五”规划编制进展情况并讲话。会议建议，一是要从城市发展定位着眼。重点考虑嘉兴处于长三角核心区，毗邻上海、杭州、苏州、宁波四大都市的区位优势；嘉兴作为党的诞生地，江南水乡文化底蕴深厚，统筹城乡走在前列的特色优势；产业基础扎实，商务成本低廉，路网交通便捷，社会和谐稳定的基础优势。二是要从主要发展战略着手。建议深入实施“五大战略”：改革创新驱动战略，加强各类创新载体和平台建设，进一步优化创新创业环境，激发转型升级动力。与沪杭同城战略，突出“硬对接软优化、政同步民融合”的思路。城乡融合发展战略，重点是要推进人口市民化、农民专业化和城镇特色化、市域田园化。海陆统筹发展战略，主动顺应和积极融入国家“一带一路”发展战略、长江经济带发展战略，以建设省级滨海港产城统筹发展试验区为契机，充分发挥海河联运优势，力争成为海上丝绸之路经济带的重要参与者和海上丝绸之路的重要港口城市。生态立市发展战略，强化生态空间和廊道规划，严格生态功能区保护，大力发展低碳产业、节能环保产业，坚守水系、湿地、林地、农田等田园城市发展特色，完善生态立市的制度体系，营造良好的生态发展环境。三是要从重点产业发展着力。重点关注互联网经济、海洋经济、现代金融业、先进制造业。会议审议通过同意姚晓明辞去政协嘉兴市第七届委员会常务委员、委员职务，同意刘国文、胡晓云、林辉辞去政协嘉兴市第七届委员会委员职务的决定，增补孙志龙、张硕、赵建峰、蔡志昌为政协嘉兴市第七届委员会委员。

8月26日，市政协举行七届第十七次常委会议。与会人员学习省委书记夏宝龙在省委建设法治浙江工作领导小组会议上的讲话精神。9个课题组围绕深化法治嘉兴建设议题，就进一步规范行政执法，推进“四单一网”综合改革，深化行政审批制度改革，推进基层社会治理体制机制创新，完善公共资源交易市场化配置改革，深化公共法律服务体系建设，深入推进法治文化建设，加强政协在重大行政决策中协商作用的发挥，推进和谐劳动关系建设等九个方面进行发言。市委副书记、市委政法委书记胡海峰通报深化法治嘉兴建设情况并作讲话。会议建议，全面深化法治嘉兴建设，既要充分肯定已经取得的重大成就，又要深刻认识当前面临的问题和困难，做到认识上再提高，行动上再落实，举措上再深化，扭住“牛鼻子”，抓住关键处，精准发力，久久为功，才能有效提升依法治市水平。

9月18日，市政协举行七届第十八次常委会议。会议审议有关人事事项，同意增补钟富根、施建松任市七届政协委员，决定施建松任政协嘉兴市第七届委员会副秘书长、办公室主任；秦泓任政协嘉兴市第七届委员会委员工作委员会主任，免去其兼任的政协嘉兴市委员会办公室副主任职务；顾太文任政协嘉兴市第七届委员会港澳台侨委员会主任，免去其政协嘉兴市第七届委员会社会法制委员会副主任职务；钟富根任政协嘉兴市委员会办公室副主任；免去曲建平的政协嘉兴市第七届委员会港澳台侨委员会主任职务；免去张明华的政协嘉兴市委员会办公室副主任职务。

12月28日，市政协举行七届第十九次常委会议。会议协商讨论中共嘉兴市委关于制定嘉兴市国民经济和社会发展第十三个五年规划的建议(征求意见稿)，提出相关意见建议。会议听取有关人事事项的说明，审议通过关于同意金锦根辞去副主席职务的决定。市政协主席高玲慧就下一步的工作提出三方面要求：一是深入调研，建言献策，主动服务“十三五”规划编制工作。二是围绕“十三五”规划实施，精心谋划新一年的工作。三是全力做好市政协七届五次会议的筹备工作。

【市政协七届第三十八次至第四十九次主席会议】1月28日，市政协举行七届第三十八次主席会议。会议审议有关人事事项，审议市政协七届十五次常委会议议程(草案)，审议市政协七届四次会议提案审查情况的报告(草案)、市政协七届四次会议决议(草案)。

3月4日，市政协举行七届第三十九次主席会议。会议听取市编委办关于市政府职能转变和机构改革方案情况的通报，审议通过市政协2015年重点工作安排、政协嘉兴市委员会2015年协商计划、市政协中心学习组2015年学习计划、市政协七届十六次常委会议调研课题方案、市政协各专门委员会2015年工作计划，听取市政协全会工作有关建议，审议有关人事事项。会上，高玲慧指出，要注意工作的总结，对取得的经验要及时总结加以固化；要注意工作机制的建设，将工作推进实施的规程、方式、方法及时梳理出来，形成相应的工作机制；要注意专委会的自身建设，为政协事业的发展积累宝贵经验。

3 月 26 日，市政协举行七届第四十次主席会议。与会人员视察嘉兴国家农业科技园区核心区嘉卉公司和湘家荡旅游度假区，听取关于嘉兴市旅游业发展情况的介绍、芦席汇历史街区项目开发情况的介绍和湘家荡开发建设情况的介绍，重点围绕市本级旅游业发展工作进行座谈讨论。会议认为，随着大运河申遗的成功，嘉兴成为世界遗产城市，为全市旅游业发展提供难得的机遇和条件。但同时，市本级旅游的引领示范效应不够明显，资源开发不足、核心产品不强、城市功能不全、统筹协调不够等不足和问题也需引起重视，要用心面对，持续发力。会议建议，旅游业发展，要抓住“十三五”规划编制的有利时机，谋划好嘉兴下一个五年旅游业的发展蓝图。要加大旅游景点景区、配套服务设施等方面的投入，做深做足做透运河旅游的文章，实现保护利用并重，文化旅游同行。在规划布局上，市和各县(市、区)要树立“大嘉兴”理念，强化一盘棋思路，加强协同协作，打响统一品牌。在管理运作上，有关部门要形成统一的思路、统一的目标、统一的行动，合心合力合拍地把旅游这篇文章做深做活。芦席汇区块建设在方案设计定稿的过程中，要注意吸收和融合各方意见。方案确定后，要抓紧时间开工建设，争取早出形象、早出成效。要提升经营管理思路，注重和完善投融资模式、开发建设模式、运营管理模式和资本获利模式。湘家荡开发建设要按照既定的发展规划和工作思路，攻坚克难，锐意进取。要进一步挖掘内涵拓展外延，丰富完善旅游配套功能，尽早实现 AAAA 级景区建设目标。

4 月 22 日，市政协举行七届第四十一次主席会议，协商讨论生猪养殖业转型升级、农民转产转业问题。中共嘉兴市委副书记胡海峰、市政府副市长赵树梅到会听取意见建议并讲话。会议听取市政府关于全市生猪养殖业转型升级工作情况的通报，市政协经科委关于生猪养殖业转型升级、农民转产转业的调研情况，各县(市、区)政协就生猪养殖业转型发展、农民转产转业工作情况进行交流，与会人员围绕议题进行协商讨论。会议认为，2013 年以来，市委、市政府连续三年召开生猪养殖业转型升级工作会议，出台一系列政策文件，通过一系列措施，生猪养殖减量成效明显，农民转产转业步伐加快，农村生态环境显著改善，各项工作取得实实在在的成绩。但工作中也存在一些问题和困难需要引起重视，特别是违章猪舍拆除难度不断加大，长效管控机制尚未健全，退养农户转产转业缺少有效途径，政策扶持不够及时，转产资金技术相对缺乏等。会议建议：要研究生猪减量的底线，合理界定养殖数量。要以各镇为单位，因地制宜细化规划布局。明确时间节点，加快推进实施，推动畜牧业的生态化改造和规范化管理，特别是对规划区内规模化养殖场要加快环境评价、动物防疫等生态达标验收。要研究生猪养殖方式方法，全面落实无害化养殖。对规模化养殖场，要深入研究建立和完善良种繁育、标准化养殖、畜禽产品加工、动物疫病防控、畜禽产品安全监管等五大体系，强化对规划保留的生猪规模养殖场的指导和监管。要进一步完善“村收、镇集、县处理”的病死动物无害化处理长效机制，形成科技支撑有力、社会化服务健全、资源循环利用的生态畜牧业可持续发展体系。要研究管控措施防反弹，切实巩固拆违减量成果。要开展逐户排查行动，确保已签约养殖场(户)违建猪舍全部拆除到位、复垦到位。建立健全县、镇、村三级日常巡查机制，鼓励引导村依法制订规范养殖的村规民约，成立村级生猪养殖管理队伍，构建村级生猪养殖自治体系，严查严处违法行为，确保发现、整改在源头。要研究农民转产转业的新路子，加强政策引导和技术指导。在政策上加强引导、在就业上强化辅导、在技术上深化指导，推进退养户转产转业早见效。要研究农业增效农民增收问题，加快培育发展新兴产业。要高度关注并深入分析研究生猪养殖业转型升级后对相关方面的关联性影响,加快培育农业新的增长点,确保农业平稳发展的针对性措施落到实处。在农业增效上,着力调整农业生产结构,因地制宜,发挥优势,着力发展具有一定规模和区域特色的生态高效现代农业产业。在农民增收上,要通过加快一二三产融合发展,大力发展农业休闲观光、农产品电商等新兴产业,加快培育家庭农场、农民专业合作社等,吸纳并带动退养农民就业创业,增加退养农民收入。会议审议通过市政协七届四次会议重点提案建议目录,审议通过2014年度提案办理工作民主评议情况和2015年度提案办理工作民主评议实施方案,听取2014年度市政协委员履职情况汇报,审议通过市政协民主监督员工作的有关建议。

4月8日,市政协主席高玲慧调研转产转业家庭农场

5月13日,市政协举行七届第四十二次主席会议,视察嘉兴市"十二五"规划执行情况和"十三五"规划编制进展情况,与会人员视察新嘉爱斯热电有限公司农业废弃物焚烧综合利用发电供气项目和浙江新兰宝项目建设工地,听取新嘉爱斯热电有限公司农业废弃物焚烧综合利用发电供气项目的情况介绍和嘉兴市"十二五"规划执行情况和"十三五"规划编制进展情况的介绍,并进行座谈讨论。会议指出,"十三五"时期,是嘉兴市全力推进"四个全面"建设的关键时期,编制和实施好"十三五"规划,对于嘉兴未来发展具有十分重要的意义。为此,会议建议:要关注要素资源优化配置。要进一步优化增量资源配置,特别是从老百姓的角度来更加科学合理地配置资源,在"十三五"规划中要加强住宅用地的控制,使增量资源效应最大化。要进一步盘活存量资源,进一步创新工作机制,发挥市场在资源配置中决定性作用的同时,通过政府的制度创新来有效引导资源的合理配置,发挥存量资源作用。要关注创新驱动战略实施。进一步加快嘉兴科技城建设步伐,更好地发挥嘉兴科技城在整个产业转型升级中的引领助推作用。既要加大科技体制改革力度,创新和激活科技人员使用机制,又要利用好现有的国家级、省级创建品牌,发挥这些品牌的资源优势。要营造万众创新的环境,加快培育和发展社会组织,最大限度地发挥创新潜能。要关注重视生态环境建设。在治理工程项目的确定上要远近结合,注重长远,防止同一问题反复做。在产业结构上要进一步优化升级,淘汰落实产能,提升产业档次,大力发展节能环保产业和战略性新兴产业。要大力支持新嘉爱斯项目实施。重点做好"两抓两研究",即项目建设抓进度、废物焚烧抓技术,研究项目良性运行的机制、研究引导和支持的政策,实现经济效益和社会效益兼得。会议听取嘉兴科技城建设情况介绍,并作讨论研究,审议通过市政协七届十七次常委会议调研课题方案。

6月11日,市政协举行七届第四十三次主席会议,视察嘉兴市防洪设施建设情况。与会人员实地视察海盐南台头闸改造工程,听取市水利局、市建委关于嘉兴市防洪设施建设情况和城市防洪排涝工作情况的介绍,并进行座谈讨论,提出意见建议。市政府副市长赵树梅代表市政府作表态发言。会议认为,近年来,经过多轮建设和发展,嘉兴市的水利设施得到明显的改善和加强,但也存在排水能力仍显不足、设施建设受制较多、圩区管理尚需加强、洪涝防御空间无序等问题与困难。为此,会议建议:一是要以居安思危意识为根本,未雨绸缪,及早做好应对极端天气的准备。要充分利用专业人员和专业设备,通过专业的方法进行防洪排涝。二是以"五水共治"工作为契机,切实用足用好政策,用足用好项目资金,强化协作,加快推进水利防洪工程建设。特别是列入国家重点的水利工程项目要加快建设进度,提高市域整体防洪排涝水平。三是以“海绵城市”建设为载体,深入研究,科学规划,突出重点,有序推进,科学实施,加快完善城市防洪工程。要进一步加强城市防汛排涝应急机制和排水设施数据库建设,不断提高城市防洪应急管理水平。四是以“三严三实”要求为准绳,自觉践行,着力提高干部队伍的整体素质,全面加强自身建设,确保资金安全、工程安全、干部安全。会议审议有关人事事项,审议市政协七届十六次常委会议议程(草案)、日程(草案),审议通过市长与政协委员“面对面”协商会议实施方案。会议听取市金融办关于当前金融形势及多层次资本市场的专题报告。

7月17日,市政协举行七届第四十四次主席会议。会议协商讨论加快嘉兴市体育产业发展和重点提案办理情况。与会人员实地视察嘉兴活力多健身会馆网球中心店、嘉兴国际网球中心和体育公园,听取市体育局关于嘉兴市体育产业发展及重点提案办理情况的介绍,以及市政协文教卫体委关于前期调研情况的汇报,并进行座谈讨论,提出意见建议。提案人代表作发言。市政府副市长柴永强作表态发言。会议建议,要把体育产业摆上经济社会发展总体格局,坚持政府引导和市场主导、保障基本与多元发展、做大产业与加强监管、突出重点与融合发展并重,做到规划先导、政策引导、市场化运作和规范化管理。一是要加强发展规划引领。认真编制嘉兴市“十三五”体育产业发展规划,明确体育产业发展目标、工作重点和政策保障,加强体育产业发展的区域布局。坚持体育与旅游、文化等相关产业协作与融合发展,构建具有嘉兴特色的体育产业体系。逐步建立体育产业发展的统计考核体系,有效推进嘉兴市体育产业发展规划的落实。二是要加大政策扶持力度。加紧梳理、汇总分散在服务业、文化产业等相关优惠政策,激发市场活力和发展潜力。建议设立嘉兴市体育产业发展引导资金。在拓宽投融资渠道、落实税费支持方面形成可具操作性的优惠政策,逐步建立体育产业发展服务保障体系。三是要重视机构队伍建设工作。建议设立市体育产业发展办公室(或市体育局体育产业发展处)。进一步加大体育产业人才培养力度。建立体育产业人才、智力和项目相结合的柔性引进机制和体育产业人才引进绿色通道和经营实体,设立混合制的嘉兴市体育产业发展总公司,承办国际国内精品赛事。在嘉兴学院、嘉兴职业技术学院等探索设立体育相关专业和学科。鼓励发展体育中介组织,积极培育体育经纪人队伍。四是要培育体育服务品牌和龙头企业。一方面加快引进国内外优秀企业和品牌,积极引进国内外顶级赛事,鼓励发展职业体育联盟。另一方面要支持有条件的嘉兴体育产业企业做大做强。五是要探索城市体育服务综合体建设。建议全市选择1~2个点开展综合体建设试点。鼓励体育与金融、科技、医疗、文化的融合发展。支持开发以移动互联网为主体的“体育生活云平台”及体育电商交易平台。进一步整合现有体育场馆资源。六是大力促进体育消费。在全市试行医保健身一卡通,更好满足人民群众日益增长的体育需求。会议听取市发改委关于嘉兴市区居民生活用天然气调价情况的通报。

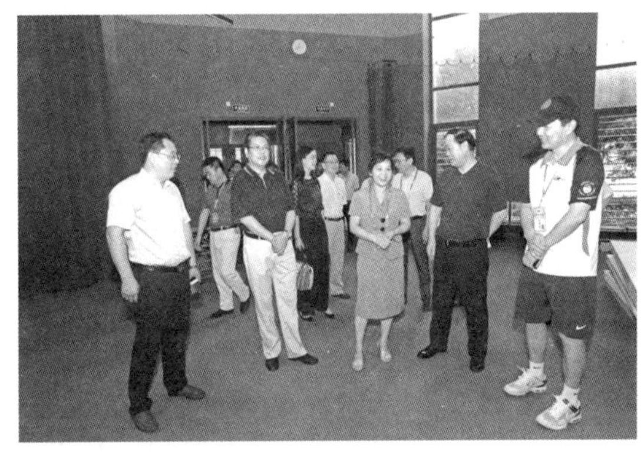

7月17日,市七届政协第44次主席会议与会人员视察体育产业发展情况

8月14日,市政协举行七届第四十五次主席会议,督查“公铁”沿线环境整治工作情况。与会人员乘车沿沪杭高速、杭浦高速、嘉桐大

道、中环南路等实地视察了海盐县、海宁市、桐乡市和嘉兴经济技术开发区公路、铁路沿线整治情况以及乌镇银杏公寓整治点、姚太线整治点等4个点的环境整治情况,听取关于嘉兴市“公铁”沿线环境整治工作情况的汇报和市政协关于“公铁”沿线环境整治前期督查情况的介绍。会上,嘉兴经济技术开发区、海盐县、海宁市、桐乡市关于“公铁”沿线环境整治工作情况做了汇报。主席会议成员及专委会负责人对督查情况作了发言,提出意见建议。市政府副市长张仁贵到会听取情况并作讲话。会议认为,嘉兴市“公铁”沿线环境整治工作,取得明显的阶段性成效,但同时还存在有的点整治不够彻底、区域之间不够平衡等问题。为此,会议建议:一是一鼓作气抓进度。要咬定目标,抓点带面,加快清的速度,加大拆的力度,坚持实在实用实效,达到根治。二是因地制宜抓整治。各地要坚持实事求是,严格依法行政,因地制宜、稳妥有序地开展好整治工作,不为整治而整治,更要研究整治出来的空间如何有效利用的问题。三是沿线沿路抓绿化。要将整治工作与全面绿化相结合,着力探索形成“种、养、管”三位一体制度,使沿线沿路多姿多彩,增强整体美感。同时要结合美丽乡村建设,加大整治提升,努力营造江南水乡特色。四是巩固提升抓长效。要总结经验,分类梳理,思考成绩效果,注重成本合理、科学长效,做好相关制度准备,逐步建立完善长效机制。会议审议市政协七届十七次常委会议议程(草案)、日程(草案),审议通过《市政协反映社情民意信息工作评选表彰办法》。

9月15日,市政协举行七届第四十六次主席会议,视察嘉兴市综合执法改革情况。与会人员实地视察嘉善县西塘桥镇综合执法联动平台,了解平台运作情况,听取西塘镇基本情况和嘉兴市综合执法改革情况的汇报。与会人员围绕下一阶段综合行政执法改革进行座谈讨论,提出意见建议:一是牢牢把握综合行政执法改革的初衷。始终突出机制建设,着力推进有效整合和有效联动。在改革进程中要结合机构平台建设和专项执法行动,及时总结经验,提升改革实效。二是牢牢把握规范化、法治化、专业化建设。执法程序的规范要及早制定完善。按照依法治市要求,切实做到依法行政、阳光执法。要突出专业化建设,解决好包括职责权限的明晰、边界的清晰等一系列难题。三是牢牢把握执法队伍建设。加强思想政治建设,加大执法培训,规范执法程序,注重柔性执法,加强执法力量配备,着力培养执法骨干力量,切实加强执法班子建设,不断提高执法队伍素质。四是牢牢把握各部门合心合力要求。进一步明确责任清单和执法清单,理清职能范围,划清责任边界,清晰行政问责和行政诉讼等方面要求;加强职能衔接,健全协调机制,完善沟通平台,进一步优化行政管理,实现执法工作流程再造。市政府副市长张仁贵到会听取情况。会议审议有关人事事项,审议市政协七届十八次常委会议议程(草案)、日程(草案)。

10月15日,市政协举行七届第四十七次主席会议,视察嘉兴市教育现代化建设情况。与会人员实地视察东北师范大学南湖实验学校和嘉兴实验小学,市教育局汇报嘉兴市教育现代化建设情况。与会人员进行座谈讨论,提出意见建议:一是以指标体系为统领,全面推进教育现代化建设。要围绕指标体系的具体要求,制定好实施方案。在提升硬件建设的基础上,突出内涵建设。二是以公平和质量为核心,着力办好人民满意的教育。在教育公平上,建议要统筹教育投入,实现投入均衡;整合教育资源,努力实现学校合理布局、学区科学划分;推进教育均衡,着力关注全民教育,妥善解决新居民子女教育问题。要加快学校标准化建设,大力推进教师交流试点,从而真正实现教育资源硬件、软件均衡,逐渐缩小校际差异,消除城乡差距,推进各类教育优质化、均衡化协同推进、协同发展。在教育质量上,建议要更加注重创新人才培养模式,以人为本、能力为重,深入推进素质教育,以提升学生能力为主线,围绕质量体系的核心指标,在培养模式、课程设置等方面进行改革创新。三是以改革创新为动力，积极探索教育现代化建设路径。进一步优化城乡学校布局，抓住“十三五”规划编制契机，利用好“多规合一”试点，不断完善学校资源配置；把“学校人”转化成“系统人”，在一定系统内，统一管理教师的交流、考核、评价等问题；从财力和人力上优先落实，切实保障义务教育小班化教学的稳步推进，统筹考虑学前教育发展需求，稳妥解决新居民子女学校建设等难题。市政府副市长柴永强到会听取情况并作讲话。

11 月 13 日，市政协举行七届第四十八次主席会议，视察嘉兴市港澳台侨资企业发展情况。与会人员实地视察嘉兴众恒汽车部件有限公司和嘉兴和丰控股集团有限公司。市外侨办汇报嘉兴市港澳台侨资企业发展情况。与会人员进行座谈讨论，提出意见建议。市政府副市长盛全生到会听取情况并作讲话。会议建议：一是加大招商引资，促进港澳台侨资企业形成产业链。要把握产业转型升级趋势和投资动态，确定主攻方向，争取引进一批规模比较大、产业关联度高、区域带动性强的产业项目，逐步形成产业集群效应。重点围绕信息、节能环保、健康、旅游、时尚、金融、高端装备制造这七大千亿产业和现代种业、绿色化工、太阳能光伏、机器人、现代物流、楼宇商务等特色产业、产业链，加强合作、加快引进，不断提升嘉兴市扩大开放、招商引资的水平。二是完善政策帮扶，切实解决融资难等问题。由市政府牵头召集相关银行，共同协商设立全市侨资企业专项贷款额度，并适当放宽还贷期限；主动协调银信部门，积极搭建银企对接平台。重视对侨商行业相关数据的统计研究工作，完善方法，加大数据资料共享。三是健全联动机制，全面营造良好投资环境。要进一步健全党委政府主导、外侨办台办协调、相关部门配合、社会各界参与的综合协调工作机制。不断完善侨商合法权益保护机制，加大对信访、投诉案件的协调和处理力度，做好跟踪服务和全程服务。着重发挥侨商会、侨商服务联盟、海创俱乐部等作用，加快整合侨商服务平台和外资管理服务体系。建立领导联系侨企、部门帮扶侨企的制度。建立健全海外华侨和“三胞”重点人士信息库。四是支持创新发展，帮助港澳台侨资企业做大做强。有关部门有针对性地帮助重点企业申请技术创新等项目，争取扶持资金等，促进企业扩大规模、提档升级。

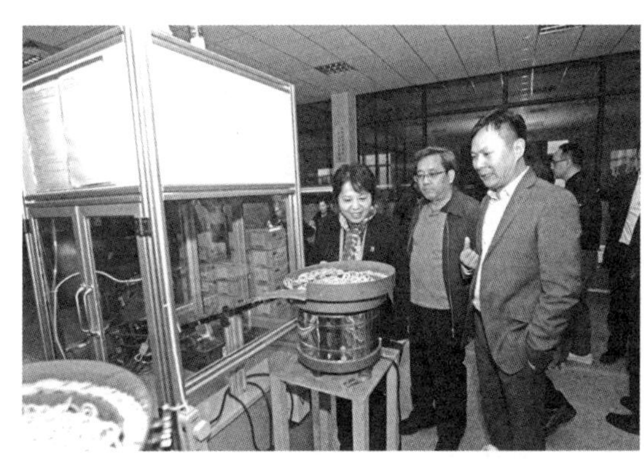

11 月 13 日，市七届政协第 48 次主席会议与会人员视察嘉兴市港澳台侨资企业发展情况

12 月 21 日，市政协举行七届第四十九次主席会议，审议通过七届十九次常委会议议程（草案）和日程（草案）、社情民意信息工作奖励建议、七届四次会议优秀提案推荐目录，审议《重点提案遴选和督办办法》和有关人事事项，市委常委、组织部部长连小敏应邀参加会议。会议听取嘉兴市平安建设工作情况通报，并进行座谈讨论，提出意见建议。要持之以恒，工作状态不松懈。要防患未然，源头治理重化解。加大领导包案力度，深入开展信访积案化解等活动，坚持多方联动、多管齐下，因地制宜、因人施策，逐步化解影响社会稳定的长期性问题。市政协将持续关注，发挥好自身的优势和特色，主动协商建言，开展民主监督，积极履职尽责，努力助推嘉兴更平安。

（胡　犨）

主要工作

【开展“三严三实”专题教育】 2015 年，市政协周密安排，认真组织，全面推进“三严三实”专题教育活动,坚持把严的标准、严的措施、严的纪律贯穿全过程。市政协领导率先垂范、以身作则,带头上党课,多次组织专题集中研讨。立足问题导向,从严从实抓好思想教育、党性分析、整改落实和立规执纪,进一步深化“四风”整治,突出守纪律讲规矩。活动紧密联系政协工作实际,开展“走基层、看发展”教育实践暨青年党员学习和重走“一大”路等活动。结合专题教育的要求,开展好“转型发展服务年”活动以及“四张清单一张网”专项民主监督等活动,将专题教育与加强履职能力现代化建设、推进政协事业发展结合起来,努力实现专题教育和政协工作两手抓、两促进,落实真抓实干见实效。

【召开市长与政协委员“面对面”协商会议】 紧扣发展大局,创新协商载体,10 月 23 日,以“经济新常态下嘉兴如何加快培育经济新增长点”为议题,首次召开市长与政协委员“面对面”协商会议,助推经济转型发展。在历时 5 个多月的周密准备、深入调研基础上,32 名委员与 8 名市政府领导及 12 个部门领导零距离交流、面对面协商,分别就信息化与工业化深度融合、楼宇经济、光伏产业、时尚产业、金融产业、养老服务业、旅游产业等经济增长点建言献策,市委副书记、市长林健东高度评价委员发言主题准、调研深、建议好,有很强前瞻性、针对性和可操作性。会后,33 篇调研报告及相关意见建议梳理汇总成专题报告,送交党委、政府及有关部门,得到中共嘉兴市委书记鲁俊的批示肯定。

10 月 23 日,嘉兴市召开市长与政协委员“面对面”协商会议

【开展“五水共治”专项民主监督活动】 2015 年,市政协围绕“五水共治”的长效机制建设,继续开展专项集体民主监督活动。围绕生猪养殖转型升级、公众参与、农村生活污水治理、资金保障等长效机制的建立和运作,市政协建立专项民主监督组,深入一线明察暗访,并着力推动县(市、区)间联动联治机制的建立完善。先后围绕防洪设施建设、生态循环农业发展、民间资本引入等重点难点,深入调研思考,多层次开展协商,助推相关问题解决。开展“江河四季访”、查找垃圾河和黑臭河、回访已整治验收的河道等活动,做到小分队、多批次、广覆盖,报实情、讲真话、建净言。全市各级政协上下联动,三级委员全员参与,合力作为、齐心发力、共同发声,精心组织实施,共建立治水工作联系点 295 个,设立监督调研组 149 个,实地查看村(社区)1055 个、企业 1444 个、河道 7335 千米,发现问题 812 个,已整改 704 个,提出意见建议 1066 条,被采纳 706 条。“以一线精神开展民主监督,力促治水长效机制建设”这一做法在全省政协专题总结会上被推广。

【开展提案办理工作民主评议】 2015 年,市政协首次专题对 2014 年提案办理工作进行民主评议。根据《政协嘉兴市委员会提案办理工作民主评议办法(试行)》和《政协嘉兴市委员会 2014 年度提案办理工作民主评议实施方案》的要求,市农办、市农经局,市水利局,市商务局,市卫生局提案办理单位主要领导在会上介绍了 2014 年主办提案的办理情况。参与评议的政协委员从五个方面进行现场打分。会后,形成提案办理民主评议意见分别报送市委办、市政府办及相关被评议部门。

【出版《运河名城·嘉兴》】 3 月 5 日,市政协举行《运河名城·嘉兴》首发式。市政协学习和文史委、市级机关有关部门(单位)、运河沿线区(市)政协文史委负责人以及本书编委会成员和撰稿人近30人参加会议。市政协主席高玲慧出席会议并讲话。会上举行赠书仪式。《运河名城·嘉兴》全书约40万字,200多幅图片,全面展现嘉兴运河肇始、发展和嘉兴城市因水而生因河而兴的历史,涵盖嘉兴城市发展、运河变迁、航运事业、文化风俗、名胜古迹以及文人对运河的描述和赞颂等内容,是一部系统反映运河与城市发展的历史著作。该书从启动编撰工作到正式出版,前后历时近三年。

(胡　犁)

优秀提案选录

【关于加强河道淤泥无害化处置和资源化利用的建议】 市政协七届四次会议第103号提案

一、基本情况

2014年嘉兴市交接断面的水质考核达到优秀,水质恶化得到有效遏制,水环境持续改善。但随着"清三河"专项行动的全面推进,特别是大规模河道疏浚清淤工程的开展,伴随而来的是产生巨量的淤泥(据了解,仅"十一五"期间的全市城乡河道疏浚淤泥总量就达1.09亿立方米),其面临的场地堆放和安全处置问题,已成为基层最头痛最难解决却又无法回避的困难和问题,也将直接影响"五水共治"工作的深入推进。

二、主要问题

1.淤泥自身存在问题。①很多疏浚淤泥成分复杂,甚至含重金属;②遇降雨易变泥浆重新冲入河道,形成二次污染;③在堆放地易散发臭味,严重影响周边居民生产生活;④干燥后易成扬尘。

2.堆放场地严重缺乏。目前,全市各地都面临土地短缺的问题,可用于淤泥堆放的新地土地更是少之又少,而如果像以前一样利用现在的可耕地作堆放场地,在新的形势下无论是从耕地保护的还是从经济成本的角度已不可行。

3.现有技术不成熟。目前,嘉兴市对淤泥的处理方式主要是采用堆积固化法、以泥肥田法,以及由嘉爱丝热电厂将重污染淤泥焚烧法,占地多成本高能耗大,且处理量也满足不了实际要求。同时,也缺少固化稳定淤泥中的重金属的环节。

4.费用巨大难以承担。按"十二五"期间全市河道18300余条(段),湖泊119个,全面进行清淤疏浚一遍,其产生的清淤成本、运输、借地及机械脱水、固化处置等费用,将是个天文数字,嘉兴市各级财政既不可能也难以承担。

三、意见建议

嘉兴市必须突破原有的传统模式,创新思维方向,走淤泥减量化、无害化、资源化道路,建议大力开发和推广疏浚淤泥固化与再生资源利用技术,通过这一技术将污染淤泥变成各种工程材料的保护环境和再生资源技术。目前,日本等发达国家已大规模推广和应用,如日本在琵琶湖、霞浦湖的清淤工程中引入疏浚淤泥固化处理技术,将固化处理后的疏浚淤泥结合邻近的市政工程、堤防加固工程、道路工程、填方工程作为良好的填土材料应用,而名古屋机场就是使用了1200万立方米固化疏浚淤泥作为填方材料。这也是今后疏浚淤泥处理的发展方向。

一是建立统筹推进机制。强化政府在统筹协调、优化环境、政策扶持、应用示范等方面的主导作用。建议由市"五水共治"办牵头,建立跨部门、跨区域协调推进机制,安排疏浚项目、排摸淤泥总量、明确部门职责及协调收、运、处及特许经营等方面的管理工作。

二是建立政府扶持机制。淤泥的处置具有公益性、非盈利等特性,根据国务院、省、市关于鼓励和引导民营资本参与公共服务领域建设的相关文件精神,切实做好引导扶持。首先要加大评估疏浚淤泥收运处环节费用,对收运处企业成本认真测算,制订民间资金进入淤泥处置领域的财政资金补助或奖励政策。其次因疏浚淤泥固化处理成填土材料是新产品、新技术，需政府为其销售和行业进入提供渠道，要出台鼓励优先政策、行业质量标准、设计规范要求，并提供市政工程项目库。

三是建立资金保障机制。要以项目为导向，积极向上争取国家“863”计划、水专项试点、循环经济类项目、太湖流域综合治理等中央、省相关项目资金的补助，最大限度获取政策倾斜、资金支持；完善项目建设资金财政分级负担机制，充分调动基层积极性。学习借鉴先进商业模式，吸引社会资本参与建设项目。加大融资力度，鼓励金融机构加强信贷支持，探索发行水环境治理债券。

四是建立监管监测机制。一是加强处理环节的监管。建立健全收费定价、全程监管、执法联动、信息交流和反馈机制，将嘉兴市疏浚淤泥纳入法制化管理、资源化利用的轨道。二是加强产品标准和质量监管。根据工程的技术要求，参照国内外同类产品的技术指标，制定出“复合型淤泥固化材料”的行业标准及填土材料的质量标准。三是加强长期监测。科学设计和建立一整套疏浚淤泥种类、数量、流向和固化材料来源的可追溯机制。建立数据采集、信息预警和执法跟踪的监管信息平台，对疏浚淤泥进行全程跟踪。

附：

市“五水共治”工作领导小组办公室
对市政协七届四次会议第103号提案的答复

2014年，嘉兴市清淤河道长度1890千米，清淤约1134万立方米，投资约3.34亿元。2015年全市计划清淤河道长度1100千米，清淤约660万立方米，投资约2亿元。

嘉兴市各县(市、区)清淤方法、堆放地点和形式各有不同：水力冲挖清淤方式需抽干河水，就近借地建泥塘堆淤，自然固化；抓斗式清淤方式一般用于加高加固圩堤或抬高地面；绞吸式清淤一般在城市河道使用，在市区外围空地借地建泥塘堆淤，自然固化。

一、淤泥的农业利用

1.淤泥还田：一般利用冬春农闲季节，将淤泥直接回田。例如海宁借地堆放时间一般为半年，费用一般为200～300元/亩(经济作物更高)。清淤后及时开沟排水，去除砖石等杂质，整平复耕。

例如海盐沈荡镇对地势较低的田块采用堆淤方式，每亩能消纳淤泥约300立方米。桐乡、秀洲等地方，利用桑地或园地进行堆淤，增加肥力。秀洲区、平湖市将淤泥直接还藕塘增肥，既消纳了附近河道淤泥，又增加了藕塘肥力。产生了环境与经济双重效益。但该方式主要受莲藕的种植面积、分布情况限制。

此类方式是嘉兴市目前主要的消纳河道淤泥方式之一。

优点：清淤成本较低，能提高土壤肥力，改善低洼易涝田地，也是环保、高效、经济的保持土资源平衡的方法。

缺点：淤泥须先检测，确定未受工业污染的方能入田；随着经济作物增多，淤泥还田难度和成本都将大幅上升。

2.借地建塘堆淤

借地费用一般以3年借地租金加复耕费组成。多在3000～5000元/亩。秀洲、嘉善、平湖、海盐、桐乡等地均有采用。

优点：可以按泥塘实际堆淤方量进行结算。

缺点：需要借地量较大，租期较长，费用较高。

二、淤泥的工程利用

1.淤泥置换建堤

将抓斗式清淤的淤泥作为河道圩堤加高加固土方。先将好的土挖起来做圩提，再将河中淤泥填埋在所挖沟槽中。经测算，一般每千米圩堤可消纳3万立方米淤泥。每年的加高加固圩堤工程如均采用此办法，可消纳淤泥150万立方米。

优点：简便易行，成本较低，绩效较高。

缺点：需要有较开阔的空间用于建堤填淤。

2.转为绿化用土

淤泥含丰富的有机质，经处理后就可作绿化用土。仅平湖市2014～2016年，计划新增绿化2666.67公顷，约需绿化用土800万立方米，可以较好地解决绿化用土资源紧张和河道淤泥出路的问题。局限是需要一定规模的堆放场地和处置能力。

三、淤泥的加工利用

1. 将淤泥及秸秆腐化加工成生态有机肥。如海盐的嘉兴三羊现代农业科技有限公司,利用处理淤泥和秸秆腐化加工成生态有机肥。经检测、发酵、混合、脱水烘干等工序,生产废料种子,包装出厂。

2. 将淤泥加工生产成新型建筑材料陶粒。如海盐嘉兴常绿陶粒科技有限公司的再生利用生产陶粒循环项目,生产新型建筑材料陶粒,具有隔热,保温,耐火,隔声,吸音,抗震,耐腐蚀,节能等特点。年生产陶粒15万立方米,能消化河道淤泥约50万吨,工业污泥2万吨。陶粒加入适量的石粉,黄沙,水泥作为填充料和黏合剂,抗压强度能做到5~50兆帕,也可用于河道砌块,制作文化石等。

3.研发新型烧结保温砖。浙江中悦环保新材料股份有限公司研发主要以工业废渣和淤泥为原材料,产品具有轻质、保温、节能、隔音、耐久的特点,建筑节能约50%,年消耗各类淤泥约25万吨。

4.疏浚底泥固化与资源化利用项目。平湖市一家企业与上海科研院所合作,开展淤泥固化与资源化利用的项目,为工程用土提供有效替代物,达到减少生态破坏、降低生产成本的功效。

四、推进措施

要破解淤泥清理难、堆放难、处置难的问题,确实需要开拓创新,提高淤泥固化与再生利用技术水平,实现减量化、无害化、资源化。政府层面主要从统筹协调、政策扶持、示范推广、监督管理等方面加强引导,推进淤泥的工程利用和加工利用,使项目推进顺利、企业投入盈利、农民参与得利、生态环境收益。

1.做好统筹协调:一是科学规划河道疏浚计划及淤泥堆放、处置场地;二是汇总发布清淤项目的计划、工期、数量等信息;三是统筹协调淤泥的输送、堆放、处置等环节;四是构建信息发布交易平台,整合淤泥加工及工程利用等资源,降低处置成本、提高经济效益。通过淤泥的资源化利用,实现生态效益、资源效益的最大化。

2.做好政策扶持:对上积极争取国家“863”计划、水专项试点、循环经济类项目、太湖流域综合治理等中央、省相关项目资金的补助,最大限度获取政策倾斜、资金支持;对下支持企业参与淤泥的加工和利用,实现资源化处置目标的项目,按项目总投资额的10%给予补助,最高补助100万元;实现无害化处置目标的项目,按项目总投资额的5%给予补助,最高补助50万元;污泥处置运行的按15元/吨奖励。今后还将进一步研究制定扶持政策。

3.做好示范推广:对利用淤泥生产有机肥、新型建材、绿化用土、工程用土的项目,进行重点示范推广,帮助企业协调立项、用地、融资、技术和市场等环节,大幅提高淤泥资源化利用的规模和水平;对利用淤泥还田的项目,做好场地规划、工期安排、淤泥监测、效益评估等工作,以提高淤泥农业化利用的质量、效益和水平。

4.做好监督管理:一是加强淤泥的监测,一旦发现有重金属等无法自然降解的污泥污染,要追根溯源杜绝污染源;污染淤泥不得还田,必须采用烧结等固化方式处理,并建立全程跟踪机制,以防污染转移。二是加强淤泥偷排的监督和处罚,建立清淤和输送环节的全程监管,通过严格执法杜绝淤泥偷排污染。三是加强淤泥疏浚标准和处理环节的监管,建立健全信息发布、招标投标、收费定价、工程监管、执法联动、信息交流、效益评估和反馈等全过程的监管机制,使疏浚淤泥得到法制化管理、资源化利用。四是加强淤泥固化的标准制定和质量监管,根据工程的技术要求,参照国内外相似产品的技术指标,制定“复合型淤泥固化材料”的行业标准及填土材料的质量标准,以利于淤泥固化技术的推广运用。五是加强长效管理监测反馈机制,科学设计和建立一整套疏浚淤泥种类、数量、流向和固化材料来源的可追溯机制,建立数据采集、信息预警和执法跟踪的监管信息平台,对疏浚淤泥进行全程跟踪和评估反馈机制。

【关于为市区新建公园和绿道设立卫生及休息设施的建议】 市政协七届四次会议第180号提案

一、基本情况

近年来,嘉兴市区的公园和绿道建设进展很快,城市的绿化率不断提升,基本形成了园林化城市的基本格局。作为江南水乡城市,嘉兴依水而生。嘉兴经济技术开发区、嘉兴国际商务区范围内,占地30公顷的姚家荡公园正以“滨水绿地,生态公园,城市地标”的姿态呈现在嘉兴的西南大地上。中环南路以南,沿纺工路的中央公园和嘉兴植物园也已基本建成。市区主要河道两旁也基本建成了数百千米的绿道,形成“三环八放射四连”绿道网,主要包括旅游观光休闲、慢行交通组织、改善城市景观、恢复生态四大功能。这些新建的公园和绿道成为市民最好的休闲和体育锻炼的场所,深受广大市民的欢迎。

二、主要问题

(1)新建的公园和绿道缺乏必要的公共卫生设施。如中央公园、植物园和姚家荡公园,很少看到卫生间,有的还没有建设;绿道的周边,更没有这些公共卫生设施;给在这些场所活动的市民带了不便,也影响到公共卫生。

(2)新建的公园和绿道缺乏必要的休息设施。有些新建的公园有简单的石凳或者长椅,有些还没有;绿道两旁也缺乏相应的休息设施。

三、意见建议

(1)在新建的公园和绿道建设必要的公共卫生设施,方便市民的休闲生活需要。公共卫生设施的结构及造型建议结合嘉兴的历史及人文特点。

(2)在新建的公园和绿道建设必要的休息设施,如凉亭、长椅、石凳等。休息设施的结构及造型应结合嘉兴历史及文化特点,突出嘉兴元素。

附:

市建委对市政协七届四次会议
第180号提案的答复

新建公园、绿道沿线缺乏必要的公共卫生设施和休息设施的情况确实存在,也是市建委近年来一直在努力完善的工作,提升完善绿道、绿化品质再一次被列入市政府2015年十大民生工程,市领导高度重视绿道建设工作。市委常委、秘书长孙贤龙3月12日对公园、绿道配套设施建设情况进行调研,明确要求各建设主体对照公园和绿道建设设计标准,对已建公园、绿道的配套设施情况进行排摸,配套不到位的公园、绿道要明确配套内容和建设计划;新建公园、绿道,其配套设施必须严格做到与主体同步设计、同步施工、同步投入使用。孙秘书长同时明确该工作由市建委牵头,各主体具体实施。各主体要明确牵头领导、牵头部门,责任到人;排摸后要明确目标,制定实施计划;为抓好落实,建立月报制度。市建委于2015年3月17日下发了《嘉兴市建委关于上报完善市区公园、绿道配套设施建设相关工作的函》,各实施主体及时上报了分管领导、责任部门、责任人和联络员;并于3月26日召集了各实施主体的责任人和联络员开会,各实施主体及时开展了公园和绿道配套设施现状的排摸,绿道办在5月初进行了2015年完善公园、绿道配套设施计划的汇总,建立起了月报制度,明确在每月的10日前汇总上个月的实施建设进展情况,通报各个实施主体工作推进进度,确保年终及时完成各项工作。

根据各实施主体的计划安排,2015年对公园内、绿道沿线已经建成的6座公厕进行了情况排查,目前勺园、国际友好园和运河公园东北角等3座公厕已向市民开放,还有秀洲区2座、开发区1座公厕基建已完成,正在进行移交前的准备工作,预计9月底前向市民开放。2015年计划新建的10座公厕,到8月底,已经有7座公厕基本完成,有1座正在施工建设阶段,还有嘉城集团实施的西南湖生态绿洲还有2座公厕,前期已完成设计方案,目前因西南湖地块开发,需要与整体布局一致,方案要作适度调整,现方案还未确定。各实施主体在完成公厕配套建设的同时,根据2015年民生实事工程的要求,在标识标牌的完善性、绿道的连通性、路灯照明的普遍性、其他设施的完整性等方面加强了实施建设和完善维护,目前这项工作正在有序进行中,确保年底按民生实事工程的要求及时完成建设任务。

在此也恳请政协委员进一步加强对市建委工作的督查,增强完善公园、绿道配套设施建设工作的推动作用,市建委在完成年初计划的同时,进一步加强公园、绿道配套设施的养护管理工作,督促各实施主体,建立长效的养护管理机制,让市民使用方便。

【关于加快嘉兴市新型智库建设的建议】 市政协七届四次会议第254号提案

一、基本情况

党的十八届三中全会和四中全会分别出台了《中共中央关于全面深化改革若干重大问题的决定》和《中共中央关于全面推进依法治国若干重大问题的决定》,提出了全面深化经济体制改革和建设中国特色社会主义法治体系。上年底,中共嘉兴市委七届九次全体(扩大)会议审议并通过《中共嘉兴市委关于全面深化法治嘉兴建设推动法治建设走在前列的实施意见》,提出了依法推进地方立法工作,建立地方立法专家库。2015年是完成"十二五"规划、谋划"十三五"发展的重要一年,当前嘉兴市正面临经济发展的重要机遇期和矛盾多发期,为全面贯彻落实党的十八大精神,适应经济发展新常态、推进依法治市,必须善于集中各方面智慧、凝聚最广泛力量,加强嘉兴市新型智库建设,建立健全决策咨询制度,进一步提升决策的科学化民主化水平,真正实现科学决策、民主决策、依法决策,促进嘉兴市经济社会更好更快发展。

二、主要问题

智库又称头脑企业或智囊机构、顾问班子,是指专门从事开发性研究的咨询研究机构。它将各学科的专家学者聚集起来,运用他们的智慧和才能,为社会经济等领域的发展提供满意方案或优化方案,是现代领导管理体制中的一个不可缺少的重要组成部分。根据十八大提出的新要求,嘉兴市在"新型智库"建设方面,仍相对滞后,尚未建立高层次的"智库"统一协调管理机制,参与决策层面不广泛,"新型智库"建设的基础制度相对滞后。从目前嘉兴市市级研究机构来看,研究主要包括市委、市政府、市人大、市政协的4个研究室,在禾高等院校结合当地实际的区域性研究中心以及市社科院等机构和一些机关部门的研究处室,由于各研究机构的设置和职能定位不一,研究资源又没有进行有效整合,造成经费保障和人力资源普遍不足,力量分散、职能交叉;参与决策的机制不完善,研究成果的转化率不高。嘉兴市各级政府和一些部门虽有咨询委,但没有形成全市统一的专家资讯库,专家的构成国家层面和外省市的很少、国际层面的专家更少;全市没有形成统一的咨询专家机制,咨询力量尚未得到有效整合,实用性、应景型的咨询较多,缺少前瞻性、针对性、可操作性强且有机统一的咨询调研成果。此外,汇集、培养人才并发挥其作用的机制尚未完善,造成参与嘉兴市咨询调研的专家学者来源较窄、层次不够高,尤其缺乏国内知名乃至国外的高层次专家。咨询调研的人才,除了专家学者和机关研究人员,还应包括企业等社会各界以及机关退养、退休的一大批理论素养好、实践经验丰富的人才,缺乏这方面人才的汇集机制,不利于研究的全面性、系统性。

三、意见建议

1.正确定位嘉兴市新型智库发展目标,"服务决策"是根本,"适度超前"是关键,表现为内部提升公共政策质量,外部增强在全省乃至全国的影响力。把智库建设作为推进科学执政、依法行政、增强政府公信力的重要内容,加强政府智库建设,鼓励在禾高校智库及民间智库发展,形成由产业、科技、法治等各类人才和涵盖海内外知名专家的全市统一的专家资讯库，为地方立法作人才准备。加快构建“智库谋划、部门决断”的合理分工决策平台，完善智库参与决策的机制，使决策咨询论证成为重大决策程序的必经环节。让“智库”真正参与到决策中来，提升党政决策的科学化民主化水平。

2.创新“新型智库”管理方式，建立由市委、市政府统一协调管理的“智库”协调委员会；设立协调委员会的办事机构——“嘉兴市经济社会发展决策研究中心”，对全市的决策咨询研究工作实施统一管理，主要职能是拟定市级课题研究计划，推进课题招标、市领导交办课题的研究工作，并设置专人负责项目策划，并赋予其政策研究的协调权和研究成果的评估权，增强服务决策的职能。全面梳理市级决策研究力量，加强市委政研室、市政府研究室、市人大研究室、市政协研究室，以及市政府各部门、各区县的沟通联系，建立有效调研考核机制，最大限度地整合研究力量，产生更多优秀的调研成果，形成多点联动的工作格局。

3.发挥人民政协的独特优势，建立由市委、市政府牵头，企业、院校参与，政协协调管理的“智库联盟”，拓展全市“智库”建设平台，在此基础上实现科学决策；完善工作机制，夯实嘉兴市“智库”建设基础，使执政党最大限度地听取民意、集中民智。市政协要组织调研，形成议案，为市委、市政府提供决策参考；完善人才机制，充实研究人员队伍，改善各研究机构条件，提高调研工作水平；完善保障机制和激励机制，鼓励专家积极开展决策研究与咨询活动，真正发挥好“智库”的作用。

附：

市委政研室对市政协七届四次会议
第254号提案的答复

市委政研室会同市政府研究室、市人大研究室、市政协研究室，以及市委宣传部(社科联)对新型智库建设进行了认真研究，开展了一系列工作：

一是开展专题调研，形成政策建议。2015年3月，市委政研室组织力量深入五县两区、市咨询委、市科技局等相关部门以及部分咨询管理机构进行了广泛调研，根据嘉兴市智库发展的基本情况和国内外智库发展经验，形成了《关于加快嘉兴特色新型智库建设的思路研究》课题，提出建设“智库嘉兴”网上平台等政策建议并获市有关领导原则同意。总体上，把嘉兴市新型智库的定位为：以服务党委和政府科学民主依法决策为宗旨，立足市情、着眼全局，以开展前瞻性、针对性、储备性政策研究，提出专业化、建设性、切实管用的政策建议为主要内容和目标，不断完善组织形式和管理方式，着力打造富有特色、集约高效的智库体系。新型智库体系将在原来党委核心智库的基础上，拓展为党政智库、高校智库、社会智库、企业智库等，同时，发挥人大、政协发挥独特优势，不断增强全市智库建设的广度和深度，创造条件吸引海内外专家加盟智库，具体将进一步征求意见、协商研究后加以推进。

二是加强组织协调，形成工作机制。根据2015年调研所掌握的情况，总体而言，嘉兴市智库建设尚处雏形，尚未建立高层次的协调管理机制。各研究机构由于职能定位不一，重复研究、交叉研究的现象在一定程度上仍然存在，迫切需要加快推动新型智库建设，增强研究的全面性、系统性。2015年4月，由市委政研室(市调查研究工作联席会议办公室)牵头，组织召开了全市调查研究工作联席会议，下发《嘉兴市2015年度“调研清单”》(征求意见稿)，对全市各有关部门拟研究的课题进行全面梳理，确定调研联席会议重点跟踪课题25个，邀请开展及归并研究重点课题5个，同时，汇总并公布2015年度各县(市、区)、市级机关各部门(单位)重点调研课题280个，为推动各课题承担单位研究资源整合打下基础。

三是推进合作共建，形成工作合力。自2014年起，为进一步提升决策的科学化、民主化水平，嘉兴市开始着手建立党委核心智库，由财政拨款，每年设立10～15万元的专项资金，通过举办“政研论坛”、全市调研骨干培训班，组建特约研究员队伍等一系列举措，不断整合调研力量，形成工作活力。目前，部分市级职能部门与高校积极开展以课题申报和研究平台共建为主要形式的合作研究，其中包括，市财政局与嘉兴学院共同发起的公共财政研究中心；市经信委与嘉兴学院合作成立的“机器换人”推广服务中心；嘉兴学院商学院、浙江大学“CARD”中心、嘉兴市委政研室共同发起的长三角城乡统筹发展研究中心等等。与此同时，高校与企业、行业协会的合作也日益密切，开展了如《海宁市制革企业废水、污泥、成品相关化学指标测定方法规范化》等各项研究。下一步，拟考虑按照中办、国办《意见》中有关“搭建互联互通的信息共享平台”的要求，立足现有的工作基础和机构设置，基于“中国嘉兴”网站，各主要研究机构和部门、各县(市、区)共同参与，建立统一开放的专门网站——《智库嘉兴》，为决策者和研究者提供更多互动式服务，通过打造研究平台、展示平台、转化平台和评价平台等四大平台，建设全市统一的专家库、信息库、成果库，着力解决原来各级各部门研究成果资源分散、难以分享的问题；解决非保密性研究成果只能停留在“政务内网”、而不能拓展到互联网进行“互联互通、共建共享”等等问题，力争使新型智库成为嘉兴调研联席会议的一张金名片，集聚更多的智力资源为嘉兴经济社会发展做出贡献。

民主党派和工商联

民革嘉兴市委会

【概况】 2015年,中国国民党革命委员会嘉兴市委员会(简称"民革嘉兴市委会")发展新党员10名,平均年龄39岁,大学以上学历8人(研究生2人),具有中高级职称6人;退党1人。至年底,全市共有党员209人,下设2个总支,13个支部。年内,嘉善县支部完成届中调整,选举产生由董铭勤、倪秋霞、卢军组成的支部委员会;董铭勤任主委、倪秋霞任副主委。重视培养后备干部,选送金颖英等6名党员参加2015全省民革春季、秋季基层骨干培训班,选送4名党员参加全市党外干部协商民主专题研讨班。组织近50名党员到上海复旦大学开展党员综合能力提升培训,就中国共产党领导的多党合作与政治协商、台海形势与两岸关系、民革党史等内容开展授课辅导。年内,仰金贤被表彰为2015年度浙江民革十大骄傲人物;金戈、费秋华的作品入展"陆维钊奖"第七届浙江省中青年书法篆刻展;金弋获"制高点——国展最高奖书家推介"栏目推介;黄高明撰写的《当前活禽及其产品流通存在的问题及对策》被《上海畜牧兽医通讯期刊》录用;罗金飞撰写的学术论文分别被美国、英国期刊及《浙江农业科学》等录用,并在全省水产技能比赛中获省级优秀奖;薛家麒指导培育的"流光溢彩"标本菊在2015全国精品菊花展中获得一等奖;袁锦贵的论文《嘉兴人文精神的历史记忆》获嘉兴市第19届社会科学优秀成果二等奖;夏云翔的专著《共望明月各自泪》成功出版;费秋华的书法作品《包拯传》获评第三届省统战系统廉政文化宣传教育书画作品展优秀作品奖;冯杰在《团结报》《世界军事》《国家人文历史》等刊物发表学术文章28篇;龚建华研究员携团队参与中国人民武装警察部队警种学院的基于卫星遥感与无人机遥感地震应急,为尼泊尔地震灾情遥感评估提供数据支持。

【履行参政党职能】 2015年,民革嘉兴市委会领导参加中共嘉兴市委、市政府召开的各类通报会、民主协商会、征求意见会和民主评议会10余次,就《政府工作报告》、楼宇经济、五水共治等问题进行协商讨论,提出意见建议。民革党员中的4名人大代表、20名政协委员积极参政议政,围绕嘉兴市经济社会发展中的重大问题和群众普遍关心的热点问题,结合前期调研工作,建言献策,履行职能,共提出建议4件、政协集体提案5件、个人提案32件、政协民革界别组提案1件。副主委沈晓琴代表民革嘉兴市委会作《加强城乡社区自治,提升社会治理能力》的大会发言,另就大会发言材料《突出重点多措并举,促进农民持续增收》作书面交流。《扶持本地律师行业做大做强,实现规模化、专业化、品牌化发展》《关于将会计诚信纳入嘉兴社会信用体系建设的建议》《关于增加嘉兴市救助管理站事业编制人员的建议》《利用存量房产,开发楼宇经济助推生产性服务业》《统筹推进经济开发区北部工业区产业调整加快转型发展步伐》5件团体提案围绕中心、服务大局，或关注民生实事，或突出党派特色，其中《统筹推进经济开发区北部工业区产业调整加快转型发展步伐》被市政协评为优秀提案。在县（市、区）2015年“两会”中，民革南湖区总支部、秀洲区支部、桐乡市总支部和嘉善县支部及党员个人，累计提交大会发言、建议、提案等33件。年内，市委会积极参与民主监督工作，引导民革党员中的各类特聘（邀）人员认真学习法律法规。监督员们发挥民主监督作用，利用各类会议、政府视察活动等平台开展民主监督活动，累计有27名民革党员44人次担任省、市、县各级特约（特邀）人员。年中，民革界别政协委员到秀洲区王店镇，就“五水共治”长效机制建设开展专项民主监督活动。

【开展“观故居，走多党合作之路”活动】 10月9~12日，民革嘉兴市委会根据民革中央文件要求，由主委李水根带队、以市委委员为主的“观故居，走多党合作之路”学习考察团到安徽省合肥市、六安市，寻访拜谒民革前辈张治中、冯玉祥和朱蕴山故居。市委会把活动作为开展坚持和发展中国特色社会主义学习实践活动的重要举措，坚定民革党员对中国特色社会主义的道路自信、理论自信、制度自信。

【首次评选年度“十佳党员”】 2015年，民革嘉兴市委会十年内首次开展年度“十佳党员”评选活动。通过开展“十佳党员”的评选及有关宣传活动，发挥典型示范作用，增强广大党员责任意识和奉献意识，提高参政议政能力和服务社会水平。

【成立嘉兴市法律援助中心民革工作站】 4月16日，嘉兴市法律援助中心民革工作站成立授牌仪式举行，这是市本级首家民主党派法律援助工作站。嘉兴市法律援助中心民革工作站的成立是司法行政机关职能优势与民主党派工作的有效结合，也是进一步探索深化法律援助惠民服务的创新举措。同日，嘉兴民革法律界党员联谊会成立会议召开，有会员12人。

【做好对台工作】 2015年，民革嘉兴市委会开展对台交流90多人次。党员结合本职工作，在招商引资工作中，引进台资3亿多元。4月，台湾台北中小企业家参访团一行10人到嘉善开展访问交流活动。先后参观嘉兴和新精冲科技有限公司，听取企业情况介绍；实地考察晋亿物流有限公司自动化立体仓储。5月，民革嘉兴市委会主办“花开五月、相约江南”交友活动，为知名台资企业“敏实集团”员工牵手市教育系统、江南大厦股份有限公司员工牵线搭桥，60名员工参加活动，嘉兴电视台、搜狐网等媒体作了报道。9月，召开2015年祖统工作暨纪念抗日战争胜利70周年座谈会。会后，全体与会人员到嘉善抗战档案史料陈列室进行参观，共同缅怀民族英雄。11月，台湾摄影家一行6人应邀来禾进行摄影采风活动，嘉兴市摄影家协会8名摄影家随行摄影采风，民革嘉兴市委会对口联系单位市台办负责人应邀参加有关交流活动。

【举办嘉兴民革“两美嘉兴”书画摄影展】 7月，嘉兴民革“两美嘉兴”书画摄影展在嘉兴市图书馆开展。展览共展出嘉兴民革党员创作的书画、摄影作品50多件。这些作品围绕“两美嘉兴”主题，讴歌嘉兴经济社会发展取得的新成就，反映嘉兴人民在建设美丽嘉兴、创造美好生活生动实践中的新景象。同时，入展书画、摄影作品将以《嘉兴民革》增刊的形式结集出版。

（徐　臻）

民盟嘉兴市委会

【概况】 2015年，中国民主同盟嘉兴市委员会（简称“民盟嘉兴市委会”）发展盟员42人，其中中高级职称38名，博士3名、硕士8名，“80后”13名，“90后”1名，平均年龄38.2岁。2015年，民盟嘉兴市委会在全市基层组织开展创建“规范化支部”“特色支部”活动，推出《民盟嘉兴市委会基层组织工作手册》,实施《基层组织盟务工作评价办法》。推进“盟员之家”建设,全市建立“盟员之家”15 个。健全基层组织架构,在嘉兴南洋职业技术学院建立民盟支部,民盟桐乡市总支升格为基层委员会,市委会机关支部完成换届工作。年内,嘉兴民盟举办第二届运动会;2 次主办盟员书画作品展,11 名嘉兴盟员书画家的书画艺术作品入选民盟省委会主办的“潮起东海·民盟浙江华夏书画学会美术作品展”,盟员凌大纶的作品入选“继往开来——中国民主同盟盟员美术作品展”,盟员张正的根雕新馆被民盟中央命名为民盟中央文化艺术研究院西塘分院和创作实践基地。2015 年,民盟嘉兴市委会获评民盟省委会“思想宣传工作先进集体”和“参政议政工作先进单位”,孙勤等 34 位盟员获评 2015 年度民盟浙江省委会反映社情民意信息工作先进个人,田耘等 8 位盟员获评嘉兴市统一战线“同心治水”先进个人;开展 2014 ~ 2015 年度嘉兴市先进盟组织和先进盟员评选,民盟嘉善县基层委员会等 5 个基层组织和金治平等 40 名盟员获评先进;开展 2015 年度思想宣传工作先进评选,民盟平湖市等 4 个总支获评先进集体,张菊华等 11 名盟员获评先进个人,金治平等 7 名盟员获评优秀通讯员。2015 年,民盟中央主席张宝文、副主席徐辉到桐乡调研“养老服务产业化发展”期间接见民盟嘉兴市委会领导;民盟中央常务副主席陈晓光、副主席张平到嘉善、桐乡调研“盟员之家”建设,并出席民盟中央文化艺术研究院西塘分院暨嘉善盟员之家成立仪式;民盟中央副主席郑惠强率民盟上海市常委会成员到嘉善调研“盟员之家”建设情况,民盟浙江省委会主委成岳冲和副主委樊建人、徐向东先后来嘉兴调研指导工作。

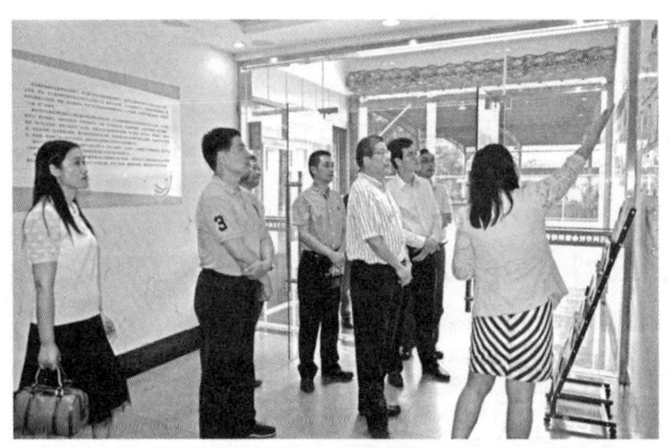

6 月 10 日,民盟嘉兴市委会领导班子考察嘉兴市社会组织培育发展中心

【履行参政党职能】 2015 年,民盟嘉兴市委会领导多次参加嘉兴市委与各民主党派市委会的政党协商,就“十三五”规划、“发展楼宇经济”、市委贯彻统一战线条例、嘉兴市第一部地方法规、市委常委会践行“三严三实”和重要人事事项等建言献策。民盟嘉兴市委会先后会同民革市委会、九三学社市委会就嘉兴市“十三五”规划编制和“深化法治嘉兴建设”两个政协常委会课题进行协商,对“十三五”期间嘉兴如何进一步培育和发展社会组织、推进基层社会治理体制机制创新问题等开展调研,形成调研报告。在 2015 年市“两会”上,民盟嘉兴市委会和盟员人大代表、政协委员共向政协大会提交大会发言 2 篇、集体提案 5 件和个人提案 44 件,向人代会提交建议 10 件。集体提案《关于加快推进我市科技创业投融资体系建设的建议》得到市委书记鲁俊的重要批示,提案《关于进一步完善和加强嘉兴市区城市排涝工作的建议》被市政协列为重点提案。民盟界别组被评为政协优秀界别活动组,8 位盟员被评为优秀委员,3 件提案被评为优秀提案。制定《民盟嘉兴市委会特约人员工作组工作规则(试行)》,依托市法律委员会,对应 12 名市属部门聘用的民盟特约人员设立 3 个工作小组,建立特约人员工作机制。参与政协“五水共治”专项集体民主监督工作,组织市政协民盟界别组到秀洲区王江泾镇和南湖区新丰镇,开展对乡镇河道治理长效机制情况的暗访检查,提交监督报告。2015 年,民盟嘉兴市委会继续实施调研课题项目制,确立 14 个课题为年度重点和重要调研课题。嘉兴学院总支和嘉善、桐乡基层委员会承接“省市县”三级联动课题——“教育现代化背景下基础教育教师队伍建设”的调研工作,分别完成《教师招录制度及实施中的问

题与建议》《教师流动背景下师资队伍建设的长效机制——嘉善县的探索》和《关于教师职业倦怠现象的调查报告》3 篇调研报告。全年民盟嘉兴市委会向民盟省委会、市政协、市委统战部等部门报送社情民意信息 78 篇。2015 年,民盟嘉兴市委会对现有的专委会及其结构进行充实调整,新成立法律委员会,并分设文化、卫生、经济和科技 4 个专委会。调整后,市委会共下设 10 个委员会,成员 124 名,其中县(市、区)成员 40 名。

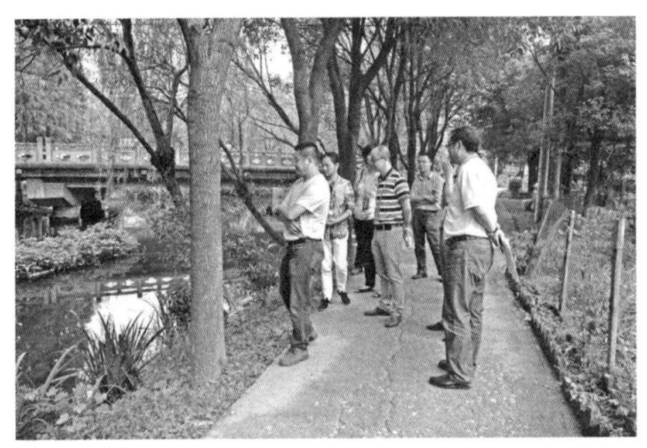

9 月 25 日,民盟界别活动组委员到南湖区、秀洲区开展“五水共治”河道暗访工作

【推进社会服务品牌化建设】 2015 年,民盟嘉兴市委会继续加强与南湖区菜花泾社区、南湖创业学校、市脑瘫儿童引导式教育基地等民盟社会服务基地的合作共建。组织华夏书画学会继续开展为社区居民送春联活动,组织文卫总支到社区开办健康知识讲座、开展义诊。南湖区总支组织盟员老师到南湖创业学校听课调研。秀洲区总支将“牵手脑瘫儿童,点燃希望之光”社会服务活动更名为“康康行动”,借助省盟资源,聘请心理咨询专家为家长和基地老师开设心理辅导讲座;每季度组织盟员开展扶残助残志愿者服务。教育基层委开展“听见你的声音——关爱特殊教育孩子”公益活动,建立“特美行动”公益服务队;嘉兴学院总支引进北京金融街慈善基金会 10 万元,一次性资助 20 名嘉兴学院商学院在校贫困生学业。继续服务嘉善县域科学发展示范点建设,助推嘉善交通接轨上海,跟进公交线路延伸等后续工作。民

2 月 11 日,民盟嘉兴市委会到菜花泾社区开展“文化进社区 春联送上门”活动

盟嘉善县基层委资助嘉园生态农场 10 万余元,启动生态农业种养殖模式项目建设。

(韩　璐)

民建嘉兴市委会

【概况】 2015 年,中国民主建国会嘉兴市委员会(简称“民建嘉兴市委会”)下属秀洲区支部升格为基层委员会,至年底,共有市区直属基层委员会 1 个(下设支部 4 个)、总支 2 个(下设支部 4 个)、市区直属支部 6 个,县(市、区)区域性基层委员会 3 个(下设支部 8 个)、总支 2 个(下设支部 7 个)。全年发展新会员 28 名,平均年龄 36.5 岁,中级以上职称 14 人,本科以上学历 23 人。至年底,全市民建会员总数为 485 名,其中经济界人士 445 名,占会员总数 91.8%;新社会阶层会员 201 人,占会员总数 41.4%,会员平均年龄、文化程度、职称水平等整体结构得到较大改善。

【中国民主建国会 70 周年纪念大会】 11 月 24 日,民建嘉兴市委会举行中国民主建国会成立 70 周年暨民建嘉兴市委会成立 55 周年纪念大会。民进省委会副主委郑亚莉、中共市委统战部部长朱静绮到会祝贺,充分肯定市委会取得的成绩,并对全体会员提出殷切希望;市内各民主党派、工商联、对口联系单位的领导应邀

出席,民建市委会委员、基层组织负责人、“两会”委员、优秀会员代表等100余人参加。会议回顾民建70年、市委会55年的光荣历史,特别是进入新世纪后,市委会在思想建设、组织建设、参政议政、民主监督、社会服务五个方面的主要工作和成绩;并对优秀会员、先进基层组织、征文优秀作品进行表彰。会议现场展出会员书画摄影作品40多幅,汇报演出由基层组织选送的12个文艺节目,歌颂改革开放伟大成果,缅怀民建前辈历史功勋,展示民建会员多才多艺、积极向上的风采。市委会还举办老会员座谈会,邀请老领导、老会员畅谈55年多党合作历程,为今后民建的发展提供宝贵经验。

11月24日,民建嘉兴市委会举行中国民主建国会成立70周年暨民建嘉兴市委会成立55周年纪念大会

【履行参政党职能】 2015年,在市政协七届四次和市人大七届五次会议上,民建会员中的政协委员和人大代表分别提交大会发言2件、集体提案3件、个人提案32件、建议8件,其中章纯就《关于引导民间资本进入“五水共治”的对策建议》在大会上进行交流,吴伟航执笔的《推进我市农村公路等级提升的建议》被确立为重点提案,其他2件集体提案和5件个人提案被确立为重要提案。“两会”期间,由刘湘国和海宁基层委员会合作完成的《加快产业、人口集聚,推进我市新型城镇化建设》、朱建华委员提交的《关于加强水环境治理的若干建议》被评为嘉兴市政协七届三次会议以来优秀提案,刘湘国、李龙、章纯被评为优秀政协委员。此外,在市政协七届十七次常委会议上,王卫彬就《进一步规范行政执法的有关建议》进行了口头发言。

【开展政治协商与民主协商】 2015年,民建嘉兴市委会参与市委“十三五”规划意见征求会与秸秆露天禁烧条例征求意见会、市政协“发展现代生态循环农业”界别协商会、统战系统“楼宇经济”民主协商会等专题协商,并多次参与市委、市政府座谈会,在会上充分表达党派见解。

【做好课题调研与社情民意工作】 2015年,市委会对接省委会、市政协、市委统战部的工作计划,落实今年调研课题任务。在各基层组织主动申报的基础上,确定10项作为市委会重点课题,并由主副委分工牵头,推进基层组织和专题组深入调研、认真撰稿。年内,基本完成调研课题,章纯执笔的调研报告被省委会评为参政议政二等奖。同时,市委会召开参政议政会议,研究确定2016年“两会”发言和集体提案方向;数次召开社情民意信息专题会议,就如何提高社情民意数量与质量、如何进一步推动市委会社情民意信息工作进行座谈,将形成的一些题目安排骨干会员撰写和修改。全年市委会收到社情民意27篇,向省委会、市政协、市委统战部报送39篇次,被省委会录用6篇。年内,市委会被市政协评为社情民意工作先进集体三等奖。

【开展基层组织评优工作】 2015年,民建嘉兴市委会结合省委会有关要求,制订《优秀会员和先进基层组织评选方案》,根据履行职能和自身建设水平,在测评和近两年考评的基础上,评出市级优秀会员50名、先进基层组织8个,其中6名会员和5个基层组织分别被评为省级优秀会员和省级先进基层组织,主委戴铭和海宁基层委被民建中央分别授予“全国优秀会员”和“全国先进基层组织”荣誉称号。通过树立先进典型,引导会员以榜样为力量,树立和践行社会主义核心价值观。

【开展传统教育与会员培训】 2015年，根据市委会要求，桐乡、财经、港区等基层组织先后到民建发起人和领导人施复亮故居学习，工商联与城建总支等参观省委会先贤包达三特展，通过学习民建老一辈革命家的爱国情操，让大家更加生动地了解民建历史；组织骨干会员20余人到革命圣地福建龙岩培训，邀请龙岩市委党校副校长讲授《闽西地区在中央革命根据地建设中的作用》，通过红色革命教育，进一步坚定会员们走中国特色社会主义道路的决心与信心。同时，组织市委会领导、市政协委员、基层组织负责人、参政议政骨干、企业家代表、女会员骨干等分别参加省委会、市政协、市委统战部的各类培训班，秀洲、财经、桐乡、工商联等基层组织分别到民建中央会史展览馆、萧山、绍兴、杭州等地以学代培，通过加强理论学习，促进对实践的指导，不断提升嘉兴市民建各级组织的领导能力和骨干会员的履职能力。

【"读会史会章，明历史责任"征文活动】 2015年，民建嘉兴市委会以"读会史颂伟业，学会章树新风"和"加入民建为什么，历史责任是什么，我为浙江做什么"为主题，开展征文活动。要求会员以加入民建组织经历为基础，以读会史会章感想体会为切入点，对如何为推动党中央"四个全面"（全面建设小康社会，全面深化改革，全面依法治国，全面从严治党）战略布局在浙江的实践做出回答。各基层组织积极推动，会员们认真参与。活动收到征文22篇，经组织会内外专业人士审议，评出一、二、三等奖及优秀奖。同时，市委会积极向省委会、会中央投稿，嘉善薛俊一的征文获评民建中央优秀征文，海宁姚晓东、港区高忠良的征文获评省民建优秀作品。

【社会服务平台建设】 7月，嘉兴建华企业家协会召开会议，就重新启用嘉兴市工商培训学校、建立舆情收集机制、开展联系联谊活动等工作进行任务分解和职责分工。6月，桐乡总支在科创中心成立首家科创园区社会服务站，吸收18名会员担任工作人员，计划每月集中开展一次服务活动，旨在发挥民建优势，为科创园区的企业提供相关的法律法规和政策方面的咨询服务，以实际行动助推企业发展。经开区支部围绕民营企业发展进行专题讨论，交流近几年发展遇到的困难，研究今后努力的方向，促进民建企业家之间的互帮互助、互通资源。

【会员回馈社会】 2015年，民建嘉兴市委会依托民建中央"思源工程"与市委统战部"同心"品牌，推动广大会员特别是企业家回馈社会、奉献爱心。经不完全统计，全市民建会员通过各种途径为"五水共治"捐款127万元，捐赠其他慈善款项54万元，捐资建校、结对助学27万元；嘉善、海宁、桐乡、综一等基层组织开展三下乡活动16次；会员企业新吸纳劳动力700余人，桐乡民建财务与会计培训学校等为社会提供各类专业知识培训近6000余人次。

（吴　云）

民进嘉兴市委会

【开展中国特色社会主义学习实践活动】 2015年，中国民主促进会嘉兴市委员会（简称"民进嘉兴市委会"）被民进浙江省委会确定为"学习实践活动"首批联系点。市委会召开专题会议，成立领导小组，明确组织机构和职责分工，确定"双推进、共提升"的工作思路。4月23日，民进浙江省委会副主委张宝珍带队到嘉兴调研，听取工作汇报及活动开展情况，充分肯定市委会的活动成效以及近年来取得的工作成绩。

【开展纪念民进成立70周年系列活动】 2015年，为纪念民进成立70周年，嘉兴市委会开展"五个一"系列活动：举办一场纪念民进成立70周年文艺联欢会；举办一场书画作品展，到马叙伦纪念馆(中央开明美术馆)举办嘉兴开明画院书画作品展,成为全国首个到中央开明画院开展的市级民进组织，受到全国政协副主席、民进中央常务副主席罗富和的接见;开展一次会史教育,组织骨干会员参观民进中央会史陈列室,民进中央秘书长高友东接见并与会员座谈交流;举行一次“寻根之旅”,参观拜谒民进老一辈领导人赵朴初树葬地和中共首任总书记陈独秀纪念馆;举办一场市委会履职成果图片展。

12 月 7 日,庆祝中国民主促进会成立 70 周年——嘉兴开明画院画师作品展在中央开明画院举行

【开展“三个什么”大讨论活动】 2015 年,按照省委会要求，民进嘉兴市委会组织会员开展“三个什么”(加入民进为什么，历史责任是什么,我为家乡做什么)大讨论,下发文件推动活动开展，在民进全市科级以上实职干部座谈会、教师节座谈会、新会员培训班上,组织会员交流讨论。年内,各级组织共开展各类形式的“三个什么”大讨论近 20 次，收到征文近 30 篇,刊发各类活动报道及心得体会近 50 件。

【学习宣传工作】 2015 年,民进嘉兴市委会加强自身建设,推荐班子成员、骨干会员、机关干部参加省委会、市人大、市政协、市委统战部以及有关部门开展的各类培训和专题学习会、报告会 50 余人次。加强思想宣传平台建设,创建“嘉兴民进”微信公众号,全年发送各类会务动态、学习资料、重要新闻近 200 条。继续向会员赠阅《嘉兴民进》会刊,全年刊发 4 期,累计刊载各类文章、会员作品 100 余篇。设计改版嘉兴民进网站,增加网站栏目及容量。

【组织建设工作】 2015 年,民进嘉兴市委会发展会员 23 人,均为大学及以上学历,其中博士学历 1 人,平均年龄 39.5 岁。市委会调整机关人员分工,制定机关人员联系、联络基层组织制度,明确工作职责;重新调整内设处室负责人,全部由“70 后”担任;实行机关工作例会制度,完善处室、专委会、联谊会工作制度。做好会史资料的收集、整理、编撰,完成省委会《浙江民进前辈录》约稿,组织力量编写嘉兴民进创始人——侯家声的人物传记。

【参政议政工作】 2015 年,民进嘉兴市委会组织会员参加各层次的政治协商会议,就嘉兴市“十三五”规划、楼宇经济发展、重要人事安排等重大决策提出意见建议。骨干会员受邀参加省政协民生论坛,就完善养老体制、高考制度改革等问题发表协商意见。开展“五水共治”专项监督,对城区河道治理情况进行“回头看”。开展重点课题调研,市委会专门召开参政议政课题研讨会,确定将“互联网经济”作为当前及今后一段时期内的重点调研方向,并成立课题组,进行长期跟踪调研。年内,课题组先后 10 余次到市经信委、市商务局、桐乡乌镇镇、平湖服装文化创意园、秀洲区王店镇、中国移动嘉

11 月 4 日，民进嘉兴市委会课题调研组到平湖市调研“互联网 +”产业发展情况

兴分公司、中国电科第三十六研究所等地调研，分别向政协常委会提交《关于推进我市互联网经济发展的建议》，向省委会提交《新常态下“互联网＋”对实体经济发展的机遇与挑战研究》等调研报告。在政协嘉兴市七届四次会议上，民进嘉兴市委会共提交《关于加快发展我市体育产业的建议》的大会发言和《挖掘嘉兴运河文化资源，打造运河旅游品牌》的书面发言以及《关于完善我市住房公积金管理体制的建议》等4件集体提案。其中《关于加快发展我市体育产业的建议》等两篇被评为优秀提案，《关于完善我市住房公积金管理体制的建议》被评为重要提案。会员个人提交人大建议案、政协提案30件，其中《关于为市区新建公园和绿道设立卫生及休息设施的建议》被评为重点提案，相关建议被列入市政府2015年十大民生工程。推行社情民意（信息）工作责任制，全年收集、撰写各类会务信息123篇，编发社情民意110余篇次，被民进浙江省委会、市政协等部门采用近80篇次，首次被市政协评为社情民意（信息）工作一等奖。

【社会服务工作】 2015年，民进嘉兴市委会组织会员参加“同心·名师工作室”，为王江泾精英学校师生公开授课。医卫界会员连续28年坚持每月一次到嘉兴社会福利院送医问诊，第一医院医卫支部首次获评民进全国社会服务工作先进集体荣誉称号。书画界会员参加民进中央“春联万家”活动，先后到秀洲区新城街道木桥港村、南湖区南湖街道桂苑社区、嘉善县罗星街道和合社区开展送春联活动。拓展社会服务活动，开明画院在嘉兴市军分区设立“军营文化共建点”，并在八一建军节前夕，前往平湖市人武部民兵训练基地，现场创作30多幅书画作品，同时接受部队国防教育。引入自助成长模式，市委会直属嘉兴学院支部、开明企业家联谊会会同青鸟社工服务中心联合开展助学，让受助学生通过参与义工服务活动获取助学金。持续关注高校毕业生就业，嘉兴开明企业家联谊会每年组织会员企业参加嘉兴学

7月30日，嘉兴开明画院到平湖市人武部民兵训练基地开展“送文化进军营”活动

院应届毕业生招聘会，至年底，开明企业家联谊会已累计提供就业岗位200余个。开展“微公益”活动，组织会员参与会中央“书香彩虹”公益活动，向贵州省金沙县捐赠图书661册。在2015年度新会员培训班上，市委会将参与社会服务作为重要培训内容，并到市智障（孤独症）幼儿教育康复中心开展现场教学。

（傅诚鹏）

农工党嘉兴市委会

【概况】 2015年，中国农工民主党嘉兴市委员会（简称“农工党嘉兴市委会”）共召开4次市委会扩大会议、6次主委办公会议。全年发展新党员28名，党员净增率为3%。至年底共有党员714名，其中医卫界478名、文教界84名、科技界24名、其他界别128名，离退休占42.5%，中高级职称占88.5%。全年出版《嘉兴农工》三期；办好市委会网站；抓好《前进论坛》的发行工作，连续第13年被农工党中央评为《前进论坛》征订先进集体。2015年，市委会下属的南湖区支部、嘉善总支、平湖总支、海宁总支被农工党中央评为先进基层组织，市一院总支、市二院总支、市妇保院支部、市中医院支部、秀洲区支部、海盐总支、桐乡总支被农工党省委会评为先进基层组织。市委会被农工党省委会评为坚持和发展中国特色社会主义学习实践活动

先进集体。3 名党员分别被农工党省委会评为坚持和发展中国特色社会主义学习实践活动先进个人和积极分子。1 名党员的理论文章被农工党中央评为 2015 年度理论研究优秀论文三等奖。2015 年,市委会继续以星级支部创建工作为载体,在全市范围内开展星级支部创建活动,规范基层组织的工作。年末,市委会对星级支部创建工作开展考核,评选先进。

【履行参政党职能】 2015 年,农工党嘉兴市委会在市“两会”上发言 2 件,其中书面发言 1 件;提交集体提案 5 件、个人提案 25 件、人大建议 8 件。团体提案《借鉴临沂样板打造嘉兴物流升级版的意见建议》《关于加强嘉兴市院前急救工作建设的建议》《关于推进我市公共法律服务体系建设的几点建议》《关于切实重视社会信用体系建设的几点建议》被评为重要提案;《完善社会资本办医扶持政策,加快推进我市民营医院发展》被评为优秀提案,其中《关于推进我市公共法律服务体系建设的几点建议》由中共嘉兴市委副书记胡海峰督办。认真开展课题调研。年内,市委会根据市政协常委会确定的调研主题联合市致公党开展调研,形成《关于进一步深化我市行政审批制度改革的几点建议》调研材料,并在市政协常委会上作专题发言;参加市委统战部组织各党派开展的“楼宇经济发展”联合调研,申领子课题,撰写《大力发展楼宇经济培育经济发展新增长点》调研报告,供党委决策参考。参与中共嘉兴市委、市政府、市政协组织的各类协商会、座谈会,就“嘉兴市秸秆禁烧”人大立法事宜,会同兄弟党派市委会就“楼宇经济发展”等主题以及《中国共产党浙江省委员会统一战线实施细则(试行)》的征求意见等事宜协商建言。同时,农工党界别组的政协委员就嘉兴水环境整治、公立医院改革等问题开展专题视察调研。年内,市委会进一步发挥各类特约员的民主监督作用,提高监督实效。有 70 余名党员受聘于监察、检察、审计、教育督导、国土资源、食品药品监督、纪委、机关效能办等部门,监督员们就年内重点美丽嘉兴建设,履行监督职能,明察暗访“三改一拆”“五水共治”“生猪养殖减量提质”等工作,并及时上报督查情况;做好反映社情民意工作,其中“关于固体废弃物的处理”的信息获副省长熊建平的指示,“关于无合法审批手续的农房发放宅基地使用证的建议”“全面二孩衍生问题亟待引起重视”被农工党中央录用。年内,市委会与省委会的课题联动进一步完善参政议政工作机制;跟进农工党中央专题约稿,药品支部高质量完成农工党中央关于“仿制药的质量问题与对策”的课题。年内,市委会发挥参政议政专委会作用,整合全市各级组织和广大党员的参政议政资源,推动专家学者积极参与,形成合力;继续加强与对口部门市卫生局、水利局、交通局的联系,双方定期进行交流,沟通意见和建议,相互通报日常工作情况。

12 月 30 日,农工党嘉兴市委会与市水利局开展对口联系活动,视察平湖塘延伸拓浚工程

【开展农工党建党 85 周年系列活动】 2015 年,为纪念农工党建党 85 周年,市委会开展“五个一”系列活动,即开展一次征文活动,举办一期新党员培训班,组织一次捐款,举办一个书画摄影才艺展,开展一次文化进企业。按照年初制定的计划,上半年开展“学精神、学党章、学党史”知识竞赛和征文活动,要求以《中国农工民主党章程》、农工党的光辉历史、中共领导人论多党合作的重要文献和多党合作的重要文件及农工党先烈的传记等书籍为重点,围绕“加入民主党派为什么、历史责任是什么、我为

社会做什么”等内容撰写文章并进行评比,以提高认识。下半年,通过组织市委委员和骨干党员到外地开展调研、基层组织交流、爱国主义教育学习等活动,增强觉悟。号召广大农工党员为农工党上海旧址修缮进行捐款。举办“和·信”书画摄影展,展出由农工党党员完成的书画、摄影等作品89件,反映农工党85年中在中国革命、建设、改革中做出的努力;开展送文化进企业活动,市委会下属的前进书画会在副主委王毅、胡金祥的带领下组织书画会成员到嘉兴天地家具(饰品)有限公司进行现场书画创作,该企业是农工党嘉兴市委会的企业文化共建点,市委会旨在通过类似活动助推企业员工内涵素质的提高,促进企业文化的进一步提升。年内,市委会举办第十二期新党员培训班,全市各基层组织的近60名新党员参加培训,重点学习农工党党史、统战理论与中央统战工作会议精神、“四个全面”战略思想和战略布局等方面的内容。同时做好后备干部的举荐工作。

8月12日,农工党嘉兴市委会纪念农工党建党85周年“和·信”书画摄影展开展

【注重社会服务】 2015年,农工党嘉兴市委会继续开展社会服务工作,以中国环境与健康宣传周以及国际科学与和平周活动为重点,与嘉善总支联合到姚庄桃源新邨开展“环境与健康宣传周”送医下乡免费义诊活动。11月12日,在第27届国际科学和平周时,响应农工党中央号召,和市统战部联合到新丰镇的杨庄村开展送医下乡免费义诊活动,有10名农工党医疗界的专家参加活动,向1000余人免费赠送价值4000余元的常规药品,获得当地居民的欢迎。年内,市委会继续结对二名大学生,每人资助助学金3000元,帮助她们顺利继续学业。各基层支部、总支分别组织党员下乡镇、下社区、下农村,进学校、进工厂、进福利院,开展医疗义诊、送医送药、健康咨询、科技扶贫等活动,如中医院支部党员投身本院的社工志愿者队伍,进行门诊导医、健康教育、社区讲座等志愿服务,充当医患沟通中的桥梁和纽带;秀洲区支部组织党员到新塍镇敬老院开展送温暖、免费体检、健康讲座等活动;嘉善总支继续办好坚持三十余年的“冬病夏治”工作;桐乡总支继续做好关宏姐姐心灵驿站,关爱青少年身心健康和继续开展“同心·医疗服务团”活动,与高桥镇结对,两周一次开展专家坐诊与急救知识、常见病规范诊治等培训;海宁总支创新设立全省首个县、市级党派法律援助工作站,开展法律援助、法律知识讲座和法律知识宣传咨询等服务,推进当地法治建设。年内,市委会积极服务嘉善县域科学发展示范点建设。继续配合省委会在嘉善县办好全省首家县级医学教育基地即嘉善培训基地;帮助嘉善县借力省级资源,办好省肿瘤医院与嘉善第一人民医院协作的嘉善县临床病理诊断中心、嘉善县第一人民医院肿瘤诊疗中心,为嘉善百姓打造好在家门口就医的省级知名专家平台;继续与嘉善农工党总支合力,与嘉善姚庄卫生院合作,开展定点医疗帮扶活动,每月由市一院、市二院、市中医院、市妇保院这四大医院的基层组织派党内医务人员前去义诊,提供技术指导。同时,继续配合省委会开展助推精品科技农业建设的各项工作。

(姜燕凤)

致公党嘉兴市委会

【概况】 2015年,中国致公党嘉兴市委员会(简称“致公党嘉兴市委会”)发展新党员7名,都有侨海关系,平均年龄35.14岁,其中硕士学历或副高级职称以上的5名,占71.43%。至年底,市委会下设6个支部,共有党员人数93名,有侨海关系的占73.1%。年内,致公党嘉兴市委会被致公党浙江省委会评为参政议政工作先进集体,获得致公党浙江省纪念中国致公党建党90周年党章党史知识竞赛二等奖;被嘉兴市政协评为2015年度社情民意先进集体三等奖,获嘉兴市政协优秀提案1项。党员陈卫红、陈坚、陆毓英、廖晓、葛莉、裘越青获评致公党省委会先进个人。

年内,市委会在南湖区支部建立法律援助工作站,开展法律咨询、法制宣传、帮助有关当事人代拟法律文书、申请法律援助等服务,接待来电来访群众150余人次,协助办理法律援助案件13件;以南湖区支部、市直二支部为骨干,组织党员到解放街道航明社区开展"同心服务进社区"法律、医卫、教育专项服务;以秀洲区支部为骨干,组织党员到新塍敬老院,为102名孤寡老人送医送药,发放宣传资料100余份;以市直一支部党员中的农业专家为骨干,继续做好对市委会科技支农服务基地——南湖区大桥镇由桥村益民西红花专业合作社农业生产的科技服务和科技力量培训指导。嘉兴学院支部组织所在社区群众开展文体活动,丰富社区群众业余生活;退休支部的医学专家为所在社区居民开展医疗保健服务;党员中的教育骨干继续为王江泾镇精英民工子弟学校开展"同心·名师工作室"支教活动,还有党员结对孤寡老人、失独家庭、贫困学生,为他们送去爱心。

年内,市委会围绕"人才兴党"战略,在政府机构、经济服务领域、高校等部门和单位吸收优秀人才,发展新党员;鼓励新党员立足本职,岗位建功。年内,市委会组织党员骨干就生态环境建设、特色小镇建设、农村产权制度改革、金融服务业健康发展、加快时尚产业发展、大运河保护和长效利用等课题进行调研,并召开课题交流会,请市政协提案委领导到会点评指导,提高调研人员参政议政水平,为市委会参政议政储备力量。

【开展纪念致公党90周年系列活动】 2015年,是中国致公党成立90周年。嘉兴市委会以优良传统教育作为全年坚持和发展中国特色社会主义学习实践活动的重点,开展系列活动。主要有:召开纪念中国致公党建党90周年座谈会,回顾中国致公党发展历程和致公党嘉兴组织发展经历,组织党员交流讨论;开展"致公情·中国梦——庆祝中国致公党成立90周年"主题征文活动,嘉兴市有8篇征文被刊登在省委会网站,编入致公党浙江省委会庆祝中国致公党成立90周年征文汇编;举办"纪念中国致公党建党90周年"党章党史知识竞赛,提升组织凝聚力。市委会还选送党员代表,参加由致公党省委会组织的全省纪念中国致公党建党90周年党章党史知识竞赛,获评二等奖。

【履行参政党职能】 2015年,致公党嘉兴市委会领导参加由中共嘉兴市委、市政府、市政协、市委统战部等组织召开的协商会、征求意见座谈会、情况通报会等活动,就《嘉兴市国民经济和社会发展第十三个五年规划建议》《政府工作报告》《嘉兴市秸秆露天禁烧和综合利用条例(草案)》和楼宇经济等议题进行沟通协商,发表意见建议。党员中的特约监督员、监察员、审计员,政协民主监督员,市道德评议员等认真做好对市中级人民法院、市监察局、市审计局、安监局等部门单位以及"五水共治"等活动的民主监督工作,切实履行民主监督职能,加强与对口联系部门的联络与互动,交流工作信息,共同为参政议政、建言献策畅通知政渠道。市委会组织党员围绕嘉兴市时尚产业发展、农产品电子商务、大运河嘉兴段保护和长效利用、金融服务业、生态循环农业等议题开展调研,提出针对性建议。在市政协全会上,提交市政协集体提案6件,分别是《关于重视发展时尚产业,促进经济提质增效的建议》《关于发展生态循环农业,推进"两美"嘉兴建设的建议》《加快发展我市农产品电子商务的建议》《关于大运河嘉兴段保护和长效利用的建议》《关于进一步加快市区公交场站建设的建议》《关于加快发展我市金融服务业的建议》，提交市政协全会大会发言2件，分别是《关于重视发展时尚产业促进经济提质增效的建议》《关于发展生态循环农业，推进“两美”嘉兴建设的建议》，其中《关于大运河嘉兴段保护和长效利用的建议》被市政协列为重点提案；个人提案《关于加强城市东南片区建筑规划控制的建议》得到市委书记鲁俊的重要批示。同时，市委会组织党员对市政协常委会议题开展专题调研，先后作《关于推进我市互联网经济发展的建议》和《关于进一步深化行政审批制度改革的几点建议》的市政协常委会议大会发言。在市长与政协委员“面对面”专题协商中，提出“推进农产品品牌建设，促进农业增效农民增收”的建议；在省政协全会上，市委会提交的《深化农村集体资产产权制度改革的意见建议》被致公党省委会录用，作为2015年省政协全会致公党界别大会发言和集体提案；“关于加快废弃农药包装物管理立法，建立回收处置机制的建议”，得到省农业厅的认真办理并被采纳到省政府办公厅印发的《浙江省农药废弃包装物回收和集中处置试行办法》，启动各地相关工作。继续开展助推“五水共治”活动，党员们在本职工作岗位和所在社区积极参与“治水”活动，党员中的政协委员认真开展“五水共治”长效机制建设专项集体民主监督工作，对认领河道的治理情况实时监督、调研，对发现的问题以社情民意信息及时上报，有5篇治水建议被市政协录用报有关部门；提交的“加强医疗污水处置的建议”“三改一拆”拆后垃圾清运问题等治水建议被致公党省委会专报录用。2015年，市委会被省委会评为全省参政议政工作先进集体。

【开展助推“转型发展服务年”活动】 2015年，致公党嘉兴市委会组织全市党员开展我为“三城一市”“两美”嘉兴建设献一计活动，《“一刻钟社区养老服务圈”养老服务模式值得推广》《建议发挥财政杠杆作用破解企业融资瓶颈》《要重视加快我市闲置地块开发利用》等建议被有关部门采纳；认真开展服务企业服务基层专项活动，市委会组织经济、法律、金融等领域党员专家，先后走访平湖国际进口商品城、嘉兴美诚时装有限公司、浙江良友木业有限公司、嘉兴徽商置业有限公司、嘉兴市安徽商会等30多家侨资企业、民营企业和异地商会，与企业家们就经济转型升级、优化发展环境、提升企业经营能力等问题进行交流座谈、听取意见建议、为企业健康发展出谋划策。

【加强海外联谊工作】 2015年，市委会关注侨商发展，与市侨办一起走访侨资企业，就海外侨商在嘉兴市投资企业所遇到的新情况、新问题开展调研，提交的《关于进一步加强对来禾投资兴业侨商服务和权益保护的几点建议》，助推嘉兴市成立侨商服务联盟；加强与涉侨部门单位联系协作，做好与海外侨胞、港澳台同胞和海外留学人员联络工作。发挥党员特长优势，开展对外联谊。2015年4月党员陈坚随中共浙江省委副书记王辉忠到阿联酋沙迦酋长国，参加“2015浙江企业走进阿联酋沙迦产业对接系列活动”，寻求“一带一路”愿景下中阿经贸合作新途径；9月受邀在上海参加“中韩商务合作论坛”，与韩国政府部门KTR签署合作项目；在南宁参加第12届中国—东盟博览会，举办“平湖国际进口商品城·东盟采购对接会”；并先后接待匈牙利、爱沙尼亚、厄瓜多尔等国的驻沪领事馆总领事或商务参赞，中国侨联主席林军带队的侨届人士考察团，由上海市人民政府合作交流办组织的全国各级城市驻沪办主任考察团等，为嘉兴市引智引资工作做好宣传与引荐工作。

（廖　晓）

九三学社嘉兴市委会

【概况】 2015年，九三学社嘉兴市委员会（简称“社市委”）深入贯彻社中央《九三学社中央关于进一步加强组织建设的若干意见》，继续深入实施“人才强社”战略，全年发展社员19人，平均年龄35.9岁，其中女社员8人，高级职称7人，单位中层以上12人，全部本科以上学历，研究生学历5人。至年底，有4个基层委员会(内设12个支社)、12个直属支社，共有社员545名。加强基层组织建设，出台《关于进一步加强基层组织工作的意见》，从学习制度、组织活动制度、优秀人才纳用、关心社员工作和生活、加强领导班子建设、规范信息报送和档案管理六个方面，推进基层组织工作的规范化、制度化建设。在纪念建社70周年优秀社员、优秀社务工作者表彰活动中，王丽萍等18名社员受到社省委表彰，刘稚红等4名社员受到社中央表彰。2015年，社市委获评社中央组织建设先进集体，社中央2011～2015年全国社会服务工作先进集体，社省委2014年度参政议政工作先进市级组织，社省委2015年度新闻宣传先进集体三等奖，市政协2015年度社情民意工作先进集体一等奖等。

2015年，社市委召开主委会议6次、社市委(扩大)会议4次，组织社市委中心组学习6次、骨干社员集中学习4次；选送机关干部、骨干社员18人次参加社中央、社省委和中共嘉兴市委统战部举办的各类培训班。加强宣传工作，先后在《浙江日报》《嘉兴日报》等多家媒体及网络媒体发表社的工作、活动、人物专访等宣传报道30篇；出刊《嘉兴九三》社讯3期；改版社市委网站，发布宣传报道136篇；加强宣传信息报送工作，全年被社省委、社中央网站录用宣传信息73篇；积极参加社省委“建立组织六十周年”征文活动，8位社员的征文被录入社省委主编的《韶华未敢任蹉跎——纪念九三学社在浙江建立组织六十周年》一书。年内，褚辅成史料陈列室被社中央命名为首批全国九三学社传统教育基地，社市委召开“褚辅成史料陈列室命名为九三学社全国传统教育基地揭牌仪式暨转授褚离贞抗战胜利70周年纪念章座谈会”，进一步扩大褚辅成史料陈列室的影响力；接待来自安徽合肥九三学社等8个地方社组织考察交流工作；编印《歌声飘过十二年——辅成合唱团掠影》图册。

10月9日，社市委召开“褚辅成史料陈列室命名为九三学社全国传统教育基地揭牌仪式暨转授褚离贞抗战胜利70周年纪念章座谈会”，社省委副主委盛颂恩为褚离贞转授纪念章

【纪念九三学社建社70周年】 2015年是九三学社建社70周年，也是开展坚持和发展中国特色社会主义学习实践活动的第二年。社市委根据总体方案要求，把开展社史教育作为年度重点，制定《九三学社嘉兴市委会深化中国特色社会主义学习实践活动“五个一”活动方案》，内容包括召开纪念九三学社建社70周年庆祝大会、组织开展社史集中教育、举办新社员培训班、举行“两美”嘉兴摄影比赛、开展科技服务月系列社会服务等。在纪念九三学社建社70周年大会上，社市委回顾总结70年来九三学社以及老一辈九三人与中国共产党风雨同舟的光辉历程，举行“九三情，爱国情”诗歌朗诵会，抒发广大社员的九三情、爱国情。在开

8月27日，社市委召开纪念九三学社建社70周年庆祝大会

展社史集中教育过程中，通过观看社史教育专题片、对新社员进行社史教育，组织参观褚辅成史料陈列室、开展“三个为什么”大讨论等，传承九三学社优良传统。在“两美”嘉兴摄影比赛中，社市委共收到14个基层组织的参赛作品120余幅，评选出32幅优秀摄影作品在纪念九三学社建社70周年大会上进行颁奖和展示。

【参政议政、民主监督】 2015年，社市委主要领导参加中共嘉兴市委、市政府各类征求意见会、通报会、座谈会、专题民主协商会，分别就嘉兴市七届四次人代会政府工作报告、“十三五”规划、楼宇经济、基层社会治理体制机制创新等提出意见建议。在市政协七届四次全会上，社市委就《发挥优势、抢抓机遇，着力推进嘉兴滨海地区新一轮发展》等提交3篇大会发言；在中共嘉兴市委组织的专项民主协商会议上，社市委就《大力发展楼宇经济，培育经济发展新增长点》作专题发言。在市政协七届十六次和十七次常委会议上，分别就《把握“路带战略”机遇、发挥海河联运优势，着力培育嘉兴区域经济发展新的增长点》《以“自治”为重点，不断深化“三治”建设，着力推进基层社会治理体制机制创新》等作专题发言。在2015年市“两会”上，社市委提交团体提案4件，九三界别组提交集体提案1件，代表委员个人提交人大意见建议5件、提案21件，其中团体提案《发挥优势、抢抓机遇，着力推进嘉兴滨海地区新一轮发展》被列为重点提案，五个团体提案分别受到中共嘉兴市委书记鲁俊和其他市委、市政府领导的批示。迮育彬的《关于打造“长三角慢生活基地”休闲旅游品牌，助推浙江休闲旅游业大发展的建议》被列为省十二届人大三次会议重点建议。同时，县(市、区)基层组织也分别向当地“两会”提交团体提案18件，人大意见建议4件，个人提案65件。在市政协七届三次会议以来优秀提案评选中，社市委团体提案《发挥优势、完善功能，着力推进嘉兴市区旅游业大发展》、九三界别组集体提案《关于大力发展和规范我市家庭农场的调查与建议》、严强的《建立农药废弃包装回收机制，保护农村生态环境安全》、张晓东的《关于加强城乡生活污水治理的几点意见和建议》4个提案被评为优秀提案。在市人大七届五次会议上表彰的市七届四次会议以来的优秀议案、建议中，刘健的《关于改善拥堵问题优化城市交通的建议》、俞晓叶的《关于以五水共治为契机，全面提升防洪抗涝能力的建议》被评为优秀建议。在市政协《关于表彰嘉兴市七届政协优秀界别活动组和优秀社员的决定》中，由九三学社政协委员组成的第八界别活动组(九三学社)被评为优秀界别活动组，申海良等5名市政协委员被评为优秀委员。社市委调研报告《我市民资进入养老服务业的现状与对策建议》获2014年度全市党政系统优秀调研成果奖。全年共收到信息、社情民意65件，社市委采用49件，被社省委、市政协和市委统战部等采用39件次，其中《抓住机遇、统筹规划，加快推进“月芦文杉”片区旅游开发建设》得到市委书记鲁俊和市长林健东的分别批示。

【社会服务】 2015年，社市委以创建社会服务品牌为载体，真情服务社会。继续开展结对新农村活动，到余新镇黎明村走访，了解新农村建设现状，并为该村“爱心援助基金”捐款，与贫困家庭学生结对帮扶等；与秀洲支社联动，组织社内医卫、环保、法律、农业等12名专家以及社省委科教部组织的省疾控中心3名专家，到王店镇为当地百姓送医下乡，用展板以有奖问答形式开展“五气共治”科普宣传，现场问诊和参加有奖问答人员300余人次，并发放宣传资料400余份。倡导上下联动，与南湖区社区教育学院合作举办“九三科普巡回讲座”，全年开展科普巡回讲座11次，受益群众720余人。继续向辅成教育集团18名优秀毕业生颁发第五届“辅成奖学金”，进一步扩大“辅成奖学金”的影响力。广大社员在“同心建功”“两美”嘉兴建设活动中，立足本职，建功立业。社员曹万荣获得国务院特殊津贴，范举红入选浙江省151人才工程第三层次培养人员名单，沈在林获浙江省司法行政系统百名优秀人物提名奖,孙鸣参与开发的“无铬鞣制技术”成果获评省科技进步二等奖；在2015年嘉兴市科学进步奖评比中,高荣村主持的《广适型优质高产水稻新品种嘉33的选育及推广》项目获得一等奖,肖旺频参与的《超声技术在麻醉领域应用的研究》项目获得二等奖,孙祥良主持的《水稻黑条矮缩病发生流行规律及防治技术研究》项目获得三等奖,钱苏翔、钟雪明参与的项目获得三等奖；翟昌林获评嘉兴市“致青春”优秀医务工作者称号等。

5月12日,社市委到王店镇开展“科技服务月”义务咨询活动

（连育彬）

嘉兴市工商联

【概况】 2015年,嘉兴市工商业联合会(简称“市工商联”)组织非公有制经济代表人士和机关干部学习宣传贯彻中央、省委统战工作会议精神,把握关于非公有制经济领域统战工作的一系列理论观点、政策要求和工作部署,开展调研、征求意见,提出进一步改进工商联工作的意见建议;配合市委统战部拟定嘉兴市的贯彻意见,为做好新形势下工商联工作提供体制机制保障。2015年,根据嘉兴市“转型发展服务年”活动要求,市工商联领导与镇(街道)组团开展转型发展服务活动,全年走访调研商会协会60多家、会员企业150多家,赠送《嘉兴市转型升级先进典型案例汇编》200多册。举办“新三板,新机遇”知识讲座;组织50名企业家参加“新金融、新常态”2015中国(嘉兴)金融创新峰会;推进食品、模具等行业企业“机器换人”工作。组织企业家参加第三届世界浙商大会、2015商会大会、嘉洽会、星耀南湖精英峰会等活动18场;指导商(协)会开展接轨上海活动。深化“法律服务进企业”活动,组织全市百名律师进百家商(协)会开展法律宣讲,有千名企业家参加活动。组织嘉兴市温州、台州、安徽等商(协)会为会员企业调解劳资等纠纷;开展民营企业“走出去”“引进来”活动,7月22日,在嘉兴沙龙宾馆举行柬埔寨西哈努克港经济特区(嘉兴)投资推介会,并组织桐乡市桐星实业有限公司等20余家民营企业参加。深入开展和谐劳动关系系列创建活动,推进基层劳动争议联合调解和企业劳动争议调解示范工作,组织开展“企业关爱职工、职工热爱企业”活动。2015年,嘉兴市有3家企业入围“2015中国民企500强”,7家企业入围“中国民企制造业500强”。

【开展理想信念系列教育】 5月18日,嘉兴市召开全市非公有制经济人士守法诚信教育实践活动部署会暨第五届优秀中国特色社会主义事业建设者表彰会,学习贯彻中央、省委领导对深入开展非公有制经济人士守法诚信教育实践活动的重要批示精神和全省会议精神,向非公有制经济人士发出《崇尚依法经营,打造诚信企业》倡议,部署嘉兴市以“守法诚信”为重点的教育实践活动,同时表彰嘉兴市第五届优秀中国特色社会主义事业建设者。全年在教育实践活动中开展“事业成功靠什么、人生出彩为什么、历史责任是什么、我为‘四个全面’做什么”的大讨论活动28次,参与人数2870人;开展典型事迹征文活动,累计收到征文17篇;开展企业家演讲、媒体进企业、讲“守法诚信好故事”等特色活动,增强教育引导效果。理想信念教育实践活动得到省工商联和市领导批示肯定并推广活动经验,《中华工商时报》《浙江工商》《嘉兴日报》等累计报道25次。

【企业家培训工作】 5月19~23日，嘉兴市工商联、市总商会组织第六期非公有制经济人士到香港理工大学学习，全市48名非公经济人士到香港参加培训；6月22~26日，组织43名民企高管人士参加嘉兴市第十三期非公有制经济人士培训班在北京中央社会主义学院的培训；组织举办金融与创新管理研修班、《新形势下商会规范化建设》等讲座，与咨询公司联合举办5期企业骨干素质提升班，300多人参加培训；组织新生代企业家100多人次参加省新生代联谊会会员培训班等培训；组织企业家到省内外学习知名企业发展经验、考察浙商投资项目和工业园区。全年全市工商联系统共举办企业家专题培训班15期，讲座18个，参训人员2150名。

【推选"禾商"典型】 2015年，市工商联通过先进示范、典型引领，激发广大企业家创业创新，开展嘉兴市各级优秀中国特色社会主义事业建设者评选表彰活动；推荐企业家获评世界浙商大会杰出浙商奖和创业创新奖、"十大民企风云人物"、"最具社会责任感企业家"、"同心·治水"先进等。全年全市工商联系统共推荐500余名企业家获得各项荣誉，并利用党报、党刊、杂志、网站和微博、微信等媒体对先进典型进行宣传报道。

【搭建浙(禾)商交流合作平台】 2015年，市工商联积极搭建企业及商会间的交流合作平台，组织18名企业家参加第三届世界浙商大会；承办嘉兴市浙商回归暨楼宇经济(上海)合作交流洽谈会；协办市政府推进新型城镇化建设暨公共服务重大项目深圳推介会及禾商座谈会等重大会议。举办2015浙江(嘉兴)商会"嘉兴行""宁波异地商会嘉兴行"等活动。深化异地商会联系联络机制，召开市外嘉兴商会会议和市内异地商会联席会议，全年通过为商会牵线搭桥累计引进项目42个，总投资149.7亿元。

【举办首次民企社会责任报告发布会】 2015年初，嘉兴市成立由市工商联牵头，各县(市、区)工商联参与的民营企业社会责任课题组，对嘉兴市近百家民营企业进行实地走访调研，编制《嘉兴市民营企业社会责任发展报告》。11月9日，市工商联举办以"弘扬正能量，共筑禾商梦"为主题的首次《嘉兴市民营企业社会责任报告》发布会。会上发布的《嘉兴市民营企业社会责任报告》主要由嘉兴市民营企业社会责任研究篇和嘉兴市民营企业社会责任典型案例篇两部分组成。发布会还就民营企业履行社会责任作经验分享，就"重视企业社会责任建设，增强企业可持续发展能力"作主旨演讲。

【加强调查研究和参政议政工作】 2015年，市工商联加强调查研究，全年形成《关于商会协会在创新社会依法治理中发挥协同作用的思考》《关于嘉兴产业集群转型升级的建议》《嘉兴市民营企业社会责任报告》《嘉兴市民营企业"走出去"发展》等调研报告，受到市委、市政府领导多次批示肯定。开展全市工商联系统调研文章评比表彰工作；做好各类统计报表和信息的采集上报工作，完成108家上规模民营企业的调研、89家参与光彩事业企业的统计、56家企业的法律情况调研。2015年，市工商联履行参政议政职能向市政协七届四次会议提交《全面深化法治嘉兴建设促进非公有制经济健康发展的建议》等4件集体提案，并作《关于在转型升级背景下支持传统产业提升发展的建议》的大会发言；《关于建立我市食品流通安全长效管理机制的建议》《关于促进人才回归工作的建议》被列为市政协重点提案；《关于推进政府部分职能向行业商会协会转移的建议》被评为优秀提案；探索工商联届别委员活动主题化，开展电子商务健康发展等界别协商，组织界别委员视察、对口协商活动21次。在市、县"两会"上，全市工商系统共提交提案120多件，为全市经济社会发展建言献策。

【商(协)会组织建设】 2015年，嘉兴市新成立嘉兴市内蒙古商会、嘉兴市广东商会,市级异地商会达到15家;新成立深圳市嘉兴商会,市外嘉兴商会达到10家;指导成立工艺美术协会、房地产中介行业协会,年内,市工商联所属经济类行业协会商会为44家。根据市委办、市府办印发的《关于调整市领导联系商会协会的通知》,市工商联制定《异地商会季度联席会议制度》《异地商会规范化建设指导意见》,强化商(协)会组织建设。《嘉兴市内异地商会联席会议制度》对联席会议成员、秘书处成员、会议时间、会议形式等均作了明确规定,并确定每次联席会议由一个或一个以上商会承办,邀请28个市工商联(总商会)特邀顾问单位轮流参加联席会议。2015年,市工商联先后召开市级商会协会会议、行业商会协会秘书长会议,牵头对经济类行业商会协会共性突出问题进行整改;开展清理规范经济类行业商会协会涉企收费专项行动,指导制造业、服务业等5个小组开展行业商会协会活动,助推政府职能向商会协会转移。

【优化企业会员队伍结构】 2015年,市工商联以民营经济及代表人士为主体,按照广泛性和代表性相结合的原则,做好企业会员发展工作;通过调整补充,市工商联第六届常委会87名组成人员中非公经济人士70名,占80.46%。2015年会员数达到19188家,比上年增长13.22%,4165家规上民营企业中有98%以上入会。年内,市工商联在发展行业领军企业入会的同时,通过组建村级商会,吸收小微企业、个体工商户入会,并制定《直属会员管理办法》,建立健全执常委联络员制度。

【加强商(协)会党建工作】 2015年,市工商联加强商(协)会党建工作,印发《2015年党建工作要点》,召开党建工作会议,全年确定党员发展对象6名,发展预备党员12名,转正党员9名;在市委党校举办2期党组织书记培训班,组织商(协)会党支部书记集中进行"三严三实"专题教育,开展重走"一大路"体验式教学,并组织有关商(协)会人员参加入党积极分子培训班。年内,市工商联制定出台《嘉兴市行业协会商会党组织党建强、人才强、发展强评价办法》,采取党支部总结自评与集中考评相结合的方法,综合确定量化考核分值,评价结果作为评选先进基层党组织和优秀党务工作者的重要依据,并将考核分值纳入商(协)会评价之中。同时,试行商(协)会党支部书记党建工作述职制度,督查强党建、促服务,育人才、助发展的落实情况。

【促进新生代企业家的教育学习】 2015年,市工商联努力搭建交流平台,促进对新生代企业家的教育学习。5月20日,组织嘉兴市新生代企业家联谊会会长沈珺等一行近40人到宁波开展学习交流活动。9月17日,组织嘉兴新生代企业家联谊会部分会员开展走进嘉善活动,与嘉善新生代企业家协会会员进行互动交流。会员们参观归谷园区、斯麦乐巧克力乐园和浙江众成包装材料公司,并在浙江众成公司的会议室召开交流座谈会,讨论"论企业运营现状,共谋经济发展方向"。11月2日,市委办、市府办联合下发由工商联起草的《关于进一步加强我市新生代企业家培养引领工作的通知》,从坚定理想信念、建立联系制度、强化教育培训、建立导师制度、搭建交流平台、完善联谊组织、履行社会责任、做好政治安排等七方面着手,目标到2020年,培养50名领军新生代企业家、100名骨干新生代企业家、辐射1000名左右新生代企业家,形成一个具有现代管理水平和管理能力、具有社会责任感的新生代企业家群体。

(印惠丽)

群众团体

嘉兴市总工会

【概况】 2015年,嘉兴市总工会各项工作取得明显成效。“统筹城乡工会建设”工作受到全国总工会肯定,在全国推广。“工会干部上挂下联”工作在全省群团工作会议上受到省委副书记王辉忠肯定,在全省推广。工会劳动保护分级管理、创新工作室创建等工作受到省总工会肯定。市总工会被评为全国“安康杯”竞赛活动先进单位和省级创建和谐劳动关系暨双爱活动先进组织。

2015年,嘉兴市总工会做好2015年全国劳模及浙江省“五一劳动奖状”、奖章的推荐工作,9人被评为全国劳模,6人获省“五一劳动奖章”,获省“五一劳动奖状”2个。开展上下联动为“最美嘉兴人·最美职工”点赞活动,评选出10名最美职工和10名市优秀职工。组织“寻访劳模足迹”宣传报道,“五一”期间在《浙江工人日报》《嘉兴日报》《南湖晚报》发表新闻报道17篇。开展劳动竞赛,增强职工创造活力。全市1.9万余个企业开展各种形式的劳动竞赛。在抓好千亩荡应急备用水源工程等20个市级竞赛活动示范点的基础上,以点带面,推动全市100多个市级重点工程项目开展以“六比”为主要内容的“两美”嘉兴重点工程立功竞赛活动。市、县、镇联动,开展职工职业技能比武活动。举办全市第八届职工技能运动会,设置市级比赛项目32项。通过技能比武,54名职工获技师资质证书,291名职工获高级工资质证书,79名职工获技术操作能手称号。开展高技能人才创新工作室创建活动,命名市级高技能创新工作室21个,评选市级“工人发明家”10名;表彰嘉兴市“工人先锋号”50个,获得省“工人先锋号”称号7个;组织实施、推进“百名高技能人才晋级,千名技能带头人培养,万名职工培训”计划,全市各级工会培训职工12.3万人次。

依法维护职工合法权益。对有一定规模、基础较好的企业,职代会建制率达95.4%。对小型企业,依托镇(街道)、村(社区)、工业园区,推行区域性(行业性)职代会建设,全市建立区域(行业)性职代会工作机制1233个,覆盖单位40633个,建制率93.8%。提升工资集体协商质量,开展“要约行动”,签订或续签工资集体协议。加强工资集体协商指导员队伍建设,发挥指导员作用,提升协商质量。全市单建企业工会开展工资集体协商、签订工资协议8742家。推进企业安全文化建设,全市1.1万多个企业开展安康杯竞赛,参赛职工69多万人。开展“2015年度安全生产合理化建议征集活动”,全市2000多个企业8万多名职工参与。推进市、县(市、区)职工服务中心规范化建设,加大镇(街道)职工服务站、企业服务点建设力度,形成市、县(市、区)职工服务中心、镇(街道)服务站、村(社区)和企业职工服务点四级网络。启动第二轮职工医疗互助保障工作,全市参保职工43万多人;开展工会“四季送”、结对助学、“心连心”大病救助、爱心透析专项救助、“平安返乡”等活动,慰问困难职工27.6万人次,发放慰问款2591.4万元、慰问品964.9万元。帮助农民工平安返乡41370人次，包车375辆，购买机票105张，车船票40442张。扩大职工书屋建设的覆盖面，创建全国职工书屋4家，省级职工书屋25家，新增市级职工书屋87家。举办全市企业职工文化论坛，开展“送文化、种文化”系列活动，为基层送演出217场，送图书15万余册。

2015年，嘉兴市总工会着力打造以镇(街道)工会为枢纽，行业(产业)工会为纽带，村(社区)工会和企业工会为基础的新型城乡“一体化”工会工作体系；开展优秀工会工作者评选，组织基层工会干部参加全国总工会、省总工会培训，市和县(市、区)总工会组织10期701人培训。在全市开展为期3个月的建会、入会情况普查，全面掌握基层工会建设情况。按照全国总工会数据库扩容升级和改造要求，做好信息维护和处理工作；推进工会组建和职工入会工作，全市新增农民工入会12万余人，新建工会组织748家。

【启动第二轮职工医疗互助保障工作】 2015年，市总工会把职工医疗互助保障工作列入工会实事工程之一，7月，启动第二轮职工医疗互助保障工作。按照省总工会的要求，做好市级统筹工作(主要在政策、范围、标准、项目、期限和资金等方面统一起来)，扩大职工医疗互助保障的普惠面，通过宣传动员，2015年底全市有4600多个单位的43万多名职工参保。

【“百千万”素质提升行动】 2015年，市总工会组织实施“百名高技能人才晋级，千名技能带头人培养，万民农民工培训”计划，开展对职工的岗位技能培训、订单式培训、新知识新技术培训等。全年开展职工技能培训12万多人次，通过培训获得职业技能资格等级证书的职工13839人。

【开展“职工技术服务活动月”助力转型发展行动】 2015年，市总工会组织全市各级职工(劳模)技术服务队进中小微企业开展技术攻关、技术改造、技术创新、技术帮扶、技术培训、技术协作、科技成果展示、科普展览，全市各级工会有职工技术服务队146支，参与技术服务队的职工2039人，为企业服务1332次，解决生产难题618项。

【开展建设“两美”嘉兴重点工程立功竞赛】 2015年，市总工会与市发改委联合开展建设“两美”嘉兴重点工程立功竞赛活动，将重点工程立功竞赛作为推进“两美”嘉兴建设的重要抓手，激发广大工程建设单位职工参与建设“两美”嘉兴的积极性。全市重点抓好20个市级及以上重点工程项目，以点带面，推进建设“两美”嘉兴重点工程立功竞赛活动，全市有100个市级及以上重点工程项目开展立功竞赛活动。

(王春勤　李建红)

共青团嘉兴市委

【概况】 截至2015年底，嘉兴市有28周岁以下青年605205人，团员172339人，县(市、区)团委7个，有基层团委398个、团工委36个、镇团委44个、街道团(工)委29个、团总支326个、团支部8638个，团市委直属团委42个、团总支3个。全市有专职团干部170人。

2015年，团市委坚持高举理想信念大旗。以“禾·青年说”分享汇为载体，通过“青年说给青年听”的形式，打造青年思想交流、经验分享平台，全年各级团组织共举办活动110场，直接参与人数8200余人次；利用新团员代表入团宣誓仪式、十四岁集体生日、十八岁成人宣誓仪式等活动，引导青年学生自觉把践行核心价值落细落小落实；开展主题教育，以社会实践、研讨辩论、微视频大赛等形式，在青少年中开展“红领巾相约中国梦，核心价值观记心中”“与人生对话”“与信仰对话”“奋斗的青春最美丽”等系列活动,共有32万余名青少年参与各类主题教育活动。配合市委组织部协办“红船追梦”微视频大赛,推报的微视频《工作着是美丽的》获得最佳作品奖。针对不同青少年群体分别开展“美德少年”“十大青年创业风云人物”“青年文明号”“青年岗位能手”“青年安全生产示范岗”“优秀志愿者”等评选活动,选树各行各业的优秀个人和集体。同时,推荐优秀青年参与全国、省级先进评选,6人获全国农村青年致富带头人等国家级先进个人,3人获省十大杰出青年等省级先进个人。成立“青春南湖”全媒体中心,提升官方微信公众号影响力,全年共推送图文信息600余条,开展线上活动20余次,共有粉丝50000余名,各项指标在全国共青团系统名列前茅。组建一支网络宣传志愿者队伍,动员团员青年参与“网上祭英烈,共铸中华魂”“我为核心价值观代言”等线上统一行动,发挥舆论引导作用。通过举办青年网络文明志愿行动座谈会、“争做青年好网民,传递网络正能量”主题活动等,提升网络文明志愿者队伍综合素质。

年内,团市委投身改革发展大潮。依托嘉兴市青年创业就业促进中心,与北京大学创业训练营签订战略合作协议,与市台办联合成立嘉兴台湾青年创业中心,整合企业、高校、职能部门及青联、青企协人才资源成立由200人组成的青年创业导师团,推进6000平方米嘉兴青年创业园建设,举办青年电子商务创业大赛、农村青年电商创业创新大赛等赛事和青年创业大讲堂、青年电商培训班、创业青年沙龙等培训交流活动,市青创中心获得全市首批“众创空间”称号。全市累计发放青年创业贷款2820笔,贷款金额3.8亿元,惠及创业青年2820名,带动就业12690人;全市新建青年互联网创业示范点189个,培育农村青年电商精品网店223个,建立青年创业园区18个。同时,开展35场市级重点青工技能比武,涌现出一批创新创业创优职业青年人才。以“共青示范河”创建为载体,推进共青团助力“五水共治”系列行动,2015年度共考核和命名市级共青示范河30段,总长度27.7千米;在运河农场集中建设占地12公顷的“共青示范林”,全年各级团组织建设“五水共治”青年林8片,种植树木3.2万株;开展“百团添万绿——保护母亲河植树行动”“以鱼洁水——保护母亲河志愿者行动”等活动,营造治水护水的良好氛围。开展“书香换花香,绿意传情意”图书换绿植活动,在社区、企业、商圈设置“图书换绿植站点”40余处,累计赠送绿植1.4万余盆。团市委被评为2015年度“五水共治”优秀部门,《段长负责制下的共青示范河创建模式——嘉兴共青团组织参与“五水共治”的实践与创新》获得团省委创新项目。开展“志愿我行,温暖你心”邻里守望志愿服务、“3·5”志愿者统一大行动、“益满禾城”公益创投展示等大型活动,关爱弱势群体,展示公益项目,推出便民服务,普及志愿理念。组织志愿者参与世界互联网大会(乌镇峰会)、交通文明劝导等中心工作及服务嘉兴首届半程马拉松赛、第三届市民运动会等赛事活动,招募、培训志愿者3800余人次。特别是第二届世界互联网大会上,团市委全过程介入志愿服务工作,圆满完成保障服务任务,大会志愿服务工作得到国家网信办主任鲁炜,省长李强,省委常委、宣传部长葛慧君的肯定,团市委被国家网信办、浙江省人民政府授予第二届世界互联网大会(乌镇峰会)志愿服务先进集体。加强志愿服务项目和队伍建设,开展全市志愿服务项目大赛,实施志愿服务激励回馈、学雷锋公益成长计划等常态化活动,同时,推动团

5月4日,嘉兴市举行纪念“五四”运动96周年暨志愿服务工作会议

员成为注册志愿者，团员注册人数11.8万人，注册率66%，团干部注册率100%。

年内，团市委服务民生工作大局。探索“青年之声”建设，利用网络平台倾听和回应青年呼声，自10月份开通以来，共收到各类问题4200条，组织“志愿服务联盟百名专家团”予以解答。推进青少年文化建设，重点开展大学生电影节、社团文化艺术节、青年交友联谊会、少儿故事大王比赛等青少年喜闻乐见的活动，不断丰富青少年精神文化生活。指导各级基层团组织以项目化形式，以定向拓展、演讲辩论、趣味运动会、微电影拍摄等活动，提升团组织吸引力和凝聚力。开展青少年自护教育，构建学校、社会、家庭一体化安全教育网络，印发《青少年安全自护手册》。依托拾星者青少年社工事务所，开展“轻松备考与你同行”12355阳光行动、“我们都是小蓝人”——关注孤独症儿童等品牌公益活动。开展“共青团与人大代表、政协委员面对面”活动，推动出台相关文件，加强青少年事务社会工作专业人才队伍建设。联合市人大内务司法委开展未成年人保护“两法一条例”专题督查，向政府有关部门提出加强和改进未成年人保护工作的意见建议。完善市青少年宫禁毒教育基地和青少年维权在线等阵地建设，“网上+网下”立体式推进青少年合法权益维护工作。针对本地青少年，整合社会各类资源，实施“青春助力·爱心圆梦”公益助学行动、精实助学计划等爱心助学行动，共资助贫困学生120余人，捐助金额60余万元；针对结对民族地区青少年，会同援疆指挥部、市慈善总会等单位设立“红船助学金”，其中团市委捐助5万元参与关爱基金筹资，共计资助新疆贫困学生400名。通过图书换绿植活动，募集公益图书1万余册，赠予新居民子女学校。组织全市少先队员与新疆沙雅、西藏那曲地区的少先队员开展“书信手拉手”活动，增进两地青少年交流互动。

年内，团市委推动自身改革大势。围绕基层服务型团组织建设目标，通过实地督查、召开现场推进会等形式，推进市、县(市、区)、镇(街道)、村(社区)及网格四级青少年综合服务平台建设工作。市本级和县(市、区)实现服务平台全覆盖，镇(街道)级和网络(村、社区)级平台数量分别达53家、122家。在此基础上，实施市级示范平台创建，采取层层推报、分级管理的方式，以“三年规划”稳步推进，首批建成省、市级示范性服务平台分别为2家、22家。推进“双网互动”工作深入实施，以“小单元”布局青春阵地，通过“大联合”统筹区域团建，依托专门开发的信息系统，回应基层诉求，实施组团式服务。至年底，全市共划分网格3678个，吸引凝聚青年社会组织460家。全市有各类网格服务团队2054个、提供服务3176次、覆盖服务对象68737人次。年中部署开展“达标创优”工作，全市镇(街道)达标率94.5%，示范镇(街道)18个，示范性网格81个。通过“双网互动”和区域化团建的融合推动，全市基层团组织覆盖网络进一步完善，全市新建“两新”组织团组织262家。结合“三严三实”主题教育活动，在全市团干部中开展“团干部如何健康成长”大讨论活动，通过“规定+自选”动作稳步推进，以“禾青学堂”为载体开展“八个一”系统学习，同时，结合团中央“走、转、改”调研组下基层听呼声、解难事，将各类青年意见梳理后形成意见清单。组织团干部先后以重走“一大”路、走进四明山、访问农科院等形式开展现场教学，坚定从严治团理念。抓好团干部教育培训，市本级共举办基层团干部、共青团系统信息与调研、网络宣传、志愿服务工作四项培训，共计530余名团干部参训。

年内，团市委获第二届世界互联网大会(乌镇峰会)志愿服务先进集体、2015年度浙江省共青团工作和青年工作创新奖等荣誉。在团省委2015年度考核中，团市委工作目标考核评定等次为优秀。

【开展青春助力“五水共治”行动】 2015年，团市委围绕市委市政府“五水共治”工作的总体部署，助力“五水共治”志愿服务行动。对重点河道实行共青团治水护水段长负责制，结合共青团“双网互动”团建工作的网格化覆盖方式，合理划分河段，共发动全市各级团组织认领拟创建“共青示范河”173段，总计182.7千米。团结青企协、青联委员，农村青年致富带头人，青年文明号创建集体青年职工参与生态环境保护工作。组织节水护水宣传活动，深化新媒体宣传教育，打造共青团新媒体绿色传播平台，发挥学校少先队宣传治水优势。全年全市共组建138支、2000余人的常态化护水志愿者队伍，有计划定期访查各地垃圾河、黑河、臭河的清理整治保洁情况700余次。全市开展主题活动300余场，带动近4万人次志愿者参与治水护水、植绿护绿、主题宣传等活动。征集“五水共治”金点子30000余个，参与“生态文明行”网上争章1073人，引导少先队员关注生态文明，提升环保意识。

【举办嘉兴农村青年电商创业创富大赛】 2015年，为激发青年创业创新热情，助推经济转型升级，团市委举办“邮储银行杯”嘉兴农村青年电商创业创富大赛。比赛自6月启动以来，得到市商务局、邮储银行嘉兴分行、嘉兴青年电商创业联盟等单位以及多家投资公司、高等院校等社会各界的关注和支持。全市众多青年创客们踊跃报名，经过各县（市、区）初赛、市级复赛的层层比拼，有5个青年电商创业项目突破重围进入总决赛。“稻鳖共生，土鳖进城”项目获得第一名，“胜丰家庭农场‘菊香米’网络营销”项目获得第二名，“一键鲜020”“基于本地特产鲜果的团购电商平台”“南北湖农家E栈服务平台”获得第三名。获奖项目除获得1万元至1000元不等的现金奖金外，还将享受邮储银行电商贷、邮e贷等“邮青时贷”系列授信支持。团市委也继续帮助优秀项目的负责人协调解决创业过程中的各类问题。

【“学雷锋、讲文明、树新风”志愿服务活动】 2015年，团市委深入开展“学雷锋、讲文明、树新风”志愿服务主题活动。开展志愿者统一大行动，在“3·5”志愿服务主题日开展广场便民利民集中志愿服务，集中开展电器维修、保健义诊等志愿服务项目。召开全市志愿服务工作会议暨市志愿者协会二届五次理事会，开展嘉兴市区志愿者统一大行动并举办“志愿我行，温暖你心”邻里守望志愿服务活动和“百团添万绿——保护母亲河”植树行动。举行嘉兴市纪念第30个“12·5”国际志愿者日暨市老年大学志愿者服务总队成立仪式。推进第四季“万封家书传亲情”活动，走进市本级新居民子女学校、福利院，为几千名孩子拍摄照片。

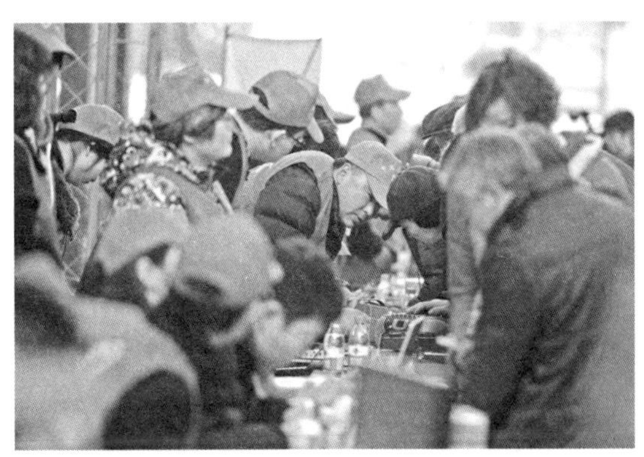

3月7日，团市委开展志愿者统一大行动

（高祥慧）

嘉兴市妇女联合会

【概况】 2015年，嘉兴市有镇（街道）妇联（妇工委）73个，村（社区）妇代会（妇联）1172个，“两新”组织（新经济组织、新社会组织）中建有妇女组织4928个，设妇女工作联络员3452个。全市直属系统妇委会（妇工委）207个（不含乡镇所属）。市本级有民主党派妇委会9个，家庭教育学会、女企业家协会等妇女团体7个。

构建创富建功服务体系。2015年，全市妇联系统共举办各类培训班450期，市妇联举办农村妇女电子商务培训班1期、创业女性SYB培训班2期、女企业家互联网知识和政策法规学习培训班2期。年内,市妇联组织49名妇女接受阿里巴巴提供的培训和工作岗位。召开全市"双学双比"工作会议,交流各地组织妇女创业发展的经验。组织女企业家到温州学习考察企业、开展项目对接活动。举办首届全市妇女手工产品创意大赛,促成华之毅时尚集团研发部与嘉善"吾巧"手工编织社签订合作意向。为市本级84名创业妇女提供创业小额贴息贷款1280万元。全市共发放贴息贷款3000多万元,发放担保贷款2562万元,受惠妇女400多名。举办"架金桥·促发展"妇女就业促进活动,全市共推出专场招聘会53场,为3.27万名妇女提供免费信息服务。召开全市农产品女经纪人现场交流会,指导农村妇女发展"农家乐"项目。利用联建、共享等方式,建立各级女性创业指导中心10个。举办巾帼文明岗负责人培训班和互促互评会,新创建市级巾帼文明岗47个、省级岗24个、全国岗5个;全国巾帼文明岗——桐乡乌镇游客服务中心代表浙江在全国妇联纪念"三八"国际妇女节表彰大会上交流发言。

构建权益维护保障体系。年内,市妇联加强"平安家庭"创建工作,对县、镇两级进行平安家庭模拟评审。健全反家暴工作机制,联合市公安局开展专项调研,推动反家暴告诫制度的落实,全市发出家暴告诫书86份。组织市政策法规性别平等咨询评估专家组对2个政策文件进行评估,提出建议7条。健全市、县两级婚姻家庭纠纷调解机制。10月,成立市级婚姻家庭纠纷调解中心,建立一支由妇联干部、法律工作者、心理咨询师、婚姻家庭指导师等人员组成的专兼职人民调解员队伍,指导并参与全市重大婚姻家庭纠纷调解工作;全年各级婚调机构共受理各种咨询、调解案件2380例。"三八"妇女节期间,邀请市委副书记胡海峰为全市妇联干部宣讲男女平等基本国策;在公交站台、电台、宣传栏、微信等阵地开展基本国策宣传;开展"三八"妇女维权周活动,举办宣传咨询活动417场次,参与妇女1.6万多名。开展"法律进家庭"活动,全市举办讲座437场。完善信访接待工作制度,全年接待来信来访来电1387件。开展"十二五"妇女儿童发展规划终期监测评估工作,推动重点实事项目的落实,并启动妇女儿童发展"十三五"规划编制工作。推动全市城乡妇女"两癌"检查项目的实施,开展"两癌"困难妇女救助工作,全年争取上级妇联和市慈善总会救助资金94.81万元,救助困难"两癌"妇女142名。落实省妇联"圆梦计划",为11个孩子发放微梦想救助金1.3万元。组织开展市领导"六一"走访慰问活动,为9所中小学校、幼儿园的孩子送去关爱。

构建和谐家庭建设体系。举办嘉兴市纪念"三八"国际妇女节105周年暨"十佳最美嘉禾女性"优秀事迹报告会,向市民展示孝女、贤妻、慈母、善邻等最美女性形象。利用"道德讲堂"、文化礼堂等平台,开展"道德典范"进机关、进村(社区)宣讲活动,激励广大妇女传承和弘扬家庭美德。开展"最美家庭"寻找活动,联合宣传部、文明办评比表彰嘉兴市2015年度"十佳嘉禾最美家庭"和"百户文明家庭",并组织家庭道德情景剧展演。每季推荐省级"最美家庭",2015年新获选省级文明家庭20户。举办第六届家庭文化节,以"传承嘉禾文明·共创美丽家园"为主题,开展美丽阳台评选等五大板块活动,近3万家庭参与。连续五年承办"五彩香囊迎端午"系列活动,央视十套《文明密码》栏目进行专题拍摄和直播。通过留住"最美瞬间"摄影作品"三进"活动,在市本级20%的城市社区设立"最美家庭"风采展示栏,引导基层妇女工作者和广大家庭发现、记载、推荐身边的"最美家庭"。开展"立家风、树家训"征集评选活动,收集"好家风、好家训"语句300多条;联合市文联对"好家风、好家训"语句进行精炼提升,并印制成家训春联2000份送村入户。

【成立妇女儿童公益服务中心】 11月19日,市妇女儿童活动中心举办嘉兴市妇女儿童公益服务中心启用仪式,吸纳入驻女性社会组织9个,依托妇女组织、社会组织、巾帼志愿者队伍等社会资源,全年为有需求的妇女、儿童和家庭提供专业性、综合性服务,完成妇女创业公益培训、社区亲子阅读、关爱独居老年妇女、环保酵素应用技术推广等14项公益服务项目,受益人数上万人。

【启动第二轮优美庭院创建工作】 2015年,市妇联制定下发第二轮“优美庭院”创建工作实施意见、考核办法和资金补助操作细则,推动优美庭院创建提质扩面。先后开展“微田园”示范片创建、美丽庭院(阳台)评选、优美庭院进农家科学宣讲等活动。2015年,全市新创建“优美庭院”示范村58个,市本级发放以奖代补资金341.4万元,至年底,累计创建“优美庭院”示范村238个,村级以上“优美庭院”示范户6万多户。

【建设家庭教育指导服务体系】 5月,全市家庭教育工作会议暨家庭教育指导服务体系建设推进会在嘉善召开,部署家庭教育指导服务体系建设的相关任务。12月,嘉兴市家庭教育学会第二次会员大会在沙龙国际宾馆召开,完成市家庭教育学会换届工作,选举产生新一届理事会和领导成员,谋划和部署今后五年的工作,成立市家庭教育指导服务中心。12月,举办嘉兴市家庭教育论坛暨家庭教育师资骨干培训班。开展“家长学校优秀教案”征集评选活动。实施“书香飘万家·亲子共成长”社区亲子阅读项目,惠及市本级30多个社区。开展“科学家教城乡行”暨“送百场惠万家”活动,全市举办讲座962期,惠及12万多名家长。宣讲活动被评为2015年全市未成年人思想道德建设工作十件实事之一。

【深化妇女社会工作】 2015年,市妇联指导阳光家庭社工事务所继续实施单亲妈妈家庭、经济就业困难妇女、婚姻家庭关系调适社工服务项目,新开展家庭教育、独居老年妇女服务项目,通过开展个案工作、小组工作、社区工作,为有需求的妇女儿童和家庭提供各类专业服务4129人次。探索承接司法系统社区矫正专业社工服务。全年全市妇联系统11家社工机构开展社工服务项目26个,争取到全国、省、市项目资金196万元,1.8万余名妇女儿童得到帮助。

(吴 敏)

嘉兴市科学技术协会

【概况】 2015年底,嘉兴市科学技术协会(简称“市科协”)所属市级学(协)会64个;县级科协5个,县级学(协)会154个;企事业科协55个。

2015年,市科协实施院士智力集聚工程,新建东方特钢等8家企业院士专家工作站。至年末,全市已建院士专家工作站45家,省级院士专家工作站10家;建站单位与院士团队签约合作项目255项,其中国家级项目21项,省部级项目113项,有效转化项目93项。深化“海智计划”工作,促成签约落户项目4个,并在“中国归谷嘉善科技园”建立全市首个“海智基地”工作站。

2015年,市科协致力公民科学素养提升,协调组织、宣传、经信、农经、教育五个牵头部门,以“一月一主题”科普活动为载体,相继开展“四送服务进农村”等12个大项100多个子项的主题宣传活动。组织开展嘉兴市2015科技(科普)活动周和全国科普日活动,举办线上线下群众性科技(科普)活动412项,受众约105万人次。组织开展“嘉兴蓝、江南绿”科普系列活动,通过编发宣传资料、举办主题展览、创作千米墙画、联播微型视频等科普宣传方式,加强“五水共治”“五气共治”“海绵城市”等的科普宣传。实施基层科普行动计划,组织市科普讲师团到农村、社区、学校和企事业单位进行科普宣讲380余场,受众近2万人次。重视优秀农技人才培养,首次联合嘉兴农民学院举办嘉兴市实用人才果树种植技术培训班。加强青少年科技教育,组织开展全市第8届青少年科技节、第30届青少年科技创新大赛等活动,6万多名青少年参加。

2015年,市科协继续实施学会能力提升工程。协助市土木建筑学会等8个学会在科技评估、工程技术领域职业资格认定、行业(产业)技术标准研制、科技奖励推荐等方面做出积极探索;发挥平台作用,促成16个市级学会承接18项政府转移职能。开展学术交流,全年举办(承办)各类学术活动336场次,2万余人次参加;403人次参加国际性学术会议,提交学术论文483篇;11人次出国(境)参加国际民间科技交流;由市心理学会承办的“信息化背景下中国社会转型中民众的心理与行为问题研究”国际学术交流会议在嘉兴召开。加强课题研究与建言献策,全年软科学课题立项10项,其中《嘉兴加快发展跨境电子商务的思考与建议》被列为市政协重点优秀提案;组织开展第十届自然科学学术奖评选活动,131项成果获得市政府表彰。

2015年,市科协加强学会组织建设,完成领导干部社团任职清理和报批工作,26名处级以上领导干部辞去社团领导职务。新成立创意设计协会、青少年机器人协会、电子信息工程学会、互联地产研究院4个市级学会。至年末,市科协所属学(协)会AAA级以上社会组织28家,其中AAAAA级6家。组织实施“育才工程”,9名青年科技人才获得出国(境)学术交流、出版学术专著专项资助。

【开展嘉兴院士系列访谈活动】 2015年,市科协联合嘉报集团等单位组织开展“嘉兴院士大型系列访谈”活动。历时一年时间,共采访24位嘉兴院士,并在《嘉兴日报》、嘉兴在线开辟专栏报道采访实录;收集整理51位嘉兴院士史料,结集而成的《嘉兴院士》一书由浙江大学出版社编辑出版。

【实施创新驱动助力工程】 2015年,省科协启动实施创新驱动“助力工程”,旨在依托省级学会人才资源,精准服务集群产业。市科协会同南湖区人民政府申报,浙江省电子信息产业(南湖)示范园区被确定为全省首批“助力工程”五家试点单位之一。省计算机学会在嘉兴科技城挂牌成立“学会服务站”。年内,开展“百场科技沙龙”“百名博士进企业”等活动,促成浙江大学软件学院、浙江工业大学等在嘉兴科技城设立研究生实习基地。

【公众科学素质调查】 2015年,全省统一组织公民科学素质抽样调查,“十二五”末嘉兴市具备基本科学素质的公众比例达到9.34%,高于全省8.21%的平均水平,也较嘉兴市2010年的5.88%提高了3.46个百分点。嘉兴市此次公众科学素质抽样调查工作由浙江大学制定总体方案并负责样本抽取,对象为嘉兴市所辖区内居住半年以上的18至69周岁的公民,总样本量为2000个。

【学会能力提升工程】 2015年,市科协以政府职能转变和机构改革为契机,实施学会能力提升工程,为社会创新创业提供公共服务产品。市机械工业联合会接受市经信委委托,承接嘉兴市智能制造产业链行动方案编制等6个项目;市质量协会坚持面向全市中小微企业进行质量培训与辅导;市土木建筑学会接受市建委委托开展全市范围内建筑幕墙、深基坑、高支模等危险性较大的部分项目安全设计和施工“专项方案”论证工作;市营养协会承担国家公共营养师(三级)专业培训,合格率居全市同类培训机构前茅;市纺织工程学会辅助浙江兰宝毛纺集团成功申报获批“中国纺织服装人才培养基地”。

(曹阿超)

嘉兴市残疾人联合会

【概况】 2015年,嘉兴市残疾人联合会(简称“市残联”)试点开展村(社区)残疾人专职委员安置公益性岗位工作,规范工作程序,提升工作待遇。加强手语翻译配备工作,市、县两级残联均配备不少于1名手语翻译。开展残联工作人员、残疾人专职委员岗位知识培训，规范残疾人专职委员选配、职责和待遇。配合开展市政府民生项目——整治规范路边服务亭助残爱心亭项目，加强助残爱心亭监管力度，美化外观，规范经营；共拆除助残爱心亭6个，更新12个，维修7个，整治率100%，超额完成市政府下达要求。继续开展“十百千万”进村入企到户活动，完成残疾人基本服务状况和需求专项调查数据录入工作。残疾人工作列入“嘉兴政务服务网社区延伸项目”首批试点。市、县两级残联门户网站基本建成无障碍辅助系统，畅通特殊困难残疾人获取信息渠道。年内，市残联参与全国公共文化体系服务示范区建设，健全残疾人文体事业发展机制，市（县）电视台开播手语新闻栏目、广播电台开播残疾人专题节目、报纸刊登残疾人工作专版、车载电视播放残疾人公益广告片；《中国残疾人》杂志社来禾专访嘉兴市残疾人工作，并刊登专版。加强残疾人文化体育基地、团队和队伍建设，并落实扶持措施。全面实施市政府民生工程——“开放公共体育设施”项目，市残疾人奥林匹克运动中心免费向社会开放，全年接待市民4.4万多人次，完成任务数的148.14%。举办残疾人系列文体活动，开展“我的视界我的梦”第三届残疾人摄影比赛、向祖国献礼——嘉兴市残疾人优秀摄影作品巡回展、残疾人中国画作品展、特教学校文艺作品创作比赛和全市残疾人单项体育比赛等活动，提高嘉兴市残疾人文化体育水平。嘉兴籍运动员在第九届全国残运会上获得9金、4银、3铜，破2项世界纪录。

【扩大残疾人社会保障覆盖面】 2015年，市残联拓展残疾人共享小康工程，为4289名残疾人单独施保、全额享受最低生活保障金，6723名重度残疾人得到托（安）养服务，7309名残疾人享受就业年龄段无固定收入补贴；为2267名有适应指征、有康复需求的残疾人免费提供助听、助明、助行和抢救性康复服务，2877名残疾人通过基层党组织扶贫结对帮扶脱困。加大残疾人社会保险、保障扶持力度，对残疾人参加城乡居民社会养老保险、自谋职业参加职工养老保险，个人保费给予分类补助；对残疾人参加城乡居民基本医疗保险，个人保费由政府全额补助，市本级残疾人住院报销比例比健全人提高20%。残疾人医疗优惠政策全部纳入基本医疗报销系统，实现即时结报；为持证残疾人购买意外伤害保险；对城镇残疾人家庭，优先纳入城市廉租住房或经济适用住房保障范围，优先摇号选房；对农村残疾人危旧房进行改造，实现“发现一户、改造一户”；推进“无障碍进社区、进楼道、进家庭”工程，完成“无障碍进家庭”项目660户。2015年，全市残疾人生活和护理补贴需求满足率96.4%，医疗保险覆盖率99.76%，均位居全省第一。

【提高残疾人康复服务水平】 2015年，嘉兴市作为全省唯一代表，接受中国残联“十二五”残疾人康复工作检查，得到充分肯定。加强康复机构规范化建设和管理，完成市、县两级康复机构合理布局，县（市、区）全部建成残疾人综合服务设施，镇（街道）、村（社区）全部建立残疾人康复服务站。在全省率先出台残疾人辅助器具适配货币补贴制度，对持证残疾人配置的辅助器具给予40%～100%的补助；启动残疾幼儿医教融合康复试点，率先建立孤独症、智力残疾儿童康复教育新模式。引进浙江省“千人计划”入选者项目，推广运用恒怡智慧康复训练产品，远程康复训练残疾人60人次。普及精神残疾人门诊、住院特惠政策，落实贫困精神残疾人服用药物费用全额报销；通过小康·阳光庇护中心安置精神残疾人，有效防止精神残疾人肇事肇祸。全市有康复需求的残疾人得到康复服务比例90.8%，列全省第一。2015年，全省残疾人康复工作会议在嘉兴市召开，会议代表听取嘉兴市康复工作经验介绍，并参观“阳光乐园”和秀洲区残疾人康复中心。

【优化残疾人教育措施】 2015年，市残联按照“义务教育抓质量，两头延伸创特色”的要求，参与国家特殊教育实验区创建活动，县（市、区）对有需求残疾人全部实施送教上门,送教上门服务率 100%;落实残疾人参加中、高考扶持措施,推进残疾人高中教育、中专教育、高等教育和职业教育;政府买单,继续举办残疾人大专学历班;实现贫困残疾学生和贫困残疾人家庭子女入学资助全覆盖,确保无因贫失学现象。全年全市扶持贫困残疾学生和贫困残疾人家庭子女 1865 人，发放教育补助资金 205 万元;残疾儿童义务教育入学率 97.57%,残疾学生助学比例 91.27%,均位居全省第一。实施“人人享有培训、个个有一技之长”培训项目,举办培训班 162 期，有 4252 名残疾人免费得到职业技能和农业技术培训。联合市人社局等部门印发《2015 ~ 2017 年全市残疾人职业技能竞赛计划》,与市人社局、市总工会联合举办全市第三届残疾人职业技能竞赛,138 名残疾人参加了 10 个项目的竞赛。

【残疾人就业】 2015 年,市残联继续推进以集中就业、按比例就业为主,自谋职业、工疗庇护、网络就业为辅的残疾人就业模式。对因“三改一拆”“五水共治”“治堵”等中心工作而失业的残疾人,通过就业推荐、基地帮扶等措施,帮助他们转产转业。利用政府资源加大对残疾人就业扶持力度,联合市委组织部、市编办、市人社局等部门出台《嘉兴市关于促进残疾人按比例就业实施意见》。引导残疾人投身“互联网 + 就业”行动,利用中国残联就业创业网络平台发布全市残疾人就业岗位信息,开展按比例就业公示试点;以“国际互联网大会”永久会址为契机,推进残疾人网络就业,桐乡市被确定为全省残疾人网络就业试点单位。按照“一镇一品一基地”的原则,推进残疾人扶贫基地建设,全市现有残疾人扶贫基地 92 个，安置残疾人 721 人,辐射带动残疾人家庭 2302 户。全市残疾人就业率 86.58%、就业扶持需求满足率 85.52%,均位居全省第一。

【举办助残系列活动】 2015 年，市残联围绕“关注孤独症儿童,走向美好未来”主题,开展走访慰问、助残爱心捐款、残疾人就业专场招聘等 10 项活动。市委副书记胡海峰等市四套班子领导作为志愿者走进阳光乐园,帮助孤独症、智障儿童进行康复训练。开展“我们都是小蓝人”大型助残社会公益活动,相继成立 20 多个助残社会组织和志愿者服务队。市残联机关及事业单位党员干部为困难残疾人家庭捐款 12545 元。推进政府购买服务试点工作,规范准入标准、承接机构、服务流程、考核验收等。助力城市治堵工作,继续做好残疾人免费乘坐公交车工作，至年底，全市已办理爱心公交卡 64995 张,占持证残疾人数的 73.86%,免费乘车刷卡 400 多万人次。

【举办市“十二五”残疾人扶贫基地成果展】 为展示嘉兴市残疾人扶贫基地自 2009 年创建以来取得的成果,让全社会了解、关心和支持残疾人扶贫基地,也为各基地之间创造一个相互交流沟通的平台,11 月 28 日,市残联在嘉兴市江南摩尔广场举办嘉兴市“十二五”残疾人扶贫基地成果展。全市五县二区的 20 多家省级、市级残疾人扶贫基地展出各自的特色产品:脱水蔬菜、莲藕食品、雪菜、猕猴桃、蘑菇、芦荟酸奶、葡萄、传统糕点等,这些无公害绿色农产品,吸引了很多市民参观购买。至年底,全市有 93 家残疾人扶贫基地，其中省级基地 8 家、市级基地 16 家、县(市、区)级基地 69 家;行业涉及种养殖业、农产品加工业、手工加工业等,直接安置 738 名残疾人就业,辐射带动 2265 户困难残疾人家庭。

【省残联基层组织建设经验交流会在禾召开】 12 月 23 ~ 24 日，全省残联基层组织建设经验交流会在嘉兴海宁市召开。全省各市残联分管副理事长、组宣部部长及部分县、市理事长参加会议。省残联党组成员、副理事长陈澄出席并讲话。在经验交流会上,嘉兴市重点介绍全面加强残疾人工作、夯实残联基层组织建设的具体做法,海宁市介绍在村、社区中配备残疾人专职委员公益性岗位以及"一户一表"工作法两个创新举措,受到与会人员及省残联的肯定。衢州市、奉化市也介绍了有关经验。这次会议为全省残联基层组织建设提供了有益经验。

【残疾人康复中心建设项目立项】 2015 年,经市人大七届五次会议通过,嘉兴市残疾人康复中心建设项目写入《政府工作报告》。嘉兴市残疾人康复中心建设项目规划用地面积 1.29 公顷、建筑面积 28687 平方米,预计总投资 1.25 亿元。

(史宝芳)

嘉兴市文学艺术界联合会

【概况】 2015 年,嘉兴市有国家级文艺家协会会员 203 名、省级会员 959 名、市级会员 2746 名,个人会员总数比上年有明显增长。

举办重大文艺活动。2015 年,全市文艺界组织举办纪念抗日战争胜利 70 周年文艺创作展演、第七届中国·嘉兴国际漫画双年展、二十一世纪民俗节庆文化发展及"嘉兴模式"探索国际学术研讨会等重大文艺活动。抓好越剧大戏《五姑娘》创作排演,邀请浙江名家执导和联合创编新时期越剧版《五姑娘》,组建《五姑娘》演出班底和骨干演员,努力将越剧《五姑娘》打造成一台代表嘉兴越剧水平的精品力作。推进嘉兴历代书法名人研究工程,联合浙江省书协共同主办"嘉兴书学"全国研讨会,通过面向全国征稿,评出入围论文 40 篇,其中优秀论文 5 篇,论文涉及明清、近现代嘉兴书学的群体研究和个体研究。

开展文化交流和文艺惠民活动。2015 年,全市文联系统筹办"山海人"嘉兴·丽水"山海文艺协作"五周年成果展示活动,集中展示美术、书法、摄影作品展览和民间文艺四个艺术门类自 2011 年以来的创作水平和合作成果,并出版《"山海人"嘉兴·丽水"山海文艺协作"五周年(2011~2015 年)成果集》。市文联举办嘉兴市"五水共治"文艺巡演、"情系环卫工"嘉兴公益摄影作品展等文艺志愿服务活动,推进农村文化礼堂内容建设。

文艺家协会创作活跃。2015 年,市级文艺家协会承办吴文君、朱个、草白作品研讨会、"丝乡行"嘉兴、绍兴、湖州、苏州美术作品联展、嘉兴市首届综合材料绘画作品展、"道在通会"嘉禾八老书法篆刻精品展、嘉兴杯"城市·故事" 全国主题摄影大展等文艺创作展示活动。在文学与民间文艺方面,张界愚长篇小说《绝响》被中国作协列入 2015 年重点作品扶持项目,但及中篇小说《藿香》、朱个短篇小说《秘密》、伊甸诗集《黑暗中的河流》、津渡散文集《鸟的光阴》获 2012~2014 年度浙江省优秀文学作品奖;海宁皮影戏《水漫金山》获第十二届中国民间文艺"山花奖"民间艺术表演奖,杨卫华新故事集《苹果树下的诺言》、灯彩《富贵亭灯》获浙江省民间文艺"映山红奖"。视觉艺术方面,在浙江省第十四届水彩、粉画展中,嘉兴市共有 1 件作品获学术奖,5 件作品获优秀奖;董志坚的《冠军的滋味》等 7 件摄影作品入选第 25 届全国摄影艺术展览,分获记录类、艺术类、商业类优秀作品奖。表演艺术方面,张婧创作的歌曲《老朋友》获全省音乐新人新作演唱大赛创作、表演双金奖;沈楚涵获评第十九届"中国少儿戏曲小梅红荟萃"小梅花金花奖。影视艺术方面,长纪录片《最后的特科》获 2014 年度省政府长纪录片一等奖。

加强文联阵地建设。5 月,市文联每周两期官方微信"文艺嘉兴"正式上线。继续和市文化局办好《文化嘉兴》季刊,办好嘉兴文艺网、中国端午文化网。重视市、县两级文艺硬件设施建设。年内,占地 5000 余平方米的市级文保单位——高家洋房划归市文联使用,修复后将成为集协会办公、文艺创作、文艺沙龙等为一体的"嘉兴文艺之家"。推动乡镇文联发展壮大,全年新建乡镇文联 14 个,其中南湖区 11 个、秀洲区 2 个、海盐县 1 个;至年底,桐乡市、海宁市、南湖区、秀洲区所辖建制镇、街道全部建立文联组织,全市累计建成镇(街道)文联54个,覆盖全市70%以上镇(街道),共吸纳会员4000余人。此外,市文联还借助高校力量,启动镇(街道)文联建设专项研究。

加大文艺扶持奖励力度。3月,市委宣传部、市文化局、市文联召开全市文化精品工作会议,建立全市文化精品评审百名专家库。长篇小说《绝响》、原创系列童书《布偶猫弗力士》等列入嘉兴市重大题材文化精品工程,"嘉兴书学"全国学术研讨会等10个文化活动、文艺创作、编辑出版项目列入2015年度嘉兴市文化发展工程重点特色扶持范围。

【纪念抗日战争胜利70周年文艺创作展演】 4月3日,"我的抗战"嘉兴市纪念抗战胜利70周年文艺界采风活动启动仪式在嘉善举行,拉开该系列文艺创作的序幕。市文联与市委宣传部、嘉兴日报报业传媒集团联合策划开展大型纪实文学《我的抗战——嘉兴抗战亲历者口述实录》创作活动,组织发动全市作家、记者采访嘉兴抗战老兵和亲历者,并陆续在《嘉兴日报》专栏刊登。组织策划抗日题材长篇小说《七天七夜》创作项目并列入浙江省文化精品扶持工程,由作家曹琦创作,创作期间多次召开作品点评会进行修改完善。两部书稿拟于2016年上半年出版发行。同时,举办"纪念中国人民抗日战争暨世界反法西斯战争胜利70周年"嘉兴市书画作品展、"稀见嘉兴"抗战图片展、"凝眸历史"嘉兴市美术作品展览和原创曲艺作品征集展演活动。

【第七届中国·嘉兴国际漫画双年展】 10月25日,"2015中国·嘉兴国际漫画双年展"开幕。双年展以"我的梦"为主题,由中国美术家协会、嘉兴市政府共同主办。展览共收到33个国家和地区的1701件漫画作品,其中国外作品424件,是历届展览征集作品数量最多的一次。本届展览在继承历届漫画展专业化、国际化、多元化特色的同时,呈现出新的气象。嘉兴市通过首次举办国际漫画名城"嘉年华""漫画美学与文化创意产业发展"专题研讨、命名"少儿漫画创作营"等活动,推动国际漫画艺术走向广大市民,推进漫画艺术与相关文化产业共同发展,培养壮大地方漫画创作后继人才,夯实"中国漫画创作基地"基础。双年展期间,嘉兴还与希腊伯罗奔尼撒大区签订建立艺术交流友好关系。

【二十一世纪民俗节庆文化发展研讨会】 6月19~20日,由中国民俗学会、嘉兴市节庆活动组委会联合主办的二十一世纪民俗节庆文化发展及"嘉兴模式"探索国际学术研讨会在浙江嘉兴南湖举行,海内外40余名专家学者出席研讨会。会议立足已有学术调研成果,探讨节日在继承与发展中国优秀传统文化方面所发挥的重要作用,特别注重探讨提炼21世纪民俗节会的"嘉兴模式",产生积累一批研究成果。此外,市文联与中国摄影家协会网、市节庆办联合举办"嘉兴杯"全国端午文化摄影大展,面向国内外征稿,共收到应征作品14998幅,评出金质、银质、铜质收藏作品17件。

(沈　蕾)

嘉兴市社会科学界联合会

【概况】 2015年,嘉兴市社会科学界联合会(简称"市社科联")整合社科资源,筹办红船精神学习研究宣传系列活动,推进县级社科联组织发挥作用,带动全市社科工作迈上新台阶,被评为全国先进社科组织。

【开展红船精神学习研究宣传活动】 2015年,市社科联与省级有关部门联合组织开展习近平同志提出并论述红船精神十周年理论研讨征文活动,共收到征文120多篇,评出获奖文章31篇,其中嘉兴作者10篇,占32.3%。完成《关于深化红船精神学习研究宣传工作的调查与思考》调研报告,获省委常委、宣传部部长葛慧君批示肯定，市委常委、宣传部部长陈越强领衔的2015年省社科规划重点课题“红船精神是中国共产党建党精神”课题研究成果获专家好评。出版通俗理论读物《红船精神领航中国梦》、《红船精神研究十年精粹（2005～2015）》、《中国共产党早期组织及其成员研究》重印本、《红船精神研讨会论文集》，《红船精神研究十年综述》全文整版刊登在《嘉兴日报》。红船精神研讨会成效显著。6月29日，由《求是》杂志社、光明日报社、省委宣传部、省委党史研究室、省社科联、嘉兴市委联合举办的红船精神研讨会在嘉兴市召开，来自全国社科理论界的100余位专家学者参加会议。通过充分研讨，实现理论上的新突破，中央、省级、市级媒体对研讨会作宣传报道近300篇次。葛慧君部长批示：“‘红船精神’十周年的研究宣传效果很好，成果丰硕。”

【开展学术研讨活动】 2015年，市社科联围绕纪念抗日战争暨世界反法西斯战争胜利70周年，组织开展系列纪念活动。举办全市社科界第五届学术年会大会，省社科联副主席邵清围绕“如何将地方实践与经验提升到普适性理论”作专题辅导报告，主讲过《百家讲坛》的浙江大学中国思想文化研究所所长董平教授作《浙江文化与浙江精神》专题讲座。据不完全统计，全年全市社科系统共举办各类学术研讨（沙龙、讲座）活动101场，收到论文2812篇。

【第二十届社科优秀成果评选】 2015年，市社科联开展第二十届社科优秀成果评选，共收到申报成果138项，符合条件127项，按经济社会类、历史文化类、教育教学类分别进行评审，共评出获奖成果50项，其中著作12项、论文38项。

表19 **嘉兴市第二十届社会科学优秀成果（著作类）**

等级	题　　目	作　者	单　位
一等奖	运用环境经济政策促进浙江节能减排研究	王晓辉、顾骅珊、虞锡君	嘉兴学院
	做教育的拓荒者	朱建人	嘉兴教育学院
	二十世纪日记知见录	虞坤林	海宁市史志办公室
二等奖	社会管理的战略转变与行为创新研究——来自浙贵两省的调查	姚莉、谢治菊	浙江财经大学东方学院、贵州民族大学人文科技学院
	当湖文系初编	郭杰光	平湖市史志办公室
	朱益群与崇思教育	朱益群	海盐县教育局
三等奖	孙筹成文存	嘉善县史志办公室	
	为有牺牲多壮志：中共“一大”代表人生轨迹与理想信念教育	张志松	嘉兴教育学院
	民间文学	胡永良、杨学军	海盐县文化广电新闻出版局
	打造小学卓越班级的38个策略	许丹红	桐乡市实验小学教育集团北港小学
	成就孩子一生的80个关键细节	闻泉新	嘉兴市科学技术协会
	“学为中心”课堂转型实践指南	朱德江、魏林明	南湖区教育研究培训中心

表20 **嘉兴市第二十届社会科学优秀成果（论文类）**

等级	题　　目	作　者	单　位
一等奖	市场与政府协同推进企业转型升级的机制研究——基于海宁要素市场化配置改革的探索实践	王亚芬	海宁市委党校
	我国就地城镇化的有效路径探析——基于浙江海盐的实践与启示	郑　雪	海盐县委党校
	中国航海第一世家研究——澉浦杨氏家世考辩	周乐训	海盐县澉浦镇

续表 20

等级	题　　目	作　者	单　位
一等奖	平湖葛氏研究	马　慧、刘引珠 沈　芳、朱　铮	平湖市图书馆
	绿色评价：深度促进学生学习力发展——浙江省嘉兴市南湖区教育质量综合评价系统的建构与实践	王晓红、费岭峰	南湖区教育研究培训中心
二等奖	嘉兴生猪养殖业转型发展研究	张全跃	国家统计局嘉兴调查队
	提高资金使用效率　缓解资金紧张局面——关于缓解嘉兴实体经济资金紧张的建议	汤钟尧	人民银行嘉兴市中心支行
	“五水共治”背景下嘉兴农业转型发展研究	嘉兴职业技术学院课题组	
	红船精神与中国梦研究	彭冰冰	嘉兴学院
	南湖区工业经济转型升级的思考	章建军	南湖区经济商务局
	乌镇景区与非景区的并行发展研究	章　瑾	同济大学浙江学院
	昆曲“兴工”考	李旻悦	南湖区凤桥镇人民政府
	盐的专卖制与海盐盐业生产的沿革研究	杨成其	海盐高级中学
	基于可持续发展的学生评价的具体内容与实践案例	孔凡哲	东北师范大学南湖实验学校
	教学内容的有效选择和创生——基于课堂教学主题的思考	沈毓春	嘉兴教育学院
	“三点加一线”,实施传统文化教学	印正海	海宁市鹏湖学校
三等奖	跨行政区域水污染联动治理机制研究——以嘉兴市为例	朱莹莹、周敏华	嘉兴市委党校
	南湖区文明城市创建长效机制研究	陈天英、孙立瑾、高　燕	南湖区委宣传部
	南湖区发展信息经济的思考	童雪军	南湖区经济商务局
	嘉兴市区产业结构与就业结构匹配度研究	章建强、吴琪芳、胡晓骏	南湖区统计局
	关于嘉兴建设现代化网络型田园城市的若干思考	陆君超	南湖区南湖新区管委会
	抓好从“民生”入手的“民生党建”——嘉兴秀洲区推进基层服务型党组织建设	王永法	秀洲区委组织部
	我国各地核电关联产业的比较分析及促进海盐核电关联产业集聚发展的建议	莫建林、徐玉金、郭秋敏	海盐县国家税务局
	城乡一体化背景下嘉兴失地农民的生存与适应——聚焦职业发展的实证研究	庄晓丹	海宁市委党校
	历史连续性中的“青春党建”:后革命时代走出青年政治冷漠困境的探索	杨晓伟	嘉兴学院
	国内外治水案例助推嘉兴水环境治理研究	佟树成、杜　辉	嘉兴职业技术学院
	嘉兴生态环境现状及综合防治技术研究	杨　洁	浙江财经大学东方学院
	历史视野下嘉兴水文化内涵及其当代价值	张　洁	南湖区委宣传部
	嘉兴“寄爸”民间信仰调查报告:以王店镇为例	朱　韬、张风帆	海盐高级中学、嘉兴南洋职业技术学院
	远古时期嘉兴人的研究——浙江海宁小兜里遗址出土人骨的研究	王　伟	海宁市博物馆
	关于《何文秀》戏曲故事在海宁变异现象的考察报告	朱关良	海宁市文化广电新闻出版局
	近代以来海宁硖石镇的嬗变之因	刘　峰	海宁市史志办公室

续表 20

等级	题　　　目	作　　者	单　　位
三等奖	《嘉兴藏》的刊刻、出版与当代价值研究——兼谈《嘉兴藏》与嘉兴的渊源	王火红	嘉兴学院
	嘉兴市文化馆总分馆服务体系研究	顾金孚、王显成、刘　靖	嘉兴职业技术学院、嘉兴市文化广电新闻出版局
	高三学生学习心理素养调查与实践	孔　宁、纪中华	嘉兴市第四高级中学、嘉兴教育学院
	以探究为核心的幼儿科学教育	陈　琼	嘉兴市第一幼儿园
	好课三要素:故事、学法、灵魂——“一节好的历史课”标准之我见	戴加平	嘉兴教育学院
	基于前概念的高中物理错题研究	丁红明	平湖中学

【开展课题评审立项】 2015 年,市社科联组织开展课题评审立项工作，设置经济转型发展、全面深化改革、法治嘉兴建设等 13 个指南类课题,以及嘉兴地方历史文化专项课题和自选类课题,共收到申报课题 435 项,入围 383 项,对符合条件的 265 项成果组织专家进行二轮评审和文本复制检测,评出 69 项 2015 年度市社科规划立项课题、20 项市社科联重点课题,择优公开出版《2015 年嘉兴市社会科学优秀课题成果汇编》。组织开展杭州都市圈蓝皮书课题研究工作,嘉兴市信息经济与智慧城市融合发展研究等 3 项课题被列入《杭州都市圈蓝皮书(2016)》研究项目。

表 21　**2015 年度嘉兴市哲学社会科学发展规划立项课题名单**

课题名称	负责人	推荐单位
一类课题		
抢抓“一带一路”和长江经济带国家战略机遇,推进嘉兴转型发展研究	朱永根	市发改委
嘉兴经济转型发展的阶段特征问题与路径选择	李国明	市统计学会
经济新常态与嘉兴税收走势分析及对策研究	袁大中	市国家税务局
新型城镇化背景下“多规合一”的路径与方法探索	陶金根	市城乡规划建设管理委员会
嘉兴中心城区打造运河风情文化旅游带的研究与思考	朱　彦	南湖区社科联
新型城镇化背景下的特色小镇建设研究——以嘉兴市为例	徐　勇	市委党校
建立符合法治内在要求的干部绩效考核评价机制问题研究	敖考权	市委组织部
嘉兴市行政审批市县层级一体化改革的实践和思考	吴　燕	市行政审批服务中心
嘉兴市医养结合现状与对策研究	王卫忠	市卫生系统思想政治工作促进会
嘉兴落实机关党建责任制工作研究	周梅芳	市机关党的建设研究会
基于对南湖区“基层负担重”集中整治行动的调查与反思	姚建光	南湖区社科联
嘉兴公共文化设施软实力:演进、现状与对策	袁锦贵	嘉兴职业技术学院
电子商务蓬勃发展背景下中小城市集聚研究——以嘉兴为例	何明星	海盐县社科联
新农村进程中民间文化的保护与传承——以桐乡某镇民合村为例	沈林洁	桐乡市社科联
《新塍半月刊》《少年新塍》与马克思主义在嘉兴的早期传播	凌冬梅	嘉兴学院
清代秀水汪氏家风、家学传承研究	林香娥	浙江财经大学东方学院
1930 年代浙北交通与市镇发展——以海宁硖石、长安、盐官三镇为例	刘　峰	海宁市社科联
清代嘉兴人的数学研究概况及影响探析	唐　丽	嘉兴南洋职业技术学院

续表 21

课题名称	负责人	推荐单位
丰子恺漫画中的生态美学意蕴探讨	蔡朝辉	嘉兴学院
明末嘉兴文人助佛行为研究——以文人居士为中心的考察	王火红	嘉兴学院
民国时期嘉兴地区教会学校校园文化研究——以秀州中学校刊《秀州钟》(1922~1946)为例	吴　剑	嘉兴学院
从海宁名人文化看当前家风家训的传承与发展	葛迎春	海宁市社科联
二类课题		
加快推进嘉兴县域经济向都市区经济转型的研究	宋忆雯	嘉兴职业技术学院
美丽乡村建设的示范与推广研究——以海盐县五味村建设为样本	张　妩	海盐县社科联
嘉善综合行政执法改革试点研究	刘　群	嘉善县社科联
群众路线在纪检工作中的实践与思考——以平湖市为例	陈良华	平湖市社科联
实践"多规合一"建设田园城市的路径研究	林　海	市城乡规划建设管理委员会
嘉兴市外籍人士社会融入现状及问题对策研究	顾晓栋	嘉兴职业技术学院
嘉兴市群体性劳动争议的现状、成因及对策研究	周述荣	嘉兴学院
民众参与社会治理的模式创新与社会共识目标的达成——桐乡市"高桥模式"的调研与思考	冯晓燕	桐乡市社科联
推进海盐村经济合作社股份合作制改革的思考	陈绍宏	海盐县社科联
"十三五"期间嘉兴市"与沪杭同城"战略研究——以嘉善"融入上海"首位战略为例	周志林	嘉善县社科联
破解县域产业转型升级共性难题的探索——基于嘉善建设产业转型升级引领区的研究	沈赞钰	嘉善县社科联
嘉兴政府购买公共法律服务的现状与思考	曾现锋	嘉善县社科联
"淘宝村"发展现状及培育机制研究——基于嘉兴市典型个案的实证分析	郑　雪	海盐县社科联
互联网金融促进嘉兴经济转型发展研究	杨晓波	浙江财经大学东方学院
嘉兴文化旅游产业的新媒体发展策略研究	吴欢超	浙江财经大学东方学院
关于推进县域基本公共文化服务"两化"的实践与思考	田林华	海盐县社科联
嘉兴市"十三五"人才发展规划研究	李　捷	市委组织部
农村土地适度规模经营研究——基于平湖市主要农作物的"适度"分析	陈舟风	平湖市社科联
以"社工督导+项目引导"推进志愿服务制度化建设的实践探析	孙立瑾	南湖区社科联
南湖区农村社会转型问题及对策研究	章建强	南湖区社科联
海宁市与诸暨市经济发展对比分析	郭　娟	海宁市社科联
嘉兴市工业经济转型及金融支持效率研究	褚小平	市金融学会
南湖区加快大科技城建设,打造浙江省科技创新副中心核心区研究	陈金荣	南湖区社科联
"五水共治"引入民间资本的思考和对策	周敏华	市委党校
新型城镇化背景下嘉兴农村新社区建设研究——以南湖区为例	张娇萍	嘉兴学院
深化农村社会治理面临的问题与对策研究——以嘉善先行先试的实证分析	蒋星梅	嘉善县社科联
嘉兴数字图书馆使用现状分析与发展趋势的研究	郭云峰	市图书馆学会
嘉兴各县(市、区)纳税百强企业比较分析及促进海盐企业做大做强的建议	陆剑虹	海盐县社科联
嘉善田歌传承中"四要素创新"的研究	孟雅琴	嘉善县社科联
嘉兴地区农村城镇化进城中的乡愁表达——以平湖市鱼圻塘村为例	张　猛	嘉兴学院
文化再生理念下江南水乡古镇城市化倾向及可持续发展研究	朱薇婷	嘉兴学院

续表 21

课题名称	负责人	推荐单位
沪杭同城背景下嘉兴对外科技合作模式与机制研究	邢　磊	嘉兴学院
基于地缘文化的嘉兴区位优势分析	顾雅君	同济大学浙江学院
县域电子商务发展的金融支持体系构建探讨——基于嘉善县域探索实践	居益强	嘉善县社科联
试论政府如何提高生态文明建设的公众参与度——基于嘉善县的实践分析	何　皎	嘉善县社科联
“四个全面”战略布局下公安机关强化社会治安风险管控的思考	沈楚赓	市警察协会
嘉兴就地城镇化模式比较研究	程　悦	平湖市社科联
嘉兴海塘非物质文化遗产保护与传承研究	王　娟	嘉兴学院
晚清海宁朴学研究	高　扬	浙江财经大学东方学院
施襄夏研究	刘俊伟	浙江财经大学东方学院
海盐“朱状元”传说的流变与考证	朱　韬	海盐县社科联
明清时期嘉兴士族记忆的建构与重塑——以梅溪镇为例	方　佳	海盐县社科联
嘉兴府城街区嬗递和空间形态研究	方福祥	市文史研究会
王国维翻译及其对近代中国的多维影响	罗国华	嘉兴学院
嘉兴网船会传承与保护问题研究	陈清文	嘉兴学院
窑文化传承和发展——干窑镇千年窑业发展及其文化专题研究	章庆华	嘉善县社科联
海盐名人古迹考释研究	杨成其	海盐县社科联

【社科普及示范基地建设】 2015年，市社科联加强社科普及示范基地建设，南湖革命纪念馆、市档案馆、嘉兴学院省身讲堂、南湖区凤桥镇4个省级社科普及示范基地获省社科联通报表彰，南湖革命纪念馆还被评为全国优秀社科普及基地。

（胡勤芳）

嘉兴市台胞台属联谊会

【召开六届二次理事会】 4月21日，嘉兴市台胞台属联谊会（简称“市台联”）召开六届二次理事会议。通报市台联2014年的工作情况，提出2015年的工作思路，并对今后台联工作作了具体部署。各县（市、区）台联也围绕各自的工作重点，交流讨论2014年的工作情况和2015年的工作打算。市台联会会长马邦伟、市台办主任张形芳分别在会上讲话。

【加强学习增强自身能力】 2015年，市台联通过多种形式，学习中央对台方针政策、分析台湾形势，切实增强自身把握形势的能力。5月25～27日，市台联组织人员参加全市涉台干部培训班，听取省台办领导、机关部门领导、市委党校教授等专家学者的授课。9月26日，市台联全体理事参加在嘉兴图书馆以“南湖讲坛”形式举办的涉台形势报告会，听取国台办海峡两岸关系研究中心教授严安林作《面向2016年的台海形势与对台工作》专题报告，明确当前台湾形势及中央对台方针政策。

12月17日，市台联开展赴台行前教育

【维护台胞台属合法权益】 年内,市台联努力为台胞台属服务,协调帮助台胞台属寻找亲友、争取困难补助、办理两岸婚姻中出现的咨询求助等问题;配合市台办较好地解决了投诉求助案件10多起。维护企业合法权益,协助企业解决生产经营中遇到的难题,海盐台属企业恒锋工具公司在当地台联的协助下,成为海盐县第二家境内上市企业,并获评2015年浙江省工信领域第一批标准化示范企业创建单位。

【推进涉台交流】 2015年,市台联协助配合市台办举办各类涉台交流活动。端午期间,协助举办海峡两岸同胞端午裹粽友谊赛,组织台胞台属和本地居民通过裹粽比赛一起共度端午佳节,加深双方友谊;先后协助举办第五、第六届“嘉兴·南投两岸邻里节”,南投县多个村、里与嘉兴市村、社区结为友好邻里;配合市台办举办嘉台两地大学生交流联谊会、“学子情深”第七届嘉台两地中学生夏令营、第四届海外台湾留学生“科技之旅”冬令营等涉台交流活动。为进一步加强与台北嘉兴同乡会的联系和互动,公务团组在台湾考察期间拜会台北嘉兴同乡会的各位乡亲,加深感情。11月18日,台湾金门县议员周子杰一行8人回祖籍地平湖投资考察和探亲访友,得到当地台联的热情接待,12月20~27日,市台联专门组织台属代表14人到台湾访亲,看望在台的亲友,向台胞介绍嘉兴经济社会发展情况。平湖市台联、海盐县台联也分别组团到台湾探亲访友,交流感情,开展联络联谊活动。

6月20日,市台联协助举办海峡两岸同胞端午裹粽友谊赛

【开展对台宣传工作】 年内,市台联举办台联理事会、新春联欢会、中秋茶话会等涉台活动均邀请新闻媒体采访报道,利用市台办网站、《嘉兴对台工作》简报等载体刊登台联信息,向《全国台联通讯》《浙江台谊》《浙江对台工作》等涉台刊物报送稿件;开展“创业嘉兴·最美台胞”系列宣传报道,在全市各县(市、区)巡回展览,展现台属企业家的风采。

【指导基层组织建设】 2015年,市台联重视加强基层组织建设,做好基层组织换届指导工作。12月4日,嘉善县台联召开第六次台胞台属代表大会,选举产生新一届嘉善台联理事会,优化理事会人员结构,将台属二代、台商家属等纳入到新一届理事会。市台联及市台办有关领导出席会议并讲话。

【组织委员建言献策】 “两会”期间,市台联界别12名政协委员参加会议,共提交各类提案10多件,内容涉及城市建设、企业发展、社区管理、环境保护、交通安全等方面。同时,参加市政协台联界别到基层考察调研,了解社情民意,提高参政能力。

【加强调查研究工作】 2015年,市台联在市台办帮助下,对嘉兴市多家台资、台属企业开展调研,了解企业的生产经营情况以及遇到的困难问题,并及时将掌握的情况汇总整理后向有关部门汇报,切实为企业排忧解难,做好服务工作。5月15日,市台联会会长马邦伟一行到嘉善县调研台联工作,实地走访当地台资、台属企业,了解有关情况。6月5日,市台联组织参加省台谊会理事会议暨基层工作现场会,学习借鉴东阳台联先进经验,提升自身工作水平。此外,各地台联采取走出去形式,学习先进经验,如平湖市台联到德清县学习考察,海盐县台联到江山市学习考察等。同时,市台联联合民革市委会,共同完成《关于进一步深化我市公共法律服务体系建设的建议》等调研材料。

【"陆廷贤园丁奖"颁奖】 9月10日,在市台联协调和推动下,嘉兴市实验小学举办第十届"陆廷贤园丁奖" 颁奖仪式,32名优秀教师受到表彰。市台办主任张形芳、副主任章建琴出席仪式并讲话。10年间,已经有214位嘉兴市实验小学的优秀教师获得 "陆廷贤园丁奖"表彰,体现了台胞对家乡的一份热爱之情。

(林仁斌)

嘉兴市归国华侨联合会

【概况】 2015年,嘉兴市归国华侨联合会(简称"市侨联")完成换届工作,选举产生新一届领导班子。组织侨商代表参加"浙洽会"、世界浙商商大会、"嘉洽会"等经贸活动,先后接待意大利侨商考察团、印尼福达集团、英国中华总商会、德国经济与文化交流促进会等海外侨团10多个批次近100人次。完善海外人才工作站点工作机制,明确引才指标,全年通过海外站(点)先后引荐8个团组200余名海外高层次人才,携带220余个项目到嘉兴参加招才引智活动。实施"归侨侨眷关爱工程",举办"献爱心·送温暖" 归侨侨眷老人集体祝寿活动,走访慰问侨界群众150余人次。开展服务侨商"百日走访"活动,组织侨界政协委员与市侨商服务联盟一起组成专题调研组, 走访调研侨商企业、海归创业企业,协调解决57家侨商企业61个困难问题。引导市侨界政协委员积极参政议政, 在市政协七届四次会议上,向大会提交提案12件,其中团体提案《关于加快我市楼宇经济发展的建议》 和蒋嘉平委员《关于我市接轨上海的几点建议》 获得2015年度优秀提案。年内,市侨联先后举办2015侨界社团迎春年会、"亲情中华·欢聚嘉兴"等联谊活动,成功举办二期海创精英论坛,为学成归来创业发展的海归创业者搭建贡献智慧的舞台; 与湖州市侨联联合举办2015 "中国寻根之旅""亲情中华·汉语桥" 夏令营活动,接待美国、意大利、澳大利亚等国家的30名海外华裔青少年参加为期12天学习考察活动,加深他们恋祖爱乡的家国情怀。

【举办2015侨界六大社团迎春年会】 2月13日, 嘉兴市侨界六大社团——嘉兴市留联会、侨商会、长三角海创俱乐部、侨苑书画社、侨界名媛会、侨界青年会共同举办迎春年会。侨界六大社团的知名人士、科技精英、侨商代表、社团侨领、归侨侨眷以及涉侨部门、侨商服务联盟单位负责人、 受捐助的贫困学生近300人欢聚一堂,通过侨界自编自演的节目,共叙友情,共贺"侨家大院"的新年盛会。市领导连小敏、张志伟、柴永强、朱静绮等出席年会活动,为侨界同胞送上新春祝福。年会现场还举行"侨善奖学金发放仪式", 嘉兴市10名品学兼优的学生,接受省慈善总会侨爱分会发放的奖学金。

2月13日,嘉兴市侨界六大社团举办迎春年会

【中国侨联主席林军到嘉兴调研】 3月25日,十八届中央委员、中国侨联党组书记、主席林军一行到嘉兴调研侨联工作,对嘉兴市根据侨情发展和特点,开展新侨工作所取得的成绩表示肯定和赞赏。其间,实地考察浙江依爱夫游戏装文化产业有限公司、平湖国际进口商品

城、浙江耀江城市建设开发有限公司等侨商企业,听取企业项目及发展思路的汇报,并为企业的发展提出意见建议,鼓励侨商企业为地方经济社会事业发展多做贡献。省侨联党组书记岑国荣,市领导胡海峰、连小敏、朱静绮等陪同调研。

【举办海燕集结行动计划】 为助力海外学子健康成长,服务广大留学人员创业创新,嘉兴市侨联、市留联会与南湖区侨联、区留联会联合开展2015嘉兴海燕集结行动计划——海外留学生暑期回国创业创新实践系列活动。7月17日,在南湖区举行"2015嘉兴海燕集结行动计划"启动仪式,市委统战部副部长、市侨联主席浦金英,市侨联副主席娄新生,南湖区政协副主席、统战部部长冯琪珏,以及在美国、加拿大、英国、法国、俄罗斯等国家高等学府留学的嘉兴籍海外留学生、嘉兴市留学人员回国实践基地单位负责人共80余人参加启动仪式。活动期间举办留学生创业创新论坛,组织20多名留学生到7个创业创新基地单位参加社会实践、60多名留学生参加红十字救护员培训。

7月17日,嘉兴市侨联、市留联会与南湖区侨联、区留联会联合开展2015嘉兴海燕集结行动计划——海外留学生暑期回国创业创新实践系列活动

【组织"牵手侨企,相约高校"招聘活动】 10月10日,嘉兴市侨联、市侨商会、长三角海创俱乐部组织浙江昱能光伏科技集成有限公司、浙江美盾防护技术有限公司、嘉兴德康医疗器械有限公司、嘉兴众恒汽车部件有限公司等近20家侨企参加"牵手侨企,相约高校"浙江省2016届高校毕业生就业招聘专场会。主要招聘营销、物流、工程设计、IT类、医药器械等方面人才,提供就业岗位200余个;吸引来自杭州电子科技大学计算机、机械自动化、通信电子、管理等专业的众多应届毕业生和求职者。参加招聘会的侨企收集到600多份专业人才信息。

【举办"侨智聚禾"海创精英论坛】 8月16日,嘉兴市侨联、市留学人员和家属联谊会联会联合嘉兴日报社举办第八期"侨智聚禾"海创精英论坛暨《海外逐梦的嘉兴学子》新书首发式。邀请美国的物理学博士、华尔街量化交易员、宾夕法尼亚大学面试官俞志明作《抚平驿动的心,触及理想的门》的演讲,向全场听众分享他对国内外教育的独特见解、留学经验和人生体验。市委统战部副部长、市侨联主席浦金英,《嘉兴日报》总编辑、副社长施卫华,市侨联副主席钟富根、蒋嘉平以及《海外逐梦的嘉兴学子》报道人物代表、关心留学的《嘉兴日报》读者近200名参加本次论坛。进行《海外逐梦的嘉兴学子》新书首发式,该书收纳了《江南周末》"嘉兴人在海外"系列报道中的25名海外学子的精彩故事。

8月16日,嘉兴市侨联、市留学人员和家属联谊会联合嘉兴日报社举办第八期"侨智聚禾"海创精英论坛暨《海外逐梦的嘉兴学子》新书首发式

【召开嘉兴市第六次归侨侨眷代表大会】 11月26～27日,嘉兴市召开第六次归侨侨眷代表大会。中国侨联副主席、浙江省政协副主席、

省侨联主席吴晶，市领导高玲慧、胡海峰、孙贤龙、何炳荣、陈越强、连小敏等与嘉兴市190多名归侨侨眷代表以及世界11个国家和地区的20多名海外嘉宾出席大会。大会回顾总结过去五年的工作和经验，部署今后五年的主要工作，选举产生新一届市侨联领导班子和57名委员、14名常委。章一川当选为六届侨联主席，娄新生、朱海林、叶永平、陈坚、袁沅、常东亮、蒋加伟、蔡国伟和戴其丰当选副主席；大会表彰全市侨界"十杰"、侨联系统先进集体和侨联工作先进个人；聘请50名市侨联第六届境内、港澳和海外顾问。

（李勇军）

嘉兴市红十字会

【概况】 2015年，嘉兴市红十字会被评为浙江省筹资救助工作先进单位、浙江省造血干细胞和人体器官捐献工作先进集体。2015年，市委、市政府首次将红十字工作纳入对县（市、区）年度考核指标体系。市政府首次将市红十字事业发展纳入市十三五编制体系目录。南湖、秀洲、平湖、海盐、海宁、桐乡出台《加快发展红十字事业的实施意见》。海宁市红十字会理顺管理体制，实现独立运行，并选配专职会长。秀洲、平湖分别选调正科级干部担任专职副会长。市红十字会新设立救护培训中心并正式运行。全市建立镇（街道）红十字会61个，建会率83.6%。建立红十字会的学校322所，建会率97.3%，比上年提高22.6%。全市较固定红十字志愿者1400余人，团体会员215个，个人会员41976人。

2015年，全市筹集社会捐款654.65万元，物资价值107.97万元，使用439.41万元，受益13235人。其中市本级筹集319万元，比上年增长15.4%，使用217.23万元，受益6741人。市本级"博爱超市"项目提质扩面、新增4家，"红十字助成才、爱心代代传"项目、爱心病房项目以及爱肾基金、韩泰爱心基金、职业病人困难救助金等项目有效实施。省红十字会"母婴平安"项目全年救助97人、计16.64万元。"朝聚光明"项目全年救助1363人、计235万元，筛查36179人，筛查金额39.32万元。依托省红十字会珍视明校园关爱项目，在4所学校发放眼药水2万瓶。在尼泊尔、西藏地震救灾中，嘉兴市市民倪雍厅第一时间捐款48万元，用于灾后重建。

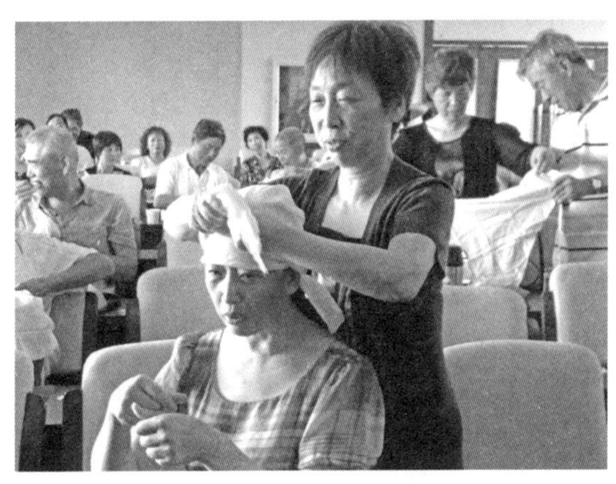

9月11日，嘉兴市红十字会开展世界急救日关爱老年人公益救护培训

2015年，全市完成救护员发证培训15864人次，比上年增长68.6%，其中市本级2446人次，比上年增长30.1%；知识普及82977人次，比上年增长120.6%，其中市本级18481人次，比上年增长119.1%。全市联动开展"百场万人公益培训活动"。市委组织部把救护培训纳入县处级领导干部网络学院必修课，成为最受欢迎、点击率最高的课程。举办为期五天的救护师资培训班，培训师资75名。选送13名师资参加省红十字会救护师资骨干班，全员通过考核，其中6名师资取得省级一级师资资格证书和美国认证的心肺复苏AHA考核。海宁首次将救护培训工作列入海宁十大政府实事工程之一。

2015年，全市新增造血干细胞志愿者444人，实现造血干细胞捐献5人。新增人体器官捐献志愿者35名，成功实现捐献8人，器官捐献志愿者累计达121名，累计实现捐献达20人。继续举办清明追思活动，新增46名志愿者登记捐献遗体，成功实现捐献7人，累计登记捐献遗体志愿者252名,累计实现捐献38人。器官捐献者家属唐盛银夫妇入选十大“感动嘉兴·最美人物”。

4～9月,市红十字会开展十项系列主题活动,并在嘉兴电视台开播“红十字光辉30年”系列报道。在《南湖晚报》开设“红十字运动”专栏,刊出“红十字知识”专版进行有奖征答。成功承办中国红十字会总会报刊社主办的“依法治会”与红十字事业发展座谈会,总会副会长郭长江到会并讲话。年内,在市级以上报纸刊出红十字信息124条、103467字,其中图片35张、头版11次、整版9次。市红十字会门户网站全新改版,实现市、县两级网站全覆盖,市本级、桐乡市红十字会开通微信公众号。

9月1日,“依法治会”与红十字事业发展座谈会在嘉兴市召开

2015年,嘉兴职业技术学院、同济大学浙江学院先后建立学校红十字会,市本级高校红十字会实现全覆盖。年内,召开红十字学校创建工作推进会,并到湖州吴兴高级中学学习相关经验。新组建“红十字粉红丝带志愿服务队”,关爱乳腺癌患者。“小候鸟水上安全营——新居民学生水上安全教育”入选省红十字会第二批志愿服务培育项目。此外,红十字志愿者还参与环太湖自行车赛、嘉兴半程马拉松赛、嘉兴端午龙舟赛和世界互联网大会乌镇峰会。

【17个名字镌刻上“无语良师”纪念碑】 4月2日,嘉兴市举行向遗体(器官)捐献者致敬活动。在嘉兴学院医学院“无语良师”纪念碑前,遗体(器官)捐献者家属、嘉兴学院师生代表、市红十字会工作人员等百余人手捧菊花,向捐献者致以敬意。2015年“无语良师”纪念碑新增17个名字,其中10名遗体捐献者、7名器官捐献者。

【举办首届红十字青少年夏令营】 7月9～10日,嘉兴市首届红十字青少年夏令营在秀洲区举办。本次夏令营由市红十字会、嘉兴市教育局主办,秀洲区红十字会、秀洲区教文体局承办,46名八年级学生参加此次夏令营活动。活动中,学生们学习红十字运动的基本知识和常用急救本领,并到市中心血站和嘉兴机场进行参观。

【助力世界互联网大会】 8月31日,中国红十字会党组副书记、副会长郭长江一行到桐乡乌镇视察指导“助力世界互联网大会·红十字在行动”项目。在桐乡乌镇西栅,郭长江一行到民警值班室、民宿、志愿者之家等红十字急救志愿服务点,对红十字会助力世界互联网大会工作进行调研。世界互联网大会期间,当地设立30多个红十字志愿服务点和医疗急救点,并对800多名志愿者进行应急救护培训。郭长江指出,要把这项工作做好,彰显红十字会作为党委、政府人道领域助手的重要作用,提升红十字会的知晓度。

【承办“依法治会”与红十字事业发展座谈会】 9月1日,由中国红十字会总会报刊社、中国红十字基金会、苏州大学红十字运动研究中心主办,嘉兴市红十字会承办的“依法治会”与红十字事业发展座谈会在嘉兴市召开。中国红十字会党组副书记、副会长郭长江出席会议,中国红十字报刊社副社长金宝杰,中国红十字报刊社副总编吕进福,中国红十字基金会副理事长刘选国,浙江省红十字会党组书记、常务副会长王冬梅等领导、专家,嘉兴市各县(市、区)红十字会常务(专职)副会长等约40人参加座谈会。嘉兴市红十字会党组书记、常务副会长吴月荣在会上作题为《弘扬“红船精神”，谱写红十字事业新发展》的发言，其中富有嘉兴特色的红十字工作经验受到好评。

【获“探索国际人道法”辩论赛冠军】 12月27日，北师大嘉兴附中获上海市松江区第二届高中生“探索国际人道法”辩论赛冠军。北师大嘉兴附中辩论队与复旦大学附属中学辩论队在松江二中，就“国际人道法应该还是不应该赋予武装冲突中被俘的外国雇佣兵战俘待遇”的辩题进行对决，最终获得冠军。这是嘉兴市红十字青少年工作首次在“探索国际人道法”辩论赛中获得冠军。

12月27日，北师大嘉兴附中获上海市松江区第二届高中生“探索国际人道法”辩论赛冠军

（严明强）

政　法

综　述

2015年,全市政法机关出色完成第二届世界互联网大会·乌镇峰会的维稳安保任务,嘉兴市及七个县(市、区)实现全省唯一的平安建设"十一连冠""满堂红",连续第十年获得全省综合治理优秀市。

维护社会和谐稳定。在全市范围内开展"社会风险大排查、暴恐案件大侦防、重点人员大管控、环境秩序大优化、社情民意大走访、网络舆情大导控、安全隐患大整治、党政领导大接待"百日维稳攻坚八大专项行动。开展三次由市四套班子领导带队的百日维稳攻坚大会战督查,累计走访147个重点区域、重点企业,发现问题101处,对督查中发现的问题,政法委机关会同市委办督考处每日汇总和通报强化责任落实和责任倒查,确保抗战胜利70周年、乌镇峰会等重要时期社会稳定。

推进"平安嘉兴"建设。推进社会治安防控体系建设,开展电信诈骗、网络诈骗打击整治等专项行动。建立健全暗访、通报、约谈等动态工作机制,2015年开展平安暗访2次,对全市73个镇(街道)进行拉网式检查,对工作不力的开展约谈,抓整改促落实。在平安宣传上,打造全省首个地市与县(市、区)全覆盖的"平安嘉兴网群",自主培育《政法天地》《老娘舅》等政法栏目。全市在22个行业或领域开展33项系列平安创建活动,以各行业、各领域的"小平安"累积全市的"大平安"。

提高基层社会治理能力。承办全省创新基层社会治理、提升社会风险防控能力现场推进会,全市"三治""网格化管理""县级综合指挥平台"等经验获得全省推广。深化社会稳定风险评估,完善稳评重点项目报备、专家咨询委员会、专家人才库、责任追究等制度,探索第三方力量参与稳评工作,2015年全市共对222项重大事项开展风险评估,暂缓12件、停止实施5件。深化"两网融合"建设,推进"浙江省平安建设信息系统"运用,全市共开通电脑用户6062个、移动终端3850个。创新县、镇、村三级综合工作平台,桐乡市依托市政务信息中心和政府协同网,建成市社会治理综合指挥平台;嘉善县由县编委批准设立县社会治理网格信息中心。深化"法治、德治、自治"建设,把修订村规民约、社区公约活动作为深化"三治"建设的重要内容和有效抓手,全市所有1134个村(社区)100%完成制订(修订)任务。

建设过硬政法队伍。建立政法系统重大事项报告制度,在全市政法系统开展正风肃纪暗访和纪律作风专项教育整改活动,树造濮院镇政法书记姜发挥作为全省政法委系统唯一一个先进典型。抓好改革试点,推进市法院、市检察院和海盐县法院司法体制改革试点以及南湖区公安分局、海宁市公安局主办侦查员制度探索工作,为全省改革全面启动提供样板。

【完成第二届世界互联网大会维稳安保】 2015年

第二次世界互联网大会乌镇峰会是一类国际会议、中国的外交主场，中共中央总书记习近平出席开幕式并发表主旨演讲，中央政治局常委、中央书记处书记刘云山主持开幕式并致辞，中外嘉宾1500余人，属于一级警卫加强要求，与2014年的第一届相比在规格、国际化程度和社会关注度方面均有大幅提升，在浙江省历史上也属于最为复杂、最为艰巨的维稳安保任务。嘉兴市按照省委、省政府的工作部署，强化暴恐事件防范、社会风险排查、重点对象管控、社会面整体防控、网络安全监管、应急处突准备等，实现"大事不出、小事也不出"的最高安全目标，圆满完成乌镇峰会维稳安保任务。

【推进司法体制改革试点工作】 2015年，嘉兴市成立市司法体制改革试点工作领导小组，建立司法体制改革工作进展专报制度，加强领导小组成员单位之间沟通协调。市中院、海盐县法院分别遴选员额法官35名、26名，市检察院、海盐县检察院分别遴选员额检察官35名、20名，将最愿意办案、最善于办案、最适合办案的业务骨干充实到一线。开展全市员额法官、检察官宣誓活动，市委副书记、政法委书记胡海峰参加并作动员讲话。市公安局获得国家和省级18项改革试点，在全省率先启动受案立案制改革，推动建立主办侦查员制度，执法规范化经验在全省得以推广。

【探索建立律师参与涉诉信访工作制度】 2015年1月，嘉兴市政法委推动涉诉信访改革，在平湖市试点建立律师参与涉诉信访工作制，在全省范围内第一个出台《关于律师参与涉诉信访工作的若干规定(试行)》。经过一年来的运行，该制度充分发挥律师在涉诉信访工作中的中立地位，避免法院既当运动员又当裁判员的角色，将有效实现诉访分离、息诉罢访，营造办事依法、遇事找法、解决问题用法、化解矛盾靠法的良好法治环境。

（俞民译）

公　安

【概况】 2015年，嘉兴市公安机关围绕嘉兴市发展大局和打造长三角最具安全感城市的奋斗目标，以深化公安改革为引领，以"四项建设"为抓手，全力构建具有嘉兴特色的立体化社会治安防控体系，进一步巩固发展嘉兴市政治治安稳定、社会安全、人民安宁的良好局面。乌镇世界互联网大会取得全面胜利；公安改革被公安部确定为全省唯一的联系点；圆满完成"两会"、抗战胜利70周年纪念活动、十八届五中全会等重要时期、敏感节点期间的维稳工作任务；打防主业及队伍建设成效明显。年内，共接报刑事警情76144万起，刑事立案43673起，破案18922起；30起命案及126起"五类"案件全破；摧毁通信(网络)诈骗团伙59个，同比上升210%；全年查处恶势力团伙72个、团伙成员371名，涉及团伙案件332起。道路交通、火灾事故形势总体平稳，未发生影响社会稳定的重大案(事)件，圆满完成世界互联网大会安保工作；队伍整体状况健康平稳。2015年，嘉兴市公安系统共立集体二等功16个、三等功35个、嘉奖77个，个人二等功15名、三等功121名、嘉奖864名。

2015年，嘉兴市公安局内设30个职能处室(队、所)和政治部，下属事业单位4个、企业1个，下辖南湖区、秀洲区、经济技术开发区(国际商务区)、港区分局，嘉善县、海盐县公安局，平湖市、海宁市、桐乡市公安局，有派出所86个(含水上、边防派出所)，实有民警5105名，其中大专以上文化程度占98.4%。

【完成世界互联网大会安保任务】 12月16～18日，第二届世界互联网大会·乌镇峰会在桐乡乌镇召开。来自120多个国家和地区的2000多名中外嘉宾参加。嘉兴市公安机关发挥安保主力军作用，倾全警之力、聚全警之智、尽全警之责，圆满完成该安保工作任务。中共中央政治局常委、中央书记处书记刘云山专门批示："此次大会的圆满成功，安全保卫工作有力有效、功不可没,要很好总结经验。”国务委员、公安部部长郭声琨和省委书记夏宝龙等领导也做出批示予以肯定。其间,嘉兴市共落实近6500万元资金用于安保技防建设,开发应用专题视频11个,整合社会视频监控3.7万个,补建、升级高清监控687路;完成中外宾警卫任务35批次、服务管理外籍嘉宾(记者)656人,动态安检50.6万人次、包裹30.52万个;路面检查车辆25.96万辆次,盘查人员54.65万人次,成功堵截非正常上访人员1055名,抓获违法犯罪嫌疑人员391人。

【深化公安改革】 2015年,嘉兴市公安局以被公安部改革办确定为全国八个、全省唯一联系点为契机,整合共享基础信息资源,完善实战警务机制,推进执法规范化建设,全面深化公安改革。市、县两级公安机关设立案中心,信访办与案管中心合署办公,赋予派出所案管中心受案立案管控职能,出台受案立案制度改革意见,实现市、县、派出所三级案管中心对案件的统一受理、管理和监督。年内,嘉兴市公安局被公安部、省政府、省公安厅列改革试点项目18项,自立改革项目37项,公安部、省公安厅先后在嘉兴召开现场会7个。全市公安机关通过加强基础信息采集研发自主申报、“020”流动人口管理模式的数据实战平台架构共整合数据285类20亿条;通过构建快速处理圈、落实常态化“动中备勤”,建立“应急处突小分队”17支,处置各类重大突发警情197起;三级案管中心办理行政案件116起239人,办案效率提高60%。

【实现连续8年命案全破】 2015年,嘉兴市公安机关构建“快速反应、同步上案、快侦快破”侦破工作机制,严厉打击命案、涉枪涉爆等严重暴力犯罪,实现连续8年命案全破。获2015年度全省公安机关命案侦破先进单位。年内,全市共发命案30起,同比下降23%。

【开展打黑除恶“铁拳”行动】 8月3日至12月20日,嘉兴市公安机关开展打黑除恶“铁拳”行动。其间,全市共排查涉黑涉恶线索1714条,摧毁恶势力团伙132个,抓获犯罪嫌疑人620名,破获团伙案件264起,缴获枪支33支,发布宣传材料90余篇。

【防范打击通讯(网络)诈骗犯罪专项行动】 1~12月,嘉兴市公安机关开展防范打击通讯(网络)诈骗犯罪专项行动。其间,全市共移诉侵财犯罪嫌疑人4408名,判处1年以上刑罚人数1290名,同比上升6.1%。抓获通讯(网络)犯罪嫌疑人594名,破获案件874起,追回赃款888.6万元,止损2124.5万元。

【开展电话“黑卡”治理专项行动】 1月21日至12月20日,嘉兴市公安机关开展电话“黑卡”治理专项行动。其间,共清理整治违法栏目7267个,上报线索17967条;上报违法网站(栏目)9447个;发现“黑卡”信息高发的违法网站(栏目)8673个;查处6792家,出动警力2400余人次;排查商家2300余家,暗访600余次,发现违规销售电话渠道1988家,通报通信管理部门1988家,关停“黑卡”3709个,排摸电话号码28000余个,破获利用电话“黑卡”犯罪3010起。

【开展打击整治网络违法犯罪“净网”行动】 7月22日至12月31日,嘉兴市公安机关开展打击整治网络违法犯罪“净网”行动。其间,共清理网上违法有害信息38860条,查处网络造谣等违法犯罪24起,刑事处罚3名,治安处罚26名,教育训诫52名;破获涉网犯罪案件203起,抓获犯罪嫌疑人629名;处罚违法网站1家、关闭网店1家。

【打击经济犯罪】 2015年,嘉兴市公安机关开展猎狐行动、打击利用离岸公司和地下钱庄转移赃款专项行动、打击互联网领域侵权假冒违法犯罪专项行动(2015-云剑行动)等。年内,共开展专项行动10个,立破假冒类侵犯知识产权案件88起,破获各类涉及银行卡网上非法买卖犯罪案件16起,其中普通案件6起,团伙案件10起，逮捕犯罪嫌疑人48名，收缴各种银行卡1000余张；共立涉众型案件21起，同比上升90%；侦办“投资理财”类公司非法集资案件13起。其中，由中央领导批示、公安部交办的朱某某非法经营地下钱庄案，涉及非法跨境汇兑金额20多亿元。

【做好禁毒工作】 2015年，嘉兴市公安禁毒部门围绕“打击力度要狠、收戒水平要上、新增幅度要下”总要求，强化禁毒工作措施，圆满完成“百城禁毒会战”和“乌镇峰会禁毒安保”各项任务。桐乡市禁毒委员会被命名为全国社区戒毒社区康复工作示范单位。年内，全市共破获毒品案件467起，其中，侦破3～5人犯罪团伙案件30起，6人以上团伙犯罪案件17起，公安部目标案件9起，省公安厅目标案件11起；抓获毒品犯罪嫌疑人620名，查处吸毒人员3214人（次），强制隔离戒毒726人，缴获毒品60余千克，其中破获毒品犯罪案件、抓获毒品犯罪嫌疑人、缴获毒品三项指标同比分别上升12.53%、13.76%、185.71%。

【严厉打击食品、药品、环境领域犯罪】 2015年，嘉兴市公安局顺应民生诉求，组织全市公安机关护航“五水共治”，保障“餐桌安全治理行动三年计划”的顺利推进，严厉打击各类食品、药品、环境犯罪。年内，共侦办食品、药品犯罪案件176起，采取刑事强制措施377名，同比分别上升67.6%、32.7%，捣毁窝点35个，破获公安部督办案件12起、省公安厅督办案件11起，发起公安部集群战役1起；侦办环境犯罪案件130起，采取刑事强制措施244名，同比分别上升41.3%、2%，捣毁污染源头43个，破获公安部督办案件3起、省公安厅督办案件3起。

【开展缉枪治爆专项行动】 2015年，嘉兴市公安机关开展缉枪治爆专项行动。其间，共抓获公安部缉捕会战涉枪逃犯3名；收缴各类枪支174支、子弹33666发、管制刀具1227把；查处涉枪案件40起，采取刑事强制措施30名，治安处罚8名。

【严厉打击涉黄涉赌违法行为】 2015年，嘉兴市公安机关严厉打击涉黄涉赌违法犯罪行为。年内，共侦破涉黄涉赌刑事案件583起，采取刑事强制措施1825名，移送起诉1540名；查处涉黄涉赌治安案件1714起，行政处罚7015名，收缴赌博机3108台，整顿取缔涉黄场所296个；侦破公安部督办黄赌案件3起、省厅督办涉黄涉赌案件14起；破获网络涉赌案件20起，采取强制措施147名；破获网络涉黄案件70起，采取强制措施146名。

【开展居民身份证申领异地受理试点】 11月30日，嘉兴市公安局在南湖区公安分局建设派出所和海宁市公安局斜桥派出所两个试点单位启动异地办理居民身份证申请。年内，该两地共接待异地办证申请群众咨询400余人次，其中受理符合条件41名，省公安厅制证中心制证15张，发放证件8张。

【开展户口登记管理专项清理整顿】 2015年，嘉兴市公安机关推进人口信息无相片人员清理工作。年内，共清理无相片人员户口1304个，完成率97.02%；累计清理重复户口235人，清理应销未销户口189个，清理纠正户口登记项目差错506个。

【加强实有人口管控】 2015年，嘉兴市公安局建立实有人口管理评价制度，按照《嘉兴市场所管理和实有人口管理工作评估办法》开展随机抽查。年内，全市共采集登记流动人口信息3374557条，注销3220195条。采集常住人口实际居住地信息497203条，嘉兴市新居民登记率92%，人户一致率91%，常住人口实际居住地采集率93%。

【实施寄递行业实名制收寄监管】 2015年，嘉兴市公安局以“收寄验视、实名收寄和过机安检”三个100%为目标，实施以实名制登记为核心的寄递行业安全全流程监管模式,并在嘉善县开展试点工作。年内,共采集寄递行业信息15000余条。该项改革被确定为全省第一批全面深化公安改革试点项目。

【开展保安员职业技能培训及鉴定工作】 2015年,嘉兴市公安局根据省公安厅、省人力资源和社会保障厅、省教育厅《关于加强保安队伍职业化建设的通知》精神,在全市范围内开展保安员职业技能培训与鉴定工作。年内,共有行政许可保安培训机构7家,其中市本级2家,县、市5家;开展保安员职业技能培训53班次,培训保安员3268名,其中,初级保安员2358名,中级保安员703名,高级保安员207名。

【出入境管理完成一体化改革】 2015年,嘉兴市公安局在全市推广出入境管理全预约办证服务,完成全部县市审批同权的一体化改革。年内,共办理中国公民因私出国(境)证件311901人次,同比增长19%,其中护照134144人次,港澳通行证166568人次,台湾通行证11189人次;办理境外人员各类签证证件申请3865人次,同比下降12.5%;处置涉外案(事)件140起,同比增长26.1%;各宾馆、派出所及企业办理外国人临时住宿登记200663人次,同比增长8.8%;管理服务常住外国人2317名。嘉兴市公安局出入境管理局被省委宣传部、省公安厅授予“最美警察集体”称号,被中共嘉兴市委、嘉兴市人民政府授予“2014~2015年度嘉兴市文明示范窗口”称号。

【交通事故防控及交通违法查处】 2015年,嘉兴市公安局交警部门落实《2015年事故预防》《道路安全隐患排查治理长效机制》《道路运输安全综合治理》有关要求,加强交通事故防控工作。年内,全市共发生道路交通事故1208起,死亡285人,受伤1193人,直接财产损失582.16万元,同比分别下降6.72%、1.38%、6.06%、4.67%;查处交通违法行为205.01万起,其中酒后驾驶6432起、醉酒驾驶1967起,查处五次以上违法未处理车辆4.03万辆、客运车辆违法865起。大中型客车、校车、危化品运输车、重中型货车、农村面包车五类重点车辆检验率分别为94.4%、99.1%、99.1%、95.7%、93.7%。

【推进城市治堵工作】 2015年5月起,嘉兴市公安局交警支队建立核心示范区、西南片示范区两大严管示范区,打造主城区快速通道5千米;配合相关部门做好南湖大道快速通道改造工程、中山东桥施工期间交通保障工作。年内,共开展“畅行禾城”系列集中整治行动4期;嘉兴市区8条治堵重点道路和2个城市交通常态严管示范区的机动车、非机动车和行人守法率分别达90%、80%以上;嘉兴市区共查处十类重点违法20.55万起;报请市政府投入完善城市道路交通管理设施费用908万元,完善交通组织及交通设施路口20个,复划标线6.7万平方米,增设、更新隔离护栏3800多米,新增、更新交通标志牌1500余块,交通设施日常维护1900余批次。

【完成黄标车淘汰任务】 2015年,嘉兴市公安交警部门采取公告注销、灭失注销、失联注销等方式,依法清理注销黄标车,联合环保、交通等部门开展黄标车违法行为整治工作。年内,全市共淘汰黄标车17815辆,完成省政府任务数的109.83%、市政府任务数的105.88%。

【实施文明交通行动计划】 2015年,嘉兴市公安局交警支队实施“文明交通行动计划”。开展城市治堵、黄标车淘汰等主题宣传活动;组织驾校学员3.9万名参加交通劝导活动;设立文明礼让示范点10个;查处不按规定礼让斑马线交通违法行为170余起,曝光不礼让车辆490辆,向市运管局抄告不礼让出租车120辆、公交车51辆,表扬出租车205辆、公交车173辆。

【强化应急处突工作】 2015年,嘉兴市公安巡特警部门,强化“屯警街面、动中备勤、武装处突”工作机制,配足配强应急处突小分队,在全市重点部位、区域24小时开展武装巡控;常态化开展全市应急处突小分队拉练及比武演练，提升快速反应和实战处置能力。年内，全市应急处突小分队共出动警力41895人次，处置突发案(事)件197起，抓获违法犯罪嫌疑人106名，收缴管制刀具57把、仿真枪支3把、子弹39发。成功处置港区"3·11"持刀抢劫案、海盐"3·18"医院涉枪事件、市区"4·14"涉枪涉爆事件、海宁"5·28"农行抢劫案等重大案(事)件。在杭嘉湖警务协作区特警技能比武中获得团体总分第一。

【加强火灾防控体系建设】 2015年，嘉兴市公安消防部门以《嘉兴市市区消防专项规划》为统领，落实嘉兴市消防部门主体责任，开展"三整治两增加"、夏季消防检查、劳动密集型企业整治"回头看"等专项行动，嘉善县、桐乡市、嘉兴经济开发区通过火灾防控体系建设综合考评，并通过省安委会验收。年内，共排查单位1.9万余家，整改隐患1.8万余处，行政处罚729家，罚款752.165万元，临时查封117家，责令"三停"210处，拘留47人，提请政府挂牌督办重大火灾隐患单位26家。全市共发生火灾2544起，直接经济损失4527.3万元，死亡3人，比上年分别下降32.06%、39.74%和40%。

【做好警卫工作】 2015年，嘉兴市公安警卫部门完成警卫、交办任务71批，其中完成习近平、刘云山、王岐山、江泽民、王沪宁、栗战书等党和国家领导人，俄罗斯总理梅德韦杰夫、巴基斯坦总统侯赛因、吉尔吉斯斯坦总理萨里耶夫、哈萨克斯坦总理马西莫夫、塔吉克斯坦总理拉苏尔佐达等重要外宾视察、参观、途经的警卫任务57批，第二届世界互联网大会·乌镇峰会一类会议1批，省、市交办任务13批。

【加强实战型指挥中心和综合指挥室建设】 5月13日，嘉兴市公安局出台《嘉兴市公安机关派出所综合指挥室工作规范(试行)》，对派出所综合指挥室工作职责和勤务运作等进行规范，深化"统一接警、一级指令、分类指挥"接警指挥模式。年内，全市10个公安指挥中心全部设置功能区，交警支队和各县(市)交警大队均建立交通指挥控制中心，消防、特警部门建立实战型指挥中心，全市所有79个陆上派出所均建成集"接警指挥、信息研判、视频运用、勤务管理"等功能于一体的综合指挥室。

【推进"嘉兴公安"客户端掌上服务】 2月16日，"嘉兴公安"客户端上线运行，推出办事服务、出入境办证、警务新闻、安防宝库、警务地图、机动车违法查询、通缉悬赏、掌上车管等9大主功能模块、27项子功能应用。年内，共拥有下载用户数5.3万户。

【嘉兴市看守所实现连续二十五年"双安全"】 2015年，嘉兴市看守所深入开展"平安监所"创建，坚持"理性、平和、文明、规范"的执法理念，实现监所管理25年无事故、民警队伍无违纪的"双安全"目标。被省公安厅立集体二等功一次。

【完成视频监控建设三年规划任务】 2013年起，嘉兴市公安机关根据市综治委《关于继续加强嘉兴市社会治安动态视频监控系统建设与应用工作的意见》要求，圆满完成省综治委下达的2013～2015年三年社会治安动态视频监控系统建设任务，形成覆盖嘉兴市城乡主要道路、人流聚集区、治安复杂区域的点、线、面互为一体视频网。至年底，全市接入视频一体化平台的视频监控达39078路（目标任务为38600路），其中，由政府投资、公安机关负责建设的视频监控29560路，社会面视频监控接入9518路，高清监控17637路。

（陈小全）

检 察

【概况】 2015年，嘉兴市检察机关坚持以法治思维和法治方式推进检察工作，强化法律监督、强化自身监督、强化队伍建设,各项工作取得新进展。年内,有3人被省检察院评为检察业务专家或业务竞赛能手,4人受到省委政法委、省检察院评先或记功表彰,24篇学术论文获得省级以上奖励。南湖、海盐、海宁3个检察院被评为2015年度省级先进基层检察院,海盐县检察院被中央文明委授予“全国文明单位”称号,海宁市检察院被评为首批全国检察机关科技强检示范院。依法履行批捕、起诉职责。共批准逮捕犯罪嫌疑人5178人,提起公诉10214人。坚持打击犯罪与保障人权并重,对不构成犯罪或证据不足的,决定不批捕363人、不起诉25人;贯彻宽严相济刑事政策,对无社会危险性、犯罪情节轻微的,决定不批捕876人、不起诉628人。加强对涉罪未成年人的教育挽救,落实附条件不起诉、犯罪记录封存等制度,最大限度地予以教育、感化和挽救。依法惩治和预防职务犯罪。立案查办职务犯罪嫌疑人138人,其中贪污贿赂犯罪100人,渎职侵权犯罪38人。查办贪污贿赂大案88件,占98.9%;查办科级领导干部17人,比上年上升30.8%;查办处级领导干部2人。在征地拆迁、工程建设、涉农补贴等领域查办31人。起诉行贿犯罪2件3人。通过办案为国家挽回经济损失1400余万元。结合办案深化职务犯罪预防,开展同步预防、预防调查、警示教育、犯罪剖析等156件。加强重大工程项目专项预防,向社会提供行贿犯罪档案查询5781次。市检察院的惩治和预防职务犯罪年度报告得到市委主要领导批示肯定,并被省检察院在全省转发。依法加强诉讼监督。共监督侦查机关立案63人、追捕19人、追诉38人,监督撤案6人。对捕后不需要继续羁押的83名犯罪嫌疑人,及时提出变更强制措施建议。提出刑事抗诉22件,法院改判8件。开展社区服刑人员脱管、漏管、虚管专项检察,监督收监执行13人;开展财产刑执行监督96件;监督纠正执行机关减刑呈报不当16人;对30件特赦案件依法提出检察意见。审查民事行政申诉案件133件,提出和提请抗诉25件,法院改判13件,再审检察建议被法院采纳6件。对办案中发现的审判违法行为依法开展调查,积极查处虚假诉讼。

【主动服务经济转型发展】 2015年,全市检察机关贯彻落实市委“转型发展服务年”工作部署,制订实施《全市检察机关服务转型发展的十二条意见》,建立服务转型发展的三个组织和五项机制。依法妥善办理疑难、复杂、敏感涉企案件107件,深入发案企业开展涉企法治宣讲和咨询100余次。结合办案中发现的海宁、桐乡皮料走私案件多发和民间金融问题突出等情况,开展两个专题调研,及时向党委、政府及有关部门提出对策建议,相关工作得到市委市政府和省检察院领导多次批示肯定。

【做好乌镇峰会维稳安保工作】 2015年,围绕“第二届世界互联网大会乌镇峰会”重大活动,全市检察机关加强组织领导、建立完善机制制度,充分发挥检察职能,妥善办理各类刑事犯罪案件,适时把握职务犯罪案件侦查办案节奏,并主动融入中心工作,深入到桐乡、海宁维稳一线,开展经常性监督检查,靠前掌握情况,加强信息研判和矛盾化解,确保各项维稳安保措施落到实处,为乌镇峰会的顺利举办提供有力检察保障。

【开展“三项检察”】 2015年,全市检察机关以深入推进环保、金融、知识产权“三项检察”为抓手,突出法治引导,落实配套措施,切实发挥法治护航作用。综合运用检察监督“组合拳”,助推“五水共治”工作,依法起诉污染环境、非法占用农用地等犯罪93人;集中开展破坏环境资源犯罪专项立案监督,探索开展对环保行政执法的检察监督工作,共监督案件11件;结合查办环保系统职务犯罪案件,做好办案“后半篇文章”,在全市环保系统召开系列职务犯罪案件剖析警示教育会。嘉兴检察机关办理的“浙江省环境公益诉讼破冰之作”——嘉兴市绿谊环保服务有限公司环境污染案,被环境保护部、中国法学会评选为“生态环境法治保障制度创新最佳事例”。依法维护金融秩序和安全,起诉非法吸收公众存款、集资诈骗、内幕交易等犯罪84人,涉案金额2.6亿余元。加强对侵犯知识产权犯罪的检察监督,依法起诉179人,助力嘉兴市创新发展。

【推进“民生检察”】 年内,全市检察机关加大民生民利司法保护,开展针对电信诈骗、P2P平台非法集资及危害电商发展的“涉网三领域”犯罪专项整治。对群众反映强烈的电信诈骗犯罪,起诉199人;严厉打击各类涉众型经济犯罪。集中开展危害食品药品安全犯罪专项立案监督,监督公安机关立案3人;起诉危害食品药品安全犯罪206人。通过检察门户网站向社会推出五项便民措施,全面推进“民生检察三年规划”。市检察院“检务民生”工作被命名为嘉兴市第二批机关服务品牌。

【办理全省首例刑事申诉公开听证案】 2015年,市检察院推进涉法涉诉信访工作机制改革,创新刑事申诉公开听证制度,成功办理朱某某(其系被申诉人刘某交通肇事案中被害人的丈夫)刑事申诉公开听证案,听证会后朱某某当场就民事赔偿问题签署和解协议。该案系全省首例不服法院生效判决的刑事申诉公开听证案件,同时也是全省首例为刑事申诉人申请法律援助案件。该案的办理,探索实现刑事申诉案件办理从书面审查向公开听证审查转变,从当事人自行申诉向律师代理申诉转变,取得良好社会效果,被省检察院评为全省“三个效果”有机统一优秀案例。

【开展规范司法行为专项整治】 按照上级检察机关部署,2015年市检察院组织“规范司法建设年”活动。突出问题导向,抓住关键环节,从八个方面将检察业务工作细化分解为106项对照检查标准,全面排查和整改司法不规范问题。开展办案工作区管理使用、涉案款物清理以及不捕、不诉、撤案三类重点案件专项检查,建立涉案财物集中管理平台,完善涉案财物处理信息公开机制。全市两级检察院以“规范司法行为、提升司法公信”为主题举办“检察开放日”活动,向人大代表、政协委员、人民监督员、律师等各界代表,通报检察工作情况,主动接受社会监督。

【向人大专项报告依法履职公正司法情况】 2015年,按照省、市、县三级人大联动审议部署要求,市检察院向市七届人大常委会第32次会议专项报告全市检察机关工作人员依法履职公正司法工作情况,接受人大审议监督。以接受人大专项审议为契机,向人大代表和社会各界广泛征求意见建议,全面查摆问题,并认真办理人大审议意见,逐项落实措施,坚持立行立改,坚决整改纠正,从工作方法、履职水平、检风检貌等方面,对全市检察人员进行一次大体检、大提升,检察机关执法能力得到进一步加强。

【开展司法体制改革试点工作】 市检察院是全省司法体制改革唯一市级试点检察院。2015年重点开展检察官、检察辅助人员和司法行政人员分类管理改革工作。现有检察人员通过报名申请、资格审查、书面述职、民主推荐、能力评估、客观评价、党组票决、公示审核等环节,并经省法官检察官遴选委员会统一遴选,市检察院遴选出首批员额检察官35名,检察辅助人员和司法行政人员分类工作基本完成。

【完成人民监督员选任管理方式改革试点】 2015年,为切实解决监督者更要接受监督的问题,进一步强化外部监督,市检察院按照上级部署要求,会同市司法局,组织完成人民监督员选任管理方式改革试点工作,新选任人民监督员88名。7月后,人民监督员将从检察机关转由司法行政部门管理,并且改革后,人民监督员的监督范围进一步扩大,直接负责对检察机关查处职务犯罪案件的11种情形进行监督;监督程序进一步完善,监督效果得到强化。

【加快科技强检步伐】 2015年,全市两级检察院以部署建设电子检务工程为契机,加快检察信息化步伐,完成涉密信息系统分级保护、非涉密检察内网和远程视频接访系统建设任务,开展刑事检察办案区和远程视频审讯系统建设。市检察院"检务通"综合管理平台投入运行,依托"制度+科技"管权管事管人,机关内部管理进一步规范和加强,检务保障法治化、规范化、现代化水平进一步提高。

【打造"阳光检察"】 年内,全市检察机关推进检务公开,依法、及时、规范、全面公开案件信息,主动向当事人等提供案件程序性信息查询服务,向社会公开有影响的职务犯罪案件办理情况,在互联网发布起诉书等终结性法律文书。通过案件信息公开网共发布程序性信息13467件、生效法律文书4821份、重要案件信息362件,公开数量位于全省前列。全市检察机关实现官网、微博、微信全覆盖,28个新媒体平台紧贴司法办案和群众需求,及时发布检察工作信息近万条。

(张利祥)

法　　院

【概况】 2015年,全市法院新收各类案件92482件,办结85215件,分别比上年上升14.1%和5.8%;其中,市中院新收4271件,办结3961件,分别上升16.2%和8.7%。全市法院收、结案量均创历史新高,一线法官人均结案216.3件;一半以上的案件质效数据名列全省前三,生效裁判息诉率达99.3%,办案质量、效率和效果总体水平继续位居全省前列。市中级人民法院被省高院授予集体三等功荣誉、在市级机关各部门"五型"机关创建考核中继续获得一等奖,全市法院21名个人和23个集体荣获省级以上表彰。

坚持以审判为中心,依法惩治犯罪。2015年,全市法院新收一审刑事案件7460件,审结7166件,比上年分别上升5.5%和0.7%。审结杀人、抢劫、绑架、强奸等案件221件,审结危险驾驶、危害食品药品安全、通信网络诈骗、恶意欠薪等案件1744件,审结"黄赌毒"案件1048件,始终彰显刑事审判的威慑力。保持反腐高压态势,审结贪污、贿赂、渎职等职务犯罪案件35件,判处40人,其中处级1人、科级7人。加强人权司法保障,贯彻防止冤假错案33项制度,通知证人、鉴定人、侦查员出庭作证75人次,为807名可能被判处三年以上有期徒刑的被告人通知律师出庭辩护。贯彻宽严相济的刑事政策,共判处被告人10079人,其中判处五年以上有期徒刑425人,判处缓刑、管制等非监禁刑3750人。落实《全国人大常委会关于特赦部分服刑罪犯的决定》,严格把握程序、标准,严谨细致办理特赦案件。规范减刑、假释和暂予监外执行制度,严格依法减刑、假释276人。

妥善化解矛盾纠纷,保障民权民生。2015年,全市法院新收一审民商事案件53406件,审结49240件,分别比上年上升8.8%和0.9%。案件调解撤诉率达66.7%,位列全省首位。依法保障民生权益,审结劳动就业、社会保险、婚姻家庭、交通事故、教育医疗等案件21814件,完善与妇联、工会、交警、保险等部门的诉调衔接机制,委托、共同调处案件5000余件。坚持难案精审、简案快审、繁简分流工作机制,采用小额诉讼等速裁方式审理案件3235件,努力减轻当事人诉累。加强便民审判工作,简易程序适用率达81.9%,并通过"巡回法庭"就地审理案件10794件。推进裁判文书简化工作,使当事人便于理解文书内容、易于接受裁判结果。加大司法救助力度,缓、减、免交诉讼费194万元。加强涉军案件审判工作,维护国防利益和军人军属合法权益。

贯彻新《中华人民共和国行政诉讼法》,促进依法行政。2015年,全市法院新收一审行政案件467件,审结387件,分别比上年上升152.4%和131.7%。严格审查行政非诉执行案件1153件,上升15.3%。准予执行792件,下降4.5%。依法审结全国首例"斑马线罚款案",最高人民法院将此案评为2015年度十大行政案件，并写入院长周强在全国“两会”上所做的法院工作报告，认为具有树立行为规则、引领社会风尚、弘扬社会主义核心价值观的意义。健全司法与行政的良性互动，坚持府院多层级联席会议制度，共同研商行政审判、执法中的问题与对策。

依法惩治各类“老赖”，缓解“执行难”。2015年，全市法院新收各类执行案件26603件，执结24027件，分别比上年上升27.8%和17.1%。实际执行率53.6%，居全省首位。执行到位金额36亿多元，处置车辆737辆、房产2801套、土地使用权485宗。健全网上“点对点”查控机制，通过公安协助布控和执行备勤制度，协控到位683人次；把查询范围拓展至户籍、婚姻、社保等22项公共事务信息，并将被执行人失信记录纳入嘉兴市公民信用评价系统。加大执行惩戒威慑力度，曝光、限制高消费、限制出境等4352人次，司法拘留932人次。开展打击“拒不履行生效裁判罪”专项活动，将13名“老赖”移交公安立案侦查，6人被判处有期徒刑、拘役等刑罚，一起案件入选最高法院打击拒不执行涉民生案件典型案例。出台《关于依法及时妥善处理欠薪案件的意见》，助推嘉兴市“欠薪整治专项行动”，向7815名农民工发放执行款1.1亿元。开展“执行办案质量年”和“转变执行作风、规范执行行为”活动，通过落实执行回告、执行信息公开、保险公司提供诉讼保全责任险等制度，维护当事人合法权益。

【开展司法改革试点工作】 2015年，全市法院以开展“司法改革推进年”活动为抓手，按照“积极、稳妥、有序、顺利”的基本思路，推进中院、海盐法院参加全省司法体制改革首批试点工作。实行人员分类管理，中院、海盐法院分别遴选出首批35名和26名员额法官，把最愿意办案、最善于办案、最适合办案的业务骨干充实到审判一线。落实上级法院关于完善司法责任制的意见，规范主审法官、合议庭办案责任制，逐步建立以审判权为核心、审判管理权和审判监督权为保障的审判权运行机制，努力实现“让审理者裁判、由裁判者负责”。同时，探索建立“1名法官+1名法官助理+1名书记员”的审判管理模式，为全面深入推进司法改革奠定基础。

【助推经济转型升级】 2015年，全市法院回应嘉兴市“转型发展服务年”需求，出台《深化能动司法服务转型发展的意见》，依法支持创业创新。审结涉企案件27185件，标的额171亿元，分别比上年上升21.3%和23.6%。促进市场主体优胜劣汰，运用司法手段挽救符合产业政策且有重生希望的企业。新收破产案件31件，涉案资产5.21亿元；办结秀洲区“明效丰汇集团”破产重整等18件案件，盘活千亩存量土地。推进银行不良资产专项处置，审结金融债权案件3251件，标的额68.4亿元，防范资金链、担保链风险扩散。审结民间借贷案件6276件，标的额34.7亿元，防范“影子银行”风险。强化知识产权司法保护，保障创新驱动发展，审结知识产权纠纷案件650件，开展主题宣传周活动，营造知识产权保护氛围。助推外向型经济发展，审结涉外涉港澳台民商事案件162件，南湖、海宁法院成为全省跨区域管辖涉外案件试点法院。

【保障治水治气拆违】 2015年，全市法院依法保障“五水共治”“五气共治”，严厉打击违法排污，审结污染环境犯罪案件29件，判处71人，其中一起系全省首例外国籍被告人污染环境犯罪案；依法支持环保行政执法，审查并准予环保部门强制执行污染环境案件113件，准予执行率达89%。审结涉“三改一拆”行政诉讼案件205件，审查并准予行政机关强制搬迁、拆违案件97件，准予执行率达90.7%。

【促进社会治理法治化】 2015年，全市法院推进涉诉信访改革，办理来信来访736件，受理申诉、申请再审176件，信访量、申诉率均处于全省低位。全市法院均建立法律援助工作站，引入律师参与信访化解。参加“百日维稳攻坚大会战”,有效应对涉专业市场、城市商贸综合体等群体性纠纷,确保“第二届世界互联网大会·乌镇峰会”期间平安稳定。加大法制宣传力度,在各大媒体刊登普法案例、宣传稿件3000多篇,组织庭审网络直播、专题新闻发布会、公众开放日等活动130多次。

【维护人民群众诉讼权益】 2015年,全市法院严格落实最高人民法院立案登记制改革要求,做到有案必立、有诉必理,符合立案条件的全部当场立案,切实保障人民群众诉权。成立覆盖全市的诉讼服务中心,完善咨询、导诉、立案、调解等“一站式”服务。推进“12368”司法服务热线建设,共接办来电4183个,并在全省率先编制“咨询问答手册”,提升应答处理能力。

【推进“互联网+审判”改革】 2015年,全市法院加强审判流程、裁判文书和执行信息三大公开平台建设。贯彻公开原则,累计公开裁判文书88555份,并将10947人纳入失信曝光平台。制订《关于全市法院庭审记录改革的实施意见》,完成部分审判法庭高清数字化改造,推进庭审记录改革。出台《信息化建设管理规定》,完成信息化集控(执行指挥)中心、远程接访系统、标准化羁押场所等项目建设;自主研发移动办公软件,搭建电子档案远程阅卷系统,运行新诉讼费、执行案款管理系统,提高信息技术运用水平。推进“零佣金”的网络司法拍卖,指导全市法院将拍品类别拓展至专利权、公司股权、有价证券等领域,完成网拍1036件,成交率93.6%,总成交额22.4亿元,网拍率居全省第一。

【提升司法能力】 2015年,全市法院应对收案新高峰,出台“提高办案质量效率”的九项措施和“加强执法办案工作”的六条意见,强化案件质量评查、审判态势分析、未结案专项清理等工作,提升办案质效。加强法律共同体建设,保障律师依法履职的权利,强化律师对诉讼程序的监督,共同保障公正司法。开展形式多样的专题教育培训,培训法官1000多人次,提升法官驾驭庭审、适用法律、撰写文书和群众工作等能力。开展青年法官对口互挂、资深法官结对带教等活动,并与华东政法大学、嘉兴学院等高校联合开展法律理论研讨、法律人才培养以及法官进校讲课、学生观摩庭审等活动。

(王黎明)

司法行政

【概况】 2015年,全市有司法所75个,工作人员474名;人民调解委员会2206个,调解员8847名;律师事务所88家,律师890名;公证处6个,公证员35名;基层法律服务所26家,基层法律服务工作者196名;司法鉴定所3个,鉴定人34名。2015年,国家司法考试嘉兴考区共报名1077人,参考766人,通过156人。

2015年,市司法局蝉联“全国文明单位”荣誉称号,蝉联“市级机关部门工作目标责任制暨‘五型’机关创建考核一等奖”、全市“五水共治”先进集体和“全省司法行政系统年度工作目标考核优胜单位”“全省司法行政系统信息工作成绩显著单位”等称号。市强制隔离戒毒所在全省系统考核中名列地市所第一名。

表22　**2015年嘉兴市律师业务数据**

项目(单位)	数　据	项目(单位)	数　据
律师事务所(家)	88	办理行政案件(件)	467
律师(名)	890	办理非诉讼案件(件)	3194
担任法律顾问(家)	3689	解答法律咨询(次)	8002
办理刑事案件(件)	2845	代写法律文书(份)	1592
办理民事案件(件)	19911		

表 23

2015 年嘉兴市公证业务数据

项目(单位)	数　据	项目(单位)	数　据
公证处(个)	6	国内民事公证(件)	25538
公证员(名)	35	涉外公证(件)	9598
办证(件)	35577	涉台港澳公证(件)	441

表 24

2015 年嘉兴市基层法律服务业数据

项目(单位)	数　据	项目(单位)	数　据
基层法律服务所(家)	26	调解纠纷(起)	1157
基层法律工作者(名)	196	解答法律咨询代写法律文书(件)	7783
担任法律顾问(家)	237	办理法律援助(件)	211
代理诉讼(件)	3302	代理非诉讼(件)	505

【法律服务工作】 2015 年,全市司法系统优化领军人才企业、双强联盟企业等八个法律服务团,服务重大项目、浙商回归创业、领军人才创业创新等。开展“百场法律宣讲、百家企业体检、百家民企结对帮扶”等主题活动,推出《法律服务企业范例选编》、《服务企业法律风险防范 30 招》、“服务企业”微信公众号三大法律服务产品,为转型发展提供优质高效的法律服务。工作被省司法厅推广,获市委书记鲁俊、市长林健东、副市长楼建明等领导以及省司法厅厅长赵光君的批示肯定。

【乌镇峰会保障工作】 2015 年,为确保世界互联网大会乌镇峰会圆满召开,全市司法行政部门采取各种有效措施,抓好矛盾纠纷排查化解,抓好社区服刑人员和刑满释放人员管控,抓好强制隔离戒毒场所安全稳定。在开展系列专项安保活动的基础上,从临战阶段开始,由局领导带队,组织 4 个督查组先后开展 3 轮安全稳定工作综合督查,发现问题及时研究,及时督促落实。重点时段每日二次排查、每日报告、每日研判分析,预案升级、管控升级,确保万无一失。峰会期间,无一例矛盾纠纷上交,全市社区服刑人员和刑满释放人员无一例脱漏管和再犯罪,安保工作得到市领导鲁俊、胡海峰、楼建明的批示肯定。

【公共法律服务体系建设工作】 2015 年,市司法局出台《2015 年深化公共法律服务体系建设实施方案》《嘉兴市镇(街道)星级规范化公共法律服务中心(站)评估办法》及《评估细则》等文件。落实政府购买公共法律服务,制定出台《关于印发嘉兴市公共法律服务产品指导目录的通知》,推出首批 14 个公共法律服务系列产品。下放 8 家市直律师事务所到南湖、秀洲两区,并在两区增设“12348”公共法律服务专线,依据基层法律服务需求设立律师、司法鉴定、公证服务等特色服务窗口,组织村(社区)专职调解员、“老娘舅”、村(社区)法律顾问、法律服务志愿者等提供便民服务。嘉兴市公共法律服务体系建设经验被司法部推广,年内,全国 40 多批次省内外同行前来学习。

【法律援助工作】 2015 年,嘉兴市拓展完善法律援助网络,在全市各级法院新建法律援助点,加强劳动、工会、群团、院校等法律援助站点建设。实施“无盲点”质量监管,推行法律援助“点援制”和窗口首问责任制,出台案件评估办法,开展市、县援助案件互查、倒查的评查活动,通过庭审、电话随访受援人、同行专家评估以及贯穿全过程的网络动态监控、满意度调查等多种形式,确保法律援助质量,做到“应援尽援”“应援优援”。全年为群众办理法律援助案件4549件,受援人数11793名。

【人民调解工作】 2015年,市司法局出台《关于充分发挥司法行政职能作用切实保障社会和谐稳定的实施意见》,开展矛盾纠纷“大排查、大调处”系列活动,全力化解重大疑难纠纷和历史积案,服务保障重点工作、重要会议顺利进行。在巩固完善医疗卫生、交通事故、劳动争议、保险理赔等领域行业性专业人民调委会建设的基础上,推动人民调解工作向物业管理、环境保护等矛盾纠纷多发易发行业领域延伸。同时,加强“老娘舅”“和阿姨”等品牌队伍建设。年内,全市有人民调解组织2206个,调解员8847名;受理各类矛盾纠纷32129件,成功调处31868件,调处成功率99.2%。

【特殊人群管教帮扶工作】 2015年,嘉兴市出台《关于加强社区矫正执法规范化建设的实施意见》等制度,规范社区矫正执法办案、日常监管等工作。推进“关心桥驿站”“紫薇社会工作站”“普正社工”等专业社会组织参与社区矫正非执法类工作试点。开展部分社区服刑人员特赦工作,全市共报请特赦社区服刑人员29名,法院全部裁定特赦。与浙江省长湖监狱联合出台《关于加强监地衔接工作的实施意见》,建立远程视频帮教室,打造监地“无缝”衔接。全年社区服刑人员脱漏管率零发生,再犯罪率为0.09%,远低于省控指标。在全省率先将戒毒人员职业技能培训纳入嘉兴市职工职业技能教育培训体系,将嘉兴籍戒毒人员的医疗保障纳入社会保障体系,工作经验被全省推广。市强制隔离戒毒所未发生安全事故,在全省司法行政戒毒系统年度考核中获地市所第一名。

【法治宣传教育工作】 2015年,嘉兴市完善法治宣传教育工作机制,出台《嘉兴市全面推进“谁执法谁普法”工作实施方案》《关于进一步加强领导干部和公务员学法用法工作的意见》《2015年嘉兴市法治宣传教育工作要点责任分解》,强化部门协同,落实部门责任,全面提升法治宣传工作成效。完善嘉兴法制宣传网,开发上线“嘉兴普法”微信公众平台,设置广播《小崔说法》《小鹿热线》《老娘舅工作室》等54个法治专题专栏,依托公交移动电视的464个终端显示屏和华数开机屏,推送法律知识。至年底,全市拥有普法网站44个,普法微博、微信账号196个。

【司法基层基础建设】 2015年,嘉兴市创建星级规范化司法所73个司法所被命名,创建成功率98.6%,居全省第一。其中五星级15家,四星级23家,三星级35家,五星级创建成功率居全省第一。全市3家司法所被司法部表彰为“全国模范司法所”和“全国先进司法所”。两家公证处被省司法厅评为“公证质量优秀单位”,占全省一半。2015年,全市沿街落地的公共法律服务平台实现市、县、镇三级全覆盖,村级平台建成率达94%。在全省星级司法行政法律服务中心创评中,嘉兴市星级建成率71.43%,居全省第一。创建成功市级以上民主法治村(社区)83个,评选诚信守法示范企业13家。

(祝丽花)

武　装

综　述

2015年，嘉兴军分区推进实战化训练，召开实战化训练小型座谈会，集中研究23个训练难题，强化工作指导。6月，组织7个县(市、区)民兵应急分队进行军事技能和分队战术对抗比武考核。组织1200名民兵预备役人员参加乌镇互联网峰会备勤安保。推进信息化建设扩容增效，先后投入200多万元对"六网一系统"(地方政务网、广播电视网、军事训练网、短信群发网、指挥传输网、综合信息查询网和兵员动态管理信息系统)进行升级改造和配套完善。推进军民融合深度发展，协调地方成立军民融合发展领导小组，市委议军会专门进行研究部署，市县两级把军民融合发展纳入年度目标责任制考评指标体系。紧抓动员征兵主业主责，拉网式起底清查经济动员、人民防空等7大类近800项重要潜力指标底数。抓好兵员征集，大学生比例达67%，较上年提升13个百分点。夯实"法治军营"基本阵地，经常性开展法规知识学习教育，强化培育法治思维和法治理念。做好军人军属权益保障工作，全市安置随军家属事业编制2人、国企6人。

（何先锋）

国防教育与政治动员

【概况】 2015年，嘉兴市专题研究贯彻落实《关于加强新形势下全省国防教育工作的若干意见》精神，将国防教育工作列入市委市政府工作计划和党管武装、双拥模范城创建内容，并赋予分值。将领导干部的国防教育纳入党委（党组)中心组理论学习计划、各级党校教学培训计划和第一书记党管武装工作述职内容。市、县两级组织领导干部参加"军事日"暨党管武装工作会议，邀请专家教授开展国防形势宣讲活动8次。市本级邀请国防大学教授李莉作国防安全形势报告。各级党校开展国防形势宣讲、国防知识讲座等活动12次。召开全市国防教育工作会议，总结国防教育工作经验，提出国防教育工作思路和工作要点。加强征兵宣传，据不完全统计，全市播放征兵公益广告片10万余次，新闻网络媒体发稿近800多篇，悬挂横幅3000多条，下发宣传资料10万份。加强大中小学生国防教育，市国教办、市教育局联合下发《关于进一步加强高级中学学生军训工作的意见》。各中小学校用好国防知识读本，开展军事夏令营、国防知识讲座、演讲比赛等活动。嘉兴市青少年宫开展"军事夏令营"活动。各高校结合学生军训、新兵征集、"全省国防教育宣传周"等重要时机开展国防教育宣传活动。推进民兵预备役人员国防教育，开展"弘扬红船精神、争当红船传人"主题教育活动，受训民兵达100余人次。注重营造氛围，部队荣立三等功以上的34名官兵在市、县两级媒体上进行公示，7名官兵的先进典型进行重点宣传报道。在"全省国防教育宣传周"期间，利用LED、电视等载体播出公益广告1万多次。推进"军人荣誉墙"建设，在各中小学校、高等院校中,将本校参军入伍的优秀现役军人作为宣传对象,287所学校建成“军人荣誉墙”,建成率88%。筹划国防教育主题公园建设,做好第三批国家国防教育示范基地推荐工作。加强国防教育网站建设,市县两级建成网站8个,建成率100%。

军人荣誉墙

【开展国防教育宣传周活动】 2015年,嘉兴市开展以“弘扬伟大抗战精神,同心共筑强大国防”为主题的系列宣传教育活动。各县(市、区)通过主题演讲、主题晚会、播放抗战影片、国防知识竞赛、举办专题图片展等形式进行国防教育宣传活动。市级相关部门做好嘉兴市抗战老兵人数统计工作,完成中国人民抗日战争胜利70周年纪念章颁发工作。开展“勿忘历史、关爱功臣”活动,走访慰问抗战老战士、老同志、老支前模范或其遗属。新闻网络媒体推出纪念抗战胜利70周年专题专栏,开展“寻访抗战记忆”大型新闻行动。嘉兴电视台播出《白沙湾反登陆战——掀开嘉兴抗战第一页》《百人坑惨案:惨绝人寰的杀戮行径》《嘉善阻击战:血战七天七夜坚守十一公里》等10多篇报道。《嘉兴日报》报道《78年前,平湖打响浙江抗战第一枪》《新塍:黑暗岁月里的红色崛起》《血战嘉善:用我们的血肉筑成新的长城》等亲历者口述。在市域网站首页、客户端推出“寻找嘉兴抗战记忆”纪念抗战胜利70周年专题,同时开展“我们身边的抗战故事”网络寻访和图文征集活动。开展以“我的抗战”为题材的曲艺、小品、故事、美术、诗词、楹联等作品创作、征集和展演展示活动。出版《嘉兴抗战纪实》《我的抗战》等抗战老战士口述实录。各大中小学校围绕“勿忘国耻、圆梦中华”主题,开展爱国主义和革命传统教育,并组织观看大型公益电视节目“开学第一课”。

在南湖革命纪念馆举办纪念抗战胜利70周年图片展览

【推进国防教育专栏建设】 2015年,市国教办与相关部门联系协调,制定新形势下国防教育工作具体实施方案,提请市委议军会讨论研究决定,在新闻网络媒体中开设国防教育专题专栏。7月起,在《嘉兴日报》开设“嘉兴国防”专栏,宣传有关国防建设工作46篇;在嘉兴电视台开设“嘉兴国防”专栏,每月在第三周星期六“嘉兴新闻”栏目中播出。

(任晓根)

军民共建

【民兵预备役参建参治】 2015年,嘉兴军分区贯彻省军区党委关于大力组织开展民兵预备役人员参建参治的部署要求,发动民兵预备役人员参加地方“五水共治”、“三改一拆”、抢险救灾以及世界互联网大会乌镇峰会安保等重大任务。在乌镇峰会期间,1200余名民兵骨干战斗在安保备勤第一线,先后500余人受到市委、市政府表彰奖励。在嘉兴“道德模范评选活动”中,6人为民兵预备役人员。

【开展扶困帮学活动】 2015年,嘉兴军分区牵头组织驻嘉部队开展扶困帮学活动，以连（中队）为单位与驻地困难家庭、困难中小学生结成帮扶对子，共结帮扶对子152对。嘉兴军分区党委机关发动全区团以上干部每人每年捐款1000元，重点帮助一名家庭困难的中小学生，分区党委5名常委带头、全区31名团以上干部参与。

【“军民共建文化示范村”建设】 2015年，嘉兴军分区持续推进“军民共建文化示范村”建设，发动各县（市、区）人武部抓好军民共建活动，重点指导抓建1～2个行政村作为“军民共建文化示范村”试点先行单位。军分区政治部抓好与嘉善县大云镇缪家村军民共建文化先行工作，专项拨款2万元用于村文化基础设施改造升级。政治部主任孙志龙先后两次到该村实地走访考察，调查了解文化共建中的矛盾问题，提出针对性改进措施。

（彭　峰）

民兵　预备役　兵役

【开展民兵预备役部队组织整顿工作】 2015年，全市民兵预备役组织整顿工作按筹划设计、部署任务、全面展开、巩固提高四个步骤组织实施。3月上旬，下发《关于部署2015年国防动员和后备力量建设任务的通知》，成立由军分区司令员、政委任组长的组织整顿工作领导小组。3月10日，军分区机关组织民兵预备役部队整组业务培训。通过整组，全市共落实基干民兵×人，预备役防化团预编兵员×人。4月27日至5月5日，军分区组成检查组，采取查看资料、拉动队伍、逐人验证、抽查询问、现场检查和电话抽查等方法，对7个县（市、区）和预备役防化团重点分队×人进行拉动点验，平均到点率95%，退伍军人比例79%，比上年提高19.4%。

【开展“三星”级达标考评】 2015年，嘉兴军分区深入推进基层规范化建设，开展“评星挂牌、动态保鲜、全面达标”活动。11月，各县（市、区）人武部和预备役防化团按照检查验收评分标准，对已评为“三星”级达标的66个镇、街道武装部和预备役营连组织检查复评。12月3～11日，军分区成立检查考评组，采取单位推荐和现场抽点相结合的方式，检查14个镇（街道）。经考核，参评的14个镇、街道武装部全部评为“三星”级达标单位。

（徐明华）

【组织人民武装动员检查评估】 2015年，嘉兴军分区组织开展人民武装动员检查评估工作。11月上旬，研究制订检验评估方案计划，修订检验评估标准。11月9日，军分区专题召开电视电话会议，对人民武装动员检验评估工作进行动员部署。各县（市、区）对照7个方面25项检验评估内容逐项逐条组织自查。各单位按照归口负责的原则，展开问题整改。从12月3日起，军分区成立综合检查组，运用“听、查、考、拉”等方式，到县（市、区）开展检验评估。通过听取汇报、理论考核、随机点验、技能考核、实地察看、实兵实装拉动等形式，检验大规模作战人民武装动员能力。先后考核实装操作课目9个，抽考现役干部、专武干部、民兵、兵器室保管员等各类人员210人，电话抽点不同类型民兵分队14支共140人，实地察看基层单位28个，全市共拉动基干分队×人，出动各类装备×台（套）。通过考评发现，嘉兴军分区人民武装动员准备还存在队伍编组结构有待优化、遂行任务能力有待提高、相关配套建设有待完善等问题。

【推进军民融合深度发展】 2015年，嘉兴市持续推进军民融合深度发展。4月3日，市委书记、军分区党委第一书记鲁俊主持召开市委议军会议，就聚力推进嘉兴市军民融合发展工作等事项进行研究部署。明确成立由市政府常务副市长为组长的市军民融合发展工作领导小组,办公室设在市发改委。根据市委议军会议部署,军分区司令部会同市发改委商定调研安排。4月9日,军分区司令部、市发改委联合召集拟参加调研的15个军地相关部门召开军民融合发展专题调研任务部署会,就调研重点、行程安排及有关任务进行研究部署。4月15~17日,军分区参谋长卞云坚和市发改委副主任朱永根带领调研组,先后到海盐县、秀洲区、南湖区、经济开发区、嘉善县开展军民融合发展专题调研。重点围绕军民结合产业发展、交通战备建设、人民防空建设和动员储备等内容,实地走访浙江博凡动力装备有限公司、秀洲新塍镇交通物资储备仓库、城南街道民防应急指挥中心等14家企事业单位。4月下旬,军分区司令部、市发改委、市经信委、市财政局、市科技局相关人员到江苏镇江和上海市进行实地学习考察。综合调研情况,起草《关于推进军民融合深度发展实施意见(征求意见稿)》。在吸纳各方意见基础上,修改形成《关于推进军民融合深度发展的实施意见(送审稿)》。经市委常委会审议,11月5日,《关于推进军民融合深度发展的实施意见》以市委、市政府、军分区名义联合下发并被全省转发。年内,嘉兴市还将军民融合发展纳入市对县(市)年度工作目标责任制考评体系。

【召开全市国防动员委员会全体会议】 5月6日,嘉兴市召开全市国防动员委员会全体会议,市国动委全体委员、各县(市、区)国动委第一主任、常务副主任共54人参加会议。军分区司令员、市国动委常务副主任夏忠平分析讲评全市国防动员工作形势,市委书记、市国动委第一主任鲁俊作重要讲话。她指出,2014年全市国防后备力量建设有不少可圈可点之处,军分区军事斗争准备和全面建设稳中有进、平衡发展,参加省军区组织军事比武、"红红对抗"等活动取得优异成绩,征兵工作走在全省前列,7个县(市、区)获省级"双拥模范城"称号,一批先进单位和个人受到上级表彰奖励。民兵预备役人员在重大险难任务中发挥出突击队作用。她强调,做好国防动员工作,思想认识要有新提高,切实增强各级党委政府的主体责任意识;强军实践要有新作为,不断提升国防后备力量建设的质量水平;军民融合要有新进展,努力谱写深度发展的嘉兴篇章。

【组织全市国防动员综合考评】 6月29日~7月2日,市国动委成立考评组,采取听取汇报、静态检查、问卷调查、重点核查等方法,对县(市、区)国防动员工作进行综合考评。考评筹划期间,牢固确立"地方为主"的指导思想,通过考评重点掌握各县(市、区)政府及相关部门对国防动员工作的重视度、军地合力抓国防动员建设的融合度、各级依据《国防动员建设纲要》落实工作的规范度。突出会议培训制度落实、常识考核等内容,组织常识考核坚持以地方领导为主要对象,规定每个单位参考现役人员不得超过1人。注重结合年度重点工作,把各单位在近三年来参加全市专武干部比武、百名红船民兵连长大比武、民兵应急分队大比武等活动中取得的成绩作为考评的重要依据。把后备力量基层规范化建设纳入人武办考评内容,每个县(市、区)随机抽查1~2个基层武装部。市交战办针对交战系统组织修订战时动员方案的实际,将方案拟制情况纳入考评内容。

(史高翔)

武装警察部队

【概况】 2015年,武警嘉兴市支队围绕强军目标,圆满完成以执勤处突、反恐维稳为中心的各项任务。开展"践行强军目标、做新一代革命军人"主题教育,举办"军人样子"大讨论,开展传承优良传统"十个起来"(红色经典用起来、身边典型学起来、党员形象树起来、组织生活严起来、干部作风硬起来、解难帮困实起来、知兵爱兵勤起来、勤俭日子过起来、"六小阵地"

活起来、爱民实事做起来)活动。6个看守单位全部建成备勤室。与市公安局联合规范《"三联"活动机制》,支队连续30年执勤安全无事故,被公安部评为"三共"(共建、共管、共保安全)活动先进单位。完善后勤综合保障预案,优化91处应急保障网点,定期组织综合保障训练。制订日周月季工作运行规范,组织司务长岗位交流,开展后勤专业技能8批41人次培训。做好任务中政治工作,《战地思想政治工作"随勤而动"》做法被总队转发。参加总队"四会"政治教员比武获团体第二名,嘉善中队士官郭佳琦被总部评为"十佳"政治教员,并荣立二等功,桐乡中队指导员王健被总部评为"优秀政治教员",新疆籍战士马合沙提被总部评为"最美新兵"。支队连续四年被总队评为"先进支队",并被推荐为武警部队标兵支队参评对象。全年,完成6批次核燃料押运和262批次武装押解,完成嘉兴、桐乡濮院常态化武装巡逻等临时勤务。做好第二届世界互联网大会安保工作,被国家互联网信息办公室评为互联网大会安保先进集体。

2015年,武警嘉兴市支队加大军事训练力度,用好"六促"(以议促训、以查促训、以考促训、以比促训、以保促训、以奖惩促训)载体,抓好"六头"(龙头:干部,教头:指挥士官,拳头:特勤排、应急班,源头:新兵,上头:首长机关,大头:经常性基础性训练)训练,开展"百日强化大练兵"活动,组织重难点课目勤训轮换、专业士官"当好一兵"集中整训、战训法集训和特勤排常态化驻训,举办第14届基层警官暨第2届特勤排、应急班军事比武。落实公差勤务补训制度,坚持每天云台普查、每周实地检查、每月集中考核、每季综合评定,部队训练秩序规范。投入186万元建设基层训练场地,进行营区武化整治。修订完善支队《军事训练奖惩实施细则》,5名训练成绩突出的官兵记三等功。

武警嘉兴市支队特勤排开展反恐演练

2015年,武警嘉兴市支队开展法规"学守用"活动,组织依法治警网上集训,开展安全工作群众性大讨论。落实安全工作"八个规范",抓人员管控,组织枪支弹药大清查,车辆安全大整顿和安全大排查,整治隐患372处,处理违纪违规官兵11人。组织不正之风专项整顿,开展新兵下连"双向教育""双向互助""双向承诺"活动。依法从严治警工作和安全工作"六小"(饭前安全小警示、课前安全小提醒、课间安全小练兵、睡前安全小排查、交班安全小分析、点名安全小讲评)活动做法被总队交流转发。

2015年,武警嘉兴市支队抓好总队三级干部培训成果转化,组织支队营以下干部暨党支部正副书记网上集训和连以下干部培训,抓好股队挂钩、领导包片帮建"六项机制"(鉴定评估、帮建培训、调研分析、建档登记、跟踪督导、挂钩问责机制)落实,开展"三帮一带"(帮思想进步、帮技能提高、帮身心健康、带优良作风)活动,固化干部常教常训常考机制。落实全军《规范基层秩序十二项规定》,召开军人代表会议,巩固科学发展建设成果。直属大队被总队评为"基层建设先进大队",桐乡中队被总队评为"基层建设标兵中队",二、三中队和嘉善中队被总队评为"基层建设先进中队"。

【开展军事比武】 7月22~23日,武警嘉兴市支队举行第十四届基层警官暨第二届特勤排、应急班军事比武,来自支队基层单位的140名官兵参加。比武设置军事理论、综合战术、班(组)战术、攀登、编组作业、教学法、400米障碍、轻武器射击、器械体操、五千米武装越野10

个军事训练课目、17 项竞赛内容。

【完成第二届“世界互联网大会”安保任务】 12 月 10～18 日，第二届世界互联网大会在桐乡乌镇举行。支队出动 293 名官兵担负乌镇核心区外围沿线警戒任务、机动备勤和社会面武装巡逻任务，圆满完成第二届“世界互联网大会”安保任务，武警嘉兴市支队被国家互联网信息办公室评为互联网大会安保先进集体。

在第二届世界互联网大会乌镇峰会期间，武警嘉兴市支队承担警戒、巡逻等安保任务

【郭声琨到嘉兴视察】 12 月 15 日，国务委员、公安部部长郭声琨在武警部队司令员王宁陪同下视察指导嘉兴支队前进指挥所，并亲切看望慰问一线官兵。郭声琨充分肯定支队官兵的政治素养和精神风貌，指出武警部队是一支能够打胜仗，善于打胜仗的部队。

（陈　杰）

人民防空

【概况】 2015 年，全市人防(民防)工作提升人防应急和应战两个能力，较好地履行“战时防空、平时服务、应急救援”的使命和任务。“十二五”期间，嘉兴市被国家国防动员委员会评为全国人民防空先进城市，市人防办被国家人防办评为全国人民防空先进单位。2015 年，市人防办被国家人防办评为中国人民防空杂志宣传报道先进单位，被省人防办评为年度人民防空工作先进单位。

宣传教育活动扎实开展。2015 年，市人防办开展“三严三实”专题教育活动。组织党组中心组学习 6 次，总支(支部)集中学习 3 次，查找不严不实问题，并列出清单和整改措施。市人防办会同南湖区人防办举办“纪念抗战胜利 70 周年暨 9·18 防空防灾疏散演练” 活动，会同秀洲区人防办在江南摩尔广场举办宣传咨询活动。2 月 27 日，嘉兴 2015“国际民防日”系列活动周在全市启动。10 月 26～31 日，市人防办围绕“十二五”规划建设成果展示，组织开展宣传周活动。推进人防宣传教育基地建设，国家防空防灾宣传教育技能训练（嘉善)基地项目获国家人防办批准，正在进行建设方案论证。平湖市、桐乡市的教育基地项目基本完成。

组织指挥建设逐步深入。年内，市人防办完成“浙江金盾 -15”实战化演习。结合“5·12”防空防灾警报和“9·18”防空警报试鸣，开展演练活动。在全省范围内率先对人防警报数字化控制系统的频率和控制方式进行改造升级。完成国家人防机动指挥、信息处理系统集成试点建设任务，于 2015 年 11 月通过验收并投入使用。与人防基本指挥所共同构成地面、地下和机动一体化的指挥体系，提升嘉兴市人防的机动指挥能力。

人防工程建设得到强化。自建工程数量和投资额位于全省地级城市之首，全市 10 个自建工程按计划实施，进展顺利，工程施工优质高效。人防“结建”工程平稳增长，全市“结建”工程面积超额完成省人防办下达的目标任务。行政审批制度改革持续推进，通过简化行政审批程序，规范行政审批行为，提高行政审批效率。

基层建设基础进一步夯实。开展镇(街道)人防规范化建设示范单位创建活动，全市 7 个镇(街道)完成人防规范化建设示范单位创建。全市 29 个社区按人防规范化建设的标准和要求开展人防规范化建设活动，并完成达标任务，至此，全市 166 个城市社区全部完成人防规范化建设达标任务，实现社区人防规范化建设满堂红。

民防工作融入大局稳妥推进。举办第五届民防志愿者技能比武活动，组织民防特救队开展道路化学事故示范性应急救援演练，民防队伍训练成果得到巩固加强。化学事故处置工作卓有成效，全年处置各类化学事故 25 起，挽回直接经济损失 580 余万元，其中厂级事故 3 起、道路事故 17 起、废弃物事故 2 起、其他事故 3 起。

11 月 17 日，民防特救队开展道路化学事故示范性应急救援演练

（徐仁法　黎毅鹏）

【完成“浙江金盾 -15”演习任务】 9 月 23 日，代号为“浙江金盾 -15”的浙江省人民防空实战化演习在全省同步举行，演习以城市防空袭下的人防应急应战行动为背景，以人防指挥控制、人防专业队伍救援和重要经济目标防护为演练重点，突出临战平战转换伪装防护、网电防护、心理防护、高效施救、联动支援，加强人防指挥部常态化建设。嘉兴市参演内容为组织重要经济目标附近人口紧急疏散和化工厂遭袭后抢险救援行动，由市人民防空指挥部副指挥长蔡山林组织指挥，圆满完成任务。

【参加省人防跨区域应急机动指挥通信演练】 5 月底，嘉兴市派出机动指挥车参加浙江省人防首次跨区域应急机动指挥通信演练。演练到

5 月底，嘉兴市参加浙江省人防首次跨区域应急机动指挥通信演练

安徽、江西等地进行，行程 1500 多千米，开展单车分练、多车合练、多平台融合通信等科目的演练，锻炼人防组织指挥和通信保障能力。

（张　灵）

【组织民防志愿者技能比武】 9 月 24 日，嘉兴市民防局在嘉兴经济技术开发区消防大队举办第五届民防志愿者技能比武活动。比武共设固定消火栓出水操、佩戴空气呼吸器和单人徒手心肺复苏三个比武项目，来自各县（市、区）、嘉兴经济技术开发区的 8 支民防志愿者队伍共 40 人参加此次活动。

【开展道路化学事故示范性应急救援演练】 11 月 17 日，嘉兴市民防局在南湖区新丰镇浙江嘉化物流有限公司开展道路化学事故示范性应急救援演练。嘉兴市民防特救队根据道路危险化学品事故救援的特点，运用气动隔膜泵、水力防爆输转泵、手动隔膜抽吸泵等倒灌设备，对警戒、个人防护、现场分析、堵漏和实施倒灌等步骤分别作示范性演练。嘉兴市民防局、民防特救队骨干等 20 余人参加演练活动。

【处理浓硝酸泄漏事故】 7 月 17 日上午 7 时 35 分左右，位于 G15 高速新塍服务区附近一辆危险品货车发生浓硝酸泄漏事故。现场一辆危险品货车混装有浓硝酸等危险品 20 吨左右，其中一桶浓硝酸发生泄漏，并有烟雾冒出，事

故路段二、三车道封闭，造成3千米左右的交通拥堵。民防人员查看事故车辆后采取措施：一是车辆没有受损，泄漏速度很慢，可以先转移至安全地点再行处置，以缓解现场交通拥堵状况；二是对破损吨桶内浓硝酸进行转移；三是现场泄漏浓硝酸进行回收处理。上午10时左右，破损浓硝酸吨桶在秀洲新区高速口成功实施倒灌，没有人员中毒和受伤，泄漏浓硝酸约50千克。

7月17日，浓硝酸泄漏事故现场

【处理印染助剂泄漏事故】 7月23日晚上6时左右，位于申嘉湖高速乌镇出口桐乡方向的一辆装载印染助剂的挂车发生危险物品掉落并泄漏事故，救援人员立刻到达现场。嘉兴市民防局与高速交警及高速施救单位展开协同救援：一是道路封闭，下高速的车辆改道行驶；二是高速施救协同事故单位用木屑覆盖现场，吸收后进行回收处理。三是对路面进行清洗处理。

7月23日，印染助剂泄漏事故现场

【处理液碱泄漏事故】 8月7日下午3时左右，乍嘉苏高速公路苏州方向凤桥出口匝道上一辆危化品车发生侧翻，车上运输的液碱泄漏。现场一辆嘉兴牌照的槽罐车冲出路面侧翻在路基下，车内装载的29吨液碱近一半流入排水沟，驾驶员当场死亡，押运员重伤送往医院抢救。民防救援人员协同高速交警、环保、事故车辆单位联合展开现场处置：一是现场封闭，无关车辆禁止驶入；二是综合液碱特性，直接将事故车辆起吊，拖离现场；三是将排水沟两端用泥土封堵，减少液碱污染范围，并要求事故单位回收。事故于晚上8时左右基本处理完毕。

8月7日，液碱泄漏事故现场

（徐朱连）

教　育

综　述

2015 年，全市共有各级各类学校 677 所，在校学生 66.27 万人，招生 18.14 万人，毕业生 17.49 万人。

教育现代化创建工作稳步推进。基本实现教育现代化县（市、区）创建成效显著，海盐县、海宁市、桐乡市通过浙江省第一批基本实现教育现代化县（市、区）评估，占辖区内县（市、区）总数的 42.86%，通过率位居全省第一。2015年，全市有 13 所义务教育薄弱学校列入改善工程，共完成投资 1.87 亿元。全市有 249 所义务教育学校通过标准化学校要求，达标率 84.93%。

教育领域综合改革进一步深化。义务教育课程改革成效初显，制定《嘉兴市推进义务教育课程改革实施意见》，全市 60%以上的义务教育段学校实施课程改革，平湖市和南湖区作为试点县（市、区），所有义务教育段学校整体进入改革试点。普通高中积极适应新高考改革，实行一学年两学期四学段的全新管理模式，全面进入课程改革实践，建立选修课程体系，选课走班逐步成为教育常态。职业教育深化校企合作产教融合改革，全市建成 14 个职业教育集团，参与的行业协会 30 个，科研机构 6 家，企业近 400 个。民办教育改革取得较大突破，市政府出台《关于深化教育改革促进民办教育健康发展的实施意见》，从加大购买服务力度、设立专项资金、完善师资管理等方面促进民办学校健康发展。

加强教师队伍师德师风建设。制定下发《关于进一步提高师德师风建设实效的实施意见》和《关于建立师德定期报告制度的通知》。根据“师德建设年”活动方案，评选 2014 年度师德建设先进集体和师德建设先进个人，启动第二届嘉兴市“最美教师”评选活动，评选 10 名“最美教师”和 10 名“最美教师”提名奖获得者，并在教师节期间进行表彰。

学前教育公益普惠发展。经过新一轮学前教育三年行动计划的实施，学前教育短板得到明显改善。制定《嘉兴市住宅小区配套幼儿园建设及使用管理办法》和《嘉兴市公益性幼儿园认定管理及奖补工作指导意见》，对公益性幼儿园实行生均定额补助，引导民办幼儿园公益性办学。全市公益性幼儿园在园幼儿数达到 83.54%，小区配套公益性幼儿园占小区配套园比例达到 58.6%，学前教育发展六项主要指标全部列全省前茅。2015 年，全市认定省二级幼儿园 11 所，整治减少无证幼儿园 8 所，分流幼儿 1252 人。

义务教育课程改革成效初显。制定《嘉兴市推进义务教育课程改革实施意见》，平湖市和南湖区作为试点县（市、区），所有义务教育段学校整体进入改革试点，其他县（市、区）至少 50%学校进入改革试点。全市 60%以上的义务教育段学校实施课程改革，拓展类课程资源日益丰富，为学生选择性教育、个性化成长奠定扎实基础。

普通高中多元特色不断加强。全市普通高中学校创建省特色示范学校，全市有 8 所和 13

所普通高中创建为省一级和省二级特色示范学校,创建率达到60%。年内,市政府和北京师范大学共同成立北师大嘉兴附中。嘉兴一中成为市级创新人才培养基地。全市共建成普通高中学科基地17个,所有基地学校均建立学科教研网站。2015年高考取得优异成绩,一本上线人数3500多人,上线率16.52%,实现五年连增。

推进职业教育统筹发展。中等职业学校布局进一步优化,全市18所中等职业学校中,有国家中等职业教育改革发展示范校4所、省级改革发展示范校7所、中央财政支持实训基地11个、省级实训基地24个、省级示范专业30个、省级骨干专业9个、省级特色(新兴)专业7个。中职学生技能大幅提升,2015年省中职学生技能大赛获得20枚金牌、44枚银牌、35枚铜牌,连续四年位居全省前三名;在全国职业院校技能大赛上,获得11枚金牌、7枚银牌、4枚铜牌。2015年浙江省普通高职(单考单招)上线率96.6%,其中本科上线人数占全省的24.6%。

(钟长明)

基础教育

【概况】 2015年,全市共有幼儿园309所,在园幼儿12.04万人。等级幼儿园292所,占幼儿园总数的94.5%。等级幼儿园儿童入园比例达95.2%。73个农村镇(街道)公办中心园建成全覆盖,其中二级及以上中心园比例83.5%。全市共有学前教育专任教师7221人,其中教师资格证持证率96.2%,列全省第一;学历合格率99.96%,大专及以上学历占比93.85%。全市共有普通中小学327所,在校学生40.83万人。其中小学154所,在校学生24.58万人;初中138所,在校学生10.63万人;高中35所,在校学生5.63万人;特殊学校6所,在校学生1136人。全市义务教育入学率和巩固率均为100%,初升高比例达99.12%。

【嘉兴市被确定为国家特殊教育改革实验区】 1月,嘉兴市被教育部确定为全国37个"特殊教育改革试验区"之一,分别由嘉兴市本级承担医教结合改革项目、桐乡市承担送教上门项目和海宁市承担随班就读项目。项目推进后,全市特殊教育事业发展保障机制得到进一步完善,学段衔接、全纳教育和融合发展的体系基本完善。

【普通高中实行学段制管理】 自2015学年起,全市普通高中全面实行学段制管理,适当压缩寒暑假时间,增设一周的春假和秋假。考虑课改考改实际,高三年级学段制管理暂不执行。

【北京师范大学附属嘉兴南湖高级中学成立】 6月,嘉兴市政府与北京师范大学签署战略合作协议书,合作创办的北京师范大学附属嘉兴南湖高级中学(简称北师大嘉兴附中)正式成立,普通高中优质教育资源进一步得到扩充。

【启动校园文化建设年活动】 3月,嘉兴市教育局制定下发《嘉兴市中小学"校园文化建设年"实施意见》,对校园文化建设的目标、原则、推进措施和任务分解提出明确目标,推出50所美丽校园评比和100个重点项目申报,制订"美丽校园"创建时间表。

【中考招生制度改革实施】 2015年,市教育局制定出台《关于进一步完善初中毕业升学考试与高中招生工作的实施意见》,在分值设置、试卷结构、招考方式、加分项目、综合评价等方面均有较大调整。该项工作将实行分年实施,逐步到位的办法,确保稳妥有序推进。

【启动实施初中学校学生综合素质评价】 2015年,市教育局制定出台《嘉兴市初中学校学生综合素质评价实施办法(试行)》,对初中生综合素质的评价工作提出客观记录、内容全面、注重过程、强化监督4个要求,明确品德表现、运动健康、艺术素养、创新实践4个评价维度。

同时，对评价的方法和程序、评价赋分办法、结果运用做出明确的规定。

【省中小学班主任基本功大赛获佳绩】 10月31日～11月1日，在杭州举行的浙江省第四届中小学班主任基本功大赛上，嘉兴市推荐的6名参赛教师，获得一等奖3个、二等奖2个、三等奖1个。

【校园足球呈现良好发展势头】 2015年，全市中小学校将校园足球作为全面提升学校体育工作水平的重点工作来抓。各级校园足球联赛扎实推进，各类培训务实开展，全市校园足球呈现良好发展势头。全市共有9所学校成为全国青少年校园足球特色学校、16所学校成为省级青少年校园足球试点学校。

【中小学校实施艺术教育发展年度报告制度】 2015年，市教育局制订下发《关于我市中小学校全面实施艺术教育发展年度报告制度工作的通知》，全面实施中小学（含职业类学校）艺术教育发展年度报告制度。这是全市首次对中小学校艺术教育工作提出年度报告的要求，以学年为单位每年进行一次。县（市、区）编制本区域学校艺术教育工作年度报告报嘉兴市教育局。嘉兴市教育局编制本区域艺术教育工作年度报告报省教育厅。

【秀州中学成为省一级普通高中特色示范学校】 8月31日，嘉兴市秀州中学被评定为浙江省一级普通高中特色示范学校。嘉兴市秀州中学形成符合学校发展实际的办学特色，建有符合本校学生发展需要且富有特色的课程体系，在数量和质量方面积极满足学生多样化、个性化选择学习的需要，达到浙江省一级普通高中特色示范学校要求。

【嘉兴三中成为省二级普通高中特色示范学校】 2015年，嘉兴三中深化课程改革，完善课程体系，提高选修课程质量，加强必修课程走班教学，严格规范办学行为。9月，嘉兴三中被评为浙江省二级普通高中特色示范学校。

【嘉兴一中列为中国大学先修课程试点学校】 12月26日，嘉兴一中出席在广州举行的2015综合评价与大学先修课程（AC）年会，会上，嘉兴一中被中国大学先修课程（AC）项目中心授予“试点学校”金牌。

（熊国红　安志飞　陈春燕　潘蔚萍）

中等职业教育

【概况】 2015年，全市共有各类中等职业学校25所，其中中等专业学校8所，在校生21529人；职业中学8所，在校生20713人；技工学校3所，在校生6619人；成人中等专业学校6所，在校生1228人。2015年，全市各类中等职业学校在校生50089人，毕业生17929人，招生数16935人。当年普通高中招生数18282人，职业教育与普通高中的招生比例大体相当。全市从事中等职业教育的专任教师3042人，“双师型”教师1502人，占专业课和实习指导教师比例达82.94%，聘请兼职教师547人。全市中职学校共占地面积189.2公顷，图书112.7万册，教学用计算机15534台，教学实习仪器设备总值37963.36万元。

【全市职业教育工作会议】 12月29日，全市职业教育工作会议召开，市委副书记、市长林健东，副市长柴永强分别讲话，部署嘉兴市加快发展现代职业教育的发展目标和主要任务。印发《嘉兴市人民政府关于加快发展现代职业教育的实施意见》，明确嘉兴市职业教育发展目标，提出在构建现代职业教育体系、提升职业教育发展内涵、提高职业教育办学质量、优化职业教育发展环境四个方面的具体任务，成为“十三五”嘉兴市职业教育发展新的行动指南。

【中等职业学校项目创建】 2015年,市本级和海宁市被评为浙江省职业教育绩效挂钩考核优秀市县。全市新增省级实训基地4个,有骨干专业3个、特色(新兴)专业3个、德育工作实验基地2个、创业教育基地2个、企业职工培训基地1个、校外实习实训示范基地1个、开放实训中心1个、社区教学示范学校4所(其中县级2所、镇级2所)、新型农民素质培训示范基地4个。

【参加省级和国家级中职学生技能比赛】 2015年,嘉兴市选手在浙江省中等职业学校学生技能大赛暨全国职业院校技能大赛选拔赛上,获金牌20枚、银牌44枚、铜牌35枚,总成绩连续第四年位居全省前三名。38名选手代表浙江省参加全国技能大赛,获金牌11枚、银牌7枚、铜牌4枚,金牌数位居浙江省第一。在2015年浙江省中等职业学校"面向人人"职业技能比赛中,嘉兴市以836.35分的总成绩位列全省第三。

【中等职业学校高考单考单招成绩优异】 在2015年浙江省普通高职(单考单招)招生考试中,嘉兴市参加高考的12所职业学校2917名考生中有2819人上线,上线率96.6%。其中有754名学生上本科线,比上年增加479人,占全省单考单招本科人数的24.6%。有7名考生分别夺得全省专业高考状元。

【参加全国职业院校学生技能作品交流赛】 7月,嘉兴市代表浙江省参加在天津举办的"2015年全国职业院校学生技能作品交流赛",并设立"浙江馆"。嘉兴市的参展被组委会评为优秀组织奖,展品中获得一等奖1项、二等奖3项、三等奖5项。

【第十届中等职业学校技能节】 11月14日~12月5日,嘉兴市第十届中等职业学校技能节由嘉兴市教育局、嘉兴市人力资源和社会保障局联合举办,嘉兴教育学院承办,共设15个专业类别46个比赛项目,全市有16所职业学校的639名选手参加比赛,共产生金牌68枚、银牌105枚、铜牌167枚,有409名学生获得金、银、铜牌,308名教师获得"优秀指导教师奖",13所职业学校获得"优秀组织奖"。

【教育部现代学徒制试点项目启动】 2015年,嘉兴市被教育部批准为首批现代学徒制试点地区,启动实施以《市域职教集团框架下以产学研共同体为载体的现代学徒制试点》工作。嘉兴市联合2所高职院校、9所中职学校、22家企业、11个职业教育产学研共同体(企业学院),共同开展21个现代学徒制试点项目(班级)。

【嘉兴市高技能人才公共实训中心启动】 嘉兴市依托嘉兴职业技术学院建立嘉兴市高技能人才公共实训中心,于2015年5月启动,年内建成先进制造技术等7大实训项目,涉及88个职业工种,中心面向产业及企业、面向院校、面向社会,提供职业技能培训、职业技能鉴定、职业技术教育指导。

【首届职业教育活动周】 5月10~16日,嘉兴市举办以"发展职业教育,成就出彩人生"为主题的首届职业教育活动周,各县(市)、各职业院校以各种方式进行成果展示,学校向社会开放,组织社会各界人士7000余人走进校园,参与各项活动;学校深入社区开展关爱社会特殊人群、健康生活服务、专业指导咨询等便民服务活动。全市各职业院校共开展各项活动100余项。

【嘉兴技师学院成为改革发展示范学校】 10月28日,根据《教育部办公厅、人力资源社会保障部办公厅、财政部办公厅关于公布"国家中等职业教育改革发展示范学校建设计划"第二批项目学校验收结果的通知》,"国家中等职业教育改革发展示范学校建设计划"即"国家千所中职示范校"第二批项目学校名单正式发布,浙江科技工程学校(嘉兴技师学院)名列其中,成为国家中等职业教育改革发展示范学校。

(龚　磊)

高等教育

【概况】 2015年,全市有高等学校10所,在校学生9.55万人,教职工4267人,专任教师3288人。其中普通高校4所,在校学生5.27万人,教职工3071人,专任教师2384人;高职学院2所,在校学生1.28万人,教职工744人,专任教师565人;成人高校4所,在校学生3万人,教职工452人,专任教师339人。

【嘉兴学院】 2015年,嘉兴学院有越秀、梁林和平湖3个校区,校园面积120公顷。设有16个教学单位、51个本科专业,涉及9个学科门类;包括独立学院在内有全日制在校生24000余人,教职工1600余人,其中专任教师1100余人,高级职称教师近500人,博士学历教师350人。有国家"千人计划"人才1名,省"千人计划"(海鸥计划)1人,省级有突出贡献中青年专家2人,省"钱江高级人才"特聘教授4名,省重点创新团队2个。省级教学团队4个。国家级实验教学示范中心1个,省级实验教学示范中心5个,省级重点实验室1个,省工程技术研究中心1个,省级实验教学示范中心5个,省院士专家工作站1个。学校教学科研仪器设备总值2.8亿元,图书馆藏书160万册,电子图书120万册。学校与国内11所高校联合开展硕士研究生培养工作,与20多所国(境)外高校签订合作协议。

2015年,学校修订2015版专业人才培养方案,落实课堂教学行动计划。中铝会计班、中金会计班、五矿证券期货班、喜力实验班等校企合作班顺利推进。全年向中南大学、北方工业大学等院校派往学生34名,接收桂林理工大学、江西理工大学共14名学生交流学习。年内,学校参加各类学科竞赛,获得国家一等奖1项、二等奖6项,省级一等奖17项、二等奖43项、三等奖103项。临床医学专业进入省内一本招生,学校一、二、三批次文理科投档线均创历史新高;2015届毕业生初次就业率94.44%,南湖学院初次就业率95.96%,有280人考取硕士研究生。

2015年,学校以主持或参与单位共获得省部级以上奖项7项和省级行业奖项3项;获得省部级以上项目105项,其中国家自然科学基金17项,国家社科基金5项,国家社科基金重大(重点)项目2项。全年学校科研到账总经费3077.19万元(含附属医学634万元),其中纵向经费2167.17万元,占总经费比例为70.43%,申请专利100项,授权发明专利23项。有6个省一级学科(B类)获批立项。全年遴选15名教师到地方合作单位和企业挂职锻炼,全校新立项横向课题154项。

2015年,共引进各类人才100人,其中专任教师66人、学科带头人4人、学术带头人2人、高层次企业精英人才1人、博士51人、有海外学习经历人员21人,新增省"千人计划"(海鸥计划)1人,高校与法律实务部门人员互聘"双千计划"1人,高层次人才队伍建设取得明显成效。全年共派出留学基金委、省教育厅中青年骨干出国研修、校内出国(境)遴选计划以及国际化课程培训团等项目出国(境)人员32人。

2015年,以建设全省高校文化校园建设试点单位为契机,完成学校文化校园建设的整体设计和建设方案;完成梁林校区田径场、行政楼卫生间、第一教学楼语音室、多媒体教室以及梁林校区学生公寓3~6号楼、越秀校区学生宿舍6号、9号、10号楼等一大批项目的维修改造工作。全年共藏有档案20.7万余件(卷),全年节约采购资金500多万元。全年立项实验室建设项目39个,总金额2729万元,学校实验室仪器设备总值达2.85亿元。

(陈红新)

【同济大学浙江学院】 2015年,同济大学浙江学院全面完成招生计划,实际招生2520名(含专升本99名、中职生80名),实际报到2375名,报到率94.25%,至年底,在校生共9571人。学校高度重视学生就业工作,截至2015年12月17日,毕业生就业率为95.69%,其中,升学35名、出国49名,2015届毕业生中有近15%

在上海就业。建成校舍建筑面积29.3万平方米，其中教学科研行政用房14.6万平方米，教学仪器设备5521万元，图书65万册。至年底，学校自招专职教师125名、同济大学派遣教师45名，另有兼职教师200余人，兼职教师队伍主要由同济大学在职、退休和其他高校教师组成。学校贯彻教育部提出的关于“引导部分地方普通本科高校向应用型转变”指示精神，启动新一轮专业培养计划修订工作，对涉及的“基础、专业基础、专业课”的课程设置体系将按照“转型”要求调整。5月19日学校成立“考试中心”。12月24日学校成立“同舟学院”。2015年，学校有3名青年教师考取同济大学在职博士、1名教师去香港科技大学访学、1名教师到企业挂职锻炼、1名干部到市科技局挂职锻炼。做好专业技术资格评审工作，12月，经评委会评审，19人晋升中级职称、3人晋升副教授职称、2人晋升同济大学浙江学院副教授职称、4人晋升同济大学浙江学院教授职称、26人初定专业技术职称。实施新的人事考核方案，修订并发布教职工年度考核方案，并在本学期末首次实行全校人员人事考核。2015年，学校获市厅级课题立项13项(其中纵向项目11项、横向项目2项)，到账科研经费近130万元，发表学术论文147篇(其中被SSCI收录和SCI收录各1篇)，主编和参编教材14本，第一本校学术刊物《讲台》于12月创刊。建立“建筑结构检测研究中心”“奥克兰·同济康复医疗设备中心”两个科研平台。成立“嘉兴市同浙创业投资有限公司”“嘉兴同浙建设工程检测有限公司”。开拓与新西兰奥克兰大学、奥克兰理工大学等跨国高校的科技合作，与国家磁浮交通工程技术研究中心等科研院所、嘉兴交通运输局、安吉交通运输局等地方部门、嘉兴市土木建筑学会等行业协会、福达建筑工程有限公司等企事业单位建立各类产学研用合作关系，促进校地、校所、校协、校企、校校“5+N”多元科技合作与交流。学校与德国、美国、英国、加拿大、芬兰、日本、新加坡、新西兰8个国家和中国澳门地区的15所大学建立合作交流关系。主要交流活动有：长期聘请德国、西班牙和加拿大3名外教承担专业课教学；9月，14名学生到伊尔梅瑙工业大学攻读学位，2名学生到加拿大女王大学攻读学位，16名学生经推荐和澳科大面试，毕业后直接进入澳科大攻读硕士学位。继续推进与德国杜伊斯堡—埃森大学的合作交流。2015年1月23日，学校举行同济大学浙江学院校企合作委员会成立大会，12月学校举行第二次同济大学浙江学院校企合作委员会年会，50余家与会合作单位都支持校企合作办学，2015年，学校与89家企事业单位签订合作协议。2015年，获得的重大奖项：全国周培源大学生力学竞赛获全国三等奖（浙江省一等奖)1项、全国优秀奖(浙江省二等奖)1项、浙江省三等奖3项；全国大学生机械产品数字化设计大赛获二等奖1项；全国大学生数学竞赛(非数学类)获浙江赛区一等奖2项、二等奖8项、三等奖9项；全国大学生电子设计竞赛浙江赛区-TI杯获浙江省三等奖1项；“上图杯”先进成图技术大赛获二等奖6项。

（徐涓涓）

【嘉兴职业技术学院】 2015年，嘉兴职业技术学院占地55.33余公顷，校舍总面积25万平方米，图书馆馆藏图书246万余册(其中纸质图书55.5万册)，全校在岗在职人数441人，其中专任教师359人，正高职称15人，副高职称106人，博士研究生14人，硕士研究生136人。2015年全日制在校生9200余名，招收三年制新生3116人。设有农业与环境分院（建筑分院)、机电与汽车分院、信息技术分院、工商与旅游分院、外语与贸易分院、纺织与艺术设计分院、社科部体军艺部、继续教育分院8个教学单位。有商品花卉、动物防疫与检疫、机电一体化技术、报关与国际货运等专业39个，其中，国家支持发展专业2个，省优势专业2个，省示范重点建设专业3个，省特色专业8个。

2015年，学院召开以“深化课程改革，强化实践教学，提高培养质量”为主题的全院教学工作大会，制定出台《学院关于深化教育教学改革的若干意见》；启动《学院2015年教学改革项目立项计划》，组织申报省、院两级教学改革和课堂教学改革项目，推荐省级教改项目4项、课堂教学改革项目10项，院级教改和课改项目46项，探索并推进"小班化教学""分层分类教学"试点，提高课堂教学的有效性。组织参加第六届全国农业职业教学成果评审，获一等奖1项、二等奖2项。抓好实践教学工作与条件建设，省实验室工作研究项目立项1项。推进人才培养模式改革，组织修订2015级专业人才培养方案。推进通识素质教育"两个课堂"协同教育教学改革，提高教学效果。修订和完善相关制度，加强赛前训练，做好参加各级职业技能竞赛的组织工作，在物联网技术应用、电子商务技能、农产品质量安全检测等各类职业技能大赛中获国家级一等奖1项、二等奖3项，获得省级奖项67项。此外，学院还获得物联网技术应用赛项2016年浙江省高职高专院校技能大赛暨全国职业院校技能大赛选拔赛的承办权。学生体育竞赛成绩突出，获省级以上一等奖21项，地掷球项目获2015年全国掷球锦标赛小金属球团体第2名。以提高学生满意度和就业质量为目标，面向2015届毕业生开展集中（半集中）毕业综合实践现场指导，166名教师集中(半集中)毕业综合实践现场指导2509名毕业生，占毕业生总数的81.70%。组织开展"讲—说—听—导—评课"、专业导师示范课活动，开设公开课示范课21场次，开展第四届优质课评选活动，促进青年教师快速成长。加强毕业生就业工作，积极利用各种途径拓展毕业就业渠道，先后在学校就业网、各类QQ群、短信平台发布就业信息10000多条；组织招聘会32场次，1260多家企业提供就业岗位1.2万多个，关注寒门学子就业，积极促成寒门学子学生与企业对接，2015届毕业生就业率达到98.8%。开展首届"寻找身边的职场榜样"评选活动，评选出职场榜样先锋人物15名，积极宣传职场榜样。

2015年，学院引进各类人才7人，晋升教授1人，副教授11人；组织国培、省培、境外培训等46人次，挂职、访学15人次，教师进企业54人次；开展第二届学院"身边的榜样——十大我最喜欢的老师"评选；申报获得高校教师资格认定委托授权，完成26名教师资格认定测试工作；发挥教师发展中心作用，创办"师说杏坛"，开设专题讲座9场，专业导师示范课活动2次。拓展培训鉴定渠道，完成57期15216人·日培训任务，完成技能鉴定6646人次；加强成教招生，招收全日制、专本自考助学、远程教育、中高职函授衔接等1900余人，成教在读学生超过4800人。加强嘉兴农民学院教学管理中心建设，完成全省14期800名农村实用人才的培训任务。选拔23名学生到台湾南台科技大学和景文科技大学交流学习。

2015年，学院邀请上级科研项目管理部门领导及学术专家举办科研项目申报辅导会6次。申报并立项各级各类科研课题102项，省部级及以上项目数再创新高，其中国家国际科技合作专项欧盟项目1项，教育部人文社科项目、省自然科学基金项目、公益项目、省哲社规划项目等省部级项目10项，省教育厅、省社科联、市科技局等市厅级项目37项，科研到款190万元，其中横向到款75万元；推进科研成果转化，获得市厅级奖项12项；教师公开发表论文236篇，授权专利85项，其中国际发明专利1项、国家发明专利26项，获得软件著作权18项，出版著作8部。

2015年，学院制定出台激励政策，引导和助推大学生创新创强创业。搭建大学生科技学术竞赛平台，推动大学科研(新苗人才计划)、大学生创业园、草根创业大赛等项目，有针对性的做好培育、孵化和服务工作。承办省第五届职挑大赛，学院获得特等奖2项，一等奖、二等奖各4项的好成绩，并获得优秀组织奖；"防雾霾纳米口罩面料的开发"项目获省"大挑"决赛二等奖；学生全年获授权专利320项，公开发表论文110篇，专利成果转让16项，创新创业竞赛省级一等及以上奖项8项，大学生新苗计划项目新立项12项。

2015年,成立嘉职院红十字会;组建“暑期社会实践小分队”9支,勤禾志愿者“教育关爱”社会实践团队被浙江省文明办等授予“最美春泥团队”荣誉称号。“勤禾技能文化节——嘉兴职业技术学院以‘勤禾’精神培育技能创新人才”的品牌项目被教育部评为全国高校校园文化建设优秀成果二等奖。

2015年,学院推进产学研共同体建设,举办产学研共同体建设与运行推进会2次,开展2014年度产学研共同体建设中期检查,探索和实践专业群与行业企业“集群对接”,推进校行企合作育人;推动政府与企业投入1938万元,新建产学研共同体5个,新增实训岗位270个;开展现代学徒制试点,基于产学研共同体试点12项;加强集团化办学研究,编写出版《全国职业教育集团发展研究报告》;“政校行企协同,产学研用对接”被吸收为全国集团化办学典型案例,被誉为“嘉兴模式”在全国推广。完成国务院职业教育专项督查工作,校企合作的“企业学院”人才培养模式得到专家的好评。

2015年,学院新增教学实验设备1020多万元,公共实训中心建设完成并投入使用,教学实训条件进一步改善。地掷球馆建设完成并承办省第五届青少年地掷球锦标赛;教职工餐厅建设完成;教师发展中心、教工之家、学生事务中心等装修改造工程实施完成。推出校园卡微信支付服务,推进微信购电、支付宝校园卡支付服务;固定资产、仓库管理软件上线运行。建设完成基础平台和数据中心、资源中心和服务中心,推进开放式学习中心和开放式实验中心建设,构建在线学习环境。巩固省级示范数字档案室成果,加强档案资源建设,编撰2014年年鉴,归档210卷902件,数字化档案13111页。

(俞乔[illegible])

【嘉兴南洋职业技术学院】 2015年,嘉兴南洋职业技术学院有教职工298人,硕士以上学位教师137人,其中博士及在读博士10人,全日制在校学生4529人。2015年6月学院决定撤系立院,成立船舶与建筑工程分院、机电工程分院、财经管理分院和商务贸易分院,逐步构建学科特色明显、重点突出的梯队式发展体系。学院建有电气自动化技术、模具设计与制造2个省级特色专业,建筑工程技术、机电一体化、会计、电子商务4个院级重点建设优势专业和船舶工程技术、模具设计与制造2个院级特色专业。2015年学院招生1643人,其中浙江省1495人、省外35人、五年制“3+2”转入113人。生源质量经过几年的提升,逐步进入稳定期,并继续保持良好态势,浙江省文科最低录取分数线高出省控线24分,理科最低录取分数线高出省控线5分。学院普通高中生实际报到1425人,报到率为93.14%;“3+2”报到率为92.92%。学院于2015年3月成立嘉兴南洋职业技术学院党建暨思想政治教育研究会。全年发展党员95人,其中学生党员91人。教学改革项目成果取得突破,2015年积极申报省教育厅“两改”(教育教学改革、课堂教学课改)课题,共立项7项;学院校企合作共同开发课程门数20门,入选嘉兴市本级职业院校优秀校本教材28部;建成省级精品课程3门,省级微课程2门,学院精品课程15门。2015年12月,学院完成并发布《嘉兴南洋职业技术学院2016年教育质量年度报告》。强化师资队伍建设,2015年学院共引进教职工27人,其中硕士研究生22人,有工作经验的14人。完善师资培养模式,实施“三阶段”培养模式,打造“双师双岗十能”教师。6月,谢徐娟到台湾参加全省高职高专院校优秀骨干教师培训,7月,刘晖前往澳大利亚参加高等职业教育教学资源库建设培训,暑期共有23名教师参加国家(省)级培训项目。学院实施教师能力提升“四个一工程”,即每位教师“上一堂公开课、说一次课、撰写一篇论文(出版论文集)、结对一位企业工程师(技师)”。以成人成才教育为根基,提升学生的综合素质。2015年度,学生获得全国职业院校技能大赛、浙江省职业院校创新创业大赛及英语、数学、人文知识等学科竞赛各类奖项达135人次。其中一等奖19人、二等奖46人、三等奖70人。完成2014年省新苗3个立项项目的结题验收工作,并有3个项目被2015年新苗项目立项。编写完成《教学与督导》特刊——人才培养工作评估文件汇编,编写《嘉兴南洋职业技术学院人才培养工作评估知识106问》。11月25日,召开“人才培养工作评估”迎评促建动员大会,会上对《嘉兴南洋职业技术学院“人才培养工作评估”迎评促建实施方案(试行稿)》进行解读,学院院长与各分院(部)、处室负责人签订责任状;2015年12月30日举行全院教师迎评促建知识问卷考试,全面启动人才培养评估工作。探索“学年学分制”教学制度的改革。推行“双证书”制度,提高学生的就业竞争力。搭建“两区”(上海交大科技园区、平湖经济开发区)、“一所”(自动化技术应用研究所等),依托产学研共同体推进现代学徒制建设。在教学模式上,船舶专业立足嘉兴市欣禾职业教育集团推进“现代学徒制”试点班项目,科博达自动化学院依托中德园区平台和企业开展“双元制”教学探讨。财经分院的“仁和”代理记账公司,成立“橙味”营销方案工作策划室,“仁和”代理记账公司已正式开始运营,并接单6家公司的业务;商贸分院计算机平面设计专业,尝试用“课程作品展+创意作品义卖”的形式推动多元性教学评价模式。新校区建设完成主体结构施工及室内外装修工程,计划在2016年3月完成验收。各分院原有实训室重新规划整合,投入建设资金4000余万元,共建8个实训基地,19个实训中心,137个实验室。先后接待加拿大凯布莱恩文理学院、新西兰东部理工学院、英国考文垂大学、瑞士卢塞恩应用技术与艺术大学的到访代表20余人次。自2012年学院与加拿大凯布莱恩学院签署姊妹合作协议以来,双方已经互派交换生15名,教师访学3名。4月,加拿大凯布莱恩学院正式授权国际学术英语(EAPP)南洋教学点;6月,学院与新西兰东部理工学院正式缔结姊妹学校;2月,学院何俊豪、余科2名学生前往台湾东南科技大学开展学习交流活动,推动两岸交换生合作项目的进展。2015年,共举办各类学生职业技能、岗位资格等培训班16个,合计2431人;面向企业、行业协会共举办培训18次,共计2109人。参加职业技能鉴定和岗位资格考试的人数合计1716人。与嘉兴市保安公司联合成立嘉兴市保安员培训基地,共举办保安员初、中级培训班2期共计134人次。2015年12月,经嘉兴市商务局推荐,浙江省商务厅培训认证中心验收,学院成为浙江省首批、嘉兴市唯一电子商务专业鉴定机构。

(徐 雪)

【嘉兴广播电视大学(嘉兴城市大学)】 2015年,嘉兴广播电视大学(嘉兴城市大学)市本级共招收学历教育新生1746名,在校生3931名,毕业生933名;全市电大系统共招收学历开放教育新生8250名,在校生21000名,毕业学生5302名。全年完成各类培训30000余人次,其中自主培训12000人次,公益培训14000余人次,合作培训4000余人次。在完善小班预约制、课程QQ群教学等原有创新项目基础上,又推出“特殊课程预约制”。完善教学督导机制,在全市电大各学院开展现代远程教育技术服务教学暨网上教学专项督导,实现整体部署与联动。重视全日制教育课堂教学,强化教师教学规范,完善听课评课制度。同时,严格考风考纪,考试组织、试卷保密、监考的管理与质量监控等得到加强,没有出现任何考试事故。非学历培训和社区教育工作取得新进步。配合市教育局做好市社区教育领导小组办公室的日常工作,组织开展社区教育示范创建活动,落实社区教育指导服务职能。推广“嘉兴学习网”的运用,注册学员超过5万人次,点击率达到50万人次。南湖区社区教育学院依托嘉兴电大师资力量、设施条件和现代远程教育技术,推进南湖区社区教育。稳定安全生产培训和会计培训两个品牌的规模,注重提高培训质量。推进校园信息化建设,加强学校网站、专业实验室和机房的建设与管理。在开放教育学生中,抓好学生始业教育、常规教育,特别是做好学生行为规范和考试诚信教育。继续开展“四星”评比活动。在普通教育学院学生中,全面推行素质教育学分制度,实现社团活动课程化。团委学生会、全日制学生社团组织举办第四届校园文化艺术节、技能节,第三届读书节。学校学雷锋志愿服务队志愿服务实现常态化,师生共同开展认领微心愿、交通文明劝导服务、清洁环境卫生服务、导医服务等活动。完善教师教学考核办法,在课程资源建设、网上导学、作业批改、面授辅导、教学效果、考试成绩、论文指导、教学满意度等方面对教师进行全方位评价,增加考核结果的公信度。举办全市电大微课设计比赛、说课比赛,通过比赛提升业务能力。在省电大第四届多媒体学习资源比赛、开放教育网上教学活动比赛、全省电大说课比赛中,共有26人次获奖,再创历史新高。教师队伍科研水平持续提升。2015年全校获得浙江省教育科学规划课题立项2项、省电大规划课题4项、省社区教育实验项目立项10项、省社区教育规划课题立项9项、省社区教育中心课题2项、市远教学会4项、省电大优质学习资源建设项目立项2项。获得省成职教协会科研三等奖1项、省社区教育优秀论文三等奖1项。继续保持省级文明单位、卫生单位、节水单位等荣誉称号,平安校园复评达到AAAA级标准。2015年6月5日,国家开放大学"教育转型升级与校企合作项目对接"高级研修班学员一行60余人参观考察校史展览厅。

(王艳华)

【**浙江财经大学东方学院**】 2015年,浙江财经大学东方学院有普通全日制在校本科生10009人。设有9个教学部门、8个行政机构和2个教辅机构,其中教学部门设金融与经贸分院、财税分院、工商管理分院、会计分院、信息分院、法政分院、人文与艺术分院、外国语分院8个分院。有财政学、税收学、劳动与社会保障、劳动关系、会计学、审计学、资产评估、财务管理、金融学、保险学、国际经济与贸易、经济学、工商管理、工程管理、市场营销、人力资源管理、物流管理、信息管理与信息系统、计算机科学与技术、电子商务、应用统计学、法学、行政管理、英语、日语、汉语言文学、广告学、视觉传达、环境设计、产品设计、服装与服饰设计31个专业。同时开设会计学、金融学两个本科双专业及金融信息实验班。2015年学院共录取新生2504人,其中浙江省生源2050人。毕业生2256人,初次就业率97.09%。学院有教职工634人,教师532人。教授、副教授215人,占专职教师总数的40.41%。具有硕士及以上学位的教师426人,占专职教师总数的80.08%。学院推进与地方政府合作,搭建与地方政府合作的平台,参加嘉兴社科联和海宁社科联的活动,组织教师参加嘉兴市社科联和海宁市社科联课题的申报工作。建立产学研平台,服务地方企业,协助推动分院及相关部分建立产学研合作平台,围绕学院应用型转型试点工作,与地方政府与企业开展应用型人才培养研讨会。组织分院相关师资服务地方,为地方政府和企事业单位的员工开展系列管理技能和业务技能的培训。开展文化传播活动,举办3场"仰山文化讲堂"讲座。邀请杭州爱乐乐团在学院新落成的影剧院举办两场"走进东方"古典音乐会,献演著名音乐大师的作品,让师生们近距离感受古典音乐的独特魅力。营造海外学习氛围,与美国罗文大学、澳洲阿德莱德大学、南澳大学、加拿大劳伦森大学、德国埃森经济管理应用技术大学等高校建立联系。本年度向美国弗洛斯堡州立大学、美国马歇尔大学、法国雷恩高等商学院、加拿大亚岗昆学院、美国弗吉尼亚卫斯理学院、台湾新竹教育大学、日本城西大学、TIJ东京日本语研修所、日本九州外国语学院等合作院校派出学生60余人进行交换学习和读研。2015年12月,浙江财经大学东方学院获批为浙江省应用型建设试点首批示范学校。

【**浙江机电职业技术学院长安校区**】 浙江机电职业技术学院长安校区经浙江省人民政府批复同意建设,校区坐落于海宁市长安镇,位于连杭经济区科教新城,校区占地面积40公顷,建筑面积16万平方米,规划在校生规模5000人,校区于2015年秋季投入使用。浙江机电职业技术学院是国家示范性高等职业院校，是浙江省先进制造业紧缺人才培养的重要基地，教育部 53 所“国家高技能型紧缺人才培养项目”院校之一。长安校区设有机械工程学院、电气电子工程学院、材料工程学院等教学部门，开设机械制造与自动化、模具设计与制造、数控技术、机电一体化技术、电气自动化技术等专业，其中机械制造与自动化、数控技术、机电一体化技术等专业为国家示范重点建设专业。建有国家精品课程 7 门，省级精品课程 25 门。建成国家教学团队 1 个、省级教学团队 4 个、国家教学名师 2 名、省级教学名师 6 名、全国技术能手 3 名的高素质教学团队。长安校区所在长安镇是海宁市的“副中心”，高铁海宁西站、海宁市汽车西站就坐落于长安镇，公交 T311 可直达高铁海宁西站，公交 523 路、868 路可直达杭州市区和杭州下沙。连接上海和杭州的主干线沪杭铁路、沪杭高速公路、01 省道、杭浦高速公路等穿境而过，均设站点或出入口于长安镇。校区着力打造先进的数字化校园，为师生提供丰富、便捷的校园网络信息资源，校区将逐步开展移动学习平台、移动校园活动服务、移动应急管理平台等特色服务建设；校区学生宿舍配备较好的生活、学习设施，安装中央热水供应系统；校区学生食堂在提供价廉物美的大众快餐的同时，还开设风味餐厅，可满足学生的不同口味需求。长安校区建有现代化图书馆，建有可容纳 800 人左右的专业化剧场，校区大学生活动中心开设多功能厅、舞蹈房等，丰富学生课外生活；室外建有篮球场 16 个、排球场 10 个、网球场 4 个和 400 米标准运动场，可组织开展各种体育竞技活动。学校秉承“求实、求精、求新”的校训，深化改革，锐意进取，以服务浙江制造业为己任，致力于制造业高技能人才培养。

【嘉兴教育学院】 2015 年，嘉兴教育学院设有 9 个党政综合机构和业务部门，即党委、纪委、学院办公室、教务处、高中教学研究处、职业教育研究处、义教教学研究处、师资培训处、教育科研与信息处、监察室。主要承担全市中小学教师和教育行政干部的培训、培养，负责教育教学业务的指导与管理，开展教育教学研究，检查督促教育方针和有关教育教学政策法规的落实情况，承担教育系统有关学术团体的日常管理。全年，举办教师教育 268 期 2.1 万人次，比上年增长 42.9%，成人学历教育在册学员 900 人以上，圆满完成 5400 名考生的普通话测试任务。高考一本上线人数超过 3500 人，重点率跃升至 16.52%，比上年上升 1.7 个百分点。高职（单考单招）考试上线 2819 人，上线率 96.6%，比全省平均上线率高出 15.7 个百分点，继续领跑全省；共获 117 枚技能竞赛奖牌，位于全省前列，其中，国赛获 11 金、7 银、4 铜，金牌数首次位居全省第一。全市结立项课题 1300 项，学院立项课题 36 项，在研课题 18 项，结题 14 项，课题获奖 15 项，发表论文 77 篇，论文获奖 11 篇，编著教材 25 册。学院现有教职工 75 名，其中正高级教师 1 人，研究员 1 人，副教授 5 人，高级讲师 1 人，高级教师 46 人，教师 68 人（包括专技岗位），行政工作人员 18 人。

（黄东有）

民办教育

【概况】 2015 年，全市有民办中小学 33 所（不含民办新居民子女学校），其中民办高校民办普通高中 11 所，在校学生 1.38 万人；民办初中 12 所，在校学生 1.43 万人；民办中等职业学校 3 所，在校生 9003 人；民办小学 7 所，在校生 6331 人；民办幼儿园 135 所，在园学生数 4.15 万人。

【民办教育新政策出台】 2015 年，市政府出台《关于深化教育改革促进民办教育健康发展的实施意见》，从加大购买服务力度、设立专项资金、完善师资管理等方面促进民办学校健康发展，这是嘉兴市民办教育改革的一项重大突破。为落实意见，市教育局会同市财政局出台《嘉兴市本级民办教育发展专项资金管理办法》《嘉兴市本级民办学校财政补助实施办法》等配套管理办法,加大对民办教育的扶持力度。

【新居民子女教育】 2015 年,全市有新居民子女学校 33 所,全市新居民子女在校学生 13.73 万名(其中小学 11.09 万名、初中 2.64 万名),市本级义务教育阶段新居民子女在校学生 4.5 万名(其中小学 3.57 万名、初中 0.92 万名);全市在公办学校就读的义务教育阶段新居民子女有 9.72 万名(其中小学 7.76 万名,初中 1.96 万名),全市公办学校吸纳新居民子女入学平均比例为 70.81%。

(殳松堂)

成人教育

【概况】 2015 年,全市有成人高等教育学校 4 所,在校生 30006 人,招生 11087 人,毕业生 12945 人,专任教师 339 人;成人中等专业学校6 所,在校生 1228 人,招生 415 人,毕业生 743 人,专任教师 139 人。全市有乡镇成人文化技术学校 63 所,全部为省级标准化乡镇成校。全市农村成人文化技术学校有专职教师 290 人,兼职教师 2941 人。面向社会开展家政培训、新型农民、企业职工等非学历培训达 87.14 万人次。

【扫盲教育培训工作】 2015 年,嘉兴市扫盲计划为 31626 人,其中 16~55 岁为 6273 人,实际脱盲 42013 人。2013~2015 年累计脱盲 183416 人,三年累计脱盲后完成户籍信息更新 182087 人。

【家政服务人才培养培训工作】 海宁卫生学校、桐乡市卫生学校是培养护理类中等职业人才的专门化学校,2015 年两校招收家政类专业新生 1004 人,其中“3+2”和五年一贯制 494 人;在校生 2224 人,其中“3+2”和五年一贯制 1506 人;毕业生 708 人,其中“3+2”和五年一贯制 696 人。嘉善信息技术工程学校通过县教育局、民政局的协调,2014 年与嘉善结对的丽水市庆元县实施跨地区招生,开设家政服务与管理专业,每年都有庆元籍的学生到该校报名就读,现有该专业学生有 59 人,其中 2015 级新生 27 人。据统计,2015 年全市中职学校招收家政类新生 1079 人,在校生 2361 人,毕业生 708 人,中职学校家政服务培训 3108 人次,其中取得职业资格人数为 1737 人次;镇(街道)成校(社区学院)家政服务培训 10426 人次,其中取得职业资格人数为 5143 人次。

(殳松堂)

教育督导

【概况】 2015 年,嘉兴市教育督导部门重点做好教育现代化争创、督导评估认定和督学责任区建设三大任务,促进教育质量提高,促进教育内涵发展、科学发展。一是基本实现教育现代化县(市、区)创建工作稳步推进。落实创建工作方案和分年度实施计划,创建工作平稳推进。二是进一步推进省义务教育标准化学校创建工作。根据教育年报统计,省教育厅统计反馈的数据,至年底,嘉兴市共有义务教育学校 292 所,有 248 所通过标准化学校要求,达标率 84. 94%。三是特色示范高中创建工作卓有成效。2015 年有 3 所学校评为浙江省一级普通高中特色示范学校;6 所学校评为省二级普通高中特色示范学校。四是继续推进市“学前教育示范和先进镇(街道)”的评比工作。五是完善学校“发展性评价”。2015 年对市属学校“发展性评价”指标体系进行修订,完成二轮规划实施终结性督评工作。启动第三轮学校三年发展规划方案制定,并组织论证工作。六是督学责任区工作稳步推进。

【开展教育现代化县(市、区)创建】 2015 年 5 月,省政府教育督导室、省教育厅公布全省第一批 13 个基本实现教育现代化县(市、区),嘉兴市的海宁市、桐乡市和海盐县榜上有名,通过比例列全省第一。6 月,国家教育督导检查组对浙江省开展义务教育发展基本均衡县进行全面督导评估,认定嘉兴市已全部实现县域义务教育基本均衡发展。

【推进义务教育标准化学校创建】 2015 年,浙江省教育厅公布第二批全省义务教育标准化学校,嘉兴共有 6 所义务教育学校名列其中。至年底,嘉兴市共有义务教育学校 292 所,有 248 所通过标准化学校要求,达标率84.94%。

【学前教育先进镇(街道)评选】 2015 年,根据《嘉兴市学前教育先进、示范县(市、区)和先进、示范镇(街道)督导评估办法》,有 9 个镇政府和街道办事处申报学前教育先进(示范)镇(街道),经专家组督导评估验收,推荐 6 个为学前教育示范镇(街道),2 个为学前教育先进镇。嘉兴市人民政府教育督导室、嘉兴市教育局下发《关于公布 2015 年度嘉兴市学前教育先进(示范)镇(街道)名单的通知》,获得示范镇(街道)6 家:桐乡市凤鸣街道、桐乡市高桥镇、海盐县澉浦镇、海盐县秦山街道、海盐县武原街道、嘉善县惠民街道;获得先进镇(街道)2 家:秀洲区新城街道、嘉善县干窑镇。

(邱晓冬)

【浙江省普通高中特色示范学校创建】 2015 年,全市有 9 所学校被命名为浙江省普通高中特色示范学校。其中,浙江省一级特色示范学校 3 所:嘉兴市秀州中学、嘉善高级中学、浙江省平湖中学;浙江省二级特色示范学校 6 所:嘉兴市第三中学、嘉兴市南湖高级中学、嘉兴市第五高级中学、嘉善中学、平湖市当湖高级中学、桐乡市茅盾中学。

(汪伟成)

【完善督学责任区建设】 2015 年,嘉兴市人民政府督导室和嘉兴市教育局印发《关于增补熊国红和陆勤同志为嘉兴市第六届兼职督学的通知》《关于公布嘉兴市人民政府教育督导室市教育局聘请责任督学联系市属学校名单的通知》,实行学校挂牌上墙,督学亮证上岗。冯家俊、王幸平、武曜云、陆福根、吴磊峰、王晓红、贺陆军、孙国虎、陆炳荣、卢明、方东明、谭炳法 12 人被推荐为浙江省第十届兼职督学,推荐桐乡市创建全国中小学校责任督学挂牌督导创新县(市)。

(邱晓冬)

【推进学校发展性评价工作】 2015 年,市教育局修订市属学校"发展性评价"指标体系,下发《关于市属学校做好第二轮"学校发展性评价"终结性评价工作的通知》,及关于印发《嘉兴市属学校第三轮"学校发展性评价"实施方案(2015 学年~2017 学年)》的通知,在市属各学校第二轮"规划年"(2012 年 8 月~2015 年 7 月)终结性自我评价的基础上,完成对市属 11 所普通高中和 3 所中职学校进行终结性督导评价,启动第三轮 2015 学年——2018 学年的学校三年发展规划方案制定及论证工作。

(汪伟成)

教师队伍建设

【概况】 2015 年,全市有教职工 50062 名,专任教师 41502 名。其中高等教育(包括普通高校、高职学院和成人高等教育)教职工 4267 名,专任教师 3288 名;中等职业教育(包括普通中专、成人中专、职业高中、技工学校、其他机构和附设中职班)教职工 3183 名,专任教师 2872 名;普通中学教职工 18407 名,专任教师 16954 名;小学(含特殊教育和一贯制学校小学部分)教职工 12000 名,专任教师 11426 名;幼儿园教职工 12056 名,专任教师 7221 名。全市幼教、小学、初中、普通高中专任教师的学历合格率分别达到 99.97%、100%、99.95%和 100%;

其中小学、初中、普通高中专任教师的学历合格率分别高出省平均0.01、0.06和0.75个百分点。幼儿园教师专科及以上学历达到93.80%,比上年提高2.72个百分点;小学教师专科及以上学历达到96.41%,提高1.37个百分点;初中教师本科及以上学历达到93.48%,提高0.75个百分点;高中教师研究生学历(学位)达到8.06%,提高0.38个百分点。

【教师职称(职务)评审】 2015年度,全市评审(审定)各类教师职务3628名,其中:高校教授2名,副教授1名,中专高级讲师37名,副研究员14名,中小学(幼儿园)高级教师665名;高校讲师1名,中专讲师31名,助理研究员21名,中小学(幼儿园)一级教师1035名;中专初级教师20名,中小学(幼儿园)二级教师1350名,中小学(幼儿园)三级教师442名,研究实习员9名。

【教师资格认定】 2015年,全市共认定各类教师资格人数1475人,其中高级中学教师222人,中等职业学校教师69人,中等职业学校实习教师8人,初级中学教师189人,小学教师486人,幼儿园教师501人。

【教师资格定期注册】 2015年,全市共有2696人通过注册,注册通过率为99.93%。其中,高中254人通过注册,中职学校224人通过注册,初级中学394人通过注册,小学882人通过注册,幼儿园942人通过注册。

【中小学教师专业发展培训】 2015年,全市教育系统继续全面实施中小学教师专业发展培训制度,4378名教师以自主选课形式进行完成90学时集中培训,全市中小学教师全年总计完成329.67万学时的培训量,其中自主选课195.4万学时,全面完成省教育厅和嘉兴市教育局的培训目标任务。2015年全市有8人参加浙派名师名校长培养工程名校(园)长培训,32人参加浙派名师名校长培养工程名师培训,201人参加中小学教师国家级培训,400人参加中小学教师省级培训。

【义务教育阶段学校教师校长轮岗交流】 2015年,全市义务教育学校教师符合交流人数5485人,实际参与交流814人,占符合交流条件的14.85%。其中符合交流条件的骨干教师1120人,交流240人,占符合交流条件的21.43%;符合交流条件的校长134人,交流47人,占符合交流条件的35.07%。

【师德师风建设】 2015年,为贯彻落实《教育部关于进一步加强和改进师德建设的意见》精神,强化嘉兴市师德师风建设,提升教师队伍的整体水平,市教育局成立整治在职教师有偿补课行为兼职督查队伍,全年共开展整治在职教师有偿补课专项检查4次,出动检查人员50多人次,涉及学校(培训机构)40多所。通过明察暗访,重点查访《处理办法》在学校的落实情况,教师的知晓率,学校与教师签订拒绝有偿补课承诺书的完成率。2015年全市共查处在职教师违反师德行为11人,其中从事有偿补课6人,体罚或变相体罚学生1人,其他违法违纪行为4人。

【优秀教师表彰】 2015年,嘉兴市有多名教师获得表彰,分别是浙江省中小学教坛新秀19名、嘉兴市优秀教育工作者8名、嘉兴市优秀教师48名、2015年嘉兴市市级中小学教坛新秀38名、2015年度第二届嘉兴市“最美教师”10名、2014年度嘉兴市市属级优秀教育工作者7名、2014年度嘉兴市市属级优秀教师57名、2015年嘉兴市市属级中小学教坛新秀16名、2015年度第二届嘉兴市“最美教师”提名奖10名。

【市直属学校教师公开招聘工作】 根据嘉兴市人力资源和社会保障局《关于事业单位公开招聘高层次、紧缺人才的实施意见》,2015年嘉兴市教育局结合实际,加大高层次、紧缺人才的招聘力度,组织嘉兴教育学院、嘉兴广播电视大学、嘉兴技师学院、嘉兴市建筑工业学校、嘉兴一中、嘉兴市特殊教育学校等六所学校(单位),先后到长春师范大学、哈尔滨工业大学、华东师范大学、温州医学院等高校开展招聘工作,通过现场报名、资格审查、面试、体检、考核、公示等环节,共有8名高层次、紧缺专业人才加入到市属高中教育和特殊教育事业。2015年实际公开招聘38人,其中应届毕业生25人,在职教师7人,社会人员6人。硕士研究生10人,本科28人。高级职称4人,中级5人,初级职称1人。

【学校(单位)养老保险制度改革】 2015年,国家决定改革机关事业单位工作人员养老保险制度,并建立职业年金制。8月,市教育局召开市属学校(单位)养老保险制度改革专题会议,传达市机关事业单位养老保险制度改革领导小组有关精神,并布置养老保险个人缴费预扣事宜。9月,根据市改革领导小组精神开展养老保险基础信息采集,顺利完成市属近1800名在职人员和800名退休人员的网上信息录入工作。

【学校(单位)调整基本工资标准】 2015年8月,为配合机关事业单位工作人员养老保险制度改革,国家同步完善机关事业单位工资制度。市教育局布置市属各学校(单位)全面调整在职在编教职工基本工资标准,同时增加离退休人员离退休费。自2014年10月起,市属学校(单位)1800名在职教职工按新的基本工资标准享受待遇,人均月增资约1300元;市属学校(单位)800名离退休人员增加离退休费,人均月增资约400元。

(夏成伟 郭保林 蒋培丽 吴娟民)

教育科研

【概况】 2015年,全市教育科研立项课题845项,浙江省教育科学规划立项课题41项(其中重点课题7项,市属高校课题3项,一般规划课题24项,体卫艺专项研究课题7项),省教研立项课题43项(其中教研重点课题12项,一般教研课题31项),嘉兴市教育科研规划立项课题281项(其中重点研究课题22项,一般规划课题259项),嘉兴市教育科学规划微型课题289项,嘉兴市现代教育技术专项课题37项。2015年度嘉兴市属级教育科学规划立项课题71项,嘉兴市属2015年度教育科学规划微型83项。2015年全市教育科研结题课题815项,省级教育科学规划立项课题结题39项,省教研课题结题33项,嘉兴市教育科学规划课题结题596项(其中嘉兴市重点课题22项,嘉兴市教研员专项课题26项,嘉兴市教育科学规划一般课题238项,嘉兴市微型课题269项,教改专项课题41项),市属级教育科研课题结题147项(其中一般课题54项,微型课题93项)。

2015年是“教育科研质量年”,市教育局一是加强课题管理,做实课题指导,提升科研工作管理水平。做好各类课题评审工作,做好各级各类课题研究的全程指导,特别是重点加强省级以上立项课题、嘉兴市重点课题的论证和指导。加强各类课题的中期研讨活动,对原创性和创新性较强的课题实行跟踪指导,3月,举行微型课题中期研讨活动,组织26名学科教师,分6个场次,对271项课题进行面对面指导,深得一线教师好评。开展嘉兴市第九届教育科学研究成果评审工作,共评出各类优秀成果奖600项,其中一等奖70项、二等奖172项、三等奖358项。9月,推荐11项成果参加嘉兴市社会科学优秀成果评审,有8项成果评比中获奖。二是践行研训一体研究,抓好科研培训,加强教育科研队伍建设。办好嘉兴市教育科研骨干教师高级研修班2期和嘉兴市中小学教师论文写作辅导班期,共培训学员329人。抓实课题培训,开展嘉兴市省级立项课题培训班2期、嘉兴市课题结题培训班2期、嘉兴市立项课题培训2期。携手农村基层学校,开展教育科研下乡活动,扶持农村学校和相对薄弱学校的教育科研工作,开展对农村学校的教科研指导和服务,做《科研课题的实施与总结》专题讲座等。开展专项研究,推进嘉兴市中小学教育质量综合评价改革,1月16日举办嘉兴市"促进学生有效学习与健康成长的综合评价研究"教改专项课题立项培训会,9月30日嘉兴市"促进学生有效学习与健康成长的综合评价研究"教改专项课题中期研讨培训。三是加大各类优秀教育科研成果的推广应用。5月14日,"参悟式"课堂教学改革课题成果推广活动在平湖市广陈中学举行。5月29日在海盐县实验小学举办"诗意童年"艺术教育科研成果现场展示活动,进行"诗意童年"办学理念介绍,省市级课题阶段性成果汇报等。四是强化教育科研基地管理,培育教育科研品牌学校。2015年开展嘉兴市教育科研基地学校第二次科研工作调研活动。五是拓展心理工作路径,提升心理辅导水平。2015年南湖区成为浙江省心理健康教育示范区,嘉兴技师学院和海盐县理工学校于12月底通过省级专家组的验收,成为省一级心理辅导站,全市省一级心理辅导站达到12所。加强嘉兴市高中心理辅导学科基地建设。开展教师普及性心理培训,开展浙江省学校心理教师C证培训10期,参加培训教师2000多名。10月13日,嘉兴市中小学心理辅导室建设推进会在桐乡市凤鸣高级中学举行。做好危机干预,开展嘉兴市中小学生心理问题的检测工作,并结合心理咨询记录及班主任与心理委员的日常观察确定心理高危学生名单。编写选修课程,根据嘉兴市高中学科基地2015年工作计划,3月启动嘉兴市普通高中学科基地第三批选修教材的心理课程编写工作,10月完成《高中生涯测评与辅导》选修课程的编写工作并交印出版。六是创优刊物编辑质量,完善图书管理。办好《嘉兴教育》《嘉兴教育学院学报》《教育信息资料》三本刊物,在《嘉兴教育》《嘉兴教育学院学报》和《教育信息资料》上刊载教育研究人员撰写的对教育教学发展、基础教育和职业教育课程改革等具有指导意义的专业文章,发挥学术杂志的学术引领作用。全年《嘉兴教育》出刊12期,《嘉兴教育学院学报》出刊4期,《教育信息资料》出刊4期。做好图书服务,发挥图书资料对学校研训一体工作的服务功能,完善图书管理工作。

【8名教师被评为省心理健康教育工作先进】 1月,浙江省教育科学研究院、浙江省中小学心理健康教育指导中心发文,吴颖强(平湖市教师进修学校)、章建惠(嘉兴市南湖区余新镇中学)、屈丹(嘉兴市第一中学)、田继红(海宁市硖石中学)、张国娣(桐乡市凤鸣高级中学)、张佳(上海外国语大学秀洲外国语学校)、周莉黎(嘉善县大云中心学校)、卜连英(海盐县商贸学校)被评为2014年度浙江省心理健康教育工作先进个人。

【黄家明获省心理健康教育技能赛一等奖】 11月25~26日,在杭州市下沙中学举行的浙江省第三届学校心理健康教育教师(初中组)专业技能大赛中,嘉兴市推荐的嘉兴一中实验学校教师黄家明获学校心理健康教育教师专业技能大赛一等奖和最佳人气奖。

【表彰教育科研先进】 4月27日,嘉兴市教育局、嘉兴市教育科学规划领导小组表彰嘉兴市第一中学等15所学校为嘉兴市教育科研先进集体,潘新华(嘉兴高级中学)、范家柱(嘉兴教育学院)等26名教师为嘉兴市教育科研先进个人,金玉荣(嘉兴市第四高级中学)等10名校长为科研型校长。

【8项成果获省教育科学研究优秀成果奖】 在2014年度浙江省教育科学研究优秀成果奖评选活动中,嘉兴市8项科研成果获奖,其中邱建伟(桐乡市茅盾实验小学)主持的《基于"具身认知"理念的小学生公民素养培育研究》、许婉英(平湖市教育研究与培训中心)主持的《基于地理学整体论思想的学习策略研究》、杨建芬(桐乡市卫生学校)主持的《聚焦于工作情境的"教学项目"开发与实施研究——以护理专业为例》获二等奖,沈小平(嘉兴教育学院、嘉兴市禾馨青少年心理与家庭教育咨询中心)主

持的《家庭教育"三式协同"区域指导模式的架构与实施》、汤含倩(嘉兴市第一幼儿园)主持的《幼儿园"玩转科学"体验坊的开发路径研究》、孙建忠(海宁市高级中学)主持的《高中物理实验教学"3E变型"之研究》、谢小立(嘉善县教育研究培训中心、嘉善县惠民小学)主持的《县域小学科学学科教研范式的转型研究》、施成良(海宁市卫生学校)主持的《中职复合型教师的培养路径研究——以护理专业为例》获三等奖。

【嘉兴市第九届教育科研表彰大会】 5月13日,嘉兴市教育局召开嘉兴市第九届教育科研表彰大会,市教育工委副书记、教育局副局长王幸平,嘉兴教育学院院长陆福根、副院长张志松等领导专家到会,全市各县(市、区)教育局分管局长、教科所所长、嘉兴市第六轮教育科研基地学校校长、嘉兴市教育科研先进集体校长、科研先进个人、科研型校长和嘉兴市第九届教育科研优秀成果获得者代表共240多人参加会议。会上嘉兴市教育局、嘉兴市教育科学规划领导小组表彰了嘉兴市第一中学等15所学校为嘉兴市教育科研先进集体,潘新华等26名教师为嘉兴市教育科研先进个人,金玉荣等10名校长为科研型校长,以及嘉兴市第九届教育科研优秀奖成果600项。

【承办长三角城市群教育科研嘉兴论坛】 11月25~27日,2015年"长三角城市群教育科研嘉兴论坛"《植根现场:做教师自己的研究》在嘉兴举行。嘉兴市人民政府副市长柴永强、浙江省教科院院长朱永祥、上海市教科院副院长张珏、嘉兴市教育局局长周建新、嘉兴市教育局副局长王幸平、嘉兴教育学院院长陆福根、嘉兴市南湖区人民政府副区长周静,以及上海市教科院普教所所长汤林春等领导专家出席,有500多名教师代表参加。南京师范大学教授杨启亮和嘉兴教育学院院长陆福根分别做《关于基础教育有效教育的几点思考》和《植根现场:让教师做自己的研究》主题学术报告。

(黄东有)

教育投入与装备

【概况】 2015年,全市投入教育装备经费1.41亿元,累计全市教育技术装备资产总金额达到13.7亿元,比上年度增长0.4%。全市中小学生均占有教育技术装备金额为3503.05元。其中小学生均占有教育技术装备金额为3120元,中学生均占有教育技术装备金额为3867元。全市中小学已装备计算机10.78万台,计算机总值达4.2亿元,全市中小学生机比为3.63∶1,其中中学3.3∶1,小学4.05∶1,有效生机比为5.15∶1(有效计算机指使用时间在7年以内且能够满足当前教育教学要求的计算机)。全市313所中小学拥有校园网,占中小学校总数的95.72%,其中:中学95.68%、小学95.76%。全中小学校共有14735套多媒体,其中普通教室有9929套多媒体,全市中小学班级多媒体普及率为100%。至年底,全市中小学校拥有各类实验室和专用功能教室9204个,实验室及功能教室仪器器材设备总值2.76亿元,其中实验室仪器总值0.6亿元、实验室设备总值0.44亿元、功能教室器材设备总值1.72亿元。共有313所学校的理科教学仪器达到教育技术装备标准配备要求,占比95.72%,嘉善、海盐、桐乡等县(市、区)的中小学教学仪器配备全部达到配备标准。小学图书室(馆)纸质藏书总金额累计7653万元;2015年全市中小学图书装备经费总投入0.2亿元,累计藏书总额为2.11亿元。324所中小学建有图书馆(室),占学校总数的99.08%。总藏书量0.16亿册(不含电子图书),生均藏书41.86册,比上年生均净增2.45册,其中中学2.64册、小学2.26册。年内,省和谐考核条线指标达到优秀。2015"阅读悦美——用声音传播经典"获全国二等奖3人、三等奖3人、优秀奖6人。组织的各类比赛中获得省特等奖1人次,省一、二等奖26人次,本中心获得第四届省教育技术应用能力比赛最佳组织奖(省共5个),2015年省"浙江之星"读书征文活动优秀组织奖。平湖市广陈中学校园电视台被评为省十大优秀校园电视台。

【开展创新实验室建设】 2015年,嘉兴市建成茅盾中学的地理创新实验室、嘉兴高级中学的政治创新实验室。茅盾中学、嘉兴高级中学的创新实验室建设经验,两次在浙江省教育技术中心组织的全省普通高中创新实验室建设培训会上作专题介绍。2015年12月29日,浙江省教育技术中心组织新华社浙江分社、中新社、《中国教育报》等17家主流媒体对茅盾中学、嘉兴高级中学的创新实验室建设进行专题采访,嘉兴市教育局就高中课程改革、中小学创新实验建设情况进行介绍。

【嘉兴市高中电子白板交流观摩培训会】 6月2日,嘉兴市高中电子白板交流观摩培训会在华师大海宁高级中学举行,该校教师孙波在活动中,运用电子白板技术演绎一堂高一物理公开课,海盐县教育技术中心教师夏建生给大家作题为《依托电子白板,优化课堂教学》的讲座。本次活动将对嘉兴市高中电子白板的全面应用起到推动作用。

【承办全国教师实践社区COP学术研讨会】 8月,嘉兴市协助中央电教馆,承办以“教师在线实践社区中的知识服务于学习”为主题的第六届全国基于网络的教师实践社区COP学术研讨会。全国各地的600多名教师参加并观摩大数据支持下的课堂教学,见证技术正改变着教学。

【引入大数据和课堂分析技术进行课程诊断】 11月,选择24名教龄在3~5年内的青年教师,分三次上报完整课例(课堂视频+教学设计+课件),COP项目组专家组对课例进行课程诊断分析,将教师的隐性知识中的教育信念、自我知识、人际知识、策略知识、情境知识和反思知识等显性化,并给出完整的诊断报告,组织教师根据课堂诊断报告,总结反思提高,改进自身课堂教学实践行为,在促进教师的专业成长的同时,促进教与学的方式变革。

【多所学校被确定为市级数字校园示范校】 嘉兴市南湖高级中学等11所学校确定为2014年嘉兴市中小学数字校园示范学校,嘉兴市实验初级中学教育集团等59所学校确定为2014年嘉兴市中小学数字校园学校。

【举行小学云课堂建设推进会】 2015年,嘉兴市小学云课堂建设暨长三角优质资源共建共享项目推进会在海宁市举行。会议分别听取海宁市紫微小学两名教师的数学和科学云课及教研员和长三角结对学校领导的精彩点评。会上分别交流了云课堂建设应用和长三角结对学校工作。嘉兴市配有云课机房的学校有14所、云教室有16套,各地正在尝试做好“云课堂”实验工作,扎实推进教育信息化工作。

【嘉兴市中小学电脑机器人竞赛活动】 5月7~8日,嘉兴市举办第十二届中小学电脑机器人竞赛活动,全市163支队伍参加比赛,评出一等奖49名以及二、三等奖若干名,27支队伍推选参加省第十二届中小学机器人竞赛。组织参加第六届“中国移动‘和教育’杯”全国教师论文大赛,获得全国二等奖1个(浙江省共2个)、三等奖1个(浙江省共3个)、优秀奖6个。

(张新良)

文　化

综　述

2015 年，全市文化系统各项工作，取得明显成效。国家公共文化服务体系示范区创建主要工作全面完成，十大创新受到文化部领导及专家高度肯定，市政府民生实事项目——农村应急广播体系建设高标准完成，文化发展指数位居全省第三（其中绩效考核指数全省第二），成功举办第七届中国·嘉兴国际漫画双年展，被省政府评为大运河申遗工作先进集体。

一、公共文化服务体系建设

国家公共文化服务体系示范区（简称：示范区）创建全面达标。至年底，创建的主要工作全部完成，规划指标达标率为 100%，其中 7 个指标完成率达到 150%以上。文化发展指数绩效考核列全省第二。制度设计研究以优异成绩通过文化部验收评审。推进重点文化设施建设，嘉兴市非物质文化遗产展示馆正式对外开放，嘉兴博物馆二期项目主体工程结顶，嘉兴市图书馆二期项目完成调增资金工作，即将开工建设。

公共文化服务“嘉兴模式”成为全国样板。在示范区创建中的“嘉兴经验”“嘉兴模式”被《人民日报》等主流媒体宣传报道，得到文化部领导和专家高度肯定，《中国文化报》整版对嘉兴十大创新工作进行宣传和推广。在全国示范区创建城市中率先出台市委市政府《关于全面构建现代公共文化服务体系加快推进国家示范区创建的实施意见》，印发《关于构建城乡一体化文化馆总分馆服务体系的实施意见》，并发布《嘉兴市基本公共文化服务实施标准》及两个行业标准，有效推进基本公共文化服务标准化均等化；创造农家书屋与公共图书馆融合发展的“嘉兴经验”，建立起统一的公共阅读资源体系；首创文化馆总分馆服务体系“嘉兴模式”；出台国内首个公共图书馆中心馆—总分馆服务体系标准；全国首创的基层公共文化队伍“两员”制度〔各县（市、区）文化馆向每个镇（街道）文化站下派 1 名文化员，每个村（社区）配备 1 名享受政府补贴的专职文化管理员〕实现全覆盖，并在全省得到推广；以“文化礼堂”为载体打造基层综合性文化服务中心新样板，实现农村文化阵地“建得好、用得上、活起来”。嘉兴成为全国公共文化服务体系建设培训基地。全年共接待 26 个城市到嘉兴学习考察公共文化建设。

文化有约服务项目实现互联网电脑端、手机客户端、数字电视端的同步运行，实现文化系统内外和市县两级公共文化场馆的整合共用，新增 17 家社会文化机构参与，形成以群众需求为导向的综合性、“一站式”公共文化服务平台。2015 年共开展项目（活动）3000 余个、共计 4555 场次，网站总访问量突破 316 万次。受文化部邀请在全国公共数字文化建设工作会议、国家示范区创建论坛等全国性会议上作典型经验介绍。

二、文化遗产保护传承工作

世界遗产长效管理与申报工作有序推进。发挥部门协作机制，实现对大运河遗产的长期、动态、科学管理。依托嘉兴大运河遗产监测中心,对运河遗产点进行24小时实时监控。开展对长虹桥的安全检测，落实相应保护措施。进一步挖掘运河文化内涵,打造运河国际旅游休闲城市。嘉兴市文化广电新闻出版局被省政府评为大运河浙江段申报世界文化遗产工作先进集体。启动乌镇、西塘联合申报江南水乡古镇世界遗产工作,完成保护规划的编制和价值评估等前期工作。

文化遗产保护取得新进展。《嘉兴马家浜遗址保护规划》获省政府批复,马家浜文化博物馆概念设计方案通过评审。子城遗址考古发掘工作全面开展,文生修道院等一批文物保护单位得到维修及环境整治。在历时三年的古桥保护专项工程中,先后对秀城桥、里仁桥等全市70多座(其中市本级24座)古桥进行保护修缮,以传承和展现江南水乡传统风貌。汪胡桢故居、金明寺、嘉兴血防史料陈列馆等完成布展并对外开放。推进文保单位保护利用,修复后的文生修道院通过引进文化艺术创作、培训机构入驻,并举办美术展览对外开放。新增嘉兴市级非遗名录37项，入选国家级非遗传承人候选人7名。《嘉兴传统音乐》《漫画嘉兴非遗》《我们的故事——嘉兴市非物质文化遗产项目代表性传承人口述实录》等书籍正式出版。开展第十个“中国文化遗产日”宣传活动，提高全社会文化遗产保护意识。

文博单位的工作基础和服务能力不断强化。第一次全国可移动文物普查进展顺利,如期完成全市国有文物收藏单位的信息采集及报送工作。嘉兴博物馆“禾兴之源——史前时期的嘉兴”陈列获全国十大陈列展览精品推介优胜奖。举办赵冷月书法作品捐赠仪式,受捐作品100件(170幅)。与市教育局联合主办探“禾”溯“源”——“走进嘉兴的史前文化”小学生陶艺大赛暨征文比赛,共有30所学校、323名学生参与，博物馆社会教育功能得到有效发挥。

三、文化品牌建设和精品创作

文化品牌建设再上新台阶。举办第七届中国·嘉兴国际漫画双年展、第六届中国少儿合唱节、“红船向未来”“大地情深”国家级院团走进嘉兴公益演出、第七届嘉兴大学生电影节等活动,既给嘉兴人民带来文化艺术享受,又扩大嘉兴城市的知名度。协力打造中国·嘉兴端午民俗文化节、乌镇戏剧节、南湖歌城、秀洲农民画等文化品牌。端午节庆文化“嘉兴模式”国际研究、国际漫画学术研究和“嘉兴书学”全国研究取得重大进展。推动全民阅读活动,打造“书香嘉兴”品牌,嘉兴全民阅读指数位居全省第二。

文艺精品创作有新突破。召开全市文化精品工作会议,建立百名专家库,组织专题座谈,重点抓好一部长篇小说(《七天七夜·1937》)、一部长篇纪实文学(《我的抗战——嘉兴抗战亲历者口述实录》)创作以及越剧《五姑娘》精品创演,冲刺2016年省、市“五个一”工程奖和全省戏剧节。张界愚长篇小说《绝响》被中国作家协会列入2015年重点作品扶持项目。嘉兴五部文学作品列入2012~2014年度浙江省优秀文学作品奖。开展纪念抗战胜利70周年系列文艺创作展演活动,举行“凝眸历史”美术作品、曲艺原创作品展览、展演等。

文化交流活动有新拓展。“中国漫画展”在日中友好会馆后乐美术馆举办，在嘉兴端午民俗文化节期间，邀请新疆阿克苏地区沙雅县文工团赴嘉兴市交流演出、走亲联欢,10月组织嘉兴市文艺工作者走进沙雅地区,拓展丽水和嘉兴两地山海协作领域,开展“山·海·人”丽水—嘉兴文艺协作交流五年成果展演活动。

四、发展文化产业,提升管理水平

文化产业发展壮大。以影视产业为代表,影视制作、发行、放映等全要素、全产业链在嘉兴形成并快速发展。海宁影视基地2015年新增企业58家,入区企业共255家,实现营业收入20.3亿元,浙江冠亚等多家影视企业准备上市。全市建成国家级文化产业园区1个、省级文化产业园区3个、市级文化产业园区17个，2015年文化产业增加值156.82亿元，占地区生产总值比重4.68%。以"文化+"为突破口,传统行业不断实现转型升级。浙江依爱夫游戏装文化产业有限公司等企业通过创意设计与服装行业的融合,形成文化理念与时尚产业的增值模式和完整产业链。全市1483家印刷企业,实现工业总产值170多亿元,其中10家通过绿色印刷资质认证,居全省第二,浙江茉织华印刷股份有限公司成为国家印刷示范基地。全市新开设网吧130家、游艺娱乐场所18家,发展势头较好。文化产业走出去步伐加快。嘉兴市27家文化企业参展第10届义乌文交会,实现洽谈交易额350余万元。嘉兴电影集团赴湖州等地新建三个影城,投资4700多万元,其中桐乡濮院银河电影城、湖州梅地亚影城成功开业。嘉兴大剧院推进高雅艺术进校园、进企业、进社区,并开发与演出相关的文化衍生产品。

提升管理水平显著。重视意识形态管理,抓好广播电视安全播出,深入开展"扫黄打非"工作,加强文化、广电、新闻出版行业管理,针对乌镇峰会等重要保障期开展专项行动,确保全年文化市场平安稳定、规范发展。2015年全市共出动检查人员6848人次,检查经营单位10713家次,受理举报38件,取缔无证摊点17处,行政立案调查134件,办结案件126件,罚款69.14万元,停业整顿7家次,较好地促进文化市场的规范有序和繁荣发展。嘉兴市文化广电新闻出版局被省新闻出版广电局评为优秀报刊审读单位。

五、推进中心工作

推进中心工作。民生实事项目农村应急广播体系建设完成,并在全省率先实现全覆盖,得到省局肯定,全省应急广播体系建设现场会在嘉兴召开。扎实开展"转型发展服务年"活动,出台《关于推动"稳增长、促发展"加快文化产业发展的若干工作重点》,得到市领导批示肯定。配合治水工作,举行"五水共治"文艺巡演活动,用艺术的形式传播绿色发展理念。

（王春燕）

专业文化

【嘉兴大剧院全年专业演出86场】 2015年,嘉兴大剧院引进专业演出共计86场,共接待演出团队31个(其中国外16个,国内15个),接待观众6万余人次。全年公益受惠人群超5万人次,文化惠民券销售量达到8000多张。来自国内院团和世界各地特色鲜明的优秀剧目有:中央民族歌舞团中国少数民族青春歌舞秀《色香味全》、非洲风情的《2015璀璨明珠之非洲传说音乐会》、摩尔多瓦国宝级钢琴家的《双钢琴》、多国小丑明星嘉年华、白俄罗斯芭蕾舞《一千零一夜》、德国室内合唱团、乌克兰萤火虫舞团《奇妙影子秀》、儿童剧《穿靴子的猫》、剧院舞台现场制冰演出的大型杂技嘉年华《冰上传奇》等各类大型高水准艺术给观众带来不一样的视觉盛宴。同时大剧院以公益文化形式积极履行社会责任,连续十年公益性演出,公益剧目人气高,网上预约创新高。浙江儿童艺术剧团带来的大型公益儿童剧《孔子》连演43场,全市38所幼儿园、小学前来观看演出;《浙江曲艺杂技总团综艺晚会》、音乐话剧《老宅》等,通过文化有约网座无虚席。高雅艺术进校园,进社区,文化惠民下基层。全年共走访11个街道,79个社区,真正架起广大市民群众接触高雅艺术的桥梁。

【嘉兴市歌舞团】 2015年,嘉兴市歌舞团参与首都文艺志愿服务联盟走进嘉兴公益演出、庆"八一"双拥文艺晚会等活动。围绕"天蓝蓝·水清清"五水共治为主题编创演出节目,开展文艺展演进基层系列活动。全年完成"送戏下乡"活动90场,进文化礼堂演出9场,开展文化走亲等活动10余场。策划编排的舞蹈《欢乐中国年》、女兵之歌《因为所以》、传统节目《断桥》《九斤姑娘》《春香传》、中西合璧的乐器演奏《传奇》《半壶纱》《一袖云》、江南民间舞《菱花歌》、异国风情舞蹈《撒哈拉风情》等节目均获好评。同时还把演出送到绍兴、湖州、新疆。张洁艺、沈雨婷参加浙江省第六届十大城市戏曲演唱联赛表演,越剧《家.洞房》获得团体金奖;孙玲、王赟编排的排舞《土耳其的欢乐》在浙江省第九届排舞大赛中获得青年组银兰花奖;张洁艺主演的音乐短剧《大树下的等待》在第16届戏曲小品邀请赛中获银兰花奖;孙玲、王赟编排,张叶帆作曲的剧目《潮.随想》,在由浙江省文化厅主办的2015浙江省群众舞蹈大赛中获得创作、表演银兰花奖。2015年新招收舞蹈演员4名、戏曲演员2名、器乐演员2名。至年底,共有演员17名,其中舞蹈11名、器乐2名、戏曲2名、音乐创作1名、歌手1名。

(吴美莲　秦　怡)

社会文化

【国家艺术院团志愿服务走基层活动走进嘉兴】 4月18日晚,由文化部、中央文明办主办的“大地情深”——国家艺术院团志愿服务走基层活动在嘉兴大剧院举办。此次活动,旨在推进嘉兴市国家公共文化服务体系示范区创建,将优质文化资源引入公共文化服务领域。活动由中国煤矿文工团举行专场文艺演出,有声乐、舞蹈、杂技、相声、戏剧等多种节目形式。全市基层文化工作者、业余文艺团队代表、新居民、残疾人、老年人、青少年、职工代表等1400多人观看演出。

【首都文艺志愿联盟走进嘉兴公益演出】 6月25日,“红船向未来”首都文艺志愿联盟走进嘉兴公益演出在嘉兴大剧院举行。姜昆、戴志诚、戴玉强等国内知名艺术家,以及中央芭蕾舞团、中国国家交响乐团、国家大剧院管弦乐团等国家级艺术团走进禾城。首都文艺志愿联盟是集结北京各大文艺团体建立的文艺志愿服务大联盟,共集结40多家文艺院团,会聚7000多名艺术工作者。此次走进嘉兴公益演出,是首都文艺志愿联盟在5月底正式成立后走进地方的首场演出,也是文艺志愿者们在党的94岁华诞前夕,为党的诞生地儿女送上的一份特别贺礼。

【国家公共文化服务体系示范区创建工作督查】 7月下旬至9月上旬,市督考办会同市委宣传部、市文化广电新闻出版局组成督查组,采取自查、实地抽查、个别谈话、查阅台账、问题认证等方式,对7个县(市、区)、嘉兴经济技术开发区、嘉兴港区和19个市级相关部门(单位)的国家公共文化服务体系示范区创建工作开展专项督查。督查重点为:创建政策措施落实情况(含地方性政策、资金投入和宣传报道等方面);创建工作存在的薄弱事项(对照责任书和创建规划梳理未完成或未达标指标及解决办法);创建工作的创新突破项目(“文化有约”的拓展推广、文化馆总分馆的推进及其他相关创新项目等)。期间,共实地抽查镇(街道)9个、村(社区)9个,个别谈话89人。至8月底,创建工作的37个规划指标完成33个,达标率为89.2%。市领导陈越强、柴永强分别在《督查汇报》上做出批示。

【德艺双馨电视艺术工作者表彰大会在海宁举行】 10月17日,第九届全国德艺双馨电视艺术工作者表彰大会在海宁举行,中央电视台《新闻联播》主播李修平等45人被授予“全国德艺双馨电视艺术工作者”称号。根据2006年8月嘉兴市与中国电视艺术家协会签订的协议,自2007年起,全国德艺双馨电视艺术工作者表彰大会连续10年在嘉兴市举办。这一合作在2015年10月完美收官,很多嘉兴市民都得到与电视明星零距离接触的机会。

【“社区之声”文艺调演】 10月23日晚上,第十三届嘉兴市“社区之声”文艺调演——优秀戏曲节目展演,在嘉善影剧院举行。本次文艺调演活动是由嘉兴市文明办、嘉兴市文化广电新闻出版局、中共嘉兴市委社会工作委员会办公室主办,嘉兴市文化馆、嘉善县文化局承办,嘉善县文化馆、嘉善影剧院协办。嘉兴市五县（市）两区的16支社区的戏曲节目参加展演。经大赛评委会评选，共评出奖项16个，南湖区南湖街道桂苑社区选送的京剧《贵妃醉酒》等3个节目获得金奖，海宁市海昌街道东郊社区选送的越剧三看御妹选段《红日西沉风送凉》等5个节目获得银奖，秀洲区新城街道亚都社区选送的越剧山河恋选段《送信》等8个节目获得铜奖。本次"社区之声"活动，充分利用总分馆联动体系由五县（市）两区文化馆组织选拔赛，扩大群众参与面。

【"石榴奖"校园文化艺术节】 10~11月，由市文化广电新闻出版局、市教育局主办，市文化馆、市图书馆承办的嘉兴市第八届"石榴奖"校园文化艺术节举行。本届艺术节以"民族魂·中国梦——阳光下成长"为主题，由中小学生才艺表演大赛、中小学生电子书制作大赛、中小学生现场书法大赛三项活动组成。经艺术节评委会评选，共评出奖项125个，其中"石榴奖"117个，优秀辅导奖4个，优秀组织奖4个。"阳光下成长"中小学生才艺表演大赛共有参赛节目33个，评出"石榴奖"金奖4个、银奖8个、铜奖21个，优秀辅导奖4名。"书写精彩童年"中小学生电子书制作大赛共有参赛作品78件，评出"石榴奖"一等奖6件、二等奖12件、三等奖18件。"继承传统，墨随时代"中小学生现场书法大赛共有参赛作品98幅，评出"石榴奖"金奖9个、银奖15个、铜奖24个。南湖区教育文化体育局、平湖市文化馆、海盐县文化广电新闻出版局、桐乡市文化馆4个单位被评为第八届"石榴奖"校园文化艺术节优秀组织奖。

【第六届中国少年儿童合唱节在禾举行】 8月7~9日，第六届中国少年儿童合唱节在嘉兴大剧院举行，来自全国26个省、自治区、直辖市的36支优秀少儿合唱团队共1600余人齐聚嘉兴，同台高歌。嘉兴市有秀城实验教育集团水囡囡合唱团、辅成教育集团阳光朵朵合唱团和嘉兴市实验小学红蜻蜓合唱团3支团队亮相。根据大赛精神，本届合唱节未设奖项，统一颁发"南湖杯"荣誉称号。

【乡村文化艺术周】 11~12月，由市委宣传部、市文化广电新闻出版局联合主办的第九届嘉兴市乡村文化艺术周系列活动举行。活动以"文化礼堂·精神家园"为主题，由2015嘉兴市村级专职管理员才艺大赛暨第九届嘉兴市乡村文化艺术周开幕式、"美丽乡村"文化礼堂视觉艺术作品展和第九届嘉兴市乡村文化艺术周闭幕式暨2015嘉兴市乡村排舞大赛三项活动组成。最终评出，2015嘉兴市村级文化专职管理员才艺大赛金奖3名、银奖5名、优秀奖8名；"美丽乡村"嘉兴市农村文化礼堂视觉艺术作品展金奖6件、银奖12件、铜奖18件；2015嘉兴市乡村排舞大赛金奖3个、银奖5个、优秀奖7个。

【"文化有约"项目建设在全国作经验交流】 受文化部邀请和嘉兴市政府领导委托，12月16日，嘉兴市文化广电新闻出版局局长金琴龙代表嘉兴市政府，出席文化部在广州白云国际会议中心召开的全国公共数字文化建设工作会议，并就"文化有约"项目建设在大会上作典型经验交流。大会共安排全国5个城市（单位）作典型发言，嘉兴是唯一一个被邀请的第二批示范区创建城市。金琴龙在发言中强调，示范区创建以来，嘉兴市坚持全面达标与重点突破相结合，围绕"构建具有嘉兴特色、东部地区示范、全国领先的现代公共文化服务体系"的总目标，积极创新实践，形成一系列具有嘉兴特色的工作亮点，"文化有约"服务项目是其中的一项特色品牌。"文化有约"着眼于通过供给模式的创新，运用"互联网+"思维，依靠数字化，精准对接群众文化需求，不断提升公共文化服务均等化水平。至此，"文化有约"网站点击量已突破300万人次，直接参与群众突破100万人次。主要成效表现在三个方面：一是百姓有约，拓宽公共文化服务的覆盖面；二是政府有约,实现供给与需求的有效对接;三是社会有约,调动全社会的积极参与。

【实施全市“双百、双千、双万”工程】 2015年,嘉兴市继续开展“双百、双千、双万”系列活动,推动落实文化惠民。至年底,全市广场文艺演出1846场次,观众218.5万人次;电影放映12511场次,观众521.2万人次;歌舞戏曲下乡演出2579场次,观众163.58万人次;电影下乡12511场次,观众521.2万人次;万册图书下农村进社区65.85万册。举行队伍培训3754次,参加人数95871人;讲座展览2275场,文化走亲722次。

(秦 怡)

文物 博物

【碑风帖韵——嘉兴书法三百年特展】 1月1日,“碑风帖韵——嘉兴书法三百年特展”在嘉兴博物馆举行,展览以嘉兴书法的发展历程为主线,分“碑帖共荣”“碑学独大”“海派书法”“碑帖之间”四个部分进行展示。展览共展出包括朱彝尊、陈邦彦、张廷济、朱为弼、蒲华、沈景修、沈曾植、金蓉镜等40余位书法家共100多幅书法作品。

【童明康考察嘉兴古镇申遗工作】 1月23日,国家文物局副局长童明康一行赴嘉兴市乌镇、西塘两个古镇考察申遗工作。浙江省文物局局长陈瑶、副局长吴志强以及嘉兴市政府有关领导陪同考察。考察期间,童明康副局长对两个古镇的保护申遗工作表示肯定,并要求正确处理好古镇保护与旅游发展的关系,明确江南水乡古镇联合申遗的组织架构和工作机制,制定联合申遗的技术路线和实施步骤,积极有序推进申遗工作。

【汪胡桢故居、血防史料馆对外开放】 4月2日,位于嘉兴梅湾历史文化街区、月河历史文化街区的汪胡桢故居、血防史料馆同时开放。位于梅湾历史文化街区的汪胡桢故居,采用房廊贯通方式修建的工字形洋房。展厅内展出的是现代水利工程专家、中国科学院学部委员汪胡桢一生的事迹。嘉兴血防史料馆展出的是人类与‘瘟神’血吸虫病之间在现代医学史上进行的一场没有硝烟的战争。嘉兴血防史料馆占地面积约300平方米,分六个展厅,采用声光电等现代科技手段和大量珍贵历史资料、实物,全景式地向人们展示嘉兴人民消灭血吸虫、巩固血防成果、创造中国血吸虫防治历史的辉煌业绩。

【嘉兴博物馆馆藏古代人物画精品展】 4月11日,“追影取像——嘉兴博物馆馆藏古代人物画精品展”在嘉兴博物馆开展。展览精选嘉兴博物馆馆藏明代至民国人物画近百幅,分别从“取像·传神”“取像·风骨”“取像·世象”“取像·入悟”四个方面进行分类展示。

【嘉兴博物馆馆藏海派书画精品展】 4月22日,“海上风——嘉兴博物馆馆藏海派书画精品展”在贵州黔东南州民族博物馆拉开帷幕。展览共展出藏品46件,达70多幅。这是继该展览在河北邯郸展出后的又一次远距离对外交流。

【百年海派旗袍的前世今生展】 4月30日,嘉兴博物馆举办“衣裳华美——百年海派旗袍的前世今生展”。展览集中中国博物馆协会城市专业委员会多家博物馆的藏品,通过近代中国女性服饰展出,以此体现中国元素服饰在近代中国各城市的华彩风貌。

【嘉兴“国际博物馆日”系列活动】 5月18日是第39个“国际博物馆日”。嘉兴举办文物特展、陶艺大赛、征文等系列活动活动,让市民感受到文化遗产的独特魅力。“天下一统——大秦帝国文物特展”由“不循礼制”“开拓进取”“尚武好兵”“霸业初成”四个部分组成,展品全部来自宝鸡青铜器博物院等5家单位的馆藏精品文物,涵盖青铜器、陶器、兵器、玉器、金器等175件(组)。在两个月的展览期间,还推出包括"篆刻铭文""篆刻瓦当""皮诸考古""秦兵迎宾""弯弓射箭""博古书画"等在内的一系列"大秦帝国文物特展衍生活动"。期间探"禾"溯"源"——"走进嘉兴的史前文化" 小学生陶艺大赛暨征文活动也同时揭开帷幕。两项活动均面向市本级所有在校小学生开展,结合嘉兴博物馆"禾兴之源——史前时期的嘉兴"陈列,探寻嘉兴发展的渊源和历程,解读嘉兴史前时期的社会内涵。为此嘉兴博物馆还配套推出"禾兴之源"流动展、"陶瓷文化"进校园等相关活动。

【获全国博物馆十大陈列展精品推介优胜奖】 5月18日,嘉兴博物馆"禾兴之源——史前时期的嘉兴"荣获第十二届(2014年度)全国博物馆十大陈列展览精品推介优胜奖。"禾兴之源——史前时期的嘉兴"展览面积共860平方米,以马家浜、崧泽、良渚三大文化为主线,通过生活场景、房屋遗迹和墓葬复原等方式,采用投影、动漫视频等高等技术手段,结合近年来的考古新发现和研究新成果,合理安排布局,有机组合文物、图片、造型艺术和信息装置,做到"藏品展示立体化,版面形式多样化,实物场景一体化,铺展手段科技化"。

【嘉兴古桥保护成果图片展】 6月10日,"嘉兴古桥保护成果图片展" 在嘉兴博物馆开幕。自2012年嘉兴市政府下发《关于加强古桥保护工作的通知》以来,全市修缮古桥70座,其中市本级22座、嘉善6座、平湖6座、海盐3座、海宁8座、桐乡25座。通过实施古桥保护工程,全市古桥状况得到改善,全市古桥保护意识得到提升。此次展览遴选出33座古桥,以图文并茂的形式展示嘉兴古桥保护现状,体现嘉兴古桥修整风貌。

【周口店北京人遗址文物特展】 7月27日,"穿越七十万年——世界文化遗产:周口店北京人遗址文物特展"在嘉兴博物馆开展,该展由 "惊世发现""北京人""山顶洞人""其他地点""科学研究""国宝寻踪" 六个部分组成,共展出文物展品117件(组)。

【嘉兴子城遗址考古发掘工作启动】 9月17日,受嘉兴市文物局委托,由浙江省文物考古研究所负责的嘉兴子城遗址考古发掘工作启动。预计发掘工作将持续一年。嘉兴子城位于嘉兴市南湖区, 相传始建于三国吴黄龙三年(231年),原占地7.5公顷,现占地面积0.65公顷(城墙及谯楼)。子城周长二里十步,高、厚均为一丈二尺,为嘉兴最早的城垣。唐文德元年(888年)或乾宁三年(896年)嘉兴筑外城,由原周二里十步的子城扩建为周十二里的大城,并依据大运河走势在东侧修筑外城,大运河从此成为嘉兴古城西线的天然护城河。子城是嘉兴市内现存唯一的古城, 是嘉兴历史的见证,对研究嘉兴古代城市的规模、起源、发展、历史地理位置等有重要历史价值。2005年公布为浙江省级文物保护单位。

【赵冷月书法作品捐赠展】 2015年著名书法家赵冷月诞辰一百周年,其家属向嘉兴博物馆捐赠赵冷月的100件(170幅)精华之作,完成其生前"在适当的时候,把好作品留给家乡"的夙愿。11月6日,由嘉兴市人民政府主办,中共浙江省委宣传部指导,浙江省文联、浙江省文物局支持,嘉兴市文化广电新闻出版局承办的"赵冷月书法作品捐赠仪式" 在嘉兴博物馆举行, 鸳湖流韵——赵冷月书法作品捐赠展同时开展。《鸳湖流韵——赵冷月书法作品捐赠图录》一书的首发式同时举行。赵冷月,浙江嘉兴人,历任上海书法家协会常务理事、副主席、顾问。

【中国油画名家邀请展】 12月6日,由市委宣传部、市文联、市文化广电新闻出版局、中国美术学院绘画艺术学院联合主办的"学院的力量——中国油画名家邀请展”在文生修道院开幕。市人大常委会主任刘东生、市政协主席高玲慧、市委常委宣传部部长陈越强、市政府副市长柴永强等领导参加揭幕仪式。此次展览的所有展品均从全国征集而来，展出作品近80幅,很多都是画家的代表作及在全国美术展览中的获奖作品。

【中国木版年画精品展】 12月15日，由嘉兴博物馆、杭州西湖博物馆共同主办的“中国木版年画精品展”在嘉兴博物馆开幕。展览汇集苏州桃花坞、河北武强、河南朱仙镇、天津杨柳青、山东杨家埠、四川绵竹、山西绛州、湖南滩头8种不同风格的年画共100件(组),年画题材有历史故事类、神话传说类、世俗生活类、风景名胜类、讽喻劝诫类、仕女娃娃类、花鸟虫鱼类、吉祥喜庆类等。

（李晓明）

非物质文化遗产

【开展第八个“服务传承人月”活动】 2015年元旦、春节、元宵节期间,嘉兴市组织开展第八个“服务传承人月”系列活动。通过走访慰问传承人、发放传承人政府补贴、召开传承人座谈会、组织传承人体检、举办传承人技艺展示活动、组织传承人专题采访报道等活动,营造尊重传承人、支持传承人、服务传承人的良好社会氛围。2月10日,在嘉兴市国际中港城举行嘉兴市非物质文化遗产项目代表性传承人技艺展示活动,各县(市、区)10多个非遗项目及相关传承人参加展演,参演人数近80人。其中4个国遗项目、4个省遗项目,以及部分市遗项目。

【嘉兴市非遗展示馆建成并开放】 3月30日，嘉兴市非物质文化遗产展示馆正式揭牌。该馆坐落在南湖西岸揽秀园内，是一座四进式的庭院,展线长约1700米,展出实物734件。由非遗实物与古代碑刻巧妙结合，通过实物展示、场景再现、文字图片等不同方式全面展示嘉兴市 “中国传统蚕桑丝织技艺”“嘉兴端午习俗”“硖石灯彩”“蓝印花布印染技艺”“网船会”“掼牛”“平湖九彩龙”“海盐滚灯” 等优秀传统文化。开馆当天,邀请部分非遗代表性传承人现场展示糕点制作技艺，市民现场体验品尝。至此,南湖区、桐乡市已建成并开放非遗展示馆。

【第五批嘉兴市非物质文化遗产代表性项目37个】 4～6月,嘉兴市开展第五批非物质文化遗产代表性项目名录推荐、申报,共申报项目52个。7月2日,召开第五批嘉兴市非物质文化遗产代表性项目名录专家评审会,经评审,确定37个项目为第五批嘉兴市非物质文化遗产代表性项目名录,并于8月在嘉兴门户网站和嘉兴文化网公示,公示期15天。9月28日,嘉兴市政府将“秦始皇传说”等37个项目列为第五批嘉兴市非物质文化遗产代表性项目名录,其中民间文学4项、传统音乐1项、传统舞蹈1项、曲艺1项、传统体育、游艺与杂技3项、传统美术2项、传统技艺20项、传统医药2项、民俗3项。至此,嘉兴市非物质文化遗产代表性项目名录共177项。

【开展文化遗产保护宣传活动】 6月13日,是全国第10个 “文化遗产日”。5月中旬～7月底,嘉兴市以“中国梦·非遗梦”为主题,举办2015年“文化遗产日”嘉兴市系列活动,集中展示嘉兴非遗10年保护和传承成果。活动主要有2015中国·嘉兴端午民俗文化节活动、精彩非遗连连看:“非遗十年”——嘉兴市非遗传承教学基地展示展演活动、舌尖上的非遗:非遗传统手工糕点品尝会、记忆中的嘉兴非遗老照片征集等内容组成。6月12日,嘉兴市非遗传承教学基地现场技艺展示、嘉兴市非遗传承教学基地展演活动、南湖区非遗展示馆开馆仪式、《漫画嘉兴非遗》和《我们的故事——嘉兴市非物质文化遗产项目代表性传承人口述实录》两本书的首发式在嘉兴市凌公塘文化公园举行。非遗传统手工糕点品尝会、非遗十年回顾展，在国际中港城举行，邀请嘉兴非遗项目中16个传统手工糕点项目现场制作并供百姓免费品尝。

【6人申报国家级非物质文化遗产传承人】 2015年，经审核，全市6名代表性传承人符合国家级非物质文化遗产代表性项目代表性传承人的申报要求，分别是施顺观（嘉兴灶头画）、韩海华（掼牛）、刘永萍（网船会）、胡金龙（硖石灯彩）、屠荣祥（高竿船技）、周继明（蓝印花布印染技艺）。申报材料已由省文化厅审核并上报文化部。

（秦　怡）

图书事业

【概况】 2015年，嘉兴市图书馆围绕国家公共文化服务体系示范区创建，推进各项重点项目，提前完成各项创建指标。其中，嘉兴市本级总分馆服务体系建成包括1个总馆、2个区分馆、11个镇（街道）分馆、28个村（社区）分馆及313个流通站的服务网络。全年接待322.53万人次（其中乡镇分馆117.82万人次）；新办理借书证2.5万张，有效借书证总计18.1万张；文献外借264.2万余册次（其中乡镇分馆文献外借82.9万余册次）。全馆新增文献22.4万余册（件），其中新增印刷型图书16.64万册，数字图书5万种，VCD等电子读物3644片；新订期刊3125种，新订报纸775种，全馆总藏量累计约289.7万册（件）。嘉兴数字图书馆年度读者有效访问77.4万人次，数据库访问847万次，文献传递统计26.2万次。总分馆举办各类读者活动4459场次，其中举办各类报告、讲座104场，各类展览123场。全年接待30余次上级领导和业界同仁的参观调研。2015年嘉兴市图书馆获得“全民阅读优秀组织奖”、“两会”信息服务工作优秀服务奖和优秀信息产品（编辑）奖、“浙江省公共图书馆读者服务技能竞赛”团体一等奖、“2015年全国少年儿童阅读年”之“用声音传播经典——全国少年儿童中华经典讲读大赛”优秀组织奖等奖项。

2015年，嘉兴市新华书店实现销售码洋16381万元，比上年增加998万元，增长6.48%；实现利润1417万元，增加244万元，增长20.8%。新华书店城乡“小连锁”书店20家，全年实现销售额510万元，其中八佰伴漫书咖城市生活馆的新开，标志着嘉兴市新华书店“小连锁”书店进入转型升级的新阶段。

【完善城乡一体化公共图书馆服务体系】 2015年嘉兴市图书馆完成长水街道、东栅街道、江南新天地等56家图书流通站，新建少年路、罗马都市2家24小时自助图书馆，此外，嘉兴市图书馆还与嘉兴市农科院共同建设海南陵水（农科）图书流通站；嘉兴汽车图书馆完成招标、采购、设计、路线规划等工作。嘉兴市本级共建成11家乡镇分馆、28家村（社区）分馆、313家图书流通站（包括农家书屋）、6家24小时自助图书馆和1家汽车图书馆，全市公共图书馆服务体系进一步完善。

【图书馆中心馆—总分馆服务体系标准出台】 2015年5月27日，市文化广电新闻出版局印发《嘉兴市公共图书馆中心馆—总分馆服务体系标准》，该标准明确公共图书馆总分馆建设的基本原则，明确界定中心馆、总馆功能，成为嘉兴公共图书馆提高综合服务效能、规范内部管理的有力保障，也是国内第一个图书馆总分馆建设的专门标准。

【乡镇分馆提档升级】 2015年，嘉兴市图书馆对新塍、油车港、王江泾等5家乡镇分馆进行升级改造，在馆舍环境上从过去保障型环境升级到休闲型环境，在硬件设备上从保障基本功能升级到以自动化为核心的现代化管理系统和设备，由此更带来服务功能上的转型，即由以前以借阅为主的传统服务升级到文献借阅与读者活动齐头并进、重视阅读推广、支持数字阅读的现代图书馆服务。

【整合农家书屋与公共图书馆服务体系资源】 2015年,嘉兴市图书馆将农家书屋整合进市公共图书馆信息管理平台。一方面,实现图书的统一采购、统一编目、统一配置,共享最优质的公共图书资源,同时,农家书屋的购书经费也纳入公共图书馆,由市图书馆根据农民需求进行书籍更新;另一方面,实现图书通借通还,农家书屋借阅的图书可以在与公共图书馆互联的任何一个点通还。至年底,嘉兴市本级136个农家书屋全部完成与公共图书馆服务体系的资源整合,真正打通城乡一体化图书服务体系的"最后一公里"。

【数字资源建设有新进展】 2015年,嘉兴市图书馆建成"嘉兴运河文化数据库",有效保存嘉兴的地方文献。年内,嘉兴市图书馆引进多台超星歌德电子书借阅机,放置于总馆、区分馆和各乡镇分馆;并开通"市民学习中心",提供市民线上自学的平台。图书馆工作人员先后赴湖州图书馆、嘉兴技师学院、嘉兴职业技术学院、嘉兴市委党校,进行嘉兴数字图书馆利用辅导讲座。

【嘉兴市电视图书馆运营】 2015年8月底嘉兴电视图书馆正式启动。电视图书馆共分"嘉图概览""共享工程""讲坛讲座""课外学习""职场充电""嘉禾往事" 等12个子栏目,3000多册藏书及上千个小时的音视频内容,是集文字阅读、图片阅读、视频和音频于一体的数字化阅读新平台,可全面满足各类阅读人群。同时,嘉兴电视图书馆还配有手机阅读平台、云书签等功能,实现电视、手机同步阅览。

【汽车图书馆完成前期工作】 2015年,汽车图书馆完成招标、采购、设计、路线规划等工作。汽车图书馆旨在服务公共领域尚未覆盖的地区,如离公共图书馆较远的人员聚集区、外来务工人员聚集地、新居民子女学校、部队、福利院、看守所、老年公寓等。汽车图书馆配备2000册以上的图书和30种以上的期刊,以及海量的数字资源,提供办理借书证、图书借还、图书阅览、预约图书、参考咨询、读者利用指导、办理阅读活动等服务。此外,汽车图书馆还可提供24小时自助图书馆、特殊人群流通点图书配送、送书上门等服务。

【获评全国古籍保护先进工作单位】 2015年,嘉兴市图书馆古籍保护工作被文化部评为全国古籍保护先进工作单位。嘉兴市图书馆基本完成古籍普查工作,推动古籍保护工作的规范、纵深发展。同时,嘉兴市图书馆出版《稀见嘉兴——抗战旧影集》《嘉禾百咏》《嘉兴市珍贵古籍图录》,有效保护并推广嘉兴地方文献。此外,还接受市民古籍捐赠1111册,字画617副。

【图书馆活动品牌化】 2015年,嘉兴市图书馆开展形式多样、内容丰富的阅读推广活动,以"文化有约"为平台,打造一系列常态化的品牌活动。如"帮兄弟回家"、"夕阳红e族"电脑培训班、"市民e课堂"培训、红十字生命e课堂、"两会"专题信息服务、"禾禾"少儿活动、"南湖讲坛"、"快乐读写直通车"、"好书有约"等。其中,"禾禾"已经成为图书馆优质少儿活动的品牌,包括"禾禾"故事会、"禾禾"英语角、"禾禾"科普站、"禾禾"手工坊等。2015年,嘉兴市图书馆总分馆共举办550余场禾禾系列活动,近万人次参加。"夕阳红e族"电脑培训班,嘉兴市图书馆总分馆联动,针对老年读者推出一系列电脑操作与网络应用的基础培训课程。2015年共举办110场"夕阳红e族"培训活动,2824人参加。

【探索社会力量参与公共文化服务体系建设】 2015年,嘉兴市图书馆探索社会力量参与公共文化服务体系建设的新途径,重点推动体制、机制内外力量，整合社会资源。2015年，参加图书馆志愿服务1387人次，累计服务时间近5000小时，为图书馆提供整理书架、举办活动、读者服务、协助日常馆务等工作。其中，同济大学浙江学院青年志愿者服务总队、同济大学浙江学院会计系团委、嘉兴南洋机电工程分院党员青年先锋队等的志愿团体长期为图书馆提供志愿服务。同时，嘉兴市图书馆24小时自助图书馆和流通站的建设也依托各机构、社会团体的支持，基本形成由图书馆负责功能布局、资源建设，社会力量负责场地建设、水电、人员等开支的模式。

（沈 叶 秦 怡）

文化市场管理

【概况】 至2015年年底，全市共有文化经营单位1292家，其中互联网上网服务营业场所683家，歌舞娱乐场所386家，游艺娱乐场所161家，演出场所22家，文艺表演团体17家，演出经纪机构23家。全市出动检查人员8507人次，检查经营单位1.39万家次，受理举报54件，取缔无证摊点37处，行政立案调查182件，办结案件180件，罚款80.19万元，没收非法所得2.56万元，停业整顿9家次。2015年，嘉兴市文化市场行政执法支队被中华人民共和国国家版权局授予“2014年度查处侵权盗版案件有功单位”称号，被浙江省文化厅授予“文化市场综合行政执法考评优秀单位”称号。

【开展网吧两项试点工作】 2月，根据文化部、省文化厅关于开展上网服务场所管理长效机制试点和上网服务行业转型升级试点工作的通知精神，嘉兴在全市范围内开展两项试点工作。试点要求，切实加强网吧环境整治和转型升级，改善上网服务场所环境，提高上网服务行业管理和服务水平，鼓励上网服务场所丰富经营业态；同时，进一步降低网吧准入门槛，试点地区上网服务场所距中学、小学校园距离由最近直线距离改为出入口最低交通行走距离不低于200米；上网服务场所不得在居民住宅楼（院）内设立，调整为不得在居民住宅楼内设立。农村地区依法取得消防安全手续的合法用房可以设立网吧。

【开展侵权盗版及非法出版物集中销毁活动】 为迎接“4·26”世界知识产权日，提高全社会尊重和保护知识产权的意识，4月20日，嘉兴市2015年侵权盗版及非法出版物集中销毁活动在嘉兴中山影城广场举行。嘉兴市委常委、宣传部长，市“扫黄打非”工作领导小组组长陈越强，嘉兴市人民政府副市长、市“扫黄打非”工作领导小组副组长柴永强出席仪式并讲话。仪式由嘉兴市文化广电新闻出版局局长，市“扫黄打非”工作领导小组办公室主任金琴龙主持。市公安局、市市场监管局、市综合行政执法局、市教育局、团市委、市邮政管理局等相关成员单位负责人，各县（市、区）“扫黄打非”工作领导小组办公室负责人参加仪式。活动现场集中销毁全市2014年查缴的音像制品8.2万余张、非法书报刊2.4万余册，侵权纺织品布料91匹。同时举行以“拒绝盗版、共筑未来”为主题的“绿书签行动”签名活动、“扫黄打非”和出版物市场行政执法工作图片展、发放知识产权法律法规宣传册、正版音像制品鉴别咨询等活动，共发放绿书签200余张、宣传材料300余份。

【召开“扫黄打非”工作领导小组会议】 5月29日，嘉兴市召开“扫黄打非”工作领导小组会议。嘉兴市委常委、宣传部部长，嘉兴市“扫黄打非”工作领导小组组长陈越强，嘉兴市人民政府副市长，嘉兴市“扫黄打非”工作领导小组副组长柴永强出席会议并讲话。市“扫黄打非”工作领导小组各成员单位负责人参加会议。会议由柴永强副市长主持。会上由市文化广电新闻出版局局长金琴龙代表市“扫黄打非”工作领导小组办公室通报2014年度全市的“扫黄打非”工作情况,布置2015年工作任务。市公安局、市邮政管理局作交流发言。部长陈越强作重要讲话。陈越强对全市去年“扫黄打非”工作取得的成绩给予充分肯定。他深刻分析当前“扫黄打非”工作面临的新形势,对抓好今年“扫黄打非”工作作出部署:一是重点开展好“清源2015”“净网2015”“秋风2015”“护苗2015”四大专项行动;二是继续抓好大案要案的查办。要求各职能部门强化责任担当,强化协调配合,共同形成“扫黄打非”和文化市场管理的强大合力,进一步推动嘉兴市的“扫黄打非”工作。

【开展交叉执法检查】 6月1~20日,开展全市文化市场交叉执法检查,采取交叉对口执法检查的形式,市场随机抽查的方式进行,以繁华街区、校园周边、汽车站(火车站)等地段为重点检查部位,各地检查文化市场经营场所不少于15家,严查文化市场各类违法违规行为。在检查过程中,严查音像店(书报刊店)出售非法出版物、印刷企业未落实承印五项制度等行为。同时重点检查网吧、量贩式KTV接纳未成年人,电子游戏厅设置禁止机型机种,歌舞娱乐场所曲库含有违禁曲目等违法违规行为。交叉执法检查过程中,发现需立案查处的违法违规经营行为,及时通知属地大队进行调查处理。

【省“扫黄打非”督查组到嘉兴检查】 7月14日,由省“扫黄办”组织,省“扫黄打非”领导小组成员单位参加的督查组赴嘉兴,对嘉兴市年内开展的专项行动情况进行督导检查。督查组实地检查桐乡市及市本级的有关网站、印刷企业及出版物单位,听取嘉兴市“扫黄办”关于2015年以来“扫黄打非”工作情况汇报及市公安局、市民宗局补充汇报后,肯定嘉兴市的“扫黄打非”工作:市场平稳,工作有亮点,特别是大案要案上实现新突破,嘉善“4·21”网络传播淫秽物品牟利案被全国“扫黄办”列为第三批“净网2015”专项行动督办案件,平湖市公安局办理的利用微信群传播淫秽物品案被列为全国大案要案。同时,督查组要求在下一阶段的工作中,加强防范预警等工作的调研与思考,继续加大对各专项行动,特别是2015年新开展的“护苗2015”专项行动的宣传力度。

【开展秋季教辅材料专项检查行动】 2015年,为切实规范嘉兴市校园周边出版物市场,全市开展秋季校园周边出版物专项检查行动。一是统一部署、突出重点。加大中小学教辅资料市场的监管力度,严厉打击侵权盗版、劣质教辅,防止加重青少年学生负担,禁止出现利用中小学教辅材料非法牟利现象。围绕教辅材料的出版和发行两个环节,重点检查印刷复制企业和中小学校园周边的出版物零售单位。二是全面监管、加大处罚。组织全体队员对本辖区内的印刷企业、书报刊经营场所集中清查,着重对中小学周边的文具店、书店、固定报刊亭、流动书摊等出版物市场进行地毯式清理。整个行动期间,全市共出动检查52人次,检查检查相关出版物零售单位96家次,印刷企业48家次,取缔无证贩卖非法出版物的摊点2家,共收缴各类非法书刊200余册。三是加强宣传、增强意识。通过本次集中行动向商贩及群众宣传教育依法发行和销售中小学教辅材料的重要性,提高公民守法经营意识,努力营造全民反盗版、反侵权的社会氛围。

【开展行政许可案卷评查活动】 根据省文化厅《关于开展行政许可案卷评查工作的通知》要求,从9月底开始,嘉兴在全市范围内开展文化市场行政许可案卷评查工作。此次案卷评查范围为2014年7月1日~2015年6月30日期间已办结的行政许可案卷,要求各县(市、区)根据行政许可办件质量标准和行政执法文书材料立案规范的规定对本部门案卷进行自查,挑选文化类不同许可事项的案卷3件参加评查。整个评查活动共收到许可案卷22件。经过评查、推选,选出市本级、南湖区和桐乡市各1件许可案卷参加全省行政许可案卷的评比。

【打击非法销售卫星地面接收设备专项行动】 2015 年 11 月，嘉兴市以电子市场、电气维修部、宾馆酒店、农贸市场、百货市场等为重点检查对象，在全市范围内开展打击非法销售卫星地面接收设备专项行动。12 月 1 日，由市文化广电新闻出版局牵头，联合公安、工商、质检部门，开展四部门联合执法，以查处非法销售和安装使用“小耳朵”、电视棒等电视网络接收设备为重点，对嘉兴市主城区的电子市场和颐高数码广场进行突击检查。检查人员对各个商铺逐一排查，并在检查过程中对业主开展宣传教育。从检查情况看，未发现非法销售卫星地面接收设备的违法行为。

【省文化厅考评市文化市场行政执法工作】 12 月 15 日，浙江省文化厅考评小组一行 5 人对嘉兴市文化市场行政执法工作进行年度考评。考评小组听取嘉兴市文化市场监管工作的情况汇报，检查 2015 年执法案卷、各类台账资料、检查记录和“OA”系统数据等，并对秀洲区和平湖市文化市场经营单位进行实地检查。考核组对嘉兴市文化市场执法工作予以肯定。

（何静华　董燕燕）

文化交流

【中国·嘉兴国际漫画双年展】 10 月 25 日，由中国美术家协会和嘉兴市政府联合主办的 2015 第七届中国·嘉兴国际漫画双年展在嘉兴大剧院开幕。本届双年展以“我的梦”为主题，共收到来自 33 个国家和地区的 1701 件漫画作品，其中国外作品 424 件，是历届展览征集作品数量最多的一届。经评审，来自 25 个国家的 120 件作品入展，其中优秀作品 30 件（最佳主题作品 12 件、最佳创意作品 18 件），入选作品 90 件，并特邀 19 件国内漫画名家作品入展。嘉兴作者吕佳的主题漫画《牛市梦》和王慧玲的自由创意漫画《白骨铺就的 T 台》被评为优秀作品，嘉兴另有 2 件作品入选。本届双年展共有六大活动项目，即 2015 第七届中国·嘉兴国际漫画双年展、漫画美学与文化创意产业发展——第七届中国·嘉兴国际漫画学术研讨会、国际漫画名城“嘉年华”活动、阿根廷当代漫画作品邀请展、嘉兴市漫画作品展、中国漫画创作基地——嘉兴少儿漫画创作营授牌仪式暨嘉兴市少儿漫画作品展。嘉兴与希腊伯罗奔尼撒大区签订建立文化艺术交流友好关系意向书，这也是嘉兴继法国圣于斯特市、保加利亚加布罗沃市之后牵手的第三个漫画国际友城。

【嘉兴·丽水“山海协作”交流活动】 3 月 18 日，“古韵茶香、田园松阳”摄影旅游走进嘉兴活动在嘉兴举行。3 月 30 日，嘉兴市摄影家协会组织 30 位摄影家走进丽水市松阳县，进行为期 4 天的摄影采风活动，参与 2015“古韵茶香、田园松阳”全国摄影大展。9 月 20～30 日，以“古村落”“田园风光”“民俗风情”为主题的“田园松阳”摄影作品展在嘉兴市图书馆举行，共展出 100 幅反映松阳风光、人文的优秀摄影照片。嘉兴市委副书记、市长林健东出席开幕式。10 月 15～18 日，丽水市文联组织近20 名美术、书法、摄影骨干到嘉兴创作采风，采风团分成书画、摄影两组，赴嘉善、平湖、南湖及市区月河等地进行采风创作，并和当地创作骨干进行艺术交流。另外，嘉兴的民间文艺、曲艺、戏剧工作者也纷纷以不同形式深入丽水采风。

【参加第十届义乌文博会】 4 月 27～30 日，第十届义乌文博会在义乌国际博览中心举办。嘉兴市文化广电新闻出版局组织全市 30 家企业参展，共设 65 个展位，其中桐乡丰同裕首次被主办方列入主题馆展览，与故宫博物院等一起展览。据不完全统计，嘉兴市参展企业展会期间共实现洽谈交易额 350 余万元。在工艺美术奖评选中，嘉兴市参展企业共获 2 项工艺美术金奖、1 项银奖、2 项铜奖。嘉兴展团获优秀组织二等奖。

【嘉兴漫画到日本展览】 5月28日,嘉兴选送60幅优秀漫画作品赴日本东京日中友好会馆举办“中国漫画展”活动,展期一个月。展出作品包括中国漫画大师张乐平、丰子恺的作品。

【嘉兴农民画到捷克展览】 6月22~26日,以嘉兴农民画和舟山渔民画为展览内容的“美丽浙江——浙江农风渔俗画展”在捷克西波希米亚大学举办,共展出浙江具有代表性的农民、渔民画作品60幅。开幕式上,省委常委、宣传部部长葛慧君向捷克贵宾赠送嘉兴市农民画家张觉民的《南湖菱歌》、舟山渔民画家郑红飞的《海的祭礼》两幅画作。

【参加“李朝名儒崔傅的中国见闻”展览】 7月20日,嘉兴博物馆组织藏品20件,参加在韩国国立济州博物馆举办的“李朝名儒崔傅的中国见闻”展览活动。该展览由浙江省博物馆和韩国国立济州博物馆共同主办,藏品由浙江省博物馆和嘉兴博物馆提供,其中嘉兴博物馆提供藏品为洪合明代项氏墓和王店明代李家坟出土,包含二级文物9件、三级文物4件。

【两岸三地爱情诗大赛颁奖晚会】 8月20日晚上,来自两岸三地的诗人汇集月河,举行2015年“月河·月老杯”两岸三地爱情诗大赛颁奖晚会。此次爱情诗大赛由嘉兴市南湖区人民政府、嘉兴市城市投资发展集团有限公司和中国《星星诗刊》杂志社主办。大赛自5月15日~7月30日共收到来自两岸三地3000余名作者的近9000多首爱情诗,共评出金奖1名、银奖3名、铜奖5名以及优秀奖30名,其中包括4名嘉兴本地作者。获奖作品于2015年8月由《星星》诗刊(散文诗)以正刊形式向社会推出。

【舞蹈《打菜油》参加日本大阪国际艺术节】 8月,平湖市舞蹈《打菜油》应邀参加日本大阪国际艺术节舞蹈大赛。本次比赛共有来自中国、日本等国家和地区选送的14个舞蹈节目参加。平湖市挖掘、传承、创新传统文化,加大对非物质文化遗产保护规划力度,取材当地民俗风情,以双红村一带独特的古法榨油传统技艺及榨油工具作为素材,收集整理具有地方特色的打油号子,创作民俗男子群舞《打菜油》,作品表现劳动协作、热气腾腾的传统榨油场面,深受百姓喜爱,获得日本大阪国际艺术节群舞类金奖。

【“辣妈宝贝”到西班牙演出】 8月,嘉善“辣妈宝贝”应邀赴西班牙参加龙达国际民间艺术节。在为期10天的艺术节中,“辣妈宝贝”演出具有中国特色、江南水乡韵味的舞龙、二胡独奏、水乡舞蹈等8个节目。“辣妈宝贝”这支从嘉善“十万农民种文化”活动中土生土长的文艺队伍,从中国达人秀舞台、人民大会堂,到走出国门参加国际演出,向人们展示当今中国农村妇女的精神风貌。

【30幅嘉兴农民画被日本中国文化中心收藏】 8月底,30幅嘉兴农民画被日本中国文化中心收藏。在这批收藏品中,有在全国农民画展中获奖的作品,也有近几年来赴联合国总部参展的作品和在捷克、西班牙等国展出的作品。30幅农民画收藏品分别是秀洲区作者创作的作品22幅,嘉善县姚庄镇作者创作的作品8幅。日本中国文化中心坐落在东京都中心,建筑面积585平方米,是2008年国家主席胡锦涛访问日本时,两国政府签署互设文化中心协定而筹建的。

【桐乡市君匋艺术院组织藏品到澳门参展】 9月11日,桐乡市君匋艺术院组织藏品74件(组),参加在澳门举办的由澳门民政总署、澳门艺术博物馆、澳门特别行政区政府文化局、浙江省博物馆、西泠印社、君匋艺术院联合主办的“吴赵风流——吴让之、赵之谦书画印特展”及研讨活动。展览较为系统完整的展示吴让之、赵之谦在书画印上的艺术成就,吸引大批国内外书画篆刻家及爱好者参观。此外,还举行学生体验互动活动,让不同年龄、不同基础的参观者都能获得观摩、讨论、学习的机会。

【乌镇戏剧节】 10月15日，第三届乌镇戏剧节开幕。法国、德国、巴西、瑞士、意大利、荷兰、波兰、立陶宛、俄罗斯等12个国家和地区的20台顶尖剧目共73场演出在乌镇的10剧场上演，其中的多部剧目是首次访华。本届乌镇戏剧节以“承 / Transmittal”为主题，在原有“国际特邀”“青年竞演”“小镇对话”“古镇嘉年华”4个各具特色的单元构成基础上，新增“戏剧小课堂”。

【参加海峡两岸文化创意与传统艺术展活动】 11月中旬，嘉兴市组织西塘镇花制作服饰设计有限公司到台湾参加2015海峡两岸文化创意与传统艺术展活动。海峡两岸文化创意与传统艺术展已经举办5届，为台湾最具代表性的两岸文化创意产业展会。此次展会汇集海峡两岸500多家文化与创意企业参加。创新发展文化产业、加快文化走出去是“一带一路”建设的重要内容，嘉兴市鼓励引导文化创意与传统工艺企业开拓境外市场。

【文化艺术单位接待国外友人来访】 2015年，嘉兴博物馆共接待荷兰、美国、德国、非洲、澳大利亚、日本、韩国外宾16批次352人，其中嘉兴高级中学德国学生交流团来博物馆“文化有约”体验区进行陶艺体验。嘉兴美术馆先后接待来自日本、法国、希腊、阿根廷、芬兰等国家的艺术家和政府代表的参观访问，开展美术交流。市金九避难处共接待韩国团队57批次，共2267人。嘉兴大剧院共承接美国印第安纳音乐会交响管乐团等团体演出16场，观众近1万人。

（张盎轶　沈　蕾　吴美莲）

传　媒

综　述

2015年,嘉兴市新闻宣传工作以党的十八大、十八届三中、四中、五中全会和习近平总书记系列重要讲话精神为指导,坚持团结、稳定、鼓劲和正面宣传为主的方针,围绕中心工作,把握舆论导向,改进新闻宣传工作,做大做强做精重大主题报道,加强和改进突发事件和社会热点舆论引导。坚持新闻例会、新闻通气会等新闻管理制度,在全市新闻单位继续开展马克思主义新闻观和社会主义核心价值观教育实践活动,加强新闻工作者队伍建设,落实各项考评体系,发挥新闻内参作用,提升新闻舆论的整体水平,推动新闻事业的健康发展。

"两会"宣传。制定专题宣传方案,按照会前、会中、会后三个阶段做好宣传报道。市级新闻媒体通过开设专栏、现场直播、专家点评、网络互动等方式进行全方位报道。《嘉兴日报》以"两会特刊"为依托,开设特色栏目,对会场内外的精彩发言、民生关切、热点话题进行报道。《南湖晚报》新开辟"行进嘉兴,精彩故事——嘉兴新力量之新动力"专栏,采访报道人大代表、政协委员中的创新型思维、创新型做法,以及创业之路。嘉兴在线注重报网互动,邀请人大代表、政协委员和市民代表走进演播室,分别就新型城镇化、经济新常态、嘉兴改革、法治嘉兴、城市治堵等市民关注度较高的话题接受在线访谈,与网民互动交流;嘉广集团新闻频道、新闻频率在主会场创新设立分演播室,为观众解读"两会"数字,请专家点评"两会"热点话题。

经济建设宣传。紧紧围绕"稳增长、促转型"主题,全年共开设经济宣传相关专题专栏30余个,刊(播)发稿件6300篇余篇(条)。连续两年召开年度经济宣传座谈会,连续三年印发《经济宣传报道意见》。通过召开新闻对接会、制定专题方案等形式,对浙商回归、楼宇经济、最美台商、"转型发展服务年"活动等重点经济工作进行专题部署,确保经济宣传重点突出、特色鲜明。各新闻媒体结合自身特色,开设专题专栏。《嘉兴日报》开设"转型发展服务年,引领发展新常态"、"聚焦新常态下'创新英雄'"、"创时代,创客榜"等专栏;《南湖晚报》开设"我们的财经故事"专栏;嘉广集团新闻频道、新闻频率推出《改革最前沿》《新常态,新起点》《稳增长,促发展》《服务新发展,引领新常态》《企业减负,嘉兴在行动》等系列报道,助推经济转型升级。8月中旬,市级新闻媒体联合开展"一镇一日行"集中采访活动,围绕特色块状经济、先进制造业,传统产业转型升级等经济新亮点,在头版头条,集中推出系列深度报道。

纪念"红船精神"发表十周年系列活动宣传。将纪念"红船精神"发表十周年宣传作为一项重要政治任务,精心谋划、集中宣传。《嘉兴日报》在6月8日全文刊发习近平总书记《弘扬红船精神,走在时代前列》署名文章,并配发评论;嘉广集团制作《弘扬"红船精神",走在时代前列——嘉兴践行"红船精神"纪实》专题片,在全市各家电视台进行播放和推广。各新闻媒体策划推出"红船精神在嘉兴""寻访践行

‘红船精神’的楷模”“弘扬红船精神，落实八八战略”等多组系列报道，讲述十年来嘉兴在统筹城乡、深化改革、平安建设、环境整治等多个方面的发展以及在“红船精神”引领下，嘉兴儿女在创新中找出路、在奋斗中求发展、在奉献中显风采的生动事迹。

纪念抗战胜利70周年宣传。转载转播好中央、省级媒体的重要文章和评论，突出报道全国、省、市开展的纪念活动和群众性教育活动。开设专题专栏，《嘉兴日报》推出“口述抗战，家国记忆”大型系列报道，以图文并茂的专版形式重磅推出。《南湖晚报》推出“行走嘉兴，抗战踪迹”系列专题报道，并联合市档案局（市委党史研究室）推出“行走嘉兴，抗战踪迹”——纪念抗战胜利70周年纪念展；嘉兴在线推出“铭记历史，开创未来——嘉兴纪念抗战胜利70周年”大型网络专题，搜集整理嘉兴健在的十多位抗战老兵资料，以视频访谈短片形式，展现老兵在抗战八年期间的经历。嘉广集团《嘉兴新闻》栏目推出《嘉兴·抗战记忆》系列报道，以走访抗战现场，讲述抗战故事。《今朝多看点》栏目推出《无名的英雄》系列报道，集中关注抗战老兵的抗战经历，反映嘉兴的抗战历史。

“美丽嘉兴”建设宣传。按照省委、市委的部署和要求，进一步做好“五水共治”、“三改一拆”、“公铁”沿线环境整治、“五气共治”为主要内容的城乡环境整治工作。各新闻媒体延续“美丽嘉兴，五水共治”“三改一拆在行动”等专题专栏，报道各地在治水、拆违上的措施、成效和典型。进一步强化舆论监督，推出“五水共治曝光台”、治水“红黑”榜、“公铁”沿线整治等专题专栏，对性质恶劣、出现反弹的环境污点，及无理阻挠工作开展的单位、企业和个人进行曝光，为推动面上工作营造良好的氛围。

社会主义核心价值观宣传。5月下旬举办“感动嘉兴”最美人物表彰活动，并对获奖者进行集中报道。各新闻媒体进一步强化“最美嘉兴人”系列专题专栏，做到宣传常态化、长效化、品牌化。推出“嘉兴正能量”“践行核心价值观，争做最美嘉兴人”“最美嘉兴人·优秀村干部”“勤善和美嘉兴人”“最美嘉兴人·嘉禾十佳最美女性”等系列专栏，大力弘扬24字的社会主义核心价值观、“勤善和美”当代嘉兴人共同价值观。做好“梦娃”系列公益广告的刊播。

第二届世界互联网大会宣传。按照中央、省委、市委的部署要求，精心组织，周密策划，制定社会宣传、新闻宣传、对外宣传工作方案，落实骨干采编人员开展报道。市级新闻媒体按照会前、会中、会后三个阶段，开设各具特色的专题专栏，加大正面宣传力度，共发稿1300余篇（条）。特别是12月15日《嘉兴日报》头版刊发的长篇通讯《风正扬帆正当时——红船精神引领下的嘉兴共富路》，得到中央领导的肯定。大会期间，《嘉兴日报》还与《解放日报》开展战略合作，以双报头的形式推出乌镇峰会特刊，利用《解放日报》在高层的影响力，更好地展示峰会、展示嘉兴。

（张巍卿）

报 纸

【概况】 2015年，嘉兴日报报业传媒集团（简称嘉报集团）有各类从业人员314名，其中采编人员218名，中级职称以上185名，高级职称45名。全年编印《嘉兴日报》361期4412版，《南湖晚报》361期8056版，《嘉兴日报》《南湖晚报》发行量分别为6.11万份、10.89万份。《嘉

3月20日，《嘉兴日报》创刊30周年纪念会暨《再出发 纪念〈嘉兴日报〉创刊30周年丛书》首发式在嘉报集团举行

兴日报》《南湖晚报》有199件作品获市级以上各类新闻奖，其中全国、省级各类新闻奖102件。2015年,嘉报集团获“中国品牌榜样企业”“金长城传媒奖·2014中国十大地市党报”等称号,《嘉兴日报》获“2014~2015中国品牌媒体百强——地市党报品牌10强”，嘉兴在线获2015年全国地方主流网络媒体“十大最具影响力品牌网站”。

【加大重大主题报道力度】 2015年,嘉报集团先后推出“干在实处永无止境,谋在前列要有新篇”专栏,“口述抗战家国记忆”“行走嘉兴抗战踪迹”“红船精神在嘉兴”大型系列报道,“寻访践行‘红船精神’的楷模”大型新闻行动,营造舆论氛围,取得较好的宣传效果。在第二届世界互联网大会期间,精心策划《互联嘉兴互通全球世界——第二届世界互联网大会嘉兴特刊》,以24个整版的篇幅,全景式展现首届世界互联网大会召开一年来的嘉兴作为、嘉兴成就及嘉兴蓝图。此外,还与《解放日报》联手推出特刊《国家战略的长三角响应》,沪嘉两地同步发行40多万份，还作为大会指定报刊之一,发至乌镇会场,得到与会领导与嘉宾的批示“点赞”。

【加强中心工作宣传】 2015年,嘉报集团经济栏目和深化改革栏目,宣传市委、市政府坚持稳中求进工作总基调,专题、专栏全方位、多维度报道嘉兴市经济发展的新举措、新成效。其中“创时代,创客榜”栏目受到市委组织部、经信委等部门重视;出版发行《星耀南湖,智创时代》一书,在2015年“星耀南湖”精英峰会及首届全球创客大会上正式发行。此外,“双推”活动、“最美”系列等主题报道,得到市委主要领导的肯定。

【增强民生互动报道】 2015年,嘉报集团坚持贴近民意、服务民生,增强读者互动,彰显主流媒体社会责任。开展“2015嘉禾绿荫龙泉爱心行”,接力嘉兴—龙泉双城间8年的爱心长跑。以《南湖晚报》创刊20周年为契机,开展“20年20牵挂”大型系列采访活动、“致我们共同的成长”小记者主题晚会、晚报20年·20佳读者评选等20项大型互动活动，与广大市民一起感知城市向上的力量,共同见证城市跨越发展之美。“嘉禾绿荫行动”获2014年度浙江新闻奖社会活动奖。

【加强新闻创优工作】 2015年，嘉报集团有199件作品获市级以上各类新闻奖,其中全国、省级各类新闻奖102件。在浙江新闻奖评选中,“嘉禾绿荫行动” 获浙江新闻社会活动奖,一等奖作品3件、二等奖作品5件、三等奖作品5件,在全省地市报中名列前茅。

【强化新媒体建设的矩阵效应】 2015年,嘉报集团各部门开设运营有特色的新媒体,形成新媒体矩阵,延伸传统媒体的传播渠道。“嘉兴日报”“南湖晚报”“嘉兴在线”微博、微信和“掌上嘉兴”客户端用户数量迅速增加,传播影响力日渐提高。至年底,集团微信公众号超30个,涵盖各分社、广告工作室、专副刊部、视觉中心、晚报小记者等部门,用户总数超30万户,其中“嘉兴日报桐乡新闻”微信公众号订阅用户突破10万户;集团官方微博15个,粉丝数量50多万个。

【彰显全媒体传播的延伸效应】 2015年,嘉报集团注重探索“互联网+”模式,拓展传播新技

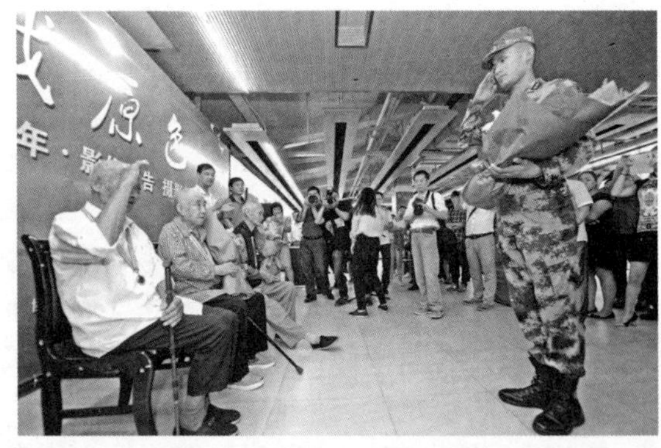

9月25日,“纪念抗战胜利70周年·影像报告《抗战原色》摄影报道版面展”开展

术和新途径，将传统的报道内容和功能向移动终端延伸。以抗战胜利70周年主题报道为例，成立包括图片拍摄、视频制作、无人机航拍、文字统筹、插图插画等内容的全媒体采访报道小组。同时，开设“铭记历史，开创未来——嘉兴纪念抗战胜利70周年”大型网络专题，推出系列影像报告《抗战原色》，刊发近60个整版，并在官方微信公众号同步推送，阅读量近40000人次。该系列版面在纪念中国人民抗日战争胜利70周年全国媒体优秀版面评选中获“突出贡献奖”，被制作成精美展板在南湖革命纪念馆展出。

【突出新媒体服务的互动效应】 2015年，《嘉兴日报》微信公众号坚持为民服务导向，突破纸媒内容和版面限制，分别推出“市民之家APP使用指南”“互联网交通网上办理业务梳理”“假期自驾游线路推荐”“乌镇戏剧节玩转手册”等便民微信内容和信息。《南湖晚报》则在晚报成立20周年二十大系列活动中，利用新媒体平台与广大读者和粉丝进行互动，实现线上线下互通联合。

【实现党报跨区域战略合作】 2015年，《嘉兴日报》与《解放日报》签署战略合作协议，在内容生产、媒体融合、经营合作等方面进行深入交流与合作，形成多层面联系、多形式合作、多领域拓展的全方位合作的良好态势。此次战略合作，将进一步提高嘉报的核心竞争力；更是深化沪嘉两地党报合作的探索与实践，为强化嘉兴市对外宣传影响力创造一个更好的平台，进一步提升嘉兴市的知名度与美誉度。

【电子音像出版】 2015年，嘉报集团旗下的吴越电子音像出版公司，共出版各种电子读物40余种，创作摄制电视片15部。《红船驶进中国梦》继2014年获浙江省“五个一”工程奖和树人奖后，2015年又入选国家新闻出版广电总局向全国青少年推荐的百种优秀音像电子出版物。

（陈振巨）

广播　电视

【概况】 2015年，嘉兴市广播电视集团（简称嘉广集团）整体实力列全省广电系统前列。节目收听收视率和市场占有率保持本地强势地位，广播3个频率收听份额为72.8%，同比基本持平；电视3个频道的收视份额为32.5%，同比提升3.5个百分点；节目创新创优位居全省城市台前列，共有35件新闻作品获得省级政府奖，其中省级一等奖8件；市本级广电系统总收入为4.26亿元，其中，嘉广集团收入1.29亿元。2015年，获“金长城传媒奖中国十大影响力城市电视台”“2014～2015中国品牌媒体百强——城市电视台品牌10强”“2015年度第六届全国服务农民服务基层文化建设先进集体”等多项国家级荣誉。至年底，嘉广集团有各类从业人员566名（含市本级镇、街道广电站54名），其中，在编员工279名，聘用员工287名；具有中级职称154名，高级职称47名。

围绕中心工作唱响主旋律。嘉广集团围绕学习宣传党的十八届四中、五中全会精神、“四个全面”战略布局、“红船精神”发表十周年、纪念抗日战争暨世界反法西斯战争胜利70周年、世界互联网大会·乌镇峰会等重大主题（活动），以及“五水共治”“三改一拆”“城市治堵”“扩大有效投资”“浙商创业创新”等重点工作，精心策划，先后推出《新常态、新起点》《改革最前沿》《弘扬红船精神、落实八八战略》《行进嘉兴、精彩故事》《大道·追梦——前行中的禾商》《我是河长·第二季》《“三改一拆” 在行动》《抗战·嘉兴记忆》《我和乌镇峰会》等100多个主题报道（专题专栏），突出嘉兴亮点，讲好嘉兴故事，为推动党委政府中心工作提供舆论支持、营造良好氛围。打造“大外宣”格局，展示嘉兴城市魅力，在央视、央广等国家级媒体发稿17条，在浙江卫视、省电台发稿513条。年内，嘉广集团宣传工作获市领导批示肯定14次；获得全省2015年度上送中央电视台十强、全省广播电视新闻协作市级台一等奖和电视新闻上送十强等荣誉。

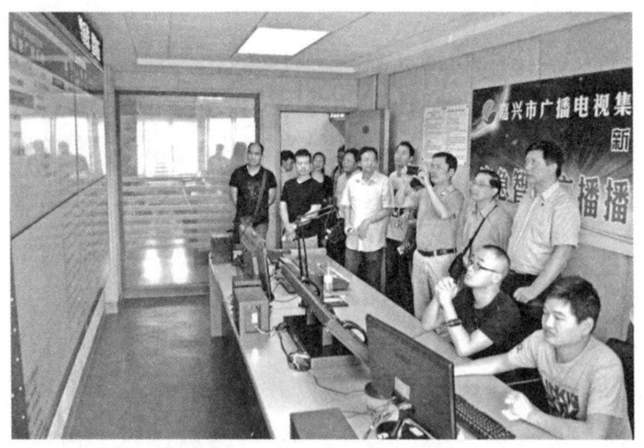

9月18日，省级验收组在市级应急智慧广播播控中心观看应急智慧广播演练

加强舆论引导。深化最美嘉兴人主题宣传活动,办好《德耀中华、道德的力量》《践行核心价值观,争做最美嘉兴人》《最美嘉兴人》等系列报道，弘扬社会正能量。承办“感动嘉兴2012～2014年度最美人物”评选表彰活动,新闻综合频道《嘉兴新闻》栏目、微信公众号同步展播（发布）受表彰的最美人物的感人事迹,《“感动嘉兴2012～2014年度最美人物”颁奖典礼》分别在频道黄金时间、嘉兴人网播出(上载)，并刻录成数百份光盘分发到全市各行业供大家观看学习,引导和动员全市广大干部群众自觉践行核心价值观,争做“勤善和美”最美嘉兴人,在全社会营造浓厚的“最美”氛围。聚焦社会热点,及时、客观、准确报道市区良骏驾校资金链断裂股东跑路、海科能源项目、防御超强台风“灿鸿”等系列民生热点及突发事件,做好释疑解惑的工作，主动引导社会舆论,促进社会和谐发展。

强化培育节目品牌。新闻综合频道《小新说事》栏目新推专栏“新观察”,节目品质和广告承载继续走在前列,获“金长城传媒奖中国最具影响力电视栏目”;《今朝多看点》打造本土方言类民生新闻品牌,获“浙江省创新创优栏目”“中国最具品牌影响力地面电视栏目”称号;公共频道、音乐生活频率加强对农服务,双双获得2015年度全省广播电视对农节目考核优秀奖;交通经济频率强化受众互动,获第八届中国品牌媒体高峰论坛“城市广播电台品牌影响力10强”。年内,共有200多件新闻作品获省、市级政府奖,创新创优工作连续三年走在全省前列，相关经验在2015年省局信息简报作推广交流。

技术改造提档升级。广播电视节目全年实现“零插播”“零停播”“零事故”目标。主动对接高清技术，逐步推动高清摄录设备的应用,年内新增16台松下P2高清摄像机、8台P2小高清摄像机等摄录设备,提升播出品质。相继完成硬盘播出系统改造、全媒体新闻中心设备改造、广播广告中心音频工作站系统安装调试、数字电视发射设备更新等项目。

实现产业多元拓展。通过成立经营管理委员会(设经管办)、广播广告中心、完善经营形势分析会制度以及举办“合则共赢,出彩2015嘉兴电视投资说明会”等举措,主动应对经济“降温”，在全行业经营形势严重下滑的局势下,广告经营列全省11个地市前列。年内,广播方面开发“香樟树”音乐节、汽车文化节等活动载体和主持人冠名等新平台;电视方面重点突出评比类活动和政府性资源开发,新兴资源创收突破千万。组建融广通文化传媒有限公司,依托广电优势,服务用户需求;推进少儿艺术培训产业发展，实现电视少儿节目中心和少儿培训中心的一体化运作,12月底电视少儿节目《阳光伙伴》实现日播;同时,探索“广电网络+”产业发展平台,拓展市本级农村数字业务，市本级农村广电站新发展数字电视高清和云宽带用户双双突破1万户，经营创收突破1亿元。文化产业园区建设各项主体工程基本竣工，成为秀洲新区新地标。年内，园区新增企业6家，新增注册资本合计3150万元。园区建设以来，累计入驻57家企业,总注册资本超过1.7亿元,园内企业实际产值超1800万元。

【纪念“红船精神”署名文章发表十周年报道】 2005年6月21日，时任浙江省委书记习近平在《光明日报》发表《弘扬“红船精神”走在时代前列》署名文章，首次提出并深刻阐述“红船精神”。2015年，为纪念习总书记“红船精神”署名文章发表十周年，嘉广集团围绕嘉兴十年来坚持“首创、奋斗、奉献”为核心的红船精神的生动实践，精心策划，以专题片、系列报道、专家访谈为主要方式，自6月中旬起重点推出《弘扬红船精神，落实八八战略·嘉兴实践》《干在实处永无止境，走在前列要谋新篇》等系列报道、《弘扬“红船精神”，走在时代前列——嘉兴践行“红船精神”纪实》专题片等，点面结合，突出展示嘉兴过去十年在“五水共治”、城乡统筹、平安建设、生态建设、党建等方面的“红船领航现象”，累计播出相关报道40多篇。《新闻观察站》还邀请市委党校教授讲解“红船精神”对嘉兴经济社会发展的引领作用。29日，《求是》杂志社、光明日报社、浙江省委宣传部、省委党史研究室、省社会科学界联合会、嘉兴市委联合举办的“红船精神”研讨会在嘉兴召开，新闻综合频道《嘉兴新闻》当天连发4篇稿件反映会议盛况，把来自全国各地专家学者对“红船精神”的历史缘由、当代意义和理论价值的解读一一转述给观众，使“红船精神”的理论研究成果得到提高与升华，使“红船精神”的概念深入浅出地被受众所理解。

【纪念抗战胜利70周年报道】 9月3日，是抗战胜利70周年纪念日。嘉广集团主新闻频率频道在做好纪念抗战活动动态报道的同时，相继推出特别报道、特别直播节目和系列专题；嘉兴人网、微博、微信等新媒体平台联动呈现，重温抗战风云，抒发爱国情怀，合力营造良好舆论氛围，将纪念活动推向高潮。7月13日起主新闻频率频道(全媒体中心)推出系列报道《抗战·嘉兴记忆》、综述《1937～1945抗战嘉兴记忆》等，以老兵视角讲述曾经发生在嘉兴各地的重要抗战故事，带领观众回忆抗战、缅怀先烈、弘扬和传承抗战精神。9月3日当天，新闻综合频率在转播中央人民广播电台阅兵式的基础上推出时长4个小时的特别直播节目《铭记历史、圆梦中华》，寻访嘉兴抗战遗迹、参与抗战的老兵，通过见证者、历史研究者的采访以及史料，再现70年前的烽火岁月；听众通过热线电话、微博、微信积极点评互动。交通经济频率在9月3日至10月3日推出“揭秘胜利——70周年大型系列广播节目”大联播活动，每天1集在《922早班车》节目中播出；文化影视频道、公共频道分别推出《无名英雄花，抗战老兵记忆》《抗战记忆》系列报道，听老战士老革命讲抗战故事。此外，广播电视还发挥文艺宣传资源优势，精心制作抗战广播专题节目，回顾抗战老电影和歌曲；组织抗战优秀电视剧展播，播出《杀寇决》《孤胆英雄》《致命计划》等14部500多集。

【第二届世界互联网大会报道】 12月16～18日，第二届世界互联网大会在乌镇举行。嘉广集团全媒体新闻中心融合《嘉兴新闻》《小新说事》《嘉广早新闻》等主要新闻栏目，以及“禾点点”APP、嘉兴人网、微博微信等新媒体，多元融合立体传播，全景展示峰会盛况，共编发各类稿件近300篇。自11月起，全媒体中心围绕“喜迎盛会，当好东道主”主题，策划推出《记者探营·乌镇峰会》《乌镇，我们准备好了》《我和乌镇峰会》等一系列富有创新性的关联报道，为世界互联网大会乌镇峰会营造氛围。12月15～18日播出电视稿件52篇、广播稿件39篇、广播连线15条、新媒体稿件130篇。主新闻频率频道、嘉兴人网、“禾点点”APP全程实时转播16日举办的开幕式。峰会期间，由嘉广集团与浙江广电集团联合摄制的3集纪录片《乌镇》在省卫视、嘉兴新闻频道黄金时间播出，向各方来宾展现乌镇魅力。嘉兴市委书记鲁俊高度评价“工作很有成效”，市委副书记胡海峰认为：“嘉广集团以专业的素养、敬业的态度、职业的精神展现嘉兴形象，宣传峰会成果，讲好禾城故事，开展一次无与伦比的全媒体综合行动。”

【“五水共治”宣传报道】 2015年，嘉兴深入推进“五水共治”改善生态环境，全面启动城乡污水治理攻坚年活动，全力打好“清三河”等五大攻坚战的新一轮工作。嘉广集团围绕全市“五水共治”工作重点转换报道重点，宣传报道从治水向治理与巩固提升并重转变，并加强以“五水共治”为重点的“三改一拆”和公铁沿线环境整治方面的宣传，助力“五水共治”深入推进。广播电视在上年的基础上继续开设《五水共治·美丽嘉兴》《五水共治·治污在行动》等专栏(系列报道)，通过专栏化、系列化报道，全面反映全市各地“五水共治”的进展与成效，以及治污行动；5月份起又先后新推出《五水共治曝光台》《治水“红黑”榜》等专栏，以点面结合、正面报道与监督曝光相结合，借助舆论监督继续推动治理工作。在9月11日全市召开治水大会之前，播出系列报道《治水三年间》，综合梳理全市三年来的标本兼治、推行河长制领衔治水等实践和成效。10月底，新闻综合频道启动《我是河长·第二季》新闻行动，再次回访2014年治理好的9条河流，关注河长们的治水新举措。《嘉兴广电报》、嘉兴人网7月承办“五水共治·美丽嘉兴”主题摄影大赛，全市众多摄影爱好者参与赛事，助推治水工作。

【抗击台风“灿鸿”特别报道】 7月9日下午起，嘉广集团各频率频道开始密切关注和报道超强台风“灿鸿”的动向。10日上午，嘉兴市将防台防汛应急响应由三级提升为二级。根据省、市防汛抗旱指挥部的统一部署，以及面对可能的重大灾情汛情，嘉广集团立即启动重大灾害应急报道机制，广播电视均打破日常节目编排方式，首次启动最高报道规格、全天候多时段大容量的大型并机直播，把全市抗台防汛的一线资讯以最快的速度传递给全市干部群众。11日、12日两天，广播三个频率共同推出“直击灿鸿，我们在现场”直播特别报道；电视三个频道和嘉兴人网并机直播推出“众志成城，迎战‘灿鸿’特别报道”，为广电有史以来直播时段最长和容量最多的一次。嘉广集团百名记者及时传达上级指令、传递最新气象信息、收集抗台一线情报、传播抗台精神正能量、主导全市抗台舆情，两天时间共从抗台现场发回并播出150多条新闻报道。全媒体新闻中心、频率频道微信平台、乡镇站应急智慧广播等多媒体联动，及时推送防台动态信息，动员组织民众共同参与抗台，确保广大群众生命财产安全。在“灿鸿”改变行进路线、全市解除台风警戒后，广播电视继续关注台风过后的生产自救情况。

【融合发展成为全省同行业的先行者】 2015年，嘉广集团贯彻落实中央和省、市关于媒体融合发展有关战略部署，制订《嘉广集团关于推动媒体融合发展的实施方案》，按照“多渠道采集、多元化生产、多终端发布”的融合发展思路，坚持内容建设和技术平台双轮驱动，以融合传播和项目平台为重点开展先行先试，着力推进“一中心(全媒体新闻中心)”“两平台(嘉兴人网、“禾点点”APP客户端)”“三集群(广播、电视、新兴媒体)”建设。年内，率先在新闻综合频率、新闻综合频道和嘉兴人网开展融合传播的试点，整合3部门时政新闻资源，成立全媒体新闻中心并于7月1日正式运行，中心兼具视频、音频、广播连线、网络图文等多产品生产发布能力，及“一次采集、多种生产、分众传输”的信息枢纽功能，以“新媒体首发、全媒体跟进、融媒体传播”的传播格局，推动新闻生产模式转型升级。同时，出台《嘉广集团频率频道融合报道实施意见和考核办法》，推动嘉广

9月21日，“禾点点”上线启动仪式在嘉广集团举行

集团采编人员主动适应融合发展工作要求，全媒体新闻中心日均采稿量达40余条。9月21日，嘉广集团全力打造的新媒体产品“禾点点”手机客户端上线运作，上线百日下载量超8万次。嘉兴人网日均独立IP超1万次，官方微博粉丝超13万人次，官方微信粉丝8万人次，舆论引导力和媒体影响力得到显著提升。嘉广集团融合发展先行先试，成为全省同行业实践融合发展的先行者，并在全省媒体“融合发展”研讨会上作经验交流。

【“服务农民服务基层”工作走在全国前列】 2015年，嘉兴市本级广电站被中宣部、文化部和国家广电总局评为2015年度“第六届全国服务农民服务基层文化建设先进集体”。一是承担省、市两级政府的民生实事项目——“农村应急广播体系建设”。至2015年7月，在153个行政村和66个农村新社区中实施“应急智慧广播+（应急广播+LED显示屏+监控）”项目，共安装应急广播5886只（其中，可寻址调频音箱3537只、IP数字音箱2349只），实现嘉兴市本级农村行政村应急广播全覆盖，并成为全省首个通过验收的示范性工程，在全国第23届媒体融合技术研讨会上作经验介绍。二是申领“彩虹服务在行动”党员志愿服务项目，根据市本级农村按实运作的镇（街道）广电站实际情况，在各农村广电站辖区设置11支“彩虹服务”小分队，为市本级农村17个镇（街道）16.5万数字电视用户和15万有线广播用户提供全方位优质服务；开展广电低保工程、关爱困难弱势群体等各类便民利民活动，年内，共开展各类活动121次，服务农村广电用户32065人次，其中，开展进村（社区）服务94次，支出助学、帮困等资金39128元，减免市本级农村低保家庭有线数字电视收视费2478户624456元。三是完善网络服务功能。年内全面完成市本级农村数字电视便民服务和“三务公开（党务公开、村务公开、财务公开）”信息平台建设，实现行政村“三务公开”平台全覆盖。

【搭建“双通道”人才体系】 2015年，嘉广集团首创行政管理人才和专业技术人才“双通道”发展体系并付诸实施。“双通道”人才体系在原来单一的行政管理晋升通道外，拓展一条新的专业通道，按不同层级分别设置“岗位能手→专业技术带头人→高级专技人才→首席专技人才”四个等次，分编辑记者、摄像、制作、播音主持、工程技术、营销策划六大专业，涵盖广播电视主要专业技术性岗位。同时，根据广电行业特殊性分层级、分专业设置评选的基本条件，在评选条件设置上，除分层级设置条件外，首席、高级专技人才还分专业进行条件设置。首席专技人才设置首席记者（编辑）、首席播音（主持）、首席工程师、金牌营销策划四个首席岗位，高级专技人才设置主播、一级记者（编辑）、一级摄像、一级工程师、一级营销策划等高级岗位，上述岗位都分别制定评选条件。嘉广集团还专门研究出台《关于建立管理人才和专业技术人才“双通道”职业发展体系的通知》《嘉广集团岗位能手、专业技术带头人、高级专技人才、首席专技人才评选办法》等，成立嘉广集团专业人才评审委员会。3月，正式启动“双通道”人才体系实施暨（2015～2016年）专技人才评选工作，至6月底，首批评选出包括编辑记者、摄像、制作、播音主持、工程技术、营销策划六大专业共61名专技人才，其中首席专技人才3名、高级专技人才12名、专业技术带头人15名、岗位能手31名。管理、专技“双通道”人才体系的建立和实施，是嘉广集团人才评价体系建立的重要标志。

【举办第四届观众听众节】 9～11月，嘉广集团举办以“走到一起来，有你更精彩”为主题的2015嘉兴第四届观众听众节。9月28日，第四届观众听众节开幕式暨百名记者进千家入户满意度调查启动仪式在南湖会景园举行，开幕式后嘉广主持人带领观众听众乘船赏月，水上联欢。为期两个月的观众听众节，先后开展“百名记者进千家”“‘国庆七天摇摇乐’电视剧收视有礼活动”“广场嘉年华”“‘中国梦·我的梦’嘉禾大地金秋行”等一系列活动。10月11日在秀洲区政府广场举行的“广场嘉年华”活动,广电主持人轮番登台演出,与受众欢乐互动,现场举行的摇摇乐赢大奖活动,助力“禾点点”APP手机客户端推广下载;“嘉禾大地金秋行”活动三个电视频道走进七星、大桥等十个乡镇,开展文化走亲。

10月11日,“广场嘉年华”活动在秀洲区政府广场举行

【举办嘉兴首届网络春晚】 2月7日晚,由嘉兴市文化广电新闻出版局、嘉广集团主办,嘉兴人网、市文化馆承办的“盛世禾风·大美嘉兴”2015嘉兴首届网络春晚在嘉兴广电中心630演播室举行。首届网络春晚有歌舞、戏曲、说唱、小品、相声、杂技、魔术等18个节目,晚会时长两个半小时。2015嘉兴首届网络春晚2月17日在嘉兴人网首播,2月19日在嘉视新闻综合频道播出。

2月7日晚,2015嘉兴首届网络春晚在嘉兴广电中心举行

(胡宏宾)

新闻网站

【概况】 2015年,嘉兴在线新闻网(www.cnjxol.com)日点击量超过125万人次,日均发稿3000条左右;年创收突破800万元,在全省地市新闻网站中位居前列。互动社区总注册用户超过60万户,日均发帖量3000条以上;有万余篇新闻稿件被人民网、新华网、浙江在线等转载。2015年,嘉兴在线有多篇新闻作品在全国和省、市级新闻评奖中获奖,被评为“2015全国地方网络媒体十大最具影响力品牌”;嘉兴在线编辑制作的《南湖手机报》、iTravel@嘉兴获得浙江省第31届优秀出版编辑(数字出版)奖提名奖;由嘉兴在线承办的嘉兴文明网在全国文明网站联盟各季度排名中居全国前列。

【纪念抗战胜利70周年网上宣传报道工作】 2015年是中国人民抗日战争胜利70周年,嘉兴在线开展系列专题宣传。先后搭建《铭记历史,开创未来》嘉兴市纪念抗战胜利70周年网络专题、《回响70年》视频专题;推出“勿忘国耻,圆梦中华”网祭英烈专题,点击量106余万人次,网民祭奠评论数百余条。专题宣传充分运用电脑屏、平板屏、手机屏三屏联动,采用微信二维码推送形式,嘉兴在线APP联合报道,“嘉兴发布”微信推送,并发动老兵家属互动,形成主要宣传阵地在网页、多屏、多点连续传播形式。嘉兴论坛配合推出“分享你的抗战记忆”论坛互动活动,点击量达到22131人次,收集到网友们上传的“抗战记忆”投稿45篇、历史照片50多张。推出“美丽嘉兴·幸福家园”暨纪念抗战胜利70周年主题影展活动,收到照片千余张。

【开展党的十八届五中全会精神专题宣传】 中共十八届五中全会前后,嘉兴在线开展以五中全会为中心,以回顾“十二五”、展望“十三五”为重点的网络互动传播工作。推出《学习贯彻党的十八届五中全会精神》专题,及时转发和集纳中央省市新闻单位最新动态以及本地相关稿件，并在首页显著位置持续推送。以回顾“十二五”为主题，专门搭建《中国梦——梦想进行时》专题，重点开设“我的‘十二五’”故事栏目，并且综合嘉兴在线近几年的部分网络专题进行充实。开展“梦想进行时，浙里有故事”活动，根据市网信办的工作要求，做好故事采制和征集工作。同时，承担嘉兴市上报稿件的初审推荐工作，推荐出25篇稿件参加省里评选活动，并且为每篇推荐稿件撰写推荐评语。和市委政研室合作，推出《嘉兴市“十三五”规划意见建议征集》专题页，开设意见征集通道，收集网民、市民对嘉兴市“十三五”规划的意见建议，并在嘉兴市多个网站平台同步推广。

【开展“红船精神十周年”主题宣传】 2015年，嘉兴在线与《南湖晚报》互动，共同制作“红船精神十周年”主题宣传。专题页面设立动态新闻、寻访楷模、众口评说、小康社会、深化改革、依法治国、从严治党等栏目，多个角度展现嘉兴市践行“红船精神”的举措和取得的成绩。

【做好嘉兴经济建设网络宣传】 5月中旬，根据嘉兴市“把握新常态、抢抓新机遇、加快推进经济转型升级”的工作目标，嘉兴在线推出《嘉兴经济新常态》网络专题。专题聚焦嘉兴市全年经济工作重点，并结合国家经济热点，设立最新报道、互联网+、一带一路、绿水青山、微观改革、三改一拆、五水共治、浙商回归、二次创业等专栏，并链接《行进嘉兴，精彩故事》、双推活动、干好一三五等网络专题，丰富经济新常态专题的内容和表现形式，综合性报道嘉兴市经济领域的主要工作。年内，专题总发稿量1426条。继续推出双推工作专题报道，对相关工作进行集中报道，新发稿件60余条。

【推出习近平调研浙江专题宣传】 5月29日，嘉兴在线推出“干在实处永无止境，走在前列要谋新篇”网络专题，集中推送习近平调研浙江相关稿件和浙江、嘉兴学习实践总书记重要讲话精神稿件，专题在嘉兴在线网站首页开设通栏进行重点推送。同时，转发中央级媒体和省级媒体关于“总书记调研浙江”的相关稿件，共发稿243篇，并将重要稿件在网站双首页要闻区、“两微一端”进行推送。

【嘉兴市农村文化礼堂网站上线】 2015年，嘉兴在线搭建嘉兴市网上文化礼堂新媒体平台，完成PC端网站、手机端网站、官方微信三大平台的建设工作。嘉兴市农村文化礼堂网站旨在围绕“文化殿堂、精神家园”要求，全面展示嘉兴市农村文化礼堂建设工作的现状、特点以及取得的成就，动态报道农村文化礼堂的各类新闻信息和活动信息，促进嘉兴市农村文化礼堂建设的横向交流，成为展示村庄形象的新窗口和传承传统文化的新载体。网站开设工作动态、活动信息、图片直击、视频展播、新农村名片、民情茶馆等主要栏目，年内发布全市各文化礼堂稿件1453篇，阅读量322万次。

【《嘉兴院士》大型系列访谈专题】 2015年，嘉兴在线开设《嘉兴院士》大型系列访谈专题栏目。栏目下设子专题，以视频、文字、图片的形式从人物性格、学术成果、成长经历、人生感悟等方面，介绍院士们生平事迹，引导青少年成长、传播社会正能量。视频栏目以与院士的对话内容为主，将院士的人生历程以故事视频渐次推进，并回归到院士本人的人生体会中，以“青年寄语”分享给观众，增强新闻报道的直观、动态传播效果。

【开展最美系列评选、宣传】 2015年，结合“最美嘉兴人”宣传，嘉兴在线策划开展《点赞“最美嘉兴人——最美职工”》《嘉兴市首届“致青春”优秀医务工作者评选》和“感动嘉兴最美人物评选”活动；做好以第四届风云人物评选为重点的各种活动，丰富活动内容和形式，11月，第四届嘉兴市十大风云人物评选活动圆满结束。嘉兴在线主动配合第五届嘉兴市道德模范评选活动，开通公众投票专题页面。同时，推出

“2015 中国好网民流行语与故事征集”活动，页面点击率 60 万次。

（陈振巨）

新闻出版和广播影视管理

【加强报刊管理】 一是做好嘉兴市公开出版的 5 种报纸、1 种期刊的年度核验工作。二是做好驻嘉兴的 4 家记者站和嘉报集团派驻县(市、区)的 7 家记者站的年度核验及综合评估工作。三是做好 28 种刊形内部资料年度核验和换发新的《浙江省内部资料准印证》。四是做好报刊审读工作。2015 年共编发《报纸审读通报》23 期，内部料审读与管理 12 期。五是做好第二批新闻采编人员岗位考试工作。1 月 28 日，组织全市 103 名补考的新闻采编人员进行考试，4 月对考试成绩合格人员换发新闻记者证的材料进行审核，按期换发记者证。

【使用正版软件管理】 2015 年，嘉兴市调整使用正版软件工作领导小组成员单位，出台《嘉兴市政府机关使用正版软件管理办法》，明确工作责任，规范机关计算机软件的资金保障、资产管理等。开展对市县级机关软件正版化工作进行检查，按照中央检查组模式、内容，对机关单位软件正版化工作相关文件、工作记录、合同文本、软件资产等台账资料进行规范，抽查部分市级相关部门的软件正版化工作情况。对机关部门计算机管理员进行软件正版化工作培训，邀请微软、金山等软件公司工程技术人员就计算机软件的版权保护、授权方式、软件使用等知识进行授课。

【加强行业管理】 2015 年，嘉兴市对 2014 年印刷企业开展年度核验换证工作，全市 1483 家印刷企业通过年度核验，并对全市印刷业发展数据进行全面详细分类统计汇总。做好 2014 年出版物发行单位年度核验换证工作，全市 464 家出版物发行单位参加年检，423 家通过年度核验，排出嘉兴市 2014 年销售总额前 20 名的单位和年销售数量前 20 名的图书。做好新闻出版业调查统计工作，全市 280 多家企业、单位完成在线填报工作。做好新闻出版权力清单、责任清单的梳理及政务公开工作。

【开展全民阅读活动】 2015 年，围绕“书香嘉兴”品牌建设，制订《2015 年嘉兴市全民阅读工作要点》和《首届“书香嘉兴”读书节活动》，深化嘉兴市的全民阅读工作。开展第二届全国“书香之家”推荐活动，选出 10 个家庭为嘉兴市“书香之家”，其中排名前四的家庭将代表嘉兴市参与全省“书香之家”的评选。以农家书屋为平台，组织各县(市、区)利用学生暑期开展“我的书屋，我的梦”读书征文活动，全市共选出小学组 35 篇、中学组 35 篇优秀作品参加全省评比。开展全民阅读专家巡展巡讲系列活动。市文化局和市新华书店根据社区的特点，为社区送去适合他们阅读的书籍，并根据社区老年人眼睛生理特点，邀请专家上门为社区老年人讲解眼保健和眼疾的防治等知识，受到社区群众的欢迎。在春节来临之际，市文化局会同邮政嘉兴市分公司，联合嘉兴市汽车北站应时共同打造以“温暖回家路，报刊伴您行”为主题的公益期刊赠阅活动，精心挑选《读者》《特别文摘》《时代邮刊》《半月选读》等知名品牌期刊共计 3000 余册，免费发放给返乡的群众，让返程回乡的各地群众都能感受到来自嘉兴的随行关怀。与中国新闻出版研究院联合组织展开“嘉兴市居民阅读状况调查研究”课题，整个研究分为建立指标体系、采集数据、测评分析三个阶段完成。主要针对嘉兴市城乡居民的传统书报刊阅读情况、数字阅读情况、出版物购买情况、文化设施使用情况、阅读活动参与情况等进行系统研究，形成阅读指数，最后完成嘉兴市阅读指数发布及《嘉兴市全民阅读状况调查报告》。

【确保广播电视安全播出】 2015 年春节、“五一”、世界反法西斯胜利暨抗战胜利70周年活动、“9·3”阅兵、国庆和十八届五中全会等重大活动期间，加强广播电视安全播出和安全生产检查，各地各单位针对可能出现的新情况、新问题和突发性事件，专门研究，部署落实广播电视“反插播”演练工作。严格执行安全播出“零报告”和重大突发事件第一时间报告制度，确保各项防范措施可靠有效。

【严厉打击非法境外电视网络接收设备】 2015年，嘉兴市文化广电新闻出版局落实全省《关于开展综合治理，严厉打击非法境外电视网络接收设备专项整治行动》电视电话会议精神，联合12个部门制定下发专项整治行动实施方案，成立由宣传部部长、分管副市长牵头抓总，各成员单位分管局长为成员的专项整治行动工作领导小组。11月5日，嘉兴市政府组织召开全市境外电视网络接收设备专项整治行动工作部署会议，部署专项整治行动具体工作任务。全市共出动检查人员156人次，排摸各类市场店铺摊点232家次、宾馆酒店5家次，收缴地面卫星电视接收设施23套、电视棒3个，未发现销售非法境外电视网络接收设备的行为。同时，利用网络智能巡查软件加强对全市网站的巡查，挖掘通过互联网销售境外电视网络接收设备线索，各县(市、区)也指定专人加强对本地门户网站、论坛网站、购物网站的远程巡查和监控。

【加强境外卫星电视监视执法】 2015年，嘉兴市文化广电新闻出版局根据省广电转发国家广电总局《关于加强境外卫星电视监视执法的通知》文件精神，由市文广新局广电处和市文化市场行政执法支队牵头，会同南湖、秀洲两区文化、工商部门，开展市本级非法销售地卫设施及网络共享设备联合专项整治行动，重点对市本级小商品市场、农贸市场、电子市场、城乡接合部以及个体工商户进行检查，共查获非法地面卫星接收设施30套、电视棒等网络共享设备6个，案件由工商部门作进一步调查处理。同时，发放法律法规宣传资料，阐明非法地卫设施和网络共享设备的社会危害，并责令商家立即改正违法行为。

【打击非法广播】 2015年，根据广电总局62号令和实施细则以及省局的有关精神，制定《嘉兴市广播电视安全播出协调领导小组成员单位工作职责》。在市广播电视安全播出领导小组的统一指挥下，保证安全播出责任单位和相关部门的协调配合，对非法广播发现一起拆除一起，据统计，打击取缔11座非法地下广播电台(其中市本级4座、嘉善2座、海宁2座、桐乡3座)。

【农村应急广播工程通过省验收】 8月，嘉兴市全面完成农村应急广播覆盖建设任务，同时全部完成自查验收工作。9月17～19日，省广电局科技处组织专家对嘉兴市农村应急广播工程建设进行抽查验收，一致通过验收。12月29日，全省农村应急广播现场会在嘉兴市召开，嘉兴市文化广电新闻出版局获省新闻出版广电局创新推进优秀奖。

【影院投资建设】 2015年，全市影院投资建设快速发展。由嘉兴电影集团银河影业投资有限公司投资建设的市区五四广场银河电影城，面积约2800平方米，8个厅(全3D)，座位为1000座；濮院银河电影城，面积3000平方米，5个厅，816个座位。6月12日嘉兴万达国际影城开业，面积8063平方米，10个厅(3D)其中有AIMX厅一个，座位为1501座。乡镇的多厅影院也在崛起，嘉兴市王江泾镇大地院线投资建设的电影城，5个厅，座位为517个。油车港的恒大院线投资建设电影城，7个厅，座位1188个。平湖乍浦华夏金艺影城，面积为2023平方米，6个厅(全3D)，座位696座。嘉善县浙江时代院线德纳国际影城，面积为3326平方米，8个厅(全3D)，座位886个；嘉善县孙道临电影城，进行4K全景声改造升级，大大改善观影效果。至年底，全市城市影院放映达20.1万场次、观众达 705 万人次、票房收入达 2.5 亿元。

【农村电影放映】 2015 年,全市农村共放映公益电影 13064 场次,观众达 205.4 万人次。实现农村数字电影放映技术全覆盖。

【开展广播电视节目评选】 年内，开展 2014 年度嘉兴市广播电视政府奖评选工作,共评出“广播电视新闻奖”获奖作品(节目)56 件,其中广播新闻 23 件,电视新闻 26 件,广播电视外宣作品（节目)7 件;“电视社会活动·纪录片·服务类节目·内参·广播电视报刊新闻与专稿”获奖作品(节目)21 件,其中电视社会活动 3 件,电视纪录片 6 件,服务类节目 6 件,内参类 3 件,报刊新闻与专稿 3 件;“广播电视文艺奖”获奖作品 28 件,其中广播文艺 9 件,广播剧 3 件,电视文艺 8 件,广播电视节目制作艺术 8 件;“广播电视播音主持奖”获奖作品 18 件,其中广播播音主持作品 8 件、电视播音主持作品 9 件,优秀播音主持人 1 名;“广播电视学术论文奖”获奖论文 9 篇;“广播电视广告作品奖”获奖作品 21 件,其中广播广告作品 8 件、电视广告作品 13 件。11 月 6 日,嘉兴市文化广电新闻出版局组织开展全市乡镇广播电视站自办节目抽评工作。评选出新塍镇广播电视站等十佳广播电视站和余新镇文物电视站等 10 个鼓励奖。

【举办嘉兴大学生电影节】 10 月 15 日，由市委宣传部、市文化广电新闻出版局、市教育局、共青团市委会联合主办的嘉兴第七届大学生电影节在华庭国际影城开幕，本届大学生电影节突出“红色、时尚、喜爱”特色,通过“抗战 70 周年优秀经典影片进校园”“电影配音大赛”和嘉兴人自己投资拍摄电影“时尚女神”见面会等活动,在校园和社会营造积极的文化活动氛围。

【《嘉兴电影志》出版发行】 5 月 28 日,由浙江大学出版社和吴越电子音像出版公司联合出版发行的《嘉兴电影志 1984 ~ 2013》首发座谈会在嘉兴日报社举行。《嘉兴电影志 1984 ~ 2013》全书共 60 多万字,分 14 个篇章,较为全面地记录撤地建市 30 年来嘉兴电影业的发展历程,其中既有介绍嘉兴市电影业概况的综述性文章,也有详细介绍电影管理、发行、放映、宣传、拍摄、场馆、人物等情况的分章节篇目。还回顾 100 多年的嘉兴电影史。

（孙文波　王　鸣）

体　育

综　述

2015年，全市体育工作落实《嘉兴市体育工作发展“十二五”规划》和《嘉兴市全民健身实施计划（2012～2015年）》，围绕构建政府主导、部门协同、社会参与、百姓受益的“大群体”格局，以创建体育强市为引领，开展130余项（次）各级各类体育创评工作，推动全民健身基础设施建设提档升级。加大基层体育骨干人才培训力度，延展群众体育网络覆盖。举办“1+1”专业人才帮扶和“点单式”公益健身培训，编制《嘉兴市民健身手册》，开设“健身科学大讲堂”，开展3～69周岁公民体质评价等级监测工作，为市民提供科学健身指导服务。制定《嘉兴市市级体育社团工作例会制度》《嘉兴市市级体育彩票公益金资助市级体育社团开展全民健身活动办法（试行）》等办法，全年新（筹）建市级单项体育协会9个。指导海盐南北湖风景区成功创评首批浙江省最美生态休闲健身点，组队参加省海洋运动会、省生态运动会、第二届幼儿体育大会等省级及以上赛事。全年各级各类体育协会、社区（村）体育俱乐部共举办群众体育活动超过300场，群众累计参与超3万人次。

体育强市创建工作基本完成。至2015年年底，全市建有省级体育强县（市、区）6个、体育强镇60个、省城市体育先进街道27个、先进社区128个、体育小康村792个，在全省率先实现体育强镇、体育小康村建设全覆盖。根据《浙江省体育强市考核评分细则》相关要求，经第三方机构评估，嘉兴市各项指标达到省级体育强市创建标准，评估得分处于首批5个申报地市（杭州、宁波、温州、嘉兴、绍兴）前列，成功创评全省首批体育强市，平湖市、海宁市成功创评省体育现代化县（市、区）。

谋划体育事业和体育产业“十三五”发展规划。年内，市体育局在总结全市“十二五”期间体育工作发展成果的基础上，与宁波大学合作，深入各县（市、区）体育局及20余家体育企事业单位进行调研论证，先后经过四次修订完善，确立了以围绕“一个定位”、争创“两个目标”、推进“三个发展”、坚持“四个原则”和实施“五大工程”为主要内容的“十三五”发展目标体系。

发展群众体育。年内，全市新建省级中心村全民健身广场等公共设施（场馆）112个，公办中小学校体育场地免费或低收费对社会开放229所、开放率97%，其中市区开放率100%。市体育中心内场地免费开放服务健身人群超15万人次；市残奥中心体育场于4月起免费开放，服务健身人群3万余人次。举办“7·16全民游泳健身周”启动日主会场活动暨南湖公开水域游泳邀请赛，得到全国31个省市205个游泳健身点响应，集中开展游泳公益培训、溺水施救演习等19项配套活动，得到社会广泛认可。举办第三届市民运动会，设置33个大项465个小项次的比赛，新增企业组等特定人群参赛项目，群众参与超过10万人次。开展公益培训，全年培训社会体育指导员等基层骨干2000余人；举办“1+1”专业人才帮扶和“点单式”公益健身培训200余次、培训14000余人；

开设“健身科学大讲堂”,完成 3 至 69 周岁国民体质监测 16000 余人次。新(筹)建市级体育协会 9 个，各级协会年举办活动超 300 场,全市镇(街道)体育组织覆盖率达 100%。

稳步发展竞技体育。年内,嘉兴市抓好体育后备人才培养，新增击剑项目布局，评定 2015～2018 周期市级高水平学校体育后备人才训练基地 15 个，体育特色项目学校 50 余所。组织开展冬训、夏训和省高水平运动队基层联训工作,全年注册运动员 2170 人,审批国家二级运动员 87 名，发展国家一级运动员 33 名,向省体职院输送运动员 26 人。突出“促进体育人才培养,推进青少年体育发展”主旨,举办市八运会,设置青少年部和学校部两大部别 24 个大项 579 个小项比赛,为发现和选拔优秀体育人才搭建平台。加强训竞干部和教练员队伍建设，举办各类教练员基础理论培训班 12 场次,组织参加国家体育传统项目学校师资培训班,年内发展国家级教练员 1 人,审批一级教练员 2 人,二级教练员 2 人;发展一级裁判员 2 人,审批二级裁判员 296 人。创新运动员培养训练模式。将女子足球、男子篮球和水上项目分别实行“市队校办”“市队县办”,网球项目与南湖区体育俱乐部首次实行“市队社会办”的新模式。

加快发展体育产业。全市修订完善体育产业发展有关政策意见,加大扶持力度。全年举办 3 期救生员和 1 期游泳社会体育指导员培训班,加强场馆监管指导,确保平稳开放。设立嘉兴市体育产业发展项目库，择优选定 21 个入库项目，推荐 10 个优秀项目申报省体育产业发展资金,5 个项目入库,获得补助资金 365 万元。推举 4 人参加全省首届体育产业领军人物评选,2 人获评“省首届十大体育产业领军人物”、1 人获评“十大体育产业优秀企业家”。优化市场结构促进多元发展，年内举办中古女篮、中美男篮对抗赛、世界斯诺克巡回赛海宁公开赛、环太湖国际公路自行车赛、全国艺术体操锦标赛、全国 U-13 女足锦标赛、“红船杯”全国桥牌比赛、首届马拉松赛等多项品牌赛事,指导九龙山旅游度假区获评“浙江省运动休闲基地”“2015 中国体育旅游十佳精品项目”称号，承办浙江省第四届运动休闲旅游节。加强彩票市场销售渠道建设,全市体彩销量达到 7.04 亿元，超额完成年度目标任务,为全市体育事业和体育产业发展提供有力的资金保障。

10 月 13～18 日,嘉兴市举办 2015 年全国艺术体操锦标赛

（李　平）

竞技体育

【概况】 2015 年,全市竞技体育工作围绕办好市第八届运动会、备战省第十六届运动会,着力优化业余训练项目布局,夯实体育后备人才培养,加大人才输送力度,全年审批国家二级运动员 87 名，发展国家一级运动员 33 名,向省体职院输送运动员 26 名，审批二级裁判员 296 名，田径和游泳各 1 名裁判员晋升国家级裁判员。完成市第八届运动会比赛 24 个大项、市体育特色项目学校比赛 6 项、市第三届幼儿趣味运动比赛 6 项。

【举办市第八届运动会】 5 月 9 日，四年一届的全市最高水平的综合性运动会——嘉兴市第八届运动会在市体育中心开幕。市委副书记、代市长林健东等领导出席开幕式,市八运会、市民运动会组委会主任、副市长柴永强主持开幕式。市八运会本着“精简、高效、有序”的原则实行市与县(市、区)联合办赛的模式,突出“促进体育人才培养,推进青少年体育发展”的主题,旨在为发现、选拔和培养优秀体育后备人才搭建平台。赛会设青少年部和学校部两大部别,其中青少年部以县(市、区)为单位组队,设田径、游泳、皮划艇、赛艇、体操、举重等16项赛事619枚金牌;学校部以全市高中、中职学校为单位组队,设田径、游泳、篮球、排球、足球、乒乓球等8项赛事159块金牌。首项赛事——乒乓球比赛于4月10日在平湖开赛,全竞赛事在4月至8月间陆续展开,全市6000余名运动员参加。2015年2月,嘉兴市第八届运动会组委会正式成立,组委会下设办公室、竞赛部、综合保障部、安全保卫部共四个工作机构。2月28日至3月15日面向全国公开征集会徽图案,共收到各地62名设计者的115件作品。8月8日,市八运会圆满完成各项竞赛规程在市网球中心落幕。南湖区、海宁市、平湖市、秀洲区、桐乡市、嘉善县6个代表队分获金牌和奖牌总数前六名,南湖区、秀洲区、嘉善县、平湖市、海盐县、海宁市、桐乡市、嘉兴市属单位8个代表团获得“体育道德风尚奖”。

5月9日,嘉兴市第八届运动会在市体育中心开幕

【备战十六届省运会】 2015年年初,全市组织召开体育科长工作会议,学习《2018浙江省第十六届省运会规程总则》,研究制定集训计划进行统一部署。省游泳二线在嘉兴市训练期间,组织嘉兴市游泳一线队伍跟训;夏训期间,全市共有自行车、男篮、足球、田径、跆拳道、摔跤、网球、乒乓球、射击、射箭10个项目12支运动队到上海、千岛湖、诸暨、长兴基地等地交流训练,有序推进十六届省运会备战工作。年内,组队参加2015年省青少年(儿童)锦标赛,在锻炼队伍的同时及时了解相关地市新周期的备战情况,掌握重要对手信息,分析并研究对策。赛后召开田径、游泳等项目省赛分析会,及时统计参赛成绩,分析运动队综合情况,查找当前存在的困难和问题,提出解决问题方案,为下一阶段采取措施提供参考。

【培育品牌赛事】 按照“一市一品牌”的办赛目标,年内,嘉兴市举办2015中国古巴女子篮球国际对抗赛、中国美国男子篮球国际对抗赛、“招商银行杯”2015嘉兴首届半程马拉松赛、2015年全国艺术体操锦标赛等多项国家级赛事,承办省青少年体育赛事、迎春杯游泳锦标赛、省蹦床技巧锦标赛、省网球特色项目学校比赛、省皮划赛艇锦标赛、省摔跤锦标赛等一系列省级赛事,吸引来自省内外近万名运动员和游客参与,拉动全市旅游、餐饮、服务等行业销售增长。赛事期间,CCTV-5等30余家国内权威媒体报道赛事活动和嘉兴风土文化,其中马拉松赛路线绕党的诞生地南湖一周,途经市政府、市体育中心、南湖大道,横穿嘉兴植物园等绿色景观带,被参赛选手誉为“现代化城市与自然风景融合的最美赛道”,提升了嘉兴的城市知名度、美誉度。

5月17日,嘉兴市举行首届半程马拉松赛

【嘉兴籍运动员取得好成绩】 2015年,嘉兴籍运动员在田径、网球、帆船等项目的国内外大赛中获得109枚奖牌，其中徐慧琴获得第21届亚洲田径锦标赛亚军,于程阳获国际青少年巡回赛(五级)网球季军,高海燕获帆船世界杯青岛站第三名,李超群取得中日韩田径对抗赛第四名,王凡在世界大满贯赛(沙滩排球)中取得第四名。

【基地建设上新台阶】 年内，嘉兴市实验小学、嘉兴市实验教育集团、海盐县滨海中学被评为2016~2019年周期浙江省“阳光体育后备人才基地”。2015~2018周期布局拟新增击剑项目。下发《关于开展2015~2018周期“嘉兴市高水平学校体育后备人才训练基地”和“嘉兴市体育特色项目学校”评定工作的通知》,推动全市学校体育工作的开展,促进体育后备人才培养工作的深化。新评定2015~2018周期市高水平学校体育后备人才训练基地15个、体育特色项目学校59所。

【推进体教结合】 2015年,嘉兴市推进体教结合,优化调整项目结构,适当扩大市队市(县、区)办、校办、联办的范围。初步达成嘉兴市男子足球、女子足球和市实验小学、市实验教育集团、秀州中学“市队校办”;男子篮球项目与桐乡市少体校实行“市队县办”;网球项目与南湖区鸿翔青少年体育俱乐部签订合作协议,首次施行“市队社会办”的模式促进业余训练模式多样化。

(何东鹏　申　超)

群众体育

【体育创强成效显著】 2015年,嘉兴市成功创评浙江省首批体育强市,评估总分居首批5个申创地市前列,平湖、海宁市成功创评为省体育现代化县(市)单位。年内,新创建1个省级城市体育先进街道、22个省级体育先进社区、5个省级体育特色乡镇、4个现代化体育乡镇(街道),1个省级先进体育总会、5个省级先进体育社团、6个省级幼儿体育示范园,29个省级社区体育健身俱乐部、67个省级村级体育俱乐部、1个省级星级职工体育俱乐部、3个省级青少年体育俱乐部,36个省级老年体育活动中心、1个省级青少年户外体育活动营地和1个省级小康体育村。全市省级体育强县覆盖率86%,省级体育强镇覆盖率100%,省级体育先进街道覆盖率90%,省级体育先进社区覆盖率60%以上。

【加快体育设施建设】 年内,嘉兴市新建1个省级乡镇(街道)全民健身中心、3个省级中心村全民健身广场、1个省级中心村休闲体育公园、1个省级轮滑公园、5个全民健身拆装式游泳池。开展“美丽乡村·全民健身广场”“体育休闲公园”评选,新命名14个全民健身广场、10个体育休闲公园。全市累计建成生态绿道700余千米,城乡居民“15分钟健身圈”基本建成。

【评估全市全民健身活动】 2015年,嘉兴市对“十二五”期间全市全民健身活动开展情况共23个核心指标进行调查评估。结果显示:嘉兴市每万人体育社会组织数3个;每千人公益社会体育指导员比例2‰;每年接受体质测试人数达户籍人数5‰以上，全市经常性参加体育锻炼人口达32.7%。

【公共体育设施对社会开放】 年内,全市符合开放条件的中小学校共235所，开放231所，开放率98%,其中市本级开放率100%,超额完成市政府下达的“75%和95%目标任务。市体育中心全年免费开放，服务健身人群17.2万人次,完成年度任务指标的172%。市残奥中心体育场地自4月初开放以来,服务健身人数4万余人次,完成年度任务指标的139%。

【开展全民健身公益培训】 2015年,嘉兴市以

“相约动起来、激情体育梦”为主题，开展全民健身公益培训第五季活动，配套推出基层健身“1+1”引领项目、爱“上”健身培训系列、科学健身大讲堂三大特色版块。共举办培训班200多次，新培训社会体育指导员1025名，非奥项目教练员、裁判员1500人以上，受益人群辐射幼儿、青少年、中老年等社会各阶层，14000余城乡居民参加培训。

【推进政府购买体育服务】 2015年，嘉兴市研究制定政府向社会力量购买公共体育服务的实施办法，羽毛球、篮球、桥牌、网球、足球等10余家市级体育协会被认定为具备承接政府职能转移和购买服务资质的社会组织。全年市本级用于政府购买体育服务的经费达180万元，依托社会力量参加、组织、承办的各类活动294场次，其中国际级赛事5次、全国级赛事33次、省级赛事75次，组织近15万人参与体育运动。

【推进体育协会建设】 2015年，足球、门球、乒乓球、高尔夫球、体操等市级协会换届；新成立地掷球、排球、国际象棋、田径等市级体育协会。根据《嘉兴市市级体育社团考评补助办法》，组织80%以上的市级体育协会参加社会组织评估，6家获评AAA等级、12家获评AA等级、5家获评A等级，通过创评推动协会的“三自”能力不断加强。

【开展国民体质监测】 2015年，嘉兴市推进实施《3～69周岁公民体质健康评价等级标准》和《小学、中学、大专院校体育与体质监测标准》，加大“体卫合作”力度，开展体质测试和跟踪服务，完成户籍人口5‰样本量的监测指标，累计测试11383人次；根据《2015年浙江省国民体质监测公报》结果显示，嘉兴市国民体质监测合格率达94.3%，位居全省第二。

【嘉兴市第三届市民运动会】 2015年，嘉兴市第三届市民运动会以开放式、社会化的办赛模式，引入20个社会组织、企业承办第三届市民运动会，共设29个大项，465个小项，累计参与人数10万人次以上。市桥牌运动协会等13个单位被授予“赛事组织工作优秀单位”称号，嘉兴庆福母婴专护服务公司等6个单位被授予“特别贡献奖”。

【全国“7·16”全民游泳健身周活动】 7月11日，2015全国“7·16”全民游泳健身周活动启动仪式在嘉兴举行。国家体育总局游泳运动管理中心主任王路生、国家体育总局游泳运动管理中心社会活动部主任江斌波、省体育局巡视员应祖明、副市长柴永强、市体育局局长包毓琼、嘉兴银行党委书记夏林生及奥运会冠军罗雪娟等出席仪式。罗雪娟宣读“开展畅游祖国江河、亲水爱水护水行动”的倡议，王路生宣布活动启动。全国31个省市205个游泳健身点共同参与的“7·16”全民游泳健身周活动从党的诞生地开始全面展开，中国游泳救生志愿者浙江省服务总队嘉兴支队同日授旗成立。7月18日，中国·嘉兴南湖公开水域游泳邀请赛在西南湖水域举行，全国各地400余名游泳爱好者参与比赛，竞赛项目有公开组1000米、老年组500米、畅游组500米。“7·16”全民游泳健身周期间，全市普及开展游泳救生公益培训等19项次配套活动，受益群众3万人次。

【浙江省“全民健身日”主会场活动】 8月8日，2015年浙江省“全民健身日”活动启动暨嘉

8月8日，嘉兴市举行2015年浙江省“全民健身日”活动启动暨嘉兴市第八届运动会、第三届市民运动会颁奖仪式

兴市第八届运动会、第三届市民运动会颁奖仪式同时举行。仪式上公布全省首批最美生态休闲健身点;表彰获得市第八届运动会金牌和奖牌总数前六名代表团及第三届市民运动会组织奖、赛事组织工作优秀单位。仪式后,市体彩中心"乐跑5公里,里程化爱心"和"全民健身大讲堂,嘉兴体彩邀你一起来健身"公益活动拉开序幕。

(项志萍　范宏伟)

体育产业

【深化体育旅游融合发展】 2015年,平湖九龙山旅游度假区被省体育局、省旅游局认定为"浙江省运动休闲基地",获"2015中国体育旅游十佳精品项目"称号,并承办浙江省第四届运动休闲旅游节。

【核算体育产业增加值】 2015年,市体育局与市统计局联合开展2014年全市体育产业增加值核算工作。2014年全市体育产业总产出94.83亿元,创造增加值30.47亿元,占地区生产总值的比重为0.91%,比上年上升0.06个百分点,其中体育服务业创造增加值10.25亿元、体育制造业14.65亿元、体育批零业5.55亿元、体育建筑业0.02亿元。体育产业发展势头良好。

【拓展体育产业影响力】 2015年,市体育局组织九龙山开发有限公司、伊思佳服饰有限公司、纽斯达体育文化有限公司、华欣自行车配件有限公司、金佰利袜业有限公司等知名体育产业企业参加中国·长三角国际体育休闲用品博览会,组队观摩青岛2015世界休闲体育大会。推荐4人参加全省首届体育产业领军人物评选,扩大全市体育产业的影响力。

【加强游泳市场的监管】 2015年,市体育局举办三期救生员和一期游泳社会体育指导员培训班,新培训初级救生员227名、游泳教员48名,并对取得上岗证的244名救生员进行统一复训。聘请技术专家对水上救生员配置数、游泳培训班管理等方面进行专门指导。招募游泳场所社会监督员,对市本级游泳场所开放进行日常监督。制订《嘉兴市本级小区游泳场所开放补助办法(试行)》,对市局直管的经开区游泳场所进行调查摸底,并对各游泳场所的开放情况、社会效益、投保额度进行综合评定。同时,对嘉兴市本级范围内符合条件的小区游泳场所实行2000~8000元的开放补助。

【体彩年销量达7.04亿元】 2015年,市体育局贯彻国家《彩票管理条例》,落实省体育局《关于进一步加强体育彩票发行工作若干意见》,完善发行管理和考核机制,强化网点管理、渠道建设和营销宣传。2015年,全市体彩年销量达7.04亿元,比上年增长10%,高于全省平均水平。

(刘立定　赵　健)

卫 生

综 述

2015 年,全市有各级各类医疗卫生服务机构 1411 个,其中医院 57 所,妇幼保健院(所)7 所,社区卫生服务中心(卫生院)79 所,社区卫生服务站 769 所,卫生监督所 8 所,疾病预防控制中心 7 个。全市卫生机构从业人员总人数 34004 人,其中卫生技术人员 29620 人,占 87.11%,平均每千人拥有医生数 2.81 人、护士 3.45 人。全市有病床 23214 张,平均每千人拥有医院床位 6.64 张。医疗卫生服务能力快速提升,群众对医疗服务满意率不断提升。

9 月 1 日,按照《嘉兴市人民政府职能转变和机构改革方案》,嘉兴市卫生和人口计划生育委员会挂牌成立,不再保留市卫生局、市人口和计划生育委员会。

“双下沉、两提升”,深化医药卫生体制改革。嘉兴市级四所三甲医院分别托管南湖区、秀洲区、桐乡市的 5 所基层医院,并先后与嘉善中医院、平湖中医院、海盐口腔医院、海盐妇幼保健院、桐乡市第一人民医院、桐乡市第三人民医院、桐乡市中医院、桐乡市妇幼保健院等签订合作协议。开展县级医院和基层医院间合作,组建县(市、区)区域临检中心、医学影像中心、病理诊断中心、心电会诊中心、消毒供应中心等 20 个。全市基本实现市三级甲等医院优质医疗资源下沉至所有县(市)和县(市)级医疗资源下沉至乡镇的两个全覆盖。

8 月 1 日,嘉兴市双向转诊系统在全市范围内正式启用,形成当地医疗机构首诊,分级诊疗,双向转诊就医并建立管理制度,完善预约诊疗服务机制。

推进责任医生签约服务,明确全科医生签约服务经费,财政按每有效签约人次 5 元 / 月的标准给予补助。推进县乡村医疗机构一体化综合管理改革,探索基层绩效考核改革。开展等级卫生院评审、群众满意卫生院创建、示范社区卫生服务中心“回头看”工作;创建 1 家国家级、6 家省级示范社区卫生服务中心,33 家乡镇卫生院通过甲等乡镇卫生院评审。

以卫生应急示范创建为平台,强化体制机制建设,调整充实各类卫生应急队伍力量,梳理完善各类卫生应急物资储备。急性传染病防控,落实主城区永久关闭活禽交易市场和允许开放市场定期休市、清洗、消毒等措施;慢性病防治,2015 年,海宁市、桐乡市、南湖区、嘉善县、秀洲区和海盐县作为国家级和省级慢性病综合防控示范区继续巩固创建成果,平湖市通过省级示范区评估,嘉兴市成为全省首个慢性病综合防控示范区全覆盖的地市。加强精神障碍疾病的排摸、规则治疗、随访和行为干预,重性精神病人发现率 4.72‰。加强县级精神卫生专业机构建设,2015 年 6 月,嘉兴市精神卫生中心经济开发区分中心成立,成为全省首个县级专业机构全覆盖的地区。推进重点传染病防控工作,完善艾滋病防控措施,全面开展社区 HIV 快速检测工作。注重常态化管理,召开全市第 39 次血防联防大会,开展春秋两季查螺、灭螺和查治病工作,巩固血防等地方病防治成果。开展全市血防技能比武活动,所有县(市、区)完成消除碘缺乏病目标自查和市级初考,并通过省卫生计生委的现场抽查。规范免疫接种工作,成立全省首个免疫规划工作质量控制中心。调整“五大”卫生监测工作职能,全部由县级以上疾病预防控制中心承担。

加强卫生行政执法和卫生监督工作。推进行政审批制度改革,对原由市级卫生行政部门审批的13个事项全部下放到县级卫生行政部门,对省卫生行政部门委托嘉兴市的25项行政审批项目做到一审一核,办理省委托下放的行政许可事项231件。转变卫生行政执法方式,加强事中事后监管。加强医疗机构监督管理,严厉打击无证行医。加强对有证医疗机构的监督,共检查医疗卫生机构1256家,检查覆盖率为100%。加强对医疗机构的医疗广告监管,并对《嘉兴日报》、《南湖晚报》、嘉兴电视台等媒体进行不定时的广告监测,监测500多条,有违法行为的医疗广告均以约谈方式予以纠正。加强放射卫生监管,完成与生产安全监管部门之间的职业卫生职能调整工作;调整职业病鉴定职能单位,明确从2015年3月1日起职业病鉴定工作由市医鉴办承担。

实施公共卫生服务项目,免费向全体居民提供10类41项基本公共卫生服务。加强食品安全风险监测工作,从4月1日起,正式承接地方食品企业食品安全标准备案工作,受理671起,备案办结650起。加强妇幼健康服务监管工作,规范母婴保健技术服务行政审批和证件管理,实施《出生医学证明》信息电子化管理项目。2015年度本地户籍孕产妇零死亡,非本地户籍孕产妇死亡率为4.55/10万人;5岁以下儿童死亡率为4.11‰,孕产妇早孕建册率97.90%,孕产妇系统管理率97.84%,高危孕产妇管理率100%;3岁以下儿童当年系统管理率97.68%,6个月以下婴儿母乳喂养率90.66%。产前筛查率78.11%,新生儿疾病筛查率99.51%,新生儿听力筛查率99.59%;剖宫产率(含新居民)41.02%,各项指标均处于全省前列。全面落实献血者关爱措施,落实获得国家无偿献血奉献奖献血者“三免”政策(免费游览旅游景区、免交门诊诊查费、免费乘坐城市公交);建成华庭街固定献血屋,从6月1日起,实行全市血液标本核酸集中化检测全覆盖,2015年无偿献血占临床用血比例保持100%。建立健全以市急救中心为龙头、县(市)急救站(分中心)为基础、各急救点为基点、急救网络医院为依托的全市医疗急救体系,医疗急救能力和水平明显提升。

巩固完善基本药物制度,提高基本药物使用比例,加强公立医院和基层医疗机构基本药物配备使用管理,提高相互之间药品目录的匹配度。2015年3月,嘉兴市要求各级公立医院严格执行省新一轮药品集中采购结果。控制基层医疗卫生机构使用非基本药物,非基本药物采购金额不得超过本单位药品采购总金额的30%。所有社区卫生服务中心(卫生院)全部配备、优先使用国家基本药物和浙江省按基本药物管理的药品,其中80%以上的药品与本县(市、区)县级公立医院使用的基本药物相匹配。推进处方点评,市级医院每月均对全院进行抗菌药物使用专项考核,评估各科室抗菌药物使用情况,加强对科室使用量居前药品的监控,包括专科性用药、中成药及辅助性药品,并扩大监控覆盖面。

实施进一步改善医疗服务三年行动计划,在全市医疗机构中继续开展以“服务好、质量好、医德好、群众满意”为主要内容的“三好一满意”活动。市级医院全面构建以法人治理结构为主要内容的现代事业制度,建立健全以公益性为核心的公立医院绩效评估管理体系和医疗质量安全评价管理体系,建立和完善以岗位绩效工资为主要内容的多种形式分配制度;建立统一预约诊疗服务平台,完善公立医院“优质护理示范病房”工作规范,推进临床路径管理试点,优化诊疗流程,规范诊疗行为。试行诊间结算,推行检查结果互认、首诊负责、畅通绿色通道和为特殊贫弱群体免费手术等系列便民惠民举措。加大“接轨上海”的工作力度,依托上海优质医疗资源,提升公立医院软实力。

健全市、县二级联动的医疗质量控制组织体系，深化优质护理服务活动，建立健全医疗纠纷第三方调解机制，改善医患关系。推进医疗卫生机构基建项目建设进程，市第二医院门急诊医技大楼于2015年1月全面启用；争取公共财政对卫生事业的支持，化解市第一医院和市第二医院基建债务6.7亿元。市妇幼保健院二期项目规划建设方案获批，医疗急救血液管理中心项目获立项批复。

开展爱国卫生运动，加强城乡健康教育工作。推进城乡卫生创建工作，助推市委、市政府调整充实“五城联创”领导组织及创建办，“河长制”由城市向农村扩展。在国家卫生城市（县城）全覆盖的前提下，开展卫生镇（村）创建和巩固活动。推进城乡除“四害”工作，完善市区以区为主、条块结合、以奖代补、科学防治、全社会参与的除“四害”工作机制；推进重点单位场所除“四害”工作，启动市区除“四害”示范街建设。推进城乡环境卫生整洁工作，加强农村改水改厕工作。推进城乡供水一体化，加强县级以上水厂管网的延伸，推进家庭卫生厕所建设，全面推进城乡环境卫生整洁行动；开展“五水共治”“四边三化”“三改一拆”专项行动，建立“目标考核制”和“问责制”，每月在《嘉兴日报》公布进展状况，有力改善城乡环境卫生面貌。开展城乡健康教育工作，组织市、县讲师团基层宣讲活动；开展全市中医健康素养促进行动，开设嘉兴市中医健康大讲堂，开展多种形式控烟活动。开展全国第27个爱国卫生月活动，做好重大节庆的爱国卫生工作。

推进卫生行风暗访检查机制，累计发放病人满意度调查问卷898份，平均满意度为96%。

（陈贵聪）

卫生监督

【概况】 2015年，全市受理公共卫生类投诉举报178件，均按时办结；处罚各类卫生违法案件292件，罚没款175.22万元；申请法院强制执行13件，申请行政复议1件，全年无行政诉讼案件发生。全市69家社区卫生服务中心（乡镇卫生院）已创建卫生监督协管服务示范点，其中嘉善县、平湖市、海盐县、海宁市、桐乡市、秀洲区的镇（街道）社区卫生服务中心（卫生院）全部完成创建省级卫生监督协管服务示范点。全市有卫生监督协管员240名。

【加强医疗服务市场监管】 1～10月，嘉兴市依法处罚非法行医案件89起，行政罚款69.64万元，没收违法所得19.79万元，因非法行医被移送司法机关追究刑事责任10人。规范有证医疗机构的执业行为，加强对医疗机构的监管，对有违法行为的18家医疗机构实施行政处罚，行政处罚款11.47万元，没收违法所得3.06万元。开展医疗广告和互联网医疗保健信息服务专项监督检查工作，1～10月共监测到涉嫌违规医疗广告14条，其中违规医疗广告信息2条，分别对违规发布医疗广告的2个医疗机构给予警告的行政处罚，并按照《浙江省医疗机构不良执业行为记分标准》予以记分。

【推广使用卫生监督智能移动执法系统】 至7月底，全市卫生监督机构移动执法装备全部配置到位，智能移动终端166台，蓝牙打印机34台，二维码打印机18台，投入资金73.24万元。海盐县实现卫生许可证二维码全覆盖，利用二维码扫描技术，快速定位，有效提高卫生监督执法效率，实现卫生监督执法信息互联互通和实时动态管理。

【加强精神卫生专项监管】 2015年，嘉兴市有精神病专科医院6所、精神病专科门诊1所、精神科执业医师97名和精神科执业护士238名。17所综合医院开设精神科诊疗科目，有24名精神科执业医师和31名精神科执业护士。上述医疗机构基本具有从事精神障碍诊断、治疗相适应的精神科执业医师和相关执业护士，制定精神障碍诊断、治疗管理和质量监控制度,并有满足开展精神障碍诊断、治疗需要的设施和设备,检查中未发现违规诊疗行为。

【开展保供水卫生监督】 2015年,嘉兴市在市区设立3台饮用水在线监测设备的基础上,又在世界互联网大会永久会址乌镇景区安装1台末梢水在线监测设备。4家A级供水单位6月底前将本单位一套在线监测设备连接到省卫计委综合监督局饮用水在线监测平台,监测数据通过互联网移动平台传送,卫生监督部门实时监测数据。同时,开展社区饮用水卫生检测示范项目建设,全市7个县(市、区)共选定8个社区开展饮用水水质检测和公示。

【消毒产品监管】 2015年,嘉兴市抽检各类消毒产品77份,合格76份。至9月30日,全市取得有效《消毒产品生产企业卫生许可证》的生产企业共58家。年内,嘉兴怡顺堂日用化工有限公司因安全生产问题被安监部门查处,全面停产;嘉兴金佰德日用品有限公司(纸巾)擅自变更地址并生产,被立案查处;对嘉善县圣康生物科技有限公司抽检的不合格产品予以2000元的行政罚款并责令改正其违法行为。

【开展校园卫生安全健康督查】 3月初,嘉兴市下发《关于开展对全市学校卫生专项监督检查的通知》,对全市所有学校的传染病防控措施的落实、突发公共卫生事件应急处置、校卫生室(保健室)设置和专职卫技人员配备等学校日常卫生工作进行监督检查。全市343所学校日常用水经由市政供水管网供水,无自建设施集中式供水和其他自备水源;有二次供水设施的学校12所,主要用于校内消防安全。对全市207所中、小学校的教学环境进行监测,监测数占全市中、小学校总数的61.4%,其中课桌椅达标85所,黑板达标157所,采光达标163所。343所学校中58所学校设立医务室(卫生室),配备卫生专业技术人员220名;设有保健室的学校303所,有专(兼)职保健老师513人。

(陈贵聪)

疾病控制

【概况】 2015年,嘉兴市疾病预防控制中心有核定编制76人,在编职工71人,其中卫生专业技术人员56名,正高级职称10名,副高级职称13名,中级职称27名,学历结构为博士1人,硕士25人,硕士在读6人,编外合同制人员28人。有嘉兴市第六批新世纪专业技术学科带头人3名,后备学科带头人6名;嘉兴市卫生系统第六批“351人才”后备学科带头人1名,优秀青年人才3名。嘉兴市疾病预防控制中心现有工作用房面积11275平方米,其中实验室用房5134平方米。配置有气—质联用仪、原子吸收分光光度计、原子荧光分光光度仪、高效液相色谱仪、气相色谱仪等检测设备,实验室计量认证通过项目达29大类802项。创建嘉兴市病原微生物检测重点实验室、嘉兴市流行病学重点学科、浙江省动物实验平台。2015年,嘉兴市疾病预防控制中心先后获得全国肿瘤登记工作突出贡献奖、2013～2014年全国麻风病防治管理信息系统先进集体、2014年度市级疾控工作检查评估综合优秀先进集体、省麻风病防治工作考核优秀、浙江省全球基金结核病防治项目工作先进集体等荣誉称号,取得浙江省职业卫生技术服务机构乙级资质。1项国家实用新型专利获批。

【有效应对禽流感、流感】 2015年,嘉兴市共报告8例人感染H7N9禽流感病例,其中桐乡4例,海盐、秀洲、嘉善和平湖各1例。全市采集禽流感外环境样本1006份,采样场所涉及城乡活禽市场、禽类规模养殖场(户)、家禽散养户集中地区、家禽屠宰加工厂、候鸟栖息地等6类,检出甲通阳性284份,甲通阳性率28.23%;H7N9核酸阳性127份,H7N9阳性率12.62%;采样涉及场所291处,H7N9核酸阳性场所75处,场所阳性率25.77%。至11月底,国家网络实验室共接收流感样病例标本1012份,对所有标本进行核酸检测,共检出阳性标本209份,阳性检出率为

20.65%,其中H3型126份、乙型78份和新甲H1型5份;对所有标本开展病毒分离鉴定,共分离到阳性标本196份,阳性分离率为20.12%,其中乙型78份、新甲H1型1份和季H3型117份。

【有效处置各类传染病疫情】 2015年,全市共报告2例输入性登革热病例,未发现本地病例。至11月底,全市报告甲乙丙类传染病发病26种共24538例,报告发病率为536.19/10万人,比上年下降20.39%,无甲类传染病病例报告;报告死亡23例,报告死亡率为0.50/10万人,下降25.80%;突发公共卫生事件2起(嘉善县戊肝、平湖市水痘暴发疫情)。

【开展艾滋病、性病防控工作】 2015年,全市社区HIV快速检测覆盖率达100%。由社区快检初筛HIV阳性3例,确诊2例,社区HIV抗体快速检测工作在社区艾滋病防治工作的作用逐步显现。针对艾滋病在青少年学生中流行的上升趋势,各级疾病预防控制中心对辖区大中专院校学生感染艾滋病情况进行摸底调查,并通过多种形式宣传防治艾滋病知识。全年全市新报告艾滋病毒感染者和艾滋病病人(HIV/AIDS)215例(男性169例,女性46例,本地96例),告知率100%;累计报告病例1392例,死亡126例,现住址在嘉兴市存活的912例,完成随访及CD4检测868例;正接收治疗的742例,累计治疗病例872例。全市开设美沙酮维持治疗门诊数4个,维持治疗点2个,累计治疗916人,正在治疗248人;艾滋病自愿咨询检测门诊接受咨询7900人次,进行HIV抗体检测7856人次,确诊HIV感染者41人。2015年,报告性病病例五种7086例,年发病率为105.15/10万人,较2014年微降4.72%,其中报告最多为梅毒,报告2675例,年发病率58.45/10万人,较上年下降10.89%,其余依次为淋病、尖锐湿疣、生殖道沙眼衣原体感染和生殖器疱疹。

【寄生虫病防治】 2015年,全市69个乡镇719个村开展春季查螺,查螺面积8888822平方米,查到嘉善县惠民街道、秀洲区新塍镇3个螺点,有螺面积2420平方米。全年血检人数17700人,血检阳性数为98人;粪检人数129人,粪检无阳性,扩大化治疗51人,内科救助524人。开展"三热"病人血检工作,截至11月底,共血检9826例,检出4例疟疾病例,桐乡和海盐各2例,其中恶性疟3例、间日疟1例,均为外地感染病例。开展布病相关职业人群监测,采集血清1055份,检出本地布病新病例13例,其中桐乡市11例、南湖1例、平湖市1例。

【开展碘缺乏病防治】 2015年,嘉兴市监测2100户居民碘盐,碘盐覆盖率98.10%,碘盐合格率95.00%,合格碘盐食用率93.19%,盐碘中位数为23.23毫克/千克;开展1508名8~10岁学生甲状腺和尿碘监测,发现甲肿率2.12%、尿碘中位数值为165.4微克/升。2015年,完成对全市各县区地方病防治"十二五"规划的终期考核评估和实现消除碘缺乏病目标县级考核,通过省级对嘉兴市、海盐县、秀洲区地方病防治"十二五"规划终期考核评估和实现消除碘缺乏病目标县级考核工作。

【实施国家免疫规划】 2015年,嘉兴市入库第一类疫苗123.62万支、一次性注射器134.50万支;出库第一类疫苗137.04万支、一次性注射器115.44万支,接种二类疫苗584716剂次。脊灰疫苗基础免疫162325人次,加强免疫59279人次,查漏补种5921人次。麻疹风疹基础免疫61139人,麻腮风复种53663人;春季查漏补种麻疹风疹2556人,麻腮风5744人,补种率均在95%以上。疑似病例密切接触者应急免疫8366人、医务人员接种1134人。全市报告AFP11例,15岁以下儿童AFP报告发病率2.20/10万人;报告病毒性肝炎1317例、麻疹154例、流脑1例、百日咳3例、风疹52例、流行性腮腺炎471例、水痘811例,无脊灰、白喉、乙脑病例报告。戊肝死亡2例。

【慢性非传染性疾病防控】 2015年,嘉兴市继续实行出生、死因、慢性病监测和医院急诊伤害监测,开展一年两次医疗机构出生、死亡、慢性病漏报调查,与公安、民政、妇幼等部门多渠道核对出生、死亡等数据。全年全市监测人口3481377人,报告户籍人口死亡22046例,估算年报告死亡率6.91‰;报告户籍人口肿瘤11896例,估算年发病率为372.77/10万人;报告脑卒12026例,估算年发病率为376.84/10万人;报告冠心病急性事件1443例,估算年发病率为45.22/10万人;报告糖尿病14027例,估算年发病率为439.54/10万人;各医疗单位共报告4种慢性病68159例,报告及时率99.41%。伤害监测报告29085例,比上年上升3.74%。

【结核病防治工作】 2015年,全市网络直报系统共报告肺结核病例1622例,较上年下降6.62%,其中新涂阳肺结核病人658例,下降11.32%。非结防机构通过疾病监测系统共报告疑似肺结核病人2925例,转诊人数3161人,转诊率99.68%;转诊到位人数2775人,到位率88.07%;追踪人数348人,追踪到位率76.15%,总体到位率97.53%。筛查密切接触者1925人,筛查率为100%。病人治疗2月末痰检阴转率84.59%。本地网络报告学生群体肺结核患者28例,较上年有大幅度下降。筛查可疑耐多药肺结核患者150例,痰培养137例,筛查率91.33%。对450例培养阳性患者进行药敏筛查,确诊MDR-TB患者11例,纳入治疗7例,纳入治疗率63.64%。

【开展全民健康促进行动】 2015年,嘉兴市围绕"科学就医""无烟生活"等主题推进健康素养巡讲活动,全市讲师团深入各行业开展健康讲座5843场,受益39.4万人次。围绕结核病防治、预防接种、世界卫生日、无烟日宣传、慢性病防治等内容开展健康教育宣传活动1059次,健康咨询1138次,健康义诊776次,累计受益29.5万人次。全市医疗卫生单位在各大主流媒体开展宣传报道4001篇次,通过网站发布健康信息2071篇,推送微信、微博6.1万条。制作健康教育印刷资料434种,共82万份;发放控烟、慢病防控、传染病防控等各类宣传资料1625种,共96.3万份。

(陈贵聪)

医　疗

【概况】 2015年,全市政府办医疗机构门急诊病人3157.87万人次,住院人数57.19万人次,分别比上年增长6.22%和5.26%。县级以上医院病床使用率100.21%,下降3.08个百分点;基层医疗机构病床使用率52.7%,上升13.5个百分点。2015年,全市急救中心共出动救护车2.51万次,抢救各种危重病人1.93万人。全年全市共审批设置医院6所,核定建设床位1750张,规划投资7.3亿元。执业验收医院7所,投资总额7.38亿,核定床位1076张。以执业许可证换证为契机,对核发执业许可证的医疗机构诊疗科目进行规范,共核销各类诊疗科目23个,涉及机构15家;核准注册执业医师563人,执业护士497人。

【推进医疗质量管理科学化】 2015年,市属4所医院成立医疗质量管理考核办公室,加大临床路径管理、PDCA和QCC等质量管理工具的应用力度,继续扩大临床路径病种和覆盖面。市第一医院开展电子临床路径病种18个,共入径病例653例;开展临床护理单元39个QCC项目,其中10项得到医院层面的立项,获得5万元资金资助(每项5000元),QCC项目《降低择期手术患者术前准备不完整率》参加浙江省"2015年医院品管大赛",在全省132个参赛项目中获评大赛银奖。市第二医院开展电子临床路径病种30个,共入径病例2423例;完成28个护理质量改进项目,20多项医疗医技持续改进项目。应用时间追踪管理法等提高诊疗及时性,使急性心梗的DTB时间(门球时间)比改进前缩短近1小时,发病时间窗内急性脑梗病人溶栓例数明显增加且DTN时间(门药时间)保持在平均86分钟左右,明显提高心梗、脑梗等重点病种的诊治质量。市妇幼保健院开展电子临床路径病种15个,共入径病例9367例。市中医院开展电子临床路径病种39个,共入径病例院2365例。

【提升医疗服务质量】 2015年,市卫生局推进卫生信息化建设,在市第一医院、市第二医院开发医院APP的基础上,建立全市统一的"健康嘉兴"APP,实现预约挂号、健康信息查询功能,包括检查结果、体检、门诊、住院、缴费等信息查询,并增加献血查询、免疫规划查询等健康服务,年底进入具体实施阶段。市妇幼保健院、市中医院建立微信公众号,并开发挂号、查询、缴费等功能,方便居民就医。年内,市妇幼保健院和市第二医院试点运行输液系统,实现输液病人信息及输液药品内容从HIS中自动获取,护士通过PDA扫描药品和病人条码,核对病人及输液信息,确保病人输液安全。

【推进中医药事业发展】 2015年,嘉兴市在平湖市、海盐县、海宁市、桐乡市等完成国家级或省级中医药工作先进市(县、单位)创建工作的基础上,通过建立由市中医医院牵头,联合各县(市)中医医院和区级医院的省级中医药适宜技术推广应用联合基地,形成市、县、基层三级中医药技术推广应用体系,提升基层中医药服务能力。省中医药管理局在海盐县召开全省基层中医药服务能力提升工程现场会。年内,嘉兴市进一步推进中医药"三进"(进乡村、进社区、进家庭)工作,通过制播科普录像、开展科普讲座、赠送科普读物等多种方式,在全市各社区、行政村中开展中医药科学文化知识普及教育。完成嘉善大云云澜湾温泉度假小镇创建中医药文化养生旅游示范基地市级验收,并推荐申报省级基地。

【无偿献血工作】 2015年,全市无偿献血45861人次,比上年增长0.72%。其中全血42488人次,下降0.02%;血量14.3吨,下降1.32%;机采血小板3373人次,增长11.10%;机采血小板量4382.7单位,增长13.09%。一次献血300毫升和400毫升的比例达87.4%,成分输血率99.9%;临床用血和机采成分血100%来自无偿献血,血液检测率、血检测准确率达到100%。日均库存水平全省最优(10天以上),报废率全省最低。启动核酸检测项目,全年无血液安全事故发生。

【推进医务社工工作】 2015年,市属4所三甲医院均建立社工部,配备专(兼)职工作人员13名,推进"志愿服务在医院"工作,进一步完善志愿服务管理制度和工作机制;招募志愿者4850人,全年累计为病人提供服务22360小时。

(陈贵聪)

妇幼保健

【概况】 2015年,全市有妇幼保健机构7家,其中三级甲等妇幼保健院1所,三级乙等妇幼保健院1所,二级乙等妇幼保健院3所,妇幼保健所2所。2015年,嘉兴市活产总数为51834例,其中本地活产数29024,本地户籍孕产妇零死亡。平湖市和嘉善县分别连续17年和15年未发生本地孕产妇死亡。非本地户籍孕产妇有1例死亡,死亡率为4.38/10万人;新生儿死亡率1.55‰,婴儿死亡率2.48‰,5岁以下儿童死亡率3.34‰;非本地婴儿死亡率4.78‰,5岁以下儿童死亡率6.75‰。各项死亡率均为历史新低。出生缺陷总发生率24.39‰,比上年有所下降。产前筛查率97.34%,新生儿疾病筛查率97.85%,新生儿听力筛查率99.85%,提前完成《联合国千年发展目标》。剖宫产率持续下降,2015年47.36%,较上年下降1.25%。

【加快妇幼保健院迁建、扩建】 2015年,嘉兴市启动海宁市妇幼保健院和桐乡市妇幼保健院迁建工程,迁建后的海宁市妇幼保健院建筑面积33727平方米,总投资近2亿元,年底交付使用。桐乡市妇幼保健院将和市计生指导站合建,建筑面积36309平方米,总投资3.71亿元,财政投入约占70%,将于2017年上半年完工交付使用。平湖市和海盐县妇保机构迁建及海盐县妇幼保健院扩建项目、桐乡市妇幼保健院二期项目均被列为"十三五"期间建设项目。

【市妇保院获"全国百家优秀爱婴医院"】 2015年,嘉兴市23家爱婴医院申报单位接受省级有关部门暗访和复核。11月19日,在全国爱婴医院复核工作总结大会上,嘉兴市妇幼保健院被国家卫生计生委妇幼司评选为"全国百家优秀爱婴医院"。

【落实妇幼重大公共卫生服务项目】 2015年,嘉兴市新增叶酸应服用人数22905人,实际服药人数22412人,服用率为97.85%,叶酸知识知晓率99.21%。落实住院分娩补助项目,嘉兴市有城镇户籍产妇数28679人、农村户籍产妇数12876人,实际补助人数13115人;住院分娩补助率100%,共补助资金662.65万元。年内,城乡妇女"两癌"检查在全市全面铺开,各县(市、区)完成宫颈癌筛查16.2万例,乳腺癌筛查17.5万例。预防"艾梅乙"母婴传播,2015年婚前保健人群中男性、女性HIV抗体检测率分别为99.09%和99.29%;全市孕期接受HIV抗体检测率99.99%,孕期HIV抗体阳性检出率0.25‰。孕期接受梅毒检测率99.99%,其中感染率3.79‰,住院分娩产妇中产时确诊梅毒感染率6.04‰。孕期接受乙肝表面抗原检测孕妇检测率99.99%,其中感染率4.14%。

【妇幼保健信息化系统全国领先】 8月,嘉兴市妇幼保健信息系统通过中国CDC妇幼保健中心督导组的现场督导,并在郑州召开的全国妇幼机构监测年会上被建议所有的保健机构监测流程以嘉兴市妇幼保健机构为模板。年内,市妇幼保健信息系统实现嘉兴市卫生专网互联、五县两区数据实时共享,信息系统采用市、县(区)、乡镇(社区)三级管理模式分级管理。同时,增加产前筛查管理模块、产妇分娩信息网络直报模块、新生儿疾病筛查上报模块。

(陈贵聪)

基层卫生

【概况】 2015年,嘉兴市有81家社区卫生服务中心(乡镇卫生院)、780家社区卫生服务站,实现基本医疗20分钟服务圈,中心和站实行紧密型一体化管理,一体化管理率100%。全市有甲等乡镇卫生院33所,占73.3%;乙等乡镇卫生院14所。全市基层医疗机构核定床位3042张,实际开放床位2980张;核定编制人员6255人,实际在岗7725人。海盐县作为全省首批八个分级诊疗双向转诊试点县(市)之一,2015年县域内就诊率达95.18%,住院率80%以上。

【海盐县被确定为基层绩效考核改革试点】 2015年,海盐县被省财政厅、省卫计委确定为全省4个基层医疗卫生机构补偿机制改革先行试点县市之一,重点围绕明确补偿渠道、完善补偿方式、规范收支管理等方面开展试点。年内,基本完成项目标化工作当量的数据测算,完成试点方案和补助办法(试行)的制定和补偿机制改革绩效考评信息化系统整体开发建设的框架思路设计。

【推进全科医生签约服务】 2015年5月,嘉兴市明确全科医生签约服务经费,财政按每有效签约人次5元/月的标准给予补助。12月,对全科医生签约服务的服务模式、保障措施作了进一步明确:责任医生市本级签约服务费标准120元/年·人,其中个人支付10元/年·人,基本公共卫生服务经费承担10元/年·人,各级财政补助100元/年·人;至年底,有效签约率为17.26%。

【基层卫生信息化建设】 8月1日，嘉兴市启用开发全市双向转诊系统，至年底，共通过系统转诊病人2948人。海宁市、桐乡市实施大健康数据整合和利用，其中海宁市启用“健康海宁手机APP”，实现医疗卫生信息数据对公众的开放。海宁市市民、居民健康档案信息，市内门诊、住院、体检、门诊检查等8项健康信息实现一键查询，家人健康可随时关注；7月底发布以来，已绑定注册用户2万余人。

【居民健康管理】 2015年，全市60岁以上老人体检人数51.7万人，体检率65.7%；老年人健康体检表完整数39.93万人，老年人健康体检表完整率77.17%。全年居民电子健康档案累计建档人数336.53万份，电子健康档案建档率80.14%；健康档案合格数303.18万份，健康档案合格率90.09%。

（陈贵聪）

医教科研

【完善继续医学教育工作】 2015年，全市各级各类医疗卫生机构申报国家级继续医学教育项目36项、省级继续医学教育项目31项、市级继续医学教育项目378项，并重新启动远程继续医学教育工作。

【加强基层卫生人才培养及培训】 2015年，嘉兴市开展基层卫生人才定向培养（需求确认166人）、城乡公共卫生人才培训（培训41人）、全科医师骨干师资培训（培训10人）、基层复合型公共卫生骨干培训（培训8人）、基层医技人员岗位培训、全科医生培训、乡村医生培训等，基层卫生专业技术人员的服务能力得到提升。

【住院医师规范化培训工作】 2015年，嘉兴市加强市第一医院和市第二医院两个国家级住院医师规范化培训基地建设，建立三所三级乙等综合医院为国家级后备基地、市妇幼保健院等五所医院为省级联合规范化培训基地，进一步加强住院医师规范化培训管理。开展对规范化培训基地的年度考核和复评，对规范化培训学员进行结业考核和年度考核，完成结业考核381人。

（陈贵聪）

医疗卫生体制改革

【开展医疗合理用药与检查专项检查】 2015年，嘉兴市开展“二甲及以上综合医院大型医疗设备检查阳性率专项检查”，委托市药事质控中心进行“抗菌药物专项检查”。2015年，县级以上医院每门诊人次收费水平为189.25元，比上年增长2.49%，其中药品费86.91元，增长0.09%；基层医疗机构每门诊人次收费水平为83.97元，增长3.31%，其中药品费50.26元，增加1.99元，增长4.12%。全市县级以上医院每出院病人负担医药费用8169.45元，增长5.51%，其中药品费2305.18元，下降0.49%；基层医疗机构每出院病人负担医药费用3114.59元，增长3.27%，其中药品费1231.54元，增长1.85%。

【推进医院托管式办医模式】 2015年，嘉兴市市级医院与下级及基层医疗机构形成全托管、半托管和专科合作三种模式的紧密型或宽松型合作。5所省级医院分别托管平湖市、海盐县、海宁市的4所综合医院和1所中医医院（长海医院—海宁人民医院、省人民医院—海宁市第三人民医院、省立同德医院—海盐中医院、浙江医院—平湖市第一人民医院、上海东方医院—平湖市第二人民医院）；市级四所三甲医院分别托管南湖区、秀洲区、桐乡市的5所医院（嘉兴市第一医院—王江泾医院及七星卫生院、嘉兴市第二医院—桐乡市第四人民医院、市妇幼保健院—秀洲妇幼保健院、市中医院—新塍医院）。市级四所三甲医院与嘉善中医院、平湖中医院、海盐口腔医院、海盐妇幼保健院、桐乡市第一人民医院、桐乡市第三人民医院、桐乡市中医院、桐乡市妇幼保健院等建立专科合作并签订合作协议。县域医联体,通过组建以管理、技术、信息、人才为纽带的县级医院和基层医院间合作,提升基层医疗服务体系整体绩效,取得明显成效。全市基本实现省、市三级甲等医院优质医疗资源下沉至所有县(市)和市、县级医疗资源下沉至乡镇的两个全覆盖。

【实施分级诊疗】 2014 年 10 月, 海盐作为全省试点率先启动分级诊疗工作, 其他县（市、区）先后于 2015 年 6 月底前全面启动该项工作。全市各级各类医疗机构全部建立双向转诊办公室,确定专职工作人员,实行当地医疗机构首诊制,建立双向转诊管理制度,完善预约诊疗服务机制。嘉兴市双向转诊系统于 8 月 1 日在全市范围内启用。

【推进社会资本办医】 2015 年,嘉兴市加强医疗机构设置审批,鼓励、引导、支持社会资本建立嘉兴市医疗资源相对短缺的老年病、康复、护理、儿童、肿瘤专科等医疗机构。至 10 月, 社会资本办医疗机构 334 个, 占医疗机构总数的 24.19%; 社会资本办各类医院 33 个,占医院总数的 45.21%; 社会资本办医核定床位 6422 张,占总床位数的 29.71%;其中 10 家机构正在建设中,建设床位 2970 张,达到省政府要求“十二五”期末民营医疗机构床位占比 20%的指标。

（陈贵聪）

爱国卫生

【概况】 2015 年,嘉兴市围绕市区巩固文明卫生城市、创建卫生城市(县城、镇、街道)和城乡环境卫生整治目标,开展卫生创建、健康教育与健康素养促进、病媒生物防治、改水改厕等城乡爱国卫生运动,开展“五水共治”“四边三化”“三改一拆”等专项整治行动,加大行政推动力度,完善目标管理和考核评价制度,建立健全各级创卫长效管理机制,推动体制和机制创新。推进城市污水处理管网逐步向农村延伸工作,实施城乡供水、城乡垃圾收集处理、城乡道路建设、城乡污水处理一体化建设。推进健康素养提升工程,做好禽流感等重点传染病防控工作, 嘉兴城区农贸市场全部关闭活禽交易。举办中医健康教育讲师培训,开展中医健康素养和中医药防治知识和“进农村、进社区、进学校、进企事业单位、进家庭”活动,开展控烟系列宣传和控烟活动。年内, 全市 12 个镇(街道)开展国家卫生镇、省级卫生街道的创建和巩固工作。嘉善县、桐乡市、海宁市国家卫生城市(县城)工作通过国家卫生部门复查。

（陈贵聪）

社会生活

人口与计划生育

【概况】 2015年，全市各级部门主动顺应机构改革和生育政策调整带来的新变化，坚持计划生育基本国策不动摇，围绕“促进人口长期均衡发展”总目标，推进优生促进、幸福创建和出生性别比治理等重点任务。全年全市上报出生人口26974人，计划生育率97.82%，多孩违法生育数占0.17%，国家免费孕前优生健康检查目标人群覆盖率达96.31%，各项指标全面完成省考核要求。

【整合妇幼保健和计划生育技术服务资源】 2015年，嘉兴市顺应卫生计生机构改革，按照“市县合、乡增强、村共享”的方针，开展全市妇幼保健和计划生育技术服务资源整合工作。市、县两级均成立由卫生计生部门一把手任组长的资源整合工作领导小组，开展专题调研，在此基础上，会同编制部门制定整合方案。在县级层面，将县级妇幼保健机构和计划生育技术服务机构予以合并，组建成立县级“妇幼保健计划生育服务中心”。机构整合后，实行“一院两制”，原有人员实行“老人老办法”管理，不改变原有编制性质及经费形式，在职时实行同工同酬管理，人、财、物、信息做到统一管理，统一调配，统一使用。在镇级层面，将镇级计划生育技术服务机构与镇卫生院、街道社区卫生服务中心妇幼保健职能整合，在镇卫生院、街道社区卫生服务中心加挂“妇幼保健计划生育服务站”牌子，接受县级卫生计生行政部门和镇政府(街道办事处)双重管理。机构整合后，原计划生育服务站工作人员，按照自愿原则，可到妇幼保健计划生育服务站工作，也可在镇(街道)继续从事卫生和计划生育服务管理工作。镇级计划生育管理工作仍由镇政府(街道办事处)负责。原计生办更名为卫生计生办公室，按照常住人口规模比例配备工作人员，统筹管理镇级卫生计生工作。每个镇(街道)妇幼保健计划生育服务机构确保至少有1名从事计划生育技术服务人员，承担计划生育技术服务、优生指导、国家免费孕前优生健康检查项目、药具发放、随访服务、生殖保健等任务。在村级层面，将原村计划生育服务室(咨询室)承担的职能纳入村卫生室或社区卫生服务机构，将村卫生室更名为村卫生计生室。做好妇幼保健服务并配合村(居)两委开展计划生育药具发放、政策宣传咨询等相关服务工作，协助开展疾病防控、卫生计生监督和爱国卫生等工作。各地在推进资源整合过程中，做好干部职工思想工作，做到思想不乱，队伍不散，工作不断，实现平稳过渡。

【加强生育秩序管理】 2015年，市委、市政府将计划生育违法行政作为计生目标责任制考核“否决”指标，年中开展专项督查。市卫生计生委稳妥有序实施单独两孩政策，强化政策衔接，做好调查论证和应急处置，确保政策平稳实施。2015年，全市共受理单独夫妇审批7047例，批准6875例。督促落实社会抚养费征收自由裁量权运用,加强行政执法案卷评查和再生育审批过程监督,做到规范、公正、透明。各级各相关部门不断优化出生人口性别比综合治理机制,进一步完善宣传倡导、全程管理、源头防范、“两非”(非医学需要的胎儿性别鉴定、非医学需要的选择性别人工终止妊娠)查处等工作机制,各项责任落实到位。全市出动联合执法人员 850 多人次,查处各类非法行医案件 122 起,取缔非法行医点 76 个,查实“两非”案件 2 例。“B 超”管理、凭证引产、住院分娩实名登记制度和部门信息通报制度有效落实。切实抓好新居民计划生育均等服务和依法管理。全市 23 个镇、街道创建省级新居民计划生育规范化服务中心,有 619 个新居民需求服务站,市、县两级与 313 个流入人口较多的地区建立区域协作关系。

【推进生育证服务制度改革】 2015 年,全市计生系统推进生育证服务制度改革,取消“一孩生育证明”办理,实行一孩生育备案登记制度,精简生育证审批办理手续,优化办证流程,提高服务效率,最大限度方便群众。一是简化申报材料。凡是能够通过人口信息数据库获取的信息,不再要求申请人提供相关证明材料。二是执行限时办结制。对符合再生育条件且材料齐全的,当场受理;对材料不齐全的,一次性书面告知需补齐的材料,待材料补全后,及时受理;对有关材料需要进一步核实的,在 7 个工作日内提交核实;对信息可在本地区核实的,15 个工作日内办结;对于夫妻婚姻变动、户籍迁移等复杂情况或需跨省、市核实的,办理时限最多不超过 20 个工作日。三是执行申办承诺制。对于申请人户口多次迁移、长期或多次、多地流动、空挂户、口袋户、集体户及人户分离人员、户籍地和现居住地都无法出具婚育证明的,且信息核实确有困难的对象,由申请人对其所提供的婚育情况的真实性做出书面承诺。四是执行委托代办制。在各村(居)推行由计生服务员全程代办生育证服务,如申请人无法亲自办理生育证的,可以委托本村(居)计生服务员代为办理。

【深化幸福家庭创建活动】 2015 年,嘉兴市继续落实计划生育奖扶、特扶政策,全市全年发放奖扶金 6708.67 万元,69882 人享受奖励扶助金;发放特扶金 4235.76 万元,4866 人享受特殊扶助金。实施生育关怀——致富发展项目,各级计生协会扶持水产养殖、果蔬种植、农产品加工等项目,提高育龄群众生产技能,增加劳动就业机会,促进农村计生家庭发展。2015 年争取省级项目 12 个,获得 28 万元项目资金补助。全市有县级项目 16 个,镇级项目 21 个,村(社区)级项目 320 个,预计直接帮扶困难计生家庭 6000 多户,带动 18000 多户困难计生家庭发展生产。全面开展独生子女安康保险、特殊家庭父母安康保险、女性安康保险工作,财政安排 400.92 万元为 43.83 万名独生子女购买安康保险,安排 49.03 万元为 3872 名失独父母投保。市计划生育协会与人寿保险嘉兴分公司联合开展“生育关怀——圆梦微心愿”活动,帮扶计生困难家庭、困难基层计生工作者、困难新居民计生家庭和部分计生困难特殊家庭,全市征集“微心愿”总数 1138 个,兑现 1066 个,兑现率 96.04%。实施优生健康检查项目,全市参检 4.8 万余人,4549 人被评估为高风险,目标人群覆盖率达 96.31%,病残儿父母再生育二孩的优生指导和服务率 100%。所有参检人员信息全部录入项目信息系统;接受省对市项目临床检查室间质量评价,7 个服务机构综合评价优良率达 100%。抓好“优生优育优教”促进工作,广泛开展宣传培训,增强群众预防出生缺陷、科学育儿、人口早期教育意识和能力。全市已建“优生优育优教”指导中心 47个,2015 年开展培训班 700 多期,培训 2.7 万余人次;组织专家讲座 208 期,亲子活动 403 期。

【拓展计划生育特殊家庭帮扶工作】 2015 年,市卫生计生委实施中国计生协会计生特殊家庭帮扶模式探索项目,发挥计生协会群团组织优势,推动建立政府主导、社会参与、自我救助相结合的工作机制,帮助计生特殊家庭缓解精神情感问题和生产生活困难。至年底,全市

1845户失独家庭(涉及失独父母2906人)均纳入帮扶范围。

(周国光)

新居民事务

【推进居住证制度改革试点】 2015年,嘉兴市新居民事务局对涉及居住证制度改革的相关政策进行调整和完善。根据"实施依规申领、降低管控成本、规范举证管理、促进综合治理"的原则,严格准入管理,推动新居民控量提质。至年底,全市共发放试点版居住证1.9万份、试点版临时居住证49.4万份。嘉善作为居住证IC卡试点县,将IC卡功能拓展到金融、交通、文化、商业等领域。

【新居民积分管理】 2015年,嘉兴市各县(市、区)出台新居民积分管理实施办法,并做好宣传工作。建立开通新居民积分信息系统,通过调试投入运行(嘉兴港区采用平湖系统)。2015年全市受理申请入读公办学校16090人,经资料审核实际入围10071人。全市因积分制入学引发的社会矛盾比上年明显减少。

【开展新居民集聚区定点监测】 2015年,嘉兴市在新居民聚集区开展定点监测工作,4月下旬开始,选择15个重点镇(街道)作为定点监测点,每周监测新居民总量与集聚情况,了解企业用工情况,并完成新居民数据监测报告。至年底,全市新居民居住登记率为93.6%,高于省定标准8.6个百分点;登记信息准确率为78.8%,高于省定标准8.8个百分点;居住出租房屋登记率为100%,达到并超过省定95%的目标。完成《关于2015年春季我市新居民流动状况的抽样调查报告》《关于当前全市新居民总量情况的分析报告》等调研报告,为市委市政府决策提供依据。

(张　捷)

民政工作

【概况】 2015年,全市民政工作以保障和改善民生为主线,优化社会服务、创新社会治理,民政工作有序推进。完善全市社会养老服务体系,基本形成覆盖城乡的居家养老服务网络和多层次的机构养老模式。提升社会救助水平,调整提高最低生活保障标准。加大医疗救助力度,加强临时救助工作。2015年,全市共支出临时救助资金2304.12万元,救助困难群众17313户次、35669人次。落实三峡移民后期扶持政策,嘉善县、海宁市通过国务院三峡办组织的三峡库区移民安置工作验收。加强城乡社区建设,巩固深化村(社区)"机关化"整治集中行动成果,发布城乡社区37项依法履行事项和40项依法协助政府工作事项"二大清单"。推进基层民主议事协商,所有村(社区)完成村规民约和社区公约"两约"修订。在全国农村社区建设试点工作推进会上,嘉兴市作城乡社区建设经验交流。秀洲区新塍镇"全国社区治理和服务创新实验区"工作进展顺利。加强社会组织培育发展和监督管理工作,开展城乡社区社会组织公益创投大赛,公布具备承接政府职能转移和购买服务资质社会组织推荐性目录。开展社会组织公益服务进校园、进军营、"公益讲坛"等活动。全市注册登记社会组织2681个,备案社区社会组织近万家。提升专业社工服务水平,开展社会工作专业知识普及和培训考试,全市有持证社工4062人,专业社工机构701个,嘉兴市荣获全国首批"社会工作实务实习实训基地"称号,12个机构获评全省社会工作培训实训基地。开展专业社会工作服务,推进社区、社会组织、社会工作"三社联动",服务领域涉及社区建设、居家养老、青少年教育等。开展全国双拥模范城创建活动,组织开展抗战胜利70周年和烈士纪念日系列活动。嘉兴市社会化拥军工作在全省社会化双拥暨优抚工作创新推进会上作经验交流。调整抚恤补助标准,开展特殊困难优抚家庭帮扶活动。重视和加强困境儿童生活保障,普惠型儿童福利制度实现全市全覆盖。组织慈善“一日捐”活动,开展慈善助医、助学、助残等活动。加强福利企业监督管理,制定出台《嘉兴市福利企业监督检查办法》和《投诉举报制度》。全市有福利企业 244 个,集中安置残疾职工 9708 人。嘉兴市社会福利院先后获得全省、全国“2015 年度职工职业道德标兵单位”荣誉称号。全面部署和开展第三轮平安边界联检任务。依法做好婚姻登记工作,推进婚姻信息化和标准化建设。2015 年,市民政局荣获全省民政工作“优秀单位”称号,并在市“五型”机关创建考核中荣获一等奖。

【习近平关注乌镇智慧养老服务中心】 12 月 16 日,中共中央总书记、国家主席习近平在“第二届世界互联网大会·互联网之光博览会”参观期间,通过智慧养老综合服务平台,给乌镇智慧养老服务中心的老人们送上祝福。该事件被评为 2015 年影响中国养老产业发展的十件大事之首。在乌镇,互联网技术应用于居家养老照料服务之中,通过安装 SOS 跌倒报警器、人体传感器等设备,结合人体感应,可以让子女、医院等实时了解老人的情况,从而实现对老年人健康管理、应急救助、生活照料等服务,形成“互联网 + 养老服务”新模式。2015 年,嘉兴市市本级、各县(市)初步建立养老服务信息系统,全市 4837 名老年人安装“一键通”终端。嘉善县老年公寓、海宁市社会福利中心、桐乡市城乡社区智慧养老平台(乌镇)被民政部确定为首批全国养老服务和社区服务信息惠民工程试点单位和地区。

【三辖区成为省养老服务业综合改革试点】 2015 年,嘉兴市秀洲区、平湖市、嘉善县被省民政厅、省发改委确定为省养老服务业综合改革试点县(市、区)。试点时间为 3 年,分 4 个阶段实施,到 2017 年底完成总结评估。试点地区在整体推进养老服务业发展的基础上,重点围绕社区养老、健康养老、智慧养老、产业养老、文化养老等内容进行改革试点,完善养老服务设施建设运营机制、创新居家养老服务发展模式、扶持民办养老服务机构发展、健全养老服务长期照护保障机制。

【推进城乡社区居家养老服务照料中心建设】 2015 年,嘉兴市全力推进市区民生工程——城乡社区居家养老服务照料中心建设项目,全市累计投入 3 亿元建成 1052 个照料中心,其中城市 357 个、农村 695 个,覆盖率分别达到 100%和 91%。养老机构 114 个,总床位 28943 张,百名老年人拥有床位 3.56 张。召开全市居家养老服务工作推进会,推广各地经验做法,不断完善以文体娱乐、配餐就餐、医疗保健为重点的“3+X”居家养老服务功能。南湖区将“市区为老助餐送餐服务”列入民生实事项目,实现城市社区全覆盖。全面开展照料中心 AAAAA 等级评定工作,将评定结果与运行补助相挂钩,全市共评定 AAA 以上照料中心 410 个,配套运行补助 4037 万元。积极探索创新居家养老服务照料中心运行管理机制,全市 134 个照料中心采用专业社会组织托管模式。

【低保标准提高到每人每月 664 元】 2015 年,市民政局继续落实和完善低保标准自然增长机制,11 月 1 日起调整提高最低生活保障标准至 664 元 / 人·月,同比提高 12.9%。至年底,全市共有低保对象 15068 户 23259 人(其中城镇 3201 户 4497 人,农村 11867 户 18762 人),全年支出低保金约 1.24 亿元(其中城镇 2593.98 万元,农村 9819.2 万元),城镇、农村人均补助水平分别达到 458.05 元 / 月、425.06 元 / 月。严格低保申请、审核、审批程序,完善申请救助家庭经济状况核对机制,实现公安、人力社保、建委、公积金、交通、税务、工商、民政、残联、慈善总会 10 个部门共 25 个信息的共享对接,推进实现困难群众精准救助。

【实现困难群众医疗救助实时结报】 2015 年,通过医疗救助系统,市本级及五县(市)全部实现医疗救助工作实时结报，即一类、二类救助人群在辖区内定点医院就医，可通过实时结报系统得到即时救助，在医院窗口实行报销和救助一站式结算，申请人不需再填报申报手续。嘉兴市本级实时结报率达到98.5%。

【嘉兴市成立市减灾委员会】 2015年，嘉兴市加强避灾安置场所的建设和管理，8个社区创建国家级综合减灾示范社区。10月17日，嘉兴市正式发文成立减灾委员会，市政府副市长祝亚伟任减灾委员会主任，市政府副秘书长仲旭东、市民政局局长沈海明任市减灾委员会副主任，成员单位由市级32个相关部门（单位）组成。市减灾委员会的成立，有助于推动全市防灾减灾各项工作的开展和落实。

【推进自主就业退役士兵城乡一体化安置】 2015年，嘉兴市贯彻落实《退役士兵安置条例》，研究完善《嘉兴市本级自主就业退役士兵一次性经济补助经费发放办法》，推进城乡一体化安置。2014年冬季退役义务兵城镇标准达到56380元，农村达到36743元，在全省处于较高补助水平。做好2015年市本级转业士官安置工作，落实安置政策，完善安置程序，确保转业士官权益。指导完成2014年冬季退役士兵接收安置工作，接收安置退役士兵1473人。

【适度普惠型儿童福利制度实现全市全覆盖】 2015年，嘉兴市重视和加强困境儿童生活保障，市本级及各县（市）均出台适度普惠型儿童福利制度，实现全市全覆盖。召开全市适度普惠型儿童福利制度建设工作交流会议，推广经验做法。全市共有困境儿童3438名，其中低保家庭儿童1686名、残疾儿童384名、重病儿童49名，事实无人抚养儿童111名、患艾滋病儿童1名、其他各类困境儿童1207名（包括父母一方死亡、另一方走失的，父母双方服刑的等），基本生活补助分类分标准每人每月200～840元。

【福利彩票年销量突破13亿元】 2015年，嘉兴市稳步推进福利彩票发行工作，年销量突破13亿元，达到13.02亿元，位列全省第四，筹集福利彩票公益金3.69亿元。首次向社会公布《2014年嘉兴福利彩票社会责任报告》，首次研发设计并发行“美丽嘉兴”专题网点即开型福利彩票。

【成为全国地名地址库试点示范创建地区】 2015年，嘉兴市民政局指导各地开展第二次全国地名普查补查工作，加强地名设标标准化管理，加大地名文化的宣传和地名文化遗产保护力度，成立地名文化研究专家智库。嘉兴市被民政部确定为“全国地名地址库试点示范创建地区”。

【连续七年组织集体海葬仪式】 2015年，市民政局推进殡葬改革，落实殡葬惠民政策，组织开展第七次海葬活动。60户家庭将63具亲人骨灰撒入大海，全市有249名先人进行海葬。市本级、嘉善、平湖专门建造海葬纪念碑，供后人祭奠。

（钱　熠）

社区、社团、社工建设

【概况】 2015年，全市有镇（街道）73个，其中镇43个、街道30个（含涉农街道22个），分别为南湖区4个镇、7个街道，秀洲区5个镇、2个街道，嘉兴经济技术开发区4个街道，嘉兴港区1个镇，嘉善县6个镇、3个街道，平湖市5个镇、3个街道，海盐县5个镇、4个街道，海宁市8个镇、4个街道，桐乡市9个镇、3个街道。全市有城乡社区1163个，其中城市社区371个（含城镇社区116个），分别为南湖区72个（含城镇社区13个）、秀洲区31个（含城镇社区23个）、嘉兴经济技术开发区27个、嘉兴港区11个（城镇社区）、嘉善县50个（含城镇社区15个）、平湖市37个（含城镇社区8个）、海盐县44个（含城镇社区6个）、海宁市64个

(含城镇社区23个)、桐乡市35个(含城镇社区17个)。全市有行政村792个,分别为南湖区54个、秀洲区113个、嘉兴经济技术开发区4个、嘉兴港区9个、嘉善县104个、平湖市86个、海盐县85个、海宁市161个、桐乡市176个。

2015年,按照市委社工委第八次全体会议要求和年初工作任务目标,围绕培养、评价、使用和激励等方面,推进社会工作专业化、职业化和本土化建设,全市社会工作人才队伍建设和社会工作发展取得较好成效。嘉兴市荣获全国首批"社会工作实务实习实训基地"称号,《爱·同行》和《伴你成长》2部微电影分别获得首届全国社工微电影大赛二、三等奖,3个民办社工机构获得"2015年度百强社会工作服务机构"称号,5名一线社工分别获得"2015年度十大社工人物"和"2015年度百名社工人物"称号,7名社工成为全国首批社会工作督导,12个单位成为浙江省首批社会工作专业人才培训、实训基地。嘉兴市"搭建五大平台,推进三社联动新发展"的做法在全国民政会议上进行推广。至年底,全市城乡社区专职工作者总数6877人,分别为城市(含城镇)社区2369人、农村社区4508人。

【设立七星街道】 2015年1月13日,浙江省人民政府批复同意:"撤销七星镇建制设立七星街道"。5月6日,七星街道揭牌成立。此次调整后,原先镇区所辖的村、社区以及土地面积、政府驻地办公地点等都不作调整。

【城乡社区服务平台建设】 2015年,全市继续按照"做强扶弱带中间"的工作思路,加快推进城乡社区服务中心改造提升,新打造一批在全市具有引领、示范作用的精品社区。全市共有56个城乡社区服务中心实施改造提升,投入资金7100余万元,其中,争取省市福利彩票公益金资助1230万元,城乡社区服务能力得到进一步提升。大力推进示范型镇(街道)社区服务中心建设,提供残疾预防、残疾人康复训练、心理干预等专业性强、社区层面难以普遍开展的服务。2015年,全市共建成示范型镇(街道)社区服务中心6个,争取省级财政资金资助200万元。

【发文控制涉村(社区)事项】 1月8日,中共嘉兴市委办公室、嘉兴市人民政府办公室印发《关于深化"三清理四规范一提升"行动,切实增强村(社区)服务能力的意见》,发布村(社区)依法履职事项37项、协助工作事项40项以及创建评比项目6项的三张"清单",从源头上控制涉村(社区)事项,切实减轻基层负担,推动基层社会治理创新,提升为民服务水平。

【新塍镇国家实验区创建通过中期评估】 5月6日,浙江省民政厅和浙江大学民政研究中心受民政部委托,对新塍镇国家实验区建设目标和任务完成情况进行评估。评估小组对实验区做实社区基础、破解特色课题、统筹社区治理等推进"三社联动"方面给予充分肯定,实验区顺利通过中期评估。

【"两约"制订修订工作全面完成】 3月9日,浙江省社会管理综合治理委员会、中共浙江省委组织部、浙江省民政厅、浙江省司法厅联合印发《关于全面开展制订修订村规民约社区公约活动的通知》,决定在全省全面开展制订修订村规民约、社区公约(简称"两约")活动。嘉兴市各地各有关部门把这次修订工作作为创新基层社会治理创新的重要抓手。按照分工负责原则,由市委组织部督促各级党组织重视本次村规民约、社区公约的制订修订工作,由市民政局做好指导和各项技术性工作,市司法局做好合法性审查,组织村(社区)法律顾问全过程参与修订制订工作,严把法律关。至11月底,全市村、社区全部完成"两约"修订,完成率达到100%。

【"96345"社区服务平台建设】 2015年,全市"96345"社区服务中心累计受理市民求助56.71万人次,日均求助量达1553人次,服务回访满意率达99.95%,工作继续走在全省前列。2015年,市本级"96345"社区服务中心先后获"全国青年文明号""全国巾帼文明岗""浙江省示范青年文明号集体""南湖区区长质量奖提名""南湖区先进团支部"等称号。"96345党员志愿者服务中心"获第三届全国基层党建创新案例第一位。接线部主任杨瑾华被南湖区委宣传部、区总工会授予"最美南湖人——第七届优秀职工"称号。2015年,"96345"社区服务中心接待国家有关部委和省、市、区各级领导和兄弟(市、区)同行指导、参观90批,累计810批次;经省、市等新闻媒体报道75次,累计942次;在《浙江日报》《嘉兴日报》和《南湖晚报》等刊登各类宣传文章46篇,累计870篇;发行"96345"月报和双月刊共18期,共发行36.6万份,累计458万份。其中"96345"党员志愿服务先进事迹在中央电视台新闻联播、人民网、新华网、光明日报、浙江卫视等新闻媒体集中报道。

【持续推进和谐社区创建】 2015年,嘉兴市继续开展市级"五星级"和谐示范社区创建,至年底,全市共有251个城市社区和352个农村社区达到市级"五星级"和谐示范社区建设标准,覆盖率分别为67.65%和44.44%。同时,配合市文化局开展第13届嘉兴市"社区之声"文艺汇演,全市共有16个社区获得优秀戏曲节目展演奖。至年底全市共有616个城乡社区设立社会工作室,其中,城市社区317个,农村社区299个。至年底,全市共登记、备案生活服务类、公益慈善类、文体活动类、专业调处类、经济合作类、环境保护类等城乡社区社会组织9695个,其中,城市社区3411个,农村社区6284个。

【开展社区结对共建】 2015年,市本级157个市级机关、市直属单位以及驻嘉各部队连续11年与市本级81个城市社区开展共建。市级部门与市本级城市社区开展共建活动300余场次,为社区提供共建经费(含物质折现)100多万元。

(江茂宏)

【推进政府购买社会组织服务工作】 2015年,嘉兴市印发《关于嘉兴市本级具备承接政府职能转移和购买服务资质的社会组织目录编制管理的实施意见》,经各社会组织申报、公示后,市级第一批156个具有承接政府职能转移资格的社会组织目录公布。公开征集2015年度购买社会组织公益性服务项目60余个,并组织相关专家对项目进行现场评审,42个项目获得政府购买服务资金345万元。出台《嘉兴规范购买社工服务项目管理通知》和《嘉兴社工服务项目绩效评估办法》两个文件。2015年,全市政府购买社会组织服务资金累计达3394.2万元。其中,各级财政和福利彩票公益金安排社会工作和政府购买专业社会工作服务项目经费达1435万元。

【加大城乡社区社会组织培育力度】 2015年,嘉兴市高度重视城乡社区社会组织建设工作,组织召开全市街道(镇)社会组织培育发展(服务)中心建设现场推进会,进一步培育和引导城乡社区社会组织有序参与公共服务和社会治理。连续两年开展城乡社区社会组织公益创投大赛,46个城乡社区社会组织公益服务项目获得77万元资金支持。

【加强社会组织自身建设】 2015年,嘉兴市加强社会组织自身建设。一是协助做好全省社会组织登记管理机关工作人员业务培训班工作。全省社会组织登记管理机关工作人员近200人参加培训。二是举办社会组织信用体系建设公益讲坛。邀请专家就如何加强自身信用体系建设进行解读,推动嘉兴市社会组织信用体系建设工作。三是增强社会组织凝聚力。指导社会组织强化制度建设,改善内部法人治理结构。加强社会组织党建工作,针对不同情况,采取"单建""联建""挂靠建"等方式扩大党建覆盖面,应建已建率达到100%。四是推动社会组织参与社会治理。广泛开展行业协会自律与诚信创建和民办非企业塑造品牌活动,社会组织在推动嘉兴市经济发展、提供公共服务、反映利益诉求、规范社会行为、化解社会矛盾等方面,发挥重要作用。

【开展社会组织年度检查和财务审计工作】 2015年,全市开展社会组织年度检查和财务审计工作。一是加强年度检查工作,社会组织年检率达到99%。对少数不按期参加年检的,在《嘉兴日报》刊登责令限期年检公告,拒不参加年检的,对其负责人进行约谈,并给予通报批评。二是加强财务审计。2015年抽取120个社会组织开展财务审计。此项工作连续3年,有300多个社会组织接受财务审计。对审计中发现问题比较严重的49个社会组织下发整改通知,责令限期整改。三是全面开展社会组织等级评估。形成办法清晰、政策明确、组织健全、程序完备、操作规范、运转协调的评估工作机制,2015年,市本级社会组织等级评估率达到65%,参评率达到80%,全年落实奖励经费113万元。

(郑希羚)

【获全国“社会工作实务实习实训基地”称号】 12月22日,在首批全国社会工作(行政)督导毕业典礼暨全国社会工作实务实习实训研讨会上,嘉兴市被确定为全国首批“社会工作实务实习实训基地”(全国仅6家)。市级和秀洲区、嘉善县、平湖市、海盐县、海宁市的12个单位成为全省首批社会工作专业人才培训基地和实训基地。嘉兴市阳光家庭社工事务所、秀洲区芯悦社工事务所、平湖市和谐家庭社工事务所获“2015年度百强社会工作服务机构”称号。

【加强社工人才培养和社工服务机构培育】 2015年,市民政局会同市人力社保局开办“全市社工专业技术人员继续教育高级研修班”,举办全市“三社联动”暨社区社会工作能力培训班。年内,全市共举办社工人才培训班198场次,培训社工16725人次。开展浙江工商大学社工专业专升本学历班教育,全市70多人取得社工本科学历。全市379人通过全国社会工作者职业水平考试(其中助理社会工作师261人,社会工作师118人),517人通过评审并获嘉兴市社会工作专业技术资格证书。至年底,全市累计持证社工人数达4062人(嘉兴证2764人,全国证1298人),比上年增长28.3%,持证数和持证率居全省第三。全市每个城市社区设置2名专兼职社工岗位,城乡社区社工持证率48.2%。各民办社工机构聘用专职社工271人。年内,全市推进“民办、单位内设、城乡社区”三类专业社工机构建设,培育各类社工机构177个,增长38.7%。全市成立各类社工机构634个,其中民办社工机构145个、单位内设社工部44个,城乡社区社工室(备案)445个,社工机构总数居全省地级市首位。

【加强社工本土督导培养】 2015年,嘉兴市选送32人参加“全国行政和实务专业督导培训计划”,2人成为全国首批社工实务督导,5人成为全国首批社工行政督导,市民政局获全国社工督导人才培养计划优秀组织奖。嘉兴市委托浦东新区社工协会开展“嘉兴市社会工作本土督导人才培养”项目,对首批10名本土助理督导师学员实施专业培养。初步形成“社工督导+社会工作师+助理社会工作师+社会工作员”的专业人才培养体系。推动各县(市、区)建立“人才+项目”的“师徒式”社工实务督导制度,2015年聘请省内外教授专家37名,对全市社工机构100多名社工和190个社工服务项目进行268次以上实地专业督导。

【1名社工获“2015年度十大社工人物”称号】 2015年,在“2015年度中国社工人物”评选活动中,嘉兴市1名社工获“2015年度十大社工人物”称号(嘉兴市孝慈社会创新发展中心理事长董媛媛),4名社工获“2015年度百名社工人物”称号(平湖市民政局局长、市委社工办副主任宋红伟,平湖市社会工作协会、平湖市社会组织培育发展中心副主任叶红,桐乡市特殊教育学校春之晖社会工作室校长助理、社工沈亚香及海盐县新羽社工事务所负责人夏林惠)。

【专业社工服务实现全覆盖】 2015年,全市专业社工服务实现民政领域和社工委单位全覆盖,涵盖社会福利、社会救助、社区建设和妇女、青少年、教育、计卫、失独家庭、司法矫治等领域。全市累计开展专业社工服务项目274个，提供个案、小组、社区工作专业服务案例4000多个，直接服务群众20多万人次。

【开展社工主题宣传】 2015年，嘉兴市以“发展社会工作，创新社会治理”为主题，在第九个国际社工日期间开展“五个一”系列专题宣传活动，制作发布全市首部社会工作微电影《伴你成长》，并与平湖市《爱·同行》微电影获得全国首届社工微电影大赛“提名电影”与“优秀电影”。海盐县建立“海盐社工”微信公众号，拍摄社工宣传片《公益辅助心灵，坚守成就希望》，获得全国首届公益微电影节最佳剧本奖。

（周文颖）

老龄工作

【概况】 2015年年末，全市共有老年人口84.94万人，占比24.30%，属全省老龄化程度最高的地区。年内，全市重视养老工作，推进城乡社区居家养老服务照料中心建设。全市累计投入3亿元建成1052个照料中心，其中城市社区357个、农村社区695个，覆盖率分别达到100%和91%。全面开展照料中心5A等级评定工作，评定AAA以上照料中心410个，全市配套运行补助4037万元。召开全市居家养老服务工作推进会，不断完善以文体娱乐、配餐就餐、医疗保健为重点的居家养老服务功能。推广社会组织承接居家养老服务，发挥照料中心作用。全市有养老机构112个，总床位28943张，其中护理型床位12291张，每百名老年人拥有床位数3.56张。推进政策性老年人意外伤害保险工作，实现户籍老年人全覆盖。夯实宣传平台，形成“一网一台四报纸”的全方位老年宣传平台。（“一网”指《嘉兴市老年服务网》，“一台”指在嘉兴电视台开办的《桑榆情》栏目，“四报纸”指在《嘉兴日报》开设的《嘉兴老龄》专栏、与《南湖晚报》合办的《快乐养老》周刊，以及《嘉兴市老年报》和《嘉兴市老年体协报》）。创新宣传方式，市老龄办在市区繁华地段投放一批以老年人为主题的公益广告。开展集中宣传月活动，宣传老年法律。依托老年电大教学网络，将老年法律知识送到基层社区。制作老年法律图书，赠送到市本级村（社区）。2015年，市老龄办被评为全省老龄宣传工作先进单位。3篇论文获浙江省老年宜居社区与医养服务研讨会三等奖，2篇获优秀论文。

【推进老年宜居环境建设】 2015年，嘉兴市以民生实事项目为重点推进老年宜居环境建设。推进老年人意外伤害保险，财政出资为户籍老年人购买保险，所有县（市、区）完成投保工作，全市参保约74万人，投保金额1331万元。推进“浙江省老年友好城市”创建，经省考核确定南湖区为首批创建单位。推进“敬老文明号”创建，开展首届“敬老文明号”回头看，不符合规定的单位进行摘牌，并设网络电话监督平台接受社会监督。第二届“敬老文明号”组织卫计、交通、银行等部门行业联创。第一届“敬老文明号”获得单位和第二届“敬老文明号”参创单位结对关爱两名以上城乡失能半失能、贫困、失独等老人。老旧住宅区安装1000套楼道凳，南湖区特殊困难老年人家庭探索适老化改造试点，开展家庭无障碍改造任务。

【构建老年人“双关爱”体系】 2015年，嘉兴市以特殊困难老年人为重点构建老年人“双关爱”（物质帮扶，精神关爱）体系。开展调查摸底工作，特殊困难老年群体做到情况明、底数清。进行养老服务需求评估，提供分层分类且具有针对性的服务。完善养老服务补贴制度，逐步扩大政府购买服务对象和项目，向社会组织和企业购买服务，近2.3万老年人受益。市民政局会同市慈善总会为136名独居、空巢等困境老年人提供为期1年的上门服务。南湖区、嘉善县开展省老龄办独居老人“暖巢行动”试点工作。嘉善县购买“嘉辰号”“魏塘号”健康服务流动车，累计为500名独居空巢老人提供1.2万人次上门服务,被评为全省十大贴心民政服务品牌。市老龄办向基层社区配送390台电子血压计。推进为老志愿服务工作,依托社区老年人协会开展“银龄互助”等关爱老年人志愿服务活动,有志愿服务队伍1400个4万余人。

【老年电大办学】 2015年,嘉兴市以分校实体化建设为重点规范老年电大办学。2015年,全市春秋两期招生23.5万人次，同比增长0.83%。市、县级分校有固定办学场所,配有2名以上专职人员。开展下基层巡回授课,市级送课41次,县级送课281次,受益老年人1.5万余人次。开展新一轮省、市老年电大教学示范点评选,评出省级示范点8个、市级示范点31个。全市投入办学经费305.58万元,省级福利彩票公益金资助建设补助60万元，省级示范教学点办学补助资金16万元。

【开展老年人文体活动】 2015年，嘉兴市以“敬老月”活动为重点开展各项老年人文体活动。组织开展“敬老月”活动和老年文化艺术周活动,启动仪式上表彰嘉兴市“十佳敬老家庭”和“十佳老有所为之星”。通过党报等主流媒体对先进典型进行宣传报道,深化孝文化“三进”活动,弘扬尊老敬老传统美德。与市慈善总会协调沟通，安排60万元对市本级生活困难的失能半失能、失独、高龄老人、抗战老兵和百岁老人进行慰问。“敬老月”期间,各级党政领导开展重点走访慰问1176人次，看望76755名老年人,发放慰问金983.27万元。举办各类文艺汇演421场(次),投入资金153万元,观众超过13.7万人。举办老年文体比赛292场,2.6万老年人参与比赛。

【夯实老龄工作基础】 2015年,嘉兴市以老龄事业发展规划为重点夯实老龄工作基础。组织开展老龄事业发展“十二五”规划期末检查评估,启动“十三五”规划编制前期预研工作,形成规划总体框架和草案初稿。市本级、秀洲区、嘉善县、平湖市老年活动中心被省老龄办评为四星级老年活动中心。南湖区、嘉善县、平湖市、海盐县、海宁市完成全国第四次城乡老年人生活状况入户抽样调查工作。规范基层老年协会建设，全市基层老年协会登记（备案)率90%以上,符合规范化标准达到95%以上。“银龄互助”活动覆盖各县(市、区),80%的老年人协会开展“银龄互助”活动,帮扶18.4万人次。引导老年人参与“五水共治”、文明城市创建等中心工作,提高老年人的社会参与度。

（徐国娇）

劳动就业

【服务企业转型升级】 2015年，嘉兴市出台《关于进一步做好失业保险支持企业稳定岗位工作有关问题的通知》,将稳岗补贴适用企业从原三类企业扩大到所有符合条件的企业,着力减轻企业负担。完善“企业用工、市场供求、失业人员”监测机制，开展全市955个企业监测样本(其中块状经济483个）生产经营和用工情况日常监测工作;建立就业形势季度分析制度,定期发布《人力资源市场供求分析报告》《全市就业形势分析报告》。会同市社保事务局在全市范围内开展全民参保和就业状态调查登记工作,完成全市346万户籍人口的入户调查和数据录入工作,建立全市统一的人力资源就业信息数据库,建立信息数据的动态管理机制。组织部分企业和职业院校(技工学校)参加“2015年浙江省技能人才校企合作洽谈会”杭州主会场活动,并联合湖州举办浙北分会场活动，累计提供就业岗位2763个,与职业院校(技工学校)达成合作意向364项,提供实习生源2.1万余人。深化跨区域人力资源合作交流,与南宁、桂林等地20余所技(职)学校进行校企合作对接活动,签订人力资源长期合作协议30份。

【推进大众创业】 2015年,嘉兴市筹建大学生创客孵化中心，通过政企合作、校企合作、市区镇合营方式，建设创业集聚区。全市建成市级创业基地(大学生创业园)91个，其中省级创业园3个，建立500个创业项目库和150人的创业导师库，基本形成覆盖城乡的创业指导服务体系。2015年，全市创业带动就业18.8万人，新增大学生创业1332人，创办个私企业613个，创业率达5.48%。推进农村电商创业小镇建设，制定农村电子商务创业小镇评价指标体系，推广“互联网+就业”模式，通过发展农村电商促进农村劳动力就业创业，并纳入市政府重点工作。全市建成农村电商县级孵化园25个，培育物流企业5个，建立县级服务中心19个，共有220个行政村建立村级电商服务站，涉及人数265人，落实农村电商就业创业资金共计47.1万元。营造大众创业氛围，举办第二届嘉兴市大学生创业大赛暨电商换市创业精英赛，到浙江经视演播大厅专场录播“奇思妙想浙江行”创业大赛暨嘉兴市大学生创业精英赛(决赛)，网上开通“奇思妙想浙江行2015全民创业”嘉兴专栏，展示嘉兴创业政策、服务、平台、生活、政务五大创业生态环境。

【优化公共就业服务】 2015年，嘉兴市制定实施公共就业和人才服务专项行动计划，组织开展“春风行动”、“333就业服务月”、妇女就业招聘洽谈会、“民营企业招聘周”、残疾人就业专场招聘会及各类紧缺工种技能人才公共就业专项服务活动，全市共举办招聘会512场，31157家(次)单位累计提供就业岗位706944个，575136人次进场应聘。做好境外人员就业许可管理，简政放权，将外国人就业许可审批权限下放到各县(市、区)。出台《嘉兴市大学生就业促进和创业引领计划实施方案（2015~2017年)的通知》，进一步完善大学生就业创业公共服务体系。推行全省见(实)习基地试点城市建设，全市共有就业见(实)习基地237个，推出见习岗位1233个。完善就业援助政策，出台《关于市本级灵活就业人员社会保险补贴有关问题的通知》，将灵活就业人员社会保险补贴标准调整为当年最低缴费基数缴费额(基本养老、医疗保险)的50%，其中全部流转土地承包经营权的大龄人员的社会保险补贴标准调整为当年最低缴费基数缴费额的25%，同时将符合条件的高校毕业生纳入补贴人群。开展“就业援助月”等活动，走访就业困难人员和零就业家庭468户，帮助就业困难人员实现就业401人(残疾就业困难人员47人)，帮助就业困难人员享受政策6198人次，保持“零就业家庭”动态消零。全市实现生猪养殖退养人员转移就业49551人(市本级13982人)，转移就业率达81.21%(市本级97.52%)。完成残疾人退运车主就业安置219人，其中公益性岗位就业130人，就业安置率达98.6%。会同市建委制订市区助残爱心亭退营人员的就业和社会保障政策。开展省级中心城市家庭服务体系建设试点工作，推动家庭服务业企业提升经营管理和服务水平。组织开展“千户百强”家庭服务业评优工作，全市现有家庭服务从业人员10.3万人。2015年，全市城镇新增就业10.3万人，帮助城镇失业人员再就业4.5万人，就业困难人员再就业1.47万人，城镇登记失业率2.9%，社会就业率达到90%，农村公益性岗位进村达标率100%。

【构建和谐劳动关系】 2015年，省构建和谐劳动关系工作领导小组通报的全省各地2014年度劳动关系和谐程度测评结果中，嘉兴市位列第四。健全劳动执法监管机制，全市主动监察用人单位22071个，开展劳动保障书面审查4.5万个，完善企业欠薪治理机制，为2.3万名劳动者追回被拖欠工资和赔偿金1.59亿元。全年共受理举报投诉案件4194件，向公安机关移送涉嫌拒不支付劳动报酬案件57件，公安机关立案48件，判结18件。强化劳动人事争议预防和调处工作，2015年全市各级劳动人事仲裁机构全年立案受理案件2725件，涉及劳动者9571人，结案率达96.8%，总调撤率达80.0%，结案经济标的16537.87万元。全年基层劳动争议调解机构受理劳动争议7337件，调解率达93.8%，超过2/3的劳动争议在基层得到妥善解决。加强信访维稳和咨询服务,规范信访办理程序,全市人力社保系统共处理群众来信405件590人次,接待群众来访1111批2974人次,其中集体来访33批994人次。加强“12333”电话咨询服务,提升服务质量。全年全市共接电话咨询总量33万余个。

(吕 臻)

社会保障

【概况】 2015年,全市职工养老、医疗、工伤、失业、生育保险参保人数分别达到172万人、199万人、165万人、121万人、137万人,其中市本级参保人数分别达到61万人、61.4万人、41.3万人、39.4万人、40万人。企业退休人员月平均养老金提高到2441元,城乡居民月平均养老金提高到290元。年内,推进机关事业单位养老保险制度改革。全市55万名企事业离退休人员、43万名城乡居保人员养老待遇按时足额发放,各类医保、工伤、生育待遇按时结算拨付。落实生育保险政策调整工作,将参保职工未就业配偶纳入生育保险范围。全年办理各类社保关系转移接续手续4.28万人次。基金支付能力保持稳定,至年底,全市养老、医疗、工伤、失业、生育保险五项基金滚存结余分别为221亿元、87亿元、6亿元、32亿元、4亿元,其中养老支付能力16个月、医保支付能力22个月。强化医保控药控费措施,医保基金不合理增长得到有效控制。通过“政保合作”对医保基金实行专业化管理,市本级全年拒付外伤案例99件、金额238万元。社保“上网下乡”基本普及,全市开通网上申报企业数超过4.5万个。至年底,全市“两定”(基本医疗保险定点医疗机构、定点零售药店)单位总数达到1382个。市本级和所属县(市)全部实现离休干部省异地就医联网结算。做好医保代办服务,为在嘉兴居住的上海人医保代办近4000笔。市本级建成全省首个医保——民政医疗救助实时结算系统,为民政救助优抚对象和残疾人等特殊参保人员实行“一体化”结算。实行个人缴费基数本人确认制度,对缴费零申报企业进行实地稽核。

【完成全民参保登记工作】 2015年,嘉兴市按照“村不漏户、户不漏人”工作要求,开展全民参保登记工作。至年底,全市入户调查率100%,户籍人口登记录入344.3万人,录入率99.1%,进度居全省第五。其中,市本级入户调查率、录入率均100%,户籍人口登记录入85.4万人。建立全市统一的含就业状态14大项152小项数据的人力社保信息资源数据库,初步形成动态更新机制,实现省、市、县(市)、镇(街道)、村(社区)五级联网,市域社保、就业服务信息实现共享和业务联动。

【“阳光医保”智能监管平台启用】 2015年,嘉兴市开展“阳光医保”智能监管平台建设工作。监控系统于9月下旬开工建设,12月11日上线运行。首批启用49大类6564条规则,并在嘉兴市妇保院、海宁中医院等5个医院部署应用。“阳光医保”监控平台通过智能审核系统的联网应用,开展医保定点医疗机构就诊的事前、事中和事后监控,破解医疗保险监管难题。嘉兴市“阳光医保”监管平台采用“系统全市统一、数据‘政务云’集中、监管全面覆盖”模式,特别是将监管延伸至药店后,有效填补医保监控盲区,在省内尚属首家。

【推进市民卡综合应用】 2015年,全市累计制发市民卡282万张,先后在桐乡、海宁3个医院开通市民卡诊间结算,累计结算6.3万余笔。拓展市民卡金融功能,全面落实社保待遇“零现金”支付,市本级完成市民卡绑定银行卡56.4万张。推进市域公共交通互联互通应用,开通公共自行车租借功能。市本级通过市民卡租借公共自行车超过10万人次,累计开通租借自行车功能6万多张,占公共自行车发卡量的70%。海宁和桐乡将市民卡功能拓展列为政府实事工程,先后开通市民卡公交乘车、旅游消费等功能。

【打造公共事务信息共享服务体系】 2015年，嘉兴市全力打造“智慧嘉兴”公共事务信息共享服务体系。“市民之家”手机APP上线运行，实现信息查询、“乐惠民”医保购药、社保顾问、网上办事等功能应用。优化“乐惠民”网上药品调配服务，平台使用用户8000余人，实名认证用户6000余人。公民个人信用评价系统2.0版上线，对个人信用评价系统进行升级开发，优化信用评价模型，细化诚信评价规则。信息资源共享应用取得重要进展，将信用征集范围由市本级延伸到海宁市，征集单位总数达到64个，2015年累计查询人数超过3万人。完成海宁市“市民卡升级为诚信卡”建设，初步建立市与县(市)跨区域、跨部门的大数据交换共享应用机制。

（吴铭杰）

住房保障

【概况】 2015年，嘉兴市新增低收入家庭租赁补贴保障家庭272户，新开工建设各类保障性安居工程12359套，包括新开工建设公共租赁住房1683套，新开工建设经济适用住房467套，启动城镇棚户区改造8036套，完成征收货币补偿安置2173户；基本建成各类保障性安居工程9122套，竣工8894套，交付入住6139套。其中，市本级新增低收入家庭租赁补贴保障家庭40户，新开工建设各类保障性安居工程1505套，包括新开工建设公共租赁住房65套，启动城镇棚户区改造1440套；基本建成各类保障性安居工程6944套，竣工6790套，交付入住2371套。低收入家庭保障户数和各类保障性住房建设量、基本建成量、竣工量和交付入住量均超过省政府目标任务考核要求。6月10日，由住房和城乡建设部建筑市场监管司招标处处长燕平带领的巡查组就嘉兴市棚户区改造和公共租赁住房项目建设、分配和信息公开情况进行检查指导，省住房和城乡建设厅副厅长应柏平、住房保障处处长谢永明和市建委主任陶金根等陪同检查。

6月10日，住房和城乡建设部建筑市场监管司招标处处长燕平实地检查指导海盐县保障性住房建设项目

2015年，嘉兴市坚持住房保障透明化、阳光化，实现城镇中低收入家庭住房保障公平化、普及化。市本级保障性住房按照属地保障原则，由各区政府(管委会)负责制订本辖区内年度保障计划、出台保障细则、核定保障对象和分配管理等工作。年内，各区政府(管委会)相继出台《2015年度经济适用住房管理实施细则》和《2015年底公共租赁住房管理实施细则》。市本级申请经济适用住房的人均收入审核标准从2014年的29394元提高到2015年的30139元，将原规定2009年1月1日之后转让的房屋纳入核定住房面积，调整到2010年1月1日之后转让的房屋纳入核定住房面积。2015年，市本级共受理经济适用住房申请371户，经审核和公示，有310户符合申请条件。通过摇号选房，有270户家庭获得保障，其中101户选择实物房源，169户选择货币补贴，40户家庭因各自原因放弃保障资格。市本级受理148户公共租赁住房申请家庭，经审核和公示，122户家庭符合申请条件。

2015年，市本级经济适用住房住宅中心售价为2400元/平方米，自行车库售价为1200元/平方米，超出本次可享受的经济适用住房建筑面积部分中心售价为4200元/平方米。2015年，市本级经济适用住房货币补贴标准为购买建成区范围内经济适用住房1650元/平方米，购买各建制镇经济适用住房1320元/平方米。2015年,市本级公共租赁住房租金补贴标准为低收入有证困难家庭每月15元/平方米,低收入无证困难家庭每月13元/平方米,中等偏下收入住房困难家庭每月10元/平方米。

2015年,全市发放职工一次性住房补贴946人、819.5万元,出售公房273套、建筑面积14866平方米,回收售房资金553.86万元。其中市本级发放一次性住房补贴401人、309万元,出售公房37套、建筑面积1889.2平方米,回收售房资金50.56万元。市本级发放经济适用住房货币补贴201户、2266万元,发放公共租赁住房租金补贴703户、394.18万元。完成房改房及经济适用住房上市审核812户。

年内,市区受理申请直管公房购房105户,实际出售101户,建筑面积5427.69平方米。实施市区太平桥、大年堂、陶家园、竹篱弄4地块60户危旧直管公房排危工作,其中29户住户选取新公房(包括过渡14户,购买15户),11户选择放弃或通过自行解决居住问题搬离危旧直管公房,6户对重新安置的房源不满意而拒搬,剩余14户因不符合承租条件及时发放腾退通知。年内,市区危旧直管公房异地新项目完成竣工验收,1号楼共11层,2号楼共17层,共117套,建筑面积14464.9平方米,建成后主要用于安置市区危旧直管公房住户。

至年底,市区累计归集住房公积金151.7亿元,归集余额59.3亿元。新增缴存职工38714人,净增缴存职工15144人,实缴职工人数达到172101人,制度保障覆盖率达到统计部门公布的上年在岗职工人数的79.2%,比年初提高5.5个百分点。累计向5.5万户工薪家庭发放公积金个人贷款115.8亿元,个人住房公积金贷款余额为69.1亿元。住房公积金继续保持资产优质运作,年末个人贷款逾期率为0.011‰。全年实现住房公积金增值收益1.88亿元,当年提取廉租住房补充资金0.3亿元。

【编制嘉兴市城镇棚户区改造等三年计划】 2015年,由市建委牵头,指导各县(市、区)住建部门编制本地2015~2017年棚户区改造等三年计划,并最终形成《嘉兴市城镇棚户区改造等三年计划(2015~2017年)》,系统阐述嘉兴市城镇棚户区改造现状概况及分析;明确嘉兴市2015~2017年三年改造计划,罗列各县(市、区)各年度城镇棚户区改造实施计划表、城镇棚户区改造项目清单(征收项目、安置用房项目)和城镇棚户区改造配套基础设施建设计划及项目清单。

【市区归集住房公积金23.1亿元】 2015年,市区归集住房公积金23.1亿元,完成年度预算的110%,同比增长11.6%。提取住房公积金16.2亿元,完成年度预算的124.3%,同比增长28.9%。其中职工购房提取住房公积金6亿元,同比增长43.6%;归还个人住房贷款本息提取7.1亿元,同比增长23.9%;离退休提取1.5亿元,同比增长11.4%。全年发放住房公积金贷款8352笔,贷款金额26.2亿元,完成年度预算的209.69%,同比增长109.54%。全年住房公积金支持职工住房消费42.4亿元。2015年住房公积金的运行特点:一是缴存人数和归集金额稳步增长;二是个贷发放和购建房提取劲增;三是资金高位运行,风险控制良好;四是业务收支涨跌互现,增值收益快速增长。

(谢佳萍　刘　剑)

消费者权益保护

【概况】 2015年,全市各级消费者权益保护委员会共受理消费者投诉6619件,比上年上升18.94%,其中涉及商品类投诉4492件,上升10.56%;服务类投诉2127件,上升41.61%;为消费者挽回经济损失1071.31万元,较好地维护消费者的合法权益。

2015年,市消保委以"3·15"消费者权益日纪念活动为契机,紧扣"携手共治、畅享消费"年主题,举行嘉兴"3·15"电视晚会,举办嘉兴

“3·15”权威发布会以及遍布城乡的“3·15”现场宣传纪念活动。嘉兴市建立消保委8个，消保委分会71个，乡镇和街道建立消费维权监督站414个，村、社区便民服务中心的消费维权监督站(点)992个，市场、企业内设立消费纠纷和解平台163个。

2015年，市消保委针对房产市场持续低迷，消费者对商品房的群体性投诉不断发生，市消保委在房产消费领域建立消费投诉解决约谈机制，化解各类房屋消费纠纷；解决海飞特健身公司预付式消费中消费者投诉较多问题，通过对预付式消费中格式合同的审查，对不合法、不公平、不合理内容提出修改建议和意见，避免更多消费纠纷的产生。

2015年，市消保委对餐饮、金融等行业组织开展消费调查，揭露行业乱象，引导企业自律，努力促进消费环境的改善，通过调查发现问题，发出消费监督建议书。对市餐饮行业协会制订的《餐饮行业宴席合同》中所存在的消费侵权问题和银行业在磁条卡换芯片卡过程中所存在的不合理收费行为，市消保委向餐饮行业协会和银行业主管部门分别发出规范宴席合同的消费监督建议书和加强银行卡监管和规范工作的建议书。

2015年，市消保委继续加强与电视、报刊等媒体的全面合作，努力实现消费宣传教育的城乡全覆盖。与《嘉兴广电报》合作，开办每星期1～2版的《消费维权》专栏，共刊登消费教育文章133篇。与嘉兴城乡生活广播频道合作，开办“小鹿大军工作室”电台直播栏目，在每个工作日的15时30分～16时，在线接受消费者的咨询和投诉。为更好发挥省国民消费教育中心嘉兴分中心的功能，在该中心建立假冒与伪劣商品识别展示区和消费教育与指导成果数据库，通过实物、文字、图片等形式向消费者展示各类假冒伪劣商品识别以及与消费维权相关的法律法规图书、有史料价值的消费维权图书、视频资料的阅览。在嘉兴分中心设立嘉兴“3·15”消费维权网和嘉兴电子商务“3·15”维权网事务管理部，将中心与网站消费教育功能进行整合，对消费舆情、消费投诉、消费调查中发现的苗头性、倾向性问题及时发布消费警示和提示，共发布消费警示和提示68条。

【商品类消费投诉情况】 2015年，全市商品类消费投诉4492件，占总投诉的67.87%。其中家用电子电器类1234件，日用百货类948件，烟、酒、饮料、食品类782件，交通工具类660件，建材类216件，房屋类163件，农用生产资料类21件，医药及医疗用品类17件，其他类451件。从单一商品来看，首位是家用电子电器类中的手机投诉，共有732件，占商品类投诉的16.3%；其次是交通工具类中的汽车投诉，共有570件，占商品类投诉的12.69%；第三是日用百货类中的服装、鞋类投诉，共有362件，占商品类投诉的8.06%。

表25 **2015年嘉兴市商品类消费投诉情况**

单位:件

商品类别	2015年	2014年	比上年增长(%)
家用电子电器类	1234	1104	11.78
日用百货类	948	859	10.36
烟、酒、饮料、食品类	782	824	-5.10
交通工具类	660	552	19.57
其他	451	262	72.14
建材类	216	252	-14.29
房屋	163	164	-0.61
农用生产资料类	21	28	-25.00
医药及医疗用品类	17	18	-5.56

【服务类消费投诉情况】 2015年,全市服务类消费投诉2127件,占总投诉的32.13%;其中其他服务类420件,居民服务类393件,餐饮服务类268件,非现场购物类240件,修理维护服务类211件,文化娱乐服务类153件,电讯服务类97件,旅馆服务类73件,互联网服务类61件,培训服务类57件,装饰装修服务类37件,快递服务类31件,金融服务类21件,保险服务类21件,中介服务类17件,公共设施服务类15件,旅游服务类8件,医疗服务类4件。从单一服务来看,首位是餐饮服务投诉,共有268件,占服务类投诉的12.6%;其次是居民服务中的美容美发服务投诉,共有252件,占服务类投诉的11.85%;第三是非现场购物服务中网购服务,共有236件,占服务类投诉的11.1%。网购服务投诉比上年增长近200%,是服务类投诉增幅最大的,已成当前服务类投诉的新热点。

表26 **2015年嘉兴市服务类消费投诉情况**

单位:件

服务类别	2015年	2014年	比上年增长(%)
其他	420	326	28.83
居民服务	393	343	14.58
餐饮服务	268	173	54.91
非现场购物	240	82	192.68
修理维修服务	211	90	134.44
文化娱乐服务	153	76	101.32
电信服务	97	104	-6.73
旅馆服务	73	58	25.86
互联网服务	61	62	-1.61
培训服务	57	22	159.09
装修装饰服务	37	29	27.59
快递服务	31	60	-48.33
金融服务	21	26	-19.23
保险服务	21	17	23.53
中介服务	17	10	70.00
公共设施服务	15	11	36.36
旅游服务	8	8	0.00
医疗服务	4	5	-20.00

【十个消费投诉热点破题探索】 2015年,消费投诉主要集中在十个方面:智能手机享受“三包”不容易;家装建材标价差异同质严重;家用汽车逃避责任缺乏规范;保健营销经营者欺骗陷阱多;超市食品高额索赔明显增多;电子商务假冒伪劣现象严重;美容美发预付式消费风险大;物流快递毁损拒赔有失公平;电讯服务套餐太多收费不明;餐饮服务巧立名目损害消费。市消保委将消费投诉的十大热点问题破解任务进行分解,辖区内的10个消保委(包括市消保委及经开、港区两个分会)各承担一个课题研究,开展消费调查,揭示行业内幕,开展消费评价,发布指导信息;通过建章立制,完善救助机制;发动社会力量共治,争取政府主导,动员行业参与,推动行政监管,增强消费监督。通过努力全市经营者的侵权行为和消费者的投诉明显减少。

【保健行业消费维权】 8月,市消保委制订嘉兴市保健行业消费维权系列活动方案,并组织实施。开展对嘉兴市保健品市场经营现状情况调查,公开发布有关消费调查报告;开展对嘉兴市保健品经营者消费满意度评价,公开发布有关消费评价报告;推动保健行业内建立经营者诚信经营联盟,发布诚信联盟共同宣言和经营者承诺;举办《食品安全法》《消法》等法律法规培训班,加强对经营者和消费者的教育;组织保健品诚信经营企业联合开展送法进社区活动,为消费者提供义务服务活动;推动保健行业协会扩大建立消费者权益保护预赔金制度,促进行业协会加强自律;推动保健行业协会建立健全会销单位持证上岗制度,促进经营者以诚信求发展;在保健品消费者中组建一支"百名义工"队伍,充分发挥义工的社会监督员作用;部署开展对保健品"消费监督万里行"的义工活动,促进经营者的品牌建设;推动保健行业协会建立联谊活动备案登记制度,促进对保健品会销的市场监管;在保健行业协会建立消费者投诉处理联络站,为消费者纠纷解决提供更为便捷服务;在合作媒体栏目和"3·15"官方网站建立"曝光台",揭露和曝光商家的消费欺诈行为;联合社区试点建立"中老年消费教育示范基地",为加强消费教育、救济提供服务;组织保健品经营者开展争创"消费者信得过单位"活动,在行业内树立诚信经营标杆;组织对某大众化的保健产品的质量开展比较试验活动,公布比较试验结果以指导消费;为有关市场监管部门集中提供一批侵害消费者权益的线索,对违法经营者进行查处。

【网络购物消费维权】 3月,市消保委研究制订嘉兴市加强网络购物消费维权多项举措,并组织实施。推出环太湖毗邻若干城市互动的"电子商务与快递服务'3·15'消费维权网";组建"电子商务与快递服务'3·15'消费维权网"网上经营者诚信联盟;在骨干电商企业内推广建立消保委化解各类消费纠纷的消费维权联络机构;组织对维权联络机构人员有关消费维权岗位技能培训和实行执证上岗制度;开展电子商务的消费评价活动及授予优秀电商"消费者信得过单位"荣誉;组建嘉兴市电子商务与快递服务消费维权义工队伍并促进消费者的监督;加强对电子商务消费投诉的情况和数据分析及曝光不良网商的欺诈行为;推动电子商务企业自行建立消费维权先行赔付和产品质量联保等相关制度;联合相关部门共同建立服务于电商的快递消费投诉快捷解决机制;对电子商务消费侵权问题突出行业进行有针对性的专项消费维权行动。

【建立预付式消费监督制度】 4月,市消保委制订加强预付式消费指导与监督的若干举措。一是预付式消费风险评价制度。消费风险评价主要根据消费者的具体投诉情况进行评估,分A、B、C三个低、中、高类别。A类是指有风险;B类是指有较大风险;C类是指有大风险。二是预付式消费监督约谈制度。消费监督约谈主要根据消费者的具体投诉情况确定对象,分规范行业经营行为和规范经营者个体行为"两种"约谈。三是预付式消费侵权曝光制度。消费侵权曝光主要根据消费者投诉的具体情况确定批评对象,主要分预付费式消费中严重侵害消费者合法权益或拒绝消保委约谈及经约谈仍不改正的"两种"行为。四是预付式消费投诉移交制度。全市各级消保委在调处预付式消费纠纷过程中,发现经营者对于依法提出的退卡等变更或解除合同和权利以及获得违约金等符合法律、法规规定的赔偿损失权利,经营者采取故意拖延或无理拒绝等行为的,移交相关行政监管部门处理。

【消费维权义工队伍】 2015年,全市有消费维权义工队伍26支,消费维权义工人数595人,组织义工开展活动38次。为了更好地体现义工在"授课百堂"当主角,"疑难杂症"当主治、"社会监督"当主力、"特色服务"当主演的作用,市消保委在组建法律服务律师义工团、汽车服务技工义工团、保健服务老人义工团,家装服务企业义工团四支义工队伍的基础上,依托大专院校组建具有专业特色的"嘉兴市网购与快递维权义工小分队”，依托社区组建嘉兴市食品安全义工队。

（沈佳丽）

民族 宗教

【概况】 2015年年底，嘉兴全市有登记开放宗教活动场所172处，其中佛教场所77处，道教场所2处，伊斯兰教场所1处，天主教场所14处，基督教场所78处。年内，登记开放1处佛教场所（平湖市福源禅寺），撤销登记1处天主教场所（平湖市林埭镇双庙天主堂，因场所小而破旧，活动人数少，为配合城市有机更新，经协议补偿后拆除并撤销登记，信徒到附近教堂参加宗教活动），其他宗教活动场所数量不变。宗教教职人员数量保持稳定。年内，全市受理行政许可事项93件，准予许可93件。

2015年，嘉兴市以回民墓地迁建和民间信仰活动场所管理为重点，全市民族宗教领域和谐稳定，各项工作取得新进展。4月22日，市委常委会听取民族宗教工作专题汇报，批准设立统战与民族宗教事务服务中心，开展文明进香、创建生态寺院活动和佛教道教专项整治工作；开展民族团结进步“六进”（进机关、进企业、进社区、进乡镇、进学校、进寺庙）创建工作，形成26个创建工作点。进一步深化和谐寺观教堂创建活动，举办第五届汉传佛教讲经交流会。年内，举办宗教界代表人士、场所负责人、骨干信徒培训班15期，参训人员3702人次；开展宗教界慈善活动，累计捐款捐物226万元。

【开展对少数民族村结对帮扶】 年内，按照省委统战部的部署，市民宗局牵头组织全市统一战线开展对金华兰溪市、武义县少数民族村的对口帮扶工作，到位帮扶资金50万元。市佛教协会筹集资金10万元支持温州市结对民族村，促进少数民族地区经济发展。

【实施民间信仰活动场所登记编号管理】 据2013年5月统计，全市有民间信仰活动场所753处。2015年，按照《浙江省人民政府办公厅关于加强民间信仰事务管理的意见》和《浙江省民间信仰活动场所登记编号管理办法》要求，全市民宗部门对历史文化底蕴深厚、代表性强、影响广泛的民间信仰场所实施登记编号管理。至年底，全市有178处民间信仰活动场所纳入登记编号管理。

【举办“方寸皆菩提”百位名家佛印篆刻展】 3月17日，由嘉兴市文化局、嘉兴市民宗局为指导单位，嘉兴博物馆、嘉兴龙庄讲寺为主办单位的“方寸皆菩提——百位名家佛印篆刻作品展”在嘉兴博物馆开幕。省民宗委主任冯志礼、嘉兴市副市长祝亚伟、嘉兴市政协副主席王淳等领导以及浙江省佛教协会副会长月真法师、嘉兴市佛教协会会长贤宗法师等宗教界人士出席开幕式。本次佛印篆刻展以“思行印迹·和谐人文”为主题，汇集来自全国各地的篆刻名家制印150余方，展览以浅白通俗的语句对印文中的佛教语言做了注释。

（范建华）

人民生活

【城镇居民收入列全省第4位】 2015年，根据国家统计局嘉兴调查队对全市1880户住户抽样调查，嘉兴市城镇居民人均可支配收入45499元，比全省平均水平（43714元）高1785元，列全省11个设区市的第4位。城镇居民人均可支配收入比上年增加3356元，列全省第8位。城镇居民人均可支配收入比上年增长8%，列全省第11位，比全省低0.2个百分点，比排名第一位的台州市低0.8个百分点。“十二五”期间，嘉兴市城镇居民人均可支配收入从2011年的全省第5位，提升到2012年的第4位，连续四年居全省第4位。

【城镇居民工资性收入增长 7.2%】 2015 年，嘉兴市城镇居民人均工资性收入 29313 元,比上年增长 7.2%，工资性收入占可支配收入的 64.4%，工资性收入对可支配收入增长的贡献率为 58.8%。

【城镇居民经营净收入增长 7%】 2015 年,嘉兴市城镇居民人均经营净收入 5772 元，比上年增长 7%，经营净收入占可支配收入的 12.7%，其中第二产业经营净收入 2025 元,增长 9.1%,主要来源于制造业,收入为 1840 元,增长 14.1%；第三产业经营净收入 3501 元,增长 7.3%,第三产业经营净收入占全部经营净收入的 60.7%，主要来源于批发零售业，收入为 2360 元,增长 4.6%。2015 年,家庭经营净收入的增量占比为 11.3%，低于家庭经营净收入在人均可支配收入中的占比 1.4 个百分点，家庭经营增收能力减弱。

【城镇居民财产净收入增长 8.9%】 2015 年，嘉兴市城镇居民人均财产净收入 3736 元，比上年增长 8.9%,财产净收入占可支配收入的8.2%,其中出租房屋财产性收入 1629 元,增长 17%。

【城镇居民转移净收入增长 11.7%】 2015 年，嘉兴市城镇居民人均转移净收入 6678 元,比上年增长 11.7%，转移净收入占可支配收入的 14.7%,比上年提高 0.5 个百分点。养老金或离退休金占转移性收入的 90%,转移净收入稳步增长。

【城镇居民生活消费支出增长 10.9%】 2015 年,嘉兴市城镇居民人均生活消费支出 25544元,比上年增长 10.9%。生活消费支出增长高于可支配收入增长 2.9 个百分点,保持了 2013 年以来支出增长快于收入增长的态势,消费与收入的增幅差由 0.1 个百分点扩大为 2.9 个百分点。

【城镇居民食品烟酒和居住支出占 48.9%】 2015 年，嘉兴市城镇居民人均食品烟酒支出 7662 元，比上年增长 9.4%，恩格尔系数为 30%,比上年下降 0.4 个百分点。人均居住支出 4820 元,增长 8.7%。食品烟酒和居住支出占生活消费支出的 48.9%。

【城镇居民交通通信等支出增长】 2015 年,嘉兴市城镇居民人均交通通信支出 4828 元,比上年增长 21%,交通通信支出占生活消费支出的 18.9%,仅次于食品烟酒支出,对生活消费增长的贡献率为 33.3%，成为近年来增长最快的消费。人均教育文化娱乐支出 2732 元,增长14.1%。

【城镇居民衣着、生活用品及服务等支出增长】 2015 年,嘉兴市城镇居民人均衣着支出 1645元,比上年增长 6.3%；生活用品及服务支出 1563 元，增长 6.3%；医疗保健支出 1662 元，增长 4.7%;其他用品和服务支出 633 元,增长 4.1%。

【农村居民人均可支配收入增长 8.8%】 2015 年，根据国家统计局嘉兴调查队城乡住户调查，嘉兴市农村居民人均可支配收入 26838 元,比上年增长 8.8%,剔除价格因素,实际增长 7.7%。农村居民可支配收入的四项构成增长,其中工资性收入增长 8.1%，经营净收入增长 7.5%,财产净收入增长 16.3%,转移净收入增长 17.7%。工资性收入是可支配收入的主要来源,转移净收入增长最快。

【农村居民工资性收入增长 8.1%】 2015 年，嘉兴市农村居民人均工资性收入 17017 元,比上年增长 8.1%，工资性收入占可支配收入的 63.4%,拉动可支配收入增长 5.2 个百分点,对可支配收入增长的贡献率为 59.2%。随着经济的发展和城镇化进程的推进,农村居民的收入来源渠道逐渐扩大,工资性收入主要来源于在各类企事业单位从业和在当地或外出地的其他各种劳务活动所得。2014 年 8 月至 2015 年 10月，嘉兴市政府根据《浙江省人民政府关于调整全省最低工资标准的通知》,将嘉兴最低月工资标准由 1310 元调整到 1660 元,非全日制工作的最低小时工资标准由10.7元调整到15.2元。

【农村居民经营净收入增长7.5%】 2015年，嘉兴市农村居民人均经营净收入7262元，比上年增长7.5%，经营净收入占可支配收入的27.1%,比上年回落0.3个百分点。经营净收入来源逐渐从第一产业向第二产业、第三产业转移。受"三改一拆"和"生猪减量提质"工程影响,嘉兴市农村居民来自第一产业的人均经营净收入1831元,比上年下降2.2%;来自第二产业的人均经营净收入2914元,增长12%;来自第三产业的人均经营净收入2517元,增长10.4%。

【农村居民财产净收入增长16.3%】 2015年，嘉兴市农村居民人均财产净收入1070元,比上年增长16.3%，财产净收入占可支配收入的4.0%,拉动可支配收入增长0.6个百分点,对可支配收入的贡献率为6.9%。近年来,随着农村财产权利的落实，农村居民资本累积的增加，以及农村居民投资理财意识不断增强和投资渠道进一步拓展,土地流转收益,参与入股合伙分红股息、投资房地产增加房屋出租等,农村居民投资收益稳定提高。

【农村居民转移净收入增长17.7%】 2015年，嘉兴市农村居民人均转移净收入1489元,比上年增长17.7%，转移净收入占可支配收入的5.5%,拉动可支配收入增长0.9个百分点,对可支配收入增长的贡献率为10.4%。2015年,嘉兴市上调城乡居民社会养老保险基础养老金，提高农村养老保险覆盖面,成为农村居民转移净收入提高的主要因素。

【农村居民食品烟酒支出增长7.7%】 2015年，嘉兴市农村居民人均生活消费支出17522元，比上年增长8.4%,剔除价格因素影响,实际增长7.3%。嘉兴市农村居民人均食品烟酒消费支出5193元,比上年增长7.7%,食品烟酒支出占生活消费支出的29.6%,拉动消费支出增长2.3个百分点。食品烟酒消费是农村居民生活的基本需求,在农村居民消费支出中占比最大。

【农村居民交通通信支出增长11.7%】 2015年，嘉兴市农村居民人均交通通信支出3990元,比上年增长11.7%,交通通信支出占生活消费支出的22.8%,比重仅次于食品烟酒消费,拉动农村居民消费支出增长2.6个百分点，对消费支出增长的贡献率为30.8%。

【农村居民教育文化娱乐支出增长13.3%】 2015年,嘉兴市农村居民人均教育文化娱乐支出1731元,比上年增长13.3%,教育文化娱乐支出占生活消费支出的29.6%，拉动农村居民消费支出增长1.3个百分点，对消费支出增长的贡献率为15%。

【农村居民衣着、居住等支出增长】 2015年，嘉兴市农村居民人均衣着、居住、生活用品及服务、医疗保健、其他用品和服务支出分别为1002元、3328元、928元、976元、374元，比上年分别增长7.4%、3.5%、8.5%、10.0%、6.4%。

（李霞萍）

人　物

新任市领导人简介

林健东　1960年2月生，浙江云和人，中央党校大学学历，1977年12月参加工作，1983年12月加入中国共产党。1977年12月至1980年5月丽水地区钢铁厂工人；1980年5月至1982年10月云和县石油公司工人；1982年10月至1986年8月云和县财税局干部（1984年8月至1986年8月在丽水地委党校党政管理专业大专班学习）；1986年8月至1987年2月任云和县双港乡乡长；1987年2月至1990年1月任云和县小顺乡党委书记；1990年1月至1996年3月任云和县云和镇党委书记、镇长；1996年3月至1997年10月任云和县副县长；1997年10月至2000年12月任龙泉市委常委、常务副市长；2000年12月至2001年3月任龙泉市委副书记、代市长；2001年3月至2004年8月任龙泉市委副书记、市长（1999年8月至2001年12月在中央党校经济管理专业本科班学习）；2004年8月至2007年3月任松阳县委书记；2007年3月至2009年9月任松阳县委书记、县人大常委会主任；2009年9月至2010年1月松阳县委书记（副厅长级）、县人大常委会主任；2010年1月至2011年11月松阳县委书记（副厅长级）（2010年8月至2010年10月在省委党校领导干部进修一班学习）；2011年11月至2012年4月任丽水市委副秘书长（副厅长级）；2012年4月至2014年3月任丽水市副市长；2014年3月至2015年4月任丽水市委常委、莲都区委书记；2015年4月至2015年9月任嘉兴市委副书记、市政府代市长、党组书记；2015年9月至2016年3月任嘉兴市委副书记、市政府市长、党组书记。

金　志　1968年4月生，浙江临海人，中央党校研究生学历，1990年8月参加工作，1992年9月加入中国共产党。1987年9月至1990年7月郑州纺织工学院企业管理专业学习；1990年7月至1993年8月任临海市团委干事、青工委主任；1993年8月至1995年11月任临海市团委副书记；1995年11月至1996年7月任临海市东塍镇党委书记助理、党委副书记、副镇长；1996年7月至1997年11月任临海市小芝镇党委书记；1997年11月至2001年9月任台州市团委副书记、党组成员（1999年2月至2000年1月挂职担任团中央青农部农业处副处长；1998年9年至2001年5月在中央党校党政管理专业本科班学习）；2001年9月至2004年2月任台州市团委书记、党组书

记(2000年9月至2003年7月在中央党校在职研究生班经济学专业学习;2002年9月至2002年12月在省委党校中青班学习);2004年2月至2007年1月任台州市路桥区委副书记、副区长(正处级)(2005年6月至2005年9月在省管理研究班学习);2007年1月至2008年7月任台州市路桥区委副书记(2007年3月至2007年7月在省委党校中青一班学习);2008年7月至2011年6月任仙居县委副书记、代县长,2009年3月县长;2011年6月至2015年4月任嵊州市委书记;2015年4月至今任嘉兴市委常委、政法委副书记,市公安局局长、党委书记。

楼建明 1971年3月生,浙江诸暨人,省委党校研究生学历,1990年8月参加工作,1991年9月加入中国共产党。1986年9月至1990年8月浙江林业学校林业专业学习;1990年8月至1991年8月诸暨市大桥乡政府工作;1991年8月至1993年5月诸暨市林业局工作;1993年5月至1997年6月任诸暨市林业局林政科副科长;1997年6月至1999年2月任诸暨市公安局林业公安科副科长(主持工作)(1995年9月至1998年7月在浙江广播电视大学财务会计专业大专班学习);1999年2月至2000年6月任诸暨市枫桥镇党委副书记;2000年6月至2003年10月任诸暨市牌头镇党委副书记、行政负责人,2001年1月任镇长;2003年10月至2004年12月诸暨市大唐镇党委副书记、行政负责人,2004年1月镇长(2001年8月至2003年12月在中央党校法律专业本科班学习;2003年9月至2003年12月在中共绍兴市委党校中青年干部培训班学习);2004年12月至2006年11月任诸暨市大唐镇党委书记,2005年3月兼城西工业新城管委会办公室副主任;2006年11月至2008年7月任上虞市委常委,杭州湾上虞工业园区管委会主任、党工委副书记,2007年5月任党工委书记;2008年7月至2009年4月任绍兴市经济贸易委员会副主任、党组副书记(主持工作);2009年4月至2010年4月任绍兴市经济贸易委员会主任、党组书记;2010年4月至2011年11月任新昌县委副书记、代县长,2011年2月任县长(2008年9月至2011年7月在中共浙江省委党校马克思主义基本原理专业研究生班学习);2011年11月至2015年10月任新昌县委书记;2015年10月至今任嘉兴市委常委、市政府常务副市长,市滨海办主任、行政学院院长(兼)。

(王飞越)

英模人物

阳丽平 女,1969年出生,现任嘉善县魏塘街道新居民事务所镇北中心站站长。曾获浙江省及市十大感动您的民工、感动嘉兴2006年度最具影响人物、嘉善县改革开放30周年“十佳创业创新”人物、嘉善县“十佳为民服务之星”、嘉兴市新居民服务管理先进工作者、嘉兴市劳动模范、浙江省劳动模范及全国五一劳动奖章等荣誉。在魏塘街道新居民事务所工作的十年时间里,阳丽平一直从事外来务工新居民的教育、服务、管理、维权等工作。在嘉善县“人口倒挂”现象最为突出的魏中村,处处都能见到阳丽平熟悉的身影,在担任魏中村民工管委会的妇代会主任时,创立新居民党员和谐工作室、“和阿姨”阳丽平百事坊等新居民自我服务管理社会团体,阳丽平时刻要求自己做外来务工新居民的热心人、知心人、贴心人,为初来乍到的新居民们介绍工作、住处,同

时积极协同成立管委会民工基金会，专为需要帮助的困难民工解决燃眉之急。在阳丽平的积极探索下，魏塘街道新居民事务所首创了新居民人民调解“以新调新”工作机制，充分发挥民间新居民热心人士、法律人士在维护新居民职工正当合法权益、及时调处新居民矛盾纠纷中的“乡音”优势，最大限度地化解社会矛盾。同时，阳丽平积极履行新居民议事委员职责，在平时工作中与新居民群众打成一片，倾听群众呼声、反映社情民意，通过提交提案、社会呼吁等形式让全社会都能听到新居民的声音，为新居民在第二故乡务工、创业创造更好的社会环境。阳丽平凭着勤奋和努力，在不断地总结经验，以荣誉为动力，在平凡的工作岗位上不断做好新居民的服务、维权、宣传、教育工作，以实际行动为嘉善新居民的工作、生活服务。2015 年 4 月被评为全国劳动模范。

沈守贤　1962 年出生，中共党员，现任浙江景兴纸业股份有限公司党委副书记、总经理助理兼行政部经理等职，高级政工师、高级经济师。曾获全国造纸产业优秀企业文化工作者、浙江省第十三届讲比活动先进个人、嘉兴市“扶残助残先进个人”、嘉兴市“创建学习型组织，争做知识型职工”活动标兵、平湖市优秀基层党组织书记等荣誉。他在景兴纸业工作的 25 个春秋，坚持以迎难而上、勇于创新、甘于奉献的人格魅力，发挥着领头人的作用。作为党委副书记，他组织开展党员示范岗、党员领办研发项目等活动，不断促进党员队伍的提升，使得党员的模范作用更好地体现在日常工作过程中。作为科协主席、科技带头人，他致力于推进公司技术改造、提高生产效益。先后组织实施高强度 AJ 纱管原纸技改项目、10# 机污水处理系统改造项目、造纸二部脱水元件改造项目、高级牛卡纸开发等技改创新项目，使公司现有生产设备得到最大程度的发挥与利用，降低生产成本、减少污染物的排放，实现效益与环保的双丰收。作为一名来自基层的工会干部，他积极倡导策划，景兴纸业于 2001 年成立“‘1+1’互助互济基金”，采用职工自愿筹集和公司拨款相结合的方式，解决企业内因残疾、生病、工伤、就学等原因造成经济困难的家庭。此外，他还组织资助贫困家庭学生就学，发动公司员工开展各类捐款，如四川汶川、青海玉树特大地震发生后动员公司员工捐款达 44.95 万元。同时他多方取经，为员工兴建图书室、排练厅、健身房、篮球场、网球场等诸多活动场地，把工会建设成职工的“娘家人”。2015 年 4 月被评为全国劳动模范。

吴张平　1974 年生，中共党员，现任嘉兴繁荣电器有限公司技术总监，工程师。曾获海盐县优秀科技联络员、海盐县劳动伟大——勇克时艰杰出职工、海盐县第三批职业技术带头人、海盐县优秀大学生创业园带头人、海盐县劳动模范、浙江省五一劳动奖章等荣誉。他肯学习、爱动脑、勤钻研是吴张平的特点。2005 年至今，他担任嘉兴繁荣电器有限公司技术总监，主要负责公司机电设备的管理、新产品开发、生产工艺的设计及设备和项目的引进吸收，任职以来，为公司改造太阳能发泡保温流水线、前处理喷塑流水线、装配自动流水线，通过他的改造既提高自动化作业程度，又节省电能，降低污水和废气的排放，为企业创造可观的经济效益和社会效益。2008 年，他在企业成立大学生创业园，作为创业园带头人，在完成创业园各项管理制度建设的同时，带领创业园成员开发相当数量的新产品，其中 2 项产品获得发明专利，49 项获得国家知识产权局实

用新型专利的授权,2010 年度企业通过《国家高新技术企业》的认定。并为企业争取国家财政资金 150 多万元。工作中他始终坚持以人为本,在确保安全的基础上讲求经济效益;不断采用新技术、新工艺、新材料、新设备,提高整体的生产效率和产品档次,从而提高公司的核心竞争力。在不断提高自己的同时,他还把自己的知识和经验毫无保留地传授给他人。牵头成立劳模创新工作室,开展技术攻关和传帮带活动。经过传帮带的 12 名下属,目前都成为公司重要岗位的骨干和中层管理人员,为公司储备后备人才。2015 年 4 月被评为全国劳动模范。

沈国甫 1956 年出生,高级经济师、高级政工师,中共党员。现任宏达控股集团党委书记、宏达高科控股股份有限公司董事长。曾获全国纺织工业劳动模范(部级)、全国优秀民办教育家、省优秀共产党员、省优秀中国特色社会主义事业建设者、省优秀企业家、第一批世界优秀浙商等荣誉。沈国甫创业近 30 年,企业涉足纺织、教育、医疗器械、市场开发、房地产、金融投资等六大产业。其教育事业实现从幼儿园到大学的全链化发展。宏达高科于 2007 年在深圳证券交易所挂牌交易上市,是中国经编行业第一家上市公司。事业的成功,源于他的不懈努力和开拓创新的浙商精神以及对诚实守信、社会责任的坚守。他坚持以“科技为先导”为发展战略,以自主研发创新和产学研紧密合作科研攻关相结合的科技创新模式,在传承中大胆创新,参与组织七届中国家纺博览会、六届海峡两岸经编研讨会,公司的高性能经编材料省级研发中心多次承担国家火炬计划项目和国家重点新产品开发计划,设立车用新材料省级研究院,为中国经编产业的发展做出贡献,被评为全国科技创新先进单位。“以诚为本”一直是他兴企的理念,公司投资建有 3000 多平方米的职工活动中心,职工公寓 200 多套,每年组织职工开展技能培训、业务学习及外出旅游等活动,全力打造和谐团结的企业文化,提升职工的归属感和幸福感。公司先后荣获“全国模范劳动关系和谐企业”“全国模范职工之家”和“全国职工书屋”称号。他时刻谨记一个企业家的社会责任,历年来赞助教育事业、社会公益事业、结对助学、扶贫帮困等资金达 1000 多万元。公司还出资 1000 万元成立宏达爱心助学基金,使爱心助学常态化。他还带领与村结对,及时为困难家庭与孤寡老人送去关爱,以他的赤诚之心回馈养育他的这方土地。2015 年 4 月被评为全国劳动模范。

钟耀权 1970 年出生,中共党员,现任桐乡市恒泰精密机械有限公司生产技术部部长。曾获“桐乡市勇克时坚杰出职工”“桐乡市金牌职工”“嘉兴市杰出职工”“浙江省优秀职工”等荣誉,先后被评为桐乡市劳动模范、嘉兴市劳动模范、浙江省劳动模范。钟耀权对待工作敬业精业,是他的特点;脚踏实地,是他的作风;精益求精,是他的目标;乐于助人,是他的美德。他虽然只有初中毕业,却不断学习来充实自己、武装自己。他怀着一颗不服输的心,抱着勤奋努力和高度负责的工作态度,深得公司信任。2012 年参加浙江省职业工业技术学院“双元制大专班”的学习,现已完成学业,并取得优异成绩。他参加工作以来一丝不苟,严格要求,精益求精,从 2004 年开始参与开发的 SE5V16 活塞项目,试制成功并实现国产化,每年为公司新增 5000 万元销售收入。还参与 SPV716 中空铝合金活塞项目、PXE 活塞项目、TR 和吸盘气管座项目研发与试制,已投入生产,产品赢得顾客的好评,为企业创造

可观的经济效益和社会效益。仅2014年，为公司解决了多个生产加工过程中的技术难题和技术瓶颈，完成四项重大工艺技术改进，为公司新产品试制解决多项难题。无论在什么岗位，他任劳任怨，恪尽职守，不计较个人得失，有无私的奉献精神，全身心投入工作，经常放弃休息时间。对于他人耐心传道授业解惑，经常在车床上培养和指导新进员工，为公司培养一批又一批的技术骨干和业务能手，夯实公司未来人力基础。2015年4月被评为全国劳动模范。

朱屹峰　1967年出生，中共党员，现任嘉兴市绿江葡萄专业合作社社长、南湖区大桥镇江南村党总支书记、嘉兴市南湖区大桥镇党委委员。曾获嘉兴市十大杰出青年、嘉兴市农村实用人才、浙江省农村科技示范户、浙江省双带好党员、浙江省农村十大杰出青年、浙江省劳动模范、全国青年星火带头人标兵、全国百名农村实用人才、中国农函大优秀讲师、全国五一劳动奖章等荣誉。朱屹峰1993年起专业从事葡萄种植、新品种引进开发及技术推广工作。2000年以来随着葡萄产业的发展，他利用自己的专业技能每年举办各种葡萄实用技术培训20多次，培训人数有4200多人次。无偿发放资料4500份。其中有600多名种植户，通过培训拿到绿色及农函大证书。他出版《农函大葡萄实用栽培技术》教材，并担任浙江省绿色农业丛书(葡萄)版主编，成为唯一从农民走上讲台的中国农函大讲师。2005年他创办嘉兴市绿江葡萄专业合作社，通过示范引领，使全镇葡萄种植面积已达到1233.33公顷，种植果农1800多户，总产值2.2亿元，真正走出一条以带动一个产业发展、带领一方群众致富的科技兴农之路。绿光葡萄专业合作社被评为国家级农民专业合作社示范社。2011年他当选村党总支书记，通过三年的努力，实施乡村道路硬化全覆盖、村级主干道路灯亮化，完成全村低洼田块的水利工程建设，农村生态环境得到全面改善，基层组织服务群众的能力进一步增强，特别对全村困难、残疾人家庭专门组织党员骨干进行结对帮扶。他还建立老年人爱心基金，对全村85岁以上老人年底送去慰问金，为传承尊重长辈、爱心孝道传播正能量。他多次被评为市、区优秀党员。2015年4月被评为全国劳动模范。

张益平　1971年出生，中共党员，现任嘉兴市乍浦港口经营有限公司杂货作业队队长。曾获嘉兴市劳动模范、浙江省劳动模范等荣誉。张益平顽强拼搏，助力集装箱业务跨越式发展。公司集装箱发展初期，由于还是手工操作，经常船舶已经到位，场地上的箱子却还没找着，张益平日夜坚守与同事一起满场跑着找。经过一段时间的学习之后，他开始抽丝剥茧，梳理出公司首个集装箱操作流程。2008年，宁波港和嘉兴港签订合作框架协议，公司的集装箱业务得到快速发展。在AS400、TOS等集装箱系统的切换过程中，张益平带领他的团队克服种种困难，顺利实现生产实时监控，为公司集装箱由2007年的3.7万标准箱发展到2014年100万标准箱打下了扎实基础。勇于开拓，推动散杂货业务创新式发展。2015年年初，张益平调任杂货作业队担任队长，他知道那里更需要他，同时更大的考验和压力等着他。刚到杂货队没多久，就迎来今年的新货种——铜精矿，这“家伙”号称“黄金散货”，这让张益平压力很大。因为他很清楚，铜精矿业务的开拓来之不易，客户到公司实地考察之后，认为乍浦码头现有条件下不可能完成铜精矿的接卸。张益平提出利用水尺和地磅的权重来精确计

量、料斗外装防风网降损耗、开顶箱和普通箱直装不落地等措施，一一满足客户的需求,成功揽得该新货种。敢于担责,引导内部管理向精细化方向发展。安全“零容忍”、生产组织“零空档”、货运质量“零投诉”,不管在哪里,张益平总是向他的队友提出这“三零”工作要求。这看起来简单,做起来却非常难。在他的努力下,“见缝插针式”生产组织模式、区域化安全管控手段、360 服务措施相继产生,增强人员安全意识、降低运输成本、提高装卸船作业效率,实现公司内部管理精细化目标。2015 年 4 月被评为全国劳动模范。

洪福珍 女,1970 年 9 月出生，中共党员,现任上海外国语大学秀洲外国语学校校长、党支部书记,任教社会政治学科。曾获浙江省青年教师论坛优秀论手、嘉兴市学科带头人、嘉兴市名师、嘉兴市第五批新世纪专业技术带头人培养人员及后备人才、嘉兴市优秀职工、秀洲区优秀党员、秀洲区十佳女性、秀洲区十佳巾帼先锋、嘉兴市劳动模范、浙江省劳动模范等荣誉。洪福珍勤于思考,认真学习教育教学理论和优秀兄弟学校的办学经验。从教 23 年来,她一心扑在学校工作中。在秀洲现代实验学校工作的 11 年中，无论是作为教学一线的社政教师还是作为学校副校长、副书记、工会主席的行政管理角色,她都甘于奉献,为秀洲现代十年的光荣和辉煌默默坚守,赢得全体同事的尊敬和领导的肯定。通过她的努力，上外秀洲外国语学校教学质量稳步提升,师生精神面貌清新向上。在教学中,她能保持较平和的心态和愉悦的心情善待每一个学生,注意给学生创设自主学习的环境,使学生获得心灵的舒展,从而倾心参与学习。她注意学习和借鉴先进的教学经验和教学模式,将每次教研活动视为学习良机,善于从中汲取经验。积极主动参加各类教科研活动，认真做好听课、说课、评课等工作,重视自己教科研能力的提高,积极探索现代教育技术,勇于承担各类公开课和专题讲座,积极撰写论文,开展课题研究。2015 年 4 月被评为全国先进工作者。

吴建林 1963 年出生,中共党员,现任嘉兴市港航管理局思古桥检查站副站长。曾获嘉兴市优秀共产党员、全省交通行业十佳文明标兵、全省交通运输行业爱岗敬业楷模(十大交通楷模)、浙江省道德建设先进个人、浙江省五一劳动奖章、全国五一劳动奖章等荣誉。吴建林政治上坚定、思想上进步,干在实处,走在前列,充分体现一名新时期共产党人的高尚品德和精神境界。当祖国召唤的时候,他穿上军装,参加长江抗洪抢险,连续四十天奋战在抗洪一线,成为抗洪标兵。1984 年对越反击战打响之后，他写下血书请战奔赴前线,在老山战斗中出生入死,成为英雄。1982 年 11 月 ~ 1985 年 11 月在部队短短的三年荣立二等功一次,团部嘉奖一次,连队嘉奖三次;当事业需要的时候,他收藏起军功章,走上港航第一线。当群众有难时,他不顾个人安危与自身伤残,舍己救人再显英雄本色;他从不以功臣自居,是个工作骨干,苦活累活抢着干,难活险活争着上,以自身的言行带动身边的同志。吴建林用“换位思考”，规范化管理体现人性化服务,始终把船员放在心中,踏实践行群众路线,体现一名新时期共产党员和交通人的高尚品德和精神境界。吴建林实实在在做人、认认真真干事、关键时刻挺身而出,在平凡的岗位上做出不平凡的业绩。2015 年 4 月被评为全国先进工作者。

(陈云建)

知名专业人士

范举红　1982年9月生，河北咸丰人，九三学社社员，现任浙江清华长三角研究院生态环境所高级工程师，是浙江省151人才工程第三层次培养人员、嘉兴市“城镇污水厂节能减排”重点科技创新团队带头人，第六批嘉兴市新世纪专业技术带头人后备人才。2009年7月进入浙江清华长三角研究院以来，一直从事水技术研发、环境工程设计等工作，先后主持省市科技计划项目5项，作为主要成员参加国家、省部重大科技项目6项，累计发表论文50余篇，合著专著1部，申请发明专利11项，已授权发明专利4项，完成成果登记8项。先后获得嘉兴市自然科学学术奖、桐乡市十佳青年岗位能手、浙江清华长三角研究院先进工作者、The WET Excellent Presentation award（日本国际学会交流优秀奖）等多项荣誉及称号。组建嘉兴市“城镇污水厂节能减排科技创新团队”，相关技术成果在城镇污水厂提标建设得以应用。作为芹川古村污水处理工程项目负责人，突破工程可实施性，保护具有750年历史的徽式古建筑群难题。

高荣村　1981年1月生，陕西汉中人，九三学社社员，硕士研究生，高级农艺师。2006年7月至今在嘉兴市农科院从事水稻遗传育种研究及成果转化和产业化工作。作为主要完成人育成9个晚粳稻新品种（组合）和5个水稻不育系，4个品种获得国家植物新品种权保护授权，1项成果获国家发明专利授权。以第一作者身份在国内核心期刊发表论文18篇，作为主要完成人开展水稻一年多代育种方法的创新研究，应用该方法选育的水稻品种累计推广80万公顷以上，增加经济效益5.7亿元以上。获嘉兴市科技进步一等奖2项、二等奖2项，市自然科学学术一等奖1项。2014年入选嘉兴市第六批专业技术带头人，同年获嘉兴市农业科技成果转化推广奖，2015年获浙江省农业系统先进个人，同年列入浙江省151人才工程第三层次培养人员，是“国家转基因水稻重大专项”“省水稻攻关协作组”“市水稻创新团队”成员。

金　浩　1981年1月生，北京人，博士，在浙江晶科能源有限公司任首席科学家，高级工程师。2007年在澳大利亚国立大学取得太阳能工程专业博士学位，多次参与澳大利亚国立大学研究所的多项重要科研项目。回国后，于2012年6月加入晶科，现任公司首席科学家，带领公司研发团队开展50余项国家级、省级、市级重要项目。致力于高效太阳能电池、组件技术的开发以及太阳能发电系统的应用，擅长光伏相关技术特别是新一代高效电池、组件技术的研发。担任国际半导体领域SEMI标准委员会的核心委员以及国际化标准组织WG8工作组组长，协同业内专业人士开展光伏行业的标准化制定工作。在国际核心期刊发表14篇学术期刊著作；拥有121项自主知识产权，其中4项发明专利；累计完成10项浙江省省级科技成果登记；带领团队起草行业或国家标准8项，其中3项发布实施。获SEMI产业奖，庐山友谊奖，省级优秀工业新产品3项，市级科技进步奖3项。入选嘉兴市创新类

领军人才,嘉兴市重点创新企业带头人。

邵　峰　1977年3月生,浙江金华人,海宁市政协委员,硕士,教授级高级工程师。2000年7月至今,就职于天通控股股份有限公司,从事电子材料科研、生产及管理16年,曾任研发员、技术员、研发经理及生产经理等,现任公司中央研究院院长助理。参加工作以来,承担过科技部、工信部、商务部及总装备部等多部委的科研及产业化项目,其中国家"863"计划课题2项,火炬计划2项,省重点项目4项;研制30多个新产品,其中4个为国家重点新产品,新产品累计实现销售收入10亿多元。主持编制国家标准1项,行业标准2项,参与编制第一项由中国主导的软磁铁氧体国际标准。获得发明专利4项,发表国内外论文20多篇。先后获得浙江省科技进步三等奖2次、浙江省优秀工业新产品一等奖2次、嘉兴市科技进步二等奖2次、海宁市科技进步一等奖2次。先后被评为浙江省151人才第三层次培养人员、嘉兴市新世纪专业技术带头人、海宁市专业技术人才。现担任国际电工委员会磁性元件与铁氧体材料技术委员会专家成员、SEMI HB-LED标准化委员会委员、中国电子学会应用磁学分会委员、《磁性材料及器件》期刊编委、嘉兴市质量智囊团专家、海宁市图书馆理事会理事。

王平军　1982年8月生,湖南长沙人,中共党员,硕士研究生、现任民丰特种纸股份有限公司副总工程师,技术中心副主任,工程师。自2007年7月进入民丰特种纸股份有限公司以来,一直在公司技术中心从事烟用纸新产品开发及新材料应用工作,主持开发选择性降碳卷烟纸、低引燃倾向性卷烟纸、保润卷烟纸、强

包灰型卷烟纸以及细支卷烟用纸等功能型产品,获得多项发明专利授权,开发产品应用于中华、芙蓉王、黄金叶、苏烟、泰山等国内知名卷烟品牌。开展合作课题研发及应用工作,参与项目《彰显黄金叶品牌风格特征关键技术研究》获2014年度中国烟草总公司科学技术进步一等奖,参与项目《自然透气接装纸通风的纸质复合滤嘴研究》获2013年度中国烟草总公司科学技术进步二等奖,参与项目《燃烧过程卷烟纸孔结构影响卷烟主流烟气CO释放量研究》研究成果获烟草行业推广,应用品牌销量超过300万大箱。2010年完成《卷烟纸包灰性能的研究与产品开发项目》,获得嘉兴市十大职工技术创新成果奖。2010年入选嘉兴市重点企业技术创新团队,2014年入选嘉兴市第六批新世纪专业技术带头人,2015年入选浙江省"151"人才工程第三层次培养人员。

王晓初　女,1977年10月生,浙江嘉兴人,中共党员。毕业于中央音乐学院(艺术管理系)本科。现任嘉兴市非物质文化遗产保护中心副主任、嘉兴市文化馆副馆长,研究馆员。2006年8月任职以来,在群众文化工作与实践中,不断提高自己的专业素养与组织活动能力,策划"中国嘉兴端午"系列活动之祭祀活动、端午体验活动;担任全省舞龙大赛现场执行导演;策划多场全市群文活动、非遗传承与保护活动等,保障市、馆近600多场群众广场演出活动。先后在全国、全省声乐大赛中获奖,

创作的多个音乐、舞蹈作品多次在省新作大赛中获金、银等奖项，撰写的近20篇论文在全国、省论文比赛中获奖，并有9篇在国家级、省级刊物上发表，1篇在国际性论坛刊物中发表，参与编撰、编审的书籍达8部。多次代表嘉兴市政府到香港、韩国、日本、德国进行友好访问与交流。2010年被评为嘉兴市第五批新世纪专业技术带头人后备人才。2010年被评为首批嘉兴市宣传文化系统“四个一批”文学艺术类人才。2011年获第二批嘉兴市“南湖百杰”文化人才奖。2012年获第四届嘉兴市“十佳文艺工作者”。2014年被评为第六批嘉兴市新世纪专业技术带头人培养人才等。

周清河　1978年5月生，江西省东乡县人，中共党员，硕士学历，现任嘉兴市第二医院副主任医师。2002年9月毕业于中南大学湘雅医学院麻醉学系，2007年晋升主治医师，2012年晋升副主任医师，2015年到浙江大学附属第二医院进修学习1年，任蚌埠医学院硕士研究生导师。近年来发表中华级论文5篇，SCI论文5篇，影响因子总计达到12。获得解放军总后勤部科技进步三等奖1项，浙江省科技进步三等奖1项，浙江省医药卫生科技创新三等奖2项，嘉兴市科技进步一等奖1项、二等奖2项、三等奖2项。现任浙江省医学会麻醉专业委员会委员、嘉兴市医学会麻醉分会委员。被评为浙江省“医坛新秀”，浙江省优秀规范化培训带教老师，嘉兴市第三批“南湖百杰”优秀人才，嘉兴市第六批新世纪专业技术带头人后备人才，嘉兴市第二医院十佳员工。连续10余年获得“嘉兴市第二医院先进工作者”荣誉称号。入选浙江省“151”人才工程第三层次培养人员。

（吕　臻）

道德模范

邹林根　1949年4月出生，国网浙江海盐县供电公司退休职工。1993年，邹林根年近八旬的岳母吴阿英双目失明，邹林根带着岳母辗转杭州、上海等地四处求医，住院期间他一直尽心尽力地照顾老岳母。数年之后，吴阿英突发脑溢血，导致半身偏瘫，生活不能自理，照顾起来更麻烦，邹林根却没有半句怨言。为防止老人家长期卧床生褥疮，他按时给吴阿英按摩、擦身、清洗尿垫，还特地买了轮椅，有空就推着老岳母去晒太阳。为方便了解岳母的健康状况，邹林根还买了听诊器、血压器，每天为老人测量血压，并做好血压数据与用药情况的记录，再根据病情的变化及时和医生联系，调整用药和剂量。他还专门制定每周的营养食谱，每天为岳母做新鲜菜肴。“孝老爱亲”是美德，说来容易，但邹林根一做便是二十二年，照顾好岳母几乎是他那些年生活的全部。更难得的是，邹林根不仅是奉行孝道的好女婿，也是很有热心与社会责任感的好人。退休之后，邹林根一直积极参加各类志愿活动，将一周七天时间安排得满满当当，除了定期去老年公寓外，还身兼医院义工、创卫使者、治安巡逻员、义务网吧监督员、行风监督员、社区调解员等多重身份。邹林根总是说，他做的这些事都是小事，相信每个人都去努力做点小事，坚持着做，那么对于社会来说，就是一个进步。他的古道热肠得到了亲朋好友、同事邻里以及被他无私帮助过的人的一致肯定。2013年入选中国好人榜，2015年获第五届全国道德模范提名奖、第四届浙江省道德模范称号。

李安猛　1980年11月出生，来自河南永

城的海盐新居民。十多年前，海盐观海园建成,李安猛受雇在海盐县观海园给游客拍照,之后他便在海边自谋职业。2004年李安猛在观海园给游客拍照时,发现一名在海边玩耍的学生不小心被潮水卷入海中,他赶快将人救起,从此李安猛便时常在海边义务巡逻。十年来,他数十次跳入汹涌的海水中,累计救活20多名轻生者或者不小心坠海的游客;协助公安机关打捞起多具尸体,并成功劝导很多人放弃轻生念头。尽管自身收入微薄,李安猛自掏腰包购买了绳索、竹竿等救人工具放置在海边自己工作的地点,就是为了更及时、更高效地救人。有人问李安猛为什么那么热衷于救人,李安猛说,人活着就应该多做好事。曾有些被救者或家属带着礼品和现金来表达谢意,但李安猛坚决不收,他说坚持救人积德是他做人的原则,救死扶伤是美德,最让他欣慰的是他救上岸的人还活着，并不在乎被救人感激与否。跟李安猛熟识的人一说起他的事情也忍不住竖起大拇指,夸赞他的热心肠。李安猛救人不图回报,不图名利,默默付出,见义勇为跳海救人的感人事迹,向社会传播着正能量,被誉为海盐观海园内的“守护神”。2015年获第四届浙江省道德模范并入选嘉兴好人榜。

郭建英　女,1958年2月出生，平湖市独山港镇金沙村人。1982年她和冯宝良走进了婚

姻的殿堂。婚后,夫妻俩相亲相爱，用甜蜜和勤劳筑起了遮风挡雨的小家。然而，天有不测风云。1997年丈夫冯宝良被查出得了癌症，家里花光所有积蓄还四处借钱求医，但最终还是去世了。丈夫去世后,她用瘦弱身躯毅然挑起养家糊口和照顾患病卧床公公的重担。看着苦苦支撑家庭的郭建英,左邻右舍、亲戚朋友都于心不忍,热心的忙着帮郭建英张罗对象,而善良的郭建英提出自己再嫁的唯一条件就是要带着公公再嫁！很多来说媒的人一听说她要带着公公改嫁,全都打了“退堂鼓”。但郭建英的善良还是打动了很多人。2000年郭建英和现在的丈夫胡尚友重组家庭。婚后,夫妻俩齐心协力，像对待亲生父亲一样孝养卧床公公。为了一心照顾公公,郭建英索性辞掉了服装厂的工作，在照顾公公的空余时在家做做服装小加工。丈夫外出打工,每晚回来不管早晚都会去老人屋里走一趟，陪老人说说话。在夫妇俩的精心照料下,公公安逸地享受着晚年幸福生活。2015年7月,公公安详离世。在照顾公公的这18年里，郭建英不管风雨,不惧艰辛,用瘦弱的肩膀和宽广的胸怀将这个家支撑起来,以自己的一言一行为人们生动演绎了一个“久病床前有孝媳”的故事。2014年入选浙江好人榜,2015年获第四届浙江省道德模范称号。

(宋一江　伍广平)

县(市、区)

南湖区

【概况】 南湖区为嘉兴市人民政府驻地和全市政治、经济、文化中心。位于杭嘉湖平原腹心地带,沪杭、乍嘉苏、杭州湾跨海大桥北岸连接线等高速公路以及沪杭铁路、京杭大运河贯穿境内,交通便利,区域位置优势明显。周边与秀洲区、嘉善县、平湖市、海盐县接壤。2015年年底,辖4个镇、9个街道,58个行政村、85个社区(居民委员会),总面积426平方千米(南湖区报438.99平方千米)。年末,户籍总人口49.15万人,比上年末增加0.36万人,其中城镇人口34.45万人,人口出生率8.84‰,死亡率6.88‰,人口自然增长率1.95‰。

全年,实现地区生产总值424.81亿元(小口径,下同),可比增长6.9%;一般公共预算收入19.4亿元,比上年增长7%;固定资产投资完成269.21亿元,增长14.5%;实现社会消费品零售总额236.71亿元,增长10%;城镇、农村居民人均可支配收入分别为40813元、25812元,分别增长8.2%、8.8%。

重转型,稳增长,适应经济发展新常态。工业经济转型提升。电子信息产业产值首次突破百亿,与机电装备、特钢制品共同形成三大百亿产业。全年,销售收入2000万元规模以上企业实现工业总产值866.3亿元,进出口总额29.5亿美元,新增亿元企业11个,成功创建省级信息经济发展示范区。现代服务业快速发展。实现服务业增加值239.93亿元,比上年增长9.1%;服务业税收22.64亿元,占财政总收入的45.6%。楼宇经济扩容提质,建成1000平方米以上商务楼宇97幢,千万元税收楼宇12幢。嘉兴电子商务产业园被列入全省首批电商产业示范基地,成为嘉兴地区唯一的省级电商产业示范园区。农业生产保持稳定。实现农业总产值32.86亿元,新增现代农业园区5个、农业经营主体71个、生态循环农业示范区2个,新增粮食生产功能区1040公顷(1.56万亩)。推进招商引资。合同利用外资3.2亿美元,实际利用外资2.3亿美元,引进区外内资52亿元,百亿项目"宇宙大世界"进入启动阶段。有效投入持续增长。工业投资增长15.5%,服务业投资增长15.3%,赛克思液压、宇培仓储等一批重大项目顺利开工。要素保障全面加强。狠抓"四换三名",实施"机器换人"项目110个,盘活存量土地71.87公顷(1078亩),腾退低效用地90.33公顷(1355亩),调整完善土地利用总体规划。有序推进企业上市,和达科技、欣欣饲料和创源环境成功挂牌新三板。

重创新,拓平台,增强区域发展新动力。坚持创新驱动发展。全社会研究与试验发展(R&D)经费支出占地区生产总值比重、高新技术企业和科技型企业占规模以上工业企业比重三项指标均列全市第一,国家可持续发展实验区通过中期验收。发挥科技引领优势,推动科技成果转化57项,新增国家高新技术企业8个、省级以上科技项目254项,华岭机电自主研发产品通过国家重大技术装备首台套认定。大力拓展智力支撑。引育"国家千人计划"专家

7名、“省千人计划”专家4名,入选市级领军人才项目25个、“嘉兴市优秀创新团队”6个。稳步提升平台能级。嘉兴科技城列入省级重点科创平台,创建为省级高新技术产业园区。南湖基金小镇列入首批省级特色小镇创建名单,引进中民投、京东金融、三十六氪等国内知名金融企业,新增注册资金29亿元,实到资金8.1亿元,实现税收3.2亿元。湘家荡区域开发建设步伐加快,环湖景区成功创建国家AAAA级景区,游客服务中心正式启用;撤销七星镇建制,设立七星街道。大桥镇蝉联全国百强镇。

重治水,优环境,持续改善美丽南湖新面貌。深入推进“五水共治”。全区出境断面水质全部达到Ⅳ类,成功创建省首批节水型社会建设区。强化源头管控和河网整治,新增生活污水入网企事业单位610个,农村生活污水治理受益农户14887户,完成河道清淤128千米;16个规模牧场全面完成提标改造,庄史、陈良2个牧业小区基本完成拆除签约,1210个违章猪舍问题清单全面销号,年末生猪存栏8.88万头,比上年下降51.6%。全力整治大气污染。淘汰黄标车3210辆、小锅炉44台、落后设备1294台,秋季秸秆实现全面禁烧,空气质量优良率达到64.4%。深化环境整治提升。完成公、铁沿线环境整治2205处,关停新07省道沿线堆场码头5个,新增绿化造林140公顷(2100亩),新建、改造绿道12千米。推进美丽乡村建设,出台三年行动计划,第一批重点建设的18个美丽乡村建设示范点和6条精品线初具形象,完成创建“优美庭院”示范户1050户。

重拆违,提品质,迈出城市治理新步伐。推进“三改一拆”。完成“三改”面积222.7万平方米,完成市下达任务的371%,列全市第一;拆除违建189.9万平方米,完成市下达任务的131%。推进城市综合治理。巩固全国文明城市创建成果,理顺市区保洁管理体制,实现“一把扫帚扫到底”,道路保洁全覆盖。开展“一环一路”市容整治,攻克少年路、建国路、勤俭路、中山路等重点路段夜间乱设摊难题。以三水湾区域综合整治为突破口,攻坚道路拥堵,市容秩序得到改善。推进城市有机更新。做好博海路区块规划方案编制和招商工作,配合完成湖滨二期、市第二医院南大楼地块征收。启动海绵城市试点项目20个,完成老住宅区改造16.7万平方米。

重民生,保平安,稳步提升幸福指数新高度。民生福祉持续提升。财政用于民生各类支出15.73亿元,占一般公共预算支出的85.4%,7件政府民生实事项目全面完成。完善公共就业服务体系,新增城镇就业12000多人,城镇登记失业率2.98%。健全社会保险、养老、福利、救助、优抚、慈善相互衔接的社会保障体系。社会事业持续发展。均衡配置教育资源,推动校长、教师校际间有序交流,通过全国义务教育基本均衡区复评。创建公共文化服务体系示范区,新建农村文化礼堂10个,在全省率先推进社区文化家园建设。举办第六届中国少年儿童合唱节暨第十三届南湖合唱节。推进与市优质医疗资源合作,市第一医院湘家荡分院血透中心正式运行。社会治理持续改进。开展防范处置企业欠薪专项行动,追讨工资3055万元。积极处置城市商贸综合体中出现的不稳定事件,完成第二届世界互联网大会安保服务工作,全区刑事警情数降幅全市第一,命案连续15年全破且发案数降至近十年最低。

重改革,优服务,全面实现政府效能新提升。改革发展蹄疾步稳。加大行政审批改革力度,成功列入全省4个国家相对集中行政许可权试点地区,筹建区行政审批局。完善审批服务机制,推进“一窗受理、五证合一”的企业注册登记制度。推进资源要素市场化配置改革,出台人才激励保障等14个配套政策,完善企业绩效综合评价结果与用电、用能、用地、排污、信贷等生产要素分配挂钩机制。推进政府投融资方式改革,推广政府和社会资本合作(PPP)模式,世合项目列入省首批PPP项目库。推进产业扶持政策改革,加快发展政府产业基金,设立母基金10亿元,成立首个社会资本参股的子基金5亿元。推进农村产权交易制度改革,建立区、镇两级产权交易管理平台,为农村各类产权流转交易提供服务。全省率先开展居住证制度改革试点,完善新居民梯度化公共服务机制。加强政府自身建设。开展“三严三实”专题教育,深入查摆和解决不严不实问题,巩固党的群众路线教育实践活动成果。持续推进依法行政,严格执行人大及其常委会的决议、决定,自觉接受人大依法监督、政协民主监督,主动接受司法监督、社会监督和舆论监督,办理人大代表建议106件,政协委员提案137件。严格执行中央“八项规定”和省市有关规章制度,持之以恒纠正“四风”,“三公”经费持续下降。认真落实党风廉政建设责任制,坚持“一岗双责”。加大从源头预防和治理腐败工作力度,出台《公款竞争性存放办法》等制度。立案查处违纪违法案件45件。

【科技城发展模式获副总理刘延东批示肯定】 4月20日,国务院副总理刘延东对《嘉兴科技城十年铸造微型版中关村的做法与体会》做出重要批示:“省校合作,着眼区域转型升级,打造创新高地,有关做法和经验值得总结推广。”2003年底,浙江省人民政府与清华大学在嘉兴南湖共同组建浙江清华长三角研究院。随后,规划建设18.8平方千米(核心区3.65平方千米)的嘉兴科技城。十多年来,嘉兴科技城全力构建创业创新大平台,引进国内外高端院所和高层次人才,打造高水平科技孵化基地,培育高新技术产业,助推地方经济转型升级;着力克服发展短板,以市场需求为导向、产权为纽带、项目为依托,建立集研发、孵化、转化、产业化于一体的运作机制和有利于落实知识产权、技术和管理要素参与创新收益分配的激励机制,优化软环境建设,解决“引才”后的“留才”问题;拓宽科创企业融资渠道,建立科创企业群金融服务绿色通道,破解企业融资难问题。2011年以来,嘉兴科技城持续致力服务发展,加速区域创新平台建设、区域人才项目集聚和战略新兴产业崛起,推动浙江省乃至长三角区域创新体系建设和转型升级持续发力,实现建成区年均公顷产出超15000万元、年均公顷税收超750万元,该两项指标达到北京中关村水平。其“院地合作”的经验和做法,于2014年5月11日获得习近平总书记的批示肯定。省委、省政府下发贯彻落实习总书记批示精神,深化“院地合作”的若干意见,将嘉兴科技城纳入省四大创新平台之一。

【电子信息产业突破百亿元大关】 2015年,南湖区规模以上电子信息产业实现产值132.2亿元,比上年增长32.8%,突破百亿元大关。至此,南湖区拥有电子信息、机电装备、特钢制品三大百亿元产业。南湖区依托嘉兴科技城、清华长三角研究院、中科院应用技术研究所等核心平台,经过十年发展,培育了一大批电子信息骨干企业,现有信息产业企业150多个,除了闻泰通讯和德景电子两个电子信息龙头企业外,新力光电、斯达半导体、昱能光伏、中易碳素等电子信息企业迅速成长,成为信息产业发展的重要支撑。2014年1月,南湖区成功创建浙江省电子信息产业(南湖)示范园,随后,《浙江省电子信息产业(南湖)示范园区发展规划(2014~2016)》通过评审,南湖区电子信息产业发展进入快车道。

【南湖国家可持续发展实验区通过中期检查】 11月19日,受国家科技部和国家可持续发展实验区领导小组委托,由省科技厅领导、专家带队的检查组对南湖国家可持续发展实验区进行中期检查。南湖区国家可持续发展实验区创建于2012年。按照实验区建设总体规划,围绕实验区建设目标,南湖区在产业转型升级、社会事业发展、科技引领创新、水环境保护及污水处理、城乡统筹发展等方面开展一系列的实践与创新,实现生产、生态、生活的共赢。通过实验区建设,全区区域经济社会综合实力大幅提升,新兴产业与高新技术成为经济增长的新引擎,科技实力明显增强。同时,生态环境与文明程度明显改善,居民生活品质和幸福指数显著提高,为全国平原水网发达地区可持续发展提供经验和示范。检查组在实地考察中,对嘉兴世合新农村建设将生态与生活完美融合、加西贝拉压缩机有限公司不断加大“机器换人”力度、“96345”社区服务求助中心“互联网+”运用等创新做法留下深刻印象，并给予肯定。检查组同意，南湖国家可持续发展实验区通过中期检查。

【南湖区平安建设获省“十连冠”】 3月31日，全省建设平安浙江工作会议召开，南湖区又一次获得“平安县(市、区)”称号，至此，南湖区平安建设已获省“十连冠”。南湖区委、区政府一直把平安建设放在突出位置，在组织领导、检查考核中，坚持问题导向，将各项工作中存在的平安隐患进行细致跟进解决，不断完善平安建设全员工作责任制和细化量化目标责任考核办法，将平安建设进行细化分解，使平安建设形成“人人有责”的氛围，通过开展平安校园、平安工地、平安家庭等系列创建活动，充分调动各方面参与平安工作的积极性，平安建设成功实现“十连冠”。开展社会风险大排查、暴恐案件大侦防等“八大专项行动”。成立安保指挥部，统一指挥全区安保工作，出色完成“9·3”阅兵、乌镇峰会等重点时段的各项维稳安保工作。构建“一张网”治理体系，配齐配强各类网格队伍和团队，全区共划分网格786个，配备网格长711名、专职网格员406名、兼职网格员1256名，开展全区网格民情大比武活动。推进视频监控体系建设与系统应用工作，累计安装视频监控4160个，建立起全区、区本级、各镇中心区的三级治安动态视频监控网络，有效震慑违法犯罪，刑事警情数实现三年连续下降。完善区、镇(街道)、村(社区)三级调解平台，区矛盾纠纷联调中心实现诉调对接、交调对接、医调对接、访调对接、检调对接、警调对接“六调联动”，有效化解各类矛盾纠纷，全年未发生一起因调处不力而导致事态进一步扩大的事件或“民转刑”案件。

【开展南湖区第三届道德模范评选】 9月10日晚上，南湖区举行第三届道德模范颁奖典礼。10位道德模范受表彰，分别是：阮永涛、夏政(助人为乐类)；华永林、沈铭(见义勇为类)；应华伦、盛富林(诚实守信类)；方丽萍、徐惠琴(敬业奉献类)；王美英、顾爱珍(孝老爱亲类)。近年来，南湖区为扩大身边好人影响力，通过系列典型评选，不断弘扬社会新风。3月上旬，启动“最美南湖人——南湖区第三届道德模范”评选活动。评选活动组委会首次联手媒体开展为期4个月的“寻找身边好人”行动。通过单位推荐、社会“海选”，产生121位推荐人选。22个单位组成的评选活动组委会、10人专家评审委、百名群众评议团参与评审，通过报纸、网站和微博等平台接受群众投票，纪委、公安、环保等8个部门联审，组委会组成调研组实地走访了解，通过报纸、网络向社会公示，最终评选出10位道德模范和11位提名奖获得者。

【省级以上生态乡镇(街道)全覆盖】 1月19日，省环保厅命名新一批省级生态乡镇(街道)，南湖区新丰镇、大桥镇被命名为第十二批省级生态乡镇，至此，南湖区有3个国家级生态乡镇，2个省级生态乡镇，实现省级以上生态乡镇全覆盖。新丰镇实施以畜禽粪便污染整治、生活污水处理排放、垃圾固废统一收集、河道全面疏浚整治等为重点的农村环境综合整治工作，符合农村环境“五整治一提高”工程标准要求的行政村比例达到100%。大桥镇推进六大行业整治、清污分流、小锅炉整治等工作，督促嘉兴工业园区内企业加大中水回用工程建设力度，完善雨污分流改造，杜绝污水漏排，取缔关停一批产能落后、污染严重的工业企业，全面改善大气和水体环境。南湖区统筹兼顾经济发展和生态保护同步发展，确保在经济社会发展的过程中，始终保持环境优美，实现经济发展和生态环境“双赢”。全区“生态创建”工作开展以来，余新镇于2004年创建命名为“全国环境优美镇”，2010年更名为“国家级生态镇”，七星镇(2015年撤镇建街道)、凤桥镇在2013年创建命名为“国家级生态镇”。

【南湖红廉馆成为省法治文化建设示范点】 3月13日,省普法教育领导小组办公室下发《关于命名首批省级“法治文化建设示范点”的通知》,南湖区南湖红廉馆被授予首批省级“法治文化建设示范点”称号,全省有21个单位、嘉兴市有2个单位获此称号。南湖区红廉馆是以“传承和弘扬红色廉政文化”为主题的展馆,展陈内容分“红色廉政文化陈列”和“七瓣红莲展”两部分,从不同角度反映中国共产党90多年的红色廉政历程及近年来南湖儿女在红色廉政文化建设中的探索与创新。“红色廉政文化陈列”包含廉政历程、红色印记、南湖清风三个篇章,主要展示党和国家主要领导人的廉政思想,南湖红色胜迹、红色收藏和革命人物事迹;展示南湖区红色廉政文化的孕育、传承和发扬以及廉洁文化建设成果等。“七瓣红莲展”主要汇聚嘉兴市各县(市、区)在廉政文化建设中的生动实践,突出反映廉政文化所具有的内在影响力和时代创新力。南湖红廉馆成为南湖红色廉政文化的展示平台、对外交流的窗口和党员干部廉洁教育的重要阵地,自2013年11月7日开馆以来,累计有1800多批5万余人到馆参观学习。

【8人(组)入选“浙江好人榜”】 省委宣传部、省文明办、浙江日报报业集团联合在全省开展“发现最美浙江人——浙江好人榜”推荐评选活动,每月公布评选结果。2015年,南湖区有8人(组)入选“浙江好人榜”。陈钦甫、华永林和冯警官说安全团队、张嘉秀、柴锋均、钟芬、朱水源、李峰分别入选4月、5月、6月、7月、10月、11月、12月“浙江好人榜”。1927年出生的陈钦甫年轻时是一名新四军战士,20多年来,义务坚持红色宣讲1400场,学用结合撰写演讲稿160多篇,累计62万字。累计资助大中学生20人、困难老人17人,捐书千余册。70岁高龄的华永林在邻居外出忘关煤气灶引发火情的紧急情况下,从自家阳台翻越到隔壁邻居家,及时关闭煤气灶,扑灭了明火,避免了更大危害。冯警官说安全团队是以团队身份入选的“浙江好人”。松鹤社区的冯警官2011年注册“松鹤冯警官”微博,通过微博为老百姓办实事。2012年,新兴派出所与网络媒体、平面媒体及大专院校合作,推出“冯警官说安全”品牌,队员发展到16人。2014年被省公安厅授予全省公安机关“温暖警营”荣誉称号。张嘉秀是北京路社区居民,她身体力行地诠释了“孝”和“顺”的真谛,三十年如一日,精心照顾自己的婆婆,照顾家中的一切大小事,却从来没有喊过苦、叫过累。婆媳之间更是没有拌过一次嘴、红过一次脸。如今婆婆年逾百岁,精神矍铄。面对夸赞,她总是呵呵地说:“我只是在尽儿媳、妻子和母亲应尽的责任”。1987年2月出生的柴锋均,任嘉兴市公安消防支队特勤一中队分队长,武警中尉警衔。在2009年“10·19”卫星化工厂爆炸事故中表现突出,被省消防总队记个人二等功一次,被南湖区政府记个人二等功一次;2007年11月因在省消防总队汽训团工作表现突出,被总队汽训团嘉奖一次;2008年12月被市消防支队评为“优秀士兵”;2013年抗击台风“菲特”表现突出,被市消防支队记个人三等功一次。钟芬是南湖区大桥镇中心小学副校长,是工作上的一把好手。这几年,丈夫常年在祖国西部工作,公婆远在成都,儿子年幼体弱,父亲身患恶性肿瘤,她一个1.56米的身躯撑起一个家。朱水源双目患有残疾,哪怕只相距一米也看不清对方的脸。本是需要社会资助的弱势群体,他却做起了资助他人的善事。1992年,他通过省“希望工程”办公室,结对资助温州泰顺一小学二年级的陈同学。24年来,累计捐资18万元,结对资助省内40多名贫困学生。李峰于1961年2月出生,工作之余是“夕阳红”为老服务大队的义工。他本身是个失独父亲,但他没有消沉,坚持用自己的爱心去温暖、照顾其他的失独老人。

【嘉兴科技城获批省级高新技术产业园区】 11月17日,省科技厅、省发改委批复,嘉兴科技城被认定为省级高新技术产业园区,定名为嘉兴南湖高新技术产业园区。园区东至外环河、规划永业路、七沈公路，南至沪杭铁路客运专线、07省道，西至三环东路，北至规划甪里街、里华路，规划面积29.5平方千米。经过十多年的发展，依托浙江清华长三角研究院和浙江中科院应用技术研究院两大核心，嘉兴科技城已初步构建“创新研发、创业孵化、产业示范、科技服务、综合配套”五位一体的发展格局，搭建国家级孵化器1个，省级孵化器2个，培育孵化各类创新型科技企业400多个。嘉兴科技城技工贸总产出由2006年的2600万元增长到2015年的175亿元，年均增长106.2%；财政总收入由2006年的99万元增加到2015年的3.24亿元，年均增长90.4%。嘉兴科技城坚持“人才+项目”的捆绑引才机制，依托平台支撑，创新引才模式，打造人才集聚的智慧高地，成为浙北高层次人才密集度最高区域之一。截至2015年底，累计引进博士281人、硕士509人、海归252人，引进培育“国家千人计划”18人、“省千人计划”24人、市领军人才项目155个。

【第十三届“南湖之春”经贸活动举行】 第十三届“南湖之春”活动一改延续多年的“文化经贸活动”为“经贸活动”，进一步突出“经贸”主题。本届“南湖之春”经贸活动从年初持续至4月底，其中主体活动时间为4月24～25日。活动围绕“相聚南湖·共谋发展”主题，开展集中推进、投资推介、产业对接、项目开工(开业、投产)、平台展示五大板块活动，各大板块活动相辅相成、互为补充，为全区扩大有效投入，加快经济转型升级，全面实现经济持续健康较快发展提供强有力的平台支撑。本届“南湖之春”活动集中签约内外资项目55个，其中内资项目40个，总投资149.53亿元；外资项目15个，总投资2.82亿美元，注册资本2.39亿美元。内外资项目总投资和内资项目总投资均创历届活动之最。签约项目中，注册资本3000万元以上的43个，总投资亿元以上的大项目30个，包括总投资100亿元的高科技太空体验基地和33亿元的苏宁广场项目。参加本届“南湖之春”主体日活动嘉宾410人左右，应邀参加活动客商150人，其中外商63人，新客商140人，新客商占比93.3%。

【七星街道成立】 5月6日，七星街道揭牌成立。根据省人民政府《关于嘉兴市南湖区部分行政区划调整的批复》(浙政函〔2015〕2号)、嘉兴市人民政府《关于批转省人民政府关于南湖区部分行政区划调整批复的通知》(嘉政发〔2015〕4号)文件精神，撤销七星镇建制，在此行政区域范围内设立七星街道。新设立的七星街道区域面积30.24平方千米，管辖原七星镇的湘湖、江南新家园、三家浜、湘南4个社区，博山、东进、大树、高丰、七星、张字圩6个村。至2015年底，户籍总人口1.95万人，常住人口约3.6万人，街道办事处驻地为原七星镇政府驻地。2015年，七星街道综合经济实力提升，工农业生产总值43.9亿元，财政总收入2.82亿元，其中地方一般公共财政预算收入7800万元，固定资产投资19.6亿元。农民人均纯收入2.48万元。

【市一院湘家荡分院血液透析中心投入运行】 7月1日，嘉兴市第一医院湘家荡分院血液透析中心投入运行。作为嘉兴市贯彻城市优质医疗资源“双下沉、两提升”医改相关政策的重要举措之一，嘉兴市第一医院与南湖区七星街道社区卫生服务中心签订全面托管协议，成立嘉兴市第一医院湘家荡分院。湘家荡分院制订以建立血液透析中心和肾内科为核心，同时带动其他科室发展的“大专科、小综合”的发展模式。投入运行的血透中心是市一院湘家荡分院的龙头与特色科室，中心环境优美，硬、软件设施一流。一期24台德国原装进口的费森尤斯4008S血透机，6台费森尤斯5008S血滤机，1套热消毒的费森尤斯双极反渗水处理系统已投入运行。已有79位尿毒症患者在湘家荡分院接受透析治疗，月透析1000例次左右。血透中心二期可增至60台血透机，最多能为240位左右的尿毒症患者提供血液透析、血液滤过、血液灌流、血液透析滤过等治疗服务。血液净化技术可达到国内领先水平,业务开展辐射周边县市。市一院派驻14位血透专科护士、4位肾内科专科医师的专业医疗团队,为湘家荡分院血透及肾病患者提供最专业的医疗护理服务,同时下派专家团队带教分院的血透医生和血透护士。在社区卫生服务中心开设血透中心在省内尚属先例,其成功运行打破以往尿毒症病患只能在城市大医院看,血透只能在城市大医院做的传统观念,可有效缓解目前嘉兴地区医疗机构透析床位紧缺的现状,满足更多的尿毒症患者的透析需求。

【2015南湖互联网金融峰会召开】 9月24日,2015南湖互联网金融峰会在南湖区召开。本次会议由浙江省人民政府金融办公室与嘉兴市人民政府联合主办,南湖区人民政府及嘉兴市人民政府金融工作办公室协办,嘉兴南湖新区(金融创新示范区)管委会承办。南湖互联网金融峰会的主题是“互联网金融的监管与发展”。副省长朱从玖,全国人大财经委副主任委员、清华五道口金融学院院长吴晓灵等嘉宾做主旨演讲,百余位政、商学界的专家精英围绕主题展开交流,发表前瞻性的观点、独特的见解和客观的评价。会议还重点推介南湖区互联网金融集聚区。南湖区是省首批7个省级金融创新示范县(市、区)试点、省37个首批省级特色小镇创建单位之一。近年来,南湖区不断加强金融创新力度,在国内首次提出打造“基金小镇”的概念,并打造全国首个基金小镇——南湖基金小镇。6月3日,南湖基金小镇成功入围省首批特色小镇创建名单。经过几年的发展,南湖基金小镇成为全省资本密集度最高的区域之一,成为区域经济转型发展的金融引擎。正在筹划的南湖互联网金融学院的建成,将致力于培养第一代互联网金融专业人才,为各类金融机构、互联网企业、监管机构输送稀缺的新金融人才。

【“96345”获评全国基层党建创新最佳案例】 11月20日,第三届全国基层党建创新论坛暨基层党建创新最佳和优秀案例颁奖仪式在北京举行。嘉兴市“以‘96345’党员志愿者服务为载体,打通联系服务群众‘最后一公里’”获评全国基层党建创新最佳案例奖。“96345”党员志愿者服务起始于2003年嘉兴市南湖区组建的“96345”社区服务求助中心。求助中心以“96345”求助电话、短信、服务网站为主体,依托加盟企业、社区服务者和党员志愿者,构建起24小时受理市民服务的信息平台。2004年9月,依托中心成立“96345”党员志愿者总站,开展热线求助常态服务、上街下乡推送服务、上门入户结对服务、点亮心愿个性服务、围绕中心专题服务五大类服务,让党员在服务群众中发挥作用,让群众在志愿服务中得到实惠。2010年12月,总站升格为嘉兴市党员志愿服务中心,统筹推进全市党员志愿服务工作。2015年底,服务中心累计有5.5万名注册党员志愿者,平均参加志愿服务超过50小时,累计服务群众146万人次。“96345”社区服务求助中心(市党员志愿服务中心)党支部先后获得“全国五一劳动奖状”“全国先进基层党组织”“浙江省服务型基层党组织建设十大品牌”等80多项荣誉。

【南湖区政府产业基金成立】 12月23日,南湖区产业基金银政战略合作协议签约仪式举行,南湖区政府产业基金宣告成立。产业基金由区政府主导设立,按照“政府引导,市场运作,分类管理,防范风险”的原则进行投资运作。当日,南湖区政府与工商银行嘉兴分行、建设银行嘉兴分行等7家银行签订总额155亿元的基金合作意向,这7家银行将通过与南湖区政府共同合作设立产业基金的方式,对南湖辖区内的基础设施建设、产业“互联网+”、重点支持产业、成长型企业等领域进行投资。5月,南湖区启动产业基金筹建工作。11月,出台《南湖区政府产业基金管理办法》和《南湖区政府产业基金组建方案》。12月16日,嘉兴市南湖红船产业基金投资有限公司成立,注册资本10亿元。12月30日,首支子基金成立,南湖区政府产业基金——红船基金与清华长三角研究院旗下的浙华紫旌基金和武岳峰资本签订合伙协议,合伙成立嘉兴浙华武岳峰基金,基金总规模5亿元,主要投向清洁技术、智能制造和生物医药等相关产业项目,并吸引优质项目落户南湖区,促进南湖区产业转型升级。

【获相对集中行政许可权试点】 3月27日,中央编办和国务院法制办印发《相对集中许可权试点工作方案的通知》,在全国8个省(市)开展相对集中许可权试点工作。南湖区成为浙江省四个、嘉兴市唯一的一个试点地区。所谓相对集中行政许可权,就是将政府各部门行使的行政许可权交由一个部门行使,或者将一个部门的行政许可权交由另一个部门行使。相对集中行政许可权改革试点是深化行政审批制度改革的重大创新之举。在获国家批准开展相对集中行政许可权试点后,南湖区成立相对集中行政许可权改革试点工作领导小组,加强领导、统筹协调、整体谋划、强力推动。组建区行政审批局筹建组,制订工作实施方案。试点过程中,再造审批流程,对集中的行政许可事项逐项形成运行流程图,实施"一窗受理、合并审查、集约审批、一站办结"的审批模式,全面推行企业注册"五证合一、一照一码"制度,创新实施投资项目"集中审批""联合审图""多评合一"等审批方式。明确服务标准,对内制订行政审批业务规范,对外发布行政审批办事指南、一次性告知、审查、批准等程序。完善服务制度,落实AB岗、首问负责、限时办结等制度,逐步实现全过程指导服务。至年底,南湖区行政审批中心新办公大楼正式启用,22个区级政府部门的182项行政许可事项全部在该行政审批中心办理。

【凤桥镇获评全国文明镇】 2月28日,中央精神文明建设指导委员会下发《关于表彰第四届全国文明城市(区)、文明村镇、文明单位的决定》,南湖区凤桥镇被授予"全国文明镇"称号。凤桥镇位于嘉兴市区东南,距市区10千米。镇域面积80.39平方千米,户籍人口近5万人,新居民近2万人,下辖10个行政村和2个社区居委会。近年来,该镇全力打造"宜居宜业宜游"的生态新市镇,努力建设"美丽凤桥·田园新城",先后荣获国家级生态镇、中国最美桃花景观、中国最美村镇人文奖等荣誉,全镇文明指数大大提升。该镇现有各级文明单位26个、文明村10个、文明社区2个。成功创建市级生态村8个、文明信用村7个、文明小康村3个,获评诚信企业26个。编制完善《凤桥镇美丽乡村建设规划》,加强境内崧泽文化、古镇文化、农耕文化的保护,推进道路硬化、村庄绿化、路灯亮化工作,全面完成"三河"清理工作,区级验收通过率100%。成功创建市级"美丽乡村建设先进镇",获得浙江省卫生镇荣誉。举办文化有约、365欢乐大舞台、理论宣讲进文化礼堂等活动,丰富村民精神文化生活。挖掘传统节日的文化内涵,开展春节祈福、端午民俗、重阳敬老等活动,在举办11届凤桥桃花节的基础上,连续4年举行嘉兴市生态文化旅游节暨南湖桃花节,连续7年组办"凤雅国际陶笛节"等特色文化活动。全镇建有10个文化礼堂、16个文化广场、3个图书分馆、1个乡村学校少年宫,各类文体团体50支,文艺骨干1000多人。结合道德讲堂、镇村干部周末微课堂举办"核心价值观大讨论",开展孝恩文化"四进四建四学四评"系列活动,评选表彰道德模范、身边好人、好媳妇等。开展"五彩家庭"关爱行动、志愿服务敬老院等活动,建立"1+7"志愿服务长效机制,强化社会治安综合治理,连续多年荣获"市级平安镇"称号。

【韩国龙参加"9·3"抗战阅兵飞行表演】 9月3日上午,纪念中国人民抗日战争暨世界反法西斯战争胜利70周年阅兵仪式在北京天安门广场举行。南湖区新丰镇横港村人韩国龙,驾驶国产新型轰炸机轰6K飞越天安门上空,参加受阅仪式。此次参加飞机编队飞行表演的空中梯队共10个,韩国龙所在的轰炸机梯队第4个登场。轰炸机梯队由9架轰6K组成,轰6K

是中远程轰炸机，是重要的空基远程打击力量,具备远距离奔袭、大区域巡逻、防区外打击能力。韩国龙于1992年入伍，入伍时刚满20岁。空军某部曾给南湖区人武部发函,称韩国龙在阅兵训练中认真研究执行方法,精准计算各类航行诸元，精心实施每一个架次训练,所在机组编队成绩始终名列前茅。

【电子商务产业园获列省电商产业示范基地】 2月6日，省商务厅公布浙江省电子商务示范企业、平台和产业基地名单,嘉兴电子商务产业园获列省电子商务示范产业基地,成为嘉兴市唯一、全省14个电子商务示范园区之一。嘉兴电子商务产业园位于嘉兴国际文化创意园内,原是东栅乡工业产业园,入驻企业多为二产制造业。2006年,园区实施“退二进三”转型改革,定位创意文体产业,引进设计与广告、传媒与动漫、文化与艺术、教育与培训、配套服务五大业务群体。2009年,南湖区政府成立嘉兴国际创意文化产业园管委会,陆续出台针对园区内电子商务企业的扶持政策,促成电子商务发展的良好态势。经过多年的发展,已打造成集商务办公、交易展示、商务服务、公共服务、金融服务、快递服务、生活等配套服务于一体,逐步形成业态创新和服务升级的电子商务生态链综合服务平台,成为长三角区域重要的电商企业集聚区。截至2015年年底,园区入驻电商、文创及配套类企业659个,2015年实现网上销售额25亿元,完成税收1.52亿元。

【第四届中国掼牛争霸赛在南湖区举行】 6月20～21日,2015年第四届中国掼牛争霸赛在南湖区凌公塘文化主题公园中国斗牛馆举行。本次争霸赛由浙江省体育局、嘉兴市人民政府主办,南湖区人民政府、嘉兴市体育局等单位承办。本次大赛有来自全国10个省、市、自治区的107名掼牛勇士参与竞技,还有一批国际自由搏击高手亮相。大赛于5月3日举行第一轮海选，经过二次海选和半决赛的激烈比拼,轻量级和重量级前8名共16名中外掼牛勇士进入6月21日进行的总决赛。最终,2010年国际终极格斗及搏击大赛冠军、来自美国的塞拉斯·梅勒夺得重量级冠军，来自嘉兴海华武馆队的阿牛(本名沈钰华)获得轻量级冠军。掼牛是国家级非物质文化遗产，本次争霸赛期间,举行非遗项目产业化发展学术研讨会。掼牛的摔法有单臂摔、双臂摔、肩摔、扛摔等,摔牛的标准分为“失蹄”“倒地”“四脚朝天”三级,以“四脚朝天”为最高级。

【区首个新三板企业挂牌】 4月10日,南湖区首个科技型企业——浙江和达科技股份有限公司在全国中小企业股份转让系统(俗称“新三板”)举行挂牌仪式,成为嘉兴市本级首个在新三板挂牌的企业。新三板是经国务院批准,继上交所、深交所之后的第三家全国性证券交易场所。企业挂牌新三板后,股权可以流动、企业可以定价，科技型企业的价值得以更好体现,这既为成长型、创新型企业打开对接资本市场的新通道,也为市场投资者提供投融资和并购重组的平台。浙江和达科技股份有限公司于2014年年末正式入驻嘉兴总部商务花园,核心业务是提供基于GSM/GPRS/CDMA公网、短距离无线通信、RFID身份识别和软件应用(SCADA平台、GIS和移动应用）的产品及服务。作为物联网和智能水网的领导者,企业目标发展成集水处理设备、水务运行、全系列信息化平台的科技集团。

【湘家荡成功创建国家AAAA级旅游景区】 12月31日,省旅游区(点)质量等级评定委员会发布《浙江省旅游区(点)质量等级评定委员会公告》,根据国家标准《旅游景区质量等级的划分与评定》和《旅游景区质量等级管理办法》、《浙江省AAAA级旅游景区评定管理办法》,经有关市旅游区(点)质量等级评定委员会推荐，嘉兴湘家荡环湖景区达到国家AAAA级旅游景区标准要求,批准为国家AAAA级景区。湘家荡环湖景区位于嘉兴市区东北部,距市区7千米,面积7.15平方千米,属南湖区七星街道境域。1997年被浙江省人民政府批准为省级旅游度假区。景区拥有近133.33公顷(2000亩)的水域面积,早在明清时期,就因湖水清澈,物产丰富,成为文人名士吟诗作画、畅怀寄兴的好去处。明代嘉兴文学家怀悦和士大夫沈思孝等先后在相湖南岸兴建别墅与私家园林,犹以"相湖八景"等景点最为著名。近几年,景区陆续恢复重建"相湖八景"景点,规划建设月亮湾沙滩、精严讲寺、生态湿地公园、风车乐园等旅游项目及国际会议中心、君澜度假酒店、梅湘园酒店等配套服务设施,环湖景区累计投入建设资金20多亿元。11月25日,省政府正式批复同意湘家荡旅游度假区从7.15平方千米扩容到45.25平方千米。全年,景区接待游客85万人次,比上年增长34.9%。

【梅花洲入选全国五星级示范创建企业】 12月4日,农业部公布"2015年全国休闲农业与乡村旅游星级示范创建企业(园区)"名单,南湖区凤桥镇梅花洲入选五星级示范创建企业(园区),是嘉兴市唯一入选单位。休闲农业与乡村旅游作为一二三产发展的融合体,近年来发展迅速,成为一种新型产业形态和消费业态,在促进农业提质增效、带动农民就业增收、推动城乡统筹发展方面发挥重要作用。梅花洲景区规划占地440余公顷(6600余亩),规划目标为AAAAA级景区,已完成53.33公顷(800亩)核心景区的全部景点及环境建设项目。景区在休闲农业与乡村旅游星级示范企业(园区)创建中,将特色产业、观光农业、生态环境、自然景观、历史文化有机融合。园区生产的梅花洲牌水蜜桃通过绿色食品认证,梅花洲牌葡萄、槜李通过无公害食品认证,梅花洲牌水蜜桃、葡萄多次在市精品果蔬展上获金奖。梅花洲创建的浙江省主导产业示范园区——凤桥水蜜桃主导产业示范园区通过省农业厅的验收。景区先后获得全国休闲农业和乡村旅游示范点、省生态旅游景区、省非物质文化遗产旅游景区、省级休闲观光农业示范园、省级林业观光园区、省生态文化基地、省绿化模范单位、嘉兴市休闲观光农业基地、嘉兴市科普示范基地等称号。2012年9月,通过国家旅游局全国旅游质量等级评定委员会AAAA级景区评审。

【南湖非遗馆开馆】 6月12日,南湖非物质文化遗产馆开馆。嘉兴市文化广电新闻出版局局长、嘉兴市文联主席金琴龙,南湖区人民政府副区长周静出席开馆仪式,并为非遗馆揭牌。南湖非遗馆坐落在凌公塘公园南湖区文化馆内,总面积260平方米,集中展示市级以上13个非遗项目,设"人文南湖,非遗存珍""非遗传承基地""非遗名录""代表性传承人"四大主题板块,开辟实物展陈、图文展示、多媒体互动、传统技艺体验、非遗书吧等功能区域。多年来,南湖区十分重视非物质文化遗产的传承与保护,全区拥有"掼牛""三塔踏白船""南湖船拳""凤桥竹刻""嘉兴黑陶烧制技艺"等13项国家级、省级和市级非遗名录,拥有省级、市级非遗传承教学基地3个,省级非遗旅游景区1个,市级民族传统节日保护地2个。近年来,举办"中国掼牛大赛"、"嘉兴市踏白船比赛"、"七星舞龙比赛"、"大曹王庙庙会"、"半墩七夕庙会"等非遗传承活动。南湖非遗馆除每周一为闭馆日外,每天早上9时至下午4时免费向市民开放。

【余新镇中心小学学生获全国少儿发明金奖】 8月14~17日,由中国宋庆龄基金会、中国发明协会共同主办的第十一届"宋庆龄少年儿童发明奖"在广州举行,南湖区余新镇中心小学赵金苇同学的发明作品"双泵井水压水器"获得金奖,这是浙江省在本届活动中(小学部)获得的唯一金奖。目前农村实用的压水器普遍是单筒压水器,用单筒压水器取水速度慢,且要加引水,而在井边一时很难找到引水。赵金苇的小发明是由两副压水泵筒、两个活塞、两个单向阀门、两根进水管、一副杠杆压水柄组成。使用时,当杠杆压水柄上提时,一个压水泵筒的活塞下压,另一个压水泵筒的活塞就上提;当杠杆压水柄下压时,原来下压的那个压水泵筒的活塞变上提,另一个压水泵筒的活塞便下压,周而复始,还加上了加引水装置,避免找引水的困难,方便了井边人工取水。赵金苇就读的余新镇中心小学一直重视青少年科技创造教育,利用课堂开设以科技教育为主要内容的综合实践活动,利用学校社团组织俱乐部科技乐园、少科院(班级少科所、家庭少科室)、少年宫科技班等,多渠道把青少年学生组织起来,引向科技发明与创造。

【市本级首张“五证合一”营业执照发放】 7月10日,南湖区发出首张“五证合一”营业执照,也是嘉兴市本级第一张“五证合一”营业执照。这是一份“营业执照、税务登记证、组织机构代码证、统计登记证、社保登记证”“五证合一、一照一码”的企业营业执照。以前,企业注册登记,要分别到市场监管、税务、统计、社保、公安等部门办理多本证照。从3月起,南湖区开始酝酿“五证合一”制度改革,5月1日进行部门整合,把几个相关部门集中到一起,启动注册登记“一窗受理”,6月1日开始多部门流水线审批。企业登记实行“五证合一”改革后,原来涉及5个部门的“五证一章”统一到一个窗口办理,申报材料由35项减少到13项,填写表单由10张减少到3张,填写数据项由160多项减少到40多项,企业只要在提交材料和领取证照时到各窗口一次即可,规定时间从12个工作日压缩到3个工作日。至年底,全区累计发放“五证合一、一照一码”营业执照2688份。

【市居民身份证异地受理在建设派出所启动】 11月30日,嘉兴市居民身份证异地受理在南湖区公安分局建设派出所启动,12月9日,建设派出所发出首张异地换领的江西籍身份证。建设派出所户籍窗口是市本级唯一可为江西籍居民办理异地换领业务的窗口,以后,市本级的江西籍居民换领身份证无须回老家,可前往建设派出所户籍窗口办理,受理后30日内可领取新证。该项工作限于身份证到期换证及身份证损坏、遗失补办情况,申办人员必须符合以下情况任一项:已领取“浙江省居住证”;已领取“浙江省临时居住证”,依法签订劳动合同或持有工商执照,同时按照国家规定参加社会保险;持有经教育部门注册的学生证或学籍证明等材料;已领取“浙江省临时居住证”,实际居住在本人或直系亲属具有合法所有权的房屋或在当地房管部门办理租赁登记备案的房屋,并持有房屋权属证明或房屋租赁合同的。同时,浙江省与江西省居民身份证异地受理工作是“双向”的,在江西工作、生活的嘉兴籍居民也可以向江西警方申请身份证换领。

【中国加拿大“双孵化”战略合作协议签订】 5月29日,中国·加拿大“双孵化”战略合作交流会在浙江中科院应用技术研究院举行。溢思得瑞国际创新创业集团、嘉兴科技城管委会、浙江大学科技创业投资有限公司三方签订“双孵化”战略合作协议。溢思得瑞国际创新创业集团是一个融科技、文化、商业和咨询等多项业务为一体,为初创企业和具有创新理念的企业家提供资源整合的跨国集团企业。浙江大学科技创业投资有限公司是浙江大学重要金融平台和对外投资平台,旗下拥有9家投资管理公司。中加“双孵化”合作以资本为纽带,以中加合作为背景,营造良好的创新创业生态环境,通过溢思得瑞国际创新创业集团在北美设立科技企业孵化器,引入高新技术人才和项目并进行孵化,打造中加、中美合作的直通车,让更多的加拿大、美国高科技项目落户嘉兴科技城。与此同时,该战略也将在嘉兴科技城建立中加国际科技园,引进溢思得瑞已孵化完成的项目,继续孵化、产业化。三方还拟在嘉兴共同发起设立基金管理公司,并发行一只5000万元人民币规模的创业投资基金,专项投资于溢思得瑞孵化并落户嘉兴科技城的高科技项目,促进高科技企业迅速成长壮大,为当地经济发展和产业升级转型做出贡献。

【区城乡一体化文化馆总分馆服务体系形成】 9月6日,南湖区文化馆总分馆成立大会在新丰镇汉塘文化节活动中心召开。当天,全区各镇、街道全部成立区文化馆分馆,105个村、社区成立区文化馆支馆。区城乡一体化文化馆总分馆服务体系架构初步成型:区文化馆为总馆,镇、街道综合文化站为分馆,村、社区文化活动中心(文化礼堂)为支馆。文化馆总分馆服务体系建设是南湖区创建国家公共文化服务体系示范区的重点项目。自启动国家公共文化服务体系示范区创建以来,一方面,区、镇(街道)两级加大对文化建设的投入,各镇、街道综合文化站建筑面积基本达到示范区创建要求,98%的行政村、社区基本建成面积不低于200平方米的综合性文化服务中心。另一方面,南湖区多次承办全省性及全国性的合唱赛事,城乡文体十大联赛推陈出新,"小广场+大舞台"的群众文化新模式深受百姓欢迎,文化服务供给能力不断提升。强化对文化馆专业人员、文化下派员、村(社区)文化专职管理员、文化志愿者等多支公共文化人才队伍的配备和管理,落实11名文化下派员到各镇、街道联络指导文化工作,实现56个村(社区)专职文化管理员覆盖率100%。

【尝试文化下派员人事制度改革】 6月,南湖区尝试文化下派员人事制度改革,采用政府购买公共服务的方式,委托劳务派遣公司招聘文化下派员,有效破解受编制限制基层文化工作人员力量不足的局面。此次南湖区文化馆选拔招聘11名文化员,学历都在大专以上,平均年龄26.2岁,均拥有声乐、舞蹈、器乐、绘画等艺术特长。聘用人员和劳务派遣公司签订劳动合同,为聘用人员能进能出提供机制保障。文化员的主要职责是:积极协助所在镇(街道)策划组织各类文化活动;协助管理农村文化活动场地、设备、器材等;协助抓好文化队伍建设,充分挖掘当地文化人才,组建业余文艺团队;积极开展舞蹈、音乐、书法、美术及其他各类艺术培训;注重收集素材,联系实际创作群众喜闻乐见的文艺作品,参与各类群众文化演出和比赛;参与对当地文化遗产资源的挖掘、整理、研究和保护;协助做好文化市场监管、体育工作和调查研究工作,积极撰写理论调研文章与宣传信息等。文化员每周一在区文化馆集中工作交流和业务培训,周二至周五下派到镇(街道)上班,配合各镇、街道文化站开展各项工作。该区对文化员实行"每季度总结交流、每周集中学习、每天填写日志"制度,专门制订文化员目标责任考核办法,考核不合格的予以解聘。

(陈天传)

秀 洲 区

【概况】 秀洲区东临南湖区、嘉善县,南连海盐县、海宁市,西接桐乡市,北靠江苏省苏州市吴江区。全区总面积542平方千米,下辖5个镇、4个街道、113个村民委员会、45个居民委员会。2015年年底,户籍总人口37.99万人,其中非农业人口17.23万人,人口自然增长率1.34‰。

2015年,全区实现地区生产总值283.9亿元(小口径,下同),比上年增长6.8%。完成一般公共预算收入16.4亿元,增长7.5%。城镇居民人均可支配收入40823元,农村居民人均可支配收入25823元,分别增长8.5%和9.1%。

创新驱动实现突破。嘉兴秀洲高新技术产业园区升级为国家高新技术产业开发区。全区新增国家重点扶持高新技术企业7个、省级科技型中小企业16个、省级高新技术企业研发中心4家。加强与大院名校合作,引进美国创新和技术转移(嘉兴)中心、新南威尔士大学光伏研究中心。推进科技金融对接,设立秀湖创业创新投资基金。强化知识产权保护,申请专利3283项,比上年增长32.5%,授权专利2040项。新增省著名商标1件。全年引进各类人才4806人,新增省"千人计划"3人,嘉兴国际人才城挂牌。

项目建设持续加力。开展"稳增长、促发展"扩大有效投资专项行动,全区完成固定资产投资193亿元,比上年增长14%。投资结构持续优化,战略性新兴产业投资占工业投资比重29.1%,生产性服务业投资、民间投资分别增长28.3%和8.4%。12项省重大产业项目、16项省重点建设项目和12项省“411”重大项目完成年度投资,项目总数居全市第一位。中电36所新能源电子项目二期等43个重大项目开工,英美达电缆等16个项目竣工,火炬村拆迁安置房等12个PPP项目开工建设。

招商选资难中求进。举办“招大引强”“招才引智”暨浙商回归重大项目签约仪式、2015嘉兴秀洲经贸洽谈会等活动,实施接轨上海驻点招商,优化产业招商队伍,创新招商渠道。合同利用外资4.6亿美元,比上年增长7.2%,实际利用外资2.3亿美元。完成市外内资实到资金63.3亿元,增长10.5%。引进总投资5000万美元以上或10亿元人民币以上项目5个。引进浙商回归项目45个,省外到位资金35.8亿元。完成进出口总额22.5亿美元,其中出口19亿美元。

6月19日,秀洲区举办“招大引强”“招才引智”暨浙商回归重大项目签约仪式

重点改革稳步推进。组织实施政府职能转变和机构改革,完成权力清单、责任清单比对规范和动态调整,全面取消非行政许可审批事项,加快政务服务网向镇(街道)延伸。实施“五证合一、一照一码”登记制度改革。开展综合行政执法改革,加快镇(街道)综合执法“一机构一平台一张网”(“一机构”即基层综合行政执法机构、“一平台”即基层综合行政执法联动平台、“一张网”即基层综合行政执法网格体系)建设。推进光伏产业“五位一体”(即低碳产业集聚区、低碳能源示范区、低碳技术先导区、低碳管理试验区、低碳基础设施典范区)创新综合试点,光伏科创园主体工程竣工,光伏小镇列入省第二批特色小镇创建名单。深化资源要素市场化配置改革,完成1744个工业企业绩效评价,实施差别化用电、用水、用能等政策。启动供销社“三位一体”(即农民专业合作、信用合作、供销合作)改革。推进不动产统一登记。

工业经济加快转型。推进工业强区建设,出台促进工业经济稳增长促转型若干政策意见,完成工业投资93亿元,比上年增长17%;实现销售收入2000万元规模以上工业增加值108亿元,增长4.9%。培育光伏新能源、装备制造等新兴产业,实现产值50.4亿元,增长22.7%。实施“机器换人”项目170项,完成技改投入73.9亿元,增长29%。完成退低进高项目46个,腾退低效用地103公顷(1545亩)。推进“两化”(以信息化带动工业化、以工业化促进信息化,走新型工业化道路)融合,组建区工业云服务平台,创建浙江省“两化”深度融合国家示范区试点,雅莹集团、生辉照明入围工信部“两化”融合管理体系贯标试点企业。推动企业上市挂牌,福莱特集团在香港联交所主板上市,瑞翌新材料在新三板挂牌。

现代服务业加快发展。实现服务业增加值124.7亿元,比上年增长9.3%;社会消费品零售总额81亿元,增长11.3%。嘉兴现代物流园引进比利时海贝尔嘉兴产业园等项目,未名智慧公路港、宝湾物流等项目有序推进,嘉兴现代物流公共信息平台正式启用。实施楼宇经济发展三年行动计划,在全市率先实行楼长制,商务楼宇平均入驻率达73.8%,实现税收5.3亿元,税收超千万元的楼宇15幢。推动北部湿地旅游资源开发,启动建设麟湖公园,积极发展区域特色旅游。全年接待国内外游客167.5万人次,实现旅游总收入21.6亿元。

高效生态农业加快提升。深化农业“两区”(粮食生产功能区、现代农业园区)建设,完成粮食功能区规划调整,新建粮食功能区1666.67公顷(2.5万亩),新增省级现代农业综合区1个。土地流转总面积12733.33公顷

(19.1万亩),流转比例62.8%,连续7年居全市第一。王江泾镇、油车港镇分别获“中国田藕之乡”“中国菱乡”称号。推进“互联网+农业”,列入省智慧农业信息服务平台试点县。深入推进生猪养殖业转型发展,实行限养区生猪养殖准入管理倒逼退养,全面清退禁养区和50头以上规模养殖户,规范提升规模养殖场3个。

“五水共治”成效显著。落实全域“河长制”,推进项目化治水,实现跨行政区域河流交接断面水质考核合格。全面完成黑臭河治理和140千米河道清淤任务,“清三河回头看”提升整治河道80.2千米,创建全市首批省级“清三河”达标区。实现工业污水全入网334家,建成洪合印染集聚区。喷水织机废水处理站提标改造2座,建成中水回用项目1个。新建城镇生活污水管网71.5千米。创新农村生活污水治理投融资模式,推进建设、运行、维护一体化,受益农户20977户。深化“四位一体”(即农村村庄、河道、道路、绿化)长效保洁机制。完成王凝圩区、洛东圩区、堤防加高加固建设。提升改造农村供水管网272千米。新建高效节水灌溉面积980公顷(14700亩)。

7月17日,秀洲区举办“五水共治”签名活动

“三改一拆”全力攻坚。推进区镇工业园区企业拆违,拆除企业违建68.5万平方米。加快以洪合镇为试点的农村存量违建清理工作。完成“一户多宅”清理305户。实施港口码头集中整治,关停经营性码头30个。推进洪合镇、油车港镇、新城街道“无违建镇(街道)”创建工作。健全新违防控机制,新增违建得到有效遏制。全区共完成“三改一拆”面积373.5万平方米,其中“三改”183.3万平方米,拆除违法建筑190.2万平方米。实施公、铁沿线环境整治百日会战,完成各类整治点3690处,完成率165.5%。

“五气共治”统筹推进。推进工业大气污染治理,完成企业脱硫脱硝和烟粉尘治理13家,完成化工、纺织印染等行业工业挥发性有机物治理32家。淘汰燃煤小锅炉347台。开展机动车尾气治理,淘汰黄标车1710辆。全面开展秸秆禁烧,秸秆综合利用率达到91.1%,引导组建秸秆收贮企业10个。推进餐厨油烟治理,完成342家餐饮企业油烟治理。加强建筑工地扬尘管控,城市道路总机扫率达88.6%。加大环境执法力度,查处涉气环境违法行为156起。

规划体系日益完善。初步形成以秀洲新区为龙头、以小城市和中心镇为纽带、以新型农村社区为节点的城乡一体规划新格局。推进经济社会发展规划、城乡规划、土地利用规划、环境功能区规划“多规合一”进程。完成北部湿地平台和南部物流平台规划编制,中部创新平台规划成果同步纳入城市总规。王店镇、新塍镇、王江泾镇总体规划批复实施。完善秀洲新区北区、嘉兴现代物流园等重点区域控制性详规编制。

深化城镇建设。实施新一轮秀洲新区城市建设提升行动计划,完成城市建设投入47.5亿元。开工建设浙师大附属秀洲实验学校、秀清邻里中心,完成秀洲大道改造工程,推进嘉铜公路拓宽工程。加大城市治堵力度,新建停车位1800个,完成中山西路(昌盛路—新洲路段)改造提升。推进王江泾镇、王店镇省、市级小城市培育试点,完成小城市建设投入50亿元。实施新市镇综合整治提升行动,中心集镇整体形象有效提升。

美丽乡村加快建设。调整完善“1+X”村庄布点规划,推进农村土地综合整治工程,完成土地复垦73公顷(1095亩),审批农民建房1203户。加快精品线路和精品特色村建设,王店镇建林村获批创建国家级美丽宜居示范村。

完善村级“三资”规范管理,完成3个薄弱村项目建设。农村公路改造提升投入4.8亿元,王店镇建南至先锋公路、王江泾镇北荷至南汇公路加快建设。新增绿化面积303.4公顷(4551亩),林木绿化覆盖率达20.5%。

保障体系更加健全。落实就业政策,新增就业岗位9082个,城镇登记失业率3%。实施全民社保工程,社会养老保险覆盖率达98%,城乡居民医疗保险覆盖率98.5%。加快保障房建设,开工建设九里村北区、秀圣路等拆迁安置房。推进养老服务业综合改革试点,新建居家养老服务照料中心33家。开展困难群众帮扶,发放各类救助资金3528万元,救助7万人次。实施残疾人就业创业帮扶,提供多样化康复服务,健全残疾人权益保障制度。红十字会“三救三献”(“三救”即应急救援、应急救护、人道救助,“三献”即造血干细胞捐献、遗体器官捐献、助推献血)工作全面开展。

社会事业全面发展。实施第二轮学前教育三年行动计划,推进重点监管托幼机构整治,探索学前儿童看护点建设管理。实施新居民子女积分制入学管理。推进义务教育课程改革和美丽校园建设,全区教育质量稳步提升。创建省教育技术装备规范管理示范区。推进公共文化服务体系示范区建设,建立文化馆总分馆服务体系,加快以农村文化礼堂为核心的基层综合性文化服务中心建设。举办第六届秀洲·中国农民画艺术节。全民健身活动蓬勃开展,举办区第八届运动会。实施医疗卫生服务水平提升三年行动计划,开工建设王店镇老年安养中心、新塍医院迁建项目,与上级医疗机构合作办医成效明显。优化整合镇级妇幼保健和计划生育技术服务资源,夯实计划生育工作基层基础。全国文明城市、国家卫生城市创建成果不断巩固。

4月17日,秀洲区新塍镇沙家浜村文化礼堂举办“百姓微舞台”活动

加强社会治理。推进新塍镇“全国社区治理和服务创新实验区”建设,新建“两中心一平台”。落实“三个第一时间”要求,完善大调解体系,全年化解各类矛盾纠纷3918件,信访量比上年下降22%。深化“三治”(即德治、法治、自治)建设,推进“网格化管理、组团式服务”和平安建设信息系统“两网”融合,实现平安建设“十一连冠”。加快社会治安防控体系“七张网”(即街面巡逻、社区村庄、单位内部、技术视频、区域协作、网络社会、个体心理)建设,刑事警情数下降5.2%。强化劳动监察,打击恶意欠薪,维护劳动者合法权益。加强食品药品安全监管,创建省放心农贸市场2个。健全安全生产责任体系,探索安全生产社会化服务,安全生产形势总体稳定。

【秀洲高新技术产业园区升级为国家级】 9月29日,国务院(国函〔2015〕162号)文批准嘉兴秀洲高新技术产业园区升级为国家高新技术产业开发区,定名为嘉兴秀洲高新技术产业开发区,实行现行的国家高新技术产业开发区的政策,这是嘉兴市首个获批的国家级高新区。嘉兴秀洲高新技术产业开发区的前身是1997年12月成立的秀洲工业园区。2005年,秀洲工业园区开始启动筹划申报国家高新区。2006年,被批准为省级开发区。2011年2月,省政府同意秀洲工业园区升级为省级高新技术产业园区。同年4月,省政府行文国务院,请示将嘉兴秀洲高新技术产业园区升级为国家高新区。2016年2月26日,嘉兴秀洲国家高新区正式揭牌。经过十几年的发展,嘉兴秀洲高新技术产业开发区成为嘉兴市提升产业层次的重要基地和极富活力的经济新增长点。至年底,秀洲高新区集聚近500个规模以上工业企业,拥有近200个企业研发中心,建有上海交大(嘉兴)科技园、国家纳米中心长三角(嘉兴)纳米科技产业发展研究院、中关村长三角创新园等创新创业平台,科技孵化面积达50万平方米,拥有5个省级重点企业研究院,4个省级企业研究院,引育国家“千人计划”11人、省“千人计划”16人。嘉兴秀洲高新技术产业开发区升级后,规划面积5.72平方千米,由三个区块组成,将围绕建设“创新高地、人才特区、生态新城”的总体目标,努力打造成为长三角重要的高新技术成果转化中心、全球知名的以光伏新能源为引领的高新技术产业基地和具有江南水乡特色的宜居宜业创业新城,力争到2020年,整体实力位列全省国家高新区前三甲、全国国家高新区前50强。

【福莱特集团在香港联交所主板上市】 11月26日,福莱特玻璃集团股份有限公司(股票代码06865.HK)在香港联合交易所主板挂牌,为秀洲区首个在境外上市的企业。上市首日,福莱特玻璃股价收报1.94元。福莱特玻璃集团股份有限公司于2014年年底启动香港上市,2015年6月报香港联交所,9月接受香港联交所聆训,11月19日公开招股,发行4.5亿股H股,本次IPO募集资金约9.5亿港元。福莱特玻璃集团成立于1998年,按2014年光伏玻璃原片及光伏深加工玻璃的销售收入计,福莱特玻璃集团是全球最大的光伏玻璃制造商,也是中国首个获得瑞士太阳能技术试验研究(「SPF」)认证的光伏玻璃生产商。集团的主要产品包括光伏玻璃、浮法玻璃、家居玻璃及工程玻璃等,并曾应用于多项地标性建筑,包括2010年上海世博会的中国馆及其主题馆,以及北京国家体育馆(“鸟巢”)等。

【瑞翌新材料在新三板挂牌】 12月16日,浙江瑞翌新材料科技股份有限公司(股票代码:834870)在全国中小企业股份转让系统(新三板)挂牌上市,是秀洲区首个新三板挂牌企业。瑞翌新材(浙江瑞翌新材料科技股份有限公司)成立于2011年10月31日,专业从事微米级树脂金刚石线及相关辅料的研发、生产和销售,是国内唯一通过自主研发获得该类型产品生产技术的制造商,目前公司拥有10条生产线,年设计产能为180万千米。公司的产品主要用于单晶硅、多晶硅、蓝宝石、水晶、陶瓷和半导体材料的切割,能够替代目前的碳化硅砂浆切割法,降低切割成本并减少环境污染。目前公司拥有包括保利协鑫、晶龙实业、晶科能源、英利绿色能源、常州天合光能、阿特斯阳光等光伏行业内优质客户。

【“两化”融合发展水平在全省领先】 11月16日,省经信委公布2015年“两化”深度融合国家示范试点区域和农村信息化示范试点区域名单,秀洲区获列省“两化”深度融合国家试点区。同年6月,浙江雅莹集团作为国家级“两化”融合示范企业,与生辉照明一同入围工信部“两化”融合管理体系贯标试点企业。福莱特集团等17个企业被评定为市“两化”深度融合示范(试点)企业。福莱特的光伏及节能玻璃智能制造项目列入2015年省“两化”深度融合智能制造专项计划,鼎美电器的一站式家庭装修产业链协同平台项目列入2015年省云工程和云服务项目专项计划,德欧电气、莱斯奥电气等入围省级信息服务业专项。全年,规模以上信息制造业39个,实现信息经济增加值12.6亿元,比上年增长13.1%,占规模以上工业增加值的11.7%。2016年3月7日,省经信委发布《2015年浙江省区域两化融合发展水平评估报告》,秀洲区信息经济发展指数达到99.73,“两化”融合指数达到75.01。在全省99个县级地区排名27位,较2014年提升24个名次,首次跻身第一梯队,“两化”融合发展水平处于全省领先行列。

【美国创新和技术转移(嘉兴)中心落户秀洲】 9月2日,美国创新和技术转移中心代表和嘉兴市、秀洲区代表共同签约,合作共建美国创新和技术转移(嘉兴)中心,中心位于秀洲新区。美国创新和技术转移(嘉兴)中心,主要负责推进美国创新和技术转移中心与嘉兴市之间科研成果的合作交流和科技成果产业化,实现互利共赢。该中心将设立一个专门的团队,负责中心的管理和日常运作。根据签订的共建协议,双方将在科技成果产业化、商业互助合作、技术许可和转让、联合开发、培训等多方面展开合作。美国创新和技术转移中心将鼓励美国科研人员与嘉兴市开展技术合作,定期举行科技交流活动。市、区相关部门将协调和鼓励辖区内有关企业、科研机构、研究人员等与美国创新和技术转移(嘉兴)中心展开合作,并做好该中心科技成果与本地企业、研究机构的对接服务工作,同时还将对美方先进技术落户嘉兴或者秀洲,根据中方合作伙伴的情况、项目重要性和产业化前景,提供专项资金支持。

【入选国家小微企业创业创新示范基地】11月,国家工业和信息化部组织开展首批国家小型微型企业创业创新示范基地的评审工作,全国有95个基地通过审核,“嘉兴秀洲毛衫小企业创业基地”入选,为嘉兴市唯一一个。嘉兴毛衫业小企业创业基地位于中国毛衫名镇——浙江省嘉兴市秀洲区洪合镇,作为嘉兴市重点建设项目,该基地在毛衫产业集群的基础上,开创“产业集群、服务支撑、抱团开拓”的创新发展模式,把建设产业集群公共服务平台作为核心内容。自2005年开工建设一期项目以来,园区先后投资建设4500平方米的嘉兴毛衫业科技服务大楼,1000平方米STOLL横机实验车间,构建起涵盖科技研发、创意设计、科技服务、贸易、展示、培训六大中心的公共服务平台。

【两镇分获“中国田藕之乡”“中国菱乡”】 6月,秀洲区王江泾镇、油车港镇分别获得由中国蔬菜流通协会颁发的“中国田藕之乡”“中国菱乡”称号。王江泾、油车港两镇水域面积广,生态环境优良,是种植田藕、菱等水生蔬菜的理想区域。王江泾镇自2009年开始发展湿地农业以来,水生蔬菜及种养结合新型农作制度成为王江泾湿地农业的主导方向。至2015年底,王江泾的湿地农业面积达到1666.67多公顷(2.5万多亩)。油车港镇紧靠市区,辖区内水网密布,水质较好,在历史上一直是南湖菱的主产区。如今,南湖菱的育种基地在油车港,全镇南湖菱种植面积5000公顷(7500亩),年产量占嘉兴市的70%。

【王店镇建林村创建国家级美丽宜居示范村】6月24日,王店镇建林村被省美丽宜居村镇示范工作领导小组办公室确定为2015年度国家级美丽宜居示范村创建试点单位。该村是嘉兴市唯一一个入选的村。7月13日,住房和城乡建设部、国家旅游局联合下发《关于公布第三批全国特色景观旅游名镇名村示范名单》的通知,王店镇建林村榜上有名。此前,建林村陆续获得“全国文明村”“全省首批美丽乡村示范点”等省级以上荣誉18项。建林村位于王店镇西南2千米,毗邻海宁,村域面积5.8平方千米,有22个自然村,25个村民小组,主导产业有粮油,蚕桑种养殖,羊毛衫加工以及特色农业、水产、牲畜、花卉、苗木等规模种养殖。自2003年起,建林村就以自然村落聚宝湾为试点开始村庄整治,并委托浙江农林大学按“浙江省新农村新社区生态景观样板村”项目要求设计规划,经过十多年的开发,该村建设成为以田园风光、小桥流水、江南民居、特色庭院为特色的休闲乡村,拥有AA级景区圣莱特农庄和浙江首批美丽乡村三十佳的“聚宝湾生态景观区”。

【生猪养殖减量提质取得成效】 2015年年底,秀洲区生猪养殖户从年初的4903户减至1532户,存栏从年初的87910头降至25269头,其中禁养区全面退养,50头以上无环评规模户全部拆退,3个拟保留规模猪场全部通过污染治理达标验收,实现转产转业4420人,病死畜禽全面实行统一收运集中工厂化处理,实现收处全覆盖。2016年1月14日,秀洲区出台《关于生猪减量提质长效监管工作的实施意见》,以2015年底数据为基础,确保禁养区全面禁养,进一步倒逼淘汰限养区散户养殖,各镇生猪养殖总量只减不增,散养户数只减不增,减户减量下不保底,规模场整改高标提升,坚决杜绝乱抛死猪、直排污染、使用违禁药物等违法现象,实现减棚减猪减污减散同步,农民转产转业和产业转型同步,解决生猪养殖"低、小、散"问题。

【创新农村生活污水治理投融资模式】 为破解农村生活污水治理工作中资金压力大、运维难度大等难题,秀洲区在全市首推农村生活污水治理BOT模式,引入社会资本参与建设并管理污水治理工程,缓解政府资金投入压力,解决运维管理难问题。BOT,是指"建设—经营—转让",是私营企业参与基础设施建设,向社会提供公共服务的一种方式。在秀洲区,农村生活污水治理BOT模式是,通过公开招投标的中标企业——浙江爱迪曼环保科技股份有限公司,承担污水治理项目的投融资、建设和维护;秀洲区政府对建设内容进行5年期回购;管网、终端的维护由建设单位负责10年,以户为单位每年向建设方支付运维费用。通过区级BOT招标,实现"统一施工、统一监管、统一运维"的三个统一。按照协议,秀洲区采用BOT模式的污水治理项目,将使2.5万户农户直接受益。截至2015年12月13日,已完成设计21272户,开工18646户。此外,秀洲区下发《关于明确秀洲区农村生活污水治理管材质量要求》《秀洲区农村生活污水治理政策实施细则》等政策文件,对不同治理模式采取差别化补助。

【实现村级集体经济发展"三年两目标"】 2013年嘉兴市启动实施新一轮村级集体经济"壮大计划",秀洲区围绕加快建设现代化田园新秀洲的目标,加强政策扶持,优化运行机制,在对村级经济开展广泛调研的基础上,出台《关于实施新一轮村级集体经济"壮大计划"的意见》,制订《秀洲区组团帮扶集体经济薄弱村三年行动计划》。至2015年底,秀洲区113个村(股份)经济合作社,集体经济总收入达14312.5万元(村均126.66万元),集体经济经常性收入达9221.04万元(村均81.6万元),分别比2012年增长39.06%和58.38%;经常性收入低于30万元(2012年底数据)的42个薄弱村全面脱贫,87个村集体经济总收入超100万元,占总村数76.99%,全面完成市委、市政府下达的"三年两目标"任务(村级集体经济经常性收入30万元以下的村全面转化,村级集体经济总收入在100万元以上的村达到60%以上)。积极争取项目,为村级集体经济"造血",是秀洲新一轮村级集体经济"壮大计划"的重中之重。

【实施"五证合一、一照一码"登记制度】 6月10日,省政府下发《浙江省人民政府办公厅关于实行企业"五证合一"登记制度的通知》,要求通过"一表申请、一窗受理、一次告知、一份证照",将由工商、质监、国税、地税、人力社保、统计等部门分别办理、各自发证(照),改为由申请人"一表申请"、工商部门统一收件,并与质监、国税、地税、人力社保、统计部门并联审批,统一核发加载注册号、组织机构代码、税务登记证号(纳税人识别号,下同)、社会保险登记证号和统计登记证号的营业执照(正副本),以"一照五码"形式实现"五证合一"。7月,秀洲区行政审批服务中心市场监督管理局许可窗口开始对新设的内资类有限责任公司实行"五证合一、一照五码"的登记方式。7月14日,颁发第一份加载5个号码的营业执照。10月1日起,根据国务院和省政府的统一部署,正式实施"五证合一、一照一码"登记方式,企业和农民专业合作社的营业执照由原来的工商(市场监管)、质监、税务、人力社保、统计五个部门分别核发的不同证照,统一为由市场监管部门核发加载法人和其他组织统一社会信用代码的营业执照,原有"五证合一、一照五码"登记模式顺利过渡到"五证合一、一照一码"登记方式。至年底,全区共颁发"五证合一、一照一码"

营业执照1331份，标志着秀洲区在创新审批和服务方式、提高登记效率、方便企业准入方面迈上一个台阶。

【推行楼长制工作制度】 4月，秀洲区在全市率先推行楼长制工作制度。4月初,秀洲区召开全区楼宇经济发展推进会,并印发《秀洲区楼宇经济发展三年行动计划（2015—2017年)》,力争用三年时间，实现全区楼宇使用面积、入驻企业、“千万”楼宇、特色楼宇实现“四个翻番”。4月7日,《秀洲区首批重点“楼长制”管理分工表》下发,标志着秀洲区首创的重点楼宇“楼长制”正式运作。为此,秀洲区专门组建楼宇管理服务团队,形成“一幢楼宇、一个楼长、一个联系服务部门、一个管理服务团队”的工作机制,对区级重点楼宇,明确区级楼长、部门执行楼长和属地楼长，组建楼宇管理服务团队。该制度通过定期协调解决楼宇招商、运营、管理中遇到的问题和困难,为楼宇开发商和入驻企业提供“一站式、保姆式、全过程”服务。4月16日，秀洲区召开全区首批重点楼宇楼长工作会议,加快推进楼宇经济发展,落实《秀洲区商务楼宇“楼长制”管理工作实施方案》,明确区级楼长、部门楼长、镇街道属地楼长及专职服务管理人员的工作职责。至年底,全区建成的商务楼宇平均入驻率73.75%，比2014年同期提高19.35个百分点，楼宇企业实现税收5.34亿元,楼宇税收贡献率12.33%,比2014年提高8.23个百分点。

4月21日,秀洲区楼宇经济(上海)推介会签约仪式举行

【实施新居民子女积分制入学管理】 5月12日,区公安分局、区新居民事务局、区教文体局等11个部门联合印发《秀洲区新居民子女积分制入学管理指导意见(试行)》,标志着新居民子女积分入学制度在秀洲区全面实施。根据规定,积分对象为在秀洲区各镇(街道)有相对固定住所、稳定工作、居住满6个月以上并按规定进行流动人口登记管理的新居民,其子女可在流入地学校申请积分制入学。积分制入学适用于秀洲区各镇(街道)范围内的公办、民办学校(不含秀洲现代实验学校)的起始年级。其中高照街道、新城街道和秀洲新区、工业园区范围内可统筹申请积分制入学。积分内容由登记管理(40分)、计划生育(40分)、参保情况(40分)、就业居住(50分)、职业资格(30分)五个基本指标组成，具体的积分核定标准按照《嘉兴市秀洲区新居民子女入学积分标准》执行。工作流程分为积分申请、资料审核、积分公示、名额公布、积分入学五个步骤。全年,秀洲区各镇（街道）共受理新居民子女积分申请4564人,通过积分入学4142人,其中公办学校1711人,民办新居民子女学校2431人。

【行政中心获评国家级节约型节能示范单位】 12月30日，国家机关事务管理局、发展改革委、财政部联合下发《关于公布第二批节约型公共机构示范单位名单》的通知,秀洲区行政中心被评为第二批节约型公共机构示范单位。秀洲区行政中心于2001年11月投入使用,由行政综合楼、会展中心楼、接待中心楼、第二行政中心四个单体组成,总建筑面积50167.61平方米。近年来,秀洲区不断加大节能技改投入,开展区行政中心屋顶光伏发电项目、区行政中心led灯改造工程、行政中心取暖油改气节能改造项目、行政中心机关食堂柴油改天然气工程等一系列技改项目。至2014年年底,秀洲区行政中心单位建筑面积能耗、人均综合能耗、人均水耗分别同比下降3.5%、3.2%、4%以上,均完成国家级节能目标。

【池湾村获评“全国民主法治示范村(社区)”】 3月25日,司法部、民政部联合发布《关于表彰第六批“全国民主法治示范村(社区)”》的通知,油车港镇池湾村入选,为秀洲区首个获得此荣誉的村。创建工作开展以来,池湾村不断建立健全创建工作机制,确保领导有力、组织有方、落实到位,描绘了“生态环境优美、村容村貌整洁、产业特色鲜明、社区服务健全、乡土文化繁荣、村民生活幸福”的秀美蓝图,在获得“全国妇联基层建设示范村”“全国文明村”等多项荣誉基础上,不断提升基层依法治理水平,创建“全国民主法治村(社区)”。近年来,秀洲区全区也以“民主法治村(社区)”创建为载体,扎实开展基层民主法治建设,牢牢把握“四民主、三公开”核心,全力配合“三改一拆”“五水共治”等中心工作,大力加强法律法规宣传教育,居民法律意识得到进一步增强,村(社区)依法治理水平得到进一步提升。至年底,全区共有“全国民主法治示范村(社区)”1个、省级11个、市级38个、区级29个。

【秀洲区成为首批省级“清三河”达标区】 2016年1月7日,省“五水共治”工作领导小组办公室印发《关于公布2015年“清三河”达标县(市、区)的通知》,秀洲区名列其中。创建全市首批省级“清三河”达标区,秀洲区“清三河”专项行动始于2014年1月,制订“一河一策”,落实“一河一档”,建立全区统一的“三河”信息库,实行统一编号入库管理,确保完成整治一条,销号一条。2014年,全区共排摸“三河”(黑河、臭河、垃圾河)346条382千米。2015年,又开展“清三河”防反弹“回头看”专项检查,新排定深化提升黑臭河93条80.2千米。截至2015年6月底,全区462.2千米“三河”全面完成整治并通过市级验收,实现“三年任务两年完成”目标。

【创建省节水型社会通过验收】 12月,秀洲区节水型社会创建工作通过省水利厅专家组审核验收。自2013年被列为全省第一批节水型社会创建县(市、区)以来,秀洲区围绕节水型社会创建总体目标,以最严格水资源管理“三条红线”为核心,深入推进节水型社会建设,创建工作达到预期目标。至年底,全区用水总量控制在2.1216亿立方米,万元地区生产总值用水量和万元工业增加值用水量在2010年的基础上分别下降44.8%和48.8%。2015年,提升改造农村供水管网272千米。新建高效节水灌溉面积980公顷(14700亩)。三年创建期间,共创建省级节水型灌区2个、居民小区6个,市级节水型机关24个,区级节水型企业3个、医院2所、学校5所、服务业单位3个。

【创建省教育技术装备规范管理示范区】 12月,经浙江省教育技术装备管理示范区验收组验收,秀洲区创建省教育技术装备规范管理示范区。2015年年初,根据《浙江省教育技术中心关于组织申报教育技术装备规范管理示范县(市、区)的通知》要求,秀洲区结合区域教育发展现状,加强技术装备的科学和常态化管理,申报创建省教育装备规范管理示范区。4月,成立教育技术装备管理示范区创建工作领导小组,制订《嘉兴市秀洲区创建教育技术规范管理示范区工作方案》,详细安排各月实施计划和节点工作,并按计划召开动员暨工作部署会,统一装备管理制度、专用教室使用记录本和危化品管理记录本等。9月29日,秀洲区召开创建省教育技术装备规范管理示范区工作现场会,对学校教育装备整体管理、实验室管理、数字化校园推进、学校图书馆建设等进行经验总结,全力推进省教育装备规范管理示范区创建工作。12月17日,省教育技术装备规范管理示范区验收组对秀洲区创建教育技术装备规范管理示范区工作进行验收。省教育技术装备规范管理示范区的创建有效提升了区域教育技术装备管理和使用工作水平,使教育技术装备成为区域教育现代化建设的有力推手。

【油车港镇入选浙江省非遗主题小镇】 10月,省文化厅、省旅游局联合公布第三批浙江省非物质文化遗产旅游景区非遗主题(实验)小镇和民俗文化村,秀洲区油车港镇榜上有名。其主要成就在农民画方面。油车港镇是秀洲农民画的主要阵地之一,曾培育过缪惠新、张金泉、吴甫根、费新宝等知名农民画作者,还组建了合心村"十姐妹"等农民画民间团体。油车港镇在麟湖边建立镇农民画创作基地,辅助当地农民画作者创建自己的个人画室,并开辟栖真古村落,让更多农民加入农民画创作和欣赏的队伍。至年底,秀洲区已创建农民画创作基地7个、农民画后备人才基地26个、农民画个人画室8个、区农民画特色村3个、市级农民画特色镇1个。形成区、镇(街道)、村(社区)、个人多级梯队的画乡建设。

【新塍精致农业示范区通过省级考核验收】 7月21日,新塍精致农业示范区通过省级考核验收。秀洲区新塍精致农业示范区位于嘉湖公路以南新塍镇陡门村域内,规划总面积213.33公顷(3200亩)。该示范区引进精致农业发展理念,以生产高品质、高科技含量、高附加值的农产品为目标,先后从国内外引进红心火龙果、水果玉米、日本白桃、无花果、网纹甜瓜、木瓜等新品种26个,与日本冈山大学、浙江大学等科研院校进行技术交流合作,开展新品种示范和推广应用。至年底,示范区建成面积达215.67公顷(3235亩),有"陡门"、"金太婆"、"逸麟"等8个果蔬商标,通过绿色食品认证2个,无公害生产基地4个,无公害产品4个,辐射周边生态高效果蔬种植面积666.67公顷(1万亩)以上。

【油车港省级葡萄示范区创建点通过验收】 5月25日,秀洲区油车港省级葡萄示范区创建点通过省农业厅现代农业园区(示范区)考核验收组的考核验收。油车港葡萄主导产业示范区位于油车港镇,涉及西湖村、池湾村、栖真村和上睦村,总面积223.77公顷(3356.54亩),共有种植户235户,其中1.33公顷(20亩)以上大户42户。自示范区列入创建点以来,通过基础设施、生产设施改造提升,新品种、新技术应用,建立健全农产品质量安全追溯体系,注重品牌营销等措施,大大提升了园区规模和产业档次。通过创建,示范区基础设施进一步完善,大棚连片,功能齐全,种植规范,抗自然灾害能力大大提高,产量稳定,品质不断提高。2014年,示范区葡萄总产量5034.81吨,实现总产值6041.77万元,平均每公顷产值27万元(亩均产值1.8万元),比周边同类单位增产3000公斤/公顷(200公斤/亩),增收3.6万元/公顷(2400元/亩)。

(吴海红)

嘉善县

【概况】 嘉善县地处太湖流域杭嘉湖平原,位于浙江省东北部,东邻上海市青浦、金山两区,南连平湖市、嘉兴市南湖区,西接嘉兴市秀洲区,北靠江苏省苏州市吴江区和上海市青浦区。全县总面积507平方千米,辖3个街道、6个镇,104个行政村、50个城市社区。2015年年末,全县有户籍人口38.75万人,比上年末减少32人,其中城镇人口16.05万人。全县户籍人口出生率6.75‰,自然增长率-0.88‰。全年迁入人口1879人,迁出人口1277人,人口机械增长率1.55‰。全县常住人口57.06万人,比上年增加0.02万人;城镇人口比重为56.3%,比上年提高2.1个百分点。

2015年,全县生产总值425.54亿元,可比增长8.3%。其中第一产业增加值23.55亿元,可比下降3.6%;第二产业增加值234.33亿元,增长8.9%;第三产业增加值167.66亿元,增长9%。三次产业结构由2014年的5.9∶55.7∶38.4调整为5.5∶55.1∶39.4。按户籍人口计算,人均生产总值109811元(按年平均汇率折算为17631美元),比上年增长8.3%。全年财政总收入66.91亿元,增长8.3%,其中公共财政预算收入35.55亿元,增长7.6%。一般公共预算支出43.89亿元,增长5.8%,其中民生发展类支出34.07亿元,占一般公共预算支出的77.6%。

全县城镇居民人均可支配收入46574元，增长8%；农村居民可支配收入27203元，增长8.6%。城、乡居民人均消费支出分别为24789元和15991元，分别增长8.7%和10.1%。城、乡居民家庭恩格尔系数分别为30.01%和32.01%。

特色农业稳步推进。全年实现农业总产值47.17亿元，按可比价格计算，比上年下降4.8%。全年粮食播种面积22508公顷，比上年增长1.2%；油菜籽播种面积701公顷，下降3.5%；蔬菜播种面积15560公顷，增长4.1%；果用瓜播种面积2176公顷，增长4.8%；花卉苗木播种面积1236公顷，增长14.7%。全年粮食总产量15.49万吨，增长4%；蔬菜总产量58.17万吨，增长3.8%。全年生猪饲养量21.48万头，下降70.6%；其中年末生猪存栏6.48万头，下降44.9%。家禽饲养量311.92万羽，下降21.4%；水产品产量2.61万吨，下降0.4%。至年底，全县有种子种苗基地8个，引进新品种64个；现有农业地方标准17项，有103个农产品通过国家级无公害农产品认证。休闲农业基地13个，农业专业合作社201个，登记家庭农场218个。累计验收通过现代农业综合区2个，主导产业示范区6个，特色农业精品园4个，面积8666.67公顷(13万亩)。有农业龙头企业39个，土地流转率47.73%。划定永久基本农田。农业现代化发展水平列全省第五。

转型升级扎实推进。全年，工业增加值214.52亿元，可比增长9.2%，占全县生产总值的比重为50.4%。规模以上(年主营业务收入2000万元及以上）工业企业695个，工业总产值1004.47亿元，比上年增长7.6%，其中重工业总产值661.03亿元，增长5.1%；轻工业总产值343.43亿元，增长12.8%。全县规模以上工业战略性新兴产业、高新技术产业和装备制造业增加值分别增长14.8%、17.1%和13.8%，占规模以上工业增加值比重分别为39.1%、40%和45.6%。规模以上工业企业全年主营业务收入886.01亿元，增长4.9%；利税总额61.18亿元，增长4.7%，其中利润总额39.30亿元，增长7%。出台工业经济稳增长促发展若干意见，规模以上工业总产值突破1000亿元，昱辉阳光产值突破100亿元，富鼎电子产值突破50亿元，田中精机成功上市。推进“四换三名”工程，实施工业企业绩效综合评价，腾退低效用地102.73公顷(1541亩)；实施“机器换人”项目314个，规模以上工业企业全员劳动生产率提高11.45%；基本完成纽扣行业整治。出台旅游发展总体规划、楼宇经济发展若干意见。全年，规模以上工业企业综合能源消费（等价值)128.82万吨标准煤，比上年下降0.9%；万元工业增加值能耗下降10.8%，单位生产总值综合能耗下降4.3%。

开放合作有力推进。主动对接上海中长期规划，与上海市开展省际水源地建设保护合作。引进总投资9亿美元的铠嘉电脑、总投资超50亿元的恒天文化旅游、总投资20亿元的软通物联网等重大项目，连续14年跻身全省利用外资十强县。成立民间融资管理服务中心、政府性融资担保公司。嘉兴出口加工区B区升格为嘉兴综合保税区B区，浙江中荷(嘉善)产业合作园入选首批省国际产业园。全年，进出口总值34.44亿美元，比上年下降4.7%，其中出口总值26.68亿美元，下降1.6%；进口总值7.76亿美元，下降14.2%。五金机械、木制品及家具和纺织服装类产品等居出口主导地位，五金机械产品出口8.61亿美元，下降3%，占全县出口总额的32.3%；木制品及家具产品出口7.9亿美元，比上年增长5.8%，占29.6%；纺织服装类产品出口3.55亿美元，下降5%，占13.3%。经济外向度保持较高水平，进出口总额占全县生产总值的比例50.45（按当年汇率计算)，其中出口额占比39.1%。全县新批外资项目97个，其中新设项目45个。合同利用外资7.63亿美元，增长18.2%；实际利用外资4.47亿美元，增长6.8%。新引进县外内资项目214个，实际到位县外内资80.2亿元，增长4.7%。

全年，固定资产投资294.72亿元，比上年增长14.4%，其中投资项目投资232.56亿元，增长10.6%；房地产开发投资62.17亿元，比上年下降2.6%。在固定资产投资中，第二产业投资151.16亿元，增长25%；第三产业投资

142.87 亿元，增长 4.5%。基础设施投资 30.05 亿元,下降 8.3%。嘉善县“六个十大”重点项目跟进政府投资项目计划调整后,年度计划投资 85.84 亿元,全年完成投资 86.42 亿元,完成年度投资计划的 100.7%。十大实事惠民项目,总投资 39.15 亿元,计划投资 8.05 亿元,全年完成投资 7.86 亿元，完成年度投资计划的 97.7%。十大基础设施项目,总投资 24.88 亿元,计划投资 4.26 亿元,全年完成投资 4.93 亿元,完成年度投资计划的 115.6%。十大新兴产业项目,总投资 88.66 亿元,计划投资 16.92 亿元,全年完成投资 17.89 亿元，完成年度投资计划的 105.7%。十大转型升级项目，总投资 79.18 亿元，计划投资 22.05 亿元，全年完成投资 27.95 亿元,完成年度计划的 126.8%。十大城市提升项目,总投资 73.93 亿元,计划投资 18.02 亿元,全年完成投资 13.62 亿元,完成年度投资计划的 75.5%。十大服务业发展项目，总投资 50.76 亿元,计划投资 16.53 亿元,全年完成投资 14.17 亿元,完成年度投资计划的 85.7%。

至年末,全县共有金融机构 16 家,金融机构本外币存、贷款余额分别为 600.83 亿元和439 亿元,分别比上年末增长 4.3%和 3.5%。其中人民币存、贷款余额分别为 564.26 亿元和418.73 亿元,分别比上年末增长 4.8%和 4.1%。城乡居民存款余额 329.71 亿元,比上年末增长10.7%。

生态环境有效改善。国家卫生县城、省文明县、全国文明县城通过复查。全面启动“美丽嘉善”建设,获评“浙江省美丽乡村创建先进县”称号。累计创建国家级生态镇 9 个,创建率 100%;创建市级生态村 100 个,创建率 96.2%。编制完成全县环境功能区规划。实施“五水共治”,全年完成整治黑臭河 33.92 千米。加快污水处理设施建设,新增工业废水纳管整治企业 361 个；新建污水管网 7.43 千米，累计完成 220.74 千米。城市污水处理率 91.98%,比上年提高 2.06 个百分点,公园绿地面积 226 万平方米,比上年增长 6.1%。开展自备锅炉重点整治,截至 12 月底，纳入全年自备锅炉重点整治区域的 321 台自备锅炉中,完成整治 45 台,完成率 14%。“三改一拆”“五气共治”成效显著,完成洪溪污水厂提标改造,彻底消灭劣五类水质监测断面;完成公、铁沿线环境整治;淘汰黄标车 3072 辆。全面落实秸秆禁烧,PM2.5 年均浓度改善率 6%，空气质量优良天数 275 天。年末,全县有规范化饮用水源保护区 1 个,烟尘控制区 3 个（25.22 平方千米），噪声达标区 2 个(21.91 平方千米)。

城乡融合发展取得新进展。基本完成“多规合一”改革试点任务,城乡统筹发展水平继续保持全省前列。全面加快高铁新城核心区块建设,体育路下穿沪昆铁路改(扩)建工程进展顺利。推进小城市培育、中心镇建设,大云巧克力甜蜜小镇入选首批特色小镇创建名单。全县生活垃圾无害化处理在 98%以上,林木覆盖率 16.7%。

国内贸易和旅游业再创新佳绩。2015 年,全县全社会消费品零售总额 168.17 亿元,比上年增长 11%。城镇市场零售额 127.13 亿元,增长 11.1%；农村市场零售额 41.04 亿元，增长 10.6%。批发零售业零售额 140.89 亿元，增长 8.8%；住宿餐饮业零售额 13.14 亿元，增长 5.2%。年末全县拥有成交额超亿元市场 4 个,其中超 10 亿元市场 2 个。2015 年,全县接待海内外游客 1195.1 万人次，旅游总收入 123.33 亿元,分别增长 12.1%和 15%。其中,接待外国、港澳台游客 21.82 万人次,增长 12.8%,旅游外汇收入 0.49 亿美元,增长 12.6%;接待国内游客 1173.28 万人次,增长 12.1%,国内旅游收入 120.28 亿元,增长 15.1%。其中西塘景点接待国内游客 738.08 万人次,增长 16.3%;接待海外游客 21.15 万人次,增长 15.2%。

民生事业有力保障。基本建成生态能源发电项目、吴镇书画院,启动建设县社会福利中心,推进县中医院搬迁改造、博物馆、图书馆新馆等项目。完成 80 个无证幼托机构整治。全面加强安全生产、食品药品监督管理等工作。完善社会应急联动体系,连续 9 年保持命案侦破率 100%,实现省平安县创建“十连冠”。据调查,全县人民群众安全感满意率 96.05%。全年发生各类事故(不含火灾)142 起,比上年下降

0.7%；死亡37人，下降2.6%；直接经济损失255.11万元,下降2.33%。

加强社会建设。全年新增就业人数1.14万人,提供就业岗位5.6万个。年末城镇登记失业率2.9%,与上年持平。至年底,全县有职业介绍机构21个，全年举办各类劳动力招聘活动60次。全县参加城镇基本养老保险23.5万人,比上年增长2.7%；参加新型农村社会养老保险6.85万人,比上年下降7.9%。全年发放养老金18.68亿元，增长12.2%。参加失业保险12.33万人,增长4.7%;领取失业保险金1.11万人,增长10.1%。参加城镇基本医疗保险19.06万人,增长2%,其中离退休人员3.25万人,在职职工15.81万人。全县有城乡敬老(福利)院13个,床位4160张,比上年末增加1015张,在院老人2835人。社区服务设施1266个,比上年末增加127个。城、乡居民获最低生活保障人数分别为378人和2361人，分别比上年减少181人和414人。县、镇两级发放低保金1342.15万元,增长15.7%。提供城乡各种社会救济3.81万人次,增长79.6%。

科教事业稳步发展。全年,拥有各类学校(含幼儿园)86所,在校学生67314人。普通高中4所,在校学生5761人;初级中学15所,在校学生12482人;小学32所,在校学生32785人。初中、小学入学率和巩固率均达100%;初中毕业生升高中段各类学校比例99.02%;高考报名2502人。全年高等自学考试报考2805人,获得大专以上文凭24人。成人教育(含远程教育)招收学生1460人,毕业学生1532人,其中远程教育毕业502人。全年专利申请量和专利授权量分别为4670件和3772件,其中发明专利授权128件。全县公有制企事业单位专业技术人才资源总量6661人,比上年增加155人。全年通过鉴定或验收的科技成果(新产品)289个,其中国家级4个、省级239个;获县级以上政府奖的科研成果3项，其中省级1项、市级2项。全年开展科普活动100项,举办科技培训班202期,参加培训8216人次。全县年末有国家高新企业51个，省科技型中小企业215个。全县规模以上工业新产品产值414.86亿元,比上年增长17.6%。全县研究与试验发展经费支出占全县生产总值的比重为2.71%,比上年提升0.05个百分点。财政科技投入2.06亿元,增长12.8%,占财政支出的比重为4.7%。

文化卫生事业持续进步。年末,全县有文化馆1个、文化站9个、博物馆5个、公共图书馆1个,图书馆面积8532平方米,图书总藏量86.98万册。全县影剧院3个,电影放映单位13个,全年放映电影27156场,观众126.75万人次。广播电视台1个,每周自办文字节目60.5小时,乡镇广播电视站9个,县乡广播电视干线3040千米。接装数字电视终端22.95万只;播出模拟电视7套,数字电视164套。年末,全县有体育场馆5个,等级裁判574人。全年组织举办30场体育竞赛,参加人数1.01万人次。嘉善代表团参加市级以上各类体育比赛获金牌101枚、银牌64枚、铜牌62枚。年末,全县共有医疗卫生机构165个,其中社区卫生服务站101个。各类卫生工作人员3162人，其中医生930人,注册护士996人,医疗床位2053张。平均每千人拥有医生2.4人，每千人拥有医疗床位5.3张。全县无偿献血3406人次,献血量110.01万毫升;无偿献血占临床用血比例100%。

【示范点建设成效显著】 嘉善县自2014年1月30日,浙江省人民政府正式批复实施《嘉善县域科学发展综合配套改革总体方案》后,开始实施县域综合配套政策,各项改革任务进展顺利。2015年,嘉善县始终坚持示范点建设第一使命,以一天都不耽误的作风抓落实、强推进,示范点第一阶段核心任务基本完成,《人民日报》以“县域善治激活力”为题头版刊发嘉善示范点建设经验。示范点建设方案中,城乡居民收入等6项主要发展指标总体实现预期目标,110项核心任务已完成89项,34个重大项目完成投资超300亿元。同时,全面推进综合配套改革各项任务,其中大众创业促进机制等24个单项改革成为省级以上试点。县域综合配套改革、新居民基础信息精准化管理工作经验获省政府推广,"零审批改革"做法收录为《改革热点面对面》典型改革案例;省委、省政府还在嘉善县召开综合行政执法改革、"机器换人"、特色小镇建设等现场推进会。农村公路品质提升工程得到习总书记的批示肯定,并在《新闻联播》节目中播出;义务教育教师流动试点工作获国务院副总理刘延东两次批示肯定,并在全国推广;嘉善治水经验在《人民日报》生态版头条报道;被评为全国县委权力公开透明运行试点工作先进单位,党的群团工作、网上信访平台建设、姚庄"均衡发展"模式等工作分别在全国会议上作典型交流,发挥村务监督委员会作用的做法被中央纪委向全国推广。综合行政执法改革经验获全省推广,打造"绿水青山"的平原生态样本被列入全省十个践行"两山"样本,大众创业促进机制改革方案获省政府批复,县城基础设施投融资体制改革成为国家级试点,交出"期中大考"满意答卷。

【在中央党的群团工作会议上作交流发言】 7月6~7日,中央党的群团工作会议在北京召开。县委副书记、县长许晴赴会,作为全国唯一的县级代表作题为《担当起党委领导群团工作的重要政治责任》的大会交流发言。近年来,县委始终坚持鼓励和引导群团组织积极参与"五水共治""三改一拆"等中心工作,发动各领域群众合力推进事业发展,促进经济社会发展。坚持发挥群团组织桥梁纽带作用,推动群团为群众送政策、办实事、解难题,把服务做到群众心坎上。坚持党建群建一体推进,加强群团干部队伍建设。县总工会组织开展"十万职工节能降耗大行动""我为企业转型献一策"等活动,3年来共收集合理化建议1.75万条,产生直接经济效益1.12亿元。县妇联组织农村妇女在房前屋后建设微田园,争创"优美庭院",建设"美丽乡村"。团县委建立县、镇、村、企四级志愿队,广泛开展助老助残、护水护绿等志愿服务,5年来开展各类志愿服务达10万人次。工、青、妇等群团组织先后获全国工会职工法律援助维权服务示范单位、全国三八红旗集体等全国性荣誉9项,浙江省统筹城乡团建工作先进县等省、市荣誉60项。

【创建省平安县实现"十连冠"】 3月31日,嘉善县在全省建设平安浙江工作会议上被评为冠以"平安县(市、区)"称号,并以全省90个县(市、区)中排名第八、全市第一的成绩实现平安建设"十连冠"。嘉善县自2004年开始平安创建以来,连续第十年被评为省平安县。多年来,嘉善县紧扣"县域科学发展示范点"建设这一主线,以服务保障"三改一拆""五水共治"等重点工作为着力点,以基层社会治理"法治、德治、自治"建设为抓手,围绕中心,服务大局,主动有为,全力推进平安建设的各项工作,有效维护全县大局的持续平稳,先后获全省创建法治县工作先进单位、全省无邪教县、省级流动人口结构优化工作示范县等称号。2015年,嘉善县推进"平安嘉善"建设、"网格化管理"与全省平安建设信息系统"两网融合",建立重大决策社会稳定风险评估信息化系统,创新实施"包案月约访"、"五访联动"、网络舆情、安全生产、食品药品监管等工作全面加强,圆满完成第二届世界互联网大会等重要节点安保任务。据统计,2015年全县人民群众安全感96.05%。

【"五水共治"被省授予大禹鼎】 1月15日,在全省"五水共治"工作视频会议上,嘉善县成为嘉兴市唯一被授予浙江省"五水共治"优秀县大禹鼎的县(市)。大禹鼎奖是全省"五水共治"工作的最高综合性奖项。2015年,嘉善县完成整治企业近千个,实现全县工业企业废水(污水)全入网、全治理。农户生活污水处理实现行政村全覆盖,农户受益率72.7%。全县218万平方米生猪养殖棚舍和将近20万平方米温室甲鱼棚舍被清理,生猪养殖数量在年底进一步削减至5万头。持续推进"清三河"工作,全县229条"垃圾河"全部完成清理,161条"黑臭河"的整治工作全部完成,提前完成"三河"治理任务。据统计,2015年,全县14个地表水常规监测断面中,水质综合类别为Ⅲ类的4个,占比

28.6%,其余监测断面全部达到Ⅳ类标准,基本消灭Ⅴ类和劣Ⅴ类水。

【嘉善成为"大众创业促进机制"试点】 12月,《嘉善县大众创业促进机制改革方案》获得省政府批复,嘉善县作为全省首创、唯一的试点,县大众创业促进机制改革进入实质性阶段。着力推动经济结构调整、打造发展新引擎、增强发展新动力,构建充满活力的创业创新生态体系,充分激发大众创业创新激情,营造"大众创业、万众创新"新气象,率先建成更高水平的小康社会,为全省推进大众创业积累经验。7月31日,县十五届政府第32次常务会议,听取和审议《嘉善县大众创业促进机制改革方案》。8月5日,县全面深化改革领导小组2015年第3次会议审议《嘉善县大众创业促进机制改革方案》。12月,出台《嘉善县人民政府印发〈关于进一步促进大众创业若干政策意见〉的通知》,实施促进人才创业新政"创十条"。从租金补贴、住房补助、创业社保补贴、创业金融支持、创业贷款贴息、免费创业培训、创业辅导服务、优秀项目奖励、创业平台建设、树立创业典型等10个方面,进一步促进大众创业。

【政府实事工程加快推进】 2015年,十五届政府实事工程和"十大惠民实事工程"顺利推进,其中幽澜水厂四期工程投入使用,生态能源发电项目具备并网发电条件,吴镇书画院主体工程全面完成,体育路下穿沪昆铁路改扩建、体育路(中山路—320国道)拓宽改造、县社会福利中心、丁诸线航道整治项目等工程全面启动,平黎公路东接线工程一期、疏港公路改建工程二期等项目加快推进,下甸庙等8个老集镇的防洪除涝改造工程基本完成。城乡交通治堵工程"重头戏"的体育路下穿沪昆铁路改造工程施工进展顺利,完成第2个铁路箱涵(机动车道)顶进。

【铠胜集团嘉善产业基地项目签约落户】 8月14日,台湾铠胜集团在嘉善投资的产业基地项目正式签约落户。铠胜集团隶属世界500强——和硕联合科技集团,总部在台北市,是台湾知名上市电子企业。由铠胜控股有限公司投资设立的嘉善产业基地项目,计划总投资9亿美元,注册资本3亿美元,选址于县开发区东区长江路东侧,计划生产用地42.93公顷(644亩)[一期项目用地26.27公顷(394亩)、二期项目用地16.66公顷(250亩)],建筑面积约60万平方米,主要以智能型手机、笔记本电脑、平板电脑、网络车载电子及通信等电子信息产品,以及机构件、相关配件及零部件的生产、组装、维修、设计、研发及销售为主。9月上旬,一期26.27公顷(394亩)生产用地开工建设。

【上海移动用户取消县开发区用户漫游费】 1月27日起,上海移动用户在县开发区取消漫游费,是继2014年上海固话021区号在县开发区实现全覆盖后,沪嘉通信一体化的又一次突破,放大嘉善与上海的同城效应。近年来,嘉善县一直致力于沪嘉同城,全方位地融入上海,努力在交通、通信、金融以及社会保障方面实现互通,给嘉善和上海的市民在生活上带来实实在在便捷的"一体化"。完善嘉善与上海通信设施同城化建设机制,推动上海市移动通信在嘉善取消漫游费的改革是其中之一。由于省际漫游牵涉到浙江、上海两家公司在网络建设和资费结算上的配合,需要在多级部门之间开展大量的协调工作。中国移动嘉善分公司作为具体相关工作的实施方,将该项改革作为2014年的"一号工程",成立专项课题小组,先后多次赴江苏昆山、上海金山等地考察学习,探讨解决方案。同时,中国移动嘉善分公司一方面将相关需求向上级公司汇报,寻求政策支持和技术支撑,另一方面与中国移动上海公司积极沟通对接,经过大半年的协调,最终完成方案设计与网络调试。

【纽扣行业专项整治"零点行动"】 年初开始,县环保局和西塘镇倒逼辖区内纽扣企业整改或转产,新建废水处理设施286家、217套,新建废气处理设施103套,新改建粉尘收集装置188套,企业内部新建、改建雨污管线近60千米,倒逼纽扣企业(户)关闭或转产342个。4月初,县水务集团投资1209万元,用于配套纽扣行业整治的9.15千米污水管网建设全部完成。为确保县内所有纽扣及配套产品生产的企业(户)停止向外环境直接排放生产废水、废气、粉尘等污染物,以检验前期工作的成效,7月,县级有关部门和西塘镇组成11个专项检查组、4个断电执行组和维稳保障组共130余人,对大舜纽扣行业展开专项整治"零点行动",共实地检查纽扣企业(户)270个,依法查封142个(其中采取强制断电措施22个)。

【网上政务服务平台投入运作】 5月1日,嘉善县网上政务服务应用平台正式投入运行。平台以"服务零距离,办事一站通"为宗旨,致力于实现政务服务一站式网上办理、行政权力全流程监督,逐步形成品牌一体化、服务规范化、体验便捷化、建设集约化、资源共享化,覆盖全县的网上"政务超市"。嘉善县网上政务服务平台与全省政务服务网采用统一界面、统一导航、双向链接的方式,其中包含政府信息网上公开、投资项目网上审批、社会事务网上办理、公共资源网上交易、公众投诉网上受理、政府决策网上互动、政府效能网上监督、网上信访等八大模块。通过门户网站、移动APP、数字电视、微博、微信公共账号等渠道,以一证通行、一站申办、一网查询方式,面向公众和企业提供以行政审批为重点的各类政务服务。用户随时可以在网上申请行政许可等事项,流程透明,办理进展一目了然。办理流程中,市民可以对政府部门行使职权实行全流程监督,有效促进行政权力科学、规范运行。

【重大村务决策公决入选中国十大民生决策】 12月20日,天凝镇洪溪村推出的重大村务决策公决在"2015第十届中国全面小康论坛"上入选"2015中国十大民生决策"。2012年,在天凝镇洪溪村成功试点的基础上,全县全面推广"重大村务决策公决",出台《"重大村务决策公决"指导意见》,至2015年,全县实现"重大村务决策公决"全覆盖。从"村务质询会"到"民主评议会",依托农村"三资"的规范化管理和村级民主监督监管体系建设,全面推行村务公决民主管理制度。村务公决制度明确公决的内容和程序,一些关系群众切身利益的村级重大事项必须通过酝酿、论证,提出公决草案、合法性审查、完善公决方案、组织公决、实施并监督、结果公开等"重大村务决策公决"八步工作法,推动村务工作的规范化和制度化。

【吴镇教育集团成立】 在集团化教育办学模式在全国多地成功实行、全县义务教育学校教师流动工作成效显著的大背景下,8月,嘉善县首个教育集团——嘉善县吴镇教育集团成立。嘉善县吴镇教育集团下属吴镇小学、县泗洲小学、硕士小学3所学校。吴镇教育集团成立后,3所学校的教师将会进行一定比例的流动,通过"以强带新"实现教师队伍的快速成长,学科间的交流与教研也将实现跨学校,促进学科教育水平的快速提高,通过"抱团"发展使资源实现共享且发挥最大的效益。

【碧云花园入围"全国十佳休闲农庄"】 12月,农业部农村社会事业发展中心和中国旅游协会休闲农业及乡村旅游分会公布"2015全国十佳休闲农庄"名单,嘉兴碧云花园有限公司名列其中,成为浙江省唯一获得该称号的农庄。发布会上,全国休闲农业与乡村旅游电子商务平台"去农庄"华南运营中心正式上线,碧云花园入驻"去农庄网",探索实现"互联网+现代农业"的新模式。近年来,碧云花园大力发展高效型的城郊景观生态农业,把"以生产带动休闲,以休闲促进生产"作为企业发展的目标,将发展现代农业放在首位,把农业生产与休闲观光相融合,打造新型生态农庄。

【《嘉善县志(1989~2008)》出版发行】 10月,举行《嘉善县志(1989~2008)》出版发行首发式。《嘉善县志(1989～2008)》是新中国成立后嘉善县的第二轮修志成果。2006年1月,县政府召开第32次常务会议,确定续修《嘉善县志》,历经9年,期间经过多次编纂、评审、修改,2015年5月完成终审修改定稿。《嘉善县志》分上下册,约220万字,设42编、183章、685节,收录志首照片151幅、地图12张、随文照片353幅、随文表格512张。志书全面、客观、系统记述嘉善县1989年到2008年间的自然、政治、经济、文化和社会的发展历史和现状,较好地体现嘉善改革开放的时代特征和落实科学发展要求的地方特色。《嘉善县志(1989～2008)》经过嘉善县政府审批同意,由中华书局正式出版。

(沈路婧)

平湖市

【概况】 平湖市位于浙江东北边沿,南临杭州湾,东、北与上海市金山区交界,西与嘉兴市南湖区接壤,西北与嘉善县相连,西南与海盐县相接,总面积537平方千米。2015年,有6个镇、3个街道,48个居民委员会、95个行政村。年末,常住人口68.38万人,城镇化水平58.9%,比上年提升1.7个百分点。户籍总户数148686户,户籍总人口49.15万人,其中非农业人口24.25万人、农业人口24.90万人。人口出生率7.54‰,死亡率7.58‰,自然增长率–0.05‰。计划生育率99.01%。

2015年,实现生产总值485.1亿元,按可比价格计算,比上年增长3.3%,增速比上年回落3.2个百分点。按常住人口计算,人均生产总值70958元,比上年增加963元,折合11393美元。不含嘉兴港区和嘉兴电厂,实现生产总值359.2亿元,增长5.2%。

产业结构不断调整。第一产业实现增加值14.8亿元,下降6.4%;第二产业增加值282.4亿元,增长0.5%,其中工业增加值268.4亿元,与上年持平;第三产业增加值187.9亿元,增长10%。三次产业结构比由上年的3.4∶60.6∶36调整为3.1∶58.2∶38.7,三产占比比上年提升2.8个百分点。

区域经济协调发展。从四大主平台看,平湖经济技术开发区实现生产总值101亿元,可比增长4.9%;当湖街道94亿元,增长8.4%;独山港经济开发区49.7亿元,可比下降0.5%;嘉兴港区91.5亿元,增长2%。

农业经济稳中有降。全年,实现农业增加值15.8亿元,可比下降5.5%。全年农作物播种面积5.07公顷(76.09万亩),比上年增长0.8%。据粮食生产统计监测,粮食播种面积3.78万公顷(56.72万亩),增长0.5%;粮食总产量24.79万吨,增长1.3%,产量已连续10年超过22万吨。油菜籽播种面积3053.33公顷(4.58万亩),下降1.5%;蔬菜播种面积7980公顷(11.97万亩),增长2.7%。粮经面积比为74.5∶25.5。全年生猪饲养量7.02万头,比上年下降83.9%,年末生猪存栏0.95万头,下降89%,猪肉产品总产量0.4万吨,下降81.2%。家禽饲养量113.96万羽,下降1.5%,年末家禽存栏44.15万羽,增长4.7%。水产品产量2.14万吨,下降15.1%。

年末拥有省级无公害农产品基地145个,全国无公害农产品159只,绿色食品19只。其中,年内新增省级基地6个、全国无公害农产品15只、绿色食品2只。全年完成城乡绿化造林面积630.71公顷(9460.7亩),新增土地流转面积1173.33公顷(1.76万亩)。建成粮食生产功能区140个、面积10720公顷(16.08万亩),其中年内建成粮食生产功能区40个、面积2720公顷(4.08万亩);现代农业园区完成投资1.4亿元。水稻机械育插秧面积5800公顷(8.7万亩)。新型农业经营主体加快成长,年末有工商登记家庭农场164个、农民专业合作社426个、农业龙头企业22个。获得“省级生态循环农业示范县”认定。

全年农田水利建设完成土石方485.99万立方米,累计出动机械台班9.72万个,投入资金4.4亿元。疏浚河道347.65千米,长效保洁2311千米。年末拥有农业机械总动力23万千瓦,全年化肥施用量(折纯)2.23万吨。

工业经济缓中趋稳。622个销售收入2000万元规模以上工业企业全年实现增加值258亿元,比上年下降1.1%,实现总产值1224.5亿元,下降6%。其中,不含嘉兴港区和嘉兴电厂实现增加值160亿元,比上年增长3.3%,实现总产值782亿元,增长1.9%。

全年,规模以上工业中,装备制造业实现产值269.1亿元,比上年增长0.1%;高新技术产业实现产值553.6亿元,比上年下降3.2%;战略性新兴产业产值618.1亿元,下降7.6%。全年实现新产品产值率34%,同比提升1.1个百分点。工业产销率97.1%,同比回落0.7个百分点,实现出口交货值273.3亿元,下降5.4%。

从主要行业看,19大行业中,8个行业实现增长,其中光机电、临港和生物医药三大主动力行业实现产值811.4亿元,比上年下降7.1%。新能源、新材料和节能环保三大新兴产业实现产值68亿元,下降16.2%。服装、箱包、童车、洁具和纸制品五大传统行业实现产值234.7亿元,下降0.2%,其中服装行业产值149.7亿元,下降0.7%。

分区域看,平湖市9个镇(街道、开发区)中,曹桥街道、广陈镇、林埭镇、新埭镇、平湖经济技术开发区、新仓镇6个地区实现增长,分别比上年增长22.5%、4.3%、1.8%、1.7%、0.4%和0.1%。

工业效益较快增长。全年,规模以上工业实现主营业务收入1184.2亿元,比上年下降8.3%;实现利税总额110.6亿元,增长14.2%;实现利润总额69.2亿元,增长17.7%。其中,不含嘉兴港区和嘉兴电厂实现主营业务收入736.2亿元,下降0.7%;利税总额52.1亿元,增长1.3%;利润总额28亿元,下降4.5%。年末亏损企业151个,亏损面24.3%,比上年扩大2.6个百分点,亏损企业亏损额14亿元,增长21.5%。

从主要行业看,19个行业中10个行业利润总额同比增长或盈利,9个行业下降或亏损。其中,三大主动力行业实现主营业务收入789亿元,比上年下降7.7%,实现利润总额55.1亿元,增长17.3%;三大新兴产业实现主营业务收入68.9亿元,下降27.6%,实现利润总额2亿元,增长188.6%;五大传统行业实现主营业务收入218.7亿元,下降3.9%,实现利润总额4.8亿元,增长1.9%。

工业能耗形势严峻。全年,规模以上工业综合能耗280万吨标准煤,比上年下降1.2%。不含嘉兴电厂,规模以上工业综合能耗247.2万吨标准煤,下降0.6%,单位增加值能耗下降0.1%。不含嘉兴港区和嘉兴电厂规模以上工业综合能耗136.9万吨标准煤,增长5.9%,单位增加值能耗增长2.5%。

建筑业回落明显。年末,具有总承包和专业承包建筑资质等级的独立核算建筑企业48个,比上年增加3个,全年施工面积973万平方米,比上年下降21.4%,实现建筑业总产值111.4亿元,下降8.4%。

固定资产投资较快增长。全年,固定资产投资完成361.3亿元,比上年增长21.5%。其中工业生产性投资完成188.4亿元,增长16.4%,第三产业投资完成169.9亿元,增长28.1%。不含嘉兴港区和嘉兴电厂,固定资产投资完成256.8亿元,增长14.8%;工业生产性投资完成134.5亿元,增长13.4%。第三产业投资完成119.4亿元,增长16.6%。

全年,计划总投资亿元以上在建项目131个,完成投资186.8亿元,占总投资的51.7%。计划总投资3000万元以上、亿元以下在建项目239个,完成投资84.4亿元,占全社会总投资的23.4%。

房地产销售较旺。全年,房地产开发完成投资52.8亿元,比上年下降13.6%,其中计划总投资亿元以上在建项目53个,完成投资49.8亿元,占全部房地产开发投资的94.3%。竣工房屋面积140.1万平方米,比上年增长88.4%,其中住宅竣工104.1万平方米,增长123%。商品房销售面积72.9万平方米,比上年增长20.2%,其中预售占86.7%。其中住宅63.3万平方米,增长20.2%;商业营业用房7.7万平方米,增长29.1%。商品房销售额54.4亿元,增长26.1%,其中住宅46.2亿元,增长26%。

交通运输业稳步发展。全年,各种运输方式完成货物周转量44亿吨千米,比上年增长4.5%。其中,公路运输28.4亿吨千米,水路运输15.6亿吨千米,分别增长4.1%、5.2%。全年旅客周转量完成3.9亿人千米,比上年下降10.4%。嘉兴港货物吞吐量6273万吨,下降8.8%,集装箱123万标箱,增长6.2%。

年末,拥有营业性载客汽车487辆、13300个客位。其中班线客车184辆、出租车226辆、旅游包车77辆。城乡公交线路25条,里程数636.8千米,城乡公交汽车116辆。城市公交线路22条,里程数291.2千米,城市公交汽车179辆。年末公共自行车服务系统网点70个,投放自行车2000辆。

年末,邮电所23处,全年报刊发行量1200万份,比上年下降4.6%。全年实现邮政业务收入0.8亿元,比上年增长18%。

消费市场总体平稳。全年,实现社会消费品零售总额166.1亿元,比上年增长11%。其中,批发和零售业零售额147.6亿元,增长11.3%;住宿餐饮业零售额18.5亿元,增长8.4%。其中,城镇和乡村消费品零售额分别增长10.8%和11.5%。

外贸出口渐趋低迷。全年,外贸进出口总额68.2亿美元,比上年下降17%,其中出口总额38.5亿美元,下降5.4%。全年外贸和出口依存度分别为87.5%和49.5%,分别比上年回落16.5个百分点和2.1个百分点。

全年新批、增资"三资"企业70个,比上年下降2.8%,合同利用外资6.7亿美元,下降7.3%,实际利用外资4.8亿美元,比上年增长6.4%。其中,不含嘉兴港区,全年新批、增资三资企业60个,增长13.2%,合同利用外资4.6亿美元,下降8%,实际利用外资3.6亿美元,增长5.2%。

旅游业较快增长。全年实现旅游总收入68.3亿元,比上年增长21%,其中国内旅游收入66.3亿元,增长21.4%。接待国内游客666.87万人次,增长15.4%;接待海外游客1.93万人次,增长14.2%。

财政收入稳步增长。全年实现财政总收入98.3亿元,比上年增长5.9%,其中一般公共预算收入50.6亿元,增长5%,增幅分别比上年回落0.9和3.2个百分点。其中,不含嘉兴港区实现财政总收入和一般公共预算收入分别为79.7亿元和39.6亿元,分别增长9.5%和7.2%。

金融运行平稳有序。年末,金融机构各项人民币存款余额686.4亿元,比年初增加2.9亿元。其中,城乡居民储蓄存款余额358.2亿元,增加14.7亿元;外汇存款余额4.8亿美元,比年初减少0.3亿美元。各项人民币贷款余额522.7亿元,比年初增加27.9亿元;外汇贷款余额5.7亿美元,比年初减少3.1亿美元。

证券市场表现活跃。全年,中信证券、银河证券和杭州财通证券三个营业部证券交易新开户数2.05万户,比上年增长716.4%,累计账户7.96万户,增长45.8%。全年证券交易额2489.9亿元,增长180%;年末股东交易保证金余额7.3亿元,增加1.6亿元;证券市值62.1亿元,增加22亿元。

保险业健康发展。全年,保险业实现保费收入10.8亿元,其中寿险保费收入6.1亿元,财险保费收入4.7亿元。全年给付赔款7.1亿元,其中财险赔款支出2.4亿元,寿险赔款支出0.2亿元,给付退保支出4.4亿元。

科技进步稳步推进。全年,财政用于科学技术经费支出1.8亿元,比上年增长6%;企业研发经费支出12.6亿元,增长2.4%,企业研发经费占地区生产总值比重达2.61%,提高0.15个百分点。年末,有国家级高新技术企业59个,区域科技创新机构(企业技术研发中心)194个。全年,专利申请量3516件,其中发明专利994件,增长38.4%;专利授权2396件,下降8.8%。全年获得嘉兴科技进步奖10项。全年技术交易金额达1.2亿元,合同数115项。

教育事业协调发展。全年,财政用于教育经费支出12.7亿元,比上年增长15.2%。年末,拥有幼儿园44所,在园幼儿14349人;小学17所,在校学生27420人;普通中学17所,在校学生19752人。学前三年入园率99%。九年义务教育学龄人口入学率100%。小学、初中在校生巩固率均为100%。初中毕业生升入高中段学校比例达99.24%，比上年提高0.24个百分点。现有中等职业类学校3所,在校学生6738人；各类职业技术培训机构24个，注册学生81338人,全年结业95504人。参加普通高校升学考试报名2716人，录取2668人，录取率98.23%,同比提高4.88个百分点;参加高职单考单招报名852人，录取816人，录取率95.77%,比上年提高1.89个百分点。高等学历教育自学考试全年报考2288人次。

文化体育事业蓬勃发展。年内新创建浙江省文化强镇、浙江省村示范中心各1个。建成数字文化实体馆2个、流动图书馆1个。古籍普查完成，共计5972部、36363册，著录数据6006条。全年送戏下乡342场次,送书下乡9.9万册次,送讲座下乡200场次,送展览下乡109场次,文化走亲84场次。送电影1699场次,观众24.63万人次；放映广场数字电影97场,观众2.75万人次;影院电影放映2.14万场次,观众72.56万人次,票房收入2818万元。年末拥有非物质文化遗产项目国家级2个，省级7个,嘉兴市级26个,平湖市级180个。年末不可移动文物修缮完成5处,有各级文保单位53处，文物保护点76处,5个文博场馆全年接待观众62.87万人次。

年内成功创建省体育现代化县(市、区)标准单位,创建(评估)省级体育特色乡镇1个、体育现代化乡镇1个、中心村全民健身广场1个、幼儿体育示范幼儿园1个、村级体育俱乐部9个、城市体育先进社区6个、社区体育健身俱乐部2个、老年体育活动中心(俱乐部)1个,嘉兴市美丽乡村·健身广场1个、高水平学校体育后备人才训练基地1个、体育特色项目学校5个。新成立体育类社会团体3个、民办非企业单位3个。

卫生事业稳步推进。年末有医疗卫生机构166个,其中民营医疗机构43个,新增民营医疗机构6个;开放床位2924张,其中民营医院530张。有卫生技术人员3352人,其中执业医师1185人、执业助理医师177人、注册护士1417人。7所卫生院全部成功创建浙江省甲等卫生院。基层就诊率62.6%，基层住院率15.7%,县域内就诊率90%;顺利通过全国基层中医工作先进市复评,成功创建省慢性非传染性疾病综合防控示范区;基层卫生综合改革工作走在全省前列。

生态环境综合治理。全年,空气质量指数(AQI)“优”的天数占21.1%,“良”的天数占57.5%,“轻度污染”的天数占18.9%,“中度污染”的天数占1.37%,“重度污染”的天数占1.1%,“严重污染”的天数占0%。全年环境空气质量优良率78.6%,比上年提升9.2个百分点。PM2.5浓度44微克/立方米，比上年下降6.4%。8个平湖市控以上断面全年高锰酸盐指数、氨氮、总磷浓度分别为7.16毫克/升、1.05毫克/升和0.27毫克/升，分别比上年下降5.8%、52.9%和26.2%;跨行政区域河流交接断面水质考核合格。城市生活垃圾处理率100%。

城乡建设持续推进。优化城乡空间布局,“多规合一”形成技术成果,完成中心城区8个单位控规编制。城乡基础设施不断完善,平湖大道拓宽改造、青阳汇大桥及连接线等工程竣工并投入使用,杭平申航道平湖段、乍兴公路一期、三港大桥等工程加快建设。沪乍杭铁路前期工作有序推进。全年新建城市绿地197万平方米,完成嘉兴塘南侧等7段以及各镇绿道共35千米,其中城区绿道8千米,市域绿道27千米。铺设一二级污水管网58.8千米,新建和改造提升供水管网173千米。

各类事故继续减少。全年,共发生各类事故(不含火灾)136起,比上年下降2.9%;死亡41人,下降4.7%;受伤118人,下降2.5%,直接经济损失240.9万元,下降8.4%。其中,道路交通领域发生事故132起,死亡36人。发生生产经营性火灾事故96起，直接经济损失652万元。未发生渔业船舶领域事故和较大以上生产安全事故。

居民生活水平稳步提高。全年,城镇和农村居民人均可支配收入分别为46470元和26974元,分别比上年增长7.6%和9%,城乡收入比为1.72∶1。城镇和农村居民人均生活消费支出分别为25770元和16738元。年末每百户城镇居民家用汽车拥有量45辆；每百户农村居民家用汽车拥有量35辆。城镇和农村居民人均拥有住房面积分别为42.9和65.2平方米。

社会保障不断完善。年内新增城镇就业1.3万人，城镇登记失业率2.85%,“零就业家庭”动态归零。举办各类招聘会58场次,进场招聘单位2705个,提供就业岗位3.8万个,1.2万人达成录用意向。落实实习基地58个,开发公益性岗位150个，规范农村劳务合作社29个,创业基地增至27个。年末,职工基本养老、基本医疗、失业、工伤、生育保险参保缴费人数分别达到32.2万人、31.3万人、19.5万人、29.5万人、22.4万人。城乡居保参保人数11.5万人。城乡居民合作医疗保险参保人数21.7万人,参保率99.6%。全年社会保险基金支出34.2亿元。

社会福利事业稳步推进。全年,发放城乡居民最低生活保障金2995万元,其中城镇875万元,农村2121万元;年末低保人数4905人,其中城镇1404人,农村3501人;实施医疗救助支出850万元，其中住院772万元、4174人次,门诊79万元、8166人次;年末拥有收养性单位(敬老院)14个,床位3866张,收养人数1354人。

年末持有第二代残疾人证12782人,共有7341人次残疾人享受残疾人基本生活保障工程;为1209名残疾人提供托(安)养服务;为1590人开展助听、助行、助明、精防工程及残疾儿童抢救性康复;对299户符合条件的残疾人家庭进行宜居工程改造。全面实施残疾人共享小康工程,共计发放各类补助1719万元。

【毛泽东“新仓经验”批示60周年座谈会】 11月9日,浙江省委、省政府和全国供销合作总社在平湖市召开纪念毛泽东同志“新仓经验”批示60周年座谈会。1955年,平湖新仓供销社通过与农业生产合作社签订购销结合合同,把供应农业生产资料和交售农副产品结合起来的经验,得到毛泽东同志的肯定,收录进《中国农村社会主义高潮》一书,并写下编者按:供销合作社和农业生产合作社订立结合合同一事应当普遍推行。从此,“新仓经验”从平湖走向全国。60年中,平湖市不断创新发展新仓经验,建立了生产合作、供销合作、信用合作“三位一体”的新时期“新仓经验”。2008年,平湖市在全省率先成立以生产、供销、信用服务为基础的农合联组织,并实现平湖市、镇两级全覆盖,将其作为创新发展“新仓经验”和建立“合作求发展、联合兴三农”的为农服务新平台。农合联组织在生产合作方面,指导、协调农合联成员开展横向和纵向合作,做好涉农政策实施、经营主体培育、农技推广、农资保障等服务;在供销合作方面,通过完善流通配送网、加强营销对接、拓展“互联网+”等,构建农村现代流通服务新体系;在信用合作方面,引导各类金融组织创新涉农金融产品和服务,培育农村新型金融合作组织,提供全方位的农业服务。

【独山港经济开发区获国家级产业基地称号】 11月26日，中国石油和化学工业联合会发文公示后,浙江独山港经济开发区被正式冠名为“中国液化石油气资源综合利用(平湖)产业基地”。独山港经济开发区位于平湖市东南沿海,东界上海金山区行政中心所在地上海石油化工股份有限公司，南濒杭州湾，处在杭州、上海、宁波、苏州的“X”交接点上,距离四个城市都在100千米左右,是嘉兴港“一体两翼”中的左翼,也是平湖市“L”型城市的重要组成部分和城市副中心。独山港经济开发区形成以液化石油气生产企业为核心，以下游化工企业、热电联产为配套的生态化工体系,初步建立了具有高附加值的液化石油气产品循环链条。液化石油气资源综合利用产业基地位于独山港经济开发区东部,是独山港经济开发区的特定特色功能区块,规划总用地11.06平方千米。落户项目23个,总投资约190亿元。其中,以浙江卫星能源有限公司为代表的11个项目完成投资100亿元，其余在建项目，总投资约90亿元。在石化仓储物流方面,该产业基地规划建设8个3万~5万吨的液化码头。

【整县推进农村土地确权登记颁证】 2015年，平湖市被列为嘉兴唯一一个全省农村土地承包经营权确权登记颁证工作整县推进试点县。平湖市现有承包耕地面积2.136万公顷(32.04万亩)、7.71万农户，土地流转面积1.029万公顷(15.44万亩),流转率48%,计划到2017年全面完成农村土地确权登记颁证工作。年内，平湖市正式开始推进工作。一是做好大众化政策解读。向平湖市农户发放政策解释汇编等宣传资料,组织人员赴各镇(街道)进行业务培训,确保基层工作顺利开展。二是专业化完成确权颁证。公开招标确定专业测绘单位,要求按照现场指界、实地测量、公示确认、完善合同、登记造册、换颁权证的步骤做好平湖市农村土地确权颁证工作。三是人性化解决矛盾纠纷。成立以村组干部及熟悉土地承包历史和现状的老党员、老干部、老同志、妇女代表为主的基层工作小组,将矛盾纠纷解决在基层。四是信息化实现档案管理。做好土地确权登记颁证过程中形成的文字、图表、声像、数据等材料的收集、整理、鉴定、保管、数字化、编研和利用等工作,全面实现土地承包经营权合同档案信息化管理。

【成功创建浙江国际产业合作园】 9月6日，“浙江中日(平湖)产业合作园”成功入选首批浙江国际产业合作园。为贯彻落实国务院、省政府关于开放创新、扩大开放的要求,省商务厅从2014年开始,致力于培育一批开发区“国际产业合作园”。2015年初，开始启动开发区“国际产业合作园”的省级创建认定,8月31日,全省共14个园区参加“国际产业合作园”省级评审。评审会上,按照《浙江省商务厅浙江省财政厅关于创建国际产业合作园通知》(浙商务联发2015〔68〕号)文件要求,省商务厅会同省发改委、省财政厅、省外侨办等省级部门,邀请商务部驻杭特办以及有关专家,对申报园区进行现场评审。平湖市积极引进日本JFE、日本电产、NTN、黑田精工、津上精密、关东辰美等国际知名企业，全力打造中日产业合作园。2014年，该园区规模以上日企实现产值152.2亿元,利税总额13.4亿元,累计投资密度7740万元/公顷(516万元/亩),当年工业土地产出16575万元/公顷(1105万元/亩)。

【率先在嘉兴市实施环境保护网格化管理】 9月1日起，平湖市在嘉兴范围内率先实施环境保护网格化管理,促使环保问题早发现、责任早明确、整改早落实。平湖市环境保护网格化管理依托社会治理“一张网”，共划分756个网格,设置877名网格员,依托网格、网格员和“平安建设信息系统”,构建网格管理网上网下整体联动工作体系,全面掌握基础信息和动态信息。网格员采集的环保问题,主要包括企事业单位向环境排放废水、黑烟、黄烟或异味,随意焚烧、倾倒工业固体废物,河道水体污染,噪声扰民等。网格员采集上报的信息,按照涉事性质和严重程度,分别由村(社区)、镇(街道)和市逐级在网上流转,在网下处置,办理程序分为问题信息上报、分类处置办理、跟踪整改过程和整改信息上报4个步骤。同时,为提高网格员的积极性,采集上报的信息均纳入社会治理信息采集“以奖代补”范围,实施最低每条20元的奖励。

【首个浙商综合性总部项目诞生】 8月，由温州籍浙商投资设立的群乔集团有限公司在平湖市注册成立,并且通过嘉兴市浙商办相关审核，成为平湖市首个浙商综合性总部项目,同时,平湖市成为嘉兴地区率先实现浙商综合性总部项目零突破的县(市)之一。浙商总部回归主要是指2012年以来省外浙商在平湖市境内新工商登记注册,具有独立法人资格,实行统一核算,并在市境内汇总缴纳企业所得税的综合性总部、地区总部和功能性机构。群乔集团母公司为新埭镇的浙江群乔电气成套有限公司,注册资本1亿元;控股子公司5家,分别为浙江群乔断路器有限公司、平湖市群乔建材有限公司、上海群乔电气成套有限公司、上海亚敏照明灯饰工程有限公司以及安徽明都群乔电力设备有限公司,注册资本总和0.8亿元。

【"依爱夫"入选省文化出口重点企业名单】 11月23日,浙江省商务厅发布2015~2016年度"浙江省文化出口重点企业和重点项目"名单,嘉兴共有4个企业榜上有名,平湖市浙江依爱夫游戏装文化产业有限公司成功入选。浙江依爱夫游戏装文化产业有限公司(EMF)是平湖市首个来自欧洲(瑞典)的外商独资企业,也是中国最早进入游戏装研发制作的专业公司。该公司具有世界一流的设计研发和制作生产能力。其自主童装品牌IKALI(伊佳林),是中国第一个提出生活游戏装概念的儿童服饰品牌,产品远销美国、欧洲、加拿大等24个国家和地区,深受家长和儿童的喜爱,1~10月,该公司产值4.6亿元,同比增长19.6%;实现利税0.8亿元,同比增长22.5%。

【首次实施排污权网络拍卖】 8月,平湖市首次实施排污权网络拍卖。此次拍卖的3.43吨化学需氧量和0.31吨氨氮排污权最终全部成交,总成交金额51万元。参与此次排污权网络拍卖的企业4个,排污权需求量化学需氧量4.222吨、氨氮0.382吨,出让量化学需氧量3.43吨、氨氮0.31吨,最高单价化学需氧量26.4万元、氨氮28万元,分别溢价13.2倍和14倍。2014年起,平湖市出台《平湖市排污权交易办法》《平湖市排污权交易实施细则》,完善排污权交易行为,促进排污权交易市场发展。探索网络形式排污权拍卖,是对排污权交易方式的又一次改革和创新。网络拍卖可使参拍企业在各自企业通过网络登录拍卖平台,提高企业参与度,利于企业做出科学理性的拍卖策略。

【公布实施新一轮基准地价】 4月11日,平湖市公布实施新一轮基准地价,基准日为2014年10月1日。土地开发程度按熟地设定,即达到大市政基础设施配套的"五通一平"要求(宗地红线外通路、通电、通上水、通下水、通通讯,宗地红线内土地平整)。地价构成包含国家土地所有权收益、土地取得费用和土地前期开发费用。土地使用年期为国家规定的最高出让年期,即商业、旅游、娱乐用地40年,住宅用地70年,工业用地50年,教育、科技、文化、卫生、体育用地50年,综合或其他用地50年。与以往相比,本轮基准地价针对性和可操作性更强:一是重新构建商业、住宅和工业三大地类细分用途基准地价体系;二是将公共设施、公共服务机构用地纳入基准地价指导体系;三是首次探索建立工业用地差别年期出让基准地价体系;四是探索建立国有土地使用权租赁年租金标准体系。

【出台未成年人重大疾病慈善救助政策】 5月,平湖市出台《平湖市慈善总会"未成年人重大疾病救助"实施方案》,该方案明确将拥有平湖市户籍且国家二级甲等及以上医院认定后、年医疗费用超过10万元的未成年患者作为救助对象,并根据年医疗费用10万元以上、20万元以上、30万元以上三档施行分层救助,最高救助额为5万元。同时,每年10月将由市慈善总会统一受理患者家庭救助申请并予以公示。另外,该方案规定列入"未成年人重大疾病救助"的,原则上不再列为其他救助对象。

【再次提高优抚对象补助标准】 平湖市按照优抚对象优抚标准自然增长机制的有关要求,从4月1日起,再次调整部分优抚对象抚恤和生活补助标准。一是无工作残疾军人残疾抚恤金标准同比增长近10%,一级因战、因公、因病分别提高到每人每月4451元、4229元、4006元。二是解放战争时期入伍的复员军人和新中国成立后入伍、带病退伍军人优抚金标准分别提高到1548元、1506元,同比增长21%。三是生活困难的参战、参核退役人员补助标准分别提高到460元、560元。四是义务兵家属年优待金提高到1.91万元,同比增长7.3%。五是城乡户籍烈士遗属、因公牺牲军人遗属和病故军人遗属优待金分别提高4.6%和21%,最高达3959元。六是农村籍60周岁以上自费参加职工养老保险并已领取基本养老金的退伍军人,按每服一年义务兵每月15元标准发放。七是分散安置的三级、四级因病残疾军人护理费，调整为1335元,增长9.6%。调标后平湖市全年将发放优抚金约2000万元。

【举办2015年世界虫草论坛】 3月28日,由国家中医药管理局中国中医药科技开发交流中心、中国科技产业化促进会、平湖市人民政府、中国虫草产业技术创新战略联盟、中国虫草博物馆、浙江泛亚生命科学研究院联袂主办的2015年世界虫草论坛在平湖市举行，主题为"世界虫草科学与产业化展望暨蝉花虫草对当代医学与人类健康的贡献"。虫草论坛成为虫草学术界的顶级学术论坛,在往届论坛上曾公布过蝉花虫草的全基因组图谱等重大科学成果。来自美国、日本、韩国的国际著名虫草专家及中科院、上海农科院等国内共800多名虫草专家出席,旨在通过发布和宣传虫草行业的最新研究成果,同时促进国际虫草学术及产业合作、传播虫草养生文化并对虫草产业未来的发展前景进行展望。目前世界上发现的虫草有500余种,在中国分布有近200种,世界上进行开发研究利用的虫草仅20种。为人熟悉的虫草有冬虫夏草、蝉花虫草、蛹虫草和细脚棒束孢等。此次会上发布一个可喜发现,蝉花虫草可以使"长寿基因"活跃起来,从而提高调控衰老系统的能力。

【成立首个农村资金互助会】 7月21日,经平湖市农合联批准，平湖市首个农村资金互助会——新仓镇创新农村资金互助会宣告成立。该会以新仓镇农合联成员合作社为依托,由农民专业合作社社员及基层供销社、村股份经济合作社、农业龙头企业、家庭农场、种养大户等镇级农合联会员自愿入会,为会员提供互助担保服务。该会首期吸收会员125人(个),其中法人会员14个,吸收入会金150.1万元,并经民政部门登记取得民办非企业单位（法人)资格,将以灵活的经营方式,较低的运行成本,与现有农村金融机构互补,为会员缓解生产经营中资金短缺的问题。

【成立农村青年"两创"人才联谊会】 12月22日,平湖市农村青年创业创新人才联谊会成立大会暨第一次会员大会召开,标志着农村青年创业创新人才联谊会正式成立。联谊会吸引一批农村青年创业创新人才,现有会员41名,经营范围涉及农作物和经济作物种植、水产养殖、农机服务等多个领域。

【成立"涉法涉诉信访律师志愿者队伍"】 9月18日,平湖市召开律师参与涉法涉诉信访工作会议暨平湖市参与信访工作律师志愿者聘任仪式,成立嘉兴市首个"涉法涉诉信访律师志愿者队伍"。涉法涉诉信访律师志愿者队伍由平湖市司法局会同市信访局面向全市律师事务所发起倡议,平湖市司法局联合市信访局出台《关于律师参与信访工作的若干规定(试行)》,经过筛选核定等程序后,最终确定6名律师。在涉法涉诉疑难信访案件及重大疑难信访问题办理中，一些群众不懂法,对信访等部门给出的答复和建议不采信,反复信访,而由律师志愿者作为中立的一方引导群众在法制轨道内依法维权，易于让群众理解和接受，从而减少重复信访，增加信访案件办理的实效性和信访部门的公信力。另一方面,涉法涉诉信访律师志愿者能在第一时间服务涉法涉诉信访,在信访相关部门遇到疑难问题时给出法律建议,提高公务人员的依法行政水平和信访工作效率。

【入选全国"救急难"综合试点地区】 3月12日,民政部、财政部联合下发《关于在全国开展"救急难"综合试点工作的通知》,平湖市成为嘉兴地区唯一入选的县(市)区。"救急难"综合试点单位重点工作是加快完善"救急难"主要制度,着力健全"救急难"工作机制,积极引导社会力量参与,探索搭建"救急难"信息平台，实现政府部门之间、政府部门与慈善组织之间的救助信息互通共享,探索搭建救助资源与救助需求信息对接平台,使救助对象的需求和政府救助资源、慈善救助项目、社会爱心捐赠、群众志愿服务形成无缝对接。在开展"救急难"试点工作方面，平湖市以临时救助为突破口，完善原有的《平湖市困难家庭临时救助办法》，出台《平湖市临时救助办法》，扩大救助范围，调整临时救助标准，增加临时救助资金安排，积极引导社会力量参与“救急难”工作，将社会力量纳入制度框架。“救急难”的作用主要体现在帮助困难群众上，根据《平湖市城乡居民临时救助办法》，一次性发放低保标准的6～12倍，即3500～7000元不等。如果情况特殊，经上级审批通过后，可以发放更高的额度。申请“救急难”基金程序简单，只要申请人向所在居(村)委会提出申请，居(村)委会立刻联系市民政局，若情况属实且需要这笔钱，钱款马上能发放，最快当天就可拿到。

【首家“掌上医院”正式上线】 8月8日，平湖首家“掌上医院”——平湖市中医院“掌上医院”上线。该掌上医院是医院数字化建设的亮点工程，开辟了智慧就医新途径。掌上医院也可以说是手机医院，市民可以利用智能手机轻松方便地实现预约挂号、查看医院动态及专家出诊信息、查看检查检验报告、查询门诊费用清单、对就诊环节进行评价和建议等功能，无须排队等挂号、交费、拿报告等，直接手机操作即可完成。平湖市中医院掌上医院的使用，只要在手机应用中搜索下载“平湖市中医院”，安装注册完成后，在就诊时捆绑医院的就诊卡，就能使用平湖市中医院掌上医院办理所有业务，市民看病变得更简单、更省力、更省时。

【正式启动分级诊疗试点工作】 3月31日起，平湖市作为全省第二批试点县市开始实行分级诊疗双向转诊工作，全面实施“基层首诊、分级诊疗、双向转诊”制度。相关工作启动后，平湖市市级医院、镇(街道)卫生院(社区卫生服务中心)等均为首诊机构。根据《平湖市医疗机构分级诊疗试点工作实施意见》及其实施细则，至2015年底，平湖市基层医卫机构门急诊就诊人次比例、住院人次比例分别超过60%和10%，基本实现“小病在社区，大病进医院，康复回社区”的目标。前期，平湖市多措并举部署相关工作。一是健全助推机制。各公立医疗单位均成立双向转诊领导机构及组织专题培训，并通过电视、报纸、网站、橱窗等广泛宣传分级诊疗政策，完善预约机制和药品供应保障机制。二是强化信息共享。建立覆盖全平湖市的远程医疗服务网络，实现医疗机构、各业务应用系统互联互通和优质医疗的资源共享。三是进行政策微调。通过政策调整，适度拉开基层、平湖市级医院、区域外医院诊疗的报销比例差距，引导群众一般疾病基层首诊，逐步形成有序就医的习惯。

【首创居家养老“123+”模式】 8月起，平湖市针对人口老龄化程度不断加深，空巢老人逐年增加的实际情况，为积极帮助空巢老人解决生活不便、情感孤独、急需照顾等实际困难，在全市范围内推行居家养老“123+”模式，提高老年人晚年生活质量。一是建好一张空巢老人服务网。依托市级居家养老服务指导中心，指导开展全平湖市空巢老人帮扶，8个镇(街道)实现养老服务中心全覆盖，123个村（社区）建立110个居家养老服务照料中心。二是落实两位银龄互助志愿者。共排摸出重点帮扶空巢老年人2100余名，依托老年人协会，广泛招募银龄互助志愿者，签订结对服务协议，就近开展“2对1”银龄互助。年内结对1100余人，累计上门帮助解决生活琐事、排解情感困扰等4000余次。三是整合三支空巢老人服务队。整合居家养老专业服务队、老年义务巡逻队和老年文体活动队2800余人开展集中式日托服务和分散式上门服务，全年惠及空巢老人1.8万余人。四是整合多股公益社会力量。充分发挥《南湖晚报》“小记者”——“情暖孤老、敲门有爱”公益力量，嘉兴市孝慈为老服务中心、平湖市长红公益发展中心等专业社会组织为老服务力量，并依托“智慧养老”服务平台综合服务力量等，为空巢老人帮扶提供有益补充。

【首个民办老年康复护理院开业运行】 1月8日，平湖市绿康老年康复护理院正式开业运行。随着经济社会的发展和医疗保障水平的日益提高,平湖市人均期望寿命已经 80.86 岁,60 岁以上的老年人超过 10 万人,老龄化程度远远高于全国平均水平。为满足社会对老年康复护理服务的迫切需求,扩大服务供给,提高老年人群健康水平,2014 年 4 月初,平湖市根据省政府《关于进一步鼓励和引导社会资本举办医疗机构的实施意见》和《关于促进民营医疗机构加快发展的意见》等文件精神,通过公开招标确定由杭州绿康医院投资管理有限公司充分利用原平湖市第一人民医院医疗用房,投资兴办平湖市首个由民间资本投资的专业老年康复护理院,投资总额 3000 万元,主要服务对象为患病高龄老人,空巢老人,失智、失能的残障老人和临终关怀患者。该院康复护理床位 350 张,并配套建设有运动治疗室、物理因子治疗室等设施。

【胡亚良入选“中国好人榜”】 3 月 31 日,中央文明办在天津市滨海新区举办“中国好人榜”入选名单发布仪式暨全国道德模范与身边好人现场交流活动,全国共有 106 位“身边好人”入选该榜。平湖市新仓镇中华村村民胡亚良被评选为“见义勇为好人”。2015 年 1 月 15 日晚,胡亚良在新庙集镇亚鑫街奋不顾身勇救两名落水女孩后悄然离开,用实际行动传播了社会正能量。截至 2015 年年末,平湖市共有 6 人被评为“中国好人”。

(黄　艳)

海 盐 县

【概况】 海盐县位于浙江省北部杭嘉湖平原,东濒杭州湾,西南与海宁市相邻,北与南湖区、秀洲区接壤,东北与平湖市相连。陆域总面积 508 平方千米(海盐县报 584.96 平方千米),海域面积 487.67 平方千米。海岸线全长 53.48 千米,是浙北海岸线最长的县(市),其中可供建设万吨级以上深水岸线约 10 千米。海盐港区东临上海港、乍浦港,南依宁波、舟山港,其独特的区位优势对发展区域性物流中心十分有利。连接乍嘉苏高速、杭浦高速、杭州湾大桥北岸连接线 3 条高速公路的海盐互通枢纽为亚洲最大交通枢纽。2015 年年底,县城建成区面积 17.2 平方千米。全县辖 5 个镇、4 个街道,有 85 个村民委、44 个社区居民委员会(包括撤村建居的 20 个农村社区居委会)。有 1 个省级经济开发区,2 个国家 AAAA 级风景旅游区。年末,全县户籍人口 37.90 万人,比上年增加 703 人,人口自然增长率 1.42‰。

2015 年,海盐实现生产总值 383.48 亿元,按可比价格计算,比上年增长 12%。第一产业增加值 20.74 亿元,比上年下降 1.5%;第二产业增加值 228.86 亿元,增长 11.9%;第三产业增加值 133.88 亿元,增长 7%。第二产业中工业增加值 217.02 亿元,增长 12.7%。扣除核电工业,县内生产总值 274.71 亿元,增长 3.6%,县内工业增加值 109.67 亿元,增长 6%。核电工业增加值 107.35 亿元,增长 30.9%。三次产业结构由上年的 6∶58.3∶35.7 调整为 5.4∶59.7∶34.9。按户籍人口计算,人均生产总值 101290 元(折合 16263 美元);按常住人口计算,人均生产总值 86676 元。

全年实现农业总产值 31.06 亿元,比上年下降 2.3%,其中农业、林业、农林牧渔服务业分别比上年增长 4.1%、14%和 12%,牧业、渔业分别下降 15.6%和 5%。总播种面积 43784 公顷,增长 1.6%,其中粮食播种面积 31868 公顷,增长 0.4%,产量 20.5 万吨,增长 0.5%。蔬菜种植(含菜用瓜)面积和产量分别为 7665 公顷、27.15 万吨,分别增长 8.9%和 10.7%;水果产量 9.64 万吨,增长 5.6%;油菜种植面积 2089 公顷,下降 2.4%;菜籽产量 5954 吨,增长 3.8%。棉花种植面积 451 公顷,下降 31.4%;产量 564 吨,下降 31.5%。年末全县耕地总资源 26471 公顷,常用耕地面积 26178 公顷,年内减少常用耕地 45 公顷。全县森林面积 7940 公顷,增长 1.8%;当年造林面积 140 公顷,下降 64.1%;森林覆盖率 13.6%。全年生猪出栏 17.83 万头,比上年下降68.3%；生猪存栏7.23万头，下降63.9%。家禽出栏970.9万羽,增长27.8%;存栏221.92万羽，下降16.4%。肉类总产量30043吨，下降37.7%，其中猪肉12035吨，下降65.7%。蚕茧产量1568吨,下降17.9%。水产品产量13738吨,增长0.7%。

全年工业企业实现总产值954.91亿元,比上年增长12.9%，其中核电工业171.69亿元，增长39.7%。全县463个销售收入2000万元规模以上工业企业实现总产值813.93亿元,增长10.5%。其中,县内工业企业实现总产值642.24亿元，增长4.6%。五大新兴行业实现产值367.88亿元,增长8.5%,四大传统产业实现产值238.76亿元，增长0.1%。在规模以上工业中,分经济类型看,国有及国有控股企业工业总产值增长0.1%,集体企业比上年下降3%,股份制企业增长38.2%，外商及港澳台商投资企业增长0.9%,私营企业下降6.3%;分门类看,采矿业下降27.5%,制造业增长4.8%,电力、热力、燃气及水的生产和供应业增长34.9%。规模以上工业企业实现主营业务收入785.69亿元,增长11%;不含核电的县内工业主营业务收入606.51亿元,增长4%。实现利税总额121.72亿元,增长16.1%;实现利润总额78.79亿元,增长19.6%。其中县内工业实现利税总额44.06亿元,增长3.1%;实现利润总额23.13亿元,下降8.6%。县内规模以上工业企业能源消费量146万吨标准煤,增长6.6%;规模以上工业增加值能耗下降13.1%。全社会用电量419121万千瓦时,增长2%。

全年固定资产投资251.66亿元,比上年下降3.6%。其中,县内(扣除核电、兴兴新能源,下同)固定资产投资完成244.58亿元,比上年增长6.1%;核电投资7.08亿元,下降76.8%。县内第一产业投资4.68亿元,增长38.7%;第二产业投资135.2亿元,下降15.4%;第三产业投资111.77亿元,增长14.3%。全年房地产开发投资26.15亿元,下降43%。其中,住宅投资12.03亿元,下降62.8%;办公楼投资0.26亿元,下降75.8%；商业营业用房投资12.13亿元，增长52.5%。全年建筑业增加值11.97亿元，增长4%。完成建筑业总产值38.43亿元，下降27.3%,实现利润4563万元,下降5.1%。

全年实现社会消费品零售总额113.36亿元,比上年增长10%。其中,批发业、零售业、餐饮业、住宿业分别为3.43亿元、87.48亿元、12.53亿元、1.22亿元，分别增长4.2%、7.3%、26.1%、10.9%；城镇和乡村消费品零售额分别增长10%。批零贸易业销售额320.59亿元,增长6.4%,其中限额以上74.88亿元,下降22%。全年住宿餐饮业营业收入18.94亿元，增长16.2%,其中限额以上2.44亿元,增长14.7%。在限额以上企业商品零售额中,食品、饮料、烟酒类零售额比上年下降5.1%,服装、鞋帽、针纺织品类下降9.5%,化妆品类增长2.9%,金银珠宝类下降60.1%,日用品类下降14%,家用电器和音像器材类下降11.2%，中西药品类增长13.2%,文化办公用品类下降1%,家具类下降2.9%,通信器材类下降30.2%,石油及制品类下降18.1%,建筑及装潢材料类下降55.1%,汽车类增长23.9%。

全年货物进出口总额19.79亿美元，比上年下降5.2%。其中,出口15.35亿美元,下降7.5%;进口4.44亿美元,增长3.3%。实际利用外资1.86亿美元,增长70.3%;合同利用外资5.35亿美元,下降3.4%。

交通运输、仓储和邮政业实现增加值10.98亿元,比上年增长4.6%。境内等级公路里程950.2千米,增长0.8%,公路客运量659万人次，比上年下降2.7%；水陆货运量2053万吨，增长2.4%。内河港口货物吞吐量1367万吨，下降14.5%。年末实有公共汽车营运车辆212辆，比上年减少4辆；公共汽车客运总量1735万人次,下降10%。

年末邮电所17处，全年报刊发行量884万份,比上年下降7.4%。邮电业务收入4.14亿元,下降1.4%。年末固定电话用户11.77万户,下降14%;移动电话用户46.81万户,比上年增长1.4%;拥有互联网用户11.86万户,增长6%。

全年接待国内外游客593万人次,比上年

增长18.3%。其中,国内游客592万人次,增长18.2%,境外入境人数10153人次,增长46.1%。旅游总收入53.1亿元,增长18.8%。其中,国内旅游收入52.8亿元,增长19%;旅游外汇收入483万美元,比上年下降9.6%。

全县公共财政总收入59.37亿元,比上年增长9.5%;公共财政预算收入31.63亿元,增长8.2%。其中税收收入28.97亿元,增长13.1%;非税收入2.66亿元,比上年下降26.6%。公共财政预算支出40.03亿元,增长31.6%。

年末全部金融机构本外币各项存款余额471.37亿元,比年初增加24.51亿元,其中人民币各项存款余额463.84亿元,增加21.27亿元。全部金融机构本外币各项贷款余额523.12亿元,增加14.48亿元,其中人民币各项贷款余额491.74亿元,增加20.9亿元。住户存款中本外币268.87亿元,比年初增加16.75亿元,人民币267.12亿元,比年初增加16.14亿元。县内财产、人寿保险公司保费收入82709万元,比上年增长13.9%;赔款支出24622万元,比上年下降3.6%。

全县研究与试验发展经费95719万元,比上年增长6.1%,占地区生产总值比重2.5%。全县地方财政一般预算支出中科技支出19241万元,增长17.8%。全县有高新技术企业47个,比上年增加11个;省科技型中小企业197个,增加27个。专利申请受理量2517件,专利申请授权量2125件,分别比上年增长36.2%、47.6%;专利申请授权量中发明专利87件,增加23件。

全县有小学21所,在校学生23336人,教师1448人;普通中学16所,在校学生16650人,教师1542人。九年义务教育对象入学率100%。初中、高中毕业生的升学率分别为99.2%、72.9%。有职业中学2所,在校学生4897人,教师349人。向普通高校输送新生2093人,输送高职(单考单招)647人。有5447人参加各类学历教育和非学历教育证书的自学考试。

年末全县有文化馆1个,镇(街道)文化站9个,公共图书馆20个,公共图书馆藏书量1050千册,比上年增长12.4%;农家书屋105个,藏书量237千册。博物馆1个,剧场、影剧院4个。广播电台1座,广播节目综合人口覆盖率100%;电视台1座,电视节目综合人口覆盖率100%。

年末全县有体育场馆数12个,比上年增加1个。当年全县体育运动员在市以上体育比赛中获奖牌193.5枚,其中金牌69.5枚。举办县级运动会51次,共有7236人次参加比赛。

年末全县有医院、卫生院(社区卫生服务中心)18所,卫生监督、疾病预防控制中心各1个,妇保院1所。医院、卫生院(社区卫生服务中心)病床数1917张;卫生机构技术人员2624人,比上年增长9.2%,其中执业医生951人,注册护士894人,分别增长17.1%、11.3%。全县农村自来水普及率100%,卫生厕所覆盖率99.9%。

环境污染治理本年度完成投资21211万元,比上年增长18.7%。武原街道环境空气优良天数297天,环境空气质量综合指数4.74;烟尘控制区面积45.3平方千米,高污染燃料焚烧区总面积18.58平方千米,环境噪声达标区总面积8.11平方千米。生活污水集中处理率92.5%,生活垃圾无害化处理率100%。

全县城市基础设施建设完成投资40491万元,比上年下降5.3%。县城建成区面积17.2平方千米,比上年扩大1.2%,建成区人口12.51万人,比上年增长1.4%。年末实有道路面积360.74万平方米,增长3.1%;排水管道长度382.75千米,增长1.4%。建成区绿地面积703公顷,增长1.3%,人均公共绿地面积15.59平方米,增长1.2%。

全年城镇居民人均可支配收入46941元,比上年增长7.6%;农村居民人均可支配收入27360元,增长9%。城、乡居民人均生活消费性支出分别为27567元、19017元,分别增长15.2%、10.3%。城、乡居民家庭恩格尔系数分别为25.2%、26.5%。城镇家庭人均住房建筑面积40.6平方米,农村家庭人均住房建筑面积61.3平方米。

全社会从业人员30.26万人,比上年增长1.3%,其中城镇及规模以上私营企业从业人员12.11万人,比上年减少0.61万人。城镇登记失业率 2.9%，比上年下降 0.02%。新增城镇就业岗位 12148 个，增长 4.4%；安置失业人员 4972 人，下降 2%。

基本养老保险参保人数 20.04 万人，比上年下降 4.8%。基本医疗、失业、工伤、生育保险参保人数分别为 17.8 万人、11.35 万人、16.99 万人、11.98 万人，分别比上年增长 4.1%、4.1%、1%、1.4%。城乡居民医疗保险参保率 100%。全县低保对象 2153 人，比上年增加 35 人。其中，城镇低保对象 283 人，农村 1870 人，共享受最低生活保障补贴 1012 万元，增长 25.5%。全县有社会福利机构 11 个，床位 2859 张，安置 860 人。社区服务设施 649 个，增长 10.9%，社区服务中心覆盖率 100%。

【获评省级扩大有效投资先进县】 1 月 30 日，海盐县在全省扩大有效投资暨重点建设推进大会上获评 2014 年度 “全省扩大有效投资优秀单位”，是嘉兴市唯一连续两年获此殊荣的县(市、区)。近两年，海盐县重点引进和培育一批核电关联、临港工业、装备制造等产业的大项目；2014 年，全县战略性新兴产业投资比上年增长 68.4%，占工业生产性投资比重的 35.3%。激活民间资本，向民间资本开放教育、卫生、养老、能源、交通、水利等 10 多个政府投资领域的重大项目；完成民间投资 138.7 亿元，占全部投资的 65.2%。2015 年，海盐县建立 PPP 项目库，面向社会推介一批示范项目，为扩大有效投资开拓更大空间。

【标准件技术创新服务平台通过验收】 2 月，海盐标准件技术创新服务平台(以下简称“标准件创新平台”）通过浙江省科技厅专家组验收。该标准件创新平台成立于 2010 年，由国家标准件产品质量监督检验中心牵头，浙江工业大学和嘉兴学院等单位共建。建成检测分析、技术培训、标准化、信息等 4 个服务中心，以及表面与热处理工艺研究、装备与模具研究、新产品设计开发等 3 个研发中心；配置 150 余台检测分析仪器，有研发和科技服务人员 65 人。该平台通过研究开发和创新服务，促进原创性技术和产品的开发与生产，吸收国内外先进技术，完善产业链，为海盐乃至全省的行业和企业提供转型升级的技术支撑。

【“平安县”创建“十连冠”】 3 月 31 日，海盐在全省建设平安浙江工作电视电话会议上被省委、省政府授予“平安县”称号，实现“平安县”创建“十连冠”。近年来，海盐县委、县政府着力于视频监控建设与管理，加强涉企隐患预防处置，发挥“五大员”(督导员、管理员、协理员、专管员、信息员)、法律专家队伍等优势，在化解矛盾纠纷、推进安全生产等方面为企业提供指导和帮扶。在县域内推进立体化社会治安防控网络建设，开展“网格化管理，组团式服务”工作。狠抓“五水共治”，以及无违建县、镇、村三级创建活动，并启动“省级餐饮服务食品安全示范县”创建，保障食品安全。

【屋顶光伏发电项目建设】 3 月，位于海盐的浙江协和首信钢业有限公司“屋顶光伏发电项目”建成并投入运行，是嘉兴市并网运行的屋顶光伏发电项目中单体面积最大的一个。该项目开工于 2014 年 10 月，总投资 1.2 亿元。投资方海盐正泰光伏发电有限公司隶属浙江正泰新能源开发有限公司。2014 年 6 月，浙江正泰新能源开发有限公司投资的 “120 兆瓦分布式光伏发电项目”与县开发区签约，由此，海盐开发区被定为 2014 年国家级分布式光伏发电示范区。2015 年，海盐县加快屋顶光伏发电项目建设，建立“屋顶换能”激励和扶持机制，全县建成“屋顶换能”项目 15 个，装机容量超 30 兆瓦。

【南北湖入选省首批最美生态休闲健身点】 4 月，海盐南北湖被浙江省首届生态运动会组委会列入省首批最美生态休闲健身点名单。此次评选，要求参选地必须靠近山、川、海等生态环境优良之地，健身点的各项生态指标包括 PM2.5 值、水质、公共绿地面积、空气含氧量等均有严格标准。海盐南北湖三面环山、一面临海，全年空气优良天数、空气质量指数等均列全省前茅,景区森林覆盖率80%以上,水质为三甲类标准。2015年,海盐加大建设力度,立项建设南北湖休闲绿道50千米,进一步提升景区环境。

【发布全国首份县级绿色发展报告】 5月11日,海盐县政府和浙江省经济信息中心联合发布《海盐绿色发展报告(2013~2014年)》(以下简称《报告》),是全国第一份县级绿色发展报告。该《报告》建立一套包括绿色经济发展、绿色生态环境、绿色建设和消费3个领域共计20个绿色发展指标体系。近年来,海盐县以绿色发展理念为指导,以中欧城镇化伙伴关系为契机,推广绿色能源利用,加快绿色产业发展,持续改善生态环境,先后获批创建国家可再生能源建筑应用示范县、国家级分布式光伏发电示范区、国家园林县城等示范试点。海盐县部分绿色发展指标超过全省平均水平。

【创建基本实现教育现代化县】 5月28日,海盐县被省政府教育督导室、省教育厅列入首批13个基本实现教育现代化县(市、区)名单。近年,海盐县优先发展教育,加大教育投入,提升城乡师资均衡配置水平,全面提高学前、义务、高中等各阶段教育水平。2013年,经国务院督导委员会认定,海盐县成为全国首批义务教育发展基本均衡县(市、区);2014年,元济高级中学、海盐高级中学被省教育厅列入首批32所省一级普通高中特色示范学校名单,是全省唯一拥有2所一级普通高中特色示范学校的县。

【节约集约利用土地做法向全国推广】 6月25日,全国土地质量地质调查服务土地管理现场会在嘉兴市召开。期间,国土资源部中国地质调查局局长钟自然、省国土资源厅厅长陈铁雄、全国各省(区、市)国土资源厅(局)有关负责人等140人到海盐,考察海盐永久基本农田划定与质量建档工程、地质调查服务保障土地整治复垦项目、地质调查服务表土剥离再利用工程。肯定海盐取得的经验,并向全国推广。2013年,海盐县启动“多目标地球化学调查”“土地质量地球化学调查”2个项目;2015年,被列为全省永久基本农田质量建档试点县,启动澉浦镇永久基本农田划定试点。2015年,海盐县通过耕作层“表土剥离”(将建设所占土地约30厘米厚的耕作层剥离用以造地复垦)、编制“杭州湾南北湖生态园开发方案”、开展永久基本农田质量档案试点等举措,探索地球化学调查在土地管理中的应用与示范。

【创建省级特色小镇】 6月5日,海盐核电小镇被省发改委列入首批省级特色小镇创建名单。根据省政府关于特色小镇规划建设指导意见,2015年,核电小镇规划面积约3.9平方千米;拟规划建设“一区两园”(核电工业科技旅游区,核电运行服务产业园、中法共建核能关联产业园)。该小镇有核电关联企业70多个,基本形成核电生产性服务业产业链;除核电关联产业作支撑外,小镇的特色是将工业旅游、休闲农业以及美丽乡村点缀其中,打造环境优美的产业小镇。11月26日,海盐县集成家居时尚小镇(百步镇)被列入第二批省级特色小镇创建名单。11月29日,百步友邦吊顶产业运营总部基地开工建设,该基地拟打造集总部行政大楼、研发设计中心、展示中心、仓储物流中心、制造中心于一体的综合基地。2015年,百步镇在建全国集成吊顶检测中心、浙江省集成吊顶产品质量检验中心,并开展海盐集成吊顶国家地理商标注册工作。

【“凤凰综合区”通过验收】 7月1日,海盐凤凰省级现代农业综合区(简称“凤凰综合区”)通过省农业厅综合区考核验收组验收。凤凰综合区创建于2010年,整体布局为“三区四园”,即水果主导产业示范区、蔬菜主导产业示范区、粮菜轮作区3个示范区,以及水产精品园、畜牧生态养殖精品园、设施瓜菜种植精品园、食用菌精品园4个特色农业精品园。至2015年,整个园区涵盖种苗繁育、技术指导、生态种养、产品加工、产品研发、冷链物流、品牌销售各个环节，完成从源头到餐桌的产业链布局。其中,在综合区实施的农业地质调查成果应用案例被推到全国经验交流平台。

【参展中国国际机器人展览会】 7月8~11日，海盐经济开发区组团参展2015上海国际机器人展览会。在展览会上展示“海盐杭州湾智能装备制造产业基地”，推介智能装备园区的规划、产业定位和发展举措,受到国内外客商广泛关注。该基地总规划面积27万平方米,分两期建设;8月,一期15万平方米建筑工程开工。2015年，县开发区引进基因试剂与自动化设备、南京智能科技有限公司机器人系统集成、上海赛鹭鑫在线理化分析检测仪器等5个项目。

【1个项目通过国家创新基金验收】 7月初，位于海盐的嘉兴多角电线电缆有限公司“可瓷化环保耐火电缆项目”(国家创新基金项目)通过验收。验收工作由嘉兴市科技局受科技部科技型中小企业技术创新基金管理中心和省科技厅委托主持。该项目于2012年立项,2014年完成项目研发;其核心技术“高强度耐火电缆绝缘材料及其制备方法”已取得国家发明专利授权。该公司先后获得国家星火计划项目承担单位、省级科技型中小企业等称号,2008年成为中国核能行业协会首批会员单位,入选秦山核电有限公司合格供应商名录。

【1个项目入选中央预算内投资计划】 7月30日,海盐海利环保纤维有限公司“年产6.5万吨再生聚酯差别化纤维”项目入选省发改委“节能循环经济和资源节约项目2015年中央预算内投资计划名单(第一批)”。“海利环保”公司是由“海利集团”(浙江省工业循环经济示范企业)投资建设的省重点项目,2014年被国家发改委办公厅授予国家第二批资源综合利用“双百工程”(百个资源综合利用示范工程、百家资源综合利用骨干企业)骨干企业称号。该公司是国内唯一利用再生聚酯原料直纺FDY长丝的企业,已获得6项发明专利、21项实用新型专利。

【零碳屋(能源学校)工程并网发电】 7月30日,海盐县零碳屋(能源学校)工程风光互补发电项目并网发电。该项目采用自然采光和通风系统、围护结构,以及保温、地源热泵、热回收系统等13项节能技术，使光伏发电和风力发电最佳结合,实现建筑能耗零排放、水资源利用最大化、室内温度和湿度达到人体最佳舒适度等效果。2015年,该工程通过国家绿色建筑设计标识三星级认证。年内,丹麦松德堡市副市长艾希·尼嘉达在参观该工程时称赞海盐建设高品质绿色建筑,走零碳发展路线。

【列全省工业强县综合评价第九名】 7月30日,海盐获评“浙江省工业强县(市、区)综合评价考评先进单位”(名列第九)。近年来,海盐县实施“415工程”建设,即改造提升紧固件等四大传统产业,加快发展生产性服务业,着力培育发展临港、核电关联、装备制造、节能环保、信息智能五大新支柱产业;并出台一系列指引性政策,优化工业强县发展环境。狠抓有效投入、平台建设、“两化”融合、“四换三名”等工业发展中重点环节,提升工业经济发展水平。

【基层中医药服务工作经验在全省推广】 8月19日,浙江省基层中医药服务能力提升工程现场会在海盐召开,海盐作为全省典型作经验交流发言;与会人员考察县中医院(浙江省立同德医院海盐分院)等3个医疗单位的中医药服务工作开展情况。2013年,海盐县启动实施基层中医药服务能力提升工程，构建中医药发展保障平台、中医药发展服务平台、中医药人才成长平台、中医药技术应用平台，推进中医药事业统筹协调发展;全县12个镇卫生院(街道社区卫生服务中心)均建立中医管理科和中医药服务区,所有社区卫生服务站均设立中医角或中医室。海盐县成功创建“全国基层中医药工作先进单位”。

【西片污水处理工程通过验收】 8月10日,嘉兴市环保局牵头,组织省、市相关专家,对海盐西片污水处理工程环境保护进行专项验收。通过验收。该工程为省重点建设项目工程,投资概算1.54亿元;工程开工于2004年5月,于2013年1月竣工。整个工程施工执行建设项目环境保护“三同时”原则,遵循环评报告和市环保局环评工作要求,铺设DN600~DN650污水管网29.4千米,以及相关附属工程,建设污水提升泵站5座,并纳入嘉兴污水处理厂达标排海。

【光碳核肥生态农业研讨会在海盐举办】 8月22日,“光碳核肥生态农业研讨会暨嘉兴东仑光碳农业科技有限公司成立庆典”在海盐举办。来自北京的专家,以及金华、台州、湖州、杭州等地农技科技人员共120多人与会。活动由嘉兴东仑光碳农业科技有限公司(海盐县企业)主办。“光碳核肥”2013年进入浙江,并在全省各地葡萄、草莓等多种作物上开展试验示范。8月21日,海盐县农科所的“光碳核肥在葡萄生产上的应用与研究”重点科技项目通过省农科院、省农业厅资深专家组验收。“光碳核肥”属国家“十二五”战略性新兴产业规划目录产品,能捕集空气中的二氧化碳,增强光合作用,以提高生物产量。

【全国工程建设行业吊装大会在海盐召开】 8月28日,第六届“全国工程建设行业吊装市场研讨暨技术交流会”在海盐召开。三一重工、中联重科等120余个企业(单位)代表与会。会议表彰2014~2015年度“优秀吊装工程”,并发布年度CC70排行榜。中核机械工程有限公司列“2015·CC70中国起重工程最强企业榜”第一名、“2015·CC70中国起重最强企业榜总榜”第二名。“中核机械”是中国核建集团旗下专业化公司之一,于2014年1月在海盐注册。该公司拥有众多大型吊车机组,曾完成秦山二期及二期扩建、巴基斯坦恰希玛二期、内蒙古风电、张北风电、奥运会鸟巢体育馆等项目大件吊装工程。

【制造“华龙一号”示范工程主管道电渣锭】 8月,位于海盐经济开发区的浙江电渣核材有限公司完成“华龙一号”示范工程福清6号机组核岛主管道成套电渣锭(89吨、85吨、83吨级)生产任务。该公司是国内唯一大型电渣技术专业化企业,以生产核电主管道、堆内构件、主泵叶轮、安全阀阀体等核电大锻件用电渣锭为主。已为广东陆丰1号机组AP1000核电项目主管道、国家重大科技专项示范工程荣成1号机组CAP1400主管道,分别生产出80吨级低碳控氮不锈钢电渣锭、120吨级超低碳控氮不锈钢电渣锭。

【被定为特色湖羊保险省级试点单位】 8月,海盐县被浙江省农村社会保险协调办公室获准,定为开展地方特色湖羊保险省级试点单位,是全省第二个政策性湖羊保险试点地区。湖羊养殖是海盐县传统产业,近年逐渐进入规模化、标准化生产。海盐作为全省农业改革与建设试点县,在扶持和发展湖羊等农业特色产业中,贯彻落实省政府办公厅《关于鼓励开展特色农业保险品种试点工作的通知》精神,建立湖羊保险保障机制。湖羊产业的较快发展将为海盐县农业增效、农民增收,以及打造生态农业与特色旅游业发挥作用。

【获评全国“2015年创建生态文明标杆县”】 9月13日,在北京举行的“2015绿色发展与创建生态文明新标杆表彰仪式暨第二届城市发展与生态平衡”高层论坛上,海盐县获得全国“2015年创建生态文明标杆县”称号(全省2个县)。2014年,海盐被命名为“浙江省美丽乡村创建先进县”。近年来,先后获批创建国家可再生能源建筑应用示范县、国家级分布光伏发电示范区、国家级生态示范区、国家园林县城等示范试点;在再生资源循环利用方面,培育海利循环产业园等一批典型企业。至2015年年底,海盐实现省级以上生态镇全覆盖,建成大小绿道7条,总长25.71千米。

【世界级主题乐园落户海盐】 9月28日,北京山水文园投资集团和美国六旗娱乐集团分别与浙江省政府、嘉兴市政府、海盐县政府签署合作协议。签约仪式前,省委书记、省人大常委会主任夏宝龙会见美国六旗集团全球总裁约翰·奥德姆和北京山水文园集团董事局主席李辙等中外嘉宾;省长李强见证签约仪式。根据协议,美国六旗娱乐集团将在海盐打造六旗主题乐园,北京山水文园投资集团与其合作打造山水六旗国际度假区。该乐园是首个落户亚洲的主题乐园,国际度假区总投资规模将超过300亿元。2016年1月4日,国际度假区项目在海盐启动,相关配套工程之一的海盐东段围涂二期围垦区吹填项目举行开工仪式。

【全省基层治水工作经验交流会在海盐召开】 9月24日,全省基层治水工作经验交流会在海盐召开,会上,海盐作经验交流发言。会议要求全省学习借鉴海盐基层治水工作经验。与会代表参观海盐文溪坞、紫金山村、盐平塘、白洋河湿地公园等地。近年来,海盐县委、县政府推进基层“五水共治”工程,包括县四套班子在内的105名领导干部,到全县105个村(社区)兼任“第一书记”,掌握所在村(社区)每条河第一手资料;强化源头治理,做到专人监管,村村公示水质。2015年,海盐南北湖水质断面成为嘉兴市时隔多年后重新出现的首个2类水断面。

【2个中德合作项目落户海盐】 10月30日,中德双方在安徽合肥签订16个合作项目。其中,海盐县政府与德国伍尔特(中国)投资有限公司签订“物流与商贸中心合作项目”框架协议、与克劳斯玛菲机械(浙江)有限公司签订“增资及三期工厂项目”框架协议。2个项目入驻县开发区欧洲(德国)产业园内,总投资5600万欧元。伍尔特集团计划总投资5000万欧元,于2015年年底启动运营,建成后将成为伍尔特集团在中国的物流和贸易中心。克劳斯玛菲机械(浙江)有限公司拟增资600万欧元,启动三期工厂建设,海盐将成为克劳斯玛菲工业股份有限公司在中国最大的设备生产基地。

【打造中欧产业合作示范基地】 2015年,海盐整合欧洲(德国)工业园、北欧(丹麦)工业园、中法共建核能产业园等三大产业平台,打造中欧产业合作示范区。欧洲(德国)工业园拟建设成集科研设计、装备制造、生产加工、总部经济等功能于一体的工业综合区,已签约引进挪威欧佩亚海洋复合管、日本低温阀门2个项目。北欧(丹麦)工业园主导产业为先进装备制造业、电子电器业、节能环保业等,至年底,该园区投入基础设施1亿元,并引进2个欧洲企业入驻。中法共建核能产业园在建中国核电科技馆,新引进中国核电工程公司海盐调试基地项目、中核二三建设有限公司年产7200吨通用设备项目;至年底,该园区完成基础设施投入6000万元,引进2个核电关联企业。

(周　敏)

海宁市

【概况】 海宁市位于浙江省东北部,杭嘉湖平原南端,东连海盐县,西接杭州市余杭区,南濒钱塘江,北与桐乡市和嘉兴市秀洲区接壤。内陆总面积668平方千米(海宁市报700.5平方千米)。辖4个街道、8个镇,161个行政村、64个社区居委会。有3个省级开发区。年末,总户数18.67万户,户籍总人口67.65万人,其中男性33.17万人、女性34.48万人。全年人口出生率8.28‰,人口死亡率7.11‰,人口自然增长率1.17‰,计划生育率98.27%。

2015年,海宁市实现地区生产总值700.23亿元,比上年增长6.7%。其中第一产业增加值21.79亿元,比上年下降2.5%;第二产业增加值384.29亿元,增长5%;第三产业增加值294.15亿元,增长10.3%。三次产业结构比为3.1∶54.9∶42。按户籍人口计算,全年人均生产总值103718元,增长6.1%,按年均汇率计算为16652美元。实现财政总收入121.12亿元,其中一般公共预算收入69.12亿元,分别增长8.9%和10.1%。城镇居民人均可支配收入48325元,农村居民人均可支配收入28004元,分别增长7.7%和8.6%。

农业经济总体稳定。全年实现农业总产值33.79亿元,比上年下降3.3%。农作物总播种面积4.5万公顷,其中粮食播种面积2.07万公顷,经济作物种植面积2.43万公顷。全年粮食总产量14.76万吨,下降18.2%;蔬菜总产量30.61万吨,下降1.8%;油菜籽总产量1.04万吨,下降9%;蚕茧总产量0.5万吨,下降1.7%。全年生猪饲养量8.8万头,下降73.1%;家禽饲养量1205.25万羽,下降15.8%。肉类总产量2.41万吨,下降38.3%;水产品总产量2.37万吨,下降20.7%。造林面积不断扩大,全年完成造林面积925.7公顷,林木覆盖率27%。农业产业化水平不断提高,有农业龙头企业45个,其中新三板上市农业龙头企业2个。各类专业合作组织获得新发展,有各类专业合作社202个,工商登记的家庭农场388家。高效生态都市型现代农业加快发展,有国家级无公害农产品79个,绿色食品23个,有机食品1个,省级无公害农产品基地87个。农产品品牌建设加速推进,有嘉兴市级以上著名商标36个,名牌产品15个,浙江名牌农产品2个。农业节庆活动发展加快,举办第六届海宁市农博会。全年水利建设总投入7.19亿元。农田有效灌溉面积3.35万公顷,旱涝保收面积3.07万公顷。疏浚河道228.8千米,长效保洁2407.02千米。年末拥有农业机械总动力24.31万千瓦。

工业经济平稳发展。全年完成工业增加值331.2亿元,比上年增长4%。销售收入2000万元规模以上工业总产值1424亿元,增长1.5%,其中轻工业实现产值878.54亿元、重工业实现产值545.46亿元。国有控股企业实现产值51亿元,比上年下降2.1%。全年规模以上工业企业实现新产品产值592.78亿元,产销率94.77%、出口交货值375.12亿元,出口交货值占销售产值的比重为27.8%。主导产业中,规模以上皮革工业实现产值161.59亿元,下降1.8%;规模以上纺织工业实现产值459.26亿元,增长4%。两大主导产业占规模以上工业总量的43.6%。电器机械制造业快速发展,增长25.7%。全年规模以上工业企业实现产品销售收入1347.26亿元、利税122.08亿元、利润66.58亿元。实施“四换三名”工程,完成机器换人等工业技改投资189.4亿元,增长31.9%。美大集团入选省“三名”培育试点企业,晶科能源公司成为首个年产值超百亿元企业。新增国家高新技术企业30个。高新技术产业、战略性新兴产业、装备制造业增加值增速分别为8.2%、10.1%和12.4%,均高于规模以上工业平均水平。开展惠小扶优助强行动,全年新增市场主体1.12万个,“个转企”505个。实施小微企业三年成长计划,推动企业股改上市,新增股份制企业27个,新增新三板挂牌企业9个。

固定资产投资持续增长。开展有效投资大比武专项行动,加快实施一批重大基础设施、重大产业、重大工业技改、重大生态环保项目。全年投资项目1538个,其中当年新开工项目922个,计划总投资376.05亿元;建成投产项目1041个,新增固定资产432.84亿元。规划建设一批特色小镇,皮革时尚小镇完成投资15亿元。全年建筑业实现增加值53.17亿元,比上年增长12.5%。建筑业施工产值215.18亿元,增长0.9%。房屋建筑施工面积1431.45万平方米,比上年下降6.1%。全年完成房地产开发投资58.03亿元,下降36.1%。全年商品房销售面积83.46万平方米,增长53.4%;商品房销售额56.78亿元,增长52.6%。

内外贸融合发展。全年实现社会消费品零售总额338.27亿元,比上年增长11.3%。其中城镇消费品零售额313.09亿元,增长11.3%,拉动整个消费品市场10.4个百分点;乡村消费品零售额25.18亿元,增长11.4%,拉动整个消费品市场0.9个百分点。分行业看:批发和零售贸易业零售额300.01亿元,增长7.3%;住宿餐饮业零售额26.66亿元,增长10.3%。年末,海宁市有各类商品交易市场61个,其中成交额超亿元的市场12个。全年城乡集市贸易成交额312.17亿元。在限额以上批发和零售贸易业零售额中,家具类增长55.2%,石油及制品类增长53.9%,体育、娱乐用品类增长29.1%,针纺织品类增长25.9%，干鲜果品类增长25.6%,金银珠宝类增长21.8%。全年完成自营进出口总额58.56亿美元,比上年下降2.9%,其中出口总额51.55亿美元、进口总额7.01亿美元。新批外商投资企业42个,新批外商投资项目64个。实际利用外资4.45亿美元，实到海宁市外内资151.86亿元,浙商回归到位资金63.41亿元。

交通金融稳健运行。全年,交通设施不断完善,公路(乡道以上)通车里程1419.56千米。货物运输量1708万吨，货物周转量186578万吨千米。客运量2356万人,旅客周转量69840万人千米。邮电业务收入9.18亿元。年末,固定电话用户24.48万户,比上年下降9.2%;移动电话用户115.97万户,增长19%;互联网用户30.31万户,比上年增长28.3%。全年,有银行机构23家,规模保险、证券公司9家。年末,金融机构人民币各项存款余额1109.75亿元,增长6.8%,其中住户存款余额587.67亿元,增长9.8%;人民币各项贷款余额888.48亿元,增长12%。

城乡统筹步伐加快。2015年,城市建城区面积49.24平方千米，海宁市区绿化覆盖率45.8%。实施城市污水管网工程23.68千米,新增供水管20.2千米。实施天然气利用工程,完成管网铺设11.11千米。城区路网更趋完善,海宁市区新建道路12.19千米，面积32万平方米。城建重点建设项目投资额8.01亿元,完成海宁市东部污水管网三期工程、群益路北段、长水塘生态绿道等工程。环西二路主线打通，西山路西延开工，完成27个老旧小区改造提升。推进农村生活污水治理,完善后续运营管理机制,受益农户率71%。海宁市水环境持续改善提升,跨行政区域交接断面水质考核由上年的“良好”提升至“优秀”。主要河道Ⅳ类及以上水质水体占比74.4%,同比提高13.9个百分点,实现以Ⅳ类水为主体的历史性转变。成功创建省“清三河”达标县(市),荣获全省“五水共治”优秀县(市)大禹鼎。持续推进“五气共治”和“三改一拆”工作,开展“三沿两区”违建整治百日攻坚行动，基本完成闵家桥区块拆违、金三角市场群环境整治。加大征迁遗留户攻坚扫尾力度,全年完成“三改”412万平方米,拆除违建236万平方米。调整优化村庄布局,建成14个村级经营性项目，一星级美丽乡村创建率71.7%。长安镇、袁花镇入选嘉兴十强新市镇。成功创建省首批清洁能源示范县(市)和省级环保模范城市。

科技创新不断增强。至2015年底,有国家级高新技术企业109个,其中年内新增国家级高新技术企业24个。全年财政科技投入3.31亿元,比上年增长14.1%。经各级批准鉴定的成果55项,其中获嘉兴市级科技进步奖8项。列为省级新产品952个。申请专利4556件,授权专利3003件。技术市场活跃,经认定登记和网上技术市场签约的技术合同90项，合同金额1.21亿元。海宁市科创中心创建成为国家级孵化器。新增4家省级企业研究院,凯盈新材料有限公司入选嘉兴首个省领军型创业团队。新入选国家、省“千人计划”专家各2人,福布斯人才指数连续三年列全省入选城市首位。

各类教育统筹发展。荣获省首批基本实现教育现代化县(市)称号。浙江大学国际联合学院一期主体完工,浙江机电职业技术学校长安校区开学,组建华师海宁教育集团,建成“一校一品”特色学校15所。海宁市特殊教育中心投入使用。年末，拥有小学29所、普通中学32所、中职类学校4所、幼儿园68所、特殊教育学校1所,普通中学在校学生27328人,初中学龄人口入学率100%；小学在校学生43457人,小学学龄人口入学率100%;职业高中在校学生4486人，技工学校在校学生2589人,普通中专在校学生3200人，特殊教育学校在校学生105人。初中毕业生升入高中段比例达99.5%。学龄前儿童三年净入园率99.33%。高考成绩再创历史新高,参加普通高校升学考试报名3574人,上线3503人,上线率98.01%,录取3424人,录取率95.8%;参加高职单考单招报名409人,录取358人,录取率87.53%。

文化体育持续繁荣。全年,艺术表演场所演出1316场次，艺术表演团体演出1851场次。“美丽大舞台”演出场次67场,开展文化下乡 245 场,全年,电影观众 148.6 万人次。海宁市图书馆新馆开馆,公共图书馆总藏量 151.76 万册(件),比上年增长 38%。举办各类文化展览活动 198 次、讲座 81 次。《海宁年鉴(2015)》《宋云彬文集》、《海宁小志集成》(点校本)公开出版。举办第四届中国·海宁潮国际博览会、第四届徐志摩诗歌节、全国德艺双馨电视艺术工作者表彰大会、中国民间文艺山花奖颁奖活动。《钱塘江大潮》特种邮票在海宁首发。数字档案馆成为全国首个通过国家测试的县级数字档案馆。盐官景区获批省级旅游度假区,举办第二十二届中国国际钱江(海宁)观潮节。南关厢历史街区正式开街,海宁市获"中国灯彩文化产业示范基地"称号。全年实现旅游经济总收入 169.68 亿元,比上年增长 18%。旅游外汇收入(入境过夜)3511 万美元。接待国内外游客 1591.65 万人次。体育设施建设不断推进,新增居民健身苑(点)106 个。创建省体育现代化镇 2 个,省特色体育乡镇 2 个,省城市体育先进社区 3 个。全年在省内外重大体育比赛中,海宁市运动员获国家级金牌 6 枚、省级金牌 55 枚、嘉兴市级金牌 95.5 枚。全年共组织开展全市性体育活动 249 次, 参加比赛运动员 37825 人次。全年举办单项体育赛事 33 项,成功举办 2015 世界斯诺克巡回赛海宁公开赛 1 项国际赛事,2015 全国青少年男子足球 U15 联赛、第 14 届全国速度轮滑(公路)锦标赛、第十八届全国成人游泳锦标赛等 8 项国家级赛事。

医疗卫生条件不断改善。异地新建海宁市中心医院、市第四人民医院、市妇幼保健医院投入使用,区域影像、心电会诊等六大中心实现共享共用,群众市域内就诊率 90.9%,"双下沉、两提升"走在全省前列。年末有医院、卫生院 23 所,医疗床位 4027 张。有卫生技术人员 5354 人,其中执业医师及执业助理医师 1679 人、注册护士 2134 人。海宁市农村自来水普及率 100%,卫生厕所普及率 99.43%。通过国家卫生城市复评。

民生改善和社会建设持续推进。年内,海宁市获全国文明城市提名城市称号,启动全国文明城市创建工作。2015 年城乡居民恩格尔系数均较上年有所下降,分别为 29.3%和 29.43%。年末, 城镇居民人均住房建筑面积 40.82 平方米,农村居民人均生活用房面积 63.73 平方米。启动实施贫困家庭"新希望"五大行动计划,推进精准扶贫。儿童福利体系建设、医养结合养老护理院分别成为国家和省级试点,新儿童福利院投入使用。全年提供就业岗位 10.97 万个,安置城镇失业人员 9981 人,登记失业人数7906 人,城镇登记失业率 2.91%。推进基本养老保险全覆盖, 全年基本养老保险参保人数 34.6 万人,其中企业参保人数 23.9 万人,比上年增加1.7 万人,收缴基本养老保险基金 22.16 亿元。稳步推进城镇职工基本医疗保险制度改革,医疗保险参保人数 31.1 万人, 其中大病统筹 7.3 万人。年末有社会福利事业单位 20 个,床位 5676 张,收养 1760 人。社会救济总人数(包括低保人数)13080 人。年末有最低生活保障对象 4433 人,其中城镇居民和农村居民最低生活保障人数分别为 610 人和3823 人,全年共发放低保金额 2165 万元。老龄事业不断发展,年末共有城乡社区居家养老服务照料中心 222 个,其中年内建成城市社区养老服务中心 5 个、农村社区养老服务中心 29 个,覆盖率均为 100%。拥有社区服务中心 12 个,社区"一站式"服务大厅 225 个,提供服务项目 292 个。创新建立建筑领域工程款和工资款两条线支付制度,依法查处恶意欠薪讨薪犯罪案件 6 起。有效化解信访积案,连续十年被省委、省政府评为平安县(市)。

重点领域改革不断深化。推进重点领域各项改革实施,海宁市列入国家市场采购贸易方式试点、国家县城基础设施投融资体制改革试点、国家循环经济示范城市创建试点,先后有多项国家级、省级改革试点在海宁率先开展。服务业亩产税收评价、跨境电子商务、金融创新、农房抵押贷款、远程异地评标等改革取得进展。完成第三轮亩产效益综合评价,要素交易中心全年完成交易额 89.21 亿元。开展农村"三权" 改革, 新组建农村土地股份合作社 50 个,新增土地流转面积 1333.33 公顷(2 万亩)。实施农村集体经济股权赋权流转和农村宅基地确权登记工作，规范化管理农资“三资”,村(社区)集体资产全部进市、镇(街道)平台交易。深化财税体制改革，海宁市财政局被评为全国财政系统先进集体。加快政府自身改革,深化“四张清单一张网”建设。工业项目能评实行负面清单和承诺备案制，试行排污许可证管理和环评承诺备案,事中事后监管体制不断完善。

【启动创建全国文明城市】 2015年,海宁市全面启动全国文明城市创建工作。2月25日,召开全市三级干部大会暨创建全国文明城市动员大会，对争创全国文明城市进行动员部署，确定创建工作三年行动计划。全年,大力推进环境建设、城市管理、市民素质和氛围营造,总投入约3.95亿元。在2015年度创建测评中,创建成绩列全省第一名。在全国精神文明建设工作表彰暨学雷锋志愿服务大会上,海宁市被中央文明委授予“全国文明城市提名城市(县级)”称号,盐官镇桃园村被评为全国文明村，洁华控股股份有限公司被评为全国文明单位。围绕市民文明素质提升,制订实施“好人365、全民阅读、弯腰一秒、友爱在邻里、点亮微心愿、绿色出行‘一三五’、光盘行动、遵守红绿灯·礼让斑马线、满意在窗口、‘我孝您笑’”十大文明素质提升行动。打造志愿潮城品牌。制订《海宁市志愿服务三年行动计划》，提出“全城志愿、文明海宁”口号。举办海宁市首届“潮公益”志愿文化节,建成“志愿潮城”志愿者注册管理网站,有注册志愿者63280人、特色志愿服务队共66支。开展海宁市第四届道德模范暨最美海宁人评选活动,10人获道德模范称号。开展市区主要路段越门经营整治、市区户外广告治理、城中村(城郊接合部)环境综合整治等工作,完善督查曝光机制,利用各级媒体,依托《今日聚焦》《不文明行为曝光台》等栏目和微博、微信等平台进行曝光,全年曝光94次。

【党政领导科技进步目标责任制考核优秀】 12月8日,海宁市被浙江省委办公厅、浙江省人民政府办公厅授予2014年度市县党政领导科技进步目标责任制考核优秀单位称号。2005年,海宁市被授予浙江省科技强市称号;1999~2012年,连续7次被授予全国科技工作先进县(市)称号;2013年，被认定为浙江省首批创新型试点城市;2014年，通过国家知识产权试点城市考核验收，最新科技进步变化情况综合评价居全省第11位。海宁市将高新技术产业增加值占工业增加值比重、研究与试验经费占国民生产总值比重、每万人口专利申报及授权量、省级企业研究院创建数等指标列入全市重点工作及目标责任制考核内容,推进创业创新基地和企业研发机构建设。2014年在海宁市科创中心注册落户企业30个，培育年销售额超千万元企业9个,认定省科技型企业12个。东华大学浙江创新基地、武汉纺织大学新产品研发中心落户海宁。海宁市企业办科技研发机构累计424家，其中省级高新技术企业研发中心38家，省级企业研究院7家,省级重点实验室1家,实现全市高新技术企业研发中心全覆盖。培育高新技术企业和科技型企业。拥有高新技术企业82个,拥有省科技型中小企业210个。助推企业自主创新，列入国家级项目8个、省级项目838个。科技投入不断加大,2011~2014年,海宁市财政科技投入从1.6亿元增加到2.9亿元，增长81.3%;全社会科技投入由21.2亿元增加到29.5亿元,增长39.2%。2014年研究与试验经费支出17.82亿元,占地区生产总值的比重为2.67%。

【海宁市被命名为省级环保模范城市】 11月13日,海宁市被浙江省环境保护厅命名为省级环保模范城市。2013年,海宁市启动创建省级环保模范城市工作。2014年12月,通过省环保厅组织的创建省级环保模范城市技术评估。2015年10月22日通过考核验收。编制《海宁创建省级环保模范城市规划》，成立创建工作领导小组,列出五大重点工程共47个项目,投入资金68.3亿元。编制《海宁市环境功能区划》,严格环境准入机制。2014~2016年,排定项目38个,投入资金100亿元,全面实施“五水共治”三年行动计划。制订并组织实施《海宁市重金属污染综合防治规划》，累计投入资金3.17亿元，完成涉重企业整治提升27个，关闭涉重企业109个。经过环境整治，规模以上单位工业增加值能耗和单位地区生产总值用水量逐年下降。2014年化学需氧量、氨氮、二氧化硫、氮氧化物排放量均超额完成年度减排考核任务。环境质量持续改善，2014年省跨行政区域河流交接断面评价“良好”，43个海宁市级河道断面水质四类及以上占比60.47%，空气质量优良率72%，城市声环境质量达到《声环境质量标准》规定的控制值。海宁市连续三年获嘉兴市生态市建设工作考核“优秀”。

【海宁建成全国首个县级数字档案馆】 10月22日，海宁市数字档案馆通过国家数字档案馆测试，成为全国首个通过测试的县级数字档案馆。2013年3月，海宁市发改局批复同意海宁市档案局实施数字档案馆建设项目，同时项目列入2013年度政府投资项目计划，项目总投资920万元。制订《海宁市数字档案馆建设项目可行性研究报告》，规划项目分两期建设，三年完成。制订《海宁市数字档案馆发展规划》，将整个数字档案馆建设工作分解为“一个机房”“两套系统”“三张网”：以各类信息化设施设备建成标准化机房为数字档案馆硬件保障基础，以馆藏资源管理系统为智能化信息资源利用服务主抓手，以馆室一体化管理系统(后更名为档案共建共享利用平台)推进海宁市区域内档案共建共享共用，在因特网、政务网、局域网上建成海宁特色数字档案馆。

【2015中国·海宁潮国际博览会】 5月6日，2015中国·海宁潮国际博览会新闻发布会在省人民大会堂举行。5月29日，博览会在海宁市会展中心开幕，全省首个时尚产业展暨高峰论坛作为潮博会的实体展同步举行。该博览会由浙江省人民政府、中国国际贸易促进委员会、中国轻工业联合会、中国纺织工业联合会、中华全国体育总会联合主办，海宁市人民政府承办。时尚产业展暨高峰论坛由中国·海宁潮国际博览会组委会主办，浙江省经济和信息化委员会协办。中国轻工业联合会常务副会长陶小年，中国纺织工业联合会副会长徐文英，中国皮革协会理事长苏超英、中国服装协会常务副会长陈大鹏等出席开幕式，10余个国内外时装设计品牌在开幕式上举行现场秀演。潮博会各项活动贯穿全年，共有项目33个，立项项目18个。潮博会以“时尚海宁，潮闻天下”为主题，时尚产业展暨高峰论坛以“聚集、融合、接轨”为主题，通过展示国内外时尚智能科技、时尚创意用品、时尚服饰、时尚设计，以及对全省时尚产业发展的愿景探析，激活时尚创意发展氛围，以时尚推动传统产业发展。

【第二十二届中国国际钱江(海宁)观潮节】 第二十二届中国国际钱江(海宁)观潮节于9月25日至10月4日在海宁盐官省级旅游度假区举行。观潮节由浙江省旅游局、嘉兴市人民政府主办，海宁市人民政府承办。以“逐梦钱塘，潮城海宁”为主题，主要活动包括：潮梦想——第二十二届钱江(海宁)观潮节开幕式暨“梦想开始的地方”鲁瑾脱口秀音乐季、潮音乐——“青春，我的音乐梦”2015第六届海宁潮音乐节、潮运动——线上旅游推介会、潮集市——“有范”潮市生活、潮印象——央视直播海宁潮、潮文化——祭祀潮神民俗表演。观潮节期间，观潮游客57.82万人次，实现旅游收入5.67亿元。

【2015海宁·中国家用纺织品博览会】 3月6~8日，8月23~30日，分别在许村镇举行春、秋两季海宁·中国家用纺织品博览会。两届博览会均由中国家用纺织品行业协会、中国国际贸易促进委员会纺织行业分会主办，海宁市人民政府承办，许村镇人民政府、中国·海宁潮国际博览会组委会办公室协办。两届家纺博览会以“我们约惠吧”为营销主题。春季博览会展览规模50万平方米，参展企业2800余个，邀约客商10万余人，吸引买家3.8万人，实现成交额10.8亿元。秋季博览会主要包括九项活动：陈设经典人气评选大赛、专业买家招商专员征

集、广告芯竞拍、志愿者招募、大家居领袖人物交流晚宴、2015 海宁·中国家用纺织品(秋季)博览会开幕典礼、中国美术学院纤维展、企业品牌SHOW、未来大师酒店设计大赛,参展企业3020个,吸引买家 4.5 万人,实现成交额 12.8 亿元。

【第二十二届海宁·中国皮革博览会】 第二十二届海宁·中国皮革博览会于 3~10 月举办,7月 1 日举行开幕式。博览会以“设计 +”为主题,由浙江省人民政府、中国国际贸易促进委员会、中国轻工业联合会、中国皮革协会主办,中国国际贸易促进委员会浙江省分会、嘉兴市人民政府、海宁市人民政府承办。主要活动包括九项:2015 海宁中国皮革原料、辅料展,第二十二届海宁·中国皮革博览会暨 2015 海宁中国皮革·裘皮服装展开幕式,“设计 +”·2015 海宁中国皮革·裘皮服装展,“设计 +”·2015 中国皮革时尚周,第十八届“真皮标志杯”中国国际皮革·裘皮服装设计大奖赛,海宁中国皮革城跨境电商平台上线仪式,“设计 +”·中国时尚高峰论坛,韩国时尚中心、济南海宁皮革城、新疆海宁皮革城开业仪式,海宁中国皮革城新城搬迁10 周年系列活动。

【举办第十届中国国际经编设计大赛】 第十届中国国际经编设计大赛暨第六届中国·马桥经编交易会于 5 月 18~20 日在海宁经编产业园区举行。该届经编设计大赛和经编交易会以“美丽经编·相约海宁”为主题,以“经编新常态,孕育中的新一轮创新与变革”为核心,体现“接地、融合、延伸、环保”四大亮点。大赛由中国针织工业协会、海宁市人民政府主办,中国针织工业协会经编分会、海宁经编产业园区管理委员会承办。交易会展位面积 6000 余平方米,参展企业 140 个。参展范围涵盖加弹机、印染助剂、染整设备以及环保设备。来自浙江、江苏、新疆等地区的专业观众和采购商近 2000 人参会。

【第九届中国商品市场峰会在海宁举行】 第九届中国商品市场峰会于 9 月 16 日在海宁举行。峰会由国家工商行政管理总局、浙江省人民政府主办,浙江省工商行政管理局、海宁市人民政府承办。峰会以“新常态、新机遇、新路径——互联网时代商品市场新发展”为主题。国家工商行政管理总局副局长甘霖,浙江省副省长朱从玖,浙江省工商行政管理局局长冯水华,嘉兴市委副书记、市长林健东,海宁市领导林毅、戴锋等出席开幕式。来自省内外的商品市场和网络市场负责人,以及全省各级工商部门负责人,部分行业协会代表等 530 余人参加峰会。峰会围绕互联网时代下商品市场如何发展的议题展开讨论。会上,中国社会科学院发布了 2015 年度“中国商品市场百强”和“网上网下融合市场二十强”榜单。浙江省以义乌中国小商品城、海宁中国皮革城为代表的 40 家专业市场和省外浙商兴办的 7 家市场入围百强;义乌购等 8 家市场入围网上网下融合市场二十强。

【设立海宁盐官省级旅游度假区获批】 3 月20 日,省政府批复同意设立海宁盐官省级旅游度假区。该度假区总规划面积 46.5 平方千米,东至丁桥镇与袁花镇分界线,南至钱塘江,西至周王庙镇与长安镇分界线,北至杭浦高速。空间布局为“一心一廊三片区”,即旅游集散中心,“潮文化”风情休闲长廊,古城文化体验片区、健康养生度假片区、乡村休闲游乐片区。投资总额 91.3 亿元。建设周期 12 年,分近中远三期:2014~2015 年为近期,2016~2020 年为中期,2021~2025 年为远期。

【《钱塘江大潮》特种邮票在海宁首发】 7 月 1日,《钱塘江大潮》特种邮票在海宁首发。中国邮政集团公司浙江省分公司党组书记、总经理陈清,海宁市委书记林毅共同为活动揭幕。《钱塘江大潮》特种邮票是 2015 年中国邮政发行的唯一一套浙江地方题材邮票,共三枚,分别是钱江潮在海宁的三种不同形态:交叉潮、一线潮、回头潮。邮票三枚连印,以国画长卷的形式展现钱塘江大潮的宏伟声势和磅礴气势。在印刷上,采用较少见的胶雕套印工艺,既有胶版印刷颜色鲜亮、色调柔和的特点,又有雕刻版印刷线条精细、表现层次更丰富、艺术性强的特点。全套邮票面值3.9元,由著名浙派画家马飞达用4个月时间设计完成。《钱塘江大潮》邮票从最早的谋划到首发,中间经过20余年的申报。

【市场采购贸易方式试点】 9月25日,商务部、国家发展和改革委员会、财政部等九部委联合批文,同意海宁实施市场采购贸易方式试点。市场采购贸易方式是指由相关部门进行特殊管理的贸易方式,由符合条件的经营者在经国家商务主管部门认定的市场集聚区内采购,单票报关单商品货值15万美元以下(暂定),并在采购地办理出口商品通关手续。有四大特点:一是通得快,海关简化通关流程和手续,一次申报,一次放行;二是便利化,允许个人收结汇,打破"谁出口,谁收汇"政策;三是免税收,实行增值税免税政策;四是专用监管,启用"1039"海关代码统一集中监管。市场采购贸易方式可以使小批量交易活动合法、便捷地办理出口手续,为海宁专业市场及传统优势产品走向国际市场打开便利通道。10月28日,海宁皮革城市场采购贸易试点启动,海宁市领导林毅、戴锋、徐辉等出席启动仪式。

【入选国家县城基础设施投融资改革试点】 6月12日,经国家发展和改革委员会、住房和城乡建设部发文同意,海宁市入选国家深化县城基础设施投融资体制改革试点。国家在项目投资、融资政策等多方面给予倾斜和支持,海宁市获首批支持资金2000万元。近年来,海宁市对基础设施领域投融资模式进行创新和探索,在混合所有制、政府和社会资本合作(PPP)模式推广、发行各类债券和吸引民间资本等方面取得成效。2014年,出台《关于支持和鼓励民间资本进入我市基础设施和社会事业领域工作方案》和《关于支持和鼓励民间资本进入我市基础设施和社会事业领域实施意见》,向社会公布推介36个项目,并在城市安置房、信息化系统、公交首末站场、建筑废弃物资源化利用、河道整治绿化等非经营性项目上进行尝试。2015年,完善制订《海宁市创新投融资机制大力鼓励和引入社会投资工作的实施意见》等文件,推出第一批41个项目引入社会资本,其中杭州至海宁城际铁路项目列入财政部30个PPP示范项目之一。海宁市被省财政厅评为浙江省政府和社会资本合作示范市(县)。

【浙江晶科能源有限公司年产值超百亿元】 2009年6月,浙江晶科能源有限公司成立,为晶科能源集团的子公司。占地面积22公顷,总投资5.85亿美元,职工3000余人。主要生产太阳能光伏电池及组件,具有年产2000兆瓦太阳能电池片和1800兆瓦组件的生产能力。是国家高新技术企业,拥有独立的国际标准的研发大楼和省级研究中心。公司重视科技投入,研发出30余项太阳能晶硅电池及组件,产品形成系列化,国内市场份额排第一,国际市场出货量连续增长。2015年,在"强管理、降成本、增效益"的指导思想下,推进项目建设和转型升级,调整产品与市场营销结构,开展科技创新、管理创新,拓展内外贸市场,发展品牌营销。2015年实现工业总产值102.79亿元,销售收入102.2亿元,利税6.6亿元,成为海宁市首个年产值超百亿元的企业。

【农光互补光伏电站并网发电】 8月13日,海宁市袁花镇长啸村的5兆瓦农光互补光伏电站并网发电。该电站是海宁市首个集中式光伏电站,也是全省首个农光互补大棚项目。该项目棚下种菇、棚顶发电。由村、农户(种植大户)和光伏企业三方共同合作:长啸村流转土地6.67公顷(100亩),投资300万元建设标准菇棚;农户(种植大户)规模种植喜阴植物秀珍菇;晶科电力有限公司投资5000万元,在棚顶搭太阳能光伏板,蓄能发电。该项目每天发电1.6万千瓦时,可供电3000户家庭;每年发电600万千瓦时,并入国家电网获取电费收益,再加上政策补贴,年产值可达700万元。长啸村每年还可增加集体经济收入60万元,土地使用率和整体收益均成倍提高。

【浙江机电职业技术学院长安校区开学】 9月10日，浙江机电职业技术学院长安校区开学。2010年12月，浙江机电职业技术学院与海宁市人民政府在海宁举行扩建项目签约仪式。2012年10月,举行长安校区开工典礼。该校区占地面积40公顷，建筑面积16万平方米,规划在校生规模5000人。建有图书馆、专业化剧场、大学生活动中心、多功能厅、舞蹈房等,室外建有篮球场16个、排球场10个、网球场4个和标准运动场。长安校区设机械工程学院、电气电子工程学院、材料工程学院等教学部门,开设机械制造与自动化、模具设计与制造、数控技术、机电一体化技术、电气自动化技术等专业,其中机械制造与自动化、数控技术、机电一体化技术等专业为国家示范重点建设专业。设国家精品课程7门、省级精品课程25门,有国家教学团队1个、省级教学团队4个、国家教学名师2人、省级教学名师6人、全国技术能手3人。2015年招收新生2609人。

【被授予“中国灯彩文化产业示范基地”】 10月8日,海宁市被中国民间文艺家协会授予“中国灯彩文化产业示范基地”称号。海宁硖石灯彩始于唐,盛于宋,有1200余年历史。硖石灯彩集诗词、书法、绘画、篆刻、金石、刺绣等艺术元素于一体,在全国中小型灯彩中独树一帜,具有代表性。硖石灯会有演灯、顺灯、斗灯等环节,盛况空前。近年来,海宁市先后投入1.8亿元,修复南关厢历史街区，系统考虑灯文化的挖掘利用,开展产业培育和品牌推广。2013年10月,成立海宁江南灯彩艺术街管委会;2014年实施“中国非遗灯彩”推广项目,制订《海宁市中国灯彩文化产业培育与品牌推广方案》。2015年元宵节,江南灯彩艺术街开街,“中国灯彩之窗”8个灯彩专业场馆、工作室同时开放。2015年,开设可供观赏的文化艺术场馆、景点12处,其中“中国之彩之窗”线下平台灯彩场馆5个、灯彩及其他艺术工作室5家;开设民间工艺品、文化创意产品等店铺70家;设置皮影戏演出、老电影放映等常年性活动6项。与16个艺术团体签订合作协议,常年开展艺术展览和推广活动。

【承办全国德艺双馨电视艺术工作者表彰大会】 10月17日，第九届全国德艺双馨电视艺术工作者表彰大会在海宁举行。该届大会由中国电视艺术家协会、嘉兴市人民政府主办,嘉兴市委宣传部、海宁市人民政府承办。中国电视艺术家协会副主席、新闻出版广电总局电视剧管理司司长李京盛主持大会，中国文联党组成员、副主席、书记处书记夏潮出席大会并讲话,中国文联副主席、中国电视艺术家协会主席赵化勇,浙江省委宣传部副部长唐中祥等出席大会。嘉兴市委副书记、市长林健东出席大会并致辞,海宁市领导林毅、戴锋等出席大会。2015年2月,第九届全国德艺双馨电视艺术工作者推选工作启动，经过严格审核和媒体公示,大会授予王屹等45人“全国德艺双馨电视艺术工作者”称号,并进行表彰。中央电视台《新闻联播》主播李修平代表受表彰人员宣读了德艺双馨倡议书。北京电视台文艺中心导演田歌,二炮政治部电视艺术中心副主任、著名演员孙洪涛等分享了他们不畏艰辛、坚守一线、追逐梦想的动人故事。

【第十二届中国民间文艺山花奖在海宁颁奖】 12月1~3日，第十二届中国民间文艺山花奖颁奖活动在海宁举行。活动由中国文学艺术界联合会、中国民间文艺家协会和浙江省文学艺术家联合会主办,浙江省民间文艺家协会和海宁市人民政府承办。中国文联副主席、中国民间文艺家协会主席冯骥才，中国文联党组成员、书记处书记陈建文,浙江省文联党组书记田宇原,嘉兴市文联主席金琴龙,海宁市领导林毅、徐辉等出席颁奖典礼。中国民间文艺山花奖是综合性的全国民间文艺最高奖项,于1999年创办,每两年举办一次。该届颁奖典礼融颁奖和文艺演出于一体，表演民间歌舞、杂技、戏曲、器乐等各类文艺节目。颁发民间艺术表演奖、民间工艺美术作品奖、民俗影像作品奖、民间文学作品奖、民间文艺学术著作奖五大类 64 个奖项。

(邱　洧)

桐乡市

【概况】 桐乡市地处浙北杭嘉湖平原,长江三角洲东南部。东连秀洲区,南邻海宁市,西毗湖州市德清县和杭州市余杭区,西北接湖州市南浔区,北界江苏省苏州市吴江区。东西宽约 36 千米,南北长约 34 千米,总面积 727 平方千米。沪昆高速公路(G60)、申嘉湖高速公路(S12)、练杭高速公路(S13)、320 国道、沪杭铁路客运专线、京杭大运河等水陆交通要道贯穿境内。2015 年,辖 9 个镇、3 个街道、35 个社区、176 个行政村。年末,户籍总人口 68.90 万人(男性 34.03 万人、女性 34.87 万人),比上年增加 2228 人,其中城镇人口 39.55 万人,占总人口的 57.4%;暂住人口 42.05 万人,比上年增长 6.2%。全年出生人口 5802 人,出生率 8.43‰;死亡人口 5027 人,死亡率 7.31‰;自然增长率 1.12‰。

2015 年,实现地区生产总值 652.6 亿元,按可比价计算,增长 8.1%,三次产业结构比为 4.4∶49.9∶45.7,第三产业比重比上年提高 2.6 个百分点。其中:实现第一产业增加值 28.5 亿元,比上年下降 1.3%;第二产业增加值 326 亿元,比上年增长 6%;第三产业增加值 298.1 亿元,增长 11.8%。实现销售收入 2000 万元规模以上工业企业总产值 1373.4 亿元,建筑业总产值 305 亿元。实现财政总收入 100.3 亿元,增长 9.5%;一般公共预算收入 55 亿元,增长 6.3%;年末金融机构本外币存、贷款余额分别为 965.2 亿元和 813.8 亿元,分别增长 8.8%和 9.8%,金融业增加值增速 17%。居民收入稳步增长,城镇居民人均可支配收入 44725 元,农村居民人均可支配收入 27357 元,分别比上年增长 7.9%和 8.6%。

内外需求稳步增长。固定资产投资总额 428.1 亿元,比上年增长 15%,其中工业生产性投入 194 亿元、服务业投资 229.8 亿元,分别比上年增长 11%和 18.7%;195 个桐乡市重大项目完成投资 197.4 亿元,开工率 98.5%;46 个政府投资重大建设项目完成投资 27.5 亿元。桐九公路(桐乡—海宁九里松)建成通车,桐乡市妇幼保健院、桐乡市疾病预防控制中心迁建工程等重大民生项目有序推进。全年合同利用外资 5.1 亿美元,实际利用外资 3.4 亿美元,引进桐乡市外内资 103.4 亿元,实现“浙商回归”到位资金 57.7 亿元。外贸形势持续偏紧,实现出口总值 30.6 亿美元。全年社会消费品零售总额 298.8 亿元,增长 11.2%;网络消费、跨境消费等新兴消费模式快速发展,实现网络零售额 172 亿元;房地产市场逐步回暖,商品房销售面积、销售额分别比上年增长 11.7%和 28.1%。

发展水平加快提升。实施“四换三名”(“四换”即腾笼换鸟、机器换人、空间换地、电商换市,“三名”即培育名企、名品、名家)。淘汰落后产能涉及企业 207 个,腾退低效建设用地 127.55 公顷(1913.2 亩);工业技改投入和设备投入分别占工业生产性投入的比重达 84.3%和 70.5%;完成存量土地挖潜 237.68 公顷(3565.2 亩),农村土地综合整治 214.53 公顷(3217.9 亩);新增上市企业 2 个、股份制改造企业 15 个、嘉兴市“三名”培育试点企业 6 个,实施小微企业三年成长计划,完成“个转企”315 个;桐乡市入选 2015 年两化深度融合国家示范市。服务业现代化加速推进。省服务业集聚示范区综合发展水平保持全省前列,楼宇经济培育扎实推进;智慧旅游快速发展,浙江省政府批复同意设立乌镇—石门省级旅游度假区,桐乡市获“浙江省级休闲农业与乡村旅游示范县(市)”称号,全年接待游客 1765.1 万人次,实现旅游收入 184.4 亿元,分别比上年增长 8.5%和 12.1%。继续推进“两区”(现代农业园区和粮食生产功能区)建设,新增粮食生产功能区 1400 公顷(2.1 万亩)。全年生猪存栏量降至 4.6 万头,政策性农业保险覆盖范围稳步扩大,率先实施生猪保险与无害化处理联动机制。

改革创新深入推进。承办第二届世界互联网大会·乌镇峰会,浙江省政府批复同意设立乌镇互联网创新发展试验区,实施乌镇智慧养老综合服务平台等互联网智慧项目,承办第四届中国创新创业大赛互联网和移动互联网行业总决赛。全年新增各类企业和个体工商户16131户,比上年增长28.2%;新增高新技术企业24个,省级企业研究院7家,专利授权量3257件,其中发明专利授权224件,增长109.3%,实现规模以上工业新产品产值578.7亿元;引进高层次人才613人,新增高技能人才7428人。重点改革稳步推进。中小城市综合改革试点获国家发改委批准,全国旅游综合改革试点深入推进,濮院、乌镇入围省级特色小镇创建名单,桐乡市与开化县共建首个省级山海协作生态旅游文化示范园区。

生态环境显著改善。开展"十剑联动、百日攻坚、千人执法、万众参与"环境整治大会战,通过国家卫生城市复查。迎接第二届世界互联网大会召开,开展"9+4"(9条主要道路,4条高速公路及高速铁路)公路铁路沿线环境整治大联动,完成"三改一拆"面积542.8万平方米,推进生活垃圾分类,餐厨废弃物、零星建筑垃圾统一收集处理。推进"五水共治"。加快水利防灾减灾体系建设,完成"三河"(黑河、臭河、垃圾河)整治441条、工业污水入网企业345个、农村生活污水治理20244户,完成制革、印染、造纸、化工等行业整治,全省跨行政区域交接断面水质考核获优秀评价。开展"五气共治"(治理工业废气、城市扬尘、机动车尾气、餐厨油烟和秸秆焚烧)。整治淘汰燃煤锅炉,淘汰黄标车2447辆,新增绿化造林585.53公顷(8783亩)。健全秸秆焚烧和综合利用长效机制,城市环境空气质量优良天数比例达82%,PM2.5平均浓度比上年下降9.1个百分点。

民生保障全面增强。全年新增城镇就业人员15250人,帮助城镇失业人员实现再就业6742人,城镇登记失业率2.89%。全年新建村(社区)居家养老服务照料中心50个,养老保险、基本医疗保险、失业保险、工伤保险、生育保险参保人数分别比上年净增9975人、6492人、7136人、7712人、7712人。桐乡市入选浙江省首批基本实现教育现代化市,学前教育公共服务体系不断完善,高考一类上线率17.86%,桐乡社区学院被认定为省级社区教育示范区,桐乡技师学院(筹)被列为省级高技能人才公共实训基地建设项目;桐乡市医疗中心成立,促进优质医疗资源下沉、分级诊疗和双向转诊,与浙江大学医学院附属邵逸夫医院建立医疗卫生战略合作,全国首所互联网医院上线运营,单独二孩政策有序推进;文体惠民深入开展,扎实推进公共文化服务示范区创建,全民健身运动广泛开展,桐乡市被命名为"全国武术之乡",推进图书馆迁建工程等文化重点项目。

【第二届世界互联网大会】 12月16~18日,第二届世界互联网大会·乌镇峰会在桐乡市乌镇镇举行。大会以"互联互通·共享共治——构建网络空间命运体"为主题。中共中央总书记、国家主席习近平出席大会并在开幕式上发表主旨演讲,中央政治局常委、中央书记处书记刘云山出席大会并主持开幕式,王沪宁、栗战书、杨洁篪、郭声琨、王钦敏等党和国家领导人参加相关活动,联合国秘书长潘基文向大会发表书面致辞,巴基斯坦总统侯赛因、俄罗斯总理梅德韦杰夫、哈萨克斯坦总理马西莫夫、吉尔吉斯斯坦总理萨里耶夫、塔吉克斯坦总理拉苏尔佐达、乌兹别克斯坦第一副总理阿奇莫夫等多国领导人在开幕式上致辞。夏宝龙、李强、乔传秀、王辉忠、葛慧君、袁家军等省领导,鲁俊、林建东、胡海峰等嘉兴市领导出席大会并参加大会相关论坛。桐乡市委书记卢跃东参加国家网信办主持的大会首次新闻发布会,并作为嘉宾出席大会,参加大会相关论坛;桐乡市市长盛勇军在"数字中国"论坛发言,并主持博览会"乌镇发布"活动。全球120多个国家和地区的政府代表、国际组织负责人、互联网企业领军人物、著名企业家、专家学者等2000多名嘉宾出席大会。全球14个国家和地区的110家主流媒体、730多名新闻记者注册参会。大会期间网上相关报道量近100万篇次,点击量50多亿次。互联网大会设置10场分论坛、22个议题,涉及网络文化传播、互联网创新发展、数字经济合作、互联网技术标准、网络空间治理等热点问题。

【"互联网之光"博览会】 12月15日,第二届世界互联网大会·乌镇峰会"互联网之光"博览会在乌镇开幕。省委书记夏宝龙,国家网信办主任鲁炜,省长李强,科技部副部长阴和俊,工信部副部长陈肇雄,网信办副主任王秀军、任贤良、庄荣文,省委宣传部部长葛慧君,常务副省长袁家军出席开幕仪式。开幕式后,夏宝龙、鲁炜为"中国互联网博物馆"揭牌。12月16日,中共中央总书记、国家主席习近平视察博览会。博览会以"互联网之光"为主题,场馆建筑面积2.1万平方米,设发展理念展示区、"互联网+"主题区、创新展区和专场发布四大板块,展示中国互联网发展取得的成就,对世界互联网发展的贡献,全球互联网的最新技术、产品和应用。博览会以"国际、创新、未来、体验、融合"为定位,来自欧美、亚太、拉美等国家和地区的258个企业参展,展出百度无人驾驶车、中国电信5G技术和工业云平台、诺基亚全景虚拟摄像平台、奇虎360公司全球网络攻击检测技术、SAP工业机器人、小米九号平衡车、阿里巴巴云中沙箱等高新技术。此届博览会由国家互联网信息办公室、科技部、工业和信息化部、浙江省政府共同主办,浙江省互联网信息办公室、浙江省经济和信息化委员会、中国互联网络信息中心、桐乡市政府共同承办。

【设立乌镇互联网创新发展试验区】 8月29日,浙江省政府批复同意设立乌镇互联网创新发展试验区。试验区以桐乡乌镇镇为核心,涵盖若干个特色功能区。试验区抓住世界互联网大会永久落户乌镇的机遇,营造有利于互联网经济发展的体制机制;建设具有国际先进水平的网络基础设施,加强网络安全保障;加快网络信息技术的推广应用,推动互联网与经济社会各领域的融合创新,发展基于互联网的新兴业态;着力增强互联网体验、交流合作、产业集聚、示范应用、人才培养、制度创新等"六位一体"功能,发挥互联网经济创新发展的示范引领作用,成为全省信息经济发展示范区、全国"互联网+"发展的先行区。桐乡市利用乌镇核心区的集聚效应,依托桐乡经济开发区等载体,吸引国内外互联网高端企业、要素和人才汇集,推动基于互联网的"大众创业、万众创新"。至年底,浙大网新"互联网产业园"、挂号网"乌镇互联网医院"、腾讯"互联网+"城市发展、量子通信网络建设及运营等50多个项目签约落户,总投资超100亿元。

【设立乌镇—石门省级旅游度假区】 12月30日,浙江省政府批复同意设立乌镇—石门省级旅游度假区。乌镇—石门省级旅游度假区选址为乌镇镇和石门镇。乌镇镇板块东起南浜斗,西至镇域范围线,北起大运河河道,南至镇南路,西南至申嘉湖高速公路,面积22.5平方千米。石门镇板块东起镇域范围线,西至镇域范围线,北起白马塘村界,南至桂花村村界,面积15.12平方千米。两者之间由长15千米的白马塘河道相连,构成一个整体。整个乌镇—石门旅游度假区项目范围总面积38.29平方千米。度假区以水乡为载体,以"枕水生活"为主题,以古镇旅游生活化作为内涵和主线,以原汁原味的水乡生活为主要内容,以"古镇休闲、康体养生、水乡栖居、乡村度假"为主要功能,以"六区一带"拉开空间骨架,是一个集古镇风情度假、水乡养生度假、运河休闲娱乐、生态养生养老及文化创意等为一体的江南水乡度假旅游目的地。

【第四届中国创新创业大赛互联网行业总决赛】 10月23~27日,第四届中国创新创业大赛互联网和移动互联网行业总决赛在桐乡市科技创业园举行。中国创新创业大赛创办于2012年,是国内最具权威性、最高规格的创业赛事,由科技部、教育部、财政部和全国工商联共同发起,采用“政府引导、公益支持、市场运作”的模式。大赛分新材料、先进制造、生物医药、互联网和移动互联网、新能源及节能环保、文化创意、电子信息7个行业赛。此次桐乡承办的互联网和移动互联网行业总决赛,有来自全国各省市的239个企业和78个团队参加比赛。赛事展现互联网与金融、医疗、农业、物流、运动、着装等各领域的深度融合。大赛邀请100多名互联网精英、国内顶级创投、券商等,担任嘉宾、评委、导师。同时,大赛举办互联网创业论坛、创业大讲堂、创业对对碰、项目路演等活动与互联网创业者互动。经评选,黑龙江吆喝信息科技有限公司获团队组第一名,杭州龙盈互联网金融信息技术有限公司获企业组第一名。科技部火炬中心主任张志宏、省科技厅厅长周国辉等观摩决赛并参加闭幕式。

【启动“智慧养老”试点项目】 6月9日,桐乡市政府出台《关于加快发展养老服务业的实施意见》,在乌镇镇启动智慧养老试点工程,并逐步向桐乡全市范围推广应用。7月,乌镇智慧养老综合服务平台被浙江省科学技术厅列入2015年度省科技惠民项目。9月,桐乡市城乡社区智慧养老平台被民政部确定为首批养老服务和社区服务信息惠民工程试点单位和地区。开展“1+3”新型养老模式(学院式养老+敬老院+颐养园——乌镇居家养老服务中心+村级居家养老中心),建立乌镇智慧养老综合服务平台。8月15日,由乌镇镇政府委托桐乡市椿熙堂老年社会服务发展中心运营管理的乌镇智慧养老综合服务平台试运营。服务平台系中国首个基于长期照料体系的“互联网+养老”服务平台,分为线上和线下两部分。线上平台远程照顾管理老人生活,在老人家中安装智能居家照护设备、远程健康照护设备、SOS呼叫跌倒与报警定位,并利用阿里云服务器、微信、APP等进行远程管理。线下平台提供个性化高端服务,建设功能完善的居家养老服务中心,服务分为7个等级,订制满足老人个性化生活照护需求的服务套餐。至年底,系统录入老人相关信息2010人,提供设备160多台,接到报警及通知700多次。9月30日,乌镇居家养老服务照料中心投入运营,中心位于乌镇镇银杏社区,面积2000平方米,设有健康管理室、图书馆、体能训练室、多媒体教室等。12月11日,乌镇镇政府与中国科学院物联网研究发展中心、椿熙堂老年社会服务发展中心共同签署“物联网+养老”实验基地战略合作协议,联合推进乌镇智慧养老综合服务平台。

【全国首所互联网医院上线运行】 12月7日,桐乡市政府宣布全国首所互联网医院——乌镇互联网医院(wu.gov.cn)上线,推出乌镇互联网医院官方网站和手机客户端,为全国百姓提供以复诊为核心的在线诊疗服务。乌镇互联网医院开启“互联网+”医疗的全新模式探索,医生和医生、医生和患者无须面对面,通过网络视频即可完成诊疗过程,包括开具电子处方和配药。乌镇互联网医院是桐乡市与互联网移动医疗平台微医集团(挂号网)共同合作创建,汇集全国27个省(市)1900所医院,其中,三甲医院接入率达70%,汇聚20万名医生资源,注册用户1.2亿人,累计服务5亿人次。

【被确定为国家中小城市综合改革试点】 3月17日,桐乡市被国家发改委确定为国家中小城市综合改革试点地区,成为嘉兴市唯一入选的县市。桐乡市按照试点工作有关要求,加快推进产城融合、城市治理等重点领域改革,出台实施方案,报国家发改委备案。积极探索推进综合改革试点工作:一是引领经济转型升级,优化投资结构,高要素利用效率,加快实施“一业一网”(旅游业和互联网);二是加快推进新型城镇化,分层培育新市镇,推进“多规合一”试点,建设“智慧城市”;三是公共服务领域提高均等化程度,深化医药卫生体制改革,推进居住证制度改革试点,加大政府投入。

【入选省首批基本实现教育现代化市】 5月28

日,浙江省教育厅公布浙江省首批基本实现教育现代化县(市、区)名单,桐乡市名列其中。2015年,桐乡教育坚持以教育现代化建设为主线,不断改善办学条件,优化师资队伍,强化教育管理,深化教育改革,提升教育品质。全年财政性教育经费预算11.01亿元,比上年增长10.27%。设立桐乡市教育装备与信息中心,新增省标准化学校1所(全市达标率90.74%)、嘉兴市数字校园示范学校5所、嘉兴市数字校园11所、省级示范图书馆2所、嘉兴市示范图书馆6所。开展“校园文化建设年”,实施办学理念引领、制度完善创新等六大行动项目,新命名校园文化特色示范学校10所,实施校园文化建设项目87个。年内,学前三年幼儿入园率99.45%、义务教育入学率100%、在校生巩固率100%、“三残”(智残、体残、肢残)儿童入学率100%、初中升入高中段比例99.56%、十五年(三年学前教育、九年义务教育及三年高中教育)教育普及率99.87%。高考文理科一类上线770人(其中文科198人、理科572人),上线率17.86%。

【被认定为省级休闲农业与乡村旅游示范县】 12月31日,桐乡市被浙江省农业厅、浙江省旅游局认定为2015年浙江省休闲农业与乡村旅游示范县。近年来,桐乡市按照“诗画水乡典范、旅游休闲名城”的总体要求,加快推进旅游业驱动新型农业化,发展休闲观光农业、农家乐、乡村旅游、现代庄园经济等多种旅游业态,农旅互促产业融合发展模式基本形成。至此,桐乡市有市级以上休闲观光农业园13个、农家乐特色村(点)21个,其中全国休闲农业与乡村旅游五星级企业(园区)1个、四星级1个,省级农家乐特色村2个,省级农家乐特色点5个,省级农家乐四星级点2个,省级农家乐四星级经营户1家。桐乡全市有庄园经济建设点42个。同时,推动旅游产业结构优化转型,培育节庆旅游、会展旅游、禅修旅游、城市自驾车旅游等。

【桐乡市被命名为“全国武术之乡”】 8月31日,桐乡市被国家体育总局武术运动管理中心命名为全国武术之乡。桐乡市于2013年启动“全国武术之乡”争创工作,建立桐乡市创建全国武术之乡领导小组。实施文体惠民工程,推广武术运动,在全市范围内建设太极推广示范广场(站、点)工作,建成太极示范广场4个、示范站22个、示范点68个。邀请专业老师到桐乡传授太极拳术,举办各类培训班。实施太极进机关、进乡镇、进新居民区、进村(社区)、进学校、进企业的“六进”活动,桐乡市每天参与体育健身活动人数45万多人次,其中参与武术锻炼活动人数14.8万多人,12个镇(街道)武术协会实现全覆盖,有中国武术协会个人会员1396人。切实加强保护、传承桐乡市优秀武术拳种。洲泉、大麻、乌镇等6个镇组织专业人员,挖掘、整理流传在民间的船拳、高杆船技、大督旗、舞方天戟等传统武术。

【2015年浙江省全国科普日活动在桐乡举行】 9月19日,2015年浙江省全国科普日活动启动仪式在浙江传媒学院桐乡校区举行。科普日活动由浙江省科协、省教育厅、省科技厅、省经信委、浙江传媒学院主办,桐乡市科协、市教育局、市科技局、市经信局、腾讯大浙网、浙江传媒学院管理学院承办。浙江省科协党组书记、副主席李德忠,浙江省教育厅副厅长韩平,浙江传媒学院党委书记彭少健出席启动仪式。科普日活动以“万众创新,拥抱智慧新生活”为主题,现场设智慧生活产品展览,展出bong手环、磁悬浮音响、智能家居、智能车位锁等。启动仪式上,省科协的“科学+”微信矩阵上线,桐乡市科协的“桐乡科普”微信开通。活动结束后,“科学+”特别活动暨创客极客分享会召开,会上元宝铺(互联网金融)、云造(智能电动车)、鸿雁(智能家居、开关)、QQ物联(智能安防)4个项目的负责人畅谈科技创业。科普日活动期间桐乡市科协面向全市公众推出30余项科普活动。

【首届网络传媒安全论坛在乌镇举行】 6月10~11日,首届网络传媒安全论坛在乌镇举行。此次论坛由人民网、浙报传媒集团股份有限公司、桐乡市政府主办,以“传媒安全、健康发展”为主题。主论坛上,公安部网络安全保卫局副局长顾坚以“打击新业态下网络违法犯罪,建设新媒体网络安全联防机制”为题,重点介绍打击新型网络违法犯罪的经验。论坛设置网络安全保护部门平行专题峰会、同行业同产业平行专题峰会两个分论坛。公安部、全国30余个省市80多名网安专家,与传媒界、互联网领域的嘉宾共同探讨互联网时代下网络传媒安全建设领域的焦点话题、前沿理念和发展方向,商议当下网络传媒安全问题。人民网、中央电视台、《浙江日报》等30多家媒体参与报道。

【首届“丰子恺杯”全球华人散文大赛】 11月7日,首届“丰子恺杯”散文大赛颁奖典礼在桐乡市举行。中国作协党组成员、中国作协副主席李敬泽,《人民日报》文艺部副主任李舫,浙江省作协主席麦家,西安《美文》杂志社常务副主编穆涛、西安市文联党组书记李伯钧、桐乡市委书记卢跃东、桐乡市市长盛勇军等担当颁奖嘉宾。首届“丰子恺杯”全球华人散文大赛由桐乡市政府、西安美文杂志社联合主办。自2014年5月始,大赛面向全球征集稿件,体裁为散文,内容不拘,怀古、察今、记人、述事均宜。收到散文类文稿4000余篇,其中收到德国、新加坡、马来西亚等海外作品100余篇。经过初评和复评两轮评选后,由李敬泽、贾平凹、吴义勤、施占军、李舫、彭程、黄亚洲、麦家、穆涛等9名专家组成的评委会对作品进行最终评审,评选出金奖10名、优秀奖10名。10名金奖获得者的获奖作品分别是熊莺的《人散后,一钩新月天如水》,顾彬(德国)的《悲哀中的快乐》,苏沧桑的《执灯人》,尤今(新加坡)的《标点符号里的人生》,余光中(台湾)的《谈文论剑》、李忆莙(马来西亚)的《不光是怀旧》,奚美娟的《庞贝石与诗》,张艳茜的《先生》,白德成的《被时间腐蚀过的魅力》,陈伟宏的《独行》。11月8日,首届全球丰子恺散文奖文学论坛在浙江传媒学院桐乡校区举行。论坛围绕丰子恺散文艺术·当代散文的地方性与全球性、丰子恺精神家园·当代散文的精神性与审美性两个主题展开,“丰子恺杯”散文奖获奖作者代表顾彬、尤今、奚美娟、熊莺等出席论坛。

【举行纪念丰子恺逝世40周年系列活动】 9月15日,纪念丰子恺先生逝世40周年暨丰子恺纪念馆馆藏书画精品展开幕式在桐乡市丰子恺纪念馆举行。中国美术家协会漫画艺术委员会主任徐鹏飞、副主任黎青,省政协文化卫生体育委员会主任钟桂松,丰子恺女儿丰一吟、弘一法师孙女李莉娟等参加纪念会。纪念活动至10月15日结束,期间举办六大书画展,分别是丰子恺纪念馆馆藏书画精品展、弘丰传人——丰一吟、李莉娟书画作品展、文心趣相——第二届子恺画院画师作品展、和谐之韵——吕士民、演一法师水墨趣画展、大师回家——丰子恺《护生画集》作品展、吴蓬《新护生画集》作品展。书画展在丰子恺纪念馆、子恺画院和桐乡市博物馆展出丰子恺纪念馆馆藏书画精品展展出作品34幅,其中丰子恺书画真迹7幅;大师回家——丰子恺《护生画集》作品展展出真迹60幅,这些作品首次在丰子恺家乡展出。

【第三届乌镇戏剧节】 10月15~24日,第三届乌镇戏剧节在西栅景区举行。此届戏剧节荣誉主席著名戏剧家彼得·布鲁克、主席陈向宏、常任主席赖声川、艺术总监孟京辉、总监制黄磊、艺术顾问田沁鑫、总策划丁乃竺、总执行陈瑜。戏剧节主题为“承/Transmittal”,在原有“国际特邀”“青年竞演”“小镇对话”“古镇嘉年华”四个各具特色的单元构成基础上,新增“戏剧小课堂”,邀请托马斯·奥斯特玛雅(德国)、铃木忠志(日本)、赫伯特·弗里茨(德国)、赖声川、沈林、史航授课。法国北方剧院、瑞士苏黎世国家剧院、德国塔利亚剧院、俄罗斯塔甘卡剧院、波兰羊之歌剧团、意大利都灵国家剧院、立陶宛国家剧院以及中国国家话剧院等艺术戏剧团体参加戏剧节,12个国家和地区的20台剧目参演,演出73场。戏剧节的开幕戏为瑞士导演赫伯特·弗里茨的戏剧《物理学家》和李建军导演的戏剧《飞向天空》,闭幕戏是彼得·布鲁克的新作《惊奇山谷》。

【木心美术馆开馆】 11 月 15 日，乌镇木心美术馆举行开馆典礼,正式对外开放,木心的绘画也首次在国内展示。纽约古根海姆现代美术馆亚洲部主任阿丽克珊德拉·梦露，芝加哥大学美术史教授巫鸿,木心读者团队等 400 多位嘉宾参加开馆典仪。木心美术馆位于乌镇西栅景区,建筑坐北朝南,跨越乌镇元宝湖水面,由纽约 OLI 事务所冈本博、林兵设计督造,历时 4 年。美术馆馆长由画家陈丹青担任。美术馆陈列木心画作 100 多件、手稿 50 多份，包括书法、彩墨肖像、中型风景画;旅美初期的人体素描、石版画抽象系列;晚年绘制的微型彩墨风景画等。美术馆设序馆、专馆,序馆以实物展为主,介绍木心生平。1 层~2 层是专馆,分设 5 间,长期陈列木心作品,其中 1~4 号馆陈列木心不同时期的绘画作品,包括其很多手稿;5 号馆为文学专馆，陈列木心各时期大量手稿,并辟有小型影视馆。地下层设有特展馆 2 间,多功能厅 1 间。

【浙江华友钴业股份有限公司公开发行 A 股】 1 月 29 日,浙江华友钴业股份有限公司在上海证券交易所首次公开发行 A 股上市仪式。股票简称“华友钴业”,股票代码 603799,发行价为 4.77 元。此次公开发行股份 9100 万股,全部为新股,不发售老股,总股本 53519 万股。网下初始发行 6370 万股,占发行总量的 70%;网上初始发行 2730 万股,占发行总量的 30%。开盘当日涨幅 44.03%,首次公开发行共募集资金 4.34 亿元。

【中国恒石基业有限公司香港上市】 12 月 21 日,中国恒石基业有限公司在香港联交所主板挂牌上市，股票简称“中国恒石”，股票代码 1197。恒石公司是第一家在香港上市的专业风电基材制造商和供应商,12 月 11 日开始在香港公开招股,发售股份 2.5 亿股,引入中国建材(03323.HK)为基石投资者,认购 1000 万美元。每股最终发售股份定价 2.15 港元,集资净额约 5.375 亿港元,主要用于巩固核心资本基础,以推动业务的持续增长。恒石公司成立于 2000 年,主要从事于风电叶片用玻纤织物的生产与销售,拥有中国浙江和埃及苏伊士 2 个生产基地,产品出口至欧洲、美洲、中东及东南亚等国家和地区。

【神州量子通信公司落户桐乡】 10 月 28 日，浙江神州量子网络科技有限公司的运营公司签约落户桐乡科创园,这是桐乡获批省级乌镇互联网创新发展试验区后引进的首个大项目。神州量子科技公司专注于量子加密技术的研发应用和量子通信网络的建设运营。其在桐乡成立的运营公司一期将投入 1.7 亿元,建设“杭沪量子商用干线”，这是国内首条量子商用干线,建成后实现沪杭区域内的政府、企业、金融机构等通信数据的绝密传输。二期将投入 8 亿元~10 亿元,建成量子通信的全省网络;三期将投入 10 亿元,建立覆盖华东、华南、华中、华北等四区的全国性量子通信网络。

【2015 第七届中国崇福皮草博览会】 11 月 18 日,2015 第七届中国崇福皮草博览会在崇福镇举行。此届博览会以“拥抱互联网,皮草新风尚”为主题,由中国皮革协会、浙江省皮革行业协会、桐乡市政府主办,崇福镇政府、崇福经济区管委会、崇福皮毛协会、中国·崇福国际皮草中心、浙江传媒学院承办。中国皮革协会常务副秘书长聂玉梅、中国皮革协会副理事长、浙江省皮革行业协会理事长李伟娟等出席开幕式。博览会举办 2015 第七届中国·崇福皮草博览会开幕式暨中国·崇福国际皮草中心开业仪式、崇福南区皮毛市场原皮展览展示暨市场开业启动仪式、2015 年崇福小城市投资环境说明会、第六届“崇福杯”裘革皮服装设计大奖赛和“崇福皮草杯”中俄蒙第十二届美丽使者国际大赛中国赛区总决赛等活动。

(谭晓杰)

国家级及省级开发区

综　述

2015年,全市省级以上开发区适应经济发展新常态,开发区建设得到新发展,推动嘉兴市进一步对外开放、经济建设和社会发展等方面发挥主引擎作用。嘉兴出口加工区成功升格嘉兴综合保税区,浙江中德(嘉兴)国际产业合作园等4个省级国际产业园区申报成功,嘉兴智慧产业创新园等11个市级新经济园成功创建,秀洲工业园区获批国家高新技术产业开发区,嘉兴市开发区全方位、多层次、多功能的对外开放平台进一步形成。

2015年,全市开发区建设发展迅速。一是经济总量进一步扩大,质量效益持续增强。全市14个省级以上开发区实现规模以上工业总产值3587亿元,比上年增长1.5%,占全市规模以上工业总产值的47%,规模以上工业增加值667亿元,增长4.7%,占全市规模以上工业增加值的46%,规模以上服务业增加值118亿元,占全市规模以上服务业增加值的47%;完成进出口总额185亿美元,下降11.9%,占全市进出口总额的59%,其中出口118亿美元,占全市出口额的52%。全年各开发区完成财政总收入224亿元,占全市财政总收入的35%;完成税收收入205亿元,增长25.7%,占全市税收收入的32%;规模以上企业利润总额178亿元,占全市规模以上企业利润总额的58%。二是招大引强选优深入推进,投资规模不断扩大。各省级以上开发区应对资源环境新挑战、加快构建对外开放新体制,招大引强选优持续推进,引资质量和规模进一步提高。全年实现固定资产投资1056亿元,比上年增长12.8%,占全市固定资产投资的42%;完成工业生产性投资563亿元,增长9.9%;全市14个省级以上开发区合同利用外资28.18亿美元,实际利用外资18.79亿美元,分别占全市合同利用外资、实际利用外资的58%和70%;引进市外内资274亿元,占全市引进市外内资的89%;全年引进总投资5000万美元以上重大产业项目32个;引进总投资超亿美元生产性项目15个,占全市引进项目的70%;其中总投资超20亿元项目1个,为嘉兴港区的嘉兴石化PTA项目,总投资超50亿元项目1个,为嘉善经济技术开发区的凯嘉电脑配件项目。引进全球行业龙头投资项目3个,占全市引进全球行业龙头投资项目的60%;全市引进的5个世界500强外资投资项目全部落地在开发区内。三是创新驱动进一步深入,产业集聚度不断提高。2015年,各省级以上开发区以创新发展为主线,着力推动自主创新竞争力的提升,以企业为主体、市场为导向、产学研相结合的技术创新体系得到推进完善。全年各开发区内新增高新技术企业67个,区内企业研究与开发投入43.24亿元,全市占比45%;新增省级及以上研发中心、技术中心和企业研究院35家,新增外商投资功能性项目7个,引进国家和省“千人计划”专家36人。至年底,全市各省级以上开发区内十亿产值工业企业数67个,百亿产业集群3个,各开发区的主导产业集聚率最高的超过86%;战略性新兴产业产值占比继续增长，最高的超过85%。

2015年，全市开发区主要工作和特点：一是全面开展“两年”活动。按照市委、市政府工作部署，全市省级以上开发区开展“改革创新推进年”和“国际化水平提升年”活动，市政府印发《关于在嘉兴市省级以上经济开发区开展“改革创新推进年”和“国际化水平提升年”活动方案的通知》，并进行部署和推进，嘉兴市开发区（园区）加快构建对外开放新体制，着力培育区域发展新优势，努力转换经济发展新动力，应对资源环境新挑战，全面提升开发区国际化、智能化、生态化和现代化水平。二是推动平台国际化建设。加快国际产业合作园区创建工作。2015年，嘉兴市着重推进中德、中荷、中日、中法四个国际产业合作园创建并成功获得省政府批复认定。围绕平台建设，出台《关于支持浙江中德（嘉兴）产业合作园建设若干意见》，在境内外举办系列针对德国重点招商推介活动。统筹推进综保区验收及招商引资和平台优化提升，推进综保区验收各项准备工作，对接上海自贸区制度创新，实施自贸区可复制、可推广经验。在嘉兴综保区A区、B区开展多项海关、检验检疫和外汇管理监管创新制度；实施取消境内直接投资项下外汇登记核准等6项改革事项，推广复制全球维修产业检验检疫监管、中转货物产地来源证管理等2项检验检疫监管制度。在嘉兴综保区B区完成对“简化通关作业随附单证”“统一备案清单”“批次进出集中申报”等自贸区海关监管服务制度的复制。加快新经济园建设。按照新产业、新模式、新机制的建设要求，加快在省级以上开发区内建设新经济园。通过评审，嘉兴光伏科创园等11个园区被认定为首批嘉兴市新经济园，在土地等资源要素日益紧缺的形势下，开发区建设发展和土地集约节约利用探寻新路子。实施招大引强选优。明确工作目标任务，强化亩产论英雄工作导向，突出“招大引强选优”，引导各开发区瞄准符合嘉兴市产业导向的世界500强、全球行业龙头企业和创新型外商投资企业开展定向招商。到上海、北京等地开展“小分队、多批次、专业化、主题化”精准招商。全年引进的6个世界500强投资项目，5个落户在开发区；引进总投资超亿美元生产性项目15个，全市占比70%；其中1个总投资超20亿美元项目、1个总投资超50亿元项目都在开发区内。继续推进接轨上海平台合作。推动深化区区联动，推进平台跨区域合作。海盐经济开发区分别与上海宝山工业园区和德国中小企业联合会驻上海办事处签订合作协议；桐乡经济开发区与上海康桥工业园签订合作协议，开展人员交流、分享招商项目信息等；嘉兴港区与闵行国际物流中心签订合作协议，在招商引资、项目推进方面开展合作。

（周　彬）

嘉兴经济技术开发区、嘉兴国际商务区

【概况】 2015年，嘉兴经济技术开发区、嘉兴国际商务区实现生产总值169.7亿元，比上年增长6.2%；固定资产投入完成201.34亿元，增长11.6%；合同利用外资完成5.02亿美元，增长10.6%；实到外资3.67亿美元，增长11.6%；实到市外内资44.62亿元，增长42.7%；财政总收入46.83亿元，增长12.8%，其中区级公共财政预算收入18.21亿元，增长7.1%，全面完成或超额完成各项目标任务。

全力招大引强。年内，把招大引强作为招商引资工作的首要目标，坚持“生存发展靠招商，项目成功靠人为，业绩评价靠数据”的招商理念。严格按照招大引强选优的标准选择项目，以投资强度、注册密度、产出幅度、环境可容度和科技先进度为标准，引进世界财富500强企业、世界品牌500强企业和全球行业龙头企业，海内外区域总部、研发和营销中心，着力引进科技含量高、资本密度高、产业关联度高、投入产出高、投产速度快的项目。成功引进的总投资4.6亿美元的美国荷美尔高端食品项目以及法国莫林调味品、意大利冰淇淋项目成为

嘉兴经济技术开发区高端食品园区的新兴力量,其中荷美尔食品公司,是首个将大中华区域性总部设立在嘉兴的美国上市公司;落户在浙江中德(嘉兴)产业合作园的总投资1.9亿美元的新加坡迪联集团,进行招商机械类项目,与总投资超1亿美元的美国哥伦比亚凯宜国际医院项目和总投资6000万美元的意大利维龙国际电商物流项目成功签约,为区域提升发展增添后劲。

扩大有效投入。2015年,把投资作为稳定增长的重点,增强发展后劲的关键点,推动投入落实到位,做好项目推进落地工作,在项目推进片区制的基础上,开展“三比三看”活动,开展集中开工月、银企对接专场、“百日攻坚”等系列活动,强化项目推进工作。严格落实以40个项目作为重点监测对象进行固定资产投资“分月按季测算”工作,动态体现嘉兴经济技术开发区扩大有效投资工作的进展情况。围绕省市重大项目、公建配套、技改项目、民生项目抓投入,跟进总投资242.4亿元的9个省“411”项目、总投资109.82亿元的7个省重点项目、5个省重大产业项目以及总投资284.47亿元的29个市“三个千亿”工程项目,切实发挥大项目的带动作用。

推进平台建设。2015年,不断优化完善产业、空间、环境等各项规划,着力完善公建配套,构建“一体两翼三引擎”的产业平台新格局。获得省政府两个产业大平台的批复,即浙江中德(嘉兴)产业合作园、马家浜健康食品小镇;开通万国路(320国道—桐乡大道),实现南、北两大重点产业平台的贯通连接。推进“三改一拆”和征地拆迁工作。年内,完成“三改一拆”面积135.21万平方米,其中“三改”面积118.45万平方米,完成年度目标任务的394.8%;拆除违章建筑面积16.76万平方米,完成年度任务的167.6%。推进面上征迁遗留扫尾工作,对影响重大项目落地、城市形象改善的重点遗留户实行专项攻坚,对国际商务区高铁核心区内征迁多年遗留下来的“钉子户”和城北路最大的违建户成功完成“拔钉”。至年末,国际商务区区域内仅有遗留户50多户。

加速转型升级。坚持“在发展中促转变,在转变中谋发展”的理念,通过“存量调提升,增量调结构”的方式,逐步解决经济发展中长期累积的结构性、素质性问题,使经济结构、产业结构在不断调整中更加优化。从三次产业结构来看,三产增加值占地区生产总值的比重比上年提高2.8个百分点,达到49.7%,体现服务业在嘉兴经济技术开发区稳增长上发挥重要的作用,以现代服务业为代表的新兴主导产业集群快速成长。通过强化楼宇的“二次招商”,抓好楼宇经济新的增长点,全区有1000万元税收以上楼宇18幢,其中3000万元税收以上楼宇8幢。从行业内部来看,以传统工业为代表的产业集群出现放缓,新兴产业加快成长。2015年,全区高新技术产业增加值占规模以上工业增加值比重的27.1%,提高3.9个百分点;以装备制造业为核心的战略性新兴产业呈现良好发展态势,占规模以上工业增加值比重的43.8%,领先全市平均水平。

服务企业发展。坚持把服务经济健康发展、保障企业平稳运行作为工作的重点,全区规模以上工业26个行业大类中9个行业实现产值增长,其中食品制造业、电气机械和器材制造业增幅为19%和36.8%。年初,区党工委、管委会组织开展新春走访企业活动,对收集到的30个疑难问题进行有效解决,为企业排忧解困;年内,落实国务院关于税收等优惠政策,开展清理、梳理、上报审批工作,有条件地兑现有关专项资金补助,做好新老政策的衔接工作,稳定企业加快发展;针对外贸进口、出口“双下降”的问题,嘉兴经济技术开发区制定出台《关于促进外贸稳定增长特别鼓励政策》,加大对外贸生产企业和外贸公司的扶持力度,鼓励企业不断扩大出口;年末,对嘉兴智慧产业创新园面临的发展瓶颈问题,研究制定《关于加快嘉兴智慧产业创新园健康发展的指导意见》和相配套的企业发展鼓励政策、人才引进激励政策等。

全面深化改革。2015年,按照“精简、统一、效能”的原则，深化机构改革，科学配置职能机构，理顺权责关系。实施大部制改革，成立社会事业工作部和经济发展工作部，设立发改局、经信商务局、社会事务局、教文体局、卫计局等工作机构，强化工作的统筹协调和条线的管理。同时，与市有关方面对接，新设立环保局、社区矫正大队等机构，理顺工作关系，通过深化机构改革，产生“关系更顺、责任更明、上下对口、协调有力”的新变化。深化“两集中，两到位”的行政审批制度改革，年末，审批中心共办理审批事项2.6万多件，其中即办件量占55.1%，审批事项实际时间比法定时限平均提速93.5%；创新市场准入新模式，办理全市第一个“五证合一、一照一码”的企业设立登记。

强化民生保障。办好教育、文化、就业、社保等民生实事，加快推进基本服务均等化，让群众共享改革发展成果。快速推进北大附属嘉兴实验学校建设，深化与杭师大合作办学，品牌效应进一步提升；引进社会资本，推进嘉兴老年医疗中心、常春藤老年医院、康慈医院心理咨询中心等项目建设，满足群众各类需求；社区经济不断深化，全年全区社区经济收益810万元，支出约621万元，使用率77%；全面推广AAAAA级居家养老服务中心建设，实现全覆盖。

创新社会治理。深化推进创新社会治理、加强基层基础建设，解决老百姓身边的难点问题和矛盾。理顺政法委工作体制，推进街道司法所星级化标准建设，依托巡回法庭提供高效优质的法律服务，化解群众矛盾，全年共办理案件1271件，结案1094件。深化推进“双网融合”、“三治”建设和基层平安建设，强化信访积案化解和新居民服务管理工作。做好乌镇峰会期间保障工作，及时处置中凰名品城合同纠纷、万达和台昇项目工程款纠纷、中润国际合同纠纷等不稳定事件。筑牢安全防线，实现“七个坚决防止”和“三个确保”的目标，守住“本地不出事，不到乌镇惹事”这条红线。在12月30日举行的全市表彰大会上，嘉兴经济技术开发区被评为第二届世界互联网大会·乌镇峰会保障服务工作先进集体。

着力改善环境。推进“五水共治”“五气共治”工作，深化三级河长制治水网络，深入实施片区水系综合治理，加快推进老旧小区阳台立管改造工程，区域内河道水质持续好转，交接断面考核首次获评优秀。加强高速公路、公铁沿线环境整治工作，对乍嘉苏高速马家浜出口沿线道路进行全面整治，全年新增生态绿道3.8千米、综合性公园绿地14.2公顷、街旁绿地13.1公顷、道路绿化8.7公顷，改观城市形象。

【北大附属嘉兴实验学校项目开工】 3月26日，北大附属嘉兴实验学校项目举行开工（奠基）仪式。该项目是集幼儿园、小学、初中、高中于一体的国际化新型学校，占地面积约10公顷，总建筑面积约12万平方米，建成后可容纳近3000名学生就读，计划在2016年9月招生开学。学校将依托北京大学优质教育资源，以高起点定位、高标准建设、高质量管理为基础，致力于建设一所具有北大精神传承，中华传统文化积淀和可持续发展竞争力的国际化精品名校。

【荷美尔嘉兴工厂举行奠基仪式】 4月23日，荷美尔（中国）投资有限公司嘉兴工厂举行奠基仪式。荷美尔来自美国，是财富杂志500强企业，也是北美和全球肉类工业50强企业，是一家致力于为消费者提供高质量的品牌食品和肉类产品的跨国生产商和经销商，产品以高品质、美味、营养、健康和方便在消费者中享有盛誉。荷美尔在嘉兴经济技术开发区投资总部项目、荷美尔高端食品加工项目，总投资4.6亿美元，总用地约11.66公顷（175亩），建成达产后销售额将超过60亿元。

【在年度全省国家级开发区考核中位列第二】 5月，省商务厅发布《2014年度浙江省开发区综合考核评价报告》，嘉兴经济技术开发区在全省二十家国家级开发区中综合考评位列第二。同时，浙江省工业转型升级领导小组办公室会同省经信委、省商务厅、省统计局,对全省62家国家级经济技术开发区和省级经济开发区推进2014年度工业强区(开发区)建设情况进行综合评价,嘉兴经济技术开发区综合评价得分名列全省第二。此外,嘉兴现代服务业集聚区在15个省级产业集聚区综合考评中位列第四。

【举行招商大会暨重大项目签约仪式】 6月18日,以“携手共进、合作共赢”为主题的2015年全区招商大会暨重大项目签约仪式举行,共签约阿里巴巴“菜鸟城”、北大青鸟上海自贸区嘉兴服务中心、维龙电商城际配送中心、致远产业园、浙商回归金融大厦、光弘电子等19个项目,总投资约222亿元。其中正式投资协议项目11个,总投资约182亿元;投资意向书项目8个,总投资约40亿元。

【推进浙江中德(嘉兴)产业合作园规划建设】 8月,浙江省人民政府批复规划建设浙江中德(嘉兴)产业合作园。该园区是浙江省唯一与德国合作的产业平台,规划面积4.04平方千米,重点发展高端装备制造、汽车关键零部件制造、电子信息产品制造等先进制造业。园区各项规划编制全部完成,园区南北主干道——万国路及配套工程全线完工,“两横一纵”路网正加紧推进,园区标准厂房和入驻项目正陆续推进。

【凯宜国际医院项目签约落户】 11月18日,凯宜国际医院项目签约仪式在嘉兴经济技术开发区举行。该项目选址嘉兴国际商务区核心区内,双溪路以南、三环南路以北,占地约5.67公顷,注册资本5000万美元,总投资达1亿美元以上,力争2016年开工建设。凯宜嘉兴国际医院初步定位为“小综合、大专科”,主要特色专科为妇产科、儿科、骨科、心血管科、肿瘤科、微创外科、康复医疗及保健等。医院将建设成为二甲及以上具有国际水准的外资医院,力争通过JCI认证这一“全球医院最高标准”。

(钱佳祎)

嘉善经济技术开发区

【概况】 2015年,嘉善经济技术开发区完成地区生产总值69.62亿元,比上年增长7.5%;实现财政总收入17.85亿元,增长16%,其中地方财政收入7.57亿元,增长14.2%;完成固定资产投资61.37亿元,其中工业生产性投资42.57亿元、三产投资18.8亿元(不含房地产);完成销售收入2000万元以上规模工业产值307.7亿元,增长4.7%,规模以上企业利税15.82亿元,其中利润8.7亿元;合同利用外资3.02亿美元、实际利用外资2.03亿美元,实际利用县外内资26.4亿元;完成进出口总额15.37亿美元,其中出口12.2亿美元。

全年完成外资项目审批86个,内外资项目备案138个。突出上海主攻方向,对接上海高新园区、经济强镇(街道),全天候开展驻点、蹲点、定点招商。与专业平台、中介机构、行业协会合作交流,先后赴德国、荷兰、立陶宛、比利时,拜访有关企业总部及商贸机构,与鲁道夫沙尔平咨询机构、考纳斯自由贸易区建立同盟,与欧盟中国经济文化委员会多次互动交流,加盟“工场网”和“德国中小企业联合会”,紧密联系荷兰驻沪总领事馆、荷兰国家贸易促进中心、荷比卢商会等知名机构,注重以商引商,组织参加“荷兰国王日酒会”“浙洽会”等重大活动。全年累计举办各类招商推介活动277场(次),跟踪各类项目信息200余个。

全面推进工业企业“亩均绩效评价”,实施“百企提升”优化工程和“百企倒逼”腾退工程,80个企业实现提档升级,凯蒂滑动轴承被评为全省2015年度“百企装备优化提升”工程试点示范企业。推进传统木业家具企业实施“互联网+智能制造”战略,索菲亚家居技改项目列入省重点工业“机器换人”项目,新思考电机作为“腾笼换鸟”典型,成为嘉兴市“双推”活动中的现场观摩点,晋亿实业董事长蔡永龙获市第四届“十大工业转型升级风云人物”,众成包装入选市第二批“三名”培育试点企业,获“2015

浙江'智慧园区'示范开发区"称号。助推小微企业成长,4个企业申报省成长型中小企业。全面掌握存量土地、厂房资源,为31个闲置用地企业定制二次开发方案,加大存量资源招商力度,全年节约集约利用各类土地89.6公顷(1344亩),盘活存量厂房21万平方米。

加大与科研高校院所合作,对北大创新研究院嘉善产学研合作中心首批5个创新项目确定专项扶持资金700万元,与上海交通大学机械动力与工程学院工程硕士教育中心缔结友好单位。组织申报国家"千人计划"5名、省级"千人计划"7名和"创新嘉兴精英引领计划"人才7名,引进"国家千人计划""省千人计划"各1名,实现"国千"零突破。诚达药业、华瑞赛晶顺利通过国家级高新技术企业复审,新申报国家级高新技术企业2个,申报省级科技型中小企业6个、市级创新型企业5个、市级技术中心1家。完成专利申报638件,华瑞赛晶成功申报市级专利示范企业。

全年,园区基础建设投入3.1亿元,完善全区控制性详细规划,做好局部功能区块规划完善和重点项目规划调整,推进东区路桥及配套等建设,基本完成东区一期绿化,实施长江路、黄河路、新华路、玉山路等道路改造工程。

【铠嘉电脑配件有限公司落户并开工建设】 8月14日,世界500强、总投资9亿美元项目——铠胜集团嘉善产业基地项目签约落户嘉善经济技术开发区。省台办副主任陈正仁、省商务厅副厅长马洪涛,嘉兴市代市长林健东、副市长盛全生,县委书记许晴等领导共同见证签约。9月23日,铠嘉电脑配件有限公司在开发区举行开工仪式。铠嘉项目从签约到开工奠基仅用38天,创下当年获得信息、洽谈签约、开工建设的重大项目引进效率新高。预计2016年7月正式竣工投产。并成功申报省特别重大产业项目。

【创建浙江中荷(嘉善)产业合作园】 12月,浙江省人民政府办公厅发文公布首批浙江省"国际产业合作园"创建名单,浙江中荷(嘉善)产业合作园成为全省唯一的省级中荷产业合作园。产业园计划于2016年5月19日开园,由荷兰知名设计机构进行总体规划设计,以荷兰产业龙头为引领、以中小企业入驻为带动,注重"荷兰元素、荷兰理念、荷兰技术、荷资比重",引进荷兰的先进技术及管理方法,力争把中荷产业园建设成为工业、三产、文化和谐发展的综合性园区。中荷产业园一期规划建设面积约87.67公顷(1300亩),二期233.33公顷(3500亩)。一期项目包括工业智造区、工业旅游贸易区、荷兰风情文化区等三个版块,全面涵盖了工业、贸易、商品展示、工业旅游、生态休闲等内容,为园区提供全方位的工作、生活和休闲配套环境。省委书记夏宝龙在12月23~24日召开的全省经济工作会议上公开点赞浙江中荷(嘉善)产业合作园。

【三个大项目落户开发区】 11月22日,总投资超10亿元的浙江三杰印刷科技项目在嘉善县政府举行签约仪式,县领导许晴、祁海龙、冯伟、曹国良,县级相关部门主要领导,开发区管委会及招商服务局相关人员参加签约仪式。12月9日,总投资超10亿元的宝湾国际电商物流项目签约落户嘉善经济技术开发区,县委常委、副县长沈康明,县级相关部门领导,开发区管委会及招商服务局、经济发展局相关负责人参加签约仪式。12月19日,全县首个节能环保科技产业园——中节能(嘉善)节能环保科技产业园项目落户开发区,县领导许晴、祁海龙、曹国良、朱学军,开发区管委会及招商服务局相关人员参加签约仪式。

(曹城超)

平湖经济技术开发区

【概况】 2015年,平湖经济技术开发区完成生产总值1009579万元,比上年增长4.9%,占平湖市(不含嘉兴港区和嘉兴电厂,下同)28.1%。工业总产值3554383万元,占平湖市38.4%。173个主营业务收入2000万元以上工业企业实现工业总产值3158430万元、主营业务收入3061665万元、利税总额305933万元(其中利润194299万元,增长3.7%),完成进出口总额255833万美元,其中出口184819万美元,全年实现财政总收入266196万元,其中地方公共财政预算收入98252万元,分别增长26%和18.8%。平湖经济技术开发区(钟埭街道)连续三年蝉联平湖市工作目标绩效考核一等奖。

招商任务超额完成。全年,审批外资项目34个,总投资48008.3万美元。合同利用外资21623.8万美元,完成全年任务的116.26%,占平湖市46.9%;实到外资18572万美元,比上年增长23%,完成全年任务的134.6%,占平湖市52%。浙商回归到位省外资金150346万元,完成全年任务的203%。引进平湖市外内资90164万元,完成全年任务的150.3%。新引进项目中,审批总投资1亿美元以上的外资项目1个;新引进注册资本1000万美元以上外资项目5个,2000万美元以上4个,3000万美元以上3个。投资主体累计已涵盖日本、韩国、美国、德国、法国、意大利等30多个国家和中国台湾地区。

重点项目快速推进。全年,在建项目122个(包括房地产),完成固定资产投资531072万元,比上年增长21.1%。其中工业生产性投资项目80个,完成投资额387007万元,增长16.6%,完成年度目标任务的100.3%;服务业投资完成139615万元(其中房地产投入38621万元),增长39.1%。2015年,列入平湖市重点工业推进项目25个(其中新建项目10个,续建项目15个),共投入201515万元,完成全年任务的140.4%。

资源整合拓展提升。实施“两退两进”,全年完成项目30个,收回面积39.85公顷(597.8亩),完成全年任务33.33公顷(500亩)的119%,其中直接腾退20.17公顷(302.56亩),完成直接腾退10公顷(150亩)任务202%。“四换三名”加速转型,全区技改总投入274576万元,申报机器换人项目46个,完成36个,减少用工2800余人。排查空间换地企业22个,通过拆旧造新、加层改造,新增建筑面积16.38万平方米,折合土地面积16.5公顷(247.5亩)。年底有70多个企业开通电子商务业务,其中包括伊思佳、南六企业等25个规模以上龙头企业。累计培育国家高新技术企业20个,拥有浙江名牌产品9个、嘉兴名牌产品11个、平湖名牌产品11个,嘉兴市长质量奖工业企业1个、平湖市长质量奖工业企业7个。科技人才创新驱动,全年引进硕士以上高层次人才52名(含博士16名),引进国家“千人计划”1名,培育省“千人计划”2名,引进省“千人计划”2名,培育嘉兴领军人才预计7名、平湖领军人才预计2名,成功培育1家省级研发中心、9家市级研发中心。全年完成各类专利申报717件,其中发明类251件,新增1个省级专利示范企业。

平台建设全面优化。全年完成立项工程200个,总投资141605万元。其中5万元以上立项157项,总投资141358万元。完成解放西路(如意路—平湖大道)、永兴路中段(新华北路—老平钟公路)、永兴路西段(兴平一路—平湖大道)等建设工程;完成职工公寓道路桥梁工程、6号桥工程、圆通路圆通桥和沈望桥工程。完成二级管网11.9千米的建设任务。完成新华路高压入地、弱电入地土建工程,以及新群路等5条道路的路灯安装及安保设施工程。完成河道疏浚29千米。完成15村强村项目、西科厂房和花园标准厂房共6.5万平方米;新开工领军人才厂房、钟南村厂房、兴平二路1558号厂房工程共3.8万平方米;波勒厂房、兴平一路1688号厂房、福莱斯乐厂房和54村厂房正在筹建中,建筑面积8万平方米。至2015年年底,区内标准厂房累计已供31个企业入驻。钟埭集镇改造加速推进,钟溪商业城、派出所业务用房及文体中心完成初步设计评审,白马幼儿园开工建设。打造多个特色公园绿地项目,完成绿化建设73万平方米,主要围绕樱花公园、茶花公园、枫叶公园等的建设和新华路两侧以及重要道路的补植，213.33 公顷（3200 亩）中央公园方案正在设计中。

【获评浙江中日(平湖)产业合作园】 8 月 31 日，经省商务厅会同省发改委、省财政厅、省外侨办、商务部驻杭特办以及有关专家的共同审定，平湖经济技术开发区被评为首批“浙江国际产业合作园”——浙江中日（平湖）产业合作园（以下简称合作园）。合作园规划面积 27.5 平方千米，东至上海塘，北至北市河、西至西环线，南至嘉兴塘、福臻路，是平湖经济技术开发区的核心区域。合作园依托临沪区位优势和日资企业集聚基础，按照大力吸引日资产业链企业，加快产业转型升级，推动创新驱动发展，建设新型示范园区的总体规划，将功能区分为产业发展区、生活服务区、生态绿化区和高科技创业服务中心，予以重点支持和建设，规划建立“光机电、生物技术、综合工业、中心商贸区”4 个合作园中园，依托光机电、生物技术产业集聚优势，进一步招大引强，延伸两大产业链，做大产业，做强品牌，扩大影响。全年，合作园规模以上日企实现产值 1502990 万元，利税总额 133941 万元，当年工业土地产出每公顷 11715 万元（每亩 781 万元）。合作园内产值和纳税三十强企业中，日资企业均占半数以上。

【入选嘉兴市新经济园】 11 月，嘉兴市政府公布嘉兴市新经济园名单，平湖经济技术开发区成功入选。该区自 2001 年起，利用外资已连续 14 年进入全省开发区“十强”行列，是省级信息产业特色园区、全省唯一一个经省政府批准的日商投资区、国家（嘉兴）机电元件产业园和国家火炬计划平湖光机电产业基地核心区、省级外商投资新兴产业（光机电、生物技术）示范基地。2013 年正式升格为国家级经济技术开发区。“光机电”及“生物技术（食品）”两大支柱产业发展迅猛，产业创新不断加快。2015 年，68 个规模以上光机电企业实现产值 1853501 万元，利税 169744 万元；7 个规模以上生物技术企业实现产值 329866 万元，利税 56151 万元，已连续三年增长超 15%，两大产业已占据平湖市三大主动力产业（光机电、临港、生物技术）的两席。

【德国福尔波西格林传送系统项目签约落户】 10 月 20 日，平湖经济技术开发区 2015 年最大的德国项目福尔波西格林传送系统项目签约落户，平湖市委书记盛付祥、副市长钱勇彪、市政协副主席、开发区党工委书记周弟明出席签约仪式。项目投资方福尔波西格林集团作为全球地材系统及传送系统领域的行业龙头，集生产、配送中心和专属销售机构遍布世界各地，产品主要应用于食品、汽车、物流、公共建筑及交通运输等领域。该项目的落户，为平湖经济技术开发区带来德国的先进制造技术，弥补开发区在传送系统领域的空白，提升开发区光机电产业层次。项目总投资 5600 万美元，注册资本 2500 万美元，一期用地 6 公顷（90 亩），建造厂房 25000 平方米，项目建成后，产品将出口到亚洲太平洋地区及欧洲等地区。

【韩国托尼魅力化妆品项目签约落户】 11 月 26 日，平湖经济技术开发区建区以来最大的化妆品项目韩国托尼魅力化妆品项目正式签约落户，平湖市委书记盛付祥、副市长钱勇彪、市政协副主席、开发区党工委书记周弟明出席签约仪式。项目的投资方韩国托尼魅力株式会社主要从事研究、开发、生产、加工发用、护肤、美容美饰、香水（化妆水）类化妆品及相关的原材料，销售公司自产产品，上述同类产品的批发、进出口业务，并提供产品的售后服务及相关咨询，容器及包材研究、生产及销售，产品在国内外都拥有较高的人气。项目的落户有助于优化提升开发区生物技术“四品”（食品、药品、化妆品、保健品）项目产业层次，加速产业链的形成。此次签约的项目是韩国托尼魅力株式会社在中国设立的第一个生产基地，总投资 7500 万美元，注册资金 2500 万美元，用地 6.4 公顷（96 亩）。

【建立欧美俱乐部】 6月19日,平湖经济技术开发区欧美俱乐部成立。平湖市委书记盛付祥、市政协副主席、开发区党工委书记周弟明出席并讲话。平湖经济技术开发区欧美俱乐部成员由开发区内的欧美企业家、欧美企业管理人员及其他欧美籍友人组成。德西福格汽车配件(平湖)有限公司总经理李劲宏担任首届俱乐部主席,科世科汽车部件(平湖)有限公司总经理马丁·莫泽尔和斯凯孚驱动系统(平湖)有限公司总经理纪金德担任副主席。平湖经济技术开发区欧美俱乐部,在开发区年初制定的“巩固日韩、开拓欧美、主攻德资”的招商战略下孕育而生,旨在为区内欧美企业搭建起交流的沙龙、政企互动的纽带,助推企业发展,加速欧美企业集群的形成。

【G30企业峰会成立】 10月9日,平湖经济技术开发区G30企业峰会成立。平湖市副市长钱勇彪、市政协副主席、开发区党工委书记周弟明出席仪式。峰会由开发区主导辖区内纳税前30强企业自愿结成非正式团体,旨在为辖区企业搭建起沟通交流的平台,为做强园区产业规模、破解企业发展难题、加强对企业沟通联络提供平台支持。平湖经济技术开发区G30峰会每季度联合举行一次主题活动,组织会员企业轮流开展讲座、论坛、考察等,加强政企、企企之间的交流互动,为企业信息共享、发展提升营造良好氛围。

【泛亚生物医药有限公司获评省科技型企业】 11月16日,浙江泛亚生物医药股份有限公司通过省科技厅的审核认定,被评为浙江省科技型企业。浙江泛亚生物医药股份有限公司是一个以药用虫生真菌研发、生产和销售为主营业务的生物医药企业,企业落户平湖经济技术开发区至今,已累计取得17件发明专利的授权,是国内首个对蝉花虫草进行产业化开发的企业,致力于蝉花虫草系列产品的自主研发,并取得大批拥有自主知识产权的研究成果。此次被认定为省级科技型企业,是泛亚公司本年度继获得平湖市专利示范企业、嘉兴市高新技术研究开发中心、省农业科技型企业后的又一荣誉。企业还先后被认定为国家“虫草研发推广示范基地”“金蝉花产业化示范基地”“虫草科普教育示范基地”“2015年虫草行业领军企业”。

(邹辰玮)

嘉兴港区(乍浦开发区)

【概况】 2015年,嘉兴港区实现生产总值125.98亿元,人均国内生产总值12.42万元,规模以上工业企业实现工业总产值478.43亿元,完成固定资产投资104.46亿元,实际到位外资1.22亿美元。全区财政总收入18.63亿元,其中一般公共预算收入10.97亿元,比上年增长0.09%;引进市外内资13.94亿元,增长2.8%;浙商回归引进资金总额19.77亿元,增长43.8%;规模以上工业企业实现利润总额38.23亿元,增长29.7%,利税总额56.28亿元,增长21.1%;乍浦港口货物吞吐量4533万吨,集装箱106万标准箱。城镇居民可支配收入46470元,增长7.6%;农村居民可支配收入26974元,增长9%。一、二、三产业比例为0.44∶76.02∶23.54,结构进一步优化。2015年,嘉兴综合保税区实现工业总产值5.03亿元,实现进出口额1.46亿美元,进出口货值10.82亿美元,实现物流营收2157万元,实现物流货值5.42亿美元,开展保税物流业务2.03万票,物流货重17.35万吨。港区化工新材料园区连续三年位列全国化工园区20强,嘉兴港区综合物流园区连续获得浙江省级示范物流园区和“2015年度全国优秀物流园区”荣誉称号。成立杭州湾新经济园并投入运行,启动杭州湾新经济园创业创新基地建设。国家级生态工业示范园区有序推进,与中国航天科技集团合作启动智慧化工园区建设。抓好作为全国60个危化品重点县的安全生产攻坚工作,推进全国安全生产示范化工园区创建前期工作。完成上海东方医院与平湖二院资源整合、乍浦小学迁建、4.8万吨生活水厂等民生实事工程。深化行政审批层级一体化改革，实现审批中心正式运作，推进各部门审批事项进驻中心窗口，行政审批效率和服务水平进一步提升。持续推进“五水共治”工作，全面落实“河长制”责任，创新实施企业河长制度，完成20条垃圾河、26条黑臭河整治任务；新增建设污水管网12.7千米，累计95千米；新增污水入网企业110个，累计231个。水环境治理成效明显，水质持续改善，出入境断面考核保持良好等次。“三改一拆”工作成效明显，获评全市2015年度港区“三改一拆”工作目标责任制考核优秀单位，其中“三改”完成75.3万平方米，完成嘉兴市下达年度任务20万平方米的376.5%；拆除违法建筑8.15平方米，完成嘉兴市下达年度任务5万平方米的163%；拆出土地8.15万平方米，其中复垦和拆后改造6.05万平方米，拆后利用系数74.2%。按时全面完成“公铁”沿线环境整治任务。深化“平安港区”创建，开展百日维稳攻坚大会战活动，推进“三治”建设，乍浦镇老街整治初见成效，信访稳定形势整体平稳向好，为互联网大会保障服务，妥善解决一批历史遗留问题。

【乍浦山湾渔村转产转业】 2014年6月，港区出台《嘉兴港区乍浦镇山湾渔民转产转业实施意见》，政府通过出资的形式回收山湾渔村的渔船，鼓励和支持山湾渔民上岸转产转业。2014年12月20日，山湾渔村新建的海鲜自产自销点，转产、转业的渔民开始入市经营。2015年1月，山湾社区530多名渔民人均出资1万元成立“山湾旅游开发股份有限公司”。山湾旅游开发股份有限公司参与开发山湾海鲜市场、山湾停车场等项目。2015年，公司实现总收入113.85万元，利润82.76万元。至年底，公司首次向每位股东分红，股东每股分红1000元，合计53.2万元。

【国家级综合保税区获批】 1月31日，国务院办公厅批复设立嘉兴综合保税区。嘉兴出口加工区A区进入综合保税区发展时期。2015年，出口加工区A区合同利用外资8163万美元，实现进出区货值10.82亿美元，其中物流货值5.42亿美元，完成物流票数2.03万票，物流服务辐射全国数千家企业。综合保税区是国家构建新型开放体系，开放贸易、投资、金融、服务等领域的重要载体，综保区的成功获批，进一步提升园区平台能级，提高区域综合竞争力，促进对外开放，加快出口加工区转型提升发展。

【嘉兴市杭州湾新经济园成立】 3月27日，嘉兴港区嘉兴市杭州湾新经济园揭牌。嘉兴市副市长盛全生、政协副主席邢海华等领导出席仪式。嘉兴市杭州湾新经济园集新产业、新模式、新机制于一体，具有功能性、创新型特点，在省级以上开发区内开发建设新平台。在产业导向上，新经济园以战略性新兴产业、高新技术产业、生产性服务业为主。在发展模式上，以创新土地集约利用方式为突破口，鼓励建设多层产业用房及公共服务用房，使各类资源要素得到合理配置和充分利用。至年底，入住杭州湾新经济园的企业92个，涵盖电子商务、贸易物流、科技研发、智慧物流、检验检测等各种类别。

【中国化工新材料(嘉兴)园区进入20强】 5月21日，中国石油和化学工业联合会化工园区工作委员会发布“2015中国化工园区20强”，中国化工新材料(嘉兴)园区榜上有名，是中国化工新材料(嘉兴)园区自2012年以来连续三年获评。中国化工新材料(嘉兴)园区始终坚持走循环经济、节能减排和生态化之路，大力发展以化工新材料、现代物流等为主导的临港产业。至年底，入区的主要化工企业有30多家，其中世界500强和国内外重点知名企业10多家。

【森马嘉兴物流总部基地项目落户港区】 6月12日，嘉兴港区与上海森马服饰有限公司成功签订投资协议书，森马嘉兴物流总部基地项目落户港区。森马嘉兴物流总部基地项目位于嘉兴港区S101和S202交叉口西北侧，总投资约

10亿元,占地面积约19公顷,规划建筑面积约45.4万平方米。该项目由浙江森马服饰股份有限公司的全资子公司上海森马服饰有限公司投资建设,采用国内外先进的供应链管理经验及仓储物流管理系统,集中建设以仓储配发、电商物流、服务结算为主要业务的高效、智能的现代物流总部,统筹公司线下和线上物流综合管理,着力打造体验经济和互联网经济,促进全产业链生态圈的建立。项目计划2~3年内全部建成投产,预计年产值超过15亿元。

【行政审批一体化改革】 7月10日,港区行政审批服务中心运行。按照嘉兴市审批层级一体化改革要求,结合港区实际,在港区体制、机制、工作流转上探索符合审改要求且操作性强的"一站式"服务新模式,在办事清单职权对接的基础上,实施程序优化和流程再造。12月,工商营业执照、组织机构代码证、税务登记证、社会保险登记证和统计登记证内部整合,市场监管"五证合一"窗口整体入驻中心。行政审批服务中心设置15个对外服务窗口,有10个审批职能部门的130项行政许可审批事项进驻中心窗口受理,集行政审批、便民服务、公共资源交易"三位一体",努力为入区企业和群众提供优质服务。

【嘉兴石化二期项目签约】 7月28日,嘉兴石化二期项目签约仪式在港区举行,港区党工委书记王马青、管委会主任石云良,桐昆集团股份有限公司董事长陈士良、总裁许金祥等出席签约仪式。嘉兴石化二期项目是由桐昆集团股份有限公司投资建设,项目总投资约30亿元,建设年产120万吨精对苯二甲酸项目,项目建设周期28个月。二期项目投产后,预计可实现年营业收入超百亿元,对于嘉兴港区打造千亿产业带、百亿企业群的临港集聚产业具有十分重要的推动作用。

【汤山公园新建文化长廊】 7月底,汤山公园文化长廊景观道路完工并投入使用。该工程总投资约30万元,建成后的文化长廊全长48米,建有凉亭、花架、长椅等景观设施,周边附有绿化。文化长廊是汤山公园的一项配套工程,以富含古韵的中式仿古风格呈现在广大市民面前,并计划将古玩市场集中安置到文化长廊之中,改善便民服务条件,为市民们新添一个集休闲、康体、娱乐、交流为一体的好去处。

【高标准农田建设项目申报国家级项目】 8月5日,嘉兴市农综办下达市本级2015年第三批国家农业综合开发土地治理项目实施计划,港区亭子桥高标准农田建设项目获得省农综办批准。该项目土地治理面积633.33公顷,投资总额1710万元,资金由中央、省、市和港区四级配套组成,整个工程包含水利、农业、林业、田间道路等各类配套设施建设。项目建成后,将改善港区农业生产条件及生态环境,扩大灌溉面积和除涝面积,年节约水量67万立方米,新增优质农产品生产能力25万公斤。

【获2015年度全国优秀物流园区称号】 8月,嘉兴港区综合物流园区获得中国物流与采购联合会表彰的"2015年度全国优秀物流园区"称号,是港区综合物流园区首次获得此项荣誉。嘉兴港区综合物流园区规划面积达10平方千米,园区依托乍浦港、化工新材料园区、大宗商品交易市场的发展,发展集装箱中转、货物配送、保税物流等业务,打造港口、工业、市场的物流支撑,取得跨越式发展,2015年,嘉兴港区综合物流园区获得浙江省物流示范园区、嘉兴市第二批现代服务业集聚区称号。

【4.8万吨生活水厂竣工验收】 9月14日,港区4.8万吨生活水厂项目竣工验收。港区4.8万吨/日生活水厂工程位于亭子桥村、二期工业水厂西北侧预留用地,建设用地约2.19公顷,项目投资概算8561万元,2013年12月31日开工。作为港区的重点项目、民生工程,4.8万吨/日生活水厂原水取自太浦河,采用生物预处理–臭氧活性炭先进工艺流程,4.8万吨/日

生活水厂的投产将为港区提供更加坚实的供水安全保障。

【启动智慧化工园区试点工作】 9月9日，在工业、信息化部原材料工业司、中国石油和化学工业联合会共同举办的“智慧化工园区工作”启动会上，嘉兴港区与航天恒星科技有限公司(503所)就嘉兴港区智慧园区、地下管网系统、危化品安全运输监控系统、应急指挥联动系统、科技成果转化和产业化等方面达成共识并签订战略合作协议。嘉兴港区智慧化工园区拟投资3.8亿元，力争尽快基本建成四大智慧管理系统，3年内完成智慧港口、智慧物流等配套设施建设，5年内全面实现智慧园区各体系的提升与完善，实现园区生产智能化、管理智慧化的总体目标。

【乍浦小学迁建工程投入使用】 10月8日，乍浦小学新校区投入使用。该工程于2013年11月18日开工建设，2015年8月全面完工。新校址坐落于乍浦塘东侧、中山路与建港路交汇处。新校区占地面积35633.75平方米(约3.57公顷)，规划总建筑面积19586.24平方米，设计规模36个教学班，可招收1400多名学生。新学校建造行政楼、两幢教学楼和科技楼、体艺馆、图书馆、报告厅等单体建筑，建有师生食堂、300米田径场及看台、四块标准篮球场和两块标准排球场等附属设施。新学校的基础设施和硬件装备达到嘉兴市领先地位。突出学校“绿色·科技”的发展理念，新学校建设中植入雨水收集系统、新能源路灯系统、直饮水系统、电子书包系统和智能控制系统等建设，提升学校的办学品位。

【希尔顿欢朋酒店落户嘉兴港区】 11月7日，希尔顿欢朋酒店签约仪式暨开盘庆典在九龙山度假区西大门口举行，浙江山鑫置业开发公司总经理林余根和希尔顿欢朋中国发展副总裁陈君代表双方签约。希尔顿酒店，凭借以“微笑服务”为核心的经营理念，立于世界酒店之林近百年之久，旗下拥有康拉德、斯堪的克等十大品牌。嘉兴港区致力于打造滨海新城，以滨海新区开发建设为重点，大力发展以临港工业、港口物流业和滨海旅游业等为代表的临港型产业，希尔顿欢朋酒店的入住，将成为引领嘉兴港区经济发展的新引擎，为嘉兴港区的发展注入新的动力。

【嘉兴港区办公大楼搬迁】 12月29日，嘉兴港区举行新办公大楼搬迁仪式。港区党工委书记王马青、管委会主任石云良等出席仪式。仪式上，港区党工委书记王马青、管委会主任石云良为新大楼揭牌，并带领全体干部职工宣誓。全体人员参加升旗仪式。

（刘　耀）

浙江嘉兴工业园区

【概况】 2015年，浙江嘉兴工业园区实现全社会固定资产投资43.55亿元，公共财政预算收入14.27亿元。工业经济运行平稳，销售收入2000万元规模以上工业实现产值206.3亿元，规模以上工业利税13亿元。服务业加快发展，总部商务花园全年税收1.7亿元。

招商选资强势推进。全年引进区外内资7.2亿元，完成目标的103%，其中，市外注册内资7.2亿元，完成年度目标的206%，市外内资到位7.2亿元，完成年度目标的144%。合同利用外资10423万美元，完成目标的104.2%；实到外资7050万美元，完成目标的100.7%；引进浙商回归资金5.4亿元，完成年度目标的100%。引进注册1亿元的吉祥高科技建筑材料、注册6000万元的畅通物流、万寿堂医药批发、康久医疗投资管理等项目。

项目推进步伐加快。全年完成固定资产投资43.55亿元，其中工业投入26.6亿元，服务业投资14.9亿元。累计新批项目4个，在建项目13个，其中荣泰新材料、中通吉物流、明伟实业、普利特新材料和格兰德机械项目正式投产。全年实现机器换人项目27个;淘汰落后产能涉及企业32个，其中省市任务涉及企业5个;腾退低效用地21.87公顷(328亩),利用闲置厂房2.2万平方米。为企业争取上级各类扶持资金近2000万元。创新驱动能力进一步增强,研究与发展经费4.46亿元,申报国家高新技术企业3个,全部入围。

城乡建设基础设施不断完善。全年,平台建设重大投资项目完成投入3.3亿元。四坝港、阔家桥港河道改造工程完工。西区亚欧路、亚美路路面大中修工程竣工。亚澳路南段路面大中修工程接近完成。紫宇路道路大中修工程开工建设，焦山变电力配套工程完成项目招标。余步公路路面大中修工程完成招投标。推进农户集聚与安置,累计集聚安置农户111户。安置房建设加快推进,水马南苑安置房项目接近竣工;中和苑一、二、三期项目处于竣工预验收阶段;南祥苑小区配电工程(夏霖线双回路)接近完工。稳步推进农民建房审批及管理,严控规划点外建房,同时及时发现并制止违法用地现象发生。全年完成土地综合整治17.33公顷(260亩)、土地开发7.13公顷(107亩)。

生态环境整治全力推进。全面抓好“三改一拆”及“一户多宅”清理工作,共拆除违章建筑539处,拆除面积约43.1万平方米,完成年度任务的123.1%。拆除“一户多宅”99户,拆除其他违章建筑440处,面积40.5万平方米。公路、铁路沿线环境整治强势推进，整治点431个,省督办点34个,全部完成整治。生猪养殖业减量转型工作加快推进，涉及区重点督查4户,问题清单20户,均全部拆除。有序推进“五水共治”,“清三河”整治效果显现,断面水质考核指标改善,完成十八里圩区一期主体工程建设;完成53个企事业单位污水入网。城镇生活污水入管网量68.2万吨；农村供水管网改造60.3千米全部完成。

【大桥镇蝉联全国综合实力百强镇】 11月23日,《中国中小城市绿皮书2015》公布2015年度中国中小城市综合实力百强县市、区、镇名单。南湖区大桥镇综合排名第62位,进入中国中小城市综合实力百强镇(全国科学发展百强镇)榜单,这是继2014年荣膺全国百强镇后,大桥镇再获此殊荣。该镇主攻产业招商,突出发展主导产业,提升产业集聚度,促进转型升级。初步形成汽配机电、通讯电子、新材料三大产业集群,集聚卫星集团、中华集团、普利特新材料、加西贝拉、敏实集团、正泰电缆、天通精电、博创科技等大型企业。三大集群产业全年实现产值163.74亿元,占全镇规模以上产值的79.3%。拥有高新技术企业24个,全年实现高新技术产值139.09亿元,占规模以上产值的67.3%。

【三个企业入围省级企业研究院】 1月20日，省科技厅、省发改委、省经信委发文,确定全省180个企业研究院为省级企业研究院，嘉兴工业园区内浙江省卫星石化高分子新材料研究院、浙江省正泰电缆研究院、浙江省博创科技集成光器件研究院3个企业研究院入围,入围数量占南湖区75%,占全市18.75%。企业研究院是省科技厅为进一步落实国家技术创新工程相关方案，在现有企业研发机构的基础上，选择一批基础良好、规模较大、能在行业中引领创新的企业中设立。近年来,园区内卫星石化、正泰电缆、博创科技3家公司重视科技引领作用,加强自主创新,完成多项省级新产品项目,申请国家发明专利10项,企业持续健康发展。

【嘉兴总部商务花园入围嘉兴市新经济园】 11月8日,嘉兴总部商务花园被嘉兴市人民政府评为“嘉兴市新经济园”,在2015嘉兴创新发展投资贸易洽谈会上接受授牌。嘉兴总部商务花园是嘉兴工业园区发展楼宇经济的主要阵地,占地面积29公顷(435亩),规划楼宇43幢,已建成楼宇41幢,可利用招商楼宇35幢,总建筑面积28万平方米，其中商务办公面积24万平方米。近年来,嘉兴工业园区完善总部商务花园配套,其周边已有多家员工餐厅和特色餐饮、精品酒店和商务酒店,可满足企业员工午餐、客商招待等不同档次规模的商务需要;由绿地集团开发建设的商业综合体项目将成为该区域的商业中心,为入住总部商务花园的企业提供高质量的商务生活配套服务;“中国首席后勤管理专家”——浙江九好办公服务集团将为该区域的物业管理服务提供强大后勤保障。

【嘉兴开天传动技术项目开工】 3月,位于嘉兴工业园区兴业路西侧、顾家桥港南侧的嘉兴开天传动技术有限公司正式开工。2014年,园区引入德国外商独资企业——嘉兴开天传动技术有限公司。该项目主要研制和生产各类机械联轴器、制动器、液压系统、冷却器、控制系统,并运用于机械工程、风力发电等领域,属于战略性新兴产业。项目投资方传动技术(上海)有限公司是德国KTR在华的独资公司。德国KTR是传动行业和风电行业的国际领先企业,在全球拥有23个全资公司。开天传动技术(上海)有限公司经过十几年的发展壮大,其产品已在工程机械行业占据重要地位。嘉兴开天传动技术项目总投资2.22亿元,注册资本1.26亿元,预计投产后可实现年销售产值5亿元以上。

【宇培电子商务分拨结算运营中心开工建设】 4月25日,集电子商务、仓储设施和现代物流一体化运营的宇培电子商务分拨结算运营中心开工仪式在嘉兴工业园区举行。宇培电子商务分拨结算运营中心由上海宇培集团投资设立。上海宇培集团是RRJ资本、美国凯雷投资集团等国际私募巨头在华战略合作伙伴。该项目选址于嘉兴工业园区战略性新兴产业发展区,主要建设集自动化分拣、订单生成、追踪、结算系统、供应链管理系统等功能于一体的电子商务分拨结算运营平台。项目总投资6亿元人民币,注册资本5000万美元,预计一期项目投产后可实现税收2500万元,随着每年业务量增量和二期项目的建设,预计最终年税收6000万元以上。

【香港四季百货O2O交易中心体验店开业】 5月16日,位于嘉兴总部商务花园广益大厦的香港四季百货O2O交易中心体验店正式开业。韩国馆、德国馆、浙江粮油食品公司保税超市等几大场馆对外开放,商品涵盖进口生活用品、母婴用品和食品水果等。在O2O体验区,上架的不再是堆叠的商品,而是货物样品及介绍文字和二维码的标牌,扫一扫二维码,就可以在手机APP中查看到商品的相关信息和价目。顾客不用大包小包地提货搬运,只要动动手指,在网上下单,心仪的进口商品就会从保税区直邮送货到家。相对于传统的零售商场,O2O采用“互联网+实体商业”的购物模式,实体店看货,线上平台购物,带来全新的购物理念和模式。开业当日,不少嘉兴市民纷纷前来“尝鲜”体验。

【卡行天下嘉兴枢纽项目启动】 6月16日,卡行天下嘉兴枢纽启动仪式举行。卡行天下嘉兴枢纽项目位于嘉兴工业园区东区高速出口处附近,是卡行天下联合畅通物流在嘉兴地区设立的平台站点。项目计划开通百余条国内省、市专线直达线路,并在嘉兴地区铺设150个网点,实现嘉兴无盲区配送,解决“最后一公里”运输问题,打造嘉兴货物集散基地。卡行天下嘉兴枢纽的启动,将有利于实现资源整合、提高运输效率、降低运输成本,助推南湖区现代物流业发展。

【园区房地产蓝馨庭项目开工】 9月,由浙江卫星集团投资、浙江九城房地产有限公司建设的蓝馨庭项目开工建设。该项目位于嘉兴工业园区总部商务花园内,总投资2亿元,其中固定资产投资1.58亿元,建设6幢高层房屋,总建筑面积4.85万平方米。全年,嘉兴工业园区8个在建房地产项目累计完成4.96亿元,比上年增长42%。

【举办园区十强企业“人文”建设研讨班】 6月19日,浙江嘉兴工业园区第三期十强企业人力资源管理与文化建设研讨班在敏惠汽车零部件有限公司员工关怀中心沙龙成功举办。敏惠工会主席与大家分享企业工会在员工关怀上所做的一系列工作,金石包装人力资源主管与大家交流企业在人力资源管理上以大学生团队打造的“精诚社”模式的特色做法,格兰德机械职业经理人与大家探讨企业在管理中的需求及成功经验。还特邀加福通 HR 学院的老师作知识和经验分享,让大家了解自己在企业管理中如何处理好这些关键词:关系、格局、专业、视野、资源、热爱。研讨班为企业间加强交流联系、增强知识和经验积累提供了借鉴与帮助。

(陈天传 宋 云)

浙江嘉兴秀洲新区、秀洲工业园区

【概况】 2015 年,浙江嘉兴秀洲新区、秀洲工业园区完成全社会固定资产投资 87.47 亿元,比上年增长 22.7%。其中,工业生产性投资 39.97 亿元,增长 19.6%;三产服务业投资 47.49 亿元,增长 25.5%。完成销售收入 2000 万元规模以上工业企业总产值 202.8 亿元,增长 0.76%。完成财政预算收入 16.08 亿元,增长 3.7%。合同利用外资 3.42 亿美元,增长 2.7%;实际到位外资 1.98 亿美元,增长 17%;市外内资实到资金 19.77 亿元,增长 6.8%。上报浙商回归引资额 15.13 亿元。

平台能级不断提升。2015 年 1 月,入选全省第五批工业循环经济示范园区;8 月,国家低碳工业园区试点实施方案通过认证;9 月,升级为国家级高新技术产业开发区;2016 年 1 月,列入省第二批光伏特色小镇创建名单。探索建立“创业苗圃+孵化器+加速器+产业园”孵化链模式,建成和在建的孵化器面积 150 万平方米,建有科技园区 6 个,企业研究院、技术转移中心等创新载体 10 个,新南威尔士大学—上海交通大学(嘉兴)光伏产业联合创新研究院、美国创新和技术转移(嘉兴)中心等国际化合作中心相继落户。

招商引智取得实效。引进世界 500 强项目 1 个(中建国际嘉兴海悦建设),行业龙头且总投资 1 亿美元以上项目 1 个(OCI 环球光伏电力投资),总投资 1 亿美元以上项目 1 个(华智实业),总投资 5000 万美元以上项目 2 个(嘉晟玻璃、嘉金融资),总投资 1000 万美元以上项目 1 个(OCI 光伏科技),总投资 1 亿元以上的项目 2 个(氢洁电源、元康光伏)。9 幢主联系楼宇入住率 55%,企业贡献税收(不含房地产)7461 万元。引育千人计划专家 7 名,完成年度目标任务的 100%。引育领军人才 12 名,引进优质科技型成长中小企业 50 个,完成年度目标任务的 100%。

经济发展量质并举。有效投入方面,全年新开工项目投资额 56.15 亿元,占投资比重的 64.2%,比上年增长 11.4%。企业发展方面,持续开展两个“G20”企业峰会,支持高成长型企业快速发展。福莱特在香港联合交易所主板挂牌上市,成为秀洲区首个在境外上市的企业。瑞翌新材料登陆新三板。转型升级方面,通过组织“两化融合”现场会和成果展示会,促进实施的两化融合项目 59 个,信息化投资额 3.15 亿元;在库“机器换人”项目 54 个,总投资 27 亿元,实现减员增效 1886 人。

城市建设有序推进。重点项目建设方面,东升西路项目建议书获省发改委批复,选址报省住建厅;中山西路大修工程全部完成;全年完成政府性项目投资 15.9 亿元。“三改一拆”攻坚方面,至年底,完成“三改”整治面积 28.66 万平方米,完成拆违面积 8 万平方米,实现全年任务的 102%。运河路沿线 12626.61 平方米的违章建筑全部拆除,腾退违法占地 7.4 公顷(111 亩)。生态环境改善方面,5 个企业完成定型机废气二级深度处理,福莱特完成脱硫脱硝改造,3 个印染企业关停、7 个整治提升,总投资 230 万元的高桥集镇污水纳管工程全部完工,1~12 月交接断面水质考核综合评价合格。

要素保障持续有力。资金保障方面,全年到位融资 23.94 亿元,完成年度计划的 119.7%。统筹安排建设资金10亿元。土地管理方面,完成农转用土地上报76.26公顷(1083.92亩),盘活存量土地10.67公顷(160亩),低效用地再开发14公顷(210亩),完成"退低进高"28.2公顷(423亩)。社会维稳方面,开展12次大规模排查,受理矛盾纠纷案件95起,成功率100%。效能建设方面,开展内部整风肃纪督查5次,加强园区勤政廉政干部队伍建设。

【秀洲光伏小镇获列省特色小镇创建名单】 2016年1月26日,秀洲光伏小镇入围第二批省级特色小镇创建名单,为嘉兴市同批次入围的4个小镇中排名第一。2012年12月,浙江省政府批准在秀洲区设立嘉兴光伏高新技术产业园区(以下简称光伏高新区),开展全省光伏产业"五位一体"创新综合试点。经过近三年的努力,光伏小镇引进总投资达100多亿元的光伏类项目31个,新南威尔士大学—上海交大光伏联合研究院、阿里巴巴投资的新耀互联网光伏电站控制运维项目、盛泰高效光伏组件等一批项目先后入园。2015年,秀洲光伏小镇完成投资12.7亿元,引进国内外知名企业和创新团队30个,引进光伏产业链高端技术20余项,引进"国家千人计划""省千人计划"人才及各类光伏专家顾问30余名。秀洲光伏小镇位于嘉兴秀洲国家高新技术产业园区核心位置的北科建嘉兴创新园,规划范围东至秀新路,南至返修港,西至新塍大道,北至东升西路,规划面积2.9平方千米,建设面积1.99平方千米。以光伏发电和光伏制造为轴心,以光伏服务和光伏旅游为延展,围绕"光伏概念"主题式发展,以实现"处处有光伏、家家用光伏、人人享光伏"为发展理念,定位于建设成为国内一流的分布式光伏发电规模化应用示范区、全球领先的光伏技术研发创新区、全国知名的特色化光伏智能制造中心和全国产业支撑明显的新型城镇标杆。计划建设涵盖光伏研发、制造、检测服务和旅游休闲等共计49个项目,计划总投资170亿元,其中2015~2017年计划总投资额超过56亿元;三年计划使用建设用地65.2公顷(978亩),全面建成后每公顷投资强度7500万元以上(每亩投资强度500万元以上)。

【秀洲新区智能家居类产品获全球创新大奖】 1月8日,秀洲新区企业浙江生辉照明有限公司旗下品牌Sengled生迪的两款产品Snap和Boost斩获两项CES创新大奖,成为全球唯一获得此奖的智能家居类品牌。其中,Snap更是一举夺得CES最佳创新大奖,而Boost也获得了智能家居奖。"CES创新奖"由美国消费电子协会(CEA)于1976年设立,由美国工业设计师协会(IDSA)和CEA专家联合授予,被誉为世界消费电子行业风向标。近年来,秀洲新区致力于培育新能源产业,以光伏为核心的新能源品牌效应开始凸显,"秀洲模式"入选《中国能源报·国内特色光伏电站》系列开篇文章,入选首批国家新能源示范城市、首批国家低碳示范园区和国家分布式光伏发电应用示范区。

【生物医药国千园开园】 3月18日,中国·秀洲生物医药国千园开园,标志着秀洲新区开始加速培育生物医药产业基地。秀洲区生物医药国千园是秀洲新区打造的特色产业园,园区总占地面积约3.33公顷(约50亩),总建筑面积33381平方米。目前,已集聚张欣、毛晨、吴学燊等4位"千人计划"专家,吸引万全科技(浙江)有限公司、浙江华械医疗器械有限公司、嘉兴智特生物科技有限公司、嘉兴维亚生物科技有限公司、嘉兴凯泰生物材料有限公司5个企业入驻。园区正式建成运营后,预计销售额第一年可达2.75亿元,五年内可达10亿元,引进生物医药和医疗器械领域的"千人计划"专家可达10人,成为高端人才项目带动区域产业优化升级的典型示范。

【获评省工业循环经济示范园区】 1月29日,省经信委印发《关于公布浙江省工业循环经济示范园区和企业名单(第五批)》的通知,秀洲工业园区获评浙江省工业循环经济示范园区(第五批),成为该批获此殊荣的全省5个园区之一。近年来,秀洲工业园区在循环经济发展中,基本形成能源、水资源消耗、废弃治理基本完善的企业内部循环链和园区封闭运行的循环链,园区在资源利用上趋向更加高效合理。

【《国家低碳工业园区试点实施方案》通过论证】 8月29日,工业和信息化部、国家发展改革委联合下发《关于同意国家低碳工业园区试点实施方案的批复》,同意浙江嘉兴秀洲工业园区上报的实施方案。首批实施方案通过论证的国家低碳工业园区39个,秀洲工业园区是嘉兴市唯一一个实施方案通过论证。自2014年7月获批国家低碳工业园区试点以来,秀洲工业园区积极推进相关工作,专门编制《国家低碳工业园区试点实施方案》,计划到2016年,单位工业增加值碳排放比2012年下降30%以上,单位工业增加值能耗比2012年下降23%。

【外商投资屋顶分布式电站项目开工】 5月27日,嘉兴光伏高新区奥瑟亚(嘉兴)光伏科技有限公司举行屋顶分布式电站一期项目开工仪式,标志着嘉兴市首个外商投资屋顶分布式电站项目开工,这也是韩国奥瑟亚(OCI)株式会社在浙江部署的首个屋顶分布式电站项目。该项目计划投资建设装机容量15兆瓦屋顶分布式光伏电站,总投资2100万美元,利用屋顶面积18万平方米。项目分期实施,一期项目有两个,分别为雅港复合材料和山蒲照明,总装机容量约3兆瓦,利用屋顶建筑面积37378平方米,项目年均发电量约282万千瓦时,可供1000户家庭使用,整个项目每年可减少二氧化碳排放量1250吨,相当于种植47.5万棵树。9月14日,该项目正式竣工。10月15日,韩国奥瑟亚再次与秀洲工业园区签约,在秀洲建立OCI新能源投资公司,负责中国境内光伏电站的全部业务,包括投资、建设、运营和项目出售。

【光伏产业联合创新研究院落户光伏高新区】 6月19日,"新南威尔士大学—上海交通大学(嘉兴)光伏产业联合创新研究院"签约落户嘉兴光伏高新区。该研究院由新南威尔士大学光伏与可再生能源工程学院、上海交通大学太阳能研究所共同组建。以"开展光伏应用性成果实验室试验、中试与产业化转移研究,打造光伏产业化研发与示范基地""形成为产业园区政策、规划及课题开展等服务能力""组建光伏人才教育培训基地""组建光伏项目投融资和咨询服务平台"为主要合作目标,研究院计划在3年内初步形成一支光伏科技产业队伍,并完成3个到5个光伏产业化项目孵化,远期规划则是建成具有全球影响力的光伏产业示范基地。

【上海交大嘉兴科技园获国家级考评优秀】 9月9日,科技部火炬中心印发《关于公布2014年度国家级科技企业孵化器考核评价结果》的通知,位于秀洲新区的上海交大嘉兴科技园孵化器——浙江秀洲科技创业发展有限公司被评为优秀(A类),也是嘉兴市唯一一个获此殊荣的国家级科技企业孵化器。上海交大嘉兴科技园成立于2008年,并于2010年12月获国家级科技企业孵化器称号,五年来累计孵化企业220个,其中毕业企业25个,企业累计获各类自主知识产权350项,其中发明专利55项,培育国家高新技术企业5个、省级科技型中小企业15个、获国家创新基金7项。成立院士工作站1个、市区级研发中心10个。引进海外留学人员31名、博士24名、教授20名,2014年园区企业实现销售收入6.2亿元,利税2400万元。

(吴海红)

浙江姚庄经济开发区

【概况】 2015年,浙江姚庄经济开发区完成工业生产性投资33.74亿元,比上年增长18.2%;完成销售收入2000万元规模以上工业产值210.4亿元,增长7.5%,均超额完成全年目标任务。先后获得浙江"百亿级"工业强镇、嘉兴市十强新市镇等市级以上称号12项,省级开发区考核列全省新进省开单位第1位，昱辉阳光成为嘉善县首个“百亿企业”，姚庄镇新经济园（精密机械创新产业园）被认定为嘉兴市首批新经济园。市长林健东专程到姚庄调研并对姚庄镇工业经济发展工作提出要求。全面融入上海、多措并举打造工业强镇等做法，得到常务副市长楼建明、副市长盛全生、县委书记许晴的批示肯定。

姚庄新经济产业园

引导企业增资技改。推进“机器换人”，加快转型升级，全年共实施机器换人项目58个，淘汰落后设备476台（套），直接减少用工数2745人。培育企业上市，5月，田中精机在深交所创业板挂牌上市，成为嘉善县首个登陆创业板的企业，12月18日，杜商精机在“新四板”挂牌。成功培育昱辉阳光成为全县首个百亿企业。有10家公司完成清洁生产的验收工作，完成县下达工业企业污水入网工作87家目标任务。淘汰燃煤锅炉12台，并与天然气公司对接丁栅片区域集中供热，全年单位地区生产总值能耗下降8个百分点，全面完成“十二五”节能减排任务。渔光互补、良品铺子等一批优质项目签约落户，成为全省70个工业强镇之一。6个重点项目在善洽会上签约，总投资23亿元；从上海新引进各类项目150个，总投资25.47亿元。

推进招商引资。在10月28日举行的“善洽会”上，比欧食品、亿微机械等6个重点项目签约，总投资23亿元。全年引进德源光伏等总投资超亿美元项目2个、超千万美元项目4个。全年共新批项目65个，计划总投资40.4亿元；完成合同利用外资1.37亿美元，实际利用外资5358万美元；县外内资到位16.6亿元；浙商回归到位资金17.4亿元。

两次承办全县“集中开竣工日”活动，13个新引进的企业开工建设，总投资17.1亿元。全部竣工投产后，年销售收入预计达30.7亿元。嘉兆仓储正式投入运行，腾飞物流项目基本完成建设，全年千万元以上项目开工率90%以上，竣工率70%以上，投产率50%以上。

提升经济发展动能。姚庄新经济产业园正式启用并入选首批“嘉兴市新经济产业园”，省级开发区考核列全省新进省开单位第1位。帕瓦传动、嘉熙科技获评国家高新技术企业，田中精机获浙江省名牌产品，嘉熙光电和中科院工程热物理研究所合作共建联合研发中心，粤海饲料与中国工程院院士麦康森博士签订建立院士工作站。实施“机器换人”项目67个，田中精机登陆创业板，杜商精机在“新四板”上市。在姚庄，注册资金5000万元以上的无区域名企业成为新经济产业园的主角。这些企业申请的商标及产品将在全国同行业中受到保护，具有向全国乃至全球拓展的巨大潜力，有望成为提升区域经济竞争力的生力军。以占地面积均在2公顷（30亩）左右的浙江欧丽数码喷绘材料有限公司、乾大新材料有限公司为代表，一批“小、精、尖、特”项目的落地，体现新时期姚庄追求的产业培育新路径。

【入选嘉兴市新经济园】 11月，姚庄新经济产业园入选首批“嘉兴市新经济园”，成为全市11个新经济园之一，也是嘉善县唯一入选的新经济园。姚庄新经济产业园位于姚庄经济开发区二期核心地块，总投资7000万元，规划建设面积18万平方米，分三期建设。位于姚庄镇宝群东路南侧、清凉大道西侧的1#～8#标准车间项目完成竣工质量验收。项目用地29983平方米，用地内布置8幢标准车间厂房，总建筑面积37774平方米。

【“昱辉”成为嘉善首个百亿元企业】 4月，嘉善县光伏产业龙头企业浙江昱辉阳光能源有

嘉善首个百亿企业——浙江昱辉阳光能源有限公司

限公司组建昱辉阳光集团总部正式在姚庄运作。8月起,昱辉阳光单月产值接近10亿元。全年,实现产值100.08亿元,比上年增长30.6%,成为嘉善县首个年产值超百亿元的企业。主要产品为单晶硅棒、单晶硅片、多晶硅片、多晶硅锭、太阳能电池、太阳能电池组件、太阳能灯具、太阳能逆电器等。

(周海峰　熊　方)

浙江独山港经济开发区

【概况】 2015年,浙江独山港经济开发区完成生产总值(含独山港镇,下同)496908万元,可比下降0.5%。实现公共财政预算总收入86010.08万元,其中地方公共财政预算收入34015.34万元,分别比上年增长9.6%和4.8%。农民人均纯收入25120元。

招商引资成效明显。全年,引进平湖市外内资159526万元,比上年增长8.7%,其中浙商回归135749万元,注册资本8.16亿元。合同利用外资330万美元,实到外资13604万美元。新签项目9个,项目总投资50亿元,新设3个上海招商点长期驻点招商。

基础配套逐步完善。以疏港道路建设为重点,完成振港路一期、海兴路西段、海涛路工程,加快建设虎啸路北段、振港路南段、海港路南段、优胜路二期、港城路二期等8条道路工程。启动通信基站选址、供热管网设计、高压线路改迁工作。建成绿洲花苑、龙吟花苑、文丰花苑主体工程,正在加快港城道路、医院、幼儿园、公园和周边商业配套建设。

重点项目有序推进。主攻有效投入,加快推进总投资亿元以上的重大项目。全年完成固定资产投资60.6亿元,比上年增长13.4%,其中工业生产性投入41.2亿元,增长12.6%。总投资1亿元以上项目累计开工21个,其中总投资2亿元以上项目累计开工16个,传化天松、运达风电等12个项目列入省海洋经济发展重大建设项目计划。传华天松建成开工,美馨、众立新材料、荣成、国利等项目正在加快报批、建设。

工业经济运行质量稳步提升。全年实现工业总产值193亿元,其中销售收入2000万元规模以上工业总产值170亿元,实现利税总额28181万元。企业"个转企""小升规""规改股""股上市"工作步伐加快,智能装备创业创新中心(两创中心)完成初步设计,新增个转企企业30个,新增规模以上企业11个,晨光电缆"新三板"成功挂牌上市。推进"四换三名",加快"两退两进",实施土地精细化管理,推进低效闲置土地的腾退转化工作。全年腾退建设用地41.29公顷(619.4亩),其中直接收回闲置土地27.73公顷(416亩)。大力发展民营经济,新增认定(复审)国家高新技术企业1个、省科技型企业4个、省级研发中心2家、平湖市级研发中心4家,申请专利425件。

港口物流稳步发展。全年,完成服务业投入19.2亿元,比上年增长14.6%。港口码头建设加快推进,A3码头取得省发改委核准,A4、A5、A6码头获得海域使用权。截至2015年年底,已建成万吨级以上码头9个,实现港口货物吞吐量1367万吨、集装箱12.3万标箱,目前在建码头泊位4个,报批7个。独山港物流园区停车场完成初步设计,一关三检联检中心完成前期准备工作。

【获批中心镇(产业集聚型)示范试点】 7月14日,省财政厅、省发展和改革委员会、省住房和城乡建设厅同意将平湖市独山港镇列入中心镇(产业集聚型)示范试点范围。省级中心镇建设示范试点工作从2015年起分批次开展，每批次期限为3年。试点工作主要围绕城乡发展一体化体制机制、城镇建设投融资体制、城乡公共服务供给机制等重点领域进行。

【成为中国液化石油气资源综合利用产业基地】 12月8日,中国石油和化学工业联合会将浙江独山港经济开发区冠名为“中国液化石油气资源综合利用(平湖)产业基地”,该产业基地位于独山港经济开发区东部，规划总用地面积11.06平方千米,已落户项目23个,总投资约190亿元。其中,以浙江卫星能源有限公司为代表的11个项目完成投资100亿元，其余在建项目总投资约90亿元。

【晨光电缆新三板挂牌上市】 12月22日,浙江晨光电缆股份有限公司在新三板挂牌上市。晨光电缆上市主办券商为西部证券，会计师事务所为天健会计师事务所，律师事务所为上海市锦天城律师事务所。其主营业务为各种电线电缆的研发、生产、销售及其服务。该公司所属行业为电气机械和器材制造业,总股本1.33亿股。

【独山港镇跻身浙江“百亿级”工业强镇】 8月31日,浙江省经信委、省统计局联合公布2014年度工业强镇综合评价结果:独山港镇名列第60位。2014年,独山港镇实现生产总值55.1亿元;规模以上企业实现总产值171亿元。全镇总投资1亿元以上重大项目累计开工32个。

【2个项目列入2015年省重大产业项目名单】 独山港经济开发区荣成纸业高强度瓦楞原纸优化用能项目、亦龙新材料年产24万吨丙烯酸酯水性树脂项目列入浙江省发展和改革委员会和浙江省国土资源厅联合下发的《2015年浙江省重大产业项目名单(第一批)的通知》,项目总投资额达18.67亿元，用地22.91公顷(343.6亩),项目数量、总投资位居平湖市首位。

【特勤消防站投入使用】 1月，独山港经济开发区特勤消防站正式投入使用,该特勤消防站用地总面积11074.1平方米。独山港特勤消防站是继宁波后全省第二个在化工园区建造的特勤消防站,建成后由平湖市消防大队负责管理,使独山港的火灾和灾害事故救援更为快捷有效,为石化产业园区的快速发展创造了良好的消防安全环境,为石化产业园区筑起一道安全“防火墙”。

【港区A区3号泊位工程获省发改委核准】 嘉兴港独山港区A区3号泊位工程获浙江省发展和改革委员会核准。该项目由平湖中航油港务有限公司投资2.46亿元新建3万吨级(水工结构按靠泊5万吨级船舶设计和建设)油品和液体化工品泊位1个,设计年通过能力169万吨。项目建成投用后,将进一步发挥嘉兴港的区位优势,为嘉兴地区化工产业和临港化工园区所需的大宗原料运输提供海运条件,为嘉兴及周边区域机场航空煤油供应安全提供保障。

(沈毅峰)

海盐经济开发区

【概况】 2015年,海盐经济开发区实现地区生产总值42.14亿元,按可比价格计算,比上年增长9%,增值分别高于全国、全省和全市2.1个百分点、2个百分点和1个百分点。其中第一产业实现增加值1.89亿元,可比下降0.2%;第二产业实现增加值33.67亿元,可比增长9.7%;第三产业实现增加值6.57亿元,可比增长8%。三次产业结构由上年的4.5∶80.1∶15.4调整为4.5∶79.9∶15.6。农村居民人均可支配收入28641元,增长9.1%。实现财政收入14.2亿元,增长18.4%,其中地方税收分成2.44亿元,增长12.8%。年初,开发区提出“创建国家级经济开发区”新目标。7月，浙江省人民政府以浙政〔2015〕27号文批准上报国务院,转商务部待批。

全年，海盐经济开发区83个销售收入2000万元规模以上工业企业实现工业总产值296.14亿元,比上年增长12.5%。完成合同利用外资21186.92万美元,实到外资9784.54万美元,引进县外内资388485万元,内资注册资本121995万元，浙商回归资金投入（内外资）170283万元,全面完成全年各项招商目标。完成全社会固定资产投资644978万元，增长24.03%,其中工业生产性投入467724万元,增长8.77%。服务业民间投资76830万元，增长153%。政府投资97494万元,增长63.54%。拆除各类违章建筑30.56万平方米，增长34.09%。年内,开发区综合目标责任制考核、招商引资目标责任制综合考评、全县工业经济综合考核、浙商回归考核、全县党政领导科技进步与人才工作目标责任制考核、深化城乡统筹(美丽乡村)加快新农村建设目标责任制考核、“三保一联”考核等,均获海盐县一等奖。

海盐经济开发区引导企业以研发中心为创新平台,开展科研活动,提高自主创新能力。年内,获省级以上新产品36项、申报专利338件,其中专利授权159件。申报省级著名商标1个、省级名牌产品2个,6个企业被嘉兴市评定为2015年科技创新领先企业。通过引进项目带进人才、主动出击招聘人才、搭设平台吸引人才等多种措施,新引进硕士(副高)及以上高层次人才30名。其中6名入选嘉兴市创业创新领军人才。科技、人才成为产业转型新动力。溯源生物科技、北新建材、净源水处理、日强环保等4个项目列入2015年浙江省循环经济“991”行动计划重点项目;海利环保纤维项目获得节能循环经济和资源节约项目2015年中央预算内投资,获得1000万元补助。海利环保纤维再生聚酯异截面EDR长丝项目获国家火炬计划项目——产业化示范项目,被评为浙江省两化融合深度示范试点企业;吉安集团被评为省高新技术企业;浙江电渣核材有限公司生产的电渣核材料被列入浙江省重大专项计划;浙江森友环保配套设备有限公司被省经信委评为“浙江精品制造企业”。

海盐经济开发区造城步伐加快。年内,投资5.5亿元，新开工建设安置房55万平方米，其中新建成交付使用18.19万平方米。完成规划区内征地35.94公顷(539.13亩)、农房拆迁264户。首次实施规划区外刘庄、永宁土地整治一期项目,搬迁农房263户。全面完成农村产权制度改革。通过政府投资1.2亿元,新建道路1.99千米、农村桥梁2座、二级污水管网1.43千米，海盐东段围涂工程通过综合竣工验收。港区建成6个公交站台,并开通港区公交。建成10293平方米文化体育中心,投资创建创客中心。通过招商引资,引进澳燕国际幼儿园、西场路商业街等项目。集农贸、超市、影院于一体的杭州湾北岸财富广场引进金逸影院、汉庭全季酒店等商业项目,填补该区影院、品牌连锁酒店的空白。

11月20日，嘉兴市海盐东段围涂工程竣工验收会议召开

推进城乡一体新社区管理体制创新改革,与6个社工组织建立合作关系,借助各类社工组织力量,先后开展50余次志愿者活动,凝聚社区居民人心。6个建成小区物业管理费收缴率达70.13%,比上年增长8个百分点。新一轮募集村级慈善基金237.5万元。举办第一届企业文化艺术节,新建3个村文化礼堂。利用文化礼堂等阵地，组织举办各类文艺演出65场次,观众5.44万人次。

【中、德两国总理共同见证签约外资项目】 10月30日,在安徽省合肥市,海盐经济开发区分别与德国伍尔特(中国)投资有限公司签订计划总投资5000万欧元物流与商贸中心合作项目框架协议，与克劳斯玛菲机械（浙江）有限公司签订增资600万欧元及三期工厂项目框架协议。此时，国务院总理李克强、德国总理默克尔在场，共同见证两个外资项目的签约，开启高层次领导见证海盐经济开发区项目签约的先河。

【表土剥离再利用被列为全国推广项目】 2015年，海盐经济开发区开展表土剥离再利用试点。5月，开发区在新开工建设的吉安电厂二期7.73公顷（116亩）用地上，剥离30厘米至40厘米表土，复土在围垦区47.73公顷（716亩）造地区块上。该项目的实施，引起国土资源部的关注。6月26日，参加全国土地质量地质调查服务土地管理工作现场会的领导，来海盐经济开发区实地参观，该项目被国土资源部列为全国推广项目。

【中法（海盐）产业合作园获省级创建认定】 12月，中法（海盐）产业合作园被认定为浙江国际产业合作园（浙江省人民政府办公厅浙政办函〔2015〕113号）。中法（海盐）产业合作园是海盐经济开发区于2013年创立的。园区范围：东至海湾大道，西至海港大道，南至北新建材公司，北至场前路。园区规划控制面积约57.33公顷（860亩），厂区实际利用面积约52.13公顷（782亩），中央景观区域面积约5.33公顷（80亩）。园区定位为引进欧洲（法国）的智能装备制造、通用设备制造、专用设备制造、交通运输设备制造、电气机械、通信设备、电子设备制造、仪器仪表等产业。2015年年初，省商务厅启动开发区“国际产业合作园”的省级创建认定工作。8月，该产业合作园申报创建省级国际产业合作园。经评审，12月获省级创建认定。至年底，园区内已落户世界500强法国阿海珐、法国施耐德以及法国核能行业协会、法中电力协会等，引进项目3个，总投资约5000万欧元。

【杭州湾智能制造装备产业基地开园】 4月15日，由海盐县委、县政府统筹建设的杭州湾智能制造装备产业基地开园。基地规划总面积1.5平方千米，按照“1中心+3园区”规划布局，“1”为智能装备创新中心；“3”即欧洲（德国）产业园、新经济产业园和临港工业园等三大特色园区。11月，智能装备制造创新中心一期5.9万平方米标准厂房项目开工建设。至年底，欧洲（德国）产业园一期3.85万平方米标准厂房和规划展示中心土建竣工。新经济产业园一期4.2万平方米标准厂房通过竣工验收，在建二期6幢6.8万平方米标准厂房，其中1幢1.2万平方米标准厂房竣工。规划用地60公顷（900亩）的临港工业园，完成园区配套基础设施建设和海域使用权交易，具备项目供地条件。年内，该基地引进上海赛鹭鑫分析技术有限公司在线理化分析仪器、南京智能科技有限公司机器人系统集成、嘉兴智矩机器人有限公司等12个智能装备产业项目，注册资本5.78亿元。还与上海大学、上海自动化仪器仪表研究所签订合作协议，分别在海盐经济开发区设立智能制造技术（浙江）研究院和自动化仪器仪表（浙江）研究院。11月，该基地获嘉兴市级新经济园称号。

4月15日，杭州湾智能制造装备产业基地举行开园仪式

【海盐东段围涂工程通过竣工验收】 11月20日，由浙江省发改委主持的嘉兴市海盐东段围涂工程竣工验收会议在海盐香溢酒店召开，宣布海盐东段围涂工程通过竣工验收。该项工程东接嘉兴港乍浦港区三期围堤，西与武原镇城北东路相连，新建堤线总长约10.11千米，南北纵深约0.5～1千米，新增围涂面积884.67公顷（1.33万亩），工程概算总投资7.78亿元。工程于2006年12月启动建设，分三期实施，至竣工验收，历时9年。

【嘉兴港海盐港区 C3、C4 码头投入运行】 4月，嘉兴港海盐港区 C3、C4 码头投入运行。该码头位于已建成运营的海盐港区 1 号、2 号万吨级多用途码头西侧，于 2013 年 10 月开工建设，至 2015 年 3 月完成并交工验收。码头设计 1 万吨级(水工结构按靠泊 2 万吨级船舶设计和建设)多用途泊位 2 个，年通过能力为 160 万吨，其中集装箱通过能力 3 万标准箱，是迄今为止海盐港区唯一具有集装箱装卸功能的码头。至年底，C3、C4 码头完成吞吐量 48.3 万吨，营业收入 226 万元。

4 月，嘉兴港海盐港区 C3、C4 码头投入运行

【创办创客中心】 8 月，海盐经济开发区投资 2332 万元，购买铂宫酒店 2～4 层 6900 平方米房产，创办创客中心。根据海盐经济开发区产业发展定位，重点引进智能装备制造、节能环保、新能源、电子商务等一批新兴产业项目，在创客中心开展科技创新实践。然后将创客的科技创新成果引入相关的特色园区形成产业。至年底，12 个智能制造装备产业项目和 2 个研究院已首批进入创客中心。

【引进海盐县首个外资电商项目】 9 月，海盐经济开发区引进浙江优展信息科技有限公司，注册资本 1000 万美元的电商 U 掌柜项目。该项目主要开展生鲜水果、农产品、酒类电商批发销售，软件开发等业务。该项目成为海盐县电商项目第一个外资电商项目、第一个品牌电商项目、第一个注册超 1000 万美元的电商项目。至年底，线上日销售最高纪录已突破 5 万单。

【战略新兴产业占规模以上工业总产值 79%】 2015 年，通过引进、培育，节能环保、核电关联、新材料等战略性新兴产业集群不断壮大，实现战略性新兴产业产值 234 亿元，比上年增长 18.81%，占规模以上工业总产值的 79.02%。其中新材料产业产值 1264516 万元，增长 26.9%；物联网及相关产业产值 12766 万元，增长 31.6%；节能环保产业产值 897169 万元，增长 8.5%；生物产业产值 25679 万元，增长 4.3%；核电关联产业产值 128431 万元，增长 16.1%。

【首次实施多村整合搬迁安置项目】 7 月，海盐经济开发区首次打破村域界限，实施开发区规划区外刘庄、永宁两村联动搬迁农房、共建新区、整治土地一期项目。该项目涉及农房搬迁 263 户，其中刘庄村 157 户，永宁社区 106 户。新建区块选址在杭平申线以南、中乐路以北、西塘桥老集镇西侧中王里区块，约 11.47 公顷(172 亩)。安置区块由开发区投资建设道路、水、电、绿化配套设施，统一设计四联体排房户型，统一抽签挑房，农户自行建设。

(郑伍明)

海宁经济开发区

【概况】 2015 年，海宁经济开发区实现地区生产总值 58.99 亿元，比上年增长 7.7%，实现财政体制收入 5.54 亿元，增长 7.2%。全区 155 个销售收入 2000 万元规模以上企业完成工业总产值 250.36 亿元，增长 12.2%，完成利税总额 23.44 亿元，增长 11.2%，其中利润 12.35 亿元，增长8.9%。

招商引资难中求进。全年，实到外资 1.66 亿美元，实到海宁市外内资 65 亿元，其中注册资金 17.44 亿元，浙商回归资金到位 29.23 亿元。培育“千人计划”专家 4 名、引进 5 名，嘉兴引育人才 6 名，海宁引育人才 10 名，超额完成海宁市下达的任务。全年，组建 10 支招商小分队奔赴各地加强驻点招商。出台招商工作考核办法和固定资产投资奖励政策规范招商活动，提高招商积极性。建立招商例会制度，组织招商人员培训，提高招商人员综合素质。宝平、开勒、火辣等41个项目实现签约，总投资近61亿元，12个项目供地，其中宝平能源为500强企业投资，注册资本1亿美元。

推进有效投资。全年完成固定资产投资总额59.03亿元，完成任务目标的107.92%，其中工业投资47.02亿元，三产投资10.06亿元，政府项目投资1.95亿元。在具体工作措施上，成立项目推进办公室，涵盖国土、规划、招商、工程、经发等各部门，进一步完善问题集体会商机制，优化供地程序，落实项目代办帮办制度，推进项目精细化管理，全程服务项目建设。列入海宁市考核计划项目开工29个，开工率96.7%，竣工25个，竣工率80.6%。其中海派家具项目实现当年签约，当年开工，当年竣工。

企业经济平稳运行。协助企业做好投融资工作，指导诺之、芯能成功挂牌新三板。大力推进品牌创新工作，安正、敦奴、雪豹、诺之4个企业被工信部授予品牌创建示范企业。动用开发区专项资金，帮助8个企业周转82次，总金额达到4.2亿元，有效化解企业转贷难问题。开展亩产效益改革，规模以上企业每公顷平均税收324.3万元/公顷(21.62万元/亩)，每公顷平均销售收入6651.75万元/公顷（443.45万元/亩)，分别高于海宁市平均水平37个百分点和6个百分点。企业培育成效明显，全年完成小升规入库20个，个转企34个。做好平安建设、安全生产、新居民管理、社会保障等工作，探索并实施“两网融合”工作，完成第二届互联网乌镇峰会维稳安保工作，全年未发生重大安全生产事故和重大群体性事件。

提升平台载体。开展“三改一拆”，拆除违章项目23宗，总面积33233平方米，完成全年目标的110.78%；完成旧厂房改造11家，建筑面积83385平方米，完成全年目标的104%；开展由拳路有机更新区块扫尾和原厚望饲料厂宿舍国有土地征收，共对企业单位实施征收签约10个，搬迁拆除6个，拆除建筑面积30939平方米，完成全年征收任务的131%。实施硖仲路南侧安置房、横山路西延等工程，完成俞家桥路北延、双利路南延、胜万桥港二期等工程建设。加强“五水共治”，开展“清三河”行动，深化河长制管理，提升河道水质，36条河道中35条实现水质Ⅳ类以上，占总河道97.2%以上，彻底消除劣Ⅴ类。加强节能减排工作，全年工业增加值能耗下降6.4%。加快“两退两进”，完成腾退项目11个，腾退土地19.01公顷(285.1亩)。做好全国卫生城市复评和文明城市创建工作。

加强党的建设。培育安正时尚“志愿潮党建”、慕容集团“快乐青春党建”、纺机厂“复式工作法”等党建示范点。成立“连心桥”志愿者服务站，创新成立由100多个企业党群工作者参与的“连心桥联盟”。开展“守纪律、讲规矩”主题教育活动。加强对重点环节、重点领域的监管，突出招投标、招商引资、项目推进等容易产生腐败的领域和环节的管控。修改完善《机关工作人员季度考核办法》，强化考核导向作用。

漕河泾海宁分区建设进展迅速。全年完成固定资产投资12.01亿元，其中工业生产性投入9.93亿元，三产投资2.08亿元。实现规模以上工业总产值44.36亿元，利润5.75亿元。实到外资910.42万美元，实到海宁市外内资2.02亿元；海宁科技绿洲作为经济开发区“双创园区”，项目一期累计出租面积20130.79平方米，累计出租率80%，入驻企业13个，主要为科技含量高、创新能力强、商业模式好的创新型公司。海宁科技绿洲内高新技术产业集聚初具规模，亩产效益不断提升，获评“嘉兴市新经济园”。

【海宁集装箱港区成为全国通关试点口岸】 12月，国务院特批海宁最大的集装箱港区——中远普泰物流园成为全国通关试点口岸。中远普泰物流园位于海宁经济开发区北侧，是集内河集装箱码头、仓储、保税和海关监管、检验检疫等功能为一体的现代物流园区，属杭平申线航道海宁段，占地36.6公顷(549亩)，是国家批准的外贸集装箱港区。该项目总投资2.5亿美元,将建设500吨级多用途泊位8个。港区食品城、冷冻库、口岸联检楼等完成主体施工,于2015年年底陆续投入使用,二期堆场13.8公顷(207亩)土地完成供地,于12月底开工。项目建成后可实现年集装箱作业能力70万标箱,直接营业额约15亿元,实现税收7500万元左右。

【8个重点项目总投资逾10亿元】 5月28日,海宁经济开发区棱透时尚、火辣服饰、海派家具、禧尔森服饰、金易达房地产、宝隆米业、万国汽车重点项目集中开工,总投资10.8亿元,总用地16.35公顷(245.3亩),建筑总面积32.8万平方米。年内,推进“抢干快干落实年”活动,坚持“招商引资、项目推进、平台提升”三大重点工程,通过“招商项目抓落地、落地项目抓进度、挖掘潜力抓技改”等手段,有效投资保持平稳增长,至4月底,经济开发区(尖山新区)累计完成固定资产投资32.43亿元,比上年增长8.2%,其中工业投入23.86亿元,三产投资5.92亿元,政府投资2.61亿元。

(施凯文)

海宁农业对外综合开发区

【概况】 2015年,海宁市长安镇[海宁农业对外综合开发区、海宁高新技术产业园区(简称高新区)]实现地区生产总值201.08亿元,比上年增长10.67%,实现工业总产值588.3亿元,增长5.2%。销售收入2000万元规模以上企业实现利税32.9亿元,利润19.9亿元。

经济结构不断优化。通过抓产业加速培育成长企业梯队,规模以上企业数达到329个。推进要素改革,完成0.2公顷(3亩)以上609个企业的亩产效益考核,240个企业获评A类以上。“机器换人”完成海宁市下达任务的100.1%,技改投入26.8亿元。“退低进高”完成退低33.33公顷(500亩),进高41.27公顷(619亩)。新增建设用地指标32.67公顷(490亩),盘活存量土地52.6公顷(789亩)。推动金融要素创新聚合,发挥“助保贷”平台作用。全年引进高层人才55人,引进“国家千人”计划和“省千人”计划人才各1人,人才引进支撑产业结构不断优化。

有效投资持续扩大。完成全社会固定资产投资117.8亿元。坚定走兼并重组“零土地”招商之路,将盘活闲置厂房、存量土地、低小散企业作为招商引资的有效载体,引进总投资超1亿美元项目2个(万纬仓储和世纪互联)。实现合同利用外资2.24亿美元、比上年增长6.3%,实际利用外资1.01亿美元;实际到位海宁市外内资30.2亿元,增长11%;狠抓项目开、竣工,全年供地项目开、竣工率均达95%以上,雷曼电梯、维大茵特等海宁市级重大项目进展顺利,元霆金属、长源锦纶、微力电动等项目提前竣工并投产。

社会管理创新加强。推进“清三河”工作,落实“河长制”,完成河道疏浚30.6千米。着力突出科学治水,引进清华长三角研究院对问题河道把脉治理。按时完成黄标车淘汰和重点污染行业整治工作,取缔小锅炉33台,完成14个工业企业污水入网。新增绿化面积约79万平方米,建成区绿地覆盖率达27.1%。深入推进“两网融合”,大力开展“三治建设”,启用“平安通”推进科技化管理水平。落实企业安全生产主体责任,新增规模以上企业安全生产标准化创建率达95%。妥善处置企业欠薪事件,劳动争议调处率100%。

【高新区四个项目获海宁市科技进步奖】 4月29日,海宁市人民政府下发《关于公布2014年度海宁市科学技术奖奖励项目及人员名单的通知》,高新区浙江科峰生物技术有限公司“自动链带式固态发酵反应装置及其自动固态发酵的方法”、浙江特富锅炉有限公司“高效水管锅炉”和“多级余热回收冷凝锅炉”等4个项目获2014年度海宁市科技进步奖。近年来,高新区加强对企业申报国家、省、市各类科学技术、项目的服务,随着企业科技创新意识不断增强,科技创新项目越来越多,技术含量高、附加值高、市场前景广阔的项目实现规模化生产,加快了高新区经济的转型升级步伐。

【高新区人力资源市场化运作启幕】 6月2日,高新区“创新驱动,助企聚才”大型招聘会在高新区人力资源市场开幕,标志着高新区人力资源市场化运作启幕。该市场通过政府购买服务的方式,由嘉兴市恒泰劳务服务有限公司负责运营,自负盈亏。海宁市人社局、高新区人社站负责监管和指导,同时启动嘉杭人才网建设,整合线上线下资源,为本地企业求职者提供优质服务。

【高新区“助保贷”平台开通】 为解决小微企业融资难问题,高新区联合建设银行于2014年底建立“助保贷”平台。2015年6月25日下午,召开“转型发展服务年金融下乡暨建行助保贷合作政策宣讲会”,百润园艺、百事特包装两个企业通过助保贷平台成功获得贷款,标志着助保贷平台正式开通。该平台具有简单、快捷、灵活的特点,有助于小微企业增加技改投入,扩大产出,在市场竞争中抢占先机。

【2015潮博会五项目顺利签约】 9月17日,在2015中国·海宁潮国际博览会上,包括嘉民物流在内的5个重点项目签约落户高新区,注册资本约7.5亿元,总投资14.3亿元。嘉民大中华区开发有限公司投资的嘉民物流项目为行业龙头项目,另外签约的项目分别是恒业包装、电梯配件、汽车转向器3个工业项目及博库文化产业园1个服务业项目。此次签约项目涉及新材料、高端装备制造等新兴产业,将进一步推进经济结构调整和产业转型升级,为经济增长提供新的动力。

【高新区科创中心获市级科技孵化载体】 11月4日,根据海市科局(2015)47号文件精神,海宁高新区科创中心有限公司被认定为海宁市级科技企业孵化载体。海宁高新区科创中心于2012年竣工,总建筑面积15486平方米,配套服务面积504平方米,科技孵化企业占用面积14986平方米。已引进企业12个,入驻企业9个,总注册资金3435万元。其中经海宁市科技局认定科技孵化企业6个,涉及的技术领域有电子信息技术、生物与医药技术、新材料技术、新能源及节能技术等。入驻企业大专以上人数44人。2015年9月,成立海宁高新区科创中心有限公司,完善科创中心管理,主要开展租房、装修、注册等一条龙服务以及孵化企业的日常监管。

（程　溢）

浙江海宁经编产业园区

【概况】 2015年,浙江海宁经编产业园区实现技工贸收入289.95亿元,比上年增长0.2%;实现利税18.54亿元,比上年下降1.4%。其中工业产值158.44亿元,下降4.1%;销售156.09亿元,下降3.5%;利税12.69亿元,下降2.5%;利润6.7亿元,下降8.9%。工业技改投入11.7亿元,增长29%。建筑业产值77.3亿元,销售52.75亿元,利税2.4亿元。服务业实现营业收入81.1亿元,增长10.5%;实现利税3.45亿元,增长6.4%。全年引进亿元以上服务业项目2个、世界500强企业项目1个,实到海宁市外内资11.28亿元,引进海宁市外内资注册资本4亿元,实到外资2945.44万美元,浙商回归项目到位资金6.63亿元,资本回归2.9亿元。

【第六届中国·马桥经编交易会】 5月18～20日,第六届中国·马桥经编交易会在海宁经编产业园区总部商务区举行,设置中国经编总部商城的3000余平方米常驻型展示区和经编总部广场新搭建的3250平方米展示馆,共有69个常驻企业和71个场外企业参展,广东、江苏、新疆等省(区)和义乌、南通、绍兴等地专业市场的2000多名国内外专业采购商前来观展采购。

【第十届中国国际经编设计大赛】 第十届中国国际经编设计大赛于3月正式启动,共收到97

个企业的472份参赛作品。本届大赛适时调整定位,主打面料设计,使大赛更接地气。引领市场时尚风向标、接轨时尚市场和科技市场的最前沿的产品脱颖而出，豪生经编的超柔烂花经编布、宇立新材料的特殊投影材料、科源经编的天然纤维经编产品等都在交易会上集中展出。

【长三角时尚创意设计产学研一体化落地】 8月27日，海宁市与上海市学研工作推进办公室、上海工程技术大学共同签订“长三角时尚创意设计产学研一体化”共建意向书,标志着首个长三角时尚创意设计产学研一体化创新中心落户经编产业园区,同时,上海工程技术大学技术转移中心海宁时尚创意设计工作站也正式启动。工作站一方面帮助高校人才资源和地方企业需求牵线搭桥,另一方面促进高校科技成果转移转化、提升企业创新能力和竞争力。根据意向书,合作方将依托产学研合作的优势,运用“互联网+”和大数据,合作开拓高级订制市场和共建平台,以“科技+艺术”的合作切入点,建立孵化设计师大师工作室,研究开发高级设计定制产品,推动全国的设计创新力量在长三角特别是海宁的时尚创意产业的协同发展。

【入围首批嘉兴市级新经济园】 11月8日，2015嘉兴创新发展投资贸易洽谈会上公布首批11个嘉兴市级新经济园，海宁智慧城榜上有名。海宁智慧城是海宁市首个以现代服务业为主导产业的新经济园,是经编产业园区省级现代服务业集聚示范区的核心区块,由沪浙人力资源服务产业园、上海工程技术大学国际科技园海宁分园、创新型金融中心、工业设计中心、智慧创意中心“两园三中心”组成,主要以人力资本为基本要素,以科技、创意、服务为核心,打造推动经济转型发展的新模式。至年底,海宁智慧城开发建成产业用房13万平方米，拥有注册服务业企业302个，从业人员6837人,实现每公顷营业收入94365万元(亩均营业收入6291万元),每公顷利税4725万元(亩均利税315万元)。

【获得嘉兴市众创空间牌照】 11月8日,在2015嘉兴创新发展投资贸易洽谈会上,海宁苏河汇被嘉兴市人民政府授予嘉兴市首批“众创空间”,成为海宁市唯一一个领到“众创空间”牌照的孵化机构。海宁苏河汇投资管理有限公司(简称“海宁苏河汇”)是上海市首家“众创空间”——上海苏河汇在海宁经编产业园区设立的区域性孵化机构,是上海苏河汇在浙江设立的首个投资公司,旗下设立苏河汇领投基金和苏学堂、苏河投、Family Night等多元化业务版块，分别为不同阶段的创业者提供定制化服务。“众创空间”作为创意、创新、创业、创造的平台，集聚大量具有创造活力的创新创业企业。至年底,海宁苏河汇共孵化和投资20多个优秀项目,其中有字库、兼职库等8个项目入驻海宁苏河汇“众创空间”。

【获评中国经编行业优秀产业集群】 11月27日,由中国针织工业协会主办,中国针织工业协会经编分会、浙江海宁经编产业园区管委会等承办的“新常态、新起点、新思路、新跨越”——中国经编十年变迁系列活动在海宁举行,浙江海宁经编产业园区等5个集群被评为“2005~2015年中国经编行业优秀产业集群”,同时，园区的浙江中天纺检测有限公司获得“2005~2015年中国经编行业推动贡献奖”,浙江海利得新材料股份有限公司、浙江超达经编有限公司获得“2005~2015年中国经编行业竞争力十强企业”,另外,浙江成如旦新能源科技有限公司、浙江高达新材料有限公司等14个企业和9名职工获得荣誉称号。

【楼宇党建亮相媒体】 经编产业园区总部商务楼日渐增多,2015年，商贸科创中心的楼宇也逐一投入使用,越来越多的人走进楼宇创业就业,党员流动随之频繁。为使楼宇内的“口袋党员”、流动党员尽快融入组织,园区党委开展楼宇党建“集中攻坚月”行动,通过拉网式普查,摸清入驻企业党员信息,按楼宇登记造册和协调组建支部,把基层组织从碎片化向区域化转变，抓实抓好楼宇党建基石工程。“楼宇党建”延伸党建触角，方便党员参加组织生活。借助党员微信群、连心论坛、青春沙龙等载体，楼宇党员得以规范组织起来，并开展各种活动。园区的楼宇党建工作得到上级党委和媒体的认可。《浙江日报》、东方网、环球网、中国网等多家媒体给予宣传报道。

【首个城市快递集聚区开工】 5月18日，经编园区与申通快递和圆通快递两个物流企业签约海宁智慧城快递园项目。12月3日，快递园打下第一桩，海宁首个城市快递集聚区项目正式开工。该项目位于园区大都市热电以东，经都七路以西，丰收西路以南，经都四路以北，以电子商务配送与仓储物流为核心业务，总建筑面积6万平方米，总投资1.44亿元。

（朱静贤 李 波）

桐乡经济开发区

【概况】 2015年，桐乡经济开发区实现工业总产值378.57亿元，比上年下降2.4%。新增销售收入2000万元规模以上企业21个，累计157个；新增亿元企业4个，累计42个；新增限额以上服务业7家，累计58家。全区企业缴纳税金215353万元，比上年增长9.5%。其中，工业企业缴纳税金173539万元，增长6.7%；第三产业企业缴纳税金41814万元，增长22.9%。实现利润26.23亿元，增长60.1%，其中工业企业实现利润18.53亿元，第三产企业实现利润7.7亿元。企业实现进口总额159177万美元，增长1.7%；出口总额107979万美元，下降3%。列入区内考核统计的规模以上工业企业132个，实现工业总产值193.8亿元，增长8.2%；完成销售产值183.7亿元，增长3.9%；累计产销率94.8%，新产品产值86.1亿元，新产品产值率44.4%；实现利润16.1亿元，缴纳税金12.8亿元。全年完成全社会固定资产投资43.71亿元，增长15.4%。工业生产性投入34.59亿元，增长22.8%。其中设备投入22.3亿元，占比64%；技改投入28.4亿元，占比82%。完成第三产业投资9.1亿元。

围绕玻纤及复合材料、汽车及零部件、互联网产业进行招商。依托区内巨石集团有限公司、浙江华友钴业股份有限公司、浙江戴德隆翠汽车有限公司、浙江合众新能源汽车有限公司等企业，以企引企，实施产业链招商，形成复合新材料、汽车及零部件两大支柱产业。同时，依托中国·乌镇互联网产业园的建设，引进互联网产业相关项目。全年合同利用外资2.4亿美元，实际利用外资1.98亿美元，引进桐乡市外内资17.14亿元、“浙商回归”资金14.16亿元。

【中国·乌镇互联网产业园建设】 8月，桐乡经济开发区设立中国·乌镇互联网产业园。产业园位于开发区人民路以东、乌镇大道以西地块，规划建设用地1平方千米，计划总投资100亿元。11月14日，桐乡市政府、桐乡经济开发区管理委员会和杭州网新长城科技服务有限公司三方签订中国·乌镇互联网产业园战略合作协议，按照“政府主导，企业专业化运营”的方式，共同打造中国·乌镇互联网产业园。项目遵循“让专业的人做专业的事”的理念，委托网新长城公司为产业园建设、运营，提供战略定位研究、项目品牌推广、开发运营顾问等服务。通过政府搭建平台，企业委托运营，双方通力合作，共同培育、打造互联网产业创新发展试验田。项目采取“整体规划、分步实施”的推进思路，分过渡区、先导区和拓展区三个阶段开发建设。过渡区建筑面积约1万平方米，于8月动工，12月投入使用，用于产业园规划展示、招商管理中心入驻和安排先期企业入驻。先导区于12月18日举行开工奠基仪式，中共中央网络安全和信息化领导小组办公室、国家互联网信息办公室副主任庄荣文，浙江省委常委、宣传部部长葛慧君，嘉兴市委副书记、市长林健东等出席奠基仪式。

【获浙江“智慧园区”示范开发区称号】 6月19日，2015浙商大会暨“互联网+”峰会在杭州举行。大会公布桐乡经济开发区获评2015浙江“智慧园区”示范开发区。近年来,桐乡经济开发区推动企业加大科技和人才投入,鼓励企业建设研发中心,引进技术型人才,加快“机器换人”、智能制造和转型升级的步伐。2015年,规模以上工业企业投入研发经费3亿元,新增各级科技型企业71个、高新技术研发中心28个,新增专利741项(其中发明专利120项)、各类科技项目立项125个。

【戴德隆翠公司拖挂式房车交付使用】 6月4日,浙江戴德隆翠汽车有限公司与秦皇岛碧螺塔旅游开发有限公司在北戴河举行——“风情北戴河·房车新生活”战略合作签署暨房车交车仪式。戴德隆翠公司向河北省北戴河碧螺塔酒吧公园房车营地一次性交付拖挂式房车35辆。交付的房车主要用于碧螺塔滨海四星级房车营地和桃林口山地形五星级房车营地。戴德隆翠公司结合两处营地的气候及环境因素,按照四星级标准及休闲旅游的性质,专门设计“梧桐一号”R19拖挂式房车。该款房车车架采用高强度合金钢镀锌材料,车身采用镁铝合金辊涂工艺,能有效防止盐雾腐蚀。

【海得新能源公司通过DNV GL认证】 9月28日,浙江海得新能源有限公司双馈风冷变流器HD01DF2000AAL,通过国际权威认证机构DNV GL认证,这是国内首个取得DNV GL部件认证证书的变流器生产商。4月,海得新能源公司与DNV GL公司就WINGREEN全系列风电变流器产品签署认证框架协议。此次通过认证的WINGREEN系列中HD01DF2000AAL产品是一款2兆瓦双馈风冷变流器,该产品上市后总销售额6.4亿元。产品能接受主控并网指令实现自动并网,独立控制有功功率和无功功率,满足双馈发电机组变速恒频控制,具有电网故障、雷击、低电压穿越、过电流保护功能。HD01DF2000AAL的认证通过,为其余产品的认证奠定基础。

(王敏媛)

浙江桐乡濮院针织产业园区

【概况】 2015年,浙江桐乡濮院针织产业园区有建成区面积13平方千米,入驻毛衫企业628个。新增销售收入2000万元规模以上企业10个,实现产值2.5亿元,完成“个转企”65个。“两改两创”(股份制改造、技术改造,管理创新、品牌创新)不断深化,实施技改项目60个,新增规模以上企业研发机构14个,获专利授权340个。盘活存量土地22.92公顷(343.8亩),腾退低效土地10公顷(150亩),低效用地再开发12.22公顷(183.3亩)。投入基础设施建设资金1.5亿元,建设道路、桥梁等。工贸大道人行道改造、恒乐路(320国道—富民桥)、宏苑路等路段的改造提升项目顺利推进。绿化提升改造永越大道、濮院大道沿线等主要路段以及320国道等区域,投入资金700万元。5月,国家质检总局和国家认监委联合发文批准成立国家纺织服装产品质量监督检验(浙江桐乡)毛针织品分中心,成为桐乡市首个国家级质检中心。

参与各类招商活动。10月,参加在上海举行的2015“PH Value第一汇”活动,组织8个毛衫企业、3个原创设计工厂和1家专业市场,组成“桐乡濮院毛衫时尚小镇主题馆”,展出羊毛衫、羊绒衫、双面呢大衣等。12月,参加在深圳举行的第十七届深圳国际服装贴牌、纺织面辅料、服饰配件博览会暨第二届深圳原创设计时装周,组织濮院320创意广场、濮院毛衫品牌企业以及濮院轻纺城等单位,组成“濮院毛衫时尚小镇展团”,展出原创设计的濮院毛衫。同时,参加深圳桐乡互联网产业推荐会、上海迪士尼·桐乡项目对接会、余杭梦想小镇·桐乡毛衫时尚小镇交流会等活动。加强与韩国的交流合作,先后与韩国首尔中区区长崔昌植带队的经贸考察团、韩国开放福祉财团、韩国设计师团队进行对接,达成多项合作意向。

【320创意广场成为省级创业孵化示范基地】 12月16日,濮院320创意广场入选第二批省

级创业孵化示范基地，成为桐乡市首个获省级认定的创业孵化示范基地。320 创意广场以“创新引领未来、创意推进转型、创业成就梦想”为指导，整合全社会优质创新资源，开展毛衫设计、品牌策划、文化传播、信息化软件开发、电子商务服务、知识产权服务等高技术服务业，先后入选浙江省科技创业孵化器、浙江省工业设计中心、浙江省大学生校外文创实践教育基地。320 创意广场为入驻企业提供保姆型、导师型、经纪人型服务。保姆型服务是为入驻的创业团队免费提供 100 平方米以下的场所，配备开发设备等；导师型服务是引导创业企业成长，开办创业培训班等；经纪人型服务是每年编制服务指南、技术推广等，开展与企业对接活动。320 创意广场“互联网 + 毛衫设计”助推濮院毛衫产业转型升级，濮院毛衫电子商务公共服务中心启用，服务辐射桐乡市周边乡镇。至年底，320 创意广场使用面积 1.8 万平方米，入驻设计服务类机构 58 个，引进各类设计人才 516 人，其中中级职称 6 人。同时，320 创意广场服务各类企业 4802 个，除桐乡企业外，还为嘉兴市秀洲区，宁波、台州、湖州等地区，江苏省吴江区、张家港市、常熟市等地，以及广东省东莞市、河北省清河县和山东省海阳市等毛衫产业基地提供毛衫款式设计、品牌策划等服务。

【“濮院毛针织”品牌价值 53 亿元】 12 月 12 日，由中央电视台财经频道、中国品牌建设促进会、中国国际贸易促进委员会、中国资产评估协会联合举办的 2015 年中国品牌价值评价信息发布活动在北京举行。此次品牌价值评价中，桐乡市的区域品牌“濮院毛针织”首次入选“2015 年中国品牌价值评价信息发布”名单，品牌价值 53 亿元。“濮院毛针织”品牌价值的评价是依据濮院镇综合实力、濮院毛针织产业基础和产业链等相关数据，根据构建的有形资产、质量、服务、技术创新和无形资产五要素评价模型和指标体系，采用多周期超额收益法或溢价法进行预算，同时引入品牌强度系数，将影响品牌价值的质量指标、技术与市场指标等通过打分换算，最终得到品牌货币价值。

【第二届国际高级服装设计师研修班开班】 6 月，第二届国际高级服装设计师研修班在桐乡市开班。研修班由濮院针织产业园区管委会与浙江欧纬时尚创意有限公司联合主办。桐乡市毛衫设计师协会及理事单位、部分会员企业、濮院毛衫企业、濮院 320 创意广场的 20 名企业代表和服装设计师参加培训。此期研修班分 2 期课程开课，培训 18 天、计 136 课。6 月，第一期课程由意大利籍国际著名设计师，原范思哲总设计师莫拉罗·吉恩·彼亚特罗担任讲师。莫拉罗带领学员到杭州实地考察学习，结合濮院毛衫的设计，讲解毛衫从保暖向时尚转型，从针织向梭织转型的趋势。7 月，由意大利卡莱凯利学院版型师德·拉扎丽·安东妮拉担任讲师，课程侧重高级版型、裁剪、手工制作和成衣制作的实操型练习。7 月 19 日，第二届国际高级服装设计师研修班结业典礼在浙江传媒学院艺术设计学院举行，意大利卡莱凯利学院院长卡莱凯利参加结业典礼，为 8 名学员颁发欧盟成员国承认的意大利卡莱凯利学院结业证书，其他 12 名学员获意大利制造学院的单科培训证书。

【创建毛衫时尚小镇】 6 月，浙江省发改委发布浙江省首批特色小镇创建名单，濮院镇作为“桐乡毛衫时尚小镇”入选。11 月 26 日，时尚产业与城镇化融合新实践——共建桐乡毛衫时尚小镇签约仪式暨世界毛衫博览中心建设高端研讨会在桐乡召开。国务院发展研究中心市场经济研究所所长任兴洲，中国纺织工业联合会副会长夏令敏、顾问陈树津，中纺联产业集群工作委员会秘书长邢冠蕾参加会议。会上，桐乡市政府与中国纺织工业联合会共同签署《共建桐乡毛衫时尚小镇框架协议》，探讨濮院毛衫时尚服饰暨世界毛衫博览中心项目建设方案。濮院毛衫时尚小镇建设项目规划面积 3.5 平方千米，计划 2015 ~ 2017 年总投资 55 亿元，其中 2015 年投资 10 亿元。濮院毛衫时尚服饰暨世界毛衫博览中心建设项目是省级建设项目,与濮院轻纺城、濮院羊毛衫市场提升项目、古镇观光区、生态度假区和时尚文化创意区等项目一并纳入“桐乡毛衫时尚小镇”项目的建设规划。濮院毛衫时尚服饰暨世界毛衫博览中心项目位于濮院针织产业园区,由浙江华新实业集团有限公司投资建设,于2013年4月经省政府批准,列入2013年省级重点建设项目。项目总用地面积约17.07公顷(约256亩),总建筑面积41万平方米,计划总投资20亿元,建造世界毛衫博览中心、时尚产业发布平台、毛衫时尚服饰品牌培育区、毛衫时尚服饰制造升级区。2015年,完成投资2.6亿元,一期工程占地5.6公顷(84亩),建筑面积13万平方米,建成并投入使用,入驻企业65个;二期工程占地5.93公顷(89亩),主体建筑正在建设中;三期工程占地5.53公顷(83亩),计划总建筑面积15万平方米,正在设计规划方案。

【2015中国·濮院国际毛针织服装博览会举行】 5月8~9日,2015中国·濮院国际毛针织服装博览会在濮院镇举行。此届博览会由桐乡市政府主办,濮院镇政府、濮院羊毛衫市场管委会承办,以打造“毛衫之都,时装名城”为主题。中国纺织工业联合会副会长、中国纺织工业联合会流通分会会长夏令敏,中国纺织工业联合会副会长杨纪朝,中国针织工业协会会长杨世滨,中国毛纺织行业协会理事长彭燕丽等出席博览会。博览会期间,举办2015中国·濮院毛针织服装原创设计发布会、体验一次智慧采购之旅——濮院羊毛衫市场采购节、濮院网商大会暨“云濮院”建设启动仪式、中国毛针织服装新生力量论坛、“毛衫与‘势’俱进”——2015濮院设计师大讲堂、濮院轻纺城项目开工奠基仪式、“流光溢彩”——濮院镇书画摄影作品展、“三治合一促发展,争做最美毛衫人”——2014年度濮院羊毛衫市场“三好商户”表彰典礼、悠游濮院·时尚小镇——桐乡时尚休闲购物节启动暨濮院品牌生活馆联盟成立仪式9项活动。

【濮院针织产业园区全面打造电商智慧产业】 2015年,濮院针织产业园区完善电子商务平台建设,创建濮院毛衫电子商务产业基地,成立濮院毛衫电子商务公共服务中心,与阿里巴巴、苏宁等知名电商集团开展合作,成立一系列电商服务平台,推动濮院针织产业园区向电商智慧产业转型升级。9月14日,举办苏宁云商—濮院毛衫战略合作签约仪式,苏宁易购“濮院毛衫馆”正式上线。这是由苏宁易购平台开设的濮院本地优质商家和产品展示销售的官方频道,该平台上线后,濮院将在平台上不定期推送濮院毛衫馆的特色产品,同时也会借助苏宁集团与阿里、万达等合作平台推广入驻企业的相关产品,并在苏宁云店项目中展示和销售濮院优秀毛衫企业的产品。10月28日,桐乡一站通园区举行开园仪式。一站通园区位于濮院物流园区内,租赁面积9500平方米,投资100万元,由南极电商(上海)股份有限公司与桐乡一站通网络科技服务有限公司共同投资成立。通过整合桐乡毛衫供应链大数据,为毛衫企业提供仓库管理、分销、物流配送、资金结算等一站式服务。至年底,入驻的品牌有恒源祥、南极人、波司登、卡帝乐鳄鱼、花花公子、明龙、鹿王、克利雅等国内外知名品牌20多个,淘宝、天猫、京东、唯品会等大型电商企业50多个,近100家供货商、近1000家经销商成为合作伙伴。12月28日,由浙江星网科技有限公司搭建的中国濮院毛针织服装移动互联网平台正式启动。该平台是在“互联网+”模式基础上建立的以“毛针织服装为主题PC端网站—中国毛针织网、移动端APP—指购网、微信端—中毛网微商城”三位一体的专业化、垂直化、细分化的互联网平台,560余家毛针织服装领域的商家、企业及30余名设计师入驻平台。2015年,濮院毛衫产业实现电子商务全年交易额68亿元,被列入第二批浙江省跨境电子商务园区。

(李　昇　张夏啸)

社会经济统计资料

统计示意图

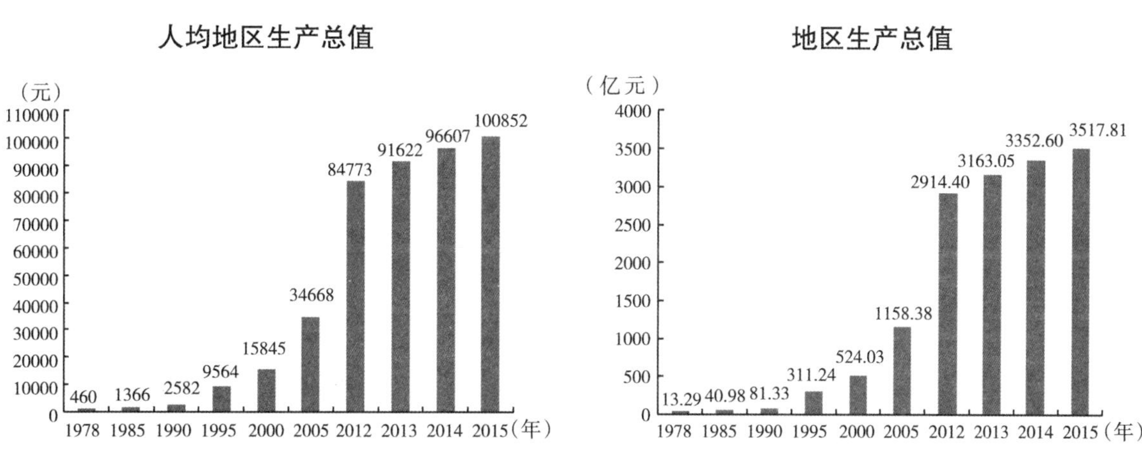

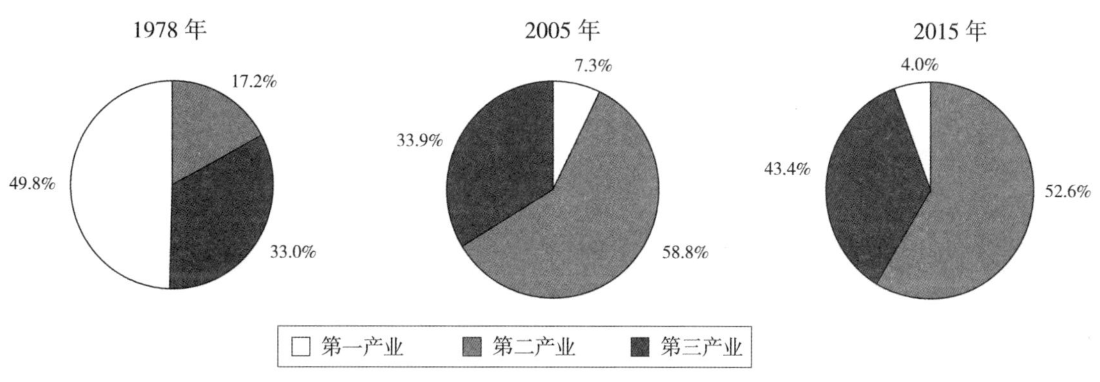

农业增加值

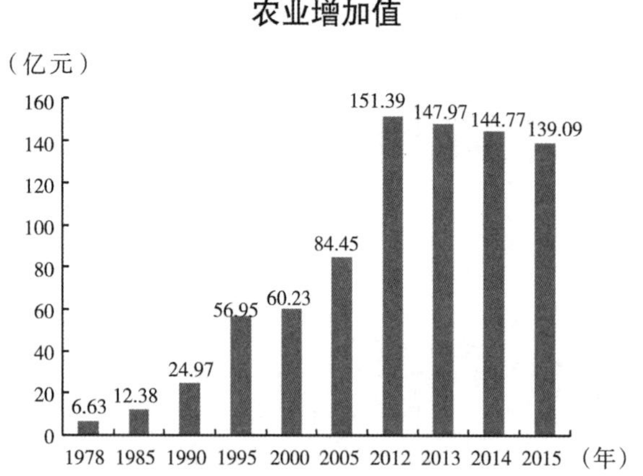

农业发展指数
(1980年为100)

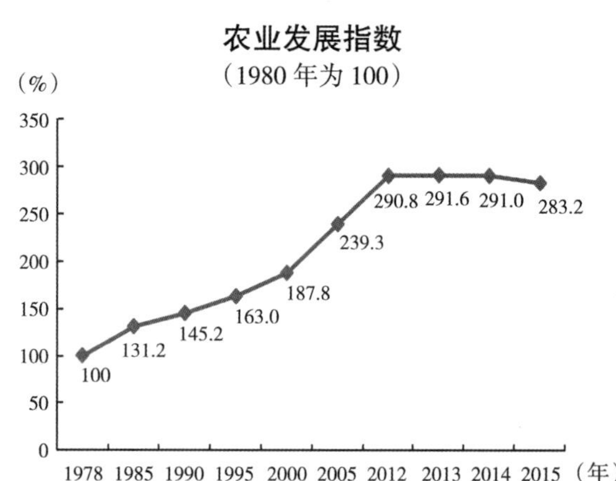

工业增加值

工业增加值发展指数

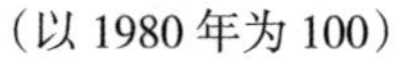

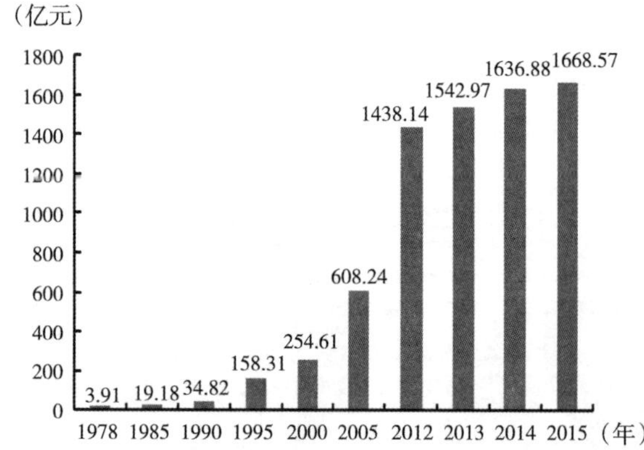

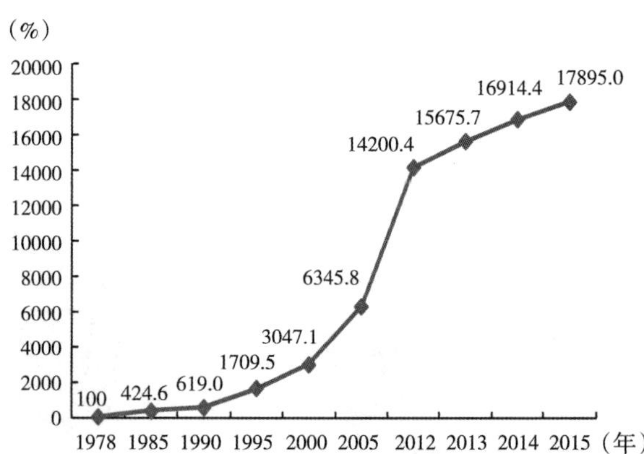

固定资产投资额

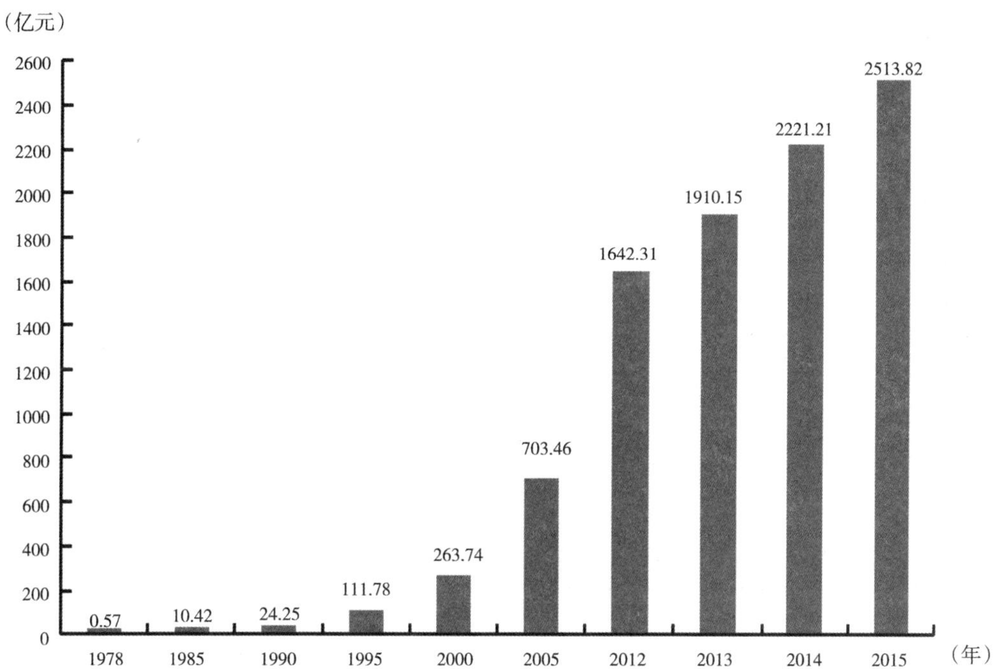

全社会消费品零售总额

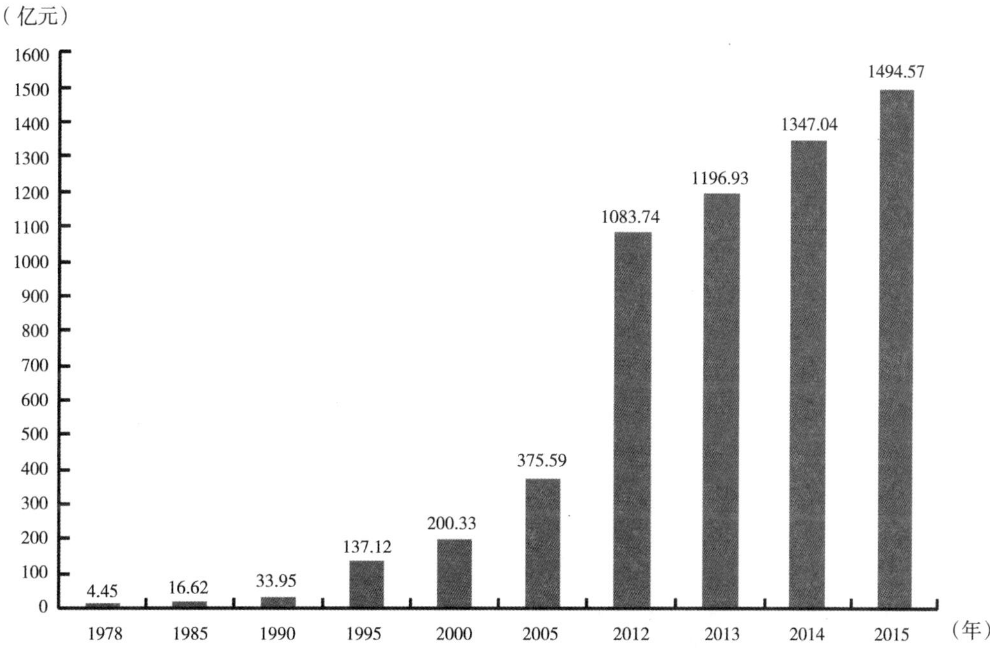

城乡居民人均收入

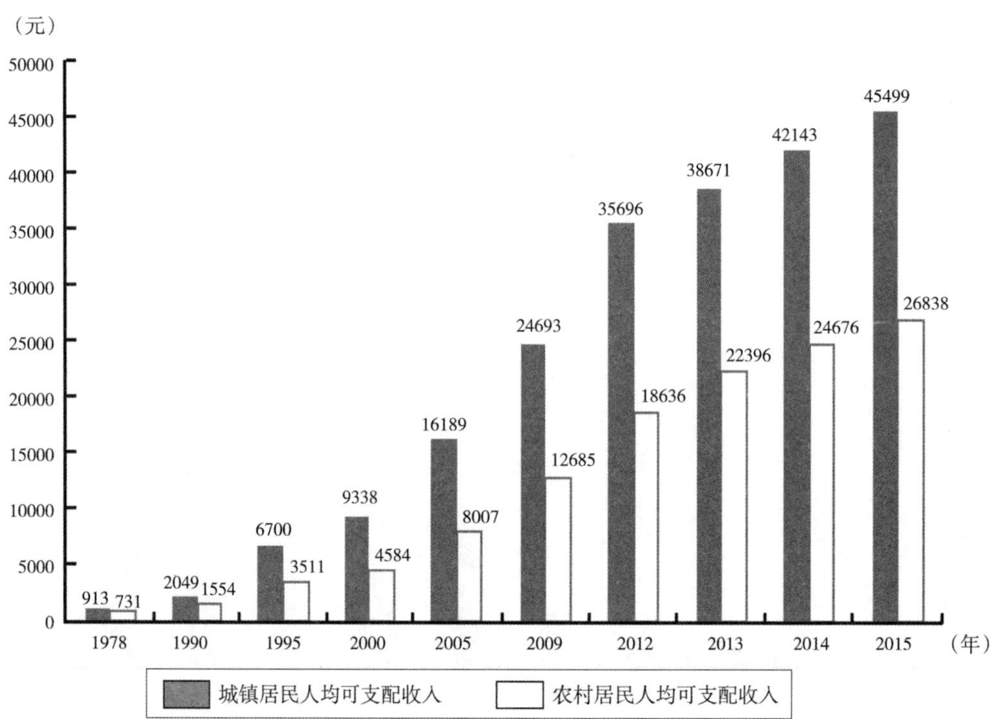

居民消费价格指数

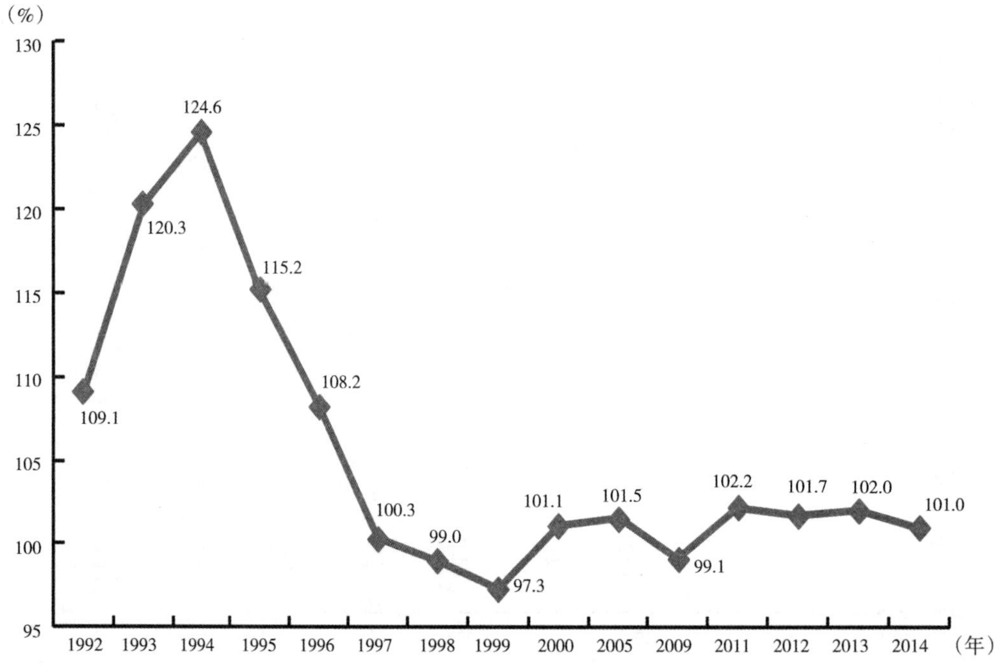

统计表

表 27

全市主要年份国民经济主要指标

指标名称	单位	2006 年	2007 年	2008 年	2009 年	2010 年	2011 年	2012 年	2013 年	2014 年	2015 年
年末总人口	万人	335.55	336.81	338.07	339.60	341.60	343.05	344.52	345.93	348.14	349.48
非农业人口	万人	115.99	120.36	130.14	139.92	146.87	156.36	157.57	159.23	160.98	194.38
地区生产总值	亿元	1345.18	1586.00	1819.78	1919.37	2315.46	2703.90	2914.40	3163.05	3352.60	3517.81
第一产业	亿元	88.17	97.07	105.52	107.51	127.00	142.80	151.39	147.97	144.77	139.09
第二产业	亿元	805.76	947.07	1081.21	1109.77	1337.15	1532.89	1598.34	1708.86	1813.67	1850.68
工业	亿元	721.60	853.41	974.29	982.78	1190.48	1373.67	1438.14	1542.97	1636.88	1668.57
第三产业	亿元	451.25	541.86	633.06	702.09	851.30	1028.21	1164.68	1306.23	1394.17	1528.04
人均生产总值	元	40162	47177	53929	56647	67982	78986	84773	91622	96607	100852
全社会客运量	万人	16878	16503	17167	11674	11955	12160	12343	12579	10780	10068
全社会货运量	万吨	10101	10463	10670	14853	16004	16869	16876	17266	18185	18477
邮电业务总量	万元	473488	528890	597576	664793	705979	775174	825524	873495	854324	824053
社会消费品零售总额	亿元	429.72	501.22	599.61	694.30	799.36	948.57	1083.74	1196.93	1347.04	1494.57
进出口总额	万美元	1265358	1610963	1983273	1720475	2282418	2848425	2874358	3176292	3373431	3108529
出口总额	万美元	917576	1167353	1410421	1234118	1603997	1927151	1960260	2151208	2365087	2292734
新签协议(合同)项目数	个	468	420	242	255	300	260	234	248	246	249
协议(合同)外资金额	万美元	255863	345512	228735	262282	320604	311305	281419	339082	441547	487184
实际利用外资	万美元	122178	166228	135975	133460	160994	172066	178159	220676	249577	268427
接待境外旅游者人数	万人	52.74	61.25	52.96	55.67	66.41	72.14	78.17	65.78	70.66	72.64
全社会用电量	亿千瓦时	181.05	212.89	231.74	250.86	290.52	327.91	351.42	385.45	396.45	413.35
工业用电量	亿千瓦时	149.37	178.16	193.37	208.40	240.90	271.30	289.23	314.46	328.88	339.92
固定资产投资	亿元	800.32	900.04	1006.80	1233.41	1488.26	1488.27	1642.31	1910.15	2221.21	2513.82
财政总收入	万元	1651123	2094362	2521332	2793539	3343272	4160001	4719213	5174915	5680944	6387986
地方财政收入	万元	815470	1052352	1268694	1417039	1768297	2264023	2577319	2823092	3070675	3503450
财政支出	万元	864978	1074227	1359199	1611146	1990633	2406148	2607030	3033633	3349028	4241331
金融机构年末存款余额	亿元	1583.28	1796.09	2186.24	2853.30	3526.61	4075.18	4453.07	5072.69	5513.87	5775.41
金融机构年末贷款余额	亿元	1144.71	1351.54	1603.84	2170.58	2615.92	3038.69	3419.53	3860.03	4393.16	4718.35
市区居民消费价格指数	%	101.2	103.7	105.2	99.1	104.0	105.5	102.2	101.7	102.0	101.0
市区商品零售价格指数	%	101.0	103.4	106.6	98.2	104.0	105.0	101.7	100.7	101.3	100.6
职工工资总额	万元	1488325	1813124	2149705	2302949	2782681	3230244	3512573	3879595	4294623	4778187
职工平均工资	元	22511	25883	29219	31965	36319	42990	48305	53057	58885	66280
农村居民人均可支配收入	元	8952	10163	11538	12685	14365	16707	18636	22396	24676	26838
城镇居民人均可支配收入	元	17828	20128	22481	24693	27487	31520	35696	38671	42143	45499
城乡居民储蓄年末存款余额	亿元	850.43	907.48	1155.38	1376.76	1621.29	1870.56	2144.49	2438.21	2701.58	2949.24
高等学校在校生	人	25540	30173	36832	38932	52351	56821	73228	76561	78716	85542
中等专业学校在校生	人	18961	19230	19419	20816	22446	26331	25287	23613	22837	21529
职业中学在校生	人	24030	24745	24517	25066	28596	27440	26472	24501	22179	20712
普通中学在校生	人	206059	213265	219687	215717	207225	194676	183379	174957	170202	162559
小学在校生	人	254608	247686	236252	224763	225516	233814	230977	226835	245353	245771

续表 27

指标名称	单位	2005 年	2006 年	2007 年	2008 年	2009 年	2010 年	2011 年	2012 年	2013 年	2014 年
卫生机构数	个	715	1445	1365	1370	1376	1364	1343	1340	1374	1411
医院、卫生院	个	148	147	135	119	116	99	94	92	102	104
卫生技术人员	人	15311	16635	19640	21176	22580	23729	25286	26439	28036	29620
医生	人	6341	6827	6957	7525	7865	8046	8458	8837	9280	9837
床位数	张	12062	12484	12929	13697	14927	16272	17992	19412	21038	23214
医院、卫生院	张	11409	11794	12146	12842	14063	14964	16220	17740	19490	21464

表 28

全市生产总值
(1978~2015 年)

单位:亿元

年份	地区生产总值	第一产业增加值	第二产业增加值	其中		第三产业增加值	人均地区生产总值(元)
				工业增加值	建筑业增加值		
1978	13.29	6.63	4.38	3.91	0.47	2.28	460
1979	16.63	8.39	5.52	4.80	0.72	2.73	573
1980	17.80	6.96	7.57	6.62	0.95	3.27	610
1981	19.96	7.78	8.65	7.74	0.91	3.53	680
1982	22.41	8.98	9.45	8.37	1.09	3.98	756
1983	23.27	8.37	10.44	9.37	1.07	4.46	780
1984	30.67	11.33	14.06	12.65	1.41	5.28	1025
1985	40.98	12.38	21.20	19.18	2.03	7.40	1366
1986	47.90	13.64	24.69	21.93	2.76	9.57	1584
1987	57.59	16.66	29.90	26.15	3.75	11.03	1811
1988	72.42	21.73	36.34	31.90	4.44	14.35	2339
1989	79.77	23.71	39.75	34.64	5.11	16.31	2554
1990	81.33	24.97	40.56	34.82	5.74	15.80	2582
1991	91.26	24.93	47.51	40.45	7.06	18.82	2877
1992	113.32	26.30	62.23	53.84	8.39	24.79	3547
1993	168.10	30.88	99.32	89.53	9.78	37.91	5227
1994	236.57	49.67	130.25	118.78	11.46	56.66	7313
1995	311.24	56.95	175.49	158.31	17.18	78.80	9564
1996	369.96	61.43	207.62	189.97	17.64	100.91	11306
1997	408.83	63.45	226.06	204.81	21.26	119.32	12439
1998	433.39	59.71	238.72	214.85	23.88	134.96	13149
1999	460.31	55.37	252.97	227.35	25.62	151.97	13947
2000	524.03	60.23	283.79	254.61	29.18	180.01	15845
2001	586.73	63.26	315.63	282.49	33.13	207.84	17694
2002	677.65	61.23	379.84	340.90	38.94	236.57	20402
2003	823.54	66.04	474.90	424.40	50.50	282.60	24755
2004	1002.41	76.80	588.19	522.88	65.31	337.42	30062
2005	1158.38	84.45	681.32	608.24	73.07	392.61	34668
2006	1345.18	88.17	805.76	721.60	84.16	451.25	40162
2007	1586.00	97.07	947.07	853.41	93.66	541.86	47177
2008	1819.78	105.52	1081.21	974.29	106.91	633.06	53929
2009	1919.37	107.51	1109.77	982.78	126.99	702.09	56647
2010	2315.46	127.00	1337.15	1190.48	146.67	851.30	67982
2011	2703.90	142.80	1532.89	1373.67	159.22	1028.21	78986
2012	2914.40	151.39	1598.34	1438.14	160.20	1164.68	84773
2013	3163.05	147.97	1708.86	1542.97	166.04	1306.23	91622
2014	3352.60	144.77	1813.67	1636.88	177.65	1394.17	96607
2015	3517.81	139.09	1850.68	1668.57	182.98	1528.04	100852

表 29

全市生产总值指数
(1978~2015 年)

单位:%

年份	地区生产总值	第一产业增加值	第二产业增加值	其中		第三产业增加值	人均地区生产总值
				工业增加值	建筑业增加值		
1978	100.0	100.0	100.0	100.0	100.0	100.0	100.0
1979	119.2	113.7	127.1	124.5	147.1	122.0	118.5
1980	124.4	91.6	174.4	172.6	188.6	137.6	123.1
1981	138.8	102.3	198.1	201.2	174.6	146.3	136.3
1982	154.4	116.2	216.5	217.7	207.5	162.4	150.4
1983	158.9	104.8	240.8	246.0	199.4	181.2	153.5
1984	196.1	130.9	302.4	309.5	246.8	208.6	188.8
1985	238.7	131.2	414.3	424.6	331.5	259.9	229.3
1986	278.3	135.1	506.3	516.7	419.3	318.4	265.4
1987	308.6	140.6	585.8	592.7	527.9	338.4	290.8
1988	336.1	144.6	644.9	659.7	527.9	382.4	313.1
1989	317.9	139.8	604.9	612.8	539.0	362.1	293.7
1990	320.8	145.2	612.8	619.0	556.8	348.4	293.9
1991	351.6	139.6	707.2	706.2	684.9	404.5	319.8
1992	415.2	146.4	867.0	896.9	671.8	499.9	374.9
1993	522.4	143.9	1177.2	1281.4	565.3	655.8	468.6
1994	595.8	156.6	1314.3	1436.2	600.7	817.8	531.2
1995	703.2	163.0	1583.9	1709.5	840.1	1000.7	623.3
1996	821.9	169.3	1884.2	2061.3	848.9	1201.6	724.5
1997	902.2	176.1	2063.7	2240.2	1024.9	1362.6	791.8
1998	990.1	174.2	2272.7	2457.8	1179.4	1556.0	866.5
1999	1088.7	179.8	2483.2	2686.8	1280.8	1778.8	951.5
2000	1219.5	187.8	2810.5	3047.1	1416.4	2001.7	1063.7
2001	1365.7	200.3	3170.3	3439.2	1589.2	2251.9	1188.0
2002	1552.3	207.3	3661.0	3971.7	1835.0	2567.2	1348.1
2003	1806.9	217.4	4377.8	4749.6	2193.1	2943.0	1566.7
2004	2096.0	231.9	5143.7	5572.5	2609.2	3412.7	1813.1
2005	2371.7	239.3	5848.8	6345.8	2928.9	3913.3	2047.4
2006	2700.7	248.2	6760.7	7348.2	3335.6	4424.9	2325.8
2007	3093.2	258.2	7779.0	8546.0	3488.7	5118.8	2654.1
2008	3423.2	264.1	8582.2	9470.2	3687.6	5771.8	2926.2
2009	3743.2	272.3	9226.6	10055.7	4447.0	6552.6	3186.6
2010	4257.5	282.1	10637.8	11696.1	4733.7	7383.4	3605.6
2011	4709.2	286.2	11746.4	13102.1	4612.5	8289.5	3968.0
2012	5119.8	290.8	12659.0	14200.4	4706.9	9213.1	4295.7
2013	5595.3	291.6	13914.2	15675.7	4952.8	10080.9	4675.0
2014	6016.2	291.0	14998.6	16914.4	5283.1	10883.4	5000.6
2015	6438.8	283.2	15896.5	17895.0	5704.1	11923.5	5324.6

表 30

全市 2000 万元以上独立核算工业企业主要经济指标
(2006~2015 年)

单位:万元

指标名称	2006 年	2007 年	2008 年	2009 年	2010 年	2011 年	2012 年	2013 年	2014 年	2015 年
企业单位个数(个)	5389	5986	6735	6819	7311	3987	4324	4707	5005	5154
亏损单位个数(个)	635	635	1148	965	734	514	725	665	661	790
工业总产值(当年价)	26890978	33381612	37382586	38639861	51028508	57633603	60395206	68936724	74637540	75695276
工业增加值(当年价)	5864087	7380398	—	—	—	—	—	12735709	14132161	14563399
全部从业人员平均人数(人)	867074	931027	956223	920096	964361	826321	820816	832990	852676	846911
流动资产平均余额	10932570	13490013	16540045	—	—	—	—	—	—	—
年末固定资产原值	16154121	18568822	20510274	23827788	27473122	29885066	33535789	35411805	41499702	45127944
当年固定资产折旧	1037042	1178038	1327553	1521201	1719124	1843819	2094902	2382313	2586975	2806859
固定资产净值平均余额	11670669	13024436	14091818	—	—	—	—	—	—	—
年末资产总计	27143518	32815421	37176078	42200376	50650938	55936423	62975802	69395376	75608191	78905457
流动资产	11895449	14910808	17583249	19690840	25051275	27988421	31482722	35690340	38908657	40128223
固定资产	12538786	14542239	16639070	17415575	19908316	21529396	23447563	24098826	27527998	29080491
年末负债总计	16968680	20094881	22415905	25608014	30352254	33781011	37360294	40930677	44360435	44751656
长期负债	4918089	4997956	4713752	4712829	5985711	5827841	7099084	6918234	7604221	7825694
流动负债	12050589	15096009	17621807	20642489	24156920	26984579	29779328	33538507	36232611	36208460
年末所有者权益	10174839	12720540	14758227	16592362	20298684	22155413	25527630	28406092	31200645	34041726
主营业务收入	26501423	32949819	36063234	37252616	50131182	56098856	59071449	67081113	72327922	71925335
主营业务成本	23247319	28963601	31722719	32402051	43700513	49251622	51852591	58694557	63182399	62041600
管理费用	1052920	1292751	1567339	1691187	2129651	2336619	2613833	2911350	3191794	3492278
财务费用	531506	613439	776468	645505	746636	880733	1161902	1046298	1134821	1191313
利润总额	1239412	1654711	1508820	2029096	3211009	3095176	2793036	3563875	3748437	4029008
亏损企业亏损总额	112512	117837	214716	170992	118696	172537	337479	250249	336517	477574
利税总额	2144227	2796401	2756709	3310027	4827103	5109196	4908591	5912705	6265338	6569653

说明:自 2011 年起,规模以上工业统计划分标准由 500 万元提高为 2000 万元

表 31

市和区、县(市)农业总产值

(2015 年)

单位:万元

指标名称	全市	市区	其中		嘉善县	平湖市	海宁市	海盐县	桐乡市
			南湖区	秀洲区					
农业总产值	2366183	569608	331579	238029	472724	232970	337412	310562	442907
一、种植业	1314018	269364	115796	153568	329379	145288	186533	159868	223586
1.粮食	389748	102777	41399	61379	58779	64295	53804	54584	55509
2.棉花	2097	107	102	4	0	453	892	486	160
3.油料	23581	3787	927	2860	1251	4664	5937	3888	4054
4.麻类	9	0	0	0	0	0	9	0	0
5.糖料	5631	655	498	157	11	119	3661	30	1155
6.烟叶	451	0	0	0	0	0	0	0	451
7.药材	31379	3373	355	3018	0	0	1450	2180	24377
8.桑叶	9330	390	19	371	0	1	1799	1549	5592
9.茶叶	570	0	0	0	0	0	0	570	0
10.蔬菜、瓜类	566201	89798	45255	44543	209361	55931	59198	66712	85201
11.水果	192084	56493	24264	32228	46689	8093	27765	30838	22206
二、林业	14137	1086	907	178	337	1325	3842	4855	2693
三、牧业	636689	197082	158660	38421	75506	30063	83949	98338	151751
1.牲畜繁殖增长增重	434886	180439	150200	30239	60858	24392	42496	74181	52519
2.家禽饲养	73299	8828	5110	3718	6356	2107	14024	21256	20728
3.其他动物饲养	81511	1884	1231	654	23	1021	23278	659	54645
四、渔业	270822	81600	48751	32850	54765	31949	40675	27911	33922
五、农林牧渔服务业	130517	20477	7465	13012	12737	24345	22412	19589	30956

表 32

市和区、县(市)项目投资分行业固定资产投资额

(2015 年)

单位:万元

行　业	全市	市区	其中		嘉善县	海盐县	海宁市	平湖市	桐乡市
			南湖区	秀洲区					
总计	20554047	4742496	2933322	1809174	2325560	3084545	4564575	2255035	3581836
农、林、牧、渔业	302534	117129	81603	35526	7013	30099	59147	46846	42300
采掘业	0	0	0	0	0	0	0	0	0
制造业	10056162	2025991	1113829	912162	1486528	1588979	2024702	1193460	1736502
电力、燃气及水的生产和供应业	1124301	196977	82672	114305	25025	294642	245443	158568	203646
建筑业	2176	0	0	0	0	0	1626	0	550
交通运输、仓储和邮政业	1058462	295343	84063	211280	103031	209247	209359	79138	162344
信息传输、计算机服务和软件业	365337	236312	156237	80075	14312	0	33952	8500	72261
批发和零售业	381539	111537	92342	19195	36011	61679	39550	1977	130785
住宿和餐饮业	161810	20875	20875	0	14655	7155	58974	10610	49541
金融业	128871	76570	76570	0	4270	4318	11893	0	31820
房地产业	2017531	359600	247684	111916	218013	229775	526514	235517	448112
租赁和商务服务业	1275611	268214	242002	26212	22950	88751	676444	109737	109515
科学研究、技术服务和地质勘查业	158760	33394	23640	9754	54906	7848	16572	36431	9609
水利、环境和公共设施管理业	2219680	641882	492455	149427	106779	448091	363262	274143	385523
居民服务和其他服务业	142911	117677	60154	57523	1156	0	9920	8361	5797
教育	387453	89551	53872	35679	13965	16060	197821	29249	40807
卫生、社会保障和社会福利业	243514	43058	37977	5081	14088	11522	61190	4270	109386
文化、体育和娱乐业	331327	88818	52873	35945	111388	41386	19433	40789	29513
公共管理和社会组织	196068	19568	14474	5094	91470	44993	8773	17439	13825

表33

市和区、县(市)限额(500万元)以上项目投资主要指标(2015年)

单位:万元

指标名称	全市	市区	其中		嘉善县	海盐县	海宁市	平湖市	桐乡市
			南湖区	秀洲区					
完成投资	20554047	4742496	2933322	1809174	2325560	2255035	4564575	3084545	3581836
建筑工程	9716927	2222900	1486987	735913	1051858	1078828	2204731	1477795	1680815
安装工程	973279	192045	122724	69321	219665	112334	131514	130242	187479
设备工器具购置	7492016	1506076	746090	759986	985965	895780	1456094	1191857	1456244
其他费用	2371825	821475	577521	243954	68072	168093	772236	284651	257298
按国有控股情况分	20554047	4742496	2933322	1809174	2325560	2255035	4564575	3084545	3581836
国有及国有控股企业投资	6489873	1758329	1253615	504714	282094	854237	1594156	1076102	924955
非国有投资	14064174	2984167	1679707	1304460	2043466	1400798	2970419	2008443	2656881
民间投资	12032171	2545051	1387824	1157227	1671261	1298460	2673889	1454229	2389281
按三次产业分	20554047	4742496	2933322	1809174	2325560	2255035	4564575	3084545	3581836
第一产业	302534	117129	81603	35526	7013	46846	59147	30099	42300
第二产业	11182639	2222968	1196501	1026467	1511553	1352028	2271771	1883621	1940698
第三产业	9068874	2402399	1655218	747181	806994	856161	2233657	1170825	1598838
新增固定资产	16495046	3444233	2112161	1332072	2030135	1419843	4013750	2919711	2667374
施工房屋面积(平方米)	46588600	10484514	8379753	2104761	4320214	5088114	13155926	3733567	9806265
住宅(平方米)	5785772	2276734	2276734	0	65000	411242	2106359	926437	0
竣工房屋面积(平方米)	10621026	1606512	1446009	160503	1529237	611851	3017939	847851	3007636
住宅(平方米)	1135222	135581	135581	0	65000	151067	577374	206200	0
竣工房屋价值	0	0	0	0	0	0	0	0	0
住宅	0	0	0	0	0	0	0	0	0
施工项目(个)	5592	1273	711	562	682	480	1371	682	1104
新开工项目(个)	3667	684	398	286	564	327	907	393	792
投产项目(个)	3866	751	412	339	532	289	977	475	842
本年资金来源合计	20840156	5391405	3401231	1990174	2326256	2326663	4120870	3148039	3526923
上年末结余资金	1174748	524805	408278	116527	150	71577	406717	168319	3180
本年资金来源小计	19665408	4866600	2992953	1873647	2326106	2255086	3714153	2979720	3523743
国家预算内资金	966370	383153	239143	144010	17712	89534	62450	349805	63716
国内贷款	1408154	446568	378382	68186	5013	303992	367915	224560	60106
债券	0	0	0	0	0	0	0	0	0
利用外资	914581	369404	349225	20179	386385	29500	4260	115597	9435
自筹资金	16022363	3447989	1808185	1639804	1911385	1827978	3223778	2223098	3388135
其他资金来源	353940	219486	218018	1468	5611	4082	55750	66660	2351
本年各项应付款合计	1852198	129161	88917	40244	16414	323073	894397	376813	112340

表 34

全市利用外资情况
（2006~2015 年）

年　　份	利用外资协议(合同)		实际利用外资（万美元）
	项目(个)	金额（万美元）	
2006	468	255863	122178
2007	420	345512	166228
2008	242	228735	135975
2009	255	262282	133460
2010	300	320604	160994
2011	260	311305	172066
2012	234	281419	178159
2013	248	339082	220676
2014	246	441547	249577
2015	249	487184	268427
市区	74	149038	94498
南湖区	25	32224	23044
秀洲区	25	46109	22516
嘉善县	45	76286	44674
平湖市	36	46142	35763
海宁市	42	111538	44533
海盐县	20	53510	15362
桐乡市	32	50670	33597

表 35

分地区预算内财政支出情况
（2015 年）

单位:万元

指标名称	全市	市区	嘉善县	平湖市	海宁市	海盐县	桐乡市
合计	4241331	1467438	438914	538324	765612	400298	630745
一般公共服务	384150	125816	47746	57567	68329	30587	54105
外交	—	—	—	—	—	—	—
国防	5191	1334	86	904	1201	838	828
公共安全	265938	89647	34365	34021	45759	20792	41354
教育	888079	210146	92227	126855	185198	110987	162666
科学技术	163574	46463	20641	18457	33130	19241	25642
文化体育与传媒	91077	23525	11626	11130	21368	8698	14730
社会保障和就业	276903	104563	27658	39186	44411	23732	37353
医疗卫生	274835	68302	35930	36682	51773	31170	50978
节能环保	155136	60372	11621	8311	33399	11669	29764
城乡社区事务	559538	251033	47174	82129	73812	32204	73186
农林水事务	541536	204053	56957	50361	87840	59826	82499
交通运输	254900	127607	24891	10979	31704	31103	28616
资源勘探电力信息等事务	175572	90154	6688	36777	30539	3203	8211
其他支出	25760	10592	8805	1506	1948	1174	1735

表 36

分地区预算内财政收入情况
(2015 年)

单位:万元

指标名称	全市	市区	嘉善县	平湖市	海宁市	海盐县	桐乡市
合计	6387986	1927904	669084	983433	1211194	593665	1002706
上划中央收入合计	2884536	843254	313578	477653	519973	277377	452701
增值税	1840040	497034	203455	359904	328920	177198	273529
消费税	28140	65316	3654	–45738	987	2974	947
企业所得税	768860	193878	78688	136812	144158	77562	137762
个人所得税	247496	87026	27781	26675	45908	19643	40463
地方级收入	3503450	1084650	355506	505780	691221	316288	550005
税收收入	3178304	962460	322635	461303	643457	289664	498785
增值税	613346	165678	67818	119968	109640	59066	91176
营业税	822132	266232	83786	106693	169404	71101	124916
企业所得税	512574	129252	52459	91208	96105	51708	91842
个人所得税	164995	58017	18520	17783	30605	13095	26975
城市维护建设税	214125	68999	19778	33230	38713	23528	29877
城镇土地使用税	122990	34106	17446	20093	20356	10505	20484
印花税	70660	24826	6094	10829	13439	6081	9391
耕地占用税	61660	20570	2891	3759	23487	1376	9577
契税	162227	53556	19117	15242	28031	19014	27267
其他各税收入	433595	141224	34726	42498	113677	34190	67280
非税收入	325146	122190	32871	44477	47764	26624	51220
专项收入	313347	108668	33437	43637	46208	34877	46520
行政事业性收费收入	8434	3153	1008	599	599	1196	1879
罚没收入	73250	25871	5175	13580	11026	8030	9568
国有资本经营收入	–79331	–19500	–8960	–15000	–10505	–18366	–7000
国有资源有偿使用收入	7212	3844	446	1660	436	573	253
其他收入	2234	154	1765	1	0	314	0

表 37

市区城市公用事业基本情况
(2006~2015 年)

指标名称	单位	2006 年	2007 年	2008 年	2009 年	2010 年	2011 年	2012 年	2013 年	2014 年	2015 年
城镇建成区面积	平方千米	73.12	78.50	83.50	88.08	93.61	98.59	103.82	108.52	111.79	115.78
供水管道长度	千米	606.0	679.0	701.5	749.1	762.0	783.0	883.0	900.0	995.0	1051.0
水厂生产能力	万吨 / 日	36.70	49.09	44.05	49.05	49.05	54.00	71.80	70.50	70.50	75.50
年供水总量	万吨	7374	8355	7687	7879	11282	10587	11685	12178	11594	11050
生活用水	万吨	2362	2249	1756	2053	2036	2379	2614	2722	2867	3126
用水人口	万人	34.47	55.74	55.97	66.81	68.34	74.41	77.27	80.87	86.59	84.99
人均生活用水量	升 / 人日	300.26	198.69	160.56	155.79	152.25	161.90	170.66	168.66	159.86	170.81
实有公共汽车	辆	657	792	889	921	1006	1017	1042	1025	1007	1038
营运线路长度	千米	440	526	347	913	1486	1344	1414	1527	1561	1550
公共汽车客运总量	万人次	6650	7349	7556	7141	8680	10126	10341	9176	9870	8790
实有铺设道路面积	万平方米	848	916	1029	1050	1196	1300	1371	1438	1493	1568
平均每人占有道路	平方米 / 人	24.60	16.43	18.38	15.71	17.50	17.47	17.74	17.74	17.12	18.32
实有桥梁	座	276	365	401	428	453	473	486	491	495	525
实有排水管道长度	千米	536	625	780	823	727	736	795	852	877	921
生活垃圾清运量	万吨	19.7	22.87	16.10	16.9	18.36	21.5	22.42	25.27	28.94	33.39
建成区园林绿地面积	公顷	2602	2899	3128	3373	3629	4251	4379	4570	4440	4638
园林绿化覆盖面积	公顷	3533	3966	4213	4489	4665	4911	5190	5403	5659	5896
建成区绿化覆盖率	%	37.95	39.45	39.92	40.69	41.09	43.12	42.18	42.11	42.94	43.33
每人占有公共绿地	平方米 / 人	11.78	10.06	11.18	12.60	12.92	13.41	13.64	13.50	13.34	14.05
公园面积	公顷	365	455	487	679	709	798	847	873	921	936
实有路灯	万盏	3.20	3.40	3.73	4.06	4.37	4.51	4.61	4.87	5.27	6.03

表 38

分地区金融机构人民币存贷款情况
(2015 年)

单位:万元

指标名称	全市	市区	嘉善县	平湖市	海宁市	海盐县	桐乡市
一、各项存款合计	57754133	20095177	5642582	6864322	11097476	4638390	9416187
住户存款	29492383	8413328	3297091	3581897	5876657	2671246	5652164
非金融企业存款	17421437	6968105	1296732	1969673	3690796	1193383	2302747
广义政府存款	9646639	3805010	985614	1234227	1474600	743017	1404170
非银行业金融机构存款	1066410	868491	29724	51147	42040	27272	47736
境外存款	127264	40242	33420	27377	13383	3471	9370
二、各项贷款合计	47183455	16153806	4187314	5227195	8884792	4917414	7812934
住户贷款	11375471	3924606	1295185	1113543	2161611	699160	2181365
非金融企业及机关团体贷款	35802391	12227589	2889879	4113408	6723005	4218254	5630255
非银行业金融机构贷款	0	0	0	0	0	0	0
境外贷款	5594	1611	2250	243	176	0	1314

表 39

全市总户数和总人口数
(2006~2015 年)

年 份	总户数(万户)	总人口数(万人)	按性别分		按户口性质分	
			男性(万人)	女性(万人)	农业人口(万人)	非农业人口(万人)
2006	101.05	335.55	166.96	168.59	219.56	115.99
2007	101.75	336.81	167.38	169.44	216.46	120.36
2008	102.40	338.07	167.81	170.25	207.93	130.14
2009	102.83	339.60	168.33	171.27	199.68	139.92
2010	103.20	341.60	169.07	172.53	194.73	146.87
2011	103.63	343.05	169.58	173.47	186.69	156.36
2012	103.91	344.52	170.09	174.43	186.95	157.57
2013	104.33	345.93	170.61	175.32	186.70	159.23
2014	104.96	348.14	171.52	176.61	187.16	160.98
2015	105.81	349.48	171.96	177.51	155.10	194.38
市区	28.73	87.13	42.93	44.20	33.29	53.84
南湖区	17.37	49.15	24.30	24.84	12.54	36.61
秀洲区	11.36	37.99	18.63	19.36	20.75	17.23
嘉善县	12.55	38.75	19.08	19.67	22.70	16.05
平湖市	14.87	49.15	24.06	25.09	24.90	24.25
海宁市	18.67	67.65	33.17	34.48	26.30	41.35
海盐县	12.24	37.90	18.69	19.20	18.55	19.34
桐乡市	18.75	68.90	34.03	34.87	29.35	39.55

表 40

全市人口变动情况
(2006~2015 年)

年 份	出 生		死 亡		自然增长率(‰)	迁入人口(人)	迁出人口(人)
	人数(人)	出生率(‰)	人数(人)	死亡率(‰)			
2006	22849	6.82	22443	6.70	0.12	38768	28241
2007	22348	6.65	22959	6.83	–0.18	39027	26303
2008	21914	6.49	23432	6.94	–0.45	37689	23845
2009	22993	6.79	23398	6.91	–0.12	37003	21733
2010	26572	7.80	24303	7.14	0.67	39261	21792
2011	24901	7.27	23742	6.94	0.34	35655	22489
2012	29903	8.70	25133	7.31	1.39	27968	17587
2013	28230	8.18	23972	6.94	1.23	27507	17373
2014	34618	9.98	23724	6.84	3.14	29479	17945
2015	28362	8.13	25264	7.24	0.89	23042	10985
市区	7459	8.60	5994	6.91	1.69	10175	3298
南湖区	4328	8.84	3371	6.88	1.95	6025	2444
秀洲区	3131	8.29	2623	6.94	1.34	4150	854
嘉善县	2617	6.75	2994	7.73	–0.97	1879	1285
平湖市	3703	7.54	3726	7.58	–0.05	2035	1486
海宁市	5522	8.18	4802	7.11	1.07	3826	1737
海盐县	3259	8.61	2721	7.19	1.42	1790	1545
桐乡市	5802	8.43	5027	7.31	1.13	3337	1634

表 41

全市分行业城镇单位职工平均工资
（2010~2015 年）

单位：元 / 人

行　　业	2010 年	2011 年	2012 年	2013 年	2014 年	2015 年
总计	36319	42990	48305	53057	58885	66280
一、按企业、事业、机关分						
企业	32165	38488	43421	47824	53452	59434
事业	55915	63273	69772	75558	83696	98912
机关	74148	86180	93534	100658	103720	116581
二、按行业分						
农、林、牧、渔业	26969	25010	29343	34427	37194	36721
制造业	28461	34093	38866	43378	48747	53214
电力、煤气及水的生产和供应业	102785	116288	88355	91634	103586	112408
建筑业	26847	34242	42332	44244	43041	67149
交通运输、仓储和邮政业	45376	50105	55223	56707	61320	65202
信息传输、软件和信息技术服务业	78594	71496	82596	74948	86118	92194
批发与零售业	31447	42368	46602	51471	55690	58034
住宿和餐饮业	23827	29008	32174	35349	39261	42732
金融业	97242	113302	124735	121799	128686	140313
房地产业	34502	42460	44607	50596	54650	60581
租赁与商务服务业	29307	32697	63616	67090	72717	76483
科学研究、技术服务与地质勘查业	47933	57138	59374	64468	74615	87879
水利、环境和公共设施管理业	27675	34050	37984	43322	47162	53187
居民服务和其他服务业	32134	39233	41440	52943	70000	73913
教育	54402	60314	66043	70564	77769	93627
卫生、社会保障和社会福利业	58840	65761	72736	79427	88315	100423
文化、体育与娱乐业	53983	56276	58041	64856	71033	77304
公共管理与社会组织	67985	77950	84684	91001	94922	107177

表 42

全市分行业社会消费品零售总额
（2006~2015 年）

单位：万元

年份	社会消费品零售总额		按行业分				
		其中：城镇零售额	批发零售贸易业	住宿餐饮业	制造业	其他	其中：农业生产者
2006	4323735	2392430	3679032	471551	—	173152	—
2007	5058651	2820898	4286222	588194	—	184236	—
2008	6070139	3397379	5229618	644064	—	196457	—
2009	6942960	3899810	5927886	821923	—	193150	—
2010	7993625	—	7142900	850725	—	—	—
2011	9485671	—	8480005	1005666	—	—	—
2012	10837443	—	9716511	1120932	—	—	—
2013	11969340	—	10771748	1197592	—	—	—
2014	13470432	—	12153528	1316904	—	—	—
2015	14945749	—	13455406	1490343	—	—	—

表 43

全市城镇居民家庭基本情况
(2006~2015 年)

指标名称	单位	2006 年	2007 年	2008 年	2009 年	2010 年	2011 年	2012 年	2013 年	2014 年	2015 年
调查户数	户	570	570	650	650	650	650	650	1019	1005	1000
平均每户家庭人数	人	2.75	2.71	2.71	2.67	2.65	2.71	2.74	3.09	3.12	3.18
有收入者人数	人	2.11	2.11	2.02	2.03	2.05	2.06	2.09	2.43	2.46	2.47
离退休人数	人	0.50	0.50	0.49	0.52	0.53	0.44	0.48	0.46	0.50	0.58
无收入者人数	人	0.64	0.60	0.69	0.64	0.60	0.65	0.64	0.66	0.66	0.71
平均每户就业人数	人	1.57	1.55	1.48	1.47	1.46	1.56	1.57	2.03	2.05	2.04
平均每户就业面	%	57.09	57.20	54.61	55.06	55.09	57.56	57.30	65.67	65.79	64.15
平均每一就业者负担人数	人	1.76	1.75	1.83	1.82	1.82	1.74	1.75	1.52	1.52	1.56
人均可支配收入	元	17828	20128	22481	24693	27487	31520	35696	38671	42143	45499
消费性支出	元	11887	12379	14346	15361	16559	19535	21720	21105	23032	25544
食品	元	4219	4713	5182	5178	5444	6712	7159	6348	7001	7662
衣着	元	1057	1121	1282	1312	1444	1962	1998	1455	1547	1645
家庭设备用品及服务	元	684	654	803	710	963	1135	1282	1348	1469	1563
医疗保健	元	786	858	904	998	899	1058	1087	1454	1587	1662
交通和通信	元	1595	1558	2197	2982	3350	3754	4853	3700	3991	4828
娱乐文教服务	元	1824	2031	2245	2217	2532	2851	2862	2125	2394	2732
居住	元	1328	1033	1240	1454	1387	1427	1699	4129	4434	4820
杂项商品和服务	元	394	411	494	510	539	635	781	546	608	633

表 44

全市农村居民抽样调查基本情况
(2006~2015 年)

指标名称	单位	2006 年	2007 年	2008 年	2009 年	2010 年	2011 年	2012 年	2013 年	2014 年	2015 年
调查户数	户	1720	1720	1800	1800	1800	1800	1800	835	851	821
常住人口	人	6708	6727	7013	6990	6997	7189	7163	3033	3228	3082
人均可支配收入	元	8952	10163	11538	12685	14365	16707	18636	22396	24676	26838
人均总收入	元	12192	14064	16527	17374	20377	25024	25938	—	—	—
人均总支出	元	9746	11255	13393	13994	16013	19951	21336	—	—	—
生活费用总支出	元 / 人	6197	6894	7811	8533	9274	10707	12326	13443	16163	17522
年末生活房屋面积	平方米 / 人	65	66	67	69	69	71	72	72	72	72

表 45

长江三角洲地区主要经济指标（省内）
（2015 年）

指标名称	单位	杭州	宁波	嘉兴	湖州	绍兴	舟山	台州
年末总人口	万人	723.55	586.57	349.48	263.71	443.11	97.36	597.49
年末单位从业人数	万人	288.56	166.83	80.91	50.06	138.63	45.60	101.11
生产总值	亿元	10050.21	8003.61	3517.81	2084.26	4465.97	1092.85	3553.85
第一产业	亿元	287.95	284.68	139.09	122.60	198.94	111.01	229.75
第二产业	亿元	3909.01	4098.22	1850.68	1021.05	2252.87	449.63	1567.65
工业	亿元	3497.83	0.36	1668.57	920.47	1957.29	356.17	1339.56
第三产业	亿元	5853.25	3620.71	1528.04	940.60	2014.15	532.21	1756.45
城市居民人均可支配收入	元	48316	47852	45499	42238	46747	44845	43266
城市居民人均消费性支出	元	33818	29645	25544	26815	28156	30128	28892
居民消费价格指数（上年为 100）	%	101.8	101.8	101.0	101.0	101.2	101.2	100.8
固定资产投资额	亿元	5556.32	4506.58	2513.82	1402.64	2582.84	1134.76	1996.03
财政预算内收入	亿元	2238.75	2072.63	638.80	327.82	602.19	159.59	539.78
地方财政收入	亿元	1233.88	1006.41	350.35	191.31	362.89	112.72	298.02
地方财政支出	亿元	1205.48	1252.64	424.13	273.74	421.41	239.65	457.21
金融机构存款余额	亿元	29003.07	15400.24	5775.41	3034.64	6820.96	1694.26	6188.65
城乡居民存款余额	亿元	7507.09	5302.84	2949.24	1548.15	3113.03	661.61	3145.48
金融机构贷款余额	亿元	22395.29	14966.92	4718.35	2509.83	5947.21	1458.38	5429.60
全年用电量	亿千瓦时	646.38	585.07	413.35	198.91	366.25	46.03	252.75
工业用电量	亿千瓦时	407.02	434.90	339.92	151.16	293.97	23.45	167.79
当年实际利用外资	亿美元	71.13	42.34	26.84	9.42	9.42	0.78	1.16
出口总值	亿美元	500.67	713.73	229.27	88.55	271.42	61.85	188.29
社会消费品零售额	亿元	4697.23	3349.63	1494.57	963.92	1621.06	415.52	1826.68

表 46

长江三角洲地区主要经济指标(省外)
(2015 年)

指标名称	单位	苏州	无锡	常州	南京	南通	扬州	镇江	泰州	上海
年末总人口	万人	667.01	480.90	370.85	653.40	766.77	461.12	271.67	507.85	1433.62
年末单位从业人数	万人	—	—	—	—	—	—	—	—	—
生产总值	亿元	14504.07	8518.26	5273.15	9720.77	6148.40	4016.84	3502.48	3687.90	24964.99
第一产业	亿元	215.71	137.72	146.55	232.39	354.90	241.86	132.89	218.93	109.78
第二产业	亿元	7045.12	4197.43	2516.04	3916.77	2977.53	2012.10	1726.96	1811.04	7940.69
工业	亿元	6490.44	3837.28	2269.99	3395.26	2453.38	1749.58	1588.95	1565.28	7109.94
第三产业	亿元	7243.24	4183.11	2610.56	5571.61	2815.97	1762.88	1642.63	1657.93	16914.52
城市居民人均可支配收入	元	50390	45129	42710	46104	36291	32946	38666	34092	52962
城市居民人均消费性支出	元	31136	29466	25358	27794	23680	19780	22859	21008	36946
居民消费价格指数(上年为100)	%	101.6	101.8	101.6	102.0	101.8	101.7	101.5	101.7	102.4
固定资产投资额	亿元	5965.44	4888.55	3398.97	5425.98	4376.03	2856.82	2541.07	2693.75	6352.70
财政预算内收入	亿元	2875.02	1422.84	754.45	2008.96	945.77	515.18	442.49	488.50	—
地方财政收入	亿元	1560.76	830.00	466.28	1020.03	625.64	336.75	302.85	316.56	5519.50
地方财政支出	亿元	1527.17	821.86	485.33	1045.57	748.97	442.78	348.73	429.90	6191.56
金融机构存款余额	亿元	23659.10	12710.45	7438.68	25887.77	9659.15	4719.40	3969.11	4441.70	98266.49
城乡居民存款余额	亿元	7358.04	4639.66	3193.77	5535.53	5115.51	2376.68	1741.48	2242.46	—
金融机构贷款余额	亿元	19200.10	9332.27	5354.58	18217.80	5997.24	3095.77	2982.60	3228.08	48090.75
全年用电量	亿千瓦时	1311.72	600.50	408.04	495.18	349.19	211.50	216.27	227.46	1405.55
工业用电量	亿千瓦时	1074.20	472.24	325.49	300.54	253.05	152.49	165.33	172.53	787.02
当年实际利用外资	亿美元	60.00	32.02	17.21	33.35	23.16	8.48	13.05	10.66	184.59
出口总值	亿美元	1814.59	422.32	212.56	315.03	228.26	77.11	68.73	63.77	1969.69
社会消费品零售额	亿元	4461.62	2847.61	1990.45	4590.17	2379.46	1236.96	1113.71	1001.64	10055.76

表 47

各县(市、区)单位 GDP 能耗等指标
(2015 年)

地　区	单位 GDP 能耗(吨标准煤 / 万元)	单位 GDP 能耗增长(%)	单位 GDP 电耗增长(%)	单位工业增加值能耗增长(%)
嘉兴市	0.54	-3.9	-2.50	-0.58
南湖区	0.52	-2.3	-2.74	-1.36
秀洲区	0.68	-3.7	-1.02	4.54
嘉善县	0.49	-5.2	-7.02	0.90
海盐县	0.68	-4.0	-3.76	0.44
海宁市	0.47	-3.7	-5.07	-0.48
平湖市	0.45	5.7	11.25	-5.87
桐乡市	0.62	-2.9	-1.42	-3.35
嘉兴经济技术开发区	—	-6.2	—	7.00
嘉兴港区	—	—	—	-0.46

文件选编

规范性文件

嘉兴市区国有土地上房屋征收与补偿办法

（嘉兴市人民政府 2015 年 5 月 29 日发）

第一章　总则

第一条　为规范国有土地上房屋征收与补偿活动，维护公共利益，保障被征收房屋所有权人（以下简称被征收人）的合法权益，根据《国有土地上房屋征收与补偿条例》（国务院令第 590 号）和《浙江省国有土地上房屋征收与补偿条例》（浙江省人民代表大会常务委员会公告第 14 号）等有关规定，结合市区实际，制定本办法。

第二条　在本市市区（南湖区、秀洲区行政区域内）国有土地上，因公共利益需要实施房屋征收与补偿，适用本办法。

第三条　房屋征收与补偿应当遵循“决策民主、程序正当、补偿公平、结果公开”的原则。

第四条　市规划建设行政主管部门是嘉兴市国有土地上房屋征收与补偿部门（以下简称市房屋征收部门），负责对嘉兴市国有土地上房屋征收与补偿工作的指导，下设市房屋征收与补偿管理机构，承担房屋征收与补偿管理的具体工作。

南湖区、秀洲区人民政府负责行政区域内国有土地上房屋征收与补偿工作。

南湖区、秀洲区人民政府确定的房屋征收部门（以下简称区房屋征收部门），负责组织实施行政区域内的房屋征收与补偿工作；涉及嘉兴经济技术开发区（国际商务区）管辖范围内国有土地上房屋征收与补偿的具体工作由嘉兴经济技术开发区（国际商务区）负责。

第五条　市房屋征收部门的主要职责是：

（一）拟定市区房屋征收与补偿的有关政策；

（二）会同有关部门编制年度房屋征收计划；

（三）负责对房屋征收补偿标准的执行、征收补偿信息公开等房屋征收与补偿实施工作的指导；

（四）负责对区房屋征收部门拟定的征收补偿方案备案；

（五）负责对区房屋征收、补偿决定的备案；

（六）负责对房屋征收与补偿工作人员进行业务培训考核；

（七）负责对房屋征收与补偿情况的统计分析和汇总；

（八）承担其他与房屋征收与补偿相关的工作。

第六条　区房屋征收部门的主要职责是：

（一）组织对征收范围内房屋的权属、区位、用途、建筑面积等情况进行调查登记，并在房屋征收范围内公布调查结果；

（二）提请同级人民政府组织相关部门依法对未经产权登记和所有权人不明确的房屋进行调查、认定和处理；

（三）拟定房屋征收补偿方案；

（四）具体组织对房屋征收进行社会稳定风险

评估；

（五）拟定房屋征收、补偿决定；

（六）按规定提请同级人民政府常务会议讨论房屋征收决定；

（七）书面通知有关部门暂停办理房屋征收范围内的相关手续；

（八）与被征收人签订征收补偿协议；

（九）协助管理行政区域内房屋征收补偿资金的使用；

（十）依法建立房屋征收补偿档案，并将分户补偿情况在房屋征收范围内向被征收人公布；

（十一）会同有关部门编制年度房屋征收计划；

（十二）负责统计行政区域内房屋征收与补偿工作数据；

（十三）承担其他与房屋征收与补偿相关的工作。

第七条　区房屋征收部门可以委托房屋征收实施单位承担房屋征收与补偿的具体工作。

房屋征收实施单位不得以营利为目的，其实施房屋征收与补偿工作所需经费由财政予以保障。

区房屋征收部门对房屋征收实施单位在委托范围内实施的房屋征收与补偿行为负责监督，并对其行为后果承担法律责任。

第八条　发展改革、公安、财政、国土资源、环保、规划建设、文物保护、监察、审计、市场监管、综合执法、法制等有关部门应当依照本办法规定和各自的职责分工，互相配合，保障房屋征收与补偿工作的顺利进行。

第九条　上级人民政府应当加强对下级人民政府房屋征收与补偿工作的监督。

市规划建设行政主管部门应当会同市财政、国土资源、发展改革等有关部门，加强对房屋征收与补偿实施工作的指导。

监察机关应当加强对参与房屋征收与补偿工作的人民政府、有关部门或者单位及其工作人员的监察。审计机关应当及时对征收补偿费用管理和使用情况予以审计，并公布审计结果。

任何组织和个人对违反本办法规定的行为，都有权向有关人民政府、房屋征收部门和其他有关部门举报。接到举报的有关人民政府、房屋征收部门和其他有关部门对举报内容应当及时核实、处理。

第二章　征收决定

第十条　为了保障国家安全、促进国民经济和社会发展等公共利益的需要，有下列情形之一、确需征收房屋的，区人民政府可以依法做出房屋征收决定：

（一）国防和外交的需要；

（二）由政府组织实施的能源、交通、水利等基础设施建设的需要；

（三）由政府组织实施的科技、教育、文化、卫生、体育、环境和资源保护、防灾减灾、文物保护、社会福利、市政公用等公共事业的需要；

（四）由政府组织实施的保障性安居工程建设的需要；

（五）由政府依照城乡规划法有关规定组织实施的对危房集中、基础设施落后等地段进行旧城区改建的需要；

（六）法律、行政法规规定的其他公共利益的需要。

第十一条　依照本办法第十条规定，确需征收房屋的，由建设活动组织实施单位向区房屋征收部门提出拟征收房屋范围，说明符合公共利益的具体情形。

发展改革、国土资源、规划建设部门应当向区房屋征收部门提供建设活动符合国民经济和社会发展规划、土地利用总体规划、城乡规划和专项规划的证明文件。因保障性安居工程建设、旧城区改建需要征收房屋的，发展改革部门还应当提供建设活动符合国民经济和社会发展年度计划的证明文件。

区房屋征收部门经审查认为房屋征收符合法律、法规规定的，报同级人民政府。人民政府认为符合公共利益、确需征收房屋的，应当根据规划用地范围和房屋实际状况确定房屋征收范围，并予以公布。

第十二条　确需征收房屋的，建设活动组

织实施单位应当向区房屋征收部门提交下列材料:

(一)拟征收房屋范围;

(二)符合公共利益具体情形的说明;

(三)征收补偿初步方案;

(四)征收补偿资金证明;

(五)法律、法规和规章规定需要提交的其他材料。

区房屋征收部门应当对上述材料进行审查。

第十三条　因旧城区改建需要征收房屋的,房屋征收范围确定后,区房屋征收部门应当组织征询被征收人的改建意愿;90%以上被征收人同意改建的,方可进行旧城区改建。

第十四条　房屋征收范围确定后,区房屋征收部门应当书面通知规划建设等部门,暂停办理房屋征收范围内新建、扩建和改建房屋,改变房屋用途等相关手续。暂停期限最长不超过1年。

暂停办理有关手续的书面通知发布后,在房屋征收范围内实施新建、扩建和改建房屋,改变房屋用途等不当增加补偿费用行为的,不予补偿。

第十五条　区房屋征收部门应当对房屋征收范围内房屋的权属、区位、用途、建筑面积等情况组织调查登记,收集相关证据,被征收人应当予以配合;对未经产权登记和所有权人不明确的房屋,应当提请区人民政府组织规划建设、国土资源、房屋登记、综合执法、市场监管、房屋征收等有关部门依法进行调查、认定和处理。调查、认定结果应当在房屋征收范围内向被征收人公布。对认定为违法建筑的,不予补偿。

未经产权登记和所有权人不明确房屋的调查、认定和处理的具体办法由市人民政府另行规定。

房屋征收范围内有国家直管住宅公房或者单位自管住宅公房的,区人民政府应当组织公房管理部门和单位自管住宅公房的所有权人对承租人是否符合房改政策予以调查、认定。

公房承租人符合房改政策的,享有按照房改政策购买被征收房屋的权利。承租人按照房改政策购房后,区人民政府应当对其按照被征收人予以补偿。

第十六条　区房屋征收部门拟定征收补偿方案,并报区人民政府。征收补偿方案应当包括下列内容:

(一)房屋征收事由和目的;

(二)房屋征收范围和被征收房屋情况;

(三)被征收房屋价值(含房屋装饰装修价值)补偿标准;

(四)用于产权调换房屋、周转用房的基本情况和交付时间;

(五)搬迁费和临时安置费标准;

(六)停产停业损失补偿标准;

(七)补助和奖励标准;

(八)签约期限;

(九)其他事项。

前款规定的用于产权调换房屋,有条件的区人民政府应当安排为现房。

第十七条　区人民政府应当组织发展改革、财政、国土资源、审计、规划建设、住房保障、法制等有关部门对征收补偿方案进行论证并予以公布,征求公众意见。征求意见期限不得少于30日。

区房屋征收部门应当将论证后、公布前的征收补偿方案报市房屋征收部门备案。

第十八条　因旧城区改建需要征收房屋,半数以上被征收人提出征收补偿方案不符合《国有土地上房屋征收与补偿条例》(国务院令第590号)、《浙江省国有土地上房屋征收与补偿条例》(浙江省人民代表大会常务委员会公告第14号)和本办法规定的,区人民政府应当组织由被征收人代表和公众代表参加的听证会。听证工作由区人民政府确定的部门或者机构具体负责。

报名参加听证会的被征收人为10人以上的,被征收人代表由报名参加听证会的被征收人通过推举或者抽签等方式确定,确定的被征收人代表不少于10人;报名参加听证会的被征收人不足10人的,均作为被征收人代表。公众代表由人大代表、政协委员、专家以及其他公民担任。

负责听证的部门或机构应当提前7日将听证会的时间、地点通知被征收人代表和公众代表,必要时予以公告。听证会应当公开举行。

区人民政府应当将征求意见情况、听证情况和根据公众、被征收人意见修改的情况及时公布。

第十九条　区人民政府做出房屋征收决定前,应当按照重大决策社会稳定风险评估的有关规定,就房屋征收的合法性、合理性、可行性以及可能出现的风险进行社会稳定风险评估,并根据评估结论制订相应的风险化解措施和应急处置预案。

社会稳定风险评估结论应当作为是否做出房屋征收决定的重要依据。

第二十条　房屋征收涉及100个以上被征收人或者符合人民政府规定的其他情形的,房屋征收决定应当经政府常务会议讨论决定。

做出房屋征收决定前,征收补偿费用应当足额到位、专户存储、专款专用。

第二十一条　区人民政府做出房屋征收决定后,应当在7日内予以公告。公告应当载明房屋征收范围、征收补偿方案和行政复议、行政诉讼权利等事项。

区人民政府及区房屋征收部门应当做好房屋征收与补偿的宣传和解释工作。

房屋被依法征收的,国有土地使用权同时收回。

第二十二条　区房屋征收部门应当在区人民政府做出房屋征收决定之日起7个工作日内将房屋征收决定的有关材料报市房屋征收部门备案。

第三章　补偿

第二十三条　做出房屋征收决定的区人民政府对被征收人给予的补偿包括:

(一)被征收房屋价值的补偿;

(二)因征收房屋造成的搬迁、临时安置的补偿;

(三)因征收房屋造成的停产停业损失的补偿。

市区因征收房屋造成的搬迁费、临时安置费、停产停业损失等补偿标准和相关补助及奖励标准,由市人民政府根据有关规定另行制订。

第二十四条　对被征收房屋价值的补偿,不得低于房屋征收决定公告之日被征收房屋类似房地产的市场价格。

被征收房屋的类似房地产,是指与被征收房屋的区位、用途、权利性质、品质、新旧程度、规模、建筑结构等相同或者相似的房地产。

第二十五条　被征收人可以选择货币补偿,也可以选择房屋产权调换。

被征收人选择房屋产权调换的,做出房屋征收决定的区人民政府应当提供符合建筑工程质量安全标准的房屋,并与被征收人计算、结清被征收房屋价值与用于产权调换房屋价值的差价。

因旧城区改建征收个人住宅,被征收人选择在改建地段进行房屋产权调换的,做出房屋征收决定的区人民政府应当提供改建地段或者就近地段的房屋。

第二十六条　被征收房屋的价值,由具有相应资质的房地产价格评估机构评估确定。市规划建设行政主管部门应加强对评估机构的管理。

被征收人选择房屋产权调换的,被征收房屋价值和用于产权调换房屋的价值,由同一家房地产价格评估机构以房屋征收决定公告之日为评估时点,采用相同的方法、标准评估确定。

第二十七条　房地产价格评估机构由被征收人协商选定;房屋征收决定公告后10日内仍不能协商选定的,由区房屋征收部门组织被征收人按照少数服从多数的原则投票确定,或者采取摇号、抽签等方式随机确定。

参加投票确定或者随机确定的候选房地产价格评估机构不得少于3家。投票确定房地产价格评估机构的,应当有过半数的被征收人参加,投票确定的房地产价格评估机构应当获得参加投票的被征收人的过半数选票。

投票确定或者随机确定房地产价格评估机构应当由公证机构现场公证。公证费用列入房屋征收成本。

房地产价格评估机构被选定或者确定后，由区房屋征收部门作为委托人与其签订房屋征收评估委托合同。

第二十八条　被征收人或者区房屋征收部门对估价结果有异议的，应当自收到评估报告之日起10日内，向出具评估报告的房地产价格评估机构书面申请复核评估。复核评估不收取费用。

被征收人或者区房屋征收部门对房地产价格评估机构的复核结果有异议的，应当自收到复核结果之日起10日内，向房地产价格评估专家委员会申请鉴定。

市房地产管理部门应当组织成立评估专家委员会。评估专家委员会由房地产估价师以及价格、房产、土地、规划建设、法律、会计等方面的专家组成。具体办法由市房地产管理部门根据有关规定另行制订。

第二十九条　房屋征收评估费用由区房屋征收部门承担。房屋征收鉴定费用由申请人承担；鉴定撤销原估价结果的，鉴定费用由原房地产价格评估机构承担。

房屋征收评估、鉴定费用标准按照省价格主管部门的规定执行。

第三十条　征收个人住宅，被征收人选择房屋产权调换的，做出房屋征收决定的区人民政府提供的用于产权调换房屋的建筑面积应当不小于被征收房屋的建筑面积，但被征收人要求小于被征收房屋建筑面积的除外。

用于产权调换房屋的建筑面积，不考虑被征收房屋的共有人数量、登记户口等因素。

第三十一条　征收个人住宅，被征收房屋建筑面积不足45平方米，且符合住房保障条件的，经住房保障部门核准，对被征收人依照下列规定优先予以住房保障：

(一)被征收人选择货币补偿的，被征收房屋建筑面积不足45平方米的，可按45平方米予以补偿，补偿面积计入被征收人再次申请住房保障时家庭住房建筑面积的核定范围。

(二)被征收人选择房屋产权调换的，用于产权调换房屋的建筑面积不小于45平方米；被征收人对45平方米以内或者被征收房屋价值以内部分不支付房款，对超过45平方米且超过被征收房屋价值的部分按市场评估价支付差价。用于产权调换房屋的建筑面积计入被征收人再次申请住房保障时家庭住房建筑面积的核定范围。

第三十二条　因征收房屋造成搬迁的，区房屋征收部门应当向被征收人支付搬迁费；被征收人选择房屋产权调换的，产权调换房屋交付前，区房屋征收部门应当向被征收人支付临时安置费或者提供周转用房。

第三十三条　被征收人选择房屋产权调换的，过渡期限为自被征收人搬迁之月起24个月；用于产权调换房屋为房屋征收范围内新建高层建筑的，过渡期限为自被征收人搬迁之月起36个月。过渡期限届满前，区房屋征收部门应当交付用于产权调换房屋。过渡期限内的周转用房，被征收人可以选择自行解决，也可以选择由区房屋征收部门提供。

前款规定的高层建筑，是指总层数10层以上的住宅建筑或者建筑高度超过24米的非住宅建筑。

第三十四条　征收住宅，被征收人自行解决周转用房的，区房屋征收部门应当支付其自搬迁之月起至用于产权调换房屋交付后6个月的临时安置费。

临时安置费按照租赁与被征收房屋面积、地段相当的住宅所需费用的平均价格确定，且不低于保障被征收人基本居住条件所需费用。具体标准由市人民政府根据有关规定另行制订，每两年公布一次。

区房屋征收部门超过过渡期限未交付用于产权调换房屋的，应当自逾期之月起按照市人民政府公布的最新标准的二倍支付临时安置费。

第三十五条　区房屋征收部门提供周转用房的，不支付临时安置费；但是，超过过渡期限未交付用于产权调换房屋的，除继续提供周转用房外，还应当自逾期之月起按照市人民政府公布的最新标准支付临时安置费。

区房屋征收部门交付用于产权调换房屋的，被征收人应当自交付后6个月内腾退周转用房。

第三十六条　区房屋征收部门超过过渡期限未交付用于产权调换房屋的，被征收人有权另行选择货币补偿方式。过渡期限届满后超过24个月仍未交付用于产权调换房屋的，被征收人有权要求提供其他用于产权调换房屋。

被征收人要求提供其他用于产权调换房屋的，区房屋征收部门应当在6个月内交付与原用于产权调换房屋面积、地段相当的现房，并依照本办法第二十五条、第二十六条的规定计算、结清差价。

第三十七条　征收住宅的，区房屋征收部门应当支付搬迁费，用于补偿被征收人因搬家和固定电话、网线、有线电视、空调、管道煤气等迁移造成的损失。被征收人选择房屋产权调换的，从周转用房迁往用于产权调换房屋时，区房屋征收部门应当另行支付搬迁费。

搬迁费的具体标准由市人民政府根据有关规定另行制订，每两年公布一次。

第三十八条　征收非住宅房屋的，区房屋征收部门应当一次性支付搬迁费、临时安置费。其中，搬迁费包括机器设备的拆卸费、搬运费、安装费、调试费和搬迁后无法恢复使用的生产设备重置费等费用。

搬迁费、临时安置费的具体标准由市人民政府根据有关规定另行制订。

第三十九条　征收非住宅房屋造成停产停业损失的，应当根据房屋被征收前的效益、停产停业期限等因素给予补偿。补偿的标准不低于被征收房屋价值的5%，具体标准由市人民政府根据有关规定另行制订。

生产经营者认为其停产停业损失超过依照前款规定计算的补偿费的，应当向区房屋征收部门提供房屋被征收前3年的效益、纳税凭证、停产停业期限等相关证明材料。区房屋征收部门应当与生产经营者共同委托依法设立的评估机构对停产停业损失进行评估，并按照评估结果支付补偿费。

生产经营者或者区房屋征收部门对评估结果有异议的，应当自收到评估结果之日起10日内，向房地产价格评估专家委员会申请鉴定。鉴定费用由申请人承担；鉴定撤销原评估结果的，鉴定费用由原评估机构承担。

第四十条　被征收房屋用途按照房屋登记记载的用途确定；房屋登记未记载用途或者经规划建设部门依法批准改变用途但未作房屋用途变更登记的，按照规划建设部门批准的用途确定。

1990年4月1日《中华人民共和国城市规划法》施行前已改变房屋用途并以改变后的用途延续使用的，按照改变后的用途确定。

2010年10月1日《浙江省城乡规划条例》实施后依法临时改变用途的房屋在批准期限内被征收的，按照原用途确定，剩余期限的土地收益金予以退还。

按照改变后的用途补偿被征收人的，对被征收人给予的补偿中应当扣除被征收人依法应当补交的土地收益金。

第四十一条　区房屋征收部门与被征收人依照本办法和相关规定，就补偿方式、补偿金额和支付期限、用于产权调换房屋的地点和面积、搬迁费、临时安置费或者周转用房、过渡期限、停产停业损失、搬迁期限等事项，签订补偿协议。

补偿协议签订后，一方当事人不履行补偿协议约定的义务的，另一方当事人可以依法提起诉讼。

因旧城区改建需要征收房屋的，区房屋征收部门应当与被征收人签订附生效条件的补偿协议。在征收补偿方案确定的签约期限内达到规定签约比例的，补偿协议生效；未达到规定签约比例的，补偿协议不生效，房屋征收决定效力终止。房屋征收决定效力终止的，做出房屋征收决定的区人民政府应当予以公告，并书面告知被征收人。

前款规定的签约比例应达到本项目被征

收人总户数的95%(含)以上,被征收人总户数为100户(含)以上的项目,具体签约比例由做出房屋征收决定的区人民政府确定。

第四十二条　除依照本办法第四十一条规定房屋征收决定效力终止以外,区房屋征收部门与被征收人在征收补偿方案确定的签约期限内达不成补偿协议,或者被征收房屋所有权人不明确的,由区房屋征收部门向做出房屋征收决定的区人民政府提出补偿决定方案。补偿决定方案应当包括货币补偿和房屋产权调换两种补偿方式及相应的补偿标准。

做出房屋征收决定的区人民政府应当对补偿决定方案进行审查,将补偿决定方案送达被征收人,并书面告知被征收人应当在补偿决定方案送达之日起15日内,提出意见并选择补偿方式,逾期不选择的,补偿方式由补偿决定确定。

第四十三条　做出房屋征收决定的区人民政府依照本办法的规定,按照征收补偿方案做出补偿决定,并在房屋征收范围内予以公告。补偿决定包括本办法第四十一条规定的补偿协议的内容。

被征收人在本办法第四十二条第二款规定的期限内未选择补偿方式的,补偿决定应当确定补偿方式。

因被征收人原因无法调查、评估被征收房屋装饰装修价值的,补偿决定不包括对被征收房屋装饰装修价值的补偿。依法实施强制执行时,区房屋征收部门应当对被征收房屋装饰装修情况做出勘察记录,并向公证机构办理证据保全,由房地产价格评估机构另行评估确定被征收房屋的装饰装修价值。做出房屋征收决定的区人民政府应当按照评估确定的装饰装修价值另行给予补偿。

被征收人对补偿决定不服的,可以依法申请行政复议,也可以依法提起行政诉讼。

第四十四条　实施房屋征收应当先补偿、后搬迁。做出房屋征收决定的区人民政府对被征收人给予补偿后,被征收人应当在补偿协议约定或者补偿决定确定的搬迁期限内完成搬迁。

任何单位和个人不得采取暴力、威胁或者违反规定中断供水、供气、供电和道路通行等非法方式迫使被征收人搬迁。禁止建设单位参与搬迁活动。

被征收人搬迁后,区房屋征收部门应当将房屋征收决定、补偿协议或者补偿决定以及被征收房屋清单提供给不动产登记机构,并告知被征收人申请被征收房屋所有权、土地使用权注销登记。被征收人未申请注销登记的,不动产登记机构应当依据房屋征收决定、补偿协议或者补偿决定办理房屋所有权、土地使用权注销登记,原权属证书收回或者公告作废。

第四十五条　单位自管住宅公房的承租人未按房改政策购房,也未与被征收人达成解除租赁关系协议的,做出房屋征收决定的区人民政府应当对被征收人实行房屋产权调换的补偿方式,用于产权调换房屋由原房屋承租人承租。

国家直管住宅公房的承租人未按房改政策购房,也未与公房管理部门达成解除租赁关系协议的,做出房屋征收决定的区人民政府向原房屋承租人另行提供承租房屋。

做出房屋征收决定的区人民政府依照前两款规定对承租人提供承租房屋的,承租人应当腾退原承租房屋;拒不腾退的,做出房屋征收决定的区人民政府可以做出腾退决定,责令承租人限期腾退。

第四十六条　被征收人、公房承租人在法定期限内不申请行政复议或者不提起行政诉讼,在补偿决定、腾退决定规定的期限内又不搬迁、腾退的,由做出房屋征收决定的区人民政府依法申请人民法院强制执行。

强制执行申请书应当附具补偿金额和专户存储账号、产权调换房屋和周转用房的地点和面积等材料。

第四十七条　区房屋征收部门应当依法建立房屋征收补偿档案,并将分户补偿情况在房屋征收范围内向被征收人公布。

区房屋征收部门应当建立完善内部审计制度。

第四十八条　本办法规定的被征收人数量和签约比例按户计算(房屋所有权人不明确

的除外)。被征收人以合法有效的房屋产权证或者经调查、认定出具的产权认定书计户。

本办法第二十一条、第四十一条和第四十三条规定的公告应当在房屋征收范围内的住宅小区主要出入口、公告栏等醒目位置张贴,通过政府门户网站、报纸等媒体发布。

第四章　附则

第四十九条　违反本办法规定的行为,法律、法规、规章已有规定的,从其规定。

第五十条　国家、省对国有土地上的房屋征收与补偿另有规定的,从其规定。

第五十一条　各县(市)可参照执行。

第五十二条　本办法自 2015 年 7 月 1 日起施行。《国有土地上房屋征收与补偿条例》(国务院令第 590 号)施行前已依法取得房屋拆迁许可证的项目,继续沿用原有的规定办理,但政府不得责成有关部门实施强制拆迁。原印发的《嘉兴市人民政府关于印发嘉兴市市区国有土地上房屋征收与补偿暂行办法的通知》(嘉政发〔2012〕58 号)同时废止。

嘉兴市城乡生活污水治理三年行动计划(2015～2017)

(嘉兴市人民政府办公室 2015 年 7 月 10 日发)

为进一步深化"五水共治"工作,全面推进城乡生活污水治理,促进全市水环境持续改善和经济社会全面协调可持续发展,特制定本工作计划。

一、指导思想

全面贯彻落实《国务院关于印发水污染防治行动计划的通知》(国发〔2015〕17 号)和省委、省政府"五水共治"战略部署,按照统筹城乡发展和生态文明建设的总体要求,以改善水环境为核心,强化市域统筹,坚持统一规划、统筹安排,因地制宜、分类处理,控源截污、标本兼治,着眼长远、加大投入,努力构建具有嘉兴特色的城乡一体化生活污水治理新格局,为"两美"江南水乡典范建设奠定坚实基础。

二、工作目标

通过实施新一轮三年行动计划,全面提升城镇生活污水收集纳管水平,全面推进农村生活污水治理,全面加速污水治理基础设施建设,全面建立城乡生活污水运维机制,确保污水处理率每年提高 5%,力争到 2017 年年底,新增污水处理能力 60 万吨 / 日,污水处理率达到 85%以上,市域城镇污水处理厂全部达到一级 A 排放标准,主要污水处理厂输送管网实现互联互通,基本建立城乡一体的污水收集管理新体系;理顺价格机制,全面实行居民阶梯水价制度和非居民用水累进加价制度;各县(市)全面建成污泥无害化处置设施。

三、重点工作

(一)全面提升城镇生活污水收集纳管水平

1. 开展污水管网普查。建立健全污水管网竣工实测实量制度,全面控制新增污水管网施工质量。加大现有污水管网普查力度,建立管网 GIS 信息系统,实现实时监测、数字化管理。到 2015 年,完成城市、城镇建成区污水管网普查,启动污水管网 GIS 信息系统建设,健全污水管网竣工实测实量制度。到 2016 年,完成污水管网 GIS 信息系统建设和污水一级、二级输送管网普查,加快普查中发现问题的整改。到 2017 年,全面完成污水输送三级管网普查,完成现有城乡一体新社区(小集镇)污水管网普查中发现问题的整改。

2. 推进截污纳管改造。加大合流制排水系统雨污分流改造力度,对难以改造的合流制排水系统采取截流、调蓄和治理等措施,有效解决雨天污水输送难、处理难和污水外溢等问题。在有条件的区域积极推进初期雨水收集、处理和资源化利用。到 2015 年,完成 40%以上城市(县城)未截污纳管、未雨污分流老旧小区改造,嘉兴市区、各县(市)城区污水收集处理率达到 88%以上。到 2016 年,完成 80%以上城市(县城)未截污纳管、未雨污分流的老旧小区改造,嘉兴市区、各县(市)城区污水收集处理率达到92%以上。到2017年，基本完成城市(县城)未截污纳管、未雨污分流的老旧小区改造工作，嘉兴市区、各县(市)城区污水收集处理率达到95%以上。

3. 深化污水收集管网建设。强化城中村、老旧城区和城乡接合部污水收集，大力推进城镇入户收集管网建设，彻底解决污水收集"最后300米"问题。到2015年，完成40%以上城镇污水未入网居民入户收集管网建设，城镇污水收集处理率均达到70%以上。到2016年，完成80%以上城镇污水未入网居民入户收集管网建设，城镇污水收集处理率均达到80%以上。到2017年，基本实现全部城镇污水未入网居民入户收集管网建设，城镇污水收集处理率均达到90%以上。

(二)全面推进农村生活污水治理

1. 实施城乡一体新社区生活污水收集。以纳管收集污水处理厂处理为主，按照城镇管网标准加快城乡一体新社区生活污水管网建设，全面推进城乡一体新社区生活污水收集处理。加大污水收集管网建设力度，现有城乡一体新社区实现污水收集管网全覆盖、生活污水全处理，新建城乡一体新社区污水收集管网按照城镇管网标准实施并与市政道路同步施工、同时到位。到2015年，实现农村小集镇污水输送管网全覆盖。到2016年，已建和在建的城乡一体新社区实现污水输送管网或处理设施全覆盖。到2017年，城乡一体新社区实现居民家庭生活污水全治理。

2. 高标准治理保留传统自然村落。在污水管网覆盖半径500米范围内的保留传统自然村落，其生活污水优先采用纳管方式处理。不具备纳管条件的保留村落，要以集中式处理设施处理为主，并根据不同的地形地貌、人口集聚等基础条件和资金技术、施工维护等客观条件，科学合理地选择成熟可靠、经济适用，效果好、易维护的模式。到2015年、2016年、2017年，保留传统自然村生活污水治理覆盖率分别达到50%、70%和95%以上，受益农户分别达到60%、80%、95%以上。

3. 因地制宜治理待整治村落。规划近期搬迁的待整治村落，可采用建设简易处理设施进行简单处理；规划中远期搬迁的待整治村，根据人口聚集和村落用地情况，因地制宜采用就地自建集中处理设施、自建单户(联户)生活污水治理设施处理。简易处理设施出水水质排放标准原则上应达到二级以上。个别地理位置偏远、农户居住分散、基础条件较差的待整治村，可采用简易处理模式。鼓励农户通过申请政府补助自行建设高标准生活污水处理设施。到2015年、2016年、2017年待整治村生活污水治理受益农户分别达到40%、60%、70%以上。

(三)全面推进污水治理基础设施建设

1. 深化污水处理设施建设。统筹推进污水处理设施建设，全面提升污水处理能力，大力推进再生水厂建设，到2017年污水再生利用率不低于10%。抓紧编制污水处理设施建设计划，全面启动嘉兴联合污水处理厂扩容(40万吨)、市区城东再生水厂(5万吨)、嘉善东部污水处理厂(3.5万吨)、嘉善西部水务污水处理厂扩容(2.5万吨)、海盐城乡污水处理厂一期(10万吨)、海宁尖山污水厂扩容(5万吨)、海宁盐仓污水处理厂三期扩容(10万吨)、桐乡申和水务有限公司三期扩容(5万吨)等工程建设。全面完成现有城镇污水处理厂一级A提标改造工作，其中，2015年完成嘉善洪溪污水处理有限公司提标改造、嘉善西部水务提标改造、海宁尖山污水厂一期、桐乡市城市污水处理厂提标改造、桐乡申和水务有限公司三期扩建;2016年完成海宁盐仓污水厂一期和二期提标改造、桐乡濮院恒盛水处理有限公司提标改造;2017年完成嘉兴市联合污水处理厂提标改造。

2. 实施互联互通工程。实施市域内主要污水处理厂输送管网互联互通，加快污水输送管网建设，加强管网维护力度，建设数字化统一调度平台，实现应急调度，彻底解决污水输送瓶颈问题。全面启动市区三环路污水外排通道、北部区域污水外排通道、嘉善南片平湖西片污水外排通道、联合污水厂与平湖东部污水厂互联通道、海宁与桐乡区域污水处理厂互联通道建设。

3. 推进污泥处置设施建设。强化污泥处置管理，对污水处理设施产生的污泥实行稳定化、无害化和资源化处理处置，对非法污泥堆放点一律予以取缔。到 2015 年，全市污泥无害化处理处置率达到 80%以上；到 2017 年，各县（市）均建成 1 个污泥规范化处置项目，全市污泥无害化处理处置率达到 100%。

（四）全面建立城乡生活污水运维机制

1. 建立分类运维体系。强化“三分建、七分管”理念，坚持建管并重、同步推进，根据城乡生活污水的不同治理方式，建立健全相应的污水基础设施运行、维护模式。收集纳管污水厂集中处理的要全面实行第三方运行模式，由专业公司负责日常巡查和设施维护管理工作；“集中式处理设施处理”“单户或联户分散处理”的要建立专业的队伍进行统一维护工作。鼓励有条件的镇（街道）实行规模化、市场化、物业化维护模式。

2. 实现专业化运维。以专业化、市场化、智能化为导向，运用互联网、物联网等技术，建立数字化服务网络系统和平台，全方位、多层次、广覆盖地开展生活污水治理运行维护管理，实现农村治污设施日常化、常态化运行。

3. 强化运维保障。建立以县（市、区）为责任主体、镇（街道）为管理主体、村为落实主体、农户为受益主体以及第三方专业运行维护机构为服务主体的“五位一体”县域农村生活污水治理设施运行维护管理体系。设立专项运维基金，以财政投入为基础，多方筹措资金，确保有钱办事。建立治污设施运维考核评价机制及运营单位市场准入机制，引导运维单位提升从业人员技能，确保项目充分发挥效益。

四、保障措施

1. 加强组织领导。进一步强化党委领导、政府主导、部门各司其职的领导体制和工作机制。成立由市分管领导任组长的市城镇生活污水治理工作领导小组、农村生活污水治理工作领导小组。市城镇生活污水治理工作领导小组副组长由市政府分管副秘书长、市建委主任担任，下设办公室，办公室设在市建委，办公室主任由市建委主任兼任。市农村生活污水治理工作领导小组副组长由市政府分管副秘书长、市农办主任担任，下设办公室，办公室设在市农办，办公室主任由市农办主任兼任。各领导小组成员单位由市发展改革委、市财政局、市国土资源、市环保局、市水利局、市交通运输局、市卫生局、市综合行政执法局、嘉源集团、嘉兴电力局等部门（单位）组成。各县（市、区）、镇（街道）要成立相应的组织机构。

2. 加强部门协同。各级政府是推进城乡生活污水治理的责任主体，要将此项工作纳入重要议事日程，及时研究和解决重大问题，逐级分解落实责任，并实行严格问责制。建设部门履行城市、城镇、城乡一体新社区生活污水的治理职责，农业部门履行保留传统自然村落、待整治村落的生活污水治理职责，发展改革、财政、国土资源、环保、水利、交通、卫生、综合执法、水务等部门要主动履行相应职责，密切配合，形成合力，以高度的责任感、使命感，共同推进污水治理工作。

3. 加强要素保障。进一步完善资金筹措机制，加大财政投入，优化资金配置，完善项目建设资金财政分级负担机制。制订农村地区污水处理费征收办法，多渠道筹措生活污水治理资金。加强与中央、省相关部门的工作衔接，最大限度获取政策倾斜和资金支持。积极发动群众出资投劳参与生活污水治理。运用 PPP、BOT、BT 等合作模式，积极引导社会资金参与污水治理；加大融资力度，鼓励金融机构加强信贷支持。进一步加强用地保障，国土资源管理部门要加强对农村生活污水治理工程用地政策处理的指导和扶持，新农村建设要统筹考虑生活污水治理工程建设用地。

4. 加强考核督查。将城乡生活污水治理工作纳入县（市、区）年度工作目标责任制考核，建立工作进度月通报制度、年度考核制度，根据月度量化指标，实行年度综合评价。建立督办通报制度，定期抽查、核查、暗访、通报各地工作进展、工程质量等情况，对措施不到位、责任不落实的单位，采取行政约谈、通报批评等措施。进一步明确奖惩机制，严肃工作纪律，对目标任务完成好、工作出色的,予以通报奖励;对未完成年度目标任务或虚报瞒报的,进行通报批评,启动问责程序,严肃追究相关人员责任。

5. 加强社会宣传。充分运用电视、电台、报刊、网络等媒体加强对城乡生活污水治理工作的宣传报道,持续组织开展公众参与度高、影响面大、形式多样、富有成效的宣传教育活动,提高广大群众的主体责任意识,增强社会公众的环保意识,充分调动社会各界参与城乡生活污水治理行动的积极性、主动性和创造性。及时总结推广先进经验,通过典型引路、示范带动,推动污水治理工作深入开展。

关于加强农民建房管理的若干意见

(嘉兴市人民政府 2015 年 7 月 15 日发)

为深入贯彻落实省委、省政府全面深化农村改革的决策部署,强化村庄布点规划实施,保障农民合法建房需求,根据《浙江省城乡规划条例》、《浙江省人民政府办公厅关于规范农村宅基地管理切实破解农民建房难的意见》(浙政办发〔2014〕46 号)、《中共嘉兴市委嘉兴市人民政府关于深化统筹城乡综合配套改革促进农业转型农民增收的若干意见》(嘉委发〔2015〕14 号)文件精神,坚持以“规划引领、规范集聚、集约节约”为原则,结合我市实际,就加强农民建房管理提出如下意见。

一、坚持规划引领

(一)完善规划体系。健全完善符合我市实际的县(市、区)村庄布点总体规划—村庄规划—村庄设计(集聚点建设规划)的规划体系。镇(街道)要以县(市、区)村庄布点总体规划为指导,以“多规合一”为要求,以行政村为范围,推动村庄规划、村级土地利用总体规划编制,统筹安排生产、生活、生态空间,明确功能布局、建设边界、开发强度、农民建房年度计划等内容,进一步实现“规划一张图、建设一盘棋、管理一张网”。村庄规划的修改调整必须依照法定程序。

(二)强化规划管控。各县(市、区)政府必须依照法律法规,将辖区内农村集体土地上的农民建房纳入村庄布点总体规划。新市镇社区和城乡一体新社区以建设联排农房为主,鼓励建设多层、高层公寓,严格控制建设独立式农房;鼓励利用保留传统自然村落中的空闲用地新建农房。严格控制在村庄布点规划区范围外新建、扩建、翻建和以危房名义进行的翻建、翻修行为,确需维修的由市、县(市、区)级规划建设部门审批同意,维修仅限于排除危险状况,且须保持原高度、原结构、原面积不变。

(三)完善设施配套。加快新市镇社区、城乡一体新社区、保留传统自然村落的基础设施和公共服务设施的配套建设。新市镇社区按城镇居住区标准配套。城乡一体新社区按布点规划、村庄规划的要求配建社区服务、养老、文卫、商业等配套设施,污水收集纳入城乡一体污水管网系统。传统自然村落要结合美丽宜居示范村和美丽乡村建设,因地制宜建设完善各类基础设施,改善内外交通,完善供水、污水处理、环境卫生、文化体育等设施。对近远期撤并村落或整治村落不再进一步投入,只保障其最基本的配套设施。

(四)强化风貌保护。丰富集聚点农房建筑样式,实现集聚点建设“占地不多功能多、造价不高品位高”。同时,加强传统自然村落保护,充分利用村内的空闲地、零星地等存量建设用地,用有机更新的理念,进行建设。建设时要保持村庄原有的空间格局和建筑形态,处理好河、路、田、房、林的关系,凸显江南水乡风貌和特色。

(五)实行建房计划管理。围绕村庄布点总体规划、土地利用总体规划、农村土地整治规划、村庄规划等,制订农民建房年度计划,明确建房名单、规划选址、用地规模、时序安排和保障措施等内容。各地要根据农民建房的年度计划安排用地,确保农民刚需建房需求有序释放。

二、完善政策配套

(六)保障用地空间。进一步强化村庄布点规划与土地利用总体规划的衔接,村庄规划布点要避免占用已建高标准基本农田、粮食生产功能区。合理测算并确定农民建房用地需求，在土地利用总体规划调整完善时，安排落实不少于新增建设用地规模的20%滚动用于新农村建设和农民建房，其中新增建设用地的15%以上落地布局，新增建设用地的5%规划预留。在土地利用总体规划调整完善前，继续实行以2013年底县(市、区)、镇(街道)两级预留新增建设用地指标为基数，50%以上空间指标用于农村新社区(农民建房)项目建设的保障政策，并在2015年底前统一核算落实情况。允许建设区范围外400平方米以下使用集体土地的零星农民建房用地，符合村庄布点规划的，可使用规划预留指标，在建设用地报批时，同步上报备案规划修改内容，实行台账管理。允许在县域内跨镇(街道)进行有条件建设区土地规划调整和镇级规划预留新增建设用地指标调整；县(市、区)使用切块指标安排无房户、危房户农民建房的，按省政府有关补助规定执行。

(七)探索宅基地有偿退出机制。结合农村土地整治，积极探索以县(市、区)域为单位的统一的宅基地有偿退出机制试点。鼓励镇、村结合本地实际，采取激励措施鼓励农民腾退闲置或多余的宅基地，在坚持“一户一宅、拆旧建新、面积法定”和农民自愿的基础上，对新市镇社区、城乡一体新社区中区位条件好、农户需求强烈的宅基地进行“有偿选位”探索，其所得收益全额用于社区基础设施建设。

(八)推进确权赋权。各县(市、区)要选择1~2个镇先行开展农房确权登记工作。对符合城乡规划和土地总体利用规划的新市镇社区、城乡一体新社区的已建农房，结合不动产登记，探索实行宅基地使用权证和房屋所有权证“两证合一”登记制度。

(九)优化奖补政策。各县(市、区)要进一步优化整合相关政策，坚持“政府可承受、资金可平衡”底线，加大对村庄基础设施建设的财政支持力度。要将村庄规划修编、集聚点基础设施建设等费用列入预算，并将财政补助向新市镇社区、城乡一体新社区基础设施和公共服务设施建设重点倾斜。要因地制宜，完善农民进入集聚点建房的奖补政策，合理确定补助标准和补助结构。水、电、气、通讯等有关单位要加大对新农村建设的支持力度，切实减轻集聚点建设资金负担。

(十)创新融资平台。鼓励县(市、区)组建新农村建设公司，完善农房改造集聚融资平台，探索土地整治节余指标市场化运作，拓宽农房改造集聚建设资金筹措渠道，确保资金动态平衡，实现农房改造集聚融资平台借、用、还相统一。整合各项涉农资金，探索设立市和县(市、区)农业投资引导基金。加强与银行的沟通联系，积极争取银行机构对镇(街道)、村推进农房改造集聚提供资金支持和政策性银行期限长、利率低的贷款，置换一些期限短、利率高的商业贷款，进一步降低融资的成本。

三、创新管理方式

(十一)建立农房管理信息系统。利用地籍信息库系统推进农房信息专项普查，各县(市、区)要在2016年上半年前完成辖区内农房专项普查，全面掌握农房位置、面积、房龄、结构等信息，建设统一的农房数据信息库，构筑市、县(市、区)、镇(街道)、村四级互联的信息管理网络，为农房的信息化、动态化管理提供有效保障。

(十二)推行“阳光审批”。严格农民建房依法审批，各县(市、区)规划、国土部门要加强协调，制订统一的审批程序和图表文本，明确审批时限要求。实行村委会集体会审和镇(街道)会同基层国土资源所联合办理制度，做到农民建房审批程序、申请条件、建房名单和审批结果公开，并在镇(街道)、村进行公告。

(十三)完善管理制度。镇(街道)要建立农民建房建筑放样到场、基槽验线到场、施工过程到场、竣工验收到场和有关责任人签字等制度。鼓励、引导行业协会加强对农村建筑工匠的管理，对农村建筑工匠违反相关规定或参与违法违规建设的，通过行业协会实施相应的自律措施。建立村级组织集体土地自我管理、自我监督、自我约束机制，健全完善农民建房村规民约，实施农民建房承诺和轮候排序制度，推广村级土地民主管理。建立问责机制,对未及时发现、制止和查处农民建房违法违规建房的,要依法追究相关人员的责任。

(十四)实施联动执法。依托基层综合行政执法办公室(中心)的执法联动功能,整合基层执法力量,强化对规划村庄布点外农民建房的执法管控,坚决依法处置违法行为;加强农民建房监管,规范农民建房行为,严肃查处未批先建、少批多建等违法行为。

(十五)建立健全项目资金收支平衡机制。加强项目投融资管理,严格议事和决策程序,规范投融资行为。加强项目资金收支计划管理,明确项目资金来源和用途,有效控制资金使用成本,提高资金使用效率。建立项目绩效考核制度,明确工作责任。

四、落实主体责任

(十六)健全管理机制。按照"重心下移、关口前移"的原则,健全县(市、区)村镇建设管理机构,切实加强基层规划机构的人员力量和管理能力,维护规划的权威性和严肃性。通过多渠道、多形式加强对市、县(市、区)、镇(街道)三级规划工作人员的培训,切实提高规划管理人员的业务技能和工作能力。

(十七)明确工作职责。县(市、区)政府负责农房管理办法、配套政策和奖惩办法的制订。规划建设部门负责村庄规划编制、农房建设的技术指导、监督检查和农村建筑工匠的技术培训等工作。国土部门负责指导土地利用总体规划、农村土地整治规划编制实施及与村庄布点规划的衔接,制订农民建房年度供地计划,统筹安排落实用地空间指标,做好农民宅基地相关确权登记发证等监督管理工作;农经部门负责完善统筹城乡发展政策,优化保障农民建房措施,加强对减轻农民建房负担工作的监管。财政、金融、国资部门负责加强对农民建房、农村土地整治等资金管理,指导监督各类农房建设保障资金专款专用以及融资平台的运行管理。综合行政执法部门负责加强执法检查,依法查处未批先建、村庄布点规划外建房、超面积建房等违法行为。镇(街道)作为农民建房的监管责任主体,对辖区内农民建房工作负总责。村级组织作为农民建房的日常管理主体,负责农民建房申请审查、过程监督以及违法行为的发现、制止、上报。

(十八)强化考核监督。将农房改造集聚和村庄布点规划外建房工作纳入对县(市、区)目标责任制考核,农房改造集聚重点考核规划集聚点的空间指标、土地指标保障和基础设施投入情况,建房管控重点考核村庄布点规划外建房情况和相关人员责任追究情况。强化督促检查,完善党委政府督查、人大、政协视察、媒体公开报道等复合督查机制,严格责任,一级抓一级、层层抓落实。

(十九)建立用地处罚机制。实行农民建房与土地利用审批工作挂钩机制,对农民建房管理不到位或出现违法建房、土地违法案件未销号结案的,暂停相关用地审批。

进一步完善市区被征地居民社会保障制度的实施意见

(嘉兴市人民政府2015年8月18日发)

为加强我市被征地居民社会保障制度建设,加快推进被征地居民基本生活保障制度与基本养老、医疗等社会保险制度的衔接,提高社会保障水平,根据《浙江省征地补偿和被征地农民基本生活保障办法》(省政府令第264号)、《浙江省人民政府关于调整完善征地补偿安置政策的通知》(浙政发〔2014〕19号)等精神,现就进一步完善市区被征地居民社会保障制度提出如下实施意见。

一、被征地居民社会保障的对象

(一)被征地居民社会保障的对象为被征收的土地经省以上政府批准,由当地国土资源部门实施统一征地,被征地时持有土地承包权证家庭中在册农业人员(有地居民)。

(二)纳入被征地居民社会保障对象的具体人员名单,由被征地的农村集体经济组织依法确定，并经所在镇（街道）审查、公示、确认后，报当地人力社保、国土资源管理部门。

二、调整被征地居民社会保障费征缴办法

（三）被征地居民社会保障费由以下内容组成：

1. 被征地居民养老基本生活保障费。根据市区被征地居民养老基本生活保障待遇情况，合理确定被征地居民养老基本生活保障筹资标准，由市人力社保局、市财政局提出，报市政府同意后公布。征地时，按照征地公告规定的被征地居民安置名单上报日当年度（以下简称“征地年度”）的被征地居民养老基本生活保障筹资标准，以及征地主体所在地政府规定的被征地居民缴费年限（以下简称“征地缴费年限”），一次性缴纳最长不超过15年的养老基本生活保障费用，其中30%计入个人专户。

2. 被征地居民医疗保障费。以征地年度统筹地区职工基本医疗保险缴费年限不足的补缴标准，以及被征地居民的征地缴费年限，一次性缴纳最长不超过15年的医疗保障费用。

3. 劳动年龄段内被征地居民未就业生活补助费。16周岁至“3545”年龄（女满35周岁、男满45周岁，不含）的被征地居民，参照被征地居民养老基本生活保障办理年度（以下简称“征地保障办理年度”）市区城乡居民月最低生活保障标准，一次性缴纳15个月的生活补助费用；“3545”年龄至法定退休年龄的被征地居民，参照征地保障办理年度市区城乡居民月最低生活保障标准的30%和被征地居民实际可享受月数，一次性缴纳生活补助费用。

4. 劳动年龄段以下被征地居民（16周岁以下）一次性征地安置补偿费。参照征地保障办理年度市区城乡居民月最低生活保障标准，按被征地居民实际可享受月数，一次性缴纳最长不超过14个月的征地安置补偿费用。

5. 劳动年龄段及以上人员一次性征地安置补偿费。劳动年龄段及以上人员不愿意参加被征地居民养老基本生活保障，且申请领取一次性征地安置补偿费的被征地居民，参照征地保障办理年度市区城乡居民月最低生活保障标准，一次性缴纳24个月的征地安置补偿费用。

三、完善被征地居民养老基本生活保障待遇调整办法

（四）被征地居民社会保障费一次性趸缴后，建立被征地居民养老基本生活保障关系。达到法定退休年龄且征地缴费年限满15年的，按规定享受被征地居民养老基本生活保障待遇；未达到法定退休年龄且征地缴费年限未满15年的，可接续参加相关基本养老保险。

（五）被征地居民养老基本生活保障待遇的调整，根据职工基本养老保险和城乡居民基本养老保险待遇调整情况，由市人力社保局、市财政局提出，报市政府同意后公布实施。

四、完善被征地居民养老基本生活保障制度与相关基本养老保险制度的衔接政策

（六）参加被征地居民养老基本生活保障人员可衔接参加职工基本养老保险。其中：

1. 已享受被征地居民养老基本生活保障待遇的人员，可按规定一次性补缴职工基本养老保险费，享受规定的职工基本养老保险待遇。具体补缴标准和待遇由市人力社保局、市财政局提出，报市政府同意后公布实施。

2. 劳动年龄段内的被征地居民，可按规定参加职工基本养老保险，建立职工基本养老保险关系。达到法定退休年龄时，被征地居民养老基本生活保障缴费年限和接续参加职工基本养老保险缴费年限累计满15年的，按规定享受养老待遇，其待遇按分段计算办法，由被征地居民养老基本生活保障待遇和职工基本养老保险待遇两部分组成，今后按职工基本养老保险待遇调整有关规定执行；累计缴费年限不满15年的，可申请延长缴费至满15年或按《实施中华人民共和国社会保险法若干规定》（人社部第13号令）和《浙江省职工基本养老保险条例》规定申请终止职工基本养老保险关系，其被征地居民养老基本生活保障个人专户储存额一次性支付给本人，其缴纳的职工基本养老保险部分按规定支付。

（七）参加被征地居民养老基本生活保障人员可参加城乡居民基本养老保险，达到法定退休年龄后,其被征地居民养老基本生活保障缴费年限满 15 年的,按规定享受被征地居民养老基本生活保障待遇,并在达到规定年龄后叠加享受城乡居民基本养老保险待遇;未满 15 年的,可将被征地居民养老基本生活保障缴费年限合并计算为城乡居民基本养老保险缴费年限,其个人专户全部储存额并入城乡居民基本养老保险个人账户,按规定享受城乡居民基本养老保险待遇。

(八)劳动年龄段及以上人员不愿意参加被征地居民基本生活保障的,以及被征地时已经享受职工基本养老保险待遇的,可申请领取一次性征地安置补偿费,补偿费参照征地保障办理年度市区城乡居民月最低生活保障标准的 24 个月计发。

(九)被征地居民参加职工基本养老保险后,不得同时享受精减退职人员生活困难补助等其他各类养老保障待遇。

(十)被征地居民死亡后,按规定给予一次性 4000 元的丧葬费补助,其个人专户储存额余额可依法继承。参加其他基本养老保险的,其补助费按就高原则执行。

五、完善被征地居民参加基本医疗保险制度

(十一)被征地居民可按规定参加职工基本医疗保险或城乡居民基本医疗保险。

(十二)被征地居民衔接参加职工基本养老保险的,可按规定参加职工基本医疗保险。劳动年龄段内的人员,可按规定参保缴费,享受规定的职工基本医疗保险待遇;达到法定退休年龄的,可按职工基本医疗保险缴费年限(男满 25 年、女满 20 年)等规定,一次性补缴不足年限的职工基本医疗保险等费用,按规定享受职工基本医疗保险待遇。其中,其征地缴费年限部分计入职工基本医疗保险缴费年限,最长不超过 15 年。

(十三)被征地居民选择参加城乡居民基本医疗保险的,按规定参保缴费后,享受城乡居民基本医疗保险待遇。

六、调整被征地居民未就业生活补助标准

(十四)劳动年龄段内(16 周岁至法定退休年龄)的被征地居民,一次性缴纳社会保障费后,处于失业状态的,发给一定的未就业生活补助费。生活补助费参照市区城乡居民月最低生活保障标准的一定比例确定,计发办法按原有关规定执行。其中 16 周岁至“3545”年龄(不含)的被征地居民,生活补助费月标准参照征地保障办理年度市区城乡居民月最低生活保障标准的 15 个月确定,一次性发放;“3545”年龄至法定退休年龄的被征地居民,生活补助费月标准参照当年市区城乡居民月最低生活保障标准的 30%确定,按月发放。

(十五)“3545”年龄至法定退休年龄的被征地居民被用人单位吸纳就业,签订劳动合同并按规定缴纳社会保险费的,停发未就业生活补助费。被征地居民再次失业的,在领取失业保险金期满后,可继续享受剩余月数的未就业生活补助费。

七、调整劳动年龄段以下被征地居民安置补偿标准

(十六)对劳动年龄段以下(未满 16 周岁)的被征地居民,发给一次性征地安置补偿费,补偿费参照征地保障办理年度市区城乡居民月最低生活保障标准的一定比例确定,一次性发放。其中补偿费基数参照征地保障办理年度市区城乡居民月最低生活保障标准的 6 个月计发,每 1 岁增发 0.5 个月(不满 1 岁按 1 岁计),最长不超过 14 个月。

八、落实被征地居民社会保障资金,实行收支两条线管理

(十七)被征地居民社会保障资金由政府、农村集体经济组织、个人共同出资筹集。被征地居民的社会保障资金从土地补偿费、征地安置补助费中列支和抵缴,并由国土资源部门统一扣缴并及时足额划转,在办理参保手续时,一次性转入社会保障专户,不足部分由政府补足。

(十八)区片综合价(土地补偿费和安置补助费)扣除留村部分土地补偿费后,剩余部分全部统筹用于被征地居民社会保障。

(十九)建立被征地居民社会保障风险准备金,用于应对未来的支付风险。统一按照国有土地使用权出让收入总额5%的比例，足额提取社会保障费。被征地居民社会保障资金不足支付的，由政府负责解决。

（二十）被征地居民社会保障资金（含风险准备金）实行收支两条线和财政专户管理，专款专用，不得转借、挪用或截留、挤占。被征地居民基本生活保障衔接参加职工基本养老、医疗保险的，所需资金相应转入社会保险基金专户。要建立健全资金监督管理机制，确保被征地居民社会保障资金安全运行和实现保值增值。

九、大力促进被征地居民就业

（二十一）在劳动年龄段内有劳动能力和就业愿望的被征地居民，可到所在镇（街道）办理失业登记手续，并享受失业人员的就业扶持政策。要为被征地居民提供免费的职业技能培训、职业介绍，促进被征地居民就业。大力发展农村劳务合作社，促进被征地居民就近就地就业。

（二十二）加强对被征地居民的创业指导服务，鼓励被征地居民自主创业，并在工商登记、税费减免、银行贷款等方面给予优惠和政策支持。

（二十三）鼓励用人单位吸纳被征地居民就业，对吸纳劳动年龄段内就业困难的被征地居民就业的，按规定给予社会保险补贴等政策支持。

十、切实加强对被征地居民社会保障工作的领导

（二十四）解决被征地居民的社会保障问题，历史沿革长、涉及面广、政策性强、工作量大，各地要切实加强领导，精心组织，周密部署，积极稳妥做好实施工作。要深入调研，摸清情况，因地制宜地制订具体实施方案，切忌简单化。要根据当地实际和政策衔接的需要，妥善处理好原被征地居民的有关问题，做好不同保障类型之间的衔接和转换工作。要加强宣传教育工作，向被征地居民讲清完善社会保障制度的重要意义，讲清政策内容，使他们积极参与这项工作。要及时研究和解决推进工作中出现的新情况、新问题，不断总结和完善。

（二十五）各级人力社保、国土资源、财政、税务、农经、公安、民政等部门和社保经办机构，要从各自职责出发，通力协作，密切配合，切实把各项政策措施落到实处，确保被征地居民社会保障工作顺利进行。

（二十六）被征地居民社会保障工作实施细则由市人力社保局牵头，会同市国土资源、财政、公安、农经、社保事务等部门另行制定。

（二十七）各县（市）要结合当地实际，研究制定进一步完善被征地居民社会保障制度的实施办法，在被征地居民对象认定、被征地居民社会保障费征缴办法、被征地居民衔接参加职工基本医疗保险办法、被征地居民未就业生活补助等政策方面，逐步实现市域的统筹协调。

（二十八）本意见自2015年10月1日起实施，以前有关规定与本意见不一致的，以本意见为准。

嘉兴市城市排水设施管理办法

（嘉兴市人民政府2015年9月1日发）

第一章　总则

第一条　为加强城市排水管理，保障城市排水设施正常运行，根据《城镇排水与污水处理条例》（国务院令第641号）和《浙江省城镇污水集中处理管理办法》（浙江省人民政府令第265号）等法律法规的规定，结合本市实际，制定本办法。

第二条　本办法适用于嘉兴市行政区域范围内的城市排水设施规划、建设、养护、管理工作，农业生产排水和水利排灌除外。

第三条　市建设行政主管部门是城市排水行政主管部门，负责全市城市排水设施的监督管理工作。

各县（市、区）建设行政主管部门负责本辖区内的城市排水设施管理工作。

环保部门对工业企业直接或经城市排水设施处理净化后排入水体的水质进行监测，依法进行水污染防治的监督和管理。

发展改革、财政、国土、综合行政执法等部门在各自职责范围内做好城市排水设施管理的相关工作。

第四条　任何单位和个人都有依法使用城市排水设施的权利和保护城市排水设施的义务。

第二章　排水规划与建设

第五条　市建设行政主管部门应当根据《嘉兴市城市总体规划》《嘉兴市城市防洪规划》的要求,会同有关部门编制全市城市排水系统规划,报市人民政府批准后组织实施。

各县(市、区)建设行政主管部门应当根据总体规划和城市防洪规划的要求,会同有关部门编制城市排水系统规划,报县(市、区)人民政府批准后组织实施,并报市建设行政主管部门备案。

城市排水系统规划应当综合考虑地形、地貌、降雨量、污水量和水环境等要素进行编制。

第六条　建设行政主管部门应当按照城市排水系统规划,制订城市排水管网、泵站等公共排水设施的年度建设计划，并组织实施。在易积水市政路段，增设警示标志及水深标识,确保通行安全。

第七条　自建排水设施应当符合控制性详细规划和城市排水系统规划。开发区、工业园区等自建排水设施应当纳入其综合开发计划;建设项目的配套室外排水设施建设应纳入整体项目建设计划。

第八条　新建、扩建、改建工程项目,应当符合城市排水系统规划，并同步建设排水设施,且与主体工程同步设计、同步施工、同步验收,同时投入使用。工程项目的建筑规划方案中应当包含排水工程专篇，并通过专家评审，纳入规划评审纪要。

第九条　新建、扩建、改建工程项目的配套室外排水工程施工图应当与主体建筑施工图同步审查,审图单位依据规划评审纪要对排水工程提出专项审查意见。

第十条　新建、扩建、改建工程项目中,室外排水工程应纳入施工许可范围，其中建设项目与室外排水工程总包的统一发放施工许可证,室外排水工程分包的单独发放施工许可证;建设单位在办理施工许可手续时,需提供室外排水工程施工图专项审查合格的证明材料。

第十一条　城市排水设施的建设应当符合国家城市排水工程技术标准和低影响开发要求。

承担城市排水设施建设项目设计和施工的单位,应具有相应的资质等级。禁止无证或者超越资质等级范围从事城市排水设施建设项目的设计与施工。

城市排水设施建设项目实行工程监理和质量监督制度。

第十二条　城市排水设施建设项目建成后,建设单位需凭由专业技术单位出具的竣工测量评估报告书，按照国家有关规定组织验收,经验收合格后方可交付使用。未经验收或者验收不合格的,不得交付使用。

第三章　排水管理

第十三条　建设行政主管部门应建立城市排水设施地理信息系统,并根据城市基础设施建设发展情况及时更新。

第十四条　城市排水实行雨水、污水分流,鼓励雨水利用。

尚未实行雨污分流排放的区域,产权单位应按照城市排水系统规划要求结合城市有机更新和道路建设进行雨污分流改造。

第十五条　新建、扩建、改建工程项目应当应用低影响开发建设模式,增强绿地、可渗透路面和自然地面对雨水的滞渗能力,利用建筑物、停车场、广场、道路等建设雨水收集利用设施,增强对径流雨水的控制能力。

第十六条　凡向城市排水管网及其附属设施排放污水的排水户,均需办理污水排入排水管网许可证,办理时需提供由专业技术单位出具的竣工测量评估报告书等相关材料。

第十七条　建设行政主管部门应制订高峰排水方案,在污水排放量超过城市排水设施受纳量的区域，启动该方案并采取调节排水量、调整排水时间等调度措施。汛期内道路发生严重积水状况时，应立即调用应急排水设备,尽快排除道路积水,保障通行顺畅。

第十八条　因城市排水设施建设和检修需要暂停排水的,城市排水设施运营单位应当提前 10 个工作日制订暂停排水方案,向建设与环保行政主管部门报告,并在暂停排水的 24 小时前书面通知有关排水户。排水户应按规定要求进行调整或暂停排水。

第十九条　城市排水设施运营单位应加强对排水设施附属窨井的管理,建立健全窨井设施的日常养护和维修机制,并定期巡护,发现井盖安全隐患要及时处理,确保其处于良好状态。

鼓励建立城市排水设施窨井盖商业保险制度。

第二十条　建设行政主管部门应对排水户排放的污水进行水量、水质监测,被监测的排水户应当积极配合,如实提供有关污水排放情况。

列入重点排污单位名录的排水户安装的水污染物排放自动监测设备,应当与环境保护主管部门的监控设备联网。环境保护主管部门应当将监测数据与建设行政主管部门共享。

第四章　排水设施管理和维护

第二十一条　公共排水设施由建设行政主管部门或其委托的单位负责管理和维护。公共排水设施的养护、维修鼓励通过招投标方式选择运营单位,实行市场化运作。

排水户自建的排水设施的维修养护,由产权人负责管理。住宅物业区域内部的共有排水设施,由产权人委托专业运营单位负责管理。

运营单位和排水户应保障各类设施的正常运行。

第二十二条　在城市排水设施保护范围内进行施工作业,可能影响排水管道、泵站等设施安全的,建设单位或施工单位应当与运营单位共同制订保护方案,并采取相应的安全保护措施。影响道路交通安全的,应按照交警部门的要求采取防护措施。

城市排水设施保护范围由建设行政主管部门会同有关部门划定。

第二十三条　禁止下列损坏排水设施的行为:

(一)损毁、盗窃城市排水设施;

(二)穿凿、堵塞城市排水设施;

(三)向城市排水设施排放、倾倒剧毒、易燃易爆、腐蚀性废液和废渣;

(四)向城市排水设施排放、倾倒垃圾、渣土、施工泥浆等废弃物;

(五)建设占压城市排水设施的建筑物、构筑物或者其他设施;

(六)其他危及城市排水设施安全的活动。

第二十四条　因工程建设需要拆除、改动城市排水设施的,建设单位应当制订拆除、改动方案,报建设行政主管部门审核,并承担重建、改建和采取临时措施的费用。

第二十五条　城市排水设施运营单位应当严格执行城市排水设施养护、维修技术规范,定期对城市排水设施进行养护、维修,确保养护、维修工程质量,保证城市排水设施正常运行。

建设行政主管部门应当对养护、维修工程质量进行监督检查。

第二十六条　城市排水设施发生事故的,运营单位应当立即组织抢修,采取有效的安全防护措施,并于 24 小时内向建设与环保行政主管部门报告。

城市排水设施抢修时,有关单位和个人应当支持配合,不得阻挠。

第二十七条　交通、电力、通讯等有关部门应对城市排水设施的安全运行给予保障,在汛期应优先满足防汛的特殊要求。

第二十八条　城市排水设施维护和抢修的专用车辆,应当统一标志;执行紧急任务时,可以使用警报器、标志灯具;在保证交通安全的情况下,不受行驶路线、方向和时间的限制。

第五章　法律责任

第二十九条　违反《城镇排水与污水处理条例》和《浙江省城镇污水集中处理管理办法》

等法律法规规定的,依法进行处罚。

第三十条　建设行政主管部门工作人员玩忽职守、滥用职权、徇私舞弊的,根据情节轻重,由其所在单位或者上级机关给予行政处分;构成犯罪的,由司法机关依法追究其刑事责任。

第六章　附则

第三十一条　相关名词解释:

(一)城市排水设施是指用于城市雨水或者污水收集的管道、沟渠、泵站(房)及闸门、雨水口、检查井等附属设施,起调蓄功能等的湖库、河道,防汛抢险临时架设的水泵、发电机等设施,污水处理、污泥处置设施以及其他相关设施。包括公共排水设施和自建排水设施。

(二)公共排水设施是指供公众使用的城市排水设施;自建排水设施是指由单位或者个人自行建设的、供本区域专用的城市排水设施。

(三)排水户是指从事工业、建筑、餐饮、医疗等活动,向城市排水设施排放污水的企业事业单位、个体工商户。

第三十二条　城镇、城乡一体新社区及保留的传统自然村落排水设施的规划、建设和管理,可以参照本办法执行。

第三十三条　本办法自2015年10月1日起施行。

其他重要文件

嘉兴市地热资源管理办法(试行)

(嘉兴市人民政府2015年8月10日发)

第一章　总则

第一条　为加强地热资源管理,促进地热资源可持续利用,根据《中华人民共和国矿产资源法》《浙江省矿产资源管理条例》等法律法规,结合嘉兴实际,制定本办法。

第二条　本办法所称地热资源,是指通过人工钻井,能够经济地被人类直接开采利用的地球内部地热流体(温度在25℃以上)及其有用组分。

前款所称地热资源,不包括通过热泵技术开采利用的浅层地热能和干热岩。

第三条　嘉兴市域范围内的地热资源勘查、开发利用与保护及其监督管理,适用本办法。

第四条　地热资源勘查、开发利用与保护,应当遵循政府主导、规划统筹、科学开发、综合利用、保护环境的原则。

第五条　地热资源属于矿产资源,归国家所有,不因其所依附土地所有权或者土地使用权性质不同而改变。

勘查、开采地热资源,必须遵守《中华人民共和国矿产资源法》《浙江省矿产资源管理条例》等法律法规,依法取得探矿权和采矿权。

第六条　国土资源行政主管部门负责地热资源勘查、开发利用与保护的统一管理工作。

发展改革、财政、环保、规划建设、旅游、市场监管等部门按照各自职责,共同做好地热资源勘查、开发利用与保护的管理工作。

市地质环境监测机构负责建立全市地热资源动态监测网络,做好日常监测工作。

第七条　市国土资源行政主管部门负责组织编制《嘉兴市地热资源规划》,报经市人民政府和省国土资源行政主管部门批准后实施。

地热资源规划应当符合矿产资源总体规划,并与国民经济和社会发展规划、城市总体规划、土地利用总体规划、环境功能区划等相衔接。

第二章　地热资源勘查

第八条　地热资源勘查应当依据《嘉兴市地热资源规划》,有计划、分步骤地进行,重点勘查探明地热资源分布状况等。

第九条　勘查地热资源应当办理勘查许可手续。探矿权申请人依法申请并经登记,领取勘查许可证,成为探矿权人。

探矿权申请人应当按照相关规定,提交探矿权申请所需资料。

第十条　探矿权人应当自领取地热资源勘查许可证之日起6个月内开始施工。

在地热资源勘查开始时，探矿权人应当向勘查项目所在地的县级国土资源行政主管部门报告，并向省国土资源行政主管部门报告开工情况。

第十一条　探矿权人在勘查地热资源时，应当严格遵守国家有关规程规范，并按照省国土资源行政主管部门批准的勘查实施方案进行勘查。勘查实施方案需要调整的，应当按照原批准程序提出变更申请，经批准后方可勘查施工。在钻井施工过程中，要落实安全防范措施，防止引发安全事故和地下水污染等。

探矿权人在勘查许可证有效期内未完成勘查作业的，应当在勘查许可证有效期届满的30日前，向省国土资源行政主管部门申请办理延续手续。

第十二条　探矿权人应当编制地热资源勘查评价报告，经矿产储量评审机构评审后，报省国土资源行政主管部门备案，办理地热资源储量备案登记手续，并按照有关规定汇交勘查成果资料。

第三章　地热资源开发利用与保护

第十三条　地热资源开发利用应当按照《嘉兴市地热资源规划》相关规定进行。鼓励社会资本参与开发利用地热资源，防止重复建设和资源浪费。

第十四条　开采地热资源应当办理开采许可手续。采矿权申请人依法申请并经登记，领取采矿许可证，成为采矿权人。

采矿权申请人应当按照相关规定，提交采矿权申请所需资料。

第十五条　探矿权人申请在其勘查区范围内采矿的，由探矿权人向登记管理机关提出划定矿区范围的申请，并按照相关规定提交资料。

第十六条　实行地热资源有偿使用制度。矿业权人应当按照规定缴纳相关费用。

第十七条　实行地热资源限量开采制度。采矿权人应当在采矿许可证核定的年度允许开采量和日允许开采量范围内开采地热资源，禁止超量开采。

第十八条　采矿权人应当根据地热资源特点，采用先进设备和工艺，合理开发、综合利用地热资源，提高资源利用率。

采矿权人应当发展串联用水系统和循环用水系统，对生产过程中产生的废水进行再生利用。

第十九条　采矿权人应当在地热资源开采场所设置采矿权公示牌，并在开采井内安装水量、水位、温度等监测系统。

采矿权人应当在地热资源利用场所设置浙江温泉告示牌。

第二十条　采矿权人应当按照相关规定，及时上报年度地热资源开采活动信息。

第二十一条　采矿权人发生变更，应当向省国土资源行政主管部门申请办理变更登记手续。

第二十二条　关闭或者报废的地热井可作为监测井使用的，由国土资源行政主管部门选作监测井使用；不能作为监测井使用的，由采矿权人按照规定进行封堵或者采取其他措施妥善处理。

第四章　监督管理

第二十三条　国土资源行政主管部门根据矿业权设置情况，划定并公布地热资源Ⅰ级、Ⅱ级、Ⅲ级保护区。

地热资源Ⅰ级、Ⅱ级保护区内不得钻凿新的地热井；Ⅲ级保护区内只可经报批后钻凿备用的地热井。

第二十四条　国土资源行政主管部门应当依法加强地热资源勘查、开发利用与保护的监督管理，负责对矿业权人上报的年度勘查开采活动信息进行核查，定期对地热井水量、水温、水位、水质等指标进行动态监测和抽检，促进地热资源合理开发利用与保护。

第二十五条　环境保护行政主管部门应当对地热资源使用单位排放的地热尾水进行定期监测。

第五章　法律责任

第二十六条　矿业权人应当按照《中华人民共和国矿产资源法》、《浙江省矿产资源管理条例》等法律法规,依法勘查、开发利用与保护地热资源。违反规定的,依法予以处罚;构成犯罪的,依法追究刑事责任。

第二十七条　采矿权人排放地热资源利用后的尾水,造成污染的,由环境保护行政主管部门依法予以处罚;给他人生产、生活造成损害的,应当赔偿损失。

第二十八条　国家工作人员在地热资源管理中玩忽职守、滥用职权、徇私舞弊的,依法追究刑事责任;尚不构成犯罪的,依法给予行政处分。

第六章　附则

第二十九条　本办法自 2015 年 10 月 1 日起施行。

嘉兴市人民政府办公室关于建立疾病应急救助制度的实施意见

(嘉兴市人民政府 2015 年 8 月 31 日发)

各县(市、区)人民政府,市政府各部门、直属各单位:

为认真贯彻落实《浙江省人民政府办公厅关于建立疾病应急救助制度的指导意见》(浙政办发〔2014〕146 号)精神,加快建立我市疾病应急救助制度,构建多层次的医疗保障体系,经市政府同意,现就建立疾病应急救助制度提出如下实施意见:

一、疾病应急救助基金的设立、筹集与管理

(一)基金设立。设立救助基金是建立疾病应急救助制度的重要内容和保障。按照"分级管理、分级负责"的原则,各地要建立疾病应急救助基金,主要承担应急救助资金的募集以及向辖区内医疗机构拨付疾病应急救治医疗费用的功能。

市级疾病应急救助基金由市政府组织设立,主要承担应急救助资金的募集和向市级医疗机构拨付疾病应急救治医疗费用的功能。

(二)基金筹集。疾病应急救助基金通过财政投入和社会各界捐助等多渠道筹集。各地要将疾病应急救助财政补助资金纳入财政预算安排,资金规模原则上参照当地常住人口规模、上一年度本行政区域内应急救治发生情况等因素确定。鼓励社会各界向疾病应急救助基金捐赠资金,境内企业、个体工商户、自然人捐赠的款项可按规定享受所得税优惠政策。市级疾病应急救助基金由市红十字会负责接收社会各界捐赠款项。

(三)基金管理。疾病应急救助基金实行分级管理,由卫计部门会同财政部门管理,基金纳入财政专户,实行分账核算、专项管理、专款专用,接受社会各界捐赠的资金由市红十字会专户进行核算。各地可根据实际情况确定基金经办机构,坚持公开、透明、专业、规范原则,加强疾病应急救助基金管理,加强疾病应急救助与现行医疗救助等政策的衔接,杜绝应救不救以及虚报信息套取基金、过度医疗等行为,疾病应急救助制度实施细则另行制定。

(四)基金监管。各地要成立由卫计、财政部门组织,相关部门以及人大代表、政协委员、医学专家、捐赠人、媒体人士等组成的基金监管委员会,负责审议疾病应急救助基金管理制度及财务预决算等重大事项,监管基金运行等。

基金运行实行独立核算,并依法接受外部审计。基金使用、救助的具体事项、费用以及审计报告等向社会公示,接受社会监督。审计机关依法对疾病应急救助基金的筹集、使用情况进行审计或专项审计调查。

二、疾病应急救助的对象、范围、支付程序与定点医疗机构

(一)救助对象。在我市行政区域内发生急重危伤病、需要急救但身份不明确或无力支付相应医疗费用的患者。医疗机构对其紧急救治所发生的医疗费用,按照属地管理原则,向该医疗机构所在地疾病应急救助基金申请拨付应急救助资金。

（二）支付范围。

1. 无法查明身份且无力缴费患者所发生的急救费用。

2. 身份明确但无力缴费的患者所拖欠的急救费用。

疾病应急救助基金不得用于支付有负担能力但拒绝付费患者的急救医疗费用。

（三）支付程序。

1. 救助申报。医疗机构应先由责任人、工伤保险和基本医疗保险等各类保险以及医疗救助基金、道路交通事故社会救助基金等渠道支付。无上述渠道或上述渠道费用支付有缺口的，由疾病应急救助基金给予支付或补助。按照属地管理原则，由医疗机构向所在地疾病应急救助基金经办机构申请拨付疾病应急救助资金。

2. 身份认定。由卫计部门牵头，会同公安、民政、社保等部门（单位），根据职责分工进行审核，确认应急救助患者身份。

3. 资金核报。基金经办机构受理医疗机构提交的疾病应急救资金申请后，对提交的申请进行稽核，形成稽核报告。由卫计部门牵头，会同财政、公安、民政、社保、基金经办机构等部门，每半年对疾病应急助救助案例进行审核并确认救助金额。

4. 资金拨付。基金经办机构将有关部门审核同意的资金核报材料和审核意见，于5个工作日内向同级财政申请支付，同级财政应于10个工作日内将核准的医疗费用直接或通知接收捐赠资金单位拨付至各相关医疗机构。

各级疾病应急救助基金对经常承担急救工作的定点医疗机构，可按年度进行预拨。

5. 资金追偿。疾病应急救助基金向医疗机构支付欠费后，查明患者身份或查实患者有负担能力、有其他支付渠道的，医疗机构应当及时向患者追偿欠费。医疗机构应当将追回资金退回疾病应急救助基金。

三、疾病应急救助工作机制

（一）相关部门职责。

1. 市公安局：协助医疗机构和基金管理（经办）机构核查疾病应急救助对象的身份。

2. 市民政局：协助基金管理（经办）机构做好对疾病应急救助对象有无负担能力的鉴别工作，加强与医疗机构的衔接，按规定对符合救助条件的患者给予医疗救助。

3. 市财政局：合理安排疾病应急救助基金财政补助资金和基金管理部门的工作经费，编制疾病应急救助基金预决算，并向基金管理委员会报送预决算报告，及时拨付审核后的疾病应急救助医疗费用。

4. 市人力社保局：做好基本医疗保险政策衔接，进一步完善基本医疗保险政策体系，不断提高医疗保障水平。

5. 市卫计委：负责定期会同相关部门做好对疾病应急医疗救助案例进行审核并确认救助金额。负责基金使用、救助的具体事例、费用以及审计报告等向社会公示，接受社会监督。督促医疗机构及其工作人员无条件对疾病应急救助对象进行急救，对拒绝、推诿或拖延救治及虚报信息套取基金、过度医疗等行为，要依法依规严肃处理。

6. 市审计局：做好疾病应急救助基金筹资、使用情况的审计和医疗机构追偿医疗费用情况的审计调查。

7. 市红十字会：主动开展各类募捐活动，积极向社会募集资金。

8. 市社保事务局：做好参保患者的基本医疗保险管理服务工作，保障参保患者按规定享受基本医疗保险待遇，并配合相关部门对救助对象个人信息的鉴别和稽核工作。

9. 人行嘉兴市中心支行、嘉兴银监分局：配合做好由民政部门、基金经办机构开展的鉴别和稽核工作。

（二）医疗机构职责。

1. 医疗机构及其工作人员必须及时、有效地对急重危伤患者施救，不得以任何理由拒绝、推诿或拖延救治。

2. 对救助对象急救后发生的欠费，应当尽快设法查明欠费患者身份；对有负担能力的患者要及时追偿治疗费用。

3. 协助符合条件的患者按程序向有关救助机构等申请救治费用。

4. 建立疾病应急救助信息通报制度,及时将收治的应急救助患者情况向相关部门报告并进行公示。

5. 严格控制医疗费用,鼓励各级各类医疗机构主动减免无负担能力患者的救治费用,核销救助对象救治费用。

(三)基金经办机构职责。

1. 负责受理医疗机构提交的疾病应急救助资金的申请,对医疗机构在救助对象、合理用药、合理检查、资金追偿等方面进行稽查,形成稽核报告,并报告基金监督管理委员会办公室。

2. 负责向财政部门申请疾病应急救助医疗费用拨付至各医疗机构。

3. 协助医疗机构对有负担能力的患者追偿治疗费用。

4. 其他疾病应急救助基金日常管理工作等。

四、疾病应急救助的组织实施

建立疾病应急救助制度,是健全多层次医疗保障体系的重要内容,是保障和改善民生的客观要求,是坚持以人为本、构建社会主义和谐社会的具体体现。各地、各有关部门要充分认识建立疾病应急救助制度的重要性,切实加强组织领导,确保各项工作落到实处。

各部门和单位要按照分工落实责任,各司其职,加强协作,建立责任共担、多方联动的机制。卫生、财政等部门要加强沟通协调,共同做好政策研究和推动落实等工作。进一步完善基本医疗保障制度、社会救助体系,要将疾病应急救助制度与基本医疗保险、大病保险和医疗救助等医疗保障制度有机衔接。把握好政府引导与发展社会医疗慈善、基金管理与利用第三方专业化服务的关系,不断提高服务水平。积极探索、创新机制,建立健全疾病应急救助制度,让有需要的疾病应急救助对象及时得到救治。

嘉兴市人民政府
关于调整2016年度市本级
基本医疗保险的通知

(嘉兴市人民政府2015年12月8日发)

为进一步完善我市基本医疗保险制度,根据《嘉兴市人民政府关于印发嘉兴市城乡居民基本医疗保险暂行规定的通知》(嘉政发〔2013〕93号)、《嘉兴市人民政府关于印发嘉兴市职工基本医疗保险暂行办法的通知》(嘉政发〔2014〕87号)等有关文件精神,经市政府同意,决定对市本级基本医疗保险的有关规定予以调整。现将有关事项通知如下:

一、调整城乡居民基本医疗保险筹资标准

2016年度市本级居民医保筹资标准为1000元/人·年,其中参保人员个人缴费320元/人·年,各级财政补贴680元/人·年[省市财政补贴375元/人·年,区财政补贴183元/人·年,镇(街道)财政补贴122元/人·年]。

二、调整职工基本医疗保险费征缴标准

2016年度市本级参加职工基本医疗保险统账一的,用人单位按在职职工人数,以缴费基数的3.5%缴纳,职工个人按缴费基数的0.5%缴纳。参加职工基本医疗保险统账二的,用人单位分别按在职职工人数和退休职工人数,以缴费基数的7%和3.5%缴纳,在职职工个人按缴费基数的2%缴纳。

三、调整职工基本医疗保险一次性移交费用

按照《嘉兴市人民政府关于印发嘉兴市职工基本医疗保险暂行办法的通知》(嘉政发〔2014〕87号)第十六条规定,过渡期内,逐步降低移交费用。2016年度办理的,按移交费用的75%计算。

本通知自2016年1月1日起执行,各县(市)可参照执行。

文件目录

表 48

2015 年中共嘉兴市委文件目录

嘉委发文号	发文日期	标　　题
2	1 月 23 日	中共嘉兴市委关于进一步加强人大工作发挥人大作用的意见
3	2 月 6 日	中共嘉兴市委批转市人大常委会党组《关于进一步加强和改进镇人大工作的指导意见(试行)》《关于进一步加强和规范街道人大工作的指导意见(试行)》的通知
4	2 月 26 日	中共嘉兴市委、嘉兴市人民政府关于 2014 年度全市工作目标责任制考核结果情况通报
5	2 月 26 日	中共嘉兴市委、嘉兴市人民政府关于命名 2013 ~ 2014 年度嘉兴市级文明单位、文明镇、文明村的决定
6	3 月 30 日	中共嘉兴市委关于印发《落实省委巡视组反馈意见整改方案》的通知
8	4 月 16 日	中共嘉兴市委、嘉兴市人民政府关于命名 2014 年度平安镇(街道)和全市法治平安综治工作考核结果的通报
10	4 月 24 日	中共嘉兴市委关于调整市委常委分工的通知
11	5 月 19 日	中共嘉兴市委、嘉兴市人民政府关于加快推动浙江清华长三角研究院发展的若干意见
12	5 月 29 日	中共嘉兴市委、嘉兴市人民政府关于印发《嘉兴市人民政府职能转变和机构改革方案》的通知
13	5 月 29 日	中共嘉兴市委关于省委巡视组反馈意见整改落实情况的通报
14	6 月 8 日	中共嘉兴市委、嘉兴市人民政府关于深化统筹城乡综合配套改革促进农业转型农民增收的若干意见
15	6 月 8 日	中共嘉兴市委、嘉兴市人民政府关于全面构建现代公共文化服务体系加快推进国家示范区创建的实施意见
16	7 月 30 日	中共嘉兴市委关于全面加强基层党组织和基层政权建设的意见
17	11 月 11 日	中共嘉兴市委关于调整部分市委常委分工的通知
18	11 月 11 日	中共嘉兴市委、嘉兴市人民政府关于进一步加快嘉兴科技城发展的若干意见
20	12 月 30 日	中共嘉兴市委、嘉兴市人民政府关于第二届世界互联网大会·乌镇峰会保障服务工作先进集体和先进个人的通报

（姚沈敏）

表 49

2015 年嘉兴市人大常委会文件目录

嘉人大常文号	发文日期	标　　题
1	1 月 16 日	嘉兴市人大常委会 2015 年工作要点
2	1 月 21 日	嘉兴市第七届人民代表大会常务委员会关于接受张京生同志辞去市七届人大财经委主任职务请求的决定
3	3 月 24 日	关于办理市七届人大五次会议《关于尽快编制完善并实施市域规划的议案》的意见
4	4 月 23 日	嘉兴市第七届人民代表大会常务委员会关于接受肖培生辞去嘉兴市长职务请求的决定
5	4 月 23 日	嘉兴市第七届人民代表大会常务委员会关于林健东副市长为嘉兴市代理市长的决定
6	5 月 25 日	嘉兴市第七届人民代表大会常务委员会关于盘活的市级财政存量资金纳入市本级财政预算的决议
7	5 月 25 日	嘉兴市第七届人民代表大会常务委员会关于接受张京生同志辞去嘉兴市七届人大常委会委员职务请求的决定
8	5 月 26 日	关于交办嘉兴市人大常委会第二十八次会议审议意见的通知
9	5 月 26 日	关于交办嘉兴市人大常委会《关于对市人力社保局依法行政和履行职责情况的评议意见》的通知
10	5 月 26 日	关于交办嘉兴市人大常委会《关于对市卫生局依法行政和履行职责情况的评议意见》的通知

续表 49

嘉人大常文号	发文日期	标　　题
11	8月10日	关于交办市七届人大常委会第二十九次会议审议意见的通知
12	8月10日	市七届人大常委会关于召开市七届人代会第六次会议的决定
13	8月10日	市七届人大常委会关于设立嘉兴市人民代表大会常务委员会法制工作委员会的决定
14	8月10日	嘉兴市七届人大代表大会常务委员会关于接受梁群辞去嘉兴市副市长职务请求的决定
15	8月26日	关于申请确定嘉兴市开始制定地方性法规时间报告
16	9月21日	嘉兴市第七届人民代表大会常务委员会关于授予陈勇等七位人士“嘉兴市荣誉市民”称号的决定
17	9月29日	嘉兴市第七届人民代表大会常务委员会关于接受苗伟伦、沈利农同志辞去浙江省十二届人民代表大会代表职务请求的决定
18	9月29日	关于补选林健东、刘冬生为浙江省第十二届人民代表大会代表的报告
19	9月29日	嘉兴市第七届人民代表大会常务委员会关于批准嘉兴市本级2014年度财政决算的决议
21	10月13日	关于交办嘉兴市七届人大常委会第三十二次会议审议意见的通知
22	11月30日	嘉兴市第七届人民代表大会常务委员会关于授予徐雄等七位人士“嘉兴市荣誉市民”称号的决定
23	11月30日	嘉兴市第七届人民代表大会常务委员会关于将省财政厅下达的地方政府债券资金纳入地方政府财政预算的决议
24	11月30日	嘉兴市第七届人民代表大会常务委员会关于接受周楚兴同志辞去嘉兴市人大常委会副主任职务请求的决定
25	12月4日	关于交办嘉兴市七届人大常委会第三十四次会议审议意见的通知
26	12月31日	嘉兴市第七届人民代表大会常务委员会关于接受俞四兴、邵建华两位同志辞去嘉兴市人大常委会副主任职务请求的决定
27	12月31日	嘉兴市第七届人民代表大会常务委员会关于调整2015年市本级财政预算的决议
28	12月31日	嘉兴市第七届人民代表大会常务委员会关于批准嘉兴市级2015年地方政府债务限额的决议

（杨　勇）

表 50

2015年嘉兴市人民政府文件目录

嘉政发文号	发文日期	标　　题
1	2月10日	嘉兴市人民政府关于做好2015年扩大有效投资工作的意见
2	2月10日	嘉兴市人民政府关于做好2015年招商工作的意见
3	1月22日	关于公布市政府及市政府办公室行政规范性文件清理工作的通知
4	1月30日	嘉兴市人民政府转发浙江省人民政府关于南湖区部分行政区划调整批复的通知
5	2月10日	嘉兴市人民政府关于公布2014年度全市国土资源管理工作先进单位名单的通报
6	1月30日	关于公布嘉兴市卫生强镇(街道)复核结果的通知
7	1月30日	嘉兴市人民政府关于表彰2014年度人口和计划生育目标管理责任制考核优秀单位的通报
8	1月22日	嘉兴市人民政府关于印发嘉兴市高污染燃料禁燃区建设和集中供热实施方案(2014～2017年)的通知
9	2月10日	嘉兴市人民政府关于表彰2014年度全市综合行政执法先进集体和优秀个人的通报
10	2月10日	嘉兴市人民政府关于市区划定高污染燃料禁燃区的通告
11	2月10日	关于同意实施嘉兴城区排水雨水防涝综合规划的批复
12	2月10日	关于同意实施嘉兴市城市规划管理技术规定(修订)的批复
13	2月15日	嘉兴市人民政府关于公布2014年度人力资源和社会保障工作考核优秀单位的通报

续表 50

嘉政发文号	发文日期	标　　题
14	2月10日	嘉兴市人民政府关于公布2014年度政府信息公开工作先进的通报
15	2月15日	嘉兴市人民政府关于2014年度民政(社会)工作目标责任制考核情况的通报
16	2月17日	嘉兴市人民政府关于开展海绵城市建设的实施意见
17	3月3日	嘉兴市人民政府关于印发2015年民生实事项目的通知
18	3月3日	嘉兴市人民政府关于印发政府工作报告重点工作责任分解的通知
20	3月6日	嘉兴市人民政府关于公布2014年度嘉兴市依法行政工作先进单位的通报
21	3月12日	嘉兴市人民政府关于下达2015年嘉兴市国民经济和社会发展计划的通知
22	3月12日	嘉兴市人民政府关于公布2014年度支持浙商创业创新促进嘉兴发展目标责任制考核结果的通报
23	3月23日	嘉兴市人民政府关于公布2014年度嘉兴市农业农村工作先进集体和先进个人的通报
24	3月23日	嘉兴市人民政府关于进一步引导和促进社会资本举办医疗机构的实施意见
25	3月23日	嘉兴市人民政府关于深化教育改革促进民办教育健康发展的实施意见
26	3月27日	嘉兴市人民政府关于嘉善西塘“1·6”较大道路交通事故调查报告的批复
27	3月30日	嘉兴市人民政府关于印发“两确保、一争先”五大专项行动的通知
28	4月2日	嘉兴市人民政府关于印发2015年嘉兴市城市道路交通治堵工作方案的通知
29	4月2日	嘉兴市人民政府关于《嘉兴市化工行业安全发展规划(2014～2020年)》的批复
30	4月13日	嘉兴市人民政府关于公布2014年度全市工业、服务业、开放型经济等先进的通报
31	4月13日	嘉兴市人民政府关于海盐县村庄布点总体规划的批复
32	4月13日	嘉兴市人民政府关于秀洲区村庄布点总体规划的批复
33	4月13日	嘉兴市人民政府关于南湖区“1+X”村庄布点优化规划的批复
34	4月16日	嘉兴市人民政府嘉兴军分区关于公布2014年度国防动员工作和后备力量基层规范化建设先进单位和个人的通报
35	4月23日	嘉兴市人民政府关于海宁市村庄布点总体规划的批复
36	4月23日	嘉兴市人民政府关于平湖市村庄布点总体规划的批复
37	4月23日	嘉兴市人民政府关于嘉善县域村庄布点规划(2013～2030)的批复
38	4月23日	嘉兴市人民政府关于同意城区1～09、1～11、1～73和2～32等四个单元控制性详细规划局部修改的批复
39	5月13日	嘉兴市人民政府关于调整七届市政府领导工作分工的通知
40	4月29日	嘉兴市人民政府关于进一步促进楼房经济提质发展的实施意见
41	5月5日	嘉兴市人民政府关于组建浙江嘉兴信息经济投资有限公司的批复
42	5月29日	嘉兴市人民政府关于公布2014年度“无违建镇(街道)”和“无违建镇(街道)”创建先进集体的通报
43	5月29日	嘉兴市人民政府关于印发嘉兴市区国有土地上房屋征收与补偿办法的通知
44	6月25日	嘉兴市人民政府关于同意中心城区1～31等六个单元控制性详细规划局部修改的批复
45	6月29日	嘉兴市人民政府关于印发2015年度嘉兴市治理城市交通拥堵工作白皮书的通知
46	7月1日	嘉兴市人民政府嘉兴军分区关于公布2014年度征兵工作先进单位和先进个人通报
47	7月9日	嘉兴市人民政府嘉兴军分区关于印发加强和改进新形势下征兵工作的意见的通知
48	7月11日	嘉兴市人民政府关于同意《嘉兴市区燃气规划》的批复
49	7月15日	嘉兴市人民政府关于印发加强农民建房管理若干意见的通知
50	7月6日	嘉兴市人民政府关于同意给予周洪根开除处分的批复
51	7月16日	嘉兴市人民政府关于同意调整棚改规划及年度实施计划的批复
52	7月27日	嘉兴市人民政府关于同意嘉善县西塘等5镇乡级土地利用总体规划的批复

续表 50

嘉政发文号	发文日期	标　　题
53	7月28日	嘉兴市人民政府关于加快金融改革创新促进经济转型发展的意见
54	7月30日	嘉兴市人民政府关于桐乡市村庄布点总体规划的批复
56	8月6日	嘉兴市人民政府关于卜凡伟副市长工作分工的通知
57	8月6日	嘉兴市人民政府关调整七届市政府领导部分分工的通知
58	8月17日	嘉兴市人民政府关于同意嘉兴市西片4~26单元控制性详细规划的批复
59	8月10日	嘉兴市人民政府关于发布嘉兴市政府核准投资项目目录(2015年本)的通知
61	8月18日	嘉兴市人民政府关于印发进一步完善市区被征地居民社会保障制度的实施意见的通知
62	8月18日	嘉兴市人民政府关于公布2015年嘉兴市科学技术奖的通知
63	8月31日	嘉兴市人民政府关于印发嘉兴市本级自主就业退役士兵一次性经济补助经费发放办法的通知
64	8月31日	嘉兴市人民政府关于同意调整市级国资营运公司部分董事会、监事会组成人员的批复
65	9月1日	嘉兴市人民政府关于同意《嘉兴市防治船舶及其有关作业活动污染海洋环境应急能力建设规划》的批复
66	9月1日	嘉兴市人民政府关于印发嘉兴市城市排水设施管理办法的通知
67	9月6日	嘉兴市人民政府关于印发进一步促进全市经济平稳发展创新发展的若干意见的通知
69	9月10日	嘉兴市人民政府关于王江泾省级小城市培育试点镇总体规划(2011~2030)的批复
70	9月17日	嘉兴市人民政府关于同意增补沈洪亮同志为嘉城集团执行董事的批复
71	9月28日	嘉兴市人民政府关于公布第五批嘉兴市非物质文化遗产代表性项目名录的通知
72	9月29日	嘉兴市人民政府关于王店市级小城市培育试点镇总体规划(2012~2030)的批复
73	9月30日	嘉兴市人民政府关于印发嘉兴市人民政府重大行政决策程序规定及其配套制度的通知
74	10月8日	嘉兴市人民政府关于印发《"嘉兴市荣誉市民"评审实施细则》的通知
75	10月8日	嘉兴市人民政府关于支持浙江中德(嘉兴)产业合作园建设的意见
76	10月15日	嘉兴市人民政府关于调整全市最低工资标准的通知
77	10月26日	嘉兴市人民政府关于授予冯国等五位外国专家"南湖友谊奖"的通知
78	11月2日	嘉兴市人民政府关于推进"泛孵化器"建设的意见
79	11月2日	嘉兴市人民政府关于下划第二批市特定企业的通知
80	11月2日	嘉兴市人民政府关于楼建明常务副市长工作分工的通知
81	11月4日	嘉兴市人民政府关于进一步完善市对区分税制财政管理体制的通知
82	11月7日	嘉兴市人民政府关于海盐西塘桥"8·19"较大道路交通事故调查报告的批复
83	11月7日	嘉兴市人民政府关于同意1~69、1~79、1~74和2~33等四个单元控制性详细规划局部修改的批复
84	11月5日	嘉兴市人民政府关于同意给予张建明开除处分的批复
85	11月26日	嘉兴市人民政府关于进一步加强嘉兴市爱国卫生工作的实施意见
86	11月26日	嘉兴市人民政府关于公布嘉兴市第二十届社会科学优秀成果的通知
87	11月26日	嘉兴市人民政府关于同意《嘉兴市区消防专项规划》的批复
88	12月1日	嘉兴市人民政府关于印发嘉兴市政府部门职责管理办法的通知
89	12月7日	嘉兴市人民政府关于开展第三次农业普查的通知
90	12月7日	嘉兴市人民政府关于同意中心城区1~13、1~15单元控制性详细规划的批复
91	12月7日	嘉兴市人民政府关于印发《嘉兴市人民政府关于大力推进大众创业万众创新若干政策措施的实施意见》的通知
92	12月8日	嘉兴市人民政府关于加快市级特色小镇规划建设的指导意见
93	12月8日	嘉兴市人民政府关于调整2016年度市本级基本医疗保险的通知

续表 50

嘉政发文号	发文日期	标　　题
94	12 月 13 日	嘉兴市人民政府关于印发嘉兴市政府投资项目管理办法的通知
95	12 月 13 日	嘉兴市人民政府关于印发嘉兴市政府投资项目竣工验收实施意见的通知
96	12 月 12 日	嘉兴市人民政府关于桐乡市乌镇等 8 镇土地利用总体规划调整完善成果的批复
97	12 月 12 日	嘉兴市人民政府关于平湖市乍浦等 6 镇土地利用总体规划调整完善成果的批复
98	12 月 18 日	嘉兴市人民政府关于同意中心城区 1～94 单元控制性详细规划的批复
99	12 月 23 日	嘉兴市人民政府关于同意《嘉兴市湖滨片区城市有机更新概念规划与城市设计》的批复
100	12 月 24 日	嘉兴市人民政府关于同意中心城区 1～33、1～35 单元控制性详细规划(修编)的批复
101	12 月 30 日	嘉兴市人民政府关于加快发展现代职业教育的实施意见
102	12 月 31 日	嘉兴市人民政府关于支持创业促进就业的实施意见

（费公驰）

表 51

2015 年政协嘉兴市委员会文件目录

嘉政协文号	发文日期	标　　题
1	1 月 13 日	中国人民政治协商会议浙江省嘉兴市第七届委员会常务委员会关于召开政协嘉兴市第七届委员会第四次会议的决定
2	1 月 15 日	中国人民政治协商会议浙江省嘉兴市第七届委员会常务委员会关于同意苏卫鸣同志辞去政协嘉兴市第七届委员会委员职务的决定
3	1 月 15 日	中国人民政治协商会议浙江省嘉兴市第七届委员会常务委员会关于免去沈钰祥同志政协嘉兴市第七届委员会副秘书长、研究室主任职务的决定
4	1 月 15 日	中国人民政治协商会议浙江省嘉兴市第七届委员会常务委员会关于同意沈钰祥同志辞去政协嘉兴市第七届委员会常务委员、委员职务的决定
5	1 月 15 日	中国人民政治协商会议浙江省嘉兴市第七届委员会委员增补名单
6	1 月 23 日	政协嘉兴市委员会 2015 年工作要点
7	2 月 5 日	中国人民政治协商会议浙江省嘉兴市第七届委员会常务委员会任免决定
8	3 月 5 日	嘉兴市政协 2015 年重点工作安排
9	3 月 28 日	政协嘉兴市委员会 2015 年度重点协商计划
10	4 月 29 日	政协嘉兴市委员会 2015 年度提案办理工作民主评议实施方案
11	6 月 25 日	中国人民政治协商会议浙江省嘉兴市第七届委员会常务委员会关于同意姚晓明同志辞去常务委员、委员职务的决定
12	6 月 25 日	中国人民政治协商会议浙江省嘉兴市第七届委员会常务委员会关于同意刘国文、胡晓云同志辞去委员职务的决定
13	6 月 25 日	中国人民政治协商会议浙江省嘉兴市第七届委员会常务委员会关于同意林辉同志辞去委员职务的决定
14	6 月 25 日	中国人民政治协商会议浙江省嘉兴市第七届委员会委员增补名单
15	9 月 25 日	中国人民政治协商会议浙江省嘉兴市第七届委员会委员增补名单
16	9 月 25 日	中国人民政治协商会议浙江省嘉兴市第七届委员会任免决定
17	12 月 24 日	关于表彰 2015 年度社情民意工作先进集体的通知

（胡　犟）

附　　录

先进名录

【2015 年度嘉兴市走新型工业化道路十强企业】

闻泰通讯股份有限公司
日本电产汽车马达(浙江)有限公司
浙江晶科能源有限公司
日本电产芝浦(浙江)有限公司
韩泰轮胎有限公司
巨石集团有限公司
玛氏食品(嘉兴)有限公司
桐乡市中辰化纤有限公司
浙江协和首信钢业有限公司
浙江壳牌化工石油有限公司

【2015 年度市本级走新型工业化道路十强企业】

加西贝拉压缩机有限公司
嘉兴兴禾汽车零部件有限公司
浙江雅莹集团有限公司
浙江亚特电器有限公司
浙江德景电子科技有限公司
晓星化工(嘉兴)有限公司
浙江嘉欣丝绸股份有限公司
浙江嘉化能源化工股份有限公司
中法控股集团有限公司
浙江正泰电缆有限公司

【2015 年度中国质量奖提名奖】

加西贝拉压缩机有限公司

【2015 年度浙江省政府质量奖提名奖】

巨石集团有限公司

【2015 年度嘉兴市市长质量奖】

浙江晶科能源有限公司
浙江西塘旅游文化发展有限公司
巨匠建设集团股份有限公司

【2015 年浙江省五一劳动奖章】

赵忠策　浙江众成包装材料股份有限公司研发技术中心副主任、电气研发部部长、党支部宣传委员
肖　丰　海盐县邮政局投递高级工
张雪良　海宁第一中学数学高级教师
张利华　浙江雅莹集团有限公司缝纫工
俞叶君　嘉兴市劳动保障监察支队长,兼市人力社保局机关党委委员、第三支部书记
计荣林　嘉兴新嘉爱斯热电有限公司党总支书记、总经理
祁海龙　嘉兴市委教工委书记、市教育局局长

【第五届嘉兴市道德模范】

陈钦甫　南湖区南湖街道云都社区居民
唐杏生　秀洲区半岛生态农庄创办人
张在发　平湖市新埭镇医院医生
褚卫丰　海宁市盐官镇双盛五金厂总经理
方雪祥　桐乡市东兴商厦保卫科工作人员
朱国平　海宁市金岛运输有限责任公司出租车驾驶员
范建良　桐乡市崇德果蔬专业合作社党支部

书记
周　勇　嘉兴振禾出租汽车有限公司司机
阳丽平　嘉善县魏塘街道新居民事务所镇北中心站站长
张益平　嘉兴市乍浦港口经营有限公司杂货作业队队长
石龙英　南湖区南湖街道桂苑社区居民
沈照琴　嘉善县干窑镇社会福利养老服务中心(原干窑镇敬老院)工作人员
曹雅萍　嘉兴经济技术开发区(国际商务区)塘汇街道茶香坊社区居民

(市档案局)

文论选录

经济新常态与嘉兴税收走势分析及对策研究

一、金融危机以来嘉兴经济发展及税收走势分析

2008年的国际金融危机,对中国乃至嘉兴经济来说是一道分水岭。在这之前,嘉兴经济和税收基本保持高速增长,尤其是“十一五”和“十二五”期间,税收增长更是快于经济增长。金融危机后,嘉兴经济和税收增速明显放缓,特别是2012年以后经济增长进入个位数时代,税收增长随之出现较大波动。分析2008~2014年嘉兴经济与税收趋势,可以看出以下特点:

(一)经济发展与税收增长具有高度的相关性。2008年受金融危机影响,嘉兴市GDP增速从2007年的17.9%下滑至10.7%,2009年更是下滑至9.3%,之后又受大规模刺激政策的影响,2010年和2011年重返两位数增长。但这波靠投资拉动的增长最终未能维持,2012年起嘉兴经济正式进入个位数增长。税收增长的波动与经济波动趋势较为一致。2009年基本与经济增长吻合,2010~2011年受国家4万亿元投资和物价上涨等因素影响,税收增长迅速回到20%以上,之后又逐年下滑,2013年甚至低于经济增速。

从面上数据看,经济增速与税收增速之间存在一定差异,这个差异是有原因的。根据国内外研究显示,税收增长除了取决于经济增长外,还受到物价水平和宏观税负的影响。由于税收是按照当年价格计算的,与名义GDP增长率相比,受物价因素的影响较为明显,2010和2011年嘉兴市物价指数分别达到4.0和5.5,导致税收增长迅速拉高,税收弹性系数一度拉高至1.92;2012~2014年物价指数稳定在2.0~2.6之间,税收增长率和GDP增长率的差距逐渐缩小。同时从宏观税负(仅指税务部门组织的税收收入占GDP的比重)分析,2008年以来嘉兴宏观税负水平稳中有升,但仍处于中低可控水平。以2014年为例,嘉兴宏观税收负担为17.66%,分别比2008年和2013年提高3个百分点和0.65个百分点,但低于同期全省平均(21.4%)和全国平均(20.4%)水平。而嘉兴宏观税负逐年提高的一个不可比因素就是调库收入。由于出口免抵税额不是即时发生、即时调库,使得免抵调库在一定程度上成为税收增长的蓄水池,2014年嘉兴共办理调库54.10亿元,比2013年多调库11.29亿元,从而拉高全市税收增长2个百分点,拉高宏观税负0.34个百分点,如果剔除调库因素,则税收增长与GDP增长更为接近,税收弹性系数和宏观税负也更趋合理。

表52　**2008~2014年嘉兴市税收弹性系数与宏观税负**　单位:亿元

年份	生产总值	增长(%)	税收收入	增长(%)	弹性系数	宏观税负%)
2008	1819.8	10.7	266.81	19.07	1.78	14.66
2009	1918.0	9.3	293.12	9.86	1.06	15.28
2010	2300.2	13.7	354.19	20.83	1.52	15.39

续表 52

年份	生产总值	增长(%)	税收收入	增长(%)	弹性系数	宏观税负%)
2011	2677.1	10.6	426.54	20.42	1.92	15.93
2012	2890.6	8.7	492.71	15.51	1.78	17.04
2013	3147.7	9.3	535.49	8.68	0.93	17.01
2014	3352.8	7.5	592.27	10.59	1.41	17.66

说明:GDP 增长按可比价格计算,税收增长按现价计算

(二)经济结构不断调整促进税收结构的优化。受金融危机倒逼影响,2008 年以来,嘉兴进一步加快经济结构调整步伐。从产业结构看,三次产业结构逐步优化,第三产业税收比重提高。2008～2014 年,嘉兴市产业结构不断优化,虽然第二产业仍占据 50%以上,但贡献度逐年下降, 第三产业比重则从 2008 年的 34.8%提高至 2014 年的 41.6%。三次产业对税收的贡献度也发生相应的变化,2014 年, 全市第二产业税收占税收总收入的比重为 63.59%, 比 2008 年下降 7.43 个百分点; 而第三产业税收比重从 2008 年的 28.5%, 一路提高至 2013 年的 37.73%,2014 年因服务业“营改增”减税等因素影响,比重略有下滑。但从长期看,第三产业的税收贡献将逐年提高,与三次产业结构的变化基本吻合。

表 53

2008～2014 年嘉兴三产结构与税收贡献率

年份	三次产业结构	三次产业税收贡献度					
		第一产业	占比(%)	第二产业	占比(%)	第三产业	占比(%)
2008	5.8 : 59.4 : 34.8	1.27	0.48	189.49	71.02	76.05	28.50
2009	5.6 : 58.0 : 36.4	0.17	0.06	203.74	69.51	89.21	30.43
2010	5.5 : 58.3 : 36.2	0.24	0.07	226.34	63.91	127.61	36.02
2011	5.3 : 57.5 : 37.2	0.23	0.05	270.99	63.54	155.32	36.41
2012	5.2 : 55.5 : 39.3	0.26	0.05	306.53	62.22	185.92	37.73
2013	4.9 : 54.9 : 40.2	0.38	0.07	332.42	62.08	202.69	37.85
2014	4.3 : 54.1 : 41.6	0.33	0.06	376.65	63.59	215.29	36.35

从经济类型看, 所有制结构发生变化,民营经济税收贡献加大。改革开放 30 年,嘉兴以外向型和块状经济为特点,外资和民营经济占据主导地位, 国有和集体经济比重不断下降。2009 年在国家大规模基础设施投资的刺激下,国有经济比重回升至 7.2%, 之后又一路下滑,2014 年下滑至 4.6%。而民营(私营)经济比重逐年提升,特别是“浙商回归”战略的实施,使得民营经济比重进一步提高,占据绝对主导地位。与此相对应,民营(私营)经济税收比重也不断提高,2014 年入库税收 426.41 亿元,是 2008 年的 2.34 倍,七年间年均增长 15.18%,占全市税收总收入的比重也从 2008 年 68.2%提高至 2014 年的 72.0%。

表 54

2008～2014 年不同经济类型规上工业总产值及税收比重

单位:亿元

年份	国有(集体)经济				民营(私营)经济				涉外经济			
	规上工业总产值	占比(%)	税收	占比(%)	规上工业总产值	占比(%)	税收	占比(%)	规上工业总产值	占比(%)	税收	占比(%)
2008	160.05	4.3	15.87	6.0	2203.18	58.9	181.99	68.2	1375.03	36.8	68.95	25.8
2009	278.70	7.2	15.32	5.2	2234.81	57.9	197.54	67.4	1350.48	34.9	80.26	27.4
2010	331.28	6.5	19.43	5.5	3014.90	59.1	249.94	70.5	1756.67	34.4	84.82	24.0
2011	315.47	5.5	19.55	4.6	3532.22	61.3	305.13	71.5	1915.67	33.2	101.86	23.9
2012	338.89	5.6	25.84	5.2	3703.3	61.3	348.84	70.8	1997.33	33.1	118.13	24.0
2013	339.80	4.9	24.84	4.6	4321.93	62.7	389.19	72.7	2231.94	32.4	121.46	22.7
2014	345.58	4.6	27.35	4.6	4759.65	63.8	426.41	72.0	2358.83	31.6	138.51	23.4

从重点行业看，主导行业转型升级加快，成为税收增长主要支撑。嘉兴在优化三次产业结构的同时，把产业结构调整的重点放在推动传统特色行业转型升级、先进制造业发展和现代服务业集聚上。以纺织、服装、化学制品业为代表的传统特色行业，经过近几年的转型升级，无论是规上工业增加值还是税收收入，仍然占据了制造业的三分之一强。而以装备制造业为代表的先进制造业近年来发展迅速，其创税能力明显快于传统行业，2014 年装备制造业规上增加值比重和税收比重分别为 19.6%和 24.16%。与此同时，现代服务发展加快，2011 年嘉兴被列为浙江省 14 个产业集聚区中唯一的现代服务业集聚区，其中现代商贸、金融服务、商务服务以及房地产等行业创税能力较好，成为服务业税收的主要支撑。

表 55

2008～2014 年重点行业结构及税收贡献

单位:亿元

重点行业	2012 年				2013 年				2014 年			
	规上增加值	占比(%)	税收	占比(%)	规上增加值	占比(%)	税收	占比(%)	规上增加值	占比(%)	税收	占比(%)
一、传统行业	480.97	32.93	119.30	38.92	549.08	35.17	120.83	36.35	590.93	36.17	134.37	35.68
纺织业	134.09	9.18	33.69	10.99	146.83	9.41	35.31	10.62	166.53	10.19	40.46	10.74
服装制造业	101.27	6.93	26.70	8.71	103.52	6.63	26.98	8.12	103.68	6.35	29.05	7.71
皮革制品业	57.39	–	13.97	–	60.24	–	14.91	–	62.24	–	14.50	–
化学原料及制品业	78.92	5.41	18.16	5.92	118.22	7.57	19.57	5.89	142.44	8.72	22.58	5.99
化纤制造业	39.02	–	11.12	–	45.66	–	7.03	–	32.91	–	8.92	–
造纸及纸制品	33.11	–	6.75	–	35.09	–	7.31	–	36.17	–	8.69	–
木材加工及家具业	37.17	–	8.91	–	39.52	–	9.72	–	46.96	–	10.17	–
二、装备制造业	244.02	16.71	65.25	21.29	270.68	17.34	72.30	21.75	320.56	19.6	91.02	24.16
金属制品业	32.28	–	11.47	–	34.89	–	12.88	–	37.3	–	15.27	–
通用设备制造业	56.75	3.88	16.58	5.41	59.64	3.82	16.41	4.94	68.34	4.18	21.74	5.77
专用设备制造业	19.79	–	5.73	–	21.27	–	6.40	–	27.05	–	6.99	–
交通运输设备制造业	22.38	–	6.11	–	25.88	–	7.14	–	32.63	–	11.90	–
电器机械制造业	52.44	3.59	14.05	4.58	57.63	3.69	16.53	4.97	78.71	4.82	21.11	5.61
计算机通信制造业	49.32	3.38	10.15	3.31	58.88	3.77	11.13	3.35	64.98	3.98	13.30	3.53
仪器仪表制造业	11.06	–	1.16	–	12.49	–	1.81	–	11.55	–	1.71	–

续表 55

重点行业	2012年				2013年				2014年			
	规上增加值	占比(%)	税收	占比(%)	规上增加值	占比(%)	税收	占比(%)	规上增加值	占比(%)	税收	占比(%)
三、现代服务业	185.73	87.58	158.29	85.14	223.03	91.33	177.30	87.47	224.63	89.98	184.72	85.81
现代物流业	25.81	12.17	8.46	4.55	33.29	13.63	6.91	3.41	36.47	14.61	9.03	4.19
信息技术服务业	34.46	16.25	4.17	2.24	37.41	15.32	4.68	2.31	37.09	14.86	5.05	2.35
现代商贸业	60.99	28.76	38.28	20.59	77.32	31.66	43.46	21.44	75.71	30.33	42.51	19.75
金融服务业	4.33	2.04	20.91	11.25	5.19	2.13	24.26	11.97	6.07	2.43	24.35	11.31
科技服务业	6.60	3.11	2.19	1.18	7.55	3.09	2.39	1.18	8.09	3.24	2.85	1.32
租赁和商务服务业	45.28	21.35	16.23	8.73	53.03	21.71	18.89	9.32	50.89	20.38	24.45	11.36
房地产业	8.26	3.89	68.05	36.61	9.24	3.78	76.71	37.85	10.31	4.13	76.48	35.52

说明:1.传统行业、装备制造业增加值占比指占规上工业增加值的比重,税收占比指占第二产业税收的比重

2.现代服务业增加值占比是指限额以上服务业增加值的比重,税收占比是指占第三产业税收的比重

(三)税收制度调整反过来影响到产业和税收结构调整。1994年的分税制改革确立了我国以间接税为主的税制结构,增值税、营业税、企业所得税成为主体税种,2008年三大主体税种占嘉兴市税收收入的比重高达81.44%。之后,我国税收制度不断调整优化,使得税收结构也在不断调整,三税合计比重虽然有所下降,但仍占据绝对主导地位。从具体税种看,企业所得税方面,2008年内外资企业所得税并轨,外资所得税过渡期优惠到2012年全面到期,使得企业所得税增长迅猛,至2014年嘉兴市企业所得税比重已提高至20.13%,占据第二大税种地位。增值税方面,2008年及以前我国实行的是生产型增值税,对机器设备等固定资产实行双重征税,这也是我国税收一直保持高增长的因素之一;2009年增值税转型后,使得固定资产进项能够抵扣,减少重复征税,并在短期内成为一大减收因素,至2014年嘉兴市增值税比重为41.78%,比2008年下降11.2个百分点。营业税方面,2012年12月"营改增"试点在嘉兴逐步实施,使得营业税比重逐年下降,至2014年,其税收占比已下降至11.94%。

表 56

2008~2014年嘉兴市主体税种构成

单位:亿元

年份	税收合计	其中:主体税种贡献度						
		增值税	占比(%)	营业税	占比(%)	所得税	占比(%)	三税合计占比(%)
2008	266.81	141.37	52.98	34.37	12.88	41.57	15.58	81.44
2009	293.12	156.07	53.24	39.65	13.53	40.35	13.77	80.54
2010	354.19	159.58	45.05	56.55	15.97	64.33	18.16	79.18
2011	426.54	174.01	40.79	61.94	14.52	90.88	21.31	76.62
2012	492.71	199.18	40.43	65.73	13.34	90.61	18.39	72.16
2013	535.49	225.90	42.18	71.19	13.29	99.52	18.58	74.05
2014	592.27	247.43	41.78	70.73	11.94	119.23	20.13	73.85

税收制度的变化对产业结构的调整起到积极的促进作用。内外资企业所得税并轨,使得内资企业与外资企业站在同一起跑线上,不仅为嘉兴民营企业发展创造公平环境,也为嘉

兴鼓励浙商回归和吸引市外内资创造条件,至2014年嘉兴民营经济比重已达到63.8%,是外资经济的两倍多。而增值税转型大大激发企业扩大有效投入的积极性,2009年和2010年嘉兴市限额以上固定资产增速达到20%以上,之后几年仍保持两位数增长,这为产业升级奠定了基础。同时,"营改增"不断扩围,打通二、三产业的扣链条为二、三产业的融合发展提供制度支撑。目前已有交通运输、部分现代服务业、邮政、电信等十大行业纳入"营改增"试点范围,有力地促进服务业特别是生产性服务的集聚发展,2013年嘉兴市第三产业比重首次突破40%。

结论:2008~2014年间,嘉兴市税收伴随着经济总量增长,反映经济与税收增长的内在统一性。其中二、三产业决定相应税收的来源,其增加值直接带动税收收入中主要税种的增长,尤其是二、三产业中的科技含量决定相应的税收增长。而税收制度和政策的调整,反过来促进产业结构的优化。7年间嘉兴市三次产业的比例关系与各产业的税收贡献率的变动性趋势较为一致,从税收贡献看,第三产业税收总量提升较快,总体上向上不断增长,但其贡献率仍低于第二产业;从行业贡献看,传统行业仍然占据主导,新兴产业和现代服务业发展仍处于起步阶段。未来,二、三产业的深度融合将是经济转型发展的必然趋势,信息技术含量较高的先进制造业和现代服务业将成为新常态下嘉兴经济增长的重要支撑。

二、新常态下嘉兴经济发展的定位及目标战略

2010年第40届瑞士达沃斯世界经济论坛年会上,美国太平洋投资管理公司(PIMCO)总裁埃里安用"新常态"反映美国2007~2008年金融危机之后全球经济陷入的低增长状态,自此该理念开始被世界各国所接受。而中国经济的新常态是相对于旧常态而言的,中国经济30多年的高增长主要是依靠改革开放,从改革开放初期靠短缺而需求巨大的国内市场和相对低廉的要素成本吸引大量的外来投资,到之后靠海量投资和净出口推动,保持持续高速增长。金融危机之后,这种经济态势受到前所未有的冲击,在2009年4万亿元投资和10万亿元贷款的强刺激下,2010年GDP增速回升至两位数增长之后就一路下行,2011年至2014年,我国GDP增速分别为9.2%、7.8%、7.7%、7.4%。这表明中国经济高增长的旧常态已难以维持。而嘉兴作为沿海地区,在改革开放中无疑是获得先机,外资和民营经济活跃,但由此带来的经济外向依存度高、产业小而散的特点,在遭遇金融危机后,更加凸显转型升级的紧迫性。

(一)新常态下嘉兴经济发展的定位与制约因素。经济新常态的基本特征一是从高速增长转向中高速增长,二是从规模速度型的粗放增长转向质量效益型的集约增长。就嘉兴而言,前者的转向我们已经看到,而后者则要通过艰难的产业转型升级,达到产业结构优化,才能释放出潜在的增长率,这才是经济新常态的本质特征。目前,嘉兴经济转型至少面临着以下几个方面的制约:

1. 产业结构调整相对滞后。近年来嘉兴虽然加快三次产业结构调整步伐,但仍然滞后于全国和全省水平。2013年,我国服务业增加值占GDP的比重首次超过第二产业,服务业也已成为国民经济第一大产业,初步实现"三、二、一"的产业结构。浙江省于2014年首次形成"三、二、一"产业结构,服务业增加值占GDP比重达47.9%,高出第二产业0.2个百分点。而嘉兴第三产业比重近年来小步提升,徘徊在40%左右,整个产业仍为"二、三、一"结构,工业经济特征明显,这与新常态下产业转型的要求还有较大差距。

2. 三大需求相对失衡。金融危机后,嘉兴经济经历两方面的考验,一方面是全球经济下滑导致外需缩小,使得出口增长由原来远高于GDP增速转为同步增长甚至略低,2012年起嘉兴出口已连续三年保持个位数增长,全市规上工业出口交货值占销售产值的比重由2008年的近三成下降到2014年的21.4%,而这一势头在未来一段时期仍得不到有效扭转。另一方面是投资增长转向常速,在经历2009~2010年

20%以上的增长后，限额以上固定资产投资增速从2011年起滑落至10%~16%之间，尤其是制造业投资2014年仅增长6.4%，增速下滑7.7个百分点。这也从一定程度上反映出传统的过度依赖出口和投资的增长模式已不可持续。与此同时，消费需求尚难以支撑经济增长，再加上资源、环境等要素的制约，已达到经济增长的极限。

3. 新兴产业新型业态发展相对缓慢。未来经济潜在增长率主要依靠创新驱动，与信息化相融合的新兴产业和新型业态将是最大的增长点。但嘉兴一直以劳动密集型产业的中小企业为主体，从制造业内部看，传统产业小而散，自主创新能力较弱；战略性新兴产业发展缓慢，2014年其规上工业增加值比重仅为26.4%。从服务业内部看，金融、技术服务等生产性服务业发展水平不高，仍以生活类服务业为主导。从新型业态看，工业经济“两化融合”、互联网经济、信息消费等尚处于起步阶段。

4. 区域竞争压力相对加大。嘉兴凭借优越的区位条件，大力实施接轨上海、与沪杭同城等战略，赢得改革开放的发展先机。但随着长三角区域一体化发展的深化和都市群构建，各地加快产业结构调整的步伐，嘉兴原有的先发优势正在消失。尤其是与温州、绍兴以及苏南城市之间的差距拉大，使得嘉兴在承接沪杭等城市产业转移和互补发展上缺乏竞争力，也导致嘉兴在长三角都市圈中的地位与其区位优势不相匹配。2014年，嘉兴经济总量在浙江省11个地市中列第6位，在长三角16城市中仅列第13位。

（二）新常态下嘉兴经济发展的目标与战略把握。从发展角度研究新常态，不仅仅是将经济增速维持在一个合理的区间，而更应该从调结构、转方式等深层次来实现经济质的转型。考量周边国家和国内部分地区历经经济快速发展到放缓、滞胀的考验，进而推动产业转型升级的成功经验，对嘉兴应对新常态有一定的借鉴意义。如日本的创新转型，1991~2011年日本经济年均增长率不足1%，为应对经济低迷状态，日本加快推进金融改革和技术创新，促进经济结构的调整。再如东莞的先进制造业立市，确立“智能制造”“服务型制造”等转型路径。还有与嘉兴发展条件类似的昆山，注重在结构调整中升级、在产业转移中升级和产业集聚中升级，不断开拓创新型经济和平台经济等新产业发展形态，其经验值得嘉兴借鉴。新常态下，嘉兴经济转型发展的目标是通过产业结构升级，逐步形成以先进制造业为支撑、自主创新为动力、现代农业和现代服务业全面发展的产业格局，应着重从以下几个方面去把握。

1. 注重质量与效益，以先进制造业为支撑夯实产业基础。制造业一直以来是产业的基础。稳定制造业比重是经济新常态下防止“产业空心化”的需要，但稳定制造业比重并不是说要维持长期以来形成的处于产业链低端的行业和高消耗、高污染行业不变，而是要依靠创新驱动推动嘉兴制造业向高端化发展。一方面要加快传统行业转型升级，从简单加工向创新研发、品牌自主转型，从小规模、低水平向效益化、产业链化转变，从而避免被锁定在制造业中低端，丧失产业升级的机遇。另一方面，要大力发展高新技术产业、战略性新兴产业和装备制造业，通过淘汰过剩产能、污染产能和落后产能，对现有存量进行调整，为先进制造业提供空间，提升“嘉兴制造”的整体竞争力，从而为经济发展打下坚实基础，也为服务业提供需求来源。

2. 把握协调与共生，以生产性服务业为先导推动产业融合。产业服务化是未来经济发展的大趋势，从国外先进经验看，促进先进制造业和生产性服务的共生发展，是拓展制造业发展空间，优化产业生态，推动二、三产业协调发展的重要途径。嘉兴作为浙江省现代服务产业集聚区，正处于工业化后期和城市经济转型期，已具备制造业和服务业互动发展的条件。一方面，要推动生产制造向服务型制造转变，提高生产性服务业对制造业转型升级的支撑作用。另一方面，要顺应“互联网+”的发展趋势，实现信息化与工业化、工业与生产性服务业的融合发展，以不断释放经济潜在增长动力。

3. 坚持城镇化和现代化，以“第六产业”为抓手提升农业发展。新常态下，新型城镇化和农业现代化，将与工业化、信息化一起成为经济增长的拉动力。要通过新型城镇化，刺激农业向产业化集聚，构建现代农业体系，提升农业现代化发展水平。同时，鼓励和扶持农民合作社、家庭农场、农业企业等新型经营主体，大力发展农产品种植、加工和休闲农业、旅游农业相结合的“第六产业”，因地制宜地布局和培育一批特色小镇，努力拉长产业链，激发农业和旅游消费的潜在增长率。

4. 明确区位与定位，以区域合作为机遇拓展发展空间。独特的区位优势既为嘉兴改革开放赢得了先机，又容易受沪杭两大城市的制约，滑入“过路经济”的陷阱。如何在参与长三角区域合作中更好地实现错位发展、关联发展，是嘉兴面临的重大课题。一方面，要继续深化接轨上海、与沪杭同城战略，主动对接上海自贸区建设，把握上海科技创新中心科技孵化、产业化转移的新机遇，吸引重大项目和平台服务落户嘉兴；另一方面要精准对接国家重大战略，积极参与“一带一路”、长江经济带建设，顺应改革开放的新格局，着力打造江海联运服务中心、跨境电子商务试验区等一批战略支点，进一步提升在区域发展中的竞争力，真正使区位优势转化为发展优势，以发展优势谋求区域地位。

三、现有税收政策对嘉兴经济转型升级的效应解析

税收肩负着调节经济结构、产业结构、收入结构以及资源配置等任务，在转型升级中的作用及其重要。具体地说，税收一是促进三次产业结构的优化，其政策导向在很大程度上影响产业投资方向和产出结构；二是刺激和调节三大需求，如出口退税一直是国家用来调节出口的政策工具，固定资产抵扣可以刺激有效投入扩大等；三是鼓励和支持自主创新，如研发费用加计扣除、固定资产加速折旧等刺激企业创新意愿，对产业技术结构产生重大影响；四是激发市场微观活力，如小微企业税收优惠等减税政策，顺应大众创业，更惠及民生。但是现行税收制度和政策效应仍然存在一定缺陷，特别是长期形成的以流转税为主的税制结构，一方面造成我国税收长期以来的超高增长，并导致社会民众对宏观税负的不满；另一方面，这种结构与劳动密集型产业的发展也有一定的关联，由于流转税以产值为税基，具有收入刚性，无论企业经营效率如何，只要有投资并形成生产能力，就能产生税收收入，地方政府在选择追求收入增长时，更注重企业规模，而不是企业核心生产力的提高，造成地方产业结构发展的趋同，不利于资源要素的优化配置。另外，国家更多地将税收政策作为调控工具，频繁变动的税收政策导致企业和地方政府对发展预期的不确定性，在一定程度上不利于产业转型升级。具体到嘉兴，税收对经济发展的作用和制约因素主要有以下几个方面：

（一）出口退税制度有效拉动外贸增长，但也导致嘉兴低层次加工制造业比重较高。改革开放以来，嘉兴依托区位优势，大力发展出口贸易，特别是加工外贸出口发展迅猛，这其中出口退税政策功不可没。特别金融危机发生后，国家先后 8 次调整出口退税率，2008 ~ 2014 年，嘉兴共办理出口退（免）891.4 亿元，其中 2014 年退免税额达到 172.5 亿元，超过 2008 年近 100 亿元，退免税规模在全省已仅次于杭州、宁波和绍兴。目前嘉兴平均退税率已提高至 14.08%，每美元出口可获得退税 0.89 元人民币。但是出口退税在制度设计上存在一定缺陷，使得大量出口企业以贴牌等加工形式存在。如纺织服装一直是嘉兴外贸出口的主导产品，金融危机爆发期间，纺织服装出口增幅迅速下滑，为此国家先后 5 次提高纺织服装出口退税率，2015 年初提高至 17%，实现全额退税。据测算，这次调整涉及嘉兴 1348 家企业 1281 种商品。但 2015 年上半年，嘉兴服装和纺织行业出口额同比下降 4.6%，出口比重由上年同期的 34.3%下降至 33.2%。出口退税率的提高从某种程度上使得服装纺织行业因循加工贸易的旧轨，满足于低价竞争，而不愿意投入更大的精力研发产品、自创品牌。长期以来形成的这种低层次、低技术水平的加工贸易模式,浪费大量生产资源,使得传统产业升级优化面临较大阻力。

（二)“营改增”促进嘉兴服务业发展,但其减税效应超出地方财政预期。2012年开始推行的“营改增”试点,直接减少试点行业的重复征税,并打通增值税抵扣链条,使得服务业和制造业融合发展赢得税收制度支撑。目前，嘉兴10个纳入试点的行业共有纳税人3万余户，现代服务业集聚已初具规模。“营改增”的根本目的是解决第三产业的重复征税问题，减少营业税重复征税对市场资源配置过程的不利影响，从而增强税制的中性作用。但从实施结果来看,“营改增”的直接效果是减税,特别是部分外购生产性劳务进项税额能够抵扣,使制造业获得的减税更为可观。而“营改增”推进之初,只是简单地将改征增值税划归地方收入，没有同步跟进地方税种体系建设，使得其减税效应大大超过地方财政预期。据统计,嘉兴市自2012年12月开始试点至2015年6月,全市试点行业因税制转换直接减税8.27亿元，这部分直接减少地方公共财政收入；同时其他行业一般纳税人购进应税劳务增加增值税抵扣13.02亿元，按照25%计算减少地方分成3.26亿元,两者合计减少地方收入11.53亿元。按照税制改革部署,接下来还有建筑安装、房地产、金融业、生活类服务业纳入“营改增”,这四大行业户数是已试点纳税人的两倍多,其减税效应将进一步凸现。

（三)税收鼓励自主创新的导向明确,但税收优惠政策尚未形成叠加效应。2008年以来，国家先后出台和修订包括固定资产进项抵扣、加速折旧、高新技术企业优惠、研发费用加计扣除等系列政策,在鼓励企业自主创新、推动技术和设备更新方面发挥了积极作用。如2009年增值税转型后,允许固定资产增值税进项抵扣,至2015年6月底,嘉兴全市累计申报抵扣固定资产进项税额210.63亿元,直接拉动生产性有效投入1450亿元左右,有力地推动“机器换人”等“三名四换”工程。但从整体看,这些政策设计尚未形成体系，有些政策门槛较高、涉及多个部门,如高新技术优惠、研发费用加计扣除等，目前嘉兴全市共有高新技术企业402户,占比明显偏低;有些政策因税会差异等操作性较差，如固定资产加速折旧适用范围较窄,除六大行业全部适用外其他行业仅适用于技术设备等,且一些企业特别是上市企业因税会差异需后期调整,并不愿意加速折旧,这使得政策适用大打折扣。从嘉兴国税部门统计数据看,加速折旧政策自2014年实施至2015年6月底，仅1113户次申报加速折旧额1.18亿元,政策的预期效应没有真正实现。

（四)扶持小微企业政策密集出台,但优惠覆盖面和单户企业减负力度明显不够。近年来国家扶持小微企业发展的政策密集出台,所得税方面先后将小微企业减半征收所得额扩大到6万元、10万元和20万元以下30万元以下；增值税和营业税方面已将起征点提高到3万元以下。2014年,嘉兴国税部门共减半征收小微企业所得税0.77亿元，免征起征点以下增值税3.86亿元,惠及小微企业和个体工商户近18万户。但是由于小微企业优惠适用范围仍然偏窄,实际覆盖面和单户优惠力度不大,特别是企业所得税剔除亏损企业、零负申报企业,实际享受优惠的小微企业户数较少,户均减免税额更是偏低。另外,由于现行小微企业的划分标准不一,税法规定的小型微利企业标准明显比工信部等四部委制定《中小企业划型标准规定》要窄,认定标准的不统一不仅影响税法的规范性,也影响小微企业优惠政策的覆盖面。

（五)支持就业创业力度加大,但税收政策扶持相对滞后。近年来国家对支持就业和创业创新也出台一系列政策,但税收优惠主要局限于残疾人、高校毕业生等特殊群体,特别是创业优惠政策没有普惠到所有群体,不利于大众创业、万众创新。而对能吸纳大量劳动力的生活类服务业没有及时纳入“营改增”范围,且“营改增”后仅对服务业可以物化的项目纳入进项抵扣范围,大量的活劳动消耗仍游离于下游增值税抵扣范围之外,不利于服务业吸纳就业。同时,对新兴行业的税收扶持相对滞后。新兴行业是未来产业结构优化和升级的主要领域,但新兴行业发展面临着较大的风险,包括投资风险、技术风险等在一定程度上削弱了相关行业企业的创新动能。从税收贡献度看,科技服务、信息服务、物流等现代服务业的创税能力仍然较弱,税收政策设计对新兴产业、新型业态的支持尚未真正体现。

四、推动新常态下嘉兴经济税收协同发展的对策建议

未来五年,是我国经济也是嘉兴经济增长的一个重要拐点,经济增长是否下行至底部后逐步回升,消费和创新能否成为经济增长的主导力量,中高端制造业和现代服务业发展是否足以支撑经济新常态,这些问题都与税收息息相关,建立经济与税收协同发展机制是新常态下的必然选择。

(一)把握新常态下税收转型对经济转型的影响。税收的转型在一定程度上影响着经济的转型,并与经济转型相互交融。新常态下,税收至少面临着三个方面转型,一是税收增长方式的转变;二是税制结构的优化;三是政策导向的变化。

1. 税收增长方式转变与经济发展新常态更加协调。新常态下,税收长期高于 GDP 增长的态势将不复存在,税收增速放缓并将保持在与 GDP 增长基本同步的合理区间将成为新常态。这一方面是经济决定税收,经济增速的转档必将带来税收增长的放缓,使得税收增速回归于合理;另一方面,近年来结构性减税政策的持续发力,使得税收收入结构更为优化,税收增长的质量不断提升。与此同时,随着依法治税的全面推进,依法征收、应收尽收、应退尽退提高到法治层面,人为调控税收的空间将大大压缩,使得税收增长能够更真实地反映经济的走势。

2. 税制结构优化有利于为经济持续发展创造公平环境。税制是由一个国家的国情决定的,其中最关键的因素是经济因素。长期以来,我国是以流转税为主体的税制结构,间接税比重较高,特别是 1994 年分税制改革以来的 20 年,税收收入的快速增长和占 GDP 比重的不断提高,在筹集财政收入方面发挥极其重要的作用。但是随着经济社会的转型,这一税制结构越来越被诟病。新常态下,税制改革的方向应在公平、效率、简化的原则下,尽可能地减少或者至少不增加生产经营环节的税收,更多地向收入、消费、财富征税。一方面,要在推动经济结构优化升级的同时,通过增值税减税改革和消费税增税改革,逐步减少间接税比重,另一方面加大所得税改革力度,在促进社会公平的同时,逐步提高直接税比重,从而使流转税和所得税的双主体税制名至实归,使宏观税负趋于合理并减轻企业税收负担,为未来经济发展创造更加公平和宽松的环境。

3. 税收政策制定体现产业结构优化的导向。新常态下,经济转型升级的最终目标是产业结构的优化和相互支撑,既能保证产业竞争能力的持久性,同时又能扩大生产能力和利润边界,进而为扩大税源和增加税收创造更加牢固的基础。而税收政策要以产业为导向,定位于促进产业创新能力的提升,支持和促进高技术、环保型的产业,淘汰技术落后的产业,严格控制产能过剩产业的规模,提高税收政策作用力度和调节方向的匹配,推动产业结构的优化。同时,税收法定原则的全面落实,使税制改革和税收政策的出台获得立法层面的保障,也使税收政策导向的预期更加明确,避免税收政策补丁式的频繁调整,使得企业对自身转型的预期也更加明确。

(二)构建新常态下经济与税收协同发展的机制。中共十八届三中全会把税收提高到国家治理的层面,未来税收目标将由效率激励向公平、有序、正义转变,并将在优化资源配置、维护市场统一、促进社会公平方面发挥更大的作用。这给经济与税收的关系赋予更多内涵,也为构建两者协同发展机制确立方向。

1. 强化新常态理念,在实现嘉兴经济合理增长的同时保持宏观税负稳定。经济增长下调并保持在一个较为合理的区间,是较长一个时期经济发展新常态,据统计数据分析,嘉兴经济自改革开放至今经历五大周期,每个周期平均5~6年,2010~2014年全市经济增长逐步放缓,进入调整换挡期。从增长趋势分析,今后5~6年,经济增长将稳定在6%~8%之间的可能性较大。经济发展的新常态决定税收增长的新常态,而现阶段以间接税为主的税制结构,导致在经济减速时税收以更快的速度递减,如何保持宏观税负的相对稳定,是促进税收与经济协调增长的关键。我们既要看到经济新常态下税收增速放缓的必然性,也要看到新常态下经济发展动力转向创新驱动,将催生一批新业态、新商业模式,并将培育和形成更多新增长点,为税收收入增长提供税源基础。因此,既要全面贯彻依法征收的收入原则,又要不折不扣地落实好结构性减税政策,促进经济的后续发展,逐步建立起科学稳定的收入保障机制,使经济和税收增长更具有可持续性。

2. 释放税收改革红利,在调整税制结构的同时促进嘉兴产业结构优化。当前,税制改革正处于全面深化的关键阶段,“营改增”扩围进入收官期,增值税、消费税、资源税等制度改革提上议事日程,未来税制改革已不仅仅是单个税种的考量,而是整体税制的联动。在税收政策的制定上必将与产业结构优化保持方向上的一致性,通过调整税种结构、增加或减少税目、提高或降低税率来纠正长期以来经济增长观念所引起的产业关系扭曲等问题,以促进产业之间协调发展,进而创造更加稳定的税收基础。就嘉兴而言,产业结构优化的关键还是提高服务业的比重,据统计数据分析,2015年嘉兴第三产业比重将提高至42%,未来两年将是形成“三、二、一”产业结构的拐点。一定要抓住金融业、建筑安装、房地产以及生活类服务业“营改增”的机遇,加快推进服务业集聚发展,不断提高第三产业比重。同时科学把握产业之间融合发展、跨界发展的大趋势,促进二、三产业的深度融合,最终形成三次产业之间相互支撑、高度关联,协同发展的产业结构。

3. 顺应产业发展趋势,在加快嘉兴传统产业升级的同时推动生产制造向服务型制造转变。新常态下,“工业经济”向“服务经济”转型是大趋势,而货物与服务在税制上的统一,更有利于制造业和生产性服务业的共生发展。制造业仍是嘉兴,主导产业,嘉兴在加快传统行业的升级改造的同时,加快发展先进制造业,2014年全市规上战略性新兴产业、高新技术产业、装备制造业增加值均实现两位数增长,占比分别为39.6%、38.2%、24.3%;其创税能力也不断提高,三大产业税收增速均明显高出全市税收总收入增速。与此同时,以现代商贸业、物流业、信息技术服务业、金融业、租赁和商务服务业、科技服务业等为代表的生产性服务业贡献加大,2014年增加值占第三产业的比重达到52.9%,入库税收占第三产业税收的比重的50.3%。这说明,嘉兴市产业结构正在发生变革,先进制造业正在逐步形成规模,制造业与生产性服务协同发展有一定的基础。随着现代服务业与先进制造业的深度融合,特别是虚拟经济更多为实体经济服务的产业结构,将推动嘉兴生产制造将向服务型制造转变,其对经济和税收增长的贡献率将进一步提高。

表57　**“十二五”期间嘉兴市生产性服务业对第三产业及GDP的贡献**

年份	生产性服务业增加值(亿元)			生产性服务业税收(亿元)		
	增加值	占第三产业比重(%)	占GDP比重(%)	税收额	占第三产业税收比重(%)	占税收总量比重(%)
2011	509.92	51.1	19.1	76.81	49.4	18.0
2012	575.39	50.7	19.9	90.24	48.5	18.3
2013	688.06	52.7	21.9	100.59	49.6	18.8
2014	739.52	52.9	22.1	108.24	50.3	18.3

4. 发挥税收支持创业创新作用，在扩大就业创业的同时充分释放新经济的潜在增长率。经济进入新常态之后，一个很重要的任务就是寻找新的增长点，而打造创业创新的新引擎已成为共识。目前国家将减税政策与促进大众创业、万众创新结合起来，一方面将小型微利企业减半征收范围扩大30万元以下，使得支持小微企业政策真正实现普适标准的税收优惠，以支持创业吸纳就业；另一方面加大对科技型企业，特别是科技型中小企业的税收支持力度，将先期试点的个人以股权、不动产、技术发明成果等非货币性资产进行投资的实际收益，由一次性纳税改为分期纳税的优惠政策推广到全国，以激发民间个人投资活力和创新，未来这样的减税改革路径将继续得到深化和完善。而以新产业、新业态、新主体为代表的新经济的崛起，将成为整个经济向新常态平稳转型的稳定器，特别是互联网和物联网技术的发展，为商业模式创新开辟广阔的空间，2014年，浙江电子商务交易额已突破2万亿元，增长25%。尽管新经济在规模上短期内难以替代传统产业，但与互联网和电子商务有关的新兴业态的高速发展态势和强大的渗透力正在深刻改变着产业格局。嘉兴应抓住新一轮信息技术革命机遇，着力培育以互联网为核心的信息经济，推进工业化与信息化、服务业与制造业的深度融合，引导和规范商业模式的创新，为新经济创造一个宽松的、有利于创新并公平竞争的环境。

5. 适应国内外竞争新格局，在加快融入区域合作的同时推动嘉兴外贸转型升级。经济全球化和区域发展一体化，使得参与国际竞争和区域合作越来越重要。当前，国家出台包括完善中央与地方出口分担机制等在内的一系列支持外贸稳定增长的政策措施，尤其在促进国际电子商务、市场采购、综合性外贸服务公司方面政策亮点纷呈。比如在杭州跨境电商综合实验区实行“不征不退”和“无票免税”政策，将海宁皮革城纳入扩大市场采购试点等，目的在于鼓励发展新型的出口营销模式，通过创新驱动来继续巩固我国企业的竞争力。嘉兴要抓住这些机遇，在稳定外贸出口的同时，通过转型升级，提高高附加值产品、自主品牌产品的出口比例，鼓励和支持服务贸易、服务外包发展。同时，要充分利用区位优势，主动对接上海自贸区建设，抓住嘉兴出口加工区升级为综合保税园区的契机，整合商务、海关、金融、港口、税务等部门，进一步提高贸易便利化和投资自由化。并积极融入长三角一体化发展、长江经济带以及一带一路等战略建设，努力探索对外开放的新途径、培育出口竞争的新优势。

6. 坚持民生税收导向，在促进嘉兴经济发展的同时促进民生和社会公平。经济发展的最终目的是惠及民生，而税收在肩负组织收入职能的同时，正朝着现代国家治理体系下的民生税收转变。税收主要通过直接或间接地作用于生产总值形成过程及利润分配过程的主要环节，进而对产业结构演进形成作用力。也就是说税收既作用于经济过程，通过调节经济过程中的资源要素流动，最终获得更好的经济成果；同时又作用于经济结果，使经济结果的获取和分配符合公平正义原则。就嘉兴而言，经济总量和财政收入已具备相当规模，税收应当在促进市场经济主体公平竞争、社会收入公平分配、社会公共产品公平供给等方面发挥更大的作用。未来税收将在充分发挥筹集财政收入主渠道作用的同时，更加注重调控经济、调节收入分配的职能作用，更加注重宏观税负与各收入阶层实际享受的社会保障之间的关联度，更加促进社会公平，真正体现税收的民享性和公平正义。

（嘉兴市国税局　袁大中　蔡黎明　温西湖）

新世纪以来嘉兴与长三角相关城市综合实力比较

一、发展水平：综合实力存在差距

1. GDP（地区生产总值）：嘉兴市GDP由2010年的2300.2亿元，提高至2014年的3352.8

亿元,居长三角城市第13位,位次比2010年后退两位。占长三角16城市比重由2010年的3.26%回落到2014年的3.16%。在长三角相关城市中,2014年绍兴市GDP为嘉兴市的1.27倍(2005年为1.25倍);台州市GDP为嘉兴市的1.01倍(2005年为1.08倍)。2014年常州市GDP为嘉兴市的1.46倍(2005年为1.13倍);南通市GDP为嘉兴市的1.69倍(2005年为1.28倍);扬州市GDP为嘉兴市的1.1倍(2005年为0.85倍,2012年超越嘉兴);镇江市GDP为嘉兴市的0.97倍(2005年为0.76倍);泰州市GDP为嘉兴市的1.01倍(2005年为0.74倍,2014年超越嘉兴)。

表58

主要年份嘉兴与长三角相关城市GDP比较

单位:亿元

	2000年	2005年	2010年	2014年	2000年	2005年	2010年	2014年
嘉兴	524.03	1158.38	2300.20	3352.80	1.00	1.00	1.00	1.00
绍兴	716.85	1449.81	2795.20	4265.83	1.37	1.25	1.22	1.27
台州	613.31	1249.41	2426.45	3387.51	1.17	1.08	1.05	1.01
常州	600.66	1308.18	3044.89	4901.87	1.15	1.13	1.32	1.46
南通	720.59	1483.79	3465.67	5652.69	1.38	1.28	1.51	1.69
扬州	472.12	982.17	2229.49	3697.89	0.90	0.85	0.97	1.10
镇江	423.25	881.89	1987.64	3252.38	0.81	0.76	0.86	0.97
泰州	399.08	861.56	2048.72	3370.89	0.76	0.74	0.89	1.01

说明:表右部分是各市为嘉兴的倍数

2. 人均生产总值:全市按常住人口计算的人均GDP由2010年52143元,提高至2014年的73462元,居长三角16城市第13位,位次比2010年后退两位。在长三角相关城市中,2014年全市人均GDP水平为绍兴市的0.85倍(2005年为0.91倍);为台州市的1.31倍(2005年为1.27倍)。分别为常州、南通、扬州、镇江、泰州五城市0.7倍(2005年为0.77倍)、0.95倍(2005年为1.08倍)、0.89倍(2005年为1.05倍)、0.72倍(2005年为0.81倍)、1.01倍(2005年为1.18倍)。

3. 人均公共地方财政收入:2014年全市6728元,在长三角16城市中位居第11位,比2005年位次前移两位,与2010年持平。在长三角相关城市中,2014年全市人均公共地方财政收入为绍兴市的1.05倍(2005年为1.01倍);为台州市的1.53倍(2005年为1.28倍)。分别为常州、南通、扬州、镇江、泰州五城市0.73倍(2005年为0.36倍)、0.89倍(2005年为0.85倍)、1.02倍(2005年为0.76倍)、0.77倍(2005年为0.53倍)、1.12倍(2005年为0.84倍)。

4. 城镇居民人均可支配收入:2014年全市42143元,在长三角16城市中位居第7位,比长三角平均水平(40203元)高出1940元。2014年全市城镇居民人均可支配收入水平为绍兴的0.98倍;为台州的1.06倍,比常州、南通、扬州、镇江、泰州五城市有1.07~1.39倍等程度不同的倍差。

5. 农民人均纯收入:2014年全市24676元,在长三角16城市中位居第1位,比长三角平均水平(20638元)高4038元。2014年全市农民人均纯收入水平为绍兴的1.05倍;为台州的1.27倍,比常州、南通、扬州、镇江、泰州五城市有1.23~1.64倍等程度不同的倍差。

表 59

嘉兴与长三角相关城市人均指标比较

单位:元

	常住人口人均 GDP			人均公共地方财政收入			城镇居民收入			农村居民收入		
	2005 年	2010 年	2014 年	2005 年	2010 年	2014 年	2005 年	2010 年	2014 年	2005 年	2010 年	2014 年
嘉兴	29123	52143	73462	1679	4009	6728	15555	24815	42143	8007	14365	24676
绍兴	31666	57580	86135	1663	3980	6406	17319	27626	43167	7704	13651	23539
台州	22669	41172	56210	1312	2798	4401	18313	28583	39763	6689	11307	19362
常州	63381	67326	104423	4602	6328	9243	14589	26269	39483	7002	12637	20133
南通	40525	48083	77457	1966	4035	7536	12384	23541	33374	5501	9914	15821
扬州	43555	49786	82654	2197	3747	6598	11379	21750	30322	5215	9462	15284
镇江	59547	64284	102651	3183	4466	8767	12394	23075	35752	5916	10874	17617
泰州	36780	44118	72706	2002	3565	5995	11122	21359	31346	5102	9324	15076
嘉兴	1.00	1.00	1.00	1.00	1.00	1.00	1.00	1.00	1.00	1.00	1.00	1.00
绍兴	0.92	0.91	0.85	1.01	1.01	1.05	0.90	0.90	0.98	1.04	1.05	1.05
台州	1.28	1.27	1.31	1.28	1.43	1.53	0.85	0.87	1.06	1.20	1.27	1.27
常州	0.46	0.77	0.70	0.36	0.63	0.73	1.07	0.94	1.07	1.14	1.14	1.23
南通	0.72	1.08	0.95	0.85	0.99	0.89	1.26	1.05	1.26	1.46	1.45	1.56
扬州	0.67	1.05	0.89	0.76	1.07	1.02	1.37	1.14	1.39	1.54	1.52	1.61
镇江	0.49	0.81	0.72	0.53	0.90	0.77	1.26	1.08	1.18	1.35	1.32	1.40
泰州	0.79	1.18	1.01	0.84	1.12	1.12	1.40	1.16	1.34	1.57	1.54	1.64

二、发展速度:主要指标速度趋缓

1. GDP（地区生产总值）：全市 GDP 由 2010 年的 2300.2 亿元，提高至 2014 年的 3352.8 亿元,按可比价格计算,“十二五”(前四年,下同)年均增长 9%,低于“十一五”年均 3.4 个百分点，年均增速居长三角城市第 12 位,比“十一五”后退两位。在长三角相关城市中,“十二五”嘉兴 GDP 年均增速与绍兴持平,高于台州市 1 个百分点,但分别低于常州、南通、扬州、镇江、泰州五城市 2.2 个百分点、2.5 个百分点、2.7 个百分点、3.0 个百分点和 2.8 个百分点。

2. 人均 GDP:全市按常住人口计算的人均 GDP 由 2010 年 52143 元，提高至 2014 年的 73462 元,按可比价格计算,“十二五”年均增长 8.1%,低于“十一五”年均 2 个百分点,年均增速居长三角城市第 12 位,比“十一五”后退 1 位。在长三角相关城市中,“十二五” 嘉兴人均 GDP 年均增速低于绍兴 0.4 个百分点，高于台州市 0.7 个百分点,但分别低于常州、南通、扬州、镇江、泰州五城市 2 个百分点、3.1 个百分点、3.6 个百分点、3.2 个百分点和 3.7 个百分点。

3. 政府与居民收入:全市公共财政预算收入由 2010 年的 176.83 亿元,提高至 2014 年的 307.07 亿元,“十二五” 年均增长 14.8%，低于“十一五”年均 6.7 个百分点,年均增速居长三角城市第 5 位,比“十一五”前移 5 位。在长三角相关城市中,“十二五”嘉兴 GDP 年均增速分别高于绍兴和台州市 1.6 个百分点和 2.2 个百分点;高于常州、泰州 3.8 个百分点和 1.0 个百分点;分别低于南通、扬州、镇江 2.5 个百分点、0.4 个百分点和 4.3 个百分点。

全市城镇居民人均可支配收入由 2010 年的 24815 元,提高至 2014 年的 42143 元,按现价计算,“十二五”年均增长 14.2%,高于“十一五” 年均 4.4 个百分点,2014 年增速居长三角城市第 9 位。全市农村居民人均收入由 2010 年的 14365 元,提高至 2014 年的 24676 元,按现价计算,“十二五”年均增长 14.5%,高于“十一五” 年均 2.1 个百分点,2014 年增速居长三角城市第 14 位。在长三角相关城市中,“十二五” 嘉兴城乡居民收入年均增速分别高出绍兴、台州 1.3 个百分点和 1.3 个百分点,并均高于常州、南通、扬州、镇江、泰州五城市年均增长速度。

表 60

“十二五”嘉兴与长三角相关城市主要指标增速比较

	GDP			人均 GDP			城镇居民收入			农村居民收入		
	“十二五”	“十一五”	百分点	“十二五”	“十一五”	百分点	“十二五”	“十一五”	百分点	“十二五”	“十一五”	百分点
嘉兴	9.0	12.4	-3.4	8.1	10.1	-2.0	14.2	9.8	4.4	14.5	12.4	2.1
绍兴	9.0	11.3	-2.3	8.5	10.0	-1.5	11.8	9.8	2.0	14.6	12.1	2.5
台州	8.0	12.0	-4.0	7.4	10.5	-3.1	8.6	9.3	-0.7	14.4	11.1	3.3
常州	11.2	13.6	-2.4	10.1	11.5	-1.4	10.7	12.5	-1.8	12.3	12.5	-0.2
南通	11.5	14.4	-2.9	11.2	14.8	-3.6	9.1	13.7	-4.6	12.4	12.5	-0.1
扬州	11.7	14.3	-2.6	11.7	14.5	-2.7	8.7	13.8	-5.2	12.7	12.7	0.1
镇江	12.0	14.1	-2.1	11.3	13.1	-1.8	11.6	13.2	-1.7	12.8	12.9	-0.1
泰州	11.8	14.4	-2.6	11.8	14.6	-2.7	10.1	13.9	-3.9	12.8	12.8	-0.1

说明:GDP 及人均 GDP 年均增速按可比价格计算

4. 工业和服务业:全市规模以上工业总产值由 2010 年的 5137.5 亿元,提高至 2014 年的 7364.87 亿元,“十二五”年均增长 12.8%,低于“十一五”年均 8.3 个百分点,年均增速居长三角城市第 8 位,比“十一五”后退 1 位。在长三角相关城市中,“十二五”嘉兴 GDP 年均增速高于绍兴 0.5 个百分点,高于台州市 4 个百分点,但分别低于常州、南通、扬州、镇江、泰州五城市 2.4 个百分点、2.4 个百分点、6.0 个百分点、5.5 个百分点和 7.4 个百分点。2002 年以来 10 年间,嘉兴、绍兴、常州和南通市制造业产业结构相似系数分别为 0.911、0.9958、0.739 和 0.765,嘉兴与常州、南通两市制造业结构调整力度差异十分明显,2014 年嘉兴仅与绍兴市制造业前 10 大类行业较为接近。

表 61

2014 年长三角相关城市前 10 大规模以上制造业比重

嘉兴	比重(%)	常州	比重(%)	南通	比重(%)	扬州	比重(%)	绍兴	比重(%)	台州	比重(%)
纺织业	13.5	电气制造	18.7	化工业	14.3	电气制造	20.1	纺织业	24.9	通用设备	13.4
化工业	12.9	黑色冶金	17.6	电气制造	14.1	化工业	12.2	化工业	11.7	橡胶塑料	10.7
化纤业	8.4	化工业	14.8	纺织业	10.9	汽车制造	9.8	化纤业	9.1	电气制造	10.3
电气制造	6.7	计算机	5.5	通用设备	8.2	专用设备	5.9	通用设备	8.7	汽车制造	9.0
黑色冶金	5.9	纺织业	5.4	金属制品	5.9	仪器仪表	5.6	有色冶金	6.0	医药制造	7.4
通用设备	5.8	通用设备	5.3	专用设备	5.6	计算机	5.4	电气制造	5.7	专用设备	5.4
纺织服装	5.8	专用设备	5.2	计算机	5.5	交通运输	4.7	橡胶塑料	5.0	交通运输	5.3
皮革制鞋	5.3	金属制品	4.5	仪器仪表	4.5	通用设备	4.6	纺织服装	4.1	金属制品	4.6
橡胶塑料	4.7	建材工业	3.5	文教娱乐	4.2	纺织服装	3.8	专用设备	3.4	有色冶金	4.0
建材工业	4.6	交通运输	3.2	纺织服装	3.9	黑色冶金	3.7	金属制品	3.0	化工业	3.7
计算机	4.2	有色冶金	2.8	农副食品	3.6	金属制品	3.7	汽车制造	2.8	皮革制鞋	3.4

全市服务业增加值由 2010 年的 833.63 亿元,提高至 2014 年的 1396.35 亿元,按可比价格计算,“十二五”年均增长 10.2%,低于“十一五”年均 3.3 个百分点,年均增速居长三角城市第 12 位,比“十一五”前移两位。在长三角相关城市中,“十二五”嘉兴 GDP 年均增速与绍兴基本持平,高于台州市 1.3 个百分点,但分别低于常州、南通、扬州、镇江、泰州五城市 1.9 个百分点、2.7 个百分点、2.6 个百分点、2.5 个百分点和 2.9 个百分点。

5. 投资消费出口:(1)投资:全市固定资产投资额由2010年的1488.26亿元,提高至2014年的2221.21亿元,"十二五" 年均增长13.6%,低于"十一五"年均2.6个百分点,年均增速居长三角城市第14位,比"十一五"后退5位。在长三角相关城市中,"十二五"嘉兴投资年均增速分别低于绍兴和台州市2.8个百分点和3.1个百分点,同期常州、南通、扬州、镇江、泰州年均增速分别为12%、15.8%、16.1%、12.7%和9.4%。

(2)外资:全市实际利用外资额由2010年的16.1亿美元,提高至2014年的24.96亿美元,"十二五"年均增长11.6%,高于"十一五"年均4.8个百分点,年均增速居长三角城市第5位,比"十一五"前移7位。在长三角相关城市中,"十二五"嘉兴实际利用外资年均增速高于绍兴20个百分点,低于台州市4.7个百分点,同期常州、南通、扬州、镇江、泰州年均增速分别为-0.4%、2.8%、-9.4%、-5.4%和-8.9%。

(3)消费:全市社会消费品零售总额由2010年的799.36亿元,提高至2014年的1347.02亿元,"十二五"年均增长14.6%,低于"十一五"年均1.8个百分点,年均增速居长三角城市第15位,比"十一五"后退1位。在长三角相关城市中,"十二五"嘉兴零售总额年均增速低于绍兴0.3个百分点,高于台州市0.2个百分点,同期常州、南通、扬州、镇江、泰州年均增速分别为14.6%、14.2%、14.4%、14.9%和14.2%

(4)出口:全市出口总额由2010年的160.41亿美元,提高至2014年的236.51亿美元,"十二五"年均增长10.2%,低于"十一五"年均7.7个百分点,年均增速居长三角城市第3位,比"十一五"前移9位。在长三角相关城市中,"十二五" 嘉兴出口总额年均增速高于绍兴1.2个百分点,高于台州市1.7个百分点,同期常州、南通、扬州、镇江、泰州年均增速分别为8.3%、12.4%、6.1%、8.6%和1.3%。

表62　**长三角相关城市投资消费出口年均增长速度比较**

单位:%

	投资		外资		消费		出口	
	"十二五"	"十一五"	"十二五"	"十一五"	"十二五"	"十一五"	"十二五"	"十一五"
长三角城市	12.4	15.5	5.2	11.7	13.4	17.3	5.8	16.5
嘉兴	13.6	16.2	11.6	6.8	14.6	16.4	10.2	17.9
绍兴	16.4	12.4	-8.4	1.1	14.9	17.4	9.0	21.0
台州	16.8	11.2	16.3	-12.1	14.4	16.9	8.5	21.9
常州	12.0	22.3	-0.4	27.3	14.6	18.7	8.3	20.5
南通	15.8	21.6	2.8	6.1	14.2	18.7	12.4	19.4
扬州	16.1	25.2	-9.4	31.4	14.4	18.6	6.1	26.0
镇江	12.7	26.8	-5.4	22.1	14.9	18.3	8.6	18.5
泰州	9.4	30.7	-8.9	24.4	14.2	18.7	1.3	34.4

三、集聚效应:具有相对比较优势

人口聚集度、经济聚集度和投资聚集度,是衡量区域要素集聚效应的重要指标。

(1)人口聚集度:2014年,嘉兴市常住人口1167人/平方公里,比2010年增加16人/平方公里。在长三角16城市中位居第5位,位次与2010年持平。在长三角相关城市中,2014年嘉兴人口密度高出绍兴、台州市567人/平方公里和528人/平方公里,并高于常州、南通、扬州、镇江、泰州市。

(2)经济聚集度:2014年,全市为8564万元/平方公里,比2010年增加2689万元/平方公里。在长三角16城市中位居第6位,位次与2010年持平。在长三角相关城市中,2014年嘉兴经济密度分别高出绍兴、台州市3397万元/平方公里和4964万元/平方公里,但低于常州2640万元/平方公里,高于南通、扬州、镇江、泰州市。

(3)投资聚集度:2014年,全市为5674万元/平方公里,比2010年增加1873万元/平方公里。在长三角16城市中位居第7位,位次比2010年后退1位。在长三角相关城市中,2014年嘉兴投资密度分别高出绍兴、台州市2882万元/平方公里和3797万元/平方公里,但低于常州1892万元/平方公里,高于南通、扬州、镇江、泰州市。

表63 **长三角相关城市人口GDP和投资密度比较**

	常住人口密度(人/平方公里)		GDP密度(万元/平方公里)		投资密度(万元/平方公里)	
	2010年	2014年	2010年	2014年	2010年	2014年
嘉兴	1151	1167	5875	8564	3801	5674
绍兴	595	600	3386	5167	1518	2792
台州	635	639	2578	3600	1010	1876
常州	1050	1073	6960	11204	4808	7566
南通	910	912	4332	7065	2710	4870
扬州	672	675	3361	5574	2008	3643
镇江	810	824	5167	8454	3450	5569
泰州	798	801	3538	5821	2656	3799

四、质量结构:水平层次亟待提升

1. 劳动生产率:2013年,嘉兴市全社会劳动生产率9.61万元/人,在长三角16城市中位居第14位,位次比2010年后退两位。"十二五"前三年均增长9.9%,高出"十一五"年均增速1.4个百分点,年均增速在长三角16城市中位居第11位,位次比"十一五"前移3位。在长三角相关城市中,2013年嘉兴全社会劳动生产率占GDP比重低于绍兴1.91万元/人;高于台州1.67万元/人。同期常州、南通、扬州、镇江、泰州市分别为15.52万元/人、10.79万元/人、12.24万元/人、15.24万元/人和10.58万元/人。

2. 服务业占GDP比重:2014年,全市的三次产业结构为4.3∶54.1∶41.6,第三产业占比在长三角16城市中居第16位,位次与2010年相同。"十二五"以来,全市第三产业占比年均上升1.4个百分点,在长三角16城市中居第7位,位次比"十一五"前移6位。在长三角相关城市中,2014年嘉兴服务业占GDP比重分别低于绍兴和台州市1.9个百分点和5.1个百分点,分别低于常州、南通、扬州、镇江、泰州市5.2个百分点、1.0个百分点、0.9个百分点、2.9个百分点和0.6个百分点。

表64 **主要年份长三角相关城市第三产业增加值占GDP比重**

单位:%

	2000年	2005年	2010年	2011年	2012年	2013年	2014年	"十二五"年均百分点	"十一五"年均百分点
嘉兴	34.4	33.9	36.2	37.2	38.5	40.2	41.6	1.4	0.5
绍兴	30.9	33.6	38.6	39.8	40.7	42.1	43.6	1.2	1.0
台州	33.6	39.0	41.7	42.6	44.4	45.2	46.7	1.3	0.5
常州	36.4	34.4	41.4	42.4	43.9	45.2	46.8	1.4	1.4
南通	32.0	33.1	37.2	38.5	40.0	41.1	42.7	1.4	0.8
扬州	33.5	35.0	37.6	38.7	40.0	41.0	42.5	1.2	0.5
镇江	35.5	35.1	39.5	40.6	41.6	42.7	44.6	1.3	0.9
泰州	34.0	33.5	37.6	38.8	39.8	40.8	42.3	1.2	0.8

2. 投资占 GDP 比重:"十二五"以来,长三角区域经济增速与长期保持大规模投资有关,2014 年,我市固定资产投资占 GDP 比重 66.2%,在长三角 16 城市中居第 4 位,高于 2010 年 1.5 个百分点。在长三角相关城市中,2014 年嘉兴固定资产投资占 GDP 比重分别高出绍兴和台州市 12.2 个百分点和 14.1 个百分点。同期常州、南通、扬州、镇江、泰州市固定资产投资占 GDP 比重分别 67.5%、68.9%、65.4%、65.9%、65.3%。

3. 城镇化率:城镇化水平是一个国家或地区社会经济发展水平的重要指标。2014 年,全市城镇化率 59.2%,在长三角 16 城市中居第 14 位,位次比 2010 年前移 1 位。"十二五"以来,全市城镇化率年均上升 1.5 个百分点,在长三角 16 城市中居第 2 位,位次比"十一五"前移 3 位。在长三角相关城市中,2014 年嘉兴城镇化率分别低于绍兴和台州市 2.9 个百分点和 0.3 个百分点,分别低于常州、南通、扬州、镇江、泰州市 9.5 个百分点、6.9 个百分点、2.0 个百分点、7.4 个百分点和 1.0 个百分点。

表 65　**主要年份长三角相关城市城镇化率**

单位:%

	2006 年	2010 年	2011 年	2012 年	2013 年	2014 年	"十二五"年均百分点	"十一五"年均百分点
嘉兴	48.1	53.3	54.4	55.3	57.1	59.2	1.5	1.3
绍兴	56.0	58.6	59.3	60.1	61.0	62.1	0.9	0.6
台州	51.0	55.5	56.0	56.9	58.1	59.5	1.0	1.1
常州	60.5	64.0	65.2	66.2	67.5	68.7	1.2	0.9
南通	46.9	56.0	57.6	58.7	59.9	66.1	2.5	2.3
扬州	49.2	56.7	57.9	58.8	60.0	61.2	1.1	1.9
镇江	59.2	62.0	63.0	64.2	65.4	66.6	1.2	0.7
泰州	46.1	55.7	56.8	57.9	59.0	60.2	1.1	2.4

4. 宏观税收负担率:宏观税收负担率指一定时期内(通常为一年)政府税收在整个国民经济总量中的比重。在税制统一的情况下,也反映一个地区经济运行质量和经济结构优劣的一个重要参数。2014 年,嘉兴市公共财政预算收入占 GDP 比重(注:财政收入占 GDP 的比重,称之为中口径的宏观税负)9.2%,在长三角 16 城市中居第 9 位,位次比 2010 年前移 2 位。"十二五"以来,全市年均上升 0.4 个百分点,在长三角 16 城市中居第 3 位,年均上升位次比"十一五"前移 5 位。在长三角相关城市中,2014 年嘉兴公共财政预算收入占 GDP 比重分别高于绍兴和台州市 1.8 个百分点和 1.4 个百分点。同期,常州、南通、扬州、镇江、泰州市共财政预算收入占 GDP 比重分别为 8.9%、9.7%、8.0%、8.5%和 8.2%。

表 66　**主要年份长三角相关城市公共财政预算收入占 GDP 比重**

单位:%

	2005 年	2010 年	2011 年	2012 年	2013 年	2014 年	"十二五"年均百分点	"十一五"年均百分点
嘉兴	5.8	7.7	8.5	8.9	9.0	9.2	0.4	0.4
绍兴	5.3	6.9	7.2	7.3	7.4	7.4	0.1	0.3

续表 66

	2005年	2010年	2011年	2012年	2013年	2014年	“十二五”年均百分点	“十一五”年均百分点
台州	5.8	6.8	7.3	7.6	7.9	7.8	0.3	0.2
常州	7.3	9.4	9.8	9.5	9.4	8.9	-0.1	0.4
南通	4.9	8.4	9.2	9.2	9.6	9.7	0.3	0.7
扬州	5.0	7.5	8.3	7.7	8.0	8.0	0.1	0.5
镇江	5.3	6.9	7.9	8.2	8.7	8.5	0.4	0.3
泰州	5.4	8.1	8.7	8.3	8.4	8.2	0.0	0.5

从以上简要比较中我们可以看到:在发展水平上,我们缩小省内城市间的差距,但经济总量却被扬州和泰州赶超;在发展速度上,“十二五”江苏各城市比浙江各城市经济增速年均要快2个~3个百分点,在投资增速基本相当的情况下,江苏各城市通过大力拓展国内市场提升了整体经济的产出效率;在集聚效应上,嘉兴投资密度低于江苏城市、人口密度又高于他们的特征非常明显;在质量结构上,劳动生产率水平低、城镇化水平低、服务业水平低是当前与江苏城市之间产生差距的主要原因。

“十三五”是嘉兴发展史上重大的转型关键期,从我市与长三角相关城市发展的综合实力比较中我们至少可以得出以下启示:一是指导思想上还是能快则快,当前仍然是抓经济总量规模扩张的重要时期,必须千方百计做大区域经济的蛋糕,从一定意义上讲没有数量也就很难提升质量。二是把民营经济作为重中之重来抓,在美国的亚太再平衡战略背景下我市外资、外贸的挑战将大大高于以往,以民营经济作为突破口是“十三五”的重要战略机遇期。三是把大项目、大产业、大平台、大企业作为调整产业结构的主攻方向,大力提升劳动生产率,提升投入产出效果。四是以新型城镇化作为美丽嘉兴建设的载体,努力缩小嘉兴在长三角区域经济发展中综合竞争力的差距。

(嘉兴市统计局　蒋明祥)

重要报道目录

表 67

2015年国家级主要报刊有关嘉兴的重要报道

标　　题	刊出报刊	日　期
大棚安全全靠“电管家”	人民日报	2月15日
健身修身、开心养心	人民日报	3月26日
八成浙江海宁患者“家门口”就诊	人民日报	5月19日
捧出绿色发展明白账(绿色焦点)	人民日报	5月23日
传承“红船精神”把党的诞生地建设得更加美好	光明日报	6月21日
“红船云平台”托起基层党建	人民日报	6月23日

续表 67

标　　题	刊出报刊	日　期
继承弘扬“红船精神”协调推进“四个全面”	光明日报	6 月 23 日
推动党员志愿服务现场会举行	人民日报	6 月 26 日
要素市场化改革的嘉兴实践	中国经济时报	8 月 10 日
嘉兴:让群众打分(满意度)	人民日报	9 月 23 日
身份证照片“满意拍”	人民日报	9 月 30 日
南湖畔、心动力	人民日报	11 月 30 日
民间文艺山花奖揭晓	人民日报	12 月 4 日
好医生沉下去、满意度提上来(深化改革的基层创新)	人民日报	12 月 8 日
浙江桐乡上线互联网医院	人民日报	12 月 16 日
乌镇准备好了	人民日报	12 月 16 日
让科幻场景触手可及	人民日报	12 月 18 日
世界互联网大会成立高级别专家咨询委员会	人民日报	12 月 18 日
净化小河浜、嘉兴藻荇香(美丽中国·调查)	人民日报	12 月 18 日
乌镇倡议(12 月 18 日)	人民日报	12 月 19 日
第二届世界互联网大会在浙江乌镇闭幕	人民日报	12 月 19 日
拥抱更智能的未来生活	人民日报	12 月 19 日
乌镇声音引领互联网未来	人民日报	12 月 19 日

（胡正一）

表 68　　**2015 年中央人民广播电台有关嘉兴的重要报道**

标　　题	播出栏目	日　期
今天年话儿——你最想念的人	新闻和报纸摘要	2 月 12 日
今天年话儿——第一件事	新闻和报纸摘要	2 月 16 日
柴国荣和他的众筹公益素食馆	难忘中国之声	3 月 29 日
想开摄影展的残疾人陶国民	难忘中国之声	3 月 31 日
创业创新身边事,跑腿公司	央广整点新闻	4 月 16 日
南湖举行踏白船比赛	央广整点新闻	6 月 17 日
全国党员志愿者服务现场会在嘉兴召开	新闻和报纸摘要	6 月 26 日
统筹城乡发展水平实现了新跨越	央广整点新闻	6 月 28 日
国庆阅兵反响	央广整点新闻	9 月 6 日
全国首例斑马线受罚案件今天在浙江嘉兴中院宣判	全国新闻联播	9 月 16 日
嘉兴女孩静静	央广夜新闻	10 月 8 日
世界互联网大会乌镇筹备就绪	全国新闻联播	12 月 9 日

表 69

2015 年中央电视台有关嘉兴的重要报道

标　　题	播出栏目	日　期
一个电话表后服务送上门	晚间新闻	1 月 6 日
浙江秦山核电基地全面建成	新闻联播	1 月 13 日
两岁宝宝患急症,众人捐献血小板	17:00 新闻	1 月 22 日
发现蛛丝马迹,两双“眼睛”帮助破案	法治在线	1 月 26 日
	15:00 新闻	
千年古镇“水灯会”流光溢彩迎新春	朝闻天下	2 月 13 日
	09:00 新闻	
	新闻 30 分	
浓浓年味,长街宴中过大年	共同关注	2 月 19 日
“有德吉祥灯”传递道德正能量	朝闻天下	2 月 20 日
瑞雪春风添年味、暖意融融过大年	新闻联播	2 月 20 日
春节黄金周消费市场平稳较快增长	新闻联播	2 月 25 日
先行指数企稳,经济质量改善	新闻联播	3 月 1 日
运蜂车侧翻,百万蜜蜂高速路飞舞	16:00 新闻	3 月 14 日
	东方时空	
“3·15”:让消费者更好维权	新闻联播	3 月 15 日
互联网 + 金融,加出融资高效率	新闻联播	3 月 22 日
寓教于乐,核心价值观进公园	新闻联播	4 月 2 日
出租车翻车,众人忙相救	11:00 新闻	4 月 30 日
游客爆棚,车辆排队最长超过 4 公里	东方时空	5 月 1 日
40 万元现金被抢,众人齐力追劫匪	16:00 新闻	5 月 29 日
	共同关注	
	24 小时	
8 小时之外的党员志愿者	新闻联播	6 月 5 日
斑马线不让行人遭罚,司机败诉	17:00 新闻	6 月 15 日
家喻户晓的石家粽子	16:00 新闻	6 月 19 日
龙舟竞渡、端午安康	09:00 新闻	6 月 20 日
	15:00 新闻	
端午时节,动静之间感受传统魅力	新闻联播	6 月 20 日
志愿服务、党员先行	晚间新闻	6 月 25 日
浙江防汛防台应急响应提升至Ⅲ级	朝闻天下	7 月 10 日
男童悬挂窗外,路人托举 20 分钟	15:00 新闻	7 月 15 日
	16:00 新闻	
	17:00 新闻	
钱塘潮连续出现罕见“交叉潮”	东方时空	8 月 4 日
	朝闻天下	8 月 5 日
农历七月十八钱塘大潮,钱塘江惊涛拍岸	东方时空	8 月 31 日
	朝闻天下	9 月 1 日
传承抗战精神,凝聚民族力量	新闻联播	9 月 5 日
小女孩落水,三名游客跳海相救	17:00 新闻	9 月 20 日

续表 69

标　题	播出栏目	日　期
孕妇临盆，公交车做产房乘客帮接生	共同关注	9 月 21 日
	东方时空	
纳税信用贷款，破解小微企业融资难题	新闻联播	9 月 21 日
潮水多变脾气怪，观潮需注意安全	14:00 新闻	9 月 26 日
	17:00 新闻	
各项准备就绪，迎接万人观潮	朝闻天下	9 月 27 日
山水田林路，鸟瞰海宁城	朝闻天下	9 月 27 日
	13:00 新闻	
钱塘潮水如约而至	共同关注	9 月 27 日
中秋盐官听夜潮	24 小时	9 月 27 日
	09:00 新闻	9 月 28 日
钱塘江畔，老塘工眼里的变迁	16:00 新闻	9 月 28 日
台风恐来袭，观潮景区严阵以待	东方时空	9 月 28 日
河长周洪胜：河道是农村的血脉	13:00 新闻	9 月 29 日
潮水汹涌，多处观潮点被迫关闭	朝闻天下	9 月 30 日
天文潮遇风暴潮，八月十八看涌潮	13:00 新闻	9 月 30 日
	15:00 新闻	
乌镇游客量明显增加	共同关注	10 月 2 日
乌镇迎来游客潮	朝闻天下	10 月 3 日
	朝闻天下	
	09:00 新闻	
乌镇戏剧节开幕，国际大戏抢眼球	17:00 新闻	10 月 16 日
创意“别样舞台”，带来新鲜感受	16:00 新闻	10 月 18 日
“青年竞演”单元，演绎多重想象	14:00 新闻	10 月 19 日
受害者：银元没卖掉，损失一万二	14:00 新闻	10 月 20 日
古镇嘉年华：观众离我只有一米	13:00 新闻	10 月 22 日
戏剧爱好者逐梦“青年竞演”单元	15:00 新闻	10 月 22 日
一灯一吻一个圆，一个舞台一个梦	15:00 新闻	10 月 22 日
夫妻双双溺水，两路人下河救人	朝闻天下	10 月 28 日
	14:0 新闻	
	共同关注	
	东方时空	
我国将新增 480 万个充电桩	新闻联播	11 月 18 日
低价假烟现身市场，顺藤摸瓜破案	法治在线	11 月 25 日
	17:00 新闻	
国家新政出台，充电桩建设提速	10:00 新闻	11 月 26 日
浙江高速启动快充电站建设	新闻联播	11 月 28 日
抓获涉赌人员 92 名，缴赌资 200 多万	15:00 新闻	11 月 30 日
第 12 届中国民间文艺“山花奖”揭晓	朝闻天下	12 月 4 日

续表 69

标　　题	播出栏目	日　期
两千余嘉宾将就 22 个议题展开交流	15:00 新闻	12 月 10 日
	朝闻天下	12 月 11 日
	朝闻天下	
各项准备工作紧锣密鼓进行	15:00 新闻	12 月 10 日
	朝闻天下	12 月 11 日
	朝闻天下	
"互联网之光"闪耀乌镇	朝闻天下	12 月 16 日
	朝闻天下	
首个新一代智能光伏变电站投运	晚间新闻	12 月 16 日
"互联网之光":科技照亮未来	14:00 新闻	12 月 17 日
探秘"互联网之光",中小企业成主角	朝闻天下	12 月 18 日
社会主义核心价值观建设成效显著	新闻联播	12 月 27 日

(胡宏宾)

名牌产品

【概况】 2015 年,嘉兴市新增浙江名牌产品 23 个,其中工业浙江名牌 17 个、农业浙江名牌 1 个、服务业浙江名牌 5 个。新增嘉兴名牌产品 65 个,其中工业嘉兴名牌 39 个、农业嘉兴名牌 10 个、服务业嘉兴名牌 16 个。新增中国质量奖提名奖 1 个,浙江省政府质量奖提名奖 1 个,嘉兴市市长质量奖企业 3 个,嘉兴市服务业浙江名牌继续在全省名列前茅。至年底,嘉兴市累计有 212 个浙江名牌产品,334 个嘉兴名牌产品,其中 1 个企业获中国质量奖提名奖,1 个企业 2 次获得浙江省政府质量奖提名奖,23 个企业获"嘉兴市市长质量奖"称号。

表 70　**2015 年嘉兴市新增浙江名牌产品称号的产品**

产品名称	申报企业名称	类别
卫星导航组件	嘉兴佳利电子有限公司	工业
不锈钢紧固件	浙江东明不锈钢制品股份有限公司	工业
胶装联动线	平湖英厚机械有限公司	工业
电动童车	平湖市双喜童车制造有限公司	工业
休闲服	浙江华盛服饰有限公司	工业
砂浆	嘉兴市博宏新型建材有限公司	工业
无纺布	海宁市宏源无纺布业有限公司	工业
太阳能热水器	浙江神太太阳能股份有限公司	工业
锅炉	浙江特富锅炉有限公司	工业
全自动绕线机	浙江田中精机股份有限公司	工业
风电变流器	浙江海得新能源有限公司	工业
精梳羊毛条	浙江新中和羊毛有限公司	工业
儿童生活游戏装	浙江依爱夫游戏装文化产业有限公司	工业

续表 70

产品名称	申报企业名称	类别
皮革服装	雪豹集团公司	工业
皮革服装	浙江蒙努实业股份有限公司	工业
女装	浙江敦奴联合实业股份有限公司	工业
皮革服装	浙江奥王服饰有限公司	工业
花卉	浙江虹越花卉股份有限公司	农业
工程管理服务	浙江嘉宇工程管理有限公司	服务
不动产出租和管理服务	嘉兴市建材陶瓷市场有限公司	服务
餐饮服务	平湖白金汉爵大酒店有限公司	服务
旅游服务	嘉兴市假日国际旅行社有限公司	服务
广告服务	浙江博盛广告传媒有限公司	服务

表 71　**2015 年新增嘉兴名牌产品称号的产品**

产品名称	申报企业名称	类别
电涌保护器	神龙电气有限公司	工业
智能机器人按摩椅	艾力斯特健康科技有限公司	工业
PET 塑钢带	浙江嘉丽再生资源有限责任公司	工业
可视对讲系统	万科思自控信息(中国)有限公司	工业
离合器操纵系统(助力器、主缸)	嘉兴新中南汽车零部件有限公司	工业
摩托车制动系统及液压制动软管	嘉兴西互制动系统有限公司	工业
丙纶拼块地毯	浙江道尔顿地毯有限公司	工业
天线	嘉善金昌电子有限公司	工业
粗纺呢绒	浙江神州毛纺织有限公司	工业
喷绘写真用背胶 PP 合成纸	嘉兴市福莱喷绘写真材料有限公司	工业
淋浴房	浙江省平湖市澳妮斯洁具有限公司	工业
变压器	平湖华能电子有限公司	工业
拉杆箱	嘉兴市摩登旅游用品有限公司	工业
再生聚酯涤纶长丝	海盐海利环保纤维有限公司	工业
变压器	海盐变压器有限公司	工业
皮革服装	浙江格莱美服装有限公司	工业
人造革	嘉兴金州聚合材料有限公司	工业
染色面料	浙江华元纺织品有限公司	工业
服装用皮革	海宁市富升裘革有限公司	工业
灯箱布	浙江汇锋新材料有限公司	工业
装饰布	海宁市金佰利纺织有限公司	工业
镀锌卷	浙江联鑫板材科技有限公司	工业
钢构构件	浙江鸿翔钢结构有限公司	工业
锅炉	浙江特富锅炉有限公司	工业
锦纶、涤纶长丝	浙江方圆聚合纤有限公司	工业
增塑剂	浙江嘉澳环保科技股份有限公司	工业

续表 71

产品名称	申报企业名称	类别
电脑针织横机	桐乡市强隆机械有限公司	工业
羊毛条(70S)	浙江红太阳毛纺织有限公司	工业
片状模塑料及其制品	振石集团华美新材料有限公司	工业
密闭式旋流电解装置(套)	浙江科菲科技股份有限公司	工业
UW 真空袋膜 / 导流网 / 脱模布 / 打孔隔离膜	嘉兴佑威复合材料有限公司	工业
汽车零部件	众恒汽车部件有限公司	工业
头孢克洛分散片	浙江华立南湖制药有限公司	工业
二甲基硅氧烷混合环体	合盛硅业股份有限公司	工业
甲基乙烯基硅橡胶	合盛硅业股份有限公司	工业
卤化丁基橡胶	浙江信汇合成新材料有限公司	工业
科技木	茂友木材股份有限公司	工业
集装箱地板	茂友木材股份有限公司	工业
乙醇胺	嘉兴金燕化工有限公司	工业
鹌鹑蛋	嘉兴市鸿翔食品有限公司	农业
菜心	嘉兴市关祥蔬菜专业合作社	农业
蛋白素肉、开洋豆腐干	嘉兴市新世纪旅游食品有限公司	农业
“莲泗荡”系列水产品	嘉兴市养鱼场	农业
芦笋	嘉善尚品农业科技有限公司	农业
葡萄	嘉善县洪家滩葡萄产业园	农业
葡萄	平湖市妙农家庭农场	农业
芦笋	平湖市鱼圻塘生态农庄	农业
无花果	平湖市新仓无花果专业合作社	农业
酱腌菜	浙江斜桥榨菜食品有限公司	农业
电器检测	嘉兴威凯检测技术有限公司	服务
旅游服务	嘉兴市假日国际旅行社有限公司	服务
旅游服务	嘉善西塘国际旅行社有限公司	服务
九彩龙演出	平湖九彩龙艺术团	服务
仓储物流	嘉兴锦昌仓储有限公司	服务
融资担保服务	海宁嘉丰担保有限公司	服务
居家养老服务	嘉兴经济技术开发区投资发展集团有限责任公司	服务
工业电器检测服务	浙江方圆电气设备检测有限公司	服务
汽车服务	嘉兴宝利德汽车有限公司	服务
服装营销服务	浙江贝爱服装有限公司	服务
货物递送、商品包装、空运、汽车运输、货物贮存、服务外包等	嘉兴环洋国际货运代理有限公司	服务
园林绿化服务	浙江天姿园林建设有限公司	服务
药品零售连锁服务	嘉兴市华氏兰台大药房连锁有限公司	服务
建筑施工服务	浙江永联建设工程股份有限公司	服务
港口物流服务	浙江世航乍浦港口有限公司	服务
油品装卸仓储服务	浙江东恒石化销售储运有限公司	服务

(孙菊英)

著名商标

【概况】 2015年，全市新认定驰名商标2件，累计20件；新认定浙江省著名商标20件，累计243件；新认定嘉兴市著名商标62件，累计800件。

表72　　2015年认定的“驰名商标”名录

商标名称	企业名称	商标所指商品或服务
恒锋FST	恒锋工具股份有限公司	刀具(机器零件)
胜达	浙江胜达工具有限公司	扳手(手工具)、螺丝起子

表73　　2015年认定的“浙江省著名商标”名录

商标名称	企业名称	商标所指商品或服务
MODS	汇信进出口集团股份有限公司	箱包
嘉宇	浙江嘉宇工程管理有限公司	建筑施工监督
iRest	艾力斯特健康科技有限公司	按摩器械、振动按摩器
SCFASHION	浙江森创服装有限公司	服装
CZ	创正防爆电器有限公司	防爆配电装置、防爆灯、电开关
泰恩	嘉兴泰恩弹簧有限公司	弹簧
张正	浙江张正文化产业发展有限公司	家具、漆器、软木、竹木工艺品
利锋	嘉善县利丰黄桃专业合作社	黄桃
M·Cells	浙江鸿禧能源股份有限公司	多晶硅太阳能电池片
群欢	平湖市老鼎丰酿造食品有限公司	酱油、醋
好来喜	平湖市双喜童车制造有限公司	童车
秦山	浙江秦山电缆有限公司	电线、电缆
	浙江富丽华铝业有限公司	铝合金型材
申信	海盐众信电子有限公司	继电器
FL	浙江飞力科技股份有限公司	弹簧
海烙	浙江信达可恩消防实业有限责任公司	灭火设备
HUATENGSL	浙江华腾牧业有限公司	动物饲料
茉莉花	嘉兴市圣丹丽鞋业有限公司	皮鞋
求真	嘉兴求真会计师事务所有限公司	会计、审计
海北圩	桐乡市大麻海北圩水产专业合作社	中华鳖、活鱼

表74　　2015年认定的“嘉兴市著名商标”名录

商标名称	企业名称	商标所指商品或服务
犇腾	嘉兴市美丽家食品有限责任公司	餐饮
天姿	浙江天姿园林建设有限公司	园艺、植物养护、庭院风景
博元建设	浙江博元建设股份有限公司	房屋建筑工程施工
合盛硅业	合盛硅业股份有限公司	有机硅
麦包包	嘉兴市麦包包网络科技有限公司	通过网站提供商业信息和替他人推销
IREST	艾力斯特健康科技有限公司	按摩器械、振动按摩器

续表 74

商标名称	企业名称	商标所指商品或服务
子城	浙江子城工程管理有限公司	建筑施工监督
GA	浙江国傲律师事务所	法律服务
禾乡缘	嘉兴市农产品展销配送有限公司	替他人推销
新龙翠玉斋	嘉兴市翠玉斋珠宝首饰有限公司	替他人推销
SELONG	神龙电气有限公司	电涌保护器、传感器
永事达	嘉兴市永事达五金有限公司	行李车、手推车
今顶	嘉兴市今顶电器科技有限公司	多功能吊顶装置
五饼二鱼实业	浙江五饼二鱼实业有限公司	玩具
铭宇	嘉兴市秀洲区日月米业有限公司	大米
FCCS	浙江房超信息科技有限公司	计算机软件设计、网站创建和维护
邦芒	嘉兴前程人力资源有限公司	职业介绍、人事管理咨询、人员招收
洪申	嘉善冠通塑业有限公司	塑料管
FACILE	嘉兴万源时装有限公司	服装
GENIRL	嘉兴锦霓时装有限公司	服装
泰迪	嘉善泰迪服饰制造有限公司	拉链、纽扣
水知音	嘉善绿野环保材料厂	给水净水剂
螺丝先生	嘉善永大螺丝有限公司	金属螺丝
广胶	嘉善天胶装饰材料有限公司	工业用胶
悠客	新秀集团有限公司	背提包
M·CELLS	浙江鸿禧能源股份有限公司	多晶硅太阳能电池片
品萱	浙江景兴纸业股份有限公司	纸巾、卫生纸
D1RU	嘉兴永成制衣有限公司	衬衫
三羊戎	嘉兴三羊绒业有限公司	针织服装
金稼园	平湖市金稼园农业科技有限公司	小番茄
草仙子	平湖市草仙子无花果专业合作社	无花果
泗里桥	平湖市东湖果园有限公司	葡萄
EOSLIFT	意欧斯仓储设备股份有限公司	手推车、升降设备
DI	海盐大地园艺有限公司	园艺、植物养护、庭院风景布置
佳必具	嘉兴市中达金属制品有限公司	金属置物架
法狮龙	法狮龙建材科技有限公司	多功能吊顶装置
绒雪儿	海盐县丰义牧业有限责任公司	羊肉
秦燕	海盐欧亚特汽配有限公司	汽车刹车片
佳赛	海盐佳业机械工具有限公司	手动千斤顶
宝仕龙	嘉兴宝仕龙集成家居有限公司	多功能吊顶装置
奥亿普	嘉兴奥亿普数据电缆有限公司	数据电缆
海宁中国皮革城	海宁中国皮革城股份有限公司	不动产出租和管理
万凯	浙江万凯新材料有限公司	瓶级聚酯切片
汉盛	浙江汉盛家具有限公司	座椅、沙发
ZTT	浙江中天纺检测有限公司	纺织品检测
MOMOGIRL	浙江卡拉扬商务休闲用品有限公司	背提包

续表 74

商标名称	企业名称	商标所指商品或服务
MIC	海宁市天一纺织有限公司	布
JBL	海宁市金佰利纺织有限公司	装饰布
TD	浙江通达磁业有限公司	磁性材料
SUNTASK	浙江神太太阳能股份有限公司	太阳能热水器
五洲科峰	浙江科峰生物技术有限公司	饲料、饲料添加剂
太平洋	嘉兴太平洋钓具有限公司	钓具
梦尔康	桐乡市康悦时装寝具有限公司	蚕丝被
FUTELI	桐乡特利雅家纺有限公司	装饰布
慕丽	嘉兴慕丽服饰有限公司	针织服装
瑞梦丝纺	桐乡市瑞梦丝绸寝饰有限公司	蚕丝被
布蝶轩	桐乡市尚阁纺织品有限公司	窗帘
三春	桐乡市万达利电器有限公司	电热毯、小型取暖器
大麻家纺布艺	桐乡市大麻家纺协会	装饰布、人造丝织品
波思奇	浙江波思奇羊绒有限公司	针织服装
中驿	浙江中驿超市连锁有限公司	替他人推销
浦氏	桐乡市浦氏皮草服饰有限公司	裘皮服装

（李　仲）

索　引

说　明

1. 本索引采用主题分析方法，按主题词拼音字母顺序和音序排列。
2. 标引词后数字表示内容所在页码，标引词后有多个页码表示别的页码是该条目参见内容所在位置，页码数后字母a、b分别表示内容在该页的左右栏别。
3. 为便于检索，除易产生歧义者外，一般将单位和事件前的“嘉兴市”“嘉兴”“市”予以省略。
4. 本年鉴的篇目、分目用黑体字标明，表格用楷体字标明并后注“(表)”；“特载”“专记”“大事记”“人物”“社会经济统计资料”“文件选编”“附录”的内容不作索引，主题中标点符号和数字不作索引。

A

B

C

D

E

F

G

H

J

M

N

T

W

X

Y

Z

图书在版编目（C I P）数据

嘉兴年鉴.2016 / 嘉兴市地方志编纂委员会编. --
北京:方志出版社,2016.11
ISBN 978-7-5144-2228-3

Ⅰ. ①嘉… Ⅱ. ①嘉… Ⅲ. ①嘉兴—2016—年鉴
Ⅳ. ①Z525.53

中国版本图书馆 CIP 数据核字(2016)第 299975 号

嘉兴年鉴（2016）

编　　者:	嘉兴市地方志编纂委员会
责任编辑:	陈　菁
出 版 人:	冀祥德
出 版 者:	方志出版社
	地址　北京市朝阳区潘家园东里 9 号(国家方志馆 4 层)
	邮编　100021
	网址　http://www.fzph.org
发　　行:	方志出版社发行中心
	电话（010）67110500
经　　销:	各地新华书店
印　　刷:	浙江正方设计印刷有限公司
开　　本:	787 × 1092　　1/16
印　　张:	48
字　　数:	1206 千字
版　　次:	2016 年 11 月第 1 版　2016 年 11 月第 1 次印刷
印　　数:	0001 ~ 1000 册

ISBN 978-7-5144-2228-3　　定价:300.00 元